『정치사상과 사회발전: 이홍구선생 미수기념문집』, 중앙books, 2021),
「전후 동아시아 국제질서의 구성과 중국: '동아시아 대분단체제'의 형성과정에서
중국의 구성적 역할」(『한국정치학회보』, 2016), 「한나 아렌트의 인간학적 전체주의
개념과 냉전」(『한국정치학회보』, 2015), 「제국, 국가, 민족: 위계적 세계화와 민주적
세계화」(네이버 열린연단, 2016), 「동아시아의 질서와 평화: 천하체제, 제국체제,
대분단체제」(네이버 열린연단, 2015), 「제국 개념의 동아시아적 기원 재고: 황국과
천조, 그리고 가외천황과 제국」(『국제정치논총』, 2014), 「한국전쟁과 내전 :
세 가지 내전 개념의 구분」(『한국정치학회보』, 2013), 「제국과 식민지에서의 '제국'」
(『국제정치논총』, 2012), 「'제국' 개념의 고대적 기원 : 한자어 '제국'의 서양적 기원
과 동양적 기원, 그리고 『일본서기』」(『한국정치학회보』, 2011),
「'제국' 개념과 19세기 근대 일본 : 근대 일본에서 '제국' 개념의 정립 과정과
그 기능」(『국제정치논총』, 2011), 「'제국' 개념과 근대 한국 : 개념의 역수입, 활용,
해체, 그리고 포섭과 저항」(『정치사상연구』, 2011), 「동서양의 정치전통에서
성속의 연속과 불연속에 관한 연구」(『현대정치연구』, 2011) 등이 있다.

동아시아 대분단체제론

동아시아
대분단체제론

이삼성

한길사

An Intellectual Journey
into the East Asian System of Grand Division
by Lee Samsung

Published by Hangilsa Publishing Co., Ltd., Korea, 2023

이 책에 실린 글들은 한편으로 동아시아 대분단체제가
담고 있는 질곡의 구조에 대한 현실주의적
관찰과 독해가 있고, 다른 한편에서는 동아시아 사회들이
공동의 인식을 나누며 함께 노력할 때 가까워질 수 있는
질곡 너머 대안의 동아시아에 대한
다분히 이상주의적인 비전과 꿈도 담고 있다.
어쩌면 그 대안의 동아시아에 대한 간절한 소망이
우리가 처한 현실 역사의 구조로서의 대분단체제에 대한
치열한 주목의 바탕이 아니었을까 생각해본다.

ㅣ 저자 이삼성

전쟁과 평화의 구조에 대한 아시아적 전망의 오디세이

책을 펴내며

　소년시절의 하늘은 참 푸르고 높았다. 소백산 산록에 걸친 한 고원지대 분지에 자리했던 필자의 고장에서 가을 하늘은 유난히 높고 적막했다. 미세먼지라는 개념은 아예 존재하지 않았고 맑은 날 밤이면 은하수는 당연히 흐르는 것이었던 그 시절, 산들의 능선으로 경계 지어지는 그 하늘에 관해 필자의 머리를 맴돌던 이미지는 그것이 유한한 세상의 테두리인 동시에 무한으로 통하는 창이라는 것, 무한을 시각적으로 보여주는 공간이라는 것이었다.

　필자는 정년을 2년 앞둔 2021년 일찍 은퇴를 선택했다. 필자의 삶에서 '학문'이라 일컬을 만한 게 있어서 이 시점에서 인생과 학문을 계절에 비유한다면 역시 만추(晩秋)에 해당하지 않을까 생각해본다. 그래서인가 메뚜기가 제철을 만나 누비던 옛 고장 늦가을의 황금색 들판과 높고 푸르렀던 그 하늘의 대조가 더 자주 마음의 눈에 밟힌다.

　강단에서의 때 이른 은퇴를 위해 필자가 학교에 명예퇴직을 신청한 명분은 2009년 『동아시아의 전쟁과 평화』 1권과 2권을 내면서 독자들에게 추후 출간을 기약했던 3권의 집필에 집중한다는 것이었다. 교수 역시 조직인(organizational man)이기에 따르는 각종 의무와 구속의 거미망으로부터 좀더 일찍 자유로워지고 싶은 희망도 없지 않았다. 『동아시아의 전쟁과 평화』 1권은 '전통시대 2천 년과 한반도'라는 부제를 달았다. 2권은 그 부제가 '근대 동아시아와 말기조선의 시대구분과 역사인식'이어서 19세기 중엽에서 20세기 초반에 이르는 동아시아와 한국의 근대를 다루었다. 3권은 20세기 전체, 특히 전후 현대 동아시아의 전쟁과 평화를 주제로 삼는 것인데, 이 책의 출간을 기약한 지 벌써 14년이 흘렀다. 이렇게 늦어진 이유 중 하나는 한림과학원에서 김용구 선생님께서 주관하신 근대 동아시아와 한국을 주 배경으로 한 개념사 저술사업의 일환으로 필자가 맡았던『제국』의 집필 작업이었다. 이 저작을 2014년에 출간하고 한반도의 위기라는 문제가 다시 필자의 발목을 잡았다. 2008년 이후 남한에서 보수세력이 연거푸 집권하면서 더욱 촉진된 남북한의 군비경쟁 속에서 북한의 핵무장 매진은 마침내 2017년에 완성된다. 한반도 위기는 최고조에 달했다. 이 문제를 급박하게 다룰 필요성 때문에 2018년『한반도의 전쟁과 평화』를 출간하게 되었다.

그러나 20세기 동아시아의 전쟁과 평화를 다루고자 하는 제3권 작업이 늦어져온 가장 근본적인 이유는 아무래도 그 책이 담아내야 할 주제와 범위가 깊고 방대하기 때문이다. 이 시대 동아시아의 전쟁과 평화의 문제는 말할 것도 없이 세계사 그 자체와 한몸이다. 역사학을 비롯한 많은 인문과학과 대부분의 사회과학이 이 시대의 인간과 사회를 다루면서 수많은 연구작업을 쏟아낸다. 그만큼 필자가 다루고 싶고 또 다루어야 할 필요를 느끼는 내용들은 거의 무한정에 가깝다. 다양한 학문 분야에서 이루어지는 연구들에 힘입어 더 풍부해질 수 있는 이 시대 동아시아에 대한 나름의 이해와 사유를 한 권의 책으로 압축하려는 작업 자체가 커다란 도전이고, 필자는 많은 부족과 두려움을 느끼곤 한다. 필자가 직면한 어려움은 한편으로 그간 쌓인 원고의 방대한 양 때문이기도 했다. 그래서 이 시대 동아시아를 다룬 글들을 적어도 두 권의 책으로 먼저 엮어낼 필요성을 느끼게 되었다.

그 작업의 하나는『동아시아 1965』라는 제목을 갖게 될 것이다. 1960년대 중엽에 동아시아인들의 삶을 최악의 상황으로 몰고 갔던 세 가지 가공할 현상을 다룬다. 첫째는 1965년 미국의 결정에 의해

인도차이나에서 발발해 10년간 지속된 제국주의 전쟁이다. 둘째는 1965-66년에 발동하는 중국 문화대혁명으로 대표되는 가운데 북한을 비롯한 여러 동아시아 공산주의 사회가 다르면서도 함께 겪게 되는 전체주의 경험이다.[1] 셋째는 1965년 인도네시아에서 미국과 연결된 수하르토 군부쿠데타와 함께 50만에서 200만에 이르는 비무장 민간인에 대한 제노사이드를 동반했으며, 그러한 제노사이드까지는 아니지만 정치적 살해(politicide)와 각종 억압적인 수용소 장치를 내장한 채 한국, 타이완, 필리핀, 그리고 남베트남 등 미국과 동맹한 사회들 대부분에 존재했던 동아시아의 반공파시즘 현상이다. 한국전쟁과 함께 대분단체제가 완성된 이후의 동아시아에서 전개된 결코 되풀이되어선 안 될 3대 암흑 현상들의 역사적 동시성을 주목한다. 이 책은 그 세 현상 자체에 대한 성찰과 함께 각 사태의 기원과 전개에 있어서 서로가 서로에게 어떻게 영향을 주며 상호작용하는 관계에 있었는지를 논한다. 이 책의 발간은 1965년으로부터 60년이 되는 2025년을 염두에 두고 있다.

다른 하나가 이 책 『동아시아 대분단체제론』이다. 필자가 동아시아 대분단체제라는 개념틀을 구성하여 동아시아 국제질서의 전체상을 규명하고 그것이 지역과 세계의 전쟁과 평화에 던지는 영향과 함의를 밝히고자 2000년대 초에서 2023년 현재에 이르기까지 지난

---

1 일반적인 설명에서 문화대혁명이 시작된 해는 1966년이다. 그러나 학자에 따라 1965년을 문화대혁명의 시발점으로 간주한다. 한 예로 마크 블레처는 문화대혁명의 시작점을 1965년으로 보고 이후 11년의 문화대혁명 기간을 크게 두 국면으로 구분했다. 1965-68년의 첫 3년이 제1국면이다. 국가 최고 지도부의 내부 갈등이 대중운동 또는 대중동원과 연결되어 중국 사회 전반에 광범한 갈등이 전개된 기간이다. 나라의 정치사회적 틀이 붕괴되고 경제도 혼란을 면치 못한 시기였다. 1968년 대중운동 국면이 잦아들고 1969년에 시작하는 제2국면은 1976년 마오쩌둥이 사망하는 시점까지 계속된다. 이 국면은 대중 참여는 제한되고 국가 상층부 안에서 정치적 갈등이 지속된 기간이다. Marc Blecher, *China Against The Tides: Restructuring through Revolution, Radicalism and Reform*, Third Edition, New York: Continuum, 2010, p.55.

20년간 집필해온 글들의 모음이다. 동아시아 대분단체제라는 용어는 전후 동아시아 국제질서의 구조와 그것이 이 지역에서 전쟁과 평화를 결정하는 방식과 그 고유성을 해명하기 위해 필자가 2000년대 초 이래 제기해온 개념이다. 그것은 태평양전쟁, 중국 내전, 그리고 한국전쟁이라는 세 개의 전쟁을 통해서 구성된 이래 오늘까지도 동아시아 평화를 위협하는 구조로 작동하고 있다. 필자의 개념틀에서 이 전후 체제는 19세기 말에서 20세기 초에 걸친 세 개의 전쟁, 즉 청일전쟁, 미국-필리핀전쟁 그리고 러일전쟁을 통해 구성된 '동아시아 제국체제'의 역사적 유산에 기반하고 있다. 동아시아 제국체제는 중국이 동아시아질서의 중심을 이루던 천하체제를 대체한 것으로서, 일본과 미국이라는 동아시아 지정학 차원에서의 두 신흥 제국이 중심을 이루는 질서였다.

1990년대 이래 한국 학계의 역사와 철학 분야에서 동아시아론은 나름 존재했다. 다만 이 지역의 전쟁과 평화에 직접 관계되는 현재적인 동아시아론은 냉전·탈냉전의 이분법을 포함한 세계 국제정치 학계의 담론 틀을 벗어나 고유하게 제시된 것이 없었다고 생각된다. 한반도 분단국가체제에 대한 분석에서 바로 세계 냉전·탈냉전의 질서 또는 세계체제로 건너뛰거나, 한반도 담론에서 미국의 어깨에 얹혀 바로 미국의 전 지구적 패권 문제로 건너뛰기 마련이었다. 한반도와 세계를 연결하는 동아시아적 메커니즘에 대한 체계적 분석의 개념은 미비했다. 탈냉전에도 불구하고 유럽과 달리 한반도와 동아시아 전반에서는 긴장의 구조가 오히려 더 분명해져가던 1990년대 말부터 필자는 한반도 평화의 동아시아적 맥락에 대한 이론적·개념적 접근의 필요성을 절감하기 시작했다. 필자가 그 무렵부터 '아시아적 전망'의 필요성을 제기한 배경이었다. 2000년대 초 동아시아 대분단체제론 제기는 그러한 동아시아의 전후 구조 인식에서의 개념적 공백을 메꾸려는 하나의 시도였으며, 전쟁과 평화를 결정하는 전후 우리의 삶의 구조에 대한 우리 자신의 아시아적 전망의 내용을 채우려는 노력이었다.

우리는 흔히 '동아시아 냉전체제'를 말한다. 필자는 학자마다 평자마다 의미가 제각각인 그 말의 편리함과 함께 그 한계를 지적해왔다. 이 말은 기본적으로 냉전과 탈냉전이라는 이분법에 의존한다. 그 개념의 유용성을 부정하지 않되, 전후 세계에서 동아시아질서가 유럽질서와 다른 고유성, 그리고 유럽과 달리 냉전기와 탈냉전 시대를 관통하며 동아시아질서에 존재하는 강한 연속성을 함께 담아낼 수 있는 개념화의 필요성을 느끼면서 필자가 제기하게 된 것이 동아시아 대분단체제론이었다.

이 책에 담긴 글들은 학술지에 실리거나 학술회의 논문의 형태로 발표했던 지난 20년간의 글 가운데 가려 뽑은 것이다. 선정된 글들은 발표 시점을 기준으로 역순으로 실었다. 가장 최근의 발표문들인 2023년의 글들을 가장 앞에 두었고, 가장 앞선 2003년의 글은 맨 마지막에 배치했다. 글들을 역순이지만 발표 시점을 기준으로 배열한 이유는 필자의 동아시아론의 시간적 진화과정을 확인할 수 있기 위한 것으로, 필자 개인 차원에서의 지성사적 기록의 성격을 염두에 둔 것이다.

1994년 이래 백낙청 교수께서 '한반도 분단체제'를 논했고 『창작과비평』은 동아시아 담론을 활발하게 전개했다. 필자의 관점에서는 그 담론이 역사학이나 문학 또는 철학적 테마들에 집중해 있는 것으로 비쳤다. 1990년대 중엽 이래 필자의 주요 관심대상의 하나는 북한 핵무기 개발 의혹과 연결해 한반도의 전쟁과 평화가 현재적인 실존적 문제로 되어 있는 상황이었다. 아울러 동아시아 전반은 탈냉전에도 불구하고 미일동맹 강화 움직임과 중국위협론이 짝을 이루며 현저히 부상하고 있었다. 동아시아 국제질서는 역사적인 변곡점에서 중대한 갈림길에 놓여 있었다. 필자는 한반도 평화의 동아시아적 맥락을 주목하면서 이 질서의 학문적 개념화라는 숙제와 씨름했다. 한반도의 평화와 그 가깝고 직접적인 환경인 동아시아질서의 동학에 대한 우리 자신의 더 근본적인 이해와 비전을 개발하기 위해서는 이 질서에 대한 우리 자신의 독자적인 인식의 틀이 필요하다고 느꼈다. 필자는 그것을 아시아적 전망의 필요성이라는 말로 표현했던 것이다.

필자가 한반도의 전쟁과 평화 문제의 동아시아적 맥락이란 차원에서 동아시아에 관심을 가진 것은 물론 사실이지만, 동아시아에 대한 필자의 관심이 반드시 한반도 문제의 더 광역적인 시공간으로서의 동아시아적 차원이라는 것만을 의미하진 않았다. 동아시아에 대한 관심은 그것 자체로서 청년시절부터 함께했다. 1983년에 시작한 유학시절 나의 학위논문 주제는 「미국정치엘리트와 베트남전쟁의 의미변화: 미국외교시각에 있어서의 도덕적 차원」이었다. 베트남전쟁 자체에 대한 것이라기보다는 그 문제를 둘러싼 미국 정치권의 인식과 그 이념적 지형의 변화, 그리고 1970년대 말에서 1980년대 초에 걸쳐 신보수주의 세력의 부상과 함께 진행된 미국정치의 보수화 흐름을 다룬 논문이었다.[2] 그럼에도 필자가 동아시아의 일부로서의 인도차이나의 전쟁과 평화에 대한 관심을 일찍부터 품고 있었음을 뜻했다.

학위논문을 위한 필자의 주된 연구 공간은 예일대 정치학과 건물 바로 옆에 서 있던 사회과학도서관(SSL)과 미국 의회의 역대 본회의와 청문회 기록들을 모두 소장한 실리멋도서관(Seeley G. Mudd Library), 그리고 대학의 중심에 있는 스털링도서관(Sterling Memorial Library)이었다. 스털링도서관은 주로 1970-80년대 초의 『뉴욕타임

---

2 Lee Samsung, "American Political Elites and Changing Meanings of the Vietnam War: The Moral Dimension in Congressmen's Foreign Policy Perspectives," Ph.D Dissertation, Yale University, May 1988. 이 학위논문은 우리말로 번역되어 1991년 출간되었다(이삼성, 『미국외교이념과 베트남전쟁: 베트남전쟁 이후 미국외교이념의 보수화』(고려대학교 평화연구소 연구논총 제7집), 법문사, 1991).

1998년 8월 6일 히로시마
원폭돔 앞에서
저자 이삼성(오른쪽)과
일본 평화운동가.
©이삼성

스』와『워싱턴포스트』『타임』과『뉴스위크』등의 언론자료들을 필름
으로 열람하기 위해 드나들었다. 이 과정에서 접한 몇 가지 자료는 필
자의 학위논문과 직접 관련은 없는 경우에도 깊은 충격을 주었고, 장
차 동아시아라는 시공간에 대하여 여러 차원에서 관심을 갖는 계기
가 되었다. 그 하나는 실리멋도서관에서 본 1970년 2월 주한 미국대
사 윌리엄 포터의 상원 청문회 기록이었다. 박정희 대통령이 제주도
를 핵무기 배치를 포함한 미국의 군사기지로 닉슨 행정부에 제안한
사실에 대한 그의 증언이 담겨 있었다. 제주도가 전후 초부터 오늘에
이르기까지 미국의 군사적 식민지로 되어 있는 오키나와의 운명으로
전락할 위기에 봉착했던 것으로 필자가 당시 느꼈던 전율은 아직도
생생하다. 이 사실은 귀국 2년 후인 1990년『창작과비평』겨울호에

실은 「핵의 위기」라는 글에서 처음 언급했다. 이때 제주도와 함께 오키나와의 운명을 주목하게 되었다. 이 책 제14장에 실린 2007년의 논문은 제주도와 오키나와를 타이완과 함께 연결해 동아시아 대분단선의 문제를 논한 것인데, 그 정서적 연원은 1970년의 기록을 담은 그 자료와의 만남이었다고 할 수 있다.

또 하나는 사회과학도서관에서 베트남전쟁에 관한 자료들을 뒤지다가 발견한 허름한 문헌이었다. 미국 필라델피아에 본부를 둔 퀘이커교도들의 베트남 평화봉사단이 베트남전쟁 기간에 한국 군대가 범한 양민학살을 조사해 남긴 증언을 담고 있었다. 필자는 1998년 2월에 출간한 『20세기의 문명과 야만』의 베트남전쟁에 관한 장에서 그 자료와 함께 노엄 촘스키 교수가 미국 랜드연구소의 보고서 등을 인용한 저서를 근거로 한국군의 베트남전 양민학살 문제를 제기했다. 그런 내용을 담고 있어 출판사 측에서 애초에 상당한 우려를 했다. 뜻밖에도 그 책은 『한겨레』와 『경향신문』 『한국일보』와 함께 『조선일보』 『동아일보』 『중앙일보』까지를 포함한 많은 언론이 크게 소개했다.

그 저서는 1998년 단재상과 함께 1999년 초 백상출판문화상 저작상을 받게 되었는데 이것은 필자가 전혀 예상치 못한 일이었다. 물론 베트남전쟁에서 한국군에 의한 양민학살 문제는 그 책에서 다룬 20세기의 비극적 야만들 가운데 하나였을 뿐이고, 그 책이 담은 메시지는 좀더 광범한 것이었다. 책의 중심 주제는 탈냉전 이래 신자유주의적 세계화와 민주적 자본주의의 최종적 승리, 그리고 정보기술혁명 구현을 환호하는 함성 속에서 세계사회가 흠뻑 빠져 있던 새 밀레니엄의 문명적 진보에 관한 유포리아를 향한 화살이었고, 20세기에 과연 인류 문명은 진보한 것인가라는 큰 물음표를 던진 것이었다. 아마도 그러한 메시지와 함께였기 때문에 한국군의 베트남 양민학살 문제를 직시하고 이에 대한 역사청산의 과제를 지적한 것이 우리 사회에서 일정하게 긍정적인 반향을 낳았던 것이라고 생각된다. 『20세기의 문명과 야만』출간 이듬해인 1999년 평화활동가들과 진보적 언론을 포함한 한국 지식인 사회는 베트남전쟁에서 한국군 양민학살 문제를 본격 주목하고 현지 조사를 진행하고 보도하는 노력을 시작했다.[3]

한편 스털링도서관에서 열람한 1970년대 말부터 1980년의 미국 언론기사들을 통해서 필자는 유학 전 한국에서는 접할 수 없었던 5·18 민주화운동 전후 미국의 대한정책 흐름을 이해할 수 있었다. 그것은 귀국 후인 1989년 처음『사회와 사상』에 발표한 광주 관련 논문들의 기본 자료가 되었다. 이 자료와 글들은 그해 봄 광주학살사태에 미국은 책임이 없다고 공식발표한 미 국무부 성명서를 당시 영향력 있는 대중매체였던『신동아』를 통해 반박하는 중요한 근거가 되었다. 당시 시점에서 한국 사회가 미국 정부의 공식적인 변명을 합리적 논증으로 반박하는 데 중요한 의미가 있는 글로 남았다고 생각된다.

필자가 실제 동아시아의 여러 사회와 접하면서 전쟁과 평화의 문제를 한반도를 넘은 동아시아적 시공간을 무대로 생각하고 저작을 준비하게 된 것은 1998년 필자의『20세기의 문명과 야만』의 한 장이었던「핵 숭배의 문명」이라는 글이 실마리였다. 그 글을 접한 평화운동가 김용환 선생의 소개를 통해서 필자는 일본 특히 오키나와의 평화운동과 만나게 되었다. 또한 2001년 상하이에서 열린 국제평화회의와 스웨덴 움살라에서 열린 국제평화회의에 참가했다. 2000년 무렵은 필자가 금강산이라는 한정된 공간에서였지만 원산항을 통해

---

3 한국인에 의한 베트남 현지조사 활동의 선구는 김현아 선생이었다. 1999년 가을 한국여성민우회에서 열린 그의 첫 현지조사결과 발표회엔 필자도 학생들과 함께 참석했다. 그의 보고서의 전반부는『20세기의 문명과 야만』의 제2장「미국의 세기와 베트남을 어떻게 기억할 것인가」를 광범위하게 인용했다. 그 발표문은 2002년 출간된 책의 기초였다(김현아,『전쟁의 기억, 기억의 전쟁』, 책갈피, 2002). 이렇게 출발한 한국 시민사회의 베트남 현지조사 활동과 베트남에 대한 한국의 역사반성 문제 공론화는 구수정 박사와『한겨레』고경태 기자 등의 노력으로 연결되었고, 훗날 한베평화재단 설립으로 이어졌다.

북한의 땅과 사회를 처음 만난 때이기도 했다. 우리 땅에서의 전쟁과 평화에 대한 한국 사회의 사유와 담론은 대개 한국과 미국의 동맹이라는 장치를 통해서 미국의 어깨, 더 구체적으로는 미 국방부와 국무부의 어깨에 얹혀서 한반도 문제를 미국과 미국이 대표하는 '세계'의 시각에서 바라보는 데 익숙해 있다. 정작 한반도의 가까운 환경인 동아시아와 그 사회들에 대한 우리의 관심은 피상적 수준에 안주하는 경향이 없지 않았다. 우리의 한반도 담론이 동아시아를 건너뛰어 영미권 대표 지식인들이 설파하는 세계질서 차원의 논의로 직결하는 경향이 많은 것이다. 이 기간의 새로운 만남의 경험들을 통해서 필자는 글로벌한 차원에서의 사유도 물론 자극되었지만 특히 우리의 전쟁과 평화의 동아시아적 맥락에 대한 구체적인 인식과 사유의 틀에 대한 갈증은 더 깊어졌다.

전후 동아시아질서의 역사적 성격을 냉전·탈냉전의 문제와 전적으로 분리하지 않으면서도 보다 총체적이고 풍부한 방식으로 개념화할 방법은 없을까 하고 필자는 고민했다. 전후 동아시아질서의 전체상에 대한 개념화를 위한 필자의 시도는 다른 한편으로는 2009년에 출간한 『동아시아의 전쟁과 평화 1·2』에서 보이듯 전후뿐만 아니라 근대 동아시아, 그리고 더 나아가 전통시대 2천 년의 동아시아질서의 전체상에 대한 재개념화 작업과도 연결되어 있었다. 결국 고대에서 현재에 이르는 동아시아질서의 전체상에 대한 필자 나름의 개념화 추구의 일환이었다. 이 역시 1990년대 말에서 2000년대 초에 이르는 시기에 시작된 모색이었다.

필자가 전후 동아시아질서 전체상의 개념화를 '대분단체제'라는 개념을 통해서 시도하게 되었지만, 그것은 한국 학계에 이미 통용되고 있던 '분단체제'라는 개념이 존재했기 때문에 가능한 것이기도 했다.[4] 그런데 기존의 '분단체제' 개념은 한반도를 대상으로 하고 있었고, 그 개념을 1994년 이래 가장 본격적으로 활용한 백낙청 교수의 경우 한반도의 분단체제를 월러스틴의 세계체제 개념을 빌려서

체계화를 시도했다.[5] '동아시아'라는 시공간에 대한 개념적 매개가 없는 점이 필자에게는 공백으로 느껴졌다. 한반도의 분단 문제는 세계체제적인 차원에서의 해명도 필요하지만 보다 가깝게는 동아시아의 지역질서의 균열구조와 더 직접적인 개념적 규명이 필요하다고 필자는 생각했다. 동아시아질서와의 연결 내지는 매개의 개념화를 빠뜨린 세계체제론은 다분히 공허한 것으로 느껴졌다.

필자의 이러한 문제의식은 앞서 언급했듯이 1990년대 말 이후 필자가 제기한 '아시아적 전망'의 필요성에 대한 논의와 연결되어 있었다. 2000년의 글에서 필자는 우리의 국제정치학이 "아시아적 전망을 지향해야 한다"고 주장했는데, 그것은 한편으로 "좁은 한반도적 시각을 벗어나는 것"을 의미한 것인 동시에, "미국이 주도하는 동맹정치 중심의 아시아전략" 혹은 "미국의 아시아인식의 틀"로부터 자율적인 "우리 자신의 아시아인식"을 지향한다는 것을 뜻했다.[6] 같은 문제의식의 연장선에서 필자는 2006년의 논문에서 "우리가 불가피하게 개발해나가야 할 관점"을 '아시아적 전망'이라는 개념으로 요약한 바 있음을 상기시키면서, 이렇게 밝혔다. "분단과 한국전쟁 이래 우리 국제정치학이 전개해온 전쟁과 평화에 대한 논의는 한편으로 한반도적인 집중이었던 동시에, 다른 한편으로는 미국의 어깨에 얹혀진 채

---

4 송건호·강만길 엮음, 『한국민족주의론 I』, 창작과비평사, 1982. 엮은이들은 서문 「책머리에」에서 '분단체제' 개념을 5회에 걸쳐 사용했다. 서중석도 같은 책에 실린 논문 「민족사학과 민족주의」에서 '분단체제'라는 개념을 사용했다 (292, 330쪽). 그 이듬해에 출간된 『한국민족주의론 II』(송건호·강만길 엮음, 창작과비평사, 1983)의 「책을 내면서」에서도 엮은이들은 8차례에 걸쳐서 '분단체제' 개념을 사용했다. 같은 책에 실린 이순권의 논문 「역사교육과 민족주의」도 학생들에 대한 설문지에서 '분단체제' 개념을 사용했다(278쪽). 적어도 1980년대 초에는 '분단체제' 개념이 한국 지식인 사회에서 일반화되고 있었음을 알 수 있다.
5 백낙청, 『분단체제 변혁의 공부길』, 창비, 1994.
6 이삼성, 「21세기 미국과 한반도」, 오기평 편저, 『21세기 미국패권과 국제질서』, 오름, 2000, 640–641쪽.

세계로 건너뛴 보편적 논의로 구성되곤 했다. 여기에는 우리 한반도의 지정학을 보다 직접적으로 연결하는 동아시아질서에 대한 우리 자신의 전망, 즉 아시아적 전망은 생략되었거나 극히 제한되어 있었다."[7]

필자가 처음부터 '동아시아 대분단체제'라는 개념을 채택한 것은 아니었다. 세미나 등에서 발표하는 형식으로 이 문제의식을 '동아시아의 분단구조'라는 식으로 표현한 것은 1990년대 말부터였다고 기억된다. 1999년의 한 논문에서 유럽질서와 동아시아질서의 차이를 주목하면서 동아시아의 "지역 내 균열의 구조적 지속"을 거론한 것이 출판된 글의 형태로는 처음이었던 것 같다. "유럽의 북대서양조약기구와 동아시아 미일동맹은 미국의 동일한 세계전략에서 비롯된 것"이지만, 그것들이 두 지역에서 매우 다른 기능을 수행하고 있다는 점에 주목한 것이었다. "유럽의 나토는 제2차 세계대전 시 서로 적대적이었던 독일과 프랑스·영국 및 이탈리아 등을 하나로 묶어 하나의 안보공동체로 만들어낸 의미"가 있었지만, "반면에 동아시아에서 미국 주도의 군사동맹체제는 동아시아의 두 핵심국가들인 일본과 중국을 동맹체제의 안과 밖으로 분할시키고 그 상태를 지속시키는 의미"를 갖고 있다고 지적했다. 결국 "유럽에서 나토는 잠재적 적대국들 사이의 정치적 통합"을 의미하지만, "동아시아의 미국 주도의 미일동맹은 이 지역 내 균열의 구조적 지속을 의미하는 측면이 있다"고 지적했다.[8]

2001년의 글에서는 '아시아적 분단질서' 혹은 '동아시아 분단체

---

7 이삼성, 「동아시아 국제질서의 성격에 관한 일고: '대분단체제'로 본 동아시아」, 『한국과 국제정치』, 제22권 제4호(2006년 겨울), 79쪽.

8 이삼성, 「미국의 동아시아 동맹정치와 한반도 평화: 미일·한미동맹 강화의 역기능과 그 대안모색을 위한 시론」, 『호남정치학회보』, 제11집(1999), 120쪽. 같은 해 전북 익산에서 한국정치학회 및 호남정치학회 공동주최 학술회의에서 발표한 글이 실린 것.

제'라는 용어들을 사용했다.[9] 그러나 백낙청 교수의 평론을 포함한 기존 학문적 담론에서 이미 한반도의 분단구조를 가리켜 그 개념을 사용하고 있는 점을 고려할 때 '분단체제'라는 개념을 동아시아질서에 그대로 채용하는 것은 부적절하다고 생각했다. 동아시아가 갖는 공간적 규모와 내용의 차이를 고려한 개념적 차별화를 모색하면서 '동아시아 대분단'이라는 표현을 사용하게 된 것은 2003년의 논문에서였다.[10] 이후 대분단의 구조적 성격에 대한 체계적 이론화를 모색하면서 동아시아라는 공간과 내용의 스케일에 어울리는 '대분단'이라는 용어와 그 구조적 체계성을 표현하는 데 적합한 '체제'를 결합하여 '대분단체제'라는 개념을 만들었다. 2004년 이후 논문들에서 '동아시아 대분단체제'라는 개념을 채택했다.[11]

---

9 이삼성, 「한반도의 평화에서 동아시아 공동안보로: 미국 미사일 방어 추진의 문제점과 동북아 비핵지대화의 시대적 요청」, 이삼성·정욱식, 『한반도의 선택』, 삼인, 2001, 41, 56쪽.

10 이삼성, 「한미동맹의 유연화(柔軟化)를 위한 제언」, 『국가전략』, 제9권 제3호(2003), 7-38쪽. 이 논문에서는 '동아시아 대분단구조'라는 표현을 사용했다 (32-34쪽).

11 '동아시아 대분단체제'의 영문 표현은 이하의 글들을 통하여 'East Asian Grand Division,' 'East Asian System of Grand Division' 혹은 'the Structure of Great Divide' 등을 사용해왔다. Lee Samsung, "Beyond the East Asian Grand Division: Imagining an 'East Asian Peace Belt' of Jeju-Okinawa-Taiwan Islands," A Paper presented at Jeju International Peace Conference 2007, titled War and Peace in the Era of Globalization: Experiences from Europe and Asia, Co-Organized by SNU-KIEP Center, Institute for Gender Research(Seoul National University), BK 21 Political Science Paradigm Project(Seoul National University), Institute for Peace Studies(Cheju National University), Jeju Shilla Hotel, June 7-9, 2007; Lee Samsung, "Beyond the East Asian Grand Division: Imagining an East Asian Peace Belt of Jeju-Okinawa-Taiwan Islands," Nam-Kook Kim(ed.), *Globalization and Regional Integration in Europe and Asia*, Farnham, England: Ashgate Publishing Company, 2009, pp.161-179; Lee, Samsung, "The Structure of Great Divide: Conceptualizing the East Asian International Order," Paper presented at Conference "Democracy, Empires and Geopolitics," organized by Academia Sinica, Taipei, December 10-12, 2011; Lee Samsung, "Peace on the Korean Peninsula in the Context of the East Asian Grand Division," Center

동아시아 대분단체제 개념을 학술논문 형태로 처음 발표한 것은 2004년 한국정치학회 하계학술회의에서였다. 그 논문을 다듬어 학술지에 처음 실은 것이 2006년 『한국과 국제정치』에 게재한 글이었고, 이 책의 제14장이 그것이다. 같은 2006년 『민주주의와 인권』에 실린 「동아시아: 대분단체제와 공동체 사이에서」는 그 무렵 진행된 아시아 국제질서에 대한 세계 학계 일각의 논의를 비판적으로 검토하면서 당시 유행한 '동아시아 경제공동체' 논의와 그 한계를 논했다.[12] 이미 두꺼워진 책의 분량을 고려해 그 논문을 이 책에 싣지 못했지만, 필자가 동아시아 대분단체제 개념화를 시작한 무렵의 지성사적 맥락의 한 단면을 보여주는 중요한 글이다. 2007년에 발표한 「21세기 동아시아의 지정학」(『국가전략』), 그리고 같은 해의 「동아시아 대분단체제와 타이완-오키나와-제주도」(참여연대 주최 한일 국제학술회의 및 서울대 정치학과와 제주대 평화연구소가 공동주최한 국제학술회의)는 외관상 경제적 상호의존이 발전하는 가운데 동아시아질서에 내면적으로 고착되어가는 것으로 필자가 판단한 긴장의 구조를 짚어내려는 시도였다. 이 논문들은 모두 동아시아 대분단체제 개념을 체계화하는 과정에 있던 이 시기의 중요한 기반 작업이었다.

이 책의 제15장으로 실린 2005년 5월의 논문 「동아시아와 냉전의 기원: 신냉전사 연구의 비판적 해부」는 그 후 필자가 동아시아 대분단체제의 역사적 형성을 개념화하는 데 중요한 글이었다. 중국의 지정학적 정체성이 내전에서 공산당의 승리로 끝나가면서 이 새로운 중국과 미국이 우호관계는 아니라도 폭력적 격돌이 아닌 평화공존

---

for International Affairs(ed.), *Resolution of Conflict in Korea, East Asia and Beyond: Humanistic Approach*(2011 Civilization and Peace), The Academy of Korean Studies Press, 2012, pp.257-284.

12 이삼성, 「동아시아: 대분단체제와 공동체 사이에서」, 『민주주의와 인권』, 제6권 제2호(2006), 5-50쪽.

의 관계를 구성할 수 없었는가라는 동아시아 냉전의 전개에서 핵심적인 문제에 대해, 1990년대 중엽 이후 세계 학계를 풍미한 신냉전사 연구경향이 빠져 있는 본질주의적(essentialism) 논리의 편협성을 논했다. 그럼으로써 필자 나름의 전후 동아시아질서의 형성과정에 대한 논리를 세울 수 있었다.

이 책의 제16장인「한미동맹 유연화를 위한 제언」은 2003년에 쓴 것으로 동아시아 대분단체제 개념을 직접 다룬 것은 아니었다. 그러나 필자의 동아시아 대분단체제론은 이 체제의 구조적 동학과 함께 그 너머의 동아시아에 대한 비전의 추구를 동시에 문제로 했던 만큼, 한미동맹의 미래를 어떻게 사유할 것인지를 다룬 그 내용은 필자의 대분단체제론의 불가결한 요소를 담고 있었다.

제13장에 옮겨놓은 2007년의 논문「21세기 동아시아의 지정학」은 그 부제 '미국의 동아태 지역 해양패권과 미중관계'가 말해주듯이 동아시아 대분단체제의 중심 테마의 하나인 지정학적 긴장의 축을 논한 것이었다. 당시는 '차이메리카'(Chimerica)라는 개념이 유행한 데서 보이듯 미국 및 일본과 중국 사이의 경제적 상호의존이 강조되고 미국은 중국 견제보다 이슬람세계에 대한 대테러전쟁에 집중하고 있을 때였다. 동아시아에서의 미중 긴장의 다차원적인 깊이에 대한 세계 학계의 주목은 오늘날과 비교할 수 없는 수준이었다. 필자는 그 글을 통해서 동아시아 대분단체제와 그 지리적 표상으로서의 대분단선의 문제를 부각하고자 했다.

이 책에 실린 글들을 보면, 필자가 동아시아 대분단체제에 관해 학술논문들을 작성한 것은 2003년에서 2007년 사이에 집중되었고, 이후 한동안 공백기를 거쳐서 2016년에서 2023년 사이에 이르러서 다시 활성화한 것같이 보인다. 그 중간인 2008-15년 시기는 공백기처럼 보일 수 있겠다. 이 시기는 앞서 언급했듯이 필자가 전통시대 2천 년의 동아시아질서에 천착한『동아시아의 전쟁과 평화』제1권과 19세기 근대 동아시아와 한반도를 다룬 제2권의 출간, 그리고

2011년에서 2014년 시기에 집중된 '제국의 개념사' 관련 논문과 저서의 출간에 집중했던 기간이었다.

다만 이 기간에도 국내외 학술회의에서 동아시아 대분단체제론을 개진하고 다듬는 학술활동은 지속했다. 예를 들면 2009년 10월 당시 경북대 사학과 강진아 교수와 이 대학 한중교류연구원의 초청으로 대구에서 발표한 「20세기 동아시아질서와 그 유산: '동아시아 대분단체제'의 기원과 구조에 관한 하나의 스케치」, 2011년 12월 타이완 중앙연구원(Academia Sinica)의 초청으로 타이베이에서 열린 국제학술회의에서 발표한 「대분단의 구조: 동아시아 국제질서의 개념화」(The Structure of Great Divide: Conceptualizing the East Asian International Order),[13] 같은 해 한국학중앙연구원이 주최한 '문명과 평화'에 관한 국제학술회의에서 발표한 「동아시아 대분단체제 맥락에서의 한반도 평화」(Peace on the Korean Peninsula in the Context of the East Asian Grand Division), 2013년 10월 22일 민주화운동기념사업회가 조직한 국제학술회의 '2013 Seoul Democracy Forum'에서 발표한 「한반도와 동아시아, 평화와 민주주의」(The Korean Peninsula and East Asia, Peace and Democracy: The Necessity and Insufficiency of Democracy for Peace), 2013년 12월 김근태재단과 김근태민주주의연구소가 조직한 '김근태 2주기 학술세미나'에서 발표한 「이 시기 동아시아 평화에 대하여: 동아시아 대분단체제, 미국의 동아태 해양패권과 중국의 긴장, 그리고 한국」, 2014년 5월 연세대 국학연구원 포럼(원장 백영서 교수)에서 발제한 「천하체제, 제국체제, 대분단체제, 그리고 한반도」, 2014년 11월 한겨레통일문화재단(당시 임동원 이사장, 김보근 연구소장)이 조직한 '제10회 한겨레-부산 국제심포지엄'(부산 한중일 평화포럼)에서 발표한 「동아시아 대분단체제와 출구 모색의 방향」, 그

---

13 이 학술회의에서 중국 사회과학원의 자오팅양(趙汀陽) 교수는 자신의 지론인 '천하체계'론을 발표했다.

리고 2015년 1월 김우창 교수께서 주관하신 네이버문화재단 주최의 '문화의 안과밖, 열린연단'에서 행한 강연 「동아시아의 질서와 평화: 천하체제, 제국체제, 대분단체제」 등이 그것이다.

이 발표문들은 물론 지면의 제약으로 이 책에 포함시킬 수 없었다. 다만 이 기간에 다듬어진 대분단체제론을 신문글로 압축해 일반 독자들에게 제시할 기회가 있었다. 2014년 3월 『한겨레』의 한 면 전체에 걸쳐 소개했던 글이 그것인데, 이 책의 제11장에 「동아시아 대분단체제란 무엇인가」라는 제목으로 실어두었다.

이 무렵인 2013년 『한국정치학회보』에 발표한 「한국전쟁과 내전: 세 가지 내전 개념의 구분」은 동아시아 대분단체제론을 직접 다룬 것은 아니었다. 그러나 이 질서의 역사적 형성에서 결정적인 분수령이 한국전쟁이었던 만큼, 이 전쟁의 성격에 대한 필자 나름의 학문적 이해는 대분단체제론의 불가결한 전제였다. 그래서 이 책의 제12장에 배치했다.

2015년 6월 한국냉전학회가 성균관대 동아시아학술원과 함께 주최한 이 학회(당시 초대 학회장 정근식 교수)의 창립기념학술회의에 초대받아 필자가 제3부에서 기조 발제한 논문 제목이 「동아시아 대분단체제: 전후 동아시아질서의 개념적 재구성과 냉전」이었다. 2016년 10월 하순에는 제주4·3평화재단과 아시아평화와역사교육연대가 주최한 '제15회 역사인식과 동아시아 평화포럼 제주대회'에서 「동아시아질서의 시대구분과 20세기: 제국체제와 대분단체제」를 발표했다. 이 글들을 압축하여 2016년 『한국정치학회보』에 발표했고, 그것이 이 책의 제9장으로 실은 「전후 동아시아 국제질서의 구성과 중국: 동아시아 대분단체제의 형성과정에서 중국의 구성적 역할」이다. 2006년에 발표한 대분단체제론의 개념적 요소들과 이 질서의 역사적 형성과정에 대한 논리적 설명을 더 정밀하게 다듬고자 한 것이었다. 위의 두 발표 각각에 필자를 초대해준 성균관대 동아시아학술원의 임우경 교수와 연세대 사학과 김성보 교수를 비롯한 여러분께 이 자리를 빌려 감사의 말씀을 드린다.

이 책의 제1장에서 제7장까지의 글들은 2018년부터 2023년까지에 쓰였다. 앞서 다듬어진 대분단체제론의 골격을 유지하면서 또한 그것에 기반을 두고 한반도와 동아시아의 평화가 직면한 체계적인 위기들을 논했다. 지난 20년간 필자가 개진해온 동아시아 대분단체제의 긴장이 그 실체를 더 분명하게 드러내기에 이르렀다고 말할 수 있을 지난 5년에 걸친 시기에 필자가 그 개념틀에 준거하여 동아시아와 한반도 문제에 대한 논의를 꾸준히 다듬어온 발자취였다. 이 글들은 모두 그 시대적 상황에서 한국의 다양한 분야의 학계와 시민사회가 초대하여 귀중한 발표의 장을 제공함으로써 필자가 대분단체제론에 근거한 동아시아론을 더 다듬고 빈 공간을 채워나가는 기회가 되어주었다. 2018년 봄 제주4·3 70주년기념사업위원회와 제주 강정프란치스코평화센터, 그리고 평화활동가 오두희 선생을 비롯한 여러 제주 시민단체의 초대로 제주에서 가진 발표회, 2019년 4월 대통령직속 정책기획위원회(당시 위원장 정해구 교수)의 초대로 중국 상하이에서 행한 발표, 같은 해 6월 한림대학교 일본학연구소(소장 서정완 교수)와 러시아연구소(소장 최태강 교수)가 러시아 사할린국립대학교와 공동으로 주최한 유즈노 사할린스크에서 가진 학술회의, 2020년 6월 가톨릭동북아평화연구소의 주최로 열린 국제학술회의, 2022년 가을 한겨레통일문화재단(이사장 문정인 교수, 정욱식 연구소장)과 부산광역시가 공동주최하는 한겨레-부산 국제심포지엄, 2022년 11월 대한민국역사박물관에서 행한 강연(「미중 패권경쟁과 한반도: 동아시아 대분단체제론의 관점에서」), 2023년 6월 '평화와 통일을 여는 사람들'(평통사)이 해외 평화운동 NGO들과 연대해 구성한 원폭국제민중법정실행위원회 주최의 '원폭국제민중법정 제1차 국제토론회', 그리고 같은 2023년 6월 민주화운동기념사업회가 주최한 '6월항쟁 36주년 기념 학술토론회' 등이 그러했다.

이 자리를 빌려 귀중한 자리에 초대해주셨던 분들에게 깊은 감사의 말씀을 드린다. 동아시아 대분단체제론이 작으나마 학문적 의의를 담고 있는 노력이라면, 그것은 필자만의 것이 아니라는 것, 따스한 가슴으로 이름 없는 소박한 야생화에 물을 주듯이, 우리 학계와 시민사회의 많은 분이 관심을 갖고 그와 같은 기회들과 공론의 장을 마련해주었기에 가능한 것이었음을 새삼 기억하면서 고마움을 느낀다.

제10장 「제국 개념의 동아시아적 기원 재고」, 그리고 제8장 「제국과 천하 담론의 개념사적 맥락」은 동아시아 대분단체제론과 직접적인 관련은 없음에도 이 책에 포함시킨 이유를 설명해 둘 필요를 느낀다. 지난 20여 년에 걸쳐 국내외를 막론하고 세계적 또는 동아시아적 차원에서 과거뿐 아니라 현재, 특히 미래의 질서표상으로서 '제국'을 앞세우는 담론이 풍미하는 지성사적 현상이 벌어져왔다. 1990년대 초 탈냉전과 세계화 물결 속에서 모든 사회들이 하나의 지구공동체를 구성해 평화롭게 공영하는 코스모폴리스에 대한 낙관주의가 유엔의 역할에 대한 기대와 함께 부상했었다. 하지만 세계적 담론에서 그 흐름은 오래가지 않았다. 세계 곳곳에서 민족청소를 동반한 국가폭력이 과거의 이념적 분열을 대체했고, 이에 대한 대응에서 유엔은 무력함을 적나라하게 드러냈다. 코스모폴리스의 전망은 무너졌다. 그 지적 공백을 빠르게 채워나간 것이 미국의 일극 패권체제의 순기능을 긍정하고 앞세우는 담론이었다. 그것은 좌우를 가리지 않고 세계 지식인사회를 풍미한 제국 담론으로 이어졌다.

19세기 말에서 20세기 전반에 걸쳐 제국은 문명과 질서의 담지자였고, 식민지 사회는 미개(未開)와 야만을 표상하면서 그 대가를 치르는 것에 다름 아니었다. 작은 사회 혹은 작은 민족들이 자신의 국가를 가질 권리를 주장하는 것은 냉소와 억압의 대상이었다. 하지만 제2차 세계대전의 결과로 유럽에서는 나치 독일의 제3제국이, 동아시아에서는 일본제국이 무너지면서 전후 세계에서 제국은 제노사이드와 야만을 표상하는 도덕적 추락을 겪었다. 적어도 명분상으로는 작은 사회들도 자신의 독립적인 정치공동체를 구성할 권리를 누리는 주권국가 중심의 체제가 자리 잡았다. '제국'은 도덕적 타기(唾棄)의 대상으로 전락했다. 그런데 20세기 말 탈냉전 이후 잠시 부풀어올랐던 코스모폴리스에 대한 환상의 불꽃이 사그라들면서 제국은 다시 문명과 질서를 담당하는 현실적 차선(次善)으로 떠올랐다. 우파에서는 미국의 신보수주의자들이 그 흐름을 주도했고, 좌파 지식계 일각은 사실상 미국이라는 단극 패권자를 중심에 둔, 궁극적인 극복의 대상이면서도 역사상 가장 진보적인 질서로 개념화된 '제국'을 부각시켰다. 2000년에 출간된 안토니오 네그리와 마이클 하트의 『제국』이 그것이다.

동아시아에서도 과거 제국 건설의 경험을 가진 사회의 좌파 지식인들이 이 지성사적 조류에 가담했다. 중국 지식계에서 이른바 신좌파를 이끈 왕후이(汪暉)는 티베트와 신장 위구르의 소수민족들과 중국의 바람직한 관계를 '트랜스-사회 시스템'이란 개념으로 설명함으로써, 작은 민족들이 독립적인 정치공동체를 구성하는 주권국가 이념을 비판하고자 했다. 그 현실역사적인 함의는 티베트와 신장에 대한 중국 공산당의 '제국적 통치'를 정당화하는 효과를 내포했다. 왕후이는 실제 중국 지식계에서 제국 개념의 도덕적 복권을 선도한 역할을 했다고 필자는 평가한다. 일본의 가라타니 고진(柄谷行人)은 한걸음 더 나아가 제국 개념의 도덕적 복권을 거의 엽기적인 수준으로 고양시키는 담론을 생산했다. 가라타니가 개념화한 '제국'은 지극히 고상한 질서여서, 심지어 미국조차도 그 기준에 부합하지 못하는 것이었다. 그는 제국을 패권적 힘과 함께 거대한 문명적 포용력을 가진 존재로 개념적 분식(粉飾)을 했기 때문이다.[14]

제국은 결코 멀지 않은 과거 역사에서 중심과 주변 사이의 정치군사적 우열을 확립하고 그것을 문명과 야만의 도덕적 우열로 덧씌

---

14 이삼성, 「제국, 국가, 민족: 위계적 세계화와 민주적 세계화 사이에서」, 네이버문화재단 주관 「열린연단: 문화의 안과밖」, 서울 안국빌딩 신관, 2016년 4월 16일.

우는 위계(位階)적 질서를 표상하는 전통적 개념의 하나다. 그러나 21세기에 들어서 과거 역사에서 제국건설의 경험을 가진 큰 사회들의 지식인들이 중심이 되어 '제국'에 대한 저마다의 개념적 재가공 작업을 전개했다. 제국은 더 이상 억압과 착취의 주체가 아닌 문명과 질서의 표상으로 둔갑했다. 과거의 질서표상 개념으로 머물지 않고 현재와 미래의 이상적이거나 적어도 차선의 비전으로 제시되기에 이른 것이었다.

과거 제국 건설의 경험을 가진 큰 사회의 지식인들이 그처럼 과거 역사 속에 존재한 중심과 주변 사이에 정치적·도덕적 차원의 위계적 질서를 표상하는 전통적 용어의 의미를 재가공해 미래의 이상적 질서를 나타내는 데 동원한 또 하나의 대표적인 개념이 '천하'였다. '제국' 개념을 재가공해 현재의 질서를 긍정하고 그것을 적어도 차선의 미래 비전으로 제기하는 데에는 미국과 유럽의 지식인들이 앞장서고 여기에 일본의 지식인들이 편승했다면, 오늘날 중국의 지식인들은 영미권의 '제국' 담론에 한편 긍정적이면서도 다른 한편으로 자신들의 전통적 개념체계 안에 있던 '천하' 개념을 소환하여 그것을 새롭게 가공해 재활용하는 작업에 적극적이었다고 말할 수 있다. 중국 사회과학원의 자오팅양과 상하이 푸단대의 쉬지린(許紀霖) 등이 이러한 흐름을 대표한다.

작은 사회나 소수민족의 독립적 정치공동체, 곧 작은 사회의 주권국가 이념을 냉소적으로 바라보면서 더 큰 단위의 정치적 지배영역을 표상하는 전통적 개념들을 재소환해 가공하여 바람직한 미래의 질서표상으로 내세우는 경향을 가진 큰 사회 지식인들의 담론, 그리고 그것을 무비판적으로 유통시키는 우리 사회의 지적 풍토에 대해 필자는 비판적인 생각을 갖고 있었다. 필자가 그에 대한 대안으로 마음속에 품고 있던 보다 바람직한 미래 세계사회의 비전은 크고 작은 사회들이 저마다의 민주적인 정치공동체를 가꾸면서 그들이 힘의 강약을 떠나 평화롭게 공존하는 다원적인 질서였다. 그러한 대안적 지구사회에 대한 정치적 상상력을 억압하는 힘을 갖는 제국론이나 천하 담론에 대해 필자는 우리 학계가 지적 긴장감을 유지해야 한다고 믿었다. 이러한 의식을 반영해 필자가 처음 쓴 글이 2006년 『국제정치논총』에 발표한 「미국 외교사학과 '제국' 담론의 전복: 신보수주의와 존 L. 개디스의 본질주의 외교사학」이란 논문이었다. 그 무렵 한림과학원장을 맡고 계시던 김용구 교수께서 필자에게 '제국'의 개념사 집필을 제안하셨고, 그 결과물이 2014년 출간한 『제국』이었다.

제국의 개념사 연구와 천하 담론에 대한 필자의 비평을 담은 글들은 현재와 미래의 동아시아질서에서의 전쟁과 평화를 규정하는 문제들에 요구되는 치열한 논의를 제국 또는 천하에 대한 현학적 담론으로 쉽게 대신하는 것에 대한 비판적 문제의식과도 연결된다. 그 점에서 필자가 논해온 제국의 개념사 연구, 그리고 천하 담론 비평은 전후 질서에 대한 대분단체제론과 함께 필자의 동아시아론과 반드시 분리되어 있지 않다. 제10장의 글은 2014년에 출간한 『제국』에 포함된 일부 오류를 바로잡고 그 책에서 미처 다루지 못했던 점을 보완하여 같은 해 말 『국제정치논총』에 발표한 논문이었다. 제8장 「제국과 천하 담론의 개념사적 맥락」은 2018년 고려대 중국학연구소가 주최한 한 학술회의에서 행한 기조강연문인데, 내용은 2014년의 책 『제국』에 이미 담긴 것이었다. 다만 제국과 함께 '천하' 담론에 대한 필자의 비판적 인식을 엿볼 수 있는 글이어서 제10장의 논문과 함께 이 책에 실었다.

필자의 동아시아 대분단체제론은 그 구조적 질곡으로부터 동아시아가 벗어날 수 있기 위해 동아시아 사회들이 어떤 방향감각을 공유하고 공동의 노력을 기울여야 할 것인지, 그 극복의 지혜에 관한 다양한 논의의 필요성을 강조한다. 그래서 이 책에 실린 글들은 한편으로 동아시아 대분단체제가 담고 있는 질곡의 구조에 대한 현실주의적 관찰과 독해가 있고, 다른 한편에서는 동아시아 사회들이 공동의 인식을 나누며 함께 노력할 때 가까워질 수 있는 질곡 너머 대안의 동아시아에 대한 다분히 이상주의적인 비전과 꿈도 담고 있다. 어쩌면 그 대안의 동아시아에 대한 간절한 소망이 우리가 처한 현실 역사의 구조로서의 대분단체제에 대한 치열한 주목의 바탕이 아니었을까 생각해본다.

이 책은 동아시아 질서에 대해 지난 20여 년에 걸쳐 필자가 다듬어온 지적 오디세이로서, 실린 글들 각각은 그 시기 지배적인 지적 풍토에 대한 비판적 인식과 필자 자신의 대안적 개념화를 위한 노력을 담고 있다. 대부분의 글은 각 글을 발표한 시기 동아시아적 맥락에 대한 필자의 분석과 제안의 개념적 토대인 대분단체제론이 그 글을 접하는 독자들에게 낯선 개념틀일 것을 전제하고 쓰였다. 그래서 각 글의 서두 혹은 말미에 동아시아 대분단체제 개념에 대한 설명이 길게 혹은 짧게 배치되어 있다. 그로 인해 이 책을 읽는 독자들은 많은 부분 그 내용이 중첩됨을 발견할 것이다. 그런 가운데서도 기본 틀에서는 일관성을 가지되 시간이 흐르면서 개념화의 내용이 일정하게 진화해왔으며 서로 보완적인 요소들이 있다는 것도 알 수 있을 것이다. 필자는 그 중첩에 대해 독자들의 양해를 구하고 싶다. 다만 중첩된 부분을 그대로 담은 발표 당시의 내용을 유지함으로써 필자의 동아시아론의 시간적 진화 과정을 드러내고자 했다는 점을 밝혀둔다.

이 책이 나오는 데에는 필자의 제안을 흔쾌히 받아주신 한길사 김언호 사장님과 백은숙 주간님의 지지, 그리고 편집을 맡아주신 이한민 선생님의 세심한 노력이 있었다. 세 분께 깊은 감사의 말씀을 드린다. 상업적 의미는 없는 이 저작에 대한 출판지원을 결정해주신 한국출판문화산업진흥원의 심사위원들께도 감사의 마음을 전해드린다.

나는 학부 2학년 때 같은 대학 같은 학과 같은 학년이었던 교영(教瑛)을 만났다. 1978년이었다. 그해 방학 때 하숙집을 비우고 전주 집으로 내려가야 했던 나는 당시 소장하는 것 자체가 「반공법」(1980년 12월 이후 「국가보안법」) 위반인 불온서적이었던 한 보따리의 영문 해적판 책들을 그녀에게 대신 보관해줄 것을 부탁했었다. 그녀와 그

2011년 12월 타이베이에서 타이완 중앙연구원이 주최한 국제학술회의 참석 후
국가공원 양밍샨의 한 식당에서 아내 강교영과 함께. ⓒ이삼성

렇게 만났다. 우리 두 사람 모두 가난했고 나는 더욱이 한 인간으로
서 여러 가지 약점이 있었기에, 나도 그녀도 사뭇 진지하게 독신으로
살리라 말하곤 했었다. 그러나 내가 예일대 박사과정에 입학하게 되
어 출국하기 한 달 전이었던 1983년 7월 우리는 나의 석사논문 지도
교수님이신 이홍구 선생님의 주례로 결혼식을 올렸고, 그녀가 출국
해 뉴헤이븐의 예일대 신학대 언덕 위의 소박한 원룸아파트에서 나와
함께하기 시작한 것은 그 이듬해 봄이었다. 모든 나무가 하얀 꽃을
피워 온 세상이 꿈속 같은 뉴잉글랜드의 전형적인 4월의 그날들은 언
제나 내 마음속에 있다. 국비유학 장학금은 4년간의 박사과정 등록
금 외에 나 한 사람의 생활비만 지급했기 때문에 유학 3년차에 첫 아
이 유진을 낳은 그녀는 나와 함께 많은 고생을 감내했다. 1988년 학
위논문을 완성하고 함께 귀국한 후에도 긴 어려운 시절을 겪었다. 인
생의 우여곡절들이 있었다. 하지만 그녀는 가까이서든 멀리서든 항
상 그 자리에 있었고 나를 지켜보았다. 1982년 겨울에 완성한 석사
학위 논문에서 1988년 박사학위 논문을 거쳐서 귀국 이후 출간한 여

러 저작들과 오늘 이 책에 이르기까지의 지적 작업은 그녀가 세 자녀를 낳고 그 아이들과 함께 나를 언제나 잔잔한 시선으로 지켜봐주어 지닐 수 있었던 안정감 속에서 가능했다. 내 영혼에 새겨진 불치의 병들로 늘 위태로운 항해에 다름 아니었던 내 인생에 닻이 되어준 교영에게 이 책을 헌정한다.

2023년 10월
이 삼 성

**동아시아
대분단체제론**

제1장

동아시아 대분단체제론과 미중갈등 그리고 한반도[1]

1. 동아시아 근현대사에서 미중관계의 전제로서의 미일연합

동아시아 대분단체제론의 시각에서 과거와 현재의 미중관계를 이해하기 위한 출발점의 하나는 미국의 동아시아 경영이 그 근간에서 일본과의 유서깊은 연합에 기초했다는 사실을 주목하는 것이다. 1854년 페리 함대가 일본을 개항시켰을 때 미국의 의도는 일본을 교두보로 중국을 경영하려는 것이었다. 미국에게 있어서 중국 경영의 중요한 전제는 러시아를 견제하는 것이었고, 일본과의 연합은 그 점에서도 필수적인 조건이었다.

영국이 1840년 중국을 상대로 아편전쟁을 벌일 때, 그 일차적인 목적은 아편무역의 이익을 보호하기 위함인데, 당시 중국과의 아편무역에 미국은 이미 20퍼센트의 지분을 갖고 있었다. 청일전쟁과 러일전쟁에서 일본의 승리는 미국과 영국의 방조하에 가능했고, 이후 일본은 명실상부한 제국 클럽의 일원이 된다. 일본은 청일전쟁 기간 여순 점령 후 6만 명의 민간인과 포로에 대한 학살로 난징학살의 전

---

[1] 이 글은 2023년 6월 민주화운동기념사업회가 주최한 6월항쟁 36주년 기념 학술토론회 '한국 민주주의, 도전과 전망,' 서울글로벌센터 국제회의장, 2023.6.9에서 「동아시아 대분단체제론으로 보는 미중 갈등과 한반도 평화의 위기」라는 제목으로 발표한 것이다. 이 발표문에 대한 토론 과정에서 필자가 언급했던 내용과 발표 후 약간의 자료를 보완해 다듬은 것임을 밝힌다.

사(前史)를 이루는 만행을 범하지만,[2] 미국은 전범국 일본을 '동양 유일의 문명국'으로 등극시킨다.

같은 시기 미국도 필리핀과 3년에 걸친 전쟁을 벌여 민간인 20여만 명을 학살하는 제국주의적 야만을 통해 이 사회를 식민지로 만들고 '동아시아의 제국'이 된다.[3] 이 과정을 통해 동아시아의 신흥제국으로 동시 등장한 미국과 일본은 서로 경쟁하는 한편 러시아를 공동으로 견제하면서 거대한 중국을 경략하기 위한 동반자적 협력관계를 구성한다. 그 중요한 요소는 식민주의적 권리에 대한 상호 인정을 내포한 권력정치적 흥정이었다. 1905년 7월의 가쓰라-태프트 밀약, 1908년 11월의 루트-다카히라 밀약, 1917년 11월의 이시이-랜싱 밀약 등이 그것이다.

그러한 '미일 제국주의 연합'의 두 번째 주요 요소는 '전략적 경제 동반자' 관계였다. 이 관계는 일본이 1930년대에 들어 '서양과의 연합' 국면을 지나 대륙주의(continentalism)에 경도해 중국 본토에 대한 전쟁을 본격화하는 국면에까지 이어진다. 1930년대 말 일본이 독

---

2 후지무라 미치오는 미국 매체 『뉴욕월드』와 영국 『타임스』의 보도를 근거로 '여순학살사건'(旅順虐殺事件)을 중요하게 언급했다. 6만 명이란 숫자는 『뉴욕월드』의 보도내용이었다(藤村道生, 『日清戰爭』, 東京: 岩波書店, 1973, p.132). 중국 역사학계는 이 사태에 더욱 자세하게 주목해왔다(宗澤亞, 『清日戰爭』, 北京: 北京聯合出版公司, 2014, pp.360-377).

3 스탠리 커노우는 미국-필리핀전쟁의 희생자 수를 20만 명으로 잡고, 그 대부분은 필리피노였다고 밝혔다(Stanley Karnow, *In Our Image: America's Empire in the Philippines*, New York: Ballantine Books, 1989, p.140). 데이비드 핼버스탬은 이 전쟁에서 필리핀인의 희생을 더 크게 파악했다. 미국은 쉽게 생각했던 식민주의 전쟁이 예상보다 강력한 저항에 부딪치면서 정규군 6만 명, 자원병 5만 명을 합해 총 11만 2,000명의 군대를 파견해야 했다. 이 전쟁에서 미군은 전사자 4,200명, 부상자 2,800명을 기록했다. 필리핀인은 군인 2만 명, 민간인은 25만 명, 도합 27만여 명이 생명을 잃었다고 핼버스탬은 적었다. 핼버스탬이 한국전쟁에 관한 책을 쓰면서 미국-필리핀전쟁을 주목한 것은 한국전쟁의 영웅인 더글라스 맥아더의 아버지 아서 맥아더(Arthur MacAthur)가 1900년 필리핀주둔 미군사령관이었기 때문이다(David Halberstam, *The Coldest Winter: America and the Korean War*, New York: Hyperion, 2007, p.111).

일 나치스와 추축국 동맹을 맺고 마침내 미국을 향해 전쟁을 도발하기 불과 얼마 전까지 미국은 일본의 중국 침략의 바탕이 되는 전략물자들의 일차적인 공급망이었다.

난징학살이 진행된 1937년에서 1938년 초의 시점에서도 일본에 항공폭탄을 제공한 나라는 미국이었다. 1940년 1월 말까지도 미국은 일본에 석유와 폭탄의 주원료인 폐철 등 전쟁물자 수출을 계속했다. 중국의 도시들을 폭격하는 일본 폭격기의 활동에 필수적인 항공유를 1940년 중엽까지 공급한 것도 미국이었다. 미국은 일본과의 전쟁을 불과 5개월 앞둔 1941년 7월까지 가장 중요한 전략물자인 석유를 일본에 공급했다.[4]

1941년 12월 일본의 진주만 공격과 1945년 8월 미국의 히로시마와 나가사키에 대한 원폭투하라는 두 개의 충격적인 사건은 근대 100년에 걸친 미일관계의 본질에 대한 우리의 인식을 지배하는 결정적인 이미지들로 작용해왔다. 미일관계는 결국 전쟁으로 가기 위한 갈등 심화의 과정이라는 굴절된 인식이었다. 그로써 일본과의 연합이 미국의 동아시아전략의 근저였다는 사실은 쉽게 가려진다.

2. 전후 동아시아 대분단체제의 성립:
냉전과 탈냉전을 관통하는 연속성

태평양전쟁으로 일시 파국에 직면했던 미일연합은 원폭투하와 미국의 일본 단독점령, 그리고 곧 미국이 취한 일본 재건 정책에 의해서 복원의 길을 걷는다. 전후 동아시아 질서의 다른 축은 중국대륙이다. 반식민지 단계의 중국은 미국이 일본과의 제국주의 연합에 의한 경영의 대상이었지만, 태평양전쟁 기간에 장제스의 중국 국민당 정권은 미국의 동맹국이었다. 그러나 전후 중국은 3년(1946-1949)에

---

4 이삼성, 『동아시아의 전쟁과 평화 2』, 한길사, 2009, 500-503쪽.

걸친 내전을 겪으며 그 지정학적 정체성이 전환된다.

20세기 전반기의 동아시아 제국체제에서 중국 사회가 고군분투한 숙제는 반제와 반봉건이었지만, 전통질서와 공생한 장제스 정권은 그 숙제를 풀지 못했다. 국민당 정권은 특히 일본 제국주의의 침탈 속에서 급진화한 중국 민족주의의 요구에 부응하지 못했고, 부패했다. 내전을 통해 중국 사회는 공산당을 선택했고, 그 결과가 1949년 10월 중화인민공화국이라는 이름의 신중국 탄생이었다.

미국과 신중국 사이에 갈등은 불가피했지만, 전쟁도 불사하는 대결이 필연적인 것은 아니었다. 역사는 아직 열려 있었다. 1949년 여름과 가을 중국 공산당은 미국과의 외교관계를 탐색했다. 미국은 그해 10월 신중국과 외교관계를 거부하는 결정을 공표했고, 영국을 비롯한 다른 나라들이 신중국과 관계를 맺는 것도 막았다. 마오쩌둥은 그해 12월 모스크바를 방문해 소련과 우호동맹조약을 협상한다. '기회의 창'은 그렇게 닫혀갔다.

이로써 동아시아 대분단체제의 원형이 구성된다. 미국과 일본이 동일체가 되고, 내면에서 정체성이 전환된 중국대륙 사이에 대화 가능성이 사라지고, 지정학적 긴장, 정치사회적 체제와 이념의 이질성으로 인한 긴장, 그리고 역사적 인식의 간극으로 인한 역사심리적 긴장이라는 세 차원의 긴장 구조가 들어선다. 이와 동시에 한반도와 타이완해협에 소분단체제들이 모습을 갖추어가고, 인도차이나에서는 북베트남을 기반으로 한 베트남 공산주의자들과 프랑스의 식민주의 재건세력의 전쟁이 본격화하는 가운데, 프랑스의 식민주의 복원작업을 미국이 지원하며 간접개입을 시작한다. 미일연합과 중국대륙 사이의 대분단 기축의 원형이 한반도와 타이완해협에 형성되는 초기 국면의 소분단체제들과 상호작용하기 시작한다.

1950년 1월 소련과 신중국은 우호동맹조약을 타결한다. 1월 말 스탈린은 그전까지 승인하지 않고 있던 김일성의 '한반도 무력통일' 기획을 긍정하는 신호를 보낸다. 1950년 5월 스탈린은 미국이 군사개입하는 유사시에 신중국이 한반도에 무력개입해 북한을 도울 의사가 있는지를 김일성이 마오쩌둥에게 확인받도록 한다. 5월 베이징을 방문한 김일성에게 마오쩌둥은 그 약속을 했고, 김일성의 남침기획은 그대로 진행된다. 6월 한국전쟁이 발발하고 미국은 이 전쟁에 즉각 군사개입을 단행한다. 미국은 동시에 타이완해협에 항공모함을 파견해 중국 내전에 다시 개입해 타이완해협의 소분단을 굳힌다.

낙동강까지 밀렸던 유엔군은 9월 말 서울을 수복한 데 이어 중국의 경고를 무시하고 38선을 넘어 북진해 압록강에 이른다. 마오쩌둥은 소련이 조속한 공군력 지원을 거부함에도 불구하고 한반도에 군사개입해 미국과 정면대결한다. 이로써 미국과 중국은 루비콘강을 건넜다. 1951년 9월 미일동맹이 공식화되면서 동아시아 대분단의 기축관계가 확립된다. 타이완해협의 소분단이 굳어짐과 동시에 한반도 소분단체제도 고착된다. 북에 의한 통일은 미국의 개입이 저지했고, 남에 의한 통일은 중국의 개입이 저지했기 때문이다.

한국전쟁의 종결과 함께 인도차이나에서 미중 대결이 구체화한다. 미국은 중국 봉쇄정책의 일환으로서, 그리고 전후 일본 재건의 필수 요건으로서, 인도차이나에 대한 패권적 경영에 본격 나선다. 중국의 지원에 힘입은 베트남 공산주의자들이 1954년 봄 디엔비엔푸에서 프랑스 식민주의자들을 무너뜨림으로써 제네바평화협정을 획득한다. 하지만 프랑스가 퇴장한 공백을 메꾸며 들어선 미국은 제네바협정을 파기하고 베트남의 남북 분단체제를 고착화시킨다. 이렇게 성립한 인도차이나의 소분단체제는 다른 두 소분단과 함께 '미일동맹 대 중국'이라는 대분단 기축과 서로 지탱하고 심화시키는 상호작용 관계를 형성하면서 동아시아 대분단체제의 중요한 요소가 된다.

전후 동아시아를 '냉전체제'론이 아닌 동아시아 대분단체제론의 관점에서 이해한다는 것의 한 가지 의미는 전후 동아시아 질서 재편성의 주된 동력을 미소관계가 아닌, 중국과 미일동맹의 관계에서 찾는 데 있다. 또한 냉전-탈냉전의 이분법을 넘어서, 그 두 시기를 관통하는 변화와 함께 본질적 연속성을 주목하는 것이다. 그럼으로써 미소 냉전의 직접적 투영이었던 유럽의 국제질서와 다른 전후 동아시아질서의 고유성과 통시적인 연속성을 개념화한 것이다.

대분단체제의 기축인 미일동맹과 신중국 사이의 지정학적 긴장이 최고조에 달한 것은 대분단체제 자체의 완성과 동시적인 것이었다. 한국전쟁은 그 지정학적 긴장의 시작점이자 최고점이었다. 그 시점은 미국의 전 지구적 패권은 최고조이고 중국의 국력은 반식민지 상태와 내전의 상처에서 갓 빠져나와 최저점인 때였다. 이것이 시사하는 바는 크다. 한반도의 전쟁에 개입해 미국의 북진을 무로 돌려버린 중국의 개입 결정의 배후는 물론 소련이라는 동맹국의 존재이기도 했지만, 더 본질적인 배후는 유장한 역사와 거대한 인구를 담은 동아시아 대륙의 주권을 획득한 신흥세력 자신의 주인의식이었다.

지정학적 긴장은 이념의 차이와 무관하게, 독립적인 정치공동체들 사이에 으레 형성되기 마련인 영토적·경제적·군사적 영향력 경쟁을 가리킨다. 이념의 함수가 아니고 국력의 함수다. 다만 그것이 정치사회적 체제와 이념의 이질성이라는 차원과 결합할 때 그 긴장의 강도는 배가된다. 냉전기 후반의 중소대립은 한편으로 같은 이념을 가진 두 거대 국가 사이에 지정학적 긴장이 발전한 것을 뜻했다. 동시에 그것은 다른 이념을 가진 중국과 미국 사이에 존재한 지정학적 긴장이 부분적으로 완화된 것을 말했다. 그 틈을 타서 미국은 베트남전쟁으로부터의 명예로운 후퇴를 위해 중국과 대흥정을 벌였다. 중국은 미국으로부터 타이완에 대한 '하나의 중국' 원칙을 인정받고 유엔 상임이사국이 되었고, 대신 미국은 베트남 공산주의자들을 종전협상 테이블에 앉히기 위한 중국의 외교적 압박을 이끌어내 체면을 챙기면서 베트남전쟁을 끝냈다.

1980년대 말 내지 1990년대 초에 본격화하는 탈냉전은 미소 냉전의 한 축인 소련의 붕괴와 함께 왔다. 유럽의 국제질서는 미소 냉전의 거울이었던 만큼, 소련의 붕괴는 유럽 냉전체제의 해체로 직결되었다. 반면에 동아시아 대분단체제의 한 축인 중국에게 탈냉전은 소련과 정반대로 개혁개방을 통해 세계화하며 국력이 팽창하는 공간이었다. 바로 그러한 이유로 중국과 미일동맹 사이의 지정학적 긴장은 해소가 아닌 재충전의 길을 걷게 된다.

동아시아 대분단체제가 내포한 긴장의 두 번째 차원, 즉 정치사회적 체제와 이념의 이질성으로 말미암은 긴장 역시 냉전과 탈냉전의 구분을 넘어서는 연속성을 갖는다. 물론 변화도 있었다. 냉전기에 그 이질성의 내용은 자본주의와 사회주의라는 경제사회체제의 차이, 즉 시장 메커니즘의 존재 여부가 핵심이었다. 미일동맹과 중국 사이엔 '민주주의와 권위주의의 차이'도 의미가 있었다. 그러나 동아시아의 맥락에서 볼 때, 미국의 동맹국 사회들의 대부분은 반공파시즘에 가까워 그 차이는 대체로 실종된다.

탈냉전과 함께 정치사회적 체제와 이념의 이질성은 내용을 바꾸어 재충전된다. 중국은 1978년부터 시장 메커니즘을 도입하며 개혁개방을 추진한다. 그것은 1985년 시작된 '고르바초프 혁명'(신사고 혁명)을 이끌어낸 세계사적 동력의 하나였다. 중국 개혁개방 자체의 동력은 마오쩌둥 시대 전체주의 경험에 대한 중국 공산당 내부로부터의 치열한 자성(自省)이었다. 결국 중국의 시장화 혁명이 소련의 체제변동의 한 원인이 되면서, 탈냉전의 한 동력으로 작용했다.

1980년대 후반에 전개되는 동아시아 반공파시즘 정권들의 민주화 배경의 하나로 중국의 탈전체주의화와 시장화 혁명을 꼽을 수 있는 것이다. 그 결과는 아이러니하게도 자본주의 대 사회주의라는 긴장의 요소는 퇴색하되, 다른 내용의 정치사회적 체제와 이념의 이질성이 전면적으로 부각되는 것이었다. 민주주의 대 권위주의의 긴장이 그것이다. 필리핀, 한국, 타이완 등 미국의 동아시아 동맹국 사회들에서 전개된 '제3의 민주화 물결'은 1989년 중국의 톈안먼사태와 정면으로 충돌했다.

이후 미국 언론과 지식인 사회에서 새뮤얼 헌팅턴의 '문명충돌론'이 유력한 지배적 담론의 하나로 자리 잡으며 '세계화'된다. 그의 문명충돌론은 이슬람과 기독교 문명의 갈등을 집중 조명했지만, 동시에 중국과 미국의 문명적 공존의 불가능성을 강조하면서 두 문명의 궁극적인 충돌을 예언했다. 덩샤오핑 체제는 1980년대에 중국 청년 지식인 사회에 유력해진 자유주의 사조를 무력으로 억누르며 공산당이 곧 국가인 중국식 '당국체제'(黨國體制)의 권위를 재확인했다. 이로서 중국이 '시장 레닌주의'로 귀결되었다는 평가도 받는다.

반공파시즘을 갓 털어낸 타이완의 민주세력은 그러한 중국에 절망하며 타이완 독립을 희구했다. 한반도 소분단체제에서 북한 핵문제가 대분단체제의 기축관계와 상호작용하며 이 체제의 긴장을 재충전시키듯이, 타이완해협의 소분단체제에서는 타이완의 독립 지향이 대분단 기축관계와 상호작용하며 긴장 재충전에 기여하게 된 것이다.

동아시아 대분단체제의 기축관계에 작동하는 긴장의 세 번째 차원은 역사심리적 긴장이다. 이것은 전후 동아시아를 전후 유럽의 냉전체제와 구분짓는 결정적인 차원이기도 하다. 전후 동아시아 국제질서가 유럽과 다른 고유성의 중요한 요소인 것이다.

2차 대전 종전 이전의 유럽은 독일과 프랑스를 비롯한 다른 유럽 국가들 사이에 오랜 지정학적 긴장과 함께 깊은 역사심리적 긴장이 존재했다. 전후 유럽의 냉전체제는 그러한 전전의 지정학적 긴장과 역사심리적 긴장을 해소하는 메커니즘이 된다. 북대서양조약기구(NATO)는 서독과 프랑스-영국을 미국이 주도하는 군사동맹체제로 묶었고, 바르샤바조약기구(Warsaw Pact)는 동독과 동유럽 국가들을 소련이 주도하는 하나의 동맹체제로 묶었다. 이로써 서독은 세계의 자본주의 진영과, 동독은 나머지 세계의 사회주의 진영 국가들과 과거의 지정학적 긴장을 해소하고 동일한 초국적 이념공동체를 구성했다. 그것은 독일 전체가 나머지 세계와 화해하며 과거의 역사적

1981년 12월 바르샤바조약 회원국 장관회의.

상처를 치유하는 장치로 작용했다. 그 전제는 물론 서독과 동독 모두 침략전쟁과 반인도적 범죄의 주체였던 나치 독일과의 철저한 역사적 단절을 통한 내면적 과거청산이었다.

대분단체제의 전후 동아시아에서 일본과 중국대륙 사이의 역사심리적 긴장은 유럽과 정반대의 운명에 처했다. 제국일본의 침략전쟁과 식민지배, 그리고 난징학살과 같은 반인도적 범죄가 남긴 역사적 상처는 대분단체제 형성으로 인해서 해소의 기회를 갖지 못하고 굳어지는 응결(凝結) 상태가 된다. 이 역사심리적 긴장은 대분단체제가 내포한 지정학적 긴장과 정치사회적 체제와 이념의 이질성으로 인한 긴장들과 상호강화 작용을 하면서 대분단체제 기축관계의 긴장을 심화시킨다. 이 체제의 정신적 폐쇄회로로 기능하는 것이다.

대분단체제에서 역사심리적 긴장은 일본과 중국의 관계에만 그치지 않고 미일동맹과 중국의 문제가 된다. 대분단체제는 미국이 중일 사이의 역사심리적 긴장을 자기화하는 장치다. 두 가지 의미에서 그렇다. 첫째, 미국은 자신이 주도하는 자유세계라는 초국적 이념공동체에서 일본을 동아시아의 보루로 삼았다. 일본은 역사반성의 책임을 면제받았다. 중국의 관점에서 미국은 반세기 전에 청일전쟁과 러일전쟁 후에 그랬던 것처럼, 20세기 중엽에 다시 전범국 일본을 동아시아 유일의 문명국으로 신분세탁한 주역이었다. 둘째, 미일동맹의 존재조건은 일본의 과거에 대한 역사 담론을 억압하고 대신 중국을 공동의 적으로 하는 이념 담론을 부각하는 데 있다. 따라서 중일 사이의 역사심리적 긴장은 중국과 미일동맹의 문제로 전환된다.

탈냉전은 동아시아 대분단체제의 역사심리적 긴장을 해체하지 않았고, 오히려 전면에 위치시켰다. 탈냉전은 이념 담론의 퇴장을 의미했다. 그 공백을 역사 담론이 메꾸었다. 중국과 한국을 비롯한 동아시아 사회들에서 냉전기에 동결 상태로 있던 역사 담론이 해방을 맞았다. 난징시 한복판에 있는 난징대학살기념관은 1985년에 개관했고, 1995년에 오늘의 규모로 확장되었다.

냉전기에 역사반성을 면제받았던 일본의 교육체제와 사회는 동아시아 사회들에서 갑자기 활성화된 역사 담론의 공세에 당혹과 혼란을 피하지 못했다. 1990년대 초반 고노 담화와 무라야마 담화 등 지도층의 일정한 과거사 반성의 제스처가 있었지만, 그 기조는 오래가지 못했다.

1995-96년의 타이완해협 미사일 위기, 그리고 북한 핵문제와 미사일문제 등 대분단체제의 주요 구성요소인 소분단체제의 긴장들과 맞물리면서 일본 정치는 우경화의 길을 걸었고, 역사반성의 흐름도 실종되었다. 자학사관을 비판하는 역사수정주의가 힘을 얻고, 2010년대에 장기집권한 아베 신조에게 '정상국가 일본'은 전쟁할 권리를 회복하는 것만 아니라 역사반성의 책임에서 자유로운 일본을 의미하는 것이기도 했다.

3. 2000년대 동아시아 대분단체제의 진화

2000년대 동아시아 대분단체제에서 미일동맹과 중국의 긴장은 크게 세 국면으로 전개된 것으로 볼 수 있다. 첫 국면은 2000년대의 첫 10년이다. 미국은 2001년 12월 중국의 세계무역기구(WTO) 가입을 수용했다. 중국을 세계자본주의경제에 깊게 참여시켜 경제적 상호의존을 통한 중국 통제, 그리고 중국의 시장과 값싼 노동력을 활용하고자 했다. 신자유주의적 세계화를 통해 경제적 이익을 추구해 온 맥락에서 상호이익이라 판단했다. 그러나 곧 미국은 중국의 급속한 경제 성장과 그에 따른 국력 성장 속도에 놀라게 된다. 2001년 중국은 수출액에서 세계 6위였으나, 불과 8년 후인 2009년 세계 1위가 된다.

2001년 1월 출범한 부시 행정부의 최중요 어젠다의 하나는 중국 견제였다. 중국 견제는 부시 행정부를 채운 네오콘들의 주요 목표였다. 그러나 출범 첫해 9·11테러가 발생하면서 미국의 우선순위는 이슬람세계를 타겟으로 하는 대테러전쟁으로 옮아갔고, 중국 견제는 뒷전으로 밀려난다. 신장 위구르족의 저항에 직면한 중국은 미국에게도 당분간은 대테러전쟁의 협력자였다. 중국의 WTO 가입이 미국의 아프가니스탄 전쟁 개시 2개월 후였다는 점은 시사적이다.

그런 가운데서도 미중 갈등은 내연(內燃)하고 있었다. 1990년대에서 2000년대 초에 걸쳐 미국 네오콘들의 일차적인 목표는 미 대륙 전체를 보호하는 국가미사일방어체제(NMD)의 구축이었다. 그들은 1972년 닉슨 행정부가 소련과 맺은 탄도미사일방어제한협정(ABM Treaty)을 최대 걸림돌로 여겼다. 2001년부터 그 협정 폐기를 공언했던 부시 행정부는 2002년 6월 13일 정식 탈퇴했다. 표면상 북한 미사일 위협을 명분으로 내세웠지만, 미국의 협정 탈퇴는 중국과 러시아와의 21세기형 군비경쟁에 물꼬를 텄다. 미국의 미사일방어망 구축 작업은 북한과 함께 중국을 염두에 둔 것이어서, 특히 동아시아에서 일본과의 공동프로젝트라는 성격을 띠었다. 미일동맹 유지와 강화의 가장 뚜렷한 표지였다.

중국은 러시아와 마찬가지로 미사일방어체제 구축에 본격 나선 미국에게 경고한 대로 핵전력 현대화에 매진했다. 중국의 급속한 경제성장에 발맞추어 중국의 군사력 현대화는 급속도로 진척되었다.

2010년을 전후한 시기에 미국은 중국의 핵전력 및 미사일 현대화, 그리고 해군력 성장이 그때까지 확고하게 여겨졌던 미일동맹의 동아태 지역 해상패권을 위협하는 수준에 도달했다고 인식하게 된다. 일본과 괌의 미 군사기지들과 서태평양의 미 항모들은 더 이상 안전을 보장받지 못한다는 사실에 직면했다.

요컨대 제1국면은 미국과 서방이 신자유주의적 자유무역 기조에 입각한 중국 경영을 통해 세계자본주의의 활력을 도모한 국면이다. 다른 한편 이 시기에 미국이 21세기형 군비경쟁을 선도하고 중국의 부상에 대비하기 위해 미사일방어체제 구축을 본격화하면서 중국과의 군비경쟁이 본격화된다. 이 시기에 지속된 중국의 급속한 경제성장은 중국의 국력 팽창과 군사력 확충을 뒷받침하면서 흔히 '세력전이'(power transition)라고 불리는 세력균형의 중대한 변화가 미일동맹과 중국 사이에 가시화했다.

중국의 국력 팽창은 중국 지도자들의 '영토적 자기정체성'의 확장을 수반했다. 역사적으로 자신의 영토라 여겼던 전략적 경계지점들에서, 국력이 제한되었던 시기에 중국은 현상에 도전하지 않았다. 그러나 2010년대가 되면서 경제력과 군사력에서 더 큰 자신감을 갖게된 중국은 미일동맹과 직접 부딪치는 센카쿠(다오위다오)에 대해서도 영토분쟁을 불사하기에 이르렀고, 미일동맹의 직접 개입이 상대적으로 제한되는 남중국해에서는 더 적극적인 행동을 보였다.

이로써 2011년 무렵에 오바마 행정부가 공식화한 '아시아 재균형' 정책은 2000년대 동아시아 대분단체제 속 미중 긴장의 제2국면을 표현한 것이라 볼 수 있다. 이 국면의 미중 갈등의 발전은 중국의 국력 확대가 필연적으로 수반하는 지정학적 긴장의 재충전, 그리고 미사일방어망 구축과 이를 위한 미일동맹의 강화와 같은 미국의 대응이 상호작용한 결과였다.

제2국면의 대분단체제 속 미중 갈등은 그처럼 지정학적 긴장의 재충전을 반영한 것이지만, 중국과 일본의 정치사회적 상황과도 연결되어 있었다. 시진핑 체제가 들어선 이후 중국 정치질서에서 권위주의가 다시 강화되는 움직임이 나타났다. 2010년대의 일본 정치를 지배한 아베 신조의 역사 수정주의와 '헌법 9조 개헌' 시도, 집단자위권 관철도 중국을 비롯한 동아시아의 다른 사회들에게 중요한 이슈였다. 그러한 중국-일본 모두의 정치적 경직화 현상은 미일동맹과 중국 사이 긴장 발전의 간과할 수 없는 요소였다.

한반도에서는 한미동맹이 2010년 3월 천안함 침몰 사태를 '북한의 어뢰공격'에 의한 것으로 서둘러 결론을 내린 이래 미국도 이명박-박근혜로 이어진 한국의 보수 정권들도 북한과의 실질적인 대화를 배제하고 선제타격론을 뒷받침하는 군비증강에 몰두했다. 북한은 핵과 미사일 개발에 몰두했다. 한반도 소분단체제의 이 같은 상황은 대분단의 기축관계의 긴장 발전과 궤를 같이했다. 이것은 북한이 결국 핵무장을 완성해 가는 데에 최적의 환경이었다.

대분단체제 제2국면에서 러시아와 서방 사이에 신냉전의 막이 올랐다. 푸틴의 러시아가 2014년 서방과 대립을 각오하고 우크라이나의 크림반도를 병합한 행동은 동아시아 대분단체제에서 미일동맹과 중국 사이에 더 심화된 긴장이 만들어낸 국제정치적 공간 속에서 가능한 것이었다.

전후 냉전기에는 동아시아 대분단체제의 미중 갈등은 미소 냉전을 큰 배경으로 삼아 전개되었다고 말할 수 있다면, 2010년대에는 러시아와 서방 사이의 신냉전이 동아시아 대분단체제를 큰 배경으로 삼아 미중 갈등에 의지해 전개된 것이라고 볼 수 있다. 푸틴은 미국과 갈등하는 중국의 지원이 없다면 자신의 행동이 초래할 서방의 경제제재를 감당할 수 없음을 잘 알기 때문이다. 1990년에 러시아의 GDP는 중국의 그것보다 많았다. 그로부터 30년이 지난 2021년이 되면 중국의 GDP는 러시아의 10배가 넘게 된다.

2000년대 동아시아 대분단체제의 제3국면은 미국에서 트럼프 행정부 후반기인 2010년대 말에 모습을 드러냈고, 2021년 출범한 조

바이든의 민주당 행정부에서 본격화했다. 제2국면에서는 중국의 국력 확대와 군사력 현대화가 그간 미일동맹이 동아태 지역에서 당연시해온 해상패권을 위협하는 수준에 도달했다는 군사안보적 위기의식에서 미국의 중국 견제가 본격화되지만, 그것은 주로 지정학적 대응의 성격을 띠고 있었다. 제3국면에서 미국의 중국 견제는 군사적·지정학적 성격을 넘어서 지경학적 성격을 추가한다. 코로나19라는 세계적인 팬데믹 사태로 말미암은 공급망 교란이 중요한 배경으로 작용하기도 했지만, 그 본질에서는 미국이 신자유주의적 세계화 기조를 버리고 중상주의적인 보호무역주의로 퇴행한 것을 뜻했다.

미국의 세계화 역행과 보호무역주의 본격화는 신자유주의적 세계화가 미국 사회에 초래한 모순과 계층적 갈등이 정치적 임계점에 도달하면서 등장한 트럼프주의(Trumpism)와 연관되어 있다.[5] 세계화

---

5 트럼프주의가 무엇이냐에 대해선, 『뉴욕타임스』의 칼럼니스트 데이비드 프렌치의 설명이 가장 도움이 될 것 같다. 그는 먼저 공화당의 본류로서의 현대 미국의 보수주의를 사회적 보수주의(social conservatism)와 경제적 자유방임주의(economic libertarianism), 그리고 (냉전 이후의) 강력한 국방주의(strong commitment to national defense)의 융합으로 해석한다. 트럼프주의는 경제적 자유방임주의라기보다는 포퓰리즘에 가깝다. 국가의 힘과 자원을 자신의 정치적 지지층을 위해 사용하는 데 더 관심이 많다. 그전까지의 공화당 본류에 비해서 고립주의가 강하다(트럼프는 러시아의 우크라이나 침공을 '영토분쟁'일 뿐이라고 주장했다). 사회적 이슈들(인종, 낙태, 성소수자 등)에 관해서는 좌파(진보)가 표방하는 포용적 가치에 대해 무차별적인 정치적·문화적 적대의식을 표출한다. 프렌치가 '융합주의'(fusionism)라고 표현한 그러한 전통적인 공화당 본류의 이데올로기는 '제한 정부'(limited government) 원칙과 함께 표현의 자유 등 시민 기본권을 포함한 민주주의의 기본 준칙들에 대한 존중을 전제했다. 그러나 프렌치가 '민족주의적 보수주의'(nationalist conservatism)라고도 부르는 트럼프주의는 반드시 그렇지 않다. 2024년 대선을 위한 공화당 경선에서 트럼프의 유력한 경쟁자인 플로리다 주지사 론 디샌티스(Ron DeSantis)도 표현의 자유를 공격하는 행동들을 서슴지 않고 있다는 점에 프렌치는 주목한다. 프렌치는 트럼프가 설령 2024년 공화당 대선 후보가 되지 못하는 일이 생기더라도, 공화당에 대한 트럼프주의의 영향은 트럼프 개인과는 별개로 지속성이 있다고 본다(David French, "Will DeSantis Destroy Conservatism as We Know It?" *The New York Times*. May 25, 2023).

도널드 J. 트럼프 대통령이 2017년 1월 20일 워싱턴 DC 미 국회의사당에서 열린 제58대 대통령 취임식에서 취임사를 하고 있다.

의 미국 내 경제사회적 결과가 중국 국력의 급속 성장이라는 지정학적 변동이 불러일으키는 위기의식과 결합해 트럼프주의는 충격적인 성공을 보여주었다. 정보통신혁명으로 미국 사회에서 부의 축적은 지식집약산업에 집중되고, 산업자본은 특히 중국의 값싼 노동력과 거대한 시장을 좇아 해외투자에 주력함에 따라 미국 제조업은 공동화했다. 노동계층을 위한 양질의 일자리가 축소되면서 사회적 양극화는 누적되어왔다. 특히 백인 노동계층의 박탈감은 컸다. 세계화의 그늘에 갇힌 미국 노동계층의 경제사회적 불만은 자유무역과 이민을 혐오하는 트럼프주의의 부상으로 귀결되었다.

2020년 대선에서 트럼프는 재선에 실패했다. 그러나 트럼프는 2021년 1월 6일 민주당으로의 권력이양을 거부하는 우익 정치세력의 의사당 반란을 선동한 배후임이 분명해졌음에도, 그는 여전히 공화당의 패권자이며, 2024년 대선에서 공화당의 가장 유력한 후보로 건재해 있다. 트럼프주의의 폭발에 대한 바이든 민주당 정권의 대응은 트럼프주의의 극복이 아니었다. 트럼프주의에 포획된 노동계층을 탈환하기 위한 민주당 정권의 전략은 "노동자-중심적 무역"

(worker-centric trade) 정책을 공언하며 트럼프보다 더 강한 보호주의와 첨단기술 통제로 중국에 대한 경제 봉쇄를 추구하는 것이었다. 중국에 대한 지정학적 및 지경학적 견제를 전면에 내세우며 미국이 정당화하고 있는 경제정책은 보다 포괄적인 중상주의적 반(反)세계화 무역정책의 성격을 띠고 있다.[6] 반세계화의 국내정치적 욕구가 중국 견제라는 지정학적 목표와 결합하면서 서로를 지원하고 있다.

미국 언론은 2023년 여름에 들어서부터 바이든 행정부의 국내외 경제정책을 '바이드노믹스'(Bidenomics)라고 부르고 있다. 바이든 행정부 자신도 그것을 2024년 대통령 선거에서 내세울 중요한 업

---

6 2022년 바이든 행정부가 확보한 두 개 법안은 미국의 중상주의적 지향의 이정표적 업적으로 꼽힌다. 「인플레이션감축법」(Inflation Reduction Act: IRA)과 「칩과 과학법」(CHIPS and Science Act)이 그것이다. 모두 조세 인센티브(tax incentives)와 각종 보조금 제도를 통해서 주요 전략산업 분야의 미국화를 꾀한다. IRA는 전기차 부품의 미국 생산을 의무화하고 있다. 「칩과 과학법」은 보조금 제도를 이용해 반도체 생산 중심을 중국과 타이완에서 미국으로 옮기려 하는 것으로서, 그 결과 일본, 한국, 유럽에서의 반도체 생산도 위협하고 있다. 이 움직임은 여기에 그치지 않고 제약산업에서 조선산업 등 다른 분야들에도 같은 방식을 적용해 미국을 그 생산과 유통의 중심으로 재구축하려는 요구들로 확산되고 있다. 이 같은 '미국의 새로운 산업정책'은 전 지구적인 공급망 혼란과 강대국 갈등(great-power rivalry)을 주도적으로 악화시킬 것이란 우려를 낳고 있다(David Kamin and Rebecca Kysar, "The Perils of the New Industrial Policy: How to Stop a Global Race to the Bottom," *Foreign Affairs*, Volume 102, Number 3, May/June 2023, p.93). 2022년 6월 미 의회가 통과시킨 「위구르 강제노동예방법」(Uygur Forced Labor Prevention Act)도 주목할 필요가 있다(Owen Churchill, ".Uygur Forced Labour Prevention Act takes effect in US, banning imports from Xinjiang," *South China Morning Post*, 21 June, 2022).

2023년 6월 미국국제무역위원회(United States International Trade Commission, USITC)와 미국 상무부가 공개한 자료들은 중국의 대미 수출이 급격히 감소하는 추세에 있으며, 그 자리를 멕시코와 같은 나라들이 메꾸고 있음을 보여주었다. 2022년까지 중국의 수출 상대 1위는 미국이었으나, 2023년 전반기에 들어서 미국은 3위로 떨어지고, 대신 아세안과 유럽이 중국의 수출 상대국 1, 2위에 올랐다. 미국이 2022년에 입법해 시행한 '리쇼어링'(reshoring) 성격의 각종 산업정책들이 효력을 나타내고 있는 것으로 분석되었다(Ji Siqi, "Where are China's exports going? Less and less to the US, the latest trade data confirms," *South China Morning Post*, 20 June, 2023).

적으로 삼았다. 『월스트리트저널』은 바이든 대통령과 미국통상대표 캐서린 타이(U.S. Trade Representative Katherine Tai)가 중국을 포함한 세계와의 '자유무역'을 "효율성과 소비자들의 이익을 우선시하면서 미국 노동자들의 이익은 훼손하는 잘못된 정설(a discredited orthodoxy)"이라고 규정한 사실을 주목했다. 이 언론에 따르면, 바이든 행정부는 그 같은 자유무역 비판을 기초로 해 미국 상품에 인센티브를 부여하는 산업정책과 무역정책을 추구하고 있는데 그것이 바이드노믹스의 본질이었다.[7] 바이든 대통령은 2023년 6월 말 한 연설에서 이렇게 말했다. "나는 이 이론(자유무역론)을 현재 언론이 '바이드노믹스'라고 부르는 것으로 대체했다. 나는 그것이 무슨 말인지는 잘 모른다. 그런데 그게 경제적 효과를 내고 있다(It's working)."[8]

팬데믹으로 인한 생산과 소비 감소에 따른 경제 침체 위기를 예방하거나 극복하기 위해 미국과 유럽을 비롯한 세계의 대부분 나라들이 시장에 돈을 풀고 국민들에게 지원금을 제공하는 통화정책과 재정정책을 실시했다. 이것은 팬데믹 후기인 2022년 이후 전 세계가 직면한 인플레이션의 일차적인 조건이 되었다. 더욱이 미국이 중국에 대한 경제적 봉쇄를 추구하면서 전 지구적인 인플레이션은 더욱 구조화되었다. 모든 부문에서 저렴한 상품을 전 세계에 공급해 미국과 유럽을 포함한 전 세계가 저금리와 저물가를 동시에 누리는 경제적 조건을 제공했던 중국의 역할이 미국의 반세계화 전략으로 더 이상 원활하게 작동할 수 없었다. 세계경제가 더 이상 저금리와 저물가를 동시에 누릴 수 없게 된 것은 필연적인 결과였다. 그만큼 전 세계적인 인플레는 쉽게 통제되기 어려운 숙제로 되었다.

세계화의 이득을 누려온 미국의 다국적 국제주의 자본들은 미국

---

7 Greg Ip, "Biden's Trade Challenge: Kicking the China Dependency Habit: Officials want to avoid trade deals whose rules boost China's role in supply chains," *The Wall Street Journal*, June 22, 2023.

8 Greg Ip, 2023.

바이든 대통령은 메릴랜드주 라르고에서 자신의 경제 정책을 선전하는 동시에 전임자인 도널드 트럼프의 정책을 비판하는 연설을 하고 있다.

의 반세계화 정책에 매우 비판적이다. 인공지능(AI)을 포함한 첨단 반도체 분야 대표업체인 엔비디아(Nvidia)의 CEO 젠슨 황(Jensen Huang)은 중국에 대한 미국의 대외경제정책이 미국과 세계의 이익을 심각하게 침해하고 있으며, 중국은 미국이 교역을 거부하는 분야에서 스스로 혁신을 통해 미국 기업들을 대체하게 될 것이라고 경고했다.[9]

미 연방준비은행(FED)은 2022년 여름부터 그 이전 거의 제로 상태였던 기준금리를 올리기 시작해 2023년 상반기엔 5퍼센트대까지 끌어올렸다. 그럼에도 불구하고 인플레이션이 목표한 2퍼센트대로 잡힐 기미는 보이지 않았다. 더욱이 타이완해협을 포함해 미국 자신이 고조시켜온 중국과의 군사적 긴장이 우발적 충돌사태로 이어질 가능성도 높아짐에 따라 미국의 대중국 정책에 대한 미국 안팎의 불안감이 높아졌다. 이에 바이든 행정부는 중국과의 긴장 악화를 일정

9 Dan Milmo, "Biden trade curbs on China risk huge damage to US tech sector, says Nvidia chief: Jensen Huang says Chinese firms will 'just build it themselves' if they cannot buy from US," *The Guardian*, 24 May, 2023.

하게 통제하고자 제한된 수준의 외교적 노력에 나섰다. 2023년 6월 중순 앤토니 블링컨(Antony Blinken) 미 국무장관이 베이징을 방문해 시진핑 주석과 회담하며 "미중 관계를 안정화시킬" 필요성에 공감했다고 밝혔다.[10] 그러나 바이든 행정부는 중국 경제의 첨단화를 봉쇄하기 위한 노력을 지속할 것임을 확인했다.[11] 기본적으로 반세계화 기조로 돌아선 미국의 경제정책과 그 핵심으로서의 대중국 경제정책의 골간은 바뀌지 않을 전망이다.

2013년 중국 제7대 국가주석으로 집권한 시진핑은 2018년 3연임을 금지한 헌법을 수정해 종신집권의 길을 열었고, 2022년 10월 3연임이 확정된다. 마오쩌둥의 유산을 극복하려 덩샤오핑이 구축한 집단지도체제를 무력화하고 마오쩌둥 시대의 1인 지배체제를 부활시켜 권위주의가 다시 강화되는 흐름 속에 있다. 대분단체제 기축에서 지정학적 긴장이 커지는 가운데 동아시아 전반에서 군사적 긴장과 군비경쟁이 심화하는 것과 때를 같이한다. 또한 중국의 권위주의 강화는 미국의 트럼프주의와 대중국 중상주의(mercantilism) 흐름과 상호작용하며 서로를 정당화하고 있다.

중국 권위주의 강화 흐름은 타이완해협 소분단체제에서 2016년 타이완 독립 세력인 민진당의 차이잉원 총통의 집권과 상호작용하고, 홍콩 민주화 운동을 촉진했다. 2019년 여름 범죄인인도법 반대 시위를 시작으로 전개된 홍콩민주화운동은 2020년 봄 중국의 국가보안법 통과와 함께 최종 억압되었다. 홍콩 사태는 타이완해협의 소분단체제에서뿐 아니라 동아시아 대분단체제의 기축관계에서 작동하는 정치사회적 체제와 이념의 이질성 차원의 긴장을 더욱 활성화

---

10 Humeyra Pamuk, "Xi, Blinken agree to stabilize US-China relations in Beijing talks," *Reuters*, June 20, 2023.

11 Demetri Sevastopulo, "US weighs tougher restrictions on AI chip exports to China: Semiconductor makers Nvidia and AMD could be hit by update of controls that were introduced in October," *Financial Times*, June 29, 2023.

시켰다. 그것은 지정학적 긴장과 역사심리적 긴장의 차원과도 상호 작용하면서 이 질서가 내장한 긴장의 복합성을 확인해준다. 타이완 해협과 홍콩 사태에서 부각된 민주주의-권위주의 차원의 긴장은 한 반도 소분단체제에도 영향을 미친다. 2022년 집권한 한국의 보수 정권은 북한과의 모든 대화를 '가짜 평화 쇼'로 규정하는 자신의 대북 정책, 미국의 중국 고립화 전략에 대한 동참, 그리고 역사반성을 여전히 거부하는 일본과의 군사협력 강화를 '가치외교' 개념으로 정당화하고 있다. 동아시아 대분단체제의 기본성격인 '양극적 동맹체제'(polarized alliance system)를 더욱 공고히 하고 경직화하는 데에 정치사회적 체제와 이념의 문제가 새삼 뚜렷하게 작동하고 있는 것이다.

4. 대분단체제 제3국면의 동아시아와 한반도

대분단체제 제2국면에서 시작된 러시아-우크라이나 분쟁은 동아시아 대분단체제가 제3국면으로 접어들면서 러시아의 본격적인 우크라이나 침공으로 발전했다. 동아시아 대분단체제 제3국면은 그로써 러시아와 서방 사이의 신냉전 상황의 본격화와 맞물려 진행되고 있는 것이다. 앞서 언급한 바와 같이, 냉전기에 동아시아에서 미중 긴장은 전 지구적인 미소 냉전을 큰 배경으로 한 것이었지만, 2010년대 이후 전개되는 러시아-서방의 신냉전은 동아시아 대분단체제의 긴장 발전을 배경으로 해 그것에 의존해 전개되고 있다. 러시아가 서방에 의한 경제제재를 각오하고 전쟁 도발을 감행한 결정적인 배경은 G2로서 세계의 공장이자 러시아 경제 최대 버팀목이며 에너지 자원의 주요 수입국인 중국이 미국과의 사이에 군사적 긴장뿐 아니라 경제 전쟁 상태에 돌입한 상황이다.[12] 푸틴이 2022년 2월 우크라

---

12 러시아 총리 미하일 미슈스틴(Mikhail Mishustin)이 2023년 5월 23일 베

이나 침공 직전에 중국 시진핑과 '무제한적 동반자관계'(no limits partnership)를 담은 공동성명을 확보한 사실은 그 단적인 표현이었다.

제2국면에서 모습을 드러낸 중국의 일대일로 전략과 미일동맹이 주축이 된 인도-태평양 전략 간의 대치는 제3국면에 들어 본격화했다. 중국의 일대일로는 동남아시아, 중동, 그리고 아프리카의 주요 경제적 자원과 시장에 대한 접근권을 확보하려는 것이고, 미일동맹의 인도·태평양 전략은 중국의 다면적인 영향력 확산과 그 군사적 영향을 봉쇄하려는 성격이 강하다. 둘 다 지정학적이며 지경학적인 경쟁의 성격을 띠고 있다. 특히 미국의 인도·태평양 전략의 경우, 태평양과 인도양에 대한 중국의 해양권력 투사를 차단하려는 목적이 크다.[13] 중국의 일대일로는 기존질서에 균열을 내려는 수정주의 세력의 전략이라면, 미일동맹의 인도·태평양 전략은 현상유지세력의 대응에 가깝다.[14]

이징에서 시진핑과 만난 자리에서 밝힌 바에 따르면, 2022년 러시아와 중국의 무역액은 1,890억 달러에 달했고, 올해는 2,000억 달러를 초과할 것이라고 말했다. 2019년 양국은 2,000억 달러 수준을 2024년에 달성할 계획이었으나, 그 목표를 올해 이미 초과달성하게 될 거라고 기대한 것이다. 그는 농업분야 무역은 2022년에 42퍼센트 증가했고, 2023년 1분기에는 90퍼센트 증가했다고 밝혔다(Austin Ramzy and Selina Cheng, "China Draws Russia Closer While Pushing Ukraine Peace Plan: Xi Jinping meets Russian premier among meetings signaling pushback against Western pressure," *The Wall Street Journal*, May 24, 2023).

13 미국은 2023년 5월 22일 동남아시아의 동쪽, 오스트레일리아의 북쪽이자 남서 태평양의 주요 해상로에 위치한 파푸아뉴기니(Papua New Guinea)와 방위협력협정과 해양안보협정을 맺었다. 미국이 장차 파푸아뉴기니의 군사기지에 접근하고 군사훈련을 할 수 있는 상황으로 발전할 것으로 『월스트리트저널』은 예상했다(Mike Cherney, "U.S. Courtship of Pacific Nations Leads to Key Security Deal: Papua New Guinea agrees to defense-cooperation and maritime-security pacts with Washington during Blinken visit," *The Wall Street Journal*, May 22, 2023).

14 2007년 11월 30일 일본 정부는 아소 다로(麻生太郎) 외상의 연설을 통해

필자는 2022년 10월에 발표한 글에서 오늘의 동아시아가 1910년대 초 제1차 세계대전 전야의 상황과 적어도 다섯 가지의 유사성을 보인다는 사실을 지적했다.[15]

첫째, 지역질서가 경직적으로 양극화된 군사동맹체제로 굳어지면서 무제한적인 군비경쟁이 진행된다는 점이다. 1910년대 "유럽 지정학 체제의 양극화"는 1차 대전의 기본조건이었다.[16] 크리스토퍼 클라크가 말한 지정학적 양극화는 동아시아에서는 대분단체제의 형태로 1950년 이후 확립된 상태였지만, 오늘날은 제3국면의 형태로 더욱 경직화하고 있다.

둘째, 영국과 프랑스가 양극적 동맹체제에 의존해 독일을 상대로 '투키디데스의 함정'에 빠졌던 것처럼, 지금 동아시아에서 미일동맹도 과거 독일처럼 급속 성장하는 중국을 상대로 투키디데스의 함정에 빠져들어가고 있다는 점이다. 투키디데스의 함정이란 개념틀에서는 전쟁의 도발자는 흔히 기존 패권자가 되기 쉽다.[17] 그러나 그 반대일 수도 있다. 1차 대전의 도발자였던 독일은 자신을 포위한 동맹

서 '자유와 번영의 호'(Ark of Freedom and Prosperity)라는 외교비전을 발표했다. 아소의 연설에서 그것은 미국 및 유럽과의 협력을 축으로 하되, 중국과 러시아에 대해서도 포용적 태도를 담은 것이었다(www.mofa.go.jp/policy/other/bluebook/2007). 그러나 2010년대 동아시아 대분단체제의 긴장이 제2국면에 접어들면서 그 비전은 축소되어 중국을 봉쇄하는 것이 주목적인 인도·태평양 전략으로 귀결된 것이다.

15 이삼성, 「동아시아 대분단체제와 신냉전, 그리고 그 너머」, 한겨레통일문화재단-부산광역시 공동 주최 제18회 한겨레-부산 국제심포지엄 '한반도평화, 신냉전과 패권경쟁을 넘어,' 『자료집』, 2022.10.26.

16 Christopher Clark, *The Sleepwalkers: How Europe Went to War in 1914*, New York: HarperCollins, 2013, p.123.

17 투키디데스는 그의 『펠로폰네소스 전쟁』 제1권 초입에서 이 전쟁의 직접적 원인(immediate cause)과 진정한 원인(real cause)을 구별했다. 그는 "공식적으로는 감추어진" 진정한 원인은 "아테네 세력의 성장과 그것이 스파르타에 불러일으킨 경계심"이라고 적었다(*The Landmark Thucydides: A Comprehensive Guide to The Peloponnesian War*, A Newly Revised Edition of the Richard Crawley Translation, Edited by Robert Strassler, New York: Free Press, 2008, p.16).

체제로 인해서 자신의 경제력과 군사력이 정점을 지나 상대적으로 약화되고 있다는 두려움에서 자신이 더 약화되기 전에 무력 사용의 유혹에 빠진 것이란 해석도 제기된다. 오늘의 동아시아에서 미국도 중국도 유사시 선제적인 군사적 도발의 유혹에 빠질 수 있다는 뜻이다. 요컨대 이 함정에 빠져들면, 패권적 기득권 국가는 도전국의 세력이 더 팽창하기 전에, 또 도전국은 자신의 성장이 더 가로막히기 전에 선제타격해야 한다는 유혹에 빠지면서 어떤 요인으로든 긴장의 폭력화가 벌어질 수 있다.

셋째, 20세기 초의 세계는 역사에서 '제1차 세계화'의 시대로 통한다. 영국 헤게모니와 금본위제 확산의 조건 속에서 전 지구적 경제통합이 진행되어 경제적 상호의존이 높은 수준에 도달한 상태였다. 그런데 칼 폴라니가 일찍이 지적한 것처럼, 제1차 세계대전 전야의 세계는 세계화에서 후퇴해 반세계화 추세를 보였으며, 자유무역과 함께 국제주의가 퇴조하고, 그 자리를 자국중심주의가 차지해가고 있었다는 사실을 주목해야 한다. 그 점이 2020년대의 세계, 특히 G2가 대치하는 동아시아 대분단체제의 양상과 닮은꼴이다.

넷째, 양극화된 군사동맹체제와 무제한적 군비경쟁에 몰두하면서도 세계화 시대의 국가들은 그들 간의 경제적 상호의존이 전쟁을 막고 국제평화의 방패막이가 된다는 낙관론을 견지하곤 한다. 금융관계자들은 리스크에 민감하기 마련이지만, 제1차 세계대전 전야에 세계 채권 시장에 큰 소동이 없었다. 전쟁이라는 사태를 예상하지 못했다는 이야기다.

20세기 초의 유럽에서도 오늘의 동아시아에서도 나라들은 적대적 동맹체제와 군비경쟁을 추구하면서도 경제적 상호의존 덕분에 전쟁은 없을 것이라는 착시에 빠져 있다. 나라들은 군사적 긴장을 줄이고 전쟁의 위험성을 덜기 위한 노력에 투자하지 않고, 더 강력한 첨단 군비경쟁에 탐닉하고 있는 것이다.

다섯째, 지역질서의 권력중심에서 벗어나 있는 주변부 사회들이 권력중심들의 패권경쟁과 지정학적 긴장의 한가운데 놓여서 도화선 역할을 할 준비가 되어 있다는 점이다. 20세기 초 유럽의 발칸이 그러했다. 오늘날 한반도와 타이완해협은 동아시아의 발칸들이다. 그런데 1세기 전 유럽의 발칸은 그 자체가 화약고는 아니었다. 하지만 오늘의 동아시아에서 두 소분단체제들은 그들 자체가 거대한 화약고 상태일 뿐 아니라, 핵전쟁의 위험까지 안고 있다. 특히 한반도의 경우가 그렇다. 1세기 전에 비해 더 위험한 조건일 수 있는 것이다.

한 세기를 사이에 두고 유럽에 이어 동아시아에서 전개되고 있는 이 같은 상황은 갈수록 첨단화하는 핵미사일체계와 미사일방어체제 건설을 포함한 21세기형 군비경쟁과 함께 진행되고 있다는 점에서 더욱 위험한 것이 아닐 수 없다. 또한 미일동맹과 중국이라는 대분단 체제의 기축관계와 한반도와 타이완해협의 소분단체제에서의 긴장이 동시적이고 유기적으로 상호작용하고 있다는 것이 그 위험성을 증폭시킨다.

한반도에서 대북한 선제타격 독트린은 2008년 이명박 정권 출범 후 원점타격이라는 이름의 선제타격용 '킬-체인' 구축 구상으로 시작했다. 거기에 한국형 미사일방어(KAMD)를 더하고, 박근혜 정부에 들어서 북한 지도부 참수작전을 포함하는 대량응징보복(KMPR)을 더해 이른바 3축체계가 한국 안보전략의 핵심이 된다. 선제타격을 앞세운 이 안보 독트린은 문재인 정부에 들어서 뒤로 물러났다가 윤석열 정부에 들어서 이른바 '핵실행계획'을 운위하는 '핵확장억제 강화론'으로 핵사용 문턱을 더 낮춘 더욱 파괴적이고 공격적인 내용을 갖추며 전면에 자리 잡고 있다.

윤석열 정부는 문재인 정부가 북한과 시도했던 모든 평화협상과 대화를 '가짜 평화 쇼'로 규정하며 마침내 일본까지 포함한 한미일 3국 군사연대로 북한에 대한 위협적인 군사연습 내용과 횟수를 강화하고 있다. 이와 때를 같이해 북한은 남한에 대한 핵선제타격의 조건을 구체화해 법제화했다. 2022년 9월 성립한 「핵무력정책법」이 그것이다.

미국 부시 행정부는 출범 초기인 2001년에 「2001 핵태세검토 보고서」(NPR 2001)를 통해서 북한을 이란, 이라크, 리비아, 시리아, 중국과 함께 '핵무기 사용 비상사태 계획'을 수립할 대상 국가로 명시했다. 『LA타임스』는 이를 두고 "소름 돋는 계획"이라고 평했었다.[18] 미국은 핵보유 이래 한 번도 핵선제사용 옵션을 포기한 일이 없다. 한국전쟁 직후 채택한 '대량보복전략' 자체가 재래식 분쟁에서도 핵무기 선제사용을 공개적 원칙으로 삼는 것이었다. 현재와 미래의 동아시아 상황에서도 미국의 핵전략은 그 틀을 벗어나지 않는다.[19]

---

18 William M. Arkin, "Secret Plan Outlines the Unthinkable: A secret policy review of the nation's nuclear policy puts forth chilling new contingencies for nuclear war," *Los Angeles Times*, March 10, 2002; 이삼성, 『한반도의 전쟁과 평화: 핵무장국가 북한과 세계의 선택』, 한길사, 2018, 289쪽.

19 미국 핵전략 제시에서 가장 신중한 편이라 볼 수 있었던 오바마 행정부가 작성한 「2010 핵태세검토 보고서」는 "미국은 핵확산금지조약(NPT) 회원국으로서 핵비확산 의무를 준수하는 비핵국가들에 대해서는 핵무기를 사용하지도 위협하지도 않을 것"이라고 천명했다. 그러나 이 보고서는 "미국은 미국이나 동맹국 및 동반자국가들(partners)의 사활적 이익을 방어하기 위한 극단적인 상황들에서만 핵무기를 사용할 것"이라고 밝혔다(Department of Defense, *Nuclear Posture Review Report*, April 2010, p.ix). 핵비확산 의무를 준수하지 않은 나라로 미국이 판단하는 나라들에 대해서는 핵선제사용을 할 수 있다는 뜻이고, 미국뿐 아니라 그 동맹국, 더 나아가 동반자국가의 이익을 위해서도 핵을 사용할 수 있다고 한 것은 핵확장억제를 적용한 가운데 사실상 매우 광범한 핵선제사용 정책을 의미한다.

트럼프 행정부가 작성한 「2018 핵태세검토 보고서」는 핵선제사용의 범위를 더 넓혔다. 미국이 핵사용을 할 '극단적인 상황들'을 구체화했다. 그것을 "심각한 비핵 전략적 공격들"(significant non-nuclear strategic attacks)을 포함하는 것으로 정의했다. 상대방이 재래식 공격을 하더라도 미국은 핵공격으로 대응할 수 있음을 명시한 것이다. 다시 그 공격들을 정의하기를, "미국이나 그 동맹국 또는 동반자국가의 민간 인구 또는 기반시설, 그리고 미국이나 동맹국의 핵무기, 그들의 지휘통제체계 또는 경보 및 공격 분석 시설에 대한 공격들"로 정의했다. 더욱이 여기에 "그러한 경우들에만 한정되지 않는다"는 단서까지 추가했다(Department of Defense, *Nuclear Posture Review*, January 2018, p.12).

바이든 행정부가 작성한 「2022 핵태세검토 보고서」는 이전 정부들 공통의 중국이 미일동맹과 군사적 충돌을 불사하는 상황은 타이완해협이 1순위다. 이 소분단체제에서 중국은 타이완 독립을 차단하기 위해 필요할 때 무력 선제사용 계획을 분명히 해왔다. 중국이 타이완을 공격하거나 해상봉쇄를 단행하는 상황에서 미국이 개입한다면, 그것은 또한 미국의 대중국 선제타격을 의미하게 된다. 제1차 세계대전을 포함하는 1870-1919년 시기에 유럽 국가들의 군부와 정치지도층은 한결같이 선제공격이 최선의 방어라는 관념에 지배당했다. 독일과 프랑스, 그리고 러시아 모두가 공격적인 군사 독트린을 앞세우며 공격적인 군사작전계획을 채택했다.[20] 그럴수록 나라들 사이에

원칙, 즉 핵사용을 허용하는 "극단적 상황" 개념을 유지하고, 핵비확산 의무를 준수하는 나라들 이외의 국가들에 대해서 핵을 선제사용할 수 있는 경우를 여전히 정당화했다. 이로써 트럼프 행정부에 비해서는 다소 순화된 형태지만, 오바마 행정부에 비해서는 핵비확산 의무를 준수하지 않는 국가들에 대한 핵사용을 더 광범하고 적극적으로 정당화했다. '핵선제사용 배제'(No First Use)의 원칙을 명시적으로 부정한 것이다. "미국이나 동맹국, 또는 동반자국가에게 전략적 수준의 손해를 입힐 수 있는 경쟁국가들이 개발하고 배치할 수 있는 비핵 무력(non-nuclear capabilities)의 범위(가 광범함)"을 고려해야 한다는 것, 그리고 미국의 일부 동맹국과 동반자국가들이 "파괴적 결과를 가져올 수 있는 비핵 수단들을 이용한 공격에 특히 취약하다"는 이유를 들면서, 핵선제사용을 원칙적으로 배제하는 선언을 거부한다는 것을 명확히 했다(Department of Defense, *2022 Nuclear Posture Review*, October 27, 2022, p.9). 이 보고서는 미국은 '유일 목적'(Sole Purpose)이라는 정책적 선언도 같은 이유에서 미국의 공식 정책으로 채택하는 것을 거부했다. '핵사용의 유일 목적'이란 바이든이 대통령 취임 전에 밝혔던 개념인데, 미국 핵무기의 유일한 목적은 (적의 공격을) '억지'(deter)하고, 미국이나 동맹국에 대한 핵공격에 대한 보복용으로만 한정한다는 선언이다(Adam Mount, "What Is The Sole Purpose of U.S. Nuclear Weapons," A Report by the Federation of American Scientists, September 16, 2021). 내용상 '핵선제사용 배제'와 유사한 셈이다. 그런데 「2022 핵태세검토 보고서」에서 바이든 행정부는 그 역시 명시적으로 거부했다. 다만 '유일목적 선언'(a sole purpose declaration)으로 나아간다는 목표는 유지하면서 미국이 그렇게 할 수 있도록 동맹국 및 동반자국가들과 함께 협력한다는 단서를 달아두었다(*2022 Nuclear Posture Review*, p.9).

20 Stephen Van Evera, "Offense, Defense, and the Causes of War," in Michael E. Brown et al.(eds.), *Theories of War and Peace*, Cambridge, MA.: The MIT Press, 1998, pp.79-80.

군비경쟁이 치열해지는 것은 당연한 결과였다.[21]

한반도에서 특히 횡행하는 원점타격론에 기초한 선제타격론과 참수작전론은 미국이 중동과 남아시아의 좀비국가들을 대상으로 한 전쟁에서나 선제타격 국가에 큰 손실이 없을 뿐, 북한이 좀비국가와는 거리가 먼 한반도 상황에서는 남북 공멸을 확정하는 정치적 잠꼬대일 수밖에 없다.[22] 그럼에도 한국 보수 정권하에서 그러한 논리가 창궐하는 것은 군사과학의 힘에 대한 착각과 미국과의 동맹에 대한 과도한 맹신의 합작품이다.

5. 경직화하는 양극적 동맹체제에서 미일동맹과 한국의 선택

코로나19 팬데믹 사태 이후 부각된 세계 공급망 문제를 기화로 미국 바이든 행정부는 동아시아의 동맹국들과 미국 중심의 공급망 체계를 구성해 중국을 배제하려 노력한다. 반도체 분야의 '칩4동맹'이 대표적인 예다. 이것은 대분단체제 제2국면에서 본격화한 지정학적 중국봉쇄의 노력이 지경학적 봉쇄로 확장됨을 보여주는 단적인 양상이다.[23] 한국은 미일동맹이 주도하는 중국 배제의 지경학적 전략, 그리고 이미 깊은 경제적 상호의존 관계를 구성해온 중국과의 사이

---

21 Evera, 1998, p.63.

22 이삼성, 「선제타격과 참수작전이라는 잠꼬대」, 2018, 85–131쪽. 북한이 중동이나 남아시아의 나라들과 달리 좀비국가가 아닌 이유는 최소한 세 가지를 들 수 있다. 첫째, 북한은 핵무기를 포함한 대량살상무기로 무장하고 있다. 둘째, 북한은 한미동맹의 치명적인 약한 고리를 전략적 인질상태로 확보하고 있다. 북한이 유사시 매우 용이하게 초토화할 수 있는 근거리에 고정된 남한 수도권이 그것이다. 셋째, 북한은 국경을 접한 이웃으로서 미국을 견제할 능력을 가진 중국과 군사동맹관계에 있으며, 또 다른 접경국가이자 미국 견제세력인 러시아와도 우호적 관계에 있다.

23 2023년 5월 26일 미국은 일본과 차세대 반도체 개발 협력을 위한 공동성명을 발표했다.

에 놓인 새우등이 되어 있다.[24] 미국과 일본은 한국에게 선택을 강요하고 있다. 미국의 대중국 봉쇄전략이 지정학적 차원에서 지경학적 차원으로 깊어지면서, "안보는 미국, 경제는 중국"이라는 정경분리의 줄타기가 더 큰 시련에 봉착했다.

윤석열 정부는 한국외교가 나아갈 방향으로 '자유연대'에 기초한 '글로벌 중추국가'를 표방한다.[25] 그 핵심은 다음과 같이 요약할 수 있다. 북한과의 대화 배척,[26] 한반도 평화 문제를 미국과의 군사동맹과 첨단 군비확충에 전적으로 위임하기, 미일동맹의 지정학적 및 지경학적 대중국 봉쇄에 동참하기, 그로부터 초래될 중국과의 군사적 긴장과 경제적 관계 축소를 감수할 각오하기.[27] 윤석열 정부의 이 명쾌한 선택은 한반도 평화를 함께 가꾸어가는 데 있어서 미국 못지않게 핵심 당사국들인 북한 및 중국과 우리의 관계 악화를 고정시킬 것 또한 명백하다. 동아시아 대분단체제의 지정학에서 한국외교가 '글로벌 중추국가'다운 것이 되려면 미국과의 군사동맹에 전적으로 위임하고 의존하는 안보전략 대신에 북한과 독자적 대화축을 확보하

---

24 김회승, 「'세계의 반도체 고래' 삼성·SK, 미-중 싸움에 '새우등' 신세」, 『한겨레』, 2023.5.23.

25 한지훈, 「중추국가 비전 제시 尹 '외교 슈퍼위크'…자유연대로 급속 편입」, 『연합뉴스』, 2023.5.23.

26 윤석열 대통령은 2023년 7월 2일 통일부는 그간 '북한지원부' 같은 역할을 해왔다고 비판했다. 향후 통일부의 역할을 남북 교류와 협력이 아닌, 북한 인권문제를 부각시키는 등의 다분히 이념대결적인 사업들에 집중시킬 의도를 밝힌 것이었다(배지현, 「윤 대통령 "통일부, '북한지원부' 아니다…이제는 달라져야"」, 『한겨레』, 2023.7.2).

27 중국은 2023년 6월 말, 외국이 자국의 안보와 경제 이익을 해치는 정책을 펼 경우 '사드 보복' 때와 같은 경제보복을 정당화할 법적 근거를 마련했다. 6월 28일 전국인민대표대회(전인대) 상무위원회를 통과해 시진핑 주석령으로 7월 1일부터 시행되는 「중화인민공화국 대외관계법」은 "국제법과 국제관계의 기본준칙을 위반하고 중국의 주권, 안보 및 발전 이익을 침해하는 행위에 대해 상응하는 반격 및 제한 조치를 취할 권리가 있다"고 명시했다(조준형, 「중국, 대외보복 근거법 제정 "안보·이익 침해시 반격 권리"」, 『연합뉴스』, 2023.6.29).

고 견지하는 노력, 그리고 대분단체제 기축인 미일동맹과 중국 간 긴장의 촉진자가 아닌 완충 역할을 할 수 있는 독립적 사고를 가진 외교, 그럼으로써 또 다른 소분단체제인 타이완해협에서의 긴장이 평화적으로 관리되는 데 기여하는 외교여야 한다. 윤석열 외교는 정반대의 길을 선택했다.

가치외교는 정치사회체제와 이념이 다른 사회들과도 일정하게 교린하면서 그것을 신중하게 실천한다면 명분과 합리성이 있다. 그러나 '자유연대'라는 기치를 한미일 연합의 명분으로 전면에 내걸며 중국과의 관계를 효과적으로 그리고 독립적인 '중추국가'의 위치에서 관리하기는 어렵다. 동아시아 대분단체제 기축관계의 핵심 긴장의 하나인 정치사회적 체제와 이념의 이질성이라는 문제는 반드시 흑백의 도덕적 피아 구분으로 접근할 문제가 아니다. 그것은 우선 경제적으로 현명하지 않음은 많은 한국인이 동의할 것이다. 더 나아가 그것이 군사안보 영역에서도 현명하지 않다는 것 역시 분명하다. 자유연대의 기치는 미일동맹과의 더한층 밀착을 한국 국내정치에서 정당화하는 데는 유효하겠지만, 독립적 '중추국가'로서 동아시아의 지정학에서 긴장을 평화적으로 관리한다는 절체절명의 과제에는 결코 긍정적으로 기여할 수 없다.

앞서 주목한 바와 같이 제1차 세계대전 전야를 방불케 하는 현재 동아시아가 처한 지정학적 환경 속에서 한국외교가 견지해야 할 제1명제는 한국이 그 긴장의 구조를 악화시켜 그 긴장이 폭력화하는 사태를 촉진하지 않도록 하는 것이며, 혹 다른 곳에서 점화된 긴장이 쉽게 한반도로 전이되는 불행한 사태들을 최대한 예방하는 균형외교다. 이때의 균형은 갈등하는 두 세력의 산술적 중간에 우리 자신을 위치시키는 물리적 중간이 아니다. 자기 동맹이라도 한반도의 평화를 위협하거나 동아시아 긴장의 폭력화를 촉진할 위험성이 있는 행동은 윤석열 정부가 말하는 '중추국가'의 외교로 절제시키는 중용(中庸)의 지혜를 의미한다. 우리가 처한 동아시아의 현 지정학적 조건에서 가치외교나 자유연대는 말은 옳고 화려하나 불필요하게 자극적이며 자기만족적인 사치에 다름 아니다. 민주로 명예도 얻었으나 그 역사가 짧고 부의 기초도 충분치 못한 졸부가 아직 어려움이 많은 이웃들 앞에서 명품으로 치장하고 언제 깨질지 알 수 없는 살얼음판 위에서 춤을 추는 모습이다.

가치외교와 자유연대를 외치며 중국을 고립화하는 미일동맹의 전략에 한국이 자신이 가진 모든 군사기지를 옆에 끼고 적극 동조하는 것은 한반도가 처한 조건에서 군사안보에서도 현명하지 못하지만, 그것이 북한과 중국의 권위주의 극복에 도움을 주는 것이라고 착각해서는 더욱 곤란하다. 북한의 전체주의도,[28] 중국의 권위주의도 미일동맹의 고립화 전략을 자양분으로 삼아 유지되고 심화될 것이다. 그러한 슬로건을 앞세운 외교는 동아시아에서 평화에도 권위주의 개선에도 기여하기 어렵다.

윤석열 정부가 적극 동조하고 있는 미일동맹의 중국 고립화 전략은 동아시아 평화에도 세계평화에도 긍정적이기보다는 역기능이 클 것으로 심각하게 우려되는 이유에는 군사적 긴장의 폭력화 외에도, 시시각각 인류 전체의 삶을 압박해오고 있는 기후변화 문제에 관한 세계적인 공동대응에 가장 큰 책임과 가장 큰 결정력을 가진 나라들

---

28 북한 정치사회질서의 전체주의적 성격은 2010년대 후반 다소 완화되는 추세를 보였으며, 북한 주민들은 김정은 체제가 어느 정도 새로운 변화를 가져올 것을 기대했던 것으로 보인다. 그러나 2020년 이후 3년에 걸친 코로나19 팬데믹 사태, 그리고 북미관계와 남북관계 악화와 함께 높아진 군사적 긴장 속에서 북한 전체주의는 다시 강화되었다고 판단된다. 팬데믹을 이유로 북중 국경 폐쇄를 강화했으며, 중국으로 탈북을 시도하다 붙잡힌 주민들이 즉결 처형당하고, 한국과 서방의 영상물을 유포한 주민에 대한 처벌이 대폭 강화되면서 정보 차단(information blockade) 상태가 더욱 악화했다. 주민들은 경제와 식량 사정 악화로 기아(飢餓)에 허덕이는 가운데, 전체주의적 인민 통제는 더욱 강화되는 양상을 보인 것이다. 영국 공영방송 BBC는 북한 내부 주민들과의 비밀 인터뷰들을 통해 이 상황을 전하는 다큐를 2023년 6월 18일 방송했다(BBC Documentary "Our World," June 18, 2023).

사이에 필요한 최소한의 협력의 바탕마저 파괴되고 있다는 사실도 있다.

한미동맹의 의미와 역할은 애당초의 취지대로 한반도에서 전쟁을 억지하고 평화를 유지하는 데 집중하고 한정해야 한다.[29] 그것이 동아시아 대분단체제의 조건에서 한국이 미국과 일본에 대해 언제나 명백히 할 제1의 외교적 명제다. 미국이 일본과 일심동체가 되어 중국을 고립화하는 정책을 본격화하는 것은 중국의 군사력이 미일동맹의 동아태 군사패권을 실질적으로 위협하기에 이른 상황에 대한 초조함을 반영한다.

한국이 일본처럼 미국과 일심동체가 되지 못하면 한국은 미국에 의해 버림받고 말 것이라는 불안에 매몰되어서는 안 된다. 이 글의 서두에서 명확히 하려 했던 것처럼 미국의 동아시아전략, 결국 중국 경영전략은 일본과의 연합을 통해서만, 그것에 의존해서만 가능하

---

29 1953년 10월 1일 성립한 '한미상호방위조약'은 미 상원이 그것을 비준할 때, 주한미군을 포함한 모든 미국의 군사적 원조 행위는 한국의 합법적 영토에 대한 외부의 무장공격이 발생했을 경우에만 제공될 수 있음을 명확히 한 조건을 달았다("UNDERSTANDING OF THE UNITED STATES." "[The United States Senate gave its advice and consent to the ratification of the treaty subject to the following understanding] It is the understanding of the United States that neither party is obligated, under Article III of the above Treaty, to come to the aid of the other except in case of an external armed attack against such party; nor shall anything in the present Treaty be construed as requiring the United States to give assistance to Korea except in the event of an armed attack against territory which has been recognized by the United States as lawfully brought under the administrative control of the Republic of Korea," Mutual Defense Treaty Between the United States and the Republic of Korea; October 1, 1953; 이삼성, 2018, 865-866쪽). 이것은 주한미군이 한반도에 있는 이유는 한반도에서 전쟁을 억지하는 데 근본 목적이 있고, 그 이상도 이하도 아니라는 원칙이 미국 의회의 요청으로 이 조약의 전제가 된 것임을 말한다. 따라서 한국 역시 마찬가지로 동아태 지역의 미국 영토에 외부 무장공격이 실제 발생한 경우가 아니면 주한미군이든 주일미군이든 미국의 군사력에게 편의를 제공해야 할 의무가 없는 것이다.

다. 그토록 중요한 일본과의 동맹을 유지하는 것에 있어서 미국이 한미동맹을 유지하는 것은 필수요건이다. 중국과 가장 가까운 거리에서 중국의 권력 심장을 겨누고 있는 동시에 중국 권력의 대외적 투사를 막는 가장 강력한 길목인 한반도의 남쪽이 미국 자신과 동맹을 유지하는 것 자체만으로, 즉 중국의 동맹이 아닌 미국의 동맹으로 있다는 것 자체로 미국에겐 결정적인 차이가 있다. 한미동맹의 유지 자체는 또한 미국의 동아시아전략의 근간인 미일동맹의 존재조건이기도 하다. 이 점을 유념하면서 한국은 미국과의 동맹을 원래 조약 취지대로 한반도에서의 전쟁 억지에 한정해야 하며, 그 점에 관해서 명쾌하고 단호하며 당당해야 한다. 그것이 진영의 논리를 넘어서 국제 사회 전체에서 한국외교가 보편적 공감을 얻는 진정한 중추국가 외교의 위상을 확보하고 견지하는 길이다.

미국과의 군사동맹에 대한 전적인 신뢰는 장차 동맹국 안보에 대한 미국의 헌신의 지속가능성에 대한 믿음임과 동시에 미국 군사력과 군사과학의 힘에 대한 믿음이다. 한국의 주요 보수 언론매체들은 미국이 보유하고 개발하는 첨단 무기체계들의 압도적 파괴력과 침투력에 대한 경외감을 불러일으키는 기사들을 끊임없이 쏟아낸다. 중국 군사력의 성장에 관한 기사는 이들 신문 지면에서 가끔 등장한다. 이로써 한국의 주요 언론들은 대분단체제의 긴장이 높아갈수록 미일동맹과 더욱 밀착하는 것이 지닌 이로움과 현명함을 한국 사회에 각인시키는 역할을 수행한다.

그런 가운데 우리는 군비경쟁은 상호적 현상이며 모두의 안보딜레마를 가중시킨다는 사실을 잊기 쉽다. 2000년대 대분단체제가 제2국면에 들어서 지난 10여 년 사이에 미국이 일본과 함께 중국에 대한 지정학적 봉쇄를 공표함에 따라 더욱 가열된 군비경쟁의 결과는 미국 정부와 전문가들이 보기에 미국에게 결코 유리한 것이 아니었다. 미 의회조사국이 2023년 5월 15일 의회에 제출한 보고서는 미 국방부가 2022년 말 의회에 제출한 연례보고를 근거로, 중국 해군이

2015-2020년 사이에 전함(戰艦) 수에서 미 해군을 추월해 "세계 최대 해군"이 되었으며, 동아태 지역에서 미일동맹이 누려온 해상 패권이 위기에 처했다는 사실을 분명히 했다.[30]

동아태 지역의 미 군사력은 현재 일본에 5만 5,000명, 한국에 2만 8,000명, 그리고 오스트레일리아와 필리핀, 태국 그리고 괌을 합해 수천 명 정도의 병력이 배치된 상태로 1950년대 이후 사실상 변화가 없다. 미국은 중국에 대한 지정학적 봉쇄전략을 공표한 이래 동아태 지역 군사력 증강을 모색해왔다. 그러나 이러한 구상은 예산 부족, 그리고 대중국 전략의 구체적 방안에 관한 합의 부재로 인해 실제적으로 구현되지 못하고 있다고 지적된다. 또한 펜타곤은 인공지능과 사이버 및 우주기반 첨단 무기체계에 투자를 늘려 2030년대에 중국과의 첨단전쟁에 대비하고 있다. 그러나 이들 분야에서도 힘의 균형은 (미국이 획기적인 자원배분 증대를 하지 못할 경우) 중국에 유리하게 움직일 가능성이 높다는 평가가 제기되고 있다.[31] 이것은 미국이 대중국 봉쇄를 운위하고 바이든 대통령이 타이완해협에 대한 유사시 군사개입 의지를 공언하는 것과는 달리, 실제 중국이 자신의 '국가핵심이익'이라 간주하는 근역에서 군사행동을 감행할 경우 미국의 대응은 지극히 불투명할 수 있다는 것을 시사한다. 이런 상황에

---

30 Department of Defense, *Military and Security Developments Involving the People's Republic of China 2022, Annual Report to Congress*, released on November 29, 2022; Congressional Research Service, China Naval Modernization: Implications for U.S. Navy Capabilities: Background and Issues for Congress, May 15, 2023. p.2. (https://crsreports.congress.gov RL33153). 이 보고서는 현재 중국 해군은 서태평양에서 전시에 공해상에 대한 미 해군의 통제 능력에 중대한 도전을 제기하고 있다고 말했다. 또 이것은 냉전 종식 이후 미 해군이 직면한 최초의 도전이며, 중국 해군은 서태평양에서 미국이 오래 누려온 주도적인 군사적 위상에 중국이 제기하는 도전의 핵심 요소라고 지적했다 (Congressional Research Service, 2023, p.3).

31 Ashley Townshend and James Crabtree, "The U.S. Is Losing Its Military Edge in Asia, and China Knows It," *The New York Times*, June 15, 2022.

서 미국이 동아시아 전반과 타이완해협에서 중국 봉쇄를 공언하면서 불필요하게 자극적인 대결적 정책을 앞세우고, 일본뿐 아니라 타이완과 한국을 경직적인 동맹체제의 논리로 줄을 세우는 것은 결코 이 지역 국가들의 안전과 지역의 평화 유지에 기여할 수 없다. 그러한 정책과 자세가 촉진할 수 있는 긴장 폭력화가 현실화될 때 미국은 일본, 타이완, 그리고 한국의 안전을 보장할 수 있는 위치에 더 이상 있지 않다. 지난 20년간 미국이 추동해온 동아시아 군비경쟁의 결과가 그 사실을 보여주며, 이 추세에 담긴 미일동맹과 중국 사이의 군사력 균형 이동은 미래에도 미일동맹에 결코 유리하게 전개되지 않을 가능성이 높다는 것을 말해준다. 투키디데스의 역사서술에 따르면, 기원전 431년에 시작해 404년에 아테네의 패배로 끝난 펠로폰네소스 전쟁에서 아테네 패배의 치명적인 이유 중 하나는 오늘의 이탈리아 반도 남쪽에 있는 시칠리아섬의 시라쿠사를 정복해 그것을 기반으로 스파르타를 압도하고자 원거리 군사적 모험을 강행한 것이었다. 그 결과 아테네는 시칠리아에서 강력한 저항에 직면했을 뿐 아니라 아테네 자체의 안전까지 위협받는 이중 전쟁(dual war)의 압박에 직면한다. 투키디데스는 그것을 펠로폰네소스 전쟁 자체의 중요한 분수령으로 파악했다.[32]

투키디데스가 깊은 관심을 갖고 주목한 현상의 하나는 아테네 민주주의와 그 정치적 분열, 그리고 그것이 전쟁에 미친 영향이다. 민주파 정권은 스파르타의 권위주의와 아테네의 민주주의의 차이를 내세우며 전쟁을 정당화하고 다른 도시국가들에 대한 제국주의적 지배를 정당화했다. 아테네 민주정 안에서는 민중파와 권위주의 세력인 과두정파들이 부단히 분열했고, 그 분열은 대외정책의 비일관성을 초래하면서 전쟁 수행능력에도 종종 파괴적인 영향을 미쳤다.[33]

---

32 *The Landmark Thucydides*, 1996, p.443.
33 아테네 민주정의 지도자이자 대표적 주전파인 페리클레스는 아테네의 제

1950년 전 지구적 패권의 절정에 있던 미국이 한반도에서 당시 갓 건국한 약체 중국에 밀려 한반도의 분단은 고정되고 말았다. 더욱이 오늘의 중국은 그때의 중국이 아니다. 동아시아 대분단체제의 긴장 심화 속에서 그 결과물의 하나로 유럽의 동쪽에서 미국은 우크라이나를 매개로 러시아와 간접 전쟁에 나서는 동시에 타이완해협에서 소분단체제의 긴장을 높이는 행동을 절제하지 않고 있다.

2020년 홍콩 사태의 결말이 남긴 교훈들에는 다음 두 가지가 포함된다. 첫째, 중국은 국제 사회에서 공인된 자신의 주권적 영역에서 어떤 타협도 배제한다는 것이다. 둘째, 그러한 중국의 정치적·군사적 행동에 대해 서방은 방관자로 머물 수밖에 없었다는 사실이다. 동아태 지역에서 미일동맹과 중국 사이 군사력 균형의 이동 추세와 맞물려 홍콩 사태의 결말이 타이완의 현재와 미래에 시사하는 바가 무엇인가에 관해서, 중국에 대한 수출 비중이 38.8퍼센트(2022년)에 달하는 타이완 사회는 지금 깊은 고뇌에 빠져있다.[34] 미국이 진정으

국 건설과 제국주의를 부단히 정당화하고 칭송했다(*The Landmark Thucydides*, 1996, 특히 pp.111-114). 그에게 아테네가 하는 전쟁은 아테네의 고유한 정치사회적 성격이라는 "축복들" 때문에 다른 전쟁들과 다른 것이었다(Ibid., p.114).

투키디데스가 펠로폰네소스 전쟁의 근본원인이라고 짚은 "아테네의 성장과 그에 대한 스파르타의 경계심"이라는 명제는 잘못 오해될 소지가 있다. 당시 상황을 보면 아테네는 단순히 성장한 것이 아니고, 주변 도시국가들에 대한 제국주의적 지배자로 이미 부상해 있었다. 종종 저항하는 도시국가의 시민들을 모두 노예로 만들기도 했다. 따라서 단순한 도전자의 입장에 있었다고 보기 어렵고, 스파르타가 갖지 않은 해상력을 바탕으로 스파르타의 안전까지도 위협하는 제국으로 성장한 상태였다. 따라서 펠로폰네소스 전쟁을 '기존 패권국 스파르타와 신흥 도전자 아테네의 대결'로 등치하는 것은 오해의 소지가 있다. 예컨대 코린트(Corinth)는 아테네의 제국주의적 확장에 대해 스파르타가 오랫동안 행동하지 않음(inaction)을 비판한다. 코린트의 지도자들은 스파르타를 향해 "아테네에 대해 공격적이지 않고 방어적"임을 비판하면서 동맹들에 대한 보호를 외면했다고 불평했다(Ibid., p.39).

34 최현준, 「중국이 아닌 미국을 의심하는 타이완인이 늘고 있다」, 『한겨레』, 2023.4.19.

로 동아시아의 중소 동맹국 사회들의 안전과 평화를 돕고자 한다면, 중국과의 군비경쟁을 추동하고 그것을 대결적 프레임으로 정당화하기보다 동아시아 대분단 기축관계 자체의 긴장 완화, 그리고 타이완해협과 한반도에서 군사적 긴장을 높이는 행동들에 대한 대안을 모색해야 한다. 문재인 정부가 2018년 봄 북한과 종전선언과 평화협정 체결을 위해 노력할 것을 약속한 '4·27 판문점선언'이 있은 지 정확하게 5년 후, 윤석열 정부는 바이든 행정부와 핵확장억제 강화 방안을 담은 '워싱턴선언'을 공동발표했다.[35] 윤 정부는 이 선언으로 북한 핵위협에 대한 핵확장억제의 효력이 획기적으로 증대했으며, 이로써 한국의 안전이 더욱 든든해졌다고 주장했다. 과연 그러한가. 한미동맹과 북한이 다 같이 한반도에서의 핵사용 문턱을 더욱 낮추게 함으로써 한반도의 안전과 평화가 더 쉽게 깨질 수 있는 안보딜레마의 수렁을 더 깊게 한 것은 아닌가.

한국전쟁 이래 지난 수십 년간 미국의 대북한 핵사용 위협과 그것을 전제한 한미연합군사훈련의 발전은 북한 핵무장에의 길과 불가분한 상호작용 속에 있어왔다. 미국은 1958년부터 한국에 핵무기를 배치해 유사시 북한의 재래식 공격에 대해서도 핵무기 대응을 공식 정책으로 삼았다. 1976년부터는 제임스 슐레진저 국방장관과 지미 카터 대통령의 입으로 북한에 대한 핵위협을 공표했다. 그때 시작한 팀스피릿 한미연합군사훈련에 대북 핵사용 옵션이 포함되었다. 대북 핵사용 위협은 한미동맹의 불가결한 요소였다. 미국은 매년 한국에 대한 핵우산 공약을 확인해왔다. 북한이 남한을 핵무기로 위협하거나 핵을 사용하는데 미국이 동맹국으로서 핵보복을 하지 않는다는 것은 미국의 안보전략 자체가 용납하지 않는 구조다. 그럼에도 워싱턴선언을 통해서 유사시 한반도에서 핵사용 의사를 더 강조하는

35 The White House, "Washington Declaration," April 26, 2023(https://www.whitehouse.gov/briefing-room/statements-releases/2023/04/26/washington-declaration).

것이 어떤 긍정적 소용이 있을 것인가. 윤석열 정부는 북한과의 모든 대화를 '가짜 평화 쇼'라고 말해왔다. 워싱턴선언은 미국 내 상당수 전문가들에게는 일종의 '과장된 안보 쇼'로 비치고 있다. 『로이터통신』과의 인터뷰에서 윌슨센터의 수미 테리(Sue Mi Terry)는 이 선언이 "대체로 수사적인 것"이며 한국 내부의 핵무장파들을 말리려는 "무화과 잎"(fig leaf)에 불과한 것이라고 평했다.[36] 그렇게 쇼로 그치는 것이라면 차라리 다행일 것이다. 또한 한국 내 높아가는 독자핵무장론을 차단하는 데 기여할 수 있다면 또한 긍정적인 것일 수 있겠다. 문제는 이 선언이 한반도에서 유사시 북한에 의한 핵사용을 억지하는 기능보다는 군사적 긴장이 고조될 때마다 한미동맹과 북한의 안보전략 모두에서 핵에 대한 의존을 더욱 강화하는 장치로 작용할 가능성이 있다는 점이다. 북한이 핵을 실제 사용한다면, 미국은 한미동맹과 자신의 안보전략의 구조상 핵을 사용할 것이다.[37] 북한이 핵을 사용하는 상황이 되면, 미국 역시 핵으로 보복하게 될 것인데, 그때 한국 대통령이 미국 대통령과 핵사용 협의를 한다는 것이 어떤 의미가 있을 것인가. 또한 핵무기의 특성상 미국 대통령마저 핵무기 사용에서 깊이 숙고할 시간적 여유가 불가능한 상황인데, 워싱턴선언에서 설치하기로 합의한 한미 간 '핵협의그룹'(NCG)이 무슨 역할을 할 것인가.

　워싱턴선언을 발표하는 시점에서 바이든 대통령은 윤석열 대통령에게 유럽에서도 한반도에서도 핵무기 사용 여부 결정은 전적으로 미국 대통령의 영역이라는 점을 명확히 못박았다.[38] 한국 정부 인사

36　Trevor Hunnicutt, Steve Holland and David Brunnstrom, "South Korea, US to share nuclear planning to deter North Korean threat," *Reuters*, April 27, 2023.
37　바이든 행정부의 「2022 핵태세검토 보고서」는 한국과 일본, 오스트레일리아 등을 포함한 인도·태평양 지역의 동맹국들에 대한 미국의 핵확장억제 전략과 공약을 유럽에 대한 것과 동등한 비중으로 강조했다(*2022 Nuclear Posture Review*, pp.14-15).
38　바이든 대통령은 윤 대통령과 함께 워싱턴선언을 발표하는 공동 기자회견

들이 '핵공유'(nuclear sharing)란 표현을 사용하는 데 대해서도 미국
은 민감하게 거부반응을 보이며 중단을 요구한 것으로 보도되었다.
핵사용 여부의 판단에 끼어들 수 없는 한국 정부 관계자들이 '핵협
의그룹'에서 어떤 역할을 할 것인가. 어떤 역할이 있다면 한반도에서
핵교환이 이루어지기 전의 상황에서 결정될 것이다. 이 그룹에서 한
국의 역할이 미국의 핵사용 가능성을 최소화하고 대안을 찾는 데 한
국의 힘과 지혜를 보태는 역할이라면 긍정적일 것이다. 그러나 한국
지도자와 군부가 선제타격론적 사고에 매몰되어 있는 상황이라면,
핵협의그룹에서 한국의 역할은 핵전쟁의 위험을 배가하는 것이 될
수 있다.

　1962년 쿠바 미사일위기 당시 미국과 소련이 서로 핵공격을 위협
하는 상황에서 쿠바의 카스트로의 행동은 반드시 돌이켜볼 필요가
있다. 카스트로는 그해 10월 27일 새벽 소련 대사관을 찾아 소련 공
산당 서기장 흐루쇼프에게, 미국이 쿠바를 공습하며 침공해올 경우
핵무기를 사용해 "그들을 날려버릴 것"을 촉구했다.[39]

　워싱턴선언의 내용 중 한국 언론이 가장 주목한 구절의 하나는 "북
한이 남한에 핵공격을 하면 신속하고 압도적이며 결정적인 대응을
전개할 것"이라는 대목이었다. 그런데 이것은 문재인 정부 때를 포함
해 미국이 그간 누누이 반복해온 말이다. 또 미국은 한국에 대한 핵확
장억제를 뒷받침하기 위해 "한반도에 대한 전략자산들의 정기적인
가시성(regular visibility)를 높일 것이며, 이것은 곧 있을 미국의 핵탄
도미사일 탑재 잠수함(a U.S. nuclear ballistic missile submarine)의 한
국 방문으로 입증될 것"이라는 대목도 있다. 그런데 북한이 2017년

─────────────

에서 이렇게 말했다. "나는 핵무기를 사용하는 데 있어서 총사령관으로서 절대
적 권한(absolute authority)을 가지며 유일한 권한(sole authority)을 갖고 있다."
(Trevor Hunnicutt, Steve Holland and David Brunnstrom, "South Korea, US to
share nuclear planning to deter North Korean threat," *Reuters*, April 27, 2023).
39 Peter Jennings Reporting, "The Missiles of October: What the World Didn't
Know," From the ABC TV documentary aired in 1992; 이삼성, 2018, 632쪽.

2023년 7월 18일, 오하이오급 탄도미사일 잠수함이 유도미사일 구축함의 호위를 받으며 부산에 접근하고 있다.

핵무장을 완성한 이래 미국은 한미연합군사훈련을 수시로 벌이며 위협적인 전략자산들을 한반도에 빈번하게 파견해왔다. 그럼으로써 북한의 2022년 9월 8일의 「핵무력정책법」을 촉진하는 상호작용을 해왔다. 워싱턴선언에서 한국 언론이 그다지 강조하지 않은 내용은 "한미동맹은 비상사태 시 미국의 핵무기 운용에 대한 한국의 재래식 지원(conventional support)을 공동으로 실행하고 기획하도록 노력할 것"이라는 대목이다. 한국군에 대한 전시작전권을 보유한 미국이 한반도의 위기 상황에서 그것을 '전시'(戰時)라고 규정하면, 한국군 전체는 미국의 작전권 대상이 된다. 그 상황에서 핵무기 사용 여부는 미국이 결정하는데, 이를 실행하는 데 있어서 필요한 모든 재래식 인적 및 물적 자원을 동원하는 보다 효과적인 체계를 마련하겠다는 이야기다. 또한 핵확장 억제 적용을 위한 합동연습과 훈련활동을 강화하겠다고 했다. 한반도에서 핵전쟁의 가능성을 억제하기 위한 노력이 아니라, 핵전쟁 가능성을 더욱 기정사실화하고 그것을 촉진할 가능성이 높은 활동, 특히 미국의 결정과 집행을 하위 파트너로서 뒷받침하는 활동들을 강화한다는 것을 명백히 하고 있는 것이다.

6. 가야 했지만 가지 않은 길

2023년 5월 현재 동아시아는 기축관계에서의 지정학적 긴장, 홍콩 사태 등으로 더욱 부각된 정치사회적 체제와 이념의 이질성으로 인한 긴장, 그리고 일본의 아베 신조 정권하에서 더 굳어져온 역사심리적 거리감과 긴장이 서로 상호 상승작용을 일으키는 대분단체제의 속성이 강하게 발현되고 있다.

최근 한국 정부는 일제의 강제동원 문제에 관해 '제3자 변제'라는 변칙적 해법으로 한일 간의 역사문제를 봉합하고 나섰다.[40] 역사문제에 관한 윤석열 정부의 행보는 중국을 지정학적·지경학적인 가상적으로 하는 한미일 3국의 군사·경제 동맹 강화의 일환으로 인식되고 있다. 그 결과 미일동맹과 중국 사이의 역사심리적 거리감은 더욱 확대되는 효과를 낳는다.

이처럼 대분단체제 기축관계의 세 가지 차원 모두에서 긴장이 심화하는 가운데, 그것이 또한 한반도와 타이완해협의 소분단체제들에서의 긴장과도 부정적인 상호작용을 강화하는 양상이다.

타이완해협과 한반도에서 군사적 해법은 답이 아니라는 것은 누구에게도 분명하다. 한반도에서 군사충돌은 핵전쟁이라는 최악의 재앙으로 직결될 수 있고, 타이완해협에서 타이완의 공식적인 독립 지향이 초래할 군사적 충돌 사태가 발생할 경우 미국이 타이완을 보호하고 구원할 능력이 있다는 믿음은 이제 과거사가 되어가고 있다. 타이완해협 문제에 대한 미국 내 대표적 전문가인 오리아나 마스트

---

40 박은경, 「기시다, '주어' 없는 유감 표명…윤 대통령, 과거사 '나홀로 청산'」, 『경향신문』, 2023.5.7.

로는 2022년 5월에 쓴 글에서 바이든 대통령에게 이렇게 말했다. "민주 타이완을 위해 중국의 위협에 맞서는 것은 칭찬할 일이다. 그러나 (군사개입을 약속하며 타이완을 더 대담하게 만듦으로써) 이 섬을 더 큰 위험에 빠뜨릴 수 있다. 정작 위험한 상황이 되면 미국은 타이완을 구조하러 가지 못할 수 있다."[41]

한국이 북한 핵무기들을 원점타격한다는 것은 북한 핵무기와 미사일이 수적으로 미미할 때 성립할 수 있는 이야기다. 북한 핵무장이 완성되고, 그것이 한미동맹과의 긴장 속에서 다종화, 첨단화, 대량화되어온 오늘의 시점에서 실제 선제타격을 실행하겠다는 발상은 더 이상 어떤 합리성도 가질 수 없다.[42] 정부의 사명은 서로 핵을 겨누고 그 사용을 위협하는 상황을 해소하기 위해, 원점타격용 무기들을 개

---

[41] 마스트로는 2022년 시점의 타이완해협 군사력 균형에서 미국은 중국에 밀린다고 단언했다. 만일 중국 지도자들이 타이완을 '회복'할 필요가 있다고 결정하면 미국의 개입을 사전에 봉쇄하기 위해 동아태 지역의 미 군사력에 대한 선제공격을 단행할 것이라고 마스트로는 분석한다. 그것은 곧 중국 미사일들이 일본에 있는 미군기지들을 파괴하고 미국 항모들은 중국의 '항모 킬러' 미사일들의 목표물이 됨을 의미한다. 중국은 그러한 능력을 이미 갖추었다. 전자전과 사이버전 영역에서도 중국은 미국에 비해 더 유리한 고지에 있다고 마스트로는 판단한다. 중국은 미 국방부가 평시와 전시에 육해공 전략자산들을 배분 운용하는 체계인 '미 교통통제시스템'(USTransCom)을 사이버공격으로 무력화할 수 있고, 미국의 위성, 항법, 통신, 정보수집, 그리고 지휘통제 시스템을 파괴할 수 있는 능력이 있다. 반면에 타이완을 상대하는 중국 군사력 운용 시스템은 광섬유 통신체계를 이용함으로써 미국의 공격에 취약하지 않다고 마스트로는 지적한다. 마스트로는 타이완해협에서 미국 전투기들의 무공급 전투를 뒷받침할 수 있는 반경 안에 있는 공군기지는 일본 영토에 있는 단 두 개에 불과하지만, 중국은 타이베이에서 500마일(800킬로미터) 이내의 중국 본토에 39개의 공군기지를 갖고 있다는 사실도 주목한다. 2018년에 이미 입법사항으로 미 의회에 제출된 보고서가 타이완해협에서 전쟁이 발생할 경우 "미국은 결정적인 군사적 패배"에 직면할 수 있다고 경고했고, 미 국방부의 여러 전직 고위 관료들이 그 결론에 동의했다는 사실을 마스트로는 상기시킨다. 마스트로는 또한 타이완을 중국의 불가결한 일부로 대하는 중국의 입장은 푸틴의 우크라이나에 대한 집착과는 차원이 다른 더 깊은 것임을 유의해야 한다고 지적한다(Oriana Skylar Mastro, "Biden Says We've Got Taiwan's Back. But Do We?" *The New York Times*, May 27, 2022).

2018년 평양을 방문한 마이크 폼페이오 국무장관과 김정은 위원장.

발하고 늘리는 것보다 더 치열하게 평화적인 정치적 해법을 찾는 일
이다.

　타이완해협에서도 한반도에서도 가야 할 길은 분명하다. 어떤 형
태로든 평화체제를 구성하기 위한 대화를 제대로 하는 것이다. 이 숙
제를 생각함에 있어서 우리는 2018년 '한반도의 봄' 국면에서 우리
가 잃어버린 기회를 돌이켜 성찰할 필요가 있다. 그해 '4·27 판문점
선언'에서 문재인 정부는 북한 김정은과 종전선언과 평화협정을 위

42　북한 김정은은 2022년 12월 말에 열린 노동당 중앙위원회 제8기 6차 전
원회의에서 '2023년도 핵무력 및 국방발전의 변혁적 전략'의 일환으로 핵탄
두 보유량을 "기하급수적으로 늘릴 것"이라고 천명했다(김승욱, 「北, 핵탄두
15~60기 보유 추정…김정은 "기하급수적 늘릴 것"」, 『연합뉴스』, 2023.1.2).
스웨덴의 스톡홀름국제평화연구소(Stockholm International Peace Research
Institute, SIPRI)는 2023년 현재 북한이 보유한 핵탄두 수를 30개로 추정하면
서, 2023년 1월 시점에서 북한이 확보한 핵분열물질로 추가 생산할 수 있는 잠
재적 핵탄두 수를 50-70개로 평가했다(Stockholm International Peace Research
Insitutute, "States invest in nuclear arsenals as geopolitical relations deteriorate," 2
June 2023; https://www.sipri.org).

해 노력할 것을 약속했다. 문재인 정부와 마찬가지로 미국 트럼프 행정부도 북한과의 '평화조약' 아이디어에 적극적이었다.

마이크 폼페이오(Mike Pompeo)는 2018년 4월 초순 미 CIA 국장 자격으로 처음 평양을 방문했다. 5월 8일 국무장관에 임명된 폼페이오는 그다음 날인 9일 국무장관 자격으로 평양을 두 번째 방문해 김정은을 만났다. 그는 5월 24일 미 상원 청문회에서 미국의 북한과의 협상 상황에 대해 증언했다. 그는 미국이 북한에게 요구하는 비핵화가 돌이킬 수 없는 것이 되게끔 해야 하듯이 미국 역시 북한에게 돌이킬 수 없는 형태의 안전보장을 약속하고 그것을 조약으로 만들어 상원에 비준을 요청하겠다고 밝혔다.[43] 1994년 북미 제네바합의(Geneva Framework)가 초당적 동의를 확보하는 조약이 아닌 행정협정 수준에 머물러 8년 만에 휴지조각이 되었던 것을 염두에 둔 약속이었다. 미국의 그러한 자세와 약속은 6월 12일의 북미 정상회담과 싱가포르선언의 기초가 되었다.

폼페이오는 2023년 초에 출간한 자서전에서 5월 9일의 두 번째 평양 방문에서 김정은과 회담한 내용을 밝혔다. 그는 미국이 원하는 '전적인 비핵화'(total denuclearization)는 "모든 무기 개발, 농축, 플루토늄 처리능력의 영구적이고 검증가능한 종식"임을 김정은에게 설명했다고 말했다. 김정은은 이러한 요구들이 과도하다고 불평하며 뒷걸음질 쳤다고 했다. 폼페이오는 "우리는 한꺼번이 아니라 단계적으로 나아갈 수 있다. 다만 북한이 전적인 비핵화를 보장하는 커다란 첫걸음을 떼어야만 경제제재의 해제로 나갈 수 있다"고 말했다고 밝혔다.[44]

---

43 Testimony of Mike Pompeo, US Secretary of State, before Senate Foreign Relations Committee, May 24, 2018. Uploaded on YouTube by *The Washington Post*; 이삼성, 2022.

44 Mike Pompeo, *Never Give An Inch: Fighting for the America I Love*, New York: Broadside Books, 2023, pp.190-191.

여기서 폼페이오가 밝힌 것에 따르면, 북미가 단계적으로 북한 비핵화와 경제제재 해제를 추진할 수 있다고 했고, 다만 첫걸음에서 큰 진전이 있어야 한다는 큰 그림을 제시한 것이었다. 북한 비핵화와 미국의 대북 경제제재 해제를 어떤 순서로 어떻게 상호 연계할지에 대해서 분명히 밝힌 것은 아니었다. 폼페이오는 5월 24일의 상원 청문회에서 자신이 김정은에게 약속한 평화조약 문제에 대해서는 이 책에서 언급하지 않았다. 그가 역할을 한 6·12 싱가포르 공동선언은 "한반도 평화체제 구축"을 앞에 놓았고, 그 뒤에 북한의 완전한 비핵화 의무를 명시했다. 이에 비추어볼 때, 2018년 5월 말에서 6월 싱가포르 공동선언에 이르는 시기에 트럼프 행정부의 평화조약 구상은 북한 비핵화와 북미관계 정상화 및 평화체제 구축이라는 숙제들을 연계해 단계적으로 실천하되, 첫 단계에서 서로 큰 진전을 약속하는 조약을 체결하는 방안에 대해 열린 자세를 갖고 있었다고 판단할 수 있다.

그러나 강경파인 국가안보보좌관 존 볼턴과 국방장관 짐 매티스가 싱가포르 공동선언 이후 트럼프 행정부의 대북정책을 주도하면서, 그 선언은 실제 이행으로 나아가지 못했다. 미국은 북한이 의미 있는 비핵화 조치를 먼저 실행하지 않으면 평화협정 협상은 고사하고 종전선언도 불가하다는 조건을 내세웠다. 북한은 과거 패턴으로 돌아간 미국의 강경파들의 요구를 "강도적인 행위"라고 비판했다. 교착상태를 풀기 위해 8월 하순 폼페이오 국무장관이 다시 평양을 방문하려 했다. 그러나 트럼프 대통령이 곧 폼페이오의 방북을 취소한다. 트럼프가 그의 방북을 취소한 이유는 그 무렵 북한 김영철이 미국 정부에 보낸 편지에서 6·12 싱가포르 공동선언에 따른 평화조약 협상을 미국이 거부하는 것에 대한 불만을 강하게 표출했기 때문이라고 CNN이 보도했다.[45]

---

45 이 무렵 한국의 대표언론 KBS는 김영철의 편지가 "종전선언"을 강하게 요

문제는 이후 문재인 정부의 행보였다. 트럼프가 평화조약 협상의 조속한 진전을 촉구하는 북한의 요구를 거부하면서 폼페이오의 평양 방문을 취소한 데에서 알 수 있듯이, 이 국면에서 미국은 볼턴과 매티스를 중심으로 한 강경파들이 대북 평화조약 협상을 불가능하게 만들고 있었다. 한국 정부가 이 국면에서 선택한 것은 평화조약 문제를 미국 정부의 결정에 맡기는 것이었다. 그해 9월 19일 평양을 방문한 문재인 대통령이 김정은과 '9.19 군사합의'를 타결하고 다음 날인 20일 밤 서울에 돌아와 귀국 기자회견을 했다. 이 자리에서 문 대통령은 "평화협정은 북한 비핵화 완성 이후의 일"이라고 공개적으로 못 박았다.[46] 이후 문 대통령은 부에노스아이레스에서의 한미 정상회담에서, 그리고 유럽 지도자들과의 회담에서, "평화협정은 북한 비핵화 완성 이후에" 또는 "경제제재 해제는 북한 비핵화 실행 이후에"라는 취지의 입장을 공개적으로 확인한다. 이 시기 이후 한국의 언론과 시민사회 안에서도 '평화협정'은 사실상 금기어가 되고, 그 비전의 공백을 '종전선언'이 메꾸면서 '평화협정 협상에 대한 논의가 실종된 평화담론'이 지배하게 되었다. 종전선언이 북한 비핵화를 실질적으로 이끌어낼 수 있는 실마리이자 흔히 말하는 마중물이 되려면 평화협정 협상에 대한 논의로 뒷받침되어야 하는데, 문재인 정부에서 종전선언 개념은 "평화협정을 북한 비핵화 뒤로 미루는 명분"으로 소비되고 말았다.

　돌이켜보면 문재인 정부는 당시 트럼프 행정부 내의 권력균형에 의해서 확고해진 강경파의 입장을 미국과의 마찰을 최소화하기 위해 수용하고 그에 적응하려 했다고 생각된다. 9월 평양 정상회담에

구했고 그것이 갈등의 요인이라는 취지로 보도했다.

46 KBS 생중계, 2018.9.20; 하수영, 「文대통령 "평화협정 체결, 완전한 비핵화한 뒤 가능」, 『뉴스핌』, 2018.9.20; 김성진·김지현·홍지은, 「文대통령 "트럼프와 연내 종전선언 논의": "평화협정, 완전한 비핵화 이뤄지는 최종단계서 진행"」, 『뉴시스』, 2018.9.20; 이삼성, 2022.

서 문 대통령은 김정은에게 미국의 입장을 전달하면서 그를 설득하려 시도했을 것이다. 그러나 부분적이라도 '북한 비핵화 선행'을 조건으로 삼는 과거 회귀는 북한으로선 받아들일 수 없는 것이었다. 두 사람은 서로의 차이를 확인했고, 다만 남북관계 개선에 합의한 것으로 만족해야 했다. 문 대통령은 20일의 기자회견에서 더 이상 평화조약 이야기가 나오지 않도록 자신의 입장을 명확히 밝힌 것이었고, 그 것은 미국 정부를 향한 자신의 정체성 보고이기도 했을 것이다. 이때 2019년 2월 말에 열리는 하노이 북미회담의 실패는 예정된 것이었다고 생각된다.[47] 북한 핵무장이 진행된 상태에서 핵문제의 평화적 해결의 가능성이 가장 밝았던 시기에 한국에게 주어진 기회는 그렇게 상실되고 말았다. 2022년 5월 집권한 한국의 보수 정부는 북한과의 대화를 '가짜 평화 쇼'로 규정했을 때 선택할 수밖에 없는 유일한 길, 즉 무제한 군비확충과 핵확장억제 강화의 길을 명쾌하게 걷고 있다. 그 길은 한국의 안전을 더 든든하게 하는 것이라고 강변하지만, 사실은 한반도 안보딜레마의 수렁을 더 깊게 하는 길이다. 우리는 다른 길을 모색해야 한다. 그 다른 길은 2018년에 우리에게 열려 있었으나 노크만 했을 뿐 멈추고 만, 그래서 가지 않은 길이다. 가지 않은 길은 북한이 안심하고 비핵화를 진행할 수 있게 만들어줄 수 있는 최대한 확고한 안전보장의 장치를 북한 비핵화 조치들과 연계해 그 단계적 실천의 약속을 조약화한, 마이크 폼페이오가 2018년 5월 24일 상원 청문회에서 밝혔던 그 평화조약의 가능성을 새롭게 되살려 창의적으로 모색하는 길이다.

전쟁 직후의 평화협정은 무력으로 세워진 새로운 질서를 추인하는 문서에 불과하다. 이와 달리 더 평화적인 질서를 구성해 전쟁을 예방하기 위한 평화협정은 새로운 질서 구성을 위한 각자의 책임과

---

47 하노이회담에 대한 트럼프 대통령의 입장을 형성하고 지배한 강경파 존 볼턴의 역할에 대한 설명은, John Bolton, *The Room Where It Happened: A White House Memoir*, New York: Simon & Schuster, 2020, pp.321–323; 이삼성, 2022.

함께 서로 상대방의 안전할 권리를 보장하는 장치에 대한 구체적인 내용과 그 단계적 실행의 일정을 담은 청사진을 의미한다. 그러므로 전쟁 후의 평화조약은 평화과정의 출구이지만, 새 질서를 수립하기 위한 평화협정은 그 과정의 맨 앞에서 진지하게 협상되어야 하는 입구일 수밖에 없다. 이 사실을 간과할 때, 한반도 평화체제를 논하면서도 정치적 선언에 그칠 수밖에 없는 종전선언을 평화과정의 맨 앞에 두고, 그것을 명분으로 삼아 평화협정 자체는 북한 비핵화 뒤로 미루는 우를 범하며 귀중한 시간들을 낭비할 수밖에 없는 것이었다. 이미 핵무장을 완성하고 날로 그 핵무력이 강화되고 대량화하는 국면에서 평화체제 구축은 당연히 어려울 수밖에 없고 지난한 과정일 수밖에 없는 것이었다. 그것을 가능하게 하기 위해서는 그 숙제의 본질을 정직하게 대면하고 미국을 비롯한 국제 사회와 더 적극적이고 능동적으로—이를테면 윤석열 정부가 말하는 '글로벌 중추국가'의 외교답게—소통하며 자국의 지혜로 평화체제 구성을 이끌어야 했다. 한국 정치지형의 한계도 물론 치명적인 요인이었던 것은 분명하지만, 그 실패와 혼선의 상당 부분은 지도자들을 포함한 우리의 정치권과 학계, 그리고 시민사회가 갖고 있던 평화의 비전 자체의 한계 때문은 아니었는지도 돌이켜보아야 한다.

7. 맺는말: 한반도 평화의 위기는 문명적·생태적 위기

2023년 현재 한반도 위기의 본질은 우리 사회 전체가 비핵화의 가능성에 대한 희망을 상실한 것처럼 보인다는 사실에 있다. 북한의 핵무장 유지를 바꿀 수 없는 현재와 미래의 상수로 전제하고 그것을 한미 '핵동맹' 강화와 첨단 군사력 증강에 기초한 더 강력한 대북 핵위협으로 대처한다는 안보전략이 '현실적으로 가능한 차선'의 중심으로 자리 잡으며 우리 현실의 '뉴 노멀'로 굳어져가고 있다. 이로 인해 한반도는 핵무기의 숲으로 변해가고, 이 현실이 제기하는 근본적인 불안을 덜기 위해 물불을 가리지 않는 동맹강화와 군비증강의 논리가 정치와 사회를 더 강하게 사로잡고 있다. 보수 정권은 북한은 비핵화 의지가 처음부터 아예 없었다고 단정하며 북한에 대한 더 강력한 핵위협으로 대처함으로서 북한의 핵무력 확대를 더욱 부추기는 안보딜레마의 악순환을 보장한다. 진보적 시민층은 일종의 정치적 체념 상태에 시달리는 가운데, 평화체제에 대한 비전의 한계에 직면해 있다. 문재인 정부가 정권 후반기에 미국 눈치 보기에 얽매여 주체적이고 당당한 외교와 비전을 포기했던 자기한계의 유산이자 그 후유증이기도 하다. 이렇게 남북이 한반도 비핵화의 미래를 포기하고 체념하면서 한반도에서 핵전쟁의 위협을 '뉴 노멀'로 받아들인다는 것은 우리가 그것이 의미하는 바의 심각성을 충분히 치열하게 고민하지 않는다는 것을 뜻한다. 한반도의 군사적 긴장이 고도화될수록, 의도된 것이든 오인이나 우연에 의한 것이든 이 땅에서의 군사적 충돌은 걷잡을 수 없이 핵이 교환되는 세계사상 최초의 핵전쟁으로 비화될 가능성이 높다. 한반도에서 한미동맹과 북한 사이의 핵전쟁은 한반도 평화의 파괴에 그치지 않고 이 땅에서의 지속가능한 삶 자체가 불가능한 생태문명적 파멸로 연결될 것이다. 우리가 북한 핵무장을 더 강한 핵위협과 선제타격 능력으로 대처한다는 발상을 넘어서 한반도 비핵화의 비전과 그 실현을 위한 치열한 노력을 결코 포기해서는 안 되는 이유다. 필자는 지난 6월 7일 히로시마와 나가사키에서 원폭피해를 당한 한국인들과 그 피해를 고스란히 유전받은 2세들의 관점에서 1945년 8월 미국의 원폭투하를 어떻게 이해할 것인가에 대해 발표했었다. 그 발표문에서 필자는 자기방어를 명분으로 핵무기의 사용을 정당화하는 것에 대해서도 우리가 비판적 사유를 견지해야 할 이유에 대해 언급했다. 1996년 7월 국제사법재판소(International Court of Justice, ICJ)가 유엔총회에 제출한 의견서에서 재판장을 포함한 7인의 재판관은 '국가의 생존' 자체가 위협받는 극단적인 상황에서는 핵무기 사용의 정당성을 이 재판소가 판단할 수 없다고 보았다.[48] 이에 대해 부재판장을 포함한 다른 7인의 재판관들은 어떤 상황에서도 핵무기 사용은 정당화될 수 없다는 이의를 달았다. 그중 한 명인 모하메드 샤하부딘 판사는 핵무기는 그 특성상 일단 사용될 경우 전면적인 핵교환을 초래하면서 인류 문명 자체를 파괴할 수 있다는 사실을 주목했다.[49] 북한과 한미동맹 양측이 핵사용을 위협하는 상황에서 전쟁이 발발할 경우, 그것이 단 몇 개의 핵폭탄 사용으로 끝나지 않고 단시간에 대규모 핵교환으로 발전할 가능성이 높다는 것은 냉전 기간에 미국이 마련한 유사시 핵전쟁기획 문건을 통해 확인할 수 있다. 1956년 미국 전략공군사령부가 작성한 「1959년 핵무기 요건 연구」(Atomic Weapon Requirements Study for 1959)는 소련이 재래식 무기로 유럽을 침공하는 상황을 가정하고 미국이 핵무기로 어떻게 얼마나 사용해 대응할지를 기획한 내용을 담고 있다. 이 문건이 기록한 제1차 핵타격 대상은 소련의 1,100개의 공군기지와 수많은 인구집중 도시를 포함한 3,400개의 '그라운드 제로 지정물'(Designated Ground Zero, DGZ)이었다. 모스크바의 경우 149개의 핵타격 대상이 위치했다. 이 도시에 대해서만 최소한 149개의 핵폭탄을 사용할 계획이었음을 의미했다. 제2차 핵타격 대상 목록은 1,209개의 '그라운드 제로 지정물'을 포함했는데, 그것은 동독에서 러시아 극동 지역에 이르는 1,200개 도시였다. 이들도 핵무기에 의한 '체계적 파괴'의 대상이었다.[50] 요컨대 미국이 상정한 핵

---

48 International Court of Justice, *Reports of Judgments, Advisory Opinions and Orders, Legality of the Threat or Use of Nuclear Weapons*, Advisory Opinion of 8 July 1996(https://www.icj-cij.org/files/case-related/95/095-19960708-ADV-01-00-EN.pdf).

49 "Dissenting Opinion of Judge Mohamed Shahabuddeen"July 8, 1996, p.133 & p.141(https://www.icj-cij.org); John Burroughs, *The (Il)legality of Threat or Use of Nuclear Weapons: A Guide to the Historic Opinion of the International Court of Justice*, Munster: LIT VERLAG, 1997, p.60.

50 Ollie Gillman, "The Soviet cities that America would have wiped off the map in a nuclear war: newly declassified target list shows how U.S. planned to

전쟁에서 그 초기에 동시적 사용을 계획한 핵탄두의 숫자는 단 몇십 기에 그치는 것이 아니라 수천 기 단위였다.[51] 글자 그대로 '전 지구적 파괴'를 의미할 아마겟돈을 불사하는 핵전쟁 기획이었던 것이다.

국가의 생존을 위한 자기방어를 내세우며 핵무기의 사용과 그 위협을 정당화하는 논리들을 비판하면서 샤하부딘이 제기한 이의(異義)는 이 맥락에서 대단히 중요하다고 생각한다. 적어도 두 가지 의미에서 그러하다.

첫째, 국가의 생존이라는 문제를 사회와 문명 및 생태환경의 생존이라는 문제로부터 분리해 사유해야 한다는 점이다. 1962년 10월 쿠바의 카스트로가 미국의 공습 위협에 직면한 상황에서 쿠바에 배치된 소련 핵무기들의 즉각적인 사용을 촉구한 행동은 쿠바 카스트로의 국가 또는 정권과 쿠바의 사회, 인민, 문명과 생태환경을 동일시한 것이라 할 수 있다. 그러나 그 둘은 결코 같은 것이 아니다. 북한의

---

target capitals purely to kill their populations," *The Daily Mail*, December 24, 2015; 이삼성, 2018, 554-556쪽. 영국 언론 『데일리 메일』은 2015년 비밀해 제된 위의 문건을 공개하면서, 1956년 당시 미국이 보유한 핵탄두 수를 1만 2,000개에서 2만 2,000개 사이로 추정했다.

51 미국이 단일통합작전계획(Single Integrated Operational Plan, SIOP)을 수립한 것은 1960년 8월이었다. 이 시기 아이젠하워 행정부가 채택한 SIOP-62는 3,729개의 핵심 시설을 대상으로 했고, 그것을 1,060개의 목표물로 압축 했다. 이 핵전쟁 계획이 시행에 들어간 것은 케네디 행정부 출범 직후인 1961년 4월이었다. 이 계획을 실행하기 위한 구체적인 옵션은 14개로 구성되었는데, 그 첫째 옵션은 1,004기의 미사일과 전략폭격기들을 이용해 1,685개의 핵탄두 를 발사명령 후 15분 이내에 발사 및 발진하는 것이었다. 최대 핵무기를 동원 하는 14번째 옵션은 2,244기의 미사일 및 전략폭격기를 이용해 3,267개의 핵 탄두를 사용하는 것이었다(David K. Stumpf, *Minuteman: A Technical History of the Missile That Defined American Nuclear Warfare*, Fayetteville: The University of Arkansas Press, 2020, p.34). 케네디 행정부는 이러한 핵전쟁 계획이 가진 경직성을 의식하고 재검토를 하게 된다. 로버트 맥나마라 국방장관이 주도해 1962년 9월 채택한 새로운 SIOP-63은 그 결과였다. 그러나 데이비드 스텀프 가 지적하듯이, 외관상 유연성이 가미되었을 뿐 이 새 계획 역시 수천 개의 핵 탄두를 사용한다는 점에서는 차이가 없었다(Stumpf, 2020, p.35).

국가나 정권도 북한의 사회, 인민, 그리고 그 문명과 생태환경 전체를 의미하지 않는다. 남한도 마찬가지다. 한반도의 특정한 국가나 정권의 소멸·파괴 위기가 곧 한반도의 사회, 인민, 그리고 그 문명과 생태환경 전체의 소멸이나 파괴의 위기와 같은 것일 수 없다. 그러므로 국가 생존의 위기를 명분으로 핵무기 사용을 정당화하는 논리들의 함정에 빠져서는 안 된다.

둘째, 많은 나라가 핵무기를 보유한 상황에서 핵무기의 사용은 이 무기의 성격상 한두 개의 사용으로 끝나지 않고 핵교환 초기에 수많은 핵탄두의 동시적 교환으로 이어질 것이다. 그것은 곧 문명사회 자체와 전 지구적 생태환경에 대한 치명적 파괴를 수반하게 된다. 이것이 원폭을 다른 무기체계들과 구분 짓는 결정적인 요소다. 핵무기 사용이 핵교환 초기에 문명 파괴적 수준의 대규모 사용으로 귀결될 수밖에 없는 이유는 무엇인가. 핵무기의 본질인 순간적 대량파괴력과 그것이 불러일으키는 거대한 공포로 말미암아, 국가들은 전쟁에 돌입하는 순간 서로 앞다투어 상대국 핵무기와 그것을 품고 있는 사회 자체에 대한 선제적이고 압도적인 총체적 파괴를 추구하게 된다.[52] 따라서 (핵무장을 한 북한과 한미동맹이 대치하는 한반도의 경우를 포함해) 전쟁 당사국들이 다 같이 다량의 핵무기를 동원할 수 있는 상황에서 전쟁의 발발은 그 지역 전체의 문명과 생태환경의 총체적 파괴로 이어질 가능성이 그만큼 높은 것이다.

핵무기의 사용은 다른 무기체계들과 달리 전쟁의 승패를 결정하는 데에 그치지 않는다. 관련된 사회들의 공멸과 함께 인류문명과 지

---

52 미국 맨해튼 프로젝트의 성공을 이끌어 '핵무기의 아버지'로 불리는 로버트 오펜하이머(Robert Oppenheimer)는 미국의 수소폭탄 개발계획을 반대했고, 이로 인해 매카시즘의 공격 대상이 된다. 오펜하이머에게 핵무기의 본질은 '기습과 공포'(surprise and terror)였고, 그로 말미암아 핵무기는 침략자의 무기(weapon of aggressors)일 수밖에 없는 것이었다(Kai Bird, "The Tragedy of J. Robert Oppenheimer," *The New York Times*, July 12, 2023).

구생태계 자체를 파괴하고 말 것이다. 한반도의 핵교환이 한반도에만 그친다 하더라도, 그것은 남북 간 전쟁의 승패로 끝나지 않고 한반도의 사회와 인민과 문명과 생태의 철저한 파괴로 귀결되고 말 것이다.[53] 바로 그렇기 때문에 한국 안보전략의 중심에서 북한 핵무장을 불변의 상수로 삼고 그 확장을 부추기는 '더 자극적인 핵위협'의 독트린을 묵인하거나 방관해서는 안 된다. 한반도에서 북한과 한미동맹 모두의 비핵화라는 초심으로 돌아가야 하고, 그 비전의 실현을 앞당길 수 있는 근본적인 논의를 되살려야 한다.

(2023)

---

[53] 이 점은 한반도에서 특히 지구환경을 구조하기 위한 운동과 반핵평화의 운동이 하나로 만날 수 있고 또 만나야 하는 이유가 될 것이다.

제2장

히로시마·나가사키 원폭의 역사인식과 동아시아[1]

1. 히로시마·나가사키 원폭투하와 한반도

　일본의 노벨문학상 수상작가 오에 겐자부로(大江健三郎)는 1964년 8월에 쓴 글에서 한 에피소드를 적었다. 그것은 히로시마·나가사키 원폭이 일본의 문제로 그치는 것이 아니었음을 새삼 깨닫게 해준다. 한국전쟁이 교착상태에 빠져 있던 즈음의 일이었다. 히로시마 원폭으로 두 눈을 실명한 한 노인에게 미국 통신사의 도쿄 지국장이 다가와 이런 질문을 던졌다. "지금 한반도에 원자폭탄을 두세 발 떨어뜨리면 전쟁이 끝날 것 같은데, 피폭한 당신 생각은 어떻습니까?" 실명한 노인은 답했다. "그 두세 발의 원폭으로 전쟁이 끝나고 미국은 세계의 지배자가 될지도 모르지만, 그땐 누구도 더 이상 미국을 신뢰하지 않을 겁니다." 그 맹인 피폭자는 몇 년 뒤에 외로이 죽어갔다.[2]

1　이 글은 2023년 6월 7일 원폭국제민중법정실행위원회가 주최한 '원폭 국제민중법정 제1차 국제토론회'(경북 성주 가야호텔)에서 발표한 「히로시마·나가사키 원폭투하의 군사정치적 의미: 한국의 시각에서」의 내용을 그대로 옮긴 것이다. 다만 발표 후 질의응답과 토론 과정에서 필자가 답변한 내용을 상술하기 위해 제5절을 추가했음을 밝힌다.
2　오에 겐자부로, 이애숙 옮김,『히로시마 노트』, 삼천리, 2012a, 70-71쪽. 오에 겐자부로(1935-2023)는 1994년『만엔(万延) 원년의 풋볼』이란 작품으로 노벨문학상을 수상한 작가로서, 반전평화 그리고 한국을 비롯한 동아시아 사회들의 민주주의를 위한 사회운동에 참여했던 일본의 지식인이다.

그 미국 언론인의 질문은 단순한 가정(假定)으로 그치지 않았다. 미국은 한국전쟁 발발 직후부터 당시 비핵국가였던 북한과 중국을 상대로 핵무기를 실제 사용가능한 선택으로 저울질했다. 1950년 7월 30일 트루먼 대통령은 미 합참과 국방장관의 건의에 따라, 핵무기를 탑재하지는 않았지만 필요시 그렇게 할 목적으로 B-29 폭격기 10대를 괌에 배치하는 것을 승인했다.[3] 1950년 10월 중국군이 한국전쟁에 개입해 유엔군을 남쪽으로 밀어내기 시작했을 때 트루먼은 총사령관 더글라스 맥아더의 주장을 받아들여 북한과 중국에 대한 원폭사용을 검토했다. 1951년 4월 트루먼은 중국과 북한에 대한 원폭사용 명령에 서명했다. 다행히도 이 명령은 전달되지 않았다. 맥아더가 대통령과 정치적 문제로 갈등한 끝에 사령관직에서 해임되는 상황이 벌어졌기 때문이다. 중국군의 남진이 멈추며 전쟁이 교착상태에 빠진 덕분이기도 했다. 브루스 커밍스의 말대로 이때 미국의 원폭사용은 거의 실행에 옮겨질 뻔했다.[4] 한국전쟁에서 미국의 원폭사용 위협은 거기서 끝나지 않았고, 1951년 9-10월에 부활한다. 오키나와에 배치되었던 B-29 폭격기들을 북한에 보내 모의원폭과 대규모 TNT폭탄을 투하하는 '모의원폭훈련'을 했다. 이른바 '허드슨항 작전'(Operation Hudson Harbor)이었다.[5]

올해는 한국전쟁이 끝나면서 성립한 한미군사동맹 70주년이다. 한국의 윤석열 정부와 미국의 바이든 행정부는 4월 27일 이른바 '핵확장억제 강화'를 위한 '워싱턴선언'을 발표했다.

1994년에 북한과 미국 클린턴 행정부가 체결한 '제네바합의'는 하나의 평화협정이었다. 북한은 비핵화 유지를 약속했다. 미국과 한국

---

3 Truman Public Papers, 1950, p.562; Roger Dingman, "Atomic Diplomacy During the Korean War," *International Security*, vol.13, no.3(Winter 1988/89), p.63.
4 Bruce Cumings, *Korea's Place in the Sun: A Modern History*, New York: W.W. Norton, 1997, pp.290-293. 딩맨도 한국전쟁 기간 미국의 원폭사용 가능성이 가장 높았던 시기를 1951년 봄으로 꼽는다(Dingman, 1988/89, p.89).
5 Cumings, 1997, pp.292-293.

은 북한의 안전을 보장하는 동시에 경수로 핵발전소 건설을 지원해 북한 에너지난 해결을 돕기로 했다. 2002년 부시 행정부는 북한이 그 합의를 심각하게 위반했다는 명확한 근거를 제시하지 못한 상태에서 일방적으로 그 협정을 폐기했다. 이후에도 한미동맹과 북한 사이에는 간헐적인 평화협상도 벌어졌다. 하지만 전체적으로는 미국은 유사시 대북한 선제 핵사용 옵션을 거론하는 군사적 압박에 몰두했고, 북한은 핵군비에 박차를 가해 지금은 사실상 핵보유국가를 자처하기에 이르렀다.

2022년 5월 출범한 윤석열 정부는 북한과의 거의 모든 대화를 '가짜 평화 쇼'로 규정한다. 독자 핵무장은 배제하지만 원폭에 버금가는 9톤에 달하는 거대 탄두를 장착하는 탄도미사일을 포함한 군비확장과 대북한 선제타격 능력을 극대화하는 데 몰두하고 있다. 동시에 한반도에 대한 미국 핵무기 사용의 문턱을 더 낮추기 위해 부단히 노력했다. 한미가 지난 4월 27일 발표한 워싱턴선언은 5년 전인 2018년 같은 날 문재인 정부와 북한이 공동발표한 판문점선언을 정면으로 뒤집는 것이다.

이 상황의 가까운 뿌리는 문재인 정부가 갇혀 있던 평화 비전의 한계와 무관하지 않았다. 문 정부는 2018년의 '4·27 판문점선언'에서 북한과 종전선언과 평화협정을 맺기 위해 진지하게 노력하기로 약속했다. 그러나 문 정부는 평화협정을 북한 비핵화 조치를 이끌어내기 위해 선결해야 할 '평화과정의 입구'로 보지 못했다. 미국의 주장을 추종한 가운데 북한 비핵화가 선행된 후에나 가능한 '평화과정의 결과나 출구'로 단정하는 한계에 머물렀다.[6] 남북 간, 북미 간 평화협상은 막다른 골목에서 좌초하고 말았다. 그 결과 한미 양국은 협상 교착의 모든 책임을 북한에 돌리는 가운데 2022년 새로 들어선 우

---

6 이삼성, 「동아시아 대분단체제와 신냉전, 그리고 그 너머」, 한겨레통일문화재단·부산광역시 공동주최 부산심포지움, 2022.10.26.

파 정부는 대북한 선제타격 전략과 북한 지도부에 대한 참수작전을 앞세우고 이른바 '핵균형'이란 명분하에 각종 핵무기 전략을 전면에 내세웠다. 북한은 이에 대응해 한미동맹의 선제타격이 우려되는 상황에서 남한에 대한 핵선제타격 옵션을 채택하고 이것을 법에 명시하기에 이르렀다. 2022년 9월 8일 제정된 북한의「핵무력정책법」은 한국의 선제타격론에 기초한 첨단 군비확장, 그리고 한미동맹의 '워싱턴선언'과 악순환적 상호작용을 하면서 한반도의 운명을 더욱 어둡고 위험한 '안보딜레마'의 심연으로 밀어넣고 있다.

요컨대 1945년 8월 히로시마와 나가사키에 대한 미국의 원폭투하는 일본만의 문제가 아니었고 또한 지금은 더욱 아니다. 현재와 가까운 미래의 우리에게 더 절실한 군사적이고 인간적인 함의를 가진 문제로 엄존해 있다. 특히 두 가지 의미에서 그러하다. 첫째, 원폭은 히로시마와 나가사키의 경우처럼 '거악'(巨惡)과의 전쟁을 빨리 끝내는 수단으로서 정당화된다. 전쟁을 빨리 끝낸다는 목적이 비무장 민간인에 대한 대량살상 무기의 사용이라는 수단을 정당화할 합리적·역사적 근거가 있는가에 대해 돌이켜볼 필요가 있다. 한국전쟁에서 북한과 중국은 미국과 한국에게 '거악'이었다. 특히 1951-52년 시기처럼 휴전선에서 지루하게 지속되는 전쟁을 끝내기 위해서 미국이 전쟁을 일으킨 '거악'에 대한 응징과 승리를 명분으로 평양이나 신의주 또는 중국의 센양 같은 인구집중 도시에 원폭사용을 추진할 때 우리는 뭐라고 말했어야 하는가.

오늘의 한반도에서 한미동맹의 선제타격이 임박한 것으로 인식될 때 북한 지도부는 그들이 공언한 대로 자신의 핵무기를 사용하게 될 것이다. 모든 사회는 자신의 국가나 정치공동체의 존립을 위협하는 세력에 맞서 가용한 모든 자원을 동원하게 된다. 미국이 원폭을 개발한 시점에서 일본의 침략을 받아 미국이라는 정치공동체의 존립이 위태로워지는 상황이었다면, 원폭사용에 미국인 대다수도 동의했을 것이다. 그런데 히로시마와 나가사키에 대한 원폭투하는 애당초 부당한 전쟁을 도발한 침략자였지만 이제는 미국뿐 아니라 소련의 참전까지도 예정되어 패전이 확실시되는 나라의 인구집중 도시들의 수십만 비무장 민간인을 목표물로 한 것이었다. 1951년 휴전선에서 교착상태에 빠진 전쟁을 일찍 끝내기 위해 미국이 평양과 신의주의 비무장 민간인들을 상대로 원폭을 투하한 경우에 비견할 수 있지 않을까. 우리는 그것을 어떻게 바라볼 것인가. 그런 의미에서 히로시마와 나가사키의 문제는 한국전쟁 기간 한반도의 문제이기도 했다.

둘째, 전쟁의 신속한 종결을 위한 원폭사용은 특히 자국 군인의 인적 희생을 줄이는 효용 외에도 결국에는 양측 모두의 희생을 줄일 수 있다는 논리로 정당화되어왔다. 그러나 원폭은 그 궁극적인 본질상 극단적인 대량 인명파괴 무기다. 한 발의 폭탄으로 상대국의 비무장한 민간인 수십만 명을 희생시키는 대량살상무기의 사용이 미국이 말하는 효용을 정당화할 수 있는가에 대해 우리는 의문을 제기하지 않을 수 없다. 미국이 실제 원폭을 사용한 방식 또한 심오한 비판의 대상이 될 수밖에 없다. 비무장 민간인의 희생을 줄이기 위해서 어떤 노력을 기울였는지 또는 어떻게 그러한 노력을 외면했는지를 주목해야 한다. 미국은 불행하게도 그러한 노력을 체계적으로 외면했다는 사실을 이하의 논의에서 확인하게 될 것이다.

이 문제들을 성찰하기 위해서는 먼저 원폭사용과 일본의 조기 항복 사이의 역사적 인과(因果)에 대한 사실적 검토가 선행될 필요가 있다. 그에 이어 미국이 원폭을 사용한 방식에 대한 사실적 검토를 해야 한다. 이 문제들에 대한 비판적 검토는 오늘 한반도와 세계 여러 곳에서 현재형으로 존재하는 원폭사용의 위험성에 대한 각성의 전제조건이다.

히로시마와 나가사키에 대한 미국 원폭투하의 반인도적 성격을 논의하기 위한 이 학술회의의 첫 발표로서 이 글이 맡은 임무는 두 인구집중 도시에 대한 원폭투하의 역사적 맥락, 그 정치군사적 과정과 결과에 대한 객관적·사실적인 이해를 제공하는 데 있다고 필자는 생각한다. 그러므로 이 글에서 필자는 주로 미국과 일본 두 나라의 역사학계에서 축적된 학문적 연구결과들에 기초해, 미국의 원폭사용 결정 과정과 맥락, 그리고 원폭사용과 소련의 참전, 그리고 일본의 궁극적인 항복 사이의 시간적이며 인과적(因果的)인 관계를 지면이 허락하는 범위 안에서 가급적 상세하게 밝혀보려고 한다. 독자들이 이 역사적 비극의 결정 과정과 결과를 합리적으로 판단하는 근거가 될 수 있기를 바란다. 이어서 원폭사용의 궁극적인 의미와 그 반인도성에 대한 분명한 필자의 생각을 밝히려고 한다. 다만 그 법률적이며 국제법적인 본격적인 논의는 뒤이은 발표들에서 이루어질 것이기에, 필자는 그 부분에 대해선 비무장 민간인에 대한 전시폭력을 다루는 기본적인 개념적 문제들을 최소한 언급하는 것으로 대신할 것이다.

2. 히로시마·나가사키 원폭투하와 인간적 희생

리처드 프랭크는 히로시마와 나가사키에 대한 원폭투하로 희생된 사람들의 정확한 통계를 내는 것이 불가능한 이유를 두 가지로 짚었다. 첫째, 1945년 일본 행정기관의 능력이 매우 저하되어 있었다. 둘째, 원폭의 거대한 파괴력 때문에 그로 인한 인명 파괴 규모가 크고 그만큼 통계적 오차 범위도 클 수밖에 없다. 그래서 일본은 원폭투하 당시 두 도시에 살고 있던 정확한 인구수를 제시한 적이 없다. 어떤 일본 측 자료에 의하면 1945년 6월 30일 히로시마에서 쌀 배급 대상자로 등록된 사람 수는 24만 5,423명이었다. 하지만 낮에는 주변 지역에서 많은 노동자가 유입되어 실제 히로시마 인구는 더 많았다고 그 자료는 밝힌다. 또한 이 도시에는 4만 명 이상의 군인이 주둔하고 있었다. 그들 중 상당수는 신병들이어서 그들 가족들이 작별인사를 위해 히로시마를 방문하고 있었다. 이 점들을 고려해 한 일본 측 자료는 8월 6일 히로시마의 인구를 37만 명으로 추산했다.[7]

히로시마에서 원폭 희생자의 규모 역시 인구수만큼이나 파악하기 어려워 아직도 정확한 통계는 없다. 일본을 점령한 맥아더 사령부의 의료병단 장교는 1945년 8월 28일 당시까지 보고된 희생자 총 숫자는 16만이었으며 그중 사망자는 8,000명이라고 추정했다. 그러나 히로시마 현장에 있었던 제수이트 신부는 당시 히로시마 인구를 40만으로 추정한 가운데 적어도 10만 명이 사망했다고 했다. 이 신부에 따르면, 자기 주변의 막사에 수용된 채 그날도 히로시마 거리에서 노동하던 80명의 한국인 노동자들 중에 살아 돌아온 사람은 4분의 1인 20명에 불과했다. 또 기독교계 여학교 학생들 600명이 한 공장에서 일하고 있었는데, 살아 돌아온 학생은 30-40명뿐이었다.[8]

일본 항복 얼마 후 일본에 대한 전략폭격의 효과를 조사한 담당관이었던 폴 니츠는 회고록에서 히로시마의 원폭 희생자 수를 7만에서 8만 명 사이로 추정하고 괄호 안에 덧붙이기를 "이들 가운데 4분의 1은 징용된 한국 노동자들이었다"고 적었다.[9] 월터 라페버가 종합한 바에 따르면, 히로시마에서 당일 즉사한 사람은 최소 8만 명에서 최대 10만 명 사이였다. 원자병으로 건강한 세포와 면역체계가 파괴되어 추가로 죽게 된 이들은 약 4만 명에 달했다.[10] 그래서 즉사한 사람

---

7 Richard B. Frank, *Downfall: The End of the Imperial Japanese Empire*, New York: Penguin Books, 1999, p.285. 미국의 원폭 개발과 대일본 원폭투하 과정을 다룬 저명한 책의 저자인 리처드 로즈에 따르면, 히로시마의 인구는 전쟁 초기에는 40만에 달했다. 그러나 미군의 전략폭격 위협이 증가하면서 상당수 인구가 도시에서 소개(疏開)되었다. 1945년 8월 6일 이 도시 인구는 28만에서 29만 정도의 민간인이 있었고 이와 별도로 이 도시에 거주하고 있던 군인이 4만 3천 명이었다고 로즈는 파악했다(Richard Rhodes, *The Making of the Atomic Bomb*, New York: Simon & Schuster, 1986, p.713). 트루먼은 히로시마가 "순전히 군사적인" 목표물이었다고 주장했지만, 당시 히로시마에서 민간인 대비 군인 수에 비추어 그 말은 잘못된 것이라고 로즈는 지적한다.

8 Rhodes, 1986, pp.733-734. 그 신부는 같은 글에서 "장교의 신분으로 히로시마에 주둔하고 있던 한국인 왕자 한 명"도 죽었다고 적었다.

9 Paul H. Nitze, *From Hiroshima to Glasnost: At the Center of Decision, A Memoir*, New York: Grove Weidenfeld, 1989, p.43.

10 Walter LaFeber, *The Clash: U.S.-Japanese Relations Throughout History*, New York: W.W. Norton, 1997, p.248.

과 원자병으로 1945년 말까지 사망한 사람은 모두 14만 명, 그리고 원폭투하 후 5년 이내에 죽은 사람 총수는 20만 명으로 추정된다.[11]

8월 9일 나가사키에 투하된 두 번째 원폭으로 1945년 말까지 죽어나간 사람은 7만 명이었고, 5년 안에 죽은 사람은 모두 14만 명에 달했다. 나가사키 원폭도 히로시마 원폭과 동일하게 거주민의 54퍼센트를 사망케 한 것으로 추산된다.[12] 2011년에 간행된 일본의 저명한 역사서는 원폭으로 즉시 또는 직후에 사망한 경우를 합해서 희생자 규모를 히로시마는 9만 내지 12만 명, 나가사키는 6만 내지 7만 명으로 추정한다.[13]

희생자 규모에 관해 1945년 시점에서 제시된 가장 신뢰할 만한 자료로 리처드 프랭크는 히로시마현 경찰서가 1945년 11월 말에 추정한 수치를 꼽는다. 이에 따르면, 사망자는 7만 8,150명, 실종자 1만 3,983명, 중상자는 9,428명, 경상자는 2만 7,997명으로 히로시마 원폭으로 인한 사상자 총수는 12만 9,558명이었다. 이어서 프랭크는 제국총사령부(Imperial General Headquarters)의 공식역사는 히로시마 피폭 사망자를 7만 명에서 12만 명 사이로 파악했음을 지적했다. 또한 히로시마 시청이 1946년 8월에 파악한 바에 따르면, 히로시마에 당시 존재한 7만 6,327개의 집 가운데 92퍼센트에 달하는 7만 147개가 파괴되었다.[14] 한편 1947년 3월 시점에서 미국이 '전략폭격'의 결과를 조사한 자료에 따르면, 피폭 사망자는 히로시마 8만 명, 나가사키 4만 5,000명, 부상자는 히로시마 8만-10만 명, 나가사키 5만-6만 명이었다.[15]

---

11 Rhodes, 1986, p.734.

12 Rhodes, 1986, pp.740-742.

13 木畑洋一, 「アジア諸戰爭の時代: 一九四五-一九六〇年」, 和田春樹・後藤乾一・木畑洋一・山室信一・趙景達・中野聰・川島眞 編, 『東アジア近現代通史 7: アジア諸戰爭の時代, 1945-1960年』, 岩波書店, 2011, p.5.

14 Frank, 1999, pp.285-286.

15 USSBS: Strategic Bombing Survey,

한편 두 도시에서 피폭 후 생존한 사람, 즉 피폭자(hibakusha)의 수는 1950년 시점에서 28만 3,498명으로 파악되었다. 그 후 피폭자를 어떻게 정의할 것인지를 둘러싸고 논란이 일면서 원폭투하 지점에서 2킬로미터 이내에 있던 사람들은 모두 피폭자로 포함하는 정의(定義)가 채택된다. 그 결과 1995년 3월 시점에서 피폭자로 등록된 사람은 32만 8,629명이었다. 그렇게 등록된 사람이 사망할 경우, 모두 피폭사망자(deceased hibakusha)로 분류되었다. 1994년 8월 시점에서 히로시마의 피폭사망자는 18만 6,940명, 나가사키는 10만 2,275명이었다.[16]

같은 죽음과 고통의 터널을 지나야 했지만, 일본 안에서도 오키나와의 피폭자들은 20년 동안 그 피해사실을 국가로부터 인정받지 못하고 침묵을 강요당했다. 오에 겐자부로는 그의 『히로시마 노트』에서, 히로시마와 나가사키에서 노동을 하다 피폭당한 오키나와의 모든 피폭자가 20년 동안 "완전히 방치되었다"는 사실을 지적했다.[17] 오에는 1969년에 쓴 에세이에서 피폭 후 20년 후에야 '피폭자 수첩'을 받아든 후에도 일본 본토로 가서 치료를 받을 수 있는 여건이 제공되지 않아 오랫동안 그 수첩을 활용하지 못한 오키나와 사람들의 이야기를 적어두었다.[18]

많은 한국인이 미국의 원폭을 '조국 독립'의 계기로 인식하며 미국과의 동맹을 신성한 것으로 여기는 한국 사회에 속한 피폭자들이 겪었을 고통은 일본에서보다 더 오래고 깊었을 것을 짐작할 수 있다. 사단법인 한국원폭피해자협회의 이규열 협회장은 2022년 8월 2일 NPT 제10차 재검토회의에서 이렇게 호소했다. "77년 전 일본국 히

---

16 John Dower, "Three Narratives of Our Humanity," in Edward T. Linenthal and Tom Engelhardt(eds.), *History Wars: The Enola Gay and Other Battles for the American Past*, New York: Metropolitan Books/Henry Holt and Company, 1996, p.79; Frank, 1999, pp.286-287.
17 오에 겐자부로, 2012a, 16-17쪽.
18 오에 겐자부로, 이애숙 옮김, 『오키나와 노트』, 삼천리, 2012b, 32쪽.

로시마와 나가사키에서 미국의 원자폭탄 투하로 피폭자들은 인간의 존엄성과 인권이 송두리째 짓밟혔는가 하면 절망과 기아의 삶 속에서 기댈 곳 없이 허덕이다 치료 한번 제대로 받지 못하고 죽어갔습니다."[19]

한국원폭피해자협회의 합천지부 심진태 지부장은 히로시마와 나가사키에서 피폭자로 현장에서 희생된 한국인 숫자를 5만 명으로 추산했다.[20] 심 지부장의 설명에 따르면, 그의 부친은 히로시마 군사기지에서 강제노역을 하고 있었으며, 어머니는 군수공장에서 탄알 박스를 만드는 일을 했다. 심 지부장 본인은 1943년 일본 히로시마 에바마치 251번지에서 태어나 그곳에서 피폭당했다. 해방 후 그는 부모님과 함께 고향 합천으로 돌아왔다. 그에 따르면, 합천은 '한국의 히로시마'다. 한국 피폭자의 70퍼센트가 합천사람이기 때문이다. 2022년 현재 약 446명의 피해자와 그 후손들이 그곳에 살고 있는 것으로 그는 파악했다. 한국인 피폭자 2세 한정순 씨는 히로시마에서 14명의 가족이 피폭되었다. 피폭 후 한국으로 돌아온 어머니에게서 출생한 그녀는 15세부터 원자병으로 고통받기 시작했다. 그녀의 형제자매들도 하나같이 각종의 심각한 병에 시달렸고 그녀가 출산한 자녀는 뇌성마비를 앓았다. 그녀는 2022년 같은 회의에서 이렇게 호소했다. "우리들은 배상은커녕 원폭피해자로 인정조차 받지 못하고 있습니다. 원폭피해자들과 그 후손들이 짊어져야 할 고통은 너무나 크고 무겁습니다. 가장 심각한 것은 원폭의 유전성입니다. 원폭의 후과는 영구적입니다. 핵무기의 피해는 잔인하게 대물림됩니다. 그런데도 미국과 일본은 원폭의 유전성을 인정하지 않고, 우리 한국 원폭피해자들에게 사과도 배상도 하지 않고 있습니다."[21]

1970년에 태어나 '선천성 면역글로블린 결핍증'을 앓다가 2005년

19　NPT 10차 재검토회의 사이드 이벤트, 2022. 8. 2.
20　NPT 10차 재검토회의 사이드 이벤트, 2022. 8. 2.
21　NPT 10차 재검토회의 사이드 이벤트, 2022. 8. 2.

서른다섯의 청년으로 생을 마감한 김형률 씨는 원폭피해자 2세였다. 그의 어머니 이곡지 여사는 5살의 나이에 히로시마에서 피폭을 당해 아버지와 언니를 잃은 후 어머니와 함께 합천으로 돌아왔다. 그녀가 히로시마시로부터 '피폭자 건강수첩'을 받아든 것은 피폭 후 57년의 세월이 지난 2002년이었다.[22] 청년 김형률은 그해 한국에서 처음으로 '원폭 2세'임을 밝혀 '커밍아웃'했다. 그는 '한국원폭2세환우회'(患友會)를 조직하고, 2003년 국가인권위원회에 진정서를 제출했다. 그는 이 진정서에서 그들의 부모인 원폭1세 한국인들이 놓여 있던 역사적 조건을 이렇게 정리했다. "이들은 강제징용으로 군수공장이나 탄광 등지에서 강제노동에 시달리고 있었거나, 아니면 일제의 가혹한 경제수탈로 피폐해진 이 땅의 농촌을 떠나 생존의 기회를 찾아 일본으로 건너가야 했던, 일제 식민지 지배의 희생자들이었습니다. 그러나 해방 후 조국으로 돌아온 이들 원폭피해자들은 또다시 한국 정부에 의해서도 버림받아 치료는커녕 병명도 알지 못한 상태에서 병마에 시달리다 목숨을 잃었으며, 살아남은 사람들도 지난 58년 동안 일본 정부와 원폭을 투하한 미국 정부의 배상 거부와 한국 정부의 외면으로 육체적·정신적·경제적 고통 속에서 살아야 했습니다."[23]

김형률은 그 진정서에서 한국인 원폭2세가 겪고 있는 고통의 역사적 성격을 이렇게 요약했다. "우리 한국인 원폭피해자들과 원폭2세 환우들이 겪고 있는 인권문제의 역사적 뿌리가 일본 제국주의의 식민지 지배에 있고, 또 민간인에 대한 집단학살을 야기한 미국의 원폭 투하에 있는 만큼, 이는 마땅히 일본 정부와 미국 정부로부터 배상을 받아내야 하는 문제일 것입니다. 그러나 일본 정부는 1965년 한일협정으로 청구권이 소멸했다며 지금까지도 한국 원폭피해자들에 대한

22　김형률, 아오야기 준이치 엮음, 『나는 反核人權에 목숨을 걸었다』, 행복한 책읽기, 2015, 32쪽.
23　국가인권위원회 진정서(2003.8.5), 「원폭2세 환우들도 인간다운 생활을 누릴 권리가 있습니다」; 김형률, 2015, 104쪽.

배상 책임을 부정하고 있을 뿐만 아니라, 미국 역시 전승국이 배상한 역사적 선례가 없다는 이유로 배상 책임을 부인하고 있습니다. 나아가 양국 모두 원폭후유증을 앓고 있는 원폭2세 환우의 존재 자체를 인정하지 않고 있는 실정입니다."[24] 김형률은 "평생을 원폭후유증이라는 고통을 통해 자기 자신에게는 존재하지 않는 기억들과 싸워야 하는 죽음보다 더한 고통의 삶"을 토로했다.[25] 그는 2002년 히로시마 평화공원의 원폭자료관을 방문했었다. 원폭의 피해만 내세울 뿐 원폭의 원인이 된 일본 국가의 역사적 범죄에 대한 반성의 자료는 전무하다는 사실에 깊은 실망을 느꼈다.[26] 그러나 그는 동시에 "한국과 일본의 시민사회가 연대해 진정한 평화를 다음 세대에 건네주자"고 말하며 반핵인권의 이상(理想)을 피력했다.[27] 원폭2세임을 밝히며 한국인 피폭자와 그 2세들의 인권을 위해 당당하게 활동한 생애 마지막 3년을 제외한 그의 삶은 고독 그 자체였다. 그의 젊은 영혼은 "저녁을 먹고 나면 허물없이 찾아가 차 한잔을 마시고 싶다고 말할 수 있는 친구"를, "영원이 없을수록 영원을 꿈꾸도록 돕는 진실한 친구"를 갈망했다.[28]

2023년 2월 히로시마지방법원은 히로시마 피폭자들에게서 태어난 28명의 원폭2세들이 일본 정부를 향해 방사능 노출의 유전적 영향을 인정하고 의료지원을 제공할 것을 요구한 소송에서 원고 패소 판결을 내렸다. 법원은 "방사능의 유전적 영향의 가능성은 배제할 수 없지만, 이에 대한 과학적 합의는 존재하지 않는다"면서, 정부가 원폭2세들에게 의료지원을 거부한 것은 위헌이 아니라고 판시했다.[29] 원폭2세의 생존권과 "인간답게 살 권리"를 외친 청년 김형률의

---

24 김형률, 2015, 106쪽.

25 김형률, 2015, 68쪽.

26 김형률, 2015, 33-34쪽.

27 김형률, 2015, 44쪽.

28 김형률의 시 「지란지교(芝蘭之交)를 꿈꾸며」(김형률, 2015, 26쪽).

29 Mari Yamaguchi, "Court denies aid for Hiroshima A-bomb survivors'

1998년 8월 6일
당시 히로시마 평화공원
밖에 서 있던
한국인원폭희생자위령비
앞에서 함께한 국제회의
참석자들을 향해 발언하고
있는 저자.
©이삼성

절규가 아직 멈출 수가 없는 이유다.

3. 미국의 대일본 원폭사용 결정의 과정과 동기

역사학자 기바타 요이치(木畑洋一)에 따르면, 1945년 3월 말 시작
해서 6월 하순에 걸친 오키나와 전투(沖繩戰)에서 9만 명의 일본군
이 죽고 그보다 많은 9만 4,000명의 오키나와 주민이 희생되었다. 이
런 희생을 치르고 또한 7월 17일 시작된 포츠담회의에서 미영중 3국
이 7월 26일 일본의 무조건 항복을 요구하는 포츠담선언을 공동선

children," *AP News*, February 8, 2023.

언으로 발표한 후에도 일본 정부는 "묵살하는 자세를 보였다." 기바타는 히로시마와 나가사키에 대한 원자폭탄 투하는 일본의 그 같은 "전쟁계속의 자세에 기인한 것이며, (그로 인해) 일본의 전쟁희생자는 더욱 증가했다"고 평했다.[30]

이 원폭투하의 역사적 의미에 대해서 기바타는 이렇게 요약했다. "이 원폭투하는 제2차 세계대전을 특징짓는 것으로서, 많은 일반민중의 희생을 수반한 도시에 대한 전략폭격의 클라이맥스였으며, 일본인에게는 이 전쟁에서 입은 피해를 상징하는 사건이었다. 그러나 일본의 지배와 점령하에 놓인 아시아 각 지역 사람들의 눈에는 이 원폭투하는 전쟁계속을 고집하는 일본의 패배를 결정적으로 만든 것으로 비쳤다."[31]

프랭클린 루즈벨트 대통령이 1945년 4월 12일 사망하면서 트루먼이 대통령직을 계승했다. 트루먼은 4월 25일 육군장관 헨리 스팀슨(Henry Stimson)과 원폭개발 '맨해튼 프로젝트' 책임자 레슬리 그로브스(Leslie R. Groves) 육군중장과 회의를 가진다. 이 자리에서 트루먼은 "폭탄 하나로 도시 전체를 파괴할 수 있는, 인류 역사상 가장 가공할 무기 개발을 4개월 안에 완성할 것이 확실시된다"는 보고를 받는다.[32] 이틀 후인 4월 27일 그로브스를 위원장으로 해, 원폭투하 대상지를 선정하는 '타겟위원회'(Target Committee)가 펜타곤에서 열린다. 그전에 '군사정책위원회'(Military Policy Committee)와 대상 도시들을 이미 검토한 그로브스는 타겟위원회에게 목표도시를 네 개 이내로 압축하라고 지시했다. 이 회의에서 부위원장 토마스 파렐(Thomas Farrell) 육군준장은 목표물 선정의 기본사항을 제시했다. 목표지점은 "일본의 도시 또는 산업지역들" 그리고 시점은 "7월이나 8월 또는 9월"로 잡았다. 위원장 그로브스는 목표물 선정에서 가장

---

30 木畑洋一, 2011, pp.4-5.
31 木畑洋一, 2011, p.5.
32 Rhodes, 1986, p.624.

일본 지도를 보고 있는 맨해튼 프로젝트의 책임자 레슬리 그로브스.

유의할 점을 더 구체적으로 제시했다. 그는 "폭격(원폭투하)을 통해 일본인들의 전쟁계속 의지를 약화시킬 수 있는 목표물들"을 골라야 한다고 말했다. 또 "중요한 사령부나 군대 집결지 또는 군사장비와 보급품 생산 중심지 같은 군사적인 성격"을 가져야 한다고 지적했다. 또한 "원폭의 효과를 정확히 측정할 수 있게끔 이전의 공습으로 크게 파괴되지 않은 상태"인 곳들, 그리고 "첫 번째 목표물은 원폭의 위력을 확실히 판단하기에 충분히 큰 규모"여야 한다고 했다.[33]

그로브스가 제시한 기준을 충족하는 일본의 도시들은 그 무렵엔 이미 드물었다. 히로시마가 그나마 최적의 목표물로 꼽혔다. 아직 공습으로 파괴되지 않은 도시들 가운데 가장 큰 도시였다. 당시 미 공군은 도쿄, 요코하마, 나고야, 오사카, 교토, 고베, 야와타 그리고 나가사키를 이미 체계적으로 공습하고 있었다.[34] 그날 회의에서 우선

---

33 Rhodes, 1986, p.626-627.
34 Rhodes, 1986, p.627.

검토 대상으로 선정한 목표물은 17개로, 도쿄만, 요코하마, 나고야, 오사카, 고베, 히로시마, 고쿠라, 후쿠오카, 그리고 나가사키와 사세보 등이었다. 이들 가운데 이미 파괴된 정도가 심한 곳들은 최종 대상에서 빼기로 했다.[35] 나치가 학살한 600만 유대인, 2,000만 명의 소련 군인과 민간인, 800만 명의 유럽인과 영국인, 그리고 500만 명의 독일인을 합해 총 3,900만 명의 인명을 희생시킨 끝에 5월 8일 독일의 항복과 함께 유럽에서 제2차 세계대전이 끝났다. 그 이틀 후인 5월 10-11일 양일간 미국에서는 타겟위원회가 다시 열렸다. 이 회의에서 목표지가 "교토, 히로시마, 요코하마, 그리고 고쿠라 군수창" 네 곳으로 압축된다.[36] 5월 30일 육군장관 스팀슨은 그로브스와 만난 자리에서 일본의 문화중심지로서 유서 깊은 역사도시인 교토를 리스트에서 제거할 것을 주장한다. "일본의 로마" 교토가 원폭투하 대상에서 빠지게 된 이유였다.[37]

새뮤얼 워커는 원폭사용과 관련한 미국의 대일본 정책에서 중요한 분수령의 하나를 포츠담회담을 한 달 앞두고 있던 6월 18일에 열린 백악관회의를 꼽는다. 트루먼은 이 회의 전에 합동참모본부(Joint Chiefs of Staff, 합참)에 일본에 대한 승리를 위해 중요한 정보와 결정에 관한 의견을 제출하도록 요구했었다. 전쟁 조기 종결을 위해 소련에 어떤 요구를 할 것인지에 대한 답도 준비하도록 했다. 아울러 트루먼은 백악관 비서실장 리하이(William D. Leahy) 제독에게 자신의 우선 목표는 "미국인 인명 희생을 가능한 최소화하는 전쟁정책 결정"이라고 밝혔다.[38] 회의 전날인 6월 17일자 일기에서 트루먼은 일본 본

35 Rhodes, 1986, p.628.

36 Rhodes, 1986, pp.630-632.

37 Rhodes, 1986, pp.640-641. 그로브스는 그 후에도 교토에 대한 미련을 버리지 않았다(Rhodes, 1986, p.686).

38 *The Entry of the Soviet Union into the War against Japan: Military Plans, 1941-1945*, Washington, D.C.: Department of Defense, 1955, pp.76-77; J. Samuel Walker, *Prompt & Utter Destruction: Truman and The Use Of Atomic*

토 침공이냐, 아니면 폭격과 해상봉쇄만으로 전쟁을 끝낼 더 나은 방법을 찾을 것이냐, 이 둘 가운데 어떤 걸 선택할지가 그가 직면한 가장 어려운 결정이라고 적었다.[39] 18일 회의에서 육군참모총장 조지 마셜(George C. Marshall)은 1945년 11월 1일을 기해 일본 본토인 규슈에 대한 침공을 준비할 것을 건의했다. 그 후에 일본 본토 침공 제2단계로 도쿄가 포함된 혼슈를 목표로 상정했다. 그는 이 회의에서 "규슈 작전은 일본에 대한 목조르기 전략에 필수적"이라는 내용을 담은 합참의 보고서를 읽었다. 그는 이어서 "일본을 무릎 꿇리는 데에 공군력만으로는 불충분하다"는 자신의 개인 의견을 덧붙였다. 다른 참석자들 모두 규슈 침공을 진행해야 한다는 마셜의 의견에 동의했다.[40] 이때 합참은 규슈 침공작전으로 (첫 30일 기간에) 예상되는 미군 사상자 수를 3만 1,000명 정도로 잡았다. 소련의 참전에 대해서는 그것이 전쟁 종결에 상당한 영향을 미치겠지만, 그것만으로 미국의 규슈침공이 불필요하게 될 것이라고 보는 참석자는 없었다.[41] 워커에 따르면 6월 18일 회의에서 규슈 침공문제와 함께 가장 중요하게 다루어진 것은 규슈 침공에 대한 더 나은 대안은 없는가라는 문제였다. 병석에 있다가 이 회의에 참석한 육군장관 스팀슨은 규슈 침공을 진행하는 데 동의하면서도 일본의 항복을 이끌어내기 위해 본토 공격이 반드시 필요한 것은 아니라는 의견을 내놓았다. 일본에는 "전쟁을 좋아하지 않으면서도 자신들의 조국을 위해 집요하게 싸울 커다란 침묵하는 세력

Bombs Against Japan, Chapel Hill and London: The University of North Carolina Press, Revised Edition, 2004, p.35.

39 Robert H. Ferrell(ed.), *Off the Record: The Private Papers of Harry S. Truman*, New York: Harper and Row, 1980, p.47; Walker, 2004, p.35.

40 "Minutes of Meeting Held at the White House on Monday, 18 June 1945 at 1530," in Dennis Merrill(ed.), *The Decision to Drop the Atomic Bomb on Japan*, vol.1 of *Documentary History of the Truman Presidency*, Bethesda, Md.: University Publications of America, 1995, p.52; Walker, p.36.

41 Walker, 2004, p.36.

(a large submerged class)"이 있다고 지적하면서 스팀슨은 다른 방법으로 전쟁을 끝낼 수 있다고 말했다. 하지만 구체적인 대안을 밝히지는 않았다. 한편 비서실장 리하이는 미국이 꼭 일본의 무조건항복을 고집할 필요는 없다는 의견을 냈다. 그러면 일본은 더 필사적이 되고 미국의 사상자 숫자만 늘어날 것이라고 말했다.[42] 그러자 트루먼 대통령이 무조건항복에 관한 국민 여론을 변화시킬 방법은 없다는 취지로 말했다. 그는 (미군의 희생이 특히 컸던) 오키나와 전투가 되풀이되지 않을 수 있다는 희망을 전제하면서 합참에게 규슈 침공작전 진행을 지시했다. 혼슈 공격에 대한 최종승인은 나중으로 미뤘다.[43] 워커는 이날 회의에서 드러난 당시 트루먼 행정부의 인식의 핵심을 "일본의 붕괴가 가까워졌지만, 조기 항복을 이끌어낼 최선의 방안에 대해서는 분명하지 않은 상태"였다고 요약했다.[44]

한편 육군과 해군 관리들로 구성된 '합동전쟁기획위원회'(Joint War Plans Committee)가 6월 15일 한 보고서를 작성해 합참에 제출했다. 이 보고서는 혼슈 침공은 1946년 3월 1일이 적당하며, 전쟁 종결 시점은 최악의 경우 1946년 말이 될 것이라고 예상했다.[45] 이처럼 불분명한 상태에서 트루먼 대통령은 7월 중순 포츠담회담을 위해 유럽으로 떠났다. 그 선상(船上)에서 원폭실험 성공이라는 결정적인 변수를 접한다. 7월 16일 뉴멕시코주의 사막에서 첫 원폭 트리니티 (Trinity)가 폭발한다. 오스트리아 출신의 망명객으로 맨해튼 프로젝

---

42 Quatation from "Minutes of Meeting Held 18 June 1945," in Merrill, 1995, p.54; Walker, 2004, p.37.

43 Walker, 2004, p.37.

44 Walker, 2004, p.37.

45 Joint War Plans Committee, "Details of the Campaign against Japan" (J.W.P.C. 369/1), June 15, 1945, in Martin J. Sherwin, *A World Destroyed: Hiroshima and Its Legacies*, 3rd ed., Stanford: Stanford University Press, 2003, pp.336-345; Barton J. Bernstein, "Understanding the Atomic Bomb and the Japanese Surrender: Missed Opportunities, Little-Known Near Disasters, and Modern Memory," *Diplomatic History* 19(Spring 1995), pp.227-273; Walker, 2004, p.38.

트에 참여한 빅터 바이스코프(Victor Weisskopf)는 "처음엔 환호했고, 다음엔 피곤함을 느꼈으며, 그러곤 걱정을 하게 되었다"고 그 가공할 위력의 감동을 표현했다.[46] 육군장관 스팀슨이 당시 원폭투하 문제를 담당하고 있던 '과도위원회'(Interim Committee)의 조지 해리슨(George Harrison)으로부터 7월 23일 받은 보고는 "원폭투하 작전은 기상 조건에 달려 있지만 8월 1일부터는 언제든 가능하다"였다. 그날 스팀슨은 교토는 대상에서 제외한다는 점에 대통령의 재가를 받았음을 해리슨에게 알렸고, 이에 따라 해리슨은 "히로시마, 고쿠라, 니가타 순서로 원폭투하를 진행"할 계획임을 확인한다. 이 시점에선 나가사키는 대상에 포함되어 있지 않았다.[47] 7월 24일 육군장관 스팀슨은 트루먼에게 보고한다. 첫 원폭이 태평양 기지에 준비될 수 있는 날짜는 8월 6일이고, 두 번째 원폭은 8월 24일쯤 준비될 수 있으며, 9월에는 가속도가 붙어 3개가 가능하고, 12월에는 7개 이상이 가능하다는 내용이었다.[48] 그로브스가 포츠담을 방문해 스팀슨을 통해 트루먼 대통령과 번스 국무장관에게 "TNT 15킬로톤 내지 20킬로톤의 위력을 가진 원폭 성공 목격" 사실을 전달한 것은 7월 25일이었다. 또한 그날 그로브스는 육참총장 마셜의 허가를 받고 태평양지구 사령관 더글라스 맥아더에게 8월 5일에서 10일 사이에 일본에 대한 원폭사용이 임박했음을 통보한다.[49] 한편 일본 정부는 1945년 7월 13일, 미일 사이 전쟁 종결과 화해를 위한 외교적 중재를 소련에 의뢰했다. 일본은 1941년 4월 소련과 '일소중립조약'을 체결했었다. 1946년 3월까지 그 조약이 유효하다는 사실에 기대를 건 천황의 강력한 의지가 소련과의 교섭을 시도한 배경이었다.[50] 천황은 7월 초에

---

46 Rhodes, 1986, p.675.

47 Rhodes, 1986, p.689. 8월 9일 두 번째 원폭 대상으로 나가사키가 선택된 것은 그날 고쿠라의 기상 상황 때문이었다.

48 Rhodes, 1986, p.689.

49 Rhodes, 1986, p.687.

50 고모리 요이치(小森陽一), 송태욱 옮김, 『1945년 8월 15일, 천황 히로히토

소련에 대한 사절로 고노에 후미마로(近衛文麿)를 파견하기로 결정했다. 그 직후인 7월 9일 아리타 하치로(有田八郞)는 소련 말고 전쟁 상대국들인 미국·영국과 직접 평화협상을 해야 한다는 의견서를 내대신(內大臣) 기도 고이치(木戶幸一)를 통해 천황에게 상주했다. 그럼에도 천황은 7월 13일 사절을 파견해 소련과 강화교섭을 모색한 것이었다. 천황이 미영과의 직접 강화협상 의견을 묵살한 것을 뜻했다. 7월 26일 일본의 항복을 촉구하는 포츠담선언이 나왔을 때 일본 육군대신이 그 선언 수락을 간단하게 거부할 수 있었던 데에는 미영과의 교섭을 거부하고 소련과의 협상에 중점을 두어온 천황의 태도가 한몫했다는 지적을 받는다.[51] 포츠담회담에서 미국·영국·소련 세 나라 사이의 합의사항이 정리된 것은 7월 30일과 8월 1일 사이였다. 그 전인 7월 26일, 당시 일본과 전쟁 중이던 세 나라, 즉 미국의 트루먼, 영국의 처칠, 그리고 중국의 장제스 3인이 '포츠담선언'(Potsdam Declaration)을 발표한다. 이것은 미영소 사이의 포츠담회의 결과인 포츠담합의(Potsdam Agreement)와는 별개의 것이었다. '일본의 항복 조건에 관한 선언'(Proclamation Defining Terms for Japanese Surrender)이었다. 7월 18일 일본 정부가 평화협상 제스처를 취해온 바 있었다.[52] 포츠담선언은 그에 대한 트루먼의 답변이었다. 7월 26일 공표된 포츠담선언은 제5항에서 이렇게 선언했다. "우리의 조건은 다음과 같다. 우리는 그 조건을 바꾸지 않을 것이며, 대안은 없다. 어떠한 지체도 용납하지 않는다." 제6항은 "무책임한 군국주의가 지구상에서 사라지지 않는 한 평화와 안보 그리고 정의의 신질서는 불가능하다고 믿기 때문에 일본 국민을 기만하고 오도해 세계정

는 이렇게 말했다. 『'종전조서' 800자로 전후 일본 다시 읽기』, 뿌리와이파리, 2004, 31쪽.

51 고모리 요이치, 2004, 33쪽.

52 Melvyn P. Leffler, *A Preponderance of Power: National Security, the Truman Administration, and the Color War*, Stanford, CA: Stanford University Press, 1992, p.37.

복에로 몰아간 자들의 권위와 영향력은 영원히 제거되어야 할 것"이라고 했다. 제7항은 "그러한 신질서가 확립되고 일본의 전쟁능력이 파괴되었다는 확실한 증거가 있기까지 연합국이 지정한 일본 영토들은 우리가 정한 기본 목적들을 달성하기 위해 점령한다"고 했다. 제8항은 "카이로선언의 조건들을 실행할 것이며 일본의 주권은 혼슈, 홋카이도, 큐슈, 시코쿠, 그리고 우리가 지정하는 작은 섬들에 한정될 것"이라고 했다. 제9항은 "일본 군대는 완전히 무장해제시킨 후 집에 돌아가 평화롭고 생산적인 삶을 살 기회를 허용한다"고 했다. 제10항은 "일본인을 인종으로서 노예화하거나 국가로서 파괴할 의도가 없지만 연합군 포로들에게 잔혹행위를 자행한 자들을 포함한 모든 전쟁범죄자에게는 엄격한 정의의 심판을 내릴 것"이라고 선언했다. 아울러 "일본 정부는 일본 국민 사이에 민주적 경향의 부활과 강화를 저해하는 모든 장애물을 제거해야 하며, 표현, 종교 및 사상의 자유와 기본적 인권 존중을 확립할 것"이라고 했다. 제11항은 "일본은 경제를 지탱하고 정당한 전쟁배상금의 현물 갹출을 가능케 할 수 있는 산업은 유지할 수 있으나, 전쟁을 위한 재무장을 가능케 하는 산업은 금지한다. 이 목적을 위해 원료에 대한 통제권이 아닌 접근권은 허용한다. 일본은 궁극적으로 세계무역관계에 참여할 수 있게 될 것"이라고 했다. 제12항은 "이상의 목적들이 달성되고 일본 국민의 자유의사에 따른 평화애호적이고 책임 있는 정부가 수립되면, 연합국 점령군은 일본에서 철수할 것"이라는 약속을 제시했다. 끝으로 제13항은 "우리는 일본 정부가 모든 일본 군대의 무조건 항복(unconditional surrender of all Japanese armed forces)을 즉각 선언하고 그러한 자세를 적절하고 충분하게 확인하는 행동을 보일 것을 촉구"하며, 일본이 거부할 경우 그 대가는 "신속하고 완전한 파괴(prompt and utter destruction)일 뿐"이라고 경고했다.

아키라 이리에에 따르면, 포츠담선언은 명백히 미국의 작품이었다. 미국 정부가 3년에 걸쳐 기획하고 심의한 결과를 요약한 것이었

독일 포츠담에서 열린 포츠담회담 전 체칠리엔호프궁 정원에서 윈스턴 처칠 영국 총리, 해리 트루먼 미국 대통령, 소련 공산당 서기장 요세프 스탈린(왼쪽부터).

다.[53] 이리에가 이 선언에서 주목한 것은 패전국 일본을 몇 개의 점령 지역으로 분할하지 않고 한 단위로 취급한다는 원칙, 그리고 일본의 비군사화(demilitarization)와 민주적 개혁을 점령목적으로 규정함으로써 대규모의 점령계획을 담고 있었다는 점이다.[54]

1944년 7월 22일 도조 히데키(東條英機) 내각이 무너지고 고이소 구니아키(小磯國昭) 내각이 등장했다. 1945년 4월 7일 고이소 내각은 스즈키 간타로(鈴木貫太郎) 내각으로 교체된다. 그래서 1945년 7월 수상이었던 스즈키는 천황과 육군의 의견을 따른다는 명분을 내세우며 포츠담선언을 묵살했다.[55] 곧 연합국의 최후통첩을 묵살한

---

53 Akira Iriye, *Power and Culture: The Japanese American War 1941-1945*, Cambridge: Harvard University Press, 1981, p.263.

54 Iriye, 1981, p.262.

55 고모리 요이치, 2004, 33쪽. 코시로 유키코에 따르면, 스즈키 수상이 "포츠담선언에 관해 코멘트하지 않겠다"는 성명을 낸 것은 7월 28일의 기자회견에서였다(Yukiko Koshiro, *Imperial Eclipse: Japan's Strategic Thinking about Continental Asia before August 1945*, Ithaca: Cornell University Press, 2013, p.222).

것이었다. 그 결과 포츠담선언이 일본에게 "신속하고 완전한 파괴"를 경고한 대로 히로시마와 나가사키에 원폭투하를 강행한 행동의 직접적인 원인으로 해석된다. 포츠담선언에 대해 "공식 논평할 가치가 없다"고 일축한 스즈키 간타로의 반응을 접한 미국은, 육군장관 스팀슨이 나중에 회고한대로, "이러한 거부 입장에 직면해 우리가 발표한 최후통첩은 정확하게 말한 그대로를 뜻한다는 사실을 증명하는 도리밖에 없었다."[56]

포츠담회담 초기에 트루먼은 스탈린으로부터 소련의 대일본 참전 약속을 확인받았다.[57] 하지만 소련의 대일본전 개입에 대한 미국의 입장은 포츠담회담 기간에 중요한 변화를 겪는다. 트루먼과 그가 새로 임명한 국무장관 제임스 번스(James F. Byrnes)가 포츠담에서 견지한 우선순위는 일본의 신속한 패배를 이끌어내어 미군 희생을 줄이고 동아시아에서 소련의 영역 확장을 제한하는 것이었다.[58] 일본의 신속한 투항을 이끌어내는 데에 소련의 대일전 참가는 필요했다. 하지만 그것은 전후 동아시아에서 소련의 영역 확대를 최소한으로 제한한다는 목적과 충돌했다. 그것이 미국이 이 회담 초반에 직면한 딜레마였다. 얄타에서 스탈린이 태평양전쟁에 참가하겠다고 한 약속을 포츠담에서 재확인했을 때 트루먼도 처음에는 기뻐했다. 자기 부인에게 보낸 편지에서 트루먼은 "내가 여기에서 얻고자 한 것을 얻었소"라고 썼다.[59]

하지만 포츠담회담 중간에 트루먼은 원자탄 실험이 성공적이라는 보고를 받는다. 그는 회담 시작 전날인 7월 16일에 이미 원자탄 개발

56 Henry Stimson, "The Decision to Use the Atomic Bomb," Harper's Magazine, vol.194, no.1161(February 1947), p.105; Ronald Takaki, *Hiroshima: Why America Dropped the Atomic Bomb*, Boston: Little, Brown and Company, 1995, p.38.

57 Henry Kissinger, *Diplomacy*, New York: Simon & Schuster, 1994, p.435.

58 Leffler, 1992, p.37.

59 Robert H. Ferrell(ed.), *Dear Bess: Letters from Harry to Bess Truman*, New York: Norton, 1983; Leffler, 1992, p.37.

이 성공적으로 진행되고 있다는 보고를 받은 바 있다. 하지만 실험이 성공했다고 해서 곧바로 원자탄을 실전에 투입할 수 있는 것은 아니었다. 그런데 7월 22일 트루먼은 원자탄이 예상보다 일찍 투하 준비될 수 있다는 보고를 받는다. 23일 번스 국무장관은 육군장관 스팀슨에게 실전 투입 가능한 날짜를 언제 알 수 있느냐고 물었다. 24일 스팀슨은 우라늄 원폭은 8월 1일 후면 곧 준비되고, 플루토늄 원폭은 8월 6일경 준비될 수 있다고 트루먼에게 보고했다. 트루먼은 스팀슨에게 대일본전에 소련군의 개입이 필요한지 물었다. 스팀슨은 이제 필요 없다고 답한다.[60]

멜빈 레플러에 따르면, 원자탄 실험성공을 보고받은 트루먼과 번스 국무장관의 목표는 "중국문제에 관련해 스탈린을 따돌리고 소련이 개입하기 전에 태평양전쟁을 끝내는 것"으로 바뀐다. 이제 트루먼과 번스가 전후 세계질서를 구성하는 작업에서 나치스에 함께 대항한 연합국 소련을 억제하고 봉쇄하려는 충동이 소련과 협력을 모색하려는 생각을 압도하기에 이르렀다고 레플러는 지적했다.[61] 원폭 사용을 결정하면서 트루먼이 목표한 것은 소련이 대일본 전쟁을 선포하고 만주의 주요 거점들—다롄항을 포함해 얄타회담에서 미국이 소련에 약속해준 영토들—을 점령하기 전에 일본의 항복을 받아내는 것이었다.[62] 트루먼은 일기에 이렇게 썼다. "나는 일본인들이 러시아가 들어오기 전에 무릎을 꿇게 될 것으로 믿는다. …맨해튼(원폭)이 일본 땅 위에 나타나면 그들은 분명 그렇게 할 것이다."[63] 육군

60 Henry L. Stimson Diaries (Microfilm), Yale University, New Haven, Conn., 21, 23 and 24, July 1945; Leffler, 1992, p.37.

61 Leffler, 1992, p.37.

62 Melvyn Leffler, "The emergence of an American grand strategy, 1945-1952," Melvyn P. Leffler and Odd Arne Westad(eds.), *The Cambridge History of the Cold War*, Volume 1: *Origins*, Cambridge: Cambridge University Press, 2010, p.70.

63 Robert H. Ferrell(ed), *Off the Record: The Private Papers of Harry S. Truman*, New York: Harper & Row, 1980, p.54; Leffler, 2010, p.70.

장관 스팀슨도 그 무렵 "원폭의 성공적 실험 이후에 생긴 심리적 차이"에 그 자신 놀랐다고 일기에 썼다.[64]

한편 스탈린은 미국의 맨해튼 프로젝트에 대한 상세한 정보를 적어도 1945년 2월에는 파악하고 있었으며, 그 결과를 예의주시하고 있었다.[65] 7월 26일 포츠담선언을 서명하고 발표할 때 미국은 스탈린을 초대하지 않았다. 스탈린에게 서명을 요청하면 그가 동아시아에서 더 많은 영토적 양보를 요구할 것을 우려했기 때문이다. 특히 번스 국무장관이 그러했다.[66] 미국이 대일본 원폭투하 명령을 처음 하달한 것은 그 이틀 전인 7월 24일이었다. 약 일주일 동안 그로브스와 다른 군부 지도자들 사이에 진행된 비공식 회의들을 거쳐서 미 육군의 공군부대들에게—당시는 공군이 독립해 있지 않았다—원폭투하 명령이 전달되었다. 태평양 지역 전략공군 사령관 칼 스파츠(Carl A. Spaatz)가 원폭투하에 관한 공식 명령서를 요청했다. 7월 24일 5성 장군 헨리 아놀드(Henry Arnold)가 전달받은 명령은 우라늄 235를

---

64 Leffler, 1992, p.38.

65 1945년 2월 당시 GRU와 NKVD를 중심한 소련 정보기관들은 맨해튼 프로젝트의 진행상황에 대한 결정적인 정보를 확보했다. 캐나다 오타와의 GRU 책임자 니콜라이 자보틴(Nicolai Zabotin) 대령이 앨런 넌 메이(Alan Nunn May)를 통해서 알아낸 것에는 원폭을 가동시키는 두 가지의 방법이 개발되고 있다는 사실이 포함되어 있었다. 하나는 탄도탄 방식(ballistic method, 즉 gun-type)이었고, 다른 하나는 내폭(implosion) 장치 방식이었다. 미국이 벨기에령 콩고에서 우라늄 원석 채굴에 대한 무제한 통제권을 확보하기 위해 노력하고 있다는 정보도 얻었다. 또한 천연 우라늄을 원자로에서 만들어진 플루토늄이 원폭 제조의 지름길이 될 수 있다는 사실은 영국과 미국의 원폭 제조에 있어서 첫 번째 획기적인 기술적 진전이었는데 이 정보는 이 무렵 소련 정보기관에 의해서 파악되어 소련 과학자들에게 전달되었다. 내폭 방식이 총격(gun assembly) 방식보다 우수하다는 사실은 소련 정보기관이 파악한 두 번째 결정적인 정보였다. 또한 클라우스 퍽스(Klaus Fuchs)가 로스 알라모스(Los Alamos)에서의 미국의 원폭 개발이 큰 진전을 보고 있다는 정보를 소련 측에 제공한 것도 같은 2월이었다. Richard Rhodes, *Dark Sun: The Making of the Hydrogen Bomb*, New York: A Touchstone book, 1995, pp.150-151.

66 Walker, 2004, p.71.

8월 1일과 10일 사이에 히로시마, 고쿠라, 니가타 또는 나가사키에
투하하라는 내용이었다. 이 명령서에는 명령자가 누구인지는 밝히
지 않았다. 다음 날인 7월 25일 육참총장 조지 마셜 바로 밑에 있는
토마스 핸디(Thomas Handy) 대장이 내린 명령은 기상 조건이 허락
하는 대로 8월 3일 이후 첫 원폭을 투하하라는 것이었다. 그 명령은
또한 "추가적인 원폭들을 준비되는 대로 투하하라"고 덧붙였다. 이
명령은 육군장관 스팀슨과 육참총장 마셜의 "지시와 승인"으로 보내
졌다.[67] 하세가와 츠요시는 미국의 원폭투하 결정 날짜를 7월 25일로
설명하는데,[68] 이는 7월 25일 스팀슨과 마셜의 명령서를 기준으로 할
때 맞는 말이다.

　스팀슨이 회고록에서 밝히고 있듯이, 트루먼은 원폭실험 성공 이
후 포츠담회의에서 소련의 참전에 흥미를 잃었다. 원폭을 이용해 일
본의 조기 항복을 이끌어내 소련의 참전 필요성을 예방하기를 가장
강력하게 주장한 사람은 국무장관 번스였다. 메트레이가 지적하듯
이, 이들 미국 지도자들이 원자탄을 사용하려는 주된 이유는 미국인
들의 인명 손실을 줄이려는 것이었지만, 이 외에도 "일본의 조기 항
복이 가져올 (동아시아에서의) 외교적·전략적 이익"이었다. 소련이
일본에 대한 전쟁을 선포하기 전에 미국이 원폭을 사용해 일본의 항
복을 이끌어낸다면, 일본 점령과 일본의 전후 처리에서 소련의 참여
를 배제할 수 있었다. 또 한국에 대해서도 미국이 일방적인 점령을

67　John N. Stone, Memorandum for General Arnold, July 24, 1945, in Merrill
(ed.), 1995, pp.151-154; Thomas T. Handy to Carl Spaatz, July 25, 1945,
Marshall Foundation National Archives Project, Xerox 1482-175, George C.
Marshall Library, Lexington, Va.; Robert James Maddox, *Weapons for Victory: The
Hiroshima Decision Fifty Years Later*, Columbia: University of Missouri Press, 1995,
pp.104-108; Walker, 2004, p.61.
68　Tsuyoshi Hasegawa, *Racing the Enemy: Stalin, Truman, and the Surrender
of Japan*, Cambridge, Mass.: The Belknap Press of Harvard University, 2005,
pp.189-191.

할 수 있을 것을 미국은 기대했다. 따라서 한국에 대해 소련과 함께 신탁통치를 협의해야 하는 "귀찮은 문제"도 피할 수 있을 것을 기대했다.[69]

포츠담회의 초기에 스탈린은 소련의 대일본 참전의 전제로 까다로운 조건을 내걸고 있었다. 미국이 소련 참전 대신 원폭사용으로 일본의 항복을 얻어내는 전략을 채택하도록 이끈 원인의 하나였다. 7월 17일 회담에서 스탈린이 내건 대일 참전의 조건은 중국으로 하여금 얄타협정에서 소련이 중국에서 확보하기로 한 권리를 승인하라는 것이었다. 루즈벨트가 동의한 것으로 스탈린이 해석하고 있던 내용에 대해 트루먼은 이의를 제기했다. 미국은 랴오둥반도의 다롄항이 궁극적으로는 중국의 자유항이 되어야 한다고 주장했다. 다음 날인 7월 18일 스탈린은 1945년 8월 15일 이전에는 소련이 일본과의 전쟁에 나설 준비가 안 될 것이라고 밝혔다. 이것은 중국 문제에 대한 미국의 양보를 얻어내기 위한 압력이었다. 미국은 이제 그러한 소련의 태도를 오히려 다행하게 생각했다. 8월 15일 이전에 원폭을 연거푸 터뜨려 일본의 항복을 신속하게 받아내면 소련의 참전을 봉쇄할 수 있다고 믿었다. 번스 국무장관은 연합국들이 일본에게 2주 내 항복하도록 요구하고 이 기한이 지나면 일본을 완전히 초토화시킬 것을 위협하는 최후통첩을 보낼 것을 비공식적으로 제의했다. 일본 항복 이전에 소련이 참전해 만주와 한국을 점령하는 사태를 피하고 싶어 했다. 번스에게 그러한 목표는 원폭사용을 통해서만 실현할 수 있는 일이었다.[70]

---

69 James Irving Matray, *The Reluctant Crusade: American Foreign Policy in Korea, 1941-1950*, Honolulu: University of Hawaii Press, 1985: 제임스 I. 메트레이, 구대열 옮김, 『한반도의 분단과 미국: 미국의 대한 정책, 1941-1950』, 을유문화사, 1989, 58쪽.

70 Walter Brown notes (July 20, 1945); Harry S. Truman, diary entry (July 18, 19450) in Robert H. Ferrell(ed.), *Off the Record: The Private Papers of Harry S. Truman*, p.54; Gar Alperovitz, *Atomic Diplomacy: Hiroshima and Potsdam*, New

1995년 미국의 저명한 언론인 피터 제닝스(Peter Jennings)가 보도 형식으로 ABC 지상파 TV에서 방송한 저명한 다큐멘터리는 이렇게 요약했다. "원폭 성공 후 포츠담회담에서 미국은 두 가지가 필요 없게 되었다. 일본에 대한 항복 요구 조건에서 '천황제 유지'와 같은 양보를 할 필요가 없게 되었고, 러시아의 대일본 전쟁 참여는 희망 사항이 아니라 우려사항이 되었다." 이 다큐멘터리에서 로버트 메서(Robert Messer)는 번스 국무장관이 원폭실험 성공 후 일본에 대한 최후통첩 내용을 수정한 목적은 "전쟁을 빨리 종결함으로써 소련이 일본을 요리하는 데 끼어들지 못하게 하려는 것"이었다고 말한다.[71]

미국은 그러한 희망을 갖고 스탈린과의 협상에 임했기 때문에 한국 신탁통치 문제에 대한 소련과의 진지한 협상에 임하지 않았다. 더욱이 신탁통치에 대한 협의는 지중해 일부 지역에서의 위임통치 문제로 영국과 러시아가 신경전을 벌이면서 한국문제에 대한 협의는 더더욱 뒷전으로 밀렸다. 그 결과 메트레이의 지적과 같이, "한국과는 상관없는 문제와 얽히게 됨으로써 한국문제에 대해서는 불행히도 확고한 합의에 도달하지 못했다. 한국문제를 우호적인 분위기 속에서 처리할 수 있는 마지막 그리고 최고의 기회는 그렇게 잃어버렸다."[72] 혹자는 원폭사용으로 미소의 신탁통치를 피할 수 있게 되어 다행이라고 말할 수도 있다. 그러나 미소 협력에 의한 신탁통치가 불가능해지면서 1948년 남북에 단독정권들이 수립되어 분단이 고착화되고, 그로부터 2년 후 거대한 전쟁의 참극이 한반도를 휩쓸고 마는 역사적 결과를 생각하면 과연 그것이 다행한 것이었는지 재고하지 않

York: Vintage, 1965, pp.103-106; 메트레이, 1989, 59쪽.

71 "Peter Jennings Reporting: Hiroshima – Why the Bomb was Dropped," ABC News, 1995. 이 다큐멘터리는 그해 '피바디 언론상'(Peabody Award)을 수상했다. 메서의 저작은, Robert Messer, *The End of an Alliance: James F. Byrnes, Roosevelt, Truman, and the Origins of the Cold War*, First Edition, The University of North Carolina Press, 1982.

72 메트레이, 1989, 60쪽.

을 수 없다.

미국의 원폭투하 결정 동기에 대한 미국 역사학계의 인식을 종합하고 있는 것으로 평가되는 새뮤얼 워커는 미국의 동기를 다섯 가지로 요약했다. 워커에 따르면, 트루먼은 그다지 고민하지도 않았다. 그는 이 새로운 무기의 이점과 잠재적 단점에 관해 참모들과 이렇다 할 협의도 없이 원폭을 즉각 사용할 결심을 했다. 워커는 트루먼의 결정을 이끈 "다섯 가지 근본적 고려사항"을 열거했다. 전쟁의 조기 종결, 맨해튼 프로젝트에 소요된 천문학적 비용을 정당화할 필요성, 소련에 충격을 줄 의도,[73] 원폭사용을 회피해야 할 인센티브의 부재, 그리고 "야수"(野獸, a beast)로 인식된 일본에 대한 응징 ─ 일본인에 대한 증오, 진주만 공격에 대한 보복, 인종주의적 태도 포함 ─ 이 그 것이다. 이 가운데 워커가 트루먼의 원폭사용 결정에 가장 치명적인 요인으로 꼽은 것은 '전쟁의 조기 종결'이라는 동기였다.[74] 그리고 트루먼에게 조기 종결 필요성의 일차적인 의의는 미군의 인명 희생을 줄인다는 데 있었다는 게 워커의 주장이다.

다만 원폭사용으로 예방할 수 있는 미군의 인적 희생 규모에 대해서는 오랜 논란이 있어왔다. 앞서 설명한 1945년 6월 18일의 백악관 회의를 앞두고 미 합참은 일본 본토에 대한 침공 과정에서 미군이 치를 희생의 규모를 평가하는 작업을 했다. 육군과 해군 관리들로 구성된 '합동전쟁기획위원회'가 6월 15일 합참에 제출한 보고서 초안은 규슈 침공으로 예상되는 미군 피해를 전사 2만 5,000명을 포함한 13만 2,500명으로 잡았다. 또 혼슈 침공으로 추가될 피해는 전사 2만 1,000명을 포함한 8만 7,500명이 될 것으로 보았다.[75] 같은 무렵 육참

---

73 워커는 소련과의 점증하는 갈등이 미국의 원폭사용의 한 요인으로 작용했지만, 주된 요인은 아니었다고 주장한다(Walker, 2004, p.95).

74 Walker, 2004, pp.92-97.

75 Joint War Plans Committee, "Details of the Campaign against Japan"(J.W.P.C. 369/1), June 15, 1945, in Martin J. Sherwin, *A World Destroyed: Hiroshima and Its Legacies*, Stanford: Stanford University Press, 3rd Edition, 2003, pp.336-345;

총장 마셜이 태평양 지역 육군사령관을 맡고 있던 더글러스 맥아더에게 규슈 침공에 따를 미군 희생 예상치를 평가해달라고 요청했다. 맥아더가 6월 18일 보내온 회답은 전투 중 사상자 10만 5,000명과 비전투 중 사상자 1만 2,600명으로 합계 13만 1,000명이 될 것이라고 했다. 합동전쟁기획위원회의 평가와 거의 정확히 일치했다.[76] 워커에 따르면, 마셜은 18일 백악관회의에서 일본 본토 침공에 따를 미군 희생 예상치를 트루먼에게 알릴 경우 미군 인명 희생에 민감한 트루먼이 침공작전을 승인하지 않을 것을 우려했다. 마셜은 그 이야기를 꺼내지 않았다. 그래서 트루먼은 규슈 침공으로 예상되는 미군 희생 규모를 첫 30일간 3만 1,000명 수준으로 알고 있었을 것으로 본다.[77] 훗날 트루먼과 그의 참모들은 일본 본토 침공으로 50만에서 100만 명의 미군 사상자가 발생할 것이라는 정보를 접했다고 주장하게 된다. 그것을 히로시마와 나가사키에 대한 원폭투하를 정당화하는 명분으로 제시한 것이다. 그러나 워커에 따르면, 그들이 그러한 정보를 원폭투하 이전에 접했다는 근거는 존재하지 않는다.[78]

그러므로 트루먼이 원폭사용으로 실제 줄일 수 있다고 인식한 미군 인명 희생의 규모는 나중에 주장된 100만은 고사하고 수십만 명도 아니었다. 워커는 원폭사용으로 막을 수 있는 미군 인명 희생이 수만 명도 아닌 수천 명에 불과한 것이었다 하더라도, 트루먼은 그 이유만으로도 원폭사용을 선택했을 것이라고 결론짓는다.[79]

미국의 원폭투하 결정의 동기에 관해 일본의 역사학자 시노하라

Bernstein, 1995, pp.227-273; Walker, 2004, p.38.

76 "General MacArthur to General Marshall," June 18, 1945; Walker, 2004, p.38.

77 Walker, 2004, pp.38-39.

78 Walker, 2004, p.39. 1990년대와 2000년대에 원폭투하 이전 트루먼 행정부가 파악하고 있던, 일본 본토 침공에 따를 미군 인명 희생 규모가 어떤 수준이었나에 대해 미국 역사학계에서 치열한 논쟁이 벌어졌다. 이에 대해서는 Walker, 2004, pp.116-118.

79 Walker, 2004, p.93.

하츠에(篠原初枝)는 미국 역사학계의 정통파-수정주의파의 논쟁을 주목한다. 그의 설명에 따르면, 정통파는 일본과의 전쟁을 조속히 끝내기 위해서 원폭을 사용했다는 사실을 강조하는 반면, 수정주의는 일본의 항복을 앞당기는 목적보다는 전후 소련의 영향력 차단을 위해 원폭투하를 서둘렀음을 부각한다. 정통파의 대표로 그는 헨리 스팀슨과 허버트 파이스를 들었다.[80] 그런데 사실은 정통파라고 하는 사람들도 트루먼이 원폭사용을 결정하면서 소련의 영향력 확대를 막고자 한 사실을 인정하고 있음을 유의해야 한다. 시노하라 하츠에가 정통파의 대표로 꼽은 파이스도 이렇게 말했다. "처칠 그리고 틀림없이 트루먼도 원폭투하가 전쟁을 신속히 종결짓는 것 이외에도 유럽과 극동 모두에서 서방에 더 유리한 질서를 확립하는 데 도움이 될 것이라고 생각했을 것이다. 스팀슨과 번스는 그런 생각을 분명히 염두에 두고 있었다. 서방의 힘의 극적인 과시가 일본을 항복시키는 충격을 준다면 러시아 역시 충격을 받을 게 아닌가? …요컨대 원폭은 일본 침략자들을 항복시킬 뿐 아니라, 소련의 행태도 절제시킬 수 있을 것으로 생각했거나 그렇게 희망했을 것이다."[81] 그리고 수정주의자라고 하더라도 원폭투하 목적에 일본의 조기 항복을 이끌어낸다는 목적이 있었음을 부정하지 않는다. 미국 역사학계에서 수정주의의 대부로 통하는 윌리엄 애플만 윌리엄스도 미국의 원폭투하 동기를 1945년 11월로 예정되어 있던 일본 본토에 대한 침공작전을 하지

---

[80] 篠原初枝, 「原爆投下と戰後國際秩序: 軍事的·外交的價値への期待と核の恐怖」, 和田春樹·後藤乾一·木畑洋一·山室信一·趙景達·中野聰·川島眞 編, 『東アジア近現代通史 6: アジア太平洋戰爭と「大東亞共榮圈」, 1935-1945年』, 岩波書店, 2011, p.370. 시노하라 하츠에가 주목한 스팀슨의 글은, Henry L. Stimson, "The Decision to Use the Atomic Bomb," *Harper's Magazine*, Issue 194, 1947, pp.97-107.

[81] Herbert Feis, *Churchill, Roosevelt and Stalin*, Princeton, N.J.: Princeton University Press, 1957, p.194: 이삼성, 「핵의 탄생과 핵 숭배의 문명」, 『20세기의 문명과 야만: 전쟁과 평화, 인간의 비극에 관한 정치적 성찰』, 한길사, 1998, 241쪽.

않고 일본의 항복을 받아낸다는 것과 러시아를 견제한다는 두 가지 목적을 함께 가진 것으로 판단했다. 다만 정통파 학자들이 일본의 조기 항복을 이끌어내려는 동기를 일방적으로 강조한 데 비해서, 윌리엄스는 그 동기를 부정하지 않으면서도 정통파들에 비해 소련 견제라는 목적을 좀더 강조하려 했다고 말할 수 있다.[82]

요컨대 미국이 히로시마와 나가사키에 대한 원폭투하를 결정한 이유는 일본의 조기 항복을 유도하는 동시에 소련의 참전이 가져올 전후 소련의 영향력 확대를 차단하려는 목적 두 가지를 모두 포함하고 있다는 데에, 미국 역사학계의 인식은 크게 보아 일치한다. 아울러 유의할 점은 미국 지도자들은 일본이 조기에 항복하면 소련의 참전을 불필요하게 만들 수도 있다고 믿고 있었다는 점이다. 일본의 항복 이전에 소련이 참전하더라도 만주, 한반도, 일본 등에 대해 소련이 점령할 수 있는 영토를 제한할 수 있게 될 것이었다. 그러므로 일본의 조기 항복 유도와 소련의 영향력 확대 차단이라는 두 가지의 동기는 미국 정책결정자들의 관점에서도 분리된 것이 아니라 서로 긴밀히 연결되어 있었고 상호작용하는 것이었다.

4. 원폭과 전쟁종결의 역사적 인과(因果)

다음에 검토할 이슈는 원폭과 전쟁 종결의 역사적 인과다. 일본의 조기 항복을 이끌어내는 데에 원폭이 실제 어떤 역할을 했는가. 일본의 항복이 임박한 상황에서 미국이 원폭을 불필요하게 사용했는가. 혹은 실제 일본의 항복에 원폭보다는 소련의 참전이 더 결정적인 역할을 한 것은 아닌가. 이러한 문제들이 원폭과 일본 항복 사이의 역사적 인과를 논할 때 제기되는 의문들이다. 원폭투하의 군사적·정치

---

82 William Appleman Williams, *Americans in a Changing World: A History of the United States in the Twentieth Century*, New York: Harper & Row, 1978, p.349; 이삼성, 1998, 243쪽.

적 의미를 논할 때 가장 결정적인 이슈는 바로 그 문제일 것이다. 원폭과 일본 항복의 역사적 인과를 논함에 있어서 필자가 중요하게 생각하는 것은 다음의 몇 가지 역사적 사실들을 확인하는 것이다.

1) 포츠담선언 후 원폭투하 이전 일본 정부의 태도와 대처

가르 알페로비츠는 1945년 7월 말이나 8월 초가 되면 일본은 천황제 유지만 보장되면 항복할 의사를 명백히 갖고 있었으며 미국도 그것을 알고 있었음에 틀림없다고 주장했다.[83] 그런데 바튼 번스타인에 따르면, 미국이 이 방안을 채택했을 때 일본이 항복에 응할지는 결코 분명하지 않았다. 1945년 7월 말과 8월 초에 이르는 시기 일본 외무성 자료들을 보면, 당시 일본 정부가 항복을 받아들일 조건은 '천황제 유지'로 환원시킬 수 없는 복잡성이 있었다. 앞서 언급한 바와 같이, 일본 정부는 1945년 7월 황실 인물이자 전 수상인 고노에 후미마로를 모스크바에 파견해서 평화 중재를 요청했다. 그런데 소련 정부의 판단으로는 일본은 구체적이고 명백한 평화협상 조건을 제시하지 않았다. 이에 따라 소련 역시 애매한 태도를 취했다. 그 결과 일본과 소련 양측이 다 같이 애매한 태도로 시간을 지연시키면서 서로 "고양이와 쥐 게임"(cat and mouse game)을 벌이는 상태였다고 번스타인은 지적한다.[84]

특히 7월 말의 시점에서 외무대신 도고 시게노리(東鄕茂德)는 특명전권대사로 모스크바에 파견된 사토 나오타케(佐藤尚武)에게 평화협상을 지시했지만, 도고 자신도 구체적인 평화교섭 조건을 제시

---

83 Gar Alperovitz and Robert Messer, "Marshall, Truman, and the Decision to Drop the Bomb," *International Security* 16 (Winter 1991/92), pp.207-209; Barton J. Bernstein, "Understanding the Atomic Bomb and the Japanese Surrender: Misused Opportunities, Little-Known Near Disasters, and Modern Memory," in Michael J. Hogan(ed.), *Hiroshima in History and Memory*, Cambridge, UK: Cambridge University Press, 1996, p.51.

84 Bernstein, 1996, p.51

하지 못했다. 그래서 7월 27일 사토는 도고에게 "우리가 그렇게 불투명한 태도를 취하면 소련을 움직일 수 없다"고 경고했다.[85] 다음 날인 28일 사토는 보다 직설적으로 본국 정부의 조건이 무엇인지를 다음과 같이 도고에게 물었다. "일본은 무장해제와 한국 독립을 수용할 겁니까?" 이런 질문에 대해 도고 외상이 8월 2일 답신을 하는데 그 내용엔 진전이 없었다. "도쿄에서 일거에 구체적인 평화 조건을 결정하기는 어렵다. 우리는 구체적 조건에 관해 각계의 의견을 모으고 있는 중이다"라는 게 도고 외상의 답변이었다.[86] 번스타인은 일본 정부의 당시 태도는 지연작전 같은 것이었고, 평화를 갈망하는 것과는 거리가 멀었다고 평한다.

미국의 원폭투하를 바로 앞둔 이 결정적인 시기에 일본 정부 안에서 오고 간 전문들과 일본 정부 내부의 논의 전반에 대한 연구들을 기초로 번스타인이 판단한 바에 따르면, 당시 일본 지도자들이 생각하는 평화의 조건은 결코 간단하거나 분명한 것이 아니었고 매우 복잡하고 유동적이었다. 일본 정부의 모든 인사가 일치된 견해를 갖고 있었던 이슈는 단 두 가지였다. 소련의 참전을 반대하고 천황제는 유지되어야 한다는 것이었다. 그러나 다른 문제들을 두고는 일본 정부 안에 의견이 갈려 있었다. 군부의 군국주의자들을 포함한 강경파들은 추가로 세 가지 요구조건을 내걸고 있었다. 종전 후 일본 점령 반대, 자체적인 무장해제(self-disarmament), 자체적인 전범재판이 그것이었다. 이들은 이 조건들을 관철하기 위해서는 전쟁을 계속할 각오를 보이고 있었다. 또 이들 군국주의자들은 정부가 항복을 서두르면 언제라도 군부의 대표인 육군대신을 사퇴하도록 함으로써 내각

85 Sato to Togo, July 27 and 28, 1945, FRUS: Potsdam 2: 1291, 1294-5; Bernstein, 1996, p.52.

86 Togo to Sato, August 2, 1945, in No.2 1225, August 2, 1945, Magic-Diplomatic Summary, Records of the National Security Agency, Magic Files, Record Group 457, National Archives; Bernstein, 1996, p.52.

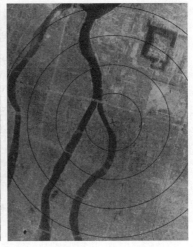

원자폭탄이 투하되기 전(왼쪽)과 후의 히로시마의 사진.

자체를 붕괴시킬 수 있었다. 이들에 비해 화평론자들은 세력이 여전히 약했다. 군부에 의한 쿠데타를 두려워하고 있었다. 그 자신들 내부에서도 분열되어 있어서 명백하게 항복을 주장하지 못했다. 수상 스즈키도 평화 교섭을 추진할 것인지에 대해서조차 머뭇거리고 있었다.[87]

결국 번스타인은 히로시마 원폭투하 직전인 1945년 8월 초의 시점에서도 미국이 설사 천황제 유지를 보장한다고 하더라도 일본이 미국이 원하는 조건으로 11월 1일 이전에 항복을 할 가능성은 없어 보였다고 판단한다. 당시 미국에게 일본 정치체제의 재편과 군국주의 파괴, 그리고 종전 후 일본 점령은 확고한 목표였으며, 미국은 전쟁의 장기화를 감수하더라도 그러한 목표를 관철할 각오였다. 만일 미국

---

87 "Statements" of Togo #50304, Koichi Kido #62131 and #61541, Sumihasa Ikada #54479, and Masao Yoshizumi #54484; Kido Koich Nikki, June 21–August 9, 1945, translated copy courtesy of Robert Butow; USSBS, "Interrogation of Premier Baron Suzuki," December 26, 1945, Records of USSBS; Bernstein, 1996, p.53.

이 일본 군국주의자들의 항복 조건 네 가지—천황제 유지, 전후 점령 배제, 자체적인 무장해제, 자체적인 전범재판—를 다 받아들인다면 일본의 항복을 쉽게 받아낼 수 있었을 것이다. 그러나 그것은 미국의 지도자들이나 미국인 일반이 원하는 승리와는 거리가 멀었다.[88]

아키라 이리에는 무엇보다 포츠담선언을 접했을 때 일본 정부가 즉각적이고 명확하게 그 선언을 수락했어야 한다고 말한다. 그에 따르면, 포츠담선언은 일본에게 글자 그대로의 '무조건항복'을 요구한 것은 아니었다. 일본 스스로 모색하고 있던 "무조건항복이 아닌 것에 기초한 평화"를 일본에게 허용하는 내용이었다. 이 선언의 그 같은 의미를 주스위스 공사로 베른에 있던 가세 슝이치(加瀬俊一)와 주소련 대사 사토 나오타케는 정확하게 인식했다. 그래서 사토는 도고 외상에게 포츠담선언이 일본에 요구한 항복 조건은 연합국이 독일에게 부과한 조건보다 훨씬 더 온건한 것이라는 의견을 밝힌다. 이들은 아울러 일본이 지체하거나 거부하면 본토가 확실히 폐허가 되는 결과를 초래할 것이라고 경고한다.[89]

스즈키 수상과 도고 외상은 이 의견에 뒤늦게 수긍한다. 그런데 아키라 이리에에 따르면 스즈키와 도고는 포츠담선언을 당장 수락할 경우 일본 안에서 제기될 수 있는 군부의 저항에 대해 과장된 생각을 갖고 있었다. 두 사람은 포츠담선언의 조건이 나라와 천황제에 최선이라는 사실을 군부와 일반 국민에게 설득시킬 시간이 필요하다고 믿었다. 스즈키 수상은 언론에다 "포츠담선언을 심각하게 받아들일 필요가 없다"고 말했다. 그의 발언이 해외에 방송되었을 때 그것은 일본의 무관심과 무시라는, 스즈키의 원래 의도와는 정반대의 의미로 해석될 수 있었다. 아키라 이리에는 스즈키 내각의 대처가 내포했던 근본적 문제점을 8월 6일과 9일의 원폭투하와 8월 8일 소련의 개

---

88   Bernstein, 1996, p.54.
89   Iriye, 1981, p.263.

전 선포가 벌어지고 나서야 미국과의 본격적인 협상에 나섰다는 사실이라고 파악한다.[90]

하세가와 츠요시는 포츠담선언의 성격에 관해서 아키라 이리에와는 좀 다른 해석을 내놓았다. 하세가와에 따르면, 그 선언은 일본에 대한 무조건항복 요구를 명시했을 뿐 아니라, 소련이 그 선언 발표 당시엔 서명에 참여하지 않았기 때문에 일본으로서는 묵살할 수밖에 없었다. 또 미 국무장관 번스와 트루먼 대통령은 선언에 '무조건항복'을 명시함으로써 일본이 거부할 것을 이미 예상하고 있었다고 하세가와는 주장한다. 따라서 "포츠담선언은 (이미 결정한) 원폭투하를 정당화하기 위해 내놓은 것"에 다름 아니라고 그는 해석했다.[91]

2) 8월 6일 히로시마 원폭투하에도 일본 정부는 포츠담선언에 불응

일본 근현대사에 천착한 저명한 저술가인 한도 가즈토시(半藤一利)는 히로시마 원폭투하 후 일본의 인식과 행동을 이렇게 서술한다. 정부는 "초강력 폭탄이 떨어졌다고 하니 이것이 원자탄인지를 조사하기 위해" 현지에 조사단을 보냈다. 신문과 라디오에서 이 "신형폭탄"에 대해 언급하기 시작한 것은 하루 뒤인 8월 7일이었다. 일본 언론은 미국이 히로시마시를 전날인 8월 6일 여러 기의 B-29로 공격해 상당한 피해를 입혔는데, 적이 이번에 사용한 것으로 보이는 "신형폭탄"의 상세한 내용은 현재 조사 중이라고 보도했다. 일본 정부와 군부가 "미국이 히로시마를 한 방에 날려버린 폭탄을 만들었다는 것"을 알게 된 것은 원폭투하 다음 날 미국 라디오방송에서 흘러나온 트루먼 성명을 듣고서였다. 이 성명에서 트루먼은 "일본이 항복에 응하지 않는 한 다른 도시에도 투하할 것"이라고 경고했다.[92]

---

90 Iriye, 1981, pp.263-264.

91 長谷川毅, 『暗躍: スターリン, トルーマンと日本降伏』, 中央公論新社, 2006, p.260; 篠原初枝, 2011, p.377.

92 한도 가즈토시, 박현미 옮김, 『쇼와사 1: 일본이 말하는 일본제국사, 1926-

한도 가즈토시는 이로써 일본 지도자들은 하루빨리 전쟁을 종결시켜야 한다는 초조감에 몰리기 시작했다고 말한다. 하지만 그때까지도 소련이 중재하는 평화협상을 목표로 삼았으며, 그에 대한 기대를 버리지 않은 채 시간을 낭비하고 있었다고 파악한다. 그래서 7일은 일본 정부에 아무런 움직임이 없이 날이 저물었다. 천황이 내대신 기도 고이치에게 "유리한 조건을 얻으려고 소중한 시간을 잃어버려서는 안 된다"면서, 가능한 빠른 전쟁 종결을 수상 스즈키에게 지시한 것은 원폭투하 후 이틀이 지난 8월 8일이었다. 이에 스즈키 수상은 최고전쟁지도회의(Supreme War Council)를 열려고 했다. 하지만 자기들 나름대로 대책 마련에 바빴던 군부 지도자들은 출석하기 힘들다고 했다. 그래서 회의가 9일로 연기되었다.[93]

바튼 번스타인에 따르면, 히로시마 원폭은 일본의 군국주의자들에겐 여전히 항복을 결심할 요인이 아니었다. 다만 히로시마에 충격을 받은 천황 히로히토가 개입해 항복을 추진하게 된다. 히로히토는 천황제 유지를 유일한 항복 조건으로 제시할 것을 내대신 기도에게 지시한 것이었다.[94] 그러나 이때도 일본 정부 안에서 군국주의 세력을 대표하고 있던 육군상 아나미 고레치카(阿南惟幾)는 네 가지의 항복 조건 모두를 관철하기 위해 전쟁계속을 고집했다. "본토 결전에서 일본의 승리는 불확실하지만 그래도 어느 정도 가능성은 있다. 본토에서 적어도 한 번은 싸워야 한다"고 그는 주장했다.[95]

그러는 사이에 미국은 원래 11일로 예정하고 있던 나가사키에 대한 원폭투하를 이틀 앞당긴 9일로 하는 결정을 7일에 내린다. 8월 7일 시점에서 접한 날씨예보에 따르면 10일에서 14일까지 악천후가

1945 전전편』, 루비박스, 2010, 401쪽. 새뮤얼 워커도 일본 지도자들이 히로시마의 초토화 사실과 그것이 단 하나의 폭탄, 원폭으로 인한 것임을 알게 된 것은 8월 7일이었다고 말한다(Walker, 2004, p.81).

93 한도 가즈토시, 2010, 401–402쪽.

94 "Statements" of Kido #61541 and #61476; Bernstein, 1996, pp.70–71.

95 "Statements" of Masao Yoshizumi #54484 and #59277; Bernstein, 1996, p.72.

예상되었다. 그래서 이틀을 앞당겨 9일로 일정이 변경된 것이었다.[96]

3) 8월 9일 새벽 소련 참전과 오전의 나가사키 원폭에도 지속된
군부의 항복 반대

소련 외상 몰로토프(Viacheslav M. Molotov)가 대일본 전쟁 선포를 모스크바주재 일본대사 사토 나오타케에게 통보한 것은 8월 9일 새벽 2시 경이었다. 몰로토프는 2시간 후인 새벽 4시경에는 영국대사 커(Archibald C. Kerr)와 미국대사 해리만(W. Averell Harriman)에게 소련의 대일본 전쟁 선포 사실을 통보했다.[97] 소련의 참전은 당초의 예상보다 1주일 앞당겨진 것이었다.[98]

일본 정부가 소련의 전쟁 선포 사실을 처음 접한 것은 주소련 대사 사토의 보고를 통해서가 아니라 일본제국의 공식 통신사였던 도메이통신사(同盟通信社)가 소련 라디오방송을 포착한 덕분이었다. 그 시점은 소련 탱크들이 국경을 넘은 지 2시간 반이 지난 후인 8월 9일 1시 30분경(현지시간)이었다.[99] 스즈키 간타로 수상의 일본 내각은

---

96 Rhodes, 1986, pp.737-738. 번스타인도 11일에서 9일로 나가사키 원폭투하가 앞당겨진 이유는 기상 상황 때문이었다고 말한다(Bernstein, 1996, pp.71-72).

97 Tsuyoshi Hasegawa, *Racing the Enemy: Stalin, Truman, and the Surrender of Japan*, Cambridge, Mass.: The Belknap Press of Harvard University, 2005, pp.189-191. 소련의 대일본 전쟁 선포는 일본에 점령되어 있지만 중국 영토에 속하는 만주에 대한 군사작전을 포함하므로 중국과의 협의를 거쳐야 하는 것이었으나 스탈린은 그렇게 하지 않았다. 이 무렵 미국대사 해리만과의 대화에서 스탈린은 남만주의 항구 다롄을 소련 관할의 항구로 만들 것을 통보한다. 스탈린은 미국의 '문호개방'(Open Door)을 존중한다는 취지로 다롄을 '자유 항구'로 할 것이라고 말하면서도 그것을 자신의 군사적 영역(Soviet military zone)으로 할 것임을 분명히 했다. 해리만은 이날 대화에서 소련이 중국의 동의 없이 일본에 선전포고를 한 사실에 대해 항의하지 않았다(Hasegawa, 2005, pp.192-193.

98 篠原初枝, 2011, p.378.

99 Hasegawa, 2005, p.190, pp.196-197. 하세가와는 소련 정부가 소련의 전쟁 시작을 일본에 대한 기습작전이 될 수 있도록 하기 위해 의도적으로 일본대사의 정상적인 전신을 방해했다고 의심한다(Hasegawa, 2005, p.190). 1945년 8월

소련 참전 소식을 접한 이후 천황과 함께 포츠담선언 수락을 결정한 후, 포츠담선언 수락과 천황제의 유지 방식과 같은 자세한 항복 조건은 최고전쟁지도회의에서 결정하기로 한다. 이것이 천황과 수상을 포함한 화평파의 움직임이었다. 하세가와 츠요시에 따르면 소련의 참전은 일본 정부 화평파의 항복 결정에 중대한 영향을 미쳤다.[100]

문제는 군부였다. 당시 군부가 최후결전을 각오하고 있었던 것은 소련이 중립을 지키는 것을 전제한 것이었다. 이제 소련의 참전이 분명해진 시점에서 군부는 어떤 결정을 할 것인지가 관건이었다.[101] 리처드 프랭크에 따르면, 소련의 참전에도 불구하고 일본 군부는 크게 동요하지 않았다. 육군대신 아나미는 "올 것이 왔다"고 말했다. 육군 참모차장 가와베 토라시로(河辺虎四郎)는 미국과의 전쟁을 계속할 계획을 서둘러 기안했다. 그 첫 조치는 일본 전역에 계엄을 선포하는 것이었다. 그는 말하기를 "필요시에는 정부를 교체하고 육군과 해군이 접수한다"고 밝혔다. 육군성 장교의 말대로 계엄의 목적은 화평파를 잠재우는 것이었다. 이러한 가와베의 움직임을 육군대신 아나미는 지지했다. 아나미는 "당신의 의견을 육군참모부 전체를 대변하는 것으로 하겠다"고 말했다. 그리고 육군성 관리들에게 계엄을 집행하는 일에 종사하도록 했다.[102]

시노하라 하츠에도 "히로시마에 원폭이 낙하해도 일본은 항복하지 않았고, 소련이 참전했는데도 즉시 무조건항복을 받아들이지 않았다"고 말했다.[103] 9일의 시점에서 군부가 소련의 참전을 대수롭지 않게 생각하고 전쟁 지속을 쉽게 결정한 데 있어서 결정적인 요인은

만주에 주둔한 일본 관동군은 71만 3,000명, 한국, 사할린, 쿠릴열도에 배치된 일본군은 28만 명이었다. 이들을 공격하는 소련군은 150만에 달했다(Hasegawa, 2005, p.195).

100 Hasegawa, 2005, pp.197-199.
101 Hasegawa, 2005, p.199.
102 Frank, 1999, pp.288-289.
103 篠原初枝, 2011, p.377.

소련이 전쟁 선포 직후 전개한 군사작전의 규모와 속도를 오판했기 때문이라고 프랭크는 지적한다. 소련 참전 초기에 관동군은 만주 동부의 소련군을 크게 과소평가하고 있었다. 실제 소련군은 15개 보병 사단을 투입한 상태였지만, 관동군은 그 5분의 1에 불과한 3개 사단 정도로 잘못 파악했다. 소련 탱크부대의 규모도 실제는 8개 연대에 달했다. 하지만 관동군은 그 3분의 1 정도인 2-3개 연대로 평가하고 있었다. 더욱이 8월 9일 하루 동안 소련의 기계화 부대들이 만주 서부에서 대규모 투입되어 있었지만 관동군과 도쿄 사령부는 그것도 눈치채지 못하고 있었다. 제국총사령부는 그날 오후 소련군의 공격 규모가 "크지 않다"고 밝혔다.[104]

태평양 북마리아나 제도의 티니안섬에서 나가사키에 투하할 원폭 '팻맨'(Fat Man)이 '복스카'(Bock's Car)란 이름의 B-29 폭격기에 장착된 시간은 현지 시간으로 8월 8일 밤 10시였고 이륙한 것은 8월 9일 새벽 3시 47분이었다. 이것은 소련이 대일본 전쟁을 선포한 지 3시간 후의 일이었다. 복스카가 원폭을 투하한 시간은 오전 11시 2분이었다.[105]

나가사키 원폭투하 직전인 9일 오전 10시에 내대신 기도가 천황과 짧은 면담을 가졌다. 이때 천황은 수상 스즈키에게 상황 파악과 함께 정부는 어떻게 대응할 것인지를 보고하도록 지시한다. 기도는 곧 그 지시를 스즈키에게 전달하면서 천황의 뜻은 "즉각 포츠담선언을 이용해 전쟁을 종결해야 한다"는 것이라고 말한다. 이에 따라 10시 반에 최고전쟁지도회의가 열렸다. 스즈키 수상이 이 회의에서 맨 처음 한 말은 "히로시마의 충격과 소련의 개입으로 전쟁을 계속하는 것은 이제 불가능하다"는 것이었다. 그러므로 포츠담선언을 수락해야 한다고 말했다. 이 회의에서 화평파의 대표격인 외상 도고 시게노리는

---

104 Frank, 1999, p.289.
105 Hasegawa, 2005, p.194.

1945년 8월 9일 나가사키 상공의 원자폭탄 버섯구름.

포츠담선언의 항복 조건에 대해 일본이 제기할 유일한 예외는 "천황의 지위를 보장하라"는 것이라고 말한다.[106] 이에 대해 참석자들은 별 반응이 없는 가운데 긴 침묵이 이어졌다. 그 침묵 끝에 해군대신 요나이 미츠마사(米内光政)가 천황제 유지만을 예외로 해 포츠담선언을 수용하든지, 추가적인 항복 조건을 두고 실질적인 협상을 추진하든지, 선택해야 한다고 말한다.[107]

　요컨대 만장일치로 의견이 모아져야 결정을 할 수 있는 최고전쟁지도회의에서 아직 항복 여부, 항복 조건을 놓고 일본 내각은 결정을

---

[106]　8월 9일 최고전쟁회의에 앞서서 외무성 수뇌부는 '황실의 안태(安泰)'를 국체로 정의하고, 그것을 조건으로 항복을 수락할 수밖에 없다고 판단했다(篠原初枝, 2011, p.378).

[107]　Frank, 1999, p.290.

내리지 못했다. 더욱이 해군군령부총장(海軍軍令部總長) 도요다 소에무(豊田副武)는 히로시마 원폭의 위력은 물론 대단하지만, 미국이 신속하게 여러 발의 원폭을 사용할 수 있는지는 의문이라고 주장했다. 도요다의 발언 직후 나가사키현 지사로부터 두 번째 원폭투하 소식이 회의에 전달되었다. 미국의 원폭 숫자가 매우 제한적일 것이라는 도요다의 주장은 설득력을 잃었다. 그러나 나가사키현 지사의 처음 보고는 "원폭 피해가 적다"는 잘못된 내용을 담고 있어 혼란을 주었다.[108]

이후 두 시간에 걸쳐 치열한 논쟁이 벌어졌다. 핵심인물 6명은 정확하게 둘로 나뉘었다. 외상 도고, 해군대신 요나이, 수상 스즈키는 천황 지위 유지라는 것 하나만 항복 조건으로 내세울 것을 주장했다. 반면에 육군대신 아나미, 육군참모총장 우메즈 요시지로(梅津美治郎), 그리고 해군군령부총장 도요다는 세 개의 조건을 추가해 관철할 것을 주장했다. 무장해제와 전범재판을 일본 자율에 맡겨야 한다는 것, 그리고 무엇보다 일본에 대한 연합국 점령을 막아야 한다는 것이었다. 결국 이날의 최고전쟁지도회의는 천황의 바람과 달리 결론을 내지 못하고 끝났다.[109]

4) 8월 9일 천황의 개입에 의한 항복 조건 완화와 미국의 거부

두 번째 원폭투하를 겪고도 9일의 최고전쟁지도회의가 결론 없이 끝난 후인 그날 오후 4시 35분부터 5시 20분까지 내대신 기도와 천황이 회의를 했다. 둘은 '천황의 국법상의 지위'를 변경하지 않는다는 조건을 붙여서 포츠담선언을 수락하기로 합의를 보았다.[110]

---

108 Frank, 1999, p.290.
109 Frank, 1999, p.291. 도고와 도요다가 훗날 회고록에 기록한 바에서는 요나이가 도고 편에 선 것으로 설명했지만, 당시 시점에서 육군대신 아나미가 보고한 데 따르면 요나이도 처음에는 다른 군부 지도자들과 마찬가지로 강경론을 폈다(Frank, 1999, p.291).
110 篠原初枝, 2011, p.378.

그날 밤 11시 어전회의(御前會議)가 열린다. 이 어전회의의 역사적 중요성을 1995년에 출간된 이시카와 마쓰미(石川眞澄)의 『전후 정치사』를 통해 일별해본다.[111] 그에 따르면, 일본 정부가 "모든 일본국 군대의 무조건항복"을 요구한 포츠담선언을 수락하기로 결정한 것은 1945년 8월 14일이었고, 이 결정에 이르는 과정에서 가장 주목할 것은 "8월 9일과 14일에 히로히도 천황이 참석한 가운데 열린 어전회의에서 천황의 결단이었다."[112]

그 두 회의 가운데 특히 결정적인 고비를 이시카와 마쓰미는 9일의 어전회의로 파악했다. 이 회의 참석자는 우선 최고전쟁지도회의 구성원들인 수상 스즈키 간타로, 외상 도고 시게노리, 육군대신 아나미 고레치카, 해군대신 요나이 미츠마사, 육군참모총장 우메즈 요시지로, 해군군령부총장 도요다 소에무가 포함되었다. 이들과 함께 참석은 했지만 의견을 말할 수는 없는 배석자들로는 중요한 국무에 관해 천황의 자문에 응하고 의견을 말하는 기관인 추밀원(樞密院) 의장 히라누마 기이치로(平沼騏一郎), 내각 서기관장(內閣書記官長) 사코미즈 히사츠네(迫水久常), 그리고 기록을 맡은 해군 군무국장 호시나 젠시로(保科善四郎)가 있었다.[113]

9일 어전회의에서 천황의 결단이 중요시되는 이유는 그날 오전에 먼저 열렸던 최고전쟁지도회의에서, 앞서 설명한 바 있듯이 포츠담선언 수락을 주장한 자와 '철저항전파'가 3 대 3으로 갈렸기 때문이다. 그래서 이어 열린 어전회의에서 천황의 결심이 중요해졌다.[114] 이 자리에서 천황은 "천황제 유지"를 유일한 조건으로 포츠담선언을 수락한다는 의견을 밝힌다.[115] 천황의 말은 그 자체가 지시도 아니었고

111 石川眞澄, 『戰後政治史』, 東京: 岩波文庫, 1995.
112 石川眞澄, 1995, p.1.
113 石川眞澄, 1995, p.2.
114 石川眞澄, 1995, pp.2-3.
115 천황의 항복수락 결정에는 이른바 천황 주변의 '중신(重臣) 그룹'의 역

구속력 있는 결정도 아니었지만, 3 대 3의 대립상태를 해소했다. 군부 강경파들도 동의했다. 아사다 사다오(麻田貞雄)는 이날 강경파들이 동의한 것은 부분적으로는 천황의 권위에 대한 존중도 작용했지만, 역설적으로 천황의 개입으로 그들의 체면을 유지할 수 있었기 때문이었다고 본다. 군부는 패전과 항복의 필연성을 그들 자신의 실책과 오판보다는 원폭을 개발해낸 적의 과학의 힘에서 찾았다.[116]

그렇게 해서 9일 어전회의에서 포츠담 수락 결정이 이뤄진 이후 중신 그룹과 일본 정부가 포츠담선언 수락의 전제로서 가장 중시한 것은 무엇보다 '국체호지'(國體護持)였다. 여기서 국체란 "만세일계(万世一系)의 천황에게 통치권이 있는 국가 정치체제"를 가리킨다.[117] 일본 정부가 10일 포츠담선언 수락을 중립국을 통해 연합국에 보낸 전문(電文)은 그 점을 반영했다. "선언에 거론된 조건들 가운데 있는 천황의 국가통치대권 변경 요구는 포함시키지 않는다는 요해(了解)하에 수락한다"고 한 것이다.[118]

할이 중요했다는 것이 이에나가 마쓰미의 설명이다. 이 중신 그룹에는 천황 곁에서 어새(御璽, 天皇印)를 보관하는 자로서 황실사무와 국무 모두에 관해 의견을 말하고 후계 수상을 추천하는 역할을 하는 내대신 기도 고이치, 공작 작위를 가진 귀족으로서 수상을 역임한 고노에 후미마로, 해군대장 오카다 게이스케(岡田啓介), 또 해군대장이자 당시 해군대신을 맡고 있던 요나이 미츠마사 등이 포함되었다. 이들은 군부에 반대해 전쟁 종결 공작을 하고 있었다. 이들의 종전 공작은 애당초 태평양전쟁 개전 때의 수상 도조 히데키(東条英機)의 내각을 1944년 7월 와해시킨 데서 작용하기 시작한 것으로 본다. 천황의 시종장(侍從長)과 추밀원 의장을 역임한 스즈키 수상 자신, 그리고 훗날 전후 일본 정치에서 큰 역할을 하게 되는 요시다 시게루(吉田茂) 역시 이들 중신 그룹에 속했다(石川眞澄, 1995, pp.2-3).

116 Sadao Asada, "The Shock of the Atomic Bomb and Japan's Decision to Surrender: A Reconsideration," *Pacific Historical Review* 67 (November 1998), pp.477-512; Walker, 2004, p.84.

117 石川眞澄, 1995, p.3.

118 石川眞澄, 1995, p.3. 여기서 한 가지 유의할 점이 있다. 이시카와 마쓰미와는 달리 시노하라 하츠에는 9일의 어전회의에서 도고 등 화평파는 천황제 유지라는 하나의 조건만을 내건 평화를 호소했다고 설명한다. 그러자 추밀원의

미국은 암호해독체계인 매직(Magic)을 통해 일본의 결정을 먼저 파악했다. 하지만 공식적으로는 8월 10일 스위스대사관을 통해 전달 받았다.[119] 트루먼은 천황제 유지라는 일본의 유일한 항복 조건을 명확하게 수용하는 것을 주저했다. 국무장관 번스도 그전에는 일본의 항복을 가능한 빨리 받아서 소련이 아시아 대륙에 영향력을 확대하게 되는 사태를 막는 데 신경을 곤두세웠지만 이제 전쟁의 장기화를 감수하더라도 천황제 유지라는 조건을 명시적으로 받아들이는 것을 반대했다. 그는 만일 트루먼 행정부가 천황제 유지를 명시적으로 허용하면 미 국내정치에서 "트루먼 대통령은 십자가에 못 박히고 말 것"(crucifixion of the President)이라고 경고했다. 미국 여론은 히로히토가 천황직을 유지하는 것을 결코 용납하지 않을 것이라고 번스는 믿었다. 그 결과 8월 10일의 일본 제안에 대한 미국의 답변은 천황제 유지라는 조건을 받아들인 것도 아니고 거부한 것도 아닌 애매한 것이었다.[120]

일본 정부가 번스 미 국무장관의 거부 회답을 받아든 것은 8월 12일 새벽이었다.[121] 번스의 답변 골자는 "항복하는 순간부터 천황과 일본 정부의 통치권은 연합국최고사령관에게 종속되며," "일본의 최종적 정부 형태는 포츠담선언에 따라 자유롭게 표현된 일본 인민의 의사에 의해 결정될 일"이라는 것이었다.[122] 이시카와 마쓰미에 따르

장 히라누마 기이치로가 이의를 제기하면서 '천황의 대권 유지'를 명확히 하는 조건을 내걸 것을 주장한다. 결국 이 회의의 결론은 그 주장이 관철된 것이었다 (篠原初枝, 2011, p.378).

119 Walker, 2004, p.84.

120 Robert J. C. Butow, *Japan's Decision to Surrender*, 1st Edition, Stanford, Calif.: Stanford University Press, 1954, p.245; Bernstein, 1996, p.74.

121 篠原初枝, 2011, p.378. 이시카와 마쓰미는 미 국무장관 번즈 명의의 미국 측 회답을 일본 정부가 접수한 시점을 13일 아침으로 보았다(石川眞澄, 1995, p.3).

122 Robert J.C. Butow, *Japan's Decision to Surrender*, 5th Edition, Stanford, Calif.: Stanford University Press, 1967, p.245; Stephen S. Large, *Emperor Hirohito*

면, 미국의 이 회답 내용을 일본 외무성이 일본어로 번역하는 과정에서 중요한 정치적 고려를 했다. 원문대로(subject to) 번역하면 일본에 대한 국가통치권을 "연합국최고사령관에게 종속시킨다"로 해야한다. 외무성은 그럴 경우 주전론자들을 자극할 것이 두려웠다. 그래서 "연합국최고사령관의 제한하에 둔다"고 번역했다.[123] 그런데 이렇게 순화시킨 문구에 담긴 애매함에 대해서도 일본 군부는 강하게 반발했다. 도고 외상은 천황제 자체는 일본 인민의 의지에 종속되는 것이 아니므로 미국의 답변이 군주제 자체에 심각한 위협을 담고 있는 것은 아니라고 해석해 군부를 달래려 했다. 천황 히로히토는 동의했다. 스즈키 수상도 반신반의하면서도 역시 동의했다. 그러나 아나미 육군대신을 위시한 군부는 그러한 애매성은 전적으로 용납할 수 없다고 주장했다.[124]

군부를 중심한 강경파들은 다시 천황제 유지 외의 다른 세 가지 조건도 관철해야 한다고 주장하기 시작했다. 스즈키 수상도 강경파의 손을 들어주었다. 이와 함께 일본 군부의 장성급 강경파들이 다시 전면에 나서 전쟁계속을 주창했다. 가미카제 특공대를 기획한 장본인인 해군참모차장 오니시 다키지로(大西瀧治郎) 중장은 "우리가 2,000만 특공대원의 희생을 각오하면 결코 패배하지 않는다"고 주장했다.[125]

5) 8월 14일 천황의 두 번째 개입과 최종 무조건항복 결정

일본이 8월 10일 미국에 제시한 항복 조건을 미국이 거부한 답변서를 일본이 접수한 12일로부터 이틀이 지난 8월 14일, 천황은 다시

and Showa Japan: A Political Biography, London and New York: Routledge, 1992, p.127.
123 石川眞澄, 1995, p.3.
124 Large, 1992, p.127.
125 "Statements" of Togo #50304; Bernstein, 1996, p.74.

어전회의에 나서서 '성단'(聖斷)으로 통하는 최종결정을 내린다. 소련의 참전이 군부에 충격을 주게 되는 것과 나가사키에 대한 두 번째 원폭투하의 충격은 실제의 시간에서는 거의 동시적이었다. 군부와 천황을 압박해 천황이 최종결단하고 군부가 그것을 결국 받아들이는 데 원폭과 소련의 참전 가운데 어떤 요인이 더 결정적 요인으로 작용했는지를 분별하는 것은 거의 불가능하다. 그 5일 동안에 원폭과 소련의 참전은 상호결합해 군부의 강경론 진압과 천황의 '성단'에 영향을 미쳤다고 볼 수밖에 없다.

천황 히로히토의 이른바 '성단'을 이끌어낸 결정적인 요소가 무엇인가를 짐작케 하는 단서의 하나는 그가 남긴 독백록(獨白錄)이다. 히로히토는 1946년 3월 18일에서 4월 8일 사이에 마쓰다이라 요시타미(松平慶民)와 테라사키 히데나리(寺崎英成)를 비롯한 다섯 명의 황실 궁내부 참모들에게 8시간 분량의 독백 형태의 회상을 말한다. 테라사키가 기록해둔 천황의 독백 원고는 오래 비공개로 남았다. 테라사키의 딸 마리코 밀러가 1988년 자기 집에서 원고를 발견했고, 그것이 세상에 공개된 것은 1990년 일본의 『분케이슌쥬』(文藝春秋)가 일본 우익들의 반대를 무릅쓰고 그 원고를 게재하면서였다.[126] 이 독백록에서 천황 히로히토는 자신이 최종적으로 항복을 결정해 내각을 움직인 배경을 설명한다. 그 무렵 미국은 일본 정부가 천황 지위 유지를 전제로 한 무조건항복을 수용할 의사를 밝힌 사실과, 그 것을 사실상 거부한 번스 국무장관의 답변 내용을 담은 전단(傳單)을 전선(戰線)에 뿌리고 있었다. 히로히토는 그 전단지가 일본군 손에 들어가면 무조건항복에 항의하는 쿠데타가 필연적일 것이며, 포츠담선언 수용을 천황 자신이 개입해 확실히 하지 않으면 나라 전체가 파괴되고 말 것을 우려했다고 말한다.[127] 8월 14일 열린 어전회의

---

126 「昭和天皇の独白八時間: 太平洋戰爭の全貌を語る」, 『文藝春秋』, 1990年 12月号; Bob Tadashi Wakabayashi, "Emperor Hirohito on Localized Aggression in China," *Sino-Japanese Studies*, Volume 4, Issue 1(October 1991), p.5.

에서 히로히토는 11일의 미국 답변을 "수용할 수 있다"고 말하고, 아울러 국민이 자신의 결정을 알 수 있도록 자신이 직접 나라에 방송할 조칙(詔勅)을 준비할 것을 내각에 요청한다.[128]

이때 일부 군부 강경파들은 쿠데타를 시도하고 이 쿠데타는 거의 성공할 뻔했다. 육군상 아나미와 육군참모총장 우메즈가 개입해 쿠데타를 봉쇄하고 내각을 유지함으로써 간신히 위기를 넘길 수 있었다.[129] 만일 아나미 육군상이 히로히토의 눈물의 호소를 받아들이지 않고 내각에서 퇴진했다면 일본의 항복과 평화는 멀어져 전쟁은 장기화하고 더 많은 원폭이 투하되었을 것이라고 번스타인은 지적한다.[130]

---

127 "Showa tenno no dokuhaku hachijikan"(「昭和天皇の独白八時間: 太平洋戰爭の全貌を語る」), 1990, pp.143-145; Large, 1992, p.127.

128 Large, 1992, p.128. 리처드 다카키는 천황 히로히토가 포츠담선언 수용을 결정한 결정적인 동기를 11일 번스 국무장관의 답변이 천황 지위 자체는 유지하도록 한다는 메시지를 담고 있는 것으로 해석했기 때문임을 강조한다. 그는 10일자에 일본이 미국에 보낸 메시지가 이미 "강화 성립"으로 간주되어 미국 언론에 전파된 사실을 주목했다. 8월 11일자 『뉴욕타임스』에는 "태평양의 미군들 환호하다. 천황은 유지되어도 좋다고 그들은 말한다"라는 헤드라인이 떴다(*The New York Times*, "GI's in Pacific Go Wild With Joy; 'Let 'Em Keep Emperor,' They Say," August 11, 1945; Takaki, 1995, p.50). 미국의 입장을 전달받고 천황의 지위가 보전될 수 있음을 확인한 히로히토는 8월 14일 내각에게 이렇게 말한다. "지금 전쟁을 종결하지 않으면 국체가 파괴되고 민족이 전멸하게 될 것이 두렵다. 그러므로 나는 참을 수 없는 것을 참고 연합국의 답변을 수락하기를 원한다. 그래서 국체를 보존하고 나의 신민들이 더 이상 고통당하지 않기를 바란다"(Takaki, 1995, p.50). 태평양에서 전투는 8월 14일 중단되었다.

129 Bernstein, 1996, p.75.

130 Bernstein, 1996, p.75. 8월 15일 새벽 천황경비사단 내부의 과격파들은 황궁에 침입해 궁내부에 보관된 천황의 항복방송 녹음테이프를 파괴하러 나섰다(Hasunuma Shigeru, 「Senritsu no hachi jushi jiken」, *Bungei shunju*[『文藝春秋』], 1956, October Special Issue, pp.192-199; Large, 1992, p.128). 이 반란이 진압된 후 아나미 육군상이 반란에 대한 책임을 지고 자결했다. 1944년 2월까지 지속한 도조 히데키 내각에서 육군참모총장을 한 바 있는 스기야마 하지메(杉山元)와 1931년 관동군 총사령관으로서 일본의 만주지배를 주도한 바 있는 혼조 시게루(本庄繁)는 각각 9월과 11월 자결했다(Large, 1992, p.128). 이들의 자결은 일본 패전에 대한 책임감과 절망의 표현이기도 하겠지만, 항복의 결과

시노하라 하츠에는 원폭투하와 일본의 조기항복 사이의 연관성에 대한 학문적 논쟁의 역사를 검토하고 있는데, 그의 검토에서 특기할 점은 1990년대 이래 일본 역사학자들이 이 논쟁에 기여한 방식을 소개한 부분이다. 그는 원폭과 항복의 관계에 대한 일본 역사학계의 학문적 축적은 많았다고 할 수 없다는 점을 먼저 지적한다. 천황 히로히토의 전쟁책임이 관련되는 주제여서 일본 역사가들이 건드리기 어려운 점이 있었다고 말한다. 일본어로 번역된 미국의 논의도 주로 알페로비츠와 셔윈의 저작과 같은 수정주의 역사학자들의 저작, 그리고 미국의 대일본 원폭투하에서 인종주의적 요인을 지적한 로널드 다카키(Ronald Takaki)의 저작 등이었음을 주목했다.[131]

시노하라 하츠에가 주목한 일본 역사학계의 논의는 1992년에 간행된 요시다 유타카(吉田裕)의 저작, 그리고 1997년에 간행된 아사다 사다오의 논문, 그리고 하세가와 츠요시의 2006년 저작 등이다.[132] 미국 역사학계의 논의가 미국의 원폭투하 결정의 동기와 배경에 집중된 측면이 있는 데 비해서, 이들 일본 역사학자들의 논의의 초점은 일본 측 사료에 근거해 일본은 왜 항복하지 않았는지에 두어졌다는 점을 시노하라 하츠에는 지적한다. 그리고 이들의 결론은 대동소이하게 원폭과 소련의 참전이 다 같이 일본의 항복을 앞당기는 데 중요했다는 것이다.[133] 아사다 사다오는 일본 항복의 계기를 원폭과 소련의 참전이라는 '이중충격'(더블 쇼크)에서 찾았다. 하세가와 츠요시

인 전범 처벌에 대한 고려도 작용했을 터다.

131 시노하라 하츠에에 따르면, 셔윈의 저작이 1978년에 일본어로 번역되었고, 1995년에는 알페로비츠의 저작이 번역되었다. 다카키의 저작은 1995년에 번역되었다(ロナルド タカキ,『アメリカはなぜ日本に原爆を投下したのか』, 山岡洋一 譯, 草思社, 1995).

132 吉田裕,『昭和天皇の終戰史』, 岩波書店, 1992; 麻田貞雄,「原爆投下の衝擊と降伏の決定」, 細谷千博·入江昭·後藤乾一·波多野澄雄 編,『太平洋戰爭の終結』, 柏書房, 1997; 長谷川毅,『暗躍: スタ-リン, トル-マンと日本降伏』, 中央公論新社, 2006.

133 篠原初枝, 2011, p.371.

의 연구는 탈냉전 후 접근할 수 있게 된 소련 사료도 이용해 보다 다각적으로 분석한 것이 특징인데, 그의 결론도 원폭과 소련의 참전이 일본 항복에 결정적인 역할을 했다는 것이었다. 다만 하세가와는 굳이 말하라면 소련의 참전이 던진 충격에 더 중점을 두고 있는 것으로 시노하라 하츠에는 해석했다.[134]

어떻든 시노하라 하츠에에 따르면, 아사다와 하세가와의 연구들은 천황과 지도층이 '국체수호'를 고집하고 군부는 철저항전을 주장했기 때문에 일본은 쉽게 항복하지 않았으며, 그로 인해 미국에 의한 원폭투하를 유발한 한 요인으로 작용했다는 것을 논증했다.[135]

5. 원폭투하 사태에 대한 천황의 책임과 일본사회 내부 반전(反戰)의 문제

원폭투하의 책임자는 물론 미국이다. 동시에 그 원인을 제공한 데 있어 일본 군부와 천황의 책임을 주목하는 인식도 아사다와 하세가와의 결론이 말해주듯이 일본 학계에 널리 공유되고 있다고 할 수 있다. 이들 외에도 다수의 일본 학자가 1944년 후반부터 일본 권력 핵심부가 패전이 불가피함을 인식하고 있었음에도 항복을 거부하고 원폭투하에 이르기까지 전쟁을 포기하지 않은 근본원인과 관련해 군부와 함께 천황의 책임을 강조하고 있다. 오구마 에이지(小熊英二)는

---

134 篠原初枝, 2011, p.371. 필자가 판단하기에는, 8월 9일 새벽 소련의 참전 자체가 8월 6일 히로시마에 대한 원폭투하로 촉진되었을 가능성을 배제하기 어렵다. 원폭투하로 일본의 항복이 앞당겨질 것으로 판단한 소련이 전후 동아태 지역에서의 영향력 확대를 꾀하며 참전을 서둘렀을 수 있기 때문이다. 그러므로 미국의 원폭투하와 소련의 참전이라는 두 개의 역사적 사건들은 상호관계 속에 있었다고 할 수 있다. 미국이 11일로 예정되었던 나가사키에 대한 제2의 원폭투하를 9일로 앞당긴 것은 거꾸로 미국의 주장처럼 반드시 기상예보 때문만이 아니라 소련의 참전이 임박한 정황을 파악한 것과 무관치 않은 것일 수 있었다.

135 篠原初枝, 2011, p.371.

그 대표적인 경우다.

오구마는 태평양전쟁의 흐름을 네 국면으로 나누었다.[136] 제1기는 개전 후 반년 정도, 그러니까 1941년 12월 개전 후 이듬해인 1942년 6월까지의 반년 기간으로 일본이 우세했던 때다. 제2기는 그때로부터 1943년 말까지에 이르는 1년 반의 기간으로 미일 간 교착(膠着) 국면이다. 제3기는 1944년 초부터 그해 중엽까지로 남태평양에서의 교착상태가 깨지면서 일본군 방어선이 무너져 일본 열도에 가까운 태평양 기지들의 방어선까지 무너지는 때였다. 1944년 7월 마침내 사이판섬이 함락되면서 일본 항공모함 함대가 괴멸한다. 제4기는 1944년 후반에 시작되는데, 일본군 상층부가 더 이상 승리의 전망이 없다는 것을 인식한 국면이었다.[137] 아와야 준타로(栗屋憲太郎)도 태평양전쟁을 네 단계로 구분하면서 1944년 6월 마리아나 해전에서 일본이 패배한 이후를 '절망적 항전'의 단계로 정의했다.[138]

오구마에 따르면, 일본 권력층이 패전의 불가피성을 깨달은 제4기에도 전쟁을 계속한 목적은 "어딘가의 전장에서 국지적 승리를 거두어 항복 조건을 개선한다는" 것에 있었다. 합리적 관점에서는 전쟁을 가급적 일찍 종결짓기 위해 노력해야 할 국면이었다. 하지만 "전략의 가면을 쓴 체면"을 위해 일본군은 전투를 계속했다. 또한 전쟁 종결이 늦어진 가장 중요한 이유를 오구마 역시 일본에 유리한 '항

---

136 오구마 에이지, 조성은 옮김, 『민주와 애국: 전후 일본의 내셔널리즘과 공공성』, 돌베개, 2019, 43쪽.

137 大岡昇平, 『レイテ戦記』(『大岡昇平集』第九卷 & 第十卷) 岩波書店, 1982-1984, 第九卷 p.264; 오구마 에이지, 2019, 43-44쪽.

138 栗屋憲太郎, 『15年戦争期の政治と社会』, 東京: 大月書店, 1995, p.181. 아와야 준타로에 따르면, 1941년 12월 개전에서 1942년 8월 미군의 과달카날 상륙전까지 제1국면인 일본의 전략적 공세기였다. 제2국면은 미군의 과달카날 상륙을 분수령으로 시작된 전략적 지구(戦略的 持久) 단계였다. 제3국면은 1943년 1월 과달카날에서 일본군이 완전히 철퇴하면서 시작된 일본의 전략적 수세기였다. 마지막 제4국면이 1944년 6월 마리아나 해전 패배로 시작된 '절망적 항전' 단계다.

복조건'애서 찾았다. 일본이 최후까지 지켜내고자 한 항복조건의 첫째는 천황제를 방위하는 것이었다.[139] 그래서 전쟁은 계속해야 했는데, 정상적인 전투로는 미군을 대적할 수 없다고 판단했다. 1944년 10월부터 해군 항공대를 시작으로 일본군이 '특공 전법'이라는 비정상적인 전쟁 방식을 광범위하게 채용한 이유였다.[140]

제4기 국면에서 일본 권력핵심 안에서는 항복 교섭을 시작해야 한다는 의견이 제기되었지만, 그러한 의견들이 묵살되었다. 오구마는 그 이유를 항복조건을 개선할 최고의 수단은 전쟁을 계속하는 것이라는 사고가 당시 천황을 포함한 일본 권력 핵심부를 지배하고 있었다는 사실에서 찾았다. 오구마가 주목한 단적인 증거는 1945년 2월 고노에 후미마로가 천황에게 항복 교섭을 청했을 때 천황이 이를 물리치며 한 말이었다. "다시 한 번 전과를 올리지 않고서야 이야기는 무척 어려울 것이라 생각한다."[141] 항복조건 개선을 위해 전과(戰果)를 올려야 한다는 천황의 이 발상이 곧 오키나와 전투의 비극과 이른바 특공작전이라는 야만적 전술을 낳았고, 미국에 의한 원폭투하의 비극으로 이어졌다고 오구마는 주장했다. 그는 또한 그 발상이 소련 참전의 원인을 제공해 수많은 일본인의 생명을 추가로 희생시켰고, 나아가 한반도 분단까지도 초래했다고 보았다.[142]

최후까지 전쟁 계속을 주장한 군부 핵심을 포함한 일본 권력층이 항복에 의한 종전 결정에 도달하는 과정에서 1945년 8월 9일 이후 천황이 중요한 역할을 한 것은 사실이었다. 동시에 그 무렵까지 항복이 지체되어 원폭을 포함한 일본인의 희생이 커진 데 있어서 군부와 함께 천황의 책임이 크다는 인식은 일본 학계에서도 상당한 공감대

---

139 오구마 에이지, 2019, 75쪽.

140 오구마 에이지, 2019, 44쪽.

141 森武麿, 『アジア太平洋戰爭』(『日本の歷史』第二十卷, 集英社, 1993), p.289; 오구마 에이지, 2019, 75쪽.

142 오구마 에이지, 2019, 75쪽.

를 형성하고 있는 것이다.

원폭투하 이전의 전쟁 최후 단계에서 일본의 지식인사회와 '민중' 사이에 '반전'(反戰)의 기운은 군부를 포함한 정부와 천황을 압박할 만큼 유의미하게 존재했는가. 그래서 그들이 1945년 8월 종전에 어떤 의미 있는 역할을 담당했는가. 이런 질문이 제기될 수 있다. 미국의 원폭투하를 비판하고 그 책임을 추궁하려는 관점에서는, 원폭이 일본의 항복과 종전에 중요한 역할을 했다는 사실을 인정하기 전에, '민중의 반전 저항'과 같은 다른 요인을 찾고 싶어질 수 있다. 문제는 당시 일본 사회의 전반적인 정신적 상황, 그 역사현실의 객관적 모습이다.

전시 일본 내부의 반전의 기운이 의미 있게 존재했는지에 대한 일본의 자기인식은 어떠할까? 먼저 아와야 준타로가 소개하는 미국의 조사 내용을 보자. 그는 '미 전략폭격조사단'(米戰略爆擊調査團)이 1947년 6월 작성한 「일본인의 전의(戰意)에 미친 전략폭력의 영향」이란 조사보고서를 주목했다.[143] 이 보고서는 태평양전쟁 중 일본 국민 전체가 전쟁에 가진 태도에 관해 이렇게 평가했다. "개전에서 42년 전반까지에 해당하는 서전(緖戰) 승리의 시기에는 일본인의 전의(戰意)는 급격한 상승을 보이지만, 44년 중반 이후 전의는 붕괴하기 시작하고 최후에 이르면 급격히 쇠퇴했다." 특히 1944년 가을부터 미국의 전략폭격이 일본인의 전의의 해체에 미친 효과에 대해 "긴 전쟁에 의한 권태, 손해, 사회적 불안의 누적 및 전세(戰勢)의 역전이 저항의지의 기초를 약화시키고 그때에 가해진 공습이 이미 진행되고 있던 조직에 심각한 타격을 주었다. 전세 역전은 패전의 예감을 수반하고, 식량 부족은 피로와 사회기구에 대한 회의와 비판을 초래했다. 최후에는 폭격이 저항의지와 저항능력에 대해 직접적이고

---

143 The United States Strategic Bombing Survey, "The Effects of Strategic Bombing on Japanese Morale," p.19; 日譯, 東京空襲を記録する會 編, 『東京大空襲/戰災誌』, 第5卷 402-403頁; 栗屋憲太郎, 1995, pp.182-183.

즉각적인 압박을 가했다."[144]

　문제는 아와야 준타로가 '절망의 항전' 국면이라고 말한 최종 단계에서 보인 일본인의 전의 추락이 원폭투하 이전에 대중 혹은 민중의 반전(反戰) 움직임으로 연결되었는가이다. 앞서 소개한 천황 히로히토의 독백록은 그가 최종적인 항복 결정을 하고 내각을 강하게 설득한 배경을 언급한다. 그때 천황이 두려워한 것은 무조건 항복에 항의하는 군부 쿠데타였다. 이미 원폭이 투하된 후였던 그 상황에서조차도 '민중'의 반전 폭동이나 의미 있는 저항을 천황과 권력 핵심부가 심각하게 우려하고, 그러한 우려가 그들의 최종 결정에 영향을 미쳤다는 증거는 담고 있지 않다. 원폭투하 이전까지의 상황에서는 더 말할 것도 없을 것이다.

　전시하 일본 사회에서 반전(反戰)이 존재했는가라는 물음에 관해, 현대 중국의 저명한 일본 지성사 전문가라고 할 쑨거(孫歌)는 의미 있는 지적을 하고 있다. 그녀는 전후 일본의 저명한 평론가이자 중국 전문가인 다케우치 요시미(竹內好)가 1959년 11월에 발표한 유명한 논문인 「근대의 초극」을 주목했다. 이 논문에서 다케우치는 총력전 체제와 파시즘 침략전쟁 시기 일본 지식인들의 정신적 상황에 관해서 "여러 동시대인들의 회상을 인용하여 고통스러운 사실의 윤곽을 그려낸다."[145] 다케우치는 이렇게 고백했다. "주관적으로는 (성전[聖戰]과 대동아공영권 등의 프로파간다로 구성된) 신화를 거부하거나 혐오했지만 이중 삼중으로 굴절된 형태로 결과적으로는 그 신화에 말려들어갔다고 보는 편이 대다수 지식인의 경우에 들어맞지 않을까 생각한다."[146] 그런 의미에서 "소수의 예외를 제외하고는 방관이

144　The United States Strategic Bombing Survey, "The Effects of Strategic Bombing on Japanese Morale," p.19; 日譯, 東京空襲を記錄する會 編, 『東京大空襲/戰災誌』, 第5卷 402-403頁; 栗屋憲太郎, 1995, pp.182-183.

145　쑨거, 윤여일 옮김, 『다케우치 요시미라는 물음: 동아시아의 사상은 가능한가?』, 그린비, 2007, 332쪽.

146　河上徹太郎·竹內好, 『近代の超克』, 富山房百科文庫, 1994, 301쪽; 쑨거,

나 도피가 아닌 의미에서의 반전(反戰)은 기본적으로 존재하지 않았다"는 것이 다케우치 요시미의 결론이었다.[147] 오구마 에이지도 당시 지식인들은 많은 마르크스주의자를 포함해 정치적 입장을 불문하고 전쟁을 찬미하는 글을 썼다고 밝힌다.[148]

1945년 시점에서 반전에 나설 수 있는 지식인이나 '민중'이 현실적으로 존재할 수 있었는지에 대해서도 생각해볼 필요가 있겠다. 우선 당시 일본인은 '민중'이라고 해도 제국 일본의 중심에 있는 이른바 황국신민이었다는 사실을 유념해야 한다. 일본 군대 안에서도, 광산과 군수공장을 포함한 노동 현장에서도 일본의 민중은 식민지 민중과 다른 신분이었다. 더욱이 오구마 에이지가 주목했듯이, 전시체제의 일본에서 지식인이나 작가들은 "전쟁에 협력하는 작품을 쓰거나, 아니면 창작을 단념하고 군수 관련 공장에서 일해야 하는 양자택일의 상황"에 놓여 있었다. 특히 진주만 공습 9개월 전인 1941년 3월에 일본은 「치안유지법」을 개정하여 '예방 구금제'를 도입했다. 석방된 공산주의자가 재범의 가능성이 있다고 판단되면 언제든 구금이 가능해진 것이었다. "전향을 표명하고 석방된 마르크스주의자들은 경찰의 감시하에 놓여, 적극적으로 전쟁에 협력하는 자세를 보이지 않으면 언제든지 다시 수감될 수 있는 상황"이었다.[149]

민중의 대부분은 군대 아니면 군수공장에 배치되어 전시체제에 복무했다. 그 노동자들 가운데서도 300만 명 이상이 추가로 군대로 동원된다.[150] 이러한 사정 등에 비추어, 반전에 나설 일본 민중이 존재

2007, 332-333쪽.

147 쑨거, 2007, 333쪽. 좌익 지식인에 속한 평론가 아라 마사히토(荒正人, 1913-79)에 따르면, 전후에 그와 같은 고백을 한 다케우치 요시미 자신이 전시에 「대동아전쟁과 우리의 결의」를 쓴 데에서 보이듯 "침략전쟁의 앞잡이가 된 파시즘 지식인"이었다(쑨거, 2007, 344쪽).

148 오구마 에이지, 2019, 58-59쪽.

149 오구마 에이지, 2019, 60-61쪽.

150 오구마 에이지, 2019, 48쪽.

할 사회적 공간을 기대하는 것 자체가 무리라고 해야 할 것이다. 원폭과 그 책임에 관한 우리의 모든 논의는 당시 역사현실에 대한 직시에 기반하지 않으면 최소한의 설득력도 가질 수 없게 된다.

전시하 일본의 지식인과 대중이 전쟁에 대해 가진 인식과 태도에 대해 오구마 에이지는 근대 일본의 저명한 작가이자, 한때 비합법 공산주의 활동에 참여했다 탈퇴한 이력을 가진 다자이 오사무(大宰治, 1909-48)가 1946년 3월에 쓴 「답장」(返事)이라는 에세이에서 이렇게 고백한 것을 주목했다. "우리들은 정도의 차는 있어도 이 전쟁에서 일본 편을 들었습니다. 바보 같은 어버이라도 어쨌든 피투성이로 싸움을 해서 패색이 짙어져 지금이라도 죽을 것 같은 상황이 되면 이것을 묵묵히 지켜보는 아들들이야말로 이상한 것이 아닐까요. '보고만 있을 수가 없다'라는 것이 나의 실감이었습니다. 다른 사람도 대체로 그런 기분으로 일본을 위해 힘을 쏟았다고 생각합니다. 확실하게 말해도 되지 않을까요. 우리는 이 대전쟁에서 일본 편을 들었다. 우리는 일본을 사랑한다라고."[151] 다만 그는 만일 일본이 패전이 아닌 승전을 했다면 "일본은 신의 나라가 아니라 악마의 나라"가 되었을 것이라고 했다. 그리고 이렇게 덧붙였다. "나는 지금 일본이라는 이 패배한 나라를 사랑합니다. 과거의 어느 때보다도 더 사랑합니다."

6. 전략폭격의 반인도성과 그 절정으로서의 원폭

제2차 세계대전 중에 후방의 민간인들에 대한 대량폭격은 교전국들 모두에 의해서 전쟁수행의 일반적 양식으로 자리 잡았다. 그러나 자국의 도시에 대한 상대국의 대량파괴는 반인도적 행위지만, 상대

---

151 오구마 에이지, 2019, 128쪽. 다자이 오사무의 공산주의 운동 참여 이력에 대해서는 유숙자, 「『만년』 해설」, 다자이 오사무, 유숙자 옮김, 『만년』(晩年), 소화, 1997, 252쪽.

국 도시에 대한 자신의 대량파괴는 '전략폭격'이란 명분으로 정당한 권리임을 우기는 이중성이 그 특징을 이룬다.

1937년 일본이 중국의 도시들을 무차별로 폭격했을 때, 미 국무부는 "평화적 생업에 종사하는 주민들이 거주하는 광범한 지역에 대한 전반적인 폭격행위는 부당하며 법과 인류에 반하는 행동"이라고 비난했다. 루즈벨트는 그해 10월 5일의 유명한 연설에서 그러한 도시 폭격의 야만성을 강렬하게 공격했다. 미 상원은 1938년 6월 "민간인 거주지역에 대한 비인간적 폭격"을 질타하는 결의안을 채택했다. 루즈벨트는 1939년 유럽에서 전쟁이 발발한 직후 민간인 거주 도시에 대한 폭격을 "비인간적 야만"으로 규정하면서 이런 행위를 전쟁 당사자들이 극력 자제할 것을 재삼 촉구했다. 그는 이렇게 개탄해마지 않았다. "지난 몇 년 동안에 지구상의 여러 곳에서 자행된, 무방비 상태의 도시에 대한 무자비한 공중폭격은 방어능력이 없는 수많은 남자, 여자, 그리고 어린이들을 죽이거나 불구로 만들었다. 이런 행위는 모든 문명인의 가슴을 병들게 했고 인류의 양심에 거대한 충격을 주었다."[152]

그러나 그로부터 2년 후 도시에 대한 무차별폭격을 주도한 것은 미국과 영국의 공군이었다. 미영 양국 공군은 "전략적 폭격"(strategic bombing)이라는 미명(美名)으로 포장된 적의 후방도시 민간인들에 대한 무차별폭격의 전도사가 되었다. 그에 사용된 무기체계 또한 파괴력이 질적으로 강화된 '소이탄 폭격'(incendiary bombing)으로 대량 도시파괴능력으로 발전했다.

진주만 공격 후 영국수상 윈스턴 처칠은 모든 일본의 도시를 무차별적으로 잿더미로 만들겠다고 공언한다. 미국이 일본의 도시에 대한 공습을 통해 민간인 대량학살을 구상한 것은 진주만 이후가 아닌

---

152 John W. Dower, *War Without Mercy: Race and Power in the Pacific War*, New York: Pantheon Books, 1986, p.39.

그 전부터였다는 사실도 주목할 일이었다. 미국이 일본과의 전쟁을 예상하고 있던 시점이라 할 1941년 11월 19일에 기록된 바에 따르면, 육참총장 조지 마셜은 "인구가 밀집된 일본의 도시들의 나무와 종이로 된 구조물들을 불태울 수 있는 전반적인 소이탄 공격"을 위한 비상계획을 개발할 것을 참모들에게 지시했다.[153]

미국이 도쿄를 포함한 일본의 도시들에 대한 공습을 시작한 것은 1942년 4월 지미 두리틀(Jimmy Doolittle)이 이끄는 폭격기 편대였다. 이들은 도쿄 등을 공습한 후 지리적으로 가까운 중국으로 날아가 폭격기들은 버리고 조종사들은 자취를 감추었다. 보복과 수색을 위해 중국의 일본군은 야만적인 작전들을 전개했다. 미국의 희생은 두 명의 조종사가 체포된 것에 그쳤다. 반면에 중국인들은 '난징의 강간'에 버금가는 규모인 25만 명 안팎의 인명 희생을 당한 것으로 추정된다.[154] 일본군은 마을과 읍, 도시들을 파괴했다. 마을 주민들의 귀와 코를 자르고 불태웠으며 가족 전체를 우물에 빠뜨리기도 했다. 일본군은 소이탄 부대로 많은 소도시를 체계적으로 불태웠을 뿐 아니라 콜레라와 장티푸스를 비롯한 생화학전을 전개했다. 제임스 스캇은 미국 지도자들이 두리틀의 폭격기들에게 일본 공습 명령을 내릴 때 중국인들이 치러야 할 거대한 희생을 예상했다고 말한다. 그걸 알면서도 미국 지도자들은 일본에 대한 전략폭격을 전개할 가치가 있다고 판단했다.[155] 그 가치에는 물론 진주만 공격에 대한 보복과 함

---

153 Quoted in John Costello, *The Pacific War, 1941-1945*, Quill Trade Paperbacks, 1982, p.105; Dower, 1986, p.40.

154 James M. Scott, *Target Tokyo: Jummy Doolittle and the Raid That Avenged Pearl Harbor*, New York: W.W. Norton, 2015, p.476.

155 Scott, 2015, p.476 & "Introduction"(pp.xiii-xiv). 1942년 4월의 도쿄 공습이 태평양전쟁 전체의 흐름에 미친 영향을 스캇은 주목한다. 일본은 미군 폭격기들이 출발하는 미국령 섬 미드웨이에 대한 공격을 기획한다. 그렇게 시작된 1942년 6월의 미드웨이 해전에서 일본은 네 척의 항공모함을 잃었다. 이로써 태평양에서 미국이 공세로 돌아설 수 있었다. 전쟁 전체의 변곡점이 된 것이다(Scott, 2015, p.476).

께 적의 사기를 떨어뜨린다는 목적이 함축되어 있었다.

존 다워에 따르면, 진주만 공격 후 도시공습에 있어 미국은 영국 공군보다는 군사 및 산업시설들에 대한 제한된 공습을 목표로 하는 경향이 있었다. 그러나 이런 절제도 1945년 3월부터는 사라졌다. 3월 9-10일 이틀간에 334대의 공군기가 도쿄를 저공비행하면서 수많은 소이탄을 떨어뜨려 8만에서 10만 명의 민간인이 죽고 100만 명 이상이 집을 잃었다. 미국 스스로 반인류적 야만행위라고 규정했던 무차별 공습행위를 미국은 일본이 항복하기까지 일본의 66개 도시에 단행했다. 원폭을 포함해 이런 행위로 죽은 일본 민간인은 적어도 40만 명이 될 것으로 추정되고 있다.[156] 1945년 3월 미국이 도쿄에 대해 전개한 단 한 차례의 화염폭탄 폭격작전으로 사망한 일본인은 8만 3,600명에 달했다.[157] 히로시마에서 8월 6일 당일에 사망한 것으로 추정되는 7만 내지 8만 명보다 더 높은 즉사 수치다.

미국 정부의 군사작전기획가들은 이런 행위의 비도덕성에 대해 의식하고 있었다. 그러나 누구도 항의를 제기하지는 않았다. 1945년 6월 중순 더글라스 맥아더의 핵심참모였던 보너 펠러스 준장은 한 비밀메모에서 일본의 도시들에 대한 공습은 "역사를 통틀어 비전투 민간인들에 대한 가장 무자비하고 야만적인 살육행위의 하나"라고 스스로 적고 있었다.[158] 도쿄재판에서 일본의 전쟁범죄를 단죄하는 것은 너무나 당연한 일이었다. 그러나 도시 민간인들에 대한 무차별 공습과 원폭은 야만적 전쟁범죄가 아닌지에 대한 반성은 무시되었다. 도쿄재판에서 재판부는 일본의 전쟁범죄를 이렇게 규정했다. "전쟁터에서 뿐만 아니라 집에서, 병원에서, 고아원에서, 공장에서, 들녘에서, 젊은이나 노인이나, 건강한 사람이나 병자나, 남자, 여자, 어린이를 가리지 않고 자행한 인간생명의 대량파괴"라고. 그렇다면 미국

---

156 Dower, 1986, p.41.

157 Nitze, 1989, p.43.

158 Dower, *War Without Mercy*, p.41.

은 전쟁범죄를 범하지 않았는가? 이런 의문은 불가피했다. 도쿄국제
재판소 판사로서 유일하게 이런 의문을 제기한 사람은 인도출신의
라다비노드 팔(Radhabinod Pal) 판사였다. 그는 일본 지도자들이 잔
혹행위를 범하려는 음모에 가담했다고 하는 죄목을 비판하면서 그
러한 의미의 잔혹행위라면 승전국들에게 오히려 더 강한 혐의가 있
다고 주장하기도 했다.[159]

　전쟁에서 도덕성을 따지는 것이 의미가 있는가라고 많은 사람이
말해왔다. 그러나 전쟁을 하고 있는 동안에도 스스로 인간임을 의식
하는 한, 도덕성의 문제는 회피할 수 없다. 그럼 '전쟁에서의 도덕성'
이라는 것의 요체는 무엇인가. 전쟁에서도 도덕성의 마지노선은 비
무장 인간집단에 대한 살상행위를 배제하는 문제일 수밖에 없다. 전
쟁에 직접 관여하지 않는 비무장 민간인에 대한 공격이 '전쟁범죄'
규정의 기본적 전제일 것이다. 전략폭격이 문제되는 것은 그것이 비
무장 민간인이 대부분인 인구집중 도시들을 목표물로 삼는 대량살
상행위라는 데에 있다.

　민간인에 대한 대량학살은 전근대적 전쟁에서도 수없이 일어났
다. 그런데 그것은 기본적으로 전쟁의 승패가 결정된 후에 승자에 의
해 점령된 사회의 백성들이 집단살육 당하는 현상이었다. 20세기 전
쟁에서 민간인 집중 도시에 대한 전략폭격은 전쟁의 승패가 결정된
뒤의 야만적 행위로서가 아니라, 전쟁에서 승리하기 위한 전략적·전
술적 수단으로서 도시 민간인들에 대한 대량살상 행위라는 데에 그
새로움과 특징이 있다.

　전략폭격은 20세기 전쟁을 특징짓는 '총체전'(total war)을 잘 반
영한다. 타자로 규정한 사회에 대한 총체적 파괴, 즉 후방 민간인들
에 대한 집단 학살까지도 허용하고 정당화하는 그런 전쟁을 의미하
는데, 그것은 총체전의 주요 요소의 하나인 '이데올로기'의 문제와

159　Dower, *War Without Mercy*, p.37.

1998년 8월 9일 나가사키 원폭한국인희생자 추도비(追悼: 長崎原爆韓國人犧牲者) 앞에 선 저자. ⓒ이삼성

도 관계가 깊다. 총체전이 타자로 규정된 사회에 대한 총체적 파괴에 대한 정당화를 내포하게 되는 것은, 20세기의 전쟁들이 이데올로기들 간의 긴장과 대립을 담고 있었다는 사실과 깊은 관계가 있다. 이데올로기라는 것은 '세속적 신앙,' 즉 '정치적 종교'의 성격을 띠는 것으로, 때로 종교 못지않게 특정한 사회와 인간집단에게는 삶의 총체적인 윤리적·도덕적 가치체계로 작용한다. 그것은 선과 악에 대한 도덕적 규정을 수반하면서, 타자로 규정된 사회를 때로 '절대악'으로 간주한다. 그 사회의 모든 것에 대한 총체적 파괴가 전적으로 허용되고 정당화된다.

그런 의미에서 20세기 전쟁들에서 전쟁의 결과로서가 아니라 전쟁 수행의 수단으로서, 전쟁 승리를 위한 전략적 수단으로서 '전략폭격'이 정당화되는 것은 20세기 전쟁이 '총체전'으로서 갖는 성격과 깊은 관련이 있다. 적의 후방을 공격할 수 있는 군사무기의 등장과 혁명과 반동이 치열하게 교차하는 이데올로기의 대립이 총력전의 시대를 열면서, 다른 사회에 대한 총체적 부정과 파괴를 정당화하는 문명이라는 이름의 심오한 야만의 시대의 특징이다. 원폭은 그 본질을 드러내는 표상이다.

미국 쪽이 일본 후방 도시 민간인들에 대한 대량살육행위를 자행했다면, 일본의 전쟁범죄는 주로 점령 지역 주민들에 대한 대량살육이라는 형태를 띠었다. 무수히 많은 확인된 사례가 있다. 1942년 3월 일본이 홍콩을 점령한 후 약 50명의 영국관리들과 남자들이 대검으로 살해되었다. 싱가폴 점령 시에는 의사, 간호원, 병원환자들도 대검으로 난자되었다. 1942년 4월에는 수백 명의 미군 및 필리핀 낙오병들이 죽음의 행진을 당하는 중에 대검으로 살해되었다. 일본군이 희생자들을 학살하는 방법은 다양했다. 기관총으로 난사해 죽이기도 하고, 물에 익사시키기도 했으며, 휘발유로 불태워 죽이기도 했다. 일본이 1941-42년 사이에 점령한 필리핀 마닐라에서는 크고 작은 많은 잔학행위가 행해졌다. 1945년 2월과 3월에도 진격해오는 미군에 일본 해군은 항복을 거부하면서 필리핀 민간인들에 대한 대대적인 학살을 자행했다. 이 시기에 당시 70만 마닐라 시민 중에 10만여 명이 살해된 것으로 추정되고 있다.[160]

7. 원폭사용의 정당성에 관한 시선들

트루먼이 히로시마에 대한 "성공적인" 원폭투하 보고를 들은 것은 포츠담회담을 마치고 미국으로 귀국하는 배 위에서였다. 그는 "역사에서 가장 위대한 날"이라면서 "태양의 힘의 원천이 극동에서 전쟁을 일으킨 자들을 벌했다"고 말했다.[161] 바튼 번스타인은 1945년

---

160 Dower, *War Without Mercy*, p.44.

미국 지도자들은 원폭의 사용을 피하려는 노력을 하지 않았음을 지적했다. 당시 미국 지도자들에게 원폭의 사용은 어떠한 윤리적 또는 정치적 문제로도 떠오르지 않았다. 미국 정부는 훗날 학자들이 사후적으로 원폭사용에 대한 대안(代案)으로 거론하는 것들을 거부했거나 한 번도 고려한 일이 없었다.[162]

히로시마·나가사키 원폭 70주년이 되는 해였던 2015년, 일본『아사히신문』(朝日新聞)은 그해 9월부터 「핵의 신화」라는 제목으로 일련의 대형 인터뷰 기사들을 실었다. 그 첫 인터뷰 대상자는 1994년에서 1997년 기간 미 클린턴 행정부 국방장관을 역임한 윌리엄 페리

---

161 Walter LaFeber, *The Clash: U.S.-Japanese Relations Throughout History*, New York: W.W. Norton, 1997, p.248.

162 1945년 6월 트루먼 행정부 안팎에서 원폭사용의 대안으로 제기되었으나 묵살된 의견들은 적어도 두 건을 들 수 있다. 하나는 맨해튼 프로젝트의 일환이었던 시카고대학의 한 실험실에 근무한 물리학자 레오 질라드(Leo Szilard)와 1925년 노벨물리학상 수상자로서 같은 실험실에 있던 제임스 프랑크(James Franck)는 실험실장 아서 캠튼과 함께 6월 12일 육군장관 스팀슨에게 "원폭사용 대신 사막이나 무인도에서 원폭의 위력을 과시하는 방안"을 제안했다 (Memorandum from Arthur B. Compton to the Secretary of War, enclosing "Memorandum on 'Political and Social Problems,' from Members of the 'Metallurgical Laboratory' of the University of Chicago," June 12, 1945, Secret, Date Jun 12, 1945 [https://nsarchive.gwu.edu/document/28523]). 6월 말에는 육군장관 스팀슨 휘하의 '과도위원회'를 맡고 있던 조지 해리슨이 해군부(副) 장관 랄프 바드(Ralph Bard)의 건의를 스팀슨에게 전달했다. 바드는 일본에게 '예비 경고'(preliminary warning)를 보내는 조치를 취함으로써 미국이 '위대한 인도주의 국가'의 위상을 유지할 것을 제안했다(Memorandum from George L. Harrison to Secretary of War, June 28, 1945, Top Secret, enclosing Ralph Bard's "Memorandum on the Use of S-1 Bomb," June 27, 1945 [https://nsarchive.gwu.edu/document/28530]).

번스타인은 훗날 학자들이 거론한 대안들을 다음과 같이 열거했다. 1) 원폭을 도시나 군대가 아닌 다른 곳에서 터뜨려 극적인 경고를 보내는 방법, 2) '무조건항복'이란 요구를 수정해서 천황제를 명시적으로 보장하는 방안, 3) 일본의 화평론자들(peace feelers)과의 접촉, 4) 소련이 참전할 때까지 원폭사용을 연기하는 방안, 5) 일본에 대한 해상봉쇄와 재래식 전략폭격을 병행하는 포위공성(包圍攻城, siege) 전략 등이다. Bernstein, 1996, pp.46-47.

였다.[163] 그가 선정된 이유는 2007년 「핵무기 없는 세계」라는 제목의 논문을 공동집필한 네 현인 중의 하나라는 데 있었다. 페리는 또한 2009년 궁극적인 핵 폐기의 비전을 밝힌 버락 오바마 미국 대통령의 프라하 연설문 작성을 자문한 것으로도 알려져 있었기 때문일 것이다. 이 인터뷰에서 페리는 미국의 주류 정치엘리트 사회가 히로시마와 나가사키에 대한 원폭투하에 대해 갖고 있는 인식을 명확하게 드러냈다. 『아사히신문』 기자 타이나카 마사토(田井中雅人)는 페리에게 "오바마 대통령의 '핵무기 없는 세계' 연설을 이끌어낸 네 현인의 한 사람으로서 당신은 오바마 대통령이 임기 중에 히로시마·나가사키를 방문해야 한다고 생각하는가"라고 물었다. 페리는 만일 오바마 대통령이 자신에게 그 문제에 조언을 구한다면 자신은 그래야 한다고 말해줄 생각이라고 했다. 그러나 동시에 그는 "그것은 사죄한다는 목적은 아니다"라는 점을 명확히 했다. 미국 대통령이 히로시마를 방문하는 취지는 오직 히로시마가 "핵무기의 비인도성을 상징"한다는 점 때문일 뿐이며, 히로시마에서 모든 나라가 다시는 핵무기를 사용하는 일이 있어서는 안 된다는 점을 선언하는 데 의의가 있다고 페리는 강조했다.

그러나 페리는 1945년 8월 일본에 대한 원폭투하의 정당성을 강력하게 옹호했다. 그는 "대부분의 미국인과 역사가는 원폭투하로 인한 일본의 항복이 미국의 일본 본토 침공작전을 불필요하게 만들었고, 그 결과 백만 명의 미군과 그 이상의 일본인의 희생을 막을 수 있었다고 믿고 있다"고 말했다. 다만 그는 "히로시마 원폭으로 희생당한 사람들과 그 영향으로 계속 고통을 받고 있는 생존자들을 생각하면 결코 간단히 잘라 말할 수는 없는 문제"라고 덧붙였다. 그러나 이 말 끝에도 페리는 "이것은 사죄의 문제는 아니다"라고 다시 확인했

---

163 核と人類取材センター・田井中雅人, 「〈核の神話: 1〉元米国防長官 オバマ氏は広島で誓いを」, 『朝日Digital』, 2015.9.7.

다. 타이나카 마사토 기자가 "원폭투하로 백만 명의 미군의 생명을 구했다는 주장은 신화에 불과하다는 인식이 미국의 역사가들 사이에도 있다"고 말하자, 페리는 "원폭투하냐 본토침공이냐라는 두 개의 선택 가운데서 대부분의 역사가는 원폭이 생명을 구했다는 결론을 도출한다"고 답했다. 그는 "제3의 선택이 있을 수 있었다고 주장하는 역사가"도 있지만, "그 문제는 역사가들이 논의할 일"일 뿐이라며 선을 그었다. 그러면서 페리는 "원폭보다 본토침공이 더 많은 생명을 희생시켰을 것이라는 점은 분명하다"고 못 박았다.

2016년 5월 버락 오바마는 미국 대통령으로서는 처음으로 히로시마를 방문해 연설했다. 그는 이 연설에서 "우리는 왜 이곳 히로시마에 오는가?"라고 묻고는 이렇게 답했다. "우리는 그렇게 멀지 않은 과거에 터뜨려진 공포스런 힘을 생각하러 온다. 우리는 10만이 넘는 일본의 남녀와 어린이들, 수천의 한국인들, 그리고 포로로 억류되어 있던 10여 명의 미국인들의 죽음을 추도하기 위해 온다." 오바마는 피폭 사망자들의 비극적인 죽음을 애도하면서 역사상 인류가 저지른 전쟁의 참혹, 그리고 문명과 과학이 생산한 가공할 무기와 그것으로 저질러진 전쟁과 파괴에 대해 다분히 일반적인 성찰의 수사를 늘어놓았다.[164] 미국의 원폭투하 행위에 대한 비판은 없었다. 그 특정한 행위를 인류와 나라들이 저지른 전쟁과 파괴로 점철된 보편적 역사의 한 장면으로 환원시키는 것에 가까웠다.

같은 자리에서 오바마 대통령에 이어 연설한 아베 신조(安倍晋三) 수상은 진주만 기습으로 수백만의 인명을 희생시킨 태평양전쟁을 도발한 책임에 대해 사과하지 않았다. 히로시마·나가사키에 대한 미국의 원폭투하에 대한 어떤 도덕적 책임도 사과도 생략한 오바마의

---

164 The White House, Office of the Press Secretary, "Remarks by President Obama and Prime Minister Abe of Japan at Hiroshima Peace Memorial," Hiroshima Peace Memorial, Hiroshima, Japan, May 27, 2016(https://obamawhitehouse.archives.gov).

언어와 닮은꼴이었다. 아베는 먼저 자신이 그가 한 해 전 종전 70주 년을 기념해 미국을 방문해 상하 양원 합동회의에서 한 연설을 상기 시켰다. 그는 이렇게 말했었다. "그 전쟁은 많은 미국 젊은이에게서 꿈과 미래를 박탈했다. 그 가혹한 역사를 돌이켜보면서 나는 제2차 세계대전에서 스러져간 모든 미국의 영혼에게 영원한 위로의 말을 드린다." 그는 이번 연설에서도 같은 말을 되풀이했다. "나와 오바마 대통령은 2차 대전 때 생명을 잃은 모든 이를 위한 가장 깊은 위로를 보냈다." 이어서 그는 "71년 전 단 하나의 원자탄이 히로시마와 나 가사키에서 수많은 무고한 시민의 생명을 인정사정없이 앗아갔다" 고 말했다. 전쟁 도발에 대한 일본의 책임도, 히로시마·나가사키에 대한 미국의 책임을 지적하는 어떤 말도 부재했다. 치열한 전쟁 끝에 일본과 미국 두 나라가 신뢰와 우정으로 깊게 연대한 동맹국이 되었 음을 자축하는 말로 그 공백을 대신했다.

　미국 언론 『뉴욕타임스』도 2015년 원폭투하 70년을 기념해 미국 인들 사이에 존재하는 두 가지의 다른 시각을 조명했다. 뉴욕 시민 로렌스 모스(Lawrence Moss)는 "원폭투하는 테러리즘 행위"였으며, "해리 트루먼은 전범"이라고 주장했다. 반면에 이 신문은 트루먼이 훗날 원폭투하가 일본 본토에 대한 본격적인 침공을 대신할 유일한 방법이었으며, 일본 본토침공은 원폭으로 숨진 20만 명보다 더 많은 인명―미군과 일본인 희생자를 포함해―을 희생시켰을 것이라고 주장한 사실을 환기시켰다. 뉴욕 빙햄턴의 케빈 조셉(Kevin Joseph) 은 "트루먼이 한 일은 옳았다"고 말했다.[165]

　이 신문에 보낸 편지에서 한 미국인은 이렇게 말했다. "나는 원폭 투하 당시 18살의 나이로 태평양상의 한 섬에서 보병으로 근무하고 있었다. 당시 우리는 불과 수개월 후에 단행할 계획이었던 일본 본토

---

165 "Anniversary of Hiroshima and Nagasaki Revives Debate Over the Atomic Bomb," *The New York Times*, August 5, 2015.

빈안(Binh An) 마을에 있는 한국군 양민학살 기록벽화. 맹호부대 표지가 선명한 군인들의 학살작전을 표현했다. ⓒ이삼성, 2015

침공을 위한 훈련에 매일 땀흘리고 있었다. 그때 우리는 대통령과 군 지도자들을 포함해 모두 다 그 직전의 두 개의 큰 전투들―이오지마와 오키나와 전투―에서 일본군들이 수적으로 열세에다 식량도 바닥나고 휘발유와 증원군도 없는 가운데서도 최후의 순간까지 집요하게 싸우다 죽은 사실을 잘 알고 있었다. 그런 전쟁을 원폭이 끝냈다는 것은 분명한 사실이다. 그래서 수많은 미국인, 그리고 그보다 더 많은 일본 군인과 민간인의 생명을 구했다는 것은 의심할 여지가 없다. 나는 역사를 수정하려는 의견들에 반대한다. 태평양전쟁의 생존자의 한 사람으로서 나는 트루먼 대통령과 우리 군의 행동을 고맙게 생각한다."[166]

히로시마와 나가사키에 대한 원폭투하를 이 미국 참전군인이 옹호하는 말에는 그 행위가 여성과 어린이들을 포함한 비무장 민간인 수십만의 인명을 파괴했고, 또 다른 수십만 민간인의 삶을 서서히 파

---

[166] A Letter from Bernard Handel, in "A Debate Over Hiroshima and Nagasaki, 70 Years Later," *The New York Times*, August 11, 2015.

괴하고 황폐화시켜갔다는 사실에 대한 성찰은 들어있지 않다. '거악'(巨惡)과의 싸움에서 아군 희생을 최소화하며 승리하기 위해서는 후방의 비무장 민간인들에 대한 대량살육을 포함한 어떤 수단도 정당화될 수 있다는 발상이 지배한다. 베트남전쟁에서 미군도 한국군도 베트콩이 설치한 부비트랩에 부대원 일부가 피해를 입으면 주변 마을의 민간인 전체—대부분 노인, 여성, 어린이들만 남아 있는—를 파괴하고 학살한 만행들은 일찍이 사실로서 확인되었다.[167] 이런 맥락에서 이해하면 베트남전쟁에서 미군의 양민학살도, 한국군의 그것도 단순한 전쟁의 광기의 표출이 아니라, 하나의 전쟁수행 전략이었다는 말이 된다.[168] 부대원 희생을 줄인다는 목적으로 자행된, 민

---

[167] 미국 퀘이커교단 평화활동가들의 현장 보고서는 베트남에서 한국군이 민간인을 무차별 학살한 증거들을 기록했다(Diane and Michael Jones, "Allies Called Koreans—A Report from Vietnam," in Frank Baldwin and Diane and Michael Jones, *America's Rented Troops: South Koreans in Vietnam*, Philadelphia, P.A.: American Friends Service Committee, 1975; The Rand Corporation, "Viet Cong Motivation and Morale Study," 1966; 이삼성, 『20세기의 문명과 야만』, 한길사, 1998, 216-234쪽). 필자는 1998년의 이 책에서 "한국의 대베트남 과거 청산의 문제"를 제기했다. 한국의 지식인 사회는 1999년부터 한국군의 베트남 양민학살 문제에 깊은 관심을 기울이기 시작했다(베트남전 양민학살 진상규명 대책위원회, 『부끄러운 우리의 역사, 당신들에게 사과합니다』[베트남전 한국군 양민학살 자료집 No.1], 2000년 3월). 시민사회 활동가 김현아는 1999년 베트남 현장 조사를 시작했다(김현아, 『전쟁의 기억, 기억의 전쟁』, 책갈피, 2002). 『한겨레』의 고경태 기자는 한국 언론인으로는 처음으로 1999년 베트남 현장취재를 시작했다(고경태, 『1968년 2월 12일: 베트남 퐁니·퐁넛 학살 그리고 세계』, 한겨레출판, 2015). 김현아와 고경태의 현장조사는 당시 현지 언어를 익힌 구수정의 도움을 받아 진행되었고, 구수정은 훗날 한베평화재단 설립의 주역이 된다. 관련된 최근의 연구는 한성훈, 「하미마을의 학살과 베트남의 역사인식: 위령비와 '과거를 닫고 미래를 향한다'」, 『사회와 역사』 제118집, 2018. 퐁니마을에 살았던 응우옌티탄이 한국의 민주화를위한변호사모임과 한베평화재단의 지원으로 2020년 4월 서울중앙지방법원에 대한민국을 상대로 제기한 배상청구소송 제1심에서 2023년 2월 승소했다(이우연, 「퐁니학살 '한겨레21' 첫 보도 23년 만에 한국 배상책임 인정」, 『한겨레』, 2023.2.7). 이에 윤석열 정부는 불복해 3월에 항소했다.

[168] 노엄 촘스키는 미국의 군사안보정책 수행에 깊이 관여해온 랜드연구

빈안(Binh An) 마을 한국군 양민학살 기록비와 기록벽화가 있는 희생자 추모시설 전경.
ⓒ이삼성, 2015

간인 거주 마을들에 대한 무차별 살상과 파괴는 때로는 양민학살로 규정되어 적어도 도덕적 비판에 직면했다. 반면에 아군 희생을 줄인다는 명분으로 폭탄 하나로 한 도시를 파괴하는 데 성공한 사실은 트루먼의 말대로 "역사상 가장 위대한 일"이자 성공적 전략폭격으로 간주된다. 하지만 그 저변의 정당화 논리는 근본적으로 동일한 것이 아닐까.

전시에도 민간인의 생명과 재산을 존중할 것을 규범화한 국제법의 진화에서 하나의 이정표는 미국-스페인 전쟁 중이었던 1898년

소(Rand Corporation)가 1966년 작성한 보고서도 한국군의 양민학살 증거들을 기록한 것을 주목했다. 촘스키는 이에 근거해, 미군 당국이 한국군의 양민학살 사실을 알면서도 이를 제지하지 않았으며, 한국군이 미국의 묵인하에 양민학살을 1972년까지 지속할 수 있었다고 보았다(The Rand Corporation, "Viet Cong Motivation and Morale Study," 1966; Noam Chomsky and Edward S. Herman, *The Washington Connection and Third World Fascism: The Political Economy of Human Rights*, vol.1, Boston: South End Press, 1979, pp.321-322; 이삼성, 1998, 224-225쪽). 결국 베트남에서 민간인에 대한 전시 폭력은 한국군에게도 미군에게도 자신들의 희생을 줄이려는 군사적 목적을 가진 암묵적인 전쟁수행 방식의 일환이었다는 해석이 가능해진다.

4월에 일어난 사건에 대해 미 대법원이 1900년에 내린 결정이었다. 전시에 스페인 식민지였던 쿠바를 해상봉쇄하고 있던 중, 해상봉쇄에 참가한 미국 상선이 쿠바의 민간 어선 두 척(파켓트 하바나호와 롤라호)을 나포해 경매에 넘겼다. 어부들은 미국 법원에 민간 어선에 대한 미 측의 나포행위로 입은 손해배상 소송을 제기했다. 미 대법원은 미국의 나포행위가 국제관습법을 위반했다고 판결했다. 경매로 얻은 수익을 원고 측에 돌려주도록 했다. 어선의 이름을 따서 '파켓트 하바나'(Paquete Habana) 판결로 통한다. 이 판결은 그 후 10년에 걸쳐 민간인의 안전과 그들의 식량조달 필요성을 고려하는 국제법 발전에 영향을 미쳤다. 1907년의 헤이그협정(Haque Convention)이 "해안에서 어업에만 종사하는 선박"을 해전(海戰)에서 나포해서는 안 될 대상으로 꼽은 것이 대표적이었다.[169]

전시에 민간인의 생명과 재산을 보호할 책임을 부과하는 국제법은 전후에 구체화됐다. 1949년의 제네바협정(Geneva Conventions of 1949)과 이 협정에 대한 1977년의 제1 및 제2의정서(Protocols of 1977)가 그것이다. 제1의정서의 48조는 교전 당사국들에 대해 민간인과 전투요원의 구별, 그리고 민간인 사물과 군사적 목표물(civilian objects and military objectives)의 구별을 의무화했다. 이를 전제로 군사적 공격은 군사적 목표물만을 대상으로 하도록 했다. 42조는 군사적 목표물을 정의했다. "그 성격과 위치, 목적 또는 사용에 의해서 군사행동에 실질적 기여를 할 수 있고, 그것을 전부 혹은 일부 파괴하거나 포획하거나 무력화시켰을 때 당시 상황에서 명확한 군사적 이점을 제공할 사물들"이라고 했다. 한편 54조는 민간인의 생존에 필수적인 사물의 보호를 규정했다. 교전국들은 식료품과 같이 민간

---

169 Philip Alston and Ryan Goodman, *International Human Rights: Text and Materials*, Oxford, UK: Oxford University Press, 2013, p.71. Convention IV respecting the Laws and Customs of War on Land and its annex: Regulations concerning the Laws and Customs of War on Land, The Hague, 18 October, 1907.

인들의 생존에 필수적인 사물들을 공격하거나 제거하는 것을 금지하도록 했다. 예외는 적대국이 군대만을 위한 필수품으로 사용하는 것이거나 군사행동을 직접적으로 지원하는 사물들로 한정했다.[170]

1945년 8월 일본의 두 도시에 대한 미국의 원폭투하가 수십만 비무장 민간인의 생명과 재산을 파괴한 점을 생각하면 보다 포괄적인 적실성을 갖는 것은 분명 민간인에 대한 대량학살을 다룬 국제규범의 현주소라고 생각된다. 민간인 대량학살을 다루는 전후의 첫 국제적 규범의 성립은 물론 뉘른베르크법정과 도쿄재판의 근거가 된 국제군사법정(International Military Tribunal, IMT)의 성립이었다. 이 법정의 법적 근거는 1945년 8월 미국·소련·영국·프랑스 네 나라가 체결한 '런던협정'(London Agreement)의 부속합의문으로 채택된 「국제군사법정 헌장(Charter)」이었다. 전범재판 법정의 구성과 기본 절차를 규정한 이 헌장은 제6조에서 "이 법정은 유럽 추축국가들의 이익을 위해 개인으로서 또는 조직의 구성원으로서 다음 세 가지 범죄 중의 어떤 것이라도 저지른 사람들을 재판하고 처벌할 권한을 갖는다"고 했다. 그 세 가지는 평화를 파괴한 죄(crimes against peace), 전쟁범죄(war crimes), 그리고 반인도적 범죄(crimes against humanity)였다. 이 헌장은 그와 관련된 모든 행위에 대해 '개인적 책임'(individual responsibility)을 물을 것이라고 명시했다.[171]

이 법정은 또한 라파엘 렘킨(Raphael Lemkin)의 제안을 수용해 '제노사이드'라는 개념을 도입했다. 그리고 그러한 새로운 국제법적 규범을 시간적으로 소급적용해 나치스를 단죄하려 했다. 그래서 뉘른베르크의 국제군사법정은 나치 피고들을 "의도적이고 체계적인 제노사이드, 즉, 일정한 점령 지역의 민간인 인구집단에 대해, 특정한 인종과 계층의 사람들, 그리고 민족, 인종, 종교적 집단, 특히 유

---

170   Alston and Goodman, 2013, p.71.

171   Alston and Goodman, 2013, pp.121-122.

대인, 폴란드인, 그리고 집시들을 파괴하기 위해 그들의 절멸을 기도한 죄"로 기소했다.[172] 그러나 「국제군사법정 헌장」 자체는 제노사이드란 개념을 사용하지 않았다. 1946년 9월 30일 이 법정이 발표한 최종 판결에도 그 개념은 등장하지 않았다. 뉘른베르크 법정은 대신에 '반인도적 범죄'란 개념을 주로 사용했다. 그 개념도 "침략전쟁과 결부해서 범한 잔혹행위"에 한정했다. 윌리엄 샤바스가 지적하듯이, 반인도적 범죄 개념을 침략전쟁을 일으킨 세력에게만 한정해 적용한 것은 이 법정을 주관한 네 승전국(미국, 영국, 프랑스, 소련)의 입장을 반영한 것이었다. 그렇게 한정하지 않으면 승전국들 자신도 잔혹행위 혐의에서 자유로울 수 없었기 때문이다.[173]

1948년 12월 유엔이 채택한 '제노사이드 범죄의 예방과 처벌을 위한 협정'(Convention on the Prevention and Punishment of the Crime of Genocide)은 뉘른베르크 법정이 평화시에 민간인 집단을 상대로 범하는 잔혹행위를 처벌하지 않은 공백을 메꾸기 위해 성립한 것이었다.[174] 1990년대 탈냉전과 함께 벌어진 여러 '민족청소'(ethnic cleansing) 사태들에 직면해 국제형사법은 더 발전했다. 샤바스에 따르면, 이 과정에서 '반인도적 범죄'란 개념이 최선의 법적 수단이 될 수 있다는 인식이 커졌다. 제노사이드 개념은 민족, 인종, 종교적 집

---

172 France et al. v. Goering et al.,(1946) 22 International Military Tribunal (IMT) 45-6; William A. Schabas, "The Law and Genocide," in Donald Bloxham and A. Dirk Moses(eds.), *The Oxford Handbook of Genocide Studies*, Oxford: Oxford University Press, 2010, p.125.

173 Schabas, 2010, pp.125-127.

174 Schabas, 2010, p.128. '제노사이드'는 "국적, 민족, 인종, 또는 종교로 구분되는 한 집단을 전부 혹은 부분적으로 파괴할 목적으로 다음 행위를 할 때 성립하는 범죄"다. a) 그 집단 구성원들을 살해함, b) 그 집단 구성원들에게 심각한 신체적 또는 정신적 해를 끼침, c) 그 집단의 전체적 또는 부분적인 물리적 파괴를 초래할 목적으로 그 집단의 삶의 조건을 의도적으로 악화시킴, d) 그 집단 내 출산을 방해하려는 조치를 부과함, e) 그 집단의 어린이들을 다른 집단으로 강제 이전함.

단에 대한 물리적 파괴에 해당하는 명백한 사례들에만 적용하는 경향을 보이고, 대신 '반인도적 범죄' 개념을 더 적극 활용하는 양상을 보였다.[175]

그런데 벤자민 리버만은 국제법정에서 적용되는 제노사이드의 통상적 의미를 "어떤 특정한 집단 전체를 대상으로 한 대량살육 캠페인," 또는 "어떤 지역 안에 있는 특정한 집단의 구성원 전체를 대상으로 한 대량학살"로 정의한다. 그에 따르면, '구유고(former Yugoslavia)에 대한 국제형사법정'(ICTY)이 적용한 제노사이드 개념은 후자에 해당한 것이었다.[176] 이러한 관점을 취하면, 히로시마와 나가사키라는 특정한 도시에 거주하는 시민들(일본인과 한국인 포함) 전체를 파괴 대상으로 삼은 1945년 미국의 원폭투하는 제노사이드 개념이 적용될 수 있는 가능성을 안고 있다. 여기서는 우선 샤바스의 지적을 따라서 「국제군사법정 헌장」의 제6조 C항에 규정된 반인도적 범죄(인도에 대한 죄 또는 반인류적 범죄)가 현재 현실적으로 더 중요한 역할을 담당하고 있다는 점을 주목해 이 개념의 규범적 역할을 짚어둘 필요를 느낀다. 제2차 세계대전 관련 민간인에 대한 잔혹행위를 처벌함에 있어서, 반인도적 범죄 개념이 이 헌장 6조의 B항에서 규정된 통상적인 전쟁범죄와 구별되는 지점은 시미즈 마사요시(淸水正義)가 잘 설명하고 있다.[177] B항의 전쟁범죄는 "점령지 소속 혹은 점령지

---

175 Schabas, 2010, pp.140-141.

176 Benjamin Lieberman, "'Ethnic Cleansing' versus Genocide?" in Bloxham and Moses(eds.), *The Oxford Handbook of Genocide Studies*, 2010, pp.45-46. 구유고 세르비아 대통령 밀로세비치(Slobodan Milošević)와 연결된 보스니아의 믈라디치(Ratko Mladić)가 이끄는 세르비아계 민병대가 스레브레니차(Srebrenica)라는 특정 도시에서 알바니아계인 보스니아 이슬람 주민들 가운데 약 8,000여 명의 남성들을 학살하고, 25,000-30,000명의 여성들에 대한 집단강간을 자행해 그 구성원들의 민족적 정체성을 말살하려 했다. 2004년 구유고 국제형사법정은 이 범죄가 국제법상 '제노사이드'를 구성한다고 판결했다.

177 시미즈 마사요시, 「뉘른베르크 재판의 재검토」, 일본의 전쟁 책임 자료센터 엮음, 『세계의 전쟁 책임과 전후 보상』, 동북아역사재단, 2009, 93쪽.

내의 민간인 살인"으로 규정되어 있다. 그래서 이 조항이 담은 통상적인 전쟁범죄는 "점령지 주민에 대한 독일인의 범죄행위"에 한정된다. 이에 비해서 C항의 '반인도적 범죄'는 "범행지의 국내법 위반 여부를 불문하고, 본 법정의 관할에 속한 죄의 수행으로서, 혹은 그것과 관련해서 전전(戰前) 혹은 전시 중에 행해진 모든 민간인에 대한 살인, 절멸, 노예화, 강제연행 및 그 밖의 비인도적 행위 또는 정치적, 인종적, 또는 종교적 이유에 의거한 박해 행위"로 정의했다.

따라서 가해자인 독일 점령군이 같은 독일 사회의 구성원이었던 유대인들 혹은 독일 국적 시민을 상대로 저지른 박해 행위는 B항의 전쟁범죄에는 해당하지 않지만, C항의 반인도적 범죄에 근거한 처벌 대상이 될 수 있었다. 제2차 세계대전 중의 좁은 의미의 전쟁범죄를 처벌하는 데 그치지 않고, "1933년의 히틀러 정권 성립 이후 12년간에 걸친 제3제국의 범죄 전체를 문제 삼을 수 있게" 한 법적 근거를 만든 것이다. "지금까지의 국제법적 상식을 넘어 '평시의 국가범죄'를 국제법정에서 재판한다는 유례없는 시도"가 가능해진다.[178] 요컨대 뉘른베르크 법정이 근거로 삼은 '반인도적 범죄' 개념은 "나치 독일에 의한 1933년부터 1939년까지 독일 국내에서 독일인 및 1939년 대전 발발 이후의 독일인과 연합국 민간인, 점령지 주민에 대한 살인, 노예화, 강제연행 등의 박해행위"를 포괄한다.[179] 도쿄 전범재판 역시 뉘른베르크 전범재판과 기본적으로 동일한 법리(法理)를 채택했다. 그러므로 「국제군사법정 헌장」의 법리상으로만 보면 도쿄재판에서도 일본제국이 군사적 점령지역뿐 아니라 일본과 그 식민지 영토 안에서 자행한 각종의 학살과 노예화 및 강제동원에 의한 노예노

---

178 시미즈 마사요시, 2009, 93쪽.
179 시미즈 마사요시, 2009, 94쪽. 그런데 윌리엄 샤바스에 따르면, 뉘른베르크 국제군사법정은 최종판결에서는 전전의 독일 내 유대인에 대한 학대와 전시 점령지에서 독일이 취한 정책들을 구별했다. 판결문에서 종종 1930년대의 사태들을 언급하기는 했지만, 전쟁이 발발한 1939년 9월 1일 이전에 범한 행동에 대해서는 누구도 유죄판결을 받지 않았다(Schabas, 2010, pp.126-127).

동 강제를 반인도적 범죄로 처벌할 수 있는 것이었다. 그런데 앞서 윌리엄 샤바스의 지적을 들어 언급했듯이, 처벌 가능한 반인도적 잔혹행위를 침략전쟁과 결부된 행위로 한정함으로써 승전국들은 독일과 일본의 인구집중 도시들에 대한 파괴와 민간인 대량살상을 '반인도적 범죄'의 개념에 근거한 처벌대상에서 제외시켰다. 더욱이 앨스턴과 굿맨이 지적하듯이, 1945년의 「국제군사법정 헌장」은 전쟁 당사국들이 도시 민간인집단을 대상으로 전개한 이른바 전략폭격을 전쟁범죄나 반인도적 범죄로부터 면죄할 수 있는 치명적인 조항을 두었다. 히틀러의 독일과 도조 히데키의 일본뿐 아니라 연합국 자신들도 행한 전쟁범죄, 즉 "적의 사기 저하를 위한다는 목적으로 도시들에 대한 대량 폭격을 행한 행위"를 전쟁범죄에서 제외시키기 위해 연합국측이 노력했던 것이다. 전후 전범재판에서 전쟁범죄로 처벌해야 할 잔혹행위에 관련해 "군사상 필요한 경우를 제외한다"는 내용이 그것이다. 원폭투하를 포함한 전략폭격 행위에 대한 면죄부를 부여하려는 노력이었다.[180]

그런데 1946년 뉘른베르크 법정은 1907년에 성립한 '헤이그 육전협약'(Hague Convention on Land Warfare)에 관해 이렇게 선언했다. "이 협약에 반영된 육전 규칙들은 의심의 여지 없이 그것이 채택된 시기의 국제법에 비해선 앞선 것이었다. 그러나 1939년에 이르러서는 모든 문명국이 그 규칙들을 전쟁의 법과 관습으로 인정하게 되었다."[181] 1948년 2월 19일 뉘른베르크의 미국군사법정은 1941년 그리스와 유고슬라비아 등에서 유격대의 공격에 대한 보복으로 민간인들을 납치해 인질로 삼고 학살한 독일 제12군 사령관 빌헬름 리스트(Wilhelm List)와 그 부하들을 재판했다. 리스트는 자신의 행위를

---

180 Alston and Goodman, 2013, p.123.
181 D. Schindler and J. Toman, *The Laws of Armed Conflicts*, Martinus Nijhoff Publisher, 1988, pp.69-93(https://ihl-databases.icrc.org/en/ihl-treaties/hague-conv-iv-1907).

"군사적 필요성"을 내세워 변호했다. 그러나 이 법정은 이렇게 판시했다. "군사적 필요성이나 편의성은 실정 규칙(positive rules) 위반을 정당화하지 못한다. 1907년의 헤이그 규정 제46, 47, 50조는 그 규칙들의 적용에 어떤 예외도 두지 않았다. 무고한 사람들(innocent population)의 권리는 그 어떤 군사적 필요나 편의에도 불구하고 존중되어야 한다."[182]

민간인에 대한 폭력을 "군사적 필요"로 정당화하는 것을 거부한 뉘른베르크의 미국군사법정의 판결이 정당성과 보편성을 갖기 위해서는 패전국뿐 아니라 미국 자신을 포함한 모든 나라의 전쟁행위에 마찬가지로 적용되어야 옳을 것이다. 뉘른베르크의 미국군사법정이 단죄한, 저항하는 유격대를 토벌하기 위해 마을 주민들을 인질로 삼아 계획적으로 학살해간 빌헬름 리스트의 나치 군대의 만행으로부터, 군부를 비롯한 일본 지도부의 항복을 더 일찍 확보한다는 목적으로 행해진 이 나라 두 도시의 수십만 남녀노소 민간인들에 대한 원폭 사용과 그 추가적인 사용의 위협은 근본적으로 어떻게 구별할 수 있을까. 주민 인질 잡기와 대량학살이란 점에서 결국 같은 것이 아닌가.

국제사법재판소(International Court of Justice)는 1994년 말 유엔총회로부터 핵무기의 위협이나 사용의 합법성 여부에 대한 법적 판단을 요청받았다. 1996년 7월 8일 제출한 답변에서 재판소가 만장일치로 내린 결론은 핵무기의 위협이나 사용을 구체적으로 승인하는 내용은 관습법(customary law)에도 조약법(conventional law)에도 존재하지 않는다"는 것이었다. 또한 핵무기의 위협과 사용은 유엔헌장 제2조 4항과 제51조의 모든 요구에 위반된다는 것도 만장일치로 결정했다. 핵무기의 위협과 사용도 전쟁규칙에 관한 국제법의 적용

---

182 The United States v. Wilhelm List et al.(the Hostages Trial), United States Military Tribunal, Nuremberg, February 19, 1948. Laurie R. Blank and Gregory P. Noone, *International Law and Armed Conflict: Fundamental Principles and Contemporary Challenges in the Law of War*, Aspen Publishing, 2018, chapter 2.

을 받아야 하며, 세계가 엄격한 국제적 통제를 통해서 핵무장 해체를 위한 협상을 마무리하도록 진지하게 노력해야 한다는 권고에 대해서도 의견일치를 보았다. 그런데 "한 국가의 생존 자체가 걸린 극단적인 자기방어 상황에서 핵무기 사용의 합법성 또는 위법성에 대한 명확한 결론에 도달할 수 없다"는 결정에는 재판장을 포함한 7인이 찬성하고 부재판장을 포함한 7인이 반대해 의견이 반분되었다.[183]

모하메드 샤하부딘 판사는 자기방어 관련 결정에 반대하는 의견서에서, '자기방어' 개념에 근거해 국제인도법 적용에 예외를 두는 것을 반대했고, 재판소가 명확한 결론을 내리지 않은 것 자체를 또한 비판했다. 샤하부딘은 아랍 세계에서 14세기 후반기에 활동한 역사가이자 철학자 이븐 칼둔(Ibn Khaldun)이 (올바른) 법의 존재이유를 "문명을 보존하려는 노력"에 연관시킨 것을 상기시켰다. 이를 전제로 샤하부딘은 '국가 주권'은 문명을 종식시키고 인류를 괴멸시켜 모든 국가의 존재를 파괴할 권리까지 포함하는 것일 수는 없다고 주장했다.[184]

설령 자기방어를 원폭사용의 정당한 근거로 본 판사들의 의견을 받아들인다 하더라도, 1945년 8월 미국이 히로시마와 나가사키에 원폭을 투하할 때, "(미국) 국가의 생존이 걸린 극단적인 자기방어 상황"에 처했다고 볼 수 있는가. 말할 것도 없이 그것과는 거리가 멀었다. 더욱이 수만, 수십만의 비무장 민간인의 생명을 파괴하는 방식으로 핵무기를 사용했다.

---

183 International Court of Justice, *Reports of Judgments, Advisory Opinions and Orders, Legality of the Threat or Use of Nuclear Weapons*, Advisory Opinion of 8 July 1996(https://www.icj-cij.org/files/case-related/95/095-19960708-ADV-01-00-EN.pdf).

184 "Dissenting Opinion of Judge Mohamed Shahabuddeen"(https://www.icj-cij.org, July 8, 1996), p.133 & p.141; John Burroughs, The (Il)legality of Threat or Use of Nuclear Weapons: A Guide to the Historic Opinion of the International Court of Justice, Munster: LIT VERLAG, 1997, p.60.

300만 명 이상의 희생을 초래한 전쟁을 시작한 북한 정권, 이 거악을 응징하고 전쟁을 빨리 끝낸다는 명분으로 미국이 평양이나 신의주에 원폭을 투하해 어린이들을 포함한 비무장 민간인 수만 명의 희생을 초래했다면, 그것은 명백한 전쟁범죄이자 반인도적 범죄로 규탄받아야 했을 것이다.

　　오사마 빈 라덴을 포함한 이슬람 근본주의자들이 2001년 9월, 그 이전 반세기에 걸쳐 미국이 사우디아라비아를 포함한 아랍의 시대착오적인 왕정 지배자들과 결탁해 이슬람세계의 자원을 약탈하고 그들의 민족주의를 탄압하며 웨스트뱅크와 가자지구의 팔레스타인 인민에 대해 매년 계속되는 이스라엘의 국가 테러리즘을 지원하는 뒷배경으로 행동한 것을 응징한다는 명분으로 뉴욕에서 3,000여 명의 민간인들을 희생시킨 9·11테러를 자행했다. 이 행위는 누구도 묵과할 수 없는 반인도적 테러리즘으로 규정된다. 여기에 국제 사회는 누구도 이의를 달지 않았다.

　　1960-70년대의 베트남전쟁은 300만 명이 넘는 귀중한 인명 희생을 초래한 미국의 위장된 침략전쟁이었다는 인식이 존재한다. 만일 베트남 공산주의자들이 미 제국주의의 침략전쟁을 응징하고 미국의 베트남 개입을 중단시키기 위해 뉴욕이나 시카고에 원폭을 이용한 테러를 감행했다면, 그래서 두 도시의 어린이들을 포함한 비무장 민간인 수십만 명의 희생을 초래했다면, 그 역시 테러리즘으로 규탄받고 처벌받아야 했을 것이다. 그 경우 미국은 2001년 9·11테러 후 아프가니스탄에 했던 것보다 더 가공할 규모의 응징을 실행했을 것이다. 미국의 아프가니스탄 침공에 온 세계가 그랬던 것처럼, 베트남에 대한 미국의 그러한 보복행위는 온 세계의 방조와 침묵을 초래하면서 참혹한 반인도적 상황의 악순환을 낳았을 것이다.

　　요컨대 아무리 거대한 악이라 하더라도 그것을 응징한다는 명분으로 그 사회의 도시들을 상대로, 그 도시의 수십만 비무장 민간인을 목표물로 삼아 원폭을 사용해 대량살육하는 행위는 반인도적 범죄에 해당함이 분명하다. 미국이 1945년 8월 초 마주한 제국일본은 물론 거악이었다. 20만에서 30만에 이르는 난징의 비무장 민간인들을 대량살육한 난징학살,[185] 731부대의 생체실험과 만인갱(萬人坑), 종군위안부, 강제동원을 통한 죽음의 노역 등 무수한 반인도적 범죄의 대공창(大工廠)이었음이 분명했다. 그럼에도 불구하고 거악을 응징하고 전쟁 종결을 앞당긴다는 명분으로 히로시마와 나가사키의 수십만 비무장 민간인을 살육한 미국의 원폭투하도 전쟁범죄이자 반인도적 범죄로 규정할 수밖에 없다. 제국일본의 범죄의 실체인 수만, 수십만의 비무장 민간인의 생명 또는 그들의 삶에 대한 대량파괴를 전쟁수단으로 동원했기 때문이다.

이처럼 주민 대부분이 비무장 민간인이었던 인구집중 도시들에 대한 미국의 원폭사용은 그것 자체로서 반인도적 범죄의 혐의를 벗어나기 어렵지만, 아울러 비판적으로 검토해야 할 것은 미국이 원폭을 사용한 방식이다. 그 방식은 적어도 두 가지 점에서 추가적인 비판 대상이 되어왔다.

첫째, 트루먼 행정부는 일본에 무조건항복을 요구하는 포츠담선언에 원폭사용 계획을 밝혀 경고하지 않았을 뿐 아니라, 그 선언에 대한 일본의 반응을 확인하는 절차를 생략했다. 앞서 설명한 바 있듯이 트루먼 행정부 고위층은 포츠담선언을 공표한 26일보다 이틀 전인 24일에 히로시마를 포함한 여러 개의 도시에 대한 순차적인 원폭투하 명령을 하달했다. 트루먼 대통령은 훗날 포츠담선언을 일본이 거부함에 따라 원폭사용을 결정했다고 해명했다. 그러나 피터 제닝스가 1995년의 저명한 보도 다큐멘터리에서 지적했듯이, 그 말은 거

---

185 난징학살 문제에 대해 상식적인 일본 역사학계를 대표한다고 볼 수 있는 학자인 가사하라 토쿠시는 난징학살 희생자 수를 20만 안팎으로 파악한다(笠原十九司, 『南京事件』, 東京: 岩波書店, 1997, pp.227-228). 난징의 희생자(遇難者)에 대한 중국의 공식 관점은 1985년에 개관한 난징대학살기념관(侵華日軍南京大屠殺遇難同胞紀念館) 건물의 외벽에 크게 새겨져 있듯이 30만 명에 달한다.

짓이었다.[186]

둘째, 미국은 히로시마 원폭의 효과를 확인한 후에 나가사키에 대한 또 하나의 원폭투하를 검토하는 절차도 밟지 않았다. 또한 미국은 8월 9일 새벽 소련의 참전 이전에 그 사태가 임박했다는 정보를 갖고 있었지만, 소련의 참전이 일본의 조기 항복을 앞당기는지 그 효과를 확인한 후에 제2의 원폭투하를 검토하는 방안도 고려하지 않았다.

하세가와 츠요시는 소련의 대일본 전쟁 선언 후 미국은 비행을 시작한 B-29(복스카)에 복귀를 지시해 나가사키 원폭투하를 재고할 가능성은 없었는지를 검토했다. 시간적으로 보면, 미국이 복스카에 지시해 제2의 원폭투하를 중단하는 것은 충분히 가능한 일이었다. 다만 복스카는 티니안으로 돌아오기 전에 원폭을 태평양 어딘가에 떨어뜨려야 했을 것이다. 중요한 것은 하세가와의 지적과 같이, 미국 정부가 나가사키 원폭투하를 재고하는 어떤 움직임도 보이지 않았다는 사실이다.[187]

미국은 반인도적 무기의 반복적 사용을 피하기 위해 소련의 대일본 전쟁 선포로 일본의 항복이 얼마나 앞당겨지는지를 확인해보려는 어떤 노력도 기울이지 않았다.[188] 새뮤얼 워커의 지적대로 원폭사용은 트루먼에게는 "쉽고 (고민의 여지 없는) 명쾌한 군사적 결정"(an easy and obvious military decision)이었던 것처럼,[189] 그 연속 사용의 방식 또한 매우 쉽고 자동적인 것이었다.

---

186 "Peter Jennings Reporting: Hiroshima – Why the Bomb was Dropped," ABC News, 1995.

187 Hasegawa, 2005, p.194.

188 번스타인은 8월 8일 밤 소련군의 개전 선언과 8월 9일의 나가사키 원폭이 없었더라도 히로히토는 종전을 위해 개입했을 것이라고 본다. 그럼에도 미국이 나가사키 원폭투하를 진행한 것은 당시 시점에서 미국은 히로시마 원폭으로 일본 천황이 얼마나 많은 충격을 받고 얼마나 신속하게 항복을 할 것인지 가늠할 수 없었기 때문이라고 번스타인은 말한다(Bernstein, 1996, pp.71-72).

189 Walker, 2004, p.74.

8. 원폭사용을 배제했을 때 역사의 향방에 관한 인식

지메스 신부(Father Siemes)는 일제 말기에 일본에서 활동했던 독일 제수이트파 신부의 한 명이었다. 그는 미국의 원폭투하 시점에 히로시마시 교외의 나가쓰카(長束)에 머물고 있었다. 그는 로마 교황청에 보낸 보고서에서 이렇게 썼다. "우리들 중 일부는 원폭을 독가스와 같은 범주로 간주하면서 민간인들에 대한 사용에 반대한다. 다른 이들은 일본에서 전개된 것과 같은 총력전(total war)에서 민간인과 군인의 구별은 무의미하며, 원폭 자체는 더 큰 유혈을 끝내고 항복해서 총체적 파괴를 피하도록 일본에게 경고하는 효과적인 힘이라고 믿는다. 총력전을 원칙적으로 지지하는 이들은 민간인에 대한 전쟁행위를 불평할 수 없다. 문제의 본질은 지금과 같은 형태의 총력전이 그것이 비록 정의로운 목적에 기여한다고 하더라도 정당화될수 있는지다."[190]

많은 한국인은 1945년 8월 일본에 대한 원폭투하가 정의로운 목표에 기여했기에 그것은 필요악으로 정당화될 수 있다고 생각한다. 그것이 기여한 것으로 간주되는 '정당한 목표'는 크게 두 가지로 압축할 수 있다. 첫째, 한국의 독립을 앞당기고 그래서 식민지배로 인한 한국인의 고통을 끝냈다고 보는 인식이 한국인들에게는 가장 압도적이다. 둘째, 소련이 한반도 전체를 점령하고 공산화하는 것을 미국의 원폭투하가 막을 수 있었다는 인식 또한 지배적이다.

절대 다수의 한국인에게 그 자체로서 정의로운 가치들로 인식되는 이러한 결과들이 히로시마와 나가사키의 비무장 민간인 수십만의 즉각적인 죽음과 또 다른 수십만의 피폭자로서의 고통스런 삶, 그리고 심진태 지부장이 지적한 한국인 5만 명의 희생과 고통을 상쇄

---

190 John Hersey, *Hiroshima*, Vintage Books, 1989(Originally in 1946 by Alfred A. Knopf), pp.89-90.

할 수 있는 도덕적 근거가 될 수 있는가. 원폭사용이 한국인들에게
가져다준 것으로 이해되는 유익한 역사적 결과와, 두 도시의 일본인
과 한국인을 포함한 수십만의 희생과 고통을 피하는 것, 그 둘 사이
의 도덕적인 저울질을 논하기 전에 우리가 먼저 생각할 일들이 있다.
우선 한국의 독립과 소련의 한반도 전체 점령 저지라는 가치가 오직
원폭사용이라는 방식에 의해서만 실현가능한 것이었다는 명제는 하
나의 역사적 가정일 뿐이며, 그러한 가정은 지나친 단순성을 내포한
것은 아닌지 생각해보아야 한다. 나아가 원폭사용에 의한 한국의 조
기 해방이 이후의 한국 역사의 전개에서 어떤 대가를 초래했는지에
대한 성찰도 필요하다고 믿는다.

　우선 원폭사용이 한국의 독립을 앞당겼다는 점을 생각해본다. 원
폭사용으로 일본 식민지배로부터 한국의 해방을 다소 앞당겼다는
것은 역사적 사실로서 부정하기 어려울 것이다. 그러나 일본 식민지
배로부터의 해방이 곧 한국의 독립은 아니었다는 것도 부정할 수 없
는 역사적 사실이었다. '해방'과 동시에 두 개의 외국 군대에 의한
3년의 분할점령 기간을 거쳐야 했음은 말할 것도 없거니와, 그 후 한
반도의 역사는 분단의 고착화와 전쟁, 그리고 수십 년에 걸친 정전체
제라는 이름의 분단국가체제의 고통을 겪게 된 것이 사실이다. 또한
원폭사용이 아니었으면 독립 자체가 실현될 수 없었을 것이라는 생
각 또한 역사적 가정이다. 1943년 11월의 미영중 삼국의 카이로선언
은 한국의 독립 허용을 약속했고, 1945년 2월 얄타회담에서 미국과
소련의 정상들은 한국에 대한 신탁통치를 통해서 궁극적으로 독립
된 통일 정부를 수립하는 데 합의했으며, 1945년 포츠담선언은 한국
의 독립을 명시한 카이로선언의 약속을 재확인했다.

　전후에 미국의 원폭사용 방식이 한 원인이 된 미소 간 냉전이라는
사태가 그토록 심화되지 않았다면, 한반도 문제에 대한 미소 간 대립
과 불통은 제한적일 수 있었다. 그랬다면 분단과 전쟁으로 점철된 해
방 후 8년사(解放後 八年史)와 그 뒤를 잇는 수십 년의 분단국가제체

와 전쟁위기, 그리고 전체주의와 반공파시즘의 공생이라는 남북한 정치사의 비극도 반드시 필연적인 것은 아닐 수 있었다.

그런 의미에서도 한국의 조기 해방이라는 것 자체가 한국인 수만 명을 포함한 수십만 민간인에 대한 미국의 의도적인 대량살육을 정당화하기는 어렵다. 한국의 해방이 앞당겨짐으로써 가장 큰 고통에서 좀더 일찍 벗어난 한국인들은 분명 성노예의 삶을 강요당한 수만의 종군위안부 여성들과 강제동원되어 죽음의 노동에 내몰린 노동자들일 것이다. 이들의 고통이 하루라도 빨리 종식되는 것은 그것 자체로 정의로운 가치였다. 그러나 그것을 다른 수만, 수십만의 인명 희생을 대가로 해서 얻어야 하는 것이었다면 그 여성들과 노동자들 자신이 흔쾌히 마음으로부터 동의할 수 있었을지는 의문이다.

동아시아를 포함한 세계의 전후질서를 구성함에 있어서 트루먼의 전임 대통령 프랭클린 루즈벨트가 갖고 있던 구상은 전시 연합국의 하나이고 나치스 독일의 세계지배를 막는 데 있어서 2,000만 명의 희생을 치르며 기여한 소련과 일정한 협력과 대화를 기초로 하는 것이었다. 후임자 트루먼은 이와 달리 포츠담선언 서명국에서 스탈린을 배제하고 원폭사용을 은밀하게 서둘렀다. 이로써 소련과 협력이 아닌 배제와 압박을 기초로 하는 전후질서를 추구했다. 일본의 항복을 이끌어내는 방법론으로서 소련과의 소통을 배제한 원폭사용 결정은 소련과의 정직한 대화와 일정한 협력의 종말을 의미했다.

그 결과 1945년 2월 루즈벨트 대통령이 스탈린과 합의한 바대로 한반도에 대한 신탁통치를 통한 통일 정부 수립을 위한 미소 대화와 협력을 불가능하게 만들었다. 그 결과는 한반도의 분단 고착화였고, 두 국가가 저마다 외세를 등에 업은 참혹한 전쟁이었다. 그 전쟁은 300만이 넘는 인명 희생을 초래했다. 그것은 일회성으로 끝나지 않았고 급기야 오늘 현재 북한과 한미동맹이 저마다 핵무기개발과 핵확장억제 강화 사이의 긴장구조를 심화시키며 핵전쟁의 위험까지 고조시키기에 이르러 있다.

원폭사용이 한반도 전체에 대한 소련의 점령을 막고 반쪽이나마 미국이 점령한 상태로 되어 다행이라는 인식에 대해서는 어떻게 말할 수 있을까. 원폭을 사용하지 않았다면 소련군이 더 쉽게 한반도 전체를 점령했을 것이라는 생각은 두 가지 변수를 간과한 것이다. 하나는 원폭사용은 일본 지도부의 분열을 심화시키고 관동군을 포함한 일본군 전체가 동요하게 만들었다는 점이다. 만일 원폭사용 대신에 미국이 소련과 대화하고 협력하면서 일본의 질서 있는 항복을 이끌어내기 위해 더 노력했다면, 관동군을 포함한 대륙의 일본군 전체가 삽시간에 무너지며 한반도가 일시에 소련군 점령하에 놓이는 사태는 벌어지지 않았을 가능성이 있다. 소련군 20만이 평양에 입성하게 된 것은 일본이 정식으로 항복을 결정한 후로부터 10일이 지난 8월 24일이었다는 사실도 유의할 필요가 있다.[191]

또한 애당초 소련과의 정직한 소통을 배제한 원폭사용 자체가 소련이 참전을 서둘러 앞당긴 원인이 되었다는 사실도 기억해둘 필요가 있다. 스탈린은 미국의 맨해튼 프로젝트에 대한 상세한 정보를 적어도 1945년 2월에는 파악하고 있었으며, 그 결과를 예의주시하고 있었음은 앞에서 언급한 바와 같다.[192] 포츠담회의가 종반에 접어든 시점인 7월 24일 트루먼은 스탈린에게 "비상한 파괴력을 가진 신무기"(a new weapon of unusual destructive force)를 개발했다고 짐짓 평범한 투로 말했다. 트루먼의 회고록에 따르면, 스탈린은 그 말을 듣고 기쁜 표정을 지었으며 "대통령께서 그것을 일본에 잘 사용하시라"고 말했다. 번스 국무장관과 처칠 영국 수상은 먼발치에서 스탈린이 트루먼의 말에 큰 관심을 보이지 않은 것을 보고 안도했다. 스탈린이 트루먼이 한 말의 의미를 잘 파악하지 못한 것으로 이해했던 것이다. 하지만 새뮤얼 워커에 따르면, 스탈린은 트루먼이 원폭개

---

191 Koshiro, 2013, p.251.
192 Rhodes, 1995, pp.150-151.

발에 성공했음을 말한 것을 명확히 알아챘다. 스탈린은 무관심을 가장했을 뿐이었다. 그는 회의가 끝난 후 숙소로 돌아가자마자 비밀경찰 총수 베리아(Lavrenty Beria)에게 전화를 걸어서 8일 전에 미국이 성공한 원폭실험을 파악하지 못한 무능을 질책했다. 그는 베리아에게 소련 자신의 원폭개발 노력을 가속화할 것을 지시하는 동시에, 소련군이 만주로 진군하기 전에 전쟁이 끝날 것을 크게 걱정하게 되었다.[193] 시노하라 하츠에도 스탈린이 트루먼으로부터 원폭실험 성공 사실을 전달받고 참전 일정을 앞당기려 노력했음을 지적한다.[194]

코시로 유키코(小代有希子)는 원폭 결정과정에서 미영이 소련을 소외시키면서 은밀하게 준비하고, 소련을 배제시킴으로써 스탈린에게 전후질서 재편을 둘러싸고 미영에 대한 불신감을 키워 냉전의 기원을 이루는 동시에, 소련의 신속한 참전과 극동 지역에 대한 군사적 점령을 촉진했다고 해석한다. 한반도의 분단 역시 그것과 무관하지 않다고 코시로는 평가한다. 또한 일본도 항복을 지연시킴으로써 소련이 새로운 제국을 구축할 기회를 제공하는 우를 범했다고 비판했다.[195]

미국이 원폭을 사용해 일본의 항복을 조기에 이끌어내지 않고 규슈 침공을 선택했다면 한국의 경우 특히 제주도가 미일 간 전쟁터로 초토화되었을 것이라는 인식도 있다. 실제로 전쟁 말기의 일본은 제주도를 미국에 대한 항전체제의 중심지로 만들고 있었다. 일본 본토에 대한 공습과 함께 한국 남부 해안지대에 대한 공습도 증가함에 따라, 일본은 제주도에 더 많은 군대를 배치했다. 1945년 2월 제주도의 일본군은 1,000명에 불과했지만, 8월이 되면 6만 668명이 되어 있었다.[196] 또 미 해군은 실제 중국과 한국의 일본 공군기지들을 탈취해

---

193 Walker, 2004, p.67.

194 篠原初枝, 2011, p.377.

195 Yukiko Koshiro, "Eurasian Eclipse: Japan's End Game in World War II," *American Historical Review*, Issue 109, 2004, p.419; 篠原初枝. 2011, p.378.

서, 그 기지들을 일본 본토 공격을 위해 활용하자는 작전을 제안한 일이 있었다. 그러나 미 육군은 그러한 부차적인 작전들은 시간 낭비를 초래할 뿐이므로 일본 본토에 대한 대대적인 직접적인 공격에 집중할 것을 주장했다. 결국 미 육군의 주장이 관철되었다.[197] 포츠담회담 당시 소련은 미국이 한국에 대해 어떤 작전계획을 갖고 있는지에 관해 정보가 없었다. 그래서 포츠담선언 이틀 전인 7월 24일 소련의 알렉세이 안토노프(Alexei Antonov) 장군이 미국 육참총장 조지 마셜과 어니스트 킹(Ernest King) 제독에게 미국이 소련의 공격과 연계해서 한반도 해안에 대한 상륙작전을 전개할 의향이 있는지 물었다. 마셜의 대답은 막대한 수의 공격 함정들이 필요한 그 같은 상륙작전은 계획에 없다는 것이었다. 또 킹 제독이 부언하기를, 한국에 대한 공격은 어떤 경우에도 규슈에 상륙해서 '일본해'에 대한 통제를 확보한 후에 결정할 일이라고 했다.[198] 미국이 규슈에 상륙하고 동해를 장악한다면 군이 한반도에서 전쟁을 벌이기 전에 일본의 항복 협상은 급물살을 탈 가능성이 높았다. 이런 점들을 고려할 때, 원폭이 사용되지 않았다면 제주도가 전쟁터로 전락해 초토화되었을 것이라는 상상은 기우에 불과했다고 생각된다.

한국의 운명은 히로시마와 나가사키에 대한 미국의 원폭투하가 없었다면 더 불행해졌을 것이란 생각도, 그리고 그 반대의 생각도 모두 역사적 가정법이다. 분명한 것은 미국이 두 도시의 수십만에 달하

---

196 Koshiro, 2013, pp.212-213. 전쟁이 종료된 8월 18일 시점에서 한국 남부 주둔 일본군은 23만 명, 한국 북부 주둔 일본군은 11만 7,000명이었다(Koshiro, 2013, p.213).

197 John Skates, *The Invasion of Japan: Alternative to the Bomb*, Columbia: University of South Carolina Press, 1994, pp.44, 46-48, 53-54; Koshiro, 2013, p.219.

198 "Tripartite military planning, July 24, 1934(1945의 오기)," Foreign Relations of the United States 1945, Conference of Berlin(Potsdam), vol.2, pp.351-55, quoted in Gye-dong Kim, *Foreign Intervention in Korea*, pp.25-26; Koshiro, 2013, p.219.

는 일본인과 한국인의 삶을 철저하게 파괴한 결과로 전개된 한반도의 역사는 누구도 상상하고 싶지 않았을 역정이었다는 사실이다. 뒤늦게나마 한반도의 반쪽이 이룩한 민주화와 산업화의 혜택을 누리는 세대의 시점에서 해방 후 10년의 비극과 그 이후 지속된 분단과 갈등의 역사를 '가능한 차선(次善)'이었다고 말해버릴 수는 없다. 필자가 하고 싶은 말은, 히로시마와 나가사키의 수십만 비무장 민간인에 대한 의도적이고 계획적인 살육행위에 대한 도덕적 판단과 역사인식의 문제가 어느 쪽으로든 '닫힌 역사적 가정법'에 갇혀 전단(專斷)되어서는 안 된다는 것이다.

9. 동아시아 대분단체제의 폐쇄회로와 히로시마·나가사키

필자는 전후 동아시아의 국제질서를 '동아시아 대분단체제'로 정의하고 설명해왔다.[199] 이 질서의 중심을 이루는 대분단의 기축은 미일동맹과 중국대륙 사이에 세 가지 차원의 긴장—지정학적 긴장, 정치사회적 체제와 이념의 이질성으로 인한 긴장, 그리고 역사심리적 긴장—이 상호심화하고 상호지탱하는 관계를 가리킨다.[200] 지정학적 긴장과 정치사회적 긴장이 우리의 인식체계 밖에 있는 물리적 원심력이자 물리적 폐쇄회로라고 한다면, 역사인식의 간극에서 비롯되는 역사심리적 긴장은 우리의 인식체계 안에 있는 것으로서, 이 대분단체제의 정신적 폐쇄회로의 역할을 담당한다.

---

199 이삼성, 「전후 동아시아 국제질서의 구성과 중국: '동아시아 대분단체제'의 형성과정에서 중국의 구성적 역할」, 『한국정치학회보』 제50집 제5호 (2016년 12월), 163-189쪽; 이삼성, 「동아시아 국제질서의 성격에 관한 일고: '대분단체제'로 본 동아시아」, 『한국과 국제정치』, 제22권 제4호(2006년 겨울), 41-83쪽.

200 이 체제 안에서 미일동맹과 중국대륙의 관계가 구성하는 '대분단 기축' 은 한반도와 타이완해협—그리고 1975년까지의 베트남—에 성립한 소분단체제들과 역시 서로 지지하고 지탱하는 상호작용 패턴을 구성한다.

'진정한 반성을 거부하는 일본'이라는 현상은 일본의 문제인 동시에 동아시아 대분단체제라는 다분히 객관적인 질서의 구조적 문제다.[201] 이 질서의 중심축의 하나인 미일동맹은 일본의 진주만 공격이라는 원죄와 미국의 대일본 원폭투하라는 반인도적 응징이 서로를 상쇄하면서 동맹의 심리적 기초를 마련했다. 역사적 가해와 고통의 상환(相換) 방정식 위에 미일동맹이 서 있는 것이다. 미국은 이 동맹을 통해서 특히 중국을 위시한 동아시아 이웃 사회들에 대한 일본의 역사반성의 필요성을 면탈(免脫)했다. 이로써 미국은 중일 사이의 역사심리적 긴장을 자기화했다.[202] 반면에 중국과 한국 등 동아시

---

201 일본의 역사문제를 단순히 일본의 문제로서만이 아니라 동아시아 국제질서의 속성이라는 차원에서 이해할 필요가 있다는 것은 일본 역사문제가 갖고 있는 이중의 딜레마 때문이다. 첫째, '반성하지 않는 일본'이라는 현상은 일본 사회의 역사적 자기성찰의 미성숙을 의미하지만 그것은 전후 동아시아 대분단체제의 구조적 속성의 결과라는 점이다. 둘째, '반성을 거부하는 일본'은 동아시아 대분단체제를 지속시키는 중대한 요소이므로 이 질서를 극복하기 위해서는 일본 사회의 역사의식 전환이 필수적이다. 그러나 동아시아 다른 사회들의 국가권력이 주체가 되어 일본에 대해 행사하는 정치외교적 압박 위주의 역사대화방식은 대분단체제를 해체시키는 데 기여하기보다는 오히려 그 지속을 보장하는 장치로 작용한다. 일본 역사문제가 안고 있는 이러한 중첩된 딜레마가 동아시아 대분단체제가 내장(內藏)한 정신적 폐쇄회로의 실체라고 본다(이삼성, 「동아시아 대분단체제에서 '역사 문제'의 구조와 출구의 모색: 동아시아 역사대화 방식의 전환을 위한 제언」, 동북아역사재단, 2015.9.11; 이삼성, 「3·1운동 후 100년 동아시아의 초상: 나라의 없음과 나라의 과잉 그리고 제국과 대분단체제를 넘어서」, 대통령직속 정책기획위원회 주최 3·1운동 및 임시정부 수립 100주년 기념 국제세미나 '1919년 동아시아, 대전환을 꿈꾸다.' 중국 상하이, 2019.4.11).

202 미국이 중일 사이의 역사심리적 긴장을 자기화했다는 것은 두 가지 뜻이 있다. 첫째, 일본의 전범국 지위를 면탈(免脫)시켜 일본을 '자유세계'라는 이름의 초국적 이념공동체의 동아시아적 보루로 만든 것은 물론 미국이었다. 19세기 말 20세기 초에 청일전쟁과 러일전쟁을 도발한 일본을 향해 그랬던 것처럼, 20세기 중엽의 미국은 전범국 일본을 다시 '동아시아의 유일한 문명국'으로 둔갑시켰다. 중국의 관점에서 미국은 역사문제에 관한 '일본 신분세탁의 주범'이었다. 둘째, 미일동맹은 역사 담론은 억압하고 중국을 상대로 하는 이념 대립 담론을 앞세우는 역사인식 프레임을 존재 조건으로 한다. 이 존재조건 자체가 중일 사이의 역사심리적 긴장을 영속화하는 장치로 작용한다. 그런 의미에서

아 사회들과 일본 사이의 역사인식의 간극은 평행선인 채로 남아 있다. 대분단체제를 넘어 더 평화로운 동아시아로 나아가기 위해서 근본적인 과제의 하나는 역사심리적 긴장이라는 정신적 폐쇄회로를 풀어내는 일이다.

이 숙제는 의당 일본 사회와 이웃 동아시아 사회들이 함께 풀어나가야 한다. 일본 사회가 풀어갈 과제가 있고 이웃 사회들이 풀어야 할 숙제도 있다. 일본이 풀어야 할 숙제에 대해서는 수많은 논의가 있고 분명한 주제들이 있다. 하지만 한국과 중국을 포함한 이웃사회들이 풀어야 할 숙제는 거의 논의되지 않는 것이 현실이다. 가해와 피해의 관계를 고려할 때 필연적인 현상이기도 하다. 하지만 동아시아의 대분단체제로 비롯되는 고통은 동아시아 사회들 모두의 것일 뿐 아니라 세계와 인류 전체에도 비극이고 위험이다. 그러기에 우리 모두에게 숙제가 된다.

일본의 이웃 사회들이 풀어나갈 첫 숙제는 히로시마와 나가사키에 대한 원폭투하의 반인도성에 대한 인식의 공유라고 필자는 생각한다. 일본의 두 도시에 대한 원폭투하의 반인도성에 대한 인식을 우선 한국인들이 가급적 널리 공유하고 그것을 다른 동아시아 사회들과 더 광범하게 나눌 수 있다면, 일본 사회의 역사반성이 이웃 사회들에 의해서 강요되는 것으로서가 아니라 일본 사회 내부로부터 일본인들의 가슴으로부터 진정하게 우러난 것이 될 수 있는 기본조건의 하나가 될 것이다. 그것은 대분단체제의 정신적 폐쇄회로를 풀어낼 실마리가 될 것이다.

핵무기주의(nuclearism)는 핵무기를 인류의 지속가능한 생존을 위협하는 괴물이 아니라 거악을 응징하고 안전을 지켜주는 평화의 무기로 간주한다. 핵무기주의는 히로시마와 나가사키의 수십만 민

전후 동아시아 대분단체제의 기축관계에 존재하는 역사심리적 긴장은 중일의 문제로 그치지 않고 중국대륙-미일동맹 관계의 속성이라 할 수 있다.

간인의 희생이라는, 거대한 반인도성을 신의 선물이자 축복으로 동일시하는 거대한 역설을 기반으로 탄생해, 러시아와 우크라이나를 포함한 오늘날의 세계, 그리고 동아시아, 그 가운데서도 특히 한반도의 분열된 두 국가와 사회들을 가장 고통스럽게 옥죄고 있다. 핵무기에 의존하는, 더욱이 핵무기의 선제사용을 노멀한 안보전략의 하나로 앞세우는 담론체계가 압도적이 되어가는 이 위험한 현실에 맞서는 우리의 노력에서, 히로시마와 나가사키에 대한 원폭투하의 반인도성에 대한 인식의 공유는 필수적이고 소중한 출발점의 하나일 것이라고 믿는다.

(2023)

제3장

동아시아 대분단체제와 신냉전, 그리고 그 너머[1]

1. 대분단체제로 바라본 전후 동아시아

'동아시아 대분단체제'라는 말은 전후부터 현재에 이르는 동아시아 국제질서의 고유성과 연속성을 주목해 그 특성을 조망하기 위해 필자가 2000년대 초부터 꾸준히 다듬어온 개념이다.[2] 전후 유럽의 지역질서는 미소 냉전을 직접 투영하는 질서였다. 하지만 동아시아는 처음부터 미중관계를 축으로 구성되었고, 미소 냉전은 미중관계를 매개해서만 동아시아에 반영되었다. 이 질서 안에서 미국의 역할은 일본이라는 동아시아 국가와의 연합을 떠나서는 생각할 수 없는 것이었다. 또 유럽의 지역질서는 냉전과 탈냉전의 이분법이 명확하게 적용될 수 있는 질서였다. 그러나 동아시아는 그 이분법으로 설명할 수 없는 통시성이 있다. 변화 못지않은 강한 연속성을 띤다. 그

---

1 이 글은 2022년 10월 26-27일 한겨레통일문화재단과 부산광역시 공동 주최로 부산에서 열린 제18회 한겨레-부산 국제심포지엄 '한반도 평화, 신냉전과 패권경쟁을 넘어'에서 발표된 필자의 「동아시아 대분단체제와 신냉전의 만남, 그리고 그 너머」를 전재하되, 2022년 11월 30일 대한민국역사박물관에서 필자가 행한 강연 「미중 패권경쟁과 한반도: 동아시아 대분단체제론의 관점에서」의 일부 내용을 더해 보완한 것임을 밝힌다.
2 이삼성, 「동아시아 국제질서의 성격에 관한 일고: '대분단체제'로 본 동아시아」, 『한국과 국제정치』 제22권 제4호(2006년 겨울), 41-83쪽; 이삼성, 「전후 동아시아 국제질서의 구성과 중국: '동아시아 대분단체제'의 형성과정에서 중국의 구성적 역할」, 『한국정치학회보』 제50집 제5호(2016년 12월), pp.163-189.

고유성과 연속성을 담아내기 위해서는 냉전-탈냉전이라는 이분법과 별도의 개념이 필요하다고 느꼈다. 동아시아 대분단체제라는 개념을 제시하게 된 이유다. 동아시아 대분단체제 이전, 그러니까 전전(戰前)의 동아시아질서 또한 말할 것도 없이 유럽 질서와 다른 고유성을 갖는데, 그 점을 부각해 '동아시아 제국체제'라는 개념을 제시했다. 동아시아에서 전후 대분단체제는 전전의 제국체제에 뿌리를 두고 있고, 그 제국체제의 역사적 유산 위에 구성되어 있다는 사실에 유의한다.

돌이켜보면 한국과 타이완, 그리고 필리핀과 베트남을 포함한 동아시아의 중소국가들은 동아시아 역사의 어떤 시점부터 '제국들의 길항'이 만들어낸 역사의 소용돌이 속에서 비슷한 운명을 겪어왔다. 그 운명의 변곡점은 대체로 19세기 말이었다. 일본이 중화제국을 상대로 도발한 청일전쟁에서 한반도는 1차적인 전쟁터가 되었다. 타이완은 그 전쟁의 결과로 중국에서 떨어져 나와 일본의 식민지가 되었다. 베트남은 그전에 프랑스가 중국을 상대로 도발한 전쟁의 결과로 프랑스의 식민지로 전락해 있었다. 그 세기의 전환점에서 필리핀은 스페인에서 독립했지만 3년에 걸쳐 20만여 명의 필리핀인이 희생된 처절한 독립전쟁 끝에[3] 미국 식민지가 되어야 했다.

청일전쟁과 미국-필리핀전쟁, 그리고 뒤이어 일본이 러시아를 상대로 도발한 러일전쟁의 결과, 일본이 러시아를 대신해 중국의 동북지역을 장악하면서 '동아시아 제국체제'가 성립했다. 동아시아 제국체제의 새로운 주체는 일본과 미국이라는 두 신흥 제국이었다. 이들은 동아시아에서 각각 타이완과 한반도와 만주, 그리고 필리핀에 대한 식민 지배를 발판으로, 서로 갈등하면서도 권력정치적 흥정을 통해 상호적응하고 협력했다. 극동에서 러시아의 힘을 견제하는 가운

---

3 Stanley Karnow, *In Our Image: America's Empire in the Philippines*, New York: Ballantine Books, 1989, p.140.

데 중국을 경영한다는 두 개의 결정적인 공동의 목표를 위해서였다. 갈등하되 흥정하며 협력하는 제국주의 카르텔의 질서였다. 이 카르텔의 표지는 동아시아 경영을 위한 일련의 비밀협정들 외에도 미일 두 나라 사이에 형성된, 1940년 전후까지 '순진한 무역관계'로 포장되어온 전략적 경제동반자 관계였다.[4] 동아시아 제국체제의 또 다른 축은 기왕에 홍콩과 동남아시아 지역에 대한 식민 지배를 굳히면서 이를 기반으로 중국에 대한 공동 경영에 참가하는 영국·프랑스·네덜란드와 같은 유럽 제국들이었다.

제1차 세계대전의 결과 유럽에서는 네 개의 제국이 무너지면서 유럽에서의 제국의 시대는 막을 내렸다. 하지만 미국과 일본의 국력은 1차 대전의 결과로 더 강화되었다. 그들이 주도해 경영하는 동아시아 제국체제는 오히려 더 굳건해졌다. 전쟁 중에 발생한 러시아혁명은 동아시아 제국체제와 미일 제국주의 콘도미니엄에 더 큰 의미와 역할을 부여해주었다. 1920년대 초 미국이 주도해 동아시아에서 만들어진 워싱턴회의체제는 나폴레옹전쟁 후에 프랑스혁명의 유산을 억압하기 위해 1815년 구성된 보수적인 초국적 이념공동체였던 비엔나회의체제와 유사한 의미를 갖는 것이었다. 그 안에서 장차 일본의 역할은 더욱 커지고 또 광포해진다. 동아시아에서 제국을 제외한 모든 사회는 식민지거나 반식민지였다. 수천 년 동아시아질서의 중심이었던 광활한 중국 본토는 제국들이 저마다 동아시아에서 확보한 식민지들을 교두보로 삼아 경영하고 통제하는 반식민지였다.

---

4 1941년 미일 제국주의 카르텔이 파열하기 직전까지 일본의 아시아 침략전쟁에 필수적인 전략물자의 주요 공급자는 미국이었다. 미 국무부가 발행한 『중국백서』에 의하면, 미국이 일본에 석유와 폭탄 제조의 주재료인 폐철 등 전쟁물자 수출을 제한하기 시작한 것은 1940년 1월 26일이었다. 난징학살이 진행된 1937년에서 1938년 초의 시점에서도 일본에 항공폭탄 제공국은 미국이었다. 일본 폭격기에 긴요한 항공유의 수출도 1940년 중엽까지 지속했다. 미국이 일본과 모든 무역을 종결한 것은 1941년 7월이 되어서였다(이삼성, 『동아시아의 전쟁과 평화 2』, 한길사, 2009, 500-503쪽).

동아시아 제국체제의 약한 고리는 두 군데였다. 첫째는 러시아 견제와 중국 경영을 위해 서양과 제국주의 카르텔을 구성하고 있던 일본제국이 팽창하면서 미일 제국주의 카르텔 내부에 발전하는 긴장이었다. 둘째는 제국체제의 한복판을 이루는 중국이라는 거대한 반식민지 자체의 유서 깊은 역사성, 그리고 중국 민족주의의 내면적 급진화였다.

동아시아에서 20세기 전반기의 제국체제가 청일전쟁, 미국-필리핀전쟁, 그리고 러일전쟁이라는 세 개의 전쟁을 거치며 구성된 것처럼, 전후 대분단체제 역시 세 개의 전쟁을 거치며 구성된다. 아시아태평양전쟁, 중국 내전, 그리고 한국전쟁이 그것이다. 먼저 제국체제를 지탱하던 핵심축인 미일 제국주의 카르텔이 파열하면서 태평양전쟁을 낳았다. 이 전쟁의 결과로 미국과 일본은 과거의 제국주의 연합을 벗어나는 동시에 더 굳건한 하나의 지정학적 동일체로 거듭난다. 중국 안에서 전개된 내전은 중국의 지정학적 정체성을 우에서 좌로 전환시킨 결과를 낳았다. 1949년 여름과 가을, 미국과 신중국이 "우호관계는 아니라도 전쟁하지 않는 평화공존의 관계"를 구성해갈 정치외교적 공간은 좁지만 존재했다. 그러나 두 나라는 그 기회를 살리지 못했다. 미국은 끝내 신중국에 대한 외교적 승인을 거부했고, 마오쩌둥은 그해 12월 스탈린을 찾아가 중소동맹조약을 협상했다. 1950년 1월 마오쩌둥과 동맹조약을 체결한 직후, 스탈린은 1950년 1월, 1949년 내내 거부했던 김일성의 남침 제안을 승인한다. 이후 북한과 소련, 그리고 신중국 지도부 사이에 한반도 전쟁 모의가 본격화하고 마침내 한국전쟁이 발발한다.

한국전쟁은 한반도 민족 내부의 내전과 전후 동아시아 차원의 미중 패권전쟁의 결합체였다.[5] 북한에 의한 한반도 통일은 미국의 개

---

5 이삼성, 「한국전쟁과 내전: 세 가지 내전 개념의 구분」, 『한국정치학회보』, 47집 5호(2013).

1941년 12월 7일 일본의 진주만 공격 이후 불타는 USS 애리조나.

입이 막았다. 미국과 한국 주도의 한반도 통일은 중국의 개입이 막았다. 그래서 이 전쟁은 세계와 동아시아 국제질서에 역사적인 상처만을 남긴 채 휴전선이라는 원점에서 한반도 분단국가체제를 고정시켰다. 타이완해협을 사이엔 둔 중국의 내적 분단도 미중 간에 군사적 충돌이 시작됨과 동시에 고착되었다. 더 나아가 인도차이나에서 베트남의 분단도 고착되었다. 신중국을 배경에 둔 인도차이나의 공산화를 견제하기 위한 미국의 베트남 개입 의지는 한국전쟁을 통해 굳어졌다. 프랑스의 식민주의 부활 기도가 좌절하고 퇴장하면서 생긴 공백을 미국이 대신 메꾸면서, 베트남의 분단국가체제도 1954년에 고정된 것이다.

동아시아 대분단체제는 두 개의 다른 분단 시스템의 상호작용적 결합체를 가리킨다. 하나는 미일동맹과 중국 사이에 작용하는 '대분단 기축관계'다. 이 기축관계는 세 가지 차원의 긴장을 내포한다. 첫째는 지정학적 긴장이다. 정치사회체제나 이념의 차이와 무관하게 강한 정치적 구성체들 사이엔 으레 존재하게 마련인 긴장을 가리킨다. 중일 사이에도, 미중 사이에도 전쟁을 치른 지 얼마 되지 않았기에 지정학적 긴장은 깊었다. 둘째는 정치사회적 체제와 이념의 이질성에서 비롯되는 긴장이다. 냉전기 중국과 미일동맹 사이의 정치이념적 이질성은 자유와 반자유의 대립은 아니었다. 미국은 자유민주주의였고 마오쩌둥의 중국은 1950년대 중반에 이미 반우파 투쟁에서 본격화한 전체주의 사회의 성격을 갖고 있어 정치적 이질성은 물론 분명했다. 하지만 당시 동아시아의 미국 동맹국들인 한국·타이완·남베트남 그리고 필리핀은 반공파시즘적 정권들에 가까웠다. 그러므로 이때의 정치사회적 체제와 이념의 이질성의 본질은 '시장과 사적 소유에 관련한 이질성'이었다.

대분단 기축관계가 담고 있는 세 번째 차원의 긴장은 '역사심리적 간극'이었다. 미일 간에도 전쟁을 치러 역사심리적 간극이 있었다. 하지만 두 나라는 진주만 공격과 원폭투하라는 각자의 극단적인 전쟁범죄들로 서로에 대한 역사적 상처를 덮는 '아픈 심리적 방정식'이 성립했다. 이 방정식이 미일동맹의 심리적 지지선이 되어주었다. 그러나 중국의 관점에서 미일동맹은 수십 년에 걸친 일본의 침략전쟁과 전쟁범죄에 미국이 면죄부를 주면서, 미국이 일본과 하나의 초국적 이념공동체를 구성한 것을 의미했다. 유럽에서의 냉전체제는 서독과 서방 사이에, 그리고 동독과 공산권 사이에 각각 이념적 공동체를 구성했다. 그 결과 동서독 모두와 나머지 세계 전체 사이에 역사적 상처를 치유하는 제도적 장치로서 기능했다. 전후 독일과 전전 파시즘 체제 사이의 철저한 역사적 단절을 전제로 한 것이었다. 동아시아에서 냉전체제는 정반대의 역할을 했다. 동아시아의 냉전은 중국과 일본 사이의 역사적 상처를 결빙(結氷)시키고 내연(內燃)하게 하는 장치였다. 이 장치의 책임자는 미국의 관점에서는 중국이었고, 중국의 관점에서는 미국이었다. 이 질서에서 일본은 역사반성의 의무를 면제받았다. 역사문제는 동아시아 대분단 기축관계에서 '정신적 폐쇄회로'의 기능을 담당했다.

한반도와 타이완해협, 그리고 인도차이나에 성립한 소분단체제들은 대분단 기축관계와 역사적 기원을 같이한다. 소분단체제들은 각자 내적·외적 요인들에 의해 두 개의 정치공동체로 분열해 대립하는 분단국가체제들이다. 저마다 전쟁을 겪으면서 형성된 역사심리적 간극을 안고 있다. 한반도의 전쟁이 그렇고, 중국 내전이 그렇고, 인도차이나의 반식민주의 전쟁이 그러했다. 소분단체제들도 저마다 '지정학적 긴장'의 차원을 담고 있다고 말할 수 있는데, 그것은 한반도의 남북한, 타이완해협의 타이완, 그리고 냉전기 베트남의 남북이 각자 강력한 지정학적 행위자들과 동맹관계로 묶여 있다는 사실 자체를 가리킨다고 할 수 있다.

동아시아 대분단체제를 하나의 '시스템'이라 말할 수 있는 것은 대분단 기축관계를 구성하는 세 가지 차원의 긴장들이 상호유지적으로 작용할 뿐만 아니라, 그 기축관계와 세 개의 소분단체제들이 또한 상호유지적으로 작용하는 패턴을 동시에 보이기 때문이다. 미일동맹과 중국 사이의 긴장이 이완되더라도 한반도나 타이완해협에서 긴장이 증가하면 미중관계의 긴장완화도 제한되고, 나아가 다시금 긴장이 커지곤 했다. 또 소분단체제들에 봄이 오는 경우에는 대분단 기축관계에 긴장이 발전하면서 소분단체제의 봄도 꺾이곤 했다.

동아시아 대분단체제는 냉전기에도 한 차례 의미 있는 변화를 겪었다. 1960년대 말 중소분쟁을 배경으로 미국과 중국은 대흥정과 대타협을 했다. 패색이 짙어진 베트남전쟁에서 미국은 명예로운 후퇴를 위해서 중국의 협력이 필요했다. 중국은 타이완에 대한 국제법적 주권 획득과 그에 바탕한 유엔 상임이사국 등극이 필요했다. 이 타협의 결과 타이완은 '하나의 중국'이라는 원칙하에 주권은 중국에 속하고 정치군사적 영역에서는 미국에 속하는 양속체제(兩屬體制)에 놓이게 되었다. 대신 미국은 인도차이나로부터의 패주를 '명예로운 후퇴'로 포장할 수 있었다. 베트남은 곧 공산화 통일을 이루었다. 베트남의 새로운 상황은 그처럼 대분단 기축관계의 긴장 완화와 관련이 있었다. 하지만 그 공산화 통일은 대분단체제의 긴장 완화의 수준

을 제한했고, 한반도를 포함한 동아시아 전반의 긴장을 다시 높이는
효과를 낳았다.

2. 탈냉전 후 동아시아 대분단체제의 지속: 3차원적 긴장의 재충전

동아시아질서의 큰 변화는 물론 탈냉전과 함께 왔다. 탈냉전은 크
게는 미소 간의 문제였지만, 탈냉전을 추동한 중요한 열쇠의 하나는
동아시아, 특히 중국의 내면에서 우러나왔다. 1976년 마오쩌둥의 죽
음을 계기로, 공산당을 포함한 중국 사회 구성원 전반에 마오쩌둥 시
대 전체주의 경험에 대한 반성이 확산되었다. 곧 중국에서 덩샤오핑
이 이끄는 개혁개방이라는 이름의 평화적인 정치사회적 혁명이 전
개되었다. 1970년대 말에 시동을 건 중국의 개혁개방은 서유럽 사회
들의 강력한 반핵운동, 동유럽의 시장경제 도입 흐름과 결합하면서,
1985년 등장한 고르바초프의 소련에게 '신사고'(New Thinking)의
계기를 만들어주었다. 그렇게 시작된 동서 냉전의 종식 과정은 동아
시아의 한국·타이완·필리핀에 존재했던 반공파시즘 정권들의 몰락
과 민주화의 배경이었다.

탈냉전은 그렇게 도래했지만 동아시아 대분단체제의 골격은 그대
로 남았다. 대분단의 기축관계를 구성하는 세 가지 차원의 긴장은 각
각 변화 못지않은 연속성을 가졌다. 냉전은 그 한 축인 소련이 해체
되면서 무너져내렸고, 미소 냉전을 그대로 투영했던 유럽의 냉전체
제는 해체되었다. 그런데 반대로 동아시아 대분단체제의 한 축인 중
국은 소련과 달리 개혁개방을 통해 경제력이 성장하며 국력이 팽창
했다. 또한 냉전 후반기 동아시아 대분단체제 안에서 중국과 미국 사
이 대흥정과 타협을 이끌었던 소련이라는 공동의 적은 이제 더 이상
존재하지 않았다. 이로써, 중국 대륙과 미일동맹 사이 지정학적 긴장
은 재충전의 길을 걸었다.

정치사회적 체제와 이념의 이질성이라는 차원도 해소되는 것이

아니라 '내용의 치환(置換)'을 겪었다. 냉전기의 이질성은 시장과 사적 소유의 존재 여부였다. 중국의 개혁개방으로 그 이질성은 약화되었다. 그러나 탈냉전의 기운 속에서 동아시아 여러 나라들의 민주화는 중국의 톈안먼사태와 동시대에 진행되었다. 이로써 민주주의 대 권위주의의 대립이라는 문제가 정치사회적 이질성으로 인한 긴장의 내용을 재충전하게 되었다.

탈냉전 초기에 미국과 서방 사이의 정치사회적 체제와 이념 차원의 긴장을 강조한 흐름은 미국에서 문명충돌론과 함께 부상했다. 새뮤얼 헌팅턴은 향후 중국과 서방 사이의 문명적 이질성의 핵심으로 냉전시대와 달리 권위주의 대 민주주의의 충돌을 강조했다.[6] 국제관계에서 전쟁과 평화의 동인을 해석하는 데 있어서 현실주의적 관점은 원래 국력의 강약만을 따질 뿐 독재 혹은 민주주의 같은 국가의 내적 성격을 주목하지 않는다. 그러나 향후 중국과 서방 사이의 관계를 결정하는 요소로서 많은 학자들이 권위주의-민주주의 간 긴장을 중요한 요소로 취급하는 경향을 보인다.[7] 새 내용으로 재충전된 '문명적 타자화'(文明的 他者化)가 작동하게 되는 것이다. 권위주의 대 민주주의의 차원은 타이완 민중의 '중국으로부터의 독립 의지'를 촉진하면서, 대분단체제의 지정학적 긴장을 심화시키는 장치가 되고 있다. 또한 이 문제는 2010년대 말 홍콩의 민주화 운동 및 그 좌절과 결합하여, 동아시아 대분단 기축관계의 긴장을 유지시키는 중요한 요소로 작동한다.

냉전기 동아시아에서 역사 담론은 이념 담론에 가려 절반은 억눌려 있었다. 미국이 주도하는 초국적 이념공동체에 일본과 함께 속해 있던 한국과 타이완에서도 일본의 역사적 범죄에 관한 공개적 비판

---

6 Samuel P. Huntington, *The Clash of Civilizations and the Rethinking of World Order*, New York: Simon & Schuster, 1996, pp.209-236.

7 David Shambaugh, *Tangled Titans: The United States and China*, Rowman & Littlefield, 2012, p.8.

은 반공이라는 더 큰 대의에 밀려 억압되었다. 탈냉전이 되면서 냉전기 이념 담론은 퇴장했다. 대신 역사 담론이 부상했다. 동아시아의 이웃 사회들에서 갑자기 부상한 것처럼 보인 역사 문제제기에 일본은 당혹해했다. 황망한 가운데 역사를 반성하는 '고노 담화'(河野談話, 1993년 8월)와 '무라야마 담화'(村山談話, 1995년 8월)도 내놓았다. 하지만 곧 일본은 역사문제에서 동아시아의 다른 사회들과 간격을 벌렸다. 1990년대 말 일본 역사담론의 우경화는 한반도 핵문제와 타이완해협 미사일위기 같은 소분단체제들의 긴장 사태들에도 영향을 받으면서 일본 정치가 우경화의 길을 걸은 것과 관계가 있었다.

동아시아 역사문제는 이 지역 사회들이 서로를 신뢰할 수 있는 '평화의 동반자'로서 받아들이는 데 심리적 저항의 역할을 하는 '정신적 폐쇄회로'로 기능해왔다. 그것이 탈냉전의 동아시아에서 오히려 더 명백해진 현상은 1990년대에 일어난 사태들에서 엿볼 수 있다. 중국 난징시 한복판에는 1937년 벌어진 난징학살에 대한 중국 사회의 기억을 표상하는 '난징학살피해자기념관'(侵华日军南京大屠杀遇难同胞纪念馆)이 있다. 이것은 1985년에 세워졌는데, 1995년에 지금의 규모로 확장되었다.[8] 반면에 일본 사회는 중일전쟁과 태평양전쟁에서 전몰한 군인들과 14명의 A급 전범들을 함께 기리는 야스쿠니신사에 대한 일본 정부 지도자들의 정기적인 참배와 공물헌납을

---

8 난징학살 80주년이었던 2017년 12월 난징대도살기념관은 시진핑 주석이 참석한 추모식을 가졌다. 이와 때를 같이해 중국 국가당안국은 『세계기억명록: 난징대학살당안』과 당시 독일인으로서 난징대학살의 산증인이었던 존 라베의 일기를 편집한 『존 라베의 일기』(Diary of John Rabe) 등 2권의 책을 출간했다. 그달 11일부터 중국 관영 CCTV는 일본 정부와 일본군의 체계적인 위안부 운영을 고발하는 다큐멘터리를 방영하며 일본에 역사반성을 촉구했다(박은경, 「시진핑, 난징대학살 80주년 추모식 참석…일본에 역사반성 촉구」, 『경향신문』, 2017.12.12.). 난징학살에 대해 중국 사회가 인식하고 기억하는 모든 것들을 집대성한 것은 2000년대에 들어서 진행된 장쑤인민출판사의 총 71권에 달하는 대작업이었다(張憲文 主編, 『南京大屠殺史料集』第1冊-第71冊, 江蘇人民出版社, 2005-2010).

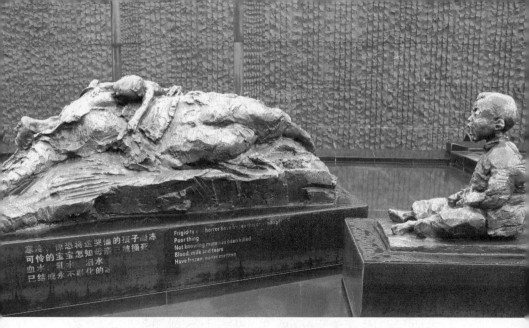

난징시의 '난징대도살피해동포기념관'(侵华日军南京大屠杀遇难同胞纪念馆)에 서 있는
조각상. ⓒ이삼성, 2016

자연스럽게 받아들인다. 동아시아 이웃 사회들에서 그것은 침략전
쟁과 제노사이드를 포함한 전쟁범죄 행위들에 대해 일본 사회의 역
사반성이 부재함을 단적으로 표상한다.[9] 과거 침략전쟁 시대의 일본
과 현재의 일본을 단절 없이 연결해주는 역사적 연속성은 1990년대
말 일본이 히노마루를 국기(國旗)로, 기미가요를 국가(國歌)로 공식
법제화한 결정에서 상징된다. 동아시아 다른 사회의 많은 사람에게
그것은 마치 독일이 과거 제3제국의 국기와 국가를 다시 정식으로
복권시키는 것에 비유되는 충격을 주었다. 중요한 것은 일본 사회에
서는 그것이 하등 문제가 되지 않을 정도로 일본 사회의 역사적 기억
은 과거와의 단절이 약하며, 일본 정부가 '역사 지우기'에 앞장서 그
경향을 심화시킨다는 사실이다.[10]

---

9 2013년 12월 아베 신조(安倍晋三) 일본수상의 야스쿠니신사 참배에 대한
중국 정부의 반응은, 「秦刚: 中国人民不欢迎安倍 中国领导人也不可能与其对
话」, 人民网, 2013.12.30.
10 일본 총리들 가운데 가장 우경화한 역사인식을 가진 것으로 말해지는 아

동아시아 대분단 기축관계를 구성하는 세 차원의 긴장들은 모두 그렇게 재충전되었고, 그것들은 서로를 보완하고 지지해주는 관계에 있다. 이 기축관계의 긴장들은 또한 한반도와 타이완해협에서 다시 활성화된 소분단체제의 긴장들과 맞물리면서 서로를 지탱하는 상호작용 관계를 구성했다. 1990년대에 미일동맹과 중국 사이의 긴장이 완화된 것처럼 보였을 때 북한 핵문제와 타이완해협의 미사일 위기가 벌어졌다. 이들 소분단체제의 긴장들은 대분단 기축관계의 긴장을 환기시켰다. 대분단 기축관계와 소분단들 사이에 존재하는 이러한 상호지지 작용은 현재에도 계속되고 있다. 냉전기 베트남 소분단체제가 수행한 기능은 오늘날 베트남과 필리핀을 포함한 동남아시아 국가들과 중국 사이에 벌어지는 남중국해 영유권 갈등으로 대체되었다. 이 갈등에서 미국이 동남아 국가들과 연대해 중국과 긴장하는 것도 닮은꼴이다.

필자는 2007년의 논문에서 동아시아 대분단체제의 중심을 종단 (縱斷)하는 '대분단선'에 대해 논했다. 남중국해, 타이완해협, 오키나와와 센카쿠(댜오위다오)를 포함한 동중국해, 그리고 한반도 서해안을 거쳐 휴전선으로 이어지는 선이다. 중국의 국력 팽창과 함께 중국의 '자기정체성'이 확장해왔다. 그 일환으로 '영토적 경계'에 대한 중

베 신조도 2015년 8월 연설에서 "우리 일본인들은 세대를 넘어 과거의 역사와 정면으로 마주하지 않으면 안 됩니다. 겸허한 기분으로 과거를 계속 받아들이고, 그것을 미래에 넘겨줄 책임이 있습니다"라고 말함으로써, 역사반성의 책임을 미래 세대에게도 전할 의무를 언급했다(「아베 "전후세대 8할 넘어…사죄 계속하는 숙명 지워선 안돼"」, 『연합뉴스』, 2015.8.14). 문제는 그러한 원론적인 역사반성과 모순되는 구체적인 행위들이 계속된다는 점이다. 일본 정부가 역사교과서에서 침략전쟁 기간에 벌어진 반인도적 행위들에 관한 역사 지우기를 주도하는 것이 그렇다. 2022년에도 일본 문부과학성은 고등학교 검정교과서에 나오는 '조선인 강제연행'이나 '종군위안부' 등의 용어를 정정하도록 출판사에 직접 요구하는 일이 많아졌다는 지적이 일본 학자들로부터도 나왔다(「일본 정부가 고교 교과서에서 위안부·강제연행 지웠다…일본 학자들도 지적」, 『경향신문』, 2022.8.24).

국의 역사적 개념의 현실화가 추구된다. 중국의 영토적 자아(自我)는 미국이 일본·한국·타이완·필리핀 등 동아시아 국가들과의 동맹체제에 기반해 누리는 동아태 지역 해상패권과 긴장을 축적한다.[11]

3. 탈냉전기 동아시아 대분단체제의 제1국면과 제2국면

2000년대 들어 미국과 한국을 비롯한 세계 국제정치학계는 미국과 일본을 비롯한 서방과 중국 사이에 경제적 상호의존이 발전해왔기 때문에 동아시아의 평화가 파괴되지는 않을 것이라는 관념이 지배했다. 필자는 그 관념의 안이함과 위험성을 경고하고자 했다. 어떻게든 이 지역에 공동안보의 질서를 구성해내기 위해서 "의식적이고 체계적인 노력"을 기울이지 않는다면, 경제적 상호의존은 "군사안보적 대분단체제의 그늘"에 언제든 덮여버릴 위험을 안고 있다고 필자는 지적했었다.[12]

동아시아 대분단체제론은 경제적 상호의존이 평화를 지킬 수 있는가에 대해 '경제적 현실주의'의 시각을 취한다. 일찍이 임마누엘 칸트가 지적했듯이 경제적 상호의존은 때로 국가들 사이의 평화공존을 도울 수 있다. 그러나 때로는 그것이 오히려 평화를 파괴하는 장치가 될 수 있다. 특히 이 점을 주목한다. "국가들이 군비경쟁에 몰두하고 있는 상황에서도 권력집단과 대중은 모두 (경제적 상호의존 때문에) 평화가 지속될 것이라는 착시에 빠진다. 그래서 군비통제를 위한 노력은 뒷전이 된다. 1차 대전 발발 직전까지 유럽 각국 지도자들은 양극화된 군사동맹과 군비경쟁에 몰두하면서도 경제적 상호의존이 전쟁을 막아줄 것을 기대하고 있었다. 오늘의 동아시아질서에

---

11 이삼성, 「21세기 동아시아의 지정학: 미국의 동아태 지역 해양패권과 중미 관계」, 『국가전략』, 제13권 1호(2007년 봄), 5–32쪽.
12 이삼성, 2006, 78쪽.

대해서도 시사하는 바가 크다."[13]

탈냉전기 동아시아 대분단체제의 양상은 크게 세 국면으로 구분할 수 있다. 제1국면은 1990년대에서 2000년대에 이르는 약 20년이다. 이 시기엔 미국과 일본을 포함한 서방이 중국을 세계자본주의 체제에 통합함으로써 중국을 통제하면서 중국의 값싼 노동력과 시장을 이용해 경제적 이득을 취할 수 있다고 믿었다. 그러한 인식이 동아시아 대분단체제가 내포한 위험성을 간과하게 만들었다. 2001년 부시 행정부의 출범에 기여한 미국의 신보수주의자들의 대외정책 어젠다는 중국을 강력하게 견제한다는 목표를 포함했다.[14] 그러나 2001년 9월 벌어진 9·11 사태로 말미암아 미국의 우선순위는 이슬람세계를 향한 '대테러전쟁'으로 옮아갔다. 이 기간에 중국은 세계 자본주의체제의 일부로 발전하면서 경제적으로 서방의 예상을 뛰어넘은 부강을 이룩했다.

동시에 미국은 같은 시기에 중국에게 핵무기를 포함한 군사력 현대화의 명분을 제공했다. 2002년 미국은 러시아와 중국의 경고를 무시하고 탄도미사일방어제한협정(ABM Treaty)을 일방적으로 폐기하고 미사일방어망 구축을 본격 추진했다. 이에 대응해 중국은 자신이 경고한 대로 핵무기체계와 해군력을 현대화하고 다변화하는 데 박차를 가했다. 아울러 중국과 러시아가 주축이 된 상하이협력기구(Shanghai Cooperation Organization)라는 이름의 유라시아대륙연합(Eurasian Continental Coalition)이 공식 출범했다.

동아시아 대분단체제 제2국면은 2010년을 전후한 시기에 미국이 동아태 지역에서 자신의 해상패권이 위기에 처했음을 인식하면서 시작된다.[15] 이 무렵 미국은 이슬람세계에 대한 대테러전쟁을 일

---

13 이삼성, 2016, 168쪽.

14 Ross H. Munro, "China: The Challenge of a Rising Power," in Robert Kagan and William Kristol (eds.), *Present Dangers: Crisis and Opportunity in American Foreign and Defense Policy*, San Francisco: Encounter Books, 2000.

단락지었다. 이제 '아시아 재균형'을 앞세운다. 미일동맹이 누리던 동아태 해상패권이 위기에 처할 수준으로 중국의 경제력과 군사력이 성장하면서, 미일동맹이 중국 견제를 대외정책 우선순위에 올린다. 이 시기에 동중국해의 센카쿠(댜오위다오)를 둘러싼 중일 간의 충돌과 남중국해에서 미중 간의 긴장이 본격화했다. 미일동맹과 중국의 긴장은 한반도의 군사적 긴장과도 맞물려 전개되었다. 한미동맹은 유사시 북한에 대한 선제타격을 공식화했고, 그것을 뒷받침하는 무기체계 개발에 박차를 가했다. 2011년 말 사망한 김정일을 이어 등장한 김정은 정권은 대분단체제 전반에서 커지는 긴장을 등에 업고 핵무기와 탄도미사일 개발에 매진했다. 미중 긴장의 틈바구니에서 북한이 마침내 핵무장을 완성한 것은 2017년이었다. 수폭실험과 함께 일본과 괌의 미 군사기지를 타격할 수 있는 중거리탄도미사일(IRBM)과 미국에 도달할 수 있는 대륙간탄도미사일(ICBM) 시험발사도 성공했다.

유라시아대륙 한복판에서 러시아와 서방 사이에 신냉전 조짐이 대두한 것은 동아시아 대분단체제 제2국면과 일치한다.[16] EU와 NATO

---

15 미 의회가 '미중 경제 및 안보 검토위원회'를 설치해서 양국 간 경제·무역관계가 미국 국가안보에 미치는 영향을 조사 분석해 매년 의회에 보고하도록 한 것은 2000년이었다. 이렇게 시작된 연례보고서가 처음으로 중국의 공군력과 재래식 미사일 전력 팽창이 동아시아 미군기지들에 제기하는 점증적 위협을 분석하는 챕터를 따로 마련한 것은 2010년이었다(Robert Haddick, "This Week at War: The Paradox of Arms Control: Even if it passes, New START will only ensure that the U.S. remains dependent on nuclear weapons," *Foreign Policy*, November 19, 2010). 2012-15년 사이에 미 국방부 보고서는 중국 핵무기와 미사일체계, 해군력의 현대화와 첨단화를 본격 주목한다(Office of the Secretary of Defense, U.S. Department of Defense, *Annual Report To Congress: Military and Security Developments Involving the People's Republic of China 2015*, April 7, 2015: 이삼성, 『한반도의 전쟁과 평화: 핵무장국가 북한과 세계의 선택』, 한길사, 2018, 146-163쪽).

16 2004-2005년 우크라이나의 오렌지혁명에서 2014년 러시아의 크림반도 장악에 이르는 과정에 대해서는, Lawrence Freedman, "Why War Fails Russia's Invasion of Ukraine and the Limits of Military Power," *Foreign Affairs*, July/

로 집약되는 서방과 러시아의 신냉전은 과거의 냉전과 다른 세 가지 근본적인 특징이 있다. 첫째, 소련 붕괴 이후 유라시아 대륙으로 영역을 넓혀간 서방의 '확장주의'가 푸틴 체제하의 러시아 내부에서 성장해온 내셔널리즘과 충돌하면서 발전하는 긴장이다. 둘째, 푸틴 체제하의 러시아에서 권위주의와 과두정이 강화되면서, 러시아와 서방 사이 지정학적 중간지대에 속한 사회들에서 서양과의 통합을 원하는 움직임이 커졌다. 동아시아 대분단체제에서 권위주의-민주주의의 대립이 정치사회적 체제와 이념 차원의 긴장 축으로 재충전된 것과 유사한 맥락에서 러시아와 서방 사이에서도 그것이 중요한 긴장 축으로 부상했다. 러시아 사회의 권위주의적 속성은 지정학적 중간지대 사회들의 친서방 지향을 강화시키면서 러시아의 지정학적 위기의식을 고조시킨다. 그것이 러시아와 서방의 사이가 지정학적-군사적 긴장으로 전환되는 양상이다. 셋째, 냉전기에는 동아시아에서 미일동맹과 중국 사이의 긴장을 기축으로 하는 대분단체제가 미소 냉전이라는 더 큰 맥락의 글로벌한 긴장 구조를 배경으로 했다. 반면에 2010년대에 표면화된 서방과 러시아의 신냉전은 동아시아 대분단체제의 긴장 심화와 맞물려 그것에 의존하면서 전개되고 있다.

서방에 대한 러시아의 저항과 도전은 2010년대에 들어 활성화된 동아시아 대분단체제의 긴장 심화라는 맥락과 분리해서 이해할 수 없다. 상하이협력기구로 표상되는 유라시아대륙연합의 존재를 전제로 할 때만 2014년 크림반도에 대한 러시아의 대담한 행동을 충분히 이해할 수 있다. 중국의 대외정책이 시진핑 체제 출범과 함께 '일대일로'(一帶一路, One Belt One Road)를 통해 글로벌한 차원을 띠기 시작했다는 것도 동아시아 대분단체제 제2국면의 중요한 특징이었다. 일대일로는 중국 서부를 거쳐 중앙아시아와 남아시아, 그리고 중동과 아프리카의 자원에 대한 경제적·지정학적 접근권을 추구한다.

August, 2022, p.14.

이후 미일동맹의 인도-태평양 전략, 그리고 NATO의 유라시아 확장 전략이 중국의 일대일로와 각축하며 긴장을 높이는 양상을 보여왔다.

4. 2010년대 말 이후 동아시아 대분단체제 제3국면과 러시아-서방의 신냉전

1) 미국·중국의 신중상주의와 정치적 권위주의 흐름

동아시아 대분단체제가 제3국면에 접어든 것은 트럼프 행정부가 출범한 2010년대 말이라고 할 수 있다. 제2국면까지의 대분단체제에서 미국의 중국 견제는 군사안보적인 지정학적 성격이 강했다. 제3국면에서는 미국의 대중국 견제 개념이 안고 있던 지경학적(geoeconomic) 차원이 표면화하면서 '통합과 상생'에서 '봉쇄'로 옮아갔다. 중국의 군사적 도전과 세계적 영향력 확대의 기반이 되는 경제적 성장을 제한하고자 하는 경제봉쇄(economic containment)의 양상을 띠게 된 것이다. 트럼프 행정부는 중국 경제의 첨단화와 고속성장을 억제하기 위해 관세장벽과 첨단기술 이전 봉쇄를 추구하기 시작했다. 그것은 바이든 행정부에서 더 확장되고 있다.

미국의 대중국 경제봉쇄는 일찍이 그리스의 역사가 투키디데스가 주목했고 20세기에 들어서는 레닌과 길핀이 주목한 '패권자와 도전자의 불균등 발전'에 대한 불안과 공포를 반영한다. 보다 최근에 그레함 앨리슨은 그것을 '투키디데스의 함정'이라고 정식화한 바 있다.[17]

그러한 두려움을 특히 2010년대 말의 시점에서 중국에 대한 경제

---

17 앨리슨이 정의한 "투키디데스 함정"은 도전자가 패권자를 대체하려 위협할 때 패권자가 겪게 되는 "자연스럽고 불가피한 당혹과 혼란"을 가리킨다. 패권자는 불안감이 증폭되면서 그 지도자들은 현상을 유지하기 위해 "비합리적인 수준의 위험"까지도 감수하려는 심리상태에 빠진다(Graham Allison, *Destined For War: Can America and China Escape Thucydides's Trap?*, Boston: Houghton Mifflin Harcourt, 2017, p.xvi, pp.44-51).

봉쇄로 노골화한 배경에 관해서, 필자는 세계 자본주의 경제 안에서 미국을 비롯한 서방과 중국의 경제관계와 그 결과 미국 정치 안에서 성장한 '반세계화 포퓰리즘'을 주목한다. 그간 미국과 유럽은 WTO 체제하에서 중국과 러시아를 세계 자본주의 경제에 통합하여, 중국의 값싼 노동력과 거대한 시장을 활용해 이득을 취하는 데 몰두했다. 중국의 값싼 공산품과 러시아의 풍부한 에너지에 의존해 선진 자본주의 사회들은 마이너스 초저금리의 혜택을 누리면서도 인플레이션은 피할 수 있었다. 그사이에 선진 자본주의 국가들의 제조업을 블랙홀처럼 빨아들여 세계의 공장으로 변모한 중국은 동아시아 대분단체제 안의 '불균등 발전'의 주체가 되었고, 마침내 미일동맹의 동아태 해상패권에 도전할 힘을 길렀다. 러시아는 냉전기에 확보한 핵무기 초강국의 지위를 유지하면서 소연방 붕괴 후의 경제적 혼란에서 벗어났다. 이 세계화 구조 속에서 미국과 유럽의 제조업은 공동화했다.

미국 자본주의에서 부의 생산은 지식집약적 부문과 금융 산업을 포함한 서비스 산업이 주로 담당하고, 최하층 3D 산업의 상당 부분은 불법이민자를 포함한 이주노동자 집단이 대신하며 제조업 부문 임금 상승이 제한되면서 중하층 중산계급의 일자리는 줄었다. 지식집약적 산업에서 소외된 중하층 노동자들의 설자리는 갈수록 좁아져온 것이다. 이들은 세계화와 국제주의와 그것이 내포하는 자유주의적 가치들에 깊은 반감을 축적해왔다. 미국의 경제사회적 양극화의 배경이다. '세계화'가 내포한 국제주의, 자유무역, 다문화주의, 사회적 자유주의를 둘러싸고, 지난 수십 년간 세계화의 혜택에서 소외되어 반감을 가진 중하층 백인들을 포함한 노동계층이 1930년대 이래의 미국 뉴딜연합으로부터 이탈한 정도가 더욱 심해졌다. 2018년을 전후해 미국과 유럽에서 중간파를 포함한 대중들이 자유주의적 가치에 더 적대적으로 되면서 권위주의적 정치가들을 더 지지하는 흐름이 포착되었다는 것은 매우 시사적이다.[18] 경제사회적 양극화가 정치적 양극화로 이어진 것이다.

미국 내 '반세계화 포퓰리즘'은 마침내 2020년 대통령선거의 결과를 폭력적으로 부정하며 민주주의의 근간을 위협하는 수준으로 발전했다. 트럼프는 선거 결과를 뒤집는 쿠데타를 음모한 혐의를 받고 있음에도[19] 미 공화당 전체가 트럼프주의의 포로가 되었다.[20] 트럼프주의는 부유층의 과두정 지향과 중하층 백인사회의 인종주의와 반세계화 포퓰리즘의 연합으로 보인다. 이런 상황에서 전통적으로 노동계층의 지지에 의존하는 민주당도 중하층 노동자층의 지지를 회복하기 위해 그들의 정치적 요구에 민감해진다. 반세계화 포퓰리즘은 공화당도 민주당도 거스를 수 없는 미국 정치의 추세가 되었다. 반세계화 포퓰리즘으로 표상되는 미국 정치 내부의 반자유주의적 경향과 포용성의 약화가 대외경제정책에서 개방성의 후퇴와 동시적으로 진행되는 것은 놀라운 일이 아니다.

트럼프 행정부는 특히 백인 중하층 노동계급의 반세계화 정서를 세계의 공장으로 발전한 중국에 대한 반감과 불법이민자들에 대한 혐오로 연결시키는 '반이민 포퓰리즘'(anti-immigrant populism)을 정치적으로 조직하고 동원하는 데 성공했다.[21] 민주당과 바이든은 이

---

18 David Adler, "Centrists Are the Most Hostile to Democracy, Not Extremists," *The New York Times*, May 23, 2018. 미국 공화당에 오랜 세월 몸담았던 인사가 2022년 시점에서 "공화당 안에 온건파는 더 이상 설 자리가 없다"고 평하기에 이르렀다(Peter Smith, "Moderate Republicans No Longer Have a Home, and It Started With My Defeat," *The New York Times*, September 22, 2022).

19 Paul Krugman, "Crazies, Cowards and the Trump Coup," *The New York Times*, June 30, 2022.

20 미국 공영방송 PBS가 2022년 실시한 여론 조사에서 미국인 대다수는 2024년 대선에 트럼프의 재도전을 반대했지만, 공화당 지지층의 67퍼센트가 트럼프의 재출마를 지지했다(Matt Loffman, "Trump should not run for president in 2024, majority of Americans say," PBS, September 7, 2022).

21 트럼프주의의 '반이민 포퓰리즘'은 멕시코와의 국경선에 높고 긴 벽을 건설하는 정책으로 대표된다. 트럼프는 2015년 2월 공화당 대선 예비선거에서 처음으로 "나는 벽을 세우겠다. 누구도 트럼프처럼 벽을 세우지 못한다"고 주장했다(Joshua Green, *Devil's Bargain: Steve Bannon, Donald Trump, and the*

트럼프주의의 정치사회적 기반이 증명한 힘 앞에서 커다란 위기의식을 느꼈다. 바이든과 민주당은 노동계층의 반세계화 성향에 적응하려 한다. '반이민'에서 일부 후퇴하되, 트럼프보다 더 광범한 보호무역주의와 미국 중심주의적 대외경제정책을 선택했다.[22] 트럼프의 미국 우선주의가 유럽을 포함한 동맹국들에 대한 군사안보적 공약을 혼란에 빠뜨렸다면, 바이든의 미국 중심주의는 군사안보동맹은 존중하고 활용하되, 동맹의 경제적 차원을 희생시킬 준비가 되었다.

바이든의 반세계화는 중국에 대해서는 물론이고 동아시아와 유럽의 동맹국들에 대해서도 무역장벽을 들이대는 더 편협한 보호무역주의로 나아가고 있다. 이 경향을 '반도체도, 배터리도, 바이오도 미국에서 생산하라'는 요구와 함께, 이들 산업에 대한 산업보조금 정책으로 구체화했다. 주요 산업의 국적(國籍) 회복을 추구한 것이다. '리쇼어링'(Reshoring)이라는 명패를 단 신중상주의(neomercantilism) 시대가 부활했다.[23] 2020년 초 이래 세계를 점령한 코로나-19 팬데믹으로 초래된 공급망 교란에 대한 대책이라는 명분이 제시되어왔지만, 그것이 실체의 전부는 아닌 것이다. 이 신중상주의적 흐름은 반드시 미국만의 것은 아니다. 국가자본주의라고 할 중국의 산업정책은 내재적으로 그 성격을 띠고 있었다. 미국도 정

Nationalist Uprising, New York: Penguin, 2018, p.111).

22 바이든 행정부는 2022년 가을 미국 무역정책의 방향으로 "노동자 중심적 무역"(worker-centric trade)이라는 개념을 제시했다. Pierre Lemieux, "Biden's Protectionism: Trumpism with a Human Face," CATO Institute, Fall 2022 (https://www.cato.org).

23 중상주의 무역정책은 무역을 상생과 공영의 관점에서 보는 자유무역주의와 달리 국가들 간의 제로섬 게임으로 바라본다. 자국 산업의 보호·육성과 수출 확대를 위한 국가의 역할을 중시하되, 수입은 제한하기 위해 외국산에 대한 관세 및 비관세 장벽을 높이는 보호무역주의와 통한다. 국제관계를 주로 세력경쟁 차원에서 바라보는 현실주의 외교노선을 무역정책에 투영한 것이다. 신중상주의는 특히 통화정책과 재정정책 수단을 동원해 그러한 목적을 추구하는 흐름을 가리킨다.

부가 앞장서서 중국을 닮아가는 모습이다.

이 상황은 1930년대에 세계 열강들이 보호무역주의를 추구하면서 신중상주의적 정책을 본격화했던 것과도 유사하다.[24] 당시 독일은 중동부 유럽 국가들과의 경제블록화와 함께 산업의 국내화(國內化)를 추진했다. 일본도 동아시아에서 만주국 건설 등 경제블록화를 추구했다. 그 본격적인 시작은 사실 1930년 미국의 스무트-홀리 관세법안이었다.[25] 2020년대의 세계, 특히 동아시아는 제1차 세계대전 직전의 군사안보적인 양극적 동맹체제화에 제2차 세계대전 전인 1930년대의 보호무역주의와 산업의 국내화가 동시에 전개되는 양상을 보인다.

미국의 경제적인 대중국 관세장벽 구축은 미국이 중국의 각종 규제에 의한 비관세장벽과 지적재산권 약탈 등을 명분으로 삼으며 시작했다. 하지만 그것이 중국과의 패권경쟁 차원이기도 하다는 것을 미국은 숨기지 않는다. 중국 역시 각종 규제에 의한 비관세장벽과 민중 차원의 '애국소비'가 자유무역을 제한한다. 두 나라의 신중상주의는 상호상승작용을 일으킨다. 자유무역에 의존해 성장해온 한국과 타이완 같은 나라에게는 구조적 장벽이다. 중국과의 긴밀한 경제적 교류협력을 유지해야만 경제성장의 지속도 평화 관리도 가능한 한국과 타이완 모두에게 미국의 대중국 경제봉쇄와 보호무역주의는 경제와 군사외교 양면에서 심각한 도전이다.

동아시아 대분단체제 제3국면에서 미국 정치가 '반세계화 포퓰리즘'에 지배되기에 이르렀다면, 같은 시기 중국 정치는 권위주의 강화의 길을 걸었다. 덩샤오핑의 개혁개방 이래 중국의 정치적 변화의 중요한 요소는 집단지도체제 구축과 최고 지도자의 3연임 금지였다.

---

24 제2차 세계대전 전야 1930년대 보호무역주의 흐름은 Jeffrey Frieden, *Global Capitalism: Its Fall and Rise in the Twentieth Century*, New York: W.W. Norton & Company, 2006, pp.206-209.

25 Frieden, 2006, pp.142-148.

2018년 중국 공산당은 시진핑 주석의 장기집권이 가능하도록 연임 제한을 폐지했다. 2022년 가을엔 시진핑이 3연임을 달성했다. 미국 정치가 반세계화 포퓰리즘의 포로가 될수록, 그리고 중국 정치가 권위주의적 경직성을 강화할수록, 동아시아 대분단체제의 긴장과 경직성은 더 견고해진다. 미일동맹과 중국의 긴장은 한반도와 타이완 해협의 긴장 완화도 어렵게 한다.

2) 러시아─서방의 신냉전과 동아시아 대분단체제의 만남과 공생

2022년 2월 우크라이나에 대한 러시아의 전방위적인 침략행위가 전개되었다. 미국과 유럽이 우크라이나에 대한 대규모 무기 지원과 함께 러시아에 대한 경제제재로 대응하면서 서방과 러시아의 신냉전이 본격 국면에 들어섰다. 본격적인 신냉전의 계기가 된 러시아의 우크라이나 침공은 세 가지 조건을 바탕으로 전개되었다.

첫째, 미국의 세계적 역할의 후퇴 추세다. 이 추세의 극적인 표상은 2021년 8월 30일 카불공항에서 벌어진 미군 최종 철수작전의 혼란상이었다.[26] 미국은 2조 달러의 비용과 4만 7,000명에 이르는 민간인을 포함한 17만 명의 인명 희생을 기록한 채, 탈레반 축출이라는 목표를 이루기는커녕 오히려 축출당했다.[27] 9·11 테러에 대한 보복으로 시작한 미국의 아프가니스탄 점령과 20년 전쟁, 그것이 초래한 아프간인들의 희생에 대한 유일한 도덕적 정당화는 사실상 아프간 여성들의 인권을 존중하는 민주국가의 건설이라는 것이었다. 미국의 혼란스런 퇴장과 함께 그 명분도 무너졌다. 이러한 미국의 패주는 불과 몇 년 전 성공으로 끝난 러시아의 시리아 내전 개입과 비교되었다. 미국도 2013년 이래 시리아 내전에 개입해 반정부세력을 지원했

---

26 이미 혼란이 극에 달해 있던 카불의 하미드 카르자이 국제공항에서 13명의 미군을 포함 170명을 살해한 테러도 미국은 막지 못했다.

27 Adam Nossiter and Eric Schmitt, "U.S. War in Afghanistan Ends as Final Evacuation Flights Depart," *The New York Times*, August 30, 2021.

다. 그러나 미국은 2017년 3월 시리아에서 더 이상 아사드 정권의 축출을 추구하지 않는다고 밝힌다. 여기서도 미국은 실패했고, 아사드 정권을 지지한 러시아는 성공했다. 또한 트럼프 행정부가 NATO 회원국들을 포함한 동맹국들에게 과도한 비용분담을 요구해 빚어진 미국의 신뢰성 약화, 그리고 바이든 행정부에 들어서 더 강화되고 있는 보호무역주의도 미국의 세계적 리더십의 후퇴와 맥이 닿는다.

둘째, 러시아의 경제적·군사적 자신감이었다. 에너지 수출로 재정 능력이 확대되었고, 그것을 바탕으로 초음속무기 개발 등 군비 현대화에 성공했다. 2015년 달러로 환산했을 때, 러시아연방(Russian Federation)의 GDP는 1990년 1.16조 달러에서 매년 추락을 거듭해 1998년 최저점인 6,668억 달러로 축소되었었다. 1999년 이후 꾸준한 성장을 보이면서 2008년 1.3조 달러가 되었다. 금융위기 때인 2009년 1.2조 달러로 잠시 줄었다가 2010년부터 성장세를 회복하면서 2021년 1.49조 달러를 기록했다.[28]

셋째, 제3국면에서 나타나고 있는 동아시아 대분단체제 기축관계의 긴장 심화라는 지정학적 조건이다. 우크라이나에 대한 푸틴의 전면적인 영토 침략은 동아시아에서 강화되어온 대분단체제의 긴장 악화를 등에 업고 전개된 사태다. 중국이 미국과 일본, 그리고 서방과 평화공존을 하면서 공유하는 이익이 많을 경우엔 러시아에 대한 서방의 제재에 중국은 동참할 것이다. 러시아는 정치군사적 고립과 경제적 파국을 피하기 어렵게 된다. 러시아는 중국과의 우호관계 없이는 혼자 버틸 수 있는 경제력이 안 된다.[29] 현재 러시아가 서방의

---

28 The World Bank, "GDP (constant 2015 US$)-Russian Federation" (https://data.worldbank.org/).

29 앞서와 같은 세계은행 자료에서 동일하게 2015년 달러를 기준으로 할 때, 1990년 중국 GDP는 러시아에 미치지 못하는 1조 달러 수준이었다. 그러나 2021년엔 러시아의 10배가 넘는 15.8조 달러에 달했다. 같은 기준으로 미국 GDP는 1990년 9.81조 달러였으며, 2021년엔 20.3조 달러였다. 한국 GDP는 1990년엔 중국의 절반 수준인 4,105억 달러였고, 2021년엔 1.69조 달러로 중국

제재를 버티는 힘은 애당초 유럽에 갈 몫의 에너지 자원들까지 중국과 인도에 수출해 수익을 내고 있기 때문이다.

러시아가 우크라이나 침공을 강행하기 직전인 2022년 2월 4일 베이징에서 푸틴과 시진핑이 공동선언을 발표했다. 이 선언은 미국의 인도-태평양 전략이 지역의 평화와 안정에 미칠 부정적 충격을 비판하면서 "아시아-태평양 지역에 개방적이고 포용적인 안보체제"를 구성할 것을 대안으로 제시했다. 이 선언은 중국의 '일대일로' 건설을 전제하는 '대유라시아 동반자관계'(Greater Eurasian Partnership)의 구축을 동시에 강조했다. 두 나라의 우호관계는 "무제한적"임을 선언한 가운데, 러시아는 "타이완의 어떤 형태의 독립도 반대"하며, 중국은 'NATO의 확장'을 반대한다는 공약을 교환했다.[30]

이러한 세 가지 요인들에 의해 촉진된 우크라이나에 대한 침략전쟁은 미국에게 위기이자 기회로 작용하고 있다. 2014년 우크라이나의 크림반도에 대한 러시아의 침략과 합병 조치에도 불구하고 독일을 비롯한 유럽은 러시아 에너지에 대한 의존을 강화해왔다. 유럽은 또한 중국과의 경제관계에서도 뿌리 깊은 기득권을 갖고 있었다. 미국이 중국에 대한 봉쇄를 경제적 차원으로 끌어올리고 러시아의 재부상을 견제하기 위해서는, 유럽과 러시아 사이의 에너지 의존관계를 끊고 유럽과 중국의 경제적 의존관계를 약화시켜야 한다. 러시아의 우크라이나 침략은 미국에게 그 두 가지 목적을 동시에 추구할 수 있는 도덕적 명분을 제공한다. 이 두 가지 목적을 추구하는 것은 미국의 국내정치에서 공화당이나 민주당 모두에게 '반세계화 포퓰리즘'에 편승할 수 있는 중요한 정치적 동기도 만족시켜준다.[31]

GDP의 약 9분의 1 수준이었다.

30 "Joint Statement of the Russian Federation and the People's Republic of China on the International Relations Entering a New Era and the Global Sustainable Development," February 4, 2022 (http://en.kremlin.ru/supplement/5770).

31 2022년 9월 27일 러시아로부터 독일 등 유럽으로 천연가스를 운반하는 발

5. 제3국면이 동아시아 평화에 제기하는 세 가지 도전

이처럼 2020년대에 전개되는 동아시아 대분단체제 제3국면은 한편으로 서방-러시아 사이의 신냉전의 배경을 이루어주는 가운데, 다른 한편으로 동아시아의 평화에 세 가지 차원에서 더 큰 도전을 제기한다. 이 세 위협은 모두 대분단체제 기축관계의 긴장과 소분단체제의 긴장을 유기적으로 결합시키면서 복합적으로, 그리고 동시적으로 진행되고 있다.

1) 한반도 평화의 위기

첫째, 한반도 평화에 대한 위협이다. 동아시아 대분단체제 제3국면은 북한 핵무장이 완성된 시점에 시작되었다. 북한 핵무장 완성은 2017년 말에서 2018년 초의 시기에 전쟁 위기를 고조시켰다. 그러나 역설적으로 한국의 진보적 정부가 그 위기를 기회로 삼아 중국과의 협력을 이끌어내고 미국 트럼프 행정부를 설득함으로써 남북 간에, 그리고 북미 간에 정상회담을 성사시켰다. 그렇게 될 수 있었던 조건 가운데 하나는 북한 핵무장 완성으로 적어도 한반도와 그 주변에서 북미 간의 '전략적 공포의 균형'이 조성된 사실에 있었다.

틱해의 파이프라인 Nord-Stream 1&2가 세 군데서 폭발이 일어나 훼손되었다. 유럽인들은 의도적인 파괴행위의 결과로 판단하고 있다. 폴란드와 우크라이나 정부는 러시아의 소행이라고 비판했으나, 러시아 정부는 미국과 우크라니아의 공작임이 분명하다고 주장했다(Melissa Eddy, "Pipeline Breaks Look Deliberate, Europeans Say, Exposing Vulnerability," *The New York Times*, September 27, 2022). 이 가스관의 파괴로 이익을 볼 세력은 과연 누구일까를 생각할 필요가 있겠다. 유럽은 러시아의 에너지 무기화 앞에서 표면적인 단결에도 불구하고 내부 분열 위험을 크게 안고 있다. 이미 유럽의 에너지 위기가 현실화된 상황에서 특히 2022년 겨울을 앞두고 미국이 주도하는 반러시아 전선에서 유럽이 동요할 우려는 커지고 있었다. 이런 상황에서 벌어진 가스관 파괴는 스웨덴과 폴란드 사이의 해역에서 벌어진 것인데, 이 해역은 미국 정보기관들의 활동이 집중된 지역임을 러시아는 강조했다.

2018년 6월 12일 북미 정상회담과 싱가포르 공동선언은 한반도 평화체제를 구성하는 과정 속에서 북한 비핵화를 진행한다는 진전된 합의를 담았다. 그것은 평화협정체제를 구성함으로써 그 틀 속에서 북미관계정상화와 북한 비핵화를 동시적으로 진행한다는 것을 의미했다. 북한 비핵화에 상응하는 미국의 대북한 안전보장을 교환하는 합의를 의회에 제출해 상원의원 3분의 2의 동의를 받는 '조약'(treaty)으로 만들겠다는 계획을 당시 국무장관 마이크 폼페이오가 2018년 5월 24일 미 상원 외교위원회 청문회에서 명확히 밝혔다. 특히 메릴랜드 출신 민주당 상원의원인 벤자민 카딘(Benjamin Cardin)과의 문답에서 폼페이오 국무장관은 북한 김정은이 핵무기에 의존하지 않아도 체제 안전을 보장받을 수 있는 장치에 관한 합의를 미 상원에 상정해 '조약'으로 만드는 것이 트럼프 행정부의 목표라고 명확히 밝혔다. 오바마 행정부가 이란과의 핵협정을 조약 수준으로 하지 않았던 것과 비교하면서 북한과의 협정은 '조약' 수준이 될 것임을 분명히 밝힌 것이었다.[32]

폼페이오의 이 청문회 증언은 그가 2018년 4월 초와 5월 9일 두 차례에 걸쳐 북한을 방문해 김정은과 회담을 한 이후에 진행된 것이었다. 이 청문회가 열리기 전인 5월 중순, 국가안보보좌관 존 볼턴과 부통령 마이크 펜스가 북한 핵문제에 대해 '리비아 모델'을 적용하는 것이 바람직하다는 발언을 한 것에 대해 북한이 강력하게 반발하며 미국을 맹비난했다.[33] 북한의 고강도 반발에 대응해 이 청문회 직전 트럼프 대통령이 6월 12일 예정했던 싱가포르 북미 정상회담을 취소했다. 이 위기를 넘기는 데 5월 26일 문재인 대통령이 판문점 북

32 Testimony of Mike Pompeo, "US Secretary of State, before Senate Foreign Relations Committee," May 24, 2018. Uploaded on YouTube by *The Washington Post*.

33 Megan Specia and David E. Sanger, "How the 'Libya Model' Became a Sticking Point in North Korea Nuclear Talks," *The New York Times*, May 16, 2018.

6·12 싱가포르 북미 정상회담에서 트럼프 대통령과 김정은 위원장의 악수.

측 통일각에서 김정은 위원장과 가진 두 번째 남북정상회담이 큰 역할을 했다. 그런데 여기서 놓치지 말아야 할 것이 있다. 24일 청문회에서 폼페이오는 북한의 대미 맹비난에 회담 취소로 대응하면서도, '조약' 수준의 평화협정 의지를 명확히 밝힘으로서 김정은과의 회담 성사를 위해 노력했다는 사실이다. 26일 판문점에서 문재인-김정은의 두 번째 만남 자체도 그 연장선에서 가능했던 것이다.

요컨대, 6·12 싱가포르 북미 정상회담은 분명 '조약' 수준의 평화협정체제를 구성함으로써 북한 비핵화와 미국의 대북 안전보장을 교환하는 틀을 마련한다는 상호이해에 근거해 진행된 것이라고 할 수 있었다. 실제 공동선언의 내용도 북미관계 정상화를 포함하는 한반도 평화체제 구성을 먼저 밝히고 북한 비핵화 의무를 그 뒤에 배치했다. 북한 비핵화 완성 후에 미국의 대북 보상이 따를 것이라는 과거의 틀을 명확히 넘어선 텍스트였다.

하지만 공동선언의 잉크가 마르기도 전에 트럼프 행정부의 대북정책은 국가안보보좌관 존 볼턴과 짐 매티스 국방장관이 주도하는 가운데 북한에 대한 '푸짐한 선물'을 '북한 비핵화의 일정한 선행'을 조건으로 하는 전통적인 틀로 돌아섰다. 아직 북미관계 정상화의 희망을 버리지 않았던 북한 김정은은 그해 9월 평양에서 9·19 남북군사합의에 응했다. 하지만 문재인 대통령은 평양에서 돌아온 20일에 가진 기자회견에서 "평화협정은 북한 비핵화 완성 이후의 일"이라고 공개적으로 못 박았다.[34] 대신 정치적 상징성에 불과한 종전선언을 북한 비핵화를 이끌어낼 계기로 대신하고, "북한이 완전한 비핵화를 이뤘을 때 평화협정을 체결함과 동시에 북미관계를 정상화한다는 것이 우리가 '종전선언'을 생각하는 개념"이라고 밝혔다. 문 대통령은 김정은 위원장이 그 개념에 공감한 것처럼 말했다. 그러나 그것은 사실이 아니었고, 또 사실일 수가 없었다. 북한이 지난 수십 년간 반대해온 개념 그 자체였기 때문이다. 이 발언은 문재인 정부가 평화협정에 관해 "선 비핵화"라는 종래의 패턴으로 도돌이표를 찍은 것처럼 보일 수 있게 했다. 평화협정이 들어서야 할 자리를 멀리 뒤로 미루고 그 대신 종전선언을 앞세우는 것처럼 보였다. 북한은 곧 입장을 밝혔다. 2018년 10월 2일 일본 『아사히신문』은 북한이 공식 매체를 통해 "종전선언은 비핵화 흥정수단이 될 수 없다"고 밝혔음을 보도했다.[35] 2019년 1월 1일 김정은의 신년사의 핵심은 결국 평화조약에 대한 요구라고 『뉴욕타임스』는 파악했다.[36]

　흔히 평화협정은 북한이 주한미군 철수를 주장할 것이기에 한미 양국은 받아들일 수 없어 불가능하다고 말한다. 그런데 김정은이 문

34　KBS 생중계, 2018.9.20; 하수영, 「文대통령 "평화협정 체결, 완전한 비핵화한 뒤 가능"」, 『뉴스핌』, 2018.9.20; 김성진·김지현·홍지은, 「文대통령 "트럼프와 연내 종전선언 논의": "평화협정, 완전한 비핵화 이뤄지는 최종단계서 진행"」, 『뉴시스』, 2018.9.20.
35　The Associated Press, "North Korea says peace declaration not a nuclear bargaining chip," *The Asahi Shimbun*, October 2, 2018.
36　David E. Sanger, "Kim and Trump Back at Square: If U.S. Keeps Sanctions, North Will Keep Its Nuclear Program," *The New York Times*, January 1, 2019.

대통령과의 대화에서 주한미군 문제는 평화협정 체결 후에 한미 양국이 결정할 문제라는 데 공감했다고 문 대통령 본인이 이 기자회견에서 밝혔다.[37] 김대중 대통령에 따르면, 2000년 6·15 남북정상회담에서 당시 김정일 위원장이 평화협상에서 주한미군 철수를 주장하지 않을 뜻을 밝혔다. 같은 맥락에서 김정은은 평화협정체제의 구성을 비핵화의 가장 근본적인 전제조건으로 인식하고, 그 실현을 위해 실용주의적 관점에서 사고하고 있었음을 말해준다. 그렇다면 문재인 정부가 평화협정체제 구성을 결코 오지 않을 먼 미래의 일로 사고할 이유는 크지 않았다.

2019년 2월 말 하노이 북미 정상회담은 북한의 안전보장에 대한 제도적 장치를 마련하기 위한 진지한 사전 협상이 없는 가운데 열렸다. 이 회담에서 트럼프의 입장은 회담 전 백악관에서 존 볼턴이 주재한 몇 차례에 걸친 사전 리허설대로 진행되었다.[38] 김정은은 안전보장을 위한 제도적 장치에 관한 진지한 협상이 진행되지 않는 상태에서 북한 비핵화의 실질적 진행을 약속할 수 없었고, 트럼프는 미국이 만족할 만한 북한의 비핵화 선행조치를 김정은이 약속하지 않는 한 미국이 북한에 대해 가진 기존의 강력한 유엔 경제제재의 해제를 약속할 수 없었다. 북한 핵능력을 미래에 더 확장할 기반이 되는

---

37 KBS 생중계, 2018.9.20; 김성진·김지현·홍지은, 2018.9.20.; 하수영, 2018. 9.20.

38 하노이회담은 회담 중간에 볼턴이 갑자기 끼어들어 훼방을 놓는 바람에 깨진 것이 아니었다. 트럼프의 "그냥 걸어나오기"는 적어도 회담 보름 전부터 잘 준비된 예행연습의 결과였다. 볼턴은 사전에 트럼프에게 세 차례의 브리핑을 했다. 2월 12일, 15일, 그리고 21일이었다. 이 브리핑들의 핵심은 트럼프 행정부 안의 근본주의적 현실주의자들이 원하는 조건이 충족되지 않으면 트럼프를 회담장에서 걸어나오게 만들기 위한 '걸어나오기 예행연습'이었다. 볼턴 자신의 평가에 따르면, 트럼프는 이 예행연습에서 모범적인 학생이었다(John Bolton, *The Room Where It Happened: A White House Memoir*, New York: Simon & Schuster, 2020, pp.321–323; 이삼성, 「한반도 정전체제의 동아시아적 맥락과 평화체제 전환의 요건」, 가톨릭동북아평화연구소 주최 국제학술대회 '끝나지 않은 전쟁,' 2020.11.12., 『자료집』, 210쪽).

영변 핵시설 등의 폐기와 미국의 대북 경제제재의 상당 부분 해제를 교환하는 '중간 빅딜'이 이 회담의 주요 논점이었던 것으로 알려졌다. 그러나 이 회담이 볼턴이 리허설을 주도한 각본에 따라 진행되었다는 사실은, 미국은 자신이 만족하는 수준으로 북한이 핵무장을 완전히 포기할 의지와 선행적 행동을 보이지 않는다면 북한에게 반대급부로 제공할 제도적 보장 장치들에 대해 어떤 진지한 대화도 준비해오지 않았음을 뜻했다. 중간 빅딜에 대한 양측의 이행 합의를 평화협정의 형태로 공정하게 보장할 장치에 대한 논의가 없었던 것은 물론이고, 그런 논의 대신에 미국이 준비해온 것은 영변 이외에 미국이 의심하는 추가적인 핵시설의 공개와 폐기를 요구하는 것이었다.

평행선을 달린 가운데, 김정은은 한미동맹과의 유의미한 협상 가능성에 좌절감만 안은 채 평양으로 돌아갔다. 존 볼턴의 설명을 보면, 회담 끝자락에서 김정은은 북한 안보에 대한 어떤 법적 보장이 없고 외교관계도 정상화되지 않은 조건에서 북한이 추가적인 양보를 할 수는 없다는 입장을 밝힌 것을 알 수 있다. 그런 불만을 토로한 후에 김정은은 트럼프에게 "미 군함이 북한 영해를 침범하면 무슨 일이 벌어지겠습니까"라고 물었다. 트럼프는 "나에게 전화해요"라고 답했다. 정상 간 대화는 그것이 끝이었다.[39] 김정은은 후에 이 회담에서 심한 모욕감을 느꼈다고 말했는데, 바로 이 문답도 그가 느낀 모욕감의 원인이었을 것이다. 트럼프는 김정은에게 귀국 항공편을 제안했지만, 김정은은 거절하고 중국대륙을 관통하는 자신의 열차를 타고 돌아갔다.

북한이 핵무장을 완성한 상황에서 북한이 비핵화에 동의할 필수적인 조건은 북한이 비핵화 조치를 시작하는 시점에 신뢰할 수 있는 북한의 안전보장의 제도적 조건, 즉 평화협정체제를 구성해내는 협상이 진지하게 시작되는 것이었다. 즉 한반도 평화체제의 구성에서

---

39 Bolton, 2020, pp.328-329.

평화협정 협상은 그 과정의 결과나 중간역이 아니라 그 과정의 출발점이요 입구여야 하는 것이었다. 그것은 물론 지난한 과정일 수밖에 없다. 하지만 북한이 더 지난한 과정을 거쳐 완성한 핵무장을 안심하고 포기하게 만들 수 있는 더 쉬운 길이 있는 것처럼 행동한다면, 그것이야말로 기만적인 연극에 불과할 것이다.

한국의 문재인 정부는 평화체제 구성의 출발점이자 입구로서 평화협정의 비전을 개발하지 못했다. 국내적으로 그리고 대미관계에서 정치적 부담이 클 수밖에 없는 지난한 평화협정 협상의 비전을 제시하는 대신에 단기간 효과를 가져올 묘책을 찾는 데 열중했다. 동시에 북핵에 대응할 군비증강에 역대 어떤 정권보다 더 많은 노력을 기울였다. 군비증강에는 성공했으나, 남북관계는 얼어붙었고, 박근혜 정권 때 닫힌 개성공단은 다시 열지 못했으며, 6·15 남북정상회담 20주년을 기념할 때인 2020년 6월 16일 개성의 남북공동연락사무소는 폭파되었다.

'한반도의 봄'이 꽃을 피울 수 없었던 데에는 트럼프 행정부에 의해 시작된 대분단체제 기축관계의 제3국면의 특징, 즉 미국의 대중국 경제봉쇄 흐름이 또한 중요한 역할을 했다. 미국은 한반도에서 김정은과의 실행가능성이 불투명한 평화협상을 진행하는 것보다는 대중국 경제봉쇄를 실행할 명분과 그 동아시아적 조건이 더 필요했다. 존 볼턴의 국가안보실과 짐 매티스의 국방부는 북한이 언제 파기할지 모르는 평화협상을 위해 중국과 협력하기보다는, 중국의 부상을 억제할 방법을 찾는 데 더 부심했다. 그러한 미중 갈등 심화의 틈바구니에서 북한은 중국과 러시아에 대한 의존을 통해서 미국이 주도하는 경제제재의 피해를 줄일 수 있다는 희망을 더 가질 수 있었다. 또한 중국과 러시아로부터 핵보유국 지위를 묵인받을 가능성이 더 커졌다. 북미 간 평화협상에 대한 미련을 버리고 북한은 핵무력 팽창의 길을 선택했다. 2022년 6월 출범한 한국의 보수 정부는 새삼 대북한 선제타격을 공언하기 시작했다. 이에 대응해 북한 최고인민회의는 9월 8일 「핵무력정책법」을 제정해, 핵타격을 실행할 5대 조건을 법제화했다.[40] 이로써 한미동맹의 선제타격론과 참수작전론, 그리고 빈번한 전략자산 전개가 빚어내는 군사적 긴장 상태가 북한의 핵공격을 유발하고, 그것이 미국의 핵사용으로 이어질 위험성은 더 명확해졌다. 그러한 사태는 계획적은 아니더라도 우발적, 혹은 오인이나 오판을 통해 언제든 촉발될 수 있다.[41]

한반도의 소분단체제에서 평화체제의 꿈이 소멸한 시점을 꼽으라면 아무래도 하노이 북미 정상회담이 '그랜드 쇼'에 대한 트럼프의 취향만을 만족시킨 채 끝나게 되는 2019년 초일 것이다. 북미 간 두 번째 정상회담에 대한 기대는 높았으나, 앞서 논의한 대로 사실상 회담 실패가 예정되어 있던 그 2월의 첫날에 미국이 1987년 이후 32년

---

40 북한이 밝힌 핵사용 5대 조건은 "핵무기 또는 기타 대량살육무기 공격이 감행됐거나 임박했다고 판단되는 경우"와 함께 "국가 지도부와 핵무력 지휘기구에 대한 핵 및 비핵 공격이 감행됐거나 임박했다고 판단되는 경우"를 포함한다. 참수작전 임박 징후에도 핵으로 대응하겠다는 이야기다(정인환, 「북, 왜 핵무기 매뉴얼 5가지 못박았나…"억지력 키우려는 듯"」, 『한겨레』, 2022.9.12).

41 2022년 9월 말 한미일 3국은 동해에서 '바다의 군사기지'로 불리는 미 핵항모 로널드 레이건호를 앞세워 합동훈련을 했다. 북한은 연일 초음속 단거리 탄도미사일을 쏘아올렸다. 같은 시기에 미국이 보유한 최첨단 스텔스전함 '줌월트' 세 척 가운데 한 척이 일본 요코스카항에 배치되었다(Brad Lendon, "US Navy sends its most advanced surface warship to east Asia," CNN, September 27, 2022). 미국은 1970년대 후반부터 오키나와 한반도의 전술핵무기들을 줄이는 대신 핵추진 잠수함(SSBN)들에 핵무기를 탑재해 한국의 진해항 등을 방문하기 시작했다(이삼성, 2018, 179-181쪽). 트럼프 행정부는 2018년 「핵태세검토 보고서」(Nuclear Posture Review: NPR)를 통해 동맹국과 동반자국가들을 위한 안보전략에서 핵무기의 역할을 더욱 강조했다. 저용량 핵탄두를 적극 개발해 F-35를 비롯한 핵무기 탑재 가능한 스텔스 전투기들과 토마호크와 같은 해상발사 순항미사일(SLCM)에 장착해 활용한다는 정책을 밝힌 바 있다(이삼성, 2018, 402-408쪽). 바로 그해 여름부터 미국 전략사령부는 전함 줌월트에도 그 핵무기들을 장착할 계획을 밝혔었다(Franz-Stefan Gady, "Will the US Navy's High-Tech Destroyer Be Armed With Nuke Cruise Missiles?" The Diplomat, February 28, 2018). 윤석열 정부는 10월 1일 국군의 날 참수부대원들의 무술시험 공연을 지상과 방송에 공개했다. 북한은 10월 4일 일본 상공을 통과해 태평양에 떨어지는 사정거리 4,500km의 IRBM을 발사했다.

간 유지해온 '중거리핵폐기협정'(INF Treaty)을 일방적으로 조건부 폐기 선언하고,[42] 그로부터 6개월 후인 8월 2일 그 협정의 완전 실효를 발표한 사실은 의미심장했다. 러시아의 협정 위반에 책임을 돌리면서 미 국방부는 중거리핵미사일 개발을 위해 2020년 예산에 1억 달러를 배정했다.[43] 미국이 이 시점에서 협정 폐기를 결정하게 된 주된 동기는 러시아 자체보다는 동아태 지역에서 미국의 해상패권 무력화를 위협하기에 이른 중국의 핵전력 성장과 그 다변화에 대한 대응이었다. 미국이 명분으로 삼은 러시아의 핵군비증강 역시 2000년대 들어 미국이 주도한 새로운 차원의 군비경쟁과 동아시아 대분단체제 제3국면의 전개를 배경으로 한 것이었다. 한반도 소분단체제에서 피어오른 평화체제의 꿈이 그렇게 동아시아 대분단 기축관계라는 수레바퀴에 유린된 측면도 간과할 수 없다.

2) 타이완해협의 위기

둘째, 타이완해협에서의 평화에 대한 위협이다. 동아시아의 지정학에서 타이완은 21세기 미중 패권경쟁의 바로미터임이 갈수록 명확해지고 있다. 중국에게 타이완은 '핵심 영토적 주권의 존엄성' 문제로서 중국의 자기정체성 의식의 중심이 되어 있다. 미국에게 타이완은 자신이 21세기에도 태평양의 주인으로서 위상을 유지할 것인가의 바로미터다.[44] 중국의 경제력과 군사력의 강화, 그리고 타이완 민중의 독립 여론과 함께 심화한 타이완해협의 민족 내적 소분단체제의 긴장은 대분단 기축관계 긴장의 초점으로 부상해왔다.

미국에서는 2000년대 초부터 타이완해협에서의 미중 간 군사적

42 David E. Sanger and William J. Broad, "U.S. Suspends Nuclear Arms Control Treaty With Russia," *The New York Times*, February 1, 2019.

43 Shannon Bugos, "U.S. Completes INF Treaty Withdrawal," *ARMS CONTROL TODAY*, September 2019.

44 Brendan Green and Caitlin Talmadge, "The Consequences of Conquest: Why Indo-Pacific Power Hinges on Taiwan," *Foreign Affairs*, July/August, 2022.

충돌 시나리오가 논의되기 시작했다. 2000년 시점에서 오한론과 로스 등은 중국이 타이완을 정복할 군사적 능력은 부족하지만, 그것이 곧 타이완해협에서 군사적 충돌 위험이 없다는 근거는 아니라고 지적했다. 타이완이 독립지향적 외교를 강화하면 미국은 이에 부응해 전략적 모호성을 폐기할 가능성이 높다고 보았다. 그럴수록 타이완은 독립 외교를 강화하고 중국은 군사행동을 불사할 것이며, 이로써 미중 간의 군사적 충돌 가능성이 높아질 것이라고 보았다.[45] 2004년 시점에서 마이클 글로스니 등은 중국의 더 증대된 해군력을 주목했다. 그리고 타이완이 독립을 선언할 경우 미국 개입을 무릅쓰고 군사행동을 강행할 것이며, 미국도 결국 개입할 것이 확실하다고 지적했다.[46]

미국이 타이완을 군사적으로 방어할 것인지에 대해 미국의 태도는 대체로 '전략적 모호성'으로 정의되어왔다. 하지만 실질적으로 미국은 전략적 명료성(strategic clarity) 쪽으로 옮겨가는 추세를 보여왔다.[47] 이 추세는 미국이 중국에 대한 봉쇄정책을 본격화한 대분단체제 제3국면에서 더욱 분명해졌다. 그 대표적인 움직임이 2022년

---

45 Michael O'Hanlon, "Why China Cannot Conquer Taiwan," *International Security*, Vol.25, No.2(Fall 2000); Robert Ross, "The 1995-96 Taiwan Strait Confrontation: Coercion, Credibitlity, and the Use of Force," *International Security*, Vol.25, No.2(Fall 2000); 이삼성, 2006, 14쪽.

46 Michael A. Glosny, "Strangulation from the Sea? A PRC Submarine Blockade of Taiwan," *International Security*, Vol.28, No.4(Sping 2004); William Murray and Lyle Goldstein, "Undersea Dragons: China's Maturing Submarine Force," *International Security*, Vol.28, No.4(Spring 2004); 이삼성, 2007, 13쪽.

47 미국 의회가 1979년 통과시킨 「타이완관계법」은 "중화민국이 충분한 자위 능력을 갖도록 방어적 무기를 제공할 것"이며, "미국은 타이완의 안보를 위협하는 무력이나 강제력의 사용을 저지하기 위한 능력을 유지할 것"이라고 명기했다. 2001년 부시 행정부가 펴낸 「2001 방위검토 보고서」(QDR 2001)는 미국의 중대이익이 걸린 4개 지역 중 하나로 '동아시아 연해국'(沿海國) 개념을 제시했는데, 그 개념은 타이완을 포함한다는 미 전략가들의 해석이 따랐다(이삼성, 2007, 12-14쪽).

6월 16일 민주당 상원의원 로버트 메넨데즈(Robert Menendez)가 발의해 미 의회가 심의하고 있는 「2022 타이완 정책법안」(The Taiwan Policy Act of 2022)이다. 이 법의 전문(前文)에서는 "타이완의 안보를 증진하고, 지역 안정을 확보하며, 타이완에 대한 중화인민공화국의 침략을 억지한다"고 밝혔다. 아울러 중국이 타이완에 적대적 행동을 할 경우 중국에 "강력한 제재"(severe sanctions)를 가할 것을 경고했다. 이 법의 본문에서는 타이완의 민주정부를 "타이완 인민의 합법적 대표자"로 정의하고, 미국과 타이완의 "강화된 방위 동반자 관계"를 규정했다. 또한 타이완을 "주요 비(非)나토 동맹국"(a major non-NATO ally)으로 지정했다.[48]

이를 구체적으로 뒷받침하기 위해 이 법에 향후 4년간 타이완에 45억 달러 규모의 방위능력 증강을 지원하도록 명시했다. 의회가 이 법을 심의하는 가운데, 2022년 8월 초, 미 의회 하원의장 낸시 펠로시 의원은 중국의 강력한 반대와 무력시위가 예상됨을 무릅쓰고 타이완을 공식 방문했다.[49] 또한 8월 17일 미국은 가을부터 타이완과 공식적인 무역협상을 진행한다고 밝혔다.[50] 1979년의 「타이완관계법」을 강화하는 의미를 갖는 이 법안은 2022년 9월 14일 상원 외교위원회를 통과했다. 다만 현재로서는 백악관과 의회 모두에서 이 법이 초래할 부작용을 우려하는 목소리가 큰 것도 사실이어서 장차 법으로 확정될지는 미지수다. 이들은 타이완에 대한 미국의 정책을 '전략적 명료성'으로 고착시킬 것을 우려한다.[51] 비록 이것이 최종적

---

48 "The Taiwan Policy Act of 2022"(Taiwan ASSURE Acthttps://www.congress.gov).

49 중국 외교부장 왕이의 발언, "王毅: 坚决抵制美方的公然挑衅和政治赌博," 『人民网-人民日报』, 2022.8.5.

50 '미국-타이완 무역 이니셔티브'(US-Taiwan Trade Initiative)는 타이베이에 설치되어 비공식적인 미국 대사관 역할을 해온 '미국 연구소'(American Institute)가 진행할 예정이다. Ana Swanson, "U.S. to Begin Formal Trade Talks With Taiwan," *The New York Times*, August 17, 2022.

인 법으로 확정되지는 않는 경우에도 분명한 것은 타이완에 대한 미국의 전략적 태도가 좀더 개입주의적 방향으로 향하고 있으며, 그것이 중국에 대한 경제적 봉쇄정책과 함께 진행되고 있다는 사실이다.

그간 중국은 타이완 문제를 둘러싸고 미국과 갈등이 격화할 때마다, 미국과의 직접적인 충돌을 도발하기보다는 미국이 아닌 타이완을 '처벌'하면서 미국과 일본에 경고해왔다.[52] 미국 역시 1995-96년 타이완해협 제1차 미사일 위기 때 항모 전단을 타이완해협 가까이 배치했던 것과는 달리 2022년 8월 초 펠로시의 타이완 방문으로 촉발된 제2차 미사일위기 때는 비교적 멀리에서 지켜보는 데 그침으로써 대응 수위를 조절했다.[53] 문제는, 스티븐 골드스타인(Steven Goldstein)의 지적대로, 미중 양측이 "상호도발의 나선(螺線)에 빠질 때, 추상적 위협도 전쟁으로 이어질 수 있다"는 사실이다.[54] 현재 타이완해협에서 가장 우려되는 문제는 반드시 중국의 직접적인 타이완 침공보다는, 상호도발적 언행이 군사적 행동으로 연결되면서 그것들이 우발적 사건이나 오산(miscalculation)을 불러일으켜 중국과 타이완, 중국과 미국 사이의 군사적 충돌로 발전하는 상황이다.[55] 그

---

51 Andrew Desiderio, "U.S.-Taiwan bill sails through Senate panel despite White House misgivings," *POLITICO*, September 14, 2022.

52 Ben Dooley, "With 5 Missiles, China Sends Stark Signal to Japan and U.S. on Taiwan," *The New York Times*, August 4, 2022.

53 1996년 제1차 미사일위기 때 클린턴 행정부는 타이완해협 가까이에 핵항모 전단을 파견했다. 2022년 8월 미국은 핵항모 로널드레이건호(U.S.S. Ronald Reagan)를 타이완해협에서 거리를 둔 채로 항구에 머물게 했다. 바이든 행정부는 2001년 미국의 P-3 정찰기와 중국 전투기가 중국 남해안에서 충돌한 것과 같은 사태 재발을 막고자 했으며, 오산으로 인한 우발적 확전 가능성을 경계한 것으로 알려졌다(Jane Perlez et al., "China Sends Ships and Planes Toward Taiwan, Defying Rising Criticism," *The New York Times*, August 4, 2022). 2010년을 전후한 시기로부터 동아태 해상패권과 군사력 균형에 변화가 왔다는 미국의 인식을 반영한 것이기도 하다.

54 Marc Santora and Steven Erlanger, "Taiwan and Ukraine: Two crises, 5,000 miles apart, are linked in complex ways," *The New York Times*, August 3, 2022.

55 Bonny Lin and David Sacks, "How to Prevent an Accidental War Over Taiwan:

2022년 8월 낸시 펠로시(당시 미 하원의장)는 중국의 경고를 무시하고 타이완을 방문했다. ⓒ總統府

것은 곧 타이완해협뿐 아니라 남중국해와 동중국해를 포함한 동아시아 대분단선의 요충지들에서 중국과 미일동맹 사이의 패권전쟁으로 이어질 수 있다. 그 결과는 최소한 미국이 지키고자 했던 타이완의 초토화가 될 것이며,[56] 한반도도 그와 같은 운명에서 결코 자유로울 수 없다.

3) 제1차 세계대전 전야의 유럽과 2020년대의 동아시아

2022년 가을의 동아시아는 제1차 세계대전을 앞에 두고 있던 20세기 초 유럽의 상황을 떠올리게 했다. 적어도 다섯 가지 점에서

Beijing and Taipei Are One Blunder Away From Open Conflict," *Foreign Affairs*, October 12, 2021.

56 Chris Buckley et al., "How China Could Choke Taiwan," *The New York Times*, August 25, 2022.

그렇다.

첫째, 지역질서가 경직적으로 양극화된 군사동맹체제로 굳어지면서 무제한적인 군비경쟁이 진행된다는 점이다. 크리스토퍼 클라크가 제1차 세계대전의 전제조건이라고 지적한 "유럽 지정학 체제의 양극화"(polarization of Europe's geopolitical system)도 같은 맥락을 가리킨다.[57] 오늘날 동아시아 대분단체제 제3국면에서 미국은 일본과의 동맹을 기반으로, 한국·타이완·필리핀 등 동아시아 동맹국들에게 '경제안보'를 앞세우며 양자택일을 강요하는 경향을 보인다. 그로 인해서 더욱 심화되는 대분단 기축관계의 긴장과 소분단체제의 가중되는 긴장 속에서 한국과 타이완은 미국과의 동맹 강화에 매달리고 있다. 그래서 이미 경직된 양극적 동맹체제가 더 경직화하고 있다. 크리스토퍼 클라크가 지적했듯이, 경직된 동맹체제는 그 밖에 있는 타자에 대한 적의를 체계적으로 확대 재생산하고 공유하며 유포하는 메커니즘이 된다. 1차 대전 전야 독일에 적대하는 동맹체제가 그랬다.[58] 오늘의 동아시아에서는 미국과 일본이 중심에 있는 동맹네트워크 또한 유사한 기능을 갖고 있다.

둘째, 영국과 프랑스가 양극적 동맹체제에 의존해 독일을 상대로 투키디데스의 함정에 빠졌던 것처럼, 지금 동아시아에서 미일동맹도 과거 독일처럼 급속 성장하는 중국을 상대로 '투키디데스의 함정'에 빠져들어가고 있다는 점이다. 투키디데스의 함정이라는 개념 틀에서 전쟁의 도발자는 흔히 기존 패권자가 되기 쉽다. 그러나 그 반대일 수도 있다. 제1차 세계대전의 도발자였던 독일은 자신을 포위한 동맹체제로 인해서 자신의 경제력과 군사력이 정점을 지나 상대적으로 약화되고 있다는 두려움에 자신이 더 약화되기 전에 무력 사용의 유혹에 빠진 것이란 해석도 제기된다.[59]

---

57 Christopher Clark, *The Sleepwalkers: How Europe Went to War in 1914*, New York: HarperCollins, 2013, p.123.
58 Clark, 2013, p.159.

셋째, 지역질서의 권력중심에서 벗어나 있는 주변부 사회들이 권력중심들의 패권경쟁과 지정학적 긴장의 한가운데 놓여서 화약고 역할을 할 준비가 되어 있다는 점이다. 20세기 초 유럽의 발칸이 그러했다. 오늘날 한반도와 타이완해협은 동아시아의 발칸들이다. 좀 다른 것은 과거의 발칸이 지정학적 화약고에 불과했다면 지금의 한국과 타이완해협은 그 자신들이 말 그대로의 핵무기도 포함한 엄청난 화약들을 안고 있다는 점이다.

넷째, 20세기 초의 세계는 세계화와 경제통합으로 경제적 상호의존이 발전한 상태였다. 그런 가운데 곧 전쟁 상대들이 되는 영국과 독일은 서로에게 1위 내지 2위의 무역 상대국이었다. 그런데 주목할 것은 이 시기에 세계가 서서히 보호주의 장벽을 쌓아가고 있었다는 점이다. 칼 폴라니가 일찍이 그 점을 지적했다.[60] 1차 대전 직전 프랑스, 독일, 오스트리아-헝가리, 이탈리아는 곡물에 대해 40퍼센트의 관세를 매겼다. 프랑스와 독일을 포함한 많은 정부가 국내 산업에 일정한 보호막을 쳤다. 미국과 캐나다, 그리고 오세아니아 국가들의 보호무역 수준은 특히 높았다.[61] 요컨대 제1차 세계대전 전야의 세계는 세계화에서 후퇴해 반세계화 추세를 보이며, 자유무역과 함께 국제주의는 쇠퇴하고 자국중심주의가 발전하는 양상이었다. 그 점이 2020년대의 세계, 특히 G2가 대치하는 동아시아 대분단체제의 양상과 닮은꼴이다.

다섯째, 양극화된 군사동맹체제와 무제한적 군비경쟁에 몰두하면서도 세계화 시대의 국가들은 그들 간의 경제적 상호의존이 전쟁을 막고 국제평화의 방패막이가 된다는 낙관론을 견지하곤 한다. 제1차

59 Dale C. Copeland, *Economic Interdependence and War*, Princeton: Princeton University Press, 2015, p.123.

60 Karl Polanyi, *The Great Transformation: The Political and Economic Origins of Our Time*, Boston: Beacon Press, 1957(1944), pp.116-122.

61 Frieden, 2006, pp.41-42.

세계대전에 관한 역사가인 마가렛 맥밀란의 말대로, "이 전쟁의 발발은 대부분의 유럽인에게 예상치 못한 놀라움이었고, 그래서 그들이 보인 첫 반응은 믿지 못하면서 충격에 빠진 모습이었다."[62] 일본의 경제학자 시바야마 게이타(柴山桂太)도 1차 대전을 앞둔 시기에 유럽의 많은 지식인이 그러한 낙관론을 유지했고, 그런 관점이 큰 영향력을 행사했음을 상기시킨다. 1910년 출간되어 나중에 노벨평화상까지 받은 영국 언론인 노먼 에인절(Norman Angell)의 저서『거대한 환상』은 "나라들 간의 무역의존도가 평화를 지켜준다"는 '자본주의 평화론'을 제시했다. 금융관계자들은 리스크에 민감하기 마련이지만, 제1차 세계대전 전야에 세계 채권시장에 큰 소동이 없었다. 전쟁이라는 사태를 예상하지 못했다는 얘기다. 그처럼 20세기 초를 풍미했던, 경제적 상호의존이 평화를 지켜줄 것이라는 관념이 탈냉전 이후 오늘의 세계에서 다시 사람들의 인식을 지배하고 있음을 시바야마는 주목한다. 그는 1999년 출간된, "맥도날드가 있는 곳에 전쟁은 없다"고 주장한 토마스 프리드먼(Thomas Friedman)의『렉서스와 올리브나무』가 세계적 베스트셀러가 된 사실을 언급했다.[63]

요컨대 20세기 초의 유럽에서도 오늘의 동아시아에서도, 각 나라들은 적대적 동맹체제와 군비경쟁을 추구하면서도 시바야마 씨가 주목한 것처럼 경제적 상호의존 덕분에 전쟁은 없을 것이라는 착시에 빠져있는 것이다. 나라들은 군사적 긴장을 줄이고 전쟁의 위험성을 덜기 위한 노력에 투자하지 않고, 더 강력한 '미래지향적' 군비경쟁에 탐닉하고 있다.

---

62 Margaret Macmillan, *The War That Ended Peace: The Road to 1914*, New York: Random House, 2013, p.xxvii.

63 시바야마 게이타, 전형배 옮김,『조용한 대공황: 앞으로 20년, 저성장 시대에서 살아남기』, 동아시아, 2013, 47-49쪽.

6. 미중 패권경쟁 속 양자택일을 강요하는 논리들과 대안의 사고

양극적 군사동맹체제는 각 진영의 구성원들이 동맹 밖의 타자들과 소통하는 것을 동맹에 대한 배신으로 규정한다. 대신 동맹 내부의 단합대회에 집중한다. 주로 그렇게 전쟁과 그 피해에 대한 공포로부터 자유를 추구한다. 우리는 스스로 미국과 중국 가운데 양자택일을 할 수밖에 없으며, 당연히 미국을 택해야 한다고 믿는다. 그렇게 우리는 강대국들의 긴장과 경쟁 속에서 한 세력의 첨병이 되어 이웃한 강대국을 향해 비수를 겨누는 역할을 스스로 떠맡게 된다. 그러한 무모한 선택을 불가피할 뿐 아니라 현명한 전략인 것처럼 포장하게 만드는 논리들이 있다.

첫째는 원교근공(遠交近攻)의 논리다. 멀리 있는 강대국과 연합해 이웃 강대국을 적대시하고 군사충돌까지도 감수할 수 있다는 발상이다. 원교근공의 전략은 전국시대 중국의 진나라가 천하통일을 위해 채용한 전략이다. 범수(范雎, 기원전 ?~기원전 255년)라는 책략가가 진나라 소왕에게 제시한 것으로, "멀리 떨어져 있는 나라와 동맹해 가까운 나라를 쳐서 새 땅을 얻으면, 그것이 모두 내 차지가 될 수 있다"라는 논리였다.[64] 이것은 상대적 약소국이 자신을 둘러싸고 있는 강대국들을 상대로 취할 수 있는 외교전략이 아님이 분명하다. 우리가 추구할 한반도 안보 백년대계는 원교근친(遠交近親)이다.

둘째는 가치동맹의 논리다. 이웃나라의 정치사회적 제도의 이질성을 이유로, 군사동맹의 논리를 앞세워 거대한 이웃나라와의 경제적·사회문화적 교류와 협력도 희생할 수 있다는 발상이 담겨 있다. 그런데 미국이 소련을 "악의 축"으로 규정하면서 신냉전을 주도했던

---

64 사마천, 김원중 옮김,『사기열전 상』, 을유문화사, 2002(개정판), 353쪽; 이삼성,『동아시아의 전쟁과 평화 1: 전통시대 동아시아 2천 년과 한반도』, 한길사, 2009, 341쪽; 이삼성,『한반도의 전쟁과 평화: 핵무장국가 북한과 세계의 선택』, 한길사, 2018, 870쪽.

1970년대 말부터 1980년대 중엽까지의 시기에 서독은 그 "악의 축" 소련 및 동독과 "미니 데탕트"(mini-détente)를 추구했다.[65] 그 덕에 불과 몇 년 후 도래할 탈냉전의 초석이 마련되었고, 독일 통일의 기반이 되어주었다. 또한 전후의 영국은 미국과 가장 강력한 동맹국가지만, 미국과 달리 중국의 유엔 가입을 1961년부터 지지했다. 미국은 1979년에야 중국과 외교관계를 정상화하지만, 영국은 1972년에 정상화했다. 우리는 신장 위구르 등에서 중국의 체계적인 인권 억압을 비판해야 한다. 그러나 그것을 전쟁과 평화에 직결되는 군사동맹의 논리에 종속시켜, 한반도 평화의 지역적 조건과 경제·사회·문화적 교류협력 기반을 스스로 파괴하는 우를 범하지는 말아야 한다.

셋째는 중국이 정체된 권위주의 사회라는 고정관념이다. 이것은 문명적 타자화의 주요 자원으로 작동하고 있다. 그러나 필자는 20세기의 중국이 동적인 혁명적 변화의 시대로 점철된 사실에 주목할 필요가 있다고 말해왔다. 중국 사회는 1911년 공화주의 혁명을 전개했다. 비록 완벽한 혁명적 변화는 아니었다. 그럼에도 일본의 근대국가가 서양의 근대적 정치혁명의 본질인 절대주의 극복과 정반대로 천황제 절대주의라는 형태의 전근대적 전통으로의 기묘한 후퇴를 내포했던 것에 비해 중국의 공화주의 실험은 20세기 동아시아 전체에 희망의 불빛 역할을 했던 사실을 간과해서는 안 된다. 중국은 이어서 1949년 반제·반봉건의 사회주의 혁명을 달성해 새 국가를 구성하는 데 성공했다.

중국은 곧 문화대혁명에서 절정에 달하는 전체주의적 사회로 퇴행했지만, 마오쩌둥 사후 중국 지식인 사회 전반에서 전체주의 경험에 대한 광범한 비판적 성찰이 있었다. 공산당 조직을 포함한 전 사회적인 자기성찰의 결과로 중국은 마침내 1978년 이후 개혁개방을 전

---

65 Wolfram F. Hanieder, *Germany, America, Europe: Forty Years German Foreign Policy*, New Haven: Yale University Press, 1989, pp.211-219; 이삼성, 『세계와 미국』, 한길사, 2001, 149-152쪽.

개한다. 평화적 시장화 혁명에 성공한 것이었다. 이러한 중국의 평화적인 내면적 혁신은 1985년 시작된 소련 고르바초프의 신사고(New Thinking)의 중대한 배경의 하나로서 탈냉전을 촉진했고, 그럼으로써 필리핀·타이완·한국 등 동아시아 미국 동맹국 사회들을 장악한 반공파시즘 정권들의 해체와 민주화의 조건이 되어주었다. 중국의 변화는 시장의 영역에 그쳐서 정치적 권위주의 해체에는 한계를 지닌 것이었다. 그럼에도 1980년대 후반 중국 지식인 사회는 자유주의 혁신의 추구와 그 좌절의 경험 또한 축적하게 된다.

요컨대 중국은 아직 권위주의적 사회인 것은 맞지만 정체된 사회는 결코 아니다. 끊임없이 내면적 변화가 진행되는 사회다. 중국의 권위주의 유산 극복과 인권 개선은 중국 내부로부터 전개될 것이고 또 그래야만 한다. 그러한 중국의 내적 변화는 경직되게 양극화된 대분단체제의 강화에 의해서가 아니라, 그 완화와 해체를 향한 크고 작은 노력들에 의해서 가능할 것이다.

끝으로 세계의 지정학적·정치외교적 지형을 이분법적으로 바라보는 흑백식 사고방식이 또한 우리의 판단을 흐리고 왜곡시킨다. 세계의 나머지 전체가 마치 미국과 중국 양편의 어느 한쪽에 가담한 것으로 이미 결정되어 있거나 그렇게 되는 것이 필연이라는 인식이 자주 유력하게 풍미한다. 세계가 그러하니 우리도 하루속히 미국이 주도하는 인도-태평양 전략의 선봉에 나서는 것이 당연하고 바람직한 것처럼 생각하게 된다.

미국 주도의 인도-태평양 전략이 눈에 띄게 드러내는 취약점들에 대한 냉정한 직시를 회피한다. 그 취약한 고리들을 몇 가지만 짚어두기로 한다. 첫째, 한국·타이완·일본·동남아시아 국가들의 대중국 경제의존은 이미 구조화되어 있다. 이 사실을 외면한 가운데 군사 안보에서 미국에 전적으로 기울어져 균형을 잃더라도 중국과의 경제관계를 어떻게든 운영할 수 있다는 태도가 보수 정치권과 언론, 그리고 대중 사이에 넓게 자리잡고 있다. 그 안이함을 경계하지 않으면 안 된다. 둘째, 인도는 인도-태평양 전략의 중요한 한 축을 구성하지만, 중국 및 러시아와의 정상적인 경제관계를 중시한다. 러시아의 우크라이나 전쟁 도발에 대한 서방의 대러시아 경제제재에 인도는 참여를 거부했다. 인도는 파키스탄과 함께 2017년 중국과 러시아가 주도하는 상하이협력기구(SCO)의 정식 회원국이 되었다. 셋째, 중국을 견제한다는 목표에 대한 유럽의 동참과 단결이 얼마나 지속성을 띨지는 항상 분명한 것이 아니다. 넷째, 미국의 국제주의적 리더십의 지속성과 생명력에 대한 의문이 증가하고 있다. 민주당의 보호무역주의와 공화당의 반세계화 트럼프주의는 모두 미국의 국제주의적 역할의 미래가 근본적으로 불안정해지고 있음을 보여준다.[66]

우리는 동아시아 대분단체제를 특징짓는 경직된 양극적 군사동맹체제에서 익숙해진 이분법적 세계관을 남아시아와 유럽을 포함한 세계 전체로 투사하기 쉽다. 그러나 세계는 결코 이분법적으로 바라볼 수 없다. 그러한 이분법적인 지정학적 비전은 미중 사이 전쟁과 평화의 문제에 우리 스스로 양자택일을 강요하는 이데올로기적 토대가 된다. 그것이 우리 안보와 경제의 장기 비전을 오도하고 왜곡하고 있지는 않은지 비판적 성찰이 필요하다.

7. 동아시아 사회들의 연결된 운명과 세 가지 선택

1) 하나로 엮이고 수렴되는 동아시아 사회들의 운명

어떤 지역질서에서든 그것을 구성하는 사회들은 지리적 가까움과 경제적 상호의존으로 서로 연결되어 있다. 동아시아 대분단체제의

---

[66] 2022년 11월 10일자 『뉴욕타임스』의 한 기사는 2022년 11월 중간선거에서 공화당의 압도적 승리를 의미하는 'Red Wave'가 예상보다는 약했으나, 이제 트럼프주의가 미국정치에 '노멀'로 뿌리내렸음(entrenched)을 확인해주었다고 평가했다. Steven Erlanger and Alexandra Stevenson, "Tough Lines on Ukraine and China: Seeing Policy Fallout From U.S. Election," *The New York Times*, November 10, 2022.

속성이 제3국면을 맞으며 심화된 오늘의 동아시아 사회들은 두 가지 추가적인 의미에서 공동의 운명으로 연결되어 있다. 이들을 하나의 운명으로 묶는 메커니즘은 두 가지다. 하나는 대분단 기축과 소분단 체제들이 상호유지적인 상호작용 패턴 속에 함께 갇혀 있다는 점이다. 다른 하나는 수천 년간 동아시아 문명과 역사의 중심이었으며 지금 다시 가장 크고 강력한 사회로 부상한 중국 대륙을 공동의 적으로 삼아 동아시아의 다른 사회들이 미국을 정점에 둔 수직적 동맹관계에 자승자박해 있다는 사실이다. 그로써 이른바 '전략적 유연성' 같은 개념을 매개로, 한 지점의 군사적 긴장이 쉽게 지역의 다른 사회들로 확장될 것도 보장되고 있다.

현 국면에서 동아시아 대분단 기축관계와 소분단체제들의 긴장의 동시적인 심화를 주도하고 있는 것은 아무래도 미국이다. 그 구체적인 상징은 이른바 '칩4동맹'이라는 것이다. 이것은 미국이 주도하고 있는 대중국 경제봉쇄를 의도한 동아시아 내부의 경제블록화를 가장 직접적이고 노골적으로 표상한다. 유럽도 중국과 반도체 부문에서 깊은 관계를 맺고 있지만, 우선 일본·타이완·한국 등 동아시아의 동맹국들을 하나로 묶고, 반도체 부문에서 이들과 중국의 무역 및 협력을 차단하려 하고 있다. '동아시아 대분단체제 고착화 기획의 완결판'이 될 수 있는 것이다.

2) 세 가지의 선택

우리가 가깝고 먼 미래에 어떤 동아시아를 살아갈 것인가에 관해서, 동아시아 사회들과 미국 앞에는 세 가지 선택이 놓여 있다.

제1의 가장 쉬운 선택은 기존의 양극적 군사동맹체제에 편승하면서 군비경쟁과 저마다의 경제적 신중상주의에 몰두하는 것이다. 미일동맹은 한국·타이완·필리핀 그리고 인도네시아·오스트레일리아 등과 반중국 군사연합을 더욱 강화하고, 중국은 러시아와 유라시아 대륙연합을 지속하면서, 서방과 러시아의 신냉전을 적절한 수준에서 뒷받침할 것이다. 한반도에서 한국은 북한 핵무기에 대해 미국의 핵확장억제로 대응한다. 북한 비핵화를 위한 '담대한 구상'을 말하지만, 그 말을 하는 자신들이 먼저 믿지 않는다. 타이완해협의 양안 관계도 언제든 군사충돌의 위험을 안고 간다. 이 선택은 일본·한국·타이완이 미국과의 동맹이 제공할 군사안보의 장기지속과 경제안보 공급망의 유익을 신뢰한다는 것을 전제한다.

제2의 선택은 특히 일본과 한국이 한편으로 미국과의 동맹을 유지하면서도 독자적인 핵무장까지를 포함하는 질적인 무장 확대를 적극 추구하는 시나리오다. 트럼프 행정부가 협상하고 바이든 행정부가 실행에 옮긴 아프가니스탄 프로젝트의 폐기, 동맹의 경제적 비용을 과도하게 동맹국들에 전가하려 했던 트럼프 행정부의 미국 우선주의, 그리고 바이든 행정부의 역시 과도해 보이는 신중상주의는 동아시아 사회들에서 동맹의 군사적·경제적 유익과 그 안정성에 대해 과거보다 더 큰 의문을 낳을 수 있다.

최근 『뉴욕타임스』는 동아시아 국가들 사이에 미국의 커미트먼트에 대한 의문이 증대하고 있음을 주목했다. 미국 사회 안에서 자유무역을 포함한 세계화에 거부감이 커짐에 따라 공화·민주 양당 모두 아시아 국가들과의 추가적인 자유무역협정에 더 소극적으로 된 것도 그런 의문에 힘을 보태고 있다고 했다. 중국의 경제적 영향력이 커지는 상황과 현저하게 대비된다는 것이다. 일부 분석가들은 최근 미국 행정부가 중국 문제를 "과도하게 군사화"하고 있다고 비판하면서, 그 배경을 중국의 팽창하는 경제력에 대응하는 담대한 경제적 구상을 미국이 제시할 능력과 의지가 결여된 데에서 찾았다. 군사적인 차원에서도 미국의 동아시아에 대한 커미트먼트는 사실상 정체된 수준이라고 판단했다. 이 모든 것을 고려할 때 미국의 억지력의 신뢰성에 대해 지역 동맹국들이 제기하는 의문은 합리적이라고 평했다.[67]

---

67 Edward Wong and Damien Cave, "U.S. Seeks to Reassure Asian Allies as

이로부터 나올 수 있는 일본과 한국의 선택은 미국과의 동맹을 유지하되, 핵무장을 포함해 자신들의 군사력을 한 차원 높은 수준으로 확대하는 것이다. 이것은 제1의 선택보다 더 나쁜 최악의 시나리오가 될 것이다.

제3의 선택이 남아 있다. 일본·한국·타이완·필리핀·베트남을 포함한 동아시아 사회들에서 대안의 동아시아를 함께 꿈꾸고 그 가능성을 탐색하며 비전을 가꾸는 것이다. 미중 패권경쟁의 동반자나 하수인이나 구경꾼으로 머물지 않고, 새로운 질서를 위한 동아시아 공동지성의 길을 모색하는 것이다. 일본과 한국을 포함한 미국의 동아시아 동맹국 사회들이 미국과의 군사동맹을 일정하게 유지하되, 그것을 동아시아 평화라는 가장 우선하는 보편적 가치에 부합하는 공동안보의 장치들을 개발하는 노력과 조화시키는 것이다. 그러기 위해서는 일본과 한국을 포함한 동아시아 사회들이 동맹의 전초기지나 뒷바퀴에 머물지 않고 동맹체제의 뇌수로서, 그 앞바퀴의 하나로서 동맹의 방향과 정책을 조율하는 더 지혜롭고 능동적인 지정학적 비전을 가꿔야 함을 뜻한다.

그러한 노력이 없다면 미국과 일본, 그리고 중국은 동아시아 대분단체제의 기축으로서 군비경쟁과 신중상주의를 앞세운 패권경쟁의 관성에 가속도를 붙일 것이다. 그로 인해 더욱 위태로워지는 곳들은 소분단체제로 존재하는 한반도와 타이완해협이다. 그럴수록 동아시아 대분단체제 극복의 몸부림은 한반도와 타이완에서 가장 절실하다.

이 숙제의 본질은 한반도 평화협정 체제의 구성, 그리고 타이완 양안관계의 평화체제 구성이다. 타이완의 경우, 2000년 집권한 천수이볜(陳水扁) 총통 시절 타이완 푸젠성과 중국 본토 푸젠성 사이에 항공·우편·해운을 자유화한 이른바 '소삼통'(小三通)이 이루어졌고,

---

China's Military Grows Bolder," *The New York Times*, August 5, 2022.

2008년 집권한 마잉주(馬英九) 총통 때 그것을 타이완 전체와 중국 본토 전체로 확대한 '대삼통'(大三通)이 이루어졌다. 그러므로 양안 관계는 아직 이산가족 만남조차 제대로 되지 않는 한반도의 분단국 가체제와는 차원이 달라져 있다. 그럼에도 불구하고 타이완해협의 군사적 긴장은 대분단체제 기축관계의 긴장과 맞물려 끊임없이 재연되어왔다. 일정한 평화체제 제도화가 필요한 이유다.

마잉주 정권 시절에 '비통일·비독립·비무력'을 3원칙으로 하는 평화협정 방안이 양안 사이에 일시적으로 논의되었다. 마잉주의 평화협정 구상은 집권 전인 2005년부터 제기되었다. 그해 12월 마잉주는 "타이완이 독립노선을 취하지 않고 중국대륙 역시 타이완에 무력을 행사하지 않는다는 일종의 양안 간 평화협정이 체결되기를 희망한다"라고 밝혔다(외교부 자료, 2006.1.2). 마잉주 집권 후 국민당 우보슝(吳伯雄) 주석은 2009년 5월 25일 베이징을 방문해 후진타오(胡錦濤) 총서기와 회담을 가졌다. 이 자리에서 후진타오는 양안경제협력 협상과 함께 양안 간 적대상황을 종결하고 평화협정을 체결하는 문제를 언급했다(외교부 다자통상국 자료, 2009.6.8). 그러나 마잉주의 국민당 정권도 2012년 총통 재선을 앞두고 타이완 내부의 논란을 피하기 위해 비독립을 전제로 하는 평화협정 문제를 더 이상 추진하지 않게 되었다. 2016년 타이완 독립을 주창하는 민진당이 다시 집권했다.

차이잉원(蔡英文) 총통은 2020년 압도적 지지를 받으며 재선에 성공한다. 2019년 여름부터 고조된 홍콩 시민들의 민주화 시위와 그후 강력해진 중국의 홍콩 민주파 억압이 중요한 배경이었다. 2020년 1월 차이잉원 총통은 "타이완은 이미 독립국가이므로 독립선언 자체가 불필요하다"고 주장했다.[68] 베이징과의 관계는 악화일로를 걸

---

68 김진방, 「차이잉원 "타이완 이미 독립국가…독립선언 불필요"…中 강력반발」, 『연합뉴스』, 2020.1.15.

었다. 타이완 국민은 홍콩 민주주의의 소멸을 통해 이른바 "일국양제"(一國兩制)의 운명을 목도했다. 타이완 민중은 동아시아의 양극적 군사동맹체제 강화 쪽에 편승하는 제1의 선택만 남았다고 판단한 것이다.

더 나아가 이런 조건에서는 타이완이 독자 핵무장이라는 제2의 선택까지도 정중동으로, 즉 이스라엘처럼 '핵실험 없는 핵무장'의 길을 꿈꿀 수도 있다. 그러나 그것은 미국에게도 난감한 일일 뿐 아니라, 중국 정부의 본격적인 군사행동을 초래할 가능성이 높은 위험한 선택임이 너무나 분명하다. 그러므로 현실적인 대안이 아니다. 결국 타이완 정부는 국민당이든 민진당이든 궁극적으로는 중국과 일정한 평화체제 구성에 나서게 되지 않을까 생각한다. 물론 양안관계에서 평화협정이 다시 거론되려면 더 많은 세월이 필요할 것이다.

3) 동아시아 제3의 선택의 열쇠: 한반도 평화체제에서 평화협정의 의미

이런 점들을 고려할 때, 동아시아 대분단체제의 질곡을 풀어낼 가장 구체적이고 실질적인 실마리는 한반도의 평화체제 모색일 수밖에 없다. 그것은 소분단체제 극복일 뿐 아니라, 동아시아 대분단 기축관계에서의 변화도 이끌어내 동아시아 지역질서가 양극적 동맹체제 일변도에서 벗어나 일정한 공동안보의 장치를 구성하는 첫걸음이 될 것이다. 그것은 다시 타이완해협에도 영향을 미쳐서 양안관계의 평화체제 모색을 촉진할 수 있게 된다.

결국 동아시아 대분단체제 극복의 첫 단추는 한반도 평화체제 구성이라는 숙제를 푸는 것이다. 현재 한반도는 평화체제는 고사하고 한미동맹의 선제타격론과 참수작전론, 핵확장억제 강화가 북한의 핵 사용 문턱을 낮춘 5대 원칙을 이끌어내며 세계 어느 지역보다 핵전쟁 위험이 현실화되어 있는 상태다.[69] 우크라이나는 푸틴에 의한

---

69 2017년에도 트럼프 행정부가 선제타격을 거론하고, 문재인 정부는 '김정

전술핵 사용이 실행되는 경우에도 그것이 서방과의 핵 교환으로 이어질 가능성은 제한적이다. 이와 달리 한반도는 어느 일방의 핵 사용이 거의 반드시 쌍방의 핵 교환으로 이어질 것이다. 한국 수도권을 포함한 한반도 전체는 문명적 삶이 불가능한 초토화를 피하지 못할 것이다.

그럼 이러한 상황을 타개할 "진정 담대한 기획"의 열쇠는 무엇인가. 그에 대한 답의 실마리는 문재인 정부가 남북정상회담과 북미 정상회담을 이끌어냈으면서도 왜 평화체제 구성으로 나아가는 데 실패했는지를 돌이켜봄으로써 찾을 수 있다. 그 원인은 물론 문재인 정부의 한계만이 아니라 미국과 북한의 책임도 있으므로 복합적으로 살펴야 한다. 그럼에도 여기서 가장 중요한 것 하나를 꼽자면 필자는 문재인 정부가 갇혀 있던 평화체제 개념의 한계를 지적하고 싶다. 평화체제 구성 과정에서 평화협정이 갖는 의미와 역할에 대한 기본 개념이 그것이다.

2018년 문재인 대통령은 평화협정은 평화체제의 맨 마지막 단계에 성립하는 것이라고 단정했다. 이른바 '평화 프로세스'의 맨 앞, 즉 입구에 종전선언을 놓고, 평화협정은 그 프로세스의 맨 마지막에 위치시켰다. 이 개념은 왜 문제가 되는가. 세계사에서 평화협정은 두 가지 종류가 있다. 하나는 사후처리 문서이자 과거사 정리 문건이다. 다른 하나는 새 질서를 창조하기 위한 공동행동의 목표와 일정을 규정하는 미래지향적 계약 문서다. 1919년 제1차 세계대전 후의 베르사유 평화협정, 1951년 9월 미국이 일본과 맺은 샌프란시스코조약, 1954년 인도차이나 문제에 대한 제네바 평화협정, 그리고 1973년

은 참수부대'를 공개했다. 필자는 선제타격과 참수작전은 실행될 수도, 실행되어서도 안 되는 잠꼬대일뿐 아니라, 무엇보다 북한으로 하여금 핵사용 문턱을 대폭 낮게 만들 뿐이라고 경고했었다(이삼성, 2018, 85-131쪽). 윤석열 정부의 선제타격론 강화로 그 우려가 북한 핵사용 5원칙 법제화로 앞당겨 현실화됐다.

2018년 4월 27일, 판문점 선언을 발표하는 김정은 위원장(왼쪽)과 문재인 대통령. ⓒ청와대

1월 미국이 북베트남과 맺은 파리 평화협정(Paris Peace Accords) 등과 같이 어떤 전쟁의 결과가 실제 또는 사실상 결정되고 난 후 그것을 수습하기 위한 평화협정은 전쟁의 결과 이미 당사국들 사이에 형성된 새로운 질서를 문서로 정리하는 전후처리 문서에 다름 아니다. 전후의 새로운 상황을 추인하는 성격을 띤 것이기에 평화과정의 출구라 해도 무방하다.

그러나 한반도의 평화협정은 현재에 없는 새로운 질서를 창조하자는 문서다. 핵무기와 핵전쟁 위협으로 고통받는 기존의 질서를 넘어서기 위한 새 질서의 청사진을 의미한다. 그러므로 이러한 평화협정은 평화과정의 입구로서의 위치가 주어져야 한다. 평화체제 구축과 평화협정의 관계는 이를테면 큰 건물을 지을 때 건축설계도에 대한 시행사와 시공사, 그리고 감리회사 간에 합의된 설계도와 실제 건축된 집의 관계에 비유할 수 있다. 당사국들 사이에 미래에 새로 수립해야 할 평화공존 관계의 내용과 그것을 위해 당사국들이 저마다 이행하고 지켜야 할 의무에 대한 설계도이자, 그 국제법적 공약화 문서다. 한반도에서 새로운 평화공존 관계의 핵심 내용은 북한 비핵화와 북미관계 정상화이므로, 그것을 상호 약속하는 평화협정은 그 전에 성립해야 한다. 북한이 비핵화를 실질적으로 진행한 이후라면 사실상 평화구축이 이루어진 상태를 말하는데 그때 가서야 평화협정을 맺는다고 말하는 것은, 집을 완성한 다음에 집 설계도에 대해서 관계자들이 합의하겠다는 이야기와 다를 바 없다. 건축이 다 된 다음에 설계도를 그리는 건 아무런 의미도 필요도 없는 일이다. 그런데 한국의 언론도 학자도 대통령도 "평화협정은 북한 비핵화 완료 이후의 일"이라고 말해왔다.

핵무장을 이미 완성한 북한의 비핵화를 이끌어내기 위해서 한국과 미국은 북한이 비핵화를 안심하고 진행시켜도 좋다고 느낄 만큼 안전을 보장하는 신뢰장치를 마련해주어야 한다. 안전보장은 북미 간 외교관계 정상화를 포함한다. 그 약속을 국제법적 구속력을 가진 장치, 즉 미 상원의 비준을 거쳐 미국 양대 정당의 초당적 동의를 받는 평화조약의 형태로 확보할 때만 북한은 이를 신뢰하고 핵무장 해체를 실질적으로 시작할 수 있다. 그러지 않는 한 북한 비핵화의 전망은 제로다. 그 조약은 말할 것도 없이 북미 외교관계 정상화 및 경제제재 해제를 북한의 비핵화 일정과 연계해 단계적으로 진행할 것을 규정하게 될 것이다. 그 실행의 일정표를 법제화한 것이 평화조약 내지 평화협정이다.

그러므로 북한 비핵화를 위한 평화조약은 실질적 평화체제 구성의 말단에 위치한 출구에 있는 것이 아니라 그 체제 구성의 첫 단추이자 입구다. 평화협정이라는 합의를 이끌어내는 과정에서 종전선언은 해도 좋고 안 해도 그만이다. 종전선언이 평화협정을 대신할 수는 없다. 더욱이 종전선언이 평화협정을 평화과정의 맨 끝으로 밀어내는 명분으로 활용되어서는 안 된다.

2018년 4-6월 시점에서는 평화협정 협상 본격화가 북한에게 핵무장 유지라는 기존의 생존전략을 대신할 수 있는 신뢰할 만한 매력적 대안으로서 존재 가능했다고 본다. 그러나 6·12 싱가포르선언의 잉크가 마르기도 전부터 시작해 2019년 2월 하노이 북미 정상회담 실패에 이르기까지 미국 정부가 주도하고 한국 정부가 뒤따르면서 전개된 '진정한 평화협정 개념의 실종과 혼란' 상태가 이어졌다. 이 과정에서 북한이 평화협정체제는 현실적으로 기대하기 어려운 것임이 분명해졌다고 판단했을 가능성이 높다.

그 결과 이제 북한은 남측이 설령 입구로서의 평화협정 협상을 내건다 해도 한국 내부의 남남갈등 상황과 미국에서의 현실적 협정 가능성을 깊이 회의하면서 계산하기 복잡해질 수밖에 없을 것이다. 그만큼 평화협정 제안마저도 이제는 북한에게 핵무장 강화라는 기존의 생존전략에 대한 대안으로서 갖는 현실성과 매력이 떨어져 있는 상태라고 볼 수밖에 없다.[70] 2022년 가을, 우크라이나에서 전황이 러시아에 불리해지면서 푸틴 러시아 대통령이 전술핵 사용을 위협하기에 이르렀는데, 이는 미국과 러시아가 앞다투어 저용량 전술핵무기 개발경쟁을 벌여온 결과다. 오늘의 세계에서 핵 사용은 더 이상 "생각할 수 없는 일"이 결코 아니며 그 문턱은 대폭 낮아졌다. 동아시아 대분단체제가 더욱 경직되어가면서 북한의 비공식적 핵보유국 지위는 갈수록 기정사실화되고 있다. 그 핵무력과 핵 사용 가능성은 한미동맹의 선제타격론의 고성(鼓聲)과 함께 더욱 팽창하고 있다.

우리에게 놓인 선택은 이 상황을 불가피한 숙명으로 받아들이는 것이 아니라, 어떻게 방향을 전환할 것인지 그리고 그 전환을 위해 우리는 어떤 비전을 준비해야 하는지를 새삼 돌이켜보는 일이다. 그것이 평화협정체제 전환을 위한 우리 사유의 허점을 살펴보는 일이라고 믿는다. 한국의 정부와 학계와 시민사회는 평화체제 구축의 입구로서의 평화협정을 사유하고, 그 현실성을 높이기 위한 비전을 다각도로 모색하는 노력을 해야 한다. 고정관념을 벗어나 평화협정의 내용과 수준에 대한 창의적인 구상들을 찾아야 한다. 앞서 언급했듯, 주한미군 철수 문제는 평화협정에서 다루지 않아도 될 가능성

---

70 김정은은 2022년 10월 10일 "적과의 대화 필요성을 느끼지 않는다"는 말과 함께, "핵전투무력 백방 강화"를 재차 선언했다.

이 높다. 문재인 대통령이 2018년 9월 19일 평양회담에서 김정은 위원장과의 대화에서 그 점을 공유했다고 말했고, 그에 앞서 김정일이 2000년 정상회담 때 김대중 대통령에게 한 발언에 비추어볼 때, 북한이 주한미군 철수 문제를 평화협정과 비핵화의 절대 조건으로 삼지 않을 수 있음을 보여주었다.[71]

평화협정 협상에서 떠오를 주요 안건으로는 남북 간 군비통제 문제가 있고, 그것은 거의 합의 불가능한 문제일 것이라는 선입견이 우리를 짓누를 수 있다. 그러나 이 문제도 창의적으로 다양한 방식의 평화협정을 모색함으로써 해결의 실마리를 찾을 수 있다고 본다. 예를 들면 평화협정을 1단계 협정과 2단계 협정으로 나누는 방안도 생각해볼 수 있다. 평화협정을 북한 비핵화가 진행된 뒤에나 작성할 문서 정도로 생각하고 뒤로 미루어놓으면 평화협정에 대해 고민할 필요는 없어진다. 창의적인 모색도 필요가 없다. 왜냐면 그 기회는 영원히 오지 않을 테니 말이다. 그러나 평화협정 협상을 비핵화를 이루어내기 위한 입구이자 평화의 초석이라고 그 의미를 새롭게 정의하고 나면, 그래서 정부 인력과 학계가 그 개념을 받아들여 함께 진력한다면 해법을 찾을 가능성은 크게 높아질 것이라고 믿어 의심치 않는다.

그렇게 성사된 한반도 평화협정은 곧 대분단체제의 질곡을 넘어선 동아시아질서의 초석이 될 것이다. 한반도 평화협정은 남북한과 함께 미국과 중국이 당사자로서 참여할 수밖에 없고 또 그것이 바람직하기 때문에, 그 성립 자체가 동아시아 공동안보의 첫 단추가 된다. 그 후에는 한반도와 일본열도 그리고 타이완해협까지를 하나로 묶어 이들 지역에서 핵무기의 사용·배치·개발의 금지를 규범화하는 '비핵무기지대'를 건설하는 것이 동아시아 공동안보의 다음 숙제이자 실현가능한 목표로 떠오를 수 있을 것이다. 그간 일본과 한국의

71 김대중, 『김대중 자서전 2』, 삼인, 2010, 290쪽.

평화운동 일각에서 논의해온 '일본열도와 한반도에 국한된 동북아 비핵무기지대'를 타이완을 포함하는 '동아시아 비핵무기지대'로 확장하는 개념이다.[72] 한반도에 평화협정체제가 성립하면, 타이완해협에서도 양안 간에 평화체제의 제도화 논의가 떠오르기에 비상하게 유리한 환경이 될 것이다. 그 일환으로 타이완이 포함된 동아시아 비핵무기지대의 논의도 가능해질 것이라고 생각한다. 그렇게 대안의 동아시아를 그려본다.

동아시아의 안보 지형에 그처럼 공동안보의 실마리들이 성립하는 것이야말로 북한 전체주의의 강화나 중국 사회의 전체주의로의 회귀도 근본적으로 막아낼 동아시아 인간안보의 단초가 될 것이다. 지금 여기에서 전쟁의 위협과 전체주의의 그림자는 서로 지탱하며 함께 가는 것이기 때문이다.

(2022)

---

72   일본 평화운동계가 논의해온 동북아 비핵무기지대는 미국 핵우산의 해체를 전제한다. 사실상 미일동맹, 한미동맹의 해체도 전제하는 것에 가깝다. 필자가 수정해 생각하는 '동아시아 비핵무기지대'는 비핵지대 구성에도 불구하고 중국 혹은 러시아가 한반도나 일본에 대해 핵 위협을 하거나 핵 사용을 할 경우 그 위반국에 대해 미국이 동맹에 근거해 핵 보복을 할 수 있는 국제법적 가능성을 허용하는 내용이다. 동아시아 비핵무기지대 구성과정에서 군사동맹 해체를 전제로 하면 그 실현가능성은 거의 제로라 할 수 있다. 그래서 비핵무기지대 건설을 기존의 군사동맹체제와 양립할 수 있는 방식으로 추진함으로써 그러한 공동안보의 실현 가능성을 높일 필요가 있다. 그렇게 해서라도 비핵무기지대 건설을 포함한 공동안보가 현실성을 띠게 될 때, 비로소 동아시아 사회들은 미국과의 동맹과 핵우산에 대한 의존성을 줄여나갈 공간도 열릴 수 있다고 필자는 생각한다. 이에 대한 상세한 논의는 이삼성, 「동북아 비핵지대를 군사동맹 문제와 분리할 필요성」, 『한반도의 전쟁과 평화』, 2018, 제15장의 8절, 843-851쪽.

제4장

한반도 정전체제의 동아시아적 맥락과 평화체제 전환의 요건[1]

1. 전후 동아시아질서의 구성과 한국전쟁의 동아시아적 맥락

1950년 북한의 무력해방론과 남한의 북진통일론은 모두 무력으로 한반도 통일국가의 꿈을 이루겠다는 시도였다. 이 군사주의는 수백만 명의 희생과 산천의 물리적 초토화, 그리고 남북 간의 철저한 이질화만 초래했다. 남은 것은 와다 하루키 교수의 표현대로 "38선을 약간 기울인 형태의" 분단 그대로였다.[2] 이 전쟁의 상처는 무엇보다 남북한 사이에, 그리고 남한 사회 내부에 수십 년을 가도 치유되지 않는 정치사회적 분열과 갈등의 기반을 남겼다. 이 모든 상처를 안은 채 한반도는 평화체제로 전환하지 못하고 70년 가까운 세월을 '정전체제'에 갇혀 있었다.[3]

한국전쟁은 미소 냉전이라는 전후 세계질서를 배경으로 동아시아에 구성되고 있던 전후 동아시아질서의 맥락 속에서 발생했다. 이 전

---

[1] 이 글은 2020년 11월 12일 가톨릭동북아평화연구소가 주최한 국제학술대회 '끝나지 않은 전쟁'에서 발표된 논문으로, 원문 그대로 전재한다. 이 학술회의의 같은 세션에서 도쿄대학 와다 하루키(和田春樹) 교수는 「영속하는 한국전쟁상(像)의 분열과 평화를 위해 필요한 공통 인식」이란 제목의 발표를 했다.

[2] 和田春樹,『朝鮮戰爭』,『東アジア近現代通史』第7卷『アジア諸戰爭の時代: 1945-1960年』, 東京: 岩波書店, 2011, p.271.

[3] 한국전쟁의 성격에 대한 필자의 지성사적 검토는 이삼성, 「한국전쟁과 내전: 세 가지 내전 개념의 구분」,『한국정치학회보』, 제47집 제5호(2013).

쟁의 발발은 다시 세계 냉전과 동아시아질서를 고정시켰다. 이 질서는 변화와 연속성을 동시에 지니면서 오늘날까지 '한반도 정전체제'를 영속화하는 데 작용하고 있다.

동아시아질서는 유럽을 포함한 세계의 다른 지역들과 달리, 냉전과 탈냉전 시대를 관통하는 연속성을 지닌다. 필자는 이것을 '동아시아 대분단체제'라는 개념으로 이해해왔다. 이 체제는 대분단과 소분단들이라는 두 개 수준의 대립 축이 교직하면서 서로를 유지하는 상호작용을 한다. 대분단의 기축은 미일동맹과 중국대륙의 긴장관계를 가리킨다. 이 긴장은 세 가지 차원을 담고 있다. 지정학적 긴장, 정체사회적 체제와 이념의 긴장, 그리고 역사심리적 간극이다. 이 세 차원의 긴장이 상호작용하면서 서로를 유지한다. 이 대분단의 기축은 한반도, 타이완해협, 그리고 1970년대 중엽까지 인도차이나에 자리 잡은 소분단들과 태생적인 연관을 맺으면서 또한 서로를 유지하는 상호작용을 해왔다.[4]

동아시아 대분단체제가 형성된 첫 계기는 1946-49년 중국대륙에서 벌어진 국공내전에서 중국 사회의 새로운 선택으로 중국이 정치사회적 정체성 변동을 겪은 일이었다. 둘째 계기는 그렇게 승리한 중국 공산당이 대륙을 장악한 1949년 후반기에 형성된 미중관계의 성격이었다. 공산당의 신중국과 미국은 우호관계는 아니라도 평화공존의 관계를 수립할 기회가 없지 않았다. 그 가능성이 폐쇄된 것은 반드시 필연이 아니라 미국과 중국의 선택이었다. 특히 미국이 신중국과의 외교관계 수립을 배제하고 다른 서방 국가들의 대중국 외교 승인을 방해했다. 1950년 1월 말 신중국이 소련과 중소동맹조약을 타결함으로써 신중국과 태평양세력 사이에 대분단의 원형이 성립한다. 동아시아 대분단체제의 원형이 성립한 것이다. 그러나 그것이 곧

---

4 이삼성,「전후 동아시아 국제질서의 구성과 중국: '동아시아 대분단체제'의 형성과정에서 중국의 구성적 역할」,『한국정치학회보』제50집 제5호(2016. 12), 163-189쪽.

미중 간의 필연적 전쟁을 의미하지는 않았다. 동아시아 대분단체제 고착의 세 번째 계기 역시 역사적 행위자들의 선택에 의한 것이었다. 중소조약이 타결된 바로 그 시점에 스탈린은 그동안 반대하던 김일성의 남침기획을 승인한다. 그런데 스탈린이 김일성의 남침기획을 승인하는 중요한 조건이 있었다. 그것은 신중국이 유사시 한반도에 개입해 북한을 지원한다는 약속이었다. 한국전쟁의 기획자는 김일성이었고 스탈린은 그 최종승인자였지만, 그 최종승인의 전제조건은 내전에서 승리한 중국 공산당의 유사시 한반도 군사개입 약속이었던 것이다. 그 약속은 1950년 5월 중순 스탈린과 김일성에게 주어졌다.[5] 한국전쟁 발발은 그 결과였다.

이렇게 해서 발발한 한국전쟁은 즉각 미국의 개입으로 연결된다. 미국의 군사개입 방식은 곧 동아시아 대분단체제를 완성하는 마지막 네 번째 계기를 마련한다. 미국은 한반도 개입과 동시에 타이완해협에 개입함으로써 중국 내전에 재개입했다. 더욱이 인천상륙작전 성공 후 중국의 경고를 무시하고 38선을 넘었고, 압록강으로 진격했다. 1950년 10월 스탈린은 원래 약속과 어긋나게 중국군을 위한 즉각적인 공군력 지원을 거부했다. 그러나 중국은 한반도 군사개입을 결행한다. 이로써 한반도에서 중국과 미국이 격돌했다. 이것이 동아시아 대분단이 돌아올 수 없는 다리를 건너 완성된 네 번째 계기였다. 미국과 일본은 애당초 신중국도 타이완도 초청대상에서 제외한 채 미일 평화조약을 체결한다.[6] 동시에 미일동맹조약을 체결해 제국의 시대에 중국 경영을 위해 협력했던 미일 제국주의 연합의 전통을 보다 공식적인 형태로 복원했다. 이후 미중 간의 긴장은 미일동맹과 중국대륙 사이의 세 차원의 긴장으로 고착된다.

그와 동시에 한반도·타이완해협·인도차이나에서 미일동맹과 중

---

5 아나톨리 토르쿠노프, 구종서 옮김, 『한국전쟁의 진실과 수수께끼: 김일성-스탈린-마오쩌둥 기밀문서』, 에디터, 2003, 131-132쪽.

6 石川眞澄, 『戰後政治史』, 東京: 岩波書店, 1995, p.57.

국대륙 사이의 힘의 균형이 각축하면서 소분단들이 고착화된다. 한반도의 경우 북한에 의한 한반도 무력통일은 미국 개입으로 좌절되고, 한국과 미국에 의한 한반도 무력통일 역시 중국의 개입으로 좌절된 것이다. 한국전쟁 발발과 중국의 개입 이전까지 타이완문제에 관한 미중의 타협 가능성은 열려 있었다. 그러나 미중 격돌로 그 가능성은 완전히 소멸하고, 타이완해협의 분단과 군사적 대치는 영속화한다. 인도차이나에서도 한국전쟁 발발 후 미국이 인도차이나를 재식민화하려는 프랑스의 전쟁 지원을 배가하면서 1954년 봄 디엔비엔푸 대회전에서 패퇴한 프랑스가 이 지역에서 퇴장하고 '인도차이나 분쟁의 미국화'로 베트남의 분단도 고착된다.[7]

2. 정전협정과 제네바회의에서 한국과 인도차이나

1953년 7월 27일 조인된 한국 정전협정의 핵심은 세 가지였다. 군사분계선을 따라 폭 2킬로미터의 비무장지대를 설치하는 것, 이 협정 발효 후 3개월 이내에 전쟁 참여국들이 정치회의를 소집해 한국문제의 평화적 해결책을 마련할 것, 그리고 한반도에 새로운 무기체계를 반입하지 않기로 한 것이다. 이 협정 후 약 70년이 지났다. 그 세월을 돌아보면 다음과 같이 말할 수 있다.

군사분계선과 비무장지대는 전쟁 후에 고착된 동아시아 대분단체제 내부의 힘의 균형을 반영하면서 유지되었다. 제2의 전쟁이 벌어지진 않았다는 말도 된다. 동서독 사이의 군사분계선은 탈냉전으로 무너진다. 하지만 한반도 휴전선은 비무장지대와 함께 그대로 남는다. 유럽의 전후질서는 미소 냉전의 직접적인 투영이었다. 그래서 탈냉전은 동서독의 통일과 동서 유럽의 통합으로 직결되었다. 그러나

---

7 Andrew J. Rotter, *The Path to Vietnam: Origins of the American Commitment to Southeast Asia*, Ithaca: Cornell University Press, 1987, pp.209-213.

동아시아에서 한반도 휴전선은 타이완해협의 군사적 긴장과 함께 대분단체제의 핵심적 요소들로서 건재하다. 다만 인도차이나에서는 북베트남이 1975년 무력통일을 완성했다. 이는 이 지역에서 미국이 선택한 새로운 전쟁의 귀결이었다. 베트남의 북위 17도선 군사분계선의 붕괴가 동아시아 대분단체제에서 힘의 균형이 붕괴한 것을 의미하지는 않았다. 미국이 전쟁의 기반으로 삼았던 남베트남 반공정권의 원초적인 자생력 부족 탓이었다.

정전협정 제4조는 "양측 관련 정부들에 대한 권고"라는 제목을 달고 있다. "정전협정의 서명 및 발효 후 3개월 안에 양측 군사령관들은 양측 관련국 정부들에게 양측이 각기 임명한 대표자들이 참여하는 고위급 정치회의를 개최해 모든 외국군대의 철수와 한국문제의 평화적 해결 등을 협상을 통해서 해결할 것을 권고"했다. 정전협정의 제5조 63항은 이 협정의 모든 조항이 1953년 7월 27일 밤 10시부터 발효한다고 규정하고 있었다. 그러므로 제4조 규정대로라면 1953년 10월 말까지는 정치회의를 소집해야 했다. [8]

그러나 정치회의 소집은 지연되었다. 북한 측이 한국전쟁 당사자가 아니었던 소련과 인도의 참석을 주장했다. 미국은 반대했다. 스탈린 사망의 효과가 1953년 말부터 나타나 미소 긴장이 완화되면서 문제가 풀렸다. 1954년 1월 25일부터 2월 18일 사이에 베를린에서 미·영·불·소 '4대국 베를린회의'(Four-Power Berlin Conference)가 열렸다. 이 회의에서 각국은 1954년 4월 26일 제네바에서 "한국문제의 평화적 해결을 위한 회의"를 개최할 것에 합의한다. 여기서 합의된 정치회의의 참석국가는 미·영·불·소를 포함해 중화인민공화국, 북한과 남한, 그리고 기타 한국전쟁에 파병한 국가들이었다. 이 합의에 따라서 1954년 2월 말 미 국무부는 한국전쟁에서 유엔군으로 참

---

[8] THE KOREAN WAR ARMISTICE AGREEMENT, Panmunjom, Korea, July 27, 1953.

베트민 지원자들은 20,991대의 자전거를 이용해 식량과 무기를 디엔비엔푸에 운반했다.

여한 나라들, 즉 오스트레일리아·캐나다·콜롬비아·에티오피아·그리스·룩셈부르크·네덜란드·뉴질랜드·필리핀·태국·튀르키예를 초대한다. 소련은 북한과 중화인민공화국을 초대했다. 1954년 4월 26일 제네바에 모인 이들 15개국 대표들은 6월 15일까지 7주에 걸쳐 회의를 했다.[9]

제네바회의에서 미국은 두 가지 원칙을 주장했다. 첫째, 남북한 통일은 민주적인 자유선거에 기초해야 한다. 둘째, 공산(북한) 측도 유엔의 선거 감독을 받아야 한다. 더욱이 미국은 한국에서 미군 철수는 언급하지 않고, 북한에 대해서만 선거 실시 전에 중국군이 철수할 것을 요구했다. 공산 측은 북한의 선거만 상대방 진영에 의해서 감독을 받아야 한다는 발상을 거부했다. 중국 외교부장 저우언라이는 한반도 전체에서 외세 개입을 배제하고 자율적인 선거 실시를 주장했다. 저우언라이의 주장은 곧 북한에서 중국군 철수와 동시에 남한에서도 유엔군이 철수한 상태에서 선거가 실시되어야 한다는 의미였다.[10]

결국 한국의 선거 방식에 합의가 이루어지지 않았다. 문제의 핵심

9 Mark A.T. Esposito, "Geneva Conference of 1954: 26 April–15 June 1954," in Spencer C. Tucker(ed.), *Encyclopedia of Korean War: A Political, Social and Military History*, Volume I, Santa Barbara: ABC-CLIO, Inc., 2000, p.223.
10 Esposito, 2000, p.223.

은 (미군이 주축을 이루고 있는 유엔군의 남한 주둔을 배경으로) 유엔이 남북한 모두에서 주도적인 역할을 해야 한다는 미국의 주장이었다. 공산 측은 유엔의 중립성을 인정하지 않았고, 선거를 포함한 재통일 과정에서 유엔의 역할을 거부했다. 6월 15일 미국과 그 동맹국들은 "자유선거와 유엔 감독"이라는 두 가지의 기본 원칙을 공산 측이 거부하기 때문에 회의는 더 이상 무의미하다는 성명을 내고 회의장을 떠났다. 공산 측은 회의 계속을 주장했다. 한국문제에 관한 제네바회의는 그것으로 끝났다.[11]

제네바회의가 진행되는 기간에 벌어지고 있던 제1차 인도차이나 전쟁은 1954년 봄 디엔비엔푸에서 베트민의 승리로 끝났다. 프랑스는 군대를 동원하고 미국은 전쟁 자금을 댄 이 전쟁의 전후 처리도 제네바회의에서 다루어졌다. 프랑스군의 요새였던 디엔비엔푸가 베트민에 함락되어 인도차이나 전쟁이 막을 내린 것은 1954년 5월 7일이었다. 그 직후에 제네바에서 인도차이나 문제에 대한 평화협상이 개최되었다. 한국전쟁 전후처리를 위한 제네바 정치회의와 기간이 일부 겹친다.

이 평화협상에서 프랑스 대표는 수상 조셉 라니엘(Joseph Laniel)이 맡았다. 다른 나라들은 외무장관이 나섰다. 영국을 대표한 외무장관 엔서니 이든(Anthony Eden)과 소련을 대표한 외상 몰로토프가 협상의 공동의장을 맡았다. 미국 대표는 국무장관 존 포스터 덜레스(John Foster Dulles)와 국무차관 베델 스미스(Bedell Smith)였다. 중국은 외교부장 저우언라이, 베트민은 팜반동(Pham Van Dong)이 대표했다. 그리고 프랑스의 식민지 괴뢰정부들인 라오스·캄보디아·베트남 연합국가들(Associated States of Vietnam)의 대표자들도 참석했다.

프랑스 국민들은 전쟁에 지쳐 있었다. 이 회담에서 수상 라니엘은

---

11 Esposito, 2000, p.223.

휴전을 이뤄내야만 정권을 유지할 수 있었다. 휴전을 위해서는 베트남의 분단이 불가피했다. 군사분계선을 어디에 그을 것인지가 핵심이었다.[12] 미국은 마지막 순간까지 협상을 반대하고 프랑스에게 "자유세계"를 위한 전쟁을 계속할 것을 촉구했다. 하지만 프랑스는 거부했고 협상을 진행했다.[13] 결국 군사분계선을 북위 17도선으로 타협해 인도차이나 전쟁이 공식 종결된 것은 1954년 7월 21일이었다.[14] 이 협정은 한편으로 한국의 경우처럼 남북 분단을 전제한 군사분계선을 결정한 정전협정이었지만, 한 걸음 더 나아가 베트남의 남북 통일정권을 세우기 위한 선거를 규정한 평화협정이기도 했다. 이 협정은 2년 뒤인 1956년 7월 전까지 선거를 실시하도록 규정했다.

1954년 제네바회의에서 열린 정치회의에서 한국문제와 베트남문제는 합의 여부에서 차이가 있었다. 그러나 한국의 정전협정도 베트남의 제네바협정도 중요한 부분들이 사문화된 것은 마찬가지였다. 두 경우 모두 미국의 행동이 결정적이었다는 공통점도 있었다.

한반도 정전협정이 추가적인 평화조약을 통해 평화체제로 전환된다는 것은 남북통일을 지향하는 것일 수도 있었고, 분단 속의 평화공존을 지향하는 것일 수도 있었다. 어느 쪽이든 군비경쟁을 최소화하고 일정한 남북 공동안보의 틀을 구성하는 것을 뜻했다. 반면에, 평화조약이 성립하지 않음으로써 정전체제로 남는다는 것은 어떤 남북 공동안보의 질서도 구성할 수 없었음을 말한다. 그 대안은 남북이 저마다 강대국과의 동맹에 의존해서 영구적인 군비경쟁체제로 나아가는 것, 곧 한반도 정전체제의 군사화를 뜻했다.

12　Barbara W. Tuchman, *The March of Folly: From Troy to Vietnam*, New York: Random House, 1984, pp.284-285.

13　Fredrik Logevall, "The Indochina Wars and the Cold War, 1945-1975," Melvyn P. Leffler and Odd Arne Westad(eds.), *The Cambridge History of the Cold War*, Volume II(*Crises and Détente*), Cambridge: Cambridge University Press, 2010, p.290.

14　Tuchman, 1984, p.285.

1954년 5월에 시작한 제네바회의에서 인도차이나 전쟁을 종결한 평화조약은 한국의 경우보다 한 걸음 더 나아간 것을 의미했다. 선거를 통해 통일 베트남 정부를 구성하는 데 전쟁 주요 당사자였던 프랑스가 동의했기 때문이었다. 문제는 실제로 선거를 실시할 수 있을 것인지였다. 결과는 제네바협정의 무력화였다. 인도차이나 전쟁의 핵심 당사자로서 평화조약에 서둘러 서명한 프랑스는 이 지역에서 퇴장해버리고, 프랑스를 대신해 분단 베트남 남쪽 정권의 실질적 후견인을 자처하며 인도차이나 문제의 새로운 핵심 당사자가 된 미국은 그 평화조약을 거부하고 서명하지 않았기 때문이었다.

3. 한국 정전협정과 베트남 평화협정 무력화와 미국의 동아시아 정책

1954년 4월에 시작한 제네바회의에서 한국문제가 합의점을 찾지 못하고 종결됨에 따라 한반도는 남북이 동맹체제와 군비경쟁에 의존하는 정전체제로 나아갈 것을 예고했다. 그러한 정전체제의 군사화를 구체적으로 촉발한 것은 미국 쪽이었다.

한국 정전협정 제13항은 한반도에 새로운 무기체계를 들여오지 않도록 규정했다.[15] 그러나 1957년 미국은 군사정전위원회에서 북한 측에 이 13항을 무시하겠다고 선언한다.[16] 그리고 1958년 미국

---

15 THE KOREAN WAR ARMISTICE AGREEMENT, Panmunjom, Korea, July 27, 1953.

16 미국은 1957년 6월, 정전협정 제13항의 구속력을 공식적으로 제거했다(Donald Stone MacDonald, *U.S.-Korean Relations from Liberation to Self-Reliance: The Twenty-Year Record: An Interpretive Summary of the Archives of the U.S. Department of State for the Period 1945 to 1965*, Boulder, Colo.: Westview Press, 1992, p.23, pp.78-79; Bruce Cumings, *Korea's Place in the Sun: A Modern History*, New York City: W. W. Norton & Company, 1997, p.478). 관련자료: "Statement of U.S. Policy toward Korea," "FOREIGN RELATIONS OF THE UNITED STATES, 1955-1957, KOREA, VOLUME XXIII, PART 2," 240. National

전술핵무기들과 이것들을 발사할 수 있는 여러 가지 미사일 체계를 한국에 배치했다. 1956년 9월 미 합참의장 아서 래드포드(Arthur Radford)는 한국에 핵무기를 들여올 계획을 이미 밝혔다.[17] 당시 북한 측은 정전협정 13항을 심각하게 위반한 일은 없었다. 새로운 제트전투기를 들여왔지만, 미국도 이미 한국에 새 제트전투기를 들여온 상태에서였다. 북한이 들여온 제트전투기는 기존 공군력의 의미 있는 제고와는 거리가 멀었다.[18]

아이젠하워 대통령이 합참의장 래드포드에게 핵무기 중심 미국 군사전략 재편을 의미하는 '뉴룩'(New Look)을 추진하라고 지시한 것은 한국전쟁 기간인 1952년 11월이었다. 이에 따라 작성된 국가안보회의 문서(「NSC 162/2」)는 향후 재래식 분쟁에서도 핵무기를 선제적으로 사용해 대응한다는 '대량보복' 전략을 담았다. 그것이 한국 정전협정 조인 3개월 뒤인 1953년 10월이었다.[19] 한국전쟁 이후 이 전략을 본격 실행한 무대는 먼저 유럽이었다. 1955년부터 유럽에 대한 미국 핵무기의 본격 배치가 시작된다. 이후 유럽의 미국 핵무기 배치는 급속 팽창해 1960년 3,000기에 달하고, 1971년엔 7,300기에 이르게 된다.[20]

미국이 대량보복 전략을 동아시아에 적용해 오키나와·한국·타이완·필리핀·괌에 핵무기를 대량 배치하기 시작한 것은 1950년 대 말이었다. 이때 이미 이들 동아시아 지역에 배치된 미국 핵무기

Security Council Report, Washington, August 9, 1957.

17 Cumings, 1997, pp.477-478.

18 Cumings, 1997, p.478.

19 Sandia National Laboratories, "U.S. Strategic Nuclear Policy: An Oral History, 1945-2004, Part 1," Released by the National Security Archive, 2005; 이삼성, 『한반도의 전쟁과 평화: 핵무장 국가 북한과 세계의 선택』, 한길사, 2018, 551-552쪽.

20 Robert Norris, William M. Arkin & William Butt, "Where They Were," *The Bulletin of the Atomic Scientists*, November/December 1999, pp.27-28.

는 1,700기에 달했다. 5년 뒤인 1963년에 그 규모는 2,400기로 늘어나고, 1967년 중엽에 아태지역에 배치된 미국의 지상배치 전술핵만 3,200기에 달한다. 그 대부분인 2,600기가 한국과 오키나와에 배치되었다.[21]

요컨대, 1957년 미국이 한국 정전협정의 새로운 무기체계 도입 금지 규정을 무효선언한 것은 사실상 한국전쟁 기간에 이미 미국이 결정하고 실행을 준비하고 있던 '미국 군사전략의 핵무기화'와 '냉전의 핵화(核化)'의 연장선에 있는 것이었다. 미국이 기존의 전략폭격기 위주의 전략핵 무기체계에 지상발사 대륙간탄도미사일(ICBM)과 핵잠수함을 이용한 해상발사탄도미사일(SLBM)을 추가해 핵무기 삼각체계(Nuclear Triad)를 구축하고, 이로써 미소 핵 군비경쟁을 새로운 차원으로 발전시켜간 것도 1950년대 후반에 이미 본격화했다. 이후 "미국은 능동적이고 혁신적이며, 소련은 반응적이고 모방적이며 뒤쫓는 형태"의 군비경쟁 패턴이 정착한다.[22]

미국은 한반도 정전체제의 군사화를 주도한 것과 때를 같이하여, 인도차이나에서는 제네바 평화협정의 무력화를 주도한다. 그 배경에는 한국전쟁을 통해 공식화된 미일동맹체제를 바탕으로 동아시아 공산주의 봉쇄의 보루로서 일본을 재건한다는 청사진이 있었다. 인도차이나를 일본 경제재건의 배후지로 삼는, 미국과 일본을 중심에 둔 동아시아 경제통합의 비전이었다.

미 국무부의 일본 점령정책은 군국주의 부활을 막고 민주화에 역점을 둔 "처벌적인 일본정책"이었다. 이후 공산주의에 점령되어가는 것처럼 보인 동아시아 대륙을 봉쇄하는 중요한 기지로서 일본을 경제적으로 재건하고, 이를 위해 일본을 중심에 둔 동아시아 경제통합

---

21 Norris, Arkin & Butt, 1999, p.30.
22 E.P. Thompson, *Beyond the Cold War: A New Approach to the Arms Race and Nuclear Annihilation*, New York: Pantheon Books, 1982, p.51; 이삼성, 『세계와 미국』, 한길사, 2001, 407쪽.

구상을 시작한 것은 1947년 2월이다.[23] 그처럼 일본과 인도차이나를 직접 연결하는 동아시아 차원의 경제통합 구상을 미국이 갖고 있었던 것은 섈러의 지적처럼 한국전쟁 이전이었고, 그것은 미국이 그때부터 프랑스의 베트남 재식민지화 목적의 인도차이나 전쟁 비용 대부분을 담당하기 시작한 배경이기도 했다. 그러나 미국의 그러한 구상이 현실에서 본격적으로 실행될 수 있었던 계기가 한국전쟁이었다는 것도 사실이다. 미국이 일본 경제재건의 핵심 배후지로서 인도차이나를 활용하는 전략이 구체적으로 성과를 내기 시작한 것은 1950년대였다.[24]

앤드류 로터에 따르면, 1951년 미국이 일본과 평화조약을 맺고 동맹조약을 체결할 당시 미국이 일본 요시다(吉田) 내각에 요구한 조건은 중국과의 경제무역관계 단절이었다. 미국이 그 대안으로 제시한 것이 베트남을 포함한 동남아시아와 일본의 경제적 연결이었다.[25]

미국의 이러한 동아시아 전략을 이해하면, 1954년 미국이 인도차이나에서 퇴장하는 프랑스를 대신해 남베트남을 아시아대륙에서 반공주의 봉쇄를 위한 중요한 개입 거점으로 삼고, 이를 위해 1954년 프랑스가 북베트남과 맺은 평화협정을 파기하는 주도적 역할을 한 것을 더 분명하게 이해할 수 있다. 핵심은 '자유선거에 의한 베트남의 통일'을 반대한 것이었다. 미국은 제네바 평화협상이 진행 중이던 1954년 5월 중순부터 어떤 선거도 반대한다고 선언했다. 제네바

---

23 Michael Schaller, "Securing the Great Crescent: Occupied Japan and the Origins of Containment in Southeast Asia," *Journal of American History*, 69(September 1982); Michael Schaller, "America's Economic and Strategic Interests in Asia," Thomas G. Paterson and Robert J. McMahon(eds.), *The Origins of the Cold War*, 1991, pp.278-279.

24 Rotter, 1987, p.214.

25 Rotter, 1987, pp.213-214. 일본은 그럼에도 중국과 일정한 무역관계를 유지했지만, 그 액수는 동남아시아와의 무역에 비해 미미한 수준에 불과했다. 이는 미국이 일본의 대중국 무역을 반대하지 않았다면 벌어질 수 없는 상황이었다.

회담이 끝나고 한 달 뒤 미 CIA가 실시한 정보분석은 남북 모두 베트남 민중이 공산 베트민을 압도적으로 지지할 것이 명백하다고 결론지었다.[26] 미 CIA가 이 시기에 벌인 광범한 반공 흑색선전 활동의 결과,[27] 북베트남에서 가톨릭교도가 대부분인 100만 명의 피난민이 남부 베트남으로 내려왔다. 미국은 북부의 반공세력을 남부에 합류시켜 남베트남에 더 강력한 반공 친미정권의 사회적 기반을 구축하려 했다. 미국은 곧 남베트남에서 국민투표를 실시해 프랑스 식민통치의 껍질을 벗어던지고 남베트남을 명실상부한 미국의 체제로 바꾼다. 허울뿐인 황제 바오 다이를 퇴위시키고 프랑스 식민지 관료 출신인 노 딘 디엠을 국가원수로 삼은 베트남공화국을 선포한 것이 1955년이었다. 남베트남을 사실상의 미국 식민지로 만든 작업의 완성이었고, 베트남 분단질서의 고착이었다.

요컨대, 미국은 한반도 정전체제의 평화체제 전환의 길을 '유엔 주도의 자유선거'를 주장해 무산시킨 데 이어서, 남북 베트남의 자유선거를 좌절시킴으로써 제네바 평화협정을 무력화시켰다. 한반도 정전체제 무력화 배후에 있는 미국의 동아시아 전략의 핵심은 핵무기를 중심에 둔 군사전략의 핵무기화, 그리고 동아시아 전반에서 미국 중심의 동맹 네트워크를 강화하는 것이었다. 베트남 평화협정 무력화 배후에는 아시아대륙 전체에 대한 공산주의 지배를 저지하기 위해 남베트남을 군사정치적 교두보로 확보하려는 미국의 전략과 함께 일본을 중심에 두고 중국을 배제한 미국의 동아시아 경제통합 전략이 있었다. 그것은 곧 한반도·타이완·인도차이나의 소분단질서들과 미일동맹과 중국대륙 간의 대분단 기축이 상호작용하는 동아

---

26 Gabriel Kolko, *Anatomy of a War: Vietnam, the United States, and the Modern Historical Experience*, New York: Pantheon Books, 1985, p.84.

27 CIA, "Report of U.S. Central Agency Covenrt Operations Team in Vietnam, 1995," in George Katsiaficas(ed.), *Vietnam Documents: American and Vietnamese Views of the War*, Armonk: M.E. Sharpe, 1992, pp.30-33.

시아 대분단체제의 완성을 의미하는 것이었다.

4. 한반도 정전체제, 동아시아 대분단체제, 그리고 미국 중심 세계체제

이상에서 논의한 바와 같이, 한반도 정전체제는 일본을 중심에 둔 미국의 동아시아 전략을 매개로 인도차이나의 분단 고착화와 깊이 연결되었다. 이러한 조건은 일본의 경제적·군사적 재건을 기초로 정비된 미일동맹과 중국대륙 사이의 대분단의 기축과 결합해 동아시아 대분단체제를 더욱 공고히 했다. 그리고 이 대분단체제는 몇 가지 고리를 매개로 미국 중심 세계체제와 연결되었다. 미국 중심 세계체제란 두 가지를 뜻한다.

첫째, 미국이 자본·시장·기술의 세계적 중심을 구성한다는 것이다. 예를 들면, 일본은 한국과 동남아시아를 포함해 미국이 구축한 동아시아적 차원의 경제통합의 직접적 수혜자이지만, 일본의 경제부흥에 가장 큰 역할을 한 것은 미국의 자본과 기술의 이전, 그리고 미국이 일본 산업에 제공한 시장이었다.

둘째, 미국은 그러한 경제적 위상을 바탕으로 전 지구적 차원의 동맹 네트워크를 구성할 수 있었다. 그 동맹 네트워크를 뒷받침하는 가장 직접적인 기반은 군사력 전진배치였다. 이것은 미국이 전 세계에 군사기지를 확보해 운영하는 '기지국가'(base nation)가 되었음을 의미한다.[28] 이로써 미국은 동아시아를 포함한 세계 동맹국들에 대한 군사무기 판매를 통해 전 지구적인 경제적 영향력을 보호하고, 그 자체로서 수익성을 확보하는 (미국 입장에서의) 선순환 시스템을 구성했다.

---

28 David Vine, *Base Nation: How U.S. Military Bases Abroad Harm America and the World*, New York: Skyhorse Publishing, 2017.

동맹체제와 경제적 지배력에 바탕을 둔 미국중심 세계체제는 일본·한국·타이완·남베트남·필리핀과의 동맹 네트워크를 통해서 동아시아 대분단체제의 구조에 깊이 박혔다. 또 그것은 한반도에서 평화체제 전환이 불가능한 군사화된 정전체제의 구조적 환경이었다. 이 질서의 지속은 동아시아에서 미국의 기득권과 일치했다.

5. 냉전기 대분단체제의 타협국면 전환과 한반도 정전체제 변화의 기회와 좌절

전후 미국의 패권은 압도적인 군사과학의 우위를 내포했지만, 결코 전능하지는 않았다. 중소분쟁에 이어 미국이 베트남에서 패전의 수렁에 빠지면서, 미국 패권과 맞물려 작동하던 냉전기 동아시아 대분단체제에 일대 변화가 촉발된다. 그 여파 속에서 한반도 정전체제도 변화의 기회를 맞는다. 하지만 대분단체제의 무게와 한국 정전체제의 관성에 눌려 다시 주저앉고 말아 평화체제 전환의 기회는 좌절된다.

1960년대 말부터 1970년대 초 미국은 베트남에서 명예롭게 퇴장할 준비를 한다. "항복하지만 항복처럼 보이지 않기 위한 노력"이었다. 중국과 소련의 도움이 필요했다. 북베트남을 미국이 원하는 조건의 평화협상에 끌어들이는 데에는 특히 중국의 도움이 절실했다. 중국이 미국의 요망(要望)을 들어 북베트남에 압력을 가하는 대신, 미국은 타이완에 대한 중국의 주권을 인정했다. 타이완은 이제 명목상 중국 주권에 속하되, 실질적 군사·정치·경제에서는 미국의 영역에 속하는 양속(兩屬)의 신분이 된다. 같은 시기 미국은 오키나와에 대해 미국의 공식적인 식민지 지위를 해제하고 일본에 주권을 반환한다. 하지만 오키나와는 여전히 미국의 실질적인 군사적 식민지로 남는다. 역시 양속의 신분으로 변화한 것이다.

이런 타협을 기반으로 미국은 동아시아 동맹국들의 안보 책임을 그들 자신에게 돌려준다는 괌 독트린도 내세웠고 미군 철수도 함께 거론되었다. 그러자 한국의 박정희 정권은 제주도를 미국의 군사기지로 제공해 제주도를 제2의 오키나와로 만들려는 노력을 기울인다. 제주도를 코앞에 두고 있는 중국과 타협을 모색하고 있던 미국에게 그것은 곤란한 제안이었다. 박정희의 제안은 다행히 거부되었다.[29] 이 변화 속에서 남북한은 1972년 여름 '7·4남북공동성명'에 합의해 진정 변화를 원하는 것처럼 보였다. 그러나 남한 박정희 정권은 이 국면을 자신의 영구집권 명분으로 악용한다. "남북 대화를 뒷받침"하고, "급변하는 국제정세에 능동적으로 대처"한다는 명분으로, 김대중의 예언대로 사실상의 총통제를 수립한 것이었다. 이로써 한반도 평화체제 전환의 미미한 가능성이나마 파괴되고 만다. 뒤이어 1973년 베트남에서 미군이 철수하고 닉슨 행정부는 워터게이트의 정치적 소용돌이에 빠져든다.

이 국면에서 박정희 정권이 선택한 것은 독자 핵무장 모색이었다. 미국은 핵무장 확산 방지 차원에서 박 정권의 핵무장 기도를 좌절시킨다. 대신 미국은 한반도에 배치된 미국의 전술핵무기의 존재를 사실상 공개하고, 북한에 대한 핵무기 선제사용 위협을 공식화했다. 미국은 또한 한국·일본·필리핀·타이완 등 동맹국들의 안보 불안을 잠재워야 했다. 1976년 한국에서 '팀스피릿'라는 이름의 한미연합 군사훈련이 시작된다. 이 훈련의 규모는 해마다 늘어갔다. 미국은 한국과 미사일협정을 체결해 북한을 직접 위협하는 한국의 단거리 탄도미사일 개발계획을 승인한다. 이로써 한미동맹은 한반도에서 핵무기와 미사일 분야에서의 군비경쟁을 선도했다. 이것이야말로 1990년대 초부터 국제화된 북한 핵과 미사일 문제의 진정한 뿌리였다.

결과적으로 인도차이나 소분단질서의 변동은 한편으로 미일동맹

---

29 United States Senate, Subcommittee on US Security Agreements and Commitments Abroad of the Committeee on Foreign Affairs, February 1970, Part 6, p.1663; 이삼성, 「핵의 위기」, 『창작과비평』, 1990년 가을, 383~383쪽.

과 중국 사이의 대분단 기축관계의 긴장을 완화하는 방향으로 작용했지만 베트남전쟁의 귀결은 한반도 정전체제를 긴장시켰고, 미일동맹을 포함해 동아시아의 미국 동맹체제 전반을 다시 강화시키는 작용을 했다. 이것은 1970년대 내내 지속된 중국의 내면적 혼란과 결합해 대분단 기축의 긴장 완화 효과도 제한했다.

6. 탈냉전 30년, 동아시아 대분단체제와 한반도 정전체제의 지속

1990년대 초 탈냉전과 함께 한반도 정전체제도 커다란 변화의 기로에 섰다. 소련을 포함한 공산권의 붕괴로 말미암은 세계질서의 변동은 동아시아에서도 중국의 개혁개방과 맞물려 대분단체제의 긴장 완화와 한반도 정전체제의 갑작스런 변화를 가져왔다. 1991년 미국과 러시아의 전술핵무기 폐기선언은 그해 말 남북의 한반도비핵화 공동선언과 「남북기본합의서」, 그리고 남북한 유엔 동시가입으로 이어졌다.

하지만 그 후 15년이 지난 2006년 북한은 첫 핵실험을 감행했고, 그로부터 11년 후인 2017년 북한은 여섯 번째 핵실험이자 수폭실험에 성공한다. 아울러 동아태 지역의 미군기지를 위협하는 중장거리급 탄도미사일(IRBM)과 미국까지도 위협할 수 있는 대륙간탄도미사일(ICBM) 발사시험에 성공한다. 이로써 북한 핵무장체제가 완성된다.

2017년 12월 중국과 러시아까지 참여한 사상 전례 없는 대북한 유엔 제재가 북한에 부과되고 한반도에 핵전쟁 위기가 드리워진다. 다행히 이듬해인 2018년 남북 간 그리고 북미 간 정상회담이 열리면서 한반도 평화체제 전환을 위한 약속을 주고받는다. 하지만 한반도비핵화공동선언 후 30년이 넘은 오늘까지 한반도는 '극도로 군사화된 정전체제'에 머물러 있다. 미일동맹과 중국이라는 대분단의 기축관계에, 그리고 또 다른 소분단의 현장인 타이완해협에도 과거 어느 때 못지않은 긴장이 살아 있다.

한반도 정전체제의 평화체제 전환은 왜 이토록 실현하기 어려운 꿈일까. 지난 30년간 우리가 겪어온 문제들의 실체는 무엇인가. 한반도 정전체제의 운명에 영향을 미치는 중요한 요소들에 대한 하나의 스케치를 통해서 문제의 윤곽을 그려본다.

1) 탈냉전에도 동아시아 대분단체제의 긴장 재충전

1990년대 세계 냉전체제 붕괴는 동아시아에서도 대분단을 넘어 평화체제를 구성하고 중요한 지정학적 행위자들 사이에 일정한 군비통제 시스템을 마련할 기회가 되었다. 하지만 약 10년을 지나면서 분명해진 것은 동아시아에서는 1950년대 초에 완성된 대분단체제가 1990년대 탈냉전에도 불구하고 그 골격을 유지하며 심지어 재활성화되었다는 사실이다.

미소 냉전체제는 소련의 붕괴로 한 축이 무너져 해체되었지만, 소련과 달리 중국은 개혁개방으로 국력이 더 강해졌다. 미일동맹과 중국대륙 사이의 지정학적 긴장은 해체되기보다는 재충전되었다. 미일동맹과 중국 사이 정치사회적 체제와 이념의 이질성은 중국의 개혁개방으로 공산주의 대 자본주의의 대립각에서는 크게 약화된다. 하지만 동아시아의 미국 동맹국들이 잇따라 반공파시즘체제를 청산하고 민주화되었다. 반면에, 중국은 경제개혁과 개방에도 불구하고 '시장 레닌이즘'(market Leninism)으로 일컬어지는 권위주의 정치체제를 견지한다. 이렇게 새로운 차원에서 부각된 정치사회적 체제와 이념의 이질성은 동아시아 대분단 기축의 이념적 긴장을 재충전시켰다.

동아시아 대분단 기축에 내재한 역사심리적 긴장도 탈냉전과 더불어 오히려 활성화됐다. 냉전기 동아시아에서 역사 담론은 사회주의 혁명과 반공주의라는 이념 담론에 압도되었다. 일본은 미국이 주도하는 초국적 이념공동체에서 동아시아의 모델로 취급되었고 그런 일본에게 역사반성은 면제되었다. 냉전이 해체되면서 동아시아의 역사담론은 비로소 활성화된다. 냉전 기간 역사반성을 면제받았던 일본은 갑자기 활성화된 동아시아 다른 사회들의 역사담론에 직면해 한동안 혼란에 빠지지만 결국 우경화로 기운다. 동아시아 대분단체제의 역사심리적 간극은 재확인되고 재충전된 것이다.

그렇게 세 차원 모두에서 긴장이 재충전된 동아시아 대분단의 기축은 한반도에서는 핵문제, 타이완해협에서는 독립문제가 조성하는 소분단들의 긴장들과 상호작용하면서 자기유지적인 다이내믹이 계속 작동한다.

동아시아 대분단 기축에서 미중관계 긴장의 강도가 한반도 평화체제 전환 가능성에 미치는 영향이라면 두 가지를 들 수 있다.

첫째, 미중 간 지정학적·군사적 긴장이 첨예할수록, 미국의 한반도 정책은 한미동맹과 미일동맹을 주축으로 한 동아시아 동맹네크워크를 반중국 패권경쟁이라는 목표에 종속시킬 가능성이 커진다.

1990년대 초 부시 행정부와 1993년 출범한 클린턴 행정부의 중국정책은 중국을 미국 중심 세계자본주의 경제체제에 통합시켜서 관리한다는 것이었다. 1995–96년 타이완에서 독립론이 퍼지면서 타이완해협에서 미사일 위기가 발생한다. 소분단질서 긴장이 다시 활성화된 것인데, 이것은 미중관계에 영향을 미친다. 클린턴 행정부의 대중국정책과 한반도정책에 그것이 미친 영향은 비교적 크지 않았다고 할 수 있을지 모른다. 그러나 미국 신보수주의 정치세력 내부에 중국의 잠재적 도전을 미연에 꺾어야 한다는 중국봉쇄론을 확산시켰다. 이들 신보수주의적 중국관은 2001년 이후 부시 행정부의 대중국정책에 반영된다. 그 핵심은 공화당 보수혁명이 1990년대 중엽부터 추구한 국가 미사일방어체제 구축이라는 목표와 결합해 2002년 ABM협정 폐기로 이어진다. 그 결과 미국과 러시아 관계에서뿐 아니라, 중국과 미국 사이에도 새로운 차원의 군비경쟁이 발전하는 중요한 계기가 되었다. 이 상황에서 미국이 중국을 견제하기 위해 동맹네트워크를 강화하고 군비경쟁이라는 목표에 대북한정책이 종사하게 끔 굴절시킬 가능성이 커진다. 한반도 평화체제 촉진에 필요한 미국의 유연성은 적어지고 북한에 대한 불신을 앞세우기 쉽다.

둘째, 미중 간의 지정학적 경쟁이 커지면, 북한에 대한 미국의 군사적·경제적 압박을 무력화시키는 행동을 중국이 선택할 가능성도 커진다. 2001년 부시 행정부 출범 초 미국 외교의 핵심 어젠다 가운데 하나는 중국 견제였다. 그런데 이 신보수주의적인 반중국 어젠다는 2001년 9·11 테러 발생으로 미국 외교의 중심이 중동으로 이동하면서 한동안 미루어진다. 2000년대 첫 10년간 미국 외교의 중심축이 중동에 묶여 있는 사이 중국의 경제력과 군사력이 미국의 예상을 초월해 급속 성장한다. 그 결과 미중 간의 지정학적 경쟁은 2010년을 전후해 분명히 활성화된다. 이 기간에 북한이 본격적인 핵무장의 길을 걸었음에도 불구하고 미국의 경제 제재와 군사적 압박을 북한이 이겨내면서 건재할 수 있었던 것은 미일동맹과 중국 사이에 재충전된 지정학적 경쟁이 만들어낸 국제정치적 공간 덕분이었다. 북한 핵무장의 진전은 한반도 소분단질서를 더욱 긴장시키고, 이 문제를 둘러싼 미중 간 갈등과 긴장 또한 높인다. 한반도 평화체제 전환의 가능성은 더 좁아진다.

2) 미국 정부의 성격과 대북정책 기조: 주요 국가행위자의 내면적 세력균형

미국은 중국과 함께 동아시아 대분단체제와 한반도 정전체제의 핵심 당사자다. 미국의 동아시아전략과 한반도정책은 민주당과 공화당 사이에 차이가 있을 수 있다. 그 차이는 상대적이므로 명확하게 정의하는 것은 불가능하다. 다만 개념적으로 전후 미국의 외교정책 이념을 넷으로 분류해볼 수 있다. 자유주의 대 현실주의, 그리고 국제주의 대 고립주의라는 두 축을 교차시켜서 미국 외교노선의 네 가지 이념형을 개념화하는 것이다. 자세한 설명은 생략하지만, 요약하면 특히 탈냉전 이후 미국 민주당 정권과 공화당 정권은 각각 자유주

의적 국제주의와 현실주의적 국제주의 이념을 주축으로 한다고 말할 수 있다.[30]

여기서 고립주의에 상대되는 국제주의는 미국의 세계적 역할과 개입주의를 견지하는 것이다. 민주·공화 양당 모두 고립주의는 아니며 세계적 역할, 세계적 지도력을 추구한다. 국제주의를 전제한 자유주의와 현실주의는 그러한 미국의 세계적 개입주의를 구현하는 방법론의 차이를 가리킨다. 자유주의적 국제주의는 적대세력이나 지정학적 경쟁자와의 관계에서 상대적으로 공존-지향적이며, 현실주의는 좀더 대결 지향적일 수 있다. 대외정책에서 자유주의는 군사적 접근의 한계를 더 잘 의식해 협상에 더 진지하게 임할 수 있으며, 현실주의는 군사적 수단에 대한 의존도가 더 높을 수 있다. 국제제도에 대해 자유주의는 더 존중하는 경향이 있어 다자주의적 경향을 띤다. 현실주의는 국제제도를 강대국 외교의 수단에 불과한 것으로 취급하면서 일방주의적 경향을 띨 수 있다. 2001년 출범한 부시 행정부가 러시아와 맺은 탄도미사일 방어제한협정(ABM Treaty)과 북미 제네바합의를 파기한 것도, 트럼프 행정부가 '미국 우선주의'를 내세운 것도 일방주의를 대표한다.[31]

이러한 차이는 국제 자유무역 이슈에도 연결된다. 자유주의적 국

30　이삼성, 「미국외교사에 있어서 외교이념 분류: 국제주의와 고립주의의 성격분석을 중심으로」, 『국제정치논총』 제32집 제2호(1993년 5월), 121-149쪽. 민주당에도 공화당에도 고립주의(민주당엔 자유주의적 고립주의, 공화당엔 현실주의적 고립주의) 세력이 있지만 이들은 각 정당에서 여전히 소수파에 머물러 있다.

31　트럼프 행정부의 일방주의는 많은 국제적 협정과 국제기구로부터 탈퇴했거나 탈퇴를 위협하는 현상으로 표현되었다. 환태평양동반자협정(Trans-Pacific Partnership: TPP), 파리기후협약(the Paris climate accord), 이란 핵협정(Joint Comprehensive Plan of Action, JCPOA), 중거리핵폐기협정(INF Treaty), 유네스코(UNESCO), 유엔인권위원회(UN Human Rights Council), 세계보건기구(World Health Organization, WHO), 항공자유화조약(the Open Skies Treaty) 등을 들 수 있다(Richard Haass, "Present at the Disruption: How Trump Unmade U.S. Foreign Policy," *Foreign Affairs*, September/October 2020).

제주의는 자유무역 지향성이 더 높고, 현실주의적 국제주의는 고립주의와 결합한 현실주의에 비하면 덜하지만 자유주의적 국제주의에 비해서는 보호무역주의에 더 친화적이다. 자유주의는 인권과 같은 도덕적 이슈를 중시할 수 있으며, 현실주의는 도덕적 이슈에 좀더 무감각할 수 있다. 특히 베트남전쟁 이후 미국의 자유주의적 국제주의는 적대국과의 관계에서 상대방과 함께 미국 자신의 행태 여하가 중요할 수 있음을 인정하는 성찰적 상호작용주의(interactionism)를 띠며, 현실주의는 자기성찰에 좀더 소극적이고 타자에 대한 근본주의(essentialism)적인 불신을 앞세우는 경향이 더 클 수 있다.

그런데 미국 공화당의 외교 이념을 특징짓는 현실주의의 경우 다시 근본주의적 경향과 실용주의적 경향으로 나눌 수 있다. 근본주의는 적대세력이나 지정학적 경쟁자에 대한 근본적 불신을 앞세우면서 대화와 협상의 가치를 부정하는 성향이 강하다. 신뢰구축의 책임을 상대방에게 일방적으로 전가한다. 가장 중요한 외교원칙을 앞세우고, 그것에 다른 외교적 가치들을 부차화시키는 경향도 강하다. 이러한 근본주의적 현실주의가 미국 외교정책 전면에 등장한 것은 1980년대의 경우 레이건 행정부에서 볼 수 있었다. 1990년대의 경우는 1994년 미 중간선거에서 압승해 공화당 보수혁명을 이룩해 상하 양원을 장악하고 자신은 하원의장으로 활약한 뉴트 깅리치(Newt Gingrich) 등 신보수주의자들을 들 수 있다. 이 세력은 2000년 11월 대선에서 부시 행정부 출범에 기여했을 뿐 아니라, 이후 부시 행정부의 외교와 대북정책에서 중요한 역할을 담당했다. 부시 행정부의 부통령 딕 체니(Dick Cheney)와 국무부에서 군축문제를 담당한 존 볼턴(John Bolton)은 그 대표적 인물들이었다.

한편 실용주의는 힘의 우위에서 협상하되, 힘 있는 상대의 현실적 위상을 인정하는 성향이 강하다. 명분이나 원칙보다 의미 있는 지정학적·물질적 이익을 위해 융통성을 발휘할 여지가 크며, 인권문제 등 도덕적 명분에 얽매이지 않는다. 다양한 외교 목표들 간의 우선순위 교환에 융통성을 발휘할 수 있다. 닉슨 행정부와 포드 행정부에서 국가안보좌관과 국무장관으로 대활약을 한 헨리 키신저는 실용주의적 현실주의자의 전범이다. 도널드 트럼프의 현실주의는 실용주의와 근본주의가 어지럽게 혼재하는 모습이다.

1993-2000년 기간 집권한 클린턴 민주당 행정부의 기조는 자유주의적 국제주의였으며, 1994년 여름 한반도 전쟁위기를 겪은 뒤엔 북미 제네바 합의틀을 생산했다. 그러나 불행히도 그것은 클린턴 행정부의 선택이었을 뿐, 미국 정치권의 초당적인 선택은 아니었다. 1994년 11월 미 의회 중간선거에서 압승한 공화당 세력은 근본주의적 현실주의 세력이라 할 수 있다. 이들은 북한에 대한 근본주의적 불신을 앞세워 클린턴 행정부의 북미 제네바 합의틀을 사보타주하는 양상을 보였다.

제네바 합의문의 잉크가 마르기도 전인 1994년 11월 미국 중간선거를 휩쓴 공화당 보수혁명 세력이 앞세운 가장 중요한 어젠다 가운데 하나는 국가 미사일방어망 구축이었다. 21세기 핵군비경쟁의 새 차원인 이 무대를 압도적으로 선점하고자 하는 미국의 욕망은 한반도 평화체제 구성이라는 목표와 갈등했다. 북한 핵문제는 미국이 미사일방어체제 구축을 정당화하는 가장 효과적인 명분으로 활용되었다. 특히 공화당 보수세력에게 북한 핵문제는 북한의 안보 불안을 해소할 수 있는 진지한 평화체제 구축에 의해서 해소될 문제로서 다루어지기보다는, 중국과의 경쟁도 염두에 둔 21세기 군비경쟁을 본격화하는 명분으로 취급된 측면이 적지 않았다.

3) 한국 정부의 성격과 대북정책 기조

1987년 민주화, 그리고 1990년대 초 북한 핵문제의 등장 이후, 한국 정부의 대북정책은 크게 두 갈래로 나뉜다. 보수 정권의 대북정책은 북한과 미국의 협상을 방해하는 것이 중요한 특징이었다. 이 태도는 미국의 대북 협상 진전을 북한의 '통미봉남'(通美封南, 미국과 통

2000년 남북정상회담에서 김정일 위원장(왼쪽)과 김대중 대통령. 이 회담으로 사문화될 뻔한 제네바합의가 재생의 기회를 얻었다.

하고 남한은 배제) 전략에 말려든 것으로 보는 인식에 압축되어 있다. 진보 정권의 대북정책은 북한과 미국의 협상을 촉진해 남북관계의 근본적 진전과 한반도 평화체제를 이룩할 수 있다는 관점이었다.

김영삼 정부는 1994년 말 클린턴 행정부의 북미 제네바합의에 불만을 가졌다. 공화당 보수혁명으로 미 의회를 공화당이 장악한 이후 김영삼 정부는 미국 보수정치권과 결합해 제네바합의의 이행을 지연시키려 노력했다. 1998년 초 출범한 김대중 정권은 이와 달리 북미 협상과 제네바합의 이행을 적극 지원했다. 그 결과 2000년 6월 사상 처음으로 남북 정상회담이 이루어졌고, 미 국무장관의 평양 방문이 뒤따랐다. 제네바합의를 다시 살려낸 것이었다.

결국 미국의 자유주의적 국제주의 정권이 한국의 진보 정권과 공조할 때 북미 협상의 진전과 그에 기초한 한반도 평화체제의 구성 가능성이 커질 수 있다는 역사적 경향이 확인되었다.

2001년 초 출범한 부시 행정부가 근본주의적 현실주의를 내포한 신보수주의 세력에 의해 장악되면서 대북정책은 북한에 대한 근본주의적 불신에 바탕해 전개된다. 이로써 제네바합의는 2002년 10월 공식적으로 완전히 사장(死藏)된다.

김대중 정권에 이어서 2003년 초 역시 진보 정권인 노무현 정부가 출범했지만, 부시 행정부가 북미 제네바합의를 폐기해 북미 간 신뢰 관계가 완전한 파국에 도달한 이후였다. 북미 간 신뢰가 회복되어야만 가능한 한반도 평화체제 구성에 의한 북한 핵문제 해결은 이미 기대하기 어려웠다. 2005년 6자회담에 의한 9·19공동성명이 성립했다. 부시 행정부의 국무부는 이에 서명했지만 재무부는 북한에 금융제재 조치를 발동했다. 성명은 휴지조각이 되었다. 미국외교에 대한 북한의 불신은 극에 달할 수밖에 없었다. 2006년 북한의 제1차 핵실험은 그 귀결이었다.

7. 오바마 행정부와 북한 핵무장의 질주(疾走)

2009년 초 출범한 오바마 행정부는 미국 역사상 가장 자유주의적인 국제주의 정권이었다. 그는 대통령에 취임한 직후인 2009년 봄 프라하에서 '핵무기 없는 세계의 비전'을 설파하고, 이듬해인 2010년 러시아와 새로운 핵무기 감축협상인 '뉴 스타트'(New START)를 타결했다. 2015년 7월에는 이란 핵문제의 평화적 해결을 위한 협상을 마무리 지었다. 결국 미수에 그치긴 했지만, 미국 정치권에서 아무도 건드리지 못하는 이스라엘 핵무장에 대해서도 문제를 제기하려 시도했을 정도였다.[32] 하지만 역설적이게도 북한이 핵무장을 완성하기에 이른 것은 오바마 행정부 기간이었다. 다만 북한 핵무장 완성의 가시화가 트럼프에게 대통령직을 넘겨준 직후인 2017년에 본격화해 모든 부담을 트럼프 행정부에 떠넘길 수 있었을 뿐이다. 그렇다면 오

---

32 Eli Lake, "Exclusive: Secret U.S.-Israel nuclear accord in jeopardy," *The Washington Times*, May 6, 2009; 이삼성, 『한반도의 전쟁과 평화: 핵무장국가 북한과 세계의 선택』, 한길사, 2018, 431-433쪽.

바마 행정부는 왜 북한 핵무장 완성을 촉진하고 말았을까.

오바마 행정부가 출범한 첫해인 2009년 5월 김정일 정권의 제2차 핵실험이 벌어졌다. 북미 대화에 찬물을 끼얹는 행동이었다. 하지만 오바마 행정부는 그해 가을 북한과의 직접대화를 진지하게 모색한다. 이를 위해 미국이 넘어야 했던 첫 관문은 한국의 보수적인 이명박 정부의 불신과 저항이었다. 오바마 대통령은 2009년 12월 서울을 방문해 한국 정부를 설득했다. 그리고 보스워스를 평양에 특사로 파견한다. 이렇게 시작된 오바마 행정부의 대북 대화가 파국을 맞은 것은 김정일 정권의 화폐개혁이 실패로 끝나면서 벌어진 혼란, 그리고 이듬해인 2010년 3월에 발생한 천안함(天安艦) 침몰사태 때문이었다. 많은 의혹이 해소되지 않았음에도 한미 양국은 북한의 소행에 의한 '폭침'이라는 결론을 서둘러 내린다. 이 결론에는 부시 행정부 8년에 걸쳐 미국의 핵심정보 판단을 결정하는 요새들을 장악한 (다분히 정치화된) 정보관료집단이 중요한 역할을 했을 터였다.

이후 오바마 행정부의 대북정책은 이른바 '전략적 인내'(strategic patience)로 일컬어진다. 이 접근법은 세 가지의 요소로 구성되어 있었다. 첫째, 북한과의 적극적인 협상을 통한 핵문제의 평화적 해결을 추구하기보다는, 한국의 이명박 및 박근혜 정권의 대북한 첨단 군비경쟁을 지원하는 것이었다. 북한에 대한 선제타격을 목표로 하는 벙커버스터 무기를 한국에 판매하고, '킬-체인' 등 선제타격 전략을 공식적으로 채택한 한국의 두 보수 정권의 대규모 군비경쟁을 뒷받침했다. 둘째, 2010-12년 무렵에 미국은 이른바 '아시아 중심'(Pivot to Asia) 전략을 공식화한다. 중국의 지정학적 도전에 대한 경계를 강화한 동아시아 전략을 배경으로 해서, 미국은 북한뿐 아니라 중국도 위협적으로 인식한 고고도미사일방어체계(THAAD)의 한국배치를 추진했다.[33] 한미동맹을 미국의 대중국 군비경쟁체제에 더 깊숙이 편

---

[33] 고고도미사일방어체계(THAAD)의 한국 도입을 박근혜 정부가 결정한 것

입시키는 데에 몰두한 것이었다. 이 시기 한반도 정전체제의 군사적 긴장 심화와 동아시아 대분단 기축 사이의 상승적 상호작용 양상은 매우 가시적(可視的)이었다고 하겠다. 셋째, 1990년대 중후반 북한의 극심한 식량난으로 확산된 적 있는 북한붕괴론은 2010년 초를 기점으로 재확산한다. 오바마 행정부의 '전략적 인내'는 북한붕괴론에 발 하나를 담근 것이었다. 2009년 말에서 2010년 초에 김정일 정부가 시도한 화폐개혁이 실패로 끝나면서 북한이 경험하고 있던 대혼란, 뒤이은 김정일 사망으로 들어선 김정은 세습정권의 리더십에 대한 광범한 의심, 그리고 김정은 정권이 시도한 많은 미사일 발사 시험의 실패는 북한붕괴론을 부추겼다. 그것이 이 시기 미국의 전략적 인내 정책의 무시할 수 없는 근거였다.

오바마 행정부와 한국의 보수 정권들이 김정은 체제의 불안정과 북한붕괴론에 기대면서 전략적 인내로 일관하는 사이에, 북한은 마침내 2017년 수폭실험 성공과 함께 중장거리 미사일과 대륙간탄도미사일시험을 연거푸 성공시키며 핵무장을 완성한다. 이는 오바마 행정부와 한국의 이명박-박근혜 정부가 합작한 전략적 인내와 첨단군비경쟁 강화 노선의 귀결점이었다.

8. 2018년 한반도의 봄과 겨울:
4·27 판문점선언과 6·12 싱가포르선언

북한의 핵무장 완성과 함께 한반도 전쟁위기는 2017년 12월 최고조에 달했다. 이 무렵 발표된 「미국 국가안보전략」은 발사 직전의 북한 미사일을 선제타격하는 전략을 공식화했다.[34] 12월의 위기는 극

은 2016년 7월이었고, 첫 발사대가 가동된 것은 2017년 5월이었다. 바로 그 시점에 들어선 문재인 정부는 처음 부정적이었지만, 그해 8-9월 북한이 ICBM 발사와 수폭실험을 강행하면서, 이 미사일방어체제의 한국 배치에 긍정적으로 변했다.

적인 반전의 계기로도 작용했다. 12월 중순 문재인 대통령은 베이징에서 중국 시진핑 주석과 한중 정상회담을 갖고 '한반도 전쟁 불용' 선언을 한다. 이때 한미연합군사훈련 중단과 북한의 핵 및 미사일 시험 중단이라는, 중국 정부가 그전부터 제안해온 '쌍잠정'(雙暫停)이 성립한다. 한국은 미국을 설득하고 중국은 북한을 설득해 평화체제 전환을 논의할 수 있는 계기가 마련된 것이었다. 2018년 초 평창동계 올림픽에서의 남북 고위급 접촉이 이루어지고, 그 결실로서 3월 5일 평양을 방문한 남한 특사단에게 김정은이 '비핵화 의지'를 밝힌다. 물론 북한의 비핵화 의지 표명은 한반도 평화체제 전환 속에서 비핵화를 진행함을 의미했다. 이를 전제로 4·27 남북 정상회담과 판문점 선언, 그리고 6·12 북미 정상회담과 싱가포르선언이 이루어졌다.

판문점선언과 싱가포르선언의 요체는 한미 양국이 그때까지 제시해온, 북한의 비핵화 조치 선행을 전제로 한 평화체제 전환이라는 명제를 넘어섰다는 사실이었다. 이 선언의 3조 3항은 "남과 북은 정전협정체결 65년이 되는 올해에 종전을 선언하고 정전협정을 평화협정으로 전환하며 항구적이고 공고한 평화체제 구축을 위한 남·북·미 3자 또는 남·북·미·중 4자회담 개최를 적극 추진해나가기로 했다"고 밝혔다. 6·12 북미 싱가포르선언은 '북미 간 새로운 관계 수립'과 '한반도 평화체제 구축'의 필요성을 앞세우고 뒤이어 '한반도의 완전한 비핵화'를 언급했고, 마지막으로 '미군 유해 송환'을 명시했다. 이로써 '평화체제 구성을 통한 북한 비핵화 실현'이라는 명제를 미국 대통령이 정상회담과 공식 선언을 통해 국제 사회에 밝힌 것이었다.

싱가포르선언이 언급한 한반도 평화체제 구축이란 구체적으로는, 미 상원의 비준을 받는 평화조약을 통해서 미국의 대북한 외교 및 경

34 *National Security Strategy of the United States of America*, December 2017 (https://www.whitehouse.gov/wp-content/uploads/2017/12/NSS-Final-2-18-2017-0905.pdf), p.8.

제관계 정상화와 북한의 비핵화를 교환하는 제도적 장치를 마련한다는 뜻이었다. 이 점은 6·12 북미 정상회담을 보름 앞둔 5월 24일 미 상원 외교위원회 청문회에서 마이크 폼페이오(Mike Pompeo) 국무장관이 밝힌 입장에서 확인된다.[35] 그것이 또한 북한 김정은의 인식이었다는 점은 그의 2019년 신년사에서 확인된다.[36]

이러한 변화가 가능했던 것은 무엇보다 북한이 핵무장을 완성함으로써 한반도와 그 주변에서 북한과 미국 사이에 일어난 힘의 균형의 변화, 즉 북미 사이에 일정한 전략적 균형이 성립한 현실의 변화를 배경으로 한, 한국 진보 정권의 이니셔티브와 트럼프 대통령의 실용주의적 현실주의의 합작품이었다.

---

35 북미 간 6·12선언이 "평화협정 체결을 통한 북한 비핵화"라는 대원칙에 대한 트럼프 행정부의 동의였음을 말해주는 증거는 또 하나 있다. 2018년 5월 24일 미 상원의 한 청문회에서 국무장관 마이크 폼페이오의 증언이 그것이다. "김정은과 나는 우리가 그에게 어떤 보장들을 해줄 것인지에 대해 이야기했다. 북한의 비핵화에 대해서 영구적이고, 불가역적이며, 검증가능할 것을 우리가 요구하듯이 우리가 북한에 제공할 보장들 역시 마찬가지 조건을 갖추어야 되는 것은 명백하다. 그래서 우리 계획은 협정을 타결해서 미국 상원에 회부하는 것이다. 그게 우리 목표다."("He [Kim Jung Un] and I spoke about what assurances we are going to provide to him. These assurances would clearly have to be capable in the same way we are demanding him permanent, irreversible, verifiable denuclearization. It is our intention to achieve an agreement that would be put before the United States Senate. It's our goal."). 이 내용은 한국의 KBS 뉴스가 그해 5월 28일 방영한 바 있다.
36 김정은이 이해하는 6·12 공동선언의 요체는 2019년 1월 1일 신년사에서 밝힌 그의 발언에서 되짚어볼 수 있다. "6·12 조미(북미)공동성명에서 천명한 대로 새 세기 요구에 맞는 두 나라 사이의 새로운 관계를 수립하고 조선반도(한반도)에 항구적이며 공고한 평화체제를 구축하고 완전한 비핵화에로 나가려는 것은 우리 당과 공화국 정부의 불변한 입장이며 나의 확고한 의지입니다."

9. 하노이회담 실패는 어떻게 준비되었나

1) 트럼프 행정부의 싱가포르선언 무효화와 북한의 선택

트럼프 행정부의 외교 기조는 현실주의적 국제주의 노선에 속한다. 트럼프 행정부의 행태를 두고 고립주의라고 말하는 평가가 있는 것은 사실이다. 공화당 보수파의 현실주의적 국제주의는 미국의 국익 개념을 특별히 편협하게 정의할 경우 고립주의처럼 보일 수 있다. 하지만 그것은 고립주의라기보다는 현실주의적 국제주의가 자유주의적 국제주의와 달리 원래 내포하고 있는 일방주의적 성향의 극단화에 가깝다. 전후의 미국 중심 세계체제에서 미국의 어떤 행정부도 고립주의의 길을 걷는 것은 불가능했으며 현재도 그러하다. 미국 공화당 보수파의 일방주의는 특히 탈냉전의 세계에서 뚜렷해졌다. 원래 현실주의는 자유주의에 비해 더 강한 자국 중심주의 성향을 띤다. 그 경향이 소련이 붕괴한 탈냉전의 세계를 특징지은 미국 중심의 일극적 세계질서(unipolarity)라는 환경에서 견제받지 않고 발휘되기에 이른다. 그래서 자국 중심주의는 국제적 제도들에 대한 현실주의적 경시 수준을 넘어서 동맹국들과도 충돌하는 일방주의로 표출될 수 있었다. 2001년 출범한 부시 행정부는 군사주의적 일방주의가 강했고, 2017년 출범한 트럼프 행정부는 이를테면 경제주의적 일방주의 성향을 강하게 보였다.[37]

트럼프 행정부의 고립주의적 경향을 지적하는 학자들은 트럼프가 동맹들을 경시하고, 대외 군사적 개입에 대개는 소극적이었다는 점을 주목한다.[38] 반면에 트럼프 행정부하에서 오히려 미국의 대외 군

---

37 트럼프 개인의 경제주의적 현실주의는 많은 경우 그가 선택한 참모들에 의해서 견제받고 있다. 예컨대 트럼프는 북대서양조약기구(NATO)의 필요성에 대해 특히 경제적 관점에서 회의적이었다. 그런데 그가 국방장관으로 발탁한 짐 매티스는 그의 입각 조건으로 트럼프에게 나토에 대한 존중을 요구했고, 그 요구는 받아들여졌다(Bob Woodward, *Rage*, New York: Simon & Schuster, 2020, pp.2-5).

트럼프 대통령과 김정은 위원장이 수행원들과 함께 저녁식사를 하고 있다.

사적 공약이 확대되었다는 평가도 있다.[39] 트럼프 행정부의 국가안보정책 결정집단에서 과거 어느 때보다 민간인 전문가들의 역할이 줄어들었고, 대신 그 자리를 군인들이 메꾸어버린 점도 주목을 받고 있다. 그 결과 트럼프 행정부의 대외정책이 편협한 군사주의적 관점에 더 취약해졌으며, 지역분쟁에서 군사적 충돌의 위험성은 그만큼 더 커진 상태라는 우려가 제기되었다.[40] 이와 연관된 것이지만, 트럼프 행정부에서 국무부의 역량이 약화되었으며, 이는 분쟁 국면에서 비군사적 수단에 대한 상상력이 더 낮아질 수 있음을 의미한다.[41]

---

38 Richard Haass, "Present at the Disruption: How Trump Unmade U.S. Foreign Policy," *Foreign Affairs*, September/October 2020.

39 Paul K. MacDonald and Joseph M. Parent, "Trump Didn't Shrink U.S. Military Commitments Abroad—He Expanded Them: The President's False Promise of Retrenchment," *Foreign Affairs*, December 3, 2019.

40 Carrie A. Lee, "Sleepwalking Into World War III: Trump's Dangerous Militarization of Foreign Policy," *Foreign Affairs*, October 19, 2020.

41 Robert M. Gates, "The Overmilitarization of American Foreign Policy: The

다만 보다 정확하게 표현한다면, 트럼프 대통령 개인은 국제주의 성향과 고립주의 성향이 혼재하지만, 트럼프 행정부 자체는 국제주의에서 크게 벗어나 있지 않다고 말할 수 있겠다.[42] 앞서 필자는 미국 공화당의 외교노선으로서의 현실주의는 다시 근본주의와 실용주의로 구분할 수 있다고 말했다. 트럼프 행정부 안에서는, 트럼프 대통령 본인은 실용주의적 현실주의자에 가깝지만, 그를 둘러싼 대부분의 참모들은 근본주의적 현실주의자의 성격을 보인다. 이들은 대부분 지정학적 경쟁자인 중국에 대해 대결주의적이고, 북한과 이란에 대해 근본주의적 불신을 갖고 있으며 이들과의 협상의 가치에 부정적이라는 사실이다. 전통적으로 공화당 행정부의 국무부도 일정하게는 협상의 가치를 인정한다. 하지만 국방부를 포함한 군부와 국가안보보좌관, 그리고 CIA와 DIA 등 정보기관들은 근본주의적 현실주의자들에 가깝다.

싱가포르선언이 발표된 지 얼마 지나지 않아 그것의 실행은 이미 거대한 암초에 부딪혀 표류하기 시작했다. 그 암초는 트럼프 행정부의 실체를 구성하고 있던 근본주의적 현실주의 세력이었다. 6·12 북미 정상선언 이후 수개월간 북미협상에서 최대 이슈는 핵 리스트를 신고하고, 나아가 핵무기와 탄도미사일을 먼저 제거하는 가시적인

United States Must Recover the Full Range of Its Power," *Foreign Affairs*, July/August 2020.

42 미국의 전 지구적 개입주의를 떠받치는 미국 군수산업의 대표자로서 대륙간탄도미사일(ICBM) 생산업체인 보잉(Boeing)의 CEO 데이브 칼훈(Dave Calhoun)은 2020년 대선을 몇 달 앞둔 여름, "누가 대통령이 되든 상관없다"고 말했다. 그는 이렇게 덧붙였다. "내 생각엔 둘 다 글로벌리스트(globally oriented)이고 우리나라 방위에 관심이 있기 때문이다. 둘 다 우리 산업을 지지할 것이다." 미 군수산업 지도자들은 전통적으로 민주·공화 양당에 대체로 균등하게 정치자금을 제공해왔다.(Greg Shupak, "The Weapons Industry Doesn't Care Who's President: CEOs of arms manufacturers and their investors are confident about their prospects, regardless of which candidate wins the election," *The Nation*, October 30, 2020).

조치들(tangible steps)을 취할 것을 요구하는 데 있었다. 북한이 핵무력을 (일부라도) 먼저 내놓는, 이른바 '프런트 로딩' 조치를 취할 것을 미국이 요구한 것으로 알려져 있다.

그런데 미국은 북한에게 일정한 비핵화 선행조치들을 요구하면서도 그에 상응한다고 북한이 판단할 만한 조치들에는 부정적이었다. 선비핵화 요구라는 과거 패턴으로 복귀한 것에 다름 아니었고, 6·12 싱가포르선언을 무효화한 것이었다. 북한은 이를 "강도적 행태"(ganster-like behavior)라며 미국의 요구를 거부했다.

이 과정에서 '종전선언'이 중요한 이슈로 떠올랐다. 종전선언은 적대관계의 선언적 청산으로서 평화협정 교섭의 전 단계라 할 수 있다. 그래서 긍정적으로 교환되면 외교관계 개선과 경제제재 일부 해제의 근거가 될 수 있었다. 그런데 미국은 여기에 소극적이거나 부정적이었다. 미국이 소극적인 이유에 대해 『뉴욕타임스』가 분석한 것을 보면, 우선 미국의 당시 입장은 북한이 최소한 핵무기와 핵시설 그리고 미사일 리스트를 제출하지 않는 한 종전선언은 없다는 것이었다. 만일 종전선언에 응할 경우 트럼프 행정부 안의 강경파와 특히 군부 인사들은 주한미군을 포함한 동아시아 미 군사력의 위상과 명분이 약화될 것을 우려한다고 했다. 이는 "미국의 패권 대전략"에 관계되는 문제라고 보았다. 또한 한국 진보 정권이 종전선언을 계기로 한미동맹과 주한미군의 지위 약화를 추구할 가능성도 우려한다고 했다.

이 언론에 따르면, 존 볼턴과 짐 매티스 국방장관이 종전선언에 가장 반대하고 있었다. 이들 강경파는 설사 북한이 핵리스트 제출에 응해도 "종전선언 전에" 엄격한 검증을 먼저 해야 한다고 주장하고 있었다. 볼턴은 2002년 국무부의 군축 담당차관으로서 북한과의 제네바합의를 공식 파기하는 데 중요한 역할을 했고 그 바람에 북한 핵무장이 본격화되었다는 점 때문에 북한 정부 인사들 사이에서 "북한 핵무기의 아버지"(the father of their nuclear program)로 통한다.[43] 볼턴은 6·12 싱가포르선언까지는 방해하지 않았지만 그 선언이 담

고 있는 새로운 대원칙의 실천을 가로막는 데 이미 다시 힘을 발휘하고 있었던 셈이다.[44]

근본주의적 현실주의파 관료들의 뒤에는 물론 미국 중심 세계체제를 지탱하는 거대한 군산복합체의 기득권, 그리고 한반도 평화체제 전환이 쉽게 이루어질 경우 동아시아에서 미국의 동맹네트워크와 대중국 미사일방어망 구축을 비롯한 군비경쟁체제가 약화될 것을 우려하는 보다 넓은 의미에서의 미국의 거대한 군산정학복합체(軍産政學複合體)가 있었다. 평화체제 구성에 의한 북한 비핵화라는 트럼프 대통령의 선언에도 불구하고, 이들은 일정한 가시적인 북한 비핵화 조치 이후에야 종전선언 등 평화체제 협상이 가능하다는 과거의 명제로 트럼프 대통령을 되돌려놓는 데 큰 어려움이 없었던 것이다.

미국 강경파들에게는 2017년 12월 중국의 동의로 어렵게 확보한 강력한 유엔제재라는 대북 제재장치로 북한을 압박하는 상태를 유지하는 것이 북한과의 어떤 비핵화 협상보다 더 귀중한 기득권인 것이 분명하다. 그들은 제재를 유지해 북한 경제발전을 저지하고 북한 붕괴를 촉진한다는 관념에서 여전히 자유롭지 않다. 2차 북미회담을 앞두고 미 군부 및 정보기관 수장들이 김정은의 비핵화 의지에 대해 부정적인 의견을 공개적으로 밝혔다. 2019년 1월 말, 국가정보국장(DNI) 댄 코츠(Dan Coats)는 의회 증언에서 "북한이 핵무기와 그 생산 능력을 완전히 포기할 가능성은 없다"는 메시지를 던졌다. 2019년 2월 12일엔 인도-태평양지구(Indo-Pacific) 사령관 필립 데이비슨(Philip Davidson)도 상원 청문회에서 "북한은 핵무기와 생산

---

43 Joel S. Wit and Jenny Town, "What Happened in Hanoi?," *38 North*, February 28, 2019.Editor's Column.

44 2018년 3월 트럼프 대통령이 존 볼턴을 국가안보보좌관에 임명했을 때, 『뉴욕타임스』는 사설을 통해서 강하게 비판한 바 있다. Editorial, "Yes, John Bolton Really Is That Dangerous," By The Editorial Board, *The New York Times*, March 23, 2018.

시설을 모두 포기할 것 같지 않으며, 미국과 국제 사회의 양보를 대가로 부분적 비핵화를 협상할 것"이라고 증언했다.[45] 이들은 미국이 6·12 싱가포르선언 후, 그 선언의 대원칙을 무효화한 것이 김정은을 혼란과 "고뇌"에 빠뜨렸고, 그 탓에 북한이 당장은 완전한 비핵화에 응하기 어려워졌을 수 있다는 점은 물론 언급하지 않았다.

이 상황에서 북한은 종전선언과 평화협정 협상을 통해서 안심하고 비핵화를 이행할 수 있는 조약화된 제도적 장치가 타결될 가능성을 회의할 수밖에 없었다. 설사 미국이 그런 협상을 받아들인다 해도 지금 미국의 자세를 볼 때 그 과정은 지난하기 짝이 없을 것이 눈에 보였을 것이다. 그 사이에 북한은 강화된 유엔제재로 경제가 더욱 피폐해질 것이었다. 미국에 대한 북한의 신뢰는 땅에 떨어졌다. 북한은 포괄적인 평화체제 구축 협상은 뒤로 미루고, 대신 이미 확보한 핵물질과 핵무장의 골간을 유지하되, 추가적인 핵물질 확보 수단인 영변 핵시설을 폐기할 테니 당장 북한의 목을 죄고 있는 경제제재의 상당 부분을 해제하라는 제안을 대안으로 제시한다. 2018년 9월 19일 문재인 대통령과의 평양 정상회담에서 그 뜻을 밝혔고, 이것을 전달받은 트럼프 대통령은 새 정상회담 협상의 흥미로운 출발점으로 삼을 만하다고 판단했던 것으로 보인다.

자기과시욕이 넘치는 실용주의적 현실주의자 트럼프는 또 하나의 화려한 무대를 준비했다. 존 볼턴의 회고록에 따르면, 2019년 2월 27-28일에 하노이에서 열린 제2차 북미 정상회담에서 먼저 카드를 보인 것은 김정은이었다. 영변 핵시설을 모두 폐기할 테니 2016-17년에 북한에 부과된 제재들을 모두 해제하라는 것이었다. 미국의 입장에서는 물론 받아들이기 힘든 제안이었다. 북한의 기존 핵무장 상태를 그대로 두고 미래의 추가적인 핵능력만 제거하면서 그 대가

---

45 Connor O'Brien, "North Korea remains a top threat despite diplomatic thaw, U.S. commanders say," *Poltico*, February 12, 2019(https://www.politico.com).

로 미국은 가장 중요한 압박 수단인 경제재재를 사실상 모두 포기하라는 것이었기 때문이다. 트럼프는 김정은에게 북한이 포기할 것의 리스트는 추가하고 미국에게 해제를 요구할 경제제재의 폭은 줄여 보라고 제안한다. 김정은이 응하지 않자 트럼프는 볼턴의 의견을 묻고, 볼턴은 모든 핵무기와 미사일 프로그램에 더해 (아직 존재가 확인된 바 없는) 생화학무기들에 대한 "완전한 신고"를 요구한다.[46]

볼턴의 설명을 보면, 이 지점에서 김정은은 북한 안보에 대한 어떤 법적 보장이 없고 외교관계도 정상화되지 않은 조건에서 북한이 추가적인 양보를 할 수는 없다는 입장을 밝힌 것을 알 수 있다. 김정은은 트럼프에게 "미 군함이 북한 영해를 침범하면 무슨 일이 벌어지겠습니까"라고 말하자, 트럼프는 "나에게 전화해요"라고 답했다. 정상 간 대화는 그것이 끝이었다.[47] 김정은이 나중에 "모욕을 느꼈다"고 한 것에는 이 대화도 포함될 것이다.

하노이회담에 대한 볼턴의 기록에서 내가 가장 중요하게 느낀 것은 두 가지였다. 첫째는 미국과 북한이 이 회담에서 모색한 것이 '빅딜'이었든 '스몰딜'이었든, 그것을 통해서 서로가 상대방에 대한 약속을 법적으로 보장할 제도적 장치에 대해서는, 김정은이 불평한 것처럼 진지한 논의가 일체 없었다는 사실이다.

둘째는 하노이회담은 회담 중간에 볼턴이 갑자기 끼어들어 훼방을 놓는 바람에 깨진 것이 아니었다. 트럼프의 "그냥 걸어나오기"는 적어도 회담 보름 전부터 잘 준비된 예행연습의 결과였다는 사실이다. 볼턴은 사전에 트럼프에게 세 차례의 브리핑을 했다. 2월 12일, 15일, 그리고 21일이었다. 이 브리핑들의 핵심은 트럼프 행정부 안의 근본주의적 현실주의자들이 원하는 조건이 충족되지 않으면 트럼프를 회담장에서 "걸어나오게" 만들기 위한 '걸어나오기 예행연습'이

---

46 John Bolton, *The Room Where It Happened: A White House Memoir*, New York: Simon & Schuster, 2020, pp.325–328.

47 Bolton, 2020, pp.328–329.

었다. 볼턴 자신의 평가에 따르면, 트럼프는 이 예행연습에서 모범적인 학생이었다.[48]

김정은의 협상 태도는 볼턴이 묘사한 대로 이미 제시한 협상안에서 후퇴하지 않는 경직성을 보였다. 핵무장의 전부가 아닌 부분적 해체를 대가로 미국이 전부로 여기는 경제제재의 핵심을 해제하라는 북한의 요구를 미국이 수용할 수 없었던 것 역시 이해할 수 있다.

진정한 문제는 두 가지였다. 첫째, 싱가포르선언 직후부터 미국은 북한의 안전과 경제관계 정상화를 보장하는 제도적 틀에 대한 평화조약 협상은 고사하고 종전선언이라는 상징적 조치에서부터 북한의 일정한 비핵화 조치 선행을 조건으로 내걸었다. 평화조약이라는 제도적 장치에 대한 협상이 진행되지 않은 상태에서, 북한이 영변 핵시설 해체의 대가로 미국으로부터 얻어내야 할 것에 대한 북한 지도부의 인식은 쉽게 수정될 수 없었을 것이다. 회담 전에 미국도 한국도 북한의 이러한 딜레마를 인식하지 못했다면 그것 자체로 치명적인 실책이었다.

둘째, 상대방의 약속을 믿고 자신의 약속을 안심하고 이행할 수 있게 해줄 법적·제도적 장치, 즉 평화협정에 대한 협상이 본격화되지 않은 상태에서는 서로가 자신은 부분만 양보하면서 상대방에겐 사실상 전부에 해당한다고 느끼는 것을 포기하라고 요구하는 양상은 피하기 어렵다. 만일 미국이 하노이회담에서 북한이 진정한 비핵화 의지를 유지하고 안심하고 비핵화를 하도록 이끌 의지가 있었다면, 즉 진정한 의미의 '빅딜'을 할 의사가 있었다면, 북한의 완전한 비핵화와 미국의 대북한 안전보장과 외교·경제관계 정상화의 전체를 하나로 묶어서 교환하고 이것을 평화조약이라는 제도적 장치로 보장하는 문제에 대해 진지하게 논의했을 것이다.[49]

---

48 Bolton, 2020, pp.321-323.
49 2019년 1월 1일 김정은 신년사의 핵심을 한 미국 언론이 파악한 것을 보면,

그러나 불행하게도 트럼프 대통령은 존 볼턴과 같이, 북한을 근본적으로 불신하면서 협상의 가치에 냉소적인 근본주의적 현실주의 세력에 포획되어 있었다. 트럼프를 비롯한 미국 협상단은 애당초 그러한 준비를 하지 않았고 할 의사도 전혀 없었다. 트럼프가 김정은에게 제시한 '보장'은 '자기에게 전화하라는 것' 말고는 없었다.

미국은 북한과 평화협정 협상에 나서지도 않지만, 그렇다고 전쟁을 원하는 것도 아니다. 북한 핵무장 해체를 최종 목표로 끊임없이 공언하지만, 전쟁을 통하지 않고 북한의 핵무장을 이끌어낼 수 있는 근본적인 해법을 채택하지도 않는다. 2018년 12월 중국과 러시아도 참여한 북한에 대한 강력한 제재를 무기로 현상을 유지하는 데 초점을 맞추고 있다.

미국은 제재의 지속이 북한의 점진적인 핵무장 확대를 초래할 것을 알고 있지만, 일정한 대화로 북한의 추가적인 핵실험이나 장거리 탄도미사일 시험을 억제하는 수준에서 북한 핵무장 강화 속도를 통제할 수 있다고 믿는다. 그러면서 제재 지속에 의한 북한의 내부 변화, 즉 사실상의 정체 변동(regime change)의 가능성을 기대하고 있는 것이다.

이러한 미국의 대북정책은 '트럼프판 전략적 인내'의 노선이라고도 할 수 있겠다. 전쟁도 해법이 아니지만 평화협정 협상도 대안이 아니라고 믿는 것이다. 현상유지 전략에 가깝지만, 북한에 대한 기존의 강력한 제재를 유지한다는 점에서는 북한을 핵보유국으로 인정하지 않는 원칙을 지키는 것이기도 하다. 이런 상태는 미국이 동아시아에서 추구하는 반중국 동맹네트워크 유지와 동아시아 지역에서의 미국의 미사일방어체제 구축이라는 보다 높은 차원의 미국의 동아시아 전략과 매우 친화적이다.

그 실체는 결국 평화조약의 문제였다. David E. Sanger, "Kim and Trump Back at Square 1: If U.S. Keeps Sanctions, North Will Keep Nuclear Program," *The New York Times*, January 1, 2019.

2) 문재인 정부의 대북정책의 문제

하노이 북미 정상회담 개최와 이 회담에서 미국이 선택한 '걸어나오기'는 트럼프의 이벤트 애호와 함께 근본주의적 현실주의자들 모두를 만족시키는 합리적 선택이었다. 그러나 한국의 문재인 정부는 북한에 버금갈 만큼의 실망을 느꼈다. 실패한 외교인 것이다. 미국이 싱가포르선언의 정신에서 후퇴해 근본주의적 현실주의의 벽에 막혀버린 이후, 문재인 정부가 취한 대북정책의 성격은 두 가지로 요약할 수 있다.

첫째, 2018년 7월 이후 한국외교의 핵심 문제는 한국이 미국 내 강경파의 노선에 대한 적극적 견제 노력을 회피하고 적어도 공식적으로는 그들에 동조(同調)한 것이었다. 문재인 대통령은 평양을 방문해 9·19 군사합의를 한 다음 날인 2018년 9월 20일 공식 기자회견에서 "평화협정은 북한 비핵화 후의 일"이라고 단호하게 말했다.

이밖에도, 문재인 정부의 평화협정 개념의 한계는 그해 가을과 겨울 문 대통령의 정상외교 과정에서 되풀이되었다. 2018년 10월 유럽 순방길에 오른 문재인 대통령은 유엔 안전보장이사회 상임이사국인 프랑스와 영국 정상을 만났을 때, "돌이킬 수 없을 정도의 비핵화 진전"을 대북한 제재 완화의 조건으로 제시했다. 그런가 하면, 10월 18일 프란치스코 교황을 예방한 자리에서 문 대통령은 "종전선언과 평화협정 체결을 위한 한반도 평화 구축"을 언명했다. 그런데 2018년 12월 1일 부에노스아이레스에서 가진 한미 정상회담에서 문 대통령은 다시 "완전한 비핵화" 뒤에 대북한 제재 해제를 대원칙으로 재확인했다. "한미 정상이 북한이 완전한 비핵화를 달성하기 전까지는 기존 제재를 유지하는 것이 중요하다는 데 의견을 함께했다"고 했다.[50]

요컨대 미국을 비롯한 국제 사회 및 한국 내 정치권과 국민을 향한

---

50 2018년 12월 1일 청와대 윤영찬 국민소통수석의 부에노스아이레스에서의 언론 브리핑.

문재인 정부의 대북정책 원칙은 4·27 판문점선언과 6·12 싱가포르 선언의 대원칙에서 공식적으로 후퇴한 상태를 분명히 드러냈다.

문재인 정부는 북미협상의 큰 틀에서 트럼프 행정부의 근본주의적 현실주의에 적응하면서, 남북 군사합의 등 남북관계 개선에 집중했다. 하지만 남북관계는 북미 협상틀이 한 걸음도 나가지 못하는 상황에서는 한계에 봉착할 수밖에 없었다. 2020년 6월 16일 개성 남북연락사무소가 폭파된 사태는 그 점을 극명하게 보여주었다.

문재인 정부의 행보는 당장은 한미 간 공조 유지라는 장점을 누릴 수 있었다. 한미 간 마찰 표면화를 최소화할 수 있었다. 그리고 국내 보수세력의 공세와 남한 내 갈등을 억제하는 데도 도움이 되었을 것이다. 반면에 북한 핵문제의 근본적 해결의 주요 행위자 역할을 포기한 셈이었다. 북한의 핵보유국화를 받아들인 것이라면 문제가 없다. 그러나 북한 비핵화를 원하면서 그렇게 행동한다면 심각한 문제가 아닐 수 없다.

10. 맺는말

1) 평화체제 구축은 왜 여전히 우리의 과제인가

한국의 대북정책의 궁극적 목표는 한반도 평화체제의 구축이고, 그 평화체제가 안정적인 것이 되려면 북한의 비핵화를 담는 그릇이어야 한다. 북한의 핵보유국 지위를 사실상 묵인하면서 북한과 평화공존하는 것도 선택에서 배제할 수 없다는 의견도 있을 수 있다. 그런 의견은 어차피 핵무장을 포기하지 않을 북한과 평화공존하기 위해서는 북한 핵보유를 받아들일 수밖에 없다는 인식에서 비롯한 것일 수도 있다.

하지만 한반도 평화체제는 북한의 비핵화를 핵심적인 내용의 하나로 담을 때 지속가능한 것이 될 수 있다. 북한의 핵무장 유지는 동아시아 대분단체제와 연동해 한반도와 동아시아 모두에서 고도의 군비경쟁체제의 엔진으로 작용할 수밖에 없을 것이기 때문이다. 북한이 미래에도 핵무장을 유지하는 상태는 미국이 북한이 안심하고 핵무장을 해체할 만한 반대 급부, 즉 호혜적이고 대칭적인 평화협정체제를 구성할 의사가 없는 경우라 할 수 있다. 미국이 평화협정체제 구성에 적극적이지 않다는 것은 북한 핵무장을 동아태 지역에서 미국 중심의 동맹 네크워크와 그것을 활용한 미사일방어망 확대를 포함한 반중국 동맹과 군비경쟁체제를 미국 동아시아 전략의 기축으로 삼을 것임을 뜻한다. 그것은 한반도에서 평화체제가 아닌 군비경쟁체제를 의미하고, 동시에 미일동맹과 중국 사이의 핵과 미사일을 포함한 군비경쟁체제를 강화할 것임을 뜻한다.

한국과 일본은 내부적으로 독자 핵무장의 흐름을 불러일으키는 가운데 동아태 지역의 미국 전술핵무기와 전략핵무기에 대한 안보 의존을 심화하면서 한국-일본-미국의 군사적 통합이 깊어질 것이다. 그것은 동시에 미국의 반중국 패권전략의 일부로 기능하는 동아시아 군사동맹체제의 강화를 의미하게 된다. 그것은 반드시 중국의 군비경쟁 노력을 가속화함으로써, 동아시아는 미중 군사패권 경쟁의 무대로 되는 가운데, 한반도의 군사적 긴장과 동아시아 차원의 분쟁에 남북한 모두 휘말리게 될 수 있다. 북한이 핵무장을 유지하는한, 구조적 요인이든 우발적 원인이든 한반도에서 군사적 긴장이 핵전쟁으로 비화될 최악의 상황도 배제할 수가 없게 된다.[51]

그러한 미래는 우리에게 대안이 될 수 없다. 우리 외교와 대북정책

---

51 미국은 한반도에서 언제든 대북 핵공격 카드를 내놓을 수 있다. 미 전략사령부(Strategic Command) 사령관이 한반도에서 80개의 핵무기를 사용하는 전쟁 개념이 '작계5027'에 포함되어 있다는 밥 우드워드의 폭로(Woodward, 2020, p.74)는 정부 안팎과 언론에서 많은 논란을 불러일으켰다(박현영, 「'오역이냐 오류냐'…'美 핵무기 80발 사용' 작계 5027 진실은」, 『중앙일보』, 2020.9.15). 사실 여부와 별도로 그런 계획 여부가 거론되는 상황에서 북미 간 긴장이 고도화된 국면에서는 상호 오인과 오판에 의한 전쟁 위험은 상존할 수밖에 없다.

은 북한의 진지한 비핵화 노력을 담을 수 있는 평화체제 구축의 비전이어야 한다. 김정은을 비롯한 북한 지도부도 핵무장한 한반도를 후대에 물려줄 수 없다는 의사를 피력했고, 나는 그 진실성을 불신할 필연성은 없다고 본다.

2) 평화체제의 결과가 아닌 입구로서의 평화협정

북한 비핵화를 실질적으로 이끌어낼 수 있는 평화협정은 북한과 미국이 서로 주고받을 것을 포괄적이고 대칭적인 행동으로 규정하되 그 이행은 단계적으로 상호 신뢰를 확인하면서 진행하도록 하며, 폼페이오 국무장관이 2018년 6·12 북미 정상회담을 앞둔 5월 말 상원 청문회에서 밝힌 것처럼 미 상원의 비준을 받아 초당적 구속력을 가진 조약 형태여야 한다. 2018년 9월 정의용 특사단의 2차 방북 때 김정은이 재차 강조한 것 역시 그 점을 명확히 하는 것이었다.

전체적으로 보면 한국 정부는 협상 교착의 원인과 해법의 본질에 관해 정면으로 명확하게 언명하는 것을 회피해왔다. 한국 정부는 4·27 판문점선언과 6·12 북미정상공동선언의 기본 취지가 "평화협정 체결을 통한 북한 비핵화"라는 대원칙에 대한 한국 및 미국 정상들의 동의였다는 사실을 한국 국민과 국제 사회에 명확하게 밝히고 여론을 설득하려는 노력을 하지 않았다.

이제 북한의 진정한 비핵화를 이끌어내기 위한 북미협상의 본질이 평화협정 협상의 본격화에 있다는 사실을 명확히 해야 한다. 미국과 국제 사회를 향해 평화조약 협상의 명분과 전략적 불가피성을 당당하게 밝히며 설득하는 더 적극적인 한국의 외교가 시급하다. 그 핵심은 미국이 사실상 '북한의 비핵화 선행조치 요구'가 뒤섞인 '막무가내식 빅딜'을 내세울 때, 한국은 포괄적이면서도 단계적 동시행동의 일정표를 담은 일괄타결로서의 평화조약 형태의 '합리적인 빅딜' 비전을 제대로 제시하는 일이다.

굳이 미국 대륙을 위협하는 대륙간탄도미사일(ICBM) 역량을 거론하지 않더라도 북한은 이미 2017년 한반도와 그 주변에서 미국과 공포의 균형을 확립할 정도의 핵무장 완성을 달성했다. 그 핵무장을 전쟁의 위협 없이 평화적으로 해체하기 위해서 한국과 미국이 각오해야 할 협상의 실체, 그 최소요건이 평화협정이란 사실을 직시해야 한다. 이 숙제를 더 이상 회피해서는 안 된다. 요행을 바라며 비켜가려 해서는 안 된다. 6·12 싱가포르선언의 정신을 잃어버린 트럼프 행정부, 그러한 미국에게 한때나마 가졌던 기대를 이제는 접고 비핵화 의지에서 뒷걸음질 치고 있을 북한, 이 둘을 다시 견인해낼 수 있는 궁극적인 접점 역시 평화협정 협상의 본격화 말고는 존재하지 않는다.

힘이 약한 한국이 할 수 있는 일이 무엇이냐고 말하는 사람도 있다. 아무리 보수적인 행정부라도 미국 정부 안에는 강경파와 협상파 사이에 경쟁과 긴장이 있다. 둘 사이의 힘의 균형에 영향을 미치는 다양한 요인이 있지만, 가장 중요한 변수는 한반도의 당사자인 한국의 선택과 비전이며 이에 기초한 지혜로운 외교적 노력 여부다. 강경파는 전쟁불사를 외칠 수 있지만, 그들 역시 실행할 수 없는 딜레마에 처해 있게 마련이다. 한국의 비전과 선택은 결코 무력한 것이 아니며 미국의 한반도 정책을 결정할 수 있고, 또 그렇게 해야 한다.

이를 위해서는 우리 정부·정치권·언론 그리고 지식인 사회가 모두 보수와 진보를 막론하고 빠져 있는, 평화협정을 평화의 결과로서밖에는 생각하지 않는 잘못된 사고의 틀에서 벗어나야 한다. 평화협정은 평화과정의 출구가 아니라 평화를 만들어내고 제도화시키는 데 필수적인 '진정한 평화의 입구'이며, 그렇게 활용되어야 한다는 사실을 명심해야 한다. 전쟁의 끝무렵에 맺어지는 평화협정은 분명 이미 힘으로 결정된 평화의 뒤처리 문서이기에, 평화과정의 '출구'일 수 있을 것이다. 그러나 전쟁을 회피하고 더 나아가 항구적인 평화체제를 만들어내기 위한 약속 문서로서의 평화협정은 당연히 평화의 '입구'일 수밖에 없고 그렇게 인식되어야 한다.

(2020)

제5장

일본 역사문제의 구조와 동아시아 국제질서
전전과 전후의 유럽과 동아시아의 교차에 의한 재고[1]

1. 역사문제란 무엇인가

나라들 혹은 사회들 사이에 존재하는 '역사문제'란 무엇인가? 그
것은 정당화될 수 없는 '사회 간 폭력'(inter-social violence)과 그로
인한 '집단적인 역사심리적 상처'(collective historico-psychological
scars)가 효과적으로 해소되지 않고 지속되면서 사회들 사이에 긴장
과 갈등의 요인으로 남은 것을 가리킨다.[2] 이 역사문제는 기본적으

---

1 이 글은 2019년 6월 25-27일 한림대학교 일본학연구소(소장 서정완 교수)
와 러시아연구소(소장 최태강 교수), 그리고 사할린국립대학교가 러시아 사할
린에서 공동으로 개최한 '2019 시베리아 연구 국제학술회의'(주제: 3·1운동
100주년 기념 사할린 한인을 위한 평화와 연대, 장소: 유즈노 사할린스크, 가가
린호텔)에서 동일한 제목으로 발표한 논문을 수정 보완한 것임을 밝힌다.

2 사회 간 폭력뿐 아니라 사회 내 타자화된 특정 집단에 대한 국가폭력도 중
대한 '역사문제'로서의 적실성을 가질 수 있다. 독일 나치스에 의한 홀로코스
트는 사회 내 타자화된 유대인 집단에 대한 폭력이 다른 사회들에 대한 침략전
쟁과 군사적 점령과 결합해 전개된 역사문제라고 할 수 있다. 일본의 경우도 국
가가 자국 사회 구성원들에 대해 강요한 전쟁으로 인한 피해가 적실한 역사문
제가 된다. 변호사 활동을 하는 스케야마 시게루(瑞慶山茂)가 편집한 다음의
출판물은 동아시아 다른 사회 구성원들에 대한 '종군위안부' 강요, 강제연행,
그리고 '한국인·조선인 등에 대한 BC급 전범재판과 우키시마호(浮島丸) 사
건' 등 뿐 아니라, "일본인의 전쟁피해" 문제를 광범하게 다루고 있다. (瑞慶山
茂 責任編集, 『法廷で裁かれる日本の戰爭責任: 日本とアジア·和解と恒久平和
のために』, 東京: 高文研, 2014, pp.451-589). 다만 그것이 "국가 간, 사회 간의
역사문제"로 되는 데 있어서는 다를 수밖에 없다.

로 두 가지 차원으로 구성된다. 첫째는 한 사회가 다른 사회들에 대해 평화와 인도(人道)를 해친 폭력의 크기와 양상이다. 역사문제의 원천에 해당한다. 두 번째는 전후에 그 폭력에 관해서 가해국 사회와 피해국 사회들 사이에 존재하는 역사인식의 간극이다. 이 간극은 가해자 국가와 사회의 '역사반성'의 충분성 여부를 둘러싼 갈등으로 존재하게 된다. 역사반성에는 사죄와 배상 요구에 대한 수용성(受容性, responsiveness)이 포함된다. 사회들 사이의 역사문제는 이 두 가지 요소에 의해서 구성되고 결정된다.

일본 역사문제는 일본의 과거에 대한 일본과 주변 사회들 사이에 존재하는 역사의식의 간극이다. 일본의 국가권력이 과거에 이웃 사회들에 저지른 범죄적 행위에 대한 동아시아 사회들의 원한은 큰데, 일본 사회는 과거의 잘못과 그에 대한 국가의 책임을 부정하는 태도가 강한 데서 발생한다. 이를 객관적이고 양적으로 묘사하기는 어렵다. 그러나 전후 유럽에서 독일과 다른 유럽 사회들 사이에 존재하는 역사문제의 상황과 비교함으로써 동아시아 역사문제의 성격을 더 잘 이해할 수 있다.

동아시아 사회들에서 일본의 과거에 대한 원한의 깊이는 일본의 범죄가 전개된 과거 동아시아 지역질서의 맥락에서 기인하는 바가 크다. 또 그에 대한 일본 사회의 부정의 태도는 전후 동아시아 국제질서의 영향이 크다. 따라서 일본 역사문제가 전전과 전후의 동아시아 국제질서의 성격과 어떻게 연관되어 있는지를 해명하는 것은 일본 역사문제의 심각성과 지속성의 맥락을 이해하는 열쇠가 될 수 있다. 이 글은 그래서 일본 역사문제를 동아시아 국제질서의 맥락에서 어떻게 개념화할 것인지를 논의하려 한다.

21세기도 이미 20년 넘게 지나간 현재, 일본인 대부분은 일본 역사문제의 근원이 된 역사적 범죄 그 어느 것과도 '개인'으로서는 관련이 없다. 그들은 개인적인 죄로 일본의 과거와 연결되어 있는 것이 아니다. 일본의 다카기 겐이치(高木建一) 변호사는 지난 1980년대에 '다카기 루트'라는 것을 만들었다. 그는 한국의 국가로부터도 일본의 국가로부터도 버려진 채 사할린에 방치되어 있던 한국인 강제동원 피해자 1,000여 명이 일시 귀국해 가족과 재회할 수 있도록 노력했다. 그 일로 1989년 한국 정부로부터 '국민훈장 모란장'을 수여받았다. 그는 국가나 사회가 짊어지는 집단적인 책임 문제는 죄와는 별개의 것이라고 말한다. "아시아 사람들에게 손해를 준 것은 일본 군대였으며, 일본 국가와 일본 사회였던 것"이므로 그 손해를 회복해야 하는 책임을 가리키는 '전후책임'(戰後責任)의 부담 주체는 일본의 국가와 사회라는 것이다. "일본 병사 개개인에 의한 위법행위였더라도 그 행위로 생긴 민사책임은 국가와 사회에 있다"는 것이다. 그런 의미에서, '책임'은 직접적인 '죄'와 구별된다. 그러나 일본의 과거 범죄를 뉘우침 없이 정당화하거나 피해 회복의 책임을 거부할 때 '제2의 죄'가 성립한다는, 역사문제에 대한 독일의 전후 인식을 다카기 변호사는 상기시킨다.[3] 그런 맥락에서 다카기 변호사는 '전후보상'(戰後補償)을 일본 사회가 극복해야 할 커다란 과제로 규정했다.[4]

---

3 다카기 겐이치(高木建一), 최용기 옮김, 『전후 보상의 논리』, 한울, 1995, 5-6쪽.
4 이에나가 사부로(家永三郎)는 "전쟁을 알지 못하는 세대의 일본인에게도 전쟁책임이 있는가?"라는 질문에 대해 이렇게 답한 바 있다. 전쟁에 직접 책임이 있는 세대가 아닌 전후 세대라 하더라도, 일본인은 그들이 속한 '국가'와 '민족'이라는 공동체 단위의 연속성에 의해서 이전 세대의 물질적·문화적 유산과 함께 부채도 상속받는다. 전후 세대가 누리는 일본의 부(富)의 상당 부분이 전후세대 자신의 창조적 노력에 의한 결과라 하더라도 "그러한 사실들조차 전쟁 전의 유산을 기본으로 이를 개조하거나 변용하면서 형성된 것이지 이러한 유산과 관계없이 전쟁 후에 별천지에서 날아온 것이 아니다. 그렇다면 전쟁 세대가 남긴 책임도 당연히 상속하지 않으면 안 된다. 개인의 유산 상속의 경우에는 상속을 포기함으로써 부채 반환 의무를 벗어날 수 있지만, 일본인으로서 앞 세대의 육체적·사회적 유산 상속을 포기하는 것은 불가능하므로, 전쟁책임만을 상속하지 않는 것 역시 불가능하다." 그는 이렇게 덧붙인다. "국가·민족에 소속하는 구성원으로서 세계 인류사회에서 살아가는 한, 국가와 민족이 집

역사문제를 구성하는 사회 간 폭력은 크게 세 가지로 범주화할 수 있다. 식민지배 혹은 반식민지적 지배, 침략전쟁, 그리고 반(反)인도적 범죄가 그것이다. 뉘른베르크와 도쿄 전범재판에서부터 통상적인 전쟁범죄와 반인도적 범죄를 구분해왔다. 그 이전 전쟁범죄 개념은 '제네바협약'을 중심으로 해 주로 전쟁포로 학대 문제에 초점을 맞추었다. 그것을 확대해 전시와 평시를 막론하고 민간인에 대한 조직적인 학대와 학살 및 노예화를 범죄화한 것이 '반인도적 범죄'의 개념이다. 즉 반인도적 범죄는 더 포괄적이다. 따라서 통상적인 전쟁범죄라는 개념을 따로 떼어 고려하기보다는 그것을 반인도적 범죄라는 개념에 포함시켜서 그 일부로 취급하는 것이 논의 전개와 역사문제의 유형 분류상 합리적이다.

그래서 필자는 일본 역사문제의 사실적 토대가 되는 범죄의 유형을 크게 식민지배, 침략전쟁, 그리고 반인도적 범죄 셋으로 구분하고, 통상적 전쟁범죄의 주축을 이루는 전쟁포로 학대 행위를 반인도적 범죄의 일부로 포함해 다루겠다. 여기서 논하는 '일본 역사문제'로서 전쟁포로 학대 문제의 초점은 특히 중국에 대한 침략전쟁 과정에서 빚어진 것에 초점이 있다.

다나카 유키(Yuki Tanaka)가 지적했듯이, 독일이 제노사이드에서

단으로서 져야 하는 책임을 분담할 의무를 갖는 것은 당연하다. 개인의 독립이 강하면 강할수록, 개인의 자발적 의지에 의해 그 책임을 지는 것이다." 이에나가 사부로는 이 말 끝에 다음과 같은 각주를 붙여놓았다. "다만 한 가지, 개인에게 있어서 국가·민족의 일원이라는 무게가 전쟁 전에 비해 현저하게 저하되고, 세계·인류의 일원이라는 무게가 더 높아짐과 동시에, 일본국 헌법에 국적이탈의 자유라는 선구적인 인권보장 규정이 있는 것처럼, 국적의 이동이나 소속 민족의 변경이 가능하게 된 세계사적 정황에 대해서 말해두고 싶다. 패전 전후에 일본군 점령지역 주민들 사이에 남아 그 민족사회의 일원이 되어, 일본에 돌아오지 않았던 군인, 군속, 재류일본인이 상당수 있었다. 전후세대에도 어떠한 기회에 이와 같은 길을 걸었던 사람들이 존재하고 앞으로도 나타날 것이다. 그리하여 일본인으로서 태어났으면서도 일본인이 아닌 타민족의 일원으로 변신한 사람들에 대해서는 전쟁책임을 물을 수 없다고 생각한다"(이에나가 사부로, 현명철 옮김, 『전쟁책임』, 논형, 2005, 322쪽).

우세를 보인다면, 일본은 특히 전쟁 기간 중 전쟁포로들에게 가한 폭력에서 예외적이었다. 태평양전쟁 기간에 일본이 억류한 전쟁포로는 35만 명이었다. 이들 가운데 영국·미국·네덜란드·오스트레일리아·캐나다·뉴질랜드 국적을 가진 포로는 13만 2,134명이었고, 포로수용소에서 사망한 수는 3만 5,756명으로 전체의 27퍼센트에 달했다. 반면에 같은 파시스트 국가들인 독일과 이탈리아가 억류한 연합군 포로는 23만 5,473명으로 이 가운데 포로수용소에서 사망한 숫자는 9,348명, 즉 4퍼센트였다.[5] 일본의 전쟁포로들은 살아남았더라도 독일과 이탈리아의 전쟁포로에 비해 곧 죽을 확률이 훨씬 높았다. 일본군에 억류되었다가 전후에 풀려난 오스트레일리아인 포로들 가운데 1959년 이전에 죽은 숫자는 같은 기간 독일이나 이탈리아군의 포로로 되었던 오스트레일리아인이 그렇게 될 비율의 4배였다.[6] 하타 이쿠히코도 "일단 포로로서 받아들여져 관리책임을 맡게 된 적병(敵兵)을 정당한 법적 절차를 거치지 않고 처형하는 것은 명백한 국제법(交戰法規) 위반행위"임을 분명히 한다. 이러한 포로처형이라는 불법행위를 2차 대전 중에 범한 군대는 "일본군 외에는 예가 없다"고 단언했다.[7]

왜 일본군만이 그러한 폭력성을 발휘했는가. 다나카 유키는 이러한 폭력성이 일본적인 고유성에서 비롯된 것이라고 보는 "일본적 특수성"론을 부정한다. 대신 일본 군대와 국가의 권력구조와 그것들을 포괄하는 일본 사회의 변화라는 역사적 맥락에서 이해한다.[8] 전쟁포

---

5 Yuki Tanaka, *Hidden Horrors: Japanese War Crimes in World War II*, Boulder: Westview, 1996, pp.2-3. 우쓰미 아이코(内海愛子)도 같은 통계를 인용하고 있다. 우쓰미 아이코, 이호경 옮김, 『조선인 BC급 전범, 해방되지 못한 영혼』, 동아시아, 2007(일본어 원저는 1982년 간행), 176쪽.

6 Tanaka, 1996, pp.2-3.

7 秦 郁彦, 『南京事件: 虐殺の構造』, 增補版, 東京: 中公新書, 2007(初版 1986), p.190.

8 Tanaka, 1996, pp.6-7.

난징시의 '난징대도살피해동포기념관'(侵华日军南京大屠杀遇难同胞纪念馆) 뜰에 서 있는 석판. 난징대학살 희생자 숫자를 30만 명으로 새겨두고 있다. ⓒ이삼성, 2016

로에 대한 잔혹성이 특히 심했던 시기가 중일전쟁이 벌어진 1937년에서 1945년 2차 대전이 끝난 시점까지의 아시아·태평양전쟁 기간에 집중된 사실을 주목한 그는 메이지 시대 말기와 타이쇼 시대 일본 사회에서 천황제 이데올로기가 점차 강화되어가고 있던 사실에서 일본 군대에 의한 전시폭력(戰時暴力)의 주요 원인을 찾는다.[9] 말하자면 일본인의 고유한 민족성의 발로가 아니라, 특정 시대 특정한 정치질서가 빚어낸 특정한 역사적·시대적 조건의 결과였다고 인식한다.

우쓰미 아이코는 일본 군대 안에서 이데올로기화되어 있던, 일본 군인 자신들이 '포로가 될 경우'에 관한 행동지침에 주목했다. 하타 이쿠히코와 크게는 같은 맥락이지만 우쓰미는 특히 그 시대 일본 군대가 군인들에게 주입시킨 이데올로기적 세뇌 양상에 초점을 맞춘다. 도조 히데키(東條英機)가 육군대신으로 있던 1941년 1월 일본군

---

9 Tanaka, 1996, p.9.

전체에 '전진훈'(戰陣訓)이라는 것이 하달된다. "살아서 포로의 수치를 당하지 말라"는 것이었다. 우쓰미 아이코는 이렇게 말한다. "일본 군대에는 포로가 존재하지 않는다. 왜냐하면 병사는 포로가 되기 전에 자결해서 '명예로운 전사'를 선택해야 했기 때문이다."[10] 이러한 군대가 자신들의 포로가 된 외국 병사들을 '인간'으로 인식하지 않았던 것은 다분히 자연스런 일이었다.

포로 학대라는 '일반적인 전쟁범죄'에 대한 단죄는 미국·영국·프랑스·네덜란드·오스트레일리아·소련 등 태평양전쟁에 관련된 서양 국가들이 도쿄 재판과 별도의 지역적 전범재판을 벌여 단죄하는 과정에서 대체로 완료했다. 이와 달리 특히 중국을 포함한 군사적 점령지에서 민간인에 대한 전쟁범죄의 문제는 범죄의 규모에 비해서 충분히 다루어지지 않았다. 그리고 난징학살의 희생자 가운데는 민간인들과 함께 무장해제되었거나 탈무장하고 평복으로 갈아입었던 중국인 포로들이 수만 명 포함되어 있었다. 이들에 대한 일본의 전쟁범죄 문제는 그 규모가 커서 '반인도적 범죄' 차원에서 더 잘 논의될 수 있다.

2. 역사문제의 심각성과 지속의 원인: 폭력의 크기가 아닌 맥락성

제국의 시대에 인류는 역사상 가장 참혹한 시대를 살아내야 했다. 그 시대의 한복판인 20세기 전반기에 벌어진 두 차례의 대전과 그 과정에서 전개된 일련의 제노사이드는 1억에 가까운 인간의 생명을 앗아갔다. 또 더 많은 사람들의 행복을 유린했으며, 인간과 인간, 사회와 사회 사이의 연대와 신뢰를 파괴했다. 주로 유럽을 무대로 전개된 제1차 세계대전은 전사자 1,000만 명을 포함해 전투 중 사상자(死傷者) 3,000만 명을 낳았다. 여기에 민간인 희생자 700만 명이 추가된

---

10 우쓰미 아이코, 2007, 121-123쪽.

다. 500만의 여성들이 미망인으로 남는다.[11] R.J.럼멜 교수의 통계에 따르면, 제2차 세계대전은 전사자만 약 2,900만 명에 달했다. 전쟁 기간 제노사이드를 포함한 민간인의 희생은 1차 대전 때의 세 배에 달하는 2,100만 명을 넘었다.[12] 또 다른 학자의 통계에 따르면, 2차 대전 중 인명 희생은 훨씬 더 많아서 최대 7,500만 명에 달했다.[13] 특히 독일과의 전쟁에서 러시아가 추산한 자국인 인명 피해만 총 2,700만 명에 이른다.[14]

제국일본이 지역질서의 중심 축의 하나로 등장하는 동아시아의 20세기는 청일전쟁 기간에 뤼순(旅順)에서 비무장 중국인 6만 명에 대한 일본군의 학살과 함께 막이 올랐다고 할 수 있다.[15] 이후로 이 질서에서 제국의 폭력은 이른바 '만인갱'(萬人坑)을 포함해 크고 작은 제노사이드를 수반했지만 특히 1937년에서 1945년 기간에 집중되었다. 이 기간에 아시아·태평양 지역에서 일본의 침략전쟁은 무수한 전상자(戰傷者)를 낳았음은 물론이고, 일본군이 학살한 비무장 포로나 민간인의 숫자만 600만 명에 달했다. 그 대다수인 3분의 2는 중국인으로, 비무장 민간인 260만 명을 포함해 400만 명에 달했다.[16]

---

11 Ian F. W. Beckett, "Total War," in Arthur Marwick, Clive Emsley, and Wendy Simpson(eds.), *Total War and Historical Change: Europe 1914-1955*, Buckingham: Open University Press, 2001, p.30.

12 R.J. Rummel, *Death by Government*, New Brunswick: Transaction Publishers, 1994, pp.111-112.

13 Milton Leitenberg, "Deaths in Wars and Conflicts between 1945 and 2000," Matthew Evangelista(ed.), *Peace Studies: Critical Concepts in Political Science*, Volume I, London: Routledge, 2005, p.94.

14 Vladimir O. Pechatnov, "The Soviet Union and the World, 1944-1953," Melvyn P. Leffler and Odd Arne Westad(eds.), *The Cambridge History of the Cold War*, Volume 1: Origins, Cambridge: Cambridge University Press, 2010, p.90.

15 "A Japanese Massacre: The World's War Correspondent Reports a Butchery at Port Arthur, A Three Days' Reign of Terror," *New York World*, December 11, 1894; 藤村道生, 『日淸戰爭: 東アジア近代史の轉換點』, 東京: 岩波新書, 1973(2007), p.132. 미국 언론보도를 포함해 이 학살사태에 관한 중국 측 서술은, 宗澤亞, 『淸日戰爭』, 北京: 北京聯合出版公司, 2014, pp.353-377.

전체적으로 보면, 총력전으로 불린 두 차례의 대전에서 이웃 사회들 사이의 상호 파괴와 살상, 그리고 전대미문의 반인류적 범죄들은 동아시아보다 유럽에서 더 웅장한 규모로 벌어졌다. 그러나 제국의 시대는 유럽에서보다 전후 동아시아에 더 치명적인 역사적 유산을 남겼다. 요컨대 역사문제의 심각성은 폭력의 크기에 비례하지 않는다. 20세기 전반기 유럽 안에서 유럽국가들 상호 간에 행사된 폭력이 같은 기간 동아시아에서 발생한 폭력에 비해 월등하게 컸음에도 불구하고 전후에 잔존하는 역사문제는 유럽이 아닌 동아시아에서 훨씬 심각하다. 결국 역사문제는 폭력의 크기가 아닌 폭력의 맥락성(contextuality)의 문제다. 그 맥락의 핵심은 가해국으로 지목된 사회와 그 이웃 사회들과의 관계를 포함한 지역질서의 성격에 있다.

3. 분석 틀: 국제질서의 맥락성, 그리고 역사청산의 객관적 요소와 주체적 요소

1) 국제질서의 맥락성: 동아시아 역사문제의 네 시간대

이 글은 동아시아에서 일본 역사문제의 구조적 맥락성을 규명하기 위해서, 우선 역사문제 형성기와 역사청산의 시기를 구분한다. 전전의 시기로부터 오늘에 이르는 동아시아 역사문제의 시간대는 네 시기로 구분할 수 있다. 제1국면은 전전의 시기로, 역사문제 형성기다. 제2국면은 전후 첫 3-4년의 시기로, 가해국과 피해국 사회들 사이에 역사청산의 수준과 틀이 결정되는 시기다. 제3국면은 냉전기로, 냉전체제가 동아시아 사회들 간의 역사문제에 어떤 장치로 작용

---

16 R.J. Rummel, *Death by Government*, New Brunswick: Transaction Publishers, 1994, pp.111-112. 2015년 중국 상하이의 '上海外語頻道'(International Channel Shanghai: ICS)가 방영한 약 100분 분량의 다큐멘터리 「東京審判」(The Tokyo Trials)은 1947년 본격화된 중일전쟁으로 인한 전사자를 포함한 중국인 희생자 수를 최대 3,500만 명까지로 추산했다.

했는가를 보아야 한다. 제4국면은 탈냉전기로, 탈냉전 후 동아시아 질서의 구조가 동아시아 역사문제에 어떻게 작용하는지를 살펴볼 필요가 있다.

이 네 시기에서 일본의 역사문제가 동아시아 국제질서의 구조와 갖는 연관성을 살펴보는 데에는 각 시기마다 문제의 본질을 포착하는 개념들이 필요하다. 역사문제 형성기인 제1국면에서 필자는 유럽과 달리 동아시아에 현저했던 '역사문제의 중첩성'을 주목할 것이다. 역사청산의 틀이 결정되는 제2국면에서는 가해국 사회에 역사청산을 부과하는 '외적 강제'의 내용을 주목할 것이다. 외적 강제의 주체는 승전국일 수밖에 없다. 미국이 승전국으로서 일본에게 강제한 역사청산의 수준이 이 지역에서 미국이 처한 지정학적 조건과 전후 일본과의 새로운 관계설정에 깊이 연관됨은 물론이다. 그러므로 전후 유럽에서 패전국 독일이 처했던 국제적 조건과 어떻게 달랐는지를 주목해야 한다.

냉전기인 제3국면과 탈냉전기인 제4국면에서의 일본 역사문제의 내용은 기본적으로 일본 사회 자신의 주체적 의식과 행동이 결정한다. 하지만 그 수준과 내용은 그 이전인 제1국면과 제2국면, 특히 제2국면에서 일본 사회에 외적으로 부과되었던 역사청산의 수준과 방식의 틀이 정한 일정한 범위 안에서 결정된다고 할 수 있다. 다만 외적 강제라는 객관적 요건보다 일본 사회 자신의 주체적 의식과 행동이 역사문제의 향방에 보다 많은 비중과 책임을 갖게 된다. 그러나이 시기 역시 제2국면에서의 외적 강제 수준의 여파 속에서 움직이는 경향이 강할 뿐 아니라, 냉전기 및 탈냉전기 동아시아 지역질서의 성격이 대단히 중요한 영향을 미친다. 제4국면에 있어서도 동아시아 국제질서의 구조 자체가 제2 또는 제3국면의 그것과 연속성이 강할수록 이 지역에서 일본 역사문제는 지속성을 띠게 된다. 이 점 역시 유럽의 지역질서와의 비교를 통해서 잘 확인할 수 있다. 이처럼 일본 역사문제의 역사적 맥락성에 대한 논의를 전전과 전후의 독일이 처했던 유럽 질서와의 시기별 비교를 통해서 전개하려고 한다.

2) 역사문제의 지속성을 결정하는 역사청산의 요소들:
객관적 요소와 주체적 요소

역사청산의 객관적·외적 요소들로는 첫째, 전전의 역사적 범죄에 대한 전범재판 과정에 피해국 사회들이 실질적으로 참여했느냐 여부다. 둘째는 전후 가해국 정치사회의 정체성의 실질적 재구성 여부다. 이 문제는 그 재구성 과정에 피해국 사회들이 실질적으로 참여할 수 있었는지와 깊은 연관성을 갖는다.

역사청산의 주체적 요소들은 가해국의 정치권력과 사회가 얼마나 진정성 있는 역사반성의 의지를 표현해왔는지에 관한 것이다. 그 첫째는 전전의 질서에서 범죄적 행위에 가담한 자들에 대해 가해국 사법부 자신이 역사청산 작업을 실천했는지 그리고 그 실천의 지속성 여부다. 둘째는 가해국 정치권력집단이 피해국 사회가 납득할 수 있는 진실한 사죄의 자세를 어떻게 견지하는가의 문제다. 이것은 가해국 정부 지도자들과 정치인을 포함한 공인(公人)들의 공적인 언술과 교과서를 통한 역사교육, 그리고 피해국 사회 구성원이 제기한 배상 요구에 대한 수용성 문제를 포괄한다.

4. 전전의 동아시아질서와 일본 역사문제의 중첩성:
제국체제의 동아시아

필자는 20세기 전반기, 즉 전전의 동아시아질서를 '제국체제'로 정의한다. 필자가 정의한 제국체제는 '제국의 시대'라는 개념과 다르다. 에릭 홉스봄이 말하는 '제국의 시대'는 유럽의 전통적 열강들이 모두 제국으로서 지구의 다른 사회들의 대부분을 식민지 혹은 반식민지로 지배한 기간을 가리킨다. 그러한 의미의 '제국의 시대'는 1차 대전에서 끝나는 것으로 볼 수 있다. 그때 네 개에 달하는 유럽의 제국들이 무너져 내렸기 때문이다.[17] 이와 달리 필자가 말하는 '제국체제'는 한 지역 안에서 그 안의 모든 사회가 제국 아니면 식민지 혹은 반식민지로 양극화되어 병존하는 구조다. '유럽 제국체제'는 유럽 안에서 대부분의 사회들이 제국과 식민지로 구획된 상태를 뜻한다. 그런데 제1차 세계대전의 결과로 독일과 러시아, 그리고 오스트리아-헝가리 제국, 그리고 오토만 제국 등 네 개 제국이 모두 해체되고 이들 제국의 식민지였던 유럽 내 약소민족들이 독립했다. 이에 따라, '유럽 제국체제'는 종언을 고했다.

그러나 동아시아의 경우는 대부분 사회들이 제국과 식민지 또는 반식민지 상태로 구획된 채, 제2차 세계대전을 치렀다. 그래서 20세기 초 이래 1945년까지의 시기를 '동아시아 제국체제' 국면으로 정의한다.[18] 일본과 미국을 포함한 제국들은 중국 주변의 약소 사회들에 대한 식민 지배를 발판으로 중국이라는 거대한 반식민지에 대한 통제와 경영을 추구했다. 일본은 미국과 함께 상대적인 신흥 제국들로서 물론 서로 갈등하고 경쟁하는 관계에 있었다. 그러나 동시에 러시아를 공동의 적으로 삼아 함께 견제하면서 중국에 대한 반식민지적 경영을 위해 큰 틀에서는 미일 두 제국이 권력정치적 흥정을 통해 상호적응하며 협력하는 '제국주의 콘도미니엄'(imperial condominium)을 구성하고 있었다. 일본이 만주국을 건설하고 중일전쟁을 일으키며 난징학살을 전개한 후에도 미국은 여전히 일본의 제국주의 전쟁 수행에 결정적으로 중요했던 폐철과 항공유, 석유 등 전략물자의 핵심 공급원 역할을 지속했다.[19] 일본이 중국 경영을 위

---

17 Eric Hobsbawm, *The Age of Empire, 1875-1914*, New York: Vintage Books, 1987, pp.56-83.

18 아편전쟁이 벌어진 19세기 중엽까지의 전통시대 동아시아를 중국 중심의 '천하체제'라고 할 수 있다면, 아편전쟁에서 청일전쟁에 이르는 반세기의 동아시아는 그 천하체제와 서양 중심의 제국주의 질서가 병존하는 과도기였다고 말할 수 있다.

19 *The China Whitepaper* (originally issued as United States Relations with China

한 미국과의 협력이라는 대전제를 깨뜨리고 독일 등과 파시즘 동맹을 맺은 후 미일 양국은 패권전쟁에 돌입하게 된다. 그때에 이르러 비로소 미일 제국주의 콘도미니엄은 해체되고 동아시아 제국체제는 붕괴한 것으로 볼 수 있다.

1차 대전 후에 이미 제국체제가 해체된 유럽에서 1930년대 말 시작되는 독일의 침략전쟁은 유럽의 다른 사회들에 대한 식민지배와 중첩되는 것이 아니었다. 반면에 전전의 동아시아는 제국체제로서 식민지 혹은 반식민지적 지배라는 상처 위에 침략전쟁과 제노사이드의 범죄가 중첩되기에 이른다.

전후 일본의 국가와 사회가 짊어지게 된 '역사문제'는 1945년 8월 패망하기까지 제국일본이 20세기 전반기에 동아시아·태평양 지역의 다른 사회들에게 범한 것으로 인식된 범죄적 행위들로 인한 것이다. 이 시기에 구성된 일본의 '역사문제'는 일단 크게 세 가지로 범주화할 수 있다. 식민지 혹은 반식민지적 지배가 첫째이며, 침략전쟁이 그 둘째이고, 셋째는 제노사이드를 포함해 수십만의 민간인을 포함한 다른 사회 민중을 상대로 벌인 폭력, 즉 반인도적 범죄다.

먼저 식민지 혹은 반식민지적 지배의 문제를 본다. 일본의 식민지배로 인한 문제의 중심에는 한국과 중국에 대한 식민지배 및 반식민지적 지배가 그 핵심을 이룬다. 한국에 대한 반식민지적 침탈의 역사는 멀리는 1876년 강화도조약 시기로 거슬러 올라가며 보다 가까이는 청일전쟁을 전후한 시기부터 1905년 을사보호조약을 포함한 조선에 대한 강압외교 역사가 있다. 마침내 1910년 한일병합으로 본격적인 식민지 지배체제가 구성되었다. 이후 일본은 식민지 백성이 된 한국인들을 대상으로 한반도 안팎에서 각종 반인도적 범죄를 자행

with Special Reference to the Period 1944-1949, Department of State Publication 3573, Far Eastern Seried 30, August 1949), Stanford: Stanford University Press, 1967, pp.24-25; 이삼성, 『동아시아의 전쟁과 평화 2: 근대 동아시아와 말기조선의 시대구분과 역사인식』, 한길사, 2009, 502-503쪽.

했다. 3·1독립선언운동 시기에 저항하는 한국인들에 행사된 잔혹한 폭력, 1923년 9월 발생한 도쿄대진재(東京大震災) 상황에서 한국인과 중국인에 대한 집단학살, 하시마(端島)와 사도(佐渡), 그리고 사할린 등으로의 강제동원과 노예노동, 그리고 전시 여성 성노예화와 같은 반인도적 범죄를 범했다. 그렇게 식민지배와 반인도적 범죄가 중첩된 역사문제가 구성되었다.

중국에 대해서는 청일전쟁이라는 침략전쟁과 함께 중국 영토의 일부였던 타이완의 식민지화, 그리고 만주에 대한 반식민지적 지배의 역사가 시작된다. 이후 다른 서양 열강들과 함께 제국주의 클럽의 일원으로서 중국에 대해 반식민지적 지배의 특권을 누린다. 1차 대전을 계기로 일본은 독일을 대신해 중국 산둥반도를 자신의 반식민지로 만들었다. 나아가 1930년대 초에는 만주사변을 일으켜 만주를 중국으로부터 분리한다. 1932년 그 지역 전체를 독립적인 일본의 괴뢰국가로 만들어 사실상의 식민지로 지배했다.[20] 1937년에는 드디어 중일전쟁을 일으켜 중국 한복판에 대한 침략전쟁을 본격화했다. 중국의 인구가 집중된 연해 지역 대부분을 군사점령하고 식민지배하는 상황이 되었다. 그 과정에서 난징학살이라는 동아시아 전대미문의 제노사이드를 자행했다. 중국의 경우 이처럼 적어도 일부 지역

---

20 만주국 총무청 차장을 지내고 전후 A급 전범의 하나로 기소되었으나 미점령당국에 의해 방면되어 총리까지 지낸 기시 노부스케(岸信介) 등은 만주국을 '민족협화와 왕도낙토의 이상'을 실현한 기념비적인 근대국가 만들기라고 주장했다. 이에 대해 야마무로 신이치(山室信一)는 '침화일군(侵華日軍) 제731부대 죄증(罪證) 진열관'과 푸순(撫順)시의 '핑딩산 순난(平頂山 殉難) 동포유골관' 등이 실증하는 "거의 눈뜨고 볼 수 없는 처참한 진열품이나 사진"을 본다면, '괴뢰국가'라는 개념은 만주국 통치의 실태를 오히려 제대로 드러내지 못하는 불충분한 개념이라고 생각할 수밖에 없을 것이라고 지적했다. 만주국에서 "일반 감옥과 교정보도원에서의 강제노동이 대부분의 경우 죽음으로 직결"되었으며, "체포 자체가 완전히 자의적이었다"는 점 등을 들어서 야마무로는 만주국은 단순한 괴뢰국가가 아니라 '아우슈비츠 국가' 혹은 '수용소 국가'라고 개념 짓고 싶은 '전율에 찬 충동'에 휩싸이게 된다고 평했다(야마무로 신이치, 윤대석 옮김, 『키메라: 만주국의 초상』, 소명출판, 2009, 34쪽).

난징시의
'난징대도살피해동포기념관'
(侵华日军南京大屠杀遇难同胞
纪念馆) 뜰에 서 있는 조각상.
ⓒ이삼성, 2016

들에 대한 수십 년에 걸친 식민지 혹은 반식민지적 지배와 침략전쟁, 그리고 반인도적 범죄가 중첩되어 있다.

　제국체제의 동아시아에서 일본의 침략전쟁(wars of aggression)의 주된 피해자는 물론 중국 사회였다. 타이완에 대한 일본의 식민지배는 타이완 이외의 지역에서 벌어진 청일전쟁의 결과로 청일 두 정부 사이에 맺어진 평화조약에 따른 영토 할양의 결과였다. 한국에 대한 일본의 식민지화는 본격적인 전쟁을 거쳤다고 할 수는 없고, 기본적으로 당시 한국의 국가권력을 겁박하는 정치외교적 과정의 결과였다. 따라서 제국일본이 벌인 침략전쟁의 상대는 주로 중국과 미국이었다. 그런데 미국의 경우는 일본과의 전쟁에서 승리해 일본을 점령통치하고 샌프란시스코 평화조약을 체결하는 동시에 동맹체제를 구성함으로써 미국에 대한 일본의 역사문제는 기본적으로 소멸되었다. 그러므로 침략전쟁으로 인한 일본의 역사문제로 남은 것은 중국이 그 핵심이다.

마지막으로 반인도적 범죄의 문제다. 전전(戰前)과 전시(戰時)를 포함해 전쟁 수행과 직접적인 관련 없이 민간인들에 대해 가해진 반인도적 범죄들이다. 전시에 일본이 범한 반인도적 범죄는 다시 크게 세 항목으로 구별할 수 있다. 제1은 제노사이드, 즉 난징학살이며 제2는 강제동원, 제3은 전시 여성의 성노예화 문제다. 그래서 이 반인도적 범죄의 문제는 한국과 중국 모두에게 중대한 문제로 남아 있다.

이 문제가 심각한 이유는 단순히 일본 정부가 그 책임을 인정하고 보상을 해주지 않았거나 그 보상이 불충분했다는 데만 있는 것이 아니다. 일본의 사죄와 보상이라는 문제와 함께, 그러한 사태가 발생했다는 것 자체가 양국 사회를 정신적·심리적 차원에서 격리시키는 지속적인 장치로 기능한다. 이것은 법적인 문제를 넘어서서 일본의 정부와 사회가 사죄와 반성 및 화해를 위한 예외적인 전 사회적 노력을 기울이지 않는 한 메꾸어지기 어려운 심연이다. 민간인에 대한 반인도적 범죄는 유럽에서 더 큰 규모로 전개되었지만, 지역질서 전체에 던진 역사적인 충격과 지속적인 영향이라는 측면에서 동아시아에서 일본의 반인류적 범죄가 훨씬 더 심각한 유산을 남겼다. 수천 년간 지역질서의 중심에 있던 사회의 한복판에서 가공할 폭력이 자행되었기 때문이다. 나치에 의한 제노사이드의 피해자는 유럽 각 사회들 안에서 공동의 소수자였던 유대인을 상대로 저질러진 것이었다. 그만큼 같은 제노사이드라 하더라도 그것이 지역질서에 초래하고 남기는 국가 간·사회 간 충격에는 심오한 차이가 있었다.

5. 전후 3년 일본 역사청산의 국제적 조건: 외적 강제의 수준과 방식

역사문제의 심각성과 지속성을 결정하는 것이 가해국이 저지른

1943년 소련을 제외한 15개 연합국이 구성한 유엔전쟁범죄위원회.

폭력의 총량이 아니라, 그 맥락성임은 앞서 강조한 바와 같다. 그 맥락성의 두 번째는 전후 일본의 역사청산의 방식과 내용이다. 그러한 역사청산의 방식과 내용은 크게 두 가지의 객관적·외적 조건 내지 요소와 역시 두 가지의 주체적 조건 내지 요소로 분석해볼 수 있다. 이들 객관적 조건과 주체적 조건은 서로 맞물려 있거나 상호의존 관계에 있다.

1) 전후 전범재판과 일본의 역사문제:
뉘른베르크―도쿄 재판과 지방전범재판

1943년 10월 말 루즈벨트, 처칠, 그리고 스탈린이 선언한 '모스크바선언'(Moscow Declaration)은 나치스의 대량 학살에 책임 있는 자들을 법정에 세우겠다는 결의를 공식화했다. 같은 1943년 10월 26일 런던에서는 소련을 제외한 15개 연합국이 구성한 '유엔 전쟁범죄 위원회'(The United Nations War Crimes Commision)가 첫 회의를 가졌다. 1944년 3월 24일 루즈벨트 대통령은 "야만적인 행위에 가담한 그 누구도 처벌을 면하지 못할 것이며, 공범의 죄가 있는 자들도 모두 처벌받을 것"이라고 선언했다.[21] 1945년 8월에는 미국·소련·영국·프랑스 네 나라가 '런던협정'(London Agreement)을 체결해 전범재판을 위한 '국제군사법정'(International Military Tribunal) 구성에 합의한다. 이 협정은 부속합의문으로 「군사법정 헌장」을 담았다. 전범재판 법정의 구성과 기본 절차를 규정한 이 헌장은 제6조에서 "이 법정은 유럽 추축국가들의 이익을 위해 개인으로서 또는 조직의 구성원으로서 다음 세 가지 범죄 가운데 어떤 것이라도 저지른 사람들을 재판하고 처벌할 권한을 갖는다"고 했다. 그 세 가지는 '평화에 대한 죄'(crimes against peace), 전쟁범죄(war crimes), 그리고 반인도적 범죄(crimes against humanity)였다. 이 헌장은 그와 관련된 모든 행위들에 대해 '개인적 책임'(individual responsibility)을 물을 것이라고 명시했다.[22]

필립 앨스턴과 라이언 굿맨이 지적하듯이, 이 헌장이 국제 인권 개념 발전에서 갖는 제일의 혁명적 요소는 "개인의 책임"을 명기한 데 있었다. 그 전의 국제적 관습법이 의무의 주체로서 그리고 제재의 대상으로서 국가(state)를 앞세웠던 것과 달랐다.[23] 두 번째 혁명적 요소는 이 법정의 재판권 대상이 전통적인 '전쟁범죄' 범위를 넘어선 점이었다. 앨스턴과 굿맨은 이 점을 다음 두 가지로 설명했다.[24] 하나는 '전쟁범죄'라는 개념과 별개의 '평화에 반하는 죄'라는 개념을 이끌어들인 것이었다. 1920년 1월에 발효된 '국제연맹 규약'(The Covenant of the League of Nations)도 연맹의 집단적 결정으로 침략을 통제하려 시도한 것은 사실이지만 전쟁 자체를 범죄시하고 그에 대한 지도자 개인들의 책임을 물어 처벌하는 문제는 정면으로 다루지 못했다. 뉘른베르크 국제법정을 설치한 이 헌장으로 "평화에 반하는 범죄"라는 개념이 처음으로 성립했다. 일정하게 허용된 범위의

21 Robert E. Conot, *Justice At Nuremberg*, New York: Basic Books, 2009, p.10.
22 Philip Alston and Ryan Goodman, *International Human Rights: Text and Materials*, Oxford, UK: Oxford University Press, 2013, pp.121-122.
23 Alston and Goodman, 2013, p.122.
24 Alston and Goodman, 2013, pp.122-123.

자위적(self-defence) 행동을 제외한 침략을 단죄할 수 있는 역사적인 계기였다.[25]

뉘른베르크 재판의 원칙이 된 이 헌장이 전쟁범죄의 범위를 전통적인 수준을 넘어 확장시킨 또 하나의 중요한 혁신은 '반인도적 범죄'라는 개념의 발명이었다. 이 새로운 개념은 나치스 정부가 독일의 안과 밖을 불문하고, 그리고 전쟁 전과 전쟁 중을 막론하고, 유대인들과 다른 민간인 집단을 절멸하고자 한 프로그램 전체를 전쟁범죄로 포함시키기 위한 것이었다. 제2차 세계대전 중에 벌어진 홀로코스트뿐만 아니라 유대인들을 비롯한 여러 인간집단에 대한 전쟁 이전의 박해와 그 기획 행위를 포괄해 범죄로 규정하고 처벌할 근거가 마련되었다. 또 독일이 학살하거나 박해한 유대인들이 독일 국적을 갖든 그렇지 않든 간에 그 행위를 처벌할 수 있게 했다. 특히 국적이 다르거나 없는 사람들(aliens)에 대한 국가의 책임에 관한 국제법 발전에 커다란 진전이었다.[26]

「국제군사재판소 헌장」 제6조 C항에 규정된 반인도적 범죄—인도에 대한 죄 또는 반인류적 범죄—가 B항에서 규정한 통상적인 전쟁범죄와 구별되는 지점은 시미즈 마사요시(清水正義)의 설명을 빌려 더 명확히 할 수 있다.[27] B항의 전쟁범죄는 "점령지 소속 혹은 점령지 내의 민간인 살인"으로 규정되어 있다. 그래서 이 조항이 담은 통상적인 전쟁범죄는 "점령지 주민에 대한 독일인의 범죄행위"에 한

---

25 Alston and Goodman, 2013, p.123.

26 Alston and Goodman, 2013, p.123. 앨스턴과 굿맨은 연합국들이 자신들도 행한 전쟁범죄, 즉 "적의 사기저하를 위한다는 목적으로 도시들에 대한 대량 폭력을 행한 행위"를 전쟁범죄에서 제외시키기 위해 애썼다는 사실을 주목한다(Alston and Goodman, 2013, p.123). 전쟁범죄로 처벌해야 할 잔혹행위에 관련해 "군사상 필요한 경우를 제외한다"는 문구를 넣은 것이다. 원폭투하를 포함한 전략폭격 행위에 대한 면죄부를 부여한 것이었다.

27 시미즈 마사요시, 「뉘른베르크 재판의 재검토」(「ニュルンベルク裁判の再檢討」, 『季刊 戰爭責任硏究』, 6號, 1994), 일본의 전쟁 책임 자료센터 엮음, 『세계의 전쟁 책임과 전후 보상』, 동북아역사재단, 2009, 93쪽.

정된다. 이에 비해서 C항의 '반인도적 범죄'는 "범행지의 국내법 위반 여부를 불문하고, 본 재판소의 관할에 속한 죄의 수행으로서, 혹은 그것과 관련해서 전전 혹은 전시 중에 행해진 모든 민간인에 대한 살인, 절멸, 노예화, 강제연행 및 그 밖의 비인도적 행위 또는 정치적, 인종적, 또는 종교적 이유에 의거한 박해 행위"로 정의했다.

따라서 가해자인 독일 점령군이 같은 독일 사회의 구성원이었던 유대인들 혹은 독일 국적 시민을 상대로 저지른 박해 행위는 B항의 전쟁범죄에는 해당하지 않지만, C항의 반인도적 범죄에 근거한 처벌 대상이 된다. 제2차 세계대전 중의 좁은 의미의 전쟁범죄를 처벌하는 데 그치지 않고, "1933년의 히틀러 정권 성립 이후 12년간 이뤄진 제3제국의 범죄 전체를 문제 삼을 수 있게" 한 법적 근거를 만든 것이다. "지금까지의 국제법적 상식을 넘어 '평시의 국가범죄'를 국제법정에서 재판한다는 유례없는 시도"가 가능해진다.[28]

요컨대 뉘른베르크법정과 그것이 근거로 삼은 '반인도적 범죄'의 개념은 "나치 독일에 의한 1933년부터 1939년까지 독일 국내에서 독일인 및 1939년 대전 발발 이후의 독일인과 연합국 민간인, 점령지 주민에 대한 살인, 노예화, 강제연행 등의 박해행위"를 포괄한다.[29] 도쿄전범재판 역시 뉘른베르크 전범재판과 기본적으로 동일한 법리(法理)를 채택했다. 그러므로 제국일본이 군사적 점령 지역뿐 아니라 일본과 그 식민지 영토 안에서 자행한 각종의 학살과 노예화 및 강제동원에 의한 노예노동 강제를 반인도적 범죄로 처벌할 수 있게 되었다.

뉘른베르크법정에서 재판에 회부될 23명의 A급 전범 명단이 확정된 것은 1945년 8월 말이었다. 그런데 이들 23인이 모두 가장 중요한 음모죄로 기소되기 때문에 그 수괴인 히틀러는 의당 기소 대상에 포

---

28 시미즈 마사요시, 2009, 93쪽.
29 시미즈 마사요시, 2009, 94쪽.

함되어야 했다. 하지만 히틀러는 이 리스트에 없었다. 당시 히틀러가 자살한 것은 의문의 여지가 없었는데, 만일 그를 리스트에 포함시킬 경우 히틀러가 생존해 있다는 소문을 불러일으킬 것이 우려되었다. 그래서 최종 리스트에서 뺐다는 것이다.[30]

뉘른베르크법정은 1945년 11월 20일에서 1946년 10월 1일 사이에 열렸다. 사형 판결을 받은 자는 헤르만 괴링과 한스 프랑크 등을 포함한 13명이었다. 뉘른베르크법정에 선 나치스 최고위 인물로서 사형집행 하루 전에 자살한 헤르만 괴링 등을 제외한 이들은 1946년 10월 16일 교수형에 처해졌다. 루돌프 헤스 등을 포함한 3명은 무기형을 언도받았고, 나머지는 20년 혹은 10년의 유기형을 선고받았다. 방면된 자는 한스 프리체 등 3명이었다.

28명의 일본 A급 전범들을 상대로 한 극동국제군사재판소(International Military Tribunal for the Far East)는 1946년 1월 19일 연합국최고사령관이 발령한 「극동국제군사재판소 설치에 관한 명령」에서 출발한다. 이 명령서는 1945년 7월 26일 미국·영국·중국이 공표하고 후에 소련이 추가로 참여한 '포츠담선언'에서 언급한 국제법의 규칙들에 근거해 그 이행을 위해 설치한다고 명시했다.[31] 극동국제군사재판소는 도쿄에 설치된 것이어서 일반적으로 도쿄전범재판소로 불린다. 도쿄전범재판소는 뉘른베르크법정보다 5개월 늦게 문을 열었다.

도쿄전범재판소는 11명의 판사로 구성되었다. 미국·영국·프랑스

---

30 Conot, 2009, pp.26-28. 괴벨스(Josef Goebbels, 1897-1945.5.1.)도 히틀러를 따라 곧 자살했기 때문에 그도 리스트에서 빠지게 되었다. 하인리히 힘러(Heinrich Himmler, 1900-1945)는 홀로코스트의 가장 직접적인 총괄 책임자였지만, 도피 중에 영국군에 잡혀 있던 중 1945년 5월 23일 자살해버렸다. 그래서 역시 리스트에서 빠졌다.

31 A.E. ルニョフ, 「極東國際軍事裁判所の活動の法的側面」, 細谷千博·安藤仁介·大沼保昭 編, 『國際シンポジウム 東京裁判を問oう』, 東京: 講談社, 1989, pp.23-24.

·소련·중국·네덜란드·캐나다·오스트레일리아·뉴질랜드·인도·
필리핀에서 각 1명씩 참여했다. 만주철도 총재와 제2차 고노에 내각
외상을 지낸 마쓰오카 요스케(松岡洋右), 그리고 해군대신을 역임한
나가노 오사미(永野修身) 등 두 명은 재판 도중에 병사했다. 대동아
전쟁의 이론적 지도자이자 "국가주의 운동가"로서 대표적 군국주의
자로 꼽힌 오오카와 가네아키(大川周明)는 재판 중에 정신병이 발병
해 면소(免訴)되어 석방되었다.[32] 결국 28명의 A급 전범 가운데 실제
재판을 받은 자는 25명이었다. 이 법정에 의해 A급 전범으로 교수형
에 처해진 일본인은 도조 히데키(東條英機)를 포함한 7명이었다. 종
신형은 16명, 금고 20년 형과 7년 형에는 각각 1명이 처해졌다.[33]

---

32 石川眞澄, 『戰後政治史』, 東京: 岩波書店, 1995, p.14.

33 A급 전범으로서 교수형에 처해진 7인은 다음과 같다. 도조 히데키(東條英
機, 수상·육군상), 히로타 고키(広田弘毅, 수상·외무상), 도히하라 겐지(土肥原
賢二, 육군대장·봉천특무기관장), 이타가키 세이시로(板垣征四郎, 육군대장·
육군상·관동군 참모), 기무라 헤이타로(木村兵太郎, 육군대장·도조내각 육군
차관), 마쓰이 이와네(松井石根, 육군대장·중지나방면군사령관－난징학살), 무
토 아키라(武藤章, 육군중장·육군 군무국장).
  종신금고형에 처해진 16인은 다음과 같다. 아라키 사다오(荒木貞夫, 육군대
장·육군상·문부상), 하시모토 긴고로(橋本欣五郎, 육군대좌·급진파장교들이
모인 사쿠라회[桜会]의 중심인물·중의원 의원), 하타 슌로쿠(畑俊六, 육군원
수·육군상·지나파견군사령관), 히라누마 기이치로(平沼騏一郎, 수상·추밀원
의장), 호시노 나오키(星野直樹, 국무상·기획원총재·도조내각 서기관장), 가
야 오키노리(賀屋興宣, 도노내각 장상·사면 후 중의원 의원·이케다내각 법무
상), 기도 고이치(木戸幸一, 내대신), 고이소 구니아키(小磯國昭, 육군대장·수
상), 미나미 지로(南次郎, 육군대장·육군상·조선총독), 오카 다카즈미(岡敬純,
해군중장·해군성 군무국장), 오시마 쓰크루(大島浩, 육군중장·주독일대사),
사토 산료(佐藤賢了, 육군중장·육군성 군무국장), 시마다 시게타로(嶋田繁太
郎, 해군대장·도조내각 해군상), 시라지마 도시오(白鳥敏夫, 주이탈리아대사·
중의원 의원), 스즈키 데이치(鈴木貞一, 육군중장·도조내각 국무상·기획원총
재), 우메즈 요시지로(梅津美治郎, 육군대장·참모총장).
  한편 도고 시게노리(東郷茂德, 도조내각과 스즈키내각의 외무상)은 금고
20년 형을 선고받았고, 시게미쓰 마모루(重光葵, 도고 시게노리 후임으로 도
조내각 외무상)는 금고 7년 형을 받았다. 시게미쓰는 형기만료 후 개진당(改進
黨) 총재를 했으며 하토야마(鳩山)내각의 부총리와 외무상을 지냈다(石川眞澄,

극동국제군사재판 피고인석의 일본 전범들.

2) 지역 전범재판에 의한 전범 단죄

도쿄 재판은 주요 전범들인 A급을 재판한 것이었다. 존 다우어에 따르면 이밖에도 아시아·태평양 지역 곳곳에서 약 50개 정도의 지방법정들(local tribunals)이 열렸다.[34] B급 및 C급 전범들은 이들 지방법정들에서 다루어졌다.

B급 및 C급 전범들에 대한 지방법정이 운영된 상황을 다우어는 나라별로 통계를 냈다. 네덜란드가 12개, 영국이 11개, 중국이 10개, 오스트레일리아가 9개, 미국이 5개, 프랑스와 필리핀이 각각 1개씩의 지방법정을 열었다. 소련도 별도의 법정을 개설해 재판을 했고, 중국 공산당도 집권 후에 일본 전범들에 대한 재판을 진행했다. 다우어에 따르면, 소련과 공산당이 집권한 중국을 제외하고는 이들 지방법정은 1945–49년 사이에 진행되었다. 예외적으로 1951년까지 진행된 경우도 있었다.[35] 다우어가 가장 신뢰성 있는 일본측 통계자료

1995, pp.13.–14).

34 John W. Dower, *Embracing Defeat: Japan In The Wake Of World War II*, New York: W.W. Norton & Company, 1999, pp.446–447.

를 토대로 요약한 바에 따르면, 총 5,700명이 B급 혹은 C급 전쟁범죄로 기소되었다. 이 가운데 사형판결을 받은 자는 984명이었고, 무기형을 받은 자는 475명이었다. 2,944명은 유기징역을 선고받았다. 1,018명은 방면되었다. 279명은 재판이 이루어지지 않거나 선고가 유예되었다. 사형선고를 내린 경우는 네덜란드가 236명으로 가장 많았다. 영국은 223명에게 사형선고했다. 이어서 오스트레일리아가 153명, 중국 149명, 미국 140명, 프랑스 26명, 필리핀 17명이었다. 사형선고를 받은 984명 가운데 실제로 사형이 집행된 인원은 920명으로 파악되고 있다.[36]

이들 지방법정에서 유죄판결을 받은 5,700명 가운데는 타이완인과 조선인이 다수 섞여 있었다. 타이완인은 173명의 유죄판결자 가운데 26명이 사형, 조선인은 유죄판결을 받은 148명 가운데 23명이 사형을 선고받았다. 대부분은 포로수용소에서 감시원으로 동원된 군속들이었다. 우쓰미 아이코가 파악한 A급을 포함한 사형자는 955명인데, 그 가운데 식민지인은 49명으로 5퍼센트에 달했다. 이에 비해 전쟁 중 악명이 높았던 일본 헌병은 총수가 3만 6,000여 명에 달했지만, 이들 가운데 전범으로 유죄를 받은 인원은 1,534명에 불과했다. 이런 점들을 주목하면서, 우쓰미 아이코는 일본의 전쟁책임이 상당부분 식민지인에게 전가되었다고 비판한다.[37]

다나카 유키에 따르면, 일본 육군성은 연합군에 항복한 직후 부대들에게 전쟁포로 및 종군위안부에 관련된 모든 문서를 파괴하라고 명령을 내렸다. 또 포로 학대 책임을 가급적 한국인과 타이완인들에게 전가할 것을 지시했다. 1945년 9월 17일 육군상 시모무라 사다시(下村定)는 모든 부대에게 포로 학대는 한국인과 타이완인을 포로감시원으로 쓴 결과, 언어와 문화 문제 때문에 발생한 것임을 심문관들

---

35 Dower, 1999, p.447.
36 Dower, 1999, p.447.
37 우쓰미 아이코, 2007, 7-9쪽.

에게 설명하라고 지시했다. 이것은 일본군이 패망 후에도 한국인과 타이완인에 대한 착취를 계속한 증거라고 다나카는 지적했다.[38]

한편 소련은 만주, 한반도 북부, 카라후토(Karafuto, 사할린 남부)에서 붙잡힌 일본인들을 상대로 비밀 전범재판을 진행했다. 특기할 점은 1949년 12월 하바롭스크에서 만주의 '731부대'에서 일한 12명의 일본인을 상대로 진행한 재판이었다. 이 부대는 약 3,000여 명을 상대로 치명적인 생체실험을 한 것으로 알려졌는데, 소련 당국은 이들에 대한 재판 기록을 1950년 영어로 출판했다. 다우어는 이 재판 기록을 근거로 해서, 소련이 전범으로 파악해 비밀리에 처형한 일본인이 3,000여 명에 이를 것으로 추산했다.[39]

중국의 경우 국민당 정부가 약 10개의 전범재판정을 운영해 149명의 일본인에게 사형을 선고했다. 이에 반해 중국 공산당은 약 1,000명의 일본인에게 전시 및 전후 "재교육" 처분을 내렸다. 이어서 일본 패망 11년 후인 1956년 45명을 전범재판정에 세웠다. 이들 모두는 유기징역형을 선고받았는데, 1964년 모두 일본으로 귀환 조치되었다.[40]

독일의 경우도 뉘른베르크 '계속재판'이라는 형태로 뉘른베르크 본재판과 별도의 전범재판을 열어서 진행했다. 이를 위한 법적 근거는 1945년 12월 독일 점령당국이 발표한 「관리이사회 법률 제10호」였다. 이것은 미국·영국·프랑스·소련이 뉘른베르크법정과 별도로 각자의 점령구역에서 반나치 재판을 독자적으로 계속할 수 있는 공동의 근거가 되었다. 시미즈 마사요시에 따르면, 그 가운데 가장 중요한 것은 미국이 뉘른베르크에서 23인에 대한 주요 전범재판에 이어 시행한 12건의 이른바 '뉘른베르크 계속재판'이었다. 이 재판의

---

38 Tanaka, 1996, p.71.

39 다우어가 근거로 삼은 영어 자료는 *Materials on the Trial of Former Servicemen of the Japanese Army Charged with Manufacturing and Employing Bacteriological Weapons*, Moscow: Foreign Language Publishing House, 1950; Dower, 1999, pp.449, 626.

40 Dower, 1999, p.449.

주요 표적은 나치정부의 공적인 국가기구에 종사한 기술관료들이었다. 군장관(軍將官), 친위대 간부, 경제계 수뇌, 정부 고관, 의사, 법률가 등 185명에 대한 재판을 진행했다. 이들 가운데 교수형 등 유죄 선고를 받은 자들에 적용된 범죄 유형은 '인도에 대한 죄'가 119건으로 가장 많았으며, 일반적인 전쟁범죄가 83건, 그리고 범죄조직의 성원이었다는 죄목이 75건이었다.[41]

3) 14명 외 A급 전범에 대한 미국의 면죄 결정과 그 의미

뉘른베르크와 도쿄 전범재판이 다룬 반인도적 범죄는 앞서 언급한 바와 같이 "전전 혹은 전시 중에 행해진 모든 민간인에 대한 살인, 절멸, 노예화, 강제연행 및 그 밖의 비인도적 행위 또는 정치적, 인종적 또는 종교적 이유에 의거한 박해 행위"였다. 따라서 난징학살과 같은 제노사이드뿐 아니라 군사적 점령지가 아닌 식민지 혹은 일본의 영토 안에서 일본의 국가권력에 의해서 자행된 강제동원과 그렇게 동원된 사람들에 대한 노예적 학대가 모두 '반인도적 범죄'로 처벌대상이 될 수 있었다. 하시마와 남사할린의 탄광들에 한국인들을 강제동원해 노예적으로 학대하고 식민지 여성들을 강제 혹은 기만적 수단으로 동원해 지속적인 성노예화 상태에서 학대한 '위안부' 문제 역시 '반인도적 범죄'로 처벌할 수 있는 근거가 된다. 그럼에도 이 문제들은 도쿄 전범재판과 별도의 지역적 전범재판에서도 체계적이고 합리적인 충분성을 갖춘 방식으로 다루어지지 못했다. 가장 중요한 이유의 하나는 전후 일본에 대한 전범재판에서 '반인도적 범죄'의 최대 피해자들인 중국과 한국의 역할은 미미하거나 아예 없었기 때문이다.

애당초 미국이 A급 전범으로 파악해 형무소에 가둔 일본인은 훨씬 더 많았다. 미국은 1차로 도쿄 전범재판에 회부된 28명에 대한 판

---

41 시미즈 마사요시, 2009, 97쪽.

1930년대 군함도
하시마섬의 모습.

결을 마치면 곧 나머지 인물들에 대한 재판을 진행할 것이라고 밝혔
었다. 그러나 그들에 대한 재판은 끝내 이루어지지 않았다. 수많은
수감자는 곧 재판 없이 석방된다. 다우어에 따르면, 1947년 6월 시점
스가모 형무소에는 전범 혐의자 50명이 남아 있었다. 그러나 도쿄 재
판이 끝날 무렵인 1948년 12월엔 19명만 남았다. 그들 가운데는 일
본 우익의 거물들인 고다마 요시오(児玉誉士夫)와 사사가와 료이치
(笹川良一), 그리고 만주국의 '경제적 짜르'로 불리며 수천 수만 명
의 중국인을 노예적인 강제노동으로 착취한 혐의를 받고 있던 기시
노부스케(岸信介) 등이 포함되어 있었다. 1948년 12월 23일 7명의
A급 전범들이 처형된 다음 날인 12월 24일, 스가모 형무소의 나머지
전범 혐의자 19명은 모두 석방되었다. '증거 부족'이 이유였다.[42] 이
미 재판을 받아 종신형이나 7년 금고형에 처해진 18명을 제외하고,
아직 재판을 받지 않은 A급 전범 혐의를 받고 있던 자들을 모두 방면
함으로써 미국은 일본에서의 역사 청산은 더 이상 필요하지 않다고
선언한 것이었다. 그것은 동시에 미국이 독일에서와는 달리 일본에
대해서는 일본 자신에 의한 사법적 역사 청산 역시 요구하지 않을 것
임을 말하는 것이기도 했다.

　미국이 주도한 이 전범재판정에 그 얼마 전까지 미국의 식민지였
던 필리핀을 대표한 판사는 있었으나 한국을 대표한 판사는 없었다.

42　Dower, 1999, p.454.

또한 한국이 최대의 피해자라고 할 수 있는 여성의 성노예화 문제
는 한국 사회 스스로 문제를 제기할 준비가 되어 있지 못한 상태였
다고 할 수 있다. 중국은 일본에 의한 제노사이드의 피해 당사자였으
나, 전범재판이 진행되는 기간 중국은 내전에 휩싸인 상태였다. 자신
이 주도한 재판에서 미국은 주요 전범들을 자신의 필요에 따라 실제
재판에 회부하지 않고 방면했다. 중국 공산당이 대륙을 장악하고 중
화인민공화국을 세운 이후 20여 년에 걸쳐 미국과 일본에게 중국의
유일 합법정부는 타이완의 장제스 국민당 정권이었다. 중국대륙과
일본이 역사문제에 대해 진정으로 대화할 기회는 원천봉쇄된 것이
었다.

4) 최고 전범 천황에 대한 면죄: 전전과 전후의 역사적 연속성의 상징

도쿄의 일본 A급 전범재판이 뉘른베르크의 독일 주요 전범재판과
달랐던 가장 특별한 점은 나치체제의 최고책임자였던 히틀러는 본
인의 자살로 인해 재판 대상에서 제외된 것이지만, 일본의 경우 '평
화에 반한 죄'의 최고책임자 위치에 있던 천황 히로히토가 살아 있음
에도 재판 대상에서 제외된 사실이다.[43]

1945년 9월부터 도조 히데키를 시작으로 28명의 A급 전범들이 미
점령당국에 의해 체포되어 도쿄 전범재판이 시작될 무렵, 천황의 전
쟁책임 문제는 외국에서도 일본 국내에서도 커다란 이슈가 되었다.
미국·오스트레일리아·뉴질랜드·영국·중국·소련 등 연합국에서는
천황을 체포해 도쿄 재판에 피고로 세워 전쟁책임을 추궁해야 한다
는 의견이 제기되었다.[44] 일본 국내의 움직임을 보면, 천황의 전쟁책

---

43 일본의 중국 침략전쟁과 태평양전쟁 도발 과정에서 천황 히로히토의 전쟁
책임에 관한 일본 안에서의 논쟁은 加藤典洋·橋爪大三郎·竹田靑嗣, 『天皇の戰
爭責任: Hirohito's War Responsibility』, 東京: 徑書房, 2000.
44 栗屋憲太郎, 『東京裁判への道』上, 東京: 講談社, 2006; 雨宮昭一, 『占領と
改革』(ミリーズ日本近現代史⑦), 東京: 岩波書店, 2008, p.45.

임을 둘러싸고 천황과 그 주변에서 퇴위 움직임이 네 차례 있었다. 처음은 패전 시였다. 천황의 최측근이었던 기도 고이치(木戶幸一)가 『기도일기』(木戶日記)에 기록한 바에 따르면, 전쟁 지도자들이 체포될 무렵 천황은 "나 한 사람이 퇴위하면 되지 않을까?"라고 기도 고이치에게 말했다. 이에 기도는 "민주적 국가조직(공화제) 등의 논의를 불러일으킬 수 있어서, 이는 대단히 신중하게 고려해야 할 일"이라는 취지로 조언한다.[45] 그 후인 1945년 12월 10일 기도 고이치에게도 체포령이 떨어진다. 기도는 천황을 만나서 장기적으로 볼 때 천황의 퇴위가 절대적으로 필요하다고 보고 "전쟁책임은 국내와 국외 두 가지가 있는데, 국내에 있어서는 천황에게도 책임이 있다"고 말했으며, 강화조약을 체결할 때 천황이 황조황종(皇祖皇宗)과 국민에게 사죄하고 퇴위한다는 요해(了解)를 얻었다고 했다.[46]

그 후 두 번째로 천황이 퇴위를 고려한 것은 도쿄 전범재판이 시작된 시점인 1946년 5월 3일이었고, 세 번째는 새 헌법이 공포되면서 천황 퇴위문제에 관해 여러 가지 논의가 나오고 있던 때인 1946년 11월 3일이었다. 마지막 네 번째는 강화조약이 조인된 때인 1951년 9월 8일이었다. 아메미야 쇼이치(雨宮昭一)는 이 가운데 첫째, 둘째, 셋째 시점에서는 천황 퇴위가 상당히 구체적으로 고려되었다고 본다. 그런데 이 세 차례 모두 천황 퇴위를 저지한 것은 점령군 사령관인 맥아더를 중심으로 한 미국 측이었다.[47] 아메미야 쇼이치는 일본이 패전한 것에 대해 천황이 책임을 지고 퇴위하는 것이 일본이 "하나의 정치체로서의 자립적인 존재방식"을 보여주는 일이었다고 본다. 점령기에는 천황이 적게나마 퇴위의 의사를 갖고 있었는데도, 미

45　木戶日記研究會編集校訂, 『木戶幸一日記』, 東京: 東京大學出版會, 1980; 雨宮昭一, 2008, p.46.

46　吉田裕, 『昭和天皇の戰爭史』, 東京: 岩波書店, 1993; 雨宮昭一, 2008, p.46.

47　栗屋憲太郎, 2006; 東野眞, 『昭和天皇二つの「獨白錄」』; 雨宮昭一, 2008, pp.46-47.

국이 이를 저지함으로써 일본이 정치체로서의 자립성을 박탈당하게 된 것이라고 아메미야 쇼이치는 말한다.[48] 즉 미국이 국제 사회 및 일본 사회 내부의 의론과 무관하게 자신의 필요에 따라 천황의 전쟁책임을 면제하고 천황제를 존치시킴으로써 일본이라는 국가의 성격이 일본 국민의 의사와 무관하게 결정된 것이라는 평가를 제시하고 있는 것이다.

그러나 종합적으로 판단해본다면, 상징적 형태로 천황제가 존치됨으로써 일본의 역사적 연속성이 확보된 데에는 전후 일본의 정치권과 사회 자체가 천황제를 폐기할 의사가 강하지 않았다는 것, 그리고 미국은 그러한 일본 정치사회의 의사를 존중해 다른 연합국들의 간섭과 천황제 폐지 요구로부터 천황과 천황제를 보호하고 존속시키는 결정을 일찍이 내렸다는 사실을 주목할 필요가 있다. 이것은 미국이 향후 세계, 특히 동아시아에서 장차 일본에 대한 점령자로서가 아니라 일본인들의 마음을 얻는 동맹자가 되는 데 있어서 천황제 유지를 가장 중요하게 생각했다는 것을 말해준다.

천황제 폐지 여부를 포함한 일본의 헌법 개정은 일본에 무조건 항복을 요구한 미·영·소 세 연합국의 공동선언인 포츠담선언에 명시된 것이었다. 이 선언 제6항은 "일본 국민을 속이고 오도해 세계정복을 시작하게 이끈 자들의 권위와 영향력을 영원히 제거한다"고 했다. 제10항은 "일본 정부는 일본 국민 내부의 민주적 경향을 부활하고 강화하는 데 장애가 되는 모든 것을 제거할 것"이라고 규정했다. 또 제12항은 "이러한 목적들이 달성되고 일본 국민의 자유로운 의지에 따라 평화애호적이고 책임 있는 정부가 수립되는 대로 모든 연합국 점령군은 일본에서 철수한다"고 했다.[49] 1946년 1월 워싱턴의 정책기획자들이 맥아더에게 보낸 1급기밀 전문은 일본에 진정한 대의

48 雨宮昭一, 2008, p.47.
49 Dower, 1999, p.347.

제 선거와 시민적 기본권을 보장하고 국민이 통제하는 정부체계를 세우기 위해 헌법구조의 근본적 변화를 촉구하는 내용을 담았다. 그 전문은 "일본이 천황제(the Emperor Institution)를 폐지하거나 그것을 더 민주적인 노선에 따라 개혁하도록 촉구할 것"을 권고했다.[50]

헌법개정에 대한 맥아더의 처음 정책은 전후 출범한 일본 정부 스스로 새 헌법을 마련하도록 한다는 것이었다.[51] 1945년 8월 17일부터 그해 10월 9일까지의 전후 일본 정부의 첫 수상을 맡은 히가시쿠니 나루히코(東久邇宮稔彦王)의 내각에서 무임소장관을 맡고 있던 황자(皇子) 고노에 후미마로(近衛文麿)에게 맥아더는 1945년 10월 4일 헌법개정 문제를 살펴볼 것을 권고한다. 고노에는 1936-41년 기간 두 차례에 걸쳐 수상을 역임한 인물이었다. 1937년 말의 난징학살도 그의 수상 재임 기간에 자행된 만행이었다. 곧 전범으로 체포될 인물이었음에도 맥아더는 그를 일본의 헌정 민주화 작업을 맡을 적임자로 간주했던 것이다. 이에 따라 일본의 헌법개정은 다름 아닌 일본 황실이 주도하는 작업으로 비쳐지게 되었다. 세계 언론에서 전범 고노에에 대한 비판이 높아지면서 고노에의 전범 체포가 임박해서야 맥아더는 헌법개정 문제에서 고노에와 거리를 두게 된다. 고노에는 12월 6일 A급 전범으로 공식 공표된다. 그날 밤 고노에는 독을 먹고 자살한다.[52]

일본 정부에서 고노에의 뒤를 이어 헌법개정 문제를 떠맡은 인물은 당시 외상을 맡고 있던 요시다의 추천으로 지명된 상법(商法)학자 마쓰모토 조지(松本烝治)였다. 그 역시 메이지시대 일본의 특권층에 속한 인물이었고, 전전의 메이지헌법을 성스러운 것으로 간주하는 자였다. 더욱이 천황의 지위는 그에게 불가침의 영역이었다. 이

---

50 U.S. Department of State, *Foreign Relations of the United States*, 1946, vol.8, pp.99-102(SWNCC 228); Dower, 1999, p.348.

51 Dower, 1999, p.348.

52 Dower, 1999, pp.349-351.

그룹이 고려한 개정 헌법의 준거는 사실상 메이지헌법 그 자체였고, 당시 일본 사회에서 제기되고 있던 민주적 헌법 논의와는 거리가 멀었다. 이 역시 고노에 프로젝트처럼 웃음거리로 끝나고 만 이유였다. 존 다우어는 마쓰모토위원회에 참여한 민간 엘리트들이 전전의 특권층인 채로 독재주의적이고 반민주적인 성향을 가진 인물들이었다고 짚었다. 이들과 달리 당시 일반 여론조사에서는 마쓰모토 위원회의 권고처럼 천황의 지위를 그대로 유지하는 데 찬성하는 사람은 16퍼센트에 불과했다.[53]

그러나 당시 일본 사회가 천황제 자체를 완전히 폐지하는 것에 크게 동의했는지는 분명치 않았다는 것도 짚어둘 필요가 있다. 1945년 가을에서 1946년 3월 사이에 정부 바깥에서 여러 헌법 개정안이 제시되었다. 공산당·자유당·진보당·사회당 등 네 정당이 제출한 것과 일본 변호사회의 개정안이 있었다. 개인들이 제출한 개정안들도 있었는데 도쿄제국대학 경제학부의 창립자이자 전후 일본 사회당의 창설자의 한 명인 다카노 이와사부로(高野岩三郎)의 것과 역시 저명한 사회주의자였던 마쓰모토 지이치로(松本治一郎)의 것이 대표적이었다. 이들 가운데 천황제를 완전히 폐지할 것을 제안한 것은 공산당과 다카노의 개정안 둘밖에 없었다. 사회당의 개정안마저도 천황제 폐지를 둘러싸고 당내 의견이 갈린 결과 결국 상징천황제—의례적인 수준의 권력만을 가진 천황제—로 타협한 개정안을 내놓는 데 그쳤다.[54]

결국 1946년 2월 1-3일 사이 맥아더는 헌법개정 문제를 일본 정부에 맡기는 건 무망하다고 판단하고 직접 주관하기로 결정한다. 2월 4일 미 점령군 사령부는 헌법개정의 세 가지 기본원칙을 정한다. 이 것은 맥아더가 세운 것이었다. 첫째는 천황을 국가원수로 하고, 세습

53 Dower, 1999, pp.351-355.
54 Dower, 1999, pp.356-357.

제로 한다는 것, 그리고 그의 의무와 권한은 헌법이 정한 바에 따른다는 것이었다. 둘째는 국가의 주권적 권리로서의 전쟁을 일본은 폐기한다는 것이었다. 셋째는 일본의 봉건체제를 중지시킨다는 것으로, 황실 이외의 귀족제를 폐지한다는 내용이었다.[55]

존 다우어는 1946년 2월 초에 맥아더가 서둘러 일본 정부 주도의 헌법개정 작업을 포기하고 점령군 사령부가 직접 맡게 된 배경에 주목한다. 소련이 포함된 연합국 협의체인 극동위원회(Far Eastern Commission)의 구성을 앞두고, 1946년 1월 30일 임시조직인 '극동 자문위원회'(Far Eastern Advision Commission)의 구성원들이 도쿄에서 맥아더를 만나 일본의 헌법개정이 포츠담선언의 취지에 맞게 진행되고 있는지를 묻는다. 극동위원회는 2월 말에 정식 출범할 예정이었다. 맥아더가 참모를 통해서 극동자문위원회로부터 "헌정 개혁에 관해 정책결정을 할 당신의 권한은 이 주제에 대해 극동위원회가 결정한 정책을 선포하는 때까지만 지속한다"는 메모를 통보받는다. 2월 1일이었다. 그 메모는 이어서 "(일본의) 헌정개혁에 대한 맥아더의 명령은 연합국위원회(four-nation Allied Council)를 구성한 네 나라 가운데 어느 한 나라만 반대해도 거부된다"고 했다. 이와 함께 맥아더가 가장 두려워한 것은 (소련과 중국처럼) 일본의 천황과 천황제 존속에 대해 적대적인 나라들이 맥아더의 결정을 무력화할 수 있는 위치에 선다는 점이었다. 이제 맥아더는 극동위원회가 활동을 시작하기 전에 자신이 선택한 새 일본헌법 개정안을 서둘러 공개할 필요가 있었다.[56]

이러한 미국의 선택은 애당초 전전과의 연속성이 뚜렷한 일본 정

---

55 Government Section, General Headquarters, Supreme Commander for the Allied Powers, *Political Reorientation of Japan: September 1945 to September 1948*, Washington, D.C.: U.S. Government Printing Office, vol.1, 1949, p.102; Dower, 1999, pp.360-361.
56 Dower, 1999, p.363.

1945년 9월 27일,
더글러스 맥아더 장군과
쇼와 천황이 함께 찍은 사진.
천황의 '인간 선언'을 상징하는
사진으로 지목된다.

부를 미국이 단독점령하며 인정한 가운데 전후 일본의 정치사회적 정체성을 설계하는 일을 일본 정부와 공동으로 진행했다는 사실에서 비롯하고 있었다. 패전 후 일본의 첫 내각 수상 히가시쿠니 나루히코는 황족이었다. 그의 뒤를 이어 1945년 10월 15일부터 1954년 12월 10일까지 9년여에 걸쳐 수상을 맡은 자는 요시다 시게루(吉田茂)였다. 그가 전후 일본의 수상으로 장기집권할 수 있었던 명분은 전쟁기간 미국과의 전쟁을 반대했으며,[57] 전쟁 말기 미국과의 평화협상을 도왔다는 사실로 말미암은 것이었다. 그러나 그는 중국에 대한 침략전쟁에서는 강경파로 행동한 인물이었다. 그러므로 그는 전전의 일본 메이지체제의 연속선상에 있는 존재였다.[58]

---

57 요시다 시게루는 1945년 봄 "반전(反戰) 활동"에 연루된 혐의로 10주간 구금된 이력이 있었다. 반전 인사로서의 그의 명성은 그 사실에 근거했다. 하지만 그는 전전의 일본 엘리트 집단의 정점에 속한 가운데 제국일본 국가의 건강성에 대한 낙관주의를 담고 있었다(John W. Dower, *Empire and Aftermath: Yoshida Shigeru and the Japanese Experience, 1878-1954*, Cambridge, M.A.: Harvard University Press, 1979(1988), pp.190-191).

58 요시다 시게루가 주영국 대사를 지낸 1936년 4월에서 1938년 초의 기간은 일본의 중국 침략이 본격 진행된 결정적인 시기였다. 이 기간 요시다 역할의

요컨대, 미국이 다른 연합국들과 일본을 포함한 국제 사회의 의론과 무관하게 천황의 전쟁책임을 면제하고 천황제를 상징적인 차원에서나마 존치시킬 수 있었던 것은 미국이 일본을 단독으로 점령하고 있었던 당시 국제적 상황을 반영한 것이었다. 일본 사회는 심지어 사회당까지도 천황제를 상징적 형태로 유지할 것을 결정했을 정도로 전전과의 역사적 단절에 부정적이거나 소극적이었다. 미 점령군 사령부는 그러한 일본과의 화해에 기초해 향후 동아시아 국제질서에서 일본 사회 내부로부터의 협력과 동맹을 구하고자 했다. 이런 국제적 조건 아래서 일본은 미국에 의한 단독점령의 혜택을 봄으로써 독일처럼 분단되는 불행을 겪지 않고 정치체의 통일성을 유지할 수 있었을 뿐 아니라 미국의 선택으로 천황의 전쟁책임 면제와 제위의 지속을 보장받았다. 이로써 전전과 전후의 역사적 연속성을 확보할 수 있게 된 것이었다.

전쟁의 시작에 관여한 궁극적 책임자였던 천황은 '성단(聖斷)에 의한 평화' 논리에 근거해 전쟁책임을 면죄받았고, 전후 일본에서도 최고의 정신적 권위와 정치적 상징성을 유지하게 되었다. 이는 일본의 전전과 전후를 잇는 역사적 연속성의 표상이다. 역사반성을 강제하는 시스템은 없었다. 아시아·태평양전쟁이 쇼와 천황의 결정에 의

본질은 일본의 중국 침략 정책으로 인한 서방과의 외교적 마찰을 최소한으로 줄이는 데 두어졌다. 그는 일본의 중국 침략을 외교적으로 뒷받침한 '제국주의자'의 일원이었음에 틀림없었다. 존 다우어의 분석이 잘 보여주었듯이, 일본 정치 지형에서 요시다가 속한 '민간인 제국주의자' 그룹의 수뇌부라 할 당시 수상 고노에와 외상 히로타 고키(廣田弘毅: 1936년 3월부터 1937년 2월까지 수상을 했고 그 후엔 고노에 내각에서 1938년까지 외상[外相]을 맡음)는 일본 육군 참모본부보다 중국 침략 정책에서 더 강경파였다. 육군 참모본부가 중국에서 군사적 및 정치적 활동을 강화하는 데 반대하던 시기에도 고노에 후미마로와 히로타 고키는 호전적 확전을 주장해 중국 현장에 있는 야전사령관들의 침략적 행동을 지원했다. 요시다는 그러한 일본의 정책을 미국과 영국을 상대로 왜곡하고 미화해 그들과의 갈등을 최소화하는 임무를 수행한 것으로 볼 수 있었다(Dower, 1979, pp.191-212, esp. pp.204-206).

해서 시작되었으나, 이 전쟁의 종결과 전후 평화가 그의 성단에 의해서 가능했다는 '천황 성단론'은 천황의 전쟁책임을 덮어버림으로써 전쟁책임의 궁극적 소재를 불투명하게 만들었다. 그리고 전전 일본 권력구조의 "전후 이양"을 가능하게 했다. 이것은 결국 전전의 보수가 전후 일본의 지배세력으로 재생하는 정치적이고 사상적인 기초가 되었다.[59]

5) 전후 일본의 정치적 정체성 재구성과 피해국들의 참여 문제

가해국 사회의 정치권력에 전전과 전후 불연속성(단절성)이 뚜렷할수록 역사반성의 의지와 표현은 실질적이며, 따라서 역사문제 해소가 효과적으로 진척될 수 있다. 반면에 가해국 정치권력에 전전과 전후 연속성이 강할수록 역사반성의 의지와 표현은 미약해진다. 그만큼 역사문제는 지속성을 띠게 된다. 그러한 연속성 혹은 불연속성을 결정하는 가장 중대한 조건은 가해국의 전후 정치권력 재편성 과정에 '승전국'이라는 외부적 요인의 개입 양상이었다. 전전 정치체제의 해체와 지배엘리트의 전면적 교체 여부는 일차적으로 승전국 내지 피해국가들이 전후 독일과 일본의 전시 정치제도와 지배엘리트를 해체하는 과정에 얼마나 실질적으로 참여해 철저하게 관철했는지가 결정했다.

전후 유럽에서 침략전쟁과 전쟁범죄의 주된 가해자였던 독일 사회는 승전국들에 의해 분할의 대상이 되었다. 이 과정에는 미국뿐만 아니라, 인적 희생에서 독일에 의한 침략전쟁의 최대 피해자였던 소련이 영국, 프랑스와 함께 독일 분할점령에 참여했다. 독일은 그 결과 나라 자체가 분할되었다. 또한 전쟁범죄를 주도한 사회 내부 파시즘 세력의 도덕적 정통성을 철저하게 부정하고 책임집단에 속한 모

---

59 코케츠 아츠시(纐纈 厚), 김경옥 옮김, 『우리들의 전쟁책임: 쇼와 초기 20년과 헤세기 20년의 역사적 고찰』, 제이앤씨, 2013, p.5.

든 개인에 대한 인적 청산을 규범화했다. 가해사회 내면의 역사적 연속성을 원천 제거한 것이다.

반면에 동아시아에서는 미국이 일본에 대한 유일한 점령자의 지위를 확보한 가운데 일본의 정치적 통일성을 보호할 수 있었다. 그리고 전쟁범죄의 주체 세력에 대한 단죄를 최소한으로 한정했다. 이로써 일본 정치사회 내면과 그 의식의 연속성이 보장되었다. 전후 동아시아에서 정치공동체의 분열을 겪은 것은 유럽에서와는 정반대로 동아시아 제국체제의 주요 피해자 사회였던 중국과 한반도, 그리고 인도차이나였다.

1945년 8월 미국은 일본의 항복 즉시 한국·필리핀·인도차이나 등 동아시아에 주둔해 있던 모든 일본군에 대해 오직 맥아더 사령관이 지정하는 군대에게만 항복할 것을 명령했다. 미국은 일본군이 중국 공산당의 마오쩌둥 군대와 베트남의 호찌민 군대를 비롯한 동부 아시아 전반의 좌파세력에게 항복하게 되면 이들이 소련의 세력 확장을 돕는 결과가 될 것을 우려했다.[60] 소련은 이러한 미국의 조치에 항의는 했으나 별다른 행동은 취하지 않았다. 그 이유는 첫째, 당시 소련의 주안점은 유럽 쪽에 있었고, 둘째, 미국의 원폭투하 등으로 전쟁 종결기에 극동에 형성되어 있던 소련과 미국 간의 세력균형은 소련에게 항의 이상을 허용하지 않았기 때문이었다.[61]

전후 일본에 대한 미군 점령체제하에서 연합군 총사령부는 1945년 10월 4일 자 명령으로 사상경찰의 주요 인물들을 추방하고 직업군인과 군국주의 성향을 가진 약 7,000명의 교육자를 추방했다. 1946년 1월 공포된 공직추방령에 의해 점령기간 내에 추방된 사람은 모두 21만여 명에 달했다. 그 대부분인 16만 3,000여 명은 군인이었고, 정치인은 약 3만 5,000명이었다. 이시카와 마쓰미는 이 공직추방령이

60　James A. Nathan and James K. Oliver, *United States Foreign Policy and World Order*, Boston: Little, Brown, 1985, p.42.

61　Nathan and Oliver, 1985, p.42.

"일본정치의 전전과 전후의 불연속을 이루는 데 큰 효과를 가진 것은 확실했다"고 평가한다.[62] 그렇다고 해서 전전의 지배세력이 사회 각 분야에서 가진 영향력이 제거된 것은 아니었음을 그는 또한 주목했다. 공직추방이 상당 부분 진행된 후인 1946년 4월에 실시된 전후 첫 선거에서 전전 시기에 지배정당이었던 구(舊) 정우회나 민정당 소속 인물 상당수가 당선된다. 또한 추방된 정치가들의 상당 부분은 자신의 혈족이나 자신과 다양한 관계를 맺고 있던 자들을 대신 내세워 당선시킬 수 있었다. 구세력의 사회정치적 기반이 강고함을 보여준 것이었다. 이시카와는 "선거는 국민 대다수가 기본적으로는 아직도 구세력의 후계자들을 지지하고 있다는 것을 정확히 보여주었다"고 평했다.[63]

이러한 상황은 곧 역사반성에 소극적이거나 부정적인 보수세력이 전후 일본의 정치를 오늘에 이르기까지 거의 일관되게 지배하는 배경이 되었다. 실제 일본의 국가권력에서 전전 유산의 청산은 분명한 한계를 보이고 있었다. 공직추방의 수치로 보면 숙청의 규모는 커 보일 수 있었다. 하지만 실제 핵심 국가기구 안에서 공직추방은 경찰과 내무성의 몇몇 청에서 극소수의 관료를 해고시킨 데 불과했다.[64] 전후 일본의 경제정책을 지배한 두 핵심 부처이자 대조직들인 상공성(商工省, 뒷날의 통산성[通産省])과 대장성(大藏省)에서 추방된 고위 공직자는 각각 42명과 9명에 불과했다.[65]

이 점을 독일과 비교하면 다음과 같은 특징을 들 수 있다. 첫째, 독일에서 공직자 숙청은 일차적으로 미국이 맡았지만 일본에서는 그 작업을 처음부터 일본 정부 자신이 주도하도록 했다. 둘째, 새로운 일

---

62 石川眞澄, 1995, p.16.

63 石川眞澄, 1995, p.35; 2006, pp.61-62.

64 T.J. 펨펠, 최은봉 옮김, 『현대 일본의 체제 이행』, 을유문화사, 2001, 199쪽.

65 Chalmers Johnson, *MITI and the Japanese Miracle*, Stanford: Stanford University Press, 1982, pp.41-42.

본의 건설을 위해 필요한 인물들은 숙청하지 않고 대거 유지한다는 것이 맥아더의 원칙이었다. 셋째, 독일 영토 가운데 미국이 점령한 지역에서 전체 인구 대비 숙청된 인사 비율은 2.5퍼센트에 달했지만, 일본은 0.29퍼센트에 불과했다. 독일의 8분의 1에도 못 미친 것이었다. 넷째, 숙청된 숫자는 21만 명이지만, 그 80퍼센트는 군 장교였다. 전쟁이 끝난 시점에 어차피 해산 대상인 사람들이었다. 다섯째, 정치 엘리트의 숙청은 정당 구도상 중대 개편의 계기가 된 면도 있었지만, 정부 내각도 의회도 점령기간 내내 보수정당들이 지배했다.[66]

일본에서 전전의 정치적 유산 청산이 내포한 제한성은 1947-48년에 진행된 '역코스'(reverse-course)로 불리는 미국의 대일본 점령정책의 보수 냉전주의적 전환으로 고착된다.[67] 개번 매코맥은 그의 1996년 저서에서 일본 지배층의 전전과 전후 연속성에 대해 다음 몇 가지 중요한 지적을 했다. 첫째, 전쟁에 관한 일본인들의 기억을 지

66 Howard B. Schonberger, *Aftermath of War: Americans and the Remaking of Japan, 1945-1952*, Kent, Ohio: The Kent State University Press, 1989. pp.60-61.
67 마이클 샐러에 따르면, 전후 일본을 포함한 동아시아에 대한 정치군사적 통제를 책임진 맥아더가 일본 점령의 종식을 모색하고 있던 시점에 워싱턴의 국무부가 동아시아에 대한 미국의 광범한 개입 강화를 초래할 새로운 정책을 추진한다. 그 동력은 일본경제를 재건함으로써 동아시아에서 공산주의의 위협을 봉쇄할 수 있다는, 당시 국무차관을 맡고 있던 딘 애치슨(Dean Acheson)이 주도한 전략 구상이었다. 미국은 유럽뿐 아니라 아시아에서도 일본을 중심으로 경제안보질서 전반을 적극적으로 개편하는 데 강력히 개입하는 방향으로 움직인 것이다. 미국은 일본의 재건을 달성하지 못할 때 소련 공산주의의 위협에 취약해진 일본과 동아시아가 미국의 안보와 전략적 이익에 심대한 부정적 영향을 미칠 것을 미국 정부는 심각하게 우려하기 시작했다. 미국의 대일 정책은 일본의 비무장화와 민주화가 아니라 점령체제 이후의 일본을 "자신의 정체성을 갖춘 일본"이 아닌 "미국의 위성국가"(American satellite)로 확립하는 데 그 초점이 맞추어졌다. 일본의 경제재건과 함께 일본 자체의 군사력을 발전시켜야 한다는 구상이 또한 포함되었다. 1947년 10월이 되면 이러한 일본점령정책 변화 방향에 대한 미국 정부 내부의 전반적인 '합의'가 형성되었다는 것이 마이클 샐러의 해석이다(Michael Schaller, "America's Economic and Strategic Interests in Asia," Thomas G. Paterson and Robert J. McMahon(eds.), *The Origins of the Cold War*, Lexington: D.C. Heath and Company, 1991, pp.276-281).

배하는 것은 도쿄를 비롯한 여러 주요 도시에 대한 공습과 히로시마와 나가사키에 대한 원폭투하와 같이 일본이 겪은 참상이다. 자신들이 침략자였다는 느낌보다 전쟁의 희생자라는 느낌이 강하다. 둘째, 일본의 지배층뿐만 아니라 일본 사회 전반에는 전쟁의 목적에 대한 반대가 미미했다. 셋째, "일본 국가는 천황제, 관료조직, 그리고 (거의 예외 없이) 정치적 리더십에 있어 전시와 전후 간에 기본적인 연속성"을 유지했다. 넷째, 일본 법정은 "국가나 개인의 전시행동의 범죄성"을 인정한 일이 없다. 다섯째, 오늘날까지 일본 사회에서는 도쿄 전범재판 대상이 된 전범들을 수용했던 스가모 형무소에 투옥된 경력은 부끄러움이 아니라 자부심으로 통하는 경향이 있다는 것이다. 매코맥은 결론적으로 "A급 전범들 사이의 인맥이 결국 일본의 전후 국가발전에서 핵심적인 역할을 했다"고 보고, 이것은 "전후 일본의 혼란스러운 도덕적 분위기"를 잘 말해주는 것이라고 평했다.[68]

6. 냉전기 일본 역사청산의 주체적 요소와 동아시아 국제질서

앞서 전후 첫 3년 기간 일본 역사문제 청산과정의 양상과 특징, 그리고 결정 당시 국제정치적 상황을 살펴보았다. 그것은 패전국으로서 일본의 객관적 위치, 그리고 일본을 단독점령한 미국의 역사적 선택이라는 외적이고 객관적인 조건들이었다.

한편 역사청산의 주체적 요소는 가해국의 정치권력과 사회가 드러내는 역사반성의 의지와 표현을 가리킨다. 이 주체적 조건 내지 요소도 두 가지로 구분해 살펴볼 수 있다. 첫째는 전전의 질서에서 범죄적 행위에 가담한 자들에 대해 가해국 사법부 자신에 의한 역사청산 작업이 이루어졌는지의 여부, 그리고 그 지속성이다. 둘째는 정치

---

68 Gavan McCommack, *The Emptiness of Japanese Affluence*, New York: M.E. Sharpe, 1996; 개번 매코맥, 한경구·이숙종·최은봉·권숙인 옮김, 『일본, 허울뿐인 풍요』, 창작과비평사, 1998, 296-297쪽.

권력 집단이 피해국 사회가 납득할 수 있는 진실한 사죄의 자세를 지속적으로 견지하는지다. 이러한 자세는 세 가지 형태로 표출된다고 말할 수 있다. 첫째, 국가 지도자들을 포함한 공인들의 언술, 둘째, 교과서를 통한 역사 교육, 셋째, 피해 사회의 구성원들이 제기한 배상 요구에 대한 수용성(受容性, responsiveness)이다.

이러한 일본 역사청산의 주체적 요소가 모습을 드러내는 것은 일본이 피점령국으로서의 신분에서 벗어나 주권을 회복한 이후였다. 한국전쟁 기간인 1951년 9월 샌프란시스코 강화조약이 성립해 미국은 일본 점령을 끝낸다. 일본은 주권을 회복하고 두 나라는 동맹조약도 체결한다. 소련과 중국을 공동의 적으로 하는 초국적 이념공동체를 구성한 것이다. 이 사실은 냉전기 일본의 주체적 역사청산 내지 그 한계를 결정하게 된다.

1) 1950년대 중엽 전범 석방 및 A급 전범 14명의 야스쿠니신사 합사

전전과 전후를 관통하는 일본의 역사적 연속성의 첫 번째 표상이 천황제 존속이라면, 둘째는 야스쿠니신사에 대한 일본의 국가제사 전통 유지다. A급 전범 히로타 고키의 전기 작가에 따르면, 맥아더 사령부(SCAP, Supreme Commander of Allied Powers)는 전범들의 유해를 보존하지 않는다는 방침을 취했지만, 극동국제군사재판(IMTFE)에서 유죄판결을 받고 스가모 형무소에서 처형된 자들의 일부 유해는 1948년 크리스마스 이브에 수습되어 훗날 야스쿠니신사에 안장할 목적으로 보존된다.[69] 일본 정부가 묘지를 확인할 수 있는 처형된 전범들의 유해를 본격적으로 수집하기 시작한 것은 1950년대 중엽이었다.[70] 야스쿠니신사 당국이 전범 유해 봉안에 동

---

69 Saburo Shiroyama, *War Criminal*, Tokyo: Kodansha International, 1977, pp.1-2; Sandra Wilson, Robert Cribb, Beatrice Trefalt, and Dean Aszkielowicz, *Japanese War Criminals: The Politics of Justice After the Second World War*, New York: Columbia University Press, 2017, p.102.

의한 것은 1954년이었다. 실제로 도쿄재판 이외의 다른 각국 전범재판에서 처벌받은 전범들의 유해가 야스쿠니신사에 합사되기 시작한 것은 1960년대였으며, 도쿄재판에 의해 처형된 전범들의 유해가 이 신사에 합사된 것은 1978년이었다.[71]

이 과정에서 중요한 역할을 한 것은 '전쟁수형자지원회'(戰爭受刑者世話会)라는 조직이었다. 이들은 전범들에 대한 사형판결 중단과 해외에서 재판받은 전범들의 일본 송환, 1955년 무렵 스가모 형무소에 수감되어 있던 646명의 전범들의 석방을 위한 노력을 주도했다. 또한 전범과 그 가족들이 군인연금을 받을 수 있도록 노력했는데, 그 대부분이 성공적이었다.[72]

야스쿠니신사가 제사 지내는 "순국영령"(殉國英靈)은 메이지유신에서 "지나사변"까지의 전몰자 33만 2,604주(柱)와 "대동아전쟁" 전몰자 213만 3,823주를 가리킨다.[73] 1978년 14명의 A급 전범들의 유해가 야스쿠니신사에 합사된 후, 1985년 8월 15일 나카소네 야스히로(中曽根康弘, 수상 재임 1982년 11월~1987년 11월)가 일본 수상의 신분으로 처음 이 신사에 참배했다. 나중에 상술하겠지만 탈냉전기에는 수상의 신사 참배가 더 빈번해진다.

야스쿠니신사는 기본적으로 "아시아 이웃나라 민족에 대한 침략전쟁 중에 잔학행위를 행했던 군인들을 '영령'으로" 모시고 신으로

70 "Exhumation and Removal to Japan of Remains of Japanese War Criminals," March-April 1955, National Archives of Singapore, Public Relations Office 19, file 186/55; Wilson et al., *Japanese War Criminals*, 2017, p.103.

71 Franziska Seraphim, *War Memory and Social Politics in Japan, 1945-2005*, Cambridge, MA: Harvard University Asia Center, 2006, p.79; Wilson et al., *Japanese War Criminals*, 2017, p.250.

72 Wilson et al., *Japanese War Criminals*, 2017, p.250.

73 고야스 노부쿠니(子安宣邦), 김석근 옮김, 『야스쿠니의 일본, 일본의 야스쿠니: 야스쿠니신사와 일본의 국가신도』, 산해, 2005, p.11. 고야스 노부쿠니는 '지나사변' 및 '대동아전쟁'이라는 표현은 야스쿠니신사에서 사용하는 용어임을 밝히고 있다.

숭배하며 참배하는 시설이다. 뿐만 아니라 도조 히데키(東條英機)를 비롯해 도쿄재판에서 침략전쟁 도발의 책임으로 교수형을 받거나 옥사한 14인의 A급 전범들이 1978년 야스쿠니에 합사(合祀)된 후 이에나가 사부로는 이렇게 평했다. "미국·영국과 전쟁을 강행한 도조 등 전시하의 정부 및 군 수뇌부는 연합군의 판단을 벗어나 독자적으로 검토해보아도 법률상·정치상·도덕상 중요한 책임이 있다고 인정된다. 따라서 이러한 사람들을 신으로 섬기는 야스쿠니신사에 오늘의 국가 수뇌가 참배하는 것은 현대의 일본국이 앞서 일으킨 전쟁을 지지하고 개시·수행한 자를 숭배하고 있음을 의미한다."[74]

일본 전범들에 대한 처벌이 1950년대 중엽부터 특히 관대해지고 마침내 전범들의 유해가 야스쿠니신사에 합사될 수 있기에 이르는 과정은 일본 사회와 정치권에서 미국을 비롯한 연합국들에 대해 전범들의 석방을 위한 외교적 압력을 행사하기 시작한 것과 관련이 깊었다. 또한 미국 역시 한국전쟁이 전개되고 냉전이 깊어진 시기인 1951년 일본과 평화조약과 함께 동맹조약을 체결한 이후 이제 일본 정부의 요구와 일본 사회의 여론에 민감해졌다. 도쿄의 주일 미국 대사관은 일본 여론·언론·정치권으로부터 전범들을 사면 및 석방하라는 강한 압박을 받고 있었다. 한국전쟁이 끝나기 전인 1953년 3월 주일 미 대사관의 정치 담당부서는 그 문제를 "뜨거운 정치적 감자"라고 불렀다. 원래 전범에 대한 석방 결정은 미국 대통령의 권한으로 한정되어 있었다. 이 문서는 그 권한을 '사면 및 가석방 위원회'(Clemency and Parole Board)에게 위임해 석방 결정을 촉진하도록 할 것을 건의했다.[75]

---

74 이에나가 사부로, 2005, 43쪽.

75 Young to Snow, March 24, 1953, U.S. National Archives and Records Administration (NARA), College Park, MD, RG 220, Box 1, folder: Working Papers 4/28/52~5/31/53 (3); Wilson et al., *Japanese War Criminals*, 2017, pp.257-258.

1954년 12월 미 국무성의 한 문서에서도 "일본 전범들을 계속 가두어놓는 것은 우리 정부와 일본 사이의 정치적·심리적 마찰의 중요한 원인이 되었으며, 일본과 긴밀한 정치적 및 안보 동맹을 발전시키려는 미국의 정책에 부합하지 않는다"라고 했다. 이어서 "미국의 대일본 정책을 현재의 국제 현실에 부합하게 만들기 위해서는 전시 및 점령정책의 잔재를 일소해야 한다"라고 주장했다.[76]

아울러 이 시기에 일본 전범들에 대해 관대한 처분이 필요하다는 논의가 퍼진 데에는 한국전쟁에서 자행된 전쟁범죄들에 대해서는 어떠한 재판도 열 수 없는 상황에서 일본 전범에 대해서만 가혹한 처벌을 유지하는 것은 부적절하지 않느냐는 주장도 한몫했다. 대표적으로, 극동국제군사재판에서 전범 시게미쓰 마모루(重光葵)의 변호를 맡았던 보스턴 출신 변호사 조지 퍼니스(George Furness)는 한국전쟁에서 미군에 대해 잔혹행위를 자행한 공산 중국을 상대로 함께 싸울 자유세계 연합국인 일본 국민에게 미국이 재무장을 요청하고 있는 상황인 만큼, 스가모 형무소의 전범들을 석방하는 것이 맞다고 일본 언론을 통해 주장했다.[77]

아이젠하워 대통령이 '사면 및 가석방 위원회'가 대통령의 재가 없이도 감형과 가석방을 명할 수 있도록 결정한 것은 1955년 5월 16일이었다.[78] 그 효과는 즉각적이었다. 이시카와 마쓰미에 따르면, 종신형과 7년 형을 받고 복역 중이던 A급 전범들도 1955년에는 모두 가석방되었다.[79] 1956년 공산 중국은 자신이 구금하고 있던 전범 혐

76 State Department Memo, "Disposition of Japanese War Criminal Problem," December 13, 1954, NARA, RG 59, Box 23, folder: Japanese War Criminals Disposition; Wilson et al., *Japanese War Criminals*, 2017, p.239.

77 Furness to Editor, "Release of Sugamo Prisoners," *Nippon Times*, August 21, 1955, NARA, RG59, Coo43, Reel 34, folder: M-2.7 War Criminals 1955; Wilson et al., *Japanese War Criminals*, 2017, p.262.

78 Wilson et al., *Japanese War Criminals*, 2017, p.261.

79 石川眞澄, 1995, p.14.

의자들을 사면하고 일본에 송환하는 조치를 취한다. 소련도 1956년 12월 13일 일본과 국교를 정상화하면서, 소련에 억류된 모든 일본인을 석방하고 귀국을 허용한다고 발표했다. 그해 12월 26일 1,025명의 일본인이 소련에서 일본에 도착해 가족들과 상봉했다.[80] 1958년 4월엔 A급 전범들도 모두 사면받았다.[81] 이런 흐름 속에서 1958년 5월에는 스가모 형무소에 어떤 전범도 남아 있지 않았다.[82]

　일본 전범재판과 그 결과를 총정리하면, 1945-51년 사이에 아시아·태평양 지역에서 연합국들이 시행한 전범재판은 일본제국군대의 구성원 내지 군속이었던 5,706명의 남성과 1명의 여성에 대해 이루어진 2,362건이었다. 4,524명이 유죄 판결을 받았고 1,041명이 사형 선고를 받았다. 나머지는 징역형에 처해졌다. 실제 처형된 자는 920명이었다. 징역형에 처해진 자들은 한국전쟁 후인 1950년대 중엽 새로운 국제정세 속에서 특히 미국이 일본 내 여론에 부응하면서 감형이나 사면을 받아 모두 석방되기에 이른다.[83]

　일본의 이러한 상황은 독일이 나치 전범들을 제사 지내기는커녕 그들에 대한 단죄를 우여곡절을 겪는 가운데서도 냉전기와 탈냉전기를 통해 꾸준히 진행했던 것과 뚜렷한 차이가 있다. 더욱이 일본의 전범들은 야스쿠니신사에 합사되어 '천황과 국가를 위해 헌신한 호국의 영령'으로 참배의 대상이 되었다.

2) 일본 사법부에 의한 역사범죄의 단죄: 독일과의 차이

　독일과 일본이 치러야 했던 전범재판은 그 적용의 법리에서 동일했으며, 뉘른베르크와 도쿄에서 진행된 주요 전범재판 외에 규모는

80　Wilson et al., *Japanese War Criminals*, 2017, p.261. 당시 소련에 억류된 일본인은 훨씬 많았다. 생사가 확인되지 않은 채 소련에서 돌아오지 못한 일본인은 1만 1,000명에 달하는 것으로 추정된다(Ibid., p.261).

81　石川眞澄, 1995, p.14.

82　Wilson et al., *Japanese War Criminals*, 2017, p.270.

다르지만 '계속재판' 내지 별도의 나라별 법정을 통해서 추가적인 전범재판이 이루어졌다는 공통점도 있었다. 반면에 대단히 중요한 차이도 있었다. 독일은 국가 차원에서 전쟁범죄의 근원으로서의 나치체제에 봉사한 개인들에 대한 '반나치 재판'을 지속했다.[84] 일본은 이와 달리 일본 사회 스스로 과거의 침략전쟁에 대한 책임을 묻는 법정을 세워본 일이 없었다.

독일에서는 1945년 12월 점령당국이 발령한 「관리이사회 법률 제10호」에 입각해 독일 국내 재판소들이 자체적으로 반나치 재판을 진행했다. 더욱 중요한 사실은 연합국들에 의한 점령이 종료되어 「관리이사회 법률 제10호」가 효력을 잃게 된 뒤에도 독일 사법부는 독일 「형법 제211조」에 규정된 '모살죄' 등을 근거로 나치범죄에 대한 단죄를 지속해왔다는 점이다.[85] 시미즈 마사요시가 추계한 데 따르면, 1992년 8월까지 독일 사법부는 나치 범죄피의자 10만 3,823명을 입건해 6,488명을 유죄 판결하고, 9만 1,463명을 불기소 처분했다. 시미즈 마사요시의 논문이 발표된 시점인 1994년 계속 수사 중인 피의자는 2만 1,700명이었다.[86] 모치다 유키오(望田幸南)는 그와 같은 독일의 상황이 도쿄 국제군사재판이라는 타자에 의한 재판으로 끝난 일본과 선명하게 대비된다고 지적했다.[87]

독일 사법부의 나치범죄 처벌시효는 당시 형법상 범죄 처벌시효가 20년으로 정해져 있었기 때문에 1965년 5월 종료 예정이었다. 나치범죄에 대한 사법적 청산 내지 과거사 청산 작업은 그로 인해 중

83 Wilson et al., *Japanese War Criminals*, 2017, p.270.

84 독일 사법부가 지속하고 있는 나치 전범 재판의 가장 최근 사례는 브루노 데이(Bruno Dey)에 대한 재판을 들 수 있다. BBC News, "Bruno Dey: Former Nazi guard found guilty over mass murder at Stutthof Camp," 23 July, 2020.

85 시미즈 마사요시, 2009, 97-98쪽.

86 시미즈 마사요시, 2009, 98쪽.

87 모치다 유키오, 「일본의 전후 보상」, 일본의전쟁책임자료센터 엮음, 서각수·신동규 옮김, 『세계의 전쟁 책임과 전후 보상』, 동북아역사재단, 2009, 415쪽.

단죄될 수도 있는 위기에 처했었다. 독일 사회는 1960년대와 1970년대에 걸쳐 격렬한 나치범죄 처벌시효 논쟁을 벌였다.[88] 독일은 결국 1965년 시효를 4년 연장했다. 1969년 다시 10년을 연장한다. 그 10년 후인 1979년에는 나치의 살인죄에 대해 시효 자체를 폐기해 "나치 범죄자 처벌에서 시효문제를 완전히 해결"했다.[89]

당시 독일의 국민여론을 보면 1958년에는 34퍼센트가 나치 범죄자에 대한 단죄의 중단을 원했다. 그 비율은 1960년대 중반에는 과반을 넘어섰다. 서독인 52-69퍼센트가 반나치 재판의 중단을 요구한 것이었다. 이처럼 국민여론은 나치재판 시효연장을 반대하는 쪽으로 움직였는데, 독일 정부는 "국제관계와 도덕적 정당성" 문제를 의식해 여론에 즉각 부응하기보다는 연방의회에 결정 책임을 넘긴다.[90] 연방의회는 격렬한 논쟁의 장이 되었고 최종적인 결정의 주체가 되었다. 어떻든 결과적으로 독일 사회는 의회 논쟁을 매개로 스스로 반나치 재판의 지속을 결정했다.[91]

3) 일본 '역사반성'의 진실성과 지속성: 공인의 언술, 교과서, 그리고 배상의 수용성

이미 지적한 바와 같이 일본 역사문제의 한복판에는 중국에 대한 침략전쟁과 제노사이드 범죄, 그리고 이에 대한 일본 사회의 인식 문제가 있다. 20세기 전반기 제국일본에 의한 침략전쟁의 문제는 주로

---

88 송충기, 「과거사 정책의 타협: 1960-70년대 서독 연방의회의 시효 논쟁」, 안병직 외, 『세계 각국의 역사 논쟁: 갈등과 조정』, 대한민국역사박물관, 2014, 55쪽.

89 송충기, 2014, 55쪽.

90 송충기, 2014, 63쪽.

91 송충기는 1979년 반나치 재판의 시효 폐지 결정에 기여한 요인들로 그 무렵 유럽의회가 '살인죄와 대량학살'에 대해 시효를 적용하지 않기로 결정한 사실과 그 무렵 방영된 미국 드라마 『홀로코스트』의 영향으로 독일 여론도 나치 범죄에 대한 단호한 처벌을 지지하는 쪽으로 이동했다는 점 등을 들었다(송충기, 2014, 71쪽).

중국과 미국을 상대로 하는 것이었다. 일본은 미국에 대한 침략전쟁인 태평양전쟁 발발 책임에 관해서 1945년 8월 항복과 함께 점령통치를 받고, 나아가 1951년 미국 등과 샌프란시스코 평화조약 및 동맹조약을 맺음으로써 미국과의 역사적 부채를 해소한다. 남은 관건은 최대 피해국이었던 중국과의 역사청산 숙제였다.

앞서 지적한 바와 같이, 미국이 주도한 도쿄 전범재판은 미국의 냉전적 필요에 의해서 특히 중국에 대한 침략전쟁과 관련해 중한 책임을 물어야 될 수십 명의 A급 전범 혐의자들에 대해서 무원칙한 방면조치를 내린다. 이것은 미국의 독단적 결정이었고, 중국은 국민당이든 공산당이든 그 결정에 참여할 기회가 없었다. 이후 중국에 대한 전쟁책임 인식과 사죄의 문제는 어떤 상태에 놓여왔는가. 이에나가 사부로에 따르면, 일본이 중화인민공화국을 상대로 처음으로 전쟁책임을 표명한 것은 1972년 중일 국교정상화를 추진하면서 발표한 공동성명서였다. "일본 측은 과거에 일본이 전쟁을 통해서 중국 국민에게 중대한 손해를 초래한 것에 대해 책임을 통감하며 깊이 반성한다." 그렇게 하기 전까지 일본은 자신의 전쟁책임은 인정하지 않으면서 오히려 중화인민공화국을 한국전쟁과 관련시켜 '침략국'으로 비난하는 태도를 보였다.[92]

이에나가 사부로는 그처럼 일본이 1972년 중국과의 국교정상화를 계기로 공식적인 언사에서 중국에 대한 침략전쟁 책임을 인정했지만, 그가 『전쟁책임』이라는 저서를 집필한 1985년 시점에서 일본의 전반적인 인식 태도를 이렇게 평했다. "일본 국민의 전쟁책임에 대한 적극적인 자기비판이 전체적으로 희박하다는 것은 명백하다. 세대 교체가 진행되고, 전쟁 체험을 하지 않은 젊은 세대가 인구의 과반수를 점하게 되자, '태평양전쟁이 뭐야?' '누구랑 싸웠지?' '누가 이겼는데?' 하고 묻는 대학생까지 나타나게 되었다.[93] 그러므로 전쟁

---

92 이에나가 사부로, 2005, 388-389쪽.

책임 등은 국민의 머리에서 거의 사라지게 된 것도 이상한 일은 아니다. 그럼에도 불구하고 지금 다시 국내뿐 아니라 국제적으로도 일본이 행한 전쟁 때문에 입은 육체적·정신적 생활 면에서의 피해와 고통은 존재하고 있으며, 전쟁책임의 문제는 해소되지 않았음을 명확히 인식해야 한다."[94]

난징학살로 표상되는 반인도적 범죄에 대한 일본의 반성과 배상의 태도는 독일과 자주 대비된다. 『난징의 강간』(*The Rape of Nanking*) 저자로 잘 알려진 아이리스 창(Iris Chang)의 다음 지적은 그러한 비판적 비교의 인식을 대변한다. "제2차 세계대전 후 독일은 홀로코스트 피해자들에게 배상하고 사죄했으며, 지도자들을 바르샤바의 유대인 부락(the Warsaw Ghetto)에 보내서 사죄했다. 그러나 일본 정부는 그에 비견될 만한 행동을 보여준 일이 없다. 이것은 부분적으로는 일본의 전시 관료집단이 전후에도 사실상 아무런 불이익도 받지 않은 채 자리를 지킬 수 있도록 미국이 허용했기 때문이다. 독일은 고위 관료들을 처형 혹은 투옥하거나 아니면 적어도 여러 나라에서 도망자로 살 수밖에 없게 만들었다. 그러나 전시 일본의 지도급 관료들은 그대로 권력을 유지하거나 학계와 경제계에서 명예와 부를 누릴 수 있었다. 1957년까지 일본은 A급 전범을 수상으로 선출할 정도였다."[95]

아이리스 창은 또한 일본이 배상(reparations)에 관련된 문제는 1952년 샌프란시스코 평화조약으로 해결되었다고 주장해온 사실을 떠올렸다. 그런데 이 조약 규정을 잘 읽어보면, '일본이 보상을 할 수 있을 정도로 경제가 회복될 때까지' 연기해주었을 뿐이며, 이 구실은 일본이 배상을 거부하는 이유로는 이미 오래전에 설득력을 잃었다

93 『마이니치』, 1975. 2. 9.

94 이에나가 사부로, 2005, 396-397쪽.

95 Iris Chang, "The Nanking Massacre," in Roy L. Brooks(ed.), *When Sorry Isn't Enough: The Controversy over Apologies and Reparations for Human Injustice*, New York: New York University Press, 1999, p.105.

는 것이 분명하다고 보았다. 그럼에도 일본 정부와 사법부는 피해자들에 대한 배상을 일관되게 거부하고 있다고 비판했다.[96]

한국은 1965년 일본과 '한일기본조약'을 맺었다. 조약의 제2조는 "1910년 8월 22일 및 그 이전에 대한제국과 대일본제국 간에 체결된 모든 조약 및 협정이 이미 무효임을 확인한다"라고 했다. 아울러 한일 정부는 '한일 청구권 경제협력협정'을 체결했는데, 협정의 제2조는 "양 체약국 및 그 국민(법인도 포함)의 재산, 권리 및 이익 그리고 그 국민과의 청구권에 관한 문제는 완전히 또 최종적으로 해결되었다는 것을 확인한다"라고 했다. 이와 함께 한일 두 나라는 '청구권' 및 '경제협력'이라는 명목으로 무상 3억 달러, 유상 2억 달러를 주고받았다. 이것은 이후 일본 정부와 사회가 한국에 대해 전후 보상할 게 있다면 그것으로 모두 해소되었다고 주장하는 근거가 되었다.[97]

그러나 다카기 겐이치 변호사는 그러한 주장이 가진 결정적인 약점을 일찍이 밝혔다. 국가들이 조약을 통해 청산할 수 있는 권리에는 개인들이 받은 피해에 대한 배상문제는 포괄되지 않는다는 논거 외에도, "일한조약으로써 모든 것이 청산되었다는 견해의 가장 큰 약점은 1965년 조약 체결 당시 일본 정부가 조선을 식민지로 지배하고 있을 때 조선민족에 대해 부정의(不正義)를 자행했다는 사실을 공식적으로 인정하지 않았다는 사실"이라고 그는 지적했다. 따라서 일본 정부는 "조약체결에서 보상문제를 다룬 일이 없었던 것"이다. 한일조약에서 다루어진 적도 합의된 적도 없는 대표적인 문제로 다카기 변호사는 사할린 잔류 한국인 문제, 재한 피폭자 문제, 그리고 '종군 위안부' 문제를 지적했다.[98]

---

96 Chang, 1999, pp.105-106.

97 다카기 겐이치, 1995, 33-34쪽.

98 다카기 겐이치, 1995, 33쪽. 최영호는 다카기 겐이치 변호사의 논리를 참고하여, 한일조약으로 개인들의 청구권도 해소되었다는 일본 측 주장에 대한 반대 논리를 네 가지로 정리했다. 최영호, 「한국 정부의 대일 민간청구권 보상 과정」, 『한일 민족문제 연구』 제8호(2005. 6), 233-234쪽; 최영호, 「일본 사회

오키나와 평화공원에 있는 한국인위령탑. ©이삼성, 1999

4) 냉전기 일본 역사문제와 그것을 규정한 전후 동아시아 대분단체제

일본에서 교과서 문제, 위안부 문제를 포함해 끊임없이 역사문제가 지속되는 근본은 전전 시기와 관련해서 일본의 역사적 정체성을 어디에서 찾느냐와 긴밀히 연관된다. 일본 사회의 '역사반성 부재 혹은 미약'이라는 문제의 근본에는 전후 일본 사회가 '제국일본' 역사와의 단절을 거부한다는 데에 있다. 그 현상은 일본에서 정치사회를 대표하는 수상을 비롯한 집권세력 고위층 인사들이 A급 전범 14명이 합사되어 있는 야스쿠니신사에 참배하거나 '공물(供物)을 봉납'하는 행동에서 압축적으로 상징된다. 이것은 전후 일본 사회의 주류가 전쟁범죄와 침략전쟁의 책임이 있는 일본의 과거와 역사적 연속성을 긍정하고 미화하기까지 함을 의미한다고 말할 수 있다. 과거 일본의 전쟁범죄와 침략전쟁의 책임 세력과의 이 같은 역사적 동일시는 곧 교과서 문제로 직결된다. 난징학살의 사실 축소, 일

에서 제기되고 있는 전후 처리 문제」,『세계의 전쟁 책임과 전후 보상』, 2009, 30-31쪽.

본군 위안부 문제에 대한 일본 국가책임 부정, 중국대륙에 대한 침략 전쟁을 침략이라 부르기를 거부하고 '군사적 진출'로 표현하는 등의 형태로 투영되었다. 이것은 일본의 많은 유력 공인의 공개적인 침략 전쟁 부인과 전쟁범죄에 대한 일본 국가책임을 부정하는 '망언'들로 또한 표현된다.

이안 부루마가 파악한 전후 독일인들의 역사의식의 특징은 '나치 독일'과의 역사적 연속성을 수치스러워하고, 그것과의 단절을 모색했다는 것이다. 그 과정에서 전후 독일은 자신들의 역사적 연속성을 1933-45년 나치 집권 기간에 파시즘 국가에 대한 독일인들 내부의 저항의 역사에서 찾았다. 그 과정에서 전후 독일 교과서는 나치 시기 독일인의 저항(Resistance)의 정도를 과대평가하는 부작용이 있었다는 비판을 받을 정도였다.[99]

전후 유럽의 냉전체제는 전전의 역사적 상처를 치유하는 제도적 장치로 작용한다. 북대서양조약기구와 바르샤바조약기구라는 유럽 냉전의 제도들은 서독과 나머지 서방 사회들을, 그리고 동독과 나머지 공산권 사회들을 제각각 하나로 묶는 초국적 이념공동체를 구성하는 장치였다. 결과적으로 냉전의 장치 속에서 독일 전체와 세계의 나머지 전체는 전전의 역사적 상처들을 치유하기에 유리한 객관적 조건을 누리게 된다.

이와 달리 전후 동아시아질서는 '대분단체제'를 구성한다. 이 질서의 비극은 내전(內戰)을 통해 중국 민중이 선택한 대륙의 사회주의 정부와 전후 세계의 패권국가로 자리 잡은 미국이 이념적 차이를 넘어서는 평화적 공존을 위한 역사적 선택을 가꾸어내는 데 실패하

---

99 전후 독일 교과서가 특히 부각시킨 반나치 저항 사례는 1944년 7월 쉔크 폰 슈타오펜베르크 백작과 그의 귀족 군부 동지들이 히틀러를 암살하려다 실패해 수천 명의 독일인이 처형당한 사건이다. Ian Buruma, *The Wages of Guilt: Memories of War in Germany and Japan*, New York: New York Review Books, 2015 Edition(Originally 1994), p.186.

면서 출발했다. 이 실패는 이후 동아시아 역사에 치명적인 구조적 결과를 낳았다. 그 실패는 곧 분단 한반도의 내전적 갈등과 결합하면서 미중 사이의 직접적인 폭력적 대결로 발전했다. 이후 중국 대륙과 미일동맹이 대분단의 기축을 구성하고, 이 분열된 기축과 연결되어 한반도·타이완해협·인도차이나 세 개의 소분단체제가 고착화되었다. 대분단의 기축은 소분단체제들과 상호작용하며 하나의 전체를 이루는 질서, 곧 '동아시아 대분단체제'라 부를 수 있는 역사적 현실을 구성하기에 이른다. 특히 중국대륙과 미일동맹 사이에는 지정학적 긴장, 정치사회적 체제와 이념의 이질성으로 인한 긴장, 그리고 제국체제의 폭력에 뿌리를 둔 역사적 상처가 치유되기보다 응결됨으로써 굳어진 역사심리적 간극에 의한 긴장이 존재했다. 이 세 차원의 긴장이 중첩되고 상호작용하면서 대분단체제의 지속성을 보장했다.

동아시아 대분단체제에서는 중국대륙의 상대편에 미국이 일본과 동체(同體)로서 존재한다. 그것은 미국이 자신이 구축한 '자유세계'라는 초국적 이념공동체에 일본을 편입함으로써 제국일본의 역사적 범죄에 면죄부를 부여하는 장치였다. 미국은 진주만 공격이라는 일본의 죄과를 히로시마와 나가사키의 원폭이라는 또 다른 반인류적 범죄로 상쇄해 상호 역사청산을 한 가운데, 미국이 제국일본의 역사적 짐을 자기화(自己化)하는 구조였다. 미일동맹은 상징천황제의 형태로 일본의 정신적 권위 구조에 전전과 전후를 관통하는 역사적 연속성을 허용함으로써 완벽해져 있었다. 다만 동아시아의 냉전 시기는 사회주의와 반공주의의 이념 대결이 역사 담론을 제한하고 억압하는 구조였기에, 대륙과 일본 사이의 역사문제는 동결 상태에 놓였다. 이런 조건에서 더욱이 일본인 일반의 역사인식과 역사교육은 비판적 자기성찰을 면제받았다.

히로시마와 나가사키에 대한 원폭투하라는 미국의 역사적 선택이 전후 동아시아에서 일본 역사문제의 전개에 미친 영향에는 주목해야 할 점들이 있다. 일본 사회가 가해자로서의 자각보다는 오히려 피해자 의식이 강하다는 흔히 이야기되는 현상 이외에도 다음 두 가지를 말할 수 있다. 첫째, 일본에 대한 전후 점령에 소련이 참여하기 전에 일본의 항복을 앞당김으로써 전후 일본의 분단을 막아 일본의 통일성을 유지했다. 전후 일본 정치사회의 재편성에 대한 소련의 개입을 차단하여, 일본의 역사적 연속성을 유지하는 데에도 유리했다. 일본의 통일성이 유지된 것은 그것 자체로 다행한 일이다. 다만 역사청산과 관련한 독일과의 상대적인 비교 차원에서, 일본이 독일과 달리 확보한 정치적 통일성은 일본의 전전과 전후의 역사적 연속성을 뒷받침했으며, 이것이 일본의 역사반성을 촉진하는 것과는 거리가 있었다는 점은 지적해둘 필요가 있을 것이다. 둘째, 히로시마와 나가사키에 대한 미국의 원폭은 진주만 폭격에서 시작된 일본의 대미 침략전쟁으로 인해 존재하게 된 미일 양국 사이의 역사문제를 상쇄하는 효과를 가져왔다. 이로써 미국은 일본에 대해 더 가혹한 역사적 징벌의 유혹에서 쉽게 벗어날 수 있었다. 일본과의 동맹을 바탕으로 동아시아 차원에서도 아시아 대륙에 대한 냉전적 대결에 집중할 수 있게 된다. 이 상황은 동아시아의 대분단체제적 대립 구조를 보다 명확하고 단순하게 만들었다.

동아시아에서는 피해자로서의 역사인식을 공유한 정치공동체들은 모두 분열된 채로 각각 이질적인 초국적 이념공동체에 편입되었다. 이 구조 속에서 일본은 미국이 주도하는 리버럴 자본주의(liberal capitalism)의 초국적 이념공동체를 아시아에서 표상하는 모델하우스로 기능했다.[100] 이 상황이 전후 동아시아질서에 미친 결과는 세 가지로 요약할 수 있다.

---

100 존 다워는 냉전시대에 서방이 비서방 세계를 바라보는 대표적 프리즘이었던 '근대화 이론'을 통해서 일본 모델을 사회주의 중국에 대한 '비서구적 자본주의 대항모델'로 부각시킨 사실을 주목한다. 같은 맥락의 이야기로 생각된다. John W. Dower, *Ways of Forgetting, Ways of Remembering: Japan in the Modern World*, New York: The New Press, 2012, p.6.

첫째, 가해자 정치공동체의 통일된 역사의식은 그것이 새롭게 속한 초국적 이념공동체에 의해 보호받았다. 반면에 대분단체제 기축관계의 다른 한 축을 구성한 중국대륙은 다른 초국적 이념공동체에 속했다. 이로써 전후 동아시아에서는 기축관계 사회들 간 이념적 타자(他者)와 역사인식의 타자가 일치했다.

둘째, 피해자 정치공동체들 내부의 이념적 분열로 인해 이들 사회에서 과거 제국체제의 역사문제는 정치적·외교적 투쟁과 지적 담론의 무대에서 부차화되었다. 이것은 역사문제의 해소가 아닌 '응결된 지속'을 뜻했다. 이념적 타자화가 모든 정치적·지적 담론을 우선적으로 지배했기 때문에 역사 담론도 억제되어 있었던 것이다.

셋째, 동아시아에서 역사인식의 타자화 문제는 냉전기의 담론에서 부차화되었을 뿐, 이념적 타자화와 일치했고, 대륙과 미일동맹 사이의 지정학적 타자화와도 또한 일치했다. 이렇게 삼중으로 결합된 타자화 사이의 상호유지적 상호작용이 동아시아 대분단체제의 본질적 특징을 이루게 되었다.

7. 탈냉전 이후 일본 역사문제의 증폭과 동아시아 대분단체제

1) 탈냉전기 일본 역사청산의 주체적 요소의 양상

1955년에서 1993년에 이르기까지 사실상의 일당 지배체제를 구축한 일본 자민당의 주류 보수세력은 청일전쟁과 러일전쟁 등 제국주의 전쟁 도발, 그리고 타이완과 한국 식민지화의 역사적 합법성을 주장함은 물론이고, '침략전쟁'의 개념 자체를 부정하는 태도를 견지했다. 1993년 자민당 일당체제의 붕괴, 그리고 탈냉전에 따라 중국을 포함한 동아시아와의 소통이 시작되면서 보수세력을 포함한 일본 정치권은 역사반성 문제를 비로소 심각하게 고민하기 시작한다. 1993년 호소카와 모리히로(細川護熙)는 수상으로서는 처음으로 일본의 과거 전쟁에 대해 '침략전쟁'이라는 표현을 사용했다.[101]

1993년 8월 '위안부' 동원의 강제성을 인정하고 사죄한 고노 요헤이 (河野洋平) 관방장관의 '고노 담화'와 1995년 무라야마 도미이치(村山富市)가 이끄는 사회당 정권이 주도해 식민지배에 대한 역사반성을 공표한 '무라야마 담화' 등은 그 연장선에 있었다.[102]

그러나 일본정치는 바로 그 시기에 '국가주의화'의 길을 걷는다. 1996년 '새로운 역사교과서를 만드는 모임'이 발족한다. 1997년 자민당 내 의원연맹은 난징학살의 역사를 부정하는 책자를 발간하는데 나중에 수상이 되는 아베 신조와 그의 정권에서 문부과학상을 맡게 되는 시모무라 하쿠분(下村博文)이 그 작업의 핵심 인물들이었다. 1999년엔 「국기(國旗)와 국가(國歌)법」을 제정해 과거 군국주의 일본의 상징으로 여겨지던 히노마루(日の丸)와 기미가요(君が代)를 각각 일본의 국기와 국가로 법제화한다. 그 연장선에서 2006년엔 '애국심 교육'을 담은 「교육기본법」 개정이 진행되었다. 2001년부터 2006년까지 총리를 맡은 고이즈미 준이치로(小泉純一郎)에서 아베 신조(총리 재임 2006-2007년, 2012-2020년)로 이어진 일본 정치의 초우경화 현상을 두고 나카노 도시오는 "정치와 사상의 국가주의화로의 급진적 전개 상황이 놀라울 따름"이라고 평한 바 있다.[103]

이 시기 일본 정부 각료들의 이른바 '망언' 시리즈도 계속되었는데, 대표적인 것은 탈냉전 초기인 1994년 5월 당시 법무장관 나가노 시게코(永野茂門)가 "침략이 아니었고, 난징학살은 조작된 것이며, 종군위안부는 공창(公娼)이다"라고 발언한 것이었다.[104] 「평화헌법」

---

101 나카노 도시오(中野敏男), 「일본군 '위안부' 문제와 역사에 대한 책임」, 나카노 도시오·김부자 엮음, 이애숙·오미정 옮김, 『역사와 책임: '위안부' 문제와 1990년대』, 선인, 2008, 33쪽.

102 고노 담화는 2차 대전 중의 '위안소'가 "일본군 당국의 요청"으로 설치되었고, 군이 위안소 설치 관리와 위안부 이송에 직간접적으로 관여했다고 밝혔다. 아울러 "역사의 진실을 회피하는 일 없이 교훈으로 직시"하겠으며, "역사 연구와 교육을 통해 같은 잘못을 절대 반복하지 않겠다"고 했다.

103 나카노 도시오, 2008, 34쪽.

개정문제를 다루기 위한 헌법조사회가 국회에 설치되면서, 국제공헌이라는 명분으로 일본의 군사적 역할의 확대를 추진하기 시작한 것도 이 무렵이었다. 더욱이 일본 보수세력의 역사관을 그나마 견제하던 사회당이 1996년 몰락한 것은 일본 정치세력의 "총보수화"와 동전의 양면이었다.[105]

나카노 도시오의 지적처럼, 1990년대의 중국은 "문화대혁명기의 극단적 자국 중심주의에서 개혁 개방을 거쳐 시장경제적 사회의식으로 변화"하고, 한국은 "반공 군사독재 정권하에서의 강고한 국가주의에서 전환해 점차 (네오)리버럴한 민주화의 길을 걷고" 있던 것과는 달리 일본만은 오히려 국가주의적 경향이 더욱 뚜렷해지는 양상을 보인 것이었다.[106] 유럽에서도 탈냉전과 함께 역사 이슈가 새롭게 활성화되었는데, 독일과 프랑스의 대응은 일본과 좋은 대조를 이루었다. 독일 연방 헌법재판소는 1996년 강제연행 피해자에 대한 보상의무를 확인했다. 프랑스는 그 전인 1995년 유대인 박해에 가담했던 프랑스의 과거 행위를 '국가범죄'로 인정했다.[107] 이와 달리 일본은 다른 동아시아 사회들의 역사 담론이 활성화된 것과 때를 같이해 보수적인 자기방어와 자기합리화의 성격을 강하게 띠면서 더 거칠어진 것이었다.

1994년에 "위안부는 공창"이라고 했던 나가노 시게코의 발언은 일부 정치인의 우연한 망언이라기보다는, 그 후 실제 진행된 일본 정치와 역사관의 국가주의화 흐름의 저변을 이루며 일본 권력엘리트 전반에 광범하고 강고하게 자리 잡은 역사의식이 수면 위에 드러난 것이라 할 수 있었다. 2000년대 아베 신조 정권이 역사문제에 대해

---

104 다카기 겐이치, 1995, 26-27쪽.
105 진창수, 「일본 정치권의 변화와 아베 정권의 역사인식」, 도시환 외, 『일본 아베 정권의 역사인식과 한일관계』, 동북아역사재단, 2013, 24쪽
106 나카노 도시오, 2008, 34쪽.
107 나카노 도시오, 2008, 36쪽.

난징시의 '눈물의 거리'(沮滴一條路, The Road of Tears)에 보존된 '리찌키앙위안소옛터진열관'
(南京利濟巷慰安所舊址陳列館)과 위안부여성들의 고통을 형상화한 조각상. ⓒ이삼성, 2016

취한 태도는 그것을 잘 보여주었다. 아베 정권은 전시 여성 성노예
화에 대한 제국시대 일본 국가권력의 책임을 인정했던 고노 담화를
2014년 6월 끝내 '검증'이라는 이름 아래 사실상 폐기하고 만다.

그런데 '위안부' 문제와 전시 민간인 강제동원 문제에 대한 인식
의 결여는 한일 양국의 보수정치권 모두의 문제라는 것도 여실히 드
러나게 된다. 한국의 박근혜 정부는 처음엔 위안부 문제에 대한 일
본 정부의 분명한 국가책임 인정을 강하게 요구했다. 그러다 2015년
12월 갑작스럽게 아베 정부와 이른바 '위안부 합의'를 만들어낸다.
하지만 이는 한국의 '위안부' 피해자들의 핵심 요구가 물질적 보상
그 자체가 아니라, 명백하고 진실성 있는 일본 정부의 국가책임 인정
과 피해자들 개개인의 인간적 존엄성 복권을 갈망해온 것이라는 사
실을 외면한 것으로서 강한 반발에 직면한다.[108] 박근혜 정부는 또한
강제동원 피해자에 대한 한국 사법부의 재판에 대해서도 위법한 방

식으로 개입해 이른바 '사법농단' 사태를 불러일으켰다.

2021년 일본의 불충분한 역사반성의 구체적인 지표로 여전히 거론되고 있는 것들에는, 유네스코가 공개 비판한 일본의 군함도(軍艦島, 하시마[端島]) 왜곡을 포함해 일본 근대사에서 제국 권력에 의한 강제동원의 역할을 인정하지 않으려는 태도,[109] 2021년 일본 문부성이 교과서에서 '종군 위안부'를 '위안부'로 고치도록 강요하는 행태로 드러나는 것과 같은 일본군 위안부 문제에 대한 일본 정치권 중심의 국가책임 인정 거부 현상, 그리고 난징학살 사건에 대한 충분한 역사반성을 거부하는 기류가 일본 사회에 건재한 점 등을 꼽을 수 있다.

전범들이 합사된 야스쿠니신사에 대한 일본 국가원수의 공식 참배는 탈냉전 시기인 1990년대부터 오히려 본격화되었다. 자민당이 다시 집권한 1996년 수상 하시모토 류타로(橋本龍太郎, 총리 재임 1996년 1월-1998년 7월)가 야스쿠니신사를 참배했다. 2001년 8월 13일 수상 고이즈미 준이치로(총리 재임 2001년 4월-2006년 9월)도 이 신사를 참배했다. 고이즈미 수상은 그 후에도 매년 참배했다. 다만 8월 15일이 아닌 다른 날짜를 선택했다. 상징성이 컸던 8월 15일을 택해 수상이 이 신사를 참배한 것은 2006년의 일로, 나카소네 이후 21년 만의 일이었다. 민주당 집권 후 수상의 신사 참배는 중단되었으나, 2012년 말 다시 집권해 두 번째로 수상이 된 자민당의 아베 신조는 그해 12월 야스쿠니신사를 또 참배하기 시작했다.[110]

---

108 한국 여성에 대한 일본군 성노예화 문제의 현재진행형적 성격에 관해서는, 김창록 외,『2015 '위안부' 합의 이대로는 안 된다』, 경인문화사, 2016; 이헌미,「『제국의 위안부』와 기억의 정치학」,『국제정치논총』제57집 제2호(2017), 329-366쪽.

109 한상용,「유네스코 '日군함도 전시왜곡' 확인…세계유산위 "강한 유감"」,『연합뉴스』, 2021.7.12; 정진우,「일본, 올림픽 앞두고 공개망신…유네스코 '군함도 왜곡' 경고」,『중앙일보』, 2021.7.12.

110 아베 수상은 신사를 참배한 날 담화를 발표했다. "Statement by Prime Minister

2014-15년에 실시된 한 여론조사가 보여주듯이, 일본 국가원수가 야스쿠니신사를 참배하는 데 대해 일본인의 대다수는 문제로 생각하지 않는다는 반응을 보였다.[111]

　제인 야마자키는 침략전쟁에 관해서든, '군대 위안부' 문제에 관해서든, '사죄의 말'이 갖는 중요성을 상기시키면서 이렇게 말한다. "그 말들은 '올바른' 말이어야 하고, 믿을 수 있게 진술되어야 한다." 아울러 그녀는 과거의 불의를 대면하고 있는 나라들에게, 특히 "과거와의 화해를 제공하는 데 아직 미진한 일본에게" 진정한 사죄의 표현은 그 이웃들과 국제 사회와의 관계 재건에 불가결한 행보임을 지적한다.[112] 진정한 사죄의 표현과 그에 수반될 수 있는 배상의 책임을 기꺼이 수용하는 것은 그 어떤 조약보다도 분명하고 진실하게 평화와 인도(人道)를 중시하고 교육하겠다는 약속이다. 올바른 사죄의 문제를 집요하게 거론하는 것은 과거에 대한 집착이 아니다. 그것이

Abe: Pledge for everlasting peace," Ministry of Foreign Affairs of Japan, December 26, 2013(https://www.mofa.go.jp). 아베의 신사 참배에 중국 정부는 격렬하게 반발했다(「秦剛: 中国人民不欢迎安倍 中国领导人也不可能与其对话」, 『人民网』, 2013.12.30.).

111 2014년 조사에서 수상의 야스쿠니신사 참배에 대해 일본인 응답자의 40.7퍼센트는 "아무 문제가 없다"고 답했는데, "수상이 사적 시민의 자격으로 참배한다면 문제없다"고 답한 25.7퍼센트의 응답자를 합하면 수상의 신사참배가 대체로 문제없다는 반응은 66.2퍼센트에 달했다. "사적 시민의 자격으로도 수상의 신사 참배는 부적절하다"는 응답은 15.0퍼센트에 불과했다. 대체로 문제없다는 응답 비율은 2015년의 경우에도 66퍼센트에 달했고, 어떤 경우에도 부적절하다는 응답 역시 그 전해와 비슷한 15.7퍼센트에 머물렀다. 같은 문제에 대한 중국 내 여론조사에서 "사적 시민 자격으로도 부적절하다"는 응답 비율은 2014년 59.5퍼센트, 2015년 60.2퍼센트였다. "11th Japan-China Joint Opinion Poll Analysis Report on the Comparative Data(2015)," *The Genron NPO* (In Cooperation With: Japan: Public Opinion Research Institute Corporation China: Horizon Research Consultation Group), October 22, 2015(https://www.genron-npo.net).

112 Jane W. Yamazaki, *Japanese Apologies for World War II: A rhetorical study*, London: Routledge, 2006, p.139.

야말로 가장 적극적인 미래지향적 함의를 갖는 것이기 때문이다.

2) 탈냉전기 일본 역사문제를 규정하는 동아시아 국제질서의 조건

탈냉전이 동아시아질서에 가져온 변화는 유럽에 비해 매우 제한적이었다. 탈냉전이라는 말은 미소 두 초강대국 간의 냉전을 직접적으로 투영했던 유럽에서의 냉전 해체는 충분히 설명할 수 있다. 그러나 동아시아질서가 탈냉전에도 불구하고 견지하는 연속성을 포착하는 데는 매우 불충분하다. '동아시아 대분단체제'는 냉전과 탈냉전을 관통하는 연속성을 포착하기 위한 개념이다. 탈냉전의 변화에도 불구하고 동아시아 대분단체제는 왜 여전히 일본의 역사문제를 품은 채 지속되고 있는지를 개념화할 필요가 있다.

먼저 중국대륙과 미일동맹 사이에 존재하는 지정학적 긴장이 재충전되었다. 19세기 말 이래 제국체제 시대부터 미국과 일본은 러시아를 공동으로 견제하면서 중국대륙을 통제하고 경영한다는 지정학적 목표를 공유했다. 그래서 이들은 한편 서로 갈등하면서도 권력정치적 흥정을 통해서 협력하는 연합의 전통을 구성했다. 두 제국이 1940년대 전반기 짧은 폭력적 갈등의 시간을 끝낸 전후 동아시아에서, 미국과 일본은 연합을 넘어 거의 동체(同體)에 가까운 동맹을 구축했고, 그러한 양국의 지정학적 동맹의 구도는 탈냉전에도 변함이 없다. 러시아의 상대적인 퇴장과 달리 개혁개방을 통해 국력이 팽창하는 중국과 미일동맹 사이의 지정학적 긴장은 더욱 재충전의 길을 걸었다.

냉전시대 동아시아의 공산권과 미국의 동아시아 동맹체제 사이에 존재한 정치사회적 긴장은 독재와 자유의 대립이 아니었다. 좌익 전체주의와 우익 반공파시즘 사이의 긴장일 뿐이었다. 사적 소유제의 존폐를 둘러싼 공산주의와 자본주의의 차이였을 뿐 동일하게 모두 '국가 과잉'의 유형에 속했다. 그러나 1980년대 이래 중국 사회주의는 시장화되고, 동아시아의 자본주의 사회들은 민주화의 길을 걸었다. 그 결과 공산주의와 자본주의의 긴장은 퇴조했고, 특히 1989년 이래 권위주의와 민주주의의 긴장—당이 곧 국가인 당국체제(黨國體制)와 정치다원주의 사이의 긴장—이 부상했다. 정치사회적 체제와 이념의 차이라는 긴장의 축이 새로운 형태로 치환되어 재충전된 것이다.

동아시아에 찾아온 탈냉전은 역사문제의 해체가 아니라 해빙(解氷)을 의미했다. 이념 담론이 해체된 공백을 역사 담론이 빠르게 메꾸었다. 냉전기에 동결되어 있던 역사적 상처에 대한 집단적 기억이 전면에 부상했다. 중국 사회와 국가가 난징학살 문제를 새삼 주목하고 이에 대한 역사담론이 활성화된 것은 1980년대에 들어서서였고 1990년대에 본격화되었다.[113] 한국의 시민사회가 '종군 위안부' 문제를 본격 제기할 수 있게 된 것도 1990년대 초의 일이었다.[114] 그런

---

113 일본군에 살해된 어린 자식을 부여안고 하늘을 향해 절규하는 어머니를 형상화한 거대한 조각상과 함께 난징 시내 한복판에 서 있는 '난징대학살기념관'(侵华日军南京大屠杀遇难同胞纪念馆)은 1985년 8월 15일 개관했으며, 그것이 오늘의 규모로 확장된 것은 1995년 8월 15일이었다(The Memorial Hall of the Victims in Nanjing Massacre: http://www.19371213.com.cn). 또한 난징학살에 대해 중국 사회가 인식하고 기억하는 모든 것을 집대성한 것은 장쑤인민출판사의 총 71책에 달하는 사료집인데, 그 출간은 2005년에서 2010년 사이에 진행되었다(張憲文 主編,『南京大屠殺史料集』第1冊-第71冊, 江蘇人民出版社, 2005-2010). 이 작업의 주편을 맡은 학자가 그 내용을 압축한 저서는, 張憲文 主編,『南京大屠殺史』, 南京大學出版社, 2014.

114 '일본군 위안부 문제'를 조사·연구하는 모임인 '정신대연구회'가 발족한 것은 1990년 7월이었다. 이 회는 군위안부 증언집인『강제로 끌려간 조선인 군위안부들』제1권을 1993년에, 제2권을 1997년에, 그리고 제3권을 1999년에 발간했다(한국정신대연구소·한국정신대문제대책협의회 엮음,『증언집: 강제로 끌려간 조선인 군위안부들 3』, 한울, 1999, 서문 참조). 재일교포 김일면이 종군 위안부 문제를 다룬 책을 일본어로 발간한 것은 1976년이었다(金一勉,『天皇の軍隊と朝鮮人慰安婦』, 三一書房). 1995년 연구서『從軍慰安婦』를 발간한 요시미 요시아키(吉見義明)는 일본 지식인사회에 충격을 준 사태로 1990년대 초에 한국에서 전개된 두 건의 상황을 언급했다. 1991년 12월 김학순(金學順)을 포함한 한국인 피해자 3인이 도쿄지방재판소에 일본 정부의 사죄와 보상을 요구하는 소송을 제기한 것, 그리고 그에 앞서 1990년 5월 노태우 대통령의 방일에

데 진보적 시민사회를 제외한 일본의 전후세대 일반은 제국일본의 침략전쟁과 반인류적 범죄들이 아시아의 다른 사회들에 남긴 역사적 상처에 대한 감수성을 가꿀 교육적 기회를 갖지 못했다. 그 결과 거의 반세기 동안 역사문제에 대한 고뇌를 면제받았던 일본 사회는 갑자기 활성화된 것처럼 보인 동아시아 다른 사회들의 역사담론과 생경하게 맞닥뜨려야 했다.[115] 탈냉전 초기에 일본 정치권과 사회는 일견 반성의 빛을 보이는 듯했다. 그러나 곧 냉전기에 어느덧 굳어진 자기정당화의 논리를 내세우며 역사반성과는 반대 방향으로 움직이

즈음해 한국 여성단체가 '정신대' 문제에 대한 사죄와 보상을 요구하는 공동 성명을 발표한 일이었다(吉見義明, 『從軍慰安婦』, 東京: 岩波書店, 1995, pp.2-3). 이를 계기로 군위안부 문제에 천착한 요시미 요시아키는 1992년 1월 일본 방위청 방위연구소 도서관에서 "일본군이 군위안소 설치를 지시한 공문서"로서 "인멸을 면한 6점의 증거"를 발견하고 이것을 신문에 발표한다(『朝日新聞』, 1992. 1. 11; 吉見義明, 1995, p.5). 이와 함께 일본 시민사회 일각에서도 군위안부 문제에 대해 본격적인 연구와 발언을 시작했다. 스즈키 유코의 작업이 대표적이다(鈴木裕子, 『朝鮮人從軍慰安婦』, 東京: 岩波ブックレット, 1991; 『「從軍慰安婦」問題と性暴力』, 未來社, 1993). 니시노 루미코의 연구서도 이 무렵 발간되었다(西野留美子, 『從軍慰安婦』, 明石書店, 1992). 한국정신대연구소의 피해자 증언집이 일본어로 번역 출간된 것은 1993년이었다(韓國挺身隊問題對策協議會·挺身隊硏究會編, 『証言—強制連行された朝鮮人軍慰安婦たち』, 明石書店, 1993). 요컨대, 전쟁범죄로서의 일본군 '종군 위안부' 문제는 한국의 시민사회가 1991년 피해자 증언과 함께 이 문제를 제기한 이후, 일본의 일부 진보적 지식인들이 본격 연구하고 발언하면서 이에 관한 역사담론이 국경을 넘어 확산될 수 있었다. 중국 난징에 있는 '눈물의 거리'(泪滴一條路)에 '일본군 위안소'였던 건물이 역사 기념관(南京利濟港慰安所舊地陳列館)이 되어 문을 연 것은 2015년이었다.

115 다카기 겐이치 변호사의 지적대로, 냉전 붕괴는 사할린 잔류 한국인 문제를 포함한 모든 전후보상 문제가 분출되는 효과를 낳았다. 더욱이 동아시아의 여러 나라에서 탈냉전이 국내정치 민주화와 함께 진행되면서 정부의 의사와 무관하게 각 사회의 전쟁범죄 피해자들이 목소리를 낼 수 있게 된 것도 작용했다. 그래서 냉전구조가 무너지면서 "전후보상 문제는 마침내 일본의 국민적 과제로 떠올랐다"는 것이다. 그는 이렇게 덧붙였다. "미국의 아시아정책의 비호하에서 정치생명을 유지해 온 전전(戰前) 이래의 일본 지배층은 역사와 정면으로 대좌하지 않으면 안 되게 된 것이다. 이제는 아시아에 대해 속임수가 통하지 않게 되었다"(다카기 겐이치, 1995, 26쪽).

기 시작한다.

 냉전기에 그나마 일본 안에서 역사반성의 맥을 지탱하던 진보적 이념 정당들이 탈냉전과 함께 약화되고 마침내 해체의 길을 걷게 된 것도 문제를 악화시켰다. 제국일본의 역사 범죄에 집단적 책임을 느껴야 할 이유를 더욱 납득하지 않는 세대가 어느덧 일본 사회의 중심을 차지하면서, 오늘날 「평화헌법」마저 폐기하려는 아베 정권의 정치적 저변을 이룬다. 이 역사문제는 영토분쟁과 결합해 중일 양국 간의 소통을 더욱 방해하지만, 한일 두 사회 간의 소통도 방해한다. 결국 한중일 삼국 사이 소통의 선순환을 억지하는 장치가 된다.

 재충전된 지정학적 긴장은 중국대륙의 동해안선을 따라 형성되어 있는 '동아시아 대분단선'의 접점들에서 영토 문제와 직결된 군사적 긴장으로 발전하고 있다. 정치사회적 체제와 이념에서의 치환된 긴장은 이제 '진정한 민주'와 '문명'의 기준에 대한 정의를 둘러싼 또 다른 담론의 전쟁을 수반하면서, 중국과 미일동맹을 양축으로 하는 양극화된 군사동맹 질서의 존재이유를 이념화하고 도덕적으로 포장하는 역할을 한다. 여기에 더해 활성화된 역사심리적 간극의 긴장은 동아시아 대분단체제의 정신적 폐쇄회로를 구성한다.

 이 정신적 폐쇄회로는 탈냉전 후의 세계에서 과거 각 사회에서 공산주의와 반공주의를 대신해 중요한 정치적 이념 자원으로 새롭게 떠오른 민족주의와 결합하는 양상을 보인다. 역사적 기억의 정치가 더 치열해지는 측면이 있는 것이다. 중국은 경제성장이라는 업적주의가 한계에 직면할 수 있고, 공산주의가 지녔던 이념적 자원의 역할도 크게는 해체 상태에 있다고 할 수 있다. 중국 권력엘리트는 대체 이데올로기 개발의 숙제를 안게 되었다. 제국주의 타도, 즉 "치욕의 세기"를 종식시켰다는 것은 중국 공산당의 유서 깊은 정통성의 주요 기반이었지만, 그것이 상대적으로 더 큰 중요성을 갖게 된 것은 특히 1990년대 이래 공산주의라는 이념이 퇴장한 사상적 폐허 위에서였다. 이 시기 이후 중국에서 이른바 '국치'(國恥, guochi)와 '무망'(毋

忘, don't forget) 담론이 "극적인 증가"를 보인다.[116]

한편 일본은 약 20년에 걸쳐 경제침체와 저성장사회의 현상으로 깊은 불안의식에 시달린 바 있고 아직도 그 후유증이 있다. 전통시대 이래 일본의 정치와 문화전통에 자리 잡은 '동아시아질서에서의 경계인적 의식'은 유서 깊다. 이러한 요인들은 대분단체제에 이미 내재한 역사심리적 간극의 정치화를 해소하기는커녕 더 심화시킬 가능성을 안고 있다.

미국 안에는 일본의 역사의식을 비판하는 목소리도 많다. 그러나 미국의 동아시아 전략의 기본은 어디까지나 일본과의 연합을 통해 중국대륙을 포함한 동아태 지역을 통제하고 경영하는 데에 있다.[117] 일본의 역사반성 거부로 인한 동아시아의 국가 간 긴장은 미국에게 한편으로는 부담스러울 수 있다. 그러나 기실 1990년대 후반부터 미일동맹체제 안에서 일본의 군사적 역할의 확대를 촉구하고, 일본의

---

116 Paul A. Cohen, *China Unbound: Evolving Perspectives on the Chinese Past*, London: RoutledgeCurzon, 2003, pp.148-149, p.166. 폴 코언은 1990년대의 '국치' 담론이 1915년 이래의 공화국 시대의 국치 담론과 가진 차이점도 지적한다. 1915년 이래의 공화국 시대에는 제국주의의 침탈에 대한 중국 정치체의 반응 능력의 결함에 대한 지적이 많았던 데 비해서, 1990년대의 그것은 제국주의에 저항하고 그것을 타도함으로써 국치를 씻어낸 (공산당 지도하의) 중국 인민의 과거 업적이 강조된다. 그래서 현재의 국치 담론에서 치욕은 1949년에 갑자기 사라진다는 특징이 있다(Cohen, 2003, pp.166-167). 폴 코언은 여기에 반영된 민족주의의 부활(resurgent nationalism)은 특히 1989년 톈안먼사태 이후 마르크스-레닌-마오이즘의 권위가 급속하게 퇴조하는 상황에서 덩샤오핑과 장쩌민을 비롯한 중국 지도부가 '애국 교육'을 통해서 민족주의를 공산주의 이념에 대한 대체 자원으로 선택한 점도 작용하고 있다고 지적한다(Cohen, 2003, p.167).

117 미국 정부 고위 관리들은 미국의 동아시아 전략에서 일본과의 동맹이 기축이라는 명제를 일상적으로 표명해왔다. 최근의 한 예로 미 국방장관 애슈턴 카터는 2012년 미국의 아시아 재균형 전략을 설명하면서 이렇게 말했다. "미일동맹은 무엇보다도 지난 50년간 아시아 태평양 지역의 평화와 안정의 초석(cornerstone)이었다"(Deputy Secretary of Defense Ashton B. Carter, "The U.S. Strategic Rebalance to Asia: A Defense Perspective," New York City, NY, Wednesday, August 01, 2012, http://www.defense.gov).

방위역할 강화와 국제공헌이라는 명분을 앞세우며 일본 보수세력의 「평화헌법」 개정 내지 실질적인 '해석개헌'을 국제 사회에서 정당화하고 뒷받침해온 것은 미국이었다. 미일연합에 기초한 아시아 대륙과 아태 지역 경영이라는 더 유서 깊고 근본적인 미국의 지정학적 대전략에서는 일본의 역사반성 거부로 인한 중일 간의 긴장유지 자체가 반드시 불편한 것만은 아니다.

1990년대 후반 이후 일본의 역사인식의 경직화가 일본의 군사적 역할 확대를 바라는 미국의 희망과 긴밀히 결부되어 있었다는 사실은 동아시아 대분단체제 내부의 다차원적 긴장의 상호작용이라는 측면에서도 주목할 점이다. 이 시기는 한반도의 소분단체제가 북한 핵과 미사일 문제로 긴장된 시점이었으며, 타이완 독립문제로 타이완해협에서 중국 미사일이 발사되고 미국 해군이 중국과 대치하는 상황이 벌어지면서 미일동맹과 중국대륙의 지정학적 긴장이 부각되기 시작한 시기였다. 이 무렵 일본의 역사인식이 미국의 원격지원을 받으며 보수적 원점으로 회귀하고 있었던 것은 우연이 아닐 수 있다.

8. 일본 역사문제와 동아시아질서의 딜레마

'동아시아 대분단체제'의 정신적 폐쇄회로로 기능하는, '일본의 역사문제'로 상징되는 동아시아질서 안의 역사심리적 간극을 해소해나가는 것이 한국인을 포함한 동아시아인 모두의 절실한 숙제라는 점은 누구라도 부정하지 않을 것이다. 이것이 동아시아 대분단체제라는 질서의 전체 구조의 핵심 요소이자 그 전체를 감싸는 정신적 폐쇄회로라는 사실은 그것이 단순한 역사문제에 그치지 않음을 말하는 것이다. 이 폐쇄회로를 해체하는 실마리를 찾기 위한 전제는 그것의 현실적이며 논리적인 구조를 이해하는 것이다. 이 정신적 폐쇄회로는 두 가지의 딜레마로 구성되어 있다고 생각된다.

첫째는 '반성하지 않는 일본'(unrepentant Japan)이라는 문제의 구조적 조건에 관한 것이다. 이 문제는 분명 일본이라는 특정 사회의 역사적 자기성찰 능력의 미성숙을 표현한다. 그런데 문제는 일본 사회의 반성적 역사의식의 미성숙이 미일동맹의 문제를 포함한 동아시아 대분단체제의 속성과 깊은 관계가 있다는 사실이다. 전후세대 일본인들 개개인의 역사적 감수성 부족의 차원에 머물지 않고 대분단체제 자체의 속성과 직결된다는 점이 동아시아 역사문제의 첫 번째 딜레마인 것이다.

이로 인해 동아시아 역사문제는 두 번째 딜레마에 봉착한다. 그것은 '반성을 거부하는 일본'과 그것을 변화시키기 위한 외부 압력이 동아시아 대분단체제 자체의 지속성에 던지는 문제다. 먼저 '반성하지 않는 일본'은 그것 자체로서 동아시아 대분단체제를 지속시키는 중대한 요소임이 분명하다. 그러므로 대분단체제의 해체를 위해서는 일본의 역사의식 전환이 필수적이고 이를 위한 일본 안팎의 요구와 압력은 불가피하다. 문제는 현재와 같이 동아시아 다른 사회들의 국가권력이 주체가 되어 일본에 대해 행사하는 정치외교적 압박 위주의 대화 방식은 대분단체제를 해체시키는 데 기여하기보다는 오히려 그 지속을 보장할 위험성도 안고 있다는 사실이다. 바로 이 딜레마가 동아시아 대분단체제가 내장(內藏)하고 있는 정신적 폐쇄회로의 실체라고 생각한다.

이 정신적 폐쇄회로를 뚫어낼 열쇠의 단초는 일본 내부에 존재하는 평화 지향의 시민정신의 존재이며, 그러한 일본 내면의 힘과 지혜롭게 소통할 수 있는 동아시아 다른 사회들의 능력 여하일 것이다. 문제는 중국과 한국을 비롯한 동아시아의 다른 사회들이 그러한 일본 내면의 힘과 만나고 그것을 격려함으로써 이 폐쇄회로를 극복해낼 수 있는 동아시아 차원의 최선의 대안적인 대화 방식을 찾아낼 수 있을 것인가다.[118]

---

118 이 자폐적 회로에서 출구의 실마리를 어디에서 찾아야 할 것인가를 다소

가라타니 고진(柄谷行人)은 전후 일본의 역사의식에 남아 있는 '초자아'적인 내면으로부터의 반성의 힘을 주목했다.[119] 특히 2010년 대 들어 미중 간 갈등이 표면화되고 한반도 핵문제가 악화되면서 그 전에는 수면 밑에 잠복한 듯했던 동아시아 대분단체제의 실루엣이 중국과 국제 사회 사이의 경제적 상호의존의 심화에도 불구하고 오히려 수면 위로 떠오르는 것처럼 보이기 시작한다. 이런 상황과 맞물려 아베 신조 정권이 성립한 이래 다른 동아시아 사회들은 일본 내면의 평화 지향의 힘은 과연 이미 형해만 남은 「평화헌법」을 그나마라도 지켜내는 힘으로 지속될 수 있을지를 우려스럽게 지켜보는 중이다. 그 힘은 일본의 역사반성을 성숙시키는 유의미한 힘으로 커질 수 있을까.

언급할 필요를 느낀다. 가능한 출구에 관련한 필자의 생각은 대분단체제의 해체에 기여하는 일본의 반성은 결국 다른 국가권력들의 압박으로 강요될 수 있는 것이 아니라 일본 사회 내면의 자발성에 기초한 것이어야 한다는 사실에서 출발한다. 역사 반성을 촉구하는 노력은 폐기될 수 없다. 다만 가해자 사회의 진정한 반성을 견인해낼 수 있는 역사대화 방식을 찾아야 한다. 가해자 사회에서도 양식 있는 시민들의 다수가 공감할 수 있는 역사대화의 양식은 두 가지 원칙에 기초할 때 가능하지 않을까 생각한다. 첫째, 역사에 대한 책임 추궁과 반성 촉구의 문제를 '국가 간 외교'(inter-state diplomacy) 중심의 방식으로부터 '사회 간(社會間) 대화'(inter-social dialogue)가 중심이 되는 역사대화 방식으로 전환하는 것이다. 역사대화에서 정부 간 외교를 배제하는 것이 아니라, 그 외교가 사회 간 비정부적 대화에 엄정하게 기초하도록 하는 것이다. 둘째, 20세기 동아시아에서 벌어진 많은 침략전쟁과 전쟁범죄들 가운데 특정한 시기 특정한 사회에 의해서 행해진 범죄들에 한정하지 않고, 이 시기 동아시아에서 전개된 모든 침략전쟁과 가공할 전쟁범죄들을 역사대화의 주제로 포용하는 보다 보편주의적인 접근을 배려하는 것이다. 이에 대한 보다 자세한 논의는 이삼성, 「동아시아의 질서와 평화: 천하체제, 제국체제, 대분단체제」, 〈네이버 열린연단〉 서울, 2015.1.10; 이삼성, 「3·1운동 후 100년 동아시아의 초상: 나라의 없음과 과잉, 그리고 제국과 대분단체제를 넘어」, 대통령직속 정책기획위원회 주최 '3·1운동 및 임시정부수립 100주년 기념 국제세미나,' 상하이 그랜드밀레니엄호텔, 2019.4.11.

119 가라타니 고진, 조영일 옮김, 『네이션과 미학』, 도서출판 b, 2009, 123-127쪽.

분명하게 생각되는 것은 동아시아 대분단체제의 정신적 측면인 역사심리적 간극의 폐쇄회로를 뚫어내는 진정한 힘이 주변국가들의 정치권력이 주도하는 정치외교적 압박이 아니라 일본 사회 안으로부터 나오지 않으면 안 된다는 점이다. 가라타니가 말하는 일본인의 '평화주의적 초자아'가 지속하고 더 성장할 수 있도록 주변 사회들은 어떻게 함께 노력해나갈 것인가. 그것은 이 시대 동아시아 사회들에게 주어진 공동의 숙제이지만, 우리야말로 지금 그 새로운 시작을 더 치열하게 모색하지 않으면 안 될 시점이라고 믿는다.

　(2019)

제6장

3 · 1운동 후 100년 동아시아의 초상
나라 없음과 나라 과잉, 그리고 제국과 대분단체제를 넘어서[1]

1. 제국의 시대에 나라 없음의 문제

1919년 한반도 전역에서 전개된 3·1운동을 배경으로 그해 4월 11일 상하이에서 대한민국 임시정부가 설립되었다. 한국의 독립운동가들이 이 도시에 임시정부를 세운 것은 당시 상하이가 표상하는 바가 있었기 때문이다. 미완의 공화주의 혁명이었던 1911년의 신해혁명은 3,000년 넘는 유서 깊은 왕조시대를 끝내고 새 시대를 열었다. 하지만 낡은 질서는 하루아침에 해체되지 않았다. 진정한 공화주의 혁명은 좌절되고 그 혁명의 상당 부분은 낡은 시대의 지배세력에 납치되었으며, 베이징은 그 세력의 중심으로 남아 있었다. 상하이도 그 혼란과 당혹의 시대를 투영하고 있었지만, 근대적인 사회계층 성장의 중심지였던 이 도시는 공화주의 혁명의 복권을 주도하려 하거나 러시아혁명에 자극받아 전혀 새로운 사회를 지향하는 젊은 세대

---

1 이 글은 2019년 4월 11일, 대통령직속 정책기획위원회가 3·1운동 및 임시정부 수립 100주년을 기념해 중국 상하이에서 개최한 국제세미나 '1919년 동아시아, 대전환을 꿈꾸다'에서 필자가 행한 '마무리발제'를 원문 그대로 전재한 것이다. 이 글에는 '나라 없음'과 '국가'에 관한 한나 아렌트의 정치철학을 주목하고 있는데, 이 주제에 대한 필자의 상세한 논의는 다음 논문을 참조해주시기를 바란다. 이삼성,「한나 아렌트의 정치철학에서 국가와 그 너머」, 김홍우 외,『정치사상과 사회발전: 이홍구 선생 미수 기념 문집』, 중앙books, 2021, 448-496쪽.

중국인들의 심장이 약동하고 있었다.

그 시대 동아시아는 제국체제라고 부를 수 있는 질서 속에 있었고, 상하이는 그 질서의 한복판에 놓여 있었다. 제1차 세계대전으로 유럽에서는 제국들이 해체되었지만, 동아시아에서는 미국과 일본이라는 신흥 제국들을 포함한 제국들의 위상이 더욱 강화된 제국체제가 작동하고 있었다. '동아시아 제국체제'란 미국을 포함한 서양의 여러 제국과 일본제국이 중국 주변의 동아시아 약소사회들을 식민지화한 후 이 식민지배를 발판으로 삼아 중국대륙을 하나의 거대한 반식민지로 공동 경영하는 질서를 가리킨다.[2]

치외법권과 조계지로 상징되는 그 시대 상하이의 반식민지적 상황은 근대 동아시아의 슬픈 초상이다. 제국과 식민지가 만나는 상하이에서 동양과 서양이 만나고, 근대와 전근대가 교차했다. 그리고 무엇보다 동아시아 여러 사회에서 흘러든 새 사회와 새로운 동아시아 질서를 향한 꿈들이 이 도시에 고이며 자라나고 있었다.

도쿄는 서양세력과 연합해 중국을 경영하는 제국의 심장부이자 식민지권력의 거점으로서 현재의 권력과 그 팽창을 추구하는 제국

---

2 필자는 '제국의 시대'와 '제국체제'를 구별한다. 우선 필자가 말하는 '제국의 시대'는 세계질서의 주도 국가들이 지구의 다른 사회들의 대부분을 식민지 혹은 반식민지로 지배하는 기간으로서 대체로 19세기 후반에서 20세기 중엽까지가 해당된다. 그런 의미에서 에릭 홉스봄이 1차 대전에서 끝나는 것으로 본 '제국의 시대'와도 다르다. 한편 '제국체제'는 한 지역 안에서 그 안의 모든 사회가 제국 아니면 식민지 혹은 반식민지로 양극화되어 병존하는 구조를 가리킨다. 유럽 안에서 대부분의 사회들이 제국과 식민지로 구획된 상태를 뜻하는 '유럽 제국체제'는 제1차 세계대전의 결과로 유럽 안의 식민지 사회들이 독립하면서 종언을 고했다. 그러나 제2차 세계대전의 시점에서도 영국과 미국을 포함한 참전국들 대부분은 유럽 바깥에서 여전히 식민지를 거느린 제국들이었다. 따라서 2차 대전 또한 "제국의 시대에 제국들 사이에 벌어진 전쟁"에 속한다. 동아시아의 경우는 동아시아의 대부분 사회가 제국과 식민지 또는 반식민지 상태로 구획되기에 이르는 청일전쟁 이후 1945년까지의 시기를 중국 중심의 전통적인 천하체제를 대체한 질서로서의 '동아시아 제국체제' 국면으로 정의한다.

1919년 3월 서울에서 전개한 만세시위.

적 사유의 중심이었다면, 상하이는 사회에 관한, 그리고 사회들과 나라들 사이의 관계에 대한 새로운 이상과 꿈들이 만나는 곳이었다. 거대한 사회를 대표하는 도시였지만 동시에 식민지 혹은 반식민지의 처지에 놓인 사회들의 목소리를 담아 낮은 곳으로부터 사유하는, 한편으로 자기에 관한 절망에 신음하면서도 다른 한편으로 미래에 대한 열망으로 용트림하는 도시였다.

이 상하이에서 임시정부 수립에 나선 한국인들의 행동을 추동한 것은 말할 것도 없이 조국 땅에서 전개된 3·1운동이었다. 러시아혁명의 레닌주의가 민족해방을 내세우고 미국 대통령 윌슨이 민족자결주의 구호를 내걸었지만 1차 대전을 계기로 동아시아의 제국체제는 더 공고해진다. 3·1운동은 1차 대전 후 오히려 안정성을 누리는 것처럼 보인 이 제국체제에 대한 동아시아 반제국주의 민중운동의 신호탄이었다고 할 수 있다. 3·1운동은 그 기원에서도 동아시아적 차원을 갖는 것이었다. 3·1운동은 국내적으로는 19세기 말 한국의 거대한 사회민중운동이었던 동학농민봉기의 연장선에 있었다. 동시

대한민국임시정부유적지(大韓民國臨時政府舊地)가 있는 상하이의 거리. ⓒ이삼성, 2019

에 3·1운동이 가진 공화주의적 요소는 분명 1911년 중국 신해혁명의 사상과 맥이 통하며, 더 멀리는 19세기 말에서 20세기 초의 몇 년간에 걸쳐 필리핀 민중이 2만여 명의 전투원 전사자와 25만 내지 많게는 무려 75만 명으로 추정되는 민간인 희생을 낳으면서,[3] 미국 식민주의를 상대로 전개한 독립전쟁 과정에서 보인 공화주의적 행보와도 연결된다.[4] 당시 본격적인 파시즘화에 앞서서 일본제국의 심장

---

3 데이비드 핼버스탬이 파악한 바에 따르면, 필리핀전쟁에서 필리핀 군인 사망자는 2만, 민간인 사망자는 25만 명에 달했다(David Halberstam, *The Coldest Winter: America and the Korean War*, New York: Hyperion, p.111). 크로스토퍼 클라크가 파악한 규모는 훨씬 컸다. 필리피노 희생자 수는 50만 명에서 75만 명에 달했다는 것이다(Christopher Clark, *The Sleepwalkers: How Europe Went to War in 1914*, New York: HarperCollins, 2013, pp.151-152).

4 미국의 식민주의에 저항한 필리핀 독립운동의 공화주의적 성격과 함께 그 한계에 대해서는, Stanley Karnow, *In Our Image: America's Empire in the*

부에서도 성장하고 있던 대중민주주의 혹은 진보적 사상의 전파와 도 연결되는 것이었다.

3·1운동은 약육강식의 제국주의적 무력에 부당하게 빼앗긴 채 한 사회 전체의 집단적 굴욕과 노예화를 강요당한 상태로부터 나라를 되찾고자 하는 국권회복운동이었을 뿐만 아니라, 식민지 국가권력 의 폭력에 맞서 자각된 민중의 근대적 인권운동이었다. 온 세상이 제 국이 아니면 식민지 혹은 반식민지로 구획되고 차별화된 세상에서 인간이 권리를 갖는다는 것은 개인들이 집단적 주체를 구성하는 자 신의 '나라'를 갖는다는 것과 불가분했다. 제국의 시대에 제국은 문 명과 질서의 담지자를 표상했으며, 식민지 혹은 반식민지의 인간은 미개인(未開人)과 동일시되는 가운데 각종 권력적 및 문화적 장치에 의해서 집단적으로 일반적인 시민권의 밖에 놓이고 그만큼 비인간 화의 폭력에 쉽게 노출되는 구조였다.

1933년 나치스가 권력을 장악한 독일에서 유대인들은 시민권 을 박탈당하고 수용소에 갇히거나 난민으로 내몰렸다. 20세기의 가 장 위대한 정치철학자의 한 명인 한나 아렌트(Hannah Arendt)는 1933년 그렇게 난민이 된 유대인 여성이었다. 그 시대의 암흑에 대한 깊은 성찰을 담아낸 그녀의 주저 『전체주의의 기원』은 국가폭력의 가장 궁극적인 형태라고 할 '총체적 테러'를 포함해 '국가의 과잉'이 라는 문제에 대한 치열한 사유의 결정체다.[5] 하지만 이 작품에는 '나 라 없음'(statelessness)의 문제에 대한 아렌트의 깊은 고뇌와 성찰이 함께 담겨 있다는 것을 유념할 필요가 있다.[6] 한국인은 유대인만큼 오랜 세월은 아니지만 약 반세기에 걸쳐 나라를 상실했던 경험이 있

Philippines, New York: Ballantine Books, 1989.

5 이삼성, 「한나 아렌트의 인간학적 전체주의 개념과 냉전: 친화성과 긴장의 근거」, 『한국정치학회보』 제49집 제5호(2015년 겨울), 113-145쪽.

6 Hannah Arendt, *The Origins of Totalitarianism*, New York: Harcourt, Brace and Co., 1973(Originally 1951), pp.269-302; 이삼성, 『제국』, 소화, 2014, 499-500쪽.

으며, 3·1운동은 그 '나라 없음'의 상태를 넘어서고자 하는 처절한 몸부림이었기에 한국인들에게 '나라 없음'의 문제에 대한 아렌트의 사유는 특별한 울림을 준다.

아렌트에게 있어서, 제국의 시대의 인간에게 '나라 없음'은 기본적인 인간의 권리가 성립할 조건을 상실한 것을 의미했다. 나라 없음이란 우선 인간이 의미 있게 존재할 '장소'(a place)를 빼앗긴 상태를 말하는 것이었다. 자신의 의견을 경청하고 자신의 행동이 일정한 효과를 지닌 공간을 빼앗겼다는 뜻이다. 이 장소를 박탈당한 인간은 시민적 권리인 자유와 정의보다도 더 근본적인 권리를 이미 박탈당한 것을 의미했다. 그것은 또한 저마다 인간이 애틋한 소속감을 가진 공동체를 담는 그릇이 상실된 상태라고 할 수 있었다. 곧 "그 구성원에게 인간으로서의 권리를 부여할 의사가 있고 또한 그것을 보장할 수 있는 공동체의 상실"을 의미하는 것이었다. 아렌트는 구체적인 권리 상실 이전에 그 공동체의 상실로 인간이 직면하게 되는 위기의 중대성에 주목한 것이었다. 그녀가 보기에 그것이야말로 20세기 인권 문제의 가장 큰 위기이자 재앙이 자리했던 지점이었다. 나라 없음의 경험을 가진 민족의 구성원이었던 사상가만이 진지하게 마주할 수 있었던 주제였다고 생각된다.

아렌트는 더 나아가 "인권과 근대국가 사이의 긴밀한 의존관계"를 간파했다. 정치철학도 철학 일반과 마찬가지로 탈형이상학화될 수밖에 없었던 20세기에, 흔히 '천부적 인권'이라 일컫는 '자연법적 권리'는 처음부터 실존하는 권리가 아니라 정치사상일 뿐이었다. 인권의 사상을 현실역사에서 구현하는 공간은 도시국가든 광역적 영토를 가진 큰 사회든, 폴리스(polis)라는 정치공동체 안에서의 정치적 실천에 의해서만 가능한 것이었다.

그래서 아렌트는 전체주의를 포함한 억압적 국가권력에 대한 저항과 예방이 국가 자체를 초월함으로써 가능한 것이라고 생각하지 않았다. 인간 권리의 실존적 조건은 인간의 자발성 및 사유능력과 함께 공화국이라는 정치적 공간, 즉 폴리스 안에서 국가의 초월이 아닌 국가의 내적 변화를 향한 인간의 정치적 실천, 그리고 이를 위한 인간들 사이의 연대 속에 존재한다는 사실을 직시했다.

이 같은 아렌트의 사유는 제국의 질서에 음양으로 우호적인 많은 지식인의 논리와 차별성이 있다. 근대 이래 역사에 이름을 남긴 정치철학자들은 거의 예외 없이 제국 건설의 경험을 가진 큰 사회의 지식인들이었다. 이들과 달리 아렌트는 나라를 갖지 못했거나 또는 나라의 주인일 수 없었던 타자화된 민족 집단의 구성원이었고, 그러한 그녀에게 '나라 없음'의 문제는 자기 생의 체험에서 우러나온 것이었다. 그래서 '제국'과 '나라 없음'에 대한 그녀의 사유는 특별한 바가 있다.[7]

제국주의의 시대, 제국의 지식인들은 제국의 국가권력을 문명과 질서의 담지자로 규정하면서 약소민족들이 자신들의 자율적인 정치공동체를 구성할 필요성이나 정당성은 부정하는 경향이 있다. 한국을 식민지화하는 과정에서 일본제국의 지식인들이 제기한 논리는 "대한제국을 일본제국에 합병해 '하나의 큰 제국'을 이루어 두 민족이 더 큰 행복으로 나아갈 수 있다"는 것이었다. 그처럼 제국의 논리는 작은 정치공동체들을 크고 강한 국가권력에로 통합함으로써 마치 대동사회를 구현하고 나아가 '세계공동체'를 구성하는 것처럼 포장한다. 모든 사회가 저마다 독립적인 정치공동체를 갖는 것은 불필요할 뿐 아니라 갈등과 전쟁의 원인이 되어 평화에 방해가 된다는 논리로까지 확장되곤 한다.

제국의 논리는 큰 것으로의 통합이 곧 평화라고 단순화하지만, 실제 역사에서 강한 사회들이 제국을 건설하고 그것을 유지하는 과정

---

7 아렌트는 국가폭력의 결정체라고 할 전체주의 체제의 역사적 기원의 하나로 '제국주의'를 주목한 가운데, 대영제국이 아프리카에서 식민지배의 수단으로 동원한 비밀경찰을 포함한 관료주의와 인종주의를 그런 맥락에서 깊게 논의했다.

은 전 지구적 차원에서의 끊임없는 전쟁과 폭력의 과정이었다. 크고 작은 다양한 정치공동체들이 힘의 강약을 떠나서 저마다 자율성을 존중받으며 공존할 때 그것이 진정한 평화이며, 그러한 평화 속에서 인류 문명이 더 발전하고 풍부해질 수 있다는 것을 제국의 옹호자들은 부정한다. 그들은 크고 강한 사회들의 국가권력은 문명과 질서의 표상이라고 숭배하는 한편, 작은 사회들의 국가는 국가폭력의 주체로서만 존재하는 것처럼 폄하하고 타기(唾棄)하는 데 열중하는 경향이 있다.

2. 전후 세계에서 제국과 나라의 의미 유전(流轉)

제2차 세계대전의 종결과 함께 '공식적인' 제국의 시대는 종언을 고했다. 동서 양 진영 모두에서 '민족해방'과 '독립국가'가 개념적 시민권을 획득한 전후 질서에서 '제국'은 더 이상 문명과 질서의 표상은 아니었다. 세계대전과 대학살과 파괴의 표상으로 바뀌며 '더러운 말'로 추락했다. 그러나 탈냉전과 세계화와 함께 세계의 지성사적 풍토는 다시 뒤집어졌다. 미국이 유일 초강대국으로서 신자본주의적 세계경제를 주관하고 어느 때보다 자유롭게 전쟁을 수단으로 세계질서를 규율하게 되자, 영미권과 일본처럼 과거 제국 건설의 역사적 경험을 가진 큰 사회들의 지적 담론에서는 20세기 말 이래 '제국 개념의 도덕적 복권' 현상이 풍미하게 된다.

제국은 더 이상 폭력과 제노사이드의 대명사가 아니었다. 20세기 전반기 제국의 시대에 그랬던 것처럼 문명을 표상하며 세계 질서를 담지하는 질서표상의 지위를 다시 누리게 된 것이다. 서양과 일본의 제국주의에 의해 1세기에 걸친 반식민지화의 비극을 경험해야 했던 중국에서조차도 21세기 들어 분명해진 국력 팽창과 함께 제국담론이 번성하기에 이르렀다. 아울러 전통시대 중국 중심의 지역질서를 표상했던 '천하'의 개념이 일부 지식인들에 의해 재가공되어 바람직한 미래 세계질서를 표상하는 개념으로 재활용되는 지적 상황이 연출되고 있다.

20세기 좌우 이데올로기를 앞세운 전체주의의 시대적 경험과 민족청소와 같은 극단적인 국가폭력의 경험은 인류가 국가를 주로 폭력의 주체로서 사유하게 만들었다. 국가폭력에 주목하는 사유들은 흔히 국가 자체에 대한 비판으로 나아간다. 국가에 대한 비판은 때로 "제국적 질서에 대한 긍정과 옹호"로 귀결되기도 했다.

'제국'은 다시 "문명과 질서의 표상"으로 부활했고, 이와 함께 약소민족 사회들의 작은 정치공동체들, 그들의 국가와 그 구성인자로서의 민족은 존재이유와 존재근거를 부정당하는 지적 풍토가 형성되었다. 제국은 질서의 담지자로 남아야 하고, 국가는 사라지고 있거나 사라져야 할 존재로 치부되는 것이었다. 이 말은 실제로는 큰 사회의 국가권력은 제국화하는 것이 자연스럽고 심지어 바람직하며, 반면에 작은 사회들이 구성한 작은 정치적 공동체들의 자율성은 쉽게 희생되어도 좋다는 이야기가 되고 만다. 서방 여러 나라에서 발원한, 주로 작은 국가들을 대상으로 한 '국가 주권'의 희화화(戱畫化)는 이들 사회 안에서의 '정치'와 정치적 실천의 의의와 위상에 대한 경시(輕視)로 이어지곤 한다.

그러나 세계화로 인해서 국가들은 사라지는 것이 아니다. 특히 제국 건설의 경험을 가진 큰 사회들의 국가권력은 더욱 사라지지 않는다. 20세기의 한복판에서 한나 아렌트가 고뇌했던 것처럼, 이상적 철학으로서의 인권이 아닌 현실에 존재하는 역사로서의 인권은 초역사적으로 존재하는 것이 아니다. 세계질서 안에서 많은 경우 그가 속한 민족이 집단적인 정치적 자율성을 가진 폴리스를 구성하고 있었는지 아니면 '나라 없음'의 상태에 놓여 있었는지에 따라서 인간 권리의 실존적 조건이 달라지는 것이었고, 오늘의 시점에서도 그것은 크게 다르지 않다.

역사는 제국의 사이클에 다름 아니며 국가는 사라져도 무방한 존재단위라는, 세계화 시대에 광범하게 유포된 관념은 정치공동체의 단위를 근대의 산물로 간주하는 서양사 중심의 관념이 광범하게 존재하는 것과 관련이 깊다. 그런데 근대국가가 근대의 산물인 것은 맞지만 국가가 근대의 산물은 아니다. 그리스 도시국가 시절부터 국가 혹은 "공화국"(republic)은 정치철학의 불변하는 핵심 주제였으며, 이는 미래에도 근본적으로는 변치 않을 것이다. 국가와 그 안에서의 정치의 문제를 "역사적 한시성"을 띤 것으로 간주하고 국가 초월의 주장에 힘을 실으면 국가권력의 민주적 재편성과 그 심화를 위한 부단한 정치적 참여와 실천이야말로 우리가 영원히 감당해야 할 숙명이자 의무라는 사실을 외면하게 된다. 이 함정을 경계하지 않을 수 없다.

미셸 푸코를 인용하지 않더라도 인간의 실존적 조건은 도처에 미만한 권력 관계의 거미망이라는 것을 인정해야 한다. 그 권력의 거미망으로부터 인류가 일거에 해탈할 수 있는 혁명의 마법은 존재하지 않는다. 그 권력의 거미망을 어떻게 하면 보다 수평적이며 민주적인 관계망으로 전환시켜나갈 것인가. 이를 위한 부단한 고뇌와 투쟁이 요구된다는 것, 그것이 우리가 기꺼이 감당해야 할 운명임을 인정하는 데에서 세계와 국가에 관한 우리의 사유는 출발해야 한다. 이런 점에서 우리가 추구하고 긍정할 것은 오로지 권력의 대형화나 제국화가 아니다. 근본적으로 중요한 것은 개별사회 안에서나 세계질서에서나, 크고 작은 정치공동체의 자율성이 힘의 관계에 비례하기보다는 인류가 공감하는 공동의 가치와 함께 다양성과 다원성에 대한 존중에 바탕을 두어야 한다는 것이다.

3. 전후 동아시아질서와 한반도 국가의 초상(肖像)

제국의 시대에 인류는 역사상 가장 참혹한 시대를 살아내야 했다. 그 시대의 한복판인 20세기 전반기에 벌어진 두 차례의 대전과 그 과정에서 전개된 일련의 제노사이드는 1억에 가까운 인간의 생명을 앗아갔고 그 숫자보다 더 많은 사람의 행복을 유린했으며, 인간과 인간, 사회와 사회 사이의 연대와 신뢰를 파괴했다. 주로 유럽을 무대로 전개된 제1차 세계대전은 전사자 1,000만 명을 포함한 전투 중 사상자 3,000만 명을 낳았으며, 여기에 민간인 희생자 700만 명이 추가되었다. 500만의 여성들이 남편을 잃었다.[8] R.J. 럼멜 교수의 통계에 따르면, 제2차 세계대전은 전사자만 약 2,900만 명에 달했고, 전쟁 기간 제노사이드를 포함한 민간인의 희생은 1차 대전 때의 세 배에 달하는 2,100만 명을 넘었다.[9] 또 다른 학자의 통계에 따르면, 2차 대전 중 인명 희생은 훨씬 더 많아서 최대 7,500만 명에 달했다.[10]

동아시아의 제국체제는 그 출발점이었던 청일전쟁 기간에 뤼순(旅順)에서 비무장 중국인 6만 명에 대한 일본군의 학살과[11] 함께 막이 올랐다. 이후로 이 질서에서 제국의 폭력은 크고 작은 제노사이드를 수반했지만 특히 1937년에서 1945년 기간에 집중되었다. 이 기간에 아시아·태평양 지역에서 일본의 침략 전쟁이 수반한 희생은 무수한 전상자(戰傷者) 이외에도, 비무장 포로나 민간인을 일본군이 학살한 숫자만 600만 명에 달했다. 그 대다수인 3분의 2는 중국인의 희생으로서, 비무장 민간인 260만 명을 포함해 400만 명에 달했다.[12]

---

8   Ian F. W. Beckett, "Total War," in Arthur Marwick, Clive Emsley, and Wendy Simpson(eds.), *Total War and Historical Change: Europe 1914-1955*, Buckingham: Open University Press, 2001, p.30.

9   R.J. Rummel, *Death by Government*, New Brunswick: Transaction Publishers, 1994, pp.111-112.

10   Milton Leitenberg, "Deaths in Wars and Conflicts between 1945 and 2000," Matthew Evangelista(ed.), *Peace Studies: Critical Concepts in Political Science*, Volume I, London: Routledge, 2005, p.94.

11   "A Japanese Massacre: The World's War Correspondent Reports a Butchery at Port Arthur, A Three Days' Reign of Terror," *New York World*, December 11, 1894; 藤村道生, 『日清戰爭: 東アジア近代史の轉換點』, 東京: 岩波新書, 1973(2007), p.132. 미국 언론보도를 포함해 이 학살사태에 관한 중국 측 서술은, 宗澤亞, 『淸日戰爭』, 北京: 北京聯合出版公司, 2014, pp.353-377.

동아시아 제국체제가 기본적으로 중국대륙 주변 사회들에 대한 식민지화를 발판으로 반식민지 중국에 대한 보다 폭력적인 경영과 침략으로 발전해가는 구조였던 데에서 기인하는 것이었다.

전체적으로 보면, 총력전으로 불린 두 차례의 대전에서 이웃 사회들 사이의 상호 파괴와 살상, 그리고 전대미문의 반인류적 범죄들은 동아시아보다 유럽에서 더 웅장한 스케일로 벌어졌다고 말할 수 있다. 그러나 제국의 시대는 유럽에서보다 전후 동아시아에 더 치명적인 역사적 유산을 남겼다. 그것은 유럽과 동아시아에 구축된 전후 질서가 근본적인 차이가 있었기 때문이다.

전후 유럽의 냉전체제는 전전의 역사적 상처를 치유하는 제도적 장치로 작용했다. 북대서양조약기구와 바르샤바조약기구라는 유럽 냉전의 제도들은 서독과 나머지 서방 사회들을, 그리고 동독과 나머지 공산권 사회들을 제각각 하나로 묶는 초국적 이념공동체를 구성하는 장치였다. 그 장치 속에서 독일 전체와 세계의 나머지 전체는 전전의 역사적 상처들을 치유할 수 있었다.

반면에 전후 동아시아의 비극은 내전을 통해 중국 민중이 선택한 대륙의 사회주의 정부와 전후 세계의 패권국가로 자리 잡은 미국이 이념적 차이를 넘어서는 평화적 공존을 위한 역사적 선택을 가꾸어내는 데 실패하면서 출발했다. 이 실패는 이후 동아시아 역사에 치명적인 구조적 결과를 낳았다. 그 실패는 곧 분단 한반도의 내전적 갈등과 결합하면서 미중 사이의 직접적인 폭력적 대결로 발전했다. 이후 중국대륙과 미일동맹이 대분단의 기축을 구성하고, 이 분열된 기축과 연결되어 한반도·타이완해협·인도차이나에 세 개의 소분단체제들이 고착화되었다. 대분단의 기축은 소분단체제들과 상호작용하

---

12 R.J. Rummel, 1994, pp.111-112. 2015년 중국 상하이의 '상해외어빈도'(International Channel Shanghai, ICS)가 방영한 약 100분 분량의 다큐멘터리 「東京審判」(The Tokyo Trials)은 1947년 본격화된 중일전쟁으로 인한 전사자(戰死者)를 포함한 중국인 희생자 수를 최대 3,500만 명까지로 추산했다.

며 하나의 전체를 이루는 질서, 곧 '동아시아 대분단체제'라 부를 수
있는 역사적 현실을 구성하기에 이르렀다. 특히 중국대륙과 미일동
맹 사이에는 지정학적 긴장, 정치사회적 체제와 이념의 차이의 긴장,
그리고 제국체제의 폭력에 뿌리를 둔 역사적 상처가 치유되기보다
응결(凝結)됨으로써 굳어진 역사심리적 간극에 의한 긴장이 존재했
다. 이 세 차원의 긴장이 중첩되고 상호작용하면서 대분단체제의 지
속성을 보장했다.[13]

대분단체제의 동아시아 사회들은 전전의 제국체제하에서 상실했
던 국권을 회복하지만, 이제 다른 극단으로 치달았다. 저마다의 방식
으로 '국가의 과잉'이 문제가 되었다. 나라 없음이 문제였던 한반도
에는 이제 나라가 넘쳐났다. 한반도의 중복된 국가들은 상쟁했다. 전
쟁의 폐허 위에서 북녘에서는 과잉한 민족주의와 국가주의가 결합
한 채 주체사상이라는, 집단적 주체는 있으나 개인의 영혼이 박제된
사상을 낳으며 '국가의 과잉'을 뒷받침했다. 남녘에서는 일본 제국
주의가 남기고 간 파시즘의 유산이 전쟁의 유산과 결합하면서 그것
대로 국가의 과잉을 실현했다.

동아시아 공산권 사회들은 국가가 인간에 대한 '총체적 지배'를
추구하는 전체주의의 역사적 경험을 치러야만 했고, 한국·타이완·
필리핀·인도네시아 등 미국과 동맹한 동아시아의 탈식민 사회들은
거의 한결같이 반공파시즘의 시대를 연출했다. 전체주의도 반공파
시즘도 정치권력이 진리를 지배하려 들면서 개인의 영혼의 자율성
을 포함한 인간적 가치들을 부차화하는 절대 국가이념을 구축하려
시도한다는 점에서, 그리고 그러한 시도를 인민해방 혹은 자유라는
아름다운 이름으로 정당화하려 한다는 점에서 닮은꼴이었다.

전후 한반도가 경험한 국가들은 인권의 구성자이기는커녕, 상쟁

---

13 이삼성, 「전후 동아시아 국제질서의 구성과 중국: '동아시아 대분단체제'
의 형성과정에서 중국의 구성적 역할」, 『한국정치학회보』 제50집 제5호(2016년
12월), 163–189쪽.

하는 이데올로기와 권력의 화신으로서 야만의 구현자였다. 서로 피 흘리며 싸우는 중복된 나라들과 그 과잉은 3·1운동에 나선 한국인들이 염원하며 찾고자 했던 나라와는 거리가 먼 것이었다. 결국 적어도 남녘에서는 국가권력의 민주화를 위한 민중의 봉기가 연이어 전개되었고, 그 열망과 투쟁이 감당해야 했던 희생은 1980년 5월 광주에서 절정에 달했다. 5월의 희생은 비극이었지만, 그 희생과 투쟁에 의해서 한국인들은 경제발전의 업적을 앞세운 군사독재에 대해 갖고 있던 이중적인 태도를 비로소 청산할 수 있었다. 반공파시즘 권력에 대한 숭배와 거부가 공존하는 태도로부터 군사독재에 대한 전면적 비판과 총체적 거부로 전환한 것이다. 그 전환에 의해서 3·1운동과 4·19의 전통을 잇는 또 하나의 전국적인 민중 봉기가 1987년 6월에 가능했고, 그것이 오늘의 한국 민주주의의 출발이었다.

한국에 마침내 민주주의는 실현되었지만, 100년 전 식민지 권력에 항거해 3·1운동에 나선 수백만의 한국인들이 열망했던 '새로운 나라'를 향한 지난 한 세기의 여정은 아직 끝나지 않았다. 우리 모두에게 세 가지의 숙제가 남겨져 있다. 하나는 북녘땅을 포함한 한반도 전체의 민주주의, 둘째는 나라가 중복되어 상쟁하는 현 상태를 넘어서 지속 가능한 한반도 평화체제를 건설하는 것, 그리고 셋째는 「3·1독립선언문」이 말했듯 "(민족과 나라들 사이에) 과감하게 오랜 잘못을 바로잡고 진정한 이해와 공감을 바탕으로 사이좋은 새 세상을 여는 것"(果敢으로써舊誤를廓正하고眞正한理解와同情에基本한友好的新局面을打開함), 즉 동양 평화에 기여하는 일이다.

불행 중 다행은 이 세 과제가 하나로 연결되어 있다는 점이다. 북한체제의 근본적 변화는 풀뿌리 자본주의에 의해 내면에서 이미 시작되었다. 북한 핵문제의 평화적 해결을 위한 대화와 남북경제공동체 형성 노력은 북한의 내면적 변화를 가장 확실하게 촉진할 것이다. 북한의 잔존하는 전체주의적 장치들을 단번에 파괴할 수 있는 군사적 방도란 없다. 군사적 방도의 추구는 북한의 전시체제를 지속시킴으로써 잔존하는 전체주의의 생명력을 지속시킬 뿐이다. 북한 사회의 근본적 변화를 가져올 힘은 북한 내부에 있다.

사실 북한은 김정일 시대인 2001년부터 비록 '글라스노스트' (гла́сность, 자유언론을 포함한 자유화)는 누락된 것이긴 했지만 나름의 페레스트로이카(перестро́йка, 경제재건)를 추구했다. 이를 위해 북한이 노력한 북미관계 개선과 북일관계 개선은 미국과 일본 쪽의 사정으로 번번이 좌절되었다.[14] 핵무장국가 북한의 완성이라는 오늘의 사태가 결코 북한이 바라던 최선이었다고 단정할 수 없는 이유의 하나다. 그러한 지체에도 불구하고 북한 내면에서 진행된, 그리고 김정은 시대에 들어 더욱 촉진되고 있는 시장화와 그것이 초래한 일정한 사회적 다원성의 잠재력, 외부세계와의 접촉과 교류가 가져올 정보봉쇄 체제의 점진적 해체. 그러한 변화의 조건들은 한반도 평화체제의 구축에 의해서 뒷받침될 때 북한 인권문제의 평화적 해결의 지속가능한 조건이 될 것이다.

그런 의미에서 한반도 평화체제 건설은 한국에게 진정한 국가안보 전략이요, 북한 전체주의의 잔재를 가장 효과적으로 해체해 인권문제를 해결해나갈 인간안보 전략이며, 또한 그것은 동아시아 대분단체제의 해체에 결정적으로 기여할 수 있는 동아시아 공동안보의 열쇠다. 그러므로 북한 핵문제의 평화적 해결을 위해서 우리가 걷는 길은 한반도 평화와 동시에 북한 민주주의, 그리고 나아가 동양평화를 열어가는 열쇠로서 일석삼조가 아닐 수 없다. 3·1운동 100년을 기념하는 오늘 우리 어깨에 놓여 있는 짐은 분명 무겁기 짝이 없다. 그러나 그 모두를 감당하기 위해 우리가 걸어야 할 이정표가 분명하다는 것은 차라리 축복일 것이다.

그처럼 한국이 동양 평화에 기여하는 기본이자 첩경은 한반도 평화체제의 구축임은 분명하다. 그렇다고 해서 한반도 평화가 동아시

---

14 와다 하루키, 남기정 옮김, 『북한 현대사』, 창비, 2014, 269-277쪽.

아 평화로 직결된다는 뜻은 아니다. 동아시아 대분단체제는 여전히 우리 곁에 있다. 그것은 존속할 뿐 아니라 한반도 평화를 향한 남북 모두의 열망을 제한하고 무력화할 수 있는 장치로 작동할 수 있다.

4. 동아시아의 역사대화 방식의 전환을 위해

동양 평화에 우리가 기여한다는 것은 이러한 대분단체제 너머의 동아시아를 꿈꾸고 동아시아의 다른 사회들과 그 꿈을 공유하며 그 실현을 위해 우리가 할 수 있는 일을 찾는 것이다. 지정학적 긴장의 해체에 우리가 기여하는 길은 말할 것도 없이 핵문제의 평화적 해결을 통해서 비핵화된 한반도 평화체제를 구축하는 것이다. 이것은 현재의 양극화된 군사동맹의 질서에 대한 의존을 줄이면서 동아시아 공동안보로 나아가는 첫걸음이 될 것이다.

한반도의 평화체제 구축을 동아시아 공동안보로 연결하는 구체적 고리의 하나는 한반도 비핵화의 동북아시아적 심화라고 할 수 있다. 한반도와 일본열도를 영구적 비핵무기지대로 협약하고 주변 핵보유국들이 이를 존중하면서 동아시아에서 그들 핵무기의 역할을 제한하고 줄여나가는 질서, 즉 동북아시아 비핵무기지대를 구성하는 것을 뜻한다. 그것은 아세안 국가들이 이미 협약해 실천하고 있는 동남아시아 비핵무기지대와 결합해 동아시아 공동안보의 초석이 될 것이다.

이러한 변화를 향한 중대한 조건의 하나는 이 대분단체제의 정신적 폐쇄회로로 기능하는 역사심리적 간극의 긴장을 해소해나갈 실마리를 찾는 일이다. 이를 위해서는 그 정신적 폐쇄회로의 현실적이며 논리적인 구조를 이해할 필요가 있다. 이 정신적 폐쇄회로는 두 가지의 딜레마로 구성되어 있다고 생각된다.

첫째는 '반성하지 않는 일본'(unrepentant Japan)이라는 문제의 구조적 조건에 관한 것이다. '충분히 반성하지 않는 일본'이라는 문제는 분명 일본이라는 특정 사회의 역사적 자기성찰 능력의 미성숙을 표현한다. 그런데 문제는 일본 사회의 반성적 역사의식의 미성숙이 미일동맹의 문제를 포함한 동아시아 대분단체제의 속성과 깊은 관계가 있다는 사실이다. 전후세대 일본인들 개개인의 역사적 감수성 부족의 차원에 머물지 않고 대분단체제 자체의 속성과 직결된다는 점이 동아시아 역사문제의 첫 번째 딜레마인 것이다.

이로 인해 동아시아 역사문제는 두 번째 딜레마에 봉착한다. 그것은 '반성하지 않는 일본'과 그것을 변화시키기 위한 외부 압력이 동아시아 대분단체제 자체의 지속성에 던지는 문제다. 먼저 '반성하지 않는 일본'은 그것 자체로서 동아시아 대분단체제를 지속시키는 중대한 요소임이 분명하다. 그러므로 대분단체제의 해체를 위해서는 일본의 역사의식 전환이 필수적이고 이를 위한 일본 안팎의 요구와 압력은 불가피하다. 문제는 현재와 같이 동아시아 다른 사회들의 국가권력이 주체가 되어 일본에 대해 행사하는 정치외교적 압박 위주의 역사대화방식은 대분단체제를 해체시키는 데 기여하기보다는 오히려 그 지속을 보장할 위험성도 안고 있다는 사실이다. 바로 이 딜레마가 동아시아 대분단체제가 내장하고 있는 정신적 폐쇄회로의 실체라고 생각된다.

이 자폐적 회로에서 출구의 실마리는 어디에서 찾아야 할 것인가. 대분단체제의 해체에 기여하는 일본의 반성은 결국 다른 국가권력들의 압박으로 강요될 수 있는 것이 아니라 일본 사회 내면의 자발성에 기초한 것이어야 한다. 역사반성을 촉구하는 노력은 폐기될 수 없다. 다만 가해자 사회의 진정한 반성을 견인해낼 수 있는 역사대화방식을 찾아야 한다. 가해자 사회에서도 양식 있는 시민들의 다수가 공감할 수 있는 역사대화의 양식은 두 가지 원칙에 기초할 때 가능하지 않을까 생각한다.

첫째, 역사에 대한 책임 추궁과 반성 촉구의 문제를 '국가 간 외교' (inter-state diplomacy) 중심의 방식으로부터 '사회 간 대화'(inter-social dialogue)가 중심이 되는 방식으로 전환하는 것이다. 역사대화에서 정부 간 외교를 배제하는 것이 아니라, 그 외교가 사회 간 비정부적 대화에 엄정하게 기초하도록 하는 것이다.

둘째, 20세기 동아시아에서 벌어진 많은 침략전쟁과 전쟁범죄 가운데 특정한 시기 특정한 사회에 의해서 행해진 범죄들에 한정하지 않고, 이 시기 동아시아에서 전개된 모든 침략전쟁과 가공할 전쟁범죄를 역사대화의 주제로 포용하는 보다 보편주의적인 접근을 배려하는 것이다.

이를 염두에 두면서 동아시아의 각 사회 정부들이 구성에 참여하고 함께 재정적으로 지원하되 그 활동에 개입하지 않는 '진실과 화해를 위한 동아시아 역사 연구위원회'(East Asian Historical Research Committee for Truth and Reconciliation), 줄여서 '동아시아역사위원회'라고 부를 수 있는 제도와 규범을 구성할 수 있을 것이다.[15] 이 역사위원회의 목적과 활동은 크게 두 가지를 생각할 수 있다.

첫째, 20세기에 동아시아에서 발생한 모든 침략전쟁과 가공할 전쟁범죄의 진실규명과 최선의 화해 방안을 논의하는 학술적인 연례포럼을 주관한다. 포럼에는 동아시아인들은 물론이고 세계인 모두가 일정한 객관성의 기준을 갖춘 학술적 발표자로서 참여할 수 있도록 한다. 다만 국가나 단체의 대표로서가 아니라 인간 개인의 자격으로 참여하도록 한다.

둘째, 동아시아역사위원회는 그 같은 연례 학술포럼 이외에 동아시아에서의 사회 간 역사대화를 촉진하기 위한 다양한 활동을 지원할 수 있도록 한다.

이 역사위원회는 그처럼 '다사회간'(多社會間) 학술적 대화와 의견 수렴을 촉진하는 데 집중하고 한정한다. 이 연구위원회의 활동

---

15 동아시아역사위원회의 인적 구성은 나라별로 "회원 수가 가장 많은 역사학회"들이 각 사회를 대표하는 위원들을 추천해 구성하는 방법을 생각할 수 있다.

의 결과로 얻어진 진실규명과 최선의 화해 방안 논의를 관련 국가와 사회들의 역사반성과 화해 조치를 구하는 외교적 활동으로 연결하는 일은 별도의 정부 간 협의체가 담당하도록 한다. 이를테면 '역사화해를 위한 동아시아 정부 간 협의회'(East Asian Intergovernmental Council for Historical Reconciliation)를 구성하는 것이다. 이 협의체가 준수할 제일의 활동 원칙은 위원회의 논의 결과에 전적으로 기초해야 한다는 것이다. 제2의 원칙은 반성과 화해의 조치를 권고하되 강요하지 않는다는 것이다. 강제적 구속력을 전제하지 않는다는 뜻이다. 다만 이 위원회의 학술포럼들을 통한 역사대화 노력에 기초해 동아시아 사회들을 대표한 위원들의 다수가 공감하는 권고는 가해자 사회에 의해 수용되기까지 지속되는 것을 원칙으로 삼는다.

한편 인도(人道)에 관한 국내법과 국제인권법에 기초한 각 사회의 사법부의 역할은 국가와 무관한 것은 아니지만 정치권력자의 임의적인 외교적 행동과는 구분되는 것이라 할 수 있다. 그러므로 역사적 범죄의 피해자들이 사법적 정의를 구하면서 작동하는 각국 사법부의 역할은 국가 주도의 역사문제 해결방식과 사회 간 역사대화 방식의 중간을 구성하는 것으로 볼 수 있다. 그런 점에서 강제노동이나 전시 여성의 성노예화 범죄 등과 관련한 각국 사법부의 역할은 존중되어야 한다. 다만 동아시아 역사문제의 해결에서 각국 사법부의 최선의 기여 방식, 그리고 그러한 사법부의 판단 근거로 될 국제인권법의 발전 방향은 모두 '동아시아역사위원회'에서 열린 토론의 주제가 될 수 있을 것이다.

이렇게 동아시아 역사대화의 방식을 전환하는 것은 역사의 반성 문제를 국가권력들 간의 직접적인 정치적 대립의 문제로부터 한 걸음 분리시킨다는 것을 의미한다. 국가권력이 주도하는 역사대화 방식은 각 사회의 민족주의적 정서와 결합해 과도하게 정치화되거나 때로는 정치권력의 필요에 따라 무원칙한 침묵 또는 정부 권력들 간의 자의적인 타협을 낳기도 한다.[16] 침략전쟁과 전쟁범죄의 문제에 관련해 그 역사와 미래지향적 규범을 지속적으로 논의하는 동아시아 사회들 공동의 협력을 제도화하는 모델을 구축할 때, 국가권력 중심 역사문제 접근이 피하기 힘든 '역사와 기억의 정치화'의 함정을 피하면서 각 사회의 마음에서 우러나는 반성과 화해를 촉진할 수 있는 가능성이 열릴 것이라고 생각한다.

5. 맺는말

한반도 남단의 섬에서도 멀리 남쪽으로 떨어진 '이어도'는 거대한 암초다. 기후가 온건한 평상시에는 보이지 않는다. 심한 파도가 쳐야만 비로소 자신을 드러내기에 '파랑도'(波浪島)라는 별명으로 불린다. 탈냉전과 함께 경제적 상호의존이 심화된 이후의 동아시아 대분단체제는 이를테면 이어도 같은 것이다. 보통은 잘 드러나 보이지 않지만 어느 순간 대분단의 골격이 실체를 드러내면서 잠재적 위험성을 현실화시킬 수 있다.

2007년 봄에 쓴 한 논문에서 필자는 "미국의 동아시아 해양패권과 중국의 국력 팽창이라는 두 객관적인 지정학적 현실은 '의식적이고 체계적인 외교적 노력 없이는' 내재적인 상충 요인들로 인해 한국을 포함한 다른 동아시아 국가들의 평화를 위협하는 긴장의 구조를 발전시킬 수 있다"고 지적했었다.[17] 아울러 같은 무렵 쓴 또 다른 글에서 필자는 경제적 상호의존과 경제공동체의 제도들은 그것 자체

16　한국의 박근혜 정부는 '일본군 위안부' 문제에 대한 일본 정부의 책임 인정과 진정한 사과가 없는 한 한일 간 협력은 없다는 다소 극단적인 태도로 역사문제를 오래 거론했다. 그러나 2015년 12월 28일 박근혜 정부는 전시 성노예 피해자들의 의사나 사회적 논의에 대한 고려 없이 갑자기 아베 정부와 '일본군 위안부 한일 합의'를 전격적으로 타결했다. 역사문제에 대한 국가권력 중심의 과도한 압박과 동시에 무원칙한 정치적 타협의 폐해를 대표하는 사례였다.
17　「21세기 동아시아의 지정학: 미국의 동아태 지역 해양패권과 중미관계」, 『국가전략』, 제13권 제1호(2007년 봄), 10-11쪽.

로 평화를 보장하지 않으며 안보영역에서 구체적인 어젠다를 중심으로 공동안보의 구성을 향한 진지하고 체계적인 노력이 필요함을 역설했었다.[18]

당시만 해도 미국 부시 행정부 대외정책의 초점은 9·11의 여파 속에서 남아시아와 중동에서의 대테러전쟁에 집중되어 있었으며, 미중관계는 긴장보다는 대테러전쟁을 위한 연합의 측면이 두드러져 보이기까지 했었다. 2001년 중국의 세계무역기구(WTO) 가입 이후 심화된 중국과 세계 사이의 경제적 상호의존은 미국과 중국 사이의 무력 충돌의 가능성을 비현실적인 일로 치부하게 만들었다. 그러나 부시 행정부가 북한과 중동 불량국가들에 의한 대량살상무기(WMD) 위협을 명분으로 삼아 미사일방어 구축을 본격화하기 위해 러시아와 1972년에 맺었던 탄도미사일방어제한협정(ABM Treaty)을 파기한 것은 중국이 핵전력의 다변화와 현대화를 촉진하도록 이끌었다. 필자가 2007년 논문에서 지적한 '동아시아 대분단선'의 지정학적 요충들에서 중국의 팽창하는 영토적 자아정체성과 미일동맹 사이의 긴장 발전은 2010년을 전후한 시기부터 오키나와 해역의 센카쿠(댜오위다오)열도와 남중국해에서 현실화되기 시작했다.

현대 국제정치학에서 고전이 되어 있는 작품 『결정의 본질』(*Essence of Decision*)의 저자인 그레이엄 앨리슨은 2017년에 출간한 『예정된 전쟁』의 첫머리에서 이렇게 말했다. "중국과 미국은 양측이 전쟁을 회피하기 위한 어렵고 고통스런 행동들을 취하지 않는다면 현재로서는 전쟁으로 가는 충돌코스 위에 서 있다."[19]

2010년을 전후한 시기부터 대분단체제는 전보다 좀더 뚜렷한 실루엣을 드러냈지만, 앞으로도 이 실루엣은 때때로 경제적 상호의존

---

18 「동아시아: 대분단체제와 공동체 사이에서」, 『민주주의와 인권』, 제6권 제2호(2006), 5-50쪽.

19 Graham Allison, *Destined For War: Can America and China Escape Thucydides's Trap?*, Boston: Houghton Mifflin Harcourt, 2017, p.vii.

이라는 외양에 가려서 시야에서 거의 사라지는 경우도 있을 것이다. 그렇다고 그것이 존재하지 않는 것은 아니다. 이 거대한 암초가 어느 순간 강풍에 떠밀리며 동아시아의 일견 평화스러운 일상을 깨뜨리기 전에 새로운 동아시아를 위한 비전과 실천이 구체화되어야 한다.

우리에게 당면한 숙제는 말할 것도 없이 무엇보다 우리 자신의 문제인 한반도 핵문제의 평화적 해결이다. 그러나 이와 함께 동아시아 사회들이 좀더 치열하게 동시적으로 지혜를 모아야 할 과제들이 있는 것도 사실이다. 대분단체제의 동아시아를 넘어서기 위한 구체적인 어젠다를 공동으로 개발하고 실천하는 노력의 필요성이 절실해지고 있다. 그 가운데 우리가 피할 수 없는 출발점의 하나가 이 질서의 정신적 폐쇄회로로 작용하고 있는 역사문제의 해소를 위한 보다 의식적이고 체계적인 공동의 모색일 것이다.

1919년 3·1운동과 임시정부 수립에 나섰던 한국인들이 100년 후의 우리에게 던지는 질문과 숙제는 분명 동아시아 역사문제의 본질과 직결되어 있다. 식민지 및 반식민지 민중들의 탄식과 절망이 지배하던 시대에 독립을 넘어 크고 작은 사회들이 평화롭게 공존하는 동아시아를 꿈꾸었던 그분들의 이상을 생각하면서, 지금 여전히 또 다른 맥락에서 꿈결에서 나누는 이야기처럼 들릴 수 있는 생각이지만 함께 공유하며 미래 역사의 씨앗이 될 수 있도록 그 꿈과 이상을 함께 키워나갈 수 있기를 소망한다.

(2019)

제7장

제주도, 또 하나의 발칸 혹은 동아시아의 제네바[1]

1. 글머리에

냉전 종식 후인 1990년대 말부터 미국은 21세기 군비경쟁의 새로운 총아로 등장한 미사일방어를 본격 추진하기 시작했다. 이에 중국은 2000년을 전후한 시점에서 미국에 명백히 경고한 대로 자신의 핵전력 현대화를 추진했다. 그 '성과'는 2010년을 전후해 분명해졌다. 미국의 동아태 해상패권은 위기에 직면하게 되었고, 동아태 지역에서 미국의 대응 또한 본격화했다. 미국은 미사일방어 개발을 더욱 가속화하는 한편 북한 핵을 명분 삼아 동아태 지역 전반에서 해상 전략핵 및 전술핵 활동을 대폭 늘리려 하고 있다.

남중국해의 경우는 아세안 국가들이 비핵무기지대를 건설하기 위해 노력한 덕분에 이 바다에서 핵군비경쟁의 파고는 높지 않다. 지역 국가들에 의해서 통제되고 있고 중국과 러시아도 이에 협력하는 분위기다. 그러나 동중국해는 다르다.

거기에 한국은 제주도의 군사화라는 섶을 지고 불에 뛰어드는 형

---

1 이 글은 2018년 3월 24일 제주도의회 대회의실에서 열린 '제주 4·3항쟁 70주년, 평화의 섬 실현을 위한 토론회'(주제: 핵 잠수함 들어온 제주, 우리는 무엇을 할 것인가, 강정 성프란치스코평화센터 주관, 제주 4·3 70주년 기념사업위원회 등 공동주최)에서 필자가 초청연사로서 「동아시아의 핵군비경쟁과 제주도의 미래」라는 제목으로 '주제발표'한 내용 가운데 일부를 발췌한 것임을 밝힌다.

국을 보인다. 제주 해군기지도, 장차 건설된다고 하는 제주공군기지
도 한미동맹이라는 장치를 통해서 미국에게는 보난자(bonanza)가
되고 있다. 그러나 중국에게 그것은 비수(匕首, dagger)에 다름 아니
다. 우리는 어떻게 해야 할까. 제주도의 미래는 어떻게 사유되고 추
구되어야 할까.

2. 21세기 동아시아의 핵군비경쟁

중국과 러시아는 미국이 1998년 북한의 대포동 미사일 발사를 이
유로 국가미사일방어체제 구축을 공식화할 때부터 미국에게 강력한
경고를 보냈다. 이들도 미사일방어체제 구축을 위한 나름의 노력은
하겠지만 무엇보다 군사과학에서 뒤떨어지는 이 나라들의 선택은
미국의 미사일방어망을 뚫고 그것을 무력화시킬 수 있는 다종화된
핵전력 강화일 수밖에 없었다. 2001년 독일의 민간 평화군축 비정부
기구가 중국의 군사전문가들과 함께 상하이에서 개최한 국제평화회
의에 필자도 초청을 받아 참석한 바 있다. 그 회의에서 중국 측 발표
자로 나선 중국 군사전문가들은 미국이 미사일방어체제 구축을 강
행한다면 중국이 미국을 타격할 수 있는 핵전력을 기존의 10배로 늘
릴 것이며, 그 정도의 경제적 자원은 중국이 충분히 갖고 있다고 역
설했던 기억이 지금도 생생하다. 미국은 러시아의 반발도 중국의 경
고도 물론 개의치 않았다. 북한 핵문제와 테러리즘 등을 포함한 여러
명분을 내세우며 미사일방어체제 구축을 추진해갔다.

미국은 유럽에서 미사일방어체제를 구축하는 명분으로 이란 등
중동으로부터의 위협을 앞세워왔다. 동아시아에서 일본 등 동맹국
과 함께 미사일방어체제를 구축하는 것에 대해서는 대포동 미사일
등 북한 핵과 미사일 위협을 애당초의 명분으로 삼았고, 그 후 지금
에 이르기까지도 공식적으로 그 입장을 견지해왔다. 러시아와 중국
은 이를 액면 그대로 받아들이지 않았다. 러시아도 중국도 미국의 미

사일방어 발전으로 자국의 핵전력이 무력화될 위험을 줄이기 위해 핵전력 현대화에 박차를 가했다. 2015년 푸틴은 40기의 새로이 현대화된 대륙간 탄도미사일(ICBM)을 갖추겠다고 선언하기도 했다.

중동을 빌미로 삼은 미국의 유럽 미사일방어(Missile Defense, MD)에 러시아가 반응하는 것처럼, 북한을 빌미로 한 동아시아에서의 미사일방어는 중국의 반응을 불러왔다. 미국이 북한의 대포동 미사일 발사를 명분으로 본격적인 동아시아 지역 MD를 거론할 때부터 이미 예정되어 있던 일이다.

2000년 한 중국 관리는 이렇게 말했다. "중국의 최대 우선과제는 경제발전이다. 그러나 미국이 방어망을 구축한다면 미국은 무슨 문제에 대해서든 우리를 협박하고 마음 놓고 공격도 할 수 있다. 중국은 그런 사태를 막아야 한다. 미국의 방어망을 파괴해야 하는데, 이것은 막대한 돈이 든다. 우리는 정말 그렇게 하고 싶지 않다."[2] 그 후 미국은 북한 핵과 미사일 프로그램을 명분으로 동아시아 MD 구축을 추진했고, 중국은 경고했던 대로 핵전력 현대화를 실행에 옮겼다.

중국 핵전력은 2000년대 들어서 ICBM 등 전략핵의 현대화와 함께 중거리급 핵전력에서 현저한 질적 다변화와 양적인 성장을 보였다. 이러한 변화는 특히 2010년을 전후로 해서 가시적으로 확인되었다. 특히 중거리급 핵전력에서 중국이 이룩한 성장은 동아태 지역에서 미국의 해상패권과 일본 안보에 대한 중국의 점증하는 도전을 대표한다. 미국은 중국의 중거리급 핵미사일과 첨단 재래식 정밀타격 미사일들로부터 동아시아의 미군기지들과 일본을 방어한다는 명분으로 지역 미사일방어 확대를 서둘러왔다. 이것이 오늘날 동아시아 대분단 기축관계(미일동맹과 중국관계)에서 고도화되고 있는 군비

---

2 Erik Eckholm, "China Says U.S. Missile Shield Could Force an Arms Buildup," *The New York Times*, May 11, 2000. 이 2절에서 제시된 정보들의 근거문헌은 생략하며, 다음의 책에 기록되어 있음을 밝힌다. 이삼성, 『한반도의 전쟁과 평화: 핵무장국가 북한과 세계의 선택』, 한길사, 2018, 제3장 참조.

경쟁의 한 본질이다. 사드(THAAD) 문제는 이런 맥락에서 동아시아 대분단의 기축관계의 긴장과 한반도 소분단체제의 긴장을 직결하는 고리이자, 그것을 심화하는 중요한 현상이기에 주목할 필요가 있다.

중국이 4-5메가톤급 핵탄두를 장착하고 1만 2,000킬로미터를 날아 미국 본토를 공격할 수 있는 ICBM인 DF-5를 개발배치한 것은 1981년이다. 중국의 핵전략 자체는 매우 절제된 것이었다. 1964년 10월 처음 핵실험에 성공한 이래 중국의 핵전략은 핵 선제공격 배제(no-first-use, NFU)에 기초한 '확증 보복'(assured retaliation)이었다. 핵무기 보유 숫자도 '최소 억지'(minimum deterrence) 개념을 벗어나지 않았다.

그러던 중국 군부 안에서 전략개념 수정 논의가 일어난 것은 1987년이었다. '제한적 억지'(limited deterrence) 개념이 그것이다. 알래스테어 존스턴은 중국이 말하는 '제한적 억지'가 제2차 공격능력(보복능력)뿐만 아니라 재래식 공격에 대한 핵 선제공격능력까지도 포괄하는 공세적인 핵전략이라고 이해한 바 있다.

그러나 1990년대 말 중국 내 전략가들은 중국에서 제시된 '제한적 억지' 개념은 근본적으로 '보복 공격' 원칙을 벗어나지 않는 것임을 강조하는 글들을 발표하기 시작한다. 이들에 따르면, 중국의 '제한 억지' 전략은 미국의 전략핵무기들이 더욱 정확한 탄도미사일 및 크루즈미사일로 진화하고, 또한 전략적 미사일방어체제 구축이 추진되는 새로운 상황에서 유사시 중국의 유효한 보복 공격능력을 확보하기 위한 것에 다름 아니라는 것이었다. 이를 위해 중국은 한편으로 자신의 핵무기체계를 미국의 선제타격으로부터 보호해 그 생존률을 높이기 위한 노력을 기울이고 있는데, ICBM 기지의 은폐 및 이동식화, 그리고 해상발사탄도미사일(SLBM) 시스템의 개발배치 등에 투자해왔다는 것이다. 또 다른 한편으로는 미국의 미사일방어망을 성공적으로 침투하는 핵무기 체계(다탄두 체계화와 가짜 탄두장

베이징 톈안먼 앞에서 열린 제2차 세계대전 일본 항복 70주년 기념 퍼레이드에서 군용차량에 탑재된 DF-5.

치 장착)를 개발함으로써 그것을 무력화하는 능력을 향상시키려 노력했다.

중국이 미국의 미사일방어망을 뚫고 미국 본토를 공격할 수 있는 추가적인 ICBM 건설을 추진한 것은 2005년에 이미 미 국방부 보고서에 나타나 있다. 미국의 미사일방어체제 건설에 대한 대응의 일환으로 중국은 DF-31A ICBM과 같이 더 발전된 이동식 대륙간탄도탄 핵무기체계(mobile ICBM systems)를 개발하기 시작한 것이다.

미 국방부는 2015년 중국의 ICBM은 약 50-60개라고 추산했다. 사일로 시스템인 DF-5와 고체연료를 이용하고 도로 이동형(road-mobile)인 DF-31과 DF-31A가 있다. DF-31A는 사정거리가 1만 1,200킬로미터여서 미 대륙의 대부분을 타격할 수 있다. DF-5는 1981년부터 배치되어 있었지만, 2015년 4월에 공개된 이 국방부 보고서는 DF-5가 이제는 현대화되어 다탄두체계(multiple-independently targetable re-entry vehicle, MIRV)를 장착하고 있다고 밝혔다. 중국이 실전 배치한 ICBM 일부가 다탄두체계로 현대화된 사실을 미국 정부가 처음으로 밝힌 것이어서 주목받았다. 미국·

중국의 SLBM을 탑재한 핵추진 잠수함 JIN-Class SSBN.

러시아·영국·프랑스로 국한되었던 'MIRV 보유 클럽'에 중국이 합류했음을 미 국방부가 처음으로 인정한 것이었다.

중국은 또한 고체연료를 사용하고 이동이 가능하며 미사일 하나에 10기의 핵탄두를 장착한 가운데 세계 최장거리인 1만 4,000킬로미터의 사정거리를 갖는 새로운 다탄두 핵미사일체계를 개발했다. DF-41이 그것이다. 중국이 DF-41을 개발 및 시험한 것은 2010년대 초로 알려져 있다. 2012년 8월 중국 공산당 기관지의 하나인 『환구시보』(环球时报, *The Global Times*)는 중국이 다탄두 ICBM 체계를 개발하고 있다는 사실을 처음 보도했다. 『제인스 디펜스 위클리』(*Jane's Defense Weekly*)가 2012년 7월에 DF-41을 시험발사했다고 밝혔는데, 『환구시보』는 시험발사 사실은 부인했지만, 중국이 새로운 다탄두 ICBM을 개발하고 있다는 사실을 처음 인정한 것이었다.

중국은 또한 SLBM을 탑재한 핵추진 잠수함을 갖기에 이르렀다. JIN-Class SSBN이 그것이다. SSBN은 탄도미사일 탑재 핵추진 잠수함을 가리킨다.[3] 이것은 사정거리 7,400킬로미터인 JL-2 SLBM을

---

3 SSBN은 'Submersible Ship, Ballistic-missile, Nuclear-powered'의 첫 글자들을 결합한 것이다. 그래서 '탄도미사일을 장착해 발사할 능력을 갖춘 핵추진 잠수함'을 가리킨다.

탑재할 것으로 예상되고 있었다. 2015년에 네 대가 취역했고 한 대가 건조 중이었다. 미 국방부는 이로써 중국이 처음으로 실질적인 장거리 해상발사 핵전력을 갖게 된 것으로 파악했다. 중국의 SSBN들은 남중국해에 면한 하이난섬(海南島)에 배치되는데, 중국은 2015년 처음으로 핵억지력을 가진 해군력을 보유하게 되었다고 평가된 것이었다. 중국이 이러한 핵추진 잠수함을 구축하게 된 것은 무엇보다 동아태 지역에서의 미일동맹의 해상패권에 대한 중대한 위협이다.

2015년 9월 미 국방정보국(DIA)은 JL-2 SLBM이 2015년 말까지는 실전배치될 것으로 전망했다. 이 미사일은 하와이 동쪽에서 발사되면 미국 본토의 50개 주 모두를 사정거리 안에 둔다는 점을 미 국방정보국은 다시 강조했다. 미 해군정보국(Office of Naval Intelligence, ONI)도 2015년 4월에 공개한 보고서에서 중국 해군이 JL-2 SLBM의 시험발사를 2012년에 이미 성공시켰다고 밝혔다. 이 새로운 미사일의 사정거리는 중국이 기존에 갖고 있던 SLBM에 비해 사정거리가 3배가 늘어난 것이라고 평가했다.

이제 중국은 미국 본토 공격이 가능한 핵억지력을 갖춘 채 상시 순시 능력을 갖추게 되었다. 미 의회가 설립한 '미중경제 및 안보 검토 위원회'(U.S.-China Economic and Security Review Committee)의 래리 워첼(Larry Wortzel)은 "중국의 해군력에서 하나의 이정표를 세운 것"이라고 밝혔다. 중국 해군지도부는 JL-2 SLBM이 중국의 해양권력에 갖게 될 의의를 "잠수함과 미사일의 결합"을 처음으로 실질적으로 이룩한 사실에서 찾았다. 그리고 이는 중국의 자랑이고 적에게는 공포가 될 것이라고 보았다. 미국은 2015년 5월에 발표된 중국의 『국방백서』가 중국 해군의 핵심 사명으로 '근해상 방위'(offshore waters defense)라는 과거의 역할에 더해 '공해상 방위'(open seas protection, 원양방위)를 추가했다는 사실을 주목했다.

요컨대 중국의 JL-2 SLBM 개발배치는 미국 본토에 대한 사정거리를 갖춘 잠수함발사핵미사일 시스템을 갖춘 것을 의미한다. ICBM

보다 적의 선제공격 시 생존력이 더 우수한 SLBM으로 자신의 핵억지력을 한 차원 높인 것이다. 이렇게 미국은 중국이 동아태 지역 공해상에서도 미국의 해상패권을 의미 있게 제한할 수 있는 중대한 도전을 제기한 것으로 인식하기에 이르렀다.

미 국방부가 파악하고 있는 중국의 탄도미사일 현대화의 특징을 요약한다면, 중국은 미국 본토를 타격할 수 있는 ICBM 다탄두 체계화 등을 포함해 생존력을 높이기 위한 현대화를 서두르고 있지만, 그 숫자는 '최소 억지' 독트린의 틀 안에서 대체로 유지되고 있는 것으로 파악된다. 반면에 중거리급 탄도미사일은 질적 현대화와 함께 양적 증가도 현저해 큰 주목을 받고 있다. 미 국방부는 중국의 전반적인 군사력 현대화의 일차적인 목적이 '단기간 고강도'(short-duration, high intensity) 지역전쟁을 수행하는 능력을 강화하는 데 있다고 본다. 타이완해협에서의 잠재적 전쟁을 준비하는 것이 여전히 중국의 군사적 투자의 초점이자 일차적인 동기라는 말이다. 그러나 동시에 전력 강화의 강조점이 타이완 이외의 다른 지역분쟁, 즉 동중국해와 남중국해에서의 비상사태에 대한 대비로 확장되고 있다는 데 미국은 주목한다.

미국은 중국이 동아시아에서 타이완 이외의 지역분쟁에서도 미국에 대응해 권력을 투사하며 미국의 접근을 차단할 수 있는 능력을 확장하는 데 집중하고 있는 것으로 인식하고 있다. 결국 동아태 지역에서 미일동맹이 견지하고 있는 해상패권과 그것의 토대인 동아시아 주둔 미 군사력의 안전, 그리고 미일동맹 자체의 근본 토대인 일본에 대한 미국의 안전보장을 위협할 수 있는 능력을 중국은 집중적으로 추구하고 있다. 이러한 중국의 노력에서 핵심적인 부분이 미사일전력이며, 공군전력과 "원양" 해군전력도 함께 거론되고 있는 것이다.

중국이 보유한 중장거리탄도미사일(IRBM) CSS-2는 액체연료를 쓴다. 그러나 중거리탄도미사일(MRBM) DF-21은 고체연료에 도로 이동형인 현대화된 시스템이다. 그래서 지역적 차원에서 핵억지력을 갖춘 것으로 미국은 평가하고 있다. 미국이 새롭게 주목하고 있는 또 다른 중거리급 탄도미사일에는 DF-1을 개량한 MRBM DF-21D가 있다. 이것은 사정거리 1,500킬로미터의 지대함 탄도미사일(anti-ship ballistic missile, ASBM)이다. 유도조작 가능한 탄두(maneuverable warhead)를 장착해 서태평양 지역 함정들을 타격할 수 있다고 미 국방부는 파악한다. 그래서 DF-21D는 '항모킬러'(carrier killer)로 불린다. 미 해군은 이 무기를 적어도 2009년부터 주목하기 시작했으며, 그것을 아태 지역 미 해상패권에 대한 중대한 위협으로 간주하고 있다.

2015년 9월 3일 중국의 70주년 전승절 군사퍼레이드 행사에 모습을 드러낸 탄도미사일에는 DF-21D와 함께 그것을 IRBM으로 개량한 DF-26도 포함되어 세계 언론의 주목을 받았다. 로이터통신은 DF-26이 괌을 비롯한 미국의 태평양 군사기지들을 위협할 수 있어서 "괌 킬러"(Guam Killer)로 불리고 있다고 지적했다. 2016년 CNN은 DF-26이 사거리 3,400마일(5,400킬로미터)에 달하는 IRBM임을 확인하면서 괌을 포함한 태평양상의 미군기지들을 타격할 수 있다고 지적했다. 그래서 중국이 이 무기를 바탕으로 태평양 지역의 다른 곳에서도 적극적인 권력 투사에 나설 수 있다는 미국의 우려를 낳고 있다고 했다.

이들 중거리급 탄도미사일들과 함께 주목받는 중국의 미사일들은 공대지 크루즈미사일(air-launched Land-Attack Cruise Missile, LACM)과 같은 장거리 정밀타격 미사일들이다. 이러한 위협적인 무기체계를 중국이 보유하게 된 것을 미 국방부는 지난 10년 사이에 일어난 가장 중대한 변화의 하나로 지목했다. 중국은 현재 오키나와와 괌에 배치된 미군기지들을 사정거리에 두는 정밀타격용 재래식 탄두를 장착한 미사일 1,200기를 보유하기에 이르렀다. 2005년 무렵까지는 타이완을 목표로 한 단거리 탄도미사일들을 주로 보유한 데 그쳤던 것과 크게 달라진 것이다.

중국의 미사일 능력 향상이 타이완문제를 넘어서서 동아시아 미군기지와 일본 본토에 대해 직접적이고 심각한 위협으로 인식되고, 그럼으로써 미국의 동아태 해상패권에 대한 중대한 위협으로 거론된 것은 적어도 2010년 무렵부터였다. 미 의회는 2000년에 '미중 경제 및 안보 검토 위원회'를 설치해 미중 양국 간 경제 및 무역 관계가 미국의 국가안보에 미치는 영향을 조사·분석해 매년 의회에 보고하도록 했다. 2010년 보고서는 처음으로 중국 공군력과 재래식 미사일 전력 팽창이 동아시아 미군기지들에 제기하는 점증하는 위협을 분석한 장(章)을 따로 마련했다.

그 장에서 이 보고서는 중국 공군과 미사일 부대가 이제는 동아시아 지역 미 공군기지 여섯 개 가운데 다섯 개를 적어도 일시적으로 폐쇄시킬 수 있는 능력을 갖게 되었다고 결론지었다. 문제는 중국 미사일 능력이 날로 확장되고 있다는 것이다. 이 위원회 보고에 따르면, 2010년 중국의 재래식 탄도미사일과 크루즈미사일은 1,764개에 달했다. 그 가운데 1,000기는 타이완을 상대로 배치되었지만, 830개의 미사일은 한국에 있는 두 개의 미군기지를 공격하는 데 동원될 수 있고, 430개의 미사일은 오키나와와 일본 본토에 있는 미군기지들을 공격하는 데 쓰일 수 있다고 분석했다. 이 보고서가 나온 2010년의 시점에서는 중국 육상에서 3,000킬로미터 떨어진 괌의 미공군기지를 공격할 수 있는 중국 미사일은 소수에 불과한 것으로 평가되었다. 하지만 30개 내지 50개의 미사일이면 괌의 미군기지를 미사일 공격으로부터 방어하는 체계는 무력화될 수 있다고 판단했다. 이제 중국이 SLBM JL-2와 함께 '괌 킬러'로 불리는 DF-26을 개발배치한 상태이므로 미국에게 상황은 더욱 악화된 것이 아닐 수 없다.

이제 미국이 당면한 근본적인 문제는 중국의 미사일 공격으로부터 미군기지들을 방어하는 능력이 중국 미사일 전력의 지속적인 증강을 따라잡을 수 있는가 하는 것이었다. 미국은 동아시아 미군기지들을 미사일 공격으로부터 보호하는 일차적인 방어수단이 MD라고 믿고 있다. 문제는 미국의 MD 포대와 능력이 중국 미사일전력이 향상되고 확대되는 속도에 대응할 수 있는지였다. 2010년 이 위원회 보고서는 MD 확대와 같은 구체적인 조치들을 권고했다. 그러나 중국이 미사일 능력을 확대시키는 속도와 비용에 비추어 미국이 그에 대응하는 MD 포대들을 더 빨리 그리고 더 싸게 늘려갈 수 없다면, 동아시아에서 미국 패권의 가장 기본적인 물적 토대인 미군기지들의 안전은 보장되지 않는다. 뿐만 아니라 그로 인해 일본 등 동맹국들에 대한 안보공약의 신뢰성은 심각한 위협에 직면한다.

그래서 미 해군은 스타워즈 형태의 MD, 즉 해상배치 레이저요격 시스템을 구상하고 있지만, 현재 기술 수준으로는 가설에 불과한 실정으로 알려져 있다. 한 가지 방안은 동아시아에 전진배치된 기지들을 철수하는 것이지만, 그것은 미국의 동아태 해상패권의 토대인 군사동맹체제의 와해를 불러올 수 있다. 그처럼 미국의 고민은 2010년을 분수령으로 질적으로 깊어져왔다. 동아시아 동맹국들과 협력해 MD체제를 확대해 그 성능을 향상시키는 데 미국이 더 절실하게 매달릴 수밖에 없는 상황이다.

3. 트럼프 행정부의 핵전략과 강정 기지의 미국 해상 핵무기기지 본격화 위험

트럼프 행정부는 2018년 2월에 공개한 「2018 핵태세검토 보고서」(NPR 2018)에서 오바마 행정부가 폐기하기로 했던, 전술핵무기를 장착한 토마호크 크루즈미사일들을 다시 동아시아 해역을 주유(周遊)하는 미 함대들에 회복시키고, 해상 전술핵이나 전략핵을 탑재한 핵잠수함들의 활동을 강화할 계획을 밝혔다. 북한 핵무장의 완성을 명분으로 삼아 한미동맹은 한국에 대한 전술핵 재배치를 대신하는 장치로서 미국의 해상 전술핵과 전략핵 장착 핵잠수함들의 한반도 해역을 포함한 동아시아에서의 활동을 강화하려 하고 있는 것이다.[4]

강정마을 제주 해군기지는 그러한 미국 핵 장착 군함들의 활동기지를 제공함으로써 실질적으로는 중국의 해군력 및 핵전력에 대한 감시와 견제의 활동을 뒷받침하는 주요 시설로 부상하고 있다. 이러한 상황은 강정 항구가 원래 정부가 제주도민과 국민에게 공표했던 '민군복합형 관광미항'으로 기능할 수 없게 만들 것이다. 미군 함정들의 수시 입출항으로 인해 이 기지 안팎에서 '군사기밀'을 보호한다는 명목으로 항구에 대한 민간의 접근과 이용을 최소한으로 통제하는 상황이 심화될 것이다.

2018년 평창 동계올림픽을 계기로 시작된 남북 대화와 북미 대화가 건설적인 결과로 이어질 경우 한반도 평화체제가 구성되어갈 수 있다. 제주의 군사기지화와 미국의 군사기지화 추세를 막을 수 있는 가능성은 높아진다. 그러나 여당을 포함한 국회와 제주도의 의식적인 노력 없이는 안 될 것이다. 만일 북한의 비핵화와 그 조건을 둘러싼 북미 간의 대화가 삐걱거리게 되면 제주도의 미 군사기지화 그리고 특히 미국의 핵무기 탑재 군함과 핵잠들에 의한 제주도의 사실상의 핵무기기지화는 빠르게 진행될 수 있다. 그 경우 미중 간의 핵군비 경쟁과 군사적 긴장에 한국이 직접 개입하고 기여하는 것이 된다.

그런 상황에서 중국이 북한과의 치명적 관계 손상을 감수하면서까지 북한 비핵화를 위한 미국 주도의 대북한 제재와 압박에 동참할 가능성은 희박해질 것이다. 북한 비핵화를 통한 한반도 평화와 그것을 전제해야만 가능한 동아시아 평화는 더욱 어려워진다. 그에 따라 미일동맹과 중국 사이의 군사적 긴장은 더 깊어질 것이며 제주도의 미 군사기지화 및 핵무기기지화도 더 심화될 위험에 직면해 있다.

---

4 Office of the Secretary of Defense, *Nuclear Posture Review*, February 2018 (https://media.defense.gov/2018/Feb/02/2001872877/-1/-1/1/EXECUTIVE -SUMMARY.PDF).

4. 제주 해군기지 건설 이후의 제주도: 두 개의 다른 미래

2005년 1월 노무현 정부는 관계부처 협의와 국제자유도시추진위원회의 심의를 거쳐서 대통령의 최종 재가를 받아 제주도를 '세계평화의 섬'으로 확정했다.[5] 당시 한국 언론은 이것을 대단히 반겼다. 일본 히로시마와 독일 오스나브뤼크에서와 같이 지방자치단체들이 특정도시를 '평화도시'로 지정한 일은 있다. 그러나 국가 차원에서 평화도시나 평화의 섬을 지정한 것은 한국의 제주도가 세계 최초였다는 점이 특히 주목할 만했다. 당시 한국 정부는 세계평화의 섬 지정을 계기로 제주도를 각종 국제회의와 정상회담이 개최되는 동아시아의 외교중심지로 육성한다는 청사진을 밝혔다. 그 주요 사업으로는 한반도 및 동북아 평화협력 관련 주요회담 유치, 향후 잇따를 제주에서의 세계정상회담 발자취를 새긴 '제주국제평화센터' 건립, 제주 4·3사건의 발전적 해결 모색, 평화연구 및 실천사업을 전담할 동북아평화연구소 설립 등이 거론되었다.[6] 당시 정부 관계자들은 "앞으로 제주도가 세계평화를 증진하는 상징적 장소로 거듭날 것"을 기대하면서, "세계평화의 섬 지정이 제주도의 국제자유도시로서의 브랜드가치를 높임으로써 각종 국제회의 및 투자유치에도 상당한 효과가 있을 것"이라는 기대를 나타냈다.[7] 만일 그러한 꿈이 이루어진다면 제주도는 동아시아의 제네바가 될 수 있는 것이었다.

그러나 '세계평화의 섬'으로서 제주도를 동아시아의 제네바로 만든다는 비전은 1990년대부터 한국 정부가 제주도에 해군기지를 건설하려는 기획과 모순되는 것이었다. 더욱이 그것이 미국의 군함과

---

5 남호철, 「제주도가 '세계평화의 섬'으로 공식지정됐다」, 『국민일보』, 2005. 1. 28.

6 실제 제주도 평화의 섬 지정 후에 그 후속 사업으로 '제주평화연구원'이 건립되었다.

7 남호철, 2005.

핵잠수함들이 수시로 드나드는 해군기지라면 제주도는 평화의 섬이 아니라 미일동맹과 중국 사이 군사적 긴장을 첨예하게 고조시키는 동아시아의 발칸이 되고 말 것이었다. 이명박 정부 첫해인 2008년 8월 '국가정책조정회의'는 강정 해군기지를 해군기지 전용이 아닌 "민군복합형 관광미항"으로 건설하기로 결정했다. 그나마의 타협이 이루어진 것은 제주도민들의 노력 덕분이었다. 이 건설사업 명칭이 공식적으로 변경된 것은 결정 이후 4년 6개월이 지난 2013년 2월의 일이었다.[8]

이에 따라 2017년 9월 말, 초대형 국제크루즈선이 성공적으로 강정항에 첫 입항했다. 제주도에 따르면, 로얄 캐리비언 크루즈라인 선사의 퀀텀(Quantum of the seas)호는 총 16만 8,666톤, 승객정원 4,905명, 승무원 1,500명, 길이 348미터, 폭 41미터의 초대형 크루즈선으로 이날 새벽 4시 30분쯤 입항해 9시 30분쯤 출항했다. 이 크루즈선은 중국 상하이에서 출발해 제주를 거쳐 다시 상하이로 되돌아가는 노선으로, 서귀포 크루즈항에 입항 시 관광객 하선 없이 컨테이너 4동과 선용품만 싣고 출항했다. 제주도는 이번 시험운영을 통해 나타나는 문제점을 보완해 차후 중국발 크루즈선 제주관광 정상화에 대비해나갈 계획이라고 밝혔다. 또한 제주도에 따르면, 민군복합형 관광미항은 지난 2016년 2월 준공된 후 지금까지 승객 승하선시설(보딩 브릿지)과 이동시설(무빙워크) 설치를 완료했고 크루즈 터미널은 2018년 3월에 준공할 예정이었다.[9]

그런데 당시 강정마을회는 "사업명칭이 민군복합형 관광미항으로 변경됐다면 사업주체는 국방부와 국토해양부가 공동으로 참여해야 하는데도 사업주체는 국방부 단독이며, 사업예산 또한 96퍼센트

8 강홍균, 「제주 해군기지 명칭 민군복합형 관광미항으로 변경」, 『경향신문』, 2013.2.14.

9 이태윤, 「제주 민군복합형 관광미항, 국제크루즈선 첫 입항 성공」, 『한라일보』, 2017.9.29.

이상 방위사업청 예산"이라고 문제를 제기했다. 강정마을회는 "사업 시행자도 해군참모총장 단독으로 돼 있다"며 "제주도에 건설되는 민군복합형 관광미항이 제자리를 잡기 위해서는 사업시행자에 당연히 제주특별자치도지사가 포함돼야 한다"고 지적했다.[10]

미국의 저명한 보수저널의 하나인 『내셔널 인터레스트』(*National Interest*)에 실은 글에서 유안 그래함은 한국 정부가 제주 해군기지를 처음 군부 전용(專用)에서 민군복합형 관광미항으로 '타협'한 배경을 두 가지로 설명했다. 하나는 제주도 주민들 내부의 반(反)군부 정서를 누그러뜨리기 위한 것, 그리고 이 기지가 제주도에 경제적 이득을 가져다준다는 것을 보여주기 위해서라는 것이었다. 그렇게 해서 20여 척의 군함과 함께 2척의 1만 5,000톤급 크루즈선이 동시에 입항할 수 있도록 하는 이중 용도의 민군복합형으로 재설계하게 되었다고 지적했다. 이러한 민군복합형이 장차 유지될 것인지에 대해서 그는 회의적으로 평가했다. "그러한 이상한 체제가 실제 작동할 수 있을지는 분명치 않다. 여객선 운항을 포함하는 이중 용도 계획은 조용히 폐기될 수도 있다."[11]

강정 해군기지가 건설 중이던 2012년 10월 17일 국회에서는 제주 해군기지가 미국 핵항공모함의 입항을 전제로 설계됐다는 의혹에 이어 미국 핵잠수함 규모에도 맞춰 설계했다는 의혹이 제기되었다. 해군본부의 2009년 보고서를 보면, 해군기지 부두의 수심을 미국 핵잠수함 기준에 맞췄다는 정황이 나타나 있다는 것이었다. 당시 김광진 민주통합당 의원이 해군본부로부터 넘겨받은 2009년 1월 해군본부 발행 「06-520 기본계획 및 조사용역 기본계획 보고서」에 적힌 항만시설 소요기준에 따르면, "잠수함 부두의 전면수심은 발주처의 요청으로 12미터 적용"이라고 명시되어 있었다.[12] 하어영 기자가 지적

10 강홍균, 2013.
11 Euan Graham, "A Glimpse into South Korea's New Naval Base on Jeju Island," *The National Interest*, June 1, 2016.

했듯이 해군기지 건설의 핵심은 설계수심이다. 한국 해군이 운영하는 잠수함을 기준으로 하면 9.3미터면 충분한 것이었다. 잠수함 부두 12미터라는 기준은 미국 핵추진 잠수함(SSN-776)에 맞춘 것을 의미하는 것이었다.

김광진 의원은 "국방부는 CNFK(주한미해군사령관)의 요구사항은 없다고 했는데, 이 설계상으로 보면 한국 정부가 (미국이) 요구하지도 않았는데 언제 올지도 모르는 미국 함정을 위해 알아서 자체적으로 크게 지었다는 걸 의미하는 것"이라고 지적했다. 아울러 "이렇게 건설되면 민항은 커녕 한국군을 위한 군사기지조차 장담할 수 없다. 만약 미군이 핵항공모함을 이끌고 제주에 온다면 상식적으로 그 항구를 민간인이 '관광' 목적으로 자유롭게 쓸 수 있다고 어떻게 보장하느냐"고 비판했다.[13]

김광진 의원이 제기한 우려는 강정항의 완공 1년 후인 2017년 초부터 미 해군 함정들이 잇달아 드나들고 그해 11월에는 마침내 공격형 핵잠수함까지 기항하면서 엄중한 현실로 나타났다. 11월 22일 해군 제주기지전대는 그날 오전 미국 해군의 버지니아급 원자력 잠수함인 미시시피함(SSN-782)이 제주 민군복합형 관광미항에 입항했다고 밝혔다. "미시시피함은 다른 국가에서 훈련을 하고 다음 훈련지 이동 중 승조원 휴식 등을 위해 잠시 제주에 들른 것"이라고 했다.[14]

미시시피함을 포함한 버지니아급 핵잠수함은 미 해군이 2010년대에 들어 취역시킨 최첨단 핵잠수함 그룹이다.[15] 세계 주요 대륙

12 하어영, 「미 핵잠수함 입항 전제로 제주 해군기지 설계했다: 김광진 의원 '수심 12미터 적용⋯우리 군 기준이면 9.3미터면 돼」, 『한겨레』, 2012.10.17.

13 하어영, 2012.

14 이정민, 「美 핵잠 '미시시피함' 해군 제주기지 입항: 개항 이후 잠수함 첫 입항⋯토마호크 순항미사일 등 탑재」, 『미디어제주』, 2017.11.22.

15 미국의 핵추진잠수함(SSN: Submersible Ships, Nuclear-powered)은 세 종류로 나뉜다

　1) '공격형 핵잠수함'(Attack Submarines: SSN): 주로 토마호크 같은 크루즈

의 연해에서 공격적 작전을 수행하는 데 최적화되어 있는 미 해군의 최첨단 공격형 핵잠수함으로 꼽힌다. 특히 적국의 잠수함과 군함을 공격하고, 동시에 육지를 공격하는 토마호크 함대지 크루즈미사일(Tomahawk Land-Attack Missiles, TLAMs)을 탑재한다.[16] 미시시피함은 2016년 6월 부산항에 입항한 바 있다. 이때 미국 군부 기관지 격인 『성조기』(*Stars and Stripes*)는 2012년에 처음 취역한 이 핵잠수함이 어뢰뿐만 아니라 토마호크 크루즈미사일로 무장하고 있다고 밝힌 바 있다.[17]

2017년 11월 22일의 미시시피함의 제주 기항은 그 전날 일본 요

미사일을 수직으로 발사하는 장치를 갖춘 것이다. 이 종류에는 로스앤젤레스급, 시월프급, 그리고 가장 최신형 첨단 핵잠인 버지니아급이 있다. 버지니아급에는 미시시피함을 포함해 다음과 같은 핵잠들이 있다. USS Texas(SSN 775); USS Hawaii(SSN 776); USS North Carolina(SSN 777); USS Mississippi(SSN 782).

2) '탄도미사일 핵잠수함'(Ballistic Missile Submarines: SSBN): 잠수함발사 탄도미사일(SLBM)을 탑재하고 발사하는 장치를 갖춘 핵잠수함이다. 오하이오급 핵잠수함이 이에 속한다. 이 핵잠수함들이 현재 탑재한 대표적인 전략핵은 SLBM인 트라이던트 II형이다. 이 오하이오급 핵잠수함으로 현재 활동 중인 미국의 SSBN은 다음과 같다. USS Henry M. Jackson(SSBN 730); USS Alabama(SSBN 731); USS Nevada(SSBN 733); USS Pennsylvania(SSBN 735); USS Kentucky(SSBN 737); USS Nebraska(SSBN 739); USS Maine(SSBN 741); USS Louisiana(SSBN 743).

3) '유도미사일 핵잠수함'(Guided Missile Submarines: SSGN): 전략핵 탄도미사일 대신에 보다 전술적 용도에 적합한 유도미사일을 대량 탑재해 대량 발사할 수 있는 장치를 갖춘 핵잠수함이다. 2000년대 들어서 미국은 오하이오급 탄도미사일 핵잠수함들을 유도미사일 핵잠으로 전환시켰다. 실전에서 보다 다양하고 융통성 있게 활용할 목적으로 개발된 핵잠 형태이다. 현재 USS Ohio(SSGN-726), USS Florida(SSGN-728), USS Michigan(SSGN-727), USS Georgia(SSGN-729) 등 네 척이 있다(http://www.csp.navy.mil/SUBPAC-Commands/Submarines).

16 Barbara Graves and Edward Whitman, "The VIRGINIA Class: America's Next Submarine"(http://www.public.navy.mil/subfor/underseawarfaremagazine/Issues/Archives/issue_02/virginia_class.htm).

17 Kim Gamel, "N. Korea calls arrival of nuclear-powered US submarine a direct threat," *STARS AND STRIPES*, June 17, 2016.

코스카항에 기항한 로스앤젤레스급 핵잠수함인 키웨스트(KeyWest)와 거의 동시적인 것이었다. 이들 두 핵잠수함은 하와이 진주만을 모항으로 하면서 '인도-아시아-태평양' 지역에 있는 미국의 동맹국과 동반자관계 국가들의 항구를 순항하는 역할을 맡고 있다.[18]

『미디어제주』의 이정민 기자에 따르면, 2016년 2월 준공된 제주 민군복합형 관광미항에는 2017년 한 해에만 미시시피 핵잠수함을 포함해 모두 8건의 외국 군함이 입항했다. 이해 3월 스테뎀함(미국), 6월에는 듀이함(미국)과 위니펙함 및 오타와함(이상 캐나다), 9월 치프함(미국), 10월 머스틴함(미국), 그리고 11월 멜버른함(오스트레일리아) 등이다.[19] 강정항은 이미 한미 공동의 해군기지로 빠르게 정착되고 있는 것이다. '민군복합형 관광미항'이라는 이름은 이름만으로 남을 것이라는 애당초의 우려가 현실화되고 있다고 생각하지 않을 수 없다. 중국은 이러한 상황을 예의주시하고 있을 수밖에 없다.

중국의 해군력은 확장되는 데에 비해서 중국 해군력의 활동을 제약하기 위한 미일동맹의 대응과 압박도 강화된다. 중국과 한반도 사이의 황해상과 동중국해는 중국 해군에게 갈수록 좁아지는데, 그것을 압박하는 미일동맹의 대응도 커진다. 그로 인한 긴장 응축의 복판에 한국은 제주 해군기지를 만들어 섶을 지고 뛰어든 형국이다. 이 해군기지에 미국의 핵잠이나 핵 탑재 군함들의 출입이 일상화될 경우 제주도는 동아시아의 발칸에 다름 아니게 될 수 있다.

어떤 지역이 사분오열될 때 그것을 발칸화(Balkanization)라고 표현한다. 다른 뜻도 있다. 필자가 제주 해군기지와 관련해 말하는 '발칸화'는, 여러 강대국들의 지정학적 이해관계가 첨예하게 겹치며 충돌하는 작지만 중요한 전략적 요충지가 큰 재앙의 잠재력을 안은 화

---

18 "Virginia submarine USS Mississippi visits Korea," *NavalToday.Com*, November 22, 2017(https://navaltoday.com/2017/11/22).

19 이정민, 2017.

약고로 변해가는 현상을 가리킨다. 미 해군 함정들이 강정 미항에 드나드는 상황이 일상화될 경우, 제주도가 오키나와보다 중국의 심장부에 더 가까운 위치에서 미국의 대중국 군사적 전초기지로서 기능하는 상황이 현실화될 수 있다.

1970년 2월 당시 주한 미 대사 윌리엄 포터(William Porter)가 상원 외교위원회의 청문회에서 밝힌 바 있듯이 박정희 정권은 제주도를 미국을 위한 군사기지로 헌납하려 했다.[20] 다행히도 그때는 미국이 중국과 관계개선을 시도하던 국면이어서 미국이 박정희의 간청을 들어주지 않는 바람에 제주도의 미 군사기지화 사태는 모면할 수 있었다. 제주 해군기지의 구상은 1990년 중엽 김영삼 정권에 의해서 시작되었지만, 그 구상을 구체화한 것은 2000년대의 두 진보 정권들이었다. 그 노력을 이어받은 보수 정권들이 그것을 완성했고 그 구체적인 운영 매뉴얼은 보수 정권하에서 작성된 것이었다. 이제 다시 집권한 진보 정부는 제주도 해군기지에 미국 핵잠수함들의 입항을 허용함으로써 마침내 제주도의 미군기지화가 순조롭고 자연스럽게 진행되고 있다.

5. '세계평화의 섬'과 양립가능한 강정항: 민군복합 관광미항 유지가 최소 조건

한반도에 지속되고 있는 분단국가체제가 평화적 통합에 의해 극복되기 전까지 한국군의 근본적인 임무가 한반도 전쟁의 억지라는 것은 재언할 필요가 없다. 이 목표를 이루기 위해 중국을 포함한 주

---

20 United States Senate, Subcommittee on U.S. Security Agreements and Commitments Abroad of the Committee on Foreign Affairs, February 1970, Part 6, p.1663. 윌리엄 포터의 증언 내용은 다음 글들에서 먼저 소개한 바 있다; 이삼성, 「핵의 위기」, 『창작과비평』, 통권 70호(1990년 겨울), 382-383쪽; 이삼성, 『현대미국외교와 국제정치』, 한길사, 1993, 424-425쪽.

변 국가들과 원교근친(遠交近親)하는 것이 우리의 대전략일 수밖에 없다. 그런데 제주도의 군사화는 한반도 전쟁 억지라는 목표와 일체 무관한 과잉하고 엉뚱한 행동이 아닐 수 없다.

제주 남방해역의 평화를 유지하는 일은 제주도에 군사기지를 건설해서 이룩할 수 있는 군사적 과제가 아니다. 한국에게 동중국해의 평화와 무역로의 안전은 군사적 임무가 아니라 정치외교적 과제다. 제주 남방해역의 평화와 무역로의 안전에 대한 한국의 기여는 제주도의 군사화를 통해서가 아니라 제주도를 동아시아 국가와 사회들의 공존과 평화를 진작시키는 '세계평화의 섬' 취지를 제대로 살려낼 때 극대화될 수 있다.

한국군은 제주도와 그 남방해역을 방위할 충분한 해군력을 갖추었으며, 그러한 방위 역할은 한반도 남부의 여러 해양도시들에 충분히 자리 잡고 있다. 한반도 남부해안의 해군기지들로부터 제주 남방해역을 지킬 수 없다면, 그래서 제주 해군기지 또는 심지어 그 확대가 따로 필요한 것이라면, 2000년대 들어 한국 정부가 대양해군 건설이라는 명분으로 팽창시켜온 해군력 확대는 아무런 쓸모가 없었다는 말도 될 수 있다.

앞서 언급한 바와 같이 이지스함인 세종대왕함 등 탐지반경이 1,000킬로미터를 넘어서고 공격반경이 수백 킬로미터에 달하는 첨단 군함들의 존재의의는 무엇인가. 세종대왕함이나 왕건함 같은 첨단 군함들의 의미는 지리적인 작전반경의 제한을 뛰어넘은 데에 있다고 할 수 있다. 제주 남방해역을 보호하기 위해 그곳에 더 가까운 새로운 기지가 필요해진 것이 아니고 방대한 국가자원을 투입해서 건설한 첨단 군함들은 그것 자체로서 새로운 원거리 기지 역할을 하면서 한국 해군이 말하는 제주 남방해역 보호역할을 해낼 수 있게 된 것이다. 결국 군사안보상 제주 해군기지가 필요한가라는 질문에 대한 답은 동아시아의 전쟁과 평화라는 맥락에서 제주도를 어떻게 위치 지을 것인지에 대한 개념과 발상의 문제에 다름 아니다.

2008년 9월 27일 해군 세종대왕함의 모습.

　한국 해군이 동아시아에서 담당해야 할 역할은 태평양으로 나아
가는 원양 해군이 아니다. 한반도 평화를 위해 한국 해군에게 필요
한 것은 연안 해방(海防)이다. 유사시 한반도 주변은 일본과 중국 모
두에 막혀서 한국 '대양해군'이 뚫고 나가 활동할 틈새 자체가 없어
진다. 또 그런 유사시에 태평양이나 동중국해 깊숙이 나가 있는 이른
바 '대양해군'은 한반도에서는 아무런 쓸모가 없다. 오히려 제주도
를 포함한 한반도 군사기지들이 주변국에 의한 직접 타격만을 촉진
하는 매개가 될 뿐이다.

　우선 제주 해군기지가 현재 이상의 수준으로 팽창해서는 안 될 것
이다. 정부는 크루즈선 정박용 부두를 따로 신설해 2018년 3월 완공
을 목표로 하고 있다. 장차 남북 간 혹은 동아시아 정세 변화에 따라
서 긴장된 국면에서는 그것을 이유로 크루즈선 부두마저 군사용으
로 전용(轉用)하는 사태가 발생할 수 있다. 이런 사태를 사전에 원천
차단하는 장치를 마련할 필요가 있다.

6. 제주 해군기지의 미군기지화를 막을 세 가지 명분

제주 해군기지를 미군이 공동사용하는 추세인 현재의 상황을 통제할 수 있는 조치들이 필요하다. 미군이 강정 해군기지를 포함한 제주도에 군함이나 핵무기도 장착 가능한 폭격기를 몰고 드나드는 상황을 피하기 위해서 우리 사회 전체가, 그리고 제주도민이 중앙정부를 향해 그런 사태 방지를 요구할 명분은 최소한 세 가지가 있다.

1) 제주 4·3과 미국의 책임, 그 후

1948년 5월 10일로 미군정이 남한 단독정부 수립을 위한 단독 선거 실시를 확정하면서 이에 제주도 시민들이 3·1절에 평화시위를 벌였다. 그런데 경찰이 이 평화적 시위대에 발포해 다수의 사상자가 발생했다. 이에 일부 경찰관들까지 동참하는 관민총파업이 벌어졌다. 이 파업에 대한 미군정의 대응은 육지 경찰과 서북청년회를 파견해 벌인 무자비한 탄압이었다. 이 국면에서 제주도 남로당 지도부가 중앙당과의 협의를 거치지 않은 상태에서 무장봉기를 결정했다. 4·3 무장항쟁은 그렇게 시작했다.

이러한 무장봉기가 애당초 과연 현명한 것이었는지는 분명 역사적 논란의 대상이 아닐 수 없다. 그런데 이 사태를 한국 현대사의 비극으로 만들어낸 문제의 본질은 이 무장봉기를 진압하는 과정에서 미군정하의 군경과 서북청년단, 그리고 그해 8월 15일 출범한 대한민국 이승만 정부의 군대와 경찰이 남녀노소를 가리지 않고 수만에 이르는 비무장 양민들에 대해 무차별적 대량학살이라는 광범한 반인도적 범죄를 자행했다는 사실에 있다.

1948년 5월 3일 무장대를 총공격해 제주사건을 단시일 내에 해결하라고 경비대총사령부에 명령한 것은 미군정 장관 윌리엄 딘 (William F. Dean)이었다. 당시 제주도 경비를 맡고 있던 제9연대장 김익렬은 무장대에게 항복할 기회를 주어 사태를 평화적으로 해결하기 위한 평화협상 내지 귀순공작을 일관되게 건의했다. 그러나 미군정은 처음에 고려했던 평화적 해결책을 곧 파기하고 무력에 의한 강경진압을 채택한다.[21] 이후 벌어지게 되는 민간인에 대한 대량학살의 태반은 이승만 정부하인 1948년 가을, 특히 11월에서 1949년 전반기에 걸친 시기에 전개된다.[22] 그러나 이 시기도 미군이 한반도에서 철수하기 전이었다. 그리고 이승만의 군대에 대한 군사작전통제권을 행사한 것은 주한미군과 그 지휘부를 구성한 미 군사고문단

---

21 제주4·3사건진상규명및희생자명예회복위원회, 『제주 4·3사건 진상조사보고서』, 선인, 2003, 188-201쪽.

22 1953년에 제주도청이 발행한 공식기관지인 『제주도세요람』은 제주 4·3사건의 희생자 수를 2만 7,719명으로 기록했다. 제주도 당국의 공식적인 인구집계에 따르면, 1946년 제주도 인구는 28만 2,942명이었다. 대부분의 희생자가 발생한 후인 1949년 5월 1일 대한민국 공보처가 정부 수립 후 처음으로 실시한 인구조사에 나타난 제주도 인구는 25만 4,589명이었다. 여자 13만 9,830명, 남자 11만 4,759명이었다. 이에 비추어 1948년 초와 1949년 말 사이의 인구 감소는 2만 5,000-3만 명으로 추정된다. 그래서 제주 4·3사건으로 빚어진 인명 피해는 2만 5,000명에서 3만 명 사이인 것으로 추정되고 있다(제주4·3사건진상규명및희생자명예회복위원회, 2003, 365-367쪽). 1949년 3월 『연합신문』이 집계한 희생자 수는 2만 명이었다. 또 같은 달 주한미육군사령부가 작성한 「제주도사건종합보고서」는 현지 경찰과 주한미군 정보담당부서로부터 직접 얻은 정보에 바탕한 것으로서, 그 이전 1년에 걸쳐 사망한 주민이 1만 4,000명에서 1만 5,000명에 이른다고 파악했고, 그 가운데 "최소한 80퍼센트"가 "토벌대에 의해 살해되었다"고 밝혔다. 즉, 미군 당국은 교전당사자가 아닌 주민들이 토벌대에 의해 살해된 경우를 전체 사망자의 80퍼센트 정도로 파악하고 있었다(제주4·3사건진상규명및희생자명예회복위원회, 2003, 365쪽).

브루스 커밍스는 1990년에 출간한 저서에서 한국 정부 당국이 파악한 공식적인 피해자 집계가 2만 7,719명임을 먼저 지적했다. 또한 미군 당국은 이 사태로 죽은 제주도민이 1만 5,000-2만 명이라고 파악하고 있었다고 밝혔다. 그러나 그는 동시에 당시 제주도지사가 미군 정보당국에 개인적으로 밝힌 수치는 크게 달랐음을 지적했다. 그는 미군에게 "반란" 이전의 제주도 인구를 40만으로 높게 잡은 가운데, 사망자 수는 6만 명에 달했고, 4만 명이 일본으로 도피했다고 밝혔다(RG349, FEC G-2 Theater Intelligence, box 466, May 23, 1950; Bruce Cumings, *The Origins of the Korean War, Volume II: The Roaring of the Cataract 1947-1950*, Princeton: Princeton University Press, 1990, p.258). 공식적인 통계에서도 제주도 전체 마을의 절반 이상이 파괴되었다(Cumings, 1990, p.258).

이었다.

1948년 8월 15일 대한민국 정부 수립과 함께 공식적으로는 미군정이 종료된다. 그러나 미군정하에서 조직된 한국군에 대한 통제권은 여전히 미군이 갖고 있었으며, 한국군과 경찰은 미군 장교들의 지휘를 받아 훈련되고 장비를 갖추었으며 작전을 수행했다. 그것은 1948년 8월 24일 한국 대통령 이승만과 주한미군(US Armed Forces in Korea, USAFIK) 사령관 존 하지(John R. Hodge)가 체결한 '한미군사안전잠정협정'이라는 제도적 장치에 근거했다.[23]

한국 국방부가 편찬한 『국방조약집』에 따르면 이승만과 하지가 체결한 그 협정의 제1조는 이러했다. "주한미군 사령관은 본국 정부의 지시에 따라서 또한 자기의 직권 내에서 현존하는 대한민국 국방군을 계속해 조직, 훈련, 무장할 것을 동의한다." 그리고 제2조는 다음과 같았다. "미군 철수 완료 시까지, 주한미군 사령관은 공동안전을 위해 또는 대한민국 국방군의 조직, 훈련 및 장비를 용이케 하기 위해 필요하다고 인정하는 대한민국 국방군(국방경비대, 해안경비대 및 비상지역에 주둔하는 국립경찰파견대를 포함)에 대한 전면적인 작전상의 통제를 행사하는 권한을 보유할 것으로 합의한다."[24]

주한미군 사령관 존 하지는 그 협정에 서명한 지 사흘 후인 1948년 8월 27일 한국을 떠난다.[25] 대신 주한미군의 지휘 책임을 맡은 것은 한국 정부 수립일인 1948년 8월 15일 자에 발령된 「일반명령 제31호」에 의해 설치된 '임시군사고문단'(PMAG)이었다. 고문

---

23 제주4·3사건진상규명및희생자명예회복위원회, 2003, 248-249쪽.

24 국방부 전사편찬위원회 엮음, 『국방조약집』 제1집, 1981, 34-36쪽; 제주4·3사건진상규명및희생자명예회복위원회, 2003, 249쪽. 이 협정은 주한미군사령관이 한국군의 작전통제권을 행사할 뿐 아니라 미군 주둔에 필요한 기지와 시설에 대한 지배권을 계속 갖는다는 것을 아울러 분명히 밝히고 있었다.

25 Dean Corey and William Head, "Hodge, John R. (1893-1963)," in Spencer C. Tucker (ed.), *Encyclopedia of the Korean War: A Political, Social, and Military History*, Volume I, Santa Barbara, CA: ABC-CLIO, 2000, pp.257-258.

단장은 준장 윌리엄 로버츠(William L. Roberts)였다.[26]

남한을 점령해 미군정을 뒷받침하고 있던 주한미군의 전투병력 마지막 부대가 인천항을 빠져나간 것은 1949년 6월 29일이었다. 그 날 밤 자정을 기해 주한미군은 해체된다. 한국 군대와 경찰에 대한 미군의 작전통제권이 해제된 것 역시 그때부터였다.[27] 요컨대 제주에서 한국군과 경찰에 의한 양민 학살이 절정에 달했던 1948년 가을과 1949년 봄에 걸친 시기는 미군정 때와 다를 바 없이 미군이 한국 군과 경찰에 대한 작전통제권을 장악하고 있을 때였던 것이다. 이러한 사정은 1948년 10월 28일 당시 한국 국방장관 이범석이 국회 보고에서 "국방장관인 자신조차도 군의 작전지도를 마음대로 할 수 없다고 토로한 사실"에서도 확인된다.[28]

1948년 11월과 12월의 제주도는 "피비린내 나는 유혈현장"이었다. 이 시기에 생산된 미군 정보문서들은 제주4·3사건진상규명위원회가 밝힌 바와 같이 "미군 지휘부가 제주도 유혈사태에 동조했거나 최소한 묵인했다"는 사실을 말해주고 있다.[29] 미국 해군도 함정을 동원해 이른바 진압작전에 나섰음이 드러났다. 1949년 1월 28일 이승만 대통령이 직접 발언하기를 "제주도 사태는 미 해군이 기항(寄港)해 호결과(好結果)를 냈다 하며, 군 1개 대대, 경찰 1,000명을 증파하게 되었으니 조속히 완정(完征)해주기 바라며…"라고 했던 것이다.[30]

제주 4·3 이후 수만 명의 비무장 양민을 학살한 사태에 대한 책임

---

26 제주4·3사건진상규명및희생자명예회복위원회, 2003, 249쪽.

27 Cumings, 1990, p.382. 전투병 철수 완료와 함께 주한미군사령부는 공식 해체되지만, 김포공항을 운영하는 150명의 미 공군 부대와 함께 500명으로 구성된 '대한(對韓)군사고문단'(Korean Military Advisory Group, KMAG)은 그대로 남았다. 이 군사고문단은 전쟁 발발 때까지 한국에 남아 15개에 달하는 각종 정보부서와 위원회를 운영하면서 한국 군부와 긴밀한 관계를 유지했다(Cumings, 1990, p.382).

28 제주4·3사건진상규명및희생자명예회복위원회, 2003, 249쪽.

29 제주4·3사건진상규명및희생자명예회복위원회, 2003, 270쪽.

30 제주4·3사건진상규명및희생자명예회복위원회, 2003, 307쪽.

은 한국의 국가 권력과 그 군대와 경찰에 대해 공식적인 작전통제권을 행사하고 있던 미군이 공유하는 것이었다. 한국의 국가는 김대중 정부 때 진실 규명을 위한 노력을 시작했고, 노무현 정부 시기에 이 비극적 사태에 대한 국가의 책임을 인정하고 사죄를 표명했다. 그러나 미국은 이 비극에 대한 정치적 책임을 인정한 적이 없다. 사죄한 적은 더더구나 없다. 미국이 그 책임을 인정하고 사죄한다 해도 제주도에 미군 함정이나 전폭기가 들어오는 일은 동아시아 평화의 근거지가 되고자 하는 제주의 미래상에 비추어 환영할 수 없는 일이다. 하물며 역사적 죄과에 대한 책임 인정도 사과도 없는 상태에서 미국 군대조직이 제주도에 발을 들여놓는 일은 더더욱 있어서는 안 될 것이라고 생각한다.

2) 한미상호방위조약에서 기억해야 할 것

제주 해군기지를 통해서 한국은 미일동맹의 대중국 해상 전초 군사기지의 역할을 담당하게 되었고, 미일동맹과 중국 사이의 대분단 체제적 갈등에 미일동맹의 하위 파트너로 자동 참여하는 덫을 스스로 만들어놓기에 이르렀다.

주한미군을 포함한 미국의 육해공군 부대들이 제주 해군기지 등을 사용하게 되는 것은 기본적으로 중국에 대한 포위와 견제라는 미국의 아시아정책 차원의 군사전략과 행동으로 직결된다. 이것을 정당화한 개념이 2000년대 들어 미국이 한국에 강력히 요구해 관철시킨 '전략적 유연성'(strategic flexibility)이다. 미군이 한국의 기지들을 동중국해와 남중국해 등, 한반도 전쟁 억지와는 직접 관련이 없는 대중국 견제 목적의 광역적 작전에 동원해 활용하는 것을 정당화하는 개념이다.

그런데 1953년 10월 1일에 체결된 한미상호방위조약(Mutual Defense Treaty between the United States and the Republic of Korea)상 한국은 미국의 그러한 군사적 활동에 참여할 의무가 없을 뿐 아니

라 한국의 기지들을 주한미군의 그 같은 활동에 제공할 원천적 의무가 없다. 이 점을 명확히 인식하고 이를 근거로 한국 정부는 제주 해군기지를 비롯한 한국의 기지들이 미국의 대중국 견제를 목적으로 한 군사전략에 동원되는 일을 막아야 한다.

한미상호방위조약에서 동맹의 의무를 명확히 한 핵심 조항은 제3조다. 이 조항은 다음과 같이 동맹국의 군사적 의무를 밝히고 있다. "각 조약국은 태평양 지역에서 각자의 관할하에 있는 영토에서, 혹은 이후로 어느 일방의 조약국이 합법적으로 자신의 관할하에 두고 있다고 다른 조약국이 인정하는 영토에서, 한 조약국에 대한 무장공격이 발생하면 다른 조약국도 그것을 자국의 평화와 안전에 대한 위협으로 간주하며 각자의 헌법적 과정에 따라서 공동의 위험에 대처하기 위해 행동할 것을 선언한다."[31]

이 문안에 비추어볼 때, 한국이 한반도에서의 전쟁 억지라는 범위를 넘어서서 미군의 작전에 참여할 의무를 지는 것은 태평양 지역에서 미국의 행정적 관할하에 있는 미국 영토에 대해 중국이나 러시아의 무장공격이 실제 발생했을 때에 한정된다.

또한 주한미군의 활동범위에 대해서는 이 상호방위조약과 관련해 특히 유의할 대목이 있다. 미국 상원은 이 조약을 비준할 때 그 조건으로 "미국의 양해"라는 제목하에 미국이 한국의 방위를 도울 범위를 보다 명확하게 한정하는 내용을 이 조약문에 추가했다. 그 내용은 다음과 같았다. "미국 상원은 다음과 같은 양해를 조건으로 이 조약을 비준하는 데 동의했다. 위 조약의 제3조에 따라 각 조약국은 상대

---

31 "ARTICLE III: Each Party recognizes that an armed attack in the Pacific area on either of the Parties in territories now under their respective administrative control, or hereafter recognized by one of the Parties as lawfully brought under the administrative control of the other, would be dangerous to its own peace and safety and declares that it would act to meet the common danger in accordance with its constitutional processes," *Mutual Defense Treaty Between the United States and the Republic of Korea*; October 1, 1953(http://www.usfk.mil).

조약국이 외부의 무장공격을 당했을 때 말고는 상대를 원조할 의무를 지지 않는다는 것, 그리고 또한 이 조약의 어떤 부분도 대한민국이 합법적으로 관할하게 된 영토에 대한 무장공격이 발생한 것 이외의 경우에까지 미국이 대한민국을 원조할 의무를 지는 것으로 해석되어서는 결코 안 된다는 것이 미국이 이해하는 바이다."[32]

이 말은 주한미군을 포함한 모든 미국의 군사적 원조 행위가 한국의 합법적 영토에 대한 외부의 무장공격이 발생했을 경우에만 제공될 수 있음을 보다 명확히 한 것이다. 이것은 달리 말하면 주한미군이 한반도에 있는 이유는 한반도에서 전쟁을 억지하는 데 근본 목적이 있고, 그 이상도 이하도 아니라는 것이다. 따라서 한국 역시 동아태 지역의 미국 영토에 외부 무장공격이 실제 발생한 경우가 아니면 주한미군이든 주일미군이든 미국의 군사력에게 편의를 제공해야할 의무가 없다는 뜻도 되는 것이다. 주한미군의 '전략적 유연성'이라는 개념은 2000년대 들어서 한국 정부가 별도로 동의해주었기 때문에 성립했다. 상호방위조약상에서 한국이 미국이 요구하는 전략적 유연성 개념을 따라서 동아태 지역 전반에서의 주한미군의 광역적 역할을 위한 군사기지를 제공해야 할 원천적 의무는 없었다. 오히려 한미상호방위조약을 비준하면서 미 상원이 덧붙인 단서는 양국이 서로에 대해 그러한 추가적인 군사적 의무를 짊어지지 않도록 동맹 역할의 한계를 밝히는 의의가 있었던 것이다.

---

32 "UNDERSTANDING OF THE UNITED STATES: [The United States Senate gave its advice and consent to the ratification of the treaty subject to the following understanding:] It is the understanding of the United States that neither party is obligated, under Article III of the above Treaty, to come to the aid of the other except in case of an external armed attack against such party; nor shall anything in the present Treaty be construed as requiring the United States to give assistance to Korea except in the event of an armed attack against territory which has been recognized by the United States as lawfully brought under the administrative control of the Republic of Korea." *Mutual Defense Treaty Between the United States and the Republic of Korea*; October 1, 1953.

3) 제주도를 중미 간 군사적 긴장과 군비경쟁의 원인으로
   만들어서는 안 된다

남북 및 북미 대화가 순조롭게 진행되어가는 상황에서도 이미 건설된 강정 항구의 해군기지 전용(專用) 상태, 미국의 군사기지 및 해상 핵무기 기지화는 의식적으로 차단하려는 노력이 없으면 안 될 것이다.

만일 남북 및 북미 대화가 진전되지 않음으로써 한반도 평화체제 구축이 난관에 봉착할 경우 제주 강정항의 군사적 전용과 미국 핵무기 기지화는 돌이키기 힘든 추세로 깊어질 수 있다. 한반도 평화체제 구축이 어려운 상황에서도 그 상황이 평화적으로 관리되기 위해서는 강정기지의 군사적 전용과 그것이 미국의 군사기지로 굳어지는 상황, 특히 미국 해상 핵전력의 기지로 활용되는 사태는 막을 필요가 있다. 그 필요성으로는 다음 몇 가지를 지적할 수 있다.

첫째, 제주도의 군사기지화를 통제하기 위해서다.

둘째, 제주도의 미군사기지화는 지정학적 위치상 제주도가 중국과의 군비경쟁을 위한 미일동맹의 전초기지로 된다는 것을 말한다.

셋째, 그 경우 한반도 평화체제 구축을 위한 중국의 협력을 확보하기 힘들어진다. 또한 한반도 서해상에서 한중 간의 군사적 긴장도 배제할 수 없게 된다. 어업 문제의 원활한 조정과 협력 역시 위기에 봉착하게 될 것이다.

넷째, 그 결과 동중국해에서 한국 무역로의 안전을 확보한다는 명분으로 구축된 제주 해군기지는 동중국해에서 미일동맹과 중국 사이의 군사적 긴장을 뒷받침하는 군사기지 역할을 하면서 한국 무역로의 안정 자체를 근본적으로 구조적인 위험에 빠뜨리게 될 것이다.

요컨대 한미동맹과 주한미군의 역할은 그것이 존속하는 마지막 순간까지 "한반도에서의 전쟁 억지"라는 원래 목적에 엄격하게 한정되어야 한다. 그 점을 명확히 하기 위해서 제주 강정항은 민군복합 관광미항으로서의 기능과 취지가 엄격하고 철저하게 유지되고 지켜져야 한다. 특히 미 해군 함정들의 출입이 당연시되어서는 안 된다.

특히 핵잠수함의 출입은 엄격히 금지되어야 한다. 정부와 제주도, 그리고 각 정당들은 합심협력해서 제주도의 미군사기지화를 막기 위해 노력해야 하며, 그것은 강정 항구를 엄격하게 '민군복합 관광미항'으로 한정하고, 그것이 해군 독단에 의해서 운영되지 않도록 하는 입법의 모색이라고 생각된다.

7. 제주 강정항의 해군기지 전용화 및 팽창을 방지하기 위한 노력

첫째, 제주 남방해역에서 한국군의 근본 목표에 대한 명확한 재정립이 필요하다. 이 지역에서 한국 해군의 역할은 미일동맹과 중국 사이에 핵미사일 경쟁을 포함해 본격화하고 있는 해상패권 투쟁에 어느 한편을 들어서 끼어드는 데 있는 것이 아니라는 점을 명확히 해야 한다. 동중국해역에서 한국 선박의 안전을 지키고 이 해역이 미일동맹과 중국 사이의 해상패권 경쟁의 장이 되는 것을 견제해 동아시아 평화에 기여하는 데에 역할이 있음을 명확히 해야 한다. 한국 정부가 이 점을 분명한 원칙으로 세워서 한국군의 구체적인 전략전술을 통제하지 않으면 한국군은 동중국해에서의 미일동맹의 안보전략에 아무 생각 없이 하위 파트너로 끼어들어 오히려 분쟁을 고조시킬 가능성이 커진다.

제주 남방해역과 동중국해에서 한국 해군은 한반도 평화를 진작한다는 최상위의 대전략에 위배되지 않고 그것을 지원하는 방향의 전략적 행동을 해야 한다. 미일동맹과 중국 사이의 해상패권 경쟁으로부터 제주도 해역을 보호하는 데 집중해야 하는 것이다.

둘째, 강정항을 민군복합 관광미항으로 운영하는 전체적인 틀과 일상적인 운영 과정에서 그 전체를 국방부와 해군이 사실상 전담하는 운영체제로 굳어지지 않도록 하기 위한 면밀한 검토와 대안 개발, 그리고 그것을 뒷받침해 제도화할 법적 장치들을 강구해야 한다. 이를 위해 국회 전체와 제주도정 및 제주의회의 역할이 저마다 있을 것이다.

8. 제주 해군기지의 미 해군기지화 방지를 위해 시급한 노력

1) 제주 해군기지 내 미군 시설 '입점' 금지 문제

1953년 10월 1일 체결된 한미상호방위조약의 제4조는 이렇게 규정하고 있다. "미국의 육군·공군·해군을 한국의 영토 안과 그 주변에 배치할 권리를 상호 협정에 의해서 한국은 공여(grant)하고 미국은 수용(accept)한다."[33]

1966년 7월 9일에 체결된 '주한미군지위협정'(Status of United States Armed Forces Agreement in Korea, SOFA Korea)의 제2조는 "시설과 지역: 공여와 반환"(Facilities and Areas-Grant and Return)이라는 제목이 붙어 있고, 그 1항 (a)의 내용은 다음과 같다.[34] "(a) 상호방위협정 제4조하에 미국은 한국에서 시설과 지역을 공여받는다. 구체적인 시설과 지역에 관한 협정은 이 협정의 제28조에 따라 설치되는 합동위원회(Joint Committee)를 통해서 양국 정부가 결정한다. "시설과 지역"은 어디에 위치해 있든지 그 시설과 지역의 활용에 필요한 기존의 부속품·장비·고정물을 포함한다.

한미 SOFA 제2조 1항과 한미상호방위조약 제4조에 의거해서, 미국이 한국의 군사기지를 사용하는 권리를 획득하는 것은 구체적으로는 SOFA 합동위원회의 합의절차에 따르게 되어 있다. 정부 차원에서 제주 해군기지의 미군사기지화 방지를 위한 명확한 정책 방향을 세우지 않으면, SOFA 합동위원회의 한국 측 대표를 맡는 국방부 관료들이 미국의 요구에 거수기 역할을 할 가능성이 매우 높다. 이 합동위원회는 2017년 9월 1일 한국해군사령부가 있는 부산 해군기

---

33 영문 텍스트: "The Republic of Korea grants, and the United States of America accepts, the right to dispose United States land, air and sea forces in and about the territory of the Republic of Korea as determined by mutual agreement."
34 Facilities and Areas and The Status of United States Armed Forces in Korea: Agreement between the United States of America and the Republic of Korea, Signed at Seoul July 9, 1966.

지에 특정한 공간과 시설을 미군에 공여하기로 합의했다. 그 규모가 큰 것은 아니었다.[35] 그러나 상징적 의미가 적지 않고, 제주 해군기지에 대해서도 미국이 상주시설을 갖게 될 수 있다. 그 파장 또한 적지 않을 것이다.

한국 정부와 제주도는 제주 해군기지를 포함해 제주도 전체를 핵물질을 탑재한 장비를 포함한 세계의 그 어떤 나라의 군대도 접근할 수 없도록 해 제주도를 명실상부한 '세계평화의 섬'으로 유지해야 한다. 그러기 위해서는 우선 한미 SOFA의 합동위원회가 부산 해군기지 안의 시설을 미군에게 제공한 것과 같은 협정 체결을 제주 해군기지를 포함한 제주도의 어떤 시설에 대해 되풀이하는 일이 없어야 한다.

2) 핵잠수함을 포함한 미군 함정 입항금지 문제

미국의 버지니아급 공격형 핵잠수함인 미시시피함은 2016년 6월 부산항에 입항한 바 있다. 그리고 2017년 11월 제주 해군기지에 기항해 며칠 머물렀다. 그런데 남북 대화의 기운이 조성된 후인 2018년 1월 중순에도 미국은 버지니아급 공격형 핵잠수함 한 척을 18일 부산 해군작전기지에 입항시키기 위해 한국 정부와 협의했다. 한국 정

---

35 "United States Forces Korea Regulation 10-10," 13 December 2017, "Organization and Functions, JOINT COMMITTEE AND SUBCOMMITTEES UNDER THE UNITED STATES OF AMERICA - REPUBLIC OF KOREA STATUS OF FORCES AGREEMENT (SOFA): *This regulation supersedes USFK Regulation 10-10, dated 12 November 2009, p.23. (http://www.usfk.mil/About/SOFA). 이 문건은 SOFA 합동위원회에서 결정된 사항들을 명문화하는 양식 규정을 밝힌 것인데, 그 예시를 드는 과정에서 다음과 같은 사실을 밝히고 있다. "미국은 부산의 한국해군함대기지 사령부 안의 사무실 공간에 대한 공여를 요청했다. 이에 한국은 부산 한국함대 사령부 건물의 120평방미터를 미국이 공동사용(Joint use)하도록 하며, 한국의 청해관 건물과 한국의 새 벙커 시설 58평방미터를 미국이 단독사용(exclusive use)하도록 공여하기로 합의했다. 한미 SOFA 합동위원회는 2017년 9월 1일 이 합의를 승인했다."

부산항에 입항한 미국의 버지니아급 공격형 핵잠수함 미시시피함.

부는 난색을 표하며 사실상 거절했고 핵잠수함은 입항하지 않았다. 이 핵잠은 보급과 휴식차 부산항에 들어오기 위해 한국 정부에게 입항을 요구했던 것으로 알려졌다.[36]

이때 한국 정부의 선택은 현명했다. 문제는 남북관계 해빙 국면에서는 제주 해군기지를 포함한 한국 내 해군기지에 미국 핵잠수함들의 기항을 불용하지만 남북관계 긴장 국면에서는 이를 허용하고 있는 점이다. 이 문제를 보다 깊이 생각해본다면 긴장 국면에서는 오히려 더 미국 핵잠수함의 입항에 대해 신중해야 할 일이다. 특히 제주도의 경우 '세계평화의 섬'이라는 대의(大義)가 있고, 부산이나 기타 한반도 육지 군항들과 달리 한반도 전쟁 억지와 직접적 관련이 있기보다는 동아시아 차원의 군비경쟁 차원으로 직결되는 측면이 있는 만큼, 미군 함정들의 이용과 기항을 배제하는 일관성 있는 원칙을 중앙정부와 제주도 차원에서 확고하게 세울 필요가 있다고 생각된다.

---

36 윤형준, 「한국의 난색에… 美 핵추진 잠수함, 부산 입항 취소」, 『조선일보』, 2018.1.18.

부산해군기지.

9. 한반도 평화체제 구축 이후의 제주도:
'동아시아 평화벨트'를 상상하기

동아시아 대분단체제 안에서 재구성되고 내면적으로 심화되고 있는 지정학적 긴장은 남중국해에서 타이완해협을 거쳐 센카쿠열도(댜오위다오)를 포함한 오키나와 해역, 그리고 제주도를 거쳐 한반도 서해안으로 연결되는 '동아시아 대분단선'에서의 군사적 긴장으로 표현된다. 이 대분단선은 미일동맹의 기득권인 동아태 해양패권과 중국의 팽창하는 국력이 물리적으로 만나는 지점이다. 중국은 특히 2000년대에 들어 국력 팽창과 함께 영토적 자기정체성의 개념을 확장하고 있다. 그간 미국 패권에 의해 제한되고 절제되어 있던 상태에서 벗어나 확장하는 중국의 자기영역 의식은 기존 미국의 해양패권과 근원적으로 상충하면서 긴장을 불러일으킨다.[37]

이러한 지정학적 갈등의 현실은 미국을 포함한 동아시아 사회들

---

37 이삼성, 「21세기 동아시아의 지정학: 미국의 동아태 지역 해양패권과 중미관계」, 『국가전략』, 제13권 1호(2007년 봄), 5-32쪽.

공동의 "의식적이고 체계적인 외교적 노력 없이는" 내재적인 상충의 요인들로 인해 특히 한국을 포함한 동아시아 지역 평화를 위협할 운명에 있다. 대분단체제의 지리적 표상이라 할 수 있는 동아시아 대분단선은 미일동맹과 중국 사이의 지정학적 긴장이 축적되는 지점이며, 이 지점을 따라 남으로는 남중국해에서 타이완해협과 오키나와를 거쳐 북으로는 한반도 서해상에 이르기까지 군사화가 심화되고 심지어 군사적 충돌도 일어날 수 있는 위험성을 언제라도 안고 있다. 이 선상(線上)의 섬들은 그 자체로서 군사적 요충지들이며, 그렇기에 '동아시아의 발칸'들로 작용할 잠재성을 내포한다. 그러므로 동아시아 대분단체제에서 지정학적 긴장의 평화적 관리는 이들 대분단선상의 잠재적 발칸들을 어떻게 '평화지대'로 전환시킬 수 있을 것인지의 문제와 직결된다.

2007년 6월 8일 서울대 정치학과의 BK 21 프로그램의 일환으로 '세계화 시대의 전쟁과 평화'라는 대주제를 가진 국제학술회의가 제주도에서 열렸다. 필자는 이 자리에서 「동아시아 대분단체제를 넘어서: 제주-오키나와-타이완을 연결하는 동아시아 평화벨트 상상하기」라는 제목의 논문을 발표했다.[38] 그로부터 2주 뒤인 2007년 6월 20일 참여연대 평화군축센터와 코리아연구원이 공동으로 주최한 한

---

38 Samsung Lee, "Beyond the East Asian Grand Division: Imagining an "East Asian Peace Belt" of Jeju-Okinawa-Taiwan Islands," A Paper presented at Jeju International Peace Conference 2007, titled *War and Peace in the Era of Globalization: Experiences from Europe and Asia*, Co-Organized by SNU-KIEP Center, Institute for Gender Research (Seoul National University), BK 21 Political Science Paradigm Project (Seoul National University), Institute for Peace Studies (Cheju National University), Jeju Shilla Hotel, June 7-9, 2007. 이 발표문은 현재 고려대 정치외교학과의 김남국 교수가 편집한 도서로 출간된 다음의 책에 전재(轉載)되었다. Samsung Lee, "Beyond the East Asian Grand Division: Imagining an East Asian Peace Belt of Jeju-Okinawa-Taiwan Islands," Nam-Kook Kim(ed.), *Globalization and Regional Integration in Europe and Asia*, Farnham, England: Ashgate Publishing Company, 2009, pp.161-179.

일 국제세미나가 열렸다. '대안적 동북아 평화구상과 "평화국가" 만들기'라는 주제의 세미나였다. 필자는 참여연대 평화군축센터의 요청으로 앞서 제주도에서 발표한 글을 같은 제목이지만 좀더 자세한 내용을 담아 발표할 기회를 가졌다.[39] 필자는 이 발표들을 통해서 동아시아 대분단선상의 연해 지역들을 잠재적 발칸이 아닌 '평화벨트'로 전환시키려는 동아시아 사회들 공동의 의식적 노력의 필요성을 제기했다.[40]

'평화지대화'는 그 지대에 속한 땅에 대한 주권을 이웃나라 혹은 추상적인 공동체에 헌납하는 것이 아니다. 그 지대에 속한 땅과 영해와 영공에서의 군사적 활동을 제한하는 공동안보적 장치를 마련함으로써 그 지역의 탈군사화를 추구하는 것을 말한다.

타이완해협과 오키나와, 제주도 남방해역, 그리고 남중국해와 한반도 서해상은 동아시아 대분단선을 따라서 형성된 군사적 전초기지들이거나 그럴 위험성을 안고 있다. 동아시아 대분단체제의 지리적 표상이기도 하다. 이 해역들은 모두 미일동맹의 해상 기득권과 중국의 확장하는 자아가 맞부딪치고 있는 곳들이다. 그로 인한 긴장은 세월이 갈수록 가중될 수밖에 없다. 이 지역들의 평화지대화 문제는 이상주의자들의 몽상이 아니라 절실한 현실적인 요청으로 다가오고 있다.

---

39 이삼성, 「동아시아 대분단체제를 넘어서: 제주-오키나와-타이완의 동아시아 평화벨트를 상상하기」, 참여연대 평화군축센터와 코리아연구원 공동주최 한일 국제세미나 '대안적 동북아 평화구상과 "평화국가" 만들기', 서울: 참여연대, 2007. 6. 20.

40 최근 필자는 오키나와의 한 지식인이 비슷한 상상을 제기하고 있음을 알게 되었다. 가와미츠 신이치(川滿信一)는 2008년 제주도에서 열린 제주 4·3 60주년 집회에 참가한 후의 소감을 피력한 글(오키나와의 『정황』이라는 잡지의 2008년 7월호)에서 제주도, 오키나와, 타이완을 포함해 잇는 "쿠로시오 로드 비무장지대"를 구성할 것을 제안했다. 그는 또한 이 지대에 관한 '초국경헌법'을 만들자는 제안도 덧붙였다. (가와미츠 신이치, 이지원 옮김, 「제주도의 해풍: 4·3 제주학살사건 60주년 집회에 참가하고」, 『오키나와에서 말한다: 복귀운동 후 40년의 궤적과 동아시아』, 이담, 2014, 276쪽).

동아시아의 지속가능한 평화는 이 지역들이 어떻게 동아시아 '화약고'에서 평화적 공존을 표상하는 지점들로 전환될 수 있는지에 직접적으로 의존한다. 그러므로 동아시아 공동안보의 비전은 이 지역들의 존재 방식에 대한 새로운 개념을 빚어낼 것을 요구한다.

동아시아 대분단선 위에 놓여 있는 지역들은 성격상 몇 개의 묶음으로 나눌 수 있다. 하나는 남중국해, 또 하나는 타이완해협의 양안과 센카쿠(댜오위다오)를 포함하는 오키나와 열도다. 제주도 남방해역을 포함한 동중국 해역도 하나의 묶음으로 생각할 수 있다. 이곳은 한국·중국·일본의 경제수역이 만나고 방공식별구역(Air Defense Identification Zone, ADIZ)들이 겹치는 곳이다. 타이완해협, 센카쿠(댜오위다오)를 포함한 오키나와 해역, 그리고 제주도 남방해역은 넓은 의미의 동중국해에 해당한다. 이 지역을 하나의 평화지대로 구상하는 비전도 가능하다. 한편 한반도 서해상은 중국과 한국의 심장부들의 전략적 접점이다.

남중국 해역에서는 중국과 타이완, 그리고 동남아시아 국가들이 공동으로 평화지대를 구성하는 주체가 될 수 있을 것이다. 타이완해협의 양안과 오키나와는 각각 중국과 미국 및 일본에 의해서 과잉 군사화되어 있는 지역이다. 타이완해협 양안의 일정한 범위를 비무장화하는 것을 중국이 주도하고, 센카쿠(댜오위다오)를 포함하는 오키나와 해역을 일본과 미국이 주도해 일정하게 비무장화 혹은 비군사화하는 노력이 필요하다. 제주도 남방해역을 포함한 동중국해에서는 한중일 삼국이 이 해역을 평화지대화하는 비전을 개발할 필요가 있다. 그 비전의 한가운데서 제주도가 중요한 역할을 할 수 있을 것이다. 한반도 서해상에서는 궁극적으로 서해(황해)의 과잉 군사화를 예방하는 한국과 중국의 평화지대화의 비전 개발 또한 요청된다.

필자가 말하는 동아시아 평화벨트 개념의 요지는 다음과 같다. 미국과 일본은 오키나와 해역의 비군사화를 향한 이니셔티브를 취하고 중국이 이에 협력한다. 이와 동시에 중국은 타이완해협의 비군사화를 위한 이니셔티브를 취하고 타이완과 미일동맹이 이에 협력한다. 이와 동시에 한국은 제주도 남방해역의 비군사화를 위한 창의적인 역할을 통해 일본과 중국의 협력을 이끌어내고 미국이 협력한다. 이렇게 함으로써 '광역의 동중국해'에 대한 평화지대화를 추구한다. 그 결과는 타이완-오키나와-제주도를 잇는 평화벨트가 될 것이다.

동중국해의 비군사화 및 평화지대화는 남중국해의 비군사화와 긴밀한 상관성을 갖는다. 남중국해의 경우는 동북아 차원을 넘어서서 동남아시아를 포괄하는 보다 광범한 다자적 협력이 요청되는 곳이다. 그런데 동북아와 동남아시아를 포괄하는 동아시아적 공동안보의 기본 전제는 동북아에서의 타이완-오키나와-제주도 해역의 평화지대화라고 할 수 있다. 타이완-오키나와-제주도 해역의 비군사화를 위한 동북아 공동안보의 틀이 마련될 때 남중국해의 평화지대화를 가능하게 만들 수 있는 동아시아적 공동안보의 가능성도 열릴 것이다.

2017년 말 들어서서 동중국해와 남중국해에서 양자 간 혹은 다자간에 국가들 사이의 군사적 충돌을 예방하기 위한 협의가 일정한 진전을 이루었다. 2017년 12월 5-6일 중국과 일본은 상하이에서 열린 회담을 통해서 동중국해에서 우발적인 군사적 충돌을 예방하기 위한 핫라인 개설에 합의했다.[41] 아베 신조 일본 수상은 2007년 당시 후진타오 중국 주석과 동중국해 해역과 상공에서 자위대와 중국군 사이의 충돌을 막기 위한 직통 통신체제를 설치하기 위한 협의를 시작했었다. 그러나 일본이 2012년 9월 센카쿠 열도(댜오위댜오)를 국유재산으로 구매하는 조치를 취하면서 이 문제에 대한 협의가 중단된다. 2014년 이 문제에 대한 협의가 다시 시작되지만 걸림돌이 있었다. 이 핫라인 설치에서 센카쿠열도(댜오위댜오)의 법적 위상에 대해 합의

---

41 Nozomi Matsui and Takashi Funakoshi, "Japan, China agree on hotline to avoid clash in East China Sea," *The Asahi Shimbun*, December 7, 2017.

할 수 없었던 것이다. 이번 협의에서는 센카쿠열도(댜오위댜오) 문제를 명시적으로 언급하지 않고 미봉한 채로 협의를 진행한 덕분에 일단 합의가 된 것이었다. 『아사히신문』은 이번 합의는 시진핑 주석과 아베 총리가 2017년 11월에 가진 정상회담에서 관계 개선을 위해 노력하기로 합의한 것이 계기가 되었다고 설명했다.

또한 2017년 11월엔 필리핀과 중국 사이에, 그리고 아세안(ASEAN)과 중국 사이에 남중국해에서의 군사적 충돌 예방을 위한 협의가 진행되었고 일정한 합의가 이루어졌다. 중국과 필리핀은 중국 리커창 총리가 마닐라를 방문한 후 양국이 낸 공동성명에서 양국은 남중국해에서 분쟁 해결의 수단으로서 무력을 배제하는 데 합의한다고 밝혔다. 필리핀 대통령 두테르테(Duterte)는 별도의 성명을 통해서 아세안과 중국 사이에 남중국해에서의 무력 분쟁을 피하기 위한 '행동규범'(Code of Conduct, COC)에 관한 실질적인 협상의 시작을 발표하게 될 것이라고 밝혔다. 이러한 협상은 빠르면 2018년 봄 베트남에서 시작될 수 있을 것이라고 했다. 그는 또한 아세안과 중국이 남중국해에서의 해상 비상사태를 관리하기 위한 핫라인을 성공적으로 개통했다고 밝혔다. 이 모든 것이 긴장을 줄이고 우발적 사태의 위험을 예방하며, 오해와 오산을 줄이기 위한 조치들이라고 두테르테는 설명했다.[42]

이러한 노력들이 시작되고 확산되면 동아시아 대분단선의 군사적 긴장이 엄중한 오늘의 현실도 변화하기 시작하면서 장차 분단선이 아닌 평화지대로 탈바꿈할 수 있는 희망도 현실성을 띠게 될 수 있을 것이다. 한반도의 비핵화를 통한 한반도 평화체제의 구축은 동북아시아 비핵무기지대화를 가능하게 하며, 또한 그 비핵무기지대 건설은 동아시아 지역 전반에서 국가들의 열린 자세에 의해 뒷받침될 것

---

42 Reuters, "Beijing, Manila agree to avoid force in South China Sea dispute," *The Asahi Shimbun*, November 16, 2017.

이다. 이렇게 성립한 비핵무기지대의 건설은 동북아시아 공동안보의 출발점이 되고, 이것은 동아시아 평화벨트의 구성을 가능하게 하는 토대가 될 것이다. 이를 토대로 동북아시아 공동안보는 동남아시아 아세안과의 공동안보를 구축할 수 있고, 그로서 동북아와 동남아를 포괄하는 '동아시아' 공동안보가 성립하게 될 것이다. 그러한 동아시아 공동안보는 남중국해의 평화지대화도 가능하게 하는 힘으로 작용할 수 있을 것이다.

10. 맺는말

한반도는 거의 주기적으로 전쟁의 논리가 빗발쳐왔다. 이 땅을 부여잡고 평화를 논하는 것은 어머니의 땅을 떠날 수 없는 사람들의 피할 수 없는 숙명이라는 생각이 든다. 숱하게 되풀이되는 전쟁의 위기 상황이라는 고질병에 시달리고 있지만 그래도 어머니의 땅인 이곳을 떠날 수 없거나 떠나지 않는 사람들, 그들이 곧 한반도의 주인이다. 이들이 어떻게 사유하고 어떻게 행동하느냐는 이 땅의 현재와 미래를 결정하고 그 너머 동아시아 그리고 세계의 운명에 영향을 미친다. 때로는 절망이 때로는 희망이 현재와 미래에 대한 우리 이야기들의 배경이 된다. 우리 사유의 저변도 힘의 작동에 대한 현실주의적 인식과 함께 희망과 꿈에 대한 이상주의적 지향이 경직되어 있다. 현실에 발을 딛지 않은 이상의 담론은 역사의 방향에 자국을 낼 수 없는 하나의 문학적 사건에 불과하다. 그러나 이상의 별이 없는 현실주의는 실제 역사에서 전개되는 작고 큰 변화들을 이끌지도 예감하지도 못한다. 인간이 가슴속에 품은 절실한 꿈과 이상은 그가 처해 있는 차돌 같은 현실의 구조 못지않게 그의 삶의 존재론적 구성인자다. 그것은 사회에게도 역사 전체에게도 마찬가지다.

평화를 위해 전쟁에 대비한다는 논리를 앞세우며 웬만한 곳은 모두 군사기지로 만들려 하고 또 그렇게 해야만 한다고 믿는 세력이 어느새 제주도의 미래까지도 지배하기 시작한 것으로 느껴진다. 이 물결로부터 제주도를 '세계평화의 섬'으로 가꾸어 동아시아의 발칸이 아닌 제네바로 만들어내고 싶다는 우리 사회 한편의 희망을 어떻게 지켜낼 것인가. 한국인이라면 누구든 어깨에 그러한 책임의식을 지지 않을 수 없을 것이다.

날로 군사화되어가는 중국 남단의 하이난섬을 바라보는 동남아시아인들의 마음은 어떠할까. 형식적인 정치적 주권은 1972년 일본에 반환되었지만 여전히 미국의 군사적 식민지로 남아 있는 오키나와인들과 이 열도에 가까운 중국 동안의 사람들은 냉전의 해체에도 불구하고 여전히 철옹성처럼 버티고 있는 이 섬의 미국 군사기지들을 보며 무엇을 느껴왔는가. 제주도가 군사기지의 섬이 아니라 동아시아 평화의 표상, 평화의 오름으로 다시 솟아오를 날을 기다리는 것은 비단 한국 제주도민만의 바람이 아닐 것이다. 제주도를 바로 코앞에 둔 수억의 중국 사회, 그리고 아직 핵잠수함을 가지려 계획한 바 없는 일본 사회의 구성원들을 포함한 헤아릴 수 없이 많은 동아시아인의 이상일 것이다. 그 공동의 이상을 어떻게 한데 길어올려 동아시아 평화를 함께 가꾸어갈 것인가. 제주도는 그것을 위해 오늘 어떤 꿈을 꿀 것인가.

(2018)

제8장

제국과 천하 담론의 개념사적 맥락[1]

1. 질서표상으로서의 '제국'과 '천하'

21세기의 시점에서 해외학계 발 제국 담론과 천하 담론의 양상을 주목하게 되는 이유는 무엇인가. '제국'과 '천하'는 대표적인 질서표상 개념들이라는 점에서 공통적이다. 질서표상 개념은 질서의 중심과 주변 사이의 특정한 관계양식을 표상하는 개념적 기능을 갖는다.[2] 제국과 천하는 다 같이 중심과 주변 사이의 권위적 위계와 함께 도덕적 위계를 내포한 질서표상 개념이다. 제국은 '문명과 미개'의 차별성을 전제한 도덕적 위계를, 그리고 '천하'는 화이(華夷)라는 형태로 문명과 야만의 차별화를 담은 도덕적 위계를 내포했다. 제국과 천하가 공통적으로 가진 또 하나의 개념적 기능은 중심부 권력자의 지배영역의 광역성 내지 초국성(超國性)을 표상한다는 데에 있다.

요컨대 두 개념 모두 중심부 지배세력의 자기표상, 즉 도덕적 위계의 정점으로서의 자기, 그리고 자기 지배영역의 광역성 및 초국성을 자기중심적으로 표상하는 개념으로 존재해왔다. 유의할 점은 제국이든 천하든 주변부 사회 구성원들이 그 개념들을 언급할 때는 자기

---

1 이 글은 2018년 11월 3일 고려대 중국학연구소의 추계학술대회에서 필자가 행한 기조강연이었으며, 내용의 수정 없이 전재한다. 이 글의 내용은 2014년에 출간된 필자의 저작『제국』, 소화, 2014에 근거함을 밝힌다.

2 질서표상 및 자기표상 개념에 관해, 이삼성,『제국』, 소화, 2014a, 31~34쪽.

표상 개념이 아니었다는 것이다. 중심에 대한 자신의 주변성을 전제하는 타자표상 내지는 타자화된 자기의 표상이라는 성격을 내포한 것이었다.

21세기의 시점에서 이 개념들을 돌이켜볼 필요가 있는 것은, 과거 전통시대나 근대에 천하 혹은 제국을 경영했던 사회들의 지식인들에 의해서 그것들이 미래의 세계질서 내지 지역질서를 재구성하는 개념적 수단으로 새롭게 가공되어 재활용되는 지성사적 현상을 보이고 있기 때문이다. 이 두 질서표상 개념들의 실체를 응시하면서 그러한 전통적 혹은 근대적 개념들의 21세기적 재가공과 재활용의 시도들에 대한 냉정하고 객관적인 평가가 필요하다.

2. 전통시대 중국의 천하 개념과 그 도덕적 및 공간적 내포

1) 중국적 천하 개념의 도덕적 내포

중국 관념사 연구를 개척한 진관타오(金觀濤)와 류칭펑(劉淸峰)은 천하 개념의 세 가지 특징을 지적했다. 첫째, 천하는 곧 세계 전체를 가리킨다. 둘째, 천하는 도덕적 고저에 따라 구분된 등급질서를 내포한 개념이다. 셋째, 천하는 하나의 도덕공동체를 가리키는 용어인 탓에 국가주권의 개념은 들어 있지 않고 천하의 영수는 (중국의) 황제라는 관념이 내포된 개념이다.[3]

다만 천하 개념의 도덕적 함의는 시대에 따라 차이가 있다는 지적도 가능하다. 쉬지린(許紀霖)에 따르면, 한(漢) 대에는 천하가 공간 개념과 가치 개념을 함께 갖고 있었지만, 청(淸) 대의 천하 개념에는

---

3 金觀濤·劉淸峰, 『觀念史 研究: 中國現代重要政治術語的形成』, 香港: 當代中國文化研究中心, 2008; 진관타오·류칭펑, 양일모·송인재·한지은·강중기·이상돈 옮김, 『관념사란 무엇인가 2: 관념의 변천과 용어』, 푸른역사, 2010, 208–230쪽; 이삼성, 「'제국' 개념의 고대적 기원: 한자어 '제국'의 서양적 기원과 동양적 기원, 그리고 『일본서기』」, 『한국정치학회보』 제45집 제1호(2011a), 26쪽.

가치 개념이 부재했기 때문에, 공간 개념만 남았다. 그래서 청 대의 중국 지배자들은 '대일통'(大一統)을 강조했다. 천하의 개념적 내포가 시대에 따라 다르다는 것을 말해준다.[4]

진관타오·류칭펑의 해석에서 '천하' 개념이 내포한 도덕적 위계의 중요성이 강조되는 것은 이들이 고염무의 천하론을 거론하는 방식에서도 확인된다. 진관타오 등은 전통시대 중국에서 '천하'와 '국가'는 그것이 가리키는 영역의 크기에서는 차이가 없으며, 다만 도덕적 함의에서 차이가 있을 뿐이라고 말하면서, 그 근거로 고염무(顧炎武, 1613-82)의 말을 빌린다. "고염무는 '국가'와 '천하'의 차이를 명청 교체기에 내놓은 '망국'(亡國)과 '망천하'(亡天下)의 논변에서 매우 분명하게 말했다. '망국이 있고 망천하가 있다. 망국과 망천하는 어떻게 구별되는가? 성(姓)을 바꾸어 호칭을 고치는 것이 망국이요, 인의(仁義)가 꽉 막혀 짐승을 몰아서 사람을 잡아먹게 하거나 사람이 서로 먹는 것을 망천하라 한다.' 곧 망국은 어떤 성의 조정이 멸망하는 것을 가리키지만, 망천하는 도덕질서가 완전히 없는 것을 의미하며, '천하'는 비교적 추상화된 것으로 도덕질서를 더욱 강조한다."[5] 고염무가 구분한 망국과 망천하의 취지에 대한 일반적인 해석은 진관타오와 같은 맥락에서, '망국'은 "정치체 차원의 흥망"을 가리키고, '망천하'는 "사회 문화 시스템 전체의 파멸"이라는 것이다.[6]

아베 다케오(安部健夫)는 진관타오와 같이 고염무의 도덕주의적

---

4 2014년 6월 13일 한림과학원 주최 국제학술회의 '동아시아, "제국"의 개념사'(A Conceptual History of 'Empire, From an East Asian Perspective)에서 필자와의 대화.

5 진관타오·류칭펑, 2010, 228쪽; 이삼성, 2011a, 21쪽.

6 도요타 히사시[豊田 久]·하세베 에이이치[長谷部英]·고지마 쓰요시[小島毅]·사토 신이치[佐藤愼一], 「천하」, 미조구찌 유조[溝口雄三] 외 엮음, 김석근·김용천·박규태 옮김, 『중국사상문화사전』, 책과함께, 2011, 282쪽; 이삼성, 「제국 개념의 동아시아적 기원 재고: 황국과 천조, 그리고 가외천황과 제국」, 『국제정치논총』, 제54집 제4호(2014b), 51쪽, 각주 33.

천하론에 주목하되, 그러한 도덕론의 진의(眞意)를 문제 삼는다. 아베는 고염무가 명말청초를 살았던 인물로서 명조의 유신(遺臣)을 자처하며 청조에 대항해 싸웠고, 끝내 그가 이민족 왕조로 간주한 청조를 섬기기를 거부한 인물임을 주목했다. 고염무가 국가와 천하를 구별한 것은 표면적으로는 '도덕'의 문제였지만, 고염무의 실제 뜻은 중국 한족 안에서의 왕조 교체는 국가의 흥망일 뿐이되, 망천하는 금수로 간주된 이민족에 의한 왕조 교체를 의미한 것이었다고 아베는 지적했다. 사실상 도덕의 문제가 아니라 이민족에 대한 배타적 증오를 담은 민족주의적 관념을 표현한 것이라는 이야기였다.[7] 그렇게 해석할 경우 고염무의 '망천하'는 이민족에 의해 정복된 중국을 가리킨 것일 수도 있고, 중국과 이적(夷狄)의 합당한 위치, 즉 중심과 주변의 원래 위치가 전복되어 원래의 질서가 무너진 광역천하의 상황을 가리킨 것일 수도 있다.

2) 중국적 천하 개념의 공간적 내포

동양의 전통적 개념체계에서 황제는 '천하'의 주인이었다. 황제의 직접적인 통치영역이 황국이라면, 황국과 그것을 중심으로 동심원적 질서를 구성하는 세계 전체가 천하였다. 전해종에 따르면, 천하라는 개념의 시원은 중국 유가의 고전 가운데 가장 오랜 것으로 존중되는 『시경』과 『서경』을 비롯한 선진(先秦) 시대의 고전 문헌들에서 찾을 수 있다. 우선 '천지하'(天之下)라는 말로 시작된다. 『시경』에는 "溥天之下(또는 敷天之下)"라는 구절이 등장한다. 『서경』의 「익직편」(益稷篇)에는 "帝光天之下"라는 표현도 있다. '하늘 아래의 온 세계'를 뜻했다. 정확하게 천하라는 단어가 처음 등장하는 것도 역시 위의 두 문헌이다. 『시경』에는 한 차례, 『서경』에는 열아홉 차례 나타

---

7 安部健夫, 『中国人の天下観念: 政治思想史的試論』(ハーバード・燕京・同志社東方文化講座 第6輯), (ハーバード・燕京・同志社東方文化講座委員会, 1956), pp.104-105; 이삼성, 2014b.

난다.[8] 다시 전해종에 따르면, 천하가 일반화되기 전에는 사방(四方) 또는 사국(四國)이 중국이라는 개념과 함께 훗날의 천하를 가리키는 개념으로 사용되었다. "사방의 중심은 중방(中方) 또는 중읍(中邑)이며, 이것은 곧 중국이었다." 그러한 의미에서 사방과 중국이 개념적으로 함께 묶여 처음 나타나는 예도 역시 『시경』에서였다. 이 고전의 「생민·민노 편」(生民·民勞 篇)에 "惠此中國 以綏四方"이라는 표현이 그것이다.[9]

여기서 중국이라는 개념은 처음에는 사방을 포괄하는 넓은 의미는 아니었다. 그러나 장차 중국은 그러한 좁은 의미의 중국과 함께 사방이 결합해 '광의의 중국'이라는 의미로 진화한다고 전해종은 해석한다. 즉 광의의 중국은 사방을 포함하는 것인데, 이러한 중국의 외곽에 사이(四夷)가 위치하는 것이 된다. 다만 전해종은 사방과 사이의 구분은 언제나 분명한 것은 아니었다고 말한다. 우리의 분석대상인 천하에 사방을 포함하는 광의의 중국 개념이 포함되는 것은 당연하다. 문제는 사이도 그 천하에 포함되느냐 하는 것이다. 『서경』이나 『춘추좌씨전』에 등장하는 천하의 개념에서는 사이가 제외되었으나, 전한 효문제(前漢 孝文帝)의 「견흉노서」(遣匈奴書)에 등장하는 천하 개념은 사이마저 포괄하는 것으로 분석된다. 이를 두고 전해종은 "사이가 천하에 포함되기도 하고 제외되기도 하는 것은 중국인의 동류의식이 강한가, 또는 이류(異流)의식이 강한가에 따른 것"이라고 해석했다.[10]

거자오광(葛兆光)은 중국인에게 천하란 "나를 중심으로 삼는 거대한 공간"이었다고 정의한다.[11] 그는 춘추전국시대에 남북의 오랑

---

8 전해종, 『동아시아의 비교와 교류』, 지식산업사, 2000, 28쪽; 이삼성, 2011a, 26쪽, 29쪽.
9 전해종, 2000, 30쪽; 이삼성, 2011a, 26쪽.
10 전해종, 2000, 31쪽; 이삼성, 2011a, 26쪽.
11 거자오광, 이원석 옮김, 『이 중국에 거하라』, 글항아리, 2012, 57쪽; 이삼성, 2014a, 79쪽.

청나라 건륭제가 친필로 쓴 『시경』.

캐에 대응하는 '중국' 개념이 형성되었다고 보았다. 그에 따르면 중국과 다른 나라 사이의 지리적 경계선은 문명의 전파와 수축 정도에 따라서 끊임없이 변했다. 그래서 옛 중국인의 중국 개념은 언제나 문명과 관련된 개념이었지, 명확한 국경선을 지닌 정치적·지리적 관념은 아니었다.[12] 다만 당나라시대까지 그러했다고 거자오광은 말한다.

거자오광에 따르면, 중국인의 중국 개념은 당나라 중엽에 이르러 변하기 시작하고, 송나라에 이르면 더욱 근본적인 변화가 일어난다. 동아시아에서 송나라 때부터 "중국 왕조 중심의 국제질서가 흔들리기 시작했"기 때문이다. 거란의 요(遼)와 여진의 금(金)에 의해 부단히 압박을 받으면서, 중국의 "민족과 국가에 명확한 경계가 그어졌고 천하는 중국으로 축소되었으며 오랑캐는 대등한 상대가 되었다." 이후 중국의 엘리트 지식인들은 '중국'(송 왕조)의 정통성과 '문명'(한족 문화)의 합리성을 증명하려 했으며, 그런 관념이 바로 근세 중국 민족주의 사상의 먼 기원이 된 것이라고 거자오광은 주장했다.[13]

중국인이 말하는 '천하'가 중국에 더해 만이의 영역까지도 포함하는 개념이었는지, 아니면 중국에 한정된 것인지는 중국의 개념사에

---

12 거자오광, 2012, 57쪽.

13 거자오광, 2012, 59쪽, 62쪽, 78쪽; 이삼성, 2014b, 79쪽.

서도 논란이 많았다. 아베 다케오(安部健夫)에 따르면, 춘추전국시대의 유가와 묵가에 있어서 천하는 중국에 다름 아니었다. 전국시대 초중기 무렵까지는 천하는 그 영역에 있어서 중국 이상도 이하도 아니었다.[14]

타이완대 교수 감회진(甘懷眞)의 인식도 유사하다. 선진시대의 천하관은 '하나의 한정된 천하'를 가리킨 것이었다고 그는 해석한다. "중국인들이 인식하고 있는 세계 가운데 부분적인 지역을 '천하'라고 여겼다. 다시 말하자면, 그 시대의 중국인들은 많은 토지와 인민들이 '천하'의 밖에 있다는 것을 분명하게 인식하고 있었다. 그들은 '천하'가 전 세계를 포함하기를 바라기도 했다. 그러나 고대 중국 통치자들은 이 희망사항을 현실적으로 생각하지는 않았다. 중국 통치자의 이상은 중국 천자를 중심으로 하는 하나의 문명세계를 건설하는 것이며, 그 매개가 천자에게 칭신(稱臣)하는 것이었다"[15]

천하가 중국 이외의 만이의 세계까지도 포괄하는 더 넓은 영역으로 사유되기 시작한 것은 전국시대 후기에 활동한 음양사상가인 추연(鄒衍, 騶子)에 이르러서다. 『사기』의 「맹자순경 열전」에 "유자(儒者)가 말하는 중국이라는 것은 천하의 팔십일(八十一) 분의 일(一)에 지나지 않는다"고 한 추연의 말이 인용되어 있다. 즉 진정한 천하는 유가와 묵가가 말하는 천하, 즉 중국의 81배가 된다는 개념이 등장했다.[16]

천하가 중국과 만이를 포함해 '세계'(世界)를 가리키게 된 것은 한초(漢初)였다. 아베 다케오는 역시 『사기』의 「흉노전」을 인용했다. 효문제(孝文帝, 재위 기원전 179-157)가 흉노의 선우(單于)에게 보

---

14 安部健夫, 1956, p.83; 이삼성, 2014b.
15 감회진, 「이른바 '동아시아 세계'에 대한 재고찰: 중국과 백제 관계를 중심으로」, 충남대학교 백제연구소 엮음, 『고대 동아세아와 백제』, 서경, 2003, 279-280쪽; 이삼성, 2014b.
16 安部健夫, 1956, pp.83-84, p.103.

낸 서한에서 "오늘날 천하는 평안하고 만민은 기뻐한다. 짐과 선우는 만민의 부모이며, 양국(兩國)의 민은 일가(一家)와 같다"고 했다. 이로부터 아베 다케오는 한과 흉노가 천하를 공유하고 있다는 인식이 명확하다고 보았다.[17]

이로부터 아베는 중국에서 만이를 포괄하는 '광역천하(廣域天下)의 관념'이 한초에 등장했으나, 그러한 관념을 후세에 부동의 것으로 만들어낸 것은 한무제(재위 기원전 140-87)의 정치외교적인 실천 활동, 즉 그 시대의 제국주의와 상업주의에서 비롯된다고 해석했다.[18] 그런데 진한 이래 중국에서 천하는 중국을 가리키는 '협역천하'(狹域天下) 개념과 천하는 곧 세계라는 '광역천하' 개념이 공존했지만, 중국인 일반에게 우세한 관념은 협역적 천하 관념이었다고 아베는 주장했다. 중국 역사 2,000년을 통해서 천하는 세계로서보다는 중국으로서 의식되고 이해되었다는 것이다.

요컨대 아베에 따르면, 세계가 곧 천하라는 개념은 그들에게 '화장안료'(化粧顔料)에 불과했다는 것이며, 광역천하의 개념은 유학적인 해석과 문학적인 수식, 그리고 외교적인 의례에서 주로 사용되었을 뿐이어서, 허세와 분식의 관념에 불과했다. 그는 다만 시대적인 차이를 인정했다. 전한(前漢)과 초당(初唐) 시대와 같이 무력에서도 우세했던 시기에는 '화이일가'(華夷一家)라는 광역천하의 개념이 광범하게 퍼졌고, 송명(宋明)의 시대와 같이 한(漢)민족이 피압박자의 처지에 놓였을 때에는 천하 개념 자체가 민족주의적 성격을 띠어 중국에 한정되는 경향을 보였다는 것이다.[19]

---

17 安部健夫, 1956, p.87. 아베는 같은 맥락에서 「효무제본기」에서 "천하의 명산은 여덟 개인데, 셋은 만이에게 있고, 다섯은 중국에 있다…"고 말한 내용을 언급한다(安部健夫, 1956, p.88).

18 安部健夫, 1956, pp.88-89; 이삼성, 2014b.

19 安部健夫, 1956, pp.98-101; 이삼성, 2014b.

3) '실제의 천하'와 '이념으로서의 천하'의 구분

도요타 히사시(豊田久) 등에 따르면, 진시황의 '천하' 통일 이후 진(秦)은 하나의 '국'이면서 동시에 천하였고, 이 천하는 중국을 의미했다. 한 대에 들어와서 중국 이외의 이적들과의 관계에서 책봉체제가 등장하면서 더 넓은 천하의 관념이 들어선다. 이후 천하는 곧 "현대적 의미의 세계"가 된다. 삼국시대부터 당(唐) 대까지도 현실의 천하는 분열된 것이었지만, 전체 천하의 수장은 천자라는 의식에는 변함이 없었다. 당 대에도 그 말기의 쇠퇴기에 이르기까지 '책봉체제의 중심에 있는 당이라는 국의 황제가 천하를 지배한다'는 이념은 지속된다. 다만 송(宋) 이후 천하를 중국과 이적이 양분하는 상태가 되풀이되면서 천하 관념의 실제와 이념 사이에 모순이 일어난다. 천하는 실제로는 중국을 가리켜 쓰이는 일이 많았고, 다만 "이념적으로는 세계 규모의 넓이를 가지고 있었다"는 것이다.[20]

이 점은 거자오광의 인식에서도 확인된다. 송 이후 실제와 이념 사이에 괴리가 생기기 시작한다. 거자오광은 송 대의 주자학이 더욱 이론화시킨 화이론(華夷論)적 세계관은 현실에서 천하가 중국으로 축소된 것에 대한 민족주의적 자각과 사상적 대응에 다름 아니라고 말했다. 그러나 적어도 성리학을 적극 받아들인 사대부가 지배계급으로 등장한 조선의 세계관에서도 그러했지만, 중국의 지배자가 말하는 천하는 적어도 '관념의 세계와 선언적 의미'에서는 중국을 중심에 둔 세계 전체를 가리킨 것이었다. 어떻든 송 대 이후 '중국을 가리키는 실제로서의 천하'와 '만이를 포함한 세계 전체를 가리키는 정치이념으로서의 천하' 사이의 모순이 극명해졌다고 하겠다.[21]

요컨대 전통시대 동아시아의 '천하' 개념은, 첫째, 중국을 중심으로 하는 중심과 주변부 사회들 사이의 도덕적 위계를 내포한 질서표상

---

20 도요타 히사시·하세베 에이이치·고지마 쓰요시·사토 신이치, 2011, 281-282쪽; 이삼성, 2014b.
21 이삼성, 2014b.

이었다. 둘째, 중국인들에게 천하의 지리적 범위는 실제에 있어서는 중국의 직접 및 간접적 지배권이 미치는 범위를 이야기했다. 중국 통일왕조의 세력이 확장적인 시대에는 천하는 거의 세계 전체를 의미하기도 했고, 주변부 이민족 사회들이 강성해져서 중국의 지배권이 축소된 시기에 중국인들의 천하는 중국이라는 지리적 범위에 한정되는 경향을 보였다. 그런 시대상황에서는 실제의 천하와 중국을 문명의 중심으로 하는 세계 전체라는 이념으로서의 천하가 분리되어 그 간극이 심해지는 개념적 현상을 보였다.

이러한 전통시대 천하 개념은 중심과 주변 사이에 도덕적 위계를 전제하는 개념이라는 점에서, 그리고 그것이 '천하' 자체가 세계 자체를 의미한다기보다는 이념이 아닌 실제에 있어서는 중국의 정치권력의 지배력이 미치는 지리적 범위를 가리킨다는 점에서 서로 다른 주체적 사회들 사이의 '비지배적인' 평등하고 정의로운 평화적 공존의 질서를 표상하는 것과는 분명한 개념적 거리가 있다. 따라서 이 전통적 개념을 21세기 동아시아 지역질서 내지는 세계질서의 바람직한 미래상을 표상하기 위해 재가공해 재활용하는 것은 매우 부적절하다고 생각한다.

3. 근대 일본과 천하 개념을 대체한 질서표상 개념으로서의 '제국'

전통시대 일본은 『일본서기』에서부터 잘 드러나듯이 중국적 천하를 '상대화'하고 자신을 중심에 두는 또 하나의 천하 관념을 지녔다.[22] 일본의 천하 개념은 자신을 중심에 둔 가운데 천황의 지배권이

---

22 『일본서기』에 기초할 때, 고대 일본의 국가체제는 이 역사서가 편찬된 8세기 초의 시점에서 이미 중국의 율령체제를 자기화하고 있었다. 그 지배자들의 질서표상과 자기표상의 개념체계 역시 중국을 모방하고 있었다. 천황은 자신의 지배영역을 '천하'라고 말하길 즐겼다. 또한 중국을 모방해 스스로 종종 '천조'를 자칭했다. 심지어 자신을 가리켜 '중국'이라고도 했다(이삼성, 2014b).

미치는 범위에 한정한 것이었다. 그런 점에서 중국의 경우에 비해서 실제와 이념으로서의 천하 개념 사이의 간극은 크지 않았다. 실제와 이념이 일치하는 경우에 가까웠던 것이다.

전통시대 동아시아에서 중국도 일본도 자기 중심의 지배 영역을 '천하'로 불렀지만, 역시 그것은 중국적 개념이었던 것이 사실이다. 일본의 그것은 변방세력에 의한 모방(模倣)과 채용(借用)이었을 뿐이다. 자신이 창안하고 주도하는 개념은 아니었다. 일본의 그러한 자기 중심의 천하 개념은 근대에 들어서는 '제국' 개념으로 대체된다. 서세동점의 시대에 중국적 '천하'는 서양의 '엠파이어들'(empires)에 의해서 붕괴했다. 천하는 이제 제국에 의해 대체될 운명에 처한 과거의 낡은 질서표상에 불과했다. 일본은 과거에 천하를 채용했던 것처럼 이제 서양의 엠파이어를 빌려서 '제국'을 자기표상의 개념으로 삼았다. 막말(幕末)인 19세기 중엽부터였다.

일본은 더 나아가 19세기 말 청일전쟁을 전후한 시기부터 '제국'을 자기중심의 동아시아질서를 구축하고 표상하기 위한 중대 개념으로 동원하기에 이른다. 중국 중심의 질서표상으로서의 천하 개념을 대신해 일본은 자신을 중심에 둔 동아시아 지역질서를 구성하는 개념적 수단으로서 제국이라는 질서표상 개념을 전면에 내세우게 되는 것이다.[23]

동아시아에서 한자어 '제국' 개념의 발원지는 한반도였다. 552년 백제가 일본을 가리켜 처음 사용한 질서표상의 개념이었다. 그것은 통일신라 말기 최치원이 작성한 표문 속에서 당(唐)을 높여 부르는 질서표상의 개념이기도 했다. 그러나 전통시대 동아시아에서 일본도 중국도 한반도의 국가가 창안한 '제국' 개념을 채택하지 않았다. 그래서 전통시대 동아시아에서 제국은 초국적인 소통이 가능한 개

---

23 이삼성, 「'제국' 개념과 19세기 근대 일본: 근대 일본에서 '제국' 개념의 정립 과정과 그 기능」, 『국제정치논총』 제51집 제1호(2011b), 92-93쪽.

념으로 유통되지 못했다.[24]

그러나 '제국'은 18세기 말에서 19세기 초에 이르는 시기에 근대 일본의 난학자들이 서양의 엠파이어 개념을 '제국'으로 번역하면서 동아시아에서 재탄생한다. 19세기 중엽 일본 막부 정권이 자신은 중국처럼 서양 제국들의 반식민지가 아니라 자주독립국가임을 대외적으로 선언하는 의미에서 스스로 '일본제국'을 자임했다. 이때의 일본제국은 서양의 '제국'이 갖는 지배영역의 팽창성이나 광역성과는 거리가 있었고, '황제의 나라' 정도의 의미를 담은 것이었다.

중국이 서양 제국주의의 압박과 전통질서의 한계로 말미암아 붕괴되어가는 틈에 일본이 제국 클럽에 동참하는 계기가 된 청일전쟁을 기점으로 일본의 제국 개념도 강한 팽창성을 띠게 된다. 전통질서의 중심이었던 중국의 일부인 타이완을 자신의 식민지로 거느리고 조선을 중국의 속방 지위에서 떼어낸 일본인들은 이제 자신들을 가리킬 때 '일본제국'이라는 고유명사를 버리고 그냥 '제국'이라는 보통명사를 사용한다. 과거 중국에서 황제의 지배영역이 '중국 천하'

---

24 일본 학계의 일반론을 따르면 일본이 정식으로 칭제한 것은 7세기 말이다. 그런데 그보다 약 1세기가 앞선 7세기 초의 시점에서 일본의 지배자가 중국에 보낸 외교문서에서 '천황' 내지 '천자'를 자칭한 사실은 『일본서기』에서뿐 아니라 중국의 기록(『隋書 倭國傳』)으로도 확인된다. 또한 구미하라 도모노부(栗原朋信)에 따르면 일본의 지배자가 '대왕천황'(大王天皇)이라는 복합칭호를 정식으로 쓰게 된 것은 6세기 말 시작되는 스이코조(推古朝, 593-628)의 일이다. 즉 일본이 대외관계에서 칭제에 준하는 의례를 선택한 시점은 일본이 정식 칭제한 시점에 비해 크게 앞선 일이었을 가능성을 추정할 수 있다는 말이 된다. 그렇다면 일본이 대중국 외교에서 칭제의 의례를 채택한 시점보다 반세기 앞선 6세기 중엽에 백제가 일본을 제국으로 칭하고 일본의 지배자를 '가외천황'으로 존칭한 것은 반드시 불가능한 일은 아니었다고 할 수 있다. 필자는 이 문제를 당시 한반도의 정세 속에서 백제가 처한 군사적 위기와 백제-일본 간 관계, 그리고 니시지마 사다오(西嶋定生, 『中國古代國家と東アジア世界』, 東京大學出版會, 1983)가 분석한 일본 국내의 정치적인 지배체제 변동 문제와 연관해 논의했다. 그런 맥락들 속에서 백제가 불교문명과 함께 한자문명을 일본에 매개하는 과정에서 일어난 정치외교적 개념의 창안과 적용의 현상이었을 가능성을 논했다(이삼성, 2011a & 2014b).

가 아니라 그냥 '천하'였던 것과 같은 현상이라 할 수 있었다. '고유명사로서의 일본제국'과 '보통명사로서의 제국' 사이의 경계를 허물어뜨린 이러한 개념적 용법은 19세기 말부터 본격화된 것으로서, 일본이 동아시아 지역에서 일종의 '보편국가'를 자임하면서 전개되는 주목할 개념사적 상황이었다.[25]

20세기 전반기에 일본이 '제국'을 자기표상의 개념으로 적극 활용한 것은, 그것이 갖는 적어도 세 가지 기능을 일본의 국가권력이 깊이 자각했기 때문이다. 첫째, '제국'은 확장된 정치적 공간을 표상하기에 적절했다. 둘째, 그 정치적 공간의 중심과 주변, 즉 제국과 식민지의 관계를 특징짓는 수직적 위계를 표상하는 데에 '제국'은 지극히 적절한 개념으로 간주될 수 있었다. 근대 일본은 '황국' 개념 역시 애용했지만, 그것은 천황을 정점에 둔 일본이라는 정치사회적 구성체 내면의 수직적 구조를 표상하는 데 적절한 개념이었다. 이에 비해 '제국'은 수평적 공간의 확장과 함께 식민지에 대한 '본국'(혹은 일본인들이 '내지'로 표현한)의 수직적 지배의 위상을 동시에 강조하는 데 안성맞춤이었다. 셋째, '제국'은 중화질서에서 중국이 '천하' 개념에 부여했던 '민족들 사이의 도덕적 위계화'의 역할을 일본 중심의 동아시아질서에 적용하는 데 동원할 수 있었다. 이는 조선 통감부의 포고문과 조선총독부의 훈시에서 드러나는 바와 같다.[26]

20세기 전반기 일본에서 전개된 제국 담론에서 "식민은 문명의 전파"라는 인식이 짙게 깔려 있었던 것은 놀라운 일이 아니었다. 1910년대 도쿄제국대학의 '식민정책' 강의의 개강사에서 니토베 이나조(新渡戶稻造)는 일본의 제국주의적 활동을 '문명의 전파'로 설명했다.[27] 일본 지식인들은 식민주의, 즉 제국의 활동은 문명의 전파라는 명제를 당시 미국의 저명한 국제정치학자이자 식민정책학의

---

25 이삼성, 2011b, 89-90쪽.

26 이삼성, 「제국과 식민지에서의 '제국': 20세기 전반기 일본과 한국에서 '제국'의 개념적 기능과 인식」, 『국제정치논총』 제52집 제4호(2012), 14-15쪽.

권위자로 통하던 폴 라인슈(Paul Reinsch, 1869-1923)로부터 배웠다.[28] 도미니크 리벤이 지적한 바와 같이, 제국의 시대에 '제국'은 권력의 상징이었을 뿐만 아니라 "진보와 문명의 선봉"을 뜻했다.[29]

4. 냉전과 탈냉전: 제국 개념의 추락과 도덕적 복권의 지성사

제국들 간의 전쟁이었던 2차 대전의 종결과 함께 고전적인 제국체제는 무너져갔고, 이와 함께 '제국'은 더 이상 긍정적인 가치들의 표상이 되지 못했다. 리벤의 지적처럼 그것은 '더러운 말'(a dirty word)이 되었다.[30]

제국주의 시대가 전쟁의 참혹과 파시즘, 그리고 제노사이드의 폭력으로 점철된 것이었던 만큼, 전후 탈식민과 냉전의 질서에서 제국은 불의한 지배와 폭력의 표상이었다. 냉전체제는 제국 개념을 적대진영의 국가 간 관계를 부정적으로 규정하는 편리한 수단으로서 채용했다. 적대 진영을 '제국의 질서'로 비판한다는 것은 그 질서에서 강자가 약소국의 영토적 주권을 유린하고 착취함으로써 약자의 형식적 주권은 허울에 불과하다고 냉소함을 뜻했다.

그러나 냉전 말기부터 심상찮은 개념사적 전복이 준비되기 시작했다. 신보수주의의 대부로 통하는 어빙 크리스톨은 1967년에 발표한 에세이에서 미국은 이미 "제국적 권력"(imperial power)을 가진 제국이라고 선언했다. 그런데 그가 말하는 "미 제국"은 수정주의나 좌파 학자들이 말하는 '미 제국'과 매우 달랐다.[31] 크리스톨은 세계에서 미국이 가진 "제국적 권력"과 또한 세계질서에서 미국이 수행하는

27 사카이 데쓰야, 장인성 옮김, 『근대일본의 국제질서론』, 연암서가, 2010, 258-259쪽.

28 사카이 데쓰야, 2010, 263쪽.

29 Dominic Lieven, *Empire: The Russian Empire and Its Rivals*, Yale University, 2002, p. 4.

30 Lieven, 2002, p. 4.

"제국적 역할"(imperial role)을 부정하거나 도덕적으로 비판하는 미국의 리버럴리즘을 질타했다. 그는 우선 "제국적 권력"이라는 용어는 "강대국"(great power)이라는 말과 다를 바 없는 것이며, 제국은 곧 "제국주의적"(imperialistic)이라는 말과 반드시 같은 것이 아니라고 주장했다. 미국은 제국이되 제국주의적이지는 않다는 것이었다.[32]

크리스톨에게 있어서 미국이 제국이라는 것은 힘이 막강한 강대국이라는 단순한 의미에 그치지 않았다. 미국이 제국인 것은 단순히 강대국이어서가 아니라 "벗어날 수 없는 책임의 그물망"에 갇혀 있기 때문이라고 했다.[33] '미 제국'은 미국이 세계에 대해 갖는 책임과 역할의 자연스러운 당위성을 말하는 것이었고, 세계에 대한 미국의 노블레스 오블리주(noblesse oblige)에 다름 아니었다.

어빙 크리스톨의 신보수주의는 미 지성계의 한편에서 제국의 의미 전복을 시작했지만, 그러한 전환을 미국 지식인 사회의 중심으로 끌어들여 '미 제국'을 냉소가 아닌 긍정과 경외의 대상으로 만들어낸 결정적인 계기는 미국 외교사학이 신보수주의의 제국긍정담론을 채택한 데 있다. 신냉전기에 속하는 1980년대 초, 미국 외교사학계에서 수용된 '초대받은 제국론'(empire as invitation)이 바로 그것이다. 이 새로운 담론의 리더는 존 루이스 개디스였다.

개디스는 '미 제국'과 관련해 두 가지를 강조했다. 첫째, 수정주의자들은 잘 이해하지 못하는 것 같지만, 제국은 방어적인 목적에서 발전할 수도 있다. 미 제국이 바로 그런 경우다. 둘째, 제국은 안보를 위협하는 세력에 의해 부과될 수도 있지만, 안보를 추구하는 나라들에 의해 초대받아 형성될 수도 있다. 미 제국이 그러했다. 결국 미 제국은

31 Irving Kristol, "American Intellectuals and Foreign Policy", 1967; 이 글은 다음 책에 재수록되었다. Irving Kristol, *Neoconservatism: The Autobiography of an Idea*, Ivan R. Dee, 1995, pp. 75-91.

32 Kristol, 1995(originally 1967), pp.83-84.

33 Kristol, 1995(originally 1967), p.83.

미국의 내적인 욕구에 의해 기획되어 다른 지역에 부과된 것이 아니다. 예상치 못한 상황에 대한 예비하지 않은 반응 속에서 그리고 초대에 의해 수동적으로 발전했다. 미국이 세계 다른 나라들의 초대를 받는 제국적 권력이 된 것은 미 제국 내부의 질서가 가진 성격 때문이었다. 그것은 바로 억압이 아닌 관용이라고 했다.[34]

냉전기 후반의 미국에서는 제국 개념을 그것이 담고 있던 지배와 착취, 폭력의 표상으로서가 아니라, 20세기 초 제국시대에 그러했듯이 문명과 질서, 세계에 대한 책임과 의무의 담지자를 표상하는 것으로서, 억압이 아닌 관용의 표상으로 복권시키는 지성사적 전환이 깊숙하게 진행되고 있었던 것이다. 이제 '제국'은 장차 1990년대 탈냉전과 세계화의 시대에 세계질서에 대한 인류의 지배적 표상 개념의 위치를 두고 벌어지는 역사적 대결에 당당히 나설 수 있는 지적 기반을 마련하고 있었다.

1990년대의 시작과 함께 본격화된 탈냉전 이후 오늘날까지 약 사반세기가 흐르는 동안 새로운 세계질서의 모습을 표상하거나 해석하기 위해 많은 개념이 풍미했다. 탈냉전 초기 세계를 휩쓴 개념들 중에는 단연 '세계화'와 '지구촌'이 압도적이었다. 세계는 바야흐로 새뮤얼 헌팅턴이 '제3의 물결'이라고 칭한 국내 정치체제들의 민주화가 진행되면서, 미래의 세계질서에 대해서도 강대국들이 아닌 세계 모든 나라가 함께하는 유엔이 중심에 서 있는 '민주적 세계화'에 대한 기대가 높아졌다.

그러나 낙관이 꺼지는 데는 많은 세월이 필요치 않았다. 민족문제와 종교분쟁이 얽힌 내전과 국가폭력의 광풍이 이는 것처럼 보인 시대에 새로운 코스모폴리스의 민주적 지휘자로 기대를 모았던 유엔은 여전히 강한 국가들의 볼모로 남은 채 새로운 폭력적 사태들을 해

---

34 John Lewis Gaddis, "The Emerging Post-Revisionist Synthesis on the Origins of the Cold War," *Diplomatic History*, Vol. 7, No. 3(Summer 1983), p.182.

결하는 데 무능하기 짝이 없었다. '민주화된 사회들이 유엔을 매개로 수평적으로 연합한 코스모폴리스'라는 '민주적 세계화'의 비전은 사람들의 머릿속에서 빠르게 지워졌다. 그로써 세계질서의 미래에 관해 지적인 공백이 형성되었다. 그 공백을 재빠르게 메우며 풍미하게 된 개념이 '제국'이었다. 앞서 유엔이 (상대적으로) 민주적 세계화의 비전을 표상했다면, 제국은 '위계적 세계화'(hierarchical globalization)의 비전을 대표한 것이라 할 수 있었다.

1990년대 인류는 코스모폴리스에 대한 기대와 좌절, 그리고 아나키 상태에 대한 공포라는 두 가지 극단을 경험했다고 할 수 있다. 코스모폴리스는 '위계 없는 질서'라고 할 수 있다. 아나키는 '위계도 질서도 없는 혼란'일 것이다. 코스모폴리스의 비전이 붕괴되고 아나키에 대한 두려움 속에서 사람들이 망연해하는 틈을 타 담론의 중심에 떠오른 '제국'은 '위계를 내포한 질서'를 표상했다. '위계를 내포한 질서'는 세계의 다양한 사회 사이에 중심과 주변, 지배와 종속, 문명과 야만의 차별화가 다양한 방식으로 교직되어 있는 세계질서를 의미했다. 이렇게 해서 이념의 좌우를 불문하고 세계의 지적 사조에서 존재감이 뚜렷해진 '제국' 개념은 대개의 경우 제국의 질서를 역사적 필연으로 내세우는 경향을 띠었다.

제국은 기본적으로 광역성과 팽창성을 내포하는 질서 표상의 개념인데, 그 광역성과 팽창성의 전제는 초국성(transnationality)과 다민족적 지배(multinational domination)에 있다고 할 수 있다. 그래서 20세기 말부터 본격적으로 풍미하게 된 제국 담론은 초국성을 띤 다른 세계사적 흐름들 및 사조들과 긴밀히 연관되어 있었다. 무엇보다도 공산권의 붕괴 및 세계화와 함께 강력해진 신자유주의(neoliberalism) 사조는 정치경제적 차원에서 제국 담론의 풍미에 기여한 일등 공신이었다. 초국주의(transnationalism)의 핵심 교리로 기능한 신자유주의 이론은 국가와 시장을 대립시키고 기업과 국가를 대립시켰으며, 국내 경제와 대외 무역에서 국가의 역할과 개입을 최소화하고 시장의 역할을 극대화했다. 따라서 국가는 대내적으로나 대외적으로나 백해무익한 존재로 치부되었다.

따라서 제국 개념의 풍미는 국가, 그리고 많은 경우 그 국가를 구성하는 인적 요소를 가리키는 '민족' 개념과의 긴장관계를 내포하고 있었다. 제국 담론이 풍성하고 신자유주의를 포함한 초국주의가 지배하는 지적 풍토에서 국가는 주로 억압과 폭력의 주체로서 인식되었고, 민족은 실체가 없는 유령으로 치부되었다. 반면 제국은 포용과 관용의 질서를 표상하는 것으로서 제시되는 경향이 있었다. 유엔 등을 앞세운 '민주적 코스모폴리스'에 대한 희망은 비현실적인 유토피아로 치부되고 배제되었다. 이런 지적 조건에서 '제국'이 국가폭력과 인종 청소가 난무하는 아나키를 대체할 실현 가능한 질서와 문명의 담지자가 된 것은 결코 이상한 일이 아니었다.

5. 좌우파 모두에서 진행된 21세기 '제국' 개념의 풍미와 '천하' 담론의 복원

제국의 도덕적 복권과 귀환은 세계 지식인 사회의 좌우 양측에서 경쟁적으로 진행되었다. 우파 담론에서는 신보수주의가 주도했다. 신보수파 지식인들은 민주적 세계화의 낙관이 꺼지기 전부터 미국에 의한 단극체제를 배경으로, 미국에 의한 전 지구적 지배가 정당함을 설파해 마지않았다. 1990년대 초 찰스 크라오타머 등이 제기한 미국의 "보편적 지배"(universal dominion)담론이 그것이다.[35] 이 (미국에

---

35 Charles Krauthammer, 1991, "Universal Dominion," in Owen Harries of *The National Interest*(ed.), *America's Purpose: New Visions of U.S. Foreign Policy*, San Francisco: ICS Press, 1991, pp.5-13. 크라오타머는 2003년 겨울에도 같은 취지의 글을 대표적인 신보수 저널인 *The National Interest*에 실었다. "The Unipolar Era"라는 제목의 글은 "미국의 전 지구적 지배(American global dominion)는 좋은 것이다"라는 문구로 시작한다. 이 글은 다음의 책에 재수록되었다. Andrew J. Bacevich(ed.), 2003, *The Imperial Tense: Prospects and Problems of American*

의한) '보편 지배'의 담론이 '미 제국'에 대한 적극 옹호론으로 본격화된 것은 2000년을 전후한 시기였다. 미국 우파는 이제 21세기 세계 질서에서 미국의 "제국적 의무"(imperial obligations)를 말하기를 주저하지 않았다.[36] 2000년대에 부시 행정부의 한 고위참모는 "우리는 이제 제국이다. 우리가 행동하면 새로운 현실이 창조된다"라고 선언했다.[37] 이쯤 되면 미국에 관해 이야기할 때 과거엔 좌파의 전용어였던 '제국'이 이제 우파에 의해서 "탈취 내지는 납치되었다"(wrenched or hijacked)라고 한 브라이언 마비의 표현이 적실해진다.[38]

한편 좌파의 제국 담론도 '제국'의 도덕적 복권에 그 나름의 방식으로 중대한 기여를 했다. 안토니오 네그리와 마이클 하트의『제국』이 서방 좌파 지식계에서의 제국 복권을 표상했다면, 동아시아에서는 이른바 중국 신좌파 지성의 대표자라 할 왕후이(汪暉)와 오늘날 일본에서 진보적 지성의 대표적 사상가로 평가받고 있는 가라타니 고진(柄谷行人)의 저작들이 보여주고 있다.

네그리와 하트는 새로운 제국이 과거의 제국주의적인 근대적 제국들과 근본적으로 다른 탈근대적으로 진화한 형태라고 주장하고, 또 그 제국 사령부의 탈영토성을 강조했다. 하지만 결국은 미국을 그 주도적인 배경으로 본 것 또한 사실이다. 네그리와 하트가 말하는 제국의 개념사적 의의는 둘로 요약될 수 있다. 첫째, 무엇보다 좌파의

Empire, Chicago: Ivan R. Dee, 2003. 크라오타머는 미국을 중심으로 "연합화된 서방(confederated West)이 중심이 된 일극적 세계"라는 신세계 구상을 밝히면서, 그 전제에는 '주권' 개념의 해체가 핵심적으로 포함된다는 점을 분명히 했다(Krauthammer, 1991, p.11).

36 Deepak Lal, "In Defense of Empires," Bacevich(ed.), *The Imperial Tense*, 2003, p.29. 이 글은 2002년 10월 신보수주의 싱크탱크로 통하는 미국기업연구소(American Enterprise Institute)에서 'Henry Wendt Lecture'의 일환으로 행한 강의를 정리한 것이었다.

37 Bob Herbert, "Nuclear Madness," *The New York Times*, March 6, 2006.

38 Bryan Mabee, "Discourses of empire: the US 'empire', globalisation and international relations," *Third World Quarterly*, Vol. 25, No. 8 (2004), p.1359.

제국론에 전 지구적인 '민주적 자본주의 세계체제'의 통합적 현상과
탈중심성을 반영했다. 둘째, 미국의 신보수주의자들이 시작한 제국
개념의 도덕적 복권의 좌파적 현상이라고 할 수 있다. 네그리와 하트
에게 제국은 세계를 지배하는 힘을 가리키지만, 반드시 착취적 지배
를 가리키는 어둠의 용어가 아니다. 혹 착취를 내포한다 해도 그것은
역사상 진보된 형태의 세련된 착취체제라는 의미를 담고 있다.[39]

일본 또한 근대 일본의 제국 개념의 도덕적 복권을 통해서 제국의
시대를 폭력과 지배가 아닌 '문명·질서·관용'의 시대로 정의하며,
제국 개념의 지위를 고양시키는 주요 지식인들의 제국 담론이 전개
되고 있다. 21세기에 들어서 세계 좌파 지식계에서 진행되어온 '제
국' 개념의 도덕적 복권 현상은 한 비근한 예로서 오늘날 일본을 대
표하는 사상가로 평가받고 있는 가라타니 고진에 의해서 네그리-하
트보다 더 고양된 형태로 깊숙하게 시도된다. 네그리와 하트는 새 제
국의 원리의 구성에서 미국이 차지하는 중심적 역할을 전제했다. 반
면에 가라타니가 말하는 제국의 성립 기준에 미국은 자격 미달이다.
바로 여기에서 가라타니 고진의 제국 개념이 네그리-하트의 제국 개
념보다 더 고양된 진보성을 부여받고 있는 것을 알 수 있다.

가라타니의 제국론에서 '세계=제국'이라는 개념은 "다수의 도시
국가나 (정치)공동체들을 포섭하는 세계시스템"을 가리킨다.[40] 그런
데 가타리니에게 미국은 감히 '제국'이라고 할 수 없으며, 단지 제국
주의적 국민국가일 뿐이다. 이로써 그는 미국의 헌법을 기본 원리로
설명한 네그리와 하트의 제국론을 비판한 것인데, 이러한 논리는 기

---

39 이삼성, 2014a, 430쪽.

40 가라타니 고진, 조영일 옮김, 『세계사의 구조』, 도서출판b, 2012, 167쪽. 가
라타니는 세계시스템으로서가 아닌 개개의 제국은 '세계제국'으로 표현한다.
가라타니 고진과 왕후이의 제국론, 그리고 자오팅양의 천하론에 대한 필자의
보다 자세한 비평은 다음을 참조. 이삼성, 「제국, 국가, 민족: 위계적 세계화와
민주적 세계화 사이에서」, 네이버문화재단 주최 열린연단 '문화의 안과밖,' 서
울 안국빌딩 신관, 2016. 4. 16.

실은 네그리-하트가 상정하는 '제국' 개념이 내포한 '제국 개념의 도덕적 고양'이라는 요소를 계승해 심화시킨 것에 다름 아니라고 할 수 있다. 네그리-하트의 탈근대적 제국 개념 재구성의 측면들을 받아들이되, 아메리카합중국이 그러한 '제국의 원리'를 실현하고 있음은 부인한 것이었다.[41] 그런 의미에서 가라타니의 제국론은 네그리-하트의 경우보다 제국의 도덕적 복권을 그와 같이 더욱 진전시킨 것이라 할 수 있다.

한편 중국에서 왕후이의 제국 담론이 '제국' 개념의 도덕적 복권이라는 세계 지성사적 현상의 일부인 동시에 그 추세에 기여하고 있다는 것은 무슨 의미인가? 그의 제국 논의는 중국과 티베트의 바람직한 관계에 대한 논의와 연결되어 제시되었다.[42] 그는 티베트를 중국으로부터 독립된 주권과 민족자결의 문제로 접근하는 서양의 비판적 논의는 서양인들의 제국주의 논리에 불과하다고 주장한다. 그에게 티베트는 청이라는 제국의 일부였다. 그가 말하는 제국은 요약하자면 '통일된 다민족국가'를 말한다. 청 제국 시대의 티베트는 다원적이되 통일된 제국의 일부였기 때문에, 오늘날 티베트가 중화인민공화국이라는 다민족 통일국가의 일원으로 남는 것은 정당하고 당연하며, 이를 민족자결을 내포한 주권의 문제로 취급하는 것은 그 자체가 문제라는 것이었다.

왕후이는 티베트에 대한 현 중국의 정치적인 직접 지배를 티베트가 청의 제국적 지배영역의 일부였다는 역사에 일부 근거해 옹호하는 것인데, 이는 피터 퍼듀가 말하는 중국의 민족주의 역사학의 흐름 안에서 포착될 수 있는 측면도 있다.[43] 필자는 티베트인의 주권적 독

41 이삼성, 2014a, 429쪽.

42 왕후이, 송인재 옮김, 『아시아는 세계다: 아시아의 근현대를 심층 탐사하여 유럽판 '세계 역사'를 해체하고 신제국 질서를 뚫어보다』, 글항아리, 2011, 특히 제3장 「동양과 서양, 그 사이의 '티베트 문제': 오리엔탈리즘, 민족의 지역자치, 그리고 존엄의 정치」, 145-272쪽; 이삼성, 2004a, 450쪽.

43 Peter C. Perdue, *China Marches West: The Qing Conquest of Central Eurasia,*

립 주장의 옳고 그름 혹은 합당 여부를 논하는 것이 아니다. 다만 왕후이가 티베트 문제라는 구체적인 사안에 대해 중국 국가권력의 관점을 역사와 제국의 관점을 동원해 간접적으로 정당화하는 점을 주목하는 것이다. 왕후이의 그와 같은 논의 태도가 20세기 말 이후 본격화된 '제국' 개념의 도덕적 복권이라는 세계적인 지성사적 추이와 결코 무관하지 않다고 생각된다.

왕후이는 중국-티베트 갈등의 문제에 대해 서방의 '민족국가' 중심의 논의, 혹은 '일민족 일국가'의 논리를 비판하고 '다민족 일국가'의 논리를 전개하기 위한 취지에서 '제국' 개념을 동원한 것인데, 그의 이 같은 제국 개념의 자연스런 원용이 20세기 말 이래 서방에서 발원한 '제국' 개념의 도덕적 복권에 힘입고 있다는 것은 아이러니가 아닐 수 없다.

요컨대 서구와 일본의 지식인들이 좌·우파를 막론하고 과거 제국의 시대에 지배와 착취, 그리고 전례 없는 스케일의 폭력의 주체였던 '제국'의 도덕적 복권을 통해 현재와 미래의 세계질서를 표상하는 데 열심이라고 할 수 있다. 중국에서도 '제국' 담론이 풍성한 것으로 알려져 있는데, 왕후이의 사례는 그 한 단면으로 생각된다. 이러한 현상은 2000년대에 들어 중국의 지식인들—대표적으로 자오팅양(趙汀陽)과 쉬지린(許紀霖)—이 또 다른 과거형인 '천하' 개념을 재가공해 다분히 중국을 중심에 위치시킨 미래의 세계질서를 표상하기 위해 재활용하는 데 열심인 지성사적 현상과도 상통한다고 생

Harvard University Press, 2005; 피터 C. 퍼듀, 공원국 옮김, 『중국의 서진: 청의 중앙유라시아 정복사』, 길, 2012, 28쪽. 티베트와 중국의 관계에 대한 왕후이의 논의는 통일 중국의 영토적·문화적 경계에 대한 중국 민족주의 역사학적 관념을 제국이라는 개념을 통해 재해석하고 그에 정당성을 부여하는 측면이 있다고 생각된다(이삼성, 2014a, 456쪽). 여기서 필자가 주목하는 것은 티베트가 오늘날 중국의 일부로 되어 있는 상태가 바람직한 것인지 아닌지에 대한 논란이 아니다. 왕후이가 자신의 관점을 정당화하는 논리적 근거로서 제국 개념을 활용하고 있다는 '지성사적 사실'이다.

각된다.[44]

주로 과거 제국의 중심부에 속했던 사회의 지식인들이 좌우를 막론하고 앞다투어 제국 개념의 복권에 나서고 있는 이때, 필자는 제국 개념의 적절한 용법에 관해 이런 생각을 해본다. 제국 개념은 누구도 근본적인 이의가 없을 시대의 제국 현상을 가리키는 데 한정되어 사용되는 것이 바람직하다는 생각이다. 주권국가체제가 전 지구적으로 정착한 탈식민시대 이전의 전통시대 및 근대 제국주의 시대에 쓰인 '제국' 개념은 중심과 주변의 공식적 위계를 전제한 질서의 중심부를 가리키는 개념으로 쓰였다. 그런 개념적 용도로 이 개념을 돌려주는 것이 좋겠다는 생각이다. 제국 개념의 용도를 서양적 근대와 일본 제국주의 시대의 '제국'들을 가리키는 것을 주 임무로 한정한다는 뜻이다.

전통시대 중국 중심의 질서도 중심과 주변의 공식적 및 도덕적 위계를 전제한 것이었으므로 그 시대의 중국도 물론 제국이라 불릴 수 있다. 그러나 조공·책봉체제의 동아시아질서에서 주변부 사회의 정치적 자율성은 크게 보아 형식과 내용 모두에서 대체로 존중되었다. 반면에 근대 서양이 주도한 제국주의 시대에 서양의 제국들과 일본 제국이 구축한 제국의 질서는 공식적 위계였을 뿐만 아니라 지배와 착취의 시스템이었다. 이러한 근대 서양적인 중심-주변부 관계의 착취적 성격 때문에 동아시아의 전통시대 중국 중심의 질서는 동일하게 '제국'의 질서라고 개념화하기 보다는 '천하체제'라고 하는 것이

44　Zhao Tingyang, "All-under-heavenand Methodological Relationalism," Paper presented at Conference "Democracy, Empires and Geopolitics," organized by Academia Sinica, Taipei, December 10-12, 2011, pp.13-14, p.37; 자오팅양, 노승현 옮김, 『천하체계: 21세기 중국의 세계인식』, 도서출판 길, 2010; 쉬지린, 「다함께 누리는 보편성: 신천하주의(新天下主義)란 무엇인가」, 한림대학교 한림과학원 주최 국제학술회의 '동아시아 제국의 개념사'(A Conceptual History of 'Empire' from an East Asian Perspective), 한림대학교 국제회의실, 춘천, 2014.6.13.

적절하다고 필자는 생각해왔다.

여기서 필자가 말하는 '천하체제'는 중국 학자 자오팅양이 말하는 '천하체계'와 다르다. 자오팅양은 기원전 10세기 무렵부터 기원전 3세기 진시황의 천하통일 이전에 중국에 존재했던 질서를 대단히 이상화해 '천하체계'로 재정의했다. 그에 따르면 진시황의 통일 이후의 질서는 그 천하체계의 타락이었다. 전통시대 동아시아 국제질서의 개념화라는 맥락에서 자오팅양의 '천하체계' 개념은 '천하' 개념을 중국과 중국 이외의 다른 동아시아 사회들 사이에 일정한 국제관계가 성립하기 이전의 중국적 질서에 국한하고 있다. 이러한 '천하' 개념은 동아시아적 차원의 개념사 맥락에서 볼 때 문제가 있다. 동아시아질서라는 맥락에서 볼 때, '천하체제'는 진시황 이후 특히 한 제국의 성립 이래 중국과 북방민족, 그리고 다른 동아시아 사회들 사이의 관계까지도 포괄하는 2,000년에 걸친 동아시아 국제관계를 담은 개념이다. 그리고 그것은 중심과 주변 사이의 정치적인 공식적 위계와 함께 도덕적인 문명과 야만의 위계를 담은 질서표상의 개념이었다.

더욱이 자오팅양의 천하체계 개념은 세계평화의 문제를 정치공동체들 사이에 실존하게 마련인 이해 충돌의 평화적 해결 장치로서의 문제가 아니라 윤리적 규율의 문제로 환원시키는 다분히 성리학적인 '윤리적 환원주의'를 담고 있다.

자오팅양은 기원전 중국적 질서를 이상화하기 위해 '천하체계' 개념을 사용했다. 그의 의도는 무엇보다 21세기 미래의 이상적 세계질서를 표상하기 위해 그 개념을 재활용하려 한 것이었다.

그 결과 자오팅양의 천하체계 개념은 전통시대와 관련해서도 '천하'체제의 본질을 개념사 차원에서 부적절하게 왜곡한 측면이 있다. 더욱이 그러한 전통적 개념을 이상적 미래 질서를 표상하는 데 무리하게 동원하는 것으로서, 필자는 이것은 부적절한 방식의 '전통적 개념의 재활용'에 해당한다고 생각한다.[45]

6. 맺는말: 제국과 천하 담론 그리고 '문명국가'론의 지성사적 접점

21세기 들어 제국 개념과 함께 천하 개념의 제구성이 시도되는 맥락에서 주목할 개념사적 현상의 하나는 '문명국가'(civilizational state)론의 부상이다.[46] 중국을 서구 중심의 주권국가 질서(베스트팔렌 국가체제)의 범주로부터 분리시키고, 미국과 중국 등을 다른 국가들과 다른 '문명국가'로 정의하는 것이다. 이것은 중국을 '제국'의 개념으로 복원시키는 개념사적 부담을 덜면서 적어도 동아시아 차원에서 중국 중심의 지역질서, 그리고 먼 미래상에서는 유라시아 대륙 전체 내지 세계 차원에서 중국 중심의 세계질서를 사유하는 개념으로 동원하는 수단이 될 수 있다. '천하' 담론의 대체물로서 중국 중심의 지역질서를 사유하는 개념적 수단으로 작용할 수 있는 것이다.

국가와 제국 사이에 '문명국가'를 위치 짓는 것과 함께, 중국 중심의 초국적 지역질서(내지 세계질서)의 조직원리로서 서구 중심의 근대적인 국제관계 조직원리인 주권·인권·민주주의 등의 원리보다는 국제관계의 윤리성, 다분히 성리학적인 철학적 개념들로 대체된 그

---

45 이삼성, 2014a, 484-485쪽. 이 5절에서 다룬 내용은 『제국』(이삼성, 2014)의 Part 6의 제6절 「2000년대 동아시아의 제국 담론」(448-458쪽), Part 7에 있는 「중국 부상의 새 지정학과 제국 담론의 변화」(482-485쪽)에 근거함을 밝힌다.
46 Martin Jacques, *When China Rules the World: The End of the Western World and the Birth of a New Global Order*, New York: The Penguin Press, 2009, 특히 p.13, p.201; Xu, Xin, "The Geopolitics of Civilizational States: Pax Americana vs. Pax Sinica," "All-under-heaven and Methodological Relationalism," Paper presented at Conference "Democracy, Empires and Geopolitics," organized by Academia Sinica, Taipei(December 10-12, 2011). 서양의 중국 담론에서 중국을 국민국가(민족국가, a nation-state)에 상대되는 의미에서 그 존재 자체를 하나의 '문명'으로 정의하는 경향은 더 일찍이는 1992년에 출간된 루시안 파이의 책에서 발견된다(Lucian W. Pye, *The Spirit of Chinese Politics*, Cambridge, Mass.: Harvard University Press, 1992, p.235.) 이 책에서 파이는 중국을 "민족국가인 척하는 하나의 문명"(a civilization pretending to be a nation-state)이라고 규정했다(Jacques, 2009, p.201).

러한 질서를 제기하는 것으로 해석될 수도 있다.

중국의 학문이 주권국가체제를 넘어서는 새로운 중심-주변 간 관계 구성의 원리로서 제국론을 원용하고 천하담론을 복원시키며 문명국가론을 동원하는 것은 동아시아 지역질서에 간과할 수 없는 국제정치적 함의를 가질 수 있다.

2000년대 이후 중국의 경제력과 군사력이 팽창하면서 미일 해양 연합 세력의 패권을 제약하는 힘으로 등장하고 이에 따라 중국의 영토적 자기정체성이 확장되면서 기존의 미일동맹의 해상패권과 접하는 지점들에서 영토분쟁이 가시화되고 있다. 남중국해와 동중국해 뿐 아니라 장차는 제주도 남방해역과 한반도 서해상에 이르는 영역에서도 국민국가적 개념인 영토·영해·영공의 개념과 중국의 초국적인 새로운 영역 개념 사이에 그러한 긴장이 깊어질 가능성도 배제할 수 없다. 남중국해 분쟁에서 보이듯이 중국은 주권국가체제에서의 국제해양법적 규범보다 중국 자신의 '역사적 영역'의 관념을 중시한다.

중국적 천하관과 문명국가론은 제국론적 사고와 함께 중심과 주변의 도덕적 위계와 중심권력의 주변에 대한 '관할과 개입의 권리'의 초국성을 내포한다. 이 개념들은 다른 사회들과의 갈등적 상황 속에서 중국의 지역적 위상의 중심성 내지 특수성을 뒷받침하는 개념적 효과를 발휘할 수 있을 것이다.

전통시대 중국은 '천하' 관념을 통해서, 근대 일본은 '제국' 개념을 통해서 자기중심의 세계를 사유하고 이념화했다. 탈냉전의 세계화시대 미국 지식인 사회의 일각은 유일 초강국으로서 미국의 세계적 위상과 역할을 이념화하는 개념적 수단으로서 '제국'의 도덕적 복권을 주도했다. 21세기에 들어서 중국과 서방의 지식인 사회 일각에서는 '천하'와 '문명국가'의 담론을 통해서 중국 중심의 초국적 질서, 중국의 확장하는 정체성을 사유하는 지성사적 현상이 전개되고 있다.

중대한 정치외교적 개념의 유통과 확산은 질서의 현실적 재구성에 관여하는 다양한 요소 가운데 하나로 작용할 수 있다. 크게 보면 냉전 말기 이래 미국 쪽에서 주도하는 제국 개념과 21세기 들어 중국을 중심으로 부상하는 천하담론이 공존하며 각축하는 양상을 보이기도 하지만, 특히 제국 개념의 경우 중국의 천하담론을 지원하는 의미도 있다. 중국 지식인 사회에서 천하담론과 제국담론이 함께 유통되는 까닭이기도 할 것이다.

미래의 지역질서 및 세계질서에 관해서 위계적 질서 내지 그 재편성에 대한 정치적 사유와 그 개념적 표상들이 압도하는 지성사적 조건에서는 크고 작은 사회들이 힘의 강약을 떠나 저마다의 자율성과 다양성을 지닌 채 보다 수평적인 방식으로 공존하는 질서에 대한 우리의 상상력은 상대적으로 왜소해질 수 있다. 그러한 담론들을 배척하지 않되 그것들과 일정한 지적 긴장을 유지할 필요가 있다고 생각되는 이유다.

(2018)

제9장

전후 동아시아 국제질서의 구성과 중국
'동아시아 대분단체제'의 형성과정에서 중국의 구성적 역할[1]

1. 문제의 제기

동아시아 대분단체제론은 유럽질서와 다른 전후 동아시아질서의 고유성, 그리고 냉전·탈냉전을 넘어서 동아시아 지역질서에 지속되고 있는 갈등과 긴장의 구조를 개념화하기 위한 것이었다. 냉전·탈냉전의 개념은 세계질서 전반에 보편적으로 적용되는 성격이 있어서 동아시아적 특징을 부각하고 드러내기에는 한계가 있다. 이 개념은 그것을 사용하는 학자의 선택에 의해 의미의 확장이 가능하지만, 미소의 긴장관계가 초점이다. 멜빈 레플러와 존 루이스 개디스 같은 대표적 냉전 연구자들이 이를 고백한 바 있다.[2] 긴장의 내용에서도

---

1 이 글은 2016년 겨울 『한국정치학회보』 제50집 제5호, 163-189쪽에 동일한 제목으로 실렸던 논문으로, 원문 그대로 전재한다. 다만 본문 안에 있던 주는 각주로 이동했다. 이 논문은 다음 두 발표문에 기초한 것이었음을 밝힌다: 이삼성, 「동아시아 대분단체제: 전후 동아시아질서의 개념적 재구성과 '냉전'」, 한국냉전학회 창립기념학술회의, 성균관대학교 600주년기념관, 2015. 6. 25, 제3부의 기조발표; 이삼성, 「동아시아 국제질서의 거시적 개념화: 천하체제, 제국체제, 그리고 대분단체제」, 한국정치학회 2014 춘계학술회의 목포대학교, 2014. 4. 26.
2 레플러는 냉전을 "보편주의적인 이데올로기와 갈등하는 정치경제체제를 가진 두 개의 강력한 국가들 사이의 대립으로 특징지어지는 복잡한 현상"으로 규정한다(Melvyn Leffler, "Bringing it Together: The Parts and the Whole," Odd Arne Westad(ed.), *Reviewing the Cold War: Approaches, Interpretations, Theory*,

이데올로기적 요소가 중심적 위치를 차지한다. 소련의 붕괴가 탈냉전의 결정적 계기로 통하는 점에서도 냉전·탈냉전 용어들은 미소관계를 개념적 헤게모니로 삼는다고 볼 수 있다.

냉전·탈냉전 개념들은 전후 유럽을 설명하기엔 부족함이 없지만, 전후 동아시아를 설명하는 데는 충분치 않다. 동아시아에서도 미소냉전은 중요한 기본 배경이다. 그러나 그 형성기에서부터 중국이라는 제3의 지정학적 행위자의 존재와 역할은 중요했다. 전후 동아시아질서 형성기에 미중관계의 역할을 미소관계의 결과로 환원시키지 않고 전후 동아시아 인식에 적실하게 반영하기 위해서는 별도의 개념화가 필요하다. 냉전 개념을 대체하기 위한 것이 아니라 그것과 양립하면서 동아시아질서의 고유성을 다른 각도에서 드러내기 위해서다.

이 문제의식을 담아 동아시아 대분단체제 개념이 처음 학술지 논문에 실린 것은 2006년이었다.[3] 이 무렵의 논문들에서 제시한 내용은 이 질서를 '체제'라고 부를 만큼 그 구성단위들에 대한 개념화가 충분히 명확했다고 말하기는 어렵다. 특히 이 질서의 역사적 형성과정에 대한 구체적이고 체계적인 논의는 차후의 숙제로 남겨졌다. 이 글은 전후 동아시아 대분단체제의 기본 개념을 더 명확히 하면서 이 질서의 역사적 형성과정에 대한 논의를 구체화하려는 것이다. 그 과정을 네 개의 역사적 계기로 파악하고, 각각의 계기에서 중국의 존재와 선택이 차지하는 역할을 밝히고자 한다.

London: Frank Cass, 2000, p.56). 또 개디스는 일반적인 냉전사 연구 경향이 미국과 소련을 '초강대국'(superpowers)으로 규정하고, 이 두 초강대국이 모든 다른 나라의 행동을 결정할 수 있었으며 모든 영향력은 그 두 초강대국들로부터 더 작은 나라들로, 중심에서 주변으로 행사되는 것이었음을 당연시하는 경향이 있다고 말했다(John Lewis Gaddis, "On Starting All Over Again: A Naïve Approach to the Study of the Cold War," Westad(ed.), *Reviewing the Cold War*, 2000, p.31).

3 이삼성, 「동아시아 국제질서의 성격에 관한 일고: '대분단체제'로 본 동아시아」, 『한국과 국제정치』 제22권 제4호(2006년 겨울), 41-83쪽.

2. 동아시아 대분단체제론의 대강

어떤 질서를 '체제'로 정의한다는 것은 두 가지를 뜻한다. 체제를 구성하는 단위들에 대한 개념화, 그리고 단위들 사이에 존재하는 지속성 있는 상호작용 패턴의 확인이다. 그래서 대분단체제론은 먼저 두 가지 묶음의 구성단위를 상정한다. 첫째, 이 질서 속 갈등구조의 중층성을 주목한다. 우선 중국대륙과 미일동맹 사이의 긴장과 갈등을 '대분단의 기축(基軸)'으로 정의한다. 그다음 한반도와 타이완해협, 그리고 1975년까지 베트남에 존재했던 분단 상태를 민족분단 또는 '소분단'들로 정의한다. 둘째, '대분단의 기축'을 구성하는 세 가지 차원의 긴장 요소들을 주목한다. 지정학적 긴장, 정치사회적 체제와 이념의 긴장, 그리고 역사심리적 긴장이다.

지정학적 긴장은 중요한 지정학적 행위자들 사이에 보편적으로 존재하게 마련인 상호영향력 팽창 혹은 유지를 위한 세력 각축에서 비롯되는 긴장을 가리킨다. 지정학적 긴장은 국가들 사이에 뚜렷한 정치적·이념적 차이가 없더라도 존재할 수 있다. 신중국과 미일동맹 사이에 존재한 정치사회적 체제와 이념의 이질성은 공산주의 대 자본주의의 문제였다. 역사심리적 간극은 난징학살을 포함한 제국주의적 폭력이 남긴 정신적 상처가 전후 질서에서 해소되지 않고 응결(凝結)됨에 의해 지속된 과거 역사에 대한 집단적 기억들 사이의 심리적 긴장을 가리킨다. 냉전기 동아시아를 이념 담론이 지배하고 역사 담론은 상대적으로 억압되면서 역사적 상처는 동결 상태로 남았다.

이러한 갈등축과 긴장의 요소들이 하나의 '체제'적인 질서를 구성하기 위해서는 구성요소들 사이의 유기적 연관과 상호작용 패턴이 밝혀져야 한다. 대분단체제론은 두 가지 측면에서 구성요소들 사이의 상호작용 패턴을 논한다. 첫째, 대분단의 기축과 소분단들 사이의 상호작용이다. 대분단 기축관계의 긴장은 소분단 지역들에서의 긴장을 심화시키는 경향이 있고, 소분단에서의 긴장은 역으로 대분단 기축관계에 부정적인 영향을 미친다. 대분단 기축관계 긴장이 완화되는 경우에도 소분단에서 갈등과 긴장이 증폭되는 사태가 벌어지면 대분단 기축관계도 긴장이 재충전될 수 있다. 한편 소분단 지역에서 긴장이 완화되더라도 대분단 기축에서 긴장이 높아지면 소분단 지역의 긴장도 다시 높아지곤 한다. 대분단의 기축과 소분단들 사이에 이러한 긴장의 상호상승적(mutually reinforcing) 내지 상호유지적인(mutually supporting) 상호작용 패턴이 존재해왔다.

동아시아 대분단체제가 담고 있는 또 하나의 상호작용 패턴은 중국과 미일동맹 사이 대분단의 기축을 구성하는 세 가지 긴장의 차원들 간에 작동한다. 전후 동아시아에는 중국과 미일동맹 사이에 지정학적 긴장을 관리할 제도적 장치가 존재하지 않았다. 내전의 결과로 정체성이 전환된 신중국과 미일연합 사이에 정치사회적 체제와 이념의 이질성으로 인한 긴장이 형성되었고, 그것은 지정학적 긴장을 더 심화시켰다. 전후 초기 제국일본과 중국대륙 사이에 누적된 역사심리적 간극은 중국 대 일본의 문제였다. 그러나 미국이 '역코스'를 통해 일본을 동아시아 반공의 보루로 세우면서 미국은 일본의 점령국이 아닌 동맹국으로 여겨지게 된다. 이와 함께 역사심리적 긴장도 일정하게 중국 대 미일동맹의 차원으로 확장된다.[4] 이후 중국과 미일동맹 사이에는 지정학적 긴장, 정치사회적 체제와 이념의 긴장, 그리고 역사심리적 간극이 상호유지적 상호작용의 관계를 구성하면서 대분단의 상황이 성립한다.

---

4 1941년 12월 7일 일본의 진주만 공격으로 시작된 미국과 일본의 폭력적 갈등은 두 사회 간의 역사문제를 초래한다. 그러나 1945년 8월 두 차례에 걸쳐 일본의 인구집중 도시들에 대한 미국의 원폭 투하는 미일 간 역사문제를 일방적이 아닌 상호적인 것으로 전환시킨 면이 있었다. 역사적 죄의식의 상호상쇄 효과를 유발한 것이었다. 더욱이 두 나라가 유라시아 대륙을 공동의 적으로 한 군사동맹 관계를 맺으면서 태평양전쟁에 기인한 미일 간 역사문제는 크게 해소된다.

대분단 기축의 긴장을 구성하는 세 차원들이 결합해 상호상승 작용하여 구성된 동아시아질서의 고유성은 전후 유럽질서와의 비교를 통해서 더 명확하게 해명될 수 있다. 전전(戰前) 유럽에서 독일과 다른 사회들 사이에는 지정학적 긴장, 정치사회적 체제와 이념의 긴장, 그리고 역사심리적 간극이라는 세 겹의 긴장이 중첩해 있었다. 그런데 전후 유럽의 미소 냉전체제는 독일과 나머지 세계 사이 긴장의 세 요소 모두를 해체하는 제도적 장치로 기능한다. 미국이 주도한 초국적 이념공동체로서의 북대서양조약기구(NATO), 그리고 소련이 주도한 또 다른 초국적 이념공동체인 바르샤바조약기구(Warsaw Pact)로 유럽은 양분되었지만, NATO는 서독과 서방 세계 사이의 긴장을 세 차원 모두에서 해소하는 장치였다. 바르샤바조약기구는 동독과 공산권 세계 사이의 긴장을 역시 세 가지 차원 모두에서 해소하는 장치가 되었다. 그 결과 미소 냉전의 직접적 투영이었던 전후 유럽질서에서는 독일 전체와 세계 모두 사이에 통합과 화해의 제도적 기초가 마련되었다. 이는 동아시아가 겪은 운명과 매우 다른 것이었다.

동아시아 대분단체제는 전후 냉전체제 일반에 관련해서 논의되는 '체제'적 성격도 물론 갖고 있다. 그 하나는 요한 갈퉁이 주목한 바 있는 '자폐성'(autism)의 문제다. 갈퉁은 냉전체제의 진정한 긴장은 미소 양 세력 사이에 존재한 실질적인 공격적 침략 위협에서 비롯된 것이 아니라, 각 진영 안에서 헤게모니 국가―즉 미국 혹은 소련―와 다른 나라들의 관계, 그리고 각 진영 안에서 국가가 일반 대중에 대해 행사하는 지배와 통제의 장치와 깊은 관련이 있다고 인식했다. 결국 냉전의 본질은 두 진영 간의 상호작용이라기보다는 각 진영 내부의 자폐적 메커니즘이라는 것이었다.[5] 냉전체제 긴장의 주요 동력

---

5 Johan Galtung, "The Cold War as an Exercise in Autism: The U.S. Government, the Governments of Western Europe, and the People," *Alternatives*, XIV, 1989, pp.169-193; 이삼성, 「냉전체제의 본질과 제2차 냉전의 발전과 붕괴」, 이수훈 엮음, 『현대세계체제의 재편과 제3세계』, 경남대학교 극동문제연구소, 1991,

을 자폐성에서 찾은 학자들에는 노엄 촘스키와 지안 미고네도 포함된다.[6] 자폐성에 대한 주목은 긴장의 원인을 지나치게 진영 내적 조건에 환원시키는 측면이 있기는 하지만, 완전히 간과할 것은 아니다. 동아시아 대분단체제에서 그러한 자폐성은 일본·한국과 같이 동맹의 상대적인 하위 파트너들과 미국의 관계에서 주로 작동하며, 중국의 경우에는 국가와 대중 사이의 관계에서 특히 무시할 수 없는 의미를 갖는 것으로 생각된다.

동아시아 대분단체제는 냉전기간에도 중요한 내면적 변화를 겪었다. 이 변화는 주로 베트남전쟁과 중소분쟁이 함께 작용한 결과였다. 미국과 중국은 소련을 공동의 적으로 하는 전략적 연합을 구성하면서 각각 타이완, 베트남과의 관계를 희생시키며 타협을 교환했다. 1960년대 말에서 1970년대 초에 걸친 시기에 미국은 자신이 원하는 방식의 베트남전쟁 종결을 위해 중국의 협력을 구한다. 미국은 그 대가로 타이완에 대한 중국의 공식적 주권을 인정했다. 이로써 대분단체제는 비타협적 국면에서 타협적 국면으로 이동한다. 이 변화의 뚜렷한 표지는 타이완과 오키나와가 양속체제(兩屬體制)로 전환된 것이었다. 타이완의 공식 주권이 중국에 넘겨지지만 실질적으로는 미국의 세력권으로 남은 점에서 그렇다. 중국에 가장 위협적인 미국의 군사적 전초기지인 오키나와의 공식 주권도 1972년 일본에 반환되어 미국과 오키나와의 정치적 분리가 이루어진다. 그러나 실질적으로 오키나와는 여전히 미국의 군사기지로 남는다.[7] 그런 의미에서 오

94쪽.

6 Noam Chomsky, "The Cold War and the Superpowers," *Monthly Review*, Vol.33, No.6(November 1981), pp.1-10; Gian Giacomo Migone, "The Decline of the Bipolar System, or A Second Look at the History of the Cold War," Mary Kaldor, Gerard Holden, and Richard Falk(eds.), *The New Detente: Rethinking East-West Relations*, Verso, 1989, pp.160-166; 이삼성, 1991, 95-103쪽.

7 이 무렵 한국의 박정희 정부는 오키나와를 대신해 제주도를 핵무기 배치를 포함한 미국의 군사기지로 삼을 것을 닉슨행정부에 제안했다(William Porter,

키나와 역시 대분단체제의 타협적 국면을 상징하는 양속체제에 포함된다. 중국과 미일동맹 사이의 지정학적 긴장, 정치사회적 체제와 이념의 긴장, 그리고 역사심리적 간극은 이러한 타협적 국면의 결과로 완화되었을 뿐 기본적으로 사라진 것은 아니었다.

1975년 베트남전쟁의 종결도 냉전기 대분단체제의 변화를 초래한 주요 사건이었다. 그것은 소분단질서의 하나가 해체된 것을 의미했지만, 일본·한국·타이완·필리핀 등 동아시아의 미국 동맹국들에 안보 위기의식을 불러일으켰다. 이에 미국은 닉슨 독트린을 사실상 수정하고 안보 커미트먼트를 재강화한다. 그 결과 동아시아 대분단체제 전반의 긴장은 재충전된 측면이 있었다.

탈냉전은 유럽과 동아시아에 일정한 보편적 영향을 미쳤다. 그러나 탈냉전의 유럽질서와 동아시아질서의 향방은 매우 달랐다. 전후 유럽의 냉전질서는 미소 냉전의 직접적 투영이었던 탓으로 미소 냉전의 해체와 함께 거의 동시에 해소되었다. 반면에 동아시아의 탈냉전은 한편으로 경제통합으로 인한 상호의존을 진전시켰지만, 대분단체제의 구조에 근본적인 변화를 초래하지는 않았다. 첫째, 중국과 미일동맹이라는 대분단 기축관계의 긴장은 그것을 구성하는 세 가지 차원 모두에서 변화 못지않은 지속성을 띠었다. 둘째, 대분단 기축관계와 소분단들 사이의 상호유지적인 상호작용 패턴이 여전히 유효했다.

우선 대분단의 기축관계를 구성하는 세 가지 긴장이 모두 해체되기보다는 재충전되었다. 1980년대 중국이 개혁개방을 전개하며 세계경제와 통합되면서 정치사회적 체제와 이념의 이질성으로 인한

Testimony before the United States Senate, Subcommittee on U.S. Security Agreements and Commitments Abroad of the Committee on Foreign Affairs, Part 6, February 1970, p.1663; 이삼성, 「핵의 위기」, 『창작과 비평』 제18권 제4호, 1990, 382-383쪽). 미국은 중국을 자극하기를 원치 않았기 때문에 한국의 제안을 거부한다. 결국 제주도가 제2의 오키나와가 되는 운명을 면하게 된 것은 당시 동아시아 대분단체제가 보인 타협적 국면과도 관련이 있다.

긴장은 일면 완화된다. 그러나 지정학적 긴장은 더 강화된다. 소련이 해체된 것과 달리 중국은 개혁개방에 힘입어 국력이 오히려 크게 성장해갔기 때문이다. 미국의 상대적 쇠퇴와 동시에 진행된 중국의 지정학적 행위자로서의 능력 증대는 미일동맹과 중국 사이의 지정학적 긴장을 재충전시켰다.

냉전기 동아시아에서 정치사회적 체제와 이념의 이질성의 핵심은 공산주의와 자본주의라는 경제사회체제의 차이에 주로 기인했다. 그런데 1980년대 후반 이래 동아시아의 한국·타이완·필리핀을 포함한 미국의 동맹국 사회들은 권위주의에서 민주화로 이행한다. 반면에 중국은 1989년 6월 톈안먼사태에서 보듯이 자유주의 반란을 유혈진압함으로써 중국 특색의 사회주의란 정치적 권위주의를 전제한 국가 관리적 시장화(市場化)임을 명확히 했다. 이로써 동아시아 대분단체제의 정치사회적 체제와 이념의 이질성은 해체된 것이 아니라 민주주의와 권위주의의 간극이라는 다른 성격의 것으로 치환되었고 그로 인해 일정 수준 긴장이 재충전되었다. 동아시아 사회주의의 시장화가 자본주의의 민주화와 동시에 진행된 결과다. 이러한 치환은 1990년대 중엽 새뮤얼 헌팅턴이 민주주의와 권위주의의 차이를 장차 서양과 중국 사이의 근본적인 문명적 갈등의 중심으로 격상시킨 것에서 단적으로 표상된 바 있다.

한편 탈냉전과 함께 동아시아를 포함한 세계 전반에서 이념 담론은 약화되고 그 공백을 역사 담론이 메꾸게 되면서, 냉전기에 동결되어 있던 역사적 상처에 대한 집단적 기억이 전면에 부상한다. 반공이념에 기초해 미국이 주도한 초국적 이념 공동체의 동아시아적 보루로서 역사반성이 면제되었던 일본 사회는 다분히 갑작스럽게 활성화된 다른 동아시아인들의 역사담론과 마주친다. 역사문제의 부상은 일본과 한국의 관계에서처럼 대분단체제 내적 긴장과 엇갈리기도 하지만, 중국과 일본의 관계에서 특히 역사심리적 긴장을 재충전시켰다. 결국 동아시아 대분단의 기축관계는 탈냉전에도 불구하고 세 가지 긴장의 차원 모두 해체가 아닌 재충전이나 치환의 양상을 보이면서 대분단 기축 관계의 긴장구조가 유지된다.

둘째, 대분단의 기축과 소분단들 사이의 상호유지적 상호작용 패턴도 계속 작동한다. 그 대표적인 현상은 1990년대 초반 이래 북한 핵문제로 인한 한반도 소분단의 군사적 긴장이 미중관계에 미친 지속적인 영향이다. 북한 핵문제의 부상은 긴장 완화 국면에 있던 대분단 기축관계를 다시 긴장시켰다. 유엔을 포함한 국제 사회의 각종 제재에도 불구하고 북한이 궁극적으로 이룩한 핵무기 개발 성공은 거꾸로 대분단의 기축인 중국과 미일동맹 사이에 존재한 다층적 긴장 덕분이었다. 1990년대 중엽 타이완의 독립문제도 타이완해협에 미사일 위기를 초래하면서 중미관계의 긴장을 재충전시키는 데 일조했다. 2008년 봄 타이완에 마잉주(馬英九) 정권(2008.5-2016.5)이 등장한 이후 양안관계는 긴장이 완화된다. 그러나 센카쿠(댜오위다오) 및 남중국해를 둘러싼 중국-미일동맹 간 긴장이 표면화하면서 타이완에 대한 미국의 첨단무기 수출이 증가하는 등 양안관계에서도 긴장이 다시 높아진 바 있다.

동아시아 대분단체제의 지정학적 긴장은 중국의 동해안을 따라 형성된 '대분단선'(大分斷線)으로 지리적 형상화가 가능하다. 남쪽의 남중국해에서 타이완해협을 거쳐 센카쿠(댜오위다오)를 포함한 오키나와 해역과 제주도가 위치한 동중국해, 그리고 한반도 서해안을 거쳐 휴전선을 통과하는 선이다. 탈냉전 이후 미국과 일본의 힘은 상대적으로 정체된 반면 중국의 힘은 도약했다. 이것은 영토적 주권에 관련한 중국의 자기정체성 확장을 초래했다. 중국의 자아정체성 확장과 미일동맹의 동아태 해상패권의 기득권 사이에 긴장이 심화된 것이다.[8] 남중국해와 동중국해를 포함한 대분단선의 지정학적 요

---

8 이삼성, 「21세기 동아시아의 지정학: 미국의 동아태 지역 해양패권과 중미관계」, 『국가전략』 제13권 1호(2007년 봄), 10-21쪽.

충지들에서 긴장이 표면화된 것은 그 파장이다.

탈냉전의 동아시아에서 잠재적 갈등을 가볍게 여기게끔 이끄는 주요인은 중국의 개혁개방과 함께 탈냉전 이후 본격화한 전 지구적 경제통합과 상호의존의 증대다. 그런데 경제통합과 상호의존의 증가가 국제관계의 안정과 평화에 미치는 영향과 관련해 대분단체제론은 순전한 자유주의적 관점보다 '경제적 현실주의'(economic realism) 관점에 가깝다.[9] 세계화가 내포한 자본의 해외이전과 무역 증가가 나라들 사이의 교류와 협력에 이바지하면서도 국제관계에 중장기적으로 불안정과 갈등을 유발하는 이중성을 주목한다.

경제적 세계화가 국제평화에 가질 수 있는 역기능적 요소로는 다음 세 가지가 있다. 첫째, 레닌이 처음 체계적으로 강조했고[10] 로버트 길핀을 비롯한 신현실주의자들이 주목한 '불균등발전'(uneven growth)이다.[11] 시장통합은 국가들 간의 불균등발전을 촉진한다. 급속한 불균등발전은 국가들 사이의 역학관계 변동을 재촉한다. 그 결과 기존 국제질서의 수정을 추구하는 신흥세력과 현상유지세력 사이에 지정학적 긴장이 높아질 수 있다. 19세기 말 시작된 시장과 금융의 세계화 속에서 급성장한 독일과 영국·프랑스 사이의 세력균형 변동은 1차 대전의 주원인의 하나로 꼽는다.[12] 둘째, 세계시장의 실패 혹은 오작동 문제. 어떤 요인으로 국제시장이 혼란에 빠지면 국제주의적 협력의 토대가 무너져 국제질서에 체제적 혼란과 긴장이

---

9 전통적 자유주의는 무역으로 인한 경제적 상호의존이 국가들 사이의 갈등을 완화시키는 역할을 강조하지만, 경제적 현실주의는 사활적 재화와 시장에 대한 의존은 국제정치체제에서 종종 갈등의 중대 요인이 된다는 점을 주목한다(Dale C. Copeland, *Economic Interdependence and War*, Princeton: Princeton University Press, 2015, pp.14-15, 18-28). 1941년 일본이 미국과의 전쟁을 선택한 것은 적어도 부분적으로 그런 맥락에서 이해될 수 있다.

10 Lenin, V. I., *Imperialism: The Highest Stage of Capitalism*, New York: International Publishers, 1969, pp.70, 96-97.

11 Robert Giplin, *War and Change in World Politics*, Cambridge: Cambridge Universtiy Press, 1981, pp.76, 93.

야기된다. 1930년대의 세계 경제공황과 국제주의의 해체는 2차 대전 발발의 주요 원인으로 꼽힌다. 셋째, 경제적 상호의존은 국가들이 군비경쟁에 몰두하고 있는 상황에서도 권력집단과 대중 모두 평화가 지속될 것이라는 착시(錯視)를 불러일으킨다. 군비통제를 위한 노력은 뒷전이 된다. 1차 대전 발발 직전까지 유럽 각국 지도자들은 양극화된 군사동맹과 군비경쟁에 몰두하면서도 경제적 상호의존이 전쟁을 막아줄 것을 기대하고 있었다. 오늘의 동아시아질서에 대해서도 시사하는 바가 있다.

동아시아 대분단체제론은 냉전이라는 개념으로 명확히 드러내기 힘든 전후 동아시아질서의 고유한 특징을 보다 뚜렷이 하려는 보완적 역할을 의도한다. 냉전 개념은 유럽과 동아시아를 포함한 모든 지역에 '보편적 적용'의 기능을 갖는다. 그로써 지역질서들 사이에 차이보다는 동질성을 강조한다. 대분단체제론은 전후 유럽과 동아시아 사이의 보편적 동질성보다는 차이점을 주목하고 동아시아질서의 고유성을 드러내려 한다. 한편 냉전 개념은 탈냉전 개념과 짝을 이루는 가운데 냉전기와 탈냉전기의 역사적 단절을 부각시킨다. 반면에 대분단체제론은 동아시아 지역질서에 있어서 냉전기와 탈냉전기를 관통하는 일정한 연속성을 주목한다. 탈냉전의 변화를 무시하려는 것은 아니며, 그 변화에도 불구하고 존재하는 역사적 연속성의 근거를 개념화하는 데 초점을 맞춘 것이다.

---

12 쿠발코바와 크뤽샹크가 시사했듯이, 불균등발전론은 주요 국가들 사이의 경제통합과 상호의존이 심화된 세계질서에서 폭력적 갈등의 가능성을 부정한 카우츠키에게 레닌이 제시한 가장 효과적 반론이었다. 세계화는 때로 그 불균등발전을 촉진하는 중요한 환경이 된다. Vendulka Kubalkova and Albert Cruickshank, *Marxism and International Relations*, Oxford: Oxford University Press, 1989, pp.52~53.

3. 전후 동아시아질서의 역사적 형성과정과 중국의 구성적(構成的) 역할

이상에서 요약한 바와 같이 대분단체제론은 중국 대륙과 미일 연합 사이의 긴장을 동아시아 대분단의 기축으로 파악한다. 냉전 개념은 미소라는 두 초강대국들 간의 긴장과 갈등을 전면에 내세우는 측면이 있다고 생각되지만, 대분단체제론은 중국과 미일연합의 갈등이 질서의 중심축임을 명확히 한다. 이 중심적인 갈등의 형성 과정에 있어서도 미소 갈등보다는 중국이라는 동아시아의 중심 사회 내부의 변화와 선택이라는 요인을 핵심적인 계기로 파악한다. 이 질서의 역사적 형성에서 중국의 존재와 선택이 수행한 역할을 네 국면의 역사적 계기를 통해 해명하려고 한다.

1) 제1국면: 전후 내전을 통한 중국의 정체성 변동과 그 의미

전후 국공 내전은 1946년 4월에 시작되어 6월에는 전국으로 확대된다.[13] 이 내전의 향방을 결정한 고비는 그로부터 2년 뒤인 1948년에서 1949년 초에 걸쳐 벌어진 세 차례의 대회전이었다. 1948년 9월 만주 센양 주변 지역에서 벌어진 랴오센전투(遼瀋戰役), 1948년 11월 6일부터 1949년 1월 10일에 걸쳐 중국 중원의 화이허(淮河) 지역에서 벌어진 화이하이전투(淮海戰役), 그리고 1948년 11월 29일부터 1949년 1월 31일에 걸친 베이징-톈진전투(平津戰役)가 그것이다. 오드 아네 베스타가 지적했듯이, 1948년 말 화이하이전투의 주요 국면에서 공산당이 승리하기 전까지는 중국 내전의 최종적 결과는 결코 분명한 것이 아니었다.[14]

---

13 Niu Jun, "The birth of the People's Republic of China and the road to the Korean War," Melvyn P. Leffler and Odd Arne Westad(eds.), *The Cambridge History of the Cold War, Volume 1: Origins*, Cambridge: Cambridge University Press, 2010, p.231.

1945년 9월 중국 충칭에서 일본에 대한 승리를 축하하는 마오쩌둥(왼쪽)과 장제스.

　무엇보다 1945년 8월 일제의 패망으로 중국이 해방되었을 때 공산당군은 국민당 정부군에 비해 대단히 열세였다. 중국인민해방군이 편찬한 자료에 따르면, 이 무렵 국공의 군사력은 3.97 대 1로 공산당이 현저히 불리했다. 항일전쟁을 시작할 시점에서의 18.44 대 1로부터 크게 나아진 것이 그 정도였다. 또한 공산당이 장악한 지역의 인구는 총 1억 2,000만 수준에 머물렀다.[15] 국공 양측은 1946년 1월 10일 정전협정을 맺고 2월 25일에는 국공 양군을 통합하는 "정군방안"(整軍方案)에 합의했었다. 이때 통합군은 총 108개 사단(1개 사단은 1만 8,000명)으로 하기로 했는데, 그 가운데 공산당군이 차지한 것은 18개 사단에 불과했다.[16] 모리스 마이스너는 국민당이 공산당에 비해 누리고 있던 현대적 군사무기의 우위를 주목했고, 그 차이는

14　Odd Arne Westad, *Decisive Encounters: The Chinese Civil War, 1946-1950*, Stanford, CA: Stanford University Press, 2003, p.10.
15　中國人民解放軍軍史 編寫組 編, 『中國人民解放軍軍史』 第三卷, 北京: 軍事科學出版社, 2010, p.3.
16　中國人民解放軍軍史 編寫組, 2010, pp.6-7.

국민당에 대한 미국의 군사원조에 크게 기인했다.[17]

내전 본격화는 동아시아에서 중국 문제를 둘러싸고 미국과 소련 사이의 긴장이 발전하는 것과 궤를 같이했지만, 이 내전의 전면화, 그리고 그 결과를 결정한 실체는 미국이나 소련이 아니라 중국 사회 자신이었다. 두 가지 점에서 그러했다.

첫째, 전쟁의 시작과 끝에서 국민당과 공산당 사이의 힘의 균형은 정반대로 된다. 1945년 여름 공산당은 중국 대중으로부터 상당한 지지를 얻고 있었지만, 공산당이 실질적으로 장악한 지역은 내륙에 위치한 일부 해방구들뿐이었다. 국민당은 미국의 공수작전에 힘입어 해안지대와 동북지방에 집중된 금융 및 산업 중심지들과 농업 중심 지역들을 장악했다. 공산당은 한마디로 열세였다.[18] 1945년 여름에서 1946년에 걸친 시기에 공산당군의 유일한 희망은 만주 지역에 한정되어 있었다.[19]

1947년까지도 외관상 전세의 주도권을 쥔 것은 국민당이었다. 1947년 초 미소 냉전이 공식화될 무렵에도 국민당은 여전히 객관적으로 유리한 고지를 점하며 공세적 위상을 갖고 있었고, 공산당은 수세였다. 이 무렵 장제스는 "공산당과의 투쟁이 아직 끝나지 않았다는 것을 알고 있었지만, 그의 당과 국가가 옳은 방향으로 가고 있다고 확신하고 있었다." 그리고 "런던·뉴욕·파리 등 세계 중심에 있는 주요 언론들의 평가가 자신의 판단과 일치한다는 것을 확인하며 회심의 미소를 짓고 있었다."[20]

---

17 Maurice Meisner, *Mao's China: A History of the People's Republic*, New York: The Free Press, 1977, p.50.

18 Marc Blecher, *China Against the Tides: Restructuring through Revolution, Radicalism and Reform*, New York: Continuum, Third Edition, 2010, p.18.

19 Odd Arne Westad, *Cold War and Revolution: Soviet-American Rivalry and the Origins of the Chinese Civil War, 1944-1946*, New York: Columbia University Press, 1993; Westad, 2003, p.31.

20 Westad, 2003, p.65.

1946년 봄 내전이 본격화할 때 미군과 소련군은 모두 철수한 상태였다. 국민당과 공산당은 미국과 소련으로부터 지원을 받고 있었지만, 그 지원 규모가 내전 결과를 결정한 것은 아니었다. 국민당과 공산당의 정치군사적 선택, 그리고 그들이 저마다 중국 사회 엘리트집단이나 대중과 어떤 관계를 구축했는지가 내전의 최종 결과를 결정했다. 스튜어트 슈람은 이 내전에서 공산당의 승리에 관해 "힘은 작지만 민중의 지지를 받는 헌신적이고 잘 조직된 세력이 사기가 저조하고 민중의 지지를 받지 못하며 지도부가 무능한 세력에 대해 승리를 거둔 가장 놀라운 역사적 사례"라고 평가했다.[21] 공산당 승리의 원인을 중국의 정치사회적 조건과 중국 공산주의 운동의 내적인 동력에서 찾은 것이었다. 내전 승리의 주역인 중국 공산당 지도자들의 판단 또한 다르지 않았다. 덩샤오핑은 1984년 일본의 나카소네 수상이 그의 인생에서 가장 행복한 시절이 언제였느냐고 물었을 때 그는 "적은 병력과 허술한 장비라는 이중의 장애를 극복했던 3년의 내전 시기"였다고 답했다.[22]

둘째, 국민당과 공산당이 타협과 공존이 아니라 무력에 의한 해결을 선택한 최소한 두 번의 결정적인 고비에서 결정의 주체는 외세가 아닌 중국 자신이었다. 1946년 봄 미국은 장제스가 공산당을 소탕하고 중국을 확고하게 장악할 능력이 있을지 불안했다. 미국은 장제스에게 공산당과 협상을 권고했다. 그러나 장제스는 그 무렵 소련군 철수가 시작되자, 만주를 포함한 중국 통일의 적기라고 판단하고 선제공격을 취했다.[23] 중국 정치세력 자신의 결정으로 내전이 본격화된

21   Stuart R. Schram, *Mao Tse-tung*, New York: Simon & Schuster, 1967, p.225; Meisner, 1977, pp.50-51.

22   Ezra F. Vogel, *Deng Xiaoping and the Transformation of China*, Cambridge, M.A.: The Belknap Press of Harvard University Press, 2011, p.35. 내전의 최대 분수령이었던 화이하이전투는 약 60만의 국민당군과 50만의 공산당군이 참여한 세계 전쟁사상 가장 커다란 전투로 통한다. 덩샤오핑은 이 전투의 공산군 측 사령관이었다(Vogel, 2011, pp.34-35).

것이다.

중국인민해방군 자신이 전세에 중대한 전환점을 이루어냈다고
본 시점은 내전 본격화 2년 뒤인 1948년 초였다. 바로 이때 "전국 해
방전쟁 형세에 중대한 변화가 발생했다"고 한다. 이 무렵 국민당군
의 수는 365만으로 떨어지고, 공산당군은 249만으로 상승해 병력도
비슷해졌다.[24] 1949년 초가 되면 공산당이 압도적인 우세를 점한다.
『중국인민해방군군사』는 1948년 9월에서 1949년 1월의 기간을 "전
국 해방전쟁의 전략적 결전 단계"로 정의한다. 인민해방군이 랴오센
·화이하이·베이징-톈진의 "3대 전략적 전투"에서 진공을 계속해
국민당군 154만여 병력을 괴멸시킨 것이었다. 1949년 1월 8일 중공
중앙 정치국은 "3대 전투 후에 군사적으로는 국민당 정권은 이미 기
본적으로 타도되었다"고 선언한다. 인민해방군은 이제 수적으로도
사기에서도 장비에서도 "국민당 반동정부의 잔여 군사역량에 비해
우세"하며, 이로써 "전국범위에서 국민당에 전승(戰勝)"을 기대할
수 있게 되었다고 판단했다.[25] 그런데 그 이틀 뒤인 1월 10일 스탈린
은 중국 공산당에게 국민당과의 평화협상을 권고한다. 그러나 마오
쩌둥은 단호히 거부했다. 스탈린도 마오의 결정에 승복했다.[26] 이 역
시 중국 내전의 전개와 결과가 중국 내부에서 결정되었음을 확인해
준다.

---

23 Westad, 2003, pp.31-36.

24 中國人民解放軍軍史 編寫組, 2010, pp.195-196.

25 中國人民解放軍軍史 編寫組, 2010, pp.267-268.

26 Niu Jun, 2010, p.232. 김동길의 최근 연구도 1949년 1월 스탈린이 미국
의 개입 가능성에 대한 우려와 소련의 국익을 우선한 탓에 중국 공산당의 도강
(渡江)을 만류하려 했음을 확인해준다. Kim Donggil, "The Crucial Issues of the
Early Cold War: Stalin and the Chinese Civil War," *Cold War History*, Vol. 10,
No. 2(May 2010), pp.185 – 202, esp. pp.195-196.

2) 제2국면(1949년 하반기):
평화공존 기회의 폐쇄와 대분단 기축의 원형 성립

내전에서 승리해 성립한 신중국의 주체가 공산당이라고 해서 중국이 자동적으로 미국과 대립하고 나아가 한반도에서 전쟁까지 벌여야 할 필연성이 있는 것은 아니었다. 이데올로기의 차이는 분명했다. 신중국과 미국의 우호관계 구축은 쉬운 일일 수 없었다. 하지만 이념의 차이가 곧바로 외교관계 수립을 통한 공존의 가능성마저 원천 배제하는 것은 아니었다. 1949년 하반기에 신중국과 미국이 정상적 외교관계를 수립할 가능성은 일정하게 열려 있었다. 그 가능성은 결국 폐기된다. 문제는 어떤 가능성이 열려 있었다고 볼 수 있는지, 그리고 그 가능성은 왜 상실되었는지를 밝히는 일이다.

이 문제는 '코언-터커 명제'(Cohen-Tucker Thesis)에 관한 세계 학계의 논의에 담겨 있다.[27] 1980년대 이래 활발하게 이루어진 이 논의의 결과를 토마스 크리스텐슨은 "미중 사이에 우호관계의 기회는 없었지만, 평화적 관계를 정립할 기회는 있었다"라는 말로 요약했다.[28] 즉 기회가 있었지만 미국이나 중국 혹은 양측의 외교정책에 의해 활용되지 못한 '상실된 기회'(lost chance)라는 명제였다.

이 중대한 국면에서 신중국과 미국 사이에 '우호관계까지는 아니더라도 평화롭게 공존하는 관계'가 구성될 역사적 가능성은 열려 있었다는 명제가 설득력을 가지려면 다음 세 가지 점이 확인되어야 한

---

27 Warren I. Cohen, "Acheson, His Advisers, and China, 1949-1950," Dorothy Borg and Waldo Heinrichs(eds.), *Uncertain Years: Chinese-American Relations, 1947-1950*, New York, 1980, pp.13-52; Nancy Bernkopf Tucker, *Patterns in the Dust: Chinese-American Relations and the Recognition Controversy, 1949-1950*, New York, 1983; Warren I. Cohen, "Rethinking the Lost Chance in China: Was there a 'Lost Chance' in China?" *Diplomatic History*, Vol.21, No.1 (Winter 1997), pp.71-73.

28 Thomas Christensen, "A 'Lost Chance' for What? Rethinking the Origins of the U.S.-PRC Confrontation," *Journal of American-East Asian Relations*, 4 (Fall 1995), pp.249-278; Cohen, 1997, p.74.

다. 첫째, 중국 공산당이 "한쪽으로 기울기"(leaning to one side) 방침을 대소련정책의 원칙으로 삼았다고 하더라도 신중국의 생존과 번영에 유리한 대외정책을 펼칠 독립적이고 자주적인 지향성을 갖고 있었음을 증명해야 한다. 둘째, 신중국이 미국과 평화공존하기 위한 정상적 외교관계를 모색한 사실을 확인해야 한다. 셋째, 중국 측의 그 같은 일정한 외교적 모색이 진지했다면 미국은 왜 거부했는지가 설명되어야 한다. 적어도 미국이 긍정적 결정을 늦춤으로써 중국 공산당이 혁명정권의 안정을 위해 소련과의 동맹을 유일한 선택으로 판단하게 만든 경위가 해명되어야 한다.

1) 신중국의 대소련 외교의 자주성 문제: 내전에서 막 승리한 신중국 지도부가 소련에 대해 외교적 자주성을 견지하고 있었다는 증거는 1949년 말의 시점에서 단적으로 확인된다. 스탈린은 중국의 남만주 지역에 대한 제정러시아의 특권을 회복하기 위해 1945년 8월 장제스의 국민당 정부와 중소우호조약을 맺은 바 있다. 신중국 지도부는 이 중소구약(中蘇舊約)을 불평등조약으로 규정하고 스탈린에게 폐기를 요구한다. 대신 소련의 특권을 제거한 새로운 중소우호동맹 조약을 추구한다. 이 과정에서 중국은 외교적 자주성을 충분히 드러냈다.

중국중앙공산당사연구실이 편찬한 『중국 공산당역사』에 따르면, 1949년 상반기에 마오쩌둥은 대외정책에서 세 가지 원칙을 정한다. "따로 세간을 낸다" "집 안을 깨끗이 청소한 다음에 손님을 청한다" "한쪽으로 기울인다"는 것이었다.[29] 소련과의 동맹은 소련이 중국에 대해 갖고 있는 제국주의적 특권이 일소된 후에 가능하다는 원칙을 세운 것이었다. 그래서 1949년 12월 6일 마오쩌둥이 소련 방문을 위해 떠난 주된 목적은 "소련과 새로운 조약을 체결"하는 것이었다.[30]

---

29 중국중앙공산당사연구실, 홍순도·홍광훈 옮김, 『중국 공산당역사 상: 1949년 10월–1956년 9월』, 서교출판사, 2014, 43쪽.

션즈화 등이 지적했듯이 전후 스탈린의 동아시아 전략의 중심에는 중국 동북지방을 영향권에 넣어 뤼순과 다롄이라는 부동항을 유지한다는 목표가 있었다. 이 전략에는 만주의 중장선 철도에 대한 통제권이 불가결했다. 따라서 만주에서 소련의 특권적 지위를 유지하는 것은 당시 스탈린에게 최대 관심사였고,[31] 1945년 2월 얄타회담의 합의로 그해 8월 장제스 정부로부터 확보한 이 권리를 신중국에게 포기하는 것은 쉽지 않았다. 그러나 1949년 12월 마오쩌둥은 소련 방문 기간 스탈린과의 회담에서 "중소구약 문제"를 먼저 제기한다.[32]

12월 24일 마오쩌둥은 스탈린과 다시 회담을 갖기에 앞서 자신의 일차적 관심은 "중소구약 문제"임을 스탈린에게 전달했다. 하지만 스탈린은 회담에서 그 문제를 회피했으며, 회담 이후에도 마오쩌둥을 만나주지 않았다. 마오쩌둥은 귀국하지 않고 계속 머물면서 스탈린을 압박했다. 결국 "대치의 국면을 지속해서는 안 되었기에 스탈린은 중소구약을 폐지하지 않겠다던 처음의 태도를 바꾸지 않을 수 없었다"고 한다.[33] 1950년 1월 2일 스탈린은 몰로토프와 미코얀을 파견해 중소구약에 대한 마오쩌둥의 의견을 청취한다. 마오가 가장 선호한 것은 "새로운 중소우호동맹조약을 체결"하는 방안이었고, 몰로토프는 그 제안을 받아들인다. 뒤이어 양측은 저우언라이를 모스크바에 파견해 구체적인 협상을 벌이기로 합의한다.[34]

---

30 중국중앙공산당사연구실, 2014, 56쪽.

31 Shen Zhihua and Danhui Li, *After Leaning to One Side: China and Its Allies in the Cold War*, Washington, D.C.: Woodrow Wilson Center Press, 2011, pp.3-4. 이 책에서 저자들은 1950년 1월 모스크바에서 진행된 옛 중소구약 폐기와 신조약 체결 문제에 관해 마오쩌둥과 스탈린이 각자의 국가이익을 두고 벌인 외교전을 지배한 팽팽한 긴장을 묘사한다(pp.4-15). 전후 스탈린의 동아시아 정책에서 중국 동북 지역에 대한 권리 문제의 중요성에 대한 션즈화의 또 다른 연구는 沈志華, 『冷戰在亞洲: 朝鮮戰爭與中國出兵朝鮮』, 北京: 九州出版社, 2013a, 특히 pp.40-41, 68-71.

32 중국중앙공산당사연구실, 2014, 58쪽.

33 중국중앙공산당사연구실, 2014, 59쪽.

1949년 12월 모스크바에서 열린 스탈린의 생일 기념식에서 마오쩌둥(왼쪽 두 번째)과 스탈린(왼쪽 네 번째).

최근 연구에서 션즈화는 1950년 2월 서명된 중소동맹은 처음부터 상호불신과 원망(怨望)을 내포한 매우 미묘하고 취약한 것이었다고 말한다. 우선 마오가 모스크바를 방문해 새로운 중소우호동맹조약을 체결하려 했을 때, 스탈린은 처음엔 거부했다. 결국 서명에 응했지만 스탈린은 "중국의 동지들을 만족시키기 위해서 서명을 강요당한 것"에 다름아니었다.[35]

이 연구들은 1949년 초 이래 중소관계가 스탈린이 일방적으로 주도하고 지시하는 것과는 거리가 멀었음을 말해준다. 마오쩌둥은 중국의 독립과 자존이 걸린 문제에서는 중국의 관점에서 대소련 관계의 원칙을 설정했다. 이를 위해 마오가 스탈린에게 적응한 면이 있었다면, 스탈린 역시 마오쩌둥의 인식과 요구에 적응해야만 했다.

중국 공산당이 앞서 언급한 바와 같이 1949년 상반기에 "한쪽으로 기울기" 즉 대소 편중을 원칙으로 정했다고 하더라도, 그것이 현실의 정책으로 굳어진 것은 중소구약을 폐기해야 한다는 마오쩌둥의 강력한 요구를 팽팽한 외교전 끝에 스탈린이 수용한 1950년 1월

---

34 중국중앙공산당사연구실, 2014, 60쪽.

35 Shen Zhihua and Yafeng Xia, *Mao and the Sino-Soviet Partnership, 1945-1959*, Lanham: Lexington Books, 2015, p.5.

의 일이었다. 그렇다면 적어도 그 이전까지는 신중국이 미국과의 외교관계를 모색할 외교적 공간이 존재했었다고 말할 수 있다.

2) 미국과의 정상적 외교관계 수립을 위한 신중국의 외교적 모색: 두 번째 숙제는 중국이 미국과 외교관계 수립을 진지하게 모색했다는 점을 밝히는 일이다. 1990년대 들어 코언-터커 명제에 의문을 제기한 일단의 학자들이 등장한다. 이 논쟁을 주도한 사람들은 중국 자료에 먼저 쉽게 접근할 수 있었던 중국계 학자들이었다. 첸지안(陳兼)과 마이클 생이 그러했고, 존 가버 등이 가담했다. 이들은 마오쩌둥이 애당초 미국과의 평화공존에 관심이 없었기 때문에 그러한 기회는 처음부터 존재하지 않았다고 주장했다. 1949~50년 기간에 공산당은 서방의 외교승인을 추구하지 않았으며, 서방국가들과 외교수립 자체를 원하지 않았다는 첸지안의 주장이 대표적이었다.[36] 마이클 생과 존 가버도 같은 취지의 주장을 제기했다.[37]

이들의 주장은 신중국의 이데올로기적 정체성이 대외정책을 결정했다는 '본질주의적' 입장 위에 서 있다.[38] 그러나 이데올로기가 신

---

36 Chen Jian, "The Myth of America's 'Lost Chance' in China: A Chinese Perspective in Light of New Evidence," *Diplomatic History*, Vol.21, No.1(Winter 1997), p.77. 첸지안에 따르면, 1949년 마오쩌둥의 일차적인 관심은 전국적인 군사적 승리 후에도 혁명의 모멘텀을 유지하고 확장하는 것이었다. 그래서 1949~50년의 마오주의적인 정치적 담론에서는 미 제국주의와 관련된 모든 가치와 행동규범은 격렬한 비판 대상이었다(Chen Jian, *Mao's China and The Cold War*, The University of North Carolina Press, 2001, p.47).

37 Michael Sheng, "The Triumph of Internationalism: CCP-Moscow Relations before 1949," *Diplomatic History*, Vol.21, No.1(Winter 1997); John W. Garver, "Little Chance," *Diplomatic History*, Vol.21, No.1(Winter 1997).

38 레이먼드 거쏘프는 냉전의 기원을 둘러싼 접근법을 네 가지로 분류했는데, 크게 본질주의(essentialism)와 행태적 상호작용론(behavioral interactionism)으로 대별할 수 있다. 본질주의는 소련 혹은 중국의 대외정책이 그 나라의 이데올로기나 정치체제와 같이 내면적 정체성에 의해서 결정된다고 보는 관점이다(Raymond L. Garthoff, *The Great Transformation: American-Soviet Relations and the End of the Cold War*, Washington, D.C.: The Brookings Institution, 1994, pp.767~769; 이삼성 「미국 외교사학과 '제국' 담론의 전복: 신보수주의와 존 L.

중국의 대외정책 전체를 지배했다고 단정할 수는 없다. 실제 중국이 미국과의 외교관계를 모색한 증거가 있다면 그 자체로서 인정되어야 한다. 즉 이념 못지않게 실제 외교 행태를 주목해야 한다. 이 점에서 토마스 크리스텐슨 등이 제시한 증거들은 충분히 주목받을 가치가 있다. 그는 1949년 봄 이래 중국 공산당 지도부가 미국과의 외교관계 수립에 관심을 보인 적어도 다섯 건의 외교적 행동을 지적했다.[39] ① 1949년 4월 중국 공산당의 고위인사인 야오이린(姚依林)이 미국 총영사 올리버 클럽(Oliver Edmund Clubb)과 접촉해 북중국과 미군점령하 일본 사이에 교환무역을 제안했다. ② 공산당군이 난징을 점령한 1949년 3월 이후에도 난징에 남아 있던 미 대사 존 스튜어트(John Leighton Stuart)가 자신과 중국 공산당 지도자들 사이의 만남을 제안했을 때, 중국 공산당은 긍정적으로 반응했다. ③ 1949년 6월 초 상하이의 존 캐벗(John Moors Cabot)은 당시 상하이 시장 첸이(陳毅)가 중국 공산당은 미국과 영국으로부터 경제적 지원을 바란다고 말한 사실을 보고했다. ④ 같은 6월 초순 황화(黃華)는 다시 난징의 스튜어트 대사에게 관계 개선을 제안한다. ⑤ 1949년 6월 28일 황화는 난징으로 가서 스튜어트 대사를 방문한다. 스튜어트 대사의 베이징 방문 날짜와 회담 장소를 결정하기 위해서였다.

중국 공산당의 대외관계 수립 원칙은 1949년 6월 중순 「신중국정치협의위원회」를 위한 준비회의에서 마오쩌둥이 밝힌 바 있다. 그는 신중국은 "평등, 호혜, 영토적 존엄과 주권에 대한 상호존중에 기초해 어떤 외국정부와도 외교관계 수립을 논의할 용의가 있다"고 했다. 마오쩌둥이 외교관계 수립의 조건으로 제시한 두 가지는 평등·호혜의 원칙, 그리고 국민당과의 관계 단절이었다.[40] 첸지안과 같은

개디스의 본질주의 외교사학」,『국제정치논총』 제46집 4호, 2006b, 34-36쪽).

39 Christensen, 1996, pp.85-88.

40 Chen Jian, *China's Road to the Korean War: The Making of the Sino-American Confrontation*, New York: Columbia University Press, 1994, p.55.

본질주의자들은 그 조건을 내걸었다는 것 자체가 마오쩌둥이 공산당의 혁명 원칙을 확인한 것에 다름 아니라는 주장을 편다.[41] 그러나 신중국이 외교관계 수립 조건으로 미국에게 장제스 지원을 중단하고 베이징의 새 정부를 중국의 유일한 합법 정부로 인정할 것을 요구한 것은 자연스럽고 당연한 일이었다는 크리스텐슨의 지적은 유의할 필요가 있다.[42]

중공 지도부의 외교적 제스처들이 과연 미국과의 외교관계 수립을 위한 진지한 의도의 발로인지에 대해 중국계 학자들이 제기하는 비판에는 특히 주목할 부분도 있다. 인민해방군이 상하이를 점령한 다음 날인 1949년 5월 28일, 마오는 중앙군사위원회 명의의 전보를 통해서 제국주의 국가들이 연합해 중국 혁명에 간섭할 가능성을 예방하기 위한 대책을 거론한다.[43] 이를 근거로 션즈화는 마오쩌둥이 그 무렵 미국에 대해 국민당과의 관계 단절을 전제로 유화적인 태도를 취한 것은 미국의 반혁명 개입을 차단하기 위한 전술적 목적에 불과했다고 지적한다. 이 무렵 중국은 류샤오치의 소련 방문을 통해 스탈린의 전면 지원 약속을 확보할 수 있었고, 그 때문에 대소련 편중 원칙을 정한 것이라고 션즈화는 말한다.[44]

션즈화의 논지는 설득력이 있지만 이 시기 중국 공산당의 대미 외교 제스처를 단순히 전략적 술수로 단정할 일은 아니라고 생각한다. 마오 등 중공 지도자들이 자신들의 대미 외교 제스처를 제국주의의 혁명 훼방을 막기 위한 전략이라고 정당화한 언행이 있었다면 그것

41 Chen Jian, 1994, p.55.

42 Thomas Christensen, *Useful Adversaries: Grand Strategy, Domestic Mobilization, and Sino-American Conflict, 1947-1958*, Princeton, N.J.: Princeton University Press, 1996, p.100.

43 中共中央文獻研究室編, 『毛澤東年譜』 下卷, 北京: 中央文獻出版社, 2002, pp.510-511; 沈志華, 『冷戰的起源: 戰後蘇聯的對外政策及其轉變』, 北京: 九州出版社, 2013b, p.187.

44 沈志華, 2013b, p.187.

은 소련과 중국 공산당 내부의 스탈린 추종세력의 반발과 경계심을 고려한 언술일 가능성도 배제할 수는 없다. 신중국이 보인 일련의 일관성 있는 외교적 행태는 단선적이 아닌 복합적 의도를 담은 것일 수 있고, 특히 미국이 어떻게 반응하고 그 결과 미국과 신중국 사이에 어떤 외교적 상호작용이 전개되느냐에 따라 열린 가능성들이 존재한 것이었다고 말할 수 있다. 특히 장제스 지원 중단이라는 중국의 요구에 미국이 당장은 아니라도 적어도 진지한 자세로 응했을 경우 그것이 신중국의 대내외 인식과 정책에 초래했을 변화는 결코 과소평가할 일이 아니다.

토마스 크리스텐슨은 1949년 5-6월에 이미 미국이 황화를 통한 중국의 교섭 행위가 진지한 것이라고 믿을 충분한 이유들이 있었다고 지적한다.[45] 마오쩌둥은 12월 모스크바를 방문하고 있는 상황에서도 비사회주의권 국가들이 중국을 외교승인하는 문제에 깊은 관심을 갖고 있었다. 마오는 이들 가운데 중국을 외교승인하는 나라가 있으면 그 소식을 신속하게 방송에 내보내도록 지시하고 있었다.[46]

3) 미국은 중국의 외교관계 모색을 왜 거부했는가: 세 번째 숙제는 신중국의 대미 외교 이니셔티브가 결실을 보지 못한 이유를 해명하는 일이다. 중국도 그 책임으로부터 결코 면제되지 않는다. 다만 분명한 것은 트루먼 독트린 이후 미국은 중국 내전에서 국민당이 패배한 뒤 조성된 미국 내 반공 여론 등의 요인으로 중국과의 외교에 부정적이거나 적어도 상당히 오랜 시간 외교 결정을 미루었다는 점이다.

월터 라페버에 따르면, 딘 애치슨을 포함한 미국 최고위층이 중국에 대한 외교승인 거부를 최종 결정한 것은 1949년 10월이었다. 애치슨은 1949년 10월 12일 중국의 신정권을 승인하지 않을 것이라고

---

45 Christensen, 1996, p.87.

46 "Telegram concerning the Establishing of Relations with Burma," in *Jianguo Yilai Mao Zedong Wengao*, Vol.1, 1949, p.193; Christentensen, 1996, p.146.

공식 발표했다.[47] 첸지안도 이 시기 트루먼 행정부가 중국 공산당에 대한 외교승인 거부를 위한 국제 사회의 "공동전선"을 구축하려 대단한 노력을 기울였음을 지적했다.[48] 영국·노르웨이·인도를 포함한 많은 나라가 곧이어 신중국을 승인했지만, 미국은 거부뿐 아니라, 오스트레일리아·캐나다·프랑스 등 여러 나라가 그들의 의사에 반해 승인을 포기하게 만들었다.[49]

토마스 패터슨에 따르면, 미국이 신중국에 대한 외교승인을 끝내 거부한 것은 트루먼 행정부가 장제스 일변도의 중국 정책을 끝까지 포기하지 않은 것과 불가분했다. 트루먼 행정부가 장제스 정권을 비판하고 불신하면서도 그들을 버리지 못하고 운명을 함께한 것은 그들이야말로 아시아에서 공산주의 봉쇄를 위해 미국이 의지할 수 있는 유일한 현실적 수단이라는 믿음을 고수했기 때문이라고 보았다.[50]

낸시 터커에 따르면, 미국은 1950년 11월 미국 의회 중간선거가 끝난 후에 신중국과 무역 및 외교관계를 모색할 것을 희망하고 있었다. 신중국의 외교적 모색에 대한 미국의 긍정적 반응은 그만큼 지연되고 늦추어진 것이었다.[51] 그러는 사이에 한국전쟁이 벌어졌고, 미중 간 외교관계 수립 가능성은 사라진 것이었다. 리처드 손턴도 중국과 미국 트루먼 행정부 모두 1949년 거의 전 기간에 걸쳐 상호 외교관계 수립의 가능성을 열어두고 있었다고 파악했다. 하지만 미국

---

47 Walter LaFeber, *America, Russia, and the Cold War, 1945-2002*, New York: McGraw-Hill, Updated Ninth Edition, 2004, p.95.

48 Dean Acheson, *Present at the Creation: My Years in the State Department*, New York: W.W. Norton, 1969, pp.81-82; Chen, 1994, p.57.

49 Thomas G. Paterson, "Containing Communism in China," Thomas G. Paterson and Robert J. McMahon(eds.), *The Origins of the Cold War*, Lexington: D.C. Heath and Company, 1991, p.302.

50 Paterson, 1991, p.303.

51 Nancy Bernkopf Tucker, "The Evolution of U.S.-China Relations," in David Shambaugh(ed.), *Tangled Titans: The United States and China*, New York: Rowman & Littlefield, 2013, pp.31-32.

이 신중국에 대한 외교승인을 거부하는 기간이 길어지면서 마침내 1949년 12월 16일 마오쩌둥이 소련을 방문한다. 뒤이어 1950년 초 중소동맹이 체결된다. 이후 미국 정부 또한 중국을 소련으로부터 분리시키려는 이른바 '쐐기전략'을 포기한 것으로 파악했다.[52]

토마스 크리스텐슨은 1949년 12월과 1950년 1월 사이에 미국이 중국 신정부를 승인했다면, 비록 그로 인해 마오쩌둥이 미국을 우호적인 세력으로 볼 리는 없었지만, 중국 공산당과 소련의 관계는 손상되고 일정한 견제와 균형 속에서 평화공존이 가능한 삼각관계가 미·소·중 삼자 사이에 형성되었을 가능성이 있었다고 보았다.[53] 그러나 트루먼 행정부의 당시 정책 우선순위는 유럽에서의 대소 봉쇄노선이었고, 그 핵심 수단은 마셜플랜이었다. 마셜플랜의 실현을 위한 정치적인 동력은 반공주의였다.[54] 트루먼 행정부는 스스로 고조시킨 미국 내 반공주의에 편승했고, 그 희생물 가운데 하나가 중국과의 외교관계 수립이었다.

3) 제3국면: 한국전쟁 기획과 결정에서 중국의 위치

한국전쟁 기획의 이니셔티브는 한반도 내부 세력 가운데 하나인 김일성 등의 북한 지도부가 취한 것이었다.[55] 신중국이 성립한 이후인 1950년 1월에서 5월, 스탈린·마오쩌둥·김일성 삼자 사이에 한반도에서의 전쟁을 위한 다자간 모의가 이루어진다. 기획자는 김일성

---

52 Richard C. Thornton, *Odd Man Out: Truman, Stalin, Mao, and the Origins of the Korean War*, Washington, D.C.: Brassey's, 2000, p.21.

53 Christensen, 1996, p.148.

54 Christensen, 1996, p.122.

55 Kathryn Weathersby, "New Russian Archival Materials, Old American Debates, and the Korean War," *Problems of Post-Communism*, Vol.42, Issue 5(Sep/Oct. 1995); *New Russian Documents on the Korean War*, Kathryn Weathersby's introduction and translation(http://www.wilsoncenter.org/sites/default/files/CWHPBulletin6-7_P2.pdf).

이었지만 최종 승인자는 분명 스탈린이었다. 그런데 스탈린의 최종 승인에 결정적 역할을 한 것은 중국 내전의 승리자인 마오쩌둥의 대북한 지원 약속이었다고 볼 근거가 많다.

신중국의 존재와 그 행동은 한국전쟁의 기획과정에 적어도 다섯 가지 점에서 결정적인 국제적 환경이었다. 첫째, 스탈린이 1949년 가을까지 김일성의 남침계획을 반대하다가 1950년 1월 이후 동의하고 지원하는 쪽으로 태도를 바꾼 주된 배경으로는 아나톨리 토르쿠노프도 지적하듯이 소련의 원폭 실험 성공으로 미국의 핵무기 독점이 붕괴한 것과 중국 공산당의 내전 승리가 꼽힌다.[56] 특히 스탈린은 1950년 3-4월에 모스크바를 방문한 김일성과의 회담에서 자신이 김일성의 남침계획을 지지하게 된 가장 중요한 국제적 환경으로 중국 공산당의 내전 승리를 언급했다. 내전에서 승리했으므로 이제 마오쩌둥은 북한을 도울 수 있게 되었고, 필요하다면 군대도 파견할 수 있게 되었다고 강조했던 것이다.[57]

둘째, 1950년 1월 9일 주평양 소련대사 시티코프가 스탈린에게 보낸 전문은 "유사시 중국의 한반도 개입의지 여부를 확인하도록 스탈린이 지시했다"는 사실을 확인한다.[58] 스탈린은 1950년 1월 말 김일성 남침계획에 대한 지지 의사를 밝히기 전에 그 전제조건으로 중국의 개입 의지를 중시하고 확인하려 했던 것이다.

셋째, 스탈린이 김일성의 남침에 최종 동의할 때 그 조건은 소련의 직접 참전 배제와[59] 유사시 중국의 한반도 군사개입 약속이었다. 1950년 5월 14일 마오쩌둥에게 보낸 전문에서 스탈린은 전쟁의 최종 결정은 김일성과 마오쩌둥의 공동 결정임을 분명하게 밝힌다. 만

56 아나톨리 토르쿠노프, 구종서 옮김, 『한국전쟁의 진실과 수수께끼: 김일성-스탈린-마오쩌둥 기밀문서』, 에디터, 2003, 105, 107쪽.

57 William Stueck, *Rethinking the Korean War: A New Diplomatic and Strategic History*, Princeton: Princeton University Press, 2002, p.73.

58 토르쿠노프, 2003, 122-123쪽.

59 박명림, 『한국전쟁의 발발과 기원 (1)』, 나남출판, 1996, 181-213쪽.

일 마오쩌둥이 동의하지 않는다면 "새로운 심의가 있을 때까지 결정은 연기되어야 한다"고 말했다.[60] 요컨대 스탈린은 마지막 결정적인 시점에서 김일성의 남침에 대한 승인 문제를 중국에 떠넘겼다. 그다음 날인 5월 15일 마오쩌둥은 김일성을 위한 만찬 회동에서 김일성의 남침계획을 지지한다. 5월 16일 주중국 소련대사 로시친이 스탈린에게 보낸 전문은 "마오쩌둥은 모스크바에서 이루어진 스탈린과 북한 간의 '해방계획'을 '전적으로 수용'했다"는 내용을 담았다.[61]

한반도 전쟁 발발 시 미국의 개입 가능성에 대한 1950년 전반기 스탈린의 판단은 이중적이었다. 스탈린은 한편으로 미국에서 발신되는 신호들에 근거해 미국의 개입 가능성은 낮다고 판단했다. 1948년 12월 말에 작성된 미 국가안보회의 문서 「NSC 48」은 유사시 한국에 대한 미국의 군사개입을 배제하는 내용을 담고 있었다. 킴 필비를 비롯한 서방의 소련 스파이들을 통해서 스탈린은 그 내용을 접하고 있었다.[62] 1950년 1월 12일 미 국무장관 딘 애치슨이 밝힌 미국 방위선(American defense perimeter) 개념에서 한반도가 제외된 것도 그 믿음을 뒷받침했다. 동시에 스탈린은 미국이 군사대응할 가능성을 계속 두려워했다. 그래서 스탈린은 김일성에게 미국이 개입할 경우 소련이 아닌 중국의 지원에 의지할 것을 강조했고, 김일성이 마오쩌둥의 사전 약속을 받도록 했다.[63]

넷째, 중국이 유사시 북한 지원을 결정한 5월 16일 바로 그날, 스탈린은 전쟁 발발 이전에 중국과 북한 사이의 상호원조조약 체결을 적극 독려한다. 그날 로시친에 보낸 전문에서 스탈린은 "한반도에서 해방이라는 대사업이 성취되려면 조약이 즉시 조인될 필요가 있다.

---

60 토르쿠노프, 2003, 125쪽.

61 토르쿠노프, 2003, 131-132쪽.

62 Kathryn Weathersby, "Should We Fear This?: Stalin and the Korean War," paper presented at conference "Stalin and the Cold War," Yale University, September 1999, pp.13-14; Stueck, 2002, p.73.

63 Stueck, 2002, p.73.

그것은 북한 동지들의 성공을 보다 굳건히 해 한반도 문제에 다른 나라가 개입하는 것을 미연에 방지하게 될 것"이라고 주장했다.[64]

다섯째, 션즈화의 해석에 따르면, 스탈린이 김일성의 한반도 무력통일 계획을 지지하게 된 이유는 1950년 1-2월 중소우호동맹조약 체결이 결정됨으로써 소련이 과거에 장제스 정권과 맺은 협정으로 획득했던 다롄과 뤼순 등에 대한 권리를 포기해야만 했고, 이를 대체할 수 있는 전략적 해군기지를 한반도에서 찾아야 했기 때문이다.[65] 이 같은 션즈화의 관점 역시 중국 내전에서 공산당의 승리는 스탈린의 한반도 전쟁 지지에 결정적인 변수였음을 전제한다. 스탈린이 국민당 장제스와의 협정으로 얻었던 뤼순과 다롄에 대한 소련의 권리를 포기하고 이에 대한 대안을 한반도에서 찾을 수밖에 없게 된 이유가 중국 공산당의 내전 승리였기 때문이다.

요컨대 만주를 포함한 대륙 전체를 장악한 신중국의 존재 자체, 그리고 소극적이든 적극적이든 유사시 중국 공산당의 한반도 개입 약속, 이 두 사실이 존재하지 않았다면 김일성의 전쟁계획에 대한 스탈린의 최종 승인은 없었을 가능성이 높았다.

4) 제4국면: 중국의 한반도 개입 결정에서 중국의 판단과 선택

1949년 말에서 1950년 1월에 이르는 시기에 신중국과 미일연합 사이에 대분단 기축의 원형이 구성되고, 이를 바탕으로 1950년 1월에서 5월에 이르는 시기에 북한-소련-중국 사이의 삼자 전쟁 모의가 진행된다. 그 과정의 시작과 최종 결정에서 모두 마오쩌둥의 유사시 대북한 지원문제는 불가결한 전제로 작용한다. 그 결과로서 한국전쟁이 발발한다. 그렇게 발발한 한국전쟁에 미국과 중국이 차례로 개입하면서 대결적 미중관계의 틀이 완성된다.

---

64 토르쿠노프, 2003, 132쪽.
65 Shen Zhihua, *Mao, Stalin and the Korean War: Trilateral Communist Relations in the 1950s*, Trans. Neil Silver, London: Routledge, 2012, pp.116-118.

얼어붙은 압록강을 건너 한국전쟁에 참전하는 중국군.

그런데 한국전쟁의 발발은 즉시 미국의 개입을 불러왔지만, 중국의 개입은 즉각적이지 않았다. 따라서 이 전쟁에서 미국과 중국의 직접적인 충돌은 반드시 필연적이었다고는 할 수 없다. 한반도에서 미국과 중국의 격돌 가능성이 높아진 것은 먼저 미국의 개입이 적어도 두 가지 치명적인 행동을 수반했기 때문이다. 이 행동들은 중국에 직접 위협을 제기하는 것이었고, 중국 공산당이 스탈린의 '지도'가 아닌 그들 자신의 판단과 안보상 이익의 관점에서 한반도 개입을 결행할 가능성을 높였다.

첫째, 한국전쟁에 대한 미국의 군사개입은 중국 내전에 대한 재개입을 동반하며 진행되었다. 미국 시간으로 6월 25일 국무장관 딘 애치슨은 한반도 전쟁 발발에 대한 네 가지 대응조치를 트루먼 대통령에게 건의한다. 그 세 번째 건의가 필리핀에 있던 제7함대로 타이완 해협을 봉쇄해서 국민당 정부를 보호하자는 것이었다.[66] 첸지안이 지적했듯이 미국이 타이완해협에 파견한 제7함대의 임무는 공식적으로는 '중립적'인 것이었지만, "실제로는 미국이 국민당 편에 서서 중국 내전에 재개입한 것"을 의미했다.[67] 6월 27일 트루먼 대통령이

66   Acheson, 1969, p.406.
67   Chen Jian, 1994, p.127.

미 제7함대를 타이완해협에 파견하면서 타이완해협의 중립화를 선언하자 중국은 저우언라이 외교부장 명의로 미 해군의 행동을 "중국 영토에 대한 무력침략"이자 유엔헌장 파괴행위라고 비판하는 성명을 발표한다.[68]

둘째, 미국은 9월 15일 단행된 인천상륙작전이 성공해 서울을 탈환하자, 이를 계기로 서울 수복에 그치지 않고 38선을 넘어 북진한다.[69] 이것은 중국의 군사개입 결정에 또 하나의 중요한 조건이 된다.

이완범에 따르면, 미 국가안보회의는 "중국이나 소련의 개입 징후가 없으면" 미군이 38선을 넘어 북진할 것을 트루먼에게 건의했고, 9월 29일 트루먼은 그 건의를 승인하고 맥아더에게 관련된 전쟁 수행 권한을 부여한다.[70] 김영호는 미국 국가안보회의 문서 「NSC 81」과 트루먼이 승인한 그것의 최종안 「NSC 81/1」을 주목했다. 그것은 유사시 38선 너머로 북진해 한반도에 인위적으로 그어진 분단선을 극복하는 롤백적 구상을 담았다. 김영호에 따르면, 케넌은 이러한 롤백의 위험성을 경고했지만 트루먼은 무시하고 NSC 81/1을 승인했다. 미 합참은 9월 27일 맥아더에게 롤백 지침을 하달한다.[71]

중국이 38선 북진을 '레드 라인'으로 간주했다는 것은 중국이 미

---

68 김옥준, 「중국의 한국전 참전과 국내정치: 참전의 대내적 요인과 영향을 중심으로」, 한국정치외교사학회·이재석·조성훈 엮음, 『한반도 분쟁과 중국의 개입』, 선인, 2012, p.116.

69 미국이 주도한 38선 너머로의 북진은 인천상륙작전의 성공이 중대 계기로 작용한 전략적 변화인 측면도 있지만, 1950년 8월 10일과 17일 유엔에서 미국 대표 워런 오스틴(Warren Austin)의 발언에서 표현되었듯이 미국이 한반도 개입을 결정하면서 염두에 두었던 전략적 목표였다는 해석도 가능하다. 한국에 대한 유엔의 군사행동의 목표는 한반도 전체의 통일이라는 것이 오스틴 발언의 핵심 내용이었다(Chen Jian, 1994, p.147).

70 이완범, 「중국인민지원군의 한국전쟁 참전 결정과정」, 박두복 엮음, 『한국전쟁과 중국』, 백산서당, 2001, 215쪽; John W. Spanier, *The Truman-MacArthur Controversy and the Korean War*, New York: W.W. Norton, 1965.

71 김영호, 『한국전쟁의 기원과 전개과정』, 성신여자대학교출판부, 2006, 256-257, 263-266, 275쪽.

국에 보낸 경고에서 확인된다. 중국은 서울 수복 다음 날인 9월 29일 미8군 휘하의 미군과 한국군이 38선에 접근해 북진 태세를 취한 것으로 인식했다.[72] 9월 30일 총리 겸 외교부장 저우언라이는 공개 연설에서 "제국주의자들이 이웃 인민을 함부로 침략하는 사태"가 벌어진다면 중국은 "방관하지 않을 것"이라고 경고한다.[73]

10월 1일 김일성과 박헌영은 중국군의 파병을 정식 요청하는 서신을 마오쩌둥에게 보냈고, 마오쩌둥은 10월 3일 이 서신을 접한다.[74] 그날 저우언라이는 주중 인도대사 파니카르에게 중국의 경고를 미국에 전달하도록 요청한다. "미군은 38선을 넘어 전쟁을 확대하려 기도하고 있다. 미군이 정말 그렇게 한다면 우리는 좌시하지 않을 것"이라고 했다.[75] 중국 지도자들은 한반도에 대한 '유사시 개입의 기준'으로 '미군이 38선을 넘는 사태'를 일찍부터 상정하고 있었다. 아직 북한군이 남진(南進) 중이었던 7월 초에 저우언라이는 소련대사 로시친(General N.V. Roshchin)과의 대화에서 중국의 개입은 당시로서는 가능성이 크지 않아 보였던 미군의 38선 너머로의 북진 상황에서만 이루어질 것임을 명언하고 있었다.[76]

미군이 38선을 위협하는 가운데 북한과 스탈린의 지원 요청을 접한 중국 지도부는 10월 초에서 중순 사이에 심각한 고민과 논쟁을 겪는다.[77] 10월 3일 주베이징 소련대사 로시친이 스탈린에게 전달한 메시지에서 마오쩌둥은 "지금 당장 북한에 병력을 지원하기보다는 우

---

72 中國人民解放軍軍史 編寫組 編, 『中國人民解放軍軍史』第四卷, 北京: 軍事科學出版社, 2011, p.187.

73 Xia Liping, "The Korean War and Chinese-American Relations," Mark F. Wilkinson(ed.), *The Korean War at Fifty: International Perspectives*, Lexington: Virginia Military Institute, 2004, p.267.

74 中國人民解放軍軍史 編寫組, 2011, p.188.

75 『周恩來軍事文選』第4卷, 北京: 人民出版社, 1997, p.66; 中國人民解放軍軍史 編寫組, 2011, p.187.

76 Shen Zhihua, 2012, p.140.

리의 전력을 보강하는 데 힘을 집중시키는 것이 좋다"고 하면서, "북한이 일시적으로 패배하겠지만, 빨치산 투쟁 등으로 전쟁 형태를 변화시키면 될 것"이라는 소극적인 태도를 밝혔다.[78]

마오쩌둥은 10월 4일과 5일 중공중앙 정치국 확대회의를 소집해 북한이 요청한 출병문제를 논의한다. 이 회의에서 "중국과 조선은 '순치상의의 이웃'(脣齒相依的鄰邦)이다. 만일 미군이 조선 전체를 점령한다면 중국 동북지역은 불안해진다. 중국은 정상적인 경제건설을 할 수 없게 된다"는 점을 확인한다.[79] 중공중앙 정치국은 이 회의에서 항미원조(抗美援朝)와 보가위국(保家衛國)을 위한 중국인민지원군을 조성한다는 전략적 결정을 내린다. 이것은 10월 8일 마오쩌둥이 서명한 '중국인민지원군 조성 명령'으로 이어진다.[80] 『마오쩌둥군사문선』은 같은 10월 8일, 마오쩌둥이 김일성에게 "지원군을 파견해 한반도에서 당신들을 도와 침략자들을 반대할 결정을 내렸다"고 통지했음을 적고 있다.[81]

그러나 그 시점에서 중국 지도부의 파병 결정이 최종적이었는지에 대해서는 모순되는 증거로 여러 논의가 제기되어왔다. 이때도 중국 지도부는 실제 파병에 대한 최종 결정을 내린 것은 아니었다. 미군이 중국의 경고를 무시하고 결국 38선을 넘은 것을 중국이 파악한 날짜

---

77 이 시기 중국 지도부 안의 논쟁, 그리고 중국 지도부와 스탈린 사이에 특히 소련의 공군력 지원 문제를 두고 전개된 외교에 대해서는 다음 문헌들을 참조. 토르쿠노프, 2003, 199-212쪽; Shen Zhihua, 2012, pp.149-177; Allan R. Millett, *The War for Korea, 1950-1951: They Came from the North*, Lawrence: University Press of Kansas, 2010, pp.291-297.

78 소련군 참모본부 제2총국 제25199호 암호전보(1950년 10월 3일자), 폰드 45, 목록 1, 문서 334, 리스트 105-106(토르쿠노프, 2003, 202-204쪽).

79 中國人民解放軍軍史 編寫組, 2011, p.188.

80 中國人民解放軍軍史 編寫組, 2011, pp.188-189.

81 中共中央文獻硏究室, 中國人民解放軍軍事科學院 編, 『毛澤東軍事文選』第六卷, 北京: 軍事科學出版社·中央文獻出版社, 1993, p.111; 章百家, 「위기처리 시각에서 본 항미원조 출병결정」, 박두복 엮음, 『한국전쟁과 중국』, 177-193, 백산서당, 2001, 187쪽.

는 10월 7일이었다.[82] 그러나 중국이 촉구한 소련의 즉각적인 공군력 지원에 대해 스탈린이 여전히 부정적이어서 중국은 최종 결정을 내리지 못했다. 중국의 이 같은 태도를 접한 스탈린은 10월 8일 김일성에게 보낸 메시지에서 중국이 파병을 거절했다는 사실을 밝힌다.[83]

스탈린은 10월 12일에 김일성에게 보낸 긴급 전문에서도 "중국은 북한에 파병하는 문제를 다시 거절했다. 귀하는 북한에서 철수하고 인민군을 북쪽으로 이동시켜야 한다"고 말했다.[84] 스탈린이 10월 12일에 김일성에게 보낸 이 전문은 10일 오후부터 11일 새벽 5시까지 그가 흑해 연안의 빌라에서 저우언라이와 회담을 가짐으로써 직접 중국의 입장을 확인한 이후에 작성한 것이었다.[85]

그 회담에서 스탈린은 저우언라이의 강력한 요청에도 불구하고 당장의 직접적인 공군력 지원을 거절했다. 두 사람은 회담 결과를 담은 전문을 공동으로 중공중앙에 보낸다. 소련이 "대포·탱크·비행기" 등은 지원할 수 있지만, "소련 공군이 한국에서의 중국군 작전을 지원하려면 적어도 두 달 내지 두 달 반의 시간이 필요하다"는 내용이었다. 이것은 8개월 전 스탈린이 마오쩌둥과 체결한 동맹조약에 위배되는 것이었고, 이에 중국 지도부는 분노했다.[86] 마오쩌둥이 소련 대사관을 통해서 그 전문을 전달받은 것은 10월 12일 오후였다.[87] 이 전문을 받은 즉시 마오는 펑더화이와 가오강 등에게 10월 9일에 내린 지

---

82 中國人民解放軍軍史 編寫組, 2011, p.187.

83 시티코프에게 보내는 스탈린의 전보(1950년 10월 8일자), 폰드 45, 목록 1, 문서 334, 리스트 112-115 (토르쿠노프, 2003, 205-207쪽).

84 김일성에게 보내는 스탈린의 전보(1950년 10월 12일자), 폰드 45, 목록 1, 문서 334, 리스트 109 (토르쿠노프, 2003, 208쪽).

85 Chen Jian, 1994, pp.198-199.

86 Chen Jian, 1994, pp.198-200.

87 Wang Yazhi, "KangMei yuan Chao zhanzheng zhong de Peng Dehuai, Nie Rongzhen"(Peng Dehuai and Nie Rongzhen in the War to Resist America and Assist Korea), *Junshi shilin*(*Military Histories*), 1994, p.9; Shen Zhihua, 2012, p.170.

시, 즉 한반도 진입 예비명령을 실행하지 말라고 지시한다. 아울러 펑더화이와 가오강에게 베이징에 와서 다시 협의하도록 했다.[88]

이미 언급했듯이 스탈린은 10월 12일 북한 지도부의 중국으로의 탈출을 권고하는 전문을 보냈다. 그는 10월 13일에도 다시 김일성에게 전문을 보내, "우리의 저항은 전망이 없다고 생각한다. 중국 동지들은 개입을 거부하고 있다. 이런 상황에서 귀하는 소련이나 중국으로의 탈출을 준비해야 한다"고 말하고 있었다.[89]

저우언라이는 이때의 상황을 회고했다. 그가 스탈린에게 공군 지원을 요청했을 때, 스탈린은 동요하면서 "중국이 어려우면 파병하지 않아도 괜찮다"고 말했다. 스탈린은 이어서 "북조선을 잃어도 우리는 여전히 사회주의 국가이고 중국 역시 그대로 존재할 것"이라고 했다.[90] 마오쩌둥도 당시를 회고했다. "그때 중국이 결정을 하지 못하고 흔들리니까 스탈린도 맥이 빠져서 '됐다, 그만하자'라고 말했다"고 했다.[91] 이어서 스탈린이 북한 지휘부를 소련이 아닌 중국 동북지역으로 철수시킬 것을 제안하면서 제기한 논리는 소련에서보다 중국 동북지방에서 이들이 북한으로 다시 진입하기가 훨씬 쉽기 때문이라는 것이었다.[92]

---

88 Shen Zhihua, 2012, p.171.
89 김일성에게 보내는 스탈린의 전보(1950년 10월 13일자), 폰드 45, 목록 1, 문서 335, 리스트 2(토르쿠노프, 2003, 175쪽). 시티코프가 스탈린에게 회신한 전보에 따르면, "김일성은 현재로서는 곤란하지만 모스크바의 결정인 이상 준비에 착수하겠다고 대답했다." 소련군 참모본부 제8국 제600428/sh.호 암호문 (1950년 10월 14일자). 폰드 45, 목록 1, 문서 335, 리스트 3(토르쿠노프, 2003, 176쪽).
90 『周恩來傳』第3卷, 北京: 中央文獻出版社, 1998, p.1019; 김경일, 홍면기 옮김, 『중국의 한국전쟁 참전 기원: 한중관계의 역사적·지정학적 배경을 중심으로』, 논형, 2005, 404쪽.
91 逢先知·李捷, 『毛澤東與抗美援朝』, 中央文獻出版社, 2000, p.30; 김경일, 2005, 403쪽. 마오쩌둥의 이 발언은 첸지안의 연구에서도 인용되고 있다(Chen, 1994, p.199).
92 師哲, 『在歷史巨人身邊』, 中共中央黨校出版社, 1998, p.443; 김경일, 2005,

이러한 조건 속에 있던 10월 13일 마오는 마침내 중국인민지원군 사령관 펑더화이에게 압록강 도강을 최종 승인하는 결정을 내린다.[93] 첸지안에 따르면, 마오의 이 결정은 저우언라이와 스탈린이 공동으로 보낸 전문, 즉 향후 두 달 반 동안 소련의 공군력 지원이 불가능하다는 통보를 받은 후에 내려졌다.[94] 마오쩌둥은 곧 이 결정을 스탈린에게 통보한다. 베이징주재 소련대사 로시친은 같은 날 스탈린에게 그 사실을 보고했다.[95] 마오쩌둥의 결정을 저우언라이를 통해서도 전달받은 스탈린은 마오의 결정에 놀랐다. 다음 날 스탈린은 두 달 반 동안은 중국군에 직접 공군 지원을 할 수 없다고 몰로토프를 통해 저우언라이에게 재차 통보했다.[96] 스탈린은 중국의 파병 결정 소식을 즉시 김일성에게 전달하면서 이렇게 말했다. "…중국 동지들이 새로운 결정을 내린 이상, 어제 귀하에게 보낸 북한 철수 및 북한군의 탈출에 관한 사안은 일시 연기해야 한다."[97]

저우언라이는 1971년 12월 30일 베이징에서 '애국지사'들과 접견한 자리에서 다음과 같이 회고했다. "당시 내가 린뱌오 동지와 함께 소련에 가서 스탈린에게 공군을 지원해줄 수 있는지 물었다. 공군을 지원해주기만 하면 곧장 압록강으로 진격하겠다고 했다. 공군 없이는 불가능했기 때문이다. 스탈린의 답변은 공군이 아직 준비되지 않았다는 것이었다. 하지만 마오 주석은 공군 없이도 참전하기로 결정했다."[98]

404쪽.

93 Stueck, 2002, pp.89-90.

94 Chen Jian, 1994, p.200.

95 소련군 참모본부 제2총국 제25629호 암호전보(1950년 10월 13일자). 폰드 45, 목록 1, 문서 334, 리스트 111-112 (토르쿠노프, 2003, 208-209쪽).

96 Shen Zhihua, 2012, pp.172-173.

97 김일성에게 보내는 스탈린의 제75525 (4) 6759호 전보(1950년 10월 13일자). 폰드 45, 목록 1, 문서 347, 리스트 74-75 (토르쿠노프, 2003, 209-210쪽).

98 力平, 『周恩來一生』, 中央文獻出版社, 1991; 리핑, 허유영 옮김, 『저우언라이 평전』, 한얼미디어, 2004, 362쪽.

요컨대 중국의 한반도 파병 결정과 실행은 중국이 군사개입 조건으로 소련에 요청한 한반도 안에서의 공군력 지원 문제가 해결되지 않은 상태에서 이루어졌다.[99] 또한 스탈린이 그 문제에 대한 약속을 회피하면서 중국의 소극성을 이유로 김일성에게 북한을 포기하고 중국으로 탈출할 것을 권고하고 있던 바로 그 시점에 중국은 최종적으로 한반도 파병을 결정했다. 소련이 공군력을 포함한 충분한 군사적 지원을 약속하며 중국에 한반도 개입을 압박하는 상황에서 이루어진 것이 아니었다. 중국의 독자적인 판단과 결정이었다.

중국학자들의 대부분은 중국 공산당이 스탈린의 기획과 압박에 의해 한반도 파병에 내몰린 것으로 보는 경향이 강하다.[100] 한국전쟁을 주로 스탈린의 전쟁으로 규정하는 중국 학계의 일반적 풍토와 관련 있을 것이다. 중국의 파병 결정에서 스탈린의 역할은 물론 무시할 수 없는 것이었다. 그러나 김경일도 지적했듯이,[101] 파병 결정의 주도권을 스탈린에게 환원시키는 것은 부적절하다.

미국의 한국전쟁 개입에 이은 중국의 군사개입은 중국대륙과 미일연합 사이의 대분단 기축관계를 공고히 한다. 아울러 타이완해협과 한반도의 소분단체제를 고착시키며, 베트남의 분단을 예정한다.

첫째, 미일관계는 점령-피점령 관계에서 군사동맹관계로 더욱 발

---

[99] 소련의 실제 공군력 지원의 자세한 내용은 Igor Seidov, *Red Devils Over The Yalu: A Chronicle of Soviet Aerial Operations in the Korean War 1950-53*, Translated and edited by Stuart Britton, West Midlands, UK: Helion & Company, 2014.

[100] 김경일은 그런 예로 "스탈린이 중국을 반미투쟁의 제일선으로 내몰았다"고 하면서 "스탈린이 최종적인 주도권을 장악하고 있었다"고 주장한 장성발(張盛發)의 경우를 들었다(張盛發, 『斯大林與冷戰』, 中國社會科學出版社, 2000, pp.431-432; 김경일, 2005, 403-404쪽). 위웨이민(余偉民)도 전후 동아시아질서의 형성에서 소련과 스탈린의 주도적 역할을 강조한다(余偉民, 「斯大林的戰略布局與亞洲冷戰起源: 基于俄國解密檔案的研究」, 동북아역사재단 주최 동아시아 이론연구와 서술사업 국제학술회의 '냉전과 동아시아: 사상, 지식, 질서', 동북아역사재단 중회의실, 2015. 9. 11).

[101] 김경일, 2005, 403-404쪽.

전한다. 한국전쟁에서 일본은 이미 인천항 등에서의 기뢰 제거작업에 참여해 미국의 전쟁수행을 지원했고,[102] 군수물자 생산기지 역할을 했다. 일본과 미국은 1951년 9월 소련과 함께 중국을 배제하고 일본과 미국이 중심이 된 샌프란시스코 평화조약을 체결함과 동시에 미일안보조약을 성립시킨다. 이로써 동아시아 대분단 기축의 성립을 최종 봉인(封印)한다.[103]

둘째, 한반도 분단이 고착화됐다. 한국전쟁의 발발은 김일성이 무력으로 한반도의 분단질서를 타파하려는 시도였다. 미국의 개입은 무력에 의한 남한 주도의 한반도 통일 시도로 이어졌다. 중국의 개입이 없었다면 1945년 미소 분할점령으로 시작된 한반도 분단질서는 해체되었을 가능성이 높았다. 중국의 개입은 한반도의 분할을 원위치시켰다. 이로써 한반도의 소분단체제가 굳어졌다.

셋째, 한국전쟁이 발발하자 미국이 한반도에 대한 군사개입과 동시에 제7함대를 타이완해협으로 보내 장제스 정권을 보호하는 정책을 취한다. 그러나 한국전쟁에서 중국의 개입이 없었다면 타이완해협의 제7함대는 언제든 미중 타협에 의해 필리핀으로 돌아갈 가능성도 없지 않았다. 중국의 군사개입은 그러한 타협 가능성을 원천 봉쇄해버렸다. 이로써 타이완해협의 소분단 상황도 고착된다.

넷째, 한국전쟁 이전에는 베트남에 대한 프랑스의 식민주의 재건 시도에 미국은 간접적으로만 지원하고 있었다. 한국전쟁의 발발과

---

102 마에다 데츠오(前田哲男), 박재권 옮김, 『일본 군대 자위대』, 시사일어사, 1998, pp.73-76.

103 이가라시 다케시(五十嵐武士)에 따르면, 한국전쟁 이전 미국의 대일본 강화조약 논의에서는 오키나와를 제외한 일본 본토의 군사적 중립화와 중국 및 소련을 강화조약에 참여시키는 것이 검토 대상이 되는 방안의 하나였다. 한국전쟁 발발 후에는 일본 본토의 제한적 군비와 중국 및 소련을 강화조약에서 배제하는 쪽으로 미 국내적 합의가 성립한다(五十嵐武士, 『戰後日米關係の形成: 講和·安保と冷戰後の視點に立って』, 東京: 講談社學術文庫, 1995, pp.233-238, 249-257).

중국의 개입은 인도차이나에서 프랑스의 패퇴 시 미국이 적어도 베트남의 일부를 반공의 보루로 구축하는 정책을 취할 가능성을 한결 높여주었다. 이로써 실제 1954년에 구체화되는 베트남의 소분단체제 고착의 중요한 역사적 배경이 된다.

특히 이 네 번째 요소, 즉 한국전쟁에서 중국과 격돌하면서 미국이 인도차이나에 대한 개입 의지를 확고히 하게 된 것은 동아시아 대분단체제를 완성하는 것인 동시에 더 나아가 장차 동아시아의 또 다른 참혹한 전쟁이었던 베트남전쟁을 준비하는 고리가 된다. 한국전쟁 이후 미국의 동아시아 전략의 핵심은 일본의 경제적 재건과 재무장을 통해서 일본을 동아시아 반공의 보루로 만드는 것이었다. 일본의 경제적 재건을 위해서는 제국일본 시대 일본의 경제권을 일본 경제를 위한 원자재 공급과 일본상품의 시장으로 만들어내기 위한 동아시아의 경제적 지역통합을 추구할 필요가 있었다. 중국은 이미 공산화되어 제외되므로, 한국과 타이완, 인도차이나를 포함한 동남아시아가 일본을 중심으로 삼은 동아시아 경제통합의 대상이 되어야 했다. 미국은 그런 차원에서 적어도 인도차이나의 일부라도 미국의 영향권 안으로 포섭시켜 아시아대륙의 공산화를 저지하기 위한 동남아 방면의 보루를 확보하는 동시에 일본을 정점으로 하는 동아시아 경제권 형성을 지원할 필요가 있었다. 이것이 1954년 미국이 인도차이나에 본격적으로 개입하기 시작해 그로부터 10년 후에는 직접적인 군사개입을 감행함에 따라 시작되는 10년에 걸친 베트남전쟁의 기원이 되는 것이다.

4. 맺는말

이 논문은 전후 동아시아질서의 고유성에 주목한 '동아시아 대분단체제' 개념을 출발점으로 삼았다. 그런 만큼 이 개념에서 전후 동아시아질서를 하나의 체제로 성립시키는 구성단위들의 개념과 그

단위들 사이의 상호작용 관계, 그리고 냉전기 안에서의 일정한 변화와 탈냉전에도 불구하고 지속되는 연속성을 보다 정돈된 용어로 정리하고자 했다. 본론에서는 이 질서의 형성과정을 네 국면의 역사적 계기들로 파악하고, 각 계기에서 중국의 역할, 그리고 미중관계가 담당한 질서 구성적 역할을 논했다.

1) 동아시아 대분단체제의 첫 국면인 1946년 봄에서 1949년 중엽까지의 내전에서 주목할 점은 다음과 같다. 첫째, 중국 내전과 그 결과는 전후 동아시아질서의 한 축인 중국대륙의 정치적·지정학적 정체성을 전환시킨다. 중국대륙과 미일 해양동맹이 적대적 대립관계를 구성하는 기본 조건이었다. 둘째, 내전에서 공산당의 승리는 미소 간 역학관계가 아닌 중국 사회 내부의 선택으로 결정되었다. 셋째, 1946년 봄 중국 내전이 본격화된 것 또한 외세에 의해서가 아니라 중국의 정치세력 내부의 선택과 결정에 의해서였다. 미국은 장제스에게 공산당과 협상을 권했지만 그는 내전의 전면화를 선택했다. 넷째, 중국 내전이 국민당과 공산당 사이의 타협이나 절충으로 끝나지 않고 일방에 의한 중국대륙의 통일로 나아간 것 역시 외세의 작용이 아니라 중국 정치세력 내부의 결정이었다. 1949년 초 마오쩌둥은 스탈린의 국공협상 권고를 물리치고 대륙 통일을 선택했다. 적어도 이때 이후 중국 공산당은 소련과의 이데올로기적 동맹에도 불구하고 명백히 독자적인 전략적·지정학적 행위자였다.

2) 제2국면은 1949년 10월 신중국 성립을 전후해 공산당 지도부가 미국과의 외교수립을 모색한 시기다. 이 무렵 신중국과 미국이 평화공존의 관계를 구성할 역사적 가능성이 열려 있었다는 코언-터커 명제의 유효성을 밝히기 위해 세 가지를 논의했다. 첫째, 코언-터커 명제가 성립하기 위해서는 1949년 중국 공산당이 소련에 대해 외교적 자주성을 갖고 있었음이 확인되어야 한다. 그러한 자주성은 마오쩌둥이 중소구약 폐기를 단호히 관철한 데에서 입증된다. 둘째, 1990년대에 부상한 '신냉전사' 연구자들은 중국 공산당 지도부

의 이념적 성격을 주목하여, 중국이 미국과의 외교관계 수립을 진지하게 모색했을 가능성을 부정한다. 이런 관점은 중국 공산당의 이데올로기적 정체성이 그들의 대외정책을 결정했다는 본질주의 논리에 의존한다. 그러나 중국의 이념이 아니라 실제 행태를 주목할 때, 코언-터커 명제는 열려 있던 가능성에 대한 여전히 유효한 질문이다. 셋째, 1949년 하반기에 열려 있던 일정한 미중 간 평화공존의 외교관계 수립 가능성은 미국의 대중국 승인 거부 공식화, 그리고 뒤이은 마오쩌둥의 소련 방문과 새로운 중소조약 타결에 의해서 최종 폐쇄된다. 그러한 미국의 선택 배경에 대해서는 다양한 해석이 가능하다.

3) 제3국면은 신중국에 대한 미국의 외교관계 거부가 확정되고 중소우호동맹이 공식화된 1950년 1월 말 이후 김일성·스탈린·마오쩌둥 사이에 한반도 전쟁 모의가 진행되는 시기다. 한국전쟁의 기획자는 김일성이었고 최종 승인자는 스탈린이었다. 그러나 스탈린의 최종 승인을 가능케 한 결정적 조건은 내전에서 공산당이 승리하며 성립한 신중국이 유사시 한반도에 대한 군사개입을 약속한 것이었다. 스탈린은 유사시 미국의 개입 가능성을 깊이 유념했으며, 이에 대비해 중국의 유사시 한반도 개입 약속을 확보하기 위해 주도면밀하게 노력했다. 요컨대 한국전쟁의 기획과 실행에서 만주를 포함한 중국 대륙 전체를 장악한 신중국의 존재 자체, 그리고 이념적 동기에서든 전략적 동기에서든, 적극적이었든 소극적이었든, 신중국의 유사시 한반도 개입 약속은 불가결한 요소였다.

4) 제4국면은 한국전쟁 발발 후 미국에 이어 중국이 개입하면서 전후 동아시아질서의 기본 구조가 완성되는 시기다. 중국의 개입 결정에서도 중국 지도부 자신의 독자적인 판단과 선택이 중요했다. 첫째, 미국이 거듭된 경고를 무시하고 38선을 넘어 깊숙이 북진을 강행한 것이 중국 지도부의 파병 결정을 촉진한다. 그러나 그 결정이 자동적이고 즉각적인 것은 아니었으며, 스탈린의 일방적 압력에 의해 취해진 수동적인 것도 아니었다. 둘째, 1950년 10월 13일 마오쩌둥

이 최종적 파병 결정을 내리고 이를 스탈린에게 통보하기 전까지 스탈린은 중국군의 한반도 작전을 위한 즉각적인 공군력 지원을 약속하지 않았다. 그 때문에 중국은 한동안 소극적 태도를 보였고, 이에 따라 스탈린은 북한군의 만주로의 철수를 권고한다. 이런 상황에서 중국의 최종적인 한반도 개입 결정이 내려진다. 그만큼 이 결정은 중국 자신의 독자적인 판단과 선택을 담았다. 셋째, 상당수 중국계 학자들은 중국의 개입 결정이 소련의 압력과 주도에 의해 수동적으로 이루어진 측면을 강조한다. 이는 한반도에서 미중 간의 파국적인 격돌의 원인을 거의 전적으로 스탈린에게 돌리는 중국 학계의 경향과 무관하지 않다.

이상의 네 국면들 가운데 두 번째 국면, 즉 신중국과 미일연합 사이에 평화적 공존의 기회가 최종적으로 폐쇄된 1949년 말에서 1950년 1월의 시점에 이르는 시기에 '동아시아 대분단의 원형'이 성립한다. 이 원형의 형성은 한반도의 소분단 상태에서 한국전쟁이 기획되고 발발하게 되는 기본 조건이 된다. 그렇게 발생한 한국전쟁은 미국과 중국의 개입을 수반하면서 한반도와 타이완해협, 그리고 인도차이나의 베트남에 소분단체제를 고착시킨다. 이로써 동아시아 대분단체제가 완성된다. 이 체제는 불행하게도 21세기 오늘에 이르기까지 동아시아의 전쟁과 평화의 문제에 구조적인 조건으로 작용하고 있다고 생각된다.

(2016)

제10장

제국 개념의 동아시아적 기원 재고
황국과 천조, 그리고 가외천황과 제국[1]

1. 문제의 제기

'제국'(帝國) 개념은 19세기 중엽 이래 일본 국가권력의 자기 정체성을 표상하는 대표적 개념으로 채택된다. 이후 1945년 '제국일본'이 붕괴하기까지 약 1세기에 걸쳐서 그 개념은 일본이 추구하는 동아시아 국제질서와 그 안에서 일본의 위상을 표상하는 중대한 정치적 개념으로 적극 활용되었다. 일본에게 제국은 처음에는 서양 제국들(empires)의 압박 속에서 독립과 자주를 표상하는 국가 정체성 개념으로 주로 쓰였다. 청일전쟁을 전후한 시기로부터 일본에게 '제국'은 서양의 엠파이어 개념이 처음부터 담고 있던 '팽창적 내포(內包)'를 강하게 띠게 된다. 전통시대 '중국 중심적인 동아시아 세계의 질서'(Chinese world order)에서 '천하'(天下)가 핵심적인 질서 표상

---

1 이 글은 2014년 12월 『국제정치논총』 제54집 제4호, 37-74쪽에 동일한 제목으로 실린 논문으로, 원문 그대로 전재한다. 다만 논문 집필의 계기를 밝히기 위해 각주 7번과 48번을 추가했다. 이 논문은 2014년 한림대학교 한림과학원 국제학술대회 "아시아 '제국'의 개념사," 한림대학교 국제회의실, 2014. 6.13에서 필자가 행한 주제강연 「'제국': 개념의 동아시아적 기원과 그 역사적 기능」의 일부 내용임을 밝힌다. 이 논문은 또한 2015년 영문으로 번역되어 다음 학술지에 실렸다. Samsung Lee, "Revisiting the East Asian Origin of the Concept 'Empire': The Imperial Country and the Heavenly Court, the Awesome Heavenly Emperor and the Empire," *Concepts and Contexts in East Asia* (Hallym Academy of Sciences), vol.4 (December 2015), pp.5-42.

의 개념적 기능을 담당했다면, 19세기 말 이래의 근대 동아시아질서에서 일본은 이 질서를 일본 중심의 지역질서로 전환시키기 위해 노력하는데, 이 과정에서 '제국'은 천하를 대신하는 일본 중심의 질서 표상 개념으로 극대 활용되는 것이다.[2]

한국은 일본 '제국'에 자극받아, 일본을 포함한 주변 열강들의 틈바구니에서 스스로의 독립과 자주를 표상하기 위해 제국 개념을 자기화하려 노력한다. '대한제국'의 탄생은 그 결과였다. 일본제국의 팽창과 함께 한국이 일본의 식민지로 되는 과정은 한국에서 제국 개념이 해체되고 그것이 일본에서 비롯된 '하나의 큰 제국'의 담론에 흡수되는 과정이기도 했다.[3] 동아시아뿐 아니라 세계의 사회들이 제국 혹은 식민지로 양분된 이른바 '제국의 시대'에 제국 개념은 질서의 중심을 가리킴과 동시에 문명과 동일시되는 도덕적 권위를 누렸다.[4] 그러나 제국의 시대가 종언을 고하며 시작된 냉전의 시대에서 제국은 문명이 아닌 야만의 질서에 대한 표상으로 전락했다. 적대적인 상대 진영 내부의 국제관계를 제국주의적 지배와 야만의 질서로 타기(唾棄)하는 개념으로 동원된 점에서, '제국'은 냉전의 도구였다.

그러나 냉전 후반기에 접어든 1960년대 말에서 1970년대 초 베트남전쟁이 촉발한 반전운동과 그에 대한 보수적 반동 속에서 제국 개념의 반전(反轉)이 준비된다. 미국 지식인 사회의 일각에서 어빙 크리스톨(Irving Kristol)이 이끈 신보수주의는 미국의 '제국적 역할'에 대한 도덕적 옹호를 시도한다. '제국'은 야만적 폭력과 착취적 지배의 대명사로서가 아니라, 혼란하고 위험한 혁명의 시대에 절실한 질서의 중심이자 세계적 책임의 주체로 사유되기 시작한 것이다. 그렇

---

2 이삼성, 「'제국' 개념과 19세기 근대 일본: 근대 일본에서 '제국' 개념의 정립 과정과 그 기능」, 『국제정치논총』 제51집 제1호(2011년 봄).

3 이삼성, 「근대 한국과 '제국' 개념: 개념의 역수입, 활용, 그리고 포섭과 저항」, 『정치사상연구』 제17집 제1호(2011년 봄).

4 이삼성, 「제국과 식민지에서의 '제국': 20세기 전반기 일본과 한국에서 '제국'의 개념적 기능과 인식」, 『국제정치논총』 제52집 제4호(2012년 겨울).

게 시작된 제국 개념의 '도덕적 복권'은 1980년대 존 루이스 개디스 (John Lewis Gaddis)의 본질주의 외교사학이 전면에 내세운 '초대받은 제국'(empire as invitation) 개념을 통해 학문적 세례를 받는다.[5]

공산권의 붕괴와 함께 본격화된 세계화는 곧 '미 제국'의 전 지구적 지배력 확장과 '민주적 자본주의'의 역사적 승리를 확정해주는 것처럼 보였다. 이와 함께 제국 개념의 도덕적 복권도 완성된다. 이제 '제국'은 20세기 전반기 제국의 시대에 그것이 누렸던 개념적 권위를 되찾고, 질서와 문명의 주도적 위치에 있는 사회들에게 주어지는 명예로운 표상이 되었다. 그 후 미국에서는 미국의 '제국적' 지위의 유지를 둘러싸고, 일본에서는 과거의 동아시아질서에 대한 '객관적'인 회고라는 형태로, 그리고 중국에서는 중국 중심의 새로운 질서를 개념화하는 과정에서, '제국' 개념은 어디에서나 광범하게 유통되고 있다.

복권된 제국 개념을 바탕에 깔고 있는 이들 제국 담론은 인류의 역사 현실 속에서 가능한 세계질서의 최선 혹은 차선은 무엇인지를 두고 다양한 차원에서 벌어지는 세계인들의 정치적·학술적 담론에 지대한 영향을 미친다. 국제질서와 그 안에서 우리의 위치에 대한 우리 자신의 학문적·정치적·사회적 상상력을 규정하고 규제하는 힘도 갖게 된다. 그럴수록 세계질서의 역동성의 한가운데에 자리 잡고 있는 동아시아에서 '제국'이라는 정치적 중대 개념의 기원과 그 역사에 대한 정확한 개념사적 이해는 매우 중요하다. 적어도 두 가지 점에서 그러하다. 첫째, 모든 정치적 중대 개념의 객관적 이해는 그 개념의 탄생에 대한 이해로부터 출발한다. 둘째, 개념의 의미와 그 내포는 시공간적 맥락에 크게 영향을 받는다. 그 개념사적 굴곡에 대한 이해의 시작점 또한 그 개념이 어떤 시대·사회·조건 속에서 중요한 정치

---

5 이삼성, 「미국 외교사학과 '제국' 담론의 전복: 신보수주의와 존 L. 개디스의 본질주의 외교사학」, 『국제정치논총』 제46집 제4호(2006년 겨울).

적 개념으로 탄생했는지에 대한 이해에서 출발하지 않으면 안 된다. 제국 개념도 예외일 수 없을 것이다.

제국 개념의 동아시아적 기원에 관한 기존 연구의 결론은 다음 두 가지로 집약할 수 있다. 첫째, 전통시대 동아시아에서 '제국' 개념이 존재한 것은 한국에 국한되며, 중국과 일본은 '천하'(天下)와 함께 '황국'(皇國)이 그 개념을 대신했다. 둘째, 한국인이 채용한 '제국' 개념의 시원은 고대 일본의 공식 역사서인 『일본서기』에 등장하는 백제 성왕의 대일본 표문에서 찾을 수 있다.[6]

그 같은 결론은 다음 두 가지 점에서 중대하게 수정될 필요가 있다. 첫째, 전통시대 중국과 일본에서 '제국'의 개념을 대신한 가장 중요한 개념은 '황국'이 아니라, '천조'(天朝)다. 일본에서는 근세에 이르러 '황국'을 대거 채용하지만, 중국은 전통시대 내내 끝까지 '황국'이라는 개념을 잘 쓰지 않았다. 둘째, 『일본서기』에 '제국' 개념이 등장하는 6세기 중엽은 일본이 칭제(稱帝)하지 않았던 시기다. 그 표문에 백제가 일본을 가리켜 사용한 것으로 나타나는 '제국'이 '황제의 나라'라는 뜻으로 성립하기 위해서는 일본이 칭제를 했어야 한다.

이 두 가지 문제를 밝히기 위해서 이 글은 다음의 질문들을 제기하고 답을 찾는다. 첫째, 전통시대 중국에서 '제국'과 마찬가지로 '황국' 역시 중국의 전통 문헌에 거의 등장하지 않음을 밝힌다. 둘째, 제국이나 황국 대신 '천조' 혹은 '황조'와 같은 개념들이 '천하'와 함께 어울리며 '제국' 개념을 대신했다는 점을 밝힌다.[7] 셋째, 중국에서

---

6 이삼성, 「'제국' 개념의 고대적 기원: 한자어 '제국'의 서양적 기원과 동양적 기원, 그리고 『일본서기』」, 『한국정치학회보』 제45집 1호(2011); 이삼성, 『제국』, 소화, 2014.

7 필자는 2014년 초에 출간한 『제국』에서 전통시대 중국의 자기표상 개념체계에서 '천조'가 가진 의의를 이미 지적했었다(이삼성, 2014, 146, 179, 193쪽). 그러나 '황국'보다 '천조' 개념의 중심성을 재검토하여 그것을 이 글에 반영하게 된 데에는, 2014년 4월 한양대 강진아 교수, 서강대 전인갑 교수, 그리고 연세대 백영서 교수 등 세 분이 마련해준 필자의 저서에 대한 서평모임이 중요한

'제'와 '황'이 '국'이라는 개념과 왜 결합하지 않았는지에 대한 개념사적 해석을 제시한다. 넷째, 6세기 중엽 일본이 칭제를 하지 않은 상태에서 백제인들이 일본의 지배자를 '가외천황'(可畏天皇)으로 부른 『일본서기』의 기록을 주목한다. 그 개념이 백제 성왕의 대일본 표문에 등장하는 제국의 개념과 갖는 논리적 연관성을 주목한다. 다섯째, 『일본서기』에 보이는 가외천황 개념이 6세기 중엽과 비교적 가까운 시기인 7세기 초 일본의 대중국 외교에서 나타나는 '천황' 개념과 가질 수 있는 개념사적 연관성을 일본 학계의 논의와 연관해 살펴본다. 여섯째, 『일본서기』의 '가외천황'의 개념사적 의의를 역사해석의 선택이라는 문제에 비추어 짚어본다. 일곱째, 백제는 왜 '제국'과 함께 '천황'의 개념을 일본에 적용했는지에 대해, 그리고 일본은 이에 어떻게 반응했는지를 살펴본다.[8]

2. 전통시대 중국의 '제국': 왕통과 『태평어람』의 '제국'

제국 개념의 서양적 어원은 기원전 로마가 만들어낸 '임페리움'(imperium)이라는 단어에 있다. 임페리움에서 훗날 영어의 엠파이어(empire), 불어의 앙피르(empir) 등이 비롯되었다. 임페리움과 깊은 개념적 연관을 갖고 있던 임페라토르(imperator, 皇帝)는 그 체현자였던 아우구스투스 옥타비아누스의 가문 이름인 카이사르와 동일시되었다. 임페라토르와 동의어가 된 카이사르는 독일에서는 국

계기였다(이삼성, 「개념사로 본 제국」, 서강대 정하성관 610호, 2014.4.11). 세 분 선생님께 이 자리를 빌려 감사드린다.

8   이 논문이 시도한 보완 작업은 몇 분 선생님들이 관련 문헌들의 확보에 도움을 주심으로써 가능했다. 왕통(王通) 관련 자료, 그리고 『태평어람』과 『신서』 관련 문헌 파악은 최재영 교수(한림대 사학과)께서 도와주셨다. 천하 개념과 관련해 이 글에서 언급한 아베 다케오(安部健夫)와 야마다 무네(山田 統)의 문헌은 박충석(朴忠錫) 교수님께서 2011년 봄에 제공해주신 것이다. 두 분께 깊은 감사를 드린다.

가(staat)보다 더 큰 영역을 가리키는 라이히(reich)와 결합해 카이저라이히(Kaiserreich)가 된다. 임페리움과 같은 의미를 갖게 된 것이다. 네덜란드에서도 카이사르는 레이크와 결합해 케이젤레이크(keizerrijk)로 되어 역시 임페리움의 의미를 갖게 된다.

근세 말인 18세기 말 일본의 난학자(蘭學者)들은 네덜란드어 케이젤레이크를 한자어 '제국'으로 번역한다. 그래서 오늘날 일본 학계는 동양에서 제국 개념의 기원은 서양에 있으며, 따라서 제국은 '일본발 역어'(日本發譯語)라고 말한다. 근대 일본에서 일본발 역어로서의 '제국'은 네덜란드어 케이젤레이크뿐 아니라 영어의 엠파이어와 동의어로 간주된다.[9] 이로써, 이 개념의 서양적 기원은 고대 로마의 임페리움에 있는 것으로 통하게 된 것이다.

그렇다면 한자 문명의 요람이었던 중국의 방대한 전통 문헌에는 '제국' 개념이 일체 없었다는 말이 된다. 요시무라 다다스케(吉村忠典)에 따르면, 근대 이전의 디지털화된 중국 문헌과 타이완의 중앙연구원이 구축한 데이터베이스를 검색했을 때 독립된 단어로서 '帝國'이 등장하는 경우는 『청사고』(淸史稿)의 12,829쪽에 나오는 단 한 차례뿐임을 지적한 바 있다.[10] 요시무라는 『청사고 열전』이 장쉰(張勳, 1854-1923)의 일대기를 기록한 내용에 등장하는 "大淸帝國君主立憲政體"라는 구절을 가리킨 것으로 보인다.[11] 이 구절은 1911년의 신해혁명과 공화정 수립 이후 장쉰이 복벽파(復辟派)의 거두로서 활동한 내용의 일부이므로, 청나라 멸망 이후인 1910년대 중후반에 속한 기록이다.

9　吉村忠典, 『古代ローマ帝國の硏究』, 東京: 岩波書店, 2003, pp.42-43; 杉山正明(스기야마 마사아키), 「帝國史の脈絡」, 山本有造 編, 『帝國の硏究』, 名古屋: 名古屋大學出版會, 2003, pp.38-39; 이삼성, 2011b, 66-68쪽.

10　吉村忠典, 2003, p.70.

11　『淸史稿 列傳』 凡三百十六卷 卷四百七十三 列傳 二百六十 張勳 편 段 21519, p.12829. 「漢籍電子文獻資料庫」[中央硏究院 歷史語言硏究所]; http://hanchi.ihp.sinica.edu.tw).

요시무라를 비롯한 일본 학자들이 인지하고 있는 전통시대 중국에서의 '제국' 용례는 단 하나다. 수나라 때 왕통(王通, 580~617)이라는 학자가 한 차례 언급한 '제국'이라는 용어로서, 일본의 『대한화사전』(大漢和辭典)이 인용한 것이다. 그러나 요시무라는 "왕통의 원문은 오늘날의 의미와 다른 것이었다"라는 한마디로 일축함으로써 그 개념사적 의의를 부정했다.[12]

왕통은 '수말(隋末)의 대유(大儒)'로 일컬어지는데,[13] 요시무라가 언급한 '제국'의 용례는 그의 사후 제자들이 기록한 언행록인 『문중자중설』(文中子中說)에 있다.[14] 문제의 내용은 "强國戰兵, 霸國戰智, 王國戰義, 帝國戰德, 皇國戰無爲. 天子而戰兵, 則王霸之道不行矣, 又焉取帝名乎?"라는 구절이다.[15] "강국은 군대로 싸우고, 패국은 지략으로 싸우고, 왕국은 의로써 싸우고, 제국은 덕으로 싸우고, 황국은 무위로 싸운다. 천자가 군대로 싸우면 왕도조차도 행하지 않는 것이다. 그럼 어찌 '제'의 칭호를 취할 수 있겠는가" 정도의 뜻이다.

요시무라가 이 제국 용례를 '오늘날의 제국'과 다른 의미라고 이해한 것은 무슨 뜻일까. 왕통은 분명 '제국'이라는 용어를 사용했지

---

12 吉村忠典, 2003, p.70.

13 김선민(金羨珉), 「貞觀政治의 전개와 『文中子·中說』의 僞作 배경」, 『魏晉隋唐史研究』 제6집, 2000, 69쪽.

14 김선민에 따르면, 이 문헌은 "내용상 의문스런 곳이 많아 宋代 이후 지금까지 그 眞僞를 둘러싸고 끊임없는 의혹이 제기되어왔다." 김선민은 이 문헌의 진위를 둘러싼 고증과 논란의 역사에 관련한 참고문헌으로, 汪吟龍, 『文中子考信錄』(臺灣商務印書館, 1973), 尹協理·魏明, 『王通論』(中國社會科學出版社, 1984), 楊永安, 『王通研究』(香港大學中文系, 1992) 등을 소개한다. 또한 그에 따르면, 왕통은 "당대(唐代) 후반기, 특히 송대(宋代) 이후 성리학자들"에게 큰 영향을 미쳤다(김선민, 2000, 70쪽). 그렇다면 6세기 중엽의 백제인들에게는 말할 것도 없지만, 8세기 초 『일본서기』 편찬 시의 일본 사관들에게도 왕통의 제국 개념이 사상적 영향을 미쳤을 가능성은 희박하다.

15 양승덕은 이 문장을 "강국은 전병에 의지하고, 패국은 지략에 의지하며, 왕국은 의에 의지하고, 제국은 덕에 의지하며, 황국은 무위에 의지한다"고 해석했다(양승덕, 「隋代經學의 통일과 王通의 신유학」, 『중국어문학논집』 제43호, 2007, 567쪽).

만, '제국'과 '황국'을 구분해 도덕적 위계에 차이를 두었다는 점에
이 용례의 특징이 있다. 따라서 '지배자가 황제인 나라', 즉 '황제의
나라'를 의미하는 것으로서의 '제국'과는 뜻이 다르게 된다. 좀더 깊
은 철학적 의미를 담은 용법이다. 용어는 '제국'이지만, 칭제한 나라
일반을 표상하는 개념이라 할 수는 없게 된다. 칭제한 국가의 지배자
가 스스로를 가리켜 사용한 정치적 개념이 아니었고, 칭제한 나라에
대한 존대어로 사용된 외교적 개념도 아니었던 것이다.

　중국의 전통시대 역사 문헌에서 '제국' 용어가 정치외교적인 개념
으로 사용된 흔적이 일체 존재하지 않는다는 사실은 특기할 점이다.
결국 중국에서는 '제국'이 칭제한 나라의 질서표상 내지 자기표상의
정치적 개념으로서 존재하거나 유통된 흔적이 없다. 그러므로 요시
무라의 결론에 대체로 동의하지 않을 수 없다.

　한편 송나라 문헌인 『태평어람』(太平御覽)에 "漢, 帝國也"라는 문
구가 나온다.[16] 『태평어람』은 기존 문헌들을 발췌 요약한 책이다. '제
국'이 포함된 이 문구는 전한(前漢) 초기의 정치가인 가의(賈誼)가
저술한 『신서』(新書)를 인용한 문장 안에 들어 있다. 『태평어람』이 인
용한 문구의 '제국'은 분명 '황제의 나라'를 뜻하는 것으로 해석될 수
있다. 그런데 이 인용문의 원출처인 『신서』의 해당 원문은 "漢帝中國
也"이다.[17] 이것은 "한나라가 천하의 중심이 되었으니"로 번역된다.[18]

16　『太平御覽』第7卷, 石家莊: 河南敎育出版社, 2000. 해당 문구는 卷 800 「四
夷部 北狄 2」에 있다.

17　『新書校注』, 北京: 中華書局, 2000.

18　가의, 박미라 옮김, 『신서』, 소명출판, 2007, 181쪽. 이 구절이 포함된 『신
서』의 내용에 대한 번역은 다음과 같았다. "… 나라 일을 도모해 황제에게 건의
하는 사람들은 '흉노는 한 황실에 대해 불경하고 언사가 불순하며, 인구가 많
은 것을 믿고 때때로 도둑질하며, 변경을 어지럽히고 나라 안을 소란케 하며,
자주 불의를 행해 우리에게 교활한 짓을 해대니 이를 어떻게 하면 좋습니까?'
라고 말합니다. 이에 대답하겠습니다. '신이 듣기에 강대한 나라는 지모로 싸
우고, 왕도를 행하는 사람은 도의로 싸우며, 제왕은 은덕으로 싸운다 했습니다.
그러므로 탕 임금이 삼면의 그물을 거두고 축원하며 (새와 짐승에게까지 은혜

그렇다면 『태평어람』을 근거로 중국의 전통문헌에 '황제의 나라'를 뜻하는 '제국'의 개념이 명확히 존재했다고 말하기는 어렵게 된다.

이외에도 『한서』(漢書)의 「장건이광리전」(張騫李廣利傳)에 '帝國'이 등장한다는 지적이 종종 제기된 바 있다. 타이완 중앙연구원이 구축한 디지털 자료인 「한적전자문헌자료고」(漢籍電子文獻資料庫)를 2013년 초에 검색했을 때는 실제 '帝國'이 등장하는 구절이 있었다. 그러나 그것은 원문에 있는 '방국'(旁國)의 오타였던 것으로 확인된 바 있다.[19]

3. 전통시대 중국과 고대 일본에서 '황국' 개념의 부재와 '천조' 개념의 보편성

중국의 지배자는 자신의 통치영역을 가리키는 매력적인 개념을

를 베풀자) 한수 이남지역이 항복했고, 순임금이 간우를 잡고 춤을 추자 남쪽 오랑캐가 복종했습니다. **지금은 한나라가 천하의 중심이 되었으니**(漢帝中國也), 모름지기 후한 덕으로 사방의 오랑캐를 품어서 복종케 할 것이며, 널리 먼 지역까지 밝은 의를 드러내어 보인다면 배나 수레가 닿는 곳이나 사람의 힘이 미치는 곳이면 누구나 다 (폐하가) 기르는 백성이 될 것이니, 누가 감히 함부로 황제의 뜻을 받들지 않겠습니까?'"

19 2013년 봄의 시점에서 국내의 한 연구자는 「漢籍電子文獻資料庫」의 「漢書」 卷61 「張騫李廣利傳」 第31 「李廣利」편(pp.2703-2704)에서 다음과 같이 '帝國'을 검색했다. "天子爲萬里而伐, 不錄其過, 乃下詔曰:「匈奴爲害久矣, 今雖徙幕北, 與**帝國**謀共要絶大月氏使, 遮殺中郎將江, 故雁門守攘. 危須以西及大宛皆合約殺期門車令, [三]服虔曰:「危須, 國名也.」文穎曰:「漢使期門郎也, 車令, 姓名也.」中郎將朝及身毒國使, 隔東西道. 貳師將軍廣利征討厥罪, 伐勝大宛. 賴天之靈, 從泝河山, 涉流沙, 通西海, 山雪不積…" 필자는 그 연구자에게 원문 확인을 요청했었다. 이에 그 연구자는 중화서국본 「漢書」(p.2703)의 해당 구절을 검토했는데, 디지털 자료의 '帝國'은 '旁國'의 오타였다고 필자에게 알려주었다. 그 연구자는 2013년 당시 위의 디지털 자료의 오류 정정을 신청했다. 2014년 11월 현재 「漢籍電子文獻資料庫」의 해당 문헌에서 '帝國'은 더 이상 발견되지 않는다. 타이완 중앙연구원이 그 부분을 오타로 인정하고 수정했기 때문이라고 판단된다. 여기서 언급한 국내 연구자는 본인의 정중한 사양으로 이름을 밝힐 수 없으나, 그분께 깊이 감사드린다.

이미 갖고 있었다. 우선 '천하'가 그것이다. 특히 칭제한 지배자들은 스스로 천하의 주인을 자처했다. 중국 황제는 중국의 지배자일 뿐 아니라 그 주변 사회들까지 포괄하는 천하의 주인이어야 했다.

중국 황제를 포함해 칭제한 지배자들은 또한 스스로를 주로 '천조'로 자기표상했다.[20] 송(宋) 대에는 스스로 '중조'(中朝)라 하기도

---

20 중국의 통일왕조 혹은 대국을 건설한 북방민족이 '천조'를 자기 중심의 질서표상과 자기표상의 개념으로 활용했음을 보여주는 사례는 중국과 한국의 역사문헌에 대단히 많다. 『隋書』凡三十卷 卷二十六 志第二十一 百官上 梁 편에 다음과 같은 기록이 있다. "諸王言曰令, 境內稱之曰殿下. 公侯封郡縣者, 言曰教, 境內稱之曰第下. 自稱皆曰 寡人. 相以下, 公文上事, 皆詣典書. 世子主國, 其文書表疏, 儀式如臣, 而不稱臣. 文書下羣官, 皆言告. 諸王公侯國官, 皆稱臣. 上於**天朝**, 皆稱陪臣…" 臺灣 中央研究院「漢籍電子文獻資料庫」(瀚典全文檢索系統 2.0 版, http://hanchi.ihp.sinica.edu.tw).

『晉書/列傳』凡七十卷 / 卷四十三 列傳 第十三 / 山濤 子簡 簡子遐 / 段 3623엔 다음과 같은 구절이 있다. "後拜司徒, 濤復固讓. 詔曰:「君年耆德茂, 朝之碩老, 是以授君台輔之位. 而遠崇克 讓, 至于反覆, 良用於邑. 君當終始朝政, 翼輔朕躬.」濤又表曰:「臣事**天朝**三十餘年, 卒無 毫釐以崇大化. 陛下私臣無已, 猥授三司. 臣聞德薄位高, 力少任重, 上有折足之凶, 下有廟門之咎…"(http://hanchi.ihp.sinica.edu.tw; 2014년 4월 검색).

『北史 列傳』凡八十八卷 卷六十三 列傳 第五十一 蘇綽 子威 威子夔 綽弟椿 綽從兄亮 亮弟湛 讓 편에 다음과 같은 내용이 있다. "周文方欲革易時政, 務弘强國富人之道, 故綽得盡其智能, 贊成其事. 減官員, 置二 長, 并置屯田以資軍國. 又爲六條詔書, 奏施行之其一, 先修心, 曰: 凡今之方伯守令, 皆受命**天朝**, 出臨下國, 論其尊貴, 亚古之諸侯也. 是以前代帝王, 每稱共理天下者唯良宰守耳. 明知百僚卿尹雖各有所司, 然其理人之本, 莫若守宰之最重也…"(http://hanchi.ihp.sinica.edu.tw).

한편『고려사』(卷三 世家 卷第三, 成宗 4年[985년] 5월 [날짜 미상])에는 송(宋)에서 고려 국왕에게 관작을 더해주며 내린 조서가 기록되어 있다. 그 내용이 다음과 같았다. "…宋遣太常卿 王著, 秘書監 呂文仲, 來加冊王, 詔曰 '朕居域中之大, 以**天下**爲家, **萬國**來庭, 適協觀賓之象. 三韓舊地, 素爲禮讓之邦, 玉靈交卜於剛辰, 金印宜加於寵命. 用旌世德, 光我朝恩. 大順軍使光祿大夫檢校太保使持節玄菟州都督上柱國高麗國王, 食邑二千戶王治…(중략)…常安百濟之民, 永茂長淮之族. 於戱! 日月所照, 貴在於無私, 雷雨之行, 是稱於覃慶. 爾其冠仁佩義, 移孝資忠, 服**大國**之榮光, 享眞王之異數, 奠妓震位, 肅奉**天朝**. 可特授檢校太傅, 依前使持節玄菟州諸軍事玄菟州都督充大順軍使高麗國王, 加食邑一千戶. 散官勳如故.'"(http://db.history.go.kr)

496

했다.[21] 때로 '황조' 또는 '성조'(聖朝)라 하기도 했다.[22] '국'이라는 개념을 쓸 때는 '대국' '상국' '중국' 또는 '국가' 등으로 주로 표현했다.[23] '국조'(國朝)라는 용어도 썼다.[23] 물론 '중화'(中華) 또는 '화

『고려사』(卷六 世家 卷第六, 靖宗 4年[1038년] 3월 14일[음])의 기록에 따르면, 거란왕이 고려에게 조공을 허락한다며 보낸 조서에서 스스로를 '천조'라 일컫고 있다. "三月 辛亥 崔延嘏還自契丹, 詔曰, "省所奏, 乞修朝貢事具悉. 以小事大, 列國之通規, 捨舊謀新, 諸侯之格訓. 卿本世稟聲朔, 歲奉梯航. 先國公, 方屬嗣藩, 遂稽任土. 時候屢更於灰管, 天朝未審於事情, 近覽奏章, 備觀誠懇. 欲率大弓之俗, 荐陳楛矢之儀, 載念傾虔, 信爲愛戴. 允兪之外, 嘉歎良多. 勉思永圖, 無曠逖職."(http://db.history.go.kr)

『고려사』(卷十一 世家 卷第十一, 肅宗 5年[1100년] 10월 19일[음])에는 요(遼)가 보낸 고려 왕태자 책봉 칙서가 실려 있다. 그 내용이 다음과 같았다. "壬子 遼遣蕭好古·高士寧, 來冊王太子. 勑曰, "卿嗣膺祖服, 遙臨海表之區, 將建後昆, 虔侯天朝之命. 適從汝請, 旣諭朕言, 特申遣於使華, 俾寵加於公爵, 固昭優異, 庸示眷懷. 今差高州管內觀察使 蕭好古等, 持禮往彼, 冊命卿長子俁, 爲三韓國公, 其印綬·簡冊·車輅, 幷別賜衣帶·匹段·鞍馬·弓箭諸物, 具如別錄." 冊曰, "朕荷七聖之丕圖, 紹百王之正統. 眷言日域, 夾輔天朝, 雖續乃世封, 已臨於舊服, 而寵妓國嗣, 未備於彝儀…"(http://db.history.go.kr).

21 서긍(徐兢), 은몽하(隱夢霞)·우호(于浩) 엮음, 김한규 옮김, 『사조선록역주(使朝鮮錄譯註) 1: 宋使의 高麗 使行錄』, 소명출판, 2012, 115쪽, 116쪽, 248쪽.

22 '성조'를 사용한 예는, 서긍, 2012, 175쪽, 322쪽.

23 예컨대, 『宋史』志 凡一百六十二卷 卷一百三十二 志 第八十五 樂七 樂章一 感生帝 元符祀感生帝五首: "元符祀感生帝五首 降神, 大安六變. 二儀交泰, 七政順行. 四序資始, 萬物含生. 皇朝創業, 盛德致平. 爲民祈福, 潔此精誠."(http://hanchi.ihp.sinica.edu.tw).

또, 1593년 일본의 조선 침략에 대응하기 위해 파견된 명나라 군대의 총병(摠兵) 양원(楊元)과 조선 국왕 선조가 나눈 대화의 기록이 있다. "양 총병을 접견하고 경성 수복 계획 등에 대해 논의하다"라는 제목을 가진 『선조실록』의 이 기록은 중국 중심의 천하체제에서 중국 조정과 속방 조선이 질서표상과 자기표상에서 어떤 개념들을 통해 상호 소통할 수 있었는지를 잘 드러내고 있다. 『조선왕조실록』, 宣祖 35卷, 26년(1593 癸巳/명 만력(萬曆) 21年) 2月 18日(癸卯) 2번째 기사(http://sillok.history.go.kr). 중국 중심의 '천하' 질서에서 이른바 '천조'인 명나라의 장수 양원과 '소방'인 조선의 국왕 사이에 오고 간 이 대화에서, 양원은 자신의 나라 중국을 표상하는 개념으로 '대국'(大國)과 '상국'(上國)이란 개념을 사용했다. 또한 자국 천자의 조정을 일컬어 '황조'(皇朝)라 칭했다. 한편 선조는 조선을 '소방'(小邦)이라거나 또는 줄여서 '소'(小)라고

하'(華夏)라는 개념도 사용했다.[25] 반면에 '제국'은 사용하지 않았고, '황국'으로 표현하는 일도 거의 없었다. '황제국'이란 표현도 거의 사용하지 않았다. '제'나 '황'을 '국' 개념과 결합해 사용하지 않았던 것이다. '황제'를 구성하는 두 글자, 즉 중국의 지배자로서의 '제'나 '황'은 '천하' 전체를 주관하는 존재로 생각하는 관념이 작용한 것이 아닐까. 훗날 일본에서는 '황국'이라는 개념을 광범하게 사용하기에 이르지만, 이것은 중국에서는 거의 없던 일이다.[26]

낮추는 가운데, 중국 조정을 가리켜 두 차례에 걸쳐 '천조'(天朝)라 칭했고, '상국'이란 뜻의 '상'(上)이란 표현도 사용했다. (원문: 見摠兵楊元于嘉平館西軒。上曰: "小邦存亡, 專在大人." 元曰: "劉綎率南方砲手五千, 將出來. 朝廷命將出歸, 整理沙船千艘, 一萬水兵, 直向對馬島, 想已下海, 而時未聞報耳. 賊不足畏, 只恨本國糧草不給. 俺等之來, 本國以爲非爲本國也, 爲**大國**也. 若然, 則當防鴨綠而已, 豈有興師來此之理乎?" 上曰: "**天朝**字小之恩, 雖三尺童子, 孰不知之? 倭之情狀, 前日黃應暘所齎咨文, 已盡言之矣." 元曰: "應暘如鼠子, 不足信也. 大槪戰馬三萬匹, 死者强半. 俺今者將發七萬匹來, 芻糧及戰備, 則**大國**當措備. 但願貴國, 及時耕種, 使不失時可也. 大兵之後, 必有凶年, 惟在務農而已." 上曰: "劉員外欲聞小邦被兵之由, 答云: '彼賊至欲犯上, 多發不道之言, 故小邦斥絶不許, 以至被兵.' 云, 則員外怒曰: '犯上之說, 是何言也?'" 摠兵: "員外乑麿生事之人, 不足數也. 且倭子雖有此言, **皇朝**不可犯也…(중략)…千萬里外, 轉糧而擊之, 猶能勝之, 豈有至門庭而不能掃蕩之理乎?…" 上曰: "王京之賊, 不可不先擊. 以砲手三千, 合我軍攻之如何?" 元曰: "王京之賊, 所宜先擊, 但道路多險且泥, 馬不得馳, 車不得行. 若峙十日糧於開城, 則可以往擊也." 上曰: "萬餘石, 則可以支給. 前日事急, 未及措置, 今當盡力焉. 須與提督相議處之." 元曰: "俺豈欲久留此地? 如坐針氈, 殆無安日. **上國**之人, 必以鹽醬爲饌, 而一千軍, 給與一斗, 把摠等僅喫一些. 須備鹽醬, 周遍給之." 上曰: "以小邦之故, **天朝**將官士卒, 如是困若, 此則小邦之罪也." 總兵曰: "生祠立碑之說, 是何言耶?" 上曰: "諸大人豊功偉烈, 小邦之人, 欲報無以, 用是揭揚爾." 元曰: "此皆皇上威靈, 俺等有何可紀之功乎?…")

중국의 외교관이 사행록에서 '중국'을 쓴 예는, 서긍, 2012, 208쪽, 297쪽, 321쪽. 또 서긍은 송조(宋朝)를 가리켜 '국가'(國家)라 했다. 그는 "국가가 크게 통일해 만방에 군림하니…"운운 했다(서긍, 2012, 319쪽).

24 서긍, 2012, 93쪽, 120쪽, 212쪽, 226쪽. 송 대와 원 대(元代)에는 '국가의 사신'을 '국신사'(國信使)라 했다(서긍, 2012, 228쪽, 235쪽, 238쪽, 288쪽 및 228쪽의 김한규의 각주 1032 참조).

25 서긍, 2012, 160쪽. 중국 사신이 중국을 가리켜 '화하'라고 한 예는, 서긍, 2012, 319쪽.

26 타이완 중앙연구원이 구축한 「한적전자문헌자료고」를 검색하면, '황국'이

4. 중국에서 '황'과 '제'는 왜 '국'과 결합하지 않았는가:
   천하와 국가의 차이

중국의 전통적인 정치적 개념체계에서 '황'과 '제'는 왜 '국'과 결
합하지 않았는가라는 문제를 풀어야 한다. 이 문제는 '황제'의 지배
영역은 '국'을 넘어선 천하의 지배자라는 관념과 깊은 관계가 있다.
그렇다면 이 문제는 다시 중국인이 말하는 '천하'가 중국만을 가리
키는 것이 아니라 만이(蠻夷)로 불리는 주변부를 포함한 광역적인
개념이었는가라는 질문으로 연결된다.

중국인이 말하는 '천하'가 중국에 더해 만이의 영역까지도 포함하
는 개념이었는지, 아니면 중국에 한정된 것인지는 중국의 개념사에
서도 논란이 많았다. 아베 다케오(安部健夫)에 따르면, 춘추전국시
대의 유가와 묵가에 있어서 천하는 중국에 다름 아니었다. 전국시대
초중기 무렵까지는 천하는 그 영역에 있어서 중국 이상도 이하도 아
니었다.[27] 천하가 중국 이외의 만이의 세계까지도 포괄하는 더 넓은
영역으로 사유되기 시작한 것은 전국시대 후기에 활동한 음양사상
가인 추연(鄒衍, 騶子)에 이르러서다. 『사기』의 「맹자순경(孟子荀卿)
열전」에 "유자(儒者)가 말하는 중국이라는 것은 천하의 81분의 1에
지나지 않는다"고 한 추연의 말이 인용되어 있다. 즉 진정한 천하는
유가와 묵가가 말하는 천하, 즉 중국의 81배가 된다는 개념이 등장했
다.[28] 천하가 중국과 만이를 포함해 '세계'(世界)를 가리키게 된 것은

라는 개념이 여러 차례 나오는데, 그 대부분은 『宋書』와 『南史』에 중국에 방물
(方物)을 바치는 '파황국'(婆皇國)이라는 나라의 이름이다. 『宋書 本紀』凡十卷
卷五 本紀第五 文帝 義隆 元嘉十九年의 다음 기록이 그 대표적인 예다. "是歲,
婆皇國遣使獻方物."(http://hanchi.ihp.sinica.edu.tw)

27 安部健夫, 『中国人の天下観念: 政治思想史的試論』(ハーバード·燕京·同志
社東方文化講座 第6輯), (ハーバード·燕京·同志社東方文化講座委員会, 1956),
p.83.

28 安部健夫, 1956, pp.83-84, p.103.

한(漢) 초였다. 아베 다케오는 역시 『사기』의 「흉노전」을 인용한다. 효문제(孝文帝, 재위 기원전 179-157)가 흉노의 선우(單于)에게 보낸 서한에서 "오늘날 천하는 평안하고 만민은 기뻐한다. 짐과 선우는 만민의 부모이며, 양국의 민은 일가(一家)와 같다"고 했다. 이로부터 아베 다케오는 한과 흉노가 천하를 공유하고 있다는 인식이 명확하다고 보았다.[29]

이로부터 아베는 중국에서 만이를 포괄하는 '광역천하'(廣域天下)의 관념이 한 초에 등장했으나, 그러한 관념을 후세에 부동의 것으로 만들어낸 것은 한무제(재위 기원전 140-87)의 정치외교적인 실천 활동, 즉 그 시대의 제국주의와 상업주의에서 비롯된다고 해석했다.[30] 그런데 진한 이래 중국에서 천하는 중국이라는 '협역천하'(狹域天下) 개념과 천하는 곧 세계라는 광역천하 개념이 공존했지만, 중국인 일반에게 우세한 관념은 협역적 천하 관념이었다고 아베는 주장했다. 중국 역사 2,000년을 통해서 천하는 세계로서보다는 중국으로서 의식되고 이해되었다는 것이다. 세계가 곧 천하라는 개념은 그들에게 '화장안료'(化粧顔料)에 불과했다는 것이며, 광역천하의 개념은 유학적인 해석과 문학적인 수식, 그리고 외교적인 의례에서 주로 사용되었을 뿐이어서, 허세와 분식의 관념에 불과했다고 주장한다. 그는 다만 시대적인 차이를 인정한다. 전한(前漢)과 초당(初唐) 시대와 같이 무력에서도 우세했던 시기에는 '화이일가'(華夷一家)라는 광역천하의 개념이 광범하게 퍼졌고, 송명(宋明)의 시대와 같이 한(漢)민족이 피압박자의 처지에 놓였을 때에는 천하 개념 자체가 민족주의적 성격을 띠어 중국에 한정되는 경향을 보였다는 것이다.[31]

---

29   安部健夫, 1956, p.87. 아베는 같은 맥락에서 「효무제본기」에서 "천하의 명산은 여덟 개인데, 셋은 만이에게 있고, 다섯은 중국에 있다…"고 말한 내용을 언급한다(安部健夫, 1956, p.88).

30   安部健夫, 1956, pp.88-89.

도요타 히사시(豊田久) 등도 일맥상통한 해석을 제시한다. 진시황의 '천하' 통일에 의해서 진이라는 특정 왕조는 하나의 '국'이면서 동시에 천하였고, 이 천하는 중국을 의미했다. 한 대에 들어와서 중국 이외의 이적들과의 관계에서 책봉체제가 등장하면서 더 넓은 천하의 관념이 들어섬에 따라 천하는 곧 "현대적 의미의 세계"가 된다. 삼국시대부터 남북조시대에도 현실의 천하는 분열된 것이었지만, 전체 천하의 수장은 천자라는 의식에는 변함이 없었다. 당(唐) 대에도 그 말기의 쇠퇴기에 이르기까지 '책봉체제의 중심에 있는 당이라는 국의 황제가 천하를 지배한다'라는 이념은 지속된다. 다만 송(宋) 이후 중국과 이적이 양분하는 상태가 되풀이되면서 천하 관념의 실제와 이념 사이에 모순이 일어난다. 천하는 실제로는 중국을 가리켜 쓰이는 일이 많았고, 다만 "이념적으로는 세계 규모의 넓이를 가지고 있었다"는 것이다.[32] 요컨대 송 대 이후 '중국을 가리키는 실제의 천하'와 '만이를 포함한 세계 전체를 가리키는 정치이념으로서의 천하' 사이의 모순이 극명해진 것이다.[33]

'실제'에 있어서 천하가 세계라는 중국 지배자의 관념은 허세와 과장이었다는 아베 다케오의 설명은 분명 설득력이 있다. 그럼에도 필자에게 중요하게 생각되는 것은 칭제한 지배자들의 '명분론적 개념 체계', 즉 '정치적 이념으로서의 천하'다. 그것은 현실 역사에서 협역적 천하 관념이 더 일반적이었다는 역사적 사실과는 다른 차원의 문

---

31 安部健夫, 1956, pp.98-101.

32 도요타 히사시[豊田 久]·하세베 에이이치[長谷部英]·고지마 쓰요시[小島毅]·사토 신이치[佐藤愼一], 「천하」, 미조구찌 유조[溝口雄三] 외 엮음, 김석근·김용천·박규태 옮김, 『중국사상문화사전』, 책과함께, 2011, 281-282쪽.

33 쉬지린(許紀霖) 교수에 따르면, 한대(漢代)에는 천하가 공간 개념과 가치 개념을 함께 갖고 있었지만, 청대(淸代)의 천하 개념에는 가치 개념이 부재했기 때문에, 공간 개념만 남았으며, 그래서 '대일통'(大一統)을 강조했다. 천하의 개념적 내포가 시대에 따라 다르다는 것을 말해준다. 2014년 6월 13일 한림과학원 주최 국제학술회의 '동아시아, '제국'의 개념사[A Conceptual History of 'Empire, From an East Asian Perspective]'에서 필자와의 대화.

제다. 그런 의미에서 천하, 중국, 그리고 '국' 일반 사이의 명분론적 관계는 야마다 무네(山田統)의 정의로 요약하는 것이 타당해 보인다. 그에 따르면, 천하는 단순히 하나의 천자에 의해서 공평하게 통치되어야 할 동일공통정치권의 관념은 아니다. "그 천자의 밑에 있는 만국(萬國)의 국가인 국제동일공통정치권이라는 관념"이었다. 그 정치권의 정장(政長)으로 간주되는 것이 이른바 천자고, 천하의 중앙에 위치한 것으로 간주되는 것이 천자 자신의 왕국인 경사(京師)며, 이른바 중국이었다. 그 외는 제하(諸夏, 제후국)의 국(國)이다."[34]

중국 관념사를 개척한 학자로 통하는 진관타오(金觀濤) 등도 한편으로 천하와 국가가 도덕적 함의에서 차이가 있을 뿐 영역의 크기는 동일하다고 말하기도 하지만,[35] 다른 한편으로는 '천하'를 '국'과는

---

34 山田統, 「天下という觀念と國家の形成」, 增田四郎 編, 『共同硏究 古代國家』, 啓示社, 1949, pp.92-93.

35 진관타오 등은 전통시대 중국에서 '천하'와 '국가'(國家)는 그것이 가리키는 영역의 크기에서는 차이가 없으며, 다만 도덕적 함의에서 차이가 있을 뿐이라고 말했다. 그는 "중국 전통사회에서 '천하'와 '국가'는 모두 상용어로 의미도 서로 유사하다"고 전제했다. 그리고 고염무(顧炎武, 1613-82)의 말을 빌려 두 개념 간의 차이를 설명했다. "고염무는 '국가'와 '천하'의 차이를 명청 교체기에 내놓은 '망국'(亡國)과 '망천하'(亡天下)의 논변에서 매우 분명하게 말했다. '망국이 있고 망천하가 있다. 망국과 망천하는 어떻게 구별되는가? 성(姓)을 바꾸어 호칭을 고치는 것이 망국이요, 인의(仁義)가 꽉 막혀 짐승을 몰아서 사람을 잡아먹게 하거나 사람이 서로 먹는 것을 망천하라 한다.' 곧 망국은 어떤 성(姓)의 조정이 멸망하는 것을 가리키지만, 망천하는 도덕질서가 완전히 없는 것을 의미하며, '천하'는 비교적 추상화된 것으로 도덕질서를 더욱 강조한다." 金觀濤·劉淸峰, 『觀念史 硏究: 中國現代重要政治術語的形成』, 香港: 當代中國文化硏究中心, 2008; 진관타오·류칭펑, 양일모·송인재·한지은·강중기·이상돈 옮김, 『관념사란 무엇인가 2: 관념의 변천과 용어』, 푸른역사, 2010, 228쪽; 이삼성, 2011a, 21쪽.

고염무가 구분한 망국과 망천하의 취지에 대한 일반적인 해석은 진관타오와 같은 맥락에서, 망국은 "정치체 차원의 흥망"을 가리키고, 망천하는 "사회 문화 시스템 전체의 파멸"이라는 것이다. 도요타 히사시·하세베 에이이치·고지마 쓰요시·사토 신이치, 2011, 282쪽.

그러나 아베 다케오의 해석도 주목할 부분이 있다. 고염무는 명말청초(明末淸初)를 살았던 인물이다. 명조의 유신(遺臣)을 자처하며 청조에 대항해 싸웠

엄연히 영역을 달리하는 개념으로 설명한다. 그는 '천하' 개념의 특징으로 세 가지를 들었는데, 그 가운데 제일 먼저 "천하는 세계 전체를 뜻한다"고 했다.[36]

요컨대 천하는 세계 전체를 가리킨다. 반면에 국이란 일정한 지리적·영토적 범위를 내포한 개념이었다. '國'이라는 한자어의 형태 자체가 일정한 공간적 범위를 획정하는 형상이라는 것은 시사적이다.[37] 반면에 칭제한 지배자들의 명분론적인 정치적 개념체계에서 아베 다케오가 언급한 두 가지의 천하 관념 가운데 '광역천하'의 관념은 지리적·영토적 범위를 초월한 개념이다. 이러한 차이가 중국의 전통적인 정치적 개념체계에서 천하의 수장을 가리키는 '황'이나 '제'가 '국'과 결합되지 않았던 개념사적 현상의 한 배경을 이룬다고 생각한다.

고, 끝내 이민족 왕조로 간주한 청조를 섬기기를 거부했다. 고염무가 국가와 천하를 구별한 것은 표면적으로는 '도덕'의 문제였다. 하지만 아베 다케오는 고염무의 실제 뜻은 중국 한족 안에서의 왕조 교체는 국가의 흥망일 뿐이되, 망천하는 금수로 간주된 이민족에 의한 왕조 교체를 의미했다는 것이다. 사실상 도덕의 문제가 아니라 이민족에 대한 배타적 증오를 담은 민족주의적 관념을 표현한 것이라는 이야기다. 安部健夫, 1956, pp.104-105.

그렇게 해석할 경우 고염무의 '망천하'는 이민족에 의해 정복된 중국을 가리킨 것일 수도 있고, 중국과 이적(夷狄)의 합당한 위치, 즉 중심과 주변의 원래 위치가 전복되어 원래의 질서가 무너진 광역천하의 상황을 가리킨 것일 수도 있다.

36 그가 말한 '천하' 개념의 두 번째 특징은 천하는 도덕적 고저에 따라 구분된 등급질서를 내포한 개념이라는 것이고, 세 번째 특징은 그것이 하나의 도덕공동체를 가리키는 용어인 탓으로 국가주권의 개념이 들어 있지 않으며, 천하의 주권은 이 도덕공동체의 최고 영수인 황제가 행사하는 권력과 불가분했다는 것이다. 金觀濤·劉淸峰, 2008, pp.208-230.

진관타오의 '천하' 개념엔 모순도 있다. 천하가 '세계'를 의미한다고 하면서 동시에 커다란 '도덕공동체'를 뜻한다고 했다. 도덕공동체는 일정한 가치를 공유하는 사회들의 집합이다. 그 가치를 공유하지 않는 사회들은 배제된다는 이야기다. 그것은 세계와 동일한 것이 아니다. 천하는 일정한 도덕공동체이면서 동시에 세계 전체를 뜻할 수는 없다.

37 주대(周代)에는 천하와 '국'(國)의 개념적 차이가 보다 분명했다. "周와 책봉-조공 관계를 가졌던 여러 성읍 국가들"을 가리켜 '방국'(邦國)이라 했다. 서긍, 2012, 334쪽. 김한규의 각주 1510 참조.

5. 고대 한국에서 '제국' 개념의 발신

　전통시대 한국에서 '제국'이 '칭제한 국가' 내지 '황제의 나라'라는 뜻을 가진 정치외교적 개념으로 사용된 용례로서 필자가 그 존재를 확인함으로써 한국 학계에 알려진 것은 다음과 같다. 첫째, 9세기 말 또는 10세기 초의 통일신라 말기의 대중국 외교문서에서 황제의 나라로서의 중국을 가리켜 '제국'이라 칭한 기록이 있다. 이 용례는 그간 일본 학계에는 알려져 있지 않았다. 둘째, 조선시대 역사 문헌에는 '제국'이 등장하지 않지만, 문인·학자들의 시문(詩文)에서 중국을 가리키는 용어로서 '제국'이 등장하며, 그간 최소한 두 건의 그같은 용례를 필자가 확인한 바 있다.[38] 이처럼 신라 말기의 대중국 외교문서와 조선시대 시문에서의 용례들을 통해서 우리는 정치외교적 개념으로서의 '제국'이 고대 한국에서 탄생했고, 조선시대까지 그 용례가 시문의 형태로 존재했음을 알 수 있다.

　아울러 주목할 것은 8세기 초에 편찬된 『일본서기』에 단 한 차례 등장하는 '제국'의 개념이다. 이것은 6세기 중엽 백제 성왕(聖王, 또는 성명왕)이 왜국에 보낸 외교문서에서 일본을 가리켜 '제국'으로 칭했다는 기록이다. 2011년의 한 논문에서 밝힌 바와 같이, 일본의 고대 공식 역사서 『일본서기』는 552년 10월, 백제 성왕이 일본에 사신을 파견해 불교를 전래했다는 내용을 기록하고 있다.[39] 백제 성왕이 불상과 불경 등의 불교 문물과 함께 왜국의 지배자에게 올렸다는 표문(表文)이 인용되고 있는데, 해당 구절은 "由是, 百濟王臣明, 謹遣陪臣怒唎斯致契, 奉傳帝國, 流通畿內",[40] 즉 백제왕 신(臣) 명(明)이 배신(陪臣) 노리사치계를 보내, '제국'에 전해드려 기내(畿內), 즉 일

38　이에 대해서는 이삼성, 2014, 39-76쪽 참조.

39　이삼성, 2011a, 21-22쪽.

40　坂本太郎·家永三郎·井上光貞·大野晋 校注(1965), 『日本古典文學大系 68 日本書紀 下』, 東京: 岩波書店, 1965, p.101.

본에 유통시키고자 한다는 내용이었다.[41]

전용신은 여기에 나오는 '제국'을 일본의 조정을 가리킨 것으로 번역했고,[42] 국사편찬위원회의 한국사데이터베이스는 제국을 '황제의 나라'로 번역했다.[43] W.G. 애스턴이 번역한 『일본서기』의 영어본은 제국을 'Imperial Country'로 표기했다.[44] 역시 말 그대로 '황제의 나라'라는 뜻으로 해석한 것이다. 일본 학계가 출간한 『일본서기』 번역 및 주석서는 이 단어에 대해 'みかど'(미카도)라는 주석을 달았는데,[45] 'みかど'란 『일본국어대사전』에 따르면 "천황이 통치하는 나라, 제국 또는 황국"이라는 의미를 포함한다.[46]

일본 학계는 『일본서기』의 이 용례와 중국 왕통의 용례를 인지하

---

41 전용신 옮김, 『완역 일본서기』, 일지사, 1989, 336쪽. 1993년 출간된 성은 구의 『일본서기』 번역본(고려원)은 제15-21권에 해당하는 부분은 원문만 싣고 번역은 하지 않았다. 김현구 등은 『일본서기』의 한국 관련 내용에 대한 비판적 연구에 심혈을 기울였으나, 긴메이천황 시대에 속하는 이 부분은 분석대상에서 빠져 있다. 김현구·박현숙·우재병·이재석, 『일본서기 한국관계기사 연구 II』, 일지사, 2003.

42 전용신, 1989, 336쪽.

43 국사편찬위원회 한국사데이터베이스, http://db.history.go.kr.

44 W.G. Aston, *NIHONGI: Chronicles of Japan from the Earliest Times to A.D. 697*, Volume Two, Tuttle Publishing, 1972, p.66.

45 坂本太郎·家永三郎·井上光貞·大野晋 校注, 1965, p.101.

46 몬무천황(文武天皇) 때인 701년(大寶元年)에 대보령(大寶令)으로 집대성된 고대 일본의 율령은 718년 양노령(養老令)으로 약간 증수(增修)되어 오늘에 전해지고 있다. 민두기, 『일본의 역사』, 지식산업사, 1976, 28쪽. 이 율령은 일본에서 쓰인 천황의 칭호를 네 가지로 정리했다. "제사(祭祀)에서는 '천자'(天子)라 칭하고, 조서(詔書)에서는 '천황'이라 칭하며, 화이(華夷)에게는 '황제'(皇帝)라 칭하고, 상표(上表)에서는 '폐하'(陛下)라 칭한다"라고 했다. 井上光貞·關晃·土田直鎮·青木和夫 編, 『日本思想大系 3 律令』, 岩波書店, 1976, p.343. 여기에서 화이에게는 황제로 칭한다 함은 일본이 중국과 여타의 오랑캐 나라들과의 외교문서에서는 천황을 황제로 칭했다는 뜻이다(율령의 원문은 "皇帝. 華夷所レ稱"으로 되어 있다. 이것을 주석자[凡武拾陸條]는 "皇帝. 華夷に稱する所"로 풀이했다. 井上光貞·關晃·土田直鎮·青木和夫 編, 1976, p.343. 중국적 세계질서에서 천황은 생경한 용어였으므로, 고대 일본은 대외관계에서만큼은 천황 대신에 황제라는 칭호를 사용했던 것으로 보인다.

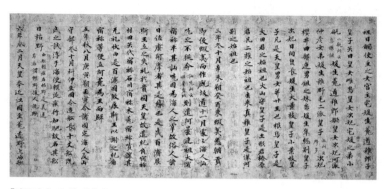

『일본서기』의 한 페이지.

고 있으며, 그것이 역사적 사실의 기록이라고 인식한다. 다만 그 용
례에 이렇다 할 개념사적 의의를 인정하지 않는다. 왕통의 용례는 그
철학적 의미가 '황제의 나라'를 의미하는 것과 거리가 멀기 때문이
라는 것이겠고, 『일본서기』에 인용된 백제 표문의 용례에 관해서는
그것이 '황제의 나라'를 의미한다는 점은 인정하지만 그것이 근대
일본의 '제국' 개념의 기원은 아니라는 관점을 취하고 있는 것이다.
이로써 한자어 '제국'은 '일본발 역어'라는 해석이 일본 학계의 정설
로 확립되어 있는 것이다.

이 기록의 역사적 진실성을 인정할 경우, 동아시아 역사상 최초로
'제국'이 이웃나라에 대한 정치외교적 개념으로 사용된 예가 되며,
'제국'이라는 정치적 개념이 고대 한국에서 탄생한 것을 재확인해주
는 의미가 있다. 문제는 『일본서기』의 기사들과 사용된 용어들이 8세
기 초 이 역사서의 편찬 시에 '천황사관'을 정립하기 위해 윤색되고
조작되었다는 논란의 대상이 될 수 있다는 점이다.

그런데 그 용례가 8세기 초 『일본서기』의 편찬 시에 일본의 사관
들이 천황사관을 확립하기 위해 일부러 조작해낸 것이라고 해도, 그
것이 전통시대 동아시아에서 '황제의 나라'를 뜻하는 '제국' 개념의
탄생이라는 점에는 변함이 없다. 다만 그 개념 창안의 주체가 백제인
이 아니라 일본의 사관들로 바뀔 뿐이다. 『일본서기』의 제국 개념 기

록이 8세기 초 일본 사관들이 천황사관을 구축하기 위해 벌인 조작 행위의 일환일 가능성은 완전히 배제할 수는 없지만, 그렇다고 보기엔 석연치 않은 구석도 있다. 백제 성왕이 사용했다는 그 하나의 용례를 제외하고는 일본의 어떤 문헌도 두 번 다시 그 용어를 사용한 일이 없다. 사관을 포함해 일본 지식인의 개념 지평에서 '제국'은 낯선 용어였던 것이다. 천황사관을 위해 조작하고자 했다면『일본서기』의 다른 곳에서 일본 조정을 가리켜 종종 사용된 '천조'(天朝)를 사용하거나, 훗날 일본이 자신을 가리켜 적극 활용하는 '황국'(皇國)을 쓰지 않고 굳이 생경한 '제국'을 사용했다는 것도 역시 납득하기 어려운 점이 있다. 그렇다면 일단 백제 성왕이 일본을 상대로 '제국'이라 칭했다는『일본서기』의 기록을 사실(史實)로 상정하고 그 역사적 맥락과 의미를 살펴볼 필요가 있다.

『일본서기』의 '제국' 관련 기록을 역사적 사실로 인정할 경우, 그 것은 신라의 대중국 외교문서의 용례, 그리고 조선시대 시문에서의 '제국' 개념과 함께 어울리며 일맥상통하는 전통시대 한국의 정치적 개념체계의 일부였다고 이해할 수 있다. 그로써 '제국'은 고대국가 시절부터 한국인들이 자신과 주변 사회들과의 관계에 대해 갖고 있던 질서표상 개념체계의 일부로 존재했음을 확인해주는 것이 된다.

그런데『일본서기』에 나오는 '제국' 개념이 '황제의 나라'를 뜻한다는 것, 그래서 전통시대 동아시아에 등장한 제국 개념의 첫 용례라고 인정할 수 있기 위해서는 적어도 두 가지 논의가 더 필요하다. 하나는 백제가 어떤 정치외교적 맥락에서 일본을 상대로 '제국'을 칭했는지를 판단하는 일이다. 또 하나는 과연 당시 일본을 '칭제'한 나라라고 볼 수 있느냐의 문제다. 지배자가 공식 칭제를 하지 않은 상태였던 일본에 대해 백제가 '제국'이라는 개념을 적용한 사실을 어떻게 이해할 것인가. 첫째의 정치외교사적 맥락은 다른 연구에서 비교적 상세히 논의된 바 있다.[47] 그러나 둘째 문제에 대해서는 못지않

게 결정적인 것임에도 불구하고 그간 논의된 바가 없다.[48]

6. 고대 한국에서 '제국' 개념 성립의 전제와 '가외천황' 개념

백제가 일본을 '제국'이라 불렀던 552년의 왜국은 공식적으로 칭
제해 최고 권력자가 '천황'(天皇)이라는 칭호로 불리기 이전의 상태
였다. 바로 이 맥락에서 주목해야 할 것이 같은 백제 성왕 시대에 속
하는 548년(긴메이 9년) 4월의 『일본서기』 기록이다. 이 기록에 따
르면 백제 사신은 왜왕을 '가외천황'(可畏天皇)으로 칭했다.[49] 이 문

---

47 이삼성, 2014, 44-68쪽.

48 일본이 공식적으로 칭제하기 전에 백제가 일본을 '제국'이라 칭한 것은 이
해하기 어렵다는 지적은 충분히 자연스럽다. 이러한 의문은 『일본서기』의 많
은 부분이 훗날 일본 사관들에 의해 '훼조'된 것이라는 판단을 강화해준다. 우
리 한국 학계의 경우 특히 그러하다. 그럼에도 필자는 『일본서기』의 해당 부분
이 훼조가 아니라면 그 기록을 어떻게 이해할 수 있을 것인가를 논의할 필요도
있다고 보았다. 근대 이전의 시기에는 일본에서도 중국에서도 '제국' 개념이
존재하지 않았고, 삼국시대 신라를 포함해 오직 한반도에서만 '제국'이 사용된
흔적을 필자는 이전의 저작에서 밝혀낸 바 있다. 그렇다면 고대의 일본 사관들
이 자신들에게 존재하지 않는 개념을 사용해 그들의 역사서를 훼조할 가능성
도 있는 것일까라는 의문 역시 자연스럽다. 그래서 고대 일본 역사서에 '한반
도인이 일본을 향해 제국 개념을 사용한 자취'를 남기게 된 연유를 합리적으로
추론해보려는 것이 필자가 선택한 도전이었다. 한림대 인문학연구소가 필자
의 2014년 저서에 대해 마련해준 서평모임(「제국: 개념의 탄생과 생애 2천년」,
2014.5.21)에서 『일본서기』에 등장하는 '제국'을 훼조된 것이라고 확신하는 중
국학과 조정래 교수와의 토론은 필자가 이 문제를 본격 검토하도록 자극해주
었다. 조정래 교수께 감사드린다.

49 『日本書紀』卷第十九 天國排開廣庭天皇 欽明天皇 九年 夏 四月(548년 4월
3일(음) 통합을 보고함 (548년 04월03일[음]). 백제가 왜왕에게 사신을 보내
구원군 파병을 유보할 것을 요청하고, 또한 안라(安羅)가 고구려와 통하고 있
음을 보고한 내용이다. "夏四月壬戌朔甲子 百濟遣中部杆率掠葉禮等奏曰 德率
宣文等 奉勅至臣蕃曰 所乞救兵 應時遣送 祗承恩詔 嘉慶無限 然馬津城之役正月
辛丑 高麗率衆 圍馬津城 虜謂之曰 由安羅國與日本府 招來勸罰 以事準況 寔當
相似 然三廻欲審其言 遣召而並不來 故深勞念 伏願 **可畏天皇(原註: 西蕃皆稱日本**
天皇 爲可畏天皇) 先爲勘當 暫停所乞救兵 待臣遣報 詔曰 式聞呈奏 爰覬所憂 日
本府與安羅 不救隣難 亦朕所疾也 又復密使于高麗者 不可信也 朕命卽自遣之 不

헌의 552년과 554년의 기록에도 백제 및 다른 한반도의 세력이 왜왕을 일컬어 '가외천황'이라 했다고 기록되어 있다.[50]

하라 히데사부로(原秀三郎)에 따르면, 일본의 지배자가 '천황'이라는 칭호를 공식 사용하게 된 것은 7세기 말의 덴무조(天武朝) 이후라는 것이 일본 학계의 통설이다.[51] 구미하라 도모노부(栗原朋信)의 설을 따르더라도 '대왕천황'(大王天皇)이라는 복합칭호가 정식으로 쓰이게 된 것은 6세기 말 시작되는 스이코조(推古朝, 593-628)의 일이다.[52] 그렇다면, 일본 스스로 칭제하기 전에 성명왕 시대의 백제인들이 먼저 일본의 지배자에게 '가외천황'의 제호를 부여했으며, 아울러 일본을 '제국'으로 불러주었다는 이야기가 된다.

일본의 고대천황제를 '율령제적 국가기구로 뒷받침되는 전제군주제'라고 정의할 경우, 그러한 실체를 동반한 천황의 출현은 덴무조 이후로 보는 것이 타당하다고 하라 히데사부로는 말한다. 그런데 천

命何容可得 願王 開襟緩帶 恬然自安 勿深疑懼 宜共任那 依前勅 戮力俱防北敵 各守所封 朕當遣送若干人 充實安羅逃亡空地. (원문확인: 坂本太郎·家永三郎·井上光貞·大野 晋 校注,『日本書紀 (三)』,東京: 岩波書店, 1994, p.292, p.490).

50 하나는 552년 5월 고려와 신라가 화친했다는 기록이다.『日本書紀』卷第十九 天國排開廣庭天皇 欽明天皇 十三年 五月(552년 5월 8일[음]). "十三年 五月 戊辰朔乙亥 百濟·加羅·安羅 遣中部德率木劦今敦·河內部阿斯比多等奏曰 高麗與新羅 通和幷勢 謀滅臣國與任那 故謹求請救兵 先攻不意 軍之多少 隨天皇勅 詔曰 今百濟王·安羅王·加羅王 與日本府臣等 俱遣使奏狀聞訖 亦宜共任那 幷心 一力 猶尙若妓 必蒙上天擁護之福 亦賴**可畏天皇**之靈也."

다른 하나는 554년 1월 백제가 구원을 요청했다는 내용이다.『日本書紀』卷第十九 天國排開廣庭天皇 欽明天皇 十五年 春 正月(554년 1월 9일[음]). "十五年 春正月 丙申 百濟遣中部木劦施德文次·前部施德曰佐分屋等於筑紫 諮內臣·佐伯連等曰 德率次酒·杆率塞敦等 以去年閏月四日到來云 臣等臣等者謂內臣也 以來年正月到 如此遵而未審 來不也 又軍數幾何 願聞若干 預治營壁 別諮 方聞 奉**可畏天皇**之詔 來詣筑紫 看送賜軍 聞之歡喜 無能比者 此年之役 甚危於前 願遣 賜軍 使逮正月 於是 內臣奉勅而答報曰 卽令遣助軍數一千·馬一百匹·船卌隻."

51 原秀三郎,「日本列島の未開と文明」,歷史學研究會·日本史研究會 編輯,『日本歷史 1 原始·古代 1』,東京大學出版會, 1984, pp.26-27.

52 栗原朋信,『上代日本對外關係の研究』,吉川弘文館, 1978; 原秀三郎, 1984, p.27.

황이라는 칭호 자체는 그보다 훨씬 이전에 등장했을 수 있다는 것이 하라 히데사부로의 지적이다. 곧 설명하는 바와 같이, 일본의 지배자는 덴무조보다 1세기 앞선 7세기 초에 수나라에 보낸 국서에서 '천자' 혹은 '천황'을 자임한다. 이것은 천황제 국가의 확립 훨씬 이전에 일본의 지배자가 적어도 대외적으로 칭제를 자임해 중국 황제에 대한 칭신(稱臣)의 예를 회피하려 했을 가능성을 말해주기도 한다.

하라 히데사부로는 『일본서기』의 가외천황 기사를 사실로 받아들일 경우, 이를 기초로 한 일본 '천황'호의 유래를 세 가지로 소개한다. 첫째는 구리하라 도모노부의 설이다. 구리하라는 『일본서기』의 긴메이 9년 4월조의 가외천황 기사를 "믿을 만한 첫 사료"로 보고, 스이코조에는 '대왕천황'이라는 복합칭호로서지만 '천황'(天皇) 호가 정식 칭호로 되었으며, 당 초에는 외교용어로서 사용되었다고 해석했다.[53] 하라 자신도 구리하라의 해석에 동의한다. 그래서 하라는 백제 성명왕이 야마토 정권의 '대왕'을 가외천황이라고 했다는 『일본서기』의 기록을 사실로서 인정할 수 있다고 밝힌다.[54]

두 번째 설은 천황 호가 도교사상에 기초하고 있다는 미야자키 이치사다(宮崎市定)의 해석이다.[55]

세 번째 설은 하라 히데사부로 본인의 설이다. 이는 구리하라 도모노부의 해석을 전제로 하면서, 백제가 왜 일본의 지배자를 가외천황으로 불렀을지에 대한 불교적인 해석을 덧붙인 것이다. 그는 우선 『일본서기』에서 천황은 때때로 '천왕'(天王)으로 표기되기도 하며, 『고사기』(古事記)와 『일본서기』 이전의 사료에서는 '사천왕사'(四天王寺)가 '사천황사'(四天皇寺)로 기재되기도 한다는 점에서, 황(皇)과 왕(王)은 같이 통용되었다고 본다. 이를 전제로 하라는 불교국가

---

53 原秀三郎, 1984, pp.26-27. 구리하라 도모노부의 설은, 栗原朋信, 『上代日本對外關係の硏究』, 吉川弘文館, 1978.

54 原秀三郎, 1984, p.27.

55 宮崎市定, 「天皇なる稱号の由來について」, 『思想』 646, 1978.

였던 백제가 "동방의 군사대국의 대왕(大王)"을 "불법을 수호하고 불법에 귀의한 사람들을 수호하는 사천왕에 빗대어 '가외천황'이라 불렀던 것은 아닐까"라고 말한다. 그는 "신라와 백제가 왜를 '대국'으로서 경앙(敬仰)하고 있다"는 『수서』「왜국전」의 기록을 '가외천황' 기사의 사실성을 뒷받침하는 방증으로 들었다.[56]

7. 7세기 초 일본의 대(對)중국 외교문서와 칭제 문제의 인식

고대 동아시아 세계에서 중국과 일본의 관계에 대한 일본 학계의 권위자 니시지마 사다오의 설명을 빌리면, 일본이 칭제해 중국에 대한 외교문서에서 일본의 지배자가 '천자' 내지 '천황'을 자임한 것은 607년(스이코 15년, 수 양제 3년)이 처음이었다.[57] 『수서』「왜국전」은 두 번째 견수사(遣隋使)로 온 일본의 사자(小野臣妹子)가 수 양제에게 전달한 국서에는 "해가 뜨는 곳의 천자가 해가 지는 곳의 천자에게 서(書)를 드린다"(日出處天子致書日沒處天子)는 표현이 담겨 있었고, 그래서 수 양제가 이를 보고 크게 화를 냈다(帝覽之不悅)는 기록을 담고 있다.[58] 이른바 '일출처(日出處) 외교문서'로 불리는

56　原秀三郎, 1984, p.27. 『수서 열전』의 동이 왜국 편에 실린 해당 내용은 다음과 같다: "…新羅·百濟 皆以倭為大國, 多珍物, 並敬仰之, 恒通使往來." (『隋書列傳』凡五十卷 卷八十一 列傳 第四十六 東夷 倭國 段4032; http://hanchi.ihp. sinica.edu.tw).

57　西嶋定生, 『中國古代國家と東アジア世界』, 東京大學出版會, 1983, pp.435-436.

58　西嶋定生, 1983, p.435. 『수서』「왜국전」의 해당 기사의 전문은 다음과 같다: "大業三年(서기 607년), 其王多利思比孤遣使朝貢. 使者曰:「聞海西菩薩天子重興佛法, 故遣朝拜, 兼沙門數十人來學佛法.」其國書曰「日出處天子致書日沒處天子無恙」云云. 帝覽之不悅. 謂鴻臚卿曰:「蠻夷書有無禮者, 勿復以聞.」明年, 上遣文林郎裴淸使於倭國. [一四]裴淸 應作「裴世淸」, 唐人避諱. 省「世」字. 度百濟, 行至竹島, 南望身卜冉羅國, 經都斯麻國, 迴在大海中. 又東至一支國, 又至竹斯國, 又東至秦王國, 其人同於華夏, 以為夷洲, 疑不能明也. 又經十餘國, 達於海岸. 自竹斯國以東, 皆附庸於倭. 倭王遣小德阿輩臺, 從數百人, 設儀仗, 鳴鼓角來迎. 後

이 국서는 결국 수나라가 각하(却下)해버린 것이다.[59] 『일본서기』는
당에 사신을 보낸 사실을 기록했을 뿐, 그 내용은 기록하지 않았다.
아마 수에 의해서 거부되었기 때문일 것이다. 수는 다만 일본과의 외
교 단절을 선언하지는 않고, 이듬해 배세청(裴世淸)을 일본에 사신
으로 파견했다. 『일본서기』는 배세청이 전달한 수의 국서가 일본 천
황을 '왜황'으로 칭한 것으로 기록("皇帝問倭皇")하고 있다.[60] 그러
나 『수서』는 일본 천황을 다만 '왕'으로 칭했다고 기록("**皇帝**德並二
儀, 澤流四海, 以王慕化, 故遣行人來此宣諭")하고 있다.[61] 히로세 노
리오(廣瀨憲雄)는 수가 배세청을 통해서 일종의 '위로조서'(慰勞詔
書)를 보내 일본에 군신관계를 제안한 것으로 해석한다.[62]

이에 대해 일본은 수에 다시 사신을 보내 국서를 전달하는데 그것
이 유명한 '동천황(東天皇) 외교문서'다. "동의 천황은 삼가 서의 황
제에게 말씀드립니다"(東天皇敬白西皇帝)라는 문장을 담았기 때문
이다.[63] 이 국서는 『수서』에는 기록되어 있지 않다.

니시지마 사다오가 이 국서 사건을 통해서 당시 일본의 칭제와 그
에 관련한 대외관계를 해석하는 방식은 주목할 필요가 있다. 『수서』
에 따르더라도, 일본의 지배자가 스스로 칭제한 것에 대해 수 양제가
노하기는 했지만 국교를 단절하는 데까지 이르지는 않았다는 점을

十日, 又遣大禮 哥多毗, 從二百餘騎郊勞. 既至彼都, 其王與淸相見, 大悅, 曰:「我
聞海西有大隋, 禮義之國, 故遣朝貢. 我夷人, 僻在海隅, 不聞禮義, 是以稽留境內,
不即相見. 今故淸道飾館, 以待大使, 冀聞大國惟新之化.」淸答曰:「**皇帝德竝병二
儀, 澤流四海, 以王慕化, 故遣行人來此宣諭.**」既而引淸就館. 其後淸遣人謂其王曰:
「朝命既達, 請即戒塗.」於是設宴享以遣淸, 復令使者隨淸來貢方物. 此後遂絶."
『隋書』, 列傳 凡五十卷 / 卷八十一 列傳第四十六 / 東夷 / 倭國 / 段4033. 瀚典全
文檢索系統 2.0 版, 〈http://hanchi.ihp.sinica.edu.tw〉, pp.1827-1828.

59   廣瀨憲雄, 『東アジアの國際秩序と古代日本』, 吉川弘文館, 2011, p.94.

60   전용신, 1989, 390쪽.

61   『隋書』, 列傳 凡五十卷 / 卷八十一 列傳第四十六 / 東夷 / 倭國 / 段4033. 瀚
典全文檢索系統 2.0 版(http://hanchi.ihp.sinica.edu.tw), p.1828.

62   廣瀨憲雄, 2011, p.94.

63   전용신, 1989, 390쪽.

니시지마는 주목했다. 당시 중국에서 일본은 "중국 왕조의 질서체제로서의 예적(禮的) 세계의 바깥에 있으면서 그 세계를 사모해 조공하는 만이의 나라(蠻夷の國)"로서 이해되고 있었다는 것이다. 따라서 일본은 수 왕조에게는 "불신의 외역"(不臣の外域)이었고, "그 수장(首長)의 칭호 여하는 중국 왕조의 질서체제의 바깥에 있는 문제"였다는 것이다.[64] 니시지마는 같은 맥락에서 당시 돌궐(突厥)의 지배자 사발략 칸(沙鉢略[イシバラ]可汗)이 수 문제(文帝)에게 보낸 국서에서 스스로 "하늘에서 태어난 대돌궐천하현성천자(大突厥天下賢聖天子)"라 칭하고, 이에 대해 수 문제는 자신을 '대수천자'(大隋天子)라고 칭하는 답서를 보낸 사실을 지적한다. 이로부터 니시지마는 당시 수 왕조는 '이적(夷狄)의 수장'을 자기와 마찬가지로 '천자'로 인정할 수도 있었다고 이해한다.[65]

---

64 西嶋定生, 1983, p.437.

65 西嶋定生, 1983, p.436. 동시에 유의할 것은 사카유에 야스토시(坂上康俊)가 지적하고 있듯이, 일본 고대국가의 최고 전성기로 통하는 나라시대(奈良時代, 710-784)에서도 일본의 대외관계가 내포하고 있던 안과 밖의 괴리 현상이다. 당시 일본의 율령은 중화제국이었던 당(唐)마저도 신라와 마찬가지로 '외번'(外蕃)으로 규정했다. 당의 율령이 "당이 중화이고, 주변은 모두 외번"이라고 한 태도를 일본이 자신의 것으로 만들어『대보령』(大寶令)과『양노령』(養老令)을 편찬했다는 것이다. 이에 따라 당도 일본에게는 외번의 하나로 되는 것이었다(平野邦雄,「國際關係における'歸化'と'外蕃'」,『大化前代政治過程の研究』, 吉川弘文館, 1985; 坂上康俊,『律令國家の轉換と「日本」』, 講談社, 2001, p.90). 그러나 실제에 있어서 일본은 당에 대해 조공국이었다. 당연히 당이 격이 높았다. 당의 사신을 영접할 때 천황은 의당 어좌(御座)에서 내려와 북면(北面)해 사신을 맞아야 했다. 예로부터 중국에서는 천자는 남면(南面)해 신하를 맞았기 때문이다. 실제 그러한 일이 벌어진 것은 779년 5월 3일이었다. 이 사태를 두고 일본 조정에서 논란이 일었다. 그러나 결국은 "천황이 어좌에서 내려오는 것(天皇の降座)은 불가피하다"는 견해가 승리했다. 田島公,「日本の律令國家の『賓禮』」,『史林』六八-三, 1985; 森公章,「古代日本における對唐觀の研究」,『古代日本の對外認識と通交』, 吉川弘文館, 1998; 坂上康俊, 2001, p.94. 사카유에 야스토시는 대보령의 주석서인『고기』(古記)에서는 율령과 달리 대당(大唐)은 번국이 아닌 "인국"(隣國)으로 해석하고 있는 것을 주목한다. 천황 자신과 일본 정부의 상층부는 이러한 괴리를 잘 인식하고 있었다. 율령과 실제

히로세 노리오에 따르면, 일본 학계에서는 이 '동천황 외교문서'를 두고 니시지마 사다오와 같이 중국 왕조에 대한 '대등관계'(對等關係)를 의도한 문서라는 해석 말고도, 상대에 대한 공경과 순종의 뜻(恭順の意)을 표시한 것이라는 설, 『일본서기』 편찬 시의 조작설, 그리고 불교적인 논리에 의한 군신관계의 상대화를 기도했다는 설에 이르기까지, 다양한 해석이 제출되면서 아직 통일된 평가는 없다고 말한다.[66]

히로세 본인은 만일 일본이 실제로 '동천황 외교문서'를 수에 보냈다면, 수나라가 '일출처 외교문서'의 수용을 거부하고 군신관계를 요구한 데 대하여, 일본이 다시 '동천황 외교문서'를 통해서 일본에 '대등관계'를 주장한 것이라고 보았다. 그러나 히로세는 이 외교문서가 『일본서기』 편찬 시에 조작된 것이라는 해석을 지지한다. 첫째, 동아시아 지역에서는 명분관계(名分關係)가 불일치한 채로 외교가 계속된 사례가 없었다는 것이다. 둘째, 왜국이 '일출처 외교문서'를 수에 보냈음에도 수가 일본과 단교하지 않고 사신을 보낸 것은 당시 국제질서에서 일본을 상대적으로 우대했기 때문이라는 설에 대해서도 히로세는 반박한다. 당시 중국의 주변세력 가운데 가장 우대를 받은 것은 유목세력인 돌궐이었다. 또 고구려·백제·신라에 파견된 수나라 사신의 품계가 5품 내지 6품이었다. 그러나 일본에 파견된 배세청의 관품(官品)은 8품 내지 9품에 지나지 않았다는 것이다. 그는 당

사이의 이 같은 괴리를 두고 사카유에 야스토시는 '현교(顯敎)로서의 영문(令文)'과 '밀교(密敎)로서의 실태' 사이의 차이였다고 보았다. 그는 제2차 세계대전 이전의 일본에서 군부와 서민에게는 천황이 신으로 신격화되었지만, 관계와 사법계는 천황을 국가의 기관 정도로 인식하고 있었던 것과 일맥상통하는 것이라고 파악한다. 그는 이 맥락에서 천황신권설(天皇神權說)이 현교에 해당한다면, 천황기관설(天皇機關說)은 밀교에 해당한다는 미야자와 토시요시(宮澤俊義)의 논의(宮澤俊義, 『天皇機關說事件 (下)』, 有斐閣, 1970)를 인용한다. 坂上康俊, 2001, p.92.

66 廣瀨憲雄, 2011, p.88.

시 사산조 페르시아와 남해의 적토국(赤土國)과 당시 '유구국'(琉求國)으로 불려진 타이완에 9품의 사신을 파견해 벌인 수의 '극원지(極遠地)에 대한 적극외교'를 주목했다. 그 연장선에서 일본에도 같은 품계의 사신을 보낸 것이라고 히로세는 해석한다.[67]

필자는 히로세 노리오의 해석을 주목하고 설득력 있는 것으로 생각한다. 필자가 주목하고자 하는 것은 『일본서기』의 '동천황 외교문서'가 조작의 가능성이 높은 반면, 607년 일본이 수에 보낸 '일출처 외교문서'에서 왜왕이 '천자'를 자칭하며 중국에 대해 대등한 명분관계를 탐색한 것은 명백해 보인다는 사실이다.[68] 다만 왜왕이 자임한 칭호가 『수서』에 적힌 것처럼 '일출처 천자'였는지, 아니면 『일본서기』에 적힌 '동천황'인지는 뚜렷하지 않다. 『수서』의 '천자' 기록은 '동천황'의 중국식 번역이었을 가능성을 배제할 수 없는 것이다. 다카하시 요시타로(高橋善太郎)의 해석처럼 두 국서가 사실은 동일한 국서였다고 하더라도 마찬가지다.

그렇다면 이제 중요한 것은 일본의 지배자가 어떤 형태로든 '칭제'의 의식을 가지게 된 시점은 언제부터인가 하는 것이다. 니시지

---

67 廣瀬憲雄, 2011, pp.94-96, p.100.

68 『수서 왜국전』이 일본의 견수사 파견을 600년, 607년, 608년의 세 차례로 기록하고, 『일본서기』는 607년, 608년, 614년으로 기록했다. 그런데 『수서 제기』(隋書帝紀)에 따르면, 일본의 견수사 파견은 608년과 610년의 두 차례였다고 기록했다. 이를 두고, 전후 초기인 1950년의 논문에서 다카하시 요시타로(高橋善太郎)는 『수서 왜국전』에 기록된 600년과 『수서 제기』에 기록된 608년, 610년의 견수사 파견이 사실이라고 판단하고, 600년의 제1회 견수사 파견은 정정시찰(政情視察)의 목적이었고, 견수사가 유학생들과 함께 국서를 갖고 간 것은 2회째인 608년일 것이라고 했다. 3회째인 610년의 견수사는 답례사(答禮使)로 일본에 왔던 배세청을 돌려보내기 위한 방문이었다고 했다. '일출처 국서'와 '동천황 국서'는 내용이 같은 것으로 동일한 국서일 것이라고 보았다. 다카하시의 학설의 특기할 점은 『수서』에 기록된 '일출처 국서'와 『일본서기』에 기록된 '동천황 국서'가 다른 것이 아닌 동일한 것이라고 본다는 점이다. 高橋善太郎, 「遣隋使の研究の」, 『東洋學報』 33-3·4, 1950. 하라 히데사부로(原秀三郎)는 다카하시의 주장이 일본 학계에서 널리 승인된 학설은 아니지만, 설득력이 있다고 주장한다. 原秀三郎, 1984, pp.28-29.

마의 설명에 따르면, 일본의 국가체제는 스이코 천황 대에 '카바네질서'(カバネ秩序)로부터 '천황제적 관료제'(天皇制的官僚制)로 이행한다.[69] 카바네 국가체제의 지배자인 '오오키미'(オオキミ, 大王)는 '카바네' 소유자들 가운데 우월한 자에 지나지 않았다. 이러한 카바네질서를 초월한 '절대자'로 상승한 것이 스메라미코토(スメラミコト)였고, 그것이 바로 천황이라는 것이다. 그는 자신의 고분(古墳) 연구를 끌어들여서 그러한 실질적인 이행이 스이코조에 벌어졌다고 주장한다. 카바네질서에서 대왕(오오키미)의 고분은 전방후원분(前方後円墳)으로서 그 형식에서 다른 카바네 소유자들의 것과 차이가 없었다. 그런데 스이코조에 이르면 천황릉(天皇陵)과 관위자(官位者)의 고분은 중국식의 방분(方墳)으로 변화한다는 것이다. 이것이 스이코기에 전개된 일본 국가체제 변화의 반영이라고 니시지마는 해석한다. 그런 가운데 니시지마는 역시 『일본서기』 긴메이조에 백제가 보낸 상주문에서 일본의 오오키미를 '가외천황'이라고 한 것은 일본의 지배자가 '오오키미'에서 천황을 의미하는 '스메라미코토'로 전환되는 계기가 "조선과의 국제관계의 변화"에 있었던 것은 아닌지 추정할 수 있게 한다고 보았다.[70]

---

69 西嶋定生, 1983, p.438. 니시지마는 카바네질서를 '호족연합정권'(豪族聯合政權)으로 정의했다. 西嶋定生, 1983, p.439.

70 西嶋定生, 1983, pp.438-439. 니시지마는 이러한 자신의 견해가 "이시모다 쇼(石母田正)의 시교(示敎)에 의한 것이라고 적고 있다(西嶋定生, 1983, p.465). 이시모다 쇼는 주지하다시피 '왜·일본이 동이의 소제국(東夷の小帝國)이었다'는 가설을 확립한 장본인이다. 이시모다 쇼는 4세기에서 10세기 초에 걸치는 시기에 일본이 중국에 대해서는 조공을 바치는 조공국(朝貢國)이면서 동시에 한반도의 여러 국가로부터는 공조(貢調)를 받는 위치에 있는 피조공국(被朝貢國)이었다고 주장했다. 이것은 4세기 말 왜국이 임나(任那)를 직할령으로 지배했다는 주장으로 연결된다. 니시지마의 고대 한일관계 해석은 기본적으로 이시모다 쇼의 임나일본부 해석을 전제하고 있다. 西嶋定生, 1983, 특히 pp.438-439 참조.
　니시지마는 일본이 7세기 초에 '동천황'을 자칭하는 국서를 가진 견수사를 파견한 것을 스이코조에서 일본이 실질적인 천황제적 관료제로 전환하면서 중

어떻든 히로세 노리오가 지적한 바와 같이 적어도 607년, 즉 7세기 초에 일본이 대중국 외교문서에 '천황'(혹은 '천자')의 칭호를 자임한 것은 사실로 파악되며, 그것은 일본 학계의 통설대로 천황 칭호가 공식화되기 약 1세기 전의 일이다. 그렇다면 천황 칭호의 공식화이전에, 일본의 지배자가 '천황'을 자임하는 현상은 훨씬 오래된 기원을 가진 것임을 말해준다. 그리고 그 시원은 6세기 중엽 백제인들이 일본의 지배자를 가리켜 채택한 '가외천황'이라는 개념일 수 있다는 해석을 일본 학계가 제시해오고 있는 것이다. 이를테면 7세기초의 일본의 대중국 외교문서에 등장하는 '천황' 개념은 그로부터반세기 전의 백제인의 '가외천황' 개념과 훗날인 7세기 말 '천황' 칭호의 공식화를 매개하는 중간적 단계였다고 말할 수 있게 된다.

8. 어떻게 볼 것인가: 한자문명 개념의 매개자로서의 백제의 역할

'가외천황' 개념을 둘러싼 일본 학계에서의 논의 구조를 염두에둘 때, 우리에게 남겨진 해석의 방향은 크게 세 가지다.

첫째는 이시모다 쇼(石母田正)[71]에서 니시지마 사다오를 거쳐서

국과의 관계에서 변화를 모색한 것으로 해석했다. 그에 따르면, 남북조시대의송조(宋朝)에 사신을 보내 조공한 것은 일본이 중국왕조의 질서 안에 들어가중국으로부터 관작을 청원함으로써 "조선반도에서의 군사적 지배권을 확보하려는 것"이었다. 반면에 스이코조에 견수사를 파견한 것은 중국왕조의 관작을받거나 책봉을 받기 위해서가 아니라, 중국왕조 질서체제의 바깥에서 자신의질서와 권위를 형성하려는 태도를 나타낸다고 보았다. 즉 "국내적으로 카바네질서를 근간으로 한 호족연합정권으로부터 천황제국가로의 성장"이라는 문제가 스이코조의 견수사 파견에 내포되어 있다는 것이다. "대외적으로 신라와 백제를 조공국으로 해 그들에 군림하려고 하는, 일본을 중심으로 하는 소'책봉체제'를 유지하는 문제가 있는 것"인데, "한편으로는 중국왕조의 질서체제 바깥에 자기의 체제를 형성하려고 하면서 다른 한편으로 그것을 위한 새로운 질서를 구하는 노력으로서 조공형식에 의한 중국왕조체제에의 접근을 개시한다는결과로 된 것은 아닌가"라고 니시지마는 해석했다. 西嶋定生, 1983, p.439.

71 이시모다 쇼는 1960년대에 발표한 '왜ㆍ일본이 동이의 소제국(東夷の小

오늘날에도 여전히 일본 학계에서 주류라고 판단되는 역사해석이다. 일본의 고대 한일관계사 해석의 골격, 즉 6세기 중엽 야마토 정권이 한반도 남부에 일정한 군사적 지배권을 갖고 있었다는 '임나일본부'설과 함께 『일본서기』의 가외천황 기사와 제국 기사를 함께 받아들이는 것이다.

둘째는 『일본서기』의 가외천황 기록과 제국 관련 기록을 이 역사문헌의 8세기 초 편찬 시에 일본 사관들에 의한 조작으로 간주하는 것이다.[72]

마지막 세 번째의 선택은 『일본서기』의 가외천황 기사와 제국 기사를 사실로 인식하되, 일본 학계의 '임나일본부'설의 본질은 부정하는 것이다. 이러한 관점은 특히 1980년대에 활발하게 전개된 한일양국 학계 안에서의 비판적인 『일본서기』 독해의 일정한 성과를 기초로 가능해진 것이다.

필자는 첫 번째 해석은 배제한다. 두 번째와 세 번째의 선택이 우리에게 남아 있다고 본다. 완벽한 객관성을 확보하면서 그 둘 가운데 하나를 선택하는 것은 불가능해 보인다. 『일본서기』의 해당 기사들은 조작 내지 훼조(毁造)라는 명제를 완벽하게 증명할 수도 부정할 수도 없다.[73] 그것은 분명 우리가 피할 수 없는 원초적 딜레마다.

帝國)이었다'는 명제로 유명하다. 石母田正, 「日本古代における國際意識について―古代貴族の場合―」, 1962; 石母田正, 「天皇と『諸蕃』―大寶令制定の意義に關連して―」, 1963. 이상은 石母田正, 『石母田正著作集 四 古代國家論』, 岩波書店, 1989에 수록. 廣懶憲雄, 『東アジアの國際秩序と古代日本』, 吉川弘文館, 2011, pp.9-16에서 인용.

72 여기에는 백제인들이 실제 쓴 표현은 '可畏天王'이었는데, 훗날 일본 사관들이 '可畏天皇'으로 바꾸었을 가능성도 포함한다. 7세기 초 배세청이 수나라 사신으로 일본에 와서 전달한 국서에서 왜왕에 대한 수의 칭호가 '王'이었는데, 『일본서기』는 이를 '倭皇'으로 표시했다. 그러한 맥락에서 '可畏天皇'의 경우에도 의문을 가질 수 있겠다.

73 『일본서기』의 한일관계 관련 기록들에 대해 한국 학계에서 가장 철저한 비판적 독해를 시도해온 김현구 등의 저서도 이 문헌의 '가외천황' 및 '제국' 관련 기사의 훼조 여부에 대해서는 언급하지 않고 있다. 김현구 외, 2003.

『일본서기』는 20세기 전반기 일본제국 시대에 이미 일본 학계 안에서도 그 사료적 진실성에 대해서 비판을 받아왔다. 츠다 소키치(津田左右吉)의 비판적 연구가 선구적이었다.[74] 특히 천황사관을 천황제 고대국가 확립 이전 시기의 대외관계에 투영시킨 기록들에 대해서는 의당 조작과 개찬(改竄)에 대한 의문을 제기하는 것은 정당한 것이다. 그러나 동시에 일본은 6세기 말 7세기 초의 스이코조에 '천황'으로 통하게 되는 '스메라미코토'가 지배자의 칭호로 쓰이게 되었으며, 그 단초가 6세기 중엽 한반도의 국가에서, 혹은 적어도 한반도 국가와 일본 사이의 국제관계에서 비롯되었다는 일본 학계의 해석을 부정해야 할 정당한 이유도 충분하지 않다. 한일 학계가 공히 인식하고 있는 것처럼, 6세기 중엽의 백제는 고구려 및 신라와 국가의 존폐가 걸린 패권투쟁을 벌이고 있었다. 이런 조건 속에서 백제는 일본 정권과 가장 긴밀한 우호적 관계를 유지하며 종종 그들에게 군사적 구원병을 요청하는 처지에 있었다.[75]

아울러 문제의 제국 개념이 들어 있는 대일본 표문의 내용이 담고 있듯이 백제는 일본에 선진 문물을 전달해주는 역할을 맡고 있었다. 불교적인 혹은 유교적인 한자어 개념 체계를 일본에 전하고 교육하는 위치에 있었다고 말할 수 있다. 백제의 집권 세력이 자신들의 전략적이고 외교적인 필요에서 매력적인 정치적 개념들을 일본의 권력자들에게 선도적으로 제안했을 가능성은 충분히 추정 가능하다. 이런 맥락에서 본다면 일본의 권력자는 결국 '제국' 개념에는 매력을 느낀 것 같지 않다. 하지만 '천황' 개념은 매력적으로 받아들였다는 이야기가 된다. 어떻든 천황과 제국이라는 대국적 자기표상 및 질서표상의 개념체계를 백제가 일본에 제안한 것이 사실이라면, 이것

---

74 津田左右吉, 『神代史の研究』, 岩波書店, 1924; 연민수, 『고대한일관계사』, 혜안, 1998, 15-16쪽.
75 제국 개념의 한반도 기원을 염두에 두면서 6세기 한일관계사를 어떻게 볼 것인지에 대한 필자의 자세한 논의는 이삼성, 『제국』, 2014, 44-68쪽.

은 백제가 한자 문명과 그 정치적 개념체계를 일본에 전파하는 과정에서 벌어진 사태의 한 측면이라고 이해할 수도 있다.

그럼 백제인은 왜 하필 '천황'과 '제국'이란 세트의 개념체계를 일본에 제안했던 것일까. 당시 일본은 아직 공식으로 칭제하지 않았고, 중국은 남북조로 분열된 상황이라고 하지만 중국 중심의 책봉체제가 엄연히 존재했다. 이런 조건에서 백제인 나름으로 대안적인 외교적 존대 개념을 개발한 것일 가능성이 있다. 당시 중국중심적 국제질서에서 백제인이 일본의 지배자를 아무리 경앙한다고 해도 그를 '황제'로 치켜세우기엔 무리였을 것이다. 그 대안이 '천황'이었고, 또 '제국'이었을 가능성을 생각해본다.

사마천의 『사기』에 따르면, 진시황은 천하를 통일하고 군현제를 확립한 통치자로서 자신의 새로운 위상을 표상하기 위한 새로운 칭호를 창안하라 명했다. 신하들은 "고대에는 천황(天皇)이 있고 지황(地皇)이 있고 태황(泰皇)이 있었는데, 태황이 가장 존귀했다"는 이유를 들어서 "태황"을 추천한다. 그러자 진시황은 "태자를 없애되 황자는 그대로 두고, 상고시대의 '제'라는 호칭을 받아들여 '황제'라고 부를 것"이라고 결정한다.[76] 요컨대 '삼황' 가운데 태황이 가장 존귀했다고 해 이를 바탕으로 '황제'라는 개념을 만들어냈다는 이야기다. 그렇다면 '천황'은 그 다음가는 존귀한 존재의 하나가 될 것이다. 앞서 언급한 대로 하라 히데사부로는 백제가 불교국가인 탓으로 불교의 '사천왕'에서 '천황'이란 개념을 만들어냈을 것이라는 가설을 제시했다. 그런 유추가 일리 있다고 간주된다면, 중국 고대 설화의 '삼황'의 하나인 '천황'에서 뽑아낸 것은 아닐까라는 유추도 배제할 필요는 없다. 이로써 일본의 지배자가 그 개념을 매력적으로 느꼈고, 감히 이를 자기표상 개념으로 채택했을 가능성을 생각해볼 수 있다.

---

76 사마천, 김원중 옮김, 「진시황 본기」, 『사기 본기』(史記本紀), 을유문화사, 2005, 208-209쪽.

물론 두 가지 가능성이 있다. 하나는 일본 스스로 자신에게 군사적 구원을 요청하는 한반도의 국가에게 칭신의 예를 요구하면서 그 지배자를 '(가외)천황'으로 부르도록 요구했을 가능성이다. 일본의 왕이 국가체제상 아직 공식 칭제하기 전인 607년에 이미 대외적으로는 중국을 상대한 한 외교문서에서 스스로 '천황'을 자칭한 기록이 남아 있음을 고려하면, 그보다 앞선 6세기 중엽 백제에 대해 칭제에 준한 의례를 요구했을 가능성을 배제할 수 없는 것이다. 다른 하나는 백제인들이 스스로 일본에 대해 '제국'의 개념을 만들어 적용했듯이, '가외천황' 역시 백제인의 개념적 창안일 가능성이다. 중국과 일본 사이에서 한자문명의 매개자였던 백제의 역할을 염두에 둔다면 이 두 번째 가능성에 무게를 둘 여지가 있다고 본다.

백제의 집권층이 548년에 일본의 지배자를 '가외천황'으로 칭하고, 그로부터 4년 뒤인 552년 일본을 일컬어 '제국'이라 했다는 것은 그것 자체로는 논리적 일관성이 있다. 만일 일본 사관들이 이를 훼조(毀造)한 것이라면 일관성 있게 조작한 것이 될 것이다. 조작이 아닌 사실로 인정할 경우, 백제인은 이미 몇 년 전에 일본의 오오키미를 '천황'으로 승격시켜준 만큼, 그에 상응하는 정치적 개념을 왜왕의 지배영역에 대해서도 개발해낼 필요성을 느꼈을 것이다. 그것이 '제국'이었던 것은 아닌지 생각할 수 있다.

문중자 왕통이 제국을 황국보다 한 단계 아래에 두었다는 것은 앞서 언급한 바 있다. 6세기 중엽의 백제인들이 6세기 말 이후에 활동한 왕통의 문헌을 접했을 리는 없다. 설사 당시 백제인들이 왕통식의 논리를 접했다 하더라도 스스로 일본의 지배자에게 이미 '천황'의 칭호를 선사한 마당에 '황국'과 '제국'의 차별성은 무의미했을 것이다. 단 일본이 백제가 제안한 '제국' 개념을 끝내 수용하지 않으면서도 훗날 '황국'을 주된 자기표상 개념으로 채택하는 과정에서 왕통식의 논리가 영향을 미쳤을 가능성은 배제할 수 없을 것이다.

『일본서기』에 기초할 때, 고대 일본의 지배자 역시 제국이나 황국으로 자기표상하는 일은 없었다. 이 역사서가 편찬된 8세기 초의 시점에서 일본의 국가체제는 이미 중국의 율령체제를 자기화하고 있었다. 그 지배자들의 질서표상과 자기표상의 개념체계 역시 중국을 모방하고 있었다. 천황은 자신의 지배영역을 '천하'라고 말하길 즐겼다.[77] 또한 중국을 모방해 스스로 종종 '천조'를 자처했다.[78] 심지어 자신을 가리켜 '중국'이라고도 했다.[79]

77　일본이 천황의 지배영역을 천하라는 개념에 기대어 사유한 사실은 고대 일본의 역사서에 잘 드러난다. 『일본서기』와 『속일본기』, 그리고 『일본후기』와 같은 고대 일본 역사서에 천하는 매우 자주 등장한다. 『일본서기』의 583년의 기록에는 백제와 관련이 있는 인물인 일라(日羅)가 천황에게 전하는 충고가 실려 있다. "천황이 천하를 다스리는 바의 정치는 반드시 백성들을 보호하고 기르는 데 있습니다(天皇所以治天下政 要須護養黎民)"(『일본서기』 권20 渟中倉太珠敷天皇 敏達天皇 12년[583]: "日羅의 파견. 日羅의 죽음"). 또한 같은 문헌의 674년 기록에는 일본 천황이 탐라 사신에게 조를 내려 이렇게 말한다. "천황이 새로이 천하를 평정하고 처음 즉위했다(天皇新平天下 初之卽位). 이로 말미암아 축하하는 사신 이외에는 부르지 않는 것은 너희들이 직접 본 바이다. 또 날씨가 춥고 물결이 험해지니 오래도록 머물러 있으면 도리어 너희들의 근심이 될 것이다. 그러므로 빨리 돌아가라." 그리고 "국왕과 사신 구마예(久麻藝) 등에게 처음으로 작위를 주었다"(『일본서기』 권29 天渟中原瀛眞人天皇 下 天武天皇 2년 가을 8월[674년 음8월 25일]: "新羅의 賀騰極使 金承元 등의 入京. 耽羅王子 久麻藝 등에게 爵位를 줌"). 또 같은 문헌의 650년 기록에는 천황이 사문(沙門)들에게 조언을 듣고자 물으니, 그들의 대답이 다음과 같았다고 했다. "천하에 사면령을 내리시어 민심을 기쁘게 하십시오(宜赦天下 使悅民心)"(『일본서기』 권25 天萬豐日天皇 孝德天皇 白雉元年 2월[650년 음2월 9일]: "白雉에 대해 百濟君 등에게 물음. 高麗의 白鹿菌寺").

78　『일본서기』의 게이코천황(景行天皇) 40년 10월의 기록에는 야마토다케루노 미코토(日本武尊)가 게이코천황에게 고하는 내용이 있다. "신은 명을 천조(天朝)에 받고서 멀리 동쪽 오랑캐를 정벌했습니다. 신은을 입고 황위에 의지해 반역자를 복죄시켰습니다. 거친 신이 스스로 따랐습니다. 그래서 갑옷을 벗고 창을 거두어서 군사를 파하고 돌아왔습니다. 어느 날, 어느 시엔가는 천조(天朝)에 복명하려고 했습니다. 그러나 천명이 다해 여명이 얼마 남지 않았습니다…"(臣受命**天朝**, 遠征東夷, 則被神恩, 賴皇威, 而叛者伏罪, 荒神自調, 是以, 卷甲戢戈, 愷悌還之, 冀曷日曷時, 復命**天朝**, 然天命忽至…)(전용신, 1989, 136-137쪽). (원문: 坂本太郎·家永三郎·井上光貞·大野 晋 校注, 『日本書紀 (二)』, 東京: 岩波書店, 1994, p.482.)

　　『일본서기』의 진구황후(神功皇后) 섭정 47년 4월의 기록에서는 백제의 사신

일본은 훗날 '황국'이라는 개념을 대거 채용한다. 그러나 『일본서기』에는 그 개념이 아직 등장하지 않는다. 훗날에 이르러 일본이

들이 일본 천황의 조정을 일컬어 '천조'라고 했다는 기록을 담고 있다. 백제 사신들은 자신들이 일본에 바치려던 공물을 신라인들에게 빼앗기게 된 사정을 설명하면서 "신라인이 …우리의 공물을 빼앗아 자기 나라의 공물로 했습니다. 신라의 천한 물건과 바꾸어, 신의 나라의 공물로 했습니다. 신들에 일러 '만일 이 일을 잘못하면 돌아오는 날에 마땅히 너희들을 죽이겠다'라고 했습니다. 그래서 구저(久氏)들은 두려워 그대로 따랐을 뿐입니다. 이로써 겨우 천조(天朝)에 도달할 수 있었습니다"라고 했다(…是以, 僅得達于天朝…). 전용신, 1989, 164-165쪽.(원문: 坂本太郎·家永三郎·井上光貞·大野 晋 校注, 1994, 『日本書紀 (二)』, p.504.)

『일본서기』의 류우랴쿠천황(雄略天皇) 8년 2월조(卷第十四) 기록에는 "선신(膳臣)들이 신라에게 말하여, '그대들은 지극히 약한 나라로서 지극히 강한 나라를 당해냈다. 관군이 도와주지 않았더라면 반드시 격파되었을 것이다. 이번 싸움에 거의 남의 땅이 될 뻔했다. 이후 어찌 천조(天朝)에 배반할 것인가'라고 말했다"(膳臣等謂新羅曰, 汝以至弱, 當至強. 官軍不救, 必爲所乘. 將成人地, 殆於此役. 自今以後, 豈背天朝也). 전용신, 1989, 242-243쪽.(원문: 坂本太郎·家永三郎·井上光貞·大野 晋 校注, 1994, 『日本書紀 (三)』, p.54, p.423.)

79 『일본서기』의 게이코천황(景行天皇) 51년 8월의 기록에서, 아이누족(蝦夷)을 일본에서 쫓아내게 된 사정을 설명했다. 아이누족이 소란을 피운다는 보고를 받은 천황은 이렇게 명한다. "저 신산(神山)의 곁에 둔 아이누(蝦夷)는 본시 마음이 짐승 같아 중국(中國)에 살게 하기 어렵다. 그 바라는 바에 따라 기외(畿外)에 두라"(其置神山傍之蝦夷, 是本有獸心, 難住中國). 전용신, 1989, 138-139쪽. 기내(機內)는 일본을 말하고, 기외(畿外)는 그 밖을 말한다.(원문: 坂本太郎·家永三郎·井上光貞·大野 晋 校注, 1994, 『日本書紀 (二)』, p.483.)

『일본서기』의 류우랴쿠천황(雄略天皇) 7년의 기록에 이런 내용이 있다. "전협신(田狹臣)은 치원(稚媛)에 장가들어 형군(兄君), 제군(弟君)을 낳았다. 전협이 임명된 장소에 가서 천황이 자기 처를 빼앗은 것을 듣고는 신라에 구원을 청해 들어가려고 했다. 그때 신라는 왜를 섬기지 않았다…"(…于時, 新羅不事中國…). 전용신, 1989, 240-241쪽. 여기서 전용신은 '중국'을 왜로 의역했다.(원문: 坂本太郎·家永三郎·井上光貞·大野 晋 校注, 1994, 『日本書紀 (三)』, p.421.)

『일본서기』의 류우랴쿠천황(雄略天皇) 8년 2월의 기록은 이렇게 말하고 있다. "천황이 즉위 이래 신라국이 배반해 조공을 바치지 않은 지가 8년이 되었다. 그리고는 천황의 마음을 두려워해 고구려와 수호했다"(自天皇卽位, 至于是歲, 新羅國背誕, 苞苴不入, 於今八年, 而大懼中國之心, 脩好於高麗). 전용신, 1989, 242-243쪽. 여기서 전용신은 '중국의 마음'을 '천황의 마음'으로 의역했다.(원문: 坂本太郎·家永三郎·井上光貞·大野 晋 校注, 1994, 『日本書紀 (三)』, p.422.)

'황' 개념과 '국' 개념의 결합어로서의 '황국'을 자기표상 개념으로 광범하게 사용하기에 이르는 것은, 일본이 비록 질서표상과 자기표상의 개념체계에서 중국의 것을 모방하기는 했지만, 자신들의 '천하'보다 더 큰 천하, 즉 "중국이 중심에 있는 천하"의 존재를 분명히 의식하지 않을 수 없었기 때문일 수도 있다.

일본인들은 고대국가 시기에 "황제의 나라＝천하"라는 중국의 개념체계를 모방하되, 중국이 말하는 천하는 중국에 국한시키고, 자신의 천하는 일본이라는 나라(日本國)에 국한시킴으로써 자기화된 천하의 논리를 구성한 것이라 할 수 있다. 그럼으로써 중국과 달리 일본에게는 지배자의 이념으로서의 천하도 '국'의 개념과 양립해 결합할 수 있었기 때문에 훗날의 전통시대에 '황국'(皇國)이라는 개념을 광범하게 사용하는 조건이 되었던 것은 아닐까. 또한 이러한 배경이 있었기에 근대 일본 역시 서양어 '엠파이어'를 '제국'으로 번역해 곧 자신의 국가 정체성을 '제국일본'으로 표상하는 것도 용이했을 것이다. 다만 고대국가 시절 천황제가 구성되어가는 시점에서는 일본은 중국의 개념체계를 모방하는 데 집중하여, 천하와 천조를 중심으로 질서표상과 자기표상의 개념체계를 구성한 것으로 생각된다. 백제가 제안한 개념들 가운데 일본이 전통시대 내내 '제국'은 끝내 수용하지 않았고, '황국' 또한 고대의 시점에서는 사용하지 않았던 이유의 하나도 거기에 있지 않을까 생각된다.

9. 맺는말

이 논문은 '제국' 개념의 동아시아적 기원에 대한 필자 자신의 기존 연구결과에 비판적 수정을 시도했다. 크게 두 가지 점에서다. 첫째, 일본 고대의 공식 역사서를 대표하는 『일본서기』가 백제 성왕이 일본에 보낸 표문의 형태로 '제국'(帝國)의 개념을 담고 있으며, 이것이 일본 사관에 의한 조작이 아닐 경우 동아시아에서 '제국' 개념의 기원이 된다는 점은 이미 밝힌 바 있다. 이 개념은 중국과 일본에서 받아들이지 않았기 때문에 동아시아에서 상호소통 가능한 정치외교적 개념으로 성립되지 못했다. '천하' 이외에 중국과 일본에서 '제국' 개념을 대신한 연관 개념은 '황국'이 아니라 '천조'였다. '황국'은 중국의 전통시대 전체에 걸쳐 쓰이지 않았고, 일본에서도 적어도 『일본서기』가 기록한 고대에는 등장하지 않았다. 그럼 전근대 내내 중국에서는 왜 제국과 함께 황국도 지배자들의 정치외교적 개념으로 채택되지 않았을까. 중국 지배자들의 자기표상으로서의 '황'과 '제'는 적어도 정치적 이념의 차원에서는 특정한 '국'(國)의 영역을 넘어선 천하의 지배자였다. 따라서 '황'도 '제'도 '국'이라는 개념과는 결합하기 어려웠던 것은 아닐까라고 추정해보았다.

둘째, 이 논문은 『일본서기』의 '제국' 개념은 그것 자체만으로는 해명하기 어렵고, 같은 시기 『일본서기』의 기록에 있는 '가외천황'(可畏天皇) 개념과의 연관 속에서만 이해될 수 있음을 밝히고자 했다. '가외천황' 역시 백제를 비롯한 한반도인들이 일본의 지배자를 일컫는 칭호로 이 역사서에 등장해 있다. 니시지마 사다오의 연구에서 보이듯이 일본 학계가 이해한 바로는, 일본의 국가체제는 스이코천황 대에 카바네질서로부터 천황제적 관료제로 이행한다. 카바네 국가체제의 지배자인 오오키미(대왕)가 카바네질서를 초월한 절대자로 상승한 것이 스메라미코토였고, 그것이 바로 천황이었다. 스이코조는 6세기 말에서 7세기 초에 걸쳐 있었다. 그렇다면 백제는 약 반세기 이전에 일본의 지배자를 '가외천황'이라 부름으로써 일본의 국가체제의 정점에 선 지배자의 칭호가 오오키미에서 스메라미코토로 전환할 때 일본인들이 그 스메라미코토를 '천황'이라는 한자 개념으로 표현하는 것을 선도했다고 말할 수 있다. 단 일본의 지배자가 국내적으로는 아직 카바네질서의 대왕에 불과하면서도 대외적으로는 칭신의 예를 요구하며 '천황'을 자칭했을 가능성도 배제할 수는 없다.

하라 히데사부로가 지적하듯 일본의 지배자가 '천황'이라는 칭호를 공식 사용하게 된 것은 7세기 말의 덴무조 이후라는 것이 일본 학계의 통설이지만, 구리하라 도모노부와 하라 히데사부로 등의 견해와 같이 스이코조에 '대왕천황'이라는 복합칭호가 채택되었음을 주목하는 학설도 유력한 상태다. 더욱이 중국의 『수서』와 『일본서기』가 전하는 고대 중일 외교 기록에서 일본의 지배자가 '천황' 내지 '천자'를 자칭한 것은 히로세 노리오의 최근 연구가 보여주듯이 607년, 즉 7세기 초의 일로 파악된다. 그런 만큼 천황 칭호의 공식화의 약 1세기 전에 이미 일본에서는 지배자가 '천황'을 자임한 국가체제가 등장해 있었다. 그 지배자 스메라미코토가 '천황'이라는 한자로 개념화되는 과정은 약 반세기 전 일본의 지배자를 가리켜 '가외천황'이라 불렀던 한반도인들의 한자개념 전파 역할과 무관하지 않았을 가능성이 있다.

결국 이 논문은 『일본서기』에 등장하는 '가외천황'과 '제국' 개념을, 그것이 일본사관들에 의한 조작이 아닐 경우를 전제로 하여, 어떤 개념사적 맥락에서 이해해야 할 것인가를 논의한 것이다. 한반도인들이 일본에 대해 선진 한자문명의 매개자로서 활동했던 점에 비추어, '천황'은 '제국'과 함께 한반도인들이 일본에 매개한 정치외교적 개념일 가능성을 논의했다. 끝으로 일본의 지배자들은 왜 '제국' 개념은 거부하고 '천황' 개념은 채택했는지에 관련하여, 『일본서기』가 편찬된 8세기 초까지의 시기에서 일본은 중국적인 질서표상과 자기표상 개념을 모방해 자기화하는 데 집중하고 있었던 것과 관련이 있을 것으로 해석해보았다.

(2014)

제11장
동아시아 대분단체제란 무엇인가[1]

　이 글은 신문 글이기도 했지만 일반 독자들도 동아시아 대분단체제론을 쉽게 이해할 수 있도록 압축적으로 요약해 보인 것이었다. 특히 백낙청 교수께서 제기한 비판에서도 드러나듯이 필자의 동아시아 대분단체제론을 "일본과 아시아의 대립"으로 크게 오해하는 일이 없기를 바랐다. 그리고 왜 이것을 '체제'로서 볼 수 있는지를 설명하고자 했다. 이 글이 실린 지 얼마 후에 『한겨레』는 백낙청 교수의 한반도 분단체제론과 필자의 동아시아 대분단체제론이 대화하는 형식의 대담 기회를 마련했다. 『창비』의 '한반도 분단체제론'적 관점을 대변할 수 있는 학자 한 분과 필자가 의견을 나누는 방식이었다. 이 대담에서 필자는 대분단체제론을 통해 동아시아 차원의 개념화 필요성을 느낀 배경의 하나로 백낙청 교수의 '한반도 분단체제론'의 업적과 함께 그 한계를 언급했다. 그 개념은 한반도의 전쟁과 평화 문제의 동아시아적 맥락에 대한 분명한 개념화가 빠져 있고, 그 내용에서 이매뉴얼 월러스틴의 세계체제론을 빌어서 동아시아를 건너뛴 채 한반도에서 바로 세계체제 논의로 나아간 것으로 이해했다. 그것은 우리의 평화담론에서 중요한 공백을 의미한다고 지적한 것이었다.

　이 글에 붙여진 중간제목들은 김보근 기자께서 정하신 것이었고, 여기에 그 중간제목들과 함께 당시의 글 그대로를 아무런 수정 없이 옮긴다.

1978년 '분단시대의 사학'이란 문제의식을 제기한 강만길 교수는 1983년 송건호 선생과 함께 『한국민족주의론 II』를 펴냈다. 필자가 접한 것 가운데 '분단체제' 개념을 담은 첫 문헌이었다. 1994년 백낙청 교수는 세계체제론을 원용하여 '한반도 분단체제' 개념에 체계성을 담으려 했다. 한편 필자는 '분단체제' 개념을 한반도가 아닌 동아시아 지역질서 전반을 개념화하기 위해 채택했다. 그런데 1980년대 초부터 '분단체제'가 한반도에 초점을 맞추어 사용된 만큼, 동아시아에 적용하려면 '대분단체제'가 적절해 보였다.

1. 동아시아질서의 통시적 연속성

필자는 전후 동아시아 질서의 고유성은 '냉전·탈냉전'이라는 일반적 도식으로 포착할 수 없는 통시적 연속성에 있다고 생각했다. 그 연속성의 구조를 개념화함으로써, 한반도의 전쟁과 평화를 동아시아 질서의 맥락에서 이해하고 싶었다. 이를 위해 동아시아의 지정학적 구조, 정치사회적 체제와 이념, 그리고 과거에 대한 기억의 정치가 현재와 미래의 국제질서에 갖는 규정력, 이 세 차원을 함께 담아낼 수 있는 독자적인 개념화를 모색했다. 1999년 국내외의 평화회의와 학술회의에서 '대분단구조'라는 용어를 사용하여 그 문제의식을 담았지만, 동아시아 '대분단체제' 개념을 체계화해 발표한 것은 2004년 여름 한국정치학회 주최의 학술회의에서였다. 이후 국내외에서 발표한 여러 논문과 글에서 이 개념에 바탕한 동아시아 질서 인식을 제기해왔다.

동아시아 대분단체제론은 네 묶음의 논의다. 첫째는 개념 자체의 논리적 구성이다. '체제'란 두 가지의 설명을 요한다. 체제의 전체를 구성하는 인자들을 명확히 하고, 그 인자들 사이의 지속성 있는 상호작용 패턴을 설명해내야 한다. 둘째는 '동아시아 대분단선'에 놓여 있는 전략적 충돌 지점들과 이를 둘러싼 긴장의 양상에 대한 설명이다. 셋째는 대분단체제 안에서 한반도의 위치를 파악하고 이 체제와의 연관 속에서 한반도 문제를 해명하고 정책을 논하는 부분이다. 넷째는 동아시아 대분단체제와 자본주의 세계경제의 상호작용에 대한 논의다. 이 글에서 네 가지 모두를 언급하는 것은 지나친 욕심일 것 같다. 동아시아 대분단체제론의 논리적 구성을 밝히는 것에 집중하겠다. '동아시아 대분단체제'론이 '일본과 나머지, 혹은 일본과 아시아의 분단' 식의 논리로 오해되거나 왜곡되는 것을 가장 경계하기 때문이다.

2. 청일전쟁부터 1945년까지는 동아시아 제국체제

필자는 19세기 말 청일전쟁에서 1945년까지의 반세기를 동아시아의 '제국체제'로 정의한다. 전후 동아시아 대분단체제는 최소한 두 가지 점에서 제국체제에 기원을 두고 있다. 하나는 중국 경영이라는 공동의 목표 아래 한편 갈등하되 큰 틀에서 상호적응하며 협력한 미일 연합의 지정학적 전통이다. 이 연합은 1937년 중일전쟁 발발과 뒤이은 난징학살 사태에도 불구하고 1940년 전후까지 지속되었다. 일본에게 대륙침략과 전쟁 수행에 불가결했던 폐철과 항공폭탄을 1938년까지, 전투기와 폭격기에 긴요한 항공유는 1940년 중엽까지 계속 공급한 나라는 미국이었다. 역시 결정적 전략물자인 석유의 대일본수출도 1941년 7월까지 지속했다. 1941년 12월 진주만 사태와 1945년 8월 원폭투하라는 충격적인 이미지가 그 이전 반세기에 걸쳐 존재한 미일 연합의 역사를 망각하게 만들었을 뿐이다.

제국체제가 전후 동아시아 질서에 남긴 또 하나의 유산은 제국의 폭력에서 연유한 역사심리적 간극이다. 총력전으로 불린 두 차례의 대전에서 상호 파괴와 살상, 그리고 전대미문의 반인류적 범죄들은 동아시아보다 유럽에서 더 웅장한 스케일로 벌어졌다. 그런데 이 역사적 상처는 유럽이 아닌 동아시아 질서에 더 깊게 각인된다. 더욱이 전후 유럽 질서는 그 상처를 치유한 반면, 전후 동아시아 질서는 그

점에서도 제국체제와 연속성을 띤다. 제국체제의 역사적 상흔의 전후 계승은 대분단체제의 또다른 핵심 요소다.

필자는 이 대분단체제를 개념화하기 위해 중층성, 다차원성 그리고 상호작용성이라는 세 가지 성격을 부각시켜왔다. 먼저 중층성이란 이 체제가 두 개의 층위로 이루어져 있다는 뜻이다. 미일의 연합, 그리고 이것과 중국 사이의 긴장 구조가 그 하나인데, 필자는 이것을 '대분단의 기축'이라 부른다. 다른 하나의 층위는 한반도의 휴전선, 타이완해협 그리고 전후 적어도 30년간 베트남을 갈라놓았던 17도선에 존재한 국지적 분단들이다. 민족분단 혹은 소분단체제라고도 부를 수 있겠다.

3. 전후 동아시아질서의 상호작용성

다차원성이란 분단을 구성하는 세 가지 긴장 요소를 가리킨다. 그 첫째는 제국체제로부터 넘겨진 미일 연합과 대륙 사이의 지정학적 긴장이다. 둘째는 정치사회적 체제와 이념에서의 균열 내지 이질성이다. 셋째는 역사심리적 간극이다.

전후 동아시아 질서를 대분단 '체제'이게 만드는 것은 이러한 중층성과 다차원성 모두에서 작동하는 상호작용성이다. 첫째, 대분단의 기축과 민족분단들이 서로를 유지시키는 패턴을 보인다. 1970년대 초 미국은 베트남의 수렁에서 명예로운 후퇴를 위해 소련 및 중국과 긴장 완화를 추구했다. 박정희 정권은 7·4남북공동성명으로 데탕트 국면에 부응하는 척했다. 그러나 곧 10월 유신을 단행해 한반도의 긴장은 오히려 증폭된다. 이것은 베트남의 상황과 결합하여 동아시아 질서의 전반적인 긴장을 유지하는 쪽으로 작용했다. 1990년대에도 대분단의 기축에서 긴장 완화가 추구되지만 한반도 핵문제, 그리고 타이완해협의 미사일 위기가 미중 관계를 긴장시켰다. 2008년 타이완 마잉주 정권의 등장은 양안관계에 훈풍을 몰고 오지만, 남중국해와 센카쿠열도(댜오위다오)의 문제로 미일 동맹과 대륙 사이의 기축 관계가 긴장했다. 그 여파로 타이완의 미국 첨단무기 구매는 오히려 증가한다. 천안함 침몰이라는 한반도 내적 사건도 이 시기 대분단구조 전반에 긴장을 보탰다. 모두 대분단의 기축과 소분단체제들 사이에 작동하는 상호유지 패턴을 예증한다.

둘째, 지정학적 긴장, 정치사회적 체제와 이념의 이질성, 그리고 역사심리적 간극이라는 세 가지 차원의 인자들이 상호 지탱하고 보완하는 관계를 구성한다는 점이다. 여기에서 전후 유럽과 동아시아의 또 다른 근본적 차이가 확인된다. 유럽의 냉전체제는 역사적 상처를 치유하는 장치였다. 서독은 북대서양조약기구를 통해서 다른 서방국가들과 연합하고 화해한다. 동독은 바르샤바조약기구를 통해서 소련과 폴란드 등 공산권 세계와 동맹하여 화해했다. 독일 전체와 나머지 세계 사이의 화해가 제도화된 것이다. 그 화해의 전제는 소련과 영국, 프랑스 등 전쟁의 피해자들이 전후 독일 재건의 결정 과정에 참여하여, 독일의 철저한 역사반성을 강제할 수 있었다는 사실이다. 동아시아에서 전후사의 구조는 반대의 길을 걸었다. 미일 간 전쟁의 상처는 재빨리 구축된 안보동맹에 의해 해소되지만, 제국체제의 최대 피해자였던 중국은 전후 일본의 재건 방식을 결정하는 데 참여할 수 없었다. 대분단체제는 역사적 상처를 해소하기는커녕 동결하고 응결시켰다. 미국 단독 점령체제하에서 일본은 천황제에 면책권을 부여받았고, 소수의 에이(A)급 전범만 제외하고 지배층이 그대로 전후 일본을 지도했다. 역사반성을 강제하는 시스템은 없었다. 오늘날 망언을 주도하는 정치인들이 속한 일본의 전후 세대는 다른 동아시아 사회들과의 역사 화해를 위한 반성적 교육의 기회를 제대로 갖지 못했다. 역사반성 문제에서 독일과 일본의 차이를 '민족성'의 문제로 돌릴 수 없는 이유다.

4. 중국 내전이 동아시아질서를 결정

대분단체제 형성의 역사적 계기는 무엇인가. 전후 유럽의 질서는 미소냉전을 직접 투영했다. 그래서 미소냉전 해체와 함께 유럽 냉전 체제는 즉각 해소된다. 동아시아 질서는 미소 관계가 아닌 미중 관계가 궁극적인 결정자였다. 미소냉전은 중국의 내면적 투쟁과 선택이라는 계기에 의해서만 동아시아 질서에 투영될 수 있었다. 중국 내적 투쟁은 1920년대 이래의 중국 공산주의 운동이라는 오랜 역사에 기초한 것이지만, 특히 1945년 이후 4년에 걸친 중국 내전이 전후 동아시아 질서의 기축을 결정했다. 소련은 중국 공산당의 정신적 기원이자 후원자였지만, 궁극적인 선택은 중국 사회의 몫이었다. 그렇게 성립한 중화인민공화국과 미국은 평화적 공존의 가능성을 모색하는 길을 일찍 중단했다. 1949년 가을 대분단체제의 원형이 구성된 것이다. 한국전쟁은 그 형성기 대분단체제의 산물이었다. 이 전쟁은 역으로 대분단체제를 그 기축과 국지적 분단 모두에서 결정적으로 고착화시켰다. 결국 동아시아 대분단체제의 일차적 계기는 중국 사회의 선택과 이에 대한 미국의 반응이었으며, 한국전쟁은 그 이차적 계기를 이룬다. 그런 가운데 대분단체제와 한국전쟁은 상호 견인의 관계에 있었다.

탈냉전 이후에도 동아시아는 유럽과 달리 질서의 연속성이 강했다. 유라시아 대륙 전반과 미국 사이의 지정학적 긴장은 소련 붕괴로 급변했지만 동아시아에서는 중국의 부국강병으로 지정학적 차원의 긴장이 재충전된다. 공산주의와 자본주의라는 정치사회적 체제와 이념의 긴장은 중국의 개혁개방으로 완화되지만, 한국·타이완·필리핀 등은 민주화된 반면 톈안먼사태로 중국과의 정치체제적 이질성이 재확인된다. 권위주의와 민주주의의 이질성이 또 다른 문명과 야만의 이분법으로 부상한 것이다. 대분단체제가 응결시켜 보존했던 역사심리적 간극은 탈냉전과 함께 해방된 역사 담론이 민간과 정부 차원에서 더 활성화되면서 지속된다. 과거 공산주의와 반공주의를 대체해 새롭게 중요한 정치적 이념 자원이 된 민족주의도 역사담론과 결합하면서 역사적 기억의 정치는 오히려 치열해진다. 아울러 대분단의 기축과 소분단들 사이의 상호유지적 상호작용 패턴이 한반도의 핵문제, 그리고 동중국해에서의 지정학적 경쟁 등과 합류하면서, 대분단체제는 여기에 그대로 있다. 경제적 상호의존의 심화라는 외관에 종종 가려진 채로.

5. 대·소 분단체제 해소와 한국의 선택

진한(秦漢) 이래의 '천하체제'가 대륙 중심의 질서였다면, 청일전쟁 이래 반세기에 걸친 '제국체제'는 해양세력 우위의 질서였다. 대분단체제는 그 중심이 대륙과 해양으로 나뉘어 양립하는 질서다. 한반도는 이 질서의 한가운데에서 스스로 분단된 채로 있다. 이 소분단이 스스로를 해체하여 대분단의 긴장을 통제하는 역할을 할 수 있을지, 아니면 대분단체제의 질곡을 유지시키는 고리로 남을지, 우리는 여전히 그 분수령에 서 있다. 동아시아는 오늘도 대분단체제의 완화와 소분단체제 해소에 함께 기여할 한국의 전략적 선택은 무엇인가를 묻고 있다.

(2014)

제12장

한국전쟁과 내전
세 가지 내전 개념의 구분[1]

1. 문제의 제기

한국전쟁 연구에서 지난 20년은 변화의 시기였다. 그 원인은 러시아 외교문서를 필두로 한 공산권 자료들의 본격적인 공개였다.[2] 이를

---

1 이 글은 2013년 겨울 『한국정치학회보』 제47집 제5호, 297-320쪽에 동일한 제목으로 실린 논문으로, 원문 그대로 전재한다. 다만 본문 안에 있던 주석을 각 주로 옮겼다.

2 1991년 말 러시아 대통령 보리스 옐친의 위임을 받아 소련 기밀문서들을 정리하고 공개하는 작업을 도맡은 드미트리 볼코고노프 대장이 1993년 한국전쟁 관련 문서들을 공개하기 시작한 이후 공산권 자료 공개의 역사에 대해서는, 정병준, 『한국전쟁: 38선 충돌과 전쟁의 형성』, 돌베개, 2006, 51-68쪽을 참조. 탈냉전 초기 이래 소련 정부에 의해 공개되어 한국전쟁 연구에 중대한 분수령이 된 소련 측 자료의 주요 원문들은 토르쿠노프에 의해서도 정리되었다(A.V. 토르쿠노프, 구종서 옮김, 『한국전쟁의 진실과 수수께끼: 김일성-스탈린-마오쩌둥 기밀문서』, 에디터, 2003; Anatoliy Vassilievich Torkunov, *The War in Korea 1950-1953*, 2000). 토르쿠노프가 편집한 소련 외교문서들이 한국전쟁의 기획 과정에 관해 드러낸 대표적인 사실 몇 가지는 다음과 같았다. 첫째, 1949년 9월 24일 소련 공산당 정치국 결의와 같이, 1949년 가을까지 스탈린은 북한의 전쟁 계획을 반대했다.(토르쿠노프, 2003, 94-101쪽) 둘째, 스탈린이 김일성의 남침 계획에 대한 지지로 입장을 전환한 것은 1950년 1-2월의 일이며, 이때부터 북한 남침을 뒷받침할 수 있는 군사적 지원에 착수한다(토르쿠노프, 2003, 107-110쪽). 셋째, 1950년 4월 김일성이 박헌영과 함께 모스크바에서 스탈린과 세 차례 회담을 가졌으며, 스탈린은 이들에게 '3단계 남침 작전'을 제안한다. 넷째, 1950년 5월 15일 김일성은 마오쩌둥과 회담했으며, 이 때 마오는 북한의 남침 시 미국이 개입하면 중국이 북한을 도울 것을 약속한다(토르쿠노프, 2003,

계기로 새로운 사실들이 확인되고, 여러 연구분야가 개척되었다. 하지만 이 전쟁에 대한 인식을 새롭게 개념화하는 작업은 사실에 관한 연구만큼 다각적이지는 않았다.[3]

이 논문은 러시아 외교문서 공개 이후 한국전쟁 연구에서 '내전'적 인식이 겪은 변화에 주목하고 그것을 개념화함으로써 국내외 한국전쟁 연구사의 현재를 조명하고자 한다. 자료 공개로 인한 가장 중요한 변화는 비수정주의적 내전론의 등장이다. 이것은 냉전기 한국전쟁 기원에 관한 전통주의와 수정주의 논쟁 구도를 진정으로 넘어서는 것이 가능해진 지점이기도 하다. 그만큼 한국전쟁 연구사에서 그 중요성은 크다.

러시아 외교문서 공개 이후 본격 성립한 비수정주의적 내전 개념은 물론 수정주의적 내전 개념과 긴장 관계에 있다. 수정주의적 내전 개념도 공산권 자료 공개의 충격을 피해갈 수 없었다. 그러나 과거의 유물로 폐기된 상태는 아니며, 여전히 이 전쟁에 대한 내전론의 중요한 축 하나를 지탱하며 살아남았다. 본질적인 역사인식의 틀에서는 연속성을 띤다. 그래서 탈냉전기 수정주의적 내전론은 냉전기의 수정주의적 내전론과 불연속과 연속의 양면성을 안고 있다.

이러한 내전론의 분화를 분석함으로써 지난 1990년대 초 이래 한국전쟁 연구가 겪은 내면적 변화를 '세 가지 내전 개념'의 형태로 정리하고자 한다. 이는 한국전쟁 연구에서 '내전'론의 개념적 확인인

131쪽).

3 한국 학계에서 한국전쟁 연구의 개념화는 주로 특정한 국제정치 이론틀을 통해 이 전쟁의 일정 측면들에 대한 해석 혹은 재해석을 시도하는 형태로 이루어졌다고 생각된다. 이를 보여주는 2000년대의 주요 논문들을 예로 들면, 채규철, 「한국전쟁의 기원에 관한 연구: 한국인의 성격적·심리적 특성을 중심으로」, 『국제정치논총』, 제40집 제3호, 2000; 김계동, 「한반도 분단·전쟁에 대한 주변국의 정책: 세력균형이론을 분석틀로」, 『한국정치학회보』35집 제1호, 2001; 황지환, 「한반도 분단과 한국전쟁의 국제정치이론적 의미: 현상타파/현상유지 국가 논의의 재조명」, 『국제정치논총』, 제52집 제3호, 2012.

동시에, 러시아 외교문서 공개가 이 전쟁의 연구사 전반에 미친 충격과 결과에 관한 지성사적 탐구를 의도하는 것이기도 하다.

2. 러시아 외교문서 공개와 비수정주의적 내전론의 성립

1) 냉전기의 상황

냉전기 한국전쟁 연구에서 내전론은 주로 수정주의 역사관과 동일시되었다. 한국 학계에서도 한국전쟁에 대한 내전론은 주로 소련과 북한을 비롯한 공산권에서 제기한 관점으로 이해되어왔다.[4] 김학준에 따르면, 일본 학계에서 '국제적 내전'이라는 개념을 처음 제기한 학자는 시노부 세이자부로(信夫清三郎)였다. 김학준은 그를 "국제적 수정주의자"라고 불렀다.[5]

로버트 시몬스는 1970년대에 「한국 내전」이라는 글을 썼다. 당시 이 전쟁의 기원에 대한 지배적 견해는 "6월 25일 북한의 침략은 소련이 완전히 통제한 것"이라는 전통주의 해석이었다.[6] 그가 예로 든 데이비드 달린에 따르면, 한국전쟁은 "스탈린이 계획하고 준비하고 주도"한 "소련의 전쟁계획"이었다.[7] 북한 정권은 소련의 위성국가였고 김일성은 러시아인들의 도구일 뿐이라고 간주되었다.[8] 반면에 내전론을 제기한 영향력 있는 학자들은 시몬스와 브루스 커밍스를 포함

---

4 김학준, 『한국전쟁: 원인·과정·휴전·영향』, 박영사, 2010, 110-116쪽. 김학준의 이 저서는 1989년 초판이 발간된 이래, 2010년에 제4수정 증보판이 발행된, 국내 한국전쟁 연구사에서 유서 깊은 책이다.

5 시노부 세이자부로(信夫清三郎), 『조선전쟁의 발발』, 도쿄: 후쿠마루출판사, 1969: 김학준, 2010, 117쪽.

6 Robert Simmons, "The Korean Civil War," in Frank Baldwin(ed.), *Without Parallel: the American-Korean Relationship since 1945*, New York: Pantheon Books, 1973, p.143.

7 David J. Dallin, *Soviet Foreign Policy After Stalin*, New York: Lippincott, 1961, p.60.

8 Simmons, 1973, p.143.

해 대부분 수정주의자들이었다. 때문에 내전론은 특히 한국의 학계에서 입지가 약했다.[9] 비수정주의적 내전론이 끼어들 공간은 좁았다.

물론 공산권 문서 공개 이전 국내에서도 이 전쟁의 내전적 성격에 대한 논의가 없지는 않았다. 국내 내전 논의에서 중요한 주제는 북한 내부 파벌주의였다. 특히 박헌영의 역할에 대한 상반되는 해석이 그 중심에 있었다. 김점곤과 김창순, 그리고 김남식의 연구는 김일성과 함께 박헌영이 저마다의 이유에서 전면전 혹은 국지전적 무력대결을 추구했다고 보았다. 반면에 박갑동은 박헌영이 무력남침이 아닌 평화통일 노선을 주창했으며 무력남침의 주도자는 김일성이라고 주장했다.[10] 그러나 이 견해들이 담고 있던 내전론적 문제의식이 가진 영향력은 제한적이었다. 전후 내전론이 주로 공산권 국가들이 주도한 담론이었고, 1980년대 초 이후 브루스 커밍스의 내전론이 커다란 주목을 받게 된 학계의 상황도 주된 이유였다.

---

9 브루스 커밍스는 1990년의 연구서에서 "한국전쟁을 누가 시작했느냐"(Who started the war?)라는 질문은 "이데올로기적 다이너마이트로 가득 찬 질문"이며 "처음부터 잘못된 질문"이라고 주장했다. 따라서 그 질문엔 답이 존재하지 않는다고 했다. 그 이유는 "이 전쟁이 내전이라는 사실을 무시한 질문"(not a civil war question)이기 때문이라고 했다(Bruce Cumings, *The Origins of the Korean War (II): The Roaring of the Cataract, 1947-1950*, Princeton: Princeton University Press, 1990, p.619). 커밍스는 2010년의 저서에서도 "한국전쟁은 내전이었고 또 내전이다"라고 재차 천명했다. 그에 따르면, "이 개념만이 1950년 6월 이전에 이미 10만 명의 인명이 희생된 사실, 그리고 1991년 소련이 붕괴했을 때 평양에 있는 소련의 괴뢰들이 확실히 무너질 것이라는 가정에도 불구하고 그 분쟁이 현재까지도 지속되고 있는 사실을 설명해줄 수 있다"는 것이다(Bruce Cumings, *The Korean War: A History*, New York: The Modern Library, 2010, p.66).

10 Kim Chum-kon, *The Korean War*, Seoul: Kwangmyong Publishing Co., 1973; 김점곤, 「남로당 폭력혁명노선의 연장선상에서 일어난 한국전쟁」, 대한민국 국토통일원 조사연구실 엮음, 『한국전쟁 전후 민족 격동기의 재조명』, 한국전쟁연구회, 1987; 김창순, 『북한 14년사』, 지문각, 1961; 김남식, 『실록 남로당』, 현실사, 1975; 박갑동, 『박헌영: 그 일대기를 통한 현대사의 재조명』, 인간사, 1983; 김진웅, 「한국전쟁의 국내적 원인: 학설사적 접근」, 『국제정치논총』, 1990년 10월, 8-18쪽 참조.

냉전기 국내 일부 연구자들이 거론한 내전 개념은 수정주의 역사가들의 내전 개념과 또 하나 차이가 있었다. 수정주의자들이 한국전쟁을 내전으로 정의할 때, 그들은 소련 팽창주의가 이 전쟁의 궁극적 원인이라는 정통 학설(orthodoxy)의 기본 전제를 포괄적으로 부정하고 수정하려는 야심찬 의도를 담고 있었다. 북한 정권과 김일성이 소련 팽창주의의 도구이자 스탈린의 하수인이라는 관점을 수정주의자들은 부정했다. 이 부정은 곧 한국 공산주의 운동의 독자성을 전제해야 했다. 국제 공산주의로부터 한국 공산주의가 독자성을 갖는다는 인식은 한국 좌익의 광범한 민중적 지지기반에 대한 적극적 긍정을 내포했다. 냉전기 국내 일부 연구자들이 제기한 내전 논의는 그와 달리 비교적 좁은 논점에 한정되었다. 수정주의 논리가 한국 현대사의 기원에 대한 포괄적인 대안적 개념 틀을 바탕에 깔고 있었다면, 국내 내전 논의는 김일성과 박헌영 가운데 누가 더 호전적인 주동자였느냐는 물음에 집중했다. 전통주의 개념 틀의 대체가 아닌 보완이라는 성격이 강했다. 그 학문적 파장이 제한적이었던 주요인의 하나였다.

탈냉전기 초입인 1990년에 이르면, 이 전쟁의 발발이 소련의 지원을 받아 "김일성이 주도"한 것이라는 논의가 본격화된다. 러시아 외교문서의 본격 공개 이전에 김학준은 한국전쟁을 "소련이 지원한 북한주도의 남침"으로 규정했다.[11] 그러나 이로부터 한국 학계가 이 전쟁에 대한 비수정주의적 내전론을 자연스럽게 받아들인 것은 아니었다. 김일성 주도를 인정한다고 해도 당시 한국에서 내전 개념을 논하는 것은 여전히 불편한 선택이었다. "내전론은 곧 수정주의"라는

---

[11] 이 논의를 주도한 김학준 교수의 근거는 1990년 4월 소련의 역사학자 미하일 스미르노프가 모스크바 방송과 가진 대담이었다. 이 대담에서 스미로노프는 "김일성의 주도, 스탈린의 묵인"이라는 흐루쇼프 회고록의 한국전쟁 관련 주장은 객관적 사실이라고 밝힌다. 『조선일보』, 1990. 4. 30(박종성, 「한국전쟁의 기원: 회고와 반성」, 『국제정치논총』, 1990년 10월, 44쪽).

인식이 뿌리 깊었고, 전통주의에 의거한 국제전이라는 인식이 특히 강했던 한국의 지성사 전통의 무게 때문이었다.[12] "김일성 주도"를 부각시키는 연구도 이 전쟁에 대한 내전론을 수용한 것이기보다는 김일성의 전쟁범죄 비판의 취지가 강했다.[13]

그럼에도 1990년은 산발적인 논의 수준을 넘어서서 수정주의자들의 논의를 포함한 내전론을 본격적인 학술적 토론의 대상으로 삼는 징후를 보인다.[14] 지성사적 과도기였다. 한국에서도 비수정주의적 내전론은 어떻게든 등장할 것이었다. 그러나 그것은 러시아 외교문서의 본격적인 공개와 이후 해외 학계에서의 논의가 중요한 계기였

---

12 김태효는 "한국전쟁은 국제 공산주의세력의 지원과 사주하에 감행된 북한 공산집단의 적화통일을 위한 도전을 자유민주주의 기치하의 우리 국민이 분쇄하고 대한민국의 민족사적 정통성을 지킨 전쟁"이라고 보았다(김태효, 「국제전으로서의 한국전쟁과 동서냉전」, 『국제정치논총』, 1990년 10월, 356쪽). 이 전쟁은 또한 "양대 이데올로기의 대결전"이었고, "미·소를 대표로 하는 양대 진영의 각축전"이었다(김태효, 1990, 387쪽).

13 김익도는 1990년 논문에서 한국전쟁이 "국제전적 성격과 내전적 성격이라는 양면성"을 갖고 있으며, "북한을 혁명기지로 해 한반도 전체를 공산화한다는 소련의 전략과 김일성의 극좌모험주의가 결합되어 빚어낸 산물"이라고 보았다. 아울러 "전쟁의 주동자는 김일성이고 공범은 스탈린이라는 것은 국제적으로도 정설로 되어 있다"고 지적하면서 그 근거로 1982년 일본에서 출간된 연구서(林穩, 『北朝鮮王朝成立秘史』, 東京: 自由社, 1982)를 들었다(김익도, 「한국전쟁의 內爭的 기원: 북한의 대남혁명 전략을 중심으로」, 『국제정치논총』, 1990년 10월, 127쪽). 김익도는 주로 수정주의자들의 내전론을 비판하면서, '내전'이라는 개념을 피하고, '내쟁'이란 용어를 선택했다. 한국전쟁의 기원에 대해 "한반도를 분할점령했던 미소 양국의 전후처리라는 국제적 요인이 더 큰 작용을 한 것"이라 평가했다. 그가 김일성의 전쟁 주동을 주목하고 "민족상잔의 참혹한 전쟁"으로서의 내쟁 차원의 성격 규명이 요청된다고 본 주된 이유는 "전범자를 확인"하고 "그 죄상을 기록"해 둘 필요성이었다(김익도, 1990, 152쪽).

14 김진웅은 주로 수정주의 시각을 포함한 내전론의 다양한 양상을 논의하면서, 이들을 논의의 다각화 필요성이라는 차원에서 객관화하려는 태도를 보였다(김진웅, 1990). 하영선은 한국전쟁의 역사적 배경으로 한반도 내적 분석수준들과 국제체제적 분석 수준들 사이의 상호작용에 주목해 커밍스의 내전론을 극복하려 시도했다(하영선, 「냉전과 한국」, 하영선 엮음, 『한국전쟁의 새로운 접근: 전통주의와 수정주의를 넘어서』, 나남, 1990).

다고 생각된다.

2) 러시아 외교문서 공개와 웨더스비적 균형

1990년대 초 러시아 외교문서들을 서방 세계에 번역해 소개하면서 그 의의에 대한 유권해석을 내린 대표적 학자는 캐슬린 웨더스비였다.[15] 그녀는 전통주의와 수정주의에 절반씩의 승리를 판정했다. 그 균형 위에서 비수정주의적 내전론이라는 제3의 공간이 열린다.

웨더스비가 지적했듯이, 1950년 6월의 남침을 "소련의 군사적 공세"였다고 한 전통주의적 정설에 수정주의자들이 제기한 내전론의 골자의 하나는 "북한에서 소련군이 철수한 이후 소련은 북한에 대해 이렇다 할 통제력을 갖고 있지 않았기 때문에 1950년 6월 북한의 남침은 북한의 독자적인 행동일 수 있다"는 주장이었다. 새 러시아 문서들은 수정주의자들의 이 주장이 완벽히 잘못되었음을 드러냈다. "북한이 경제적·정치적·군사적으로 소련에 전적으로 의존"하고 있었으며, "북한 정부는 모스크바로부터의 승인 없이는 어떤 중요한 결정도 취할 수 없었고 또 취하지 않았다"는 사실을 보여주었다. 스탈린주의 후기 체제에서 북한에 파견된 소련 관료들 역시 소련 중앙의 사전 허락 없이는 북한 정부에 어떤 것도 승인해줄 수 없었다.[16]

그러나 동시에 웨더스비는 김일성은 스탈린의 '괴뢰'가 아니었다고 말했다. 웨더스비는 북한 남침의 이니셔티브(주도)를 쥔 인물은 스탈린이 아니라 김일성이었음을 러시아 문서들이 입증했다고 확언했다. "러시아 문서들은 김일성이 모스크바의 후원자들에게 정치적·경제적·군사적으로 절대적으로 의존하고 있었음을 보여준다. 그

---

15 *New Russian Documents on the Korean War*, Kathlyn Weathersby's introduction and translation(http://www.wilsoncenter.org/sites/default/files/CWHPBulletin6-7_P2.pdf).

16 Kathlyn Weathersby, "New Russian Archival Materials, Old American Debates, and the Korean War," *Problems of Post-Communism*, Vol.42, Issue 5, September/October, 1995.

렇지만 김일성은 비록 매우 굴종적이어야만 했던 가운데서도 자신의 제안을 제기함으로써 자기 자신의 어젠다를 추구할 수 있었다." 이에 기초해 그녀는 김일성을 "독자적인 역사적 행위자"(a historical actor in his own right)로 정의했다. 김일성은 "단순한 모스크바의 괴뢰가 아니었"으며, 바로 그렇기 때문에 "두 한국 사이에 군사분쟁을 시작한 책임은 김일성의 것이 가장 무겁다"고 판정했다.[17]

요컨대 러시아 외교문서들을 소개하면서 웨더스비가 제기한 김일성의 역사적 역할에 대한 정식화는 두 가지 핵심 명제로 구성되어 있었다. '스탈린의 승인과 지원에 대한 김일성의 절대적 의존' 그리고 '전쟁의 구상과 기획에서 김일성의 이니셔티브'가 바로 그것이었다. 일면 조화롭지 않아 보이는 이 두 명제의 결합은 한국전쟁의 결정자에 관련한 전통주의와 수정주의 너머에 비수정주의적 내전론이라는 제3의 논리가 본격 들어설 공간을 열었다. 이후 세계 및 국내 학계에서 내전론은 반드시 수정주의와 동일시되지 않았다. 비수정주의적 형태의 '김일성 주역론' 혹은 '김일성·스탈린 공동 주연론'이 등장했다. 이로써 내전론의 폭이 넓어졌다. 한국전쟁이 "국제전이자 내전"이라는 정의는 이와 함께 확산되었고, 이어서 국내 학계에서도 이를 수용하는 논의가 등장한다.

3) 세계 및 국내 학계에서 "국제전이자 내전"이라는 정의의 확산

중국계 미국 학자 첸 지안은 마오쩌둥과 스탈린의 지지가 한국전쟁의 발발에 결정적이었지만 "침공 자체는 김일성이 내린 결정"이었다고 말했다. 그가 한국전쟁을 "국제전이자 내전"이라고 정의한 이유였다.[18] 주지안롱(朱建榮)은 전쟁의 준비과정에서 김일성이 스탈린과 함께 "주역"이었으며, 마오쩌둥은 그 두 주역에 비해 "개전 준

---

17 Weathersby, 1995.

비 단계"에서는 "조연"에 불과했다고 보았다.[19] 그는 또한 "김일성이 자신이 가진 신념과 교묘한 노력에 의해 중국과 소련 사이에 벌어져 있는 틈과 정세 변화를 잘 이용해 남진(南進)을 위한 군사적 준비를 착착 진행시킨 다음, 스탈린을 자기편으로 끌어들여 마오쩌둥이 반대하지 못하게 만들었다"고 했다.[20]

찰스 암스트롱도 공산권 자료 공개로 분명해진 것은 김일성이 스탈린과 마오쩌둥을 설득한 결과 전쟁이 발발했다는 사실이라고 강조했다. 그는 김일성이 "조종된 것이 아니라 조종한 장본인"이었다고 말했다.[21] 또한 남한에서 전개된 게릴라전쟁, 이승만 정권은 정통성이 없다는 남한 내 광범한 인식, 그리고 북한이 선제공격하지 않으면 남한이 공격할 것이라는 북한의 인식 등과 같은 정치적 맥락에서 1950년 6월의 사태를 이해해야 한다고 그는 주장했다. 즉 북한의 6·25 침공은 단순한 "침략전쟁"이 아니라 당시 이미 존재한 남북 간 정치군사적 대결의 맥락 속에서 취해진 "선제공격"(a war of preemption)이라는 것이다. 그래서 한국전쟁은 "지역 괴뢰들이 싸운 국제전"도 아니고, "국제화된 내전"도 아니며, "내전인 동시에 국제전"이었다는 것이 암스트롱의 결론이었다.[22]

윌리엄 스툭은 국제적 시각에서 한국전쟁을 연구해온 대표적 학

18　Chen Jian, *China's Road to the Korean War: The Making of the Sino-American Confrontation*, New York: Columbia University Press, 1994, p.x.

19　주지안룽, 서각수 옮김, 『마오쩌둥은 왜 한국전쟁에 개입했을까』, 역사넷, 2005, 34쪽.

20　주지안룽, 2005, 56쪽.

21　Charles Armstrong, *Tyranny of the Weak: North Korea and the World, 1950-1992*, Ithaca: Cornell University Press, 2013, p.13. 암스트롱은 세르게이 곤차로프 등이 김일성은 "소련이 한반도의 상황을 김일성 자신의 눈으로 보게 만들었으며" 또한 침공에 대한 지지를 얻기 위해 1년에 걸쳐 스탈린을 설득해 성공하기에 이르렀다고 평가한 것을 인용했다(Sergei N. Goncharov, John W. Lewis, and Xue Litai, *Uncertain Partners: Stalin, Mao, and the Korean War*, Stanford: Stanford University Press, 1993; Armstrong, 2013, p.13).

22　Armstrong, 2013, p.15.

자로 통한다.[23] 그러나 스툭은 2002년의 저서에서 이 전쟁을 내전과 국제전 성격의 결합으로 이해해야 한다고 주장했다.[24] 알렉산더 만수로프 역시 한국전쟁을 "국제화된 내전"(internationalized civil war)이라고 정의하는 데 동의했다.[25] 같은 맥락에서 이 전쟁을 "전 지구적으로 확산되는 냉전과 지역적 차원에서 전개된 사회혁명과 민족해방운동을 배경으로 해 탈식민지 한반도에서 진행된 국내정치의 국제화와 국제정치의 국내화의 나선(spiral)"이라고 정의했다.[26] 앨런 밀레트는 전후 많은 탈식민 지역에서 벌어진 전쟁들은 내전과 국제전의 경계가 모호하므로 그것은 "차이 없는 구별"이라는 비평에 주목했다. 그러면서도 그 역시 한국전쟁을 "국제화된 내전"이라고 정의하는 것을 마다하지 않았다.[27]

국내 학계에서도 1990년대 후반에 들어 여러 학자가 김일성 주도론을 주요 근거로 삼아 한국전쟁은 '국제전이자 내전'이라는 정의를

---

[23] 스툭은 1995년에 발간된 그의 저서에서 무엇보다 이 전쟁의 다자적 성격(multilateral nature)을 강조했다. 아울러 그는 한반도의 두 정권 사이의 무력충돌을 초래한 국제적 조건들의 압력을 부각시켰다. 이 같은 스툭의 국제전적 해석은 한국전쟁은 결국 미소 양 진영 사이에서의 제3차 세계대전의 대체물(a substitute for World War III)이라는 성격을 띠었다는 그의 주장에 집약되어 있었다(William Stueck, *The Korean War: An International History*, Princeton, NJ: Princeton University Press, 1995, p.3).

[24] William Stueck, *Rethinking the Korean War: A New Diplomatic and Strategic History*, Princeton: Princeton University Press, 2002, p.83.

[25] Alexandre Y. Mansourov, "The Korean War Studies in the United States: Historiographical Review and Current Views," A Paper presented at the KAIS international conference in commemoration of the 50th Anniversary of the Korean War on "Fifty Years after the Korean War: From the Cold-War Confrontation to Peaceful Coexistence," Seoul, July 14-15, 2000, p.2.

[26] Mansourov, 2000, p.2.

[27] Allan R. Millett, "The Significance of the Korean War in the History of Warfare," A Paper presented at the KAIS international conference in commemoration of the 50th Anniversary of the Korean War on "Fifty Years after the Korean War: From the Cold-War Confrontation to Peaceful Coexistence," Seoul, July 14-15, 2000, p.7.

받아들였다. 이완범과 서주석 등이 대표적이다.[28] 1998년에 발표한 논문에서 이완범은 내인과 외인 사이 균형의 시간적 변화를 주목하되, 국제전적 측면을 강조했다. 그러나 그는 "6·25전쟁은 내전이자 국제전이고, 국제전이자 내전"이었다는 명제를 받아들였다.[29] 그는 자주 국제적 요인을 애써 강조하는 쪽이면서도,[30] 둘 사이의 균형을 강조하는 쪽으로 돌아오곤 했다.[31] 이러한 그의 해석은 그가 김일성을 독립적인 역사적 행위자로서 인정한 것과 관련이 깊다.[32] 김계동도 스탈린이 최종적 결정자로서 수행한 역할을 주목하되, 전쟁의 주동세력은 김일성이었다는 견해를 보였다.[33]

.28 서주석, 「한국전쟁의 기원과 원인」, 『한국전쟁과 휴전체제』, 정치외교사학회논총 제16집(1997), 58-78쪽.

29 이완범, 「6.25전쟁의 성격과 개전 책임문제」, 『북한학보』 제34권 제1호(2009), 41-76쪽.

30 이완범은 "한국전쟁의 기원 내지는 발발원인을 분석하기 위해서는 미소관계라는 국제적 요인에 대한 고려가 일차적으로 이루어져야 한다"고 말하면서, "한국전쟁의 발발원인은 김일성의 개전의지에 스탈린의 동의가 유기적으로 결부된 결합체"라고 결론짓고, 이를 "제1원인"으로 정의했다. 이것이 한국전쟁의 발발원인에 대해 그가 밝힌 "유기적 해석"의 주요 부분이었다(이완범, 「한국전쟁 발발원인에 대한 유기적 해석: 김일성의 국제적 역학관계변화 편승과 스탈린의 동의」, 『국제정치논총』 제39집 제1호, 1999, 211-212쪽).

31 이완범은 2007년의 논문에서 "6.25전쟁은 내전이 아닌 국제전이다"라는 명제를 강하게 제기했다(이완범, 「6.25전쟁은 복합전으로 시작되었다: 내전설과 남침유도설에 대한 비판적 조망」, 한국전쟁학회 엮음, 『한국현대사의 재조명』, 명인문화사, 2007, 234-241쪽). 내전적 요인은 '배경'일 뿐이며, '원인'은 근본적으로 국제전적 요소들이라는 뜻에서였다. 그러나 같은 논문의 결론에서 그는 다시 "이 전쟁은 복합전이었다. 내전이라거나 국제전이라거나 일방적으로 규정하기보다는 이 두 요인이 결합된 양상에 주목해야 할 것"이라고 확인했다(이완범, 2007, 254쪽).

32 이완범, 『한국전쟁: 국제전적 조망』, 백산서당, 2000, 162쪽.

33 김계동, 2001, 356-358쪽. 김계동은 '내전'이라는 개념을 굳이 사용하지 않았으나, 다음과 같이 이해함으로써 한국전쟁의 내전적 성격을 강하게 시사했다. "한반도에 개입한 미국과 소련은 점령 이후 이익 및 세력의 분배와 균형을 도모했으나, 토착세력은 서로를 인정하지 않고, 무력을 사용해서라도 통일을 해야겠다는 생각을 하게 되었다. 결국 전쟁이 발발했고, 전선이 오락가락하면서 한반도 독점지배와 이의 봉쇄가 되풀이되었다"(김계동, 2001, 345쪽).

신복룡은 김일성의 전쟁의지가 전쟁발발에 결정적 요인이었다고 보았다. 그에게 "1950년 6월 25일의 남침"은 "전쟁을 통해 국가건설의 초기 모순을 극복하고자 했던 김일성의 결심사항"이었다. 이 전쟁은 결국 "공산화 통일을 너무 쉽게 오판한 김일성의 실수"에 의한 "잘못된 전쟁"이었다.[34] 이처럼 김일성을 독립적인 역사적 행위자로 위치 지은 이상, "한국전쟁의 성격은 내전이었다"라는 그의 결론은 자연스러웠다.[35]

4) "김일성 괴뢰"론과 "근본적으로 국제전" 관점의 연관성

웨더스비의 경우에서 대표되듯이, 러시아 외교문서 공개로 김일성은 "독립적인 역사적 행위자"로 자리매김했지만, "이 전쟁은 근본적으로 국제전"이라는 논의는 국내외 학계에서 지속되어왔다. 상당수 연구자는 여전히 비수정주의적 내전 개념의 입지를 부정한다. 이 경향은 특히 국내 학계의 연구자들 가운데 두드러지지만 해외 학계에도 없지 않다. "한국전쟁은 근본적으로 국제전"이라는 인식은 러시아 문서 공개에도 불구하고 김일성을 명시적으로 혹은 문맥상으로 '괴뢰'로 파악하는 인식과 긴밀한 논리적 관계에 있다.

(1) 김일성 괴뢰론과 한국전쟁의 성격규정: 내전 개념의 부정

김일성 주역론의 대척점에 북한(김일성) 괴뢰론이 있다. '북한 괴뢰론'은 한국전쟁에서 러시아 문서가 입증하는 김일성의 역할과는 언뜻 양립하기 어려워 보일 수도 있다. 그래서인지 해외 일부 학자들은 종종 우회적인 논리적 장치를 동원한다. 안드레이 란코프는 김일성이 소련의 남침 지지를 얻고자 적극적으로 노력했음을 언급하고, 1950년 초 김일성의 남침 계획에 소련이 "마지못해"(reluctantly) 승

---

34 신복룡, 「한국전쟁의 기원: 김일성의 개전의지를 중심으로」, 『한국정치학회보』 제30집 제3호, 1996, 178-179쪽.
35 신복룡, 1996, 178쪽.

인한 것이라고 말한다.[36] 이 전쟁이 김일성 등 북한의 주도에 의해 벌어진 것이고 소련의 승인과 지원은 소극적 역할이었다고 인식하는 것이다. 하지만 란코프는 김일성과 북한을 소련의 괴뢰로 규정했다. 그는 북한 정권은 창조되는 과정에서부터 소련의 괴뢰국가(a Soviet puppet state)로 만들어졌다고 밝힌다.[37] 그에 따르면 김일성은 북한 권력구조의 정상에 오른 1946년에도 그리고 1949년에도 북한의 실질적인 지배자가 아니었다. "소련군 당국과 고문단 기구들이 이 나라의 삶에 결정적인 영향력을 가졌으며, 북한 정권 초기에 김일성은 오직 명목상으로만 통치자"였다.[38] 란코프는 한국전쟁의 구상과 기획, 그리고 실행이라는 사태에서 김일성의 독립적인 역할을 부정하지는 않는다. 그러면서도 소련과 북한, 그리고 소련 지도부와 김일성 사이의 포괄적 관계가 지배와 종속이었기에, 북한(김일성)은 소련의 괴뢰라는 논리를 편 것이다.

북한 정권의 포괄적인 대소련 종속성을 근거로 한 '김일성 괴뢰론'은 국내 학계에서는 더욱 두드러진다. 김일성의 전쟁의지가 불가결한 요인이었다고 인정하는 경우에도, 전쟁의 최종 결정과 실행에서 스탈린의 승인과 지원에 절대 의존했다는 점에 근거해, 김일성과 스탈린의 관계를 주인과 괴뢰의 관계로 보아야 한다는 시각이 매우 유력하다.[39]

1990년대 중엽 국내의 한국전쟁 연구에서 가장 주목받은 저작에

---

36 Andrei Lankov, *From Stalin to Kim Il Sung: The Formation of North Korea 1945-1960*, New Brunswick, NJ: Rutgers University Press, 2002, pp.60-61.

37 Lankov, 2002, p.ix.

38 Lankov, 2002, p.59.

39 "김일성이 먼저 남침에 대한 발상을 했더라도 스탈린이 최종 결정했으므로 스탈린의 역할이 더 중요하다"는 견해는 공산권 자료 공개 이후 한국 학계에서 한국전쟁의 국제전적 시각을 뒷받침하는 가장 중요한 전제의 하나가 되어 왔다고 이완범은 지적한다. 그 예로 최명상의 연구를 들었다(최명상, 「한국전쟁 원인의 국제체제적 접근」, 제5회 국방·군사세미나 주제발표 논문집, 『한국전쟁 주요쟁점 재조명』, 한국군사학회, 1998.6.26, 33쪽; 이완범, 2000, 61쪽).

서 박명림은 한국전쟁의 "내생성", 그 가운데서도 북한 내부의 동학에 대한 분석으로 주목을 받았다.[40] 박명림은 북한 지도부 안에서의 전쟁강행 결정과정을 면밀히 분석했다. 그에 따르면, "전쟁의 결정에 이르는 긴 과정은 김일성의 국토완정 이론의 연장이었다. 그가 주도적이었으며 박헌영이 바로 밑의 결정권한을 갖고 있었다. 박헌영과 김일성, 남로와 북로, 또한 한국의 공산주의자들에게 이 전쟁은 공동의 결정이자 공동의 혁명이었다."[41] 또 이 결정과정의 성격에 대해 그는 "김일성·박헌영은 리더십 내부에서조차 강력한 이견이 존재하는 가운데 전쟁을 개시한 것"이었고, 당시 조선인민군 총사령관이자 민족보위상을 맡고 있던 최용건, 즉 군 최고책임자가 반대하는 전쟁을 강행한 "급진군사주의"의 성격을 띠었다고 보았다.[42]

그러나 박명림은 결론적으로는 내전 개념을 부정했다. 그는 우선 1949년 중반 이후 38선이라는 대립선은 복합적인 층위를 내포하고 있다고 전제하고, "이러한 복합성 때문에 한국에서 전쟁이 시작된다면 그것은 단순한 내전일 수 없었다"고 했다. 그는 남북 대결, 동아시아 차원의 공산주의와 반공주의의 대결인 아시아 냉전, 그리고 애당초 38선을 성립시켰던 국제 냉전이라는 세 차원의 복합성에 주목했다.[43] 이 전쟁이 "단순한 내전"이 아니라는 그의 지적은 전적으로 타당했다. 그러면 그가 '내전인 동시에 국제전'이라는 명제에 동의하는가 하면 그것은 아니었다. 그는 한국전쟁의 기원과 결정력에 관련해서 '내전'이라는 개념을 삼갔다. 이 전쟁이 내포한 복합적 층위들 가운데 내생적 요소들을 내전이라는 개념으로 표현하는 것을 피한 것이다.

---

40 와다 하루키는 그때까지도 자료공개가 가장 뒤떨어져 있었던 한국 측에 대한 분석에서 박명림의 연구가 커다란 기여를 했다고 평했다(와다 하루키〔和田春樹〕, 서동만 옮김, 『한국전쟁』, 창작과비평사, 1999, 7쪽).

41 박명림, 『한국전쟁의 발발과 기원 I: 결정과 발발』, 나남, 1996a, 285쪽.

42 박명림, 1996a, 304쪽.

43 박명림, 『한국전쟁의 발발과 기원 II: 기원과 원인』, 나남, 1996b, 604-606쪽.

박명림은 연구 서두에서 이 전쟁이 "내전인가 국제전인가"의 문제에 답하겠다는 의도를 밝혔다. 그러나 직접적인 답변을 내놓지는 않았고 다른 방식으로 이에 답했다. 그가 내린 결론은 다음과 같은 언술에 담겼다. "한국전쟁과 쿠바 미사일위기를 제외할 때 소련은 자기진영을 벗어나 특별히 공격적인 행동을 취하지 않았다. 이 예외를 주도한 배후의 주연은 스탈린이었고 두 조연은 마오쩌둥과 김일성이었다. 표면적인 주연은 김일성과 박헌영으로 보였지만, 사실상의 주연은 스탈린이었다."[44] 그는 파월 모나트의 말을 빌려서, "스탈린은 한마디로 뒤에서 조종하고 결정하는 '숨은 보스'였던 것"이라고 결론지었다.[45] 박명림은 또한 중국혁명 및 국공내전과 한국전쟁 사이의 연속성을 강조한 와다 하루키의 명제를 한국전쟁 기원의 외생성을 뒷받침하는 자료로 언급했다.[46] 그는 또한 "간단하게 말해 김일성은 단지 스탈린의 웅대한 장기게임(grand chess game)에서 하나의 졸(卒)에 불과했다"는 세르게이 곤차로프 등의 해석을 스탈린-김일성 관계의 정곡을 찌른 명제로 판단했다.[47] 전쟁 기원의 외생성을

---

44 박명림, 1996a, 193쪽.
45 박명림, 1996a, 199쪽.
46 박명림, 1996a. 192쪽.
47 박명림, 1996a, 213쪽. 곤차로프 등이 그렇게 말한 전체적인 맥락에 대해 필자는 박명림과 해석을 달리한다. 곤차로프 등이 "간단히 말해서 김일성은 스탈린의 커다란 장기게임에서 하나의 전당물(a pawn in Stalin's grand chess game)일 뿐이었다"고 했을 때, 그의 이어지는 말은 다음과 같았다. "스탈린이 주로 관심을 가진 것은 한국의 전쟁이 그와 미국과의 관계에 미칠 영향이었다. 그 전쟁이 그의 더 커다란 구도에 도움이 될 때만이 스탈린은 이 전쟁에 동의할 것이었다"(Goncharov et al., 1993, p.142). 즉 곤차로프 등의 취지는 김일성이 스탈린의 의도대로 움직이는 괴뢰라는 뜻은 아니었다. 김일성이 원하고 기획하는 전쟁이 스탈린 자신의 커다란 이익에 부합할 때만 김일성의 전쟁을 지지하게 될 것이었다는 뜻이었다. 분명 곤차로프 등은 스탈린이 김일성의 전쟁 기획에 동의하게 된 더 큰 지정학적 계산에 초점을 맞추고 있지만, 그럼에도 이들은 "현재 우리 손에 있는 자료들을 볼 때 분명한 것은 김일성이 참으로 능숙하게 스탈린과 마오쩌둥의 복잡한 관계를 활용해서 자신의 목적을 달성했다는 사실"(Goncharov et al., 1993, p.146)이라고 말했다. 이로써 이 전쟁의 결정과

더 강조하는 명제들을 제기함으로써 커밍스 등의 수정주의 시각의 요체로 간주되고 있던 내전론을 비판했던 것이다.

한국 학계에서 2000년대에 들어 출간된 정병준의 연구는 이 전쟁을 "내전이나 국제전으로 발화했거나, 혹은 내전으로 발화해서 국제전으로 비화한 것이 아니라, 1950년 발발 시점에서 이미 내전이자 국제전으로서의 성격이 혼재"되어 있었다고 정의했다.[48] 공산권 자료 공개 이후 일반화된 "내전이자 국제전"이라는 명제를 받아들인 것이라고 할 수 있었다. 그러나 정병준은 1950년 6월 25일 발발한 전쟁이 "내전적 외형을 지닌 국제전"이었다는 지점에 자신의 연구가 위치해 있다고 강조했다. 이 전쟁의 본질은 국제전임을 분명히 한 것이었다. 그는 "김일성이 불을 당겼지만, 이는 스탈린의 허락과 동의 없이는 불가능한 일"이었다는 점, 그리고 "주요 동력은 내부 갈등이었지만, 그 궤도는 38선 분단 이후 미소가 마련해놓은 것이었고, 한국인들에게는 제동장치도, 피해 있을 공간도 없었다"는 것을 강조했다.[49] 이러한 인식은 "북한은 소련의 괴뢰"였으며, "실질적으로 북한의 배후에 소련이 있었고, 스탈린이 모든 것을 결정한 책임자였다"라는 그의 또 다른 설명과 잘 부합한다.[50]

정에서 김일성 등 북한 지도부의 독립적인 역사적 행위자로서의 역할을 명확히 인정했다. 또한 이들 저자는 김일성이 1949년 3-4월과 1950년 3월 말 두 차례에 걸쳐 모스크바를 방문해 스탈린과 가진 협의들이 "전쟁으로 가는 과정에서 필수적(integral)이었다"고 밝혔다(Goncharov et al., 1993, p.137). 이 또한 유의할 점이다.

48 정병준, 2006, 82쪽.

49 정병준, 2006, 86-87쪽. 유의할 점은, 정병준의 연구가 실제 내전론과 국제전적 시각 중 어느 쪽에 더 실질적인 기여를 했는가에 대한 해석은 연구자 본인의 언명과는 다를 수 있다는 점이다. 예컨대 이완범은 "1949년 38선 충돌이 전쟁을 형성했다고 평가하는 정병준 교수의 논지는 내전설의 연장선에 있는 것처럼" 보인다고 전제하면서, 다만 그가 "전쟁의 직접적 원인"을 "조·중·소의 개전합의와 전면공격의 결정"이라는 "북방 삼각 관계에서 구하고 있으므로" 6·25전쟁은 내전이 아닌 국제전이라는 설명에 부합한다고 해석했다(이완범, 2007, 240-241쪽).

(2) 김일성 무역할론: 김일성의 역할 인정 최소화에 의한 '내전' 개념 부정

션즈화(沈志華)는 북한의 대소련 관계에 대해 '괴뢰'라는 표현은 애써 삼갔다. 그러나 그 내용에서 북한을 실질적인 독립변수로 인정하지 않는 매우 철저한 강대국 정치론적 시각을 제시했다. 그는 우선 북한 정권의 초석이었던 북조선임시인민위원회가 "소련 점령군 당국의 창조물"(a creature of the Soviet Occupation Authorities)이었다고 말한다.[51] 나아가 그는 김일성의 남침계획에 스탈린이 1949년에 내린 거부 결정도 1950년 1월에 내린 승인 결정도 김일성의 희망 자체에 대한 판단이 아니었다고 주장했다. 우선 1949년 9월 24일 "정치국이 김일성에게 내린 지시(directive)"는 한반도에서 북한이 군사적 행동을 하기에 적합한 상태인지 아닌지에 기초한 결정이 아니었다. 나중에 스탈린이 마음을 바꾸어 김일성의 계획을 승인할 때에도 한반도의 상황이 더 유리해졌다고 판단해서가 아니었다. 스탈린이 승인했을 때의 한반도 상황은 그가 신중한 입장을 취했던 1949년보다 오히려 더 불리해져 있었다.[52] 스탈린의 결정은 오로지 극동에서 소련의 전략적 거점 확보를 위한 지정학적 판단에 기초했다는 것이다.[53]

토르쿠노프를 비롯한 대부분의 학자들은, 스탈린의 남침 승인 결정은 공산혁명을 완성한 신중국과 중소우호동맹조약을 체결함으로써 극동에서 소련의 위치가 공고해졌다는 판단 때문이라고 해석해 왔다.[54] 션즈화는 이 해석에 반대했다. 스탈린의 정책 전환의 결정 요

---

50 정병준, 2006, 672쪽.

51 Shen Zhihua, *Mao, Stalin and the Korean War: Trilateral Communist Relations in the 1950s*, London: Routledge, 2012, p.40.

52 Shen Zhihua, 2012, p.115.

53 Shen Zhihua, 2012, pp.115-120.

54 션즈화는 토르쿠노프와 우핌쩨프(E.P. Ufimtsev), 바자노프(,E.P. Bajanov), 곤차로프(Sergei Goncharov)-존 루이스-쉬에 리타이, 존 가버(John Garver) 등이 스탈린의 한반도 정책 전환의 배경에 대해 그와 같은 지정학적 설명을 앞세

인은 중소관계, 그리고 미국의 반응에 대한 계산이라는 두 가지라고 그는 주장했다.[55] 중국 공산당이 대륙을 장악한 후 스탈린은 고민 끝에 중소동맹조약 체결을 수용한다. 그 결과 소련은 얄타회담, 그리고 장제스 정권과의 협정으로 확보했던 다롄과 뤼순의 부동항들과 창춘철도를 몇 년 내로 중국에 반환해야만 했다. 스탈린은 이를 대체할 만한 전략적 거점을 극동에서 확보하길 원했다. 그래서 관심을 갖게 된 것이 한반도의 부산과 인천 등이었다. 스탈린은 창춘철도·뤼순·다롄의 반환을 포함한 중국 측 동맹조약 초안을 받아들이기로 결정한 후 2주 만인 1950년 1월 30일 김일성의 남침계획을 승인하기로 마음을 바꾼다. 션즈화는 그 변심의 타이밍을 주목했다.[56]

션즈화의 논리는 한국전쟁 결정과정에서 김일성의 독립적 역할을 부정하는 것이다. 그는 김일성의 전쟁의지 자체의 중요성도 평가절하했다. "한반도의 두 한국 정부 사이의 고도의 긴장상태"와 그것을 표상하는 것으로서의 김일성의 전쟁의지는 션즈화에게도 한국전쟁의 전제조건이었다. 그러나 이런 요소들도 "소련과 미국 사이의 전 지구적인 적대적 관계"라는 요소와 마찬가지로 이를테면 하나의 정태적 배경으로 언급될 뿐이다.[57] 전쟁이라는 사태로 이끌어가는 동태적 동인으로서의 역사적 역할은 부여하지 않는다. 스탈린의 지정학적 판단과 그 변동에 따라 미국과의 (간접적) 대결 장소로 한반도가 선택되었을 뿐이라는 인식이었다("Korea: a place of Stalin's choosing").[58] 이러한 션즈화의 설명구도에서 내전 개념은 등장하지 않는다. 만일 그가 이 전쟁이 내전적 단면을 가진다는 것을 인정한

운 것으로 파악한다(Shen Zhihua, 2012, pp.106-107).

55 Shen Zhihua, 2012, p.107.

56 Shen Zhihua, 2012, pp.117-118, p.116. 션즈화의 한국어본에서 동일한 논지는, 션즈화(沈志華), 최만원 옮김, 『마오쩌둥 스탈린과 조선전쟁』, 선인, 2010, 32-33쪽, 216-217쪽 참조.

57 Shen Zhihua, 2012, p.114.

58 Shen Zhihua, 2012, pp.107-108.

다면, 그것은 "두 한국 정부 사이의 싸움"을 포함하고 있다는 정도일 것이다.

김일성을 명시적으로 괴뢰로 규정하지는 않지만, 사실상 김일성의 역사적 역할의 독립성을 배제하는 해석은 한국 학계의 경우 김영호의 연구에서 잘 확인된다. 김영호는 이 전쟁의 내전적 성격을 전적으로 부인하지는 않았다. 한국전쟁 이전 남북한 쌍방에 의한 국경분쟁, 김일성을 중심으로 한 북한 지도자들이 전면전을 원하고 있었다는 점, 적화통일을 위한 김일성의 소련과 중국에 대한 설득 노력, 그리고 박명림이 강조한 바 있는 북한 내부 급진군사주의 요소[59] 등이 김영호가 한국전쟁의 내인적 요소로 인정하는 부분들이다.[60] 그럼에도 김영호는 이 전쟁이 근본적으로 국제전이었음을 입증하고자 했다. 이를 위해 그는 북한과 김일성의 독자성을 전제한 커밍스의 수정주의적 내전론을 비판하는 데 심혈을 기울였다.[61] 그가 제기한 '스탈린 롤백' 이론은 한국전쟁의 모든 결정이 실질적으로 소련의 세계전략이라는 관점에서 스탈린에 의해서 기획되고 실행되었음을 강조했다.[62]

김영호가 김일성의 독립적 역할을 부정하면서 부각시킨 주요 사실 하나는, 스탈린이 국경충돌 금지를 강력히 경고한 1949년 말 이후에는 1950년 6월 25일 한국전쟁이 일어날 때까지 소련 군사고문단의 국경분쟁 개입은 물론이고 38선상에서 대규모 국경분쟁이 더 이상 발생하지 않았다는 점이었다.[63] 이로써 김영호는 국경분쟁에서 전면 남침에 이르기까지 북한이 소련의 승인 없이 독자적으로 결정

---

59 박명림, 1996a, 36쪽.

60 김영호, 『한국전쟁의 기원과 전개과정』, 성신여자대학교출판부, 2006, 60쪽.

61 김영호, 2006, 42–61쪽.

62 김영호, 「한국전쟁 원인의 국제정치적 재해석: 스탈린의 롤백이론」, 『한국정치학회보』 제31집 제3호(1997); Kim Youngho, "The Origins of the Korean War: Civil War or Stalin's Rollback?" *Diplomacy & Statecraft*, Vol.10, No.1 (March 1999).

63 김영호, 2006, 59쪽.

하고 수행한 것은 아무것도 없었음을 강조했다.[64]

송종환 또한 이 전쟁은 '스탈린의 전쟁'이라는 관점을 잘 보여준다. 김일성의 전쟁발의 역할에도 불구하고 그를 독립적인 역사적 행위자로 볼 수 없는 이유를 송종환은 '괴뢰'라는 개념으로 설명하지는 않았다. 대신 당시 공산진영 내 스탈린과 김일성의 관계라는 포괄적 맥락에서 김일성의 역할을 해석함으로써, 이 전쟁을 김일성이 아닌 스탈린이 주도한 전쟁으로 파악했다. "한국전쟁이 김일성의 개전의지와 역사적 결단에 의해 일어났기 때문에 김일성의 전쟁이라는 주장을 하는 일부 학자들이 국내에 있다. (그러나)… 당시 공산진영내 스탈린의 위치로 인해 스탈린과 김일성 간의 관계가 주종관계(主從關係)였음에 비추어 김이 한국전쟁의 개시를 역사적으로 결정하고 주도했다는 것은 상상할 수도 없는 것이다."[65]

송종환은 그러한 맥락에서 아담 울람이 1990년대에 들어 밝힌 견해에 주목했다. 그가 인용한 울람의 한국전쟁 해석에서는 김일성은 웨더스비가 말한 독립적인 역사적 행위자가 아니라 스탈린의 신호에 따라 움직인 달리기 선수였다. "스탈린은 이미 남침계획을 갖고있었다. 다만 그는 그가 승인을 하고 도움을 줄 가장 적절한 시기를 기다렸을 뿐이다. …달리기 경주에서 출발을 위해 구부려 기다리고있는 선수에 의해 경기가 시작되는 것이 아니라 심판이 출발신호를함으로써 시작되는 것처럼, 한국전쟁은 스탈린이 승인을 함으로써

64 김영호, 2006, 59쪽. 필자의 의견으로는, 국경분쟁 문제에 대한 김영호의 주장은 이 전쟁의 내전적 성격을 부정하는 것이 아니라 오히려 드러내준다고 생각된다. 적어도 1950년 1월 이후 38선에서 대규모 충돌이 없었던 점을 스탈린의 강력한 통제와 북한의 피동적 순응의 결과로 보는 것은 부적절하다. 이 시기는 북한 지도부가 남침 계획에 대한 스탈린의 동의를 확보한 상태였다. 남한의 국경도발을 오히려 기다리면서 전면 남침의 계획을 구체적으로 준비하는데 골몰한 시기였다. 적극적인 공동보조의 국면이었다.
65 송종환, 「한국전쟁에 대한 소련의 전략적 목표에 관한 연구」, 『국제정치논총』 제39집 제2호(1999), 203쪽.

시작되었다."[66]

5) 비수정주의적 내전론의 분기점: 결과주의-원인주의, 포괄주의-개별주의

한편에서 보면 모든 한국전쟁 연구자는 내전의 요소를 인정한다. 가장 일반적으로는 동족상잔의 양상 때문이다. 1948년 남한 사회의 '문화인 108인의 선언'은 분단정부 수립이 초래할 엄중한 결과를 경고했다. "그 후로 오는 사태는 저절로 민족상호의 혈투가 있을 뿐이니 내쟁 같은 국제전쟁이요 외전 같은 동족전쟁이다."[67] 동시에 이 전쟁은 미국과 중국이 대규모 군사개입을 했기 때문에 국제전의 성격을 띤다는 것 또한 부정할 사람은 없다. 전쟁의 참여자들을 기준으로 할 때 이 전쟁이 내전이자 국제전이라는 정의는 당연하다. 관련되고 참여한 사회와 세력에 관련해서 이 전쟁을 내전이자 국제전으로 규정하는 데에는 아무도 이의를 제기하지 않는다.

그럼 '내전이자 국제전'이라는, 적어도 부분적으로 이 전쟁의 본질을 내전의 개념으로 포착하는 것을 둘러싸고 이견과 논쟁이 끊이지 않는 이유는 무엇인가. 이제까지 검토한 바와 같이, 김일성이라는 한반도의 내적 행위자와 스탈린이라는 외세 사이의 관계와 이들 각각의 결정력에 대한 질적·정성적 판단이 이 문제의 중심에 놓여 있기 때문이다. 김일성이 전쟁계획을 발의했더라도 스탈린의 승인과 지원이 절대적인 전제조건이었다고 할 때, 김일성의 전쟁의지 여부가 중요한 독립변수인지 아닌지에 대한 답은 연구자의 다분히 철학적인 태도에 따라 달라지는 것이다.

많은 연구자가 김일성의 주도적 역할을 인정하지만 다른 상당수 연구자는 그에게 역사적 독립변수로서의 위치를 부여하지 않는다. 이 관점의 분기를 결정하는 철학적 태도는 두 가지 차원을 담고 있

---

66 Adam Ulam, "Letters: Stalin, Kim and Korean War Origins," *CWIHP Bulletin*, Issue 4(Fall 1994), p.21; 송종환, 1999, 203쪽.
67 정병준, 2006, 81쪽.

다. 하나는 발의와 최종결정의 관계에 대한 관념이고, 다른 하나는 발의자와 최종결정자의 구조적 관계에 대한 시각이다. 첫째, 최종결정 없는 발의는 무효하다는 인식이 개입해 있다. 둘째, 평소에 발의자는 최종결정자의 괴뢰였기 때문에, 그 존재 자체가 독립적 행위의 주체로서 인정될 수 없다는 인식이 개재해 있다. '독립적 존재'가 아닌 자에게 '독립적 행위'의 의미를 부여할 수 없다는 관념이 작용하는 것이다.[68] 이러한 철학적 태도의 차이는 다음과 같이 개념화해볼 수 있다.

첫째, '결과주의적 판단'과 '원인주의적 판단'의 차이다.[69] 결과주의적 판단을 취하면, 발의한 김일성의 역할이 내포한 주도성보다는, 최종승인자인 스탈린의 결정력을 중심으로 평가하게 된다. 반면

---

68 이 문제의 논리적 속성을 간결히 이해하기 위해 민원인과 관청의 관계에 빗대어 보면 어떨까 한다. 어떤 마을의 대표가 자기 마을에 다리를 만들어달라고 민원을 제기했다. 이 다리의 건설 여부는 담당 관청이 승인하기에 달렸다. 나중에 다리가 건설되었을 때, 이 다리의 건설을 결정한 세력은 누구인가. 그 마을 대표인가, 승인권을 가진 관청인가. 관청이 가진 승인권을 주목하면 결정자는 물론 관청이다. 그런데 마을 대표의 다리 건설 민원이 없었다면 관청이 그 마을에 다리를 건설했을 가능성은 없다고 하는 점을 주목하면, 이 다리 건설의 주도자는 그 마을 대표라고 할 수 있다. 그런데 여기에 민원인과 관청의 관계에 대한 포괄주의적 개념이 개입하게 되면 문제는 단순하지 않게 된다. 평소 민원인과 관청의 관계가 수직적 상하관계이고, 그 마을 민원인들은 관청의 지시대로 마을 지도부를 만들고 관리해왔으며, 그 마을 대표 자체도 관청이 사실상 임명한 관계라면 그 대표는 관청의 꼭두각시라는 인식이 성립한다. 이런 조건에서 그의 역할은 다리 건설에서 독립적인 행위자로서의 주도적 역할을 인정받아야 하는가. 션즈화의 논리는 여기서 한 걸음 더 나아간다고 볼 수 있다. 이 마을에 다리가 놓이게 된 것은 그 마을의 의지 여부와 관계없이, 관청이 광역적인 지역개발전략의 차원에서 마침 그 시점에 그 마을에 다리를 건설하기로 결정했다는 이야기인 것이다.

69 여기서 결과주의(final outcome-centered perspective)는 전쟁의 발발이라는 최종적인 결과를 결정한 요인이 무엇인가에 초점을 맞추어 판단하는 것을 말한다. 반면에 원인주의(cause-centered perspective)는 전쟁을 애당초 원하고 주창해 전쟁으로 향하는 구체적인 결정과정이 시작되게 만든 원인에 초점을 맞추어 판단하는 시각을 가리킨다.

에 원인주의적 판단을 취한다면, 스탈린의 최종승인의 전제인 김일성의 발의가 일차적 원인으로서 결정적인 중요성을 가질 수 있다. 스탈린의 최종승인이라는 계기는 그다음의 이차적인 조건이 되는 것이다.

둘째, '포괄주의적 판단'과 '개별주의적 판단'의 차이가 또한 있다.[70] 포괄주의적 판단은 한국전쟁이라는 특정한 역사적 사건의 전개에서 김일성의 행위에 이 특정 사건과 관련한 역할과 책임을 묻기보다는 북한과 소련, 김일성과 스탈린의 전반적 관계에 비추어 이 특정 사안에서의 김일성의 역할과 위상을 평가한다. 반면에 개별주의적 판단을 취하면, 한국전쟁이라는 특정 사안에서 김일성의 역할은 독립적인 것이었다고 할 논리적 공간이 생긴다.[71]

요컨대 김일성의 발의와 스탈린의 승인에 대해 결과주의적 판단을 하고, 북한(김일성)과 소련(스탈린)의 관계와 관련해 포괄주의적

---

70 여기서 개별주의(individualistic perspective)는 한국전쟁이라는 특정한 사태에 관련해서 북한과 김일성이라는 역사적 행위자의 역할을 평가하는 시각이다. 반면에 포괄주의는 한국전쟁에서 북한 정권과 김일성이 담당한 역할을 그 전쟁이라는 특정한 사건만이 아니라 북한 정권과 김일성의 정권장악 자체를 가능하게 했던 배후세력으로서의 소련 및 스탈린과의 관계라는 전체적이고 포괄적인 맥락을 중시해 평가하는 관점을 가리킨다. 포괄주의는 '포괄적 맥락주의'(comprehensive contextualist perspective)라고 해도 될 것이다.

71 개별주의적 관점에 기초해 비수정주의적 내전론을 수용하는 연구자는 김일성과 스탈린, 북한과 소련의 관계의 전반적 성격에 대해서 김일성의 절대적 종속성이라는 명제에 동의할 수도 있고, 또는 그것과 다른 시각을 취할 수도 있다. 포괄주의적 관점은 기본적으로 김일성과 북한의 대소련 종속성을 '절대적이고 전적인 것'으로 보는 경향이 있다. 그러나 개별주의적 시각을 취하는 학자는 그 전반적 관계의 종속성을 반드시 '절대적이고 전적인 것'으로 보아야 할 논리적 필연성은 없다고 생각할 수도 있다. 종속성의 정도는 반드시 "전부 아니면 무"가 아니라, 그 양극단 사이의 다양한 수준이 가능하고, 시기별, 분야별, 사안별로 종속성의 정도와 성격이 차별적으로 논의될 수 있고 또 그래야 하지 않겠는가라고 판단할 수 있다는 뜻이다. 또한 북한과 소련 사이의 정책결정과정을 '절대적인 일방통행'으로서가 아니라 일정한 '상호작용성'을 포함한 것으로 인식할 수도 있을 것이다.

판단을 하면, 독립적 행위자가 아닌 괴뢰로서 김일성의 한계가 강조된다. 그 결과 한국전쟁에서 내전 개념이 끼어들 공간은 최소화된다. 반면에 김일성의 발의와 스탈린의 승인에 대해 원인주의적 판단을 할 때, 그리고 북한(김일성)과 소련(스탈린)의 구조적 관계로부터 한국전쟁이라는 구체적인 사태에서의 김일성의 역할을 분리해서 평가할 수 있다는 개별주의적 판단을 하면, 김일성을 독립적인 역사적 행위자로 인정하게 된다. 또한 그를 가장 명확하고 구체적인 매개로 삼는 내전 논의의 개념적 공간이 성립하는 것이다.

3. 한국전쟁에 관한 세 가지 '내전' 개념의 구분과 그 기준

지금까지 러시아 문서들에 의거해 웨더스비가 북한의 주도성에 주목하고 그것이 역사적 독립변수로서 갖는 역할을 인정했음을 살펴보았다. 그럼에도 그에게 북한 정권의 성립에서 한국전쟁 결정에 이르기까지의 과정에서 드러난 북한–소련의 관계에서 김일성의 위상을 괴뢰로 규정하고 이 전쟁의 본질의 일부를 내전 개념으로 바라보는 것을 부정하는 인식도 광범하게 존재함을 확인했다. 또 이는 결과주의와 원인주의, 그리고 포괄주의와 개별주의의 대치와 관련되어 있음을 논의했다.

이를 전제로 필자는 한국전쟁에 관해 세 가지의 상이한 '내전' 개념이 존재하고 있다고 판단한다. 냉전기 수정주의적 내전론, 탈냉전기 수정주의적 내전론, 그리고 비수정주의적 내전론이 그것이다.[72] 이러한 개념적 구분은 한국전쟁과 내전에 관한 논의에서, 다음 두 가지의 과잉 단순화의 오류를 극복하는 데 도움을 줄 수 있다. 첫째, 내전론은 곧 수정주의적 인식이라는 단순화다. 비수정주의적 내전 개념의 존재와 그 논리적 근거를 수정주의적 논리와 구분해 보다 명확

---

72 비수정주의적 내전론은 '일반적 내전론'이라 불러도 무방할 것 같다.

히 할 때, 수정주의적 내전 개념도 비수정주의적 내전 개념도 각각의 존재 근거가 확보된다. 둘째, 수정주의적 내전론은 탈냉전 이후 공산권 자료들의 공개로 완전히 폐기처분될 수밖에 없다는 선입견이다. 러시아 문서 공개가 이전의 수정주의적 내전론이 갖고 있던 큰 약점들을 공격함으로써 수정주의적 역사해석 자체에 대한 비판이 완료되었다고 생각할 수 있다. 그러나 냉전기 수정주의는 러시아 문서 공개 이후 일정한 자기수정을 거쳐서 탈냉전기 수정주의 형태로 변화를 겪었다. 이를 주목함으로써 수정주의적 내전 인식의 본질이 어떤 형태로 지속되고 있는지를 보다 명확히 할 수 있다.

이렇게 내전 개념을 셋으로 압축하기 위해서는 필자가 말하는 수정주의는 어떤 수정주의를 가리키는지에 대해 약간의 언급이 필요하다. 한국전쟁에 관한 수정주의적 해석의 계보는 이완범이 적절히 언급하고 있는 것처럼 여러 갈래가 있다. 미국 제국주의 정책이라는 외인에서 전쟁의 근원을 찾는 콜코 부부(Gabriel and Joyce Kolko) 등의 초기 수정주의, 1980년대 이래 큰 영향을 미친 브루스 커밍스의 내전론적 수정주의, 그리고 내인론과 외인론 사이의 균형을 강조하는 존 메릴(John Merrill)의 자칭 '신수정주의,'[73] 그리고 "전통주의적 입장에 고증을 더한"(orthodoxy plus archives) 특징을 가지는 '후기 수정주의'(post-revisionism)로 불리는 경향 등을 들 수 있다.[74] 여기서 필자가 말하는 수정주의적 내전론에서는 외인론을 강조한 초기 수정주의는 자연히 배제된다. 또 후기 수정주의로 칭해지는 존 루이스 개디스(John Lewis Gaddis) 등의 지성사적 성격은 그가 특히 1980년대 이래 발표된 연구경향에서는 그 실질이 전통주의의 변형이라는 성격을 강하게 띤다. 그래서 '후기 수정주의'라는 형태로 '수정주의'라는 명칭이 들어가는 것 자체가 부조화를 이룬다고 할 수 있

---

73 John Merrill, *Korea: The Peninsula Origins of the War*, Newark, Delaware: University of Delaware Press, 1989.
74 이완범, 2000, 27-32쪽.

다.[75] 필자가 이 글에서 주목하는 내전론적 수정주의는 1980년대 이래 한국 학계와 세계 학계에서 모두 가장 일관성 있고 강력한 영향력을 미친 것으로 판단되는 브루스 커밍스의 한국전쟁 연구를 주로 염두에 둔 개념이다.

이러한 점들을 고려해 위의 세 가지 내전론을 구분하는 데 작용하는 개념적 요소들을 다음 여섯 가지로 압축했다. 선정 기준은 세 내전 개념 사이의 구분을 명확히 해주는 동시에 러시아 문서들의 공개 이후에도 여전히 학문적 논쟁의 대상으로 남게 되는 내전론의 핵심으로 판단되는 요소들이다.

① '동족상잔'으로 압축되는 두 개의 한국 사이의 분쟁, 그리고 한국인들 내부의 좌우 분열과 대립이 전쟁의 가장 원초적 토대의 하나라고 인식하는가.

② 북한 지도부의 전쟁의지는 독립변수였는가.

③ 북한 지도부를 포함한 한국 좌익은 독자적인 민중적 기반을 가졌는가.

④ 한반도에서 미국(미군정)의 역할은 반혁명(反革命)이었는가.

⑤ 미국은 한반도에서 북한의 남침 이전부터 (은밀한) 적극적 전쟁의지를 갖고 있었는가.

⑥ 북한의 전쟁 결정과 실행은 소련의 통제를 벗어나 있었는가.

위에서 첫 번째 요소는 한국전쟁에 관한 모든 형태의 연구들이 공통으로 전제하는 가장 소박한 의미의 내전적 요소다. 반면에 마지막 여섯 번째 질문은 러시아 외교문서 공개 이후 누구도 그렇다고 말할

---

75 특히 1980년대 이후 본격적으로 미국 외교사학에 영향을 미친 개디스의 연구경향은 '본질주의 외교사학'이라는 관점에서 해석될 수도 있다(이삼성, 「미국 외교사학과 '제국' 담론의 전복: 신보수주의와 존 L. 개디스의 본질주의 외교사학」, 『국제정치논총』 제46집 제4호, 2006, 33-60쪽).

수 없게 되었다. 북한의 전쟁 결정과 실행이 스탈린의 면밀한 통제하에 있었음이 입증되었기 때문이다. 따라서 수정주의적 내전론도 탈냉전기에 들어서 북한의 전쟁 결정과 실행에 있어서 스탈린의 승인과 통제가 절대적 조건이었음을 인정할 수밖에 없다. 반면에 냉전기 수정주의적 내전론은 전쟁과 평화에 관한 북한의 결정력, 즉 북한의 자율성을 최대치로 보는 경향이 있었다.

위의 두 번째 질문, 즉 북한 지도부의 전쟁의지는 독립변수였는가에 긍정으로 답하면, 전쟁의 발발은 소련의 통제를 받았다 하더라도 북한의 전쟁의지 자체는 독립변수로서 작용했다는 것을 인정하는 것이다. 북한은 소련의 괴뢰였을 뿐이라는 해석과 대립된다. 북한 전쟁의지의 독립성을 긍정하면, 그 전쟁의지를 촉발하고 강화시킨 한국 내적인 정치사회적 요인들이 이 전쟁의 기원과 발발에 작용한 영향을 더 적극적으로 논의할 수 있게 된다. 반면에 북한은 소련의 괴뢰였을 뿐이라는 전제를 받아들이게 되면, 북한의 전쟁의지는 그 자체로서 전쟁과 평화의 결정에 유의미한 변수로 사유되기 어렵다. 따라서 북한의 전쟁의지를 촉진시킨 한반도 내적 요소들에 대한 논의는 사실상 무의미해진다. 탈냉전기 내전 개념은 수정주의적이든 비수정주의적이든 기본적으로 북한의 전쟁의지는 독립변수였음을 전제한다.

세 번째, 한국 좌익은 민중적 기반을 가진 존재였는가라는 질문에 대한 긍정은 수정주의적 내전론의 본질적 요소였다.[76] 냉전기에도 그랬고 탈냉전기라고 해서 큰 변화는 없다. 반면에 비수정주의적 내

---

76 브루스 커밍스는 "1945년 가을 한국에서 미국의 정책결정의 배경과 그 기축은 강력한 좌익이었다"고 전제하고, 당시 미군정 담당자들이 한국을 좌익이 주도하는 혁명 전야의 상태로 인식한 사실을 부각시켰다. "(미군정 사령관) 하지가 여러 가지로 그 상황을 묘사했듯이 서울은 갑자기 심연의 벼랑에 서 있거나 불타는 화산 위에 위태롭게 앉아있는 것처럼 보였다"(Bruce Cumings, *The Origins of the Korean War (I): Liberation and the Emergence of Separate Regimes, 1945-1947*, Princeton, NJ: Princeton University Press, 1981, p.193).

전론은 좌익의 민중적 기반을 기본적으로 부정하거나 혹은 일부 인정하는 데서 그친다. 그래서 이 질문은 수정주의적 내전론과 비수정주의적 내전론의 중요한 분수령이 된다. 전통주의적 해석은 한국 좌익의 민중적 기반을 한편으로 인정하면서도 그 진정성은 부정했다. 한국 좌익은 해방 공간에서 자기파괴적인 정치노선과 주체성 결여로 인해서 민중의 의지를 진정으로 대변하는 데 실패했다고 평가한다. 좌익과 민중의 연대에 있어 그 같은 치명적 결함을 지적하는 것은 비수정주의적 한국 현대사 해석이 수정주의와 다른 가장 근본적인 요점이다.[77] 러시아 문서 등 다양한 자료의 발굴로 북한 정권 수립

---

[77] 로버트 스칼라피노와 이정식은 1972년 출간된 저서에서, 해방 후 남한 사회에서 좌익의 정치적 영향력이 막강했으며, 우익이나 중도파는 조직력에 있어서 그에 비견할 바가 되지 못했다는 것을 인정했다. 미국의 개입이 없었다면 한국에서 좌익혁명이 진행되었을 것이라는 가설을 제시하기까지 했다. 그럼에도 불구하고 한국인들 대다수는 어떤 시점에서도 공산당을 선택한 적이 없었다고 평가했다. 한국 좌익과 민중 사이에 진정한 광범한 연대가 존재한 적이 없었다고 보는 것이다. 아울러 남한 내 좌파는 자기파괴적이고 무모한 폭력 전술에 의존함으로써 미군정과의 관계에서, 그리고 대중과의 장기적 관계에서 몰락을 자초했다고 지적한다. 또 그러한 좌파의 전술적 자멸은 남한 좌파 역시 소련에 종속되어 조종당하고 있었던 사실과 깊은 연관이 있다고 파악했다(Robert A. Scalapino and Chongsik Lee, *Communism in Korea*, Part 1, Berkeley, CA: The University of California Press, 1972, pp.265, 267, 311-312). 이정식은 2000년대에 출간한 저서에서도 '해방 후 한국 좌익세력의 막강한 영향력과 그 실질적인 허구성'이라는 그의 명제를 반복했다. 해방 후 초기 남한에서 좌익은 조직력과 영향력에서 막강한 세력이었으나, 문제는 그 "체질"이었다고 지적했다. 그가 "소아병적 좌경주의"로 평한 미숙성과 급진성, 그리고 주체성 결여를 이정식은 당시 한국 좌익의 특징으로 꼽았다(이정식, 『대한민국의 기원: 해방 전후 한반도 국제정세와 민족 지도자 4인의 정치적 궤적』, 일조각, 2006, 113-114쪽). 한국에서 민주사회주의운동을 개척한 정치학자인 이동화는 해방과 전쟁 사이의 기간에 북한에서 겪은 체험적 관찰을 기초로 북한 정권에 집약된 한국 좌익의 실체와 민중 사이의 괴리를 날카롭게 지적했다. 그는 북한에서 김일성을 필두로 한 좌익은 지나친 계급주의, 편협한 분파주의, 오만한 관료주의, 스탈린과 김일성에 대한 우상숭배 등으로 민심과 일찍부터 괴리되기 시작했다고 비판했다. 아울러 김학준은 같은 시기 북한은 "소련이라는 '큰 조국'의 철저한 노예"였다고 주장한다(김학준, 『두산 이동화 평전』, 단국대학교출판부,

과 그 후 전쟁에 이르기까지 소련의 영향력을 보여주는 증거들이 늘어나면서 한국 좌익의 토착적인 정치적 기반에 대한 부정적 평가는 더욱 심화되어왔다.

네 번째, 1945년 8월 이후부터 1950년에 걸친 시기에 미국(미군정)이 한반도에서 수행한 역할은 본질적으로 '반혁명'이었는가 하는 질문은 세 번째 질문과 긴밀히 관련되면서 수정주의적 한국 현대사 인식의 또 하나의 결정적인 요소를 이룬다. 특히 좌익에 대한 폭력적 억압을 내용으로 하는 반혁명으로 미국의 역할을 규정하면,[78] 한국 내 좌우익 갈등이 전면적으로 폭력화한 것으로서의 한국전쟁의 기원과 발발에서 미국의 역할은 핵심적인 것이 된다. 해방 후 분단과 전쟁에 이르기까지의 결정적인 시기에 한국 현대사의 근본 갈등축을 한국 내적인 사회혁명과 외세가 주도한 반혁명의 대결로 설정한 것 역시 커밍스의 수정주의 내전론의 가장 근본적인 측면이었다.[79] 이 해

2012년 수정증보판, 231-235쪽).

[78] 커밍스는 미군정이 한국국립경찰과 국방경비대를 창설한 배경을 두고, '반혁명,' '전체주의적 경찰국가' 등의 개념을 사용했다. 그는 "해방기(解放期)의 비극과 미국 책임의 깊이는 미군정 기간 한국국립경찰(KNP)의 역사에서 명백하다. 고도로 중앙집권화된 자의적이고 폐쇄적인 국가 무력은 친일파와 우익의 손에 쥐어졌고, 본질적으로 반혁명적 무력(quintessentially counter-revolutionary force)으로 사용되었다"(Cumings, 1981, p.160). 커밍스는 미군정이 만든 이 경찰조직은 전체주의적 폭력의 수단이 되었다고 지적한다. "한국국립경찰이 가진 장점들은 … 전체주의의 특성과 많은 부분 부합한다. 전체주의 이론은 견고하게 고도로 통합된 조직이 이차적 결사들(secondary associations), 그리고 지역에 뿌리박은 정치조직들과 모든 종류의 매개적 조직들을 파괴해 인구 전체를 하나의 (뿌리뽑힌-인용자) 대중으로 만들어 자신의 의지대로 지배하기에 이르는 과정을 강조한다. 만일 헨더슨이 지적한 대로 오늘날의 남한이 '대중사회'가 된 것이라면, 아마도 한국국립경찰의 역사가 남한이 어떻게 그 모양이 되었는지에 대한 설명의 일부를 제공해준다"(Cumings, 1981, p.169). 또한 그는 "국방경비대의 발전은 남한에서 미군정이 발견한 혁명적 조건(revolutionary conditions)에 대한 대응이었다"고 파악했다(Cumings, 1981, p.171).

[79] Bruce Cumings, "American Policy and Korean Liberation," in Frank Baldwin (ed.), *Without Parallel: the American-Korean Relationship since 1945*, New York:

석은 한편에 미국이라는 외세를 배치했지만, 그 상대로서 한국 내부의 사회정치적 동학을 위치 지음으로써 한국전쟁의 내전적 기원의 핵심논지를 구성했다.[80] 따라서 이 역시 수정주의적 내전론과 비수정주의적 내전 인식의 중요한 분기점이 된다. 커밍스가 한국전쟁이 1950년 6월 이전에 이미 존재한 내전의 연장선에 있다고 했을 때, 그가 말하는 내전의 본질은 38선에서의 무력분쟁이나 지리산 게릴라전만을 가리키는 것은 아니었다. 남한 사회에 좌익 주도의 혁명과 미군정이 지휘하는 반혁명 사이의 폭력적 긴장 상태를 가리켰다. 해방 공간의 '반혁명' 세력 주체로서의 미국에 대한 이러한 수정주의적 인식은 탈냉전 이후에도 근본적으로는 변하지 않았다.[81]

한편, 해방에서 남북 단독정권 수립에 이르는 3년간 남한에서 미

Pantheon Books, 1973, p.87.

80 수정주의적 내전론에서 해방 후 남한에서 미국의 반혁명의 과정은 본질적으로 폭력적인 과정이었으며, 남한에서 폭력적으로 억압된 좌익세력이 북한 지도부와 연합해 무력대결로 나아간 것으로 설정된다. 먼저 남한 내부의 게릴라전쟁과 38선에서의 군사적 충돌의 형태로 실질적인 내전 상태가 전개되고, 결국 남한 우익의 호전적인 북진통일론과 결합해 전면적인 전쟁으로 귀결되었다고 본 것이다. 일종의 '풍선효과' 같은 설명이라고 할 수 있다. 남한에서 좌익에 대한 미군정의 폭력적인 억압은 남한 좌익 지도부를 북한으로 내몰아 북한 김일성 세력과 통합시켰고, 결국 그렇게 통합된 북한과 남한 사이의 정규 전쟁으로 몰아간 효과를 낳았다는 설명인 것이다. 알렉산더 만수로프가 지적했듯이, 이러한 커밍스의 설명틀에서는 한반도에서의 전쟁은 강대국들의 후원과 개입이 있었거나 없었거나 언젠가는 발발하게 되었을 것이다. 설사 강대국들이 이 전쟁을 멈추고 싶어했다 하더라도 이를 위해 그들이 할 수 있는 일은 별로 없었다는 뜻도 된다(Mansourov, 2000, p.11).

81 커밍스는 1997년에 출간된 저서에서 1947년 한국을 방문한 '미국인권연합'(ACLU) 대표 로저 볼드윈(Roger Baldwin)의 평가를 주목했다. 미국 G-2 정보기관장이 그에게 보여준 정보보고서들을 근거로 볼드윈은 당시 한국은 이미 "선포되지 않은 전쟁 상태"(a state of undeclared war)라고 평했다. 또한 그는 노동운동과 파업을 조직했다는 이유로 1,000여 명이 수감되어 있는 교도소를 목격했다. 볼드윈을 만난 자리에서 여운형은 미군정이 일제 식민지경찰을 그대로 유지한 것이 "현재 모든 혼란의 열쇠"라고 증언했다고 밝힌다(Bruce Cumings, *Korea's Place in the Sun: A Modern History*, New York: W.W. Norton, 1997, p.208).

국이 수행한 역할에 대한 비수정주의적 해석은 이 기간 미국의 대한 정책이 처음부터 의도적으로 좌익을 배제한 것이 아니라고 본다. 또한 좌익은 민중으로부터 유리되어 있었음을 강조한다.[82] 또 같은 기간 북한에서 진행된 소련의 선제적인 국가권력 구축작업을 주목한다.[83] 또는 적어도 남북한 정부 수립 과정 모두에 대한 객관적인 비교 분석을 시도하거나,[84] 해방 후 대한민국이라는 단독정권 수립과 전쟁에 이르기까지의 남한 국가권력 구축과 미국의 대한정책을 국가형성 과정의 내재적 합리성이라는 차원에서 이해하는 시각을 보인다.[85]

다섯째, 미국은 북한의 남침에 거의 즉각적으로 무력 개입을 결정했다. 문제는 전쟁 발발 이전에 한국의 두 국가들뿐 아니라 미국 역시 한반도에서 전쟁의지를 갖고 있었는지다. 이 질문에 대한 긍정은 수정주의적 내전론을 다른 한국전쟁 해석들로부터 구분 짓는 중요한 바로미터였다. 1950년 6월 25일 북한의 남침이 '전략적 기습'(strategic surprise)이라는 일반적 인식을 액면 그대로 받아들이지 않고 그 진실성을 의심한 것이다.[86] 트루먼을 포함한 미국 정책결정자들 전부는 아니더라도 한반도에서의 전쟁과 평화를 결정할 수 있는

82　전상인, 『고개 숙인 수정주의: 한국현대사의 역사사회학』, 전통과 현대, 2001; 박지향·김철·김일영·이영훈 엮음, 『해방 전후사의 재인식 2』, 책세상, 2006.

83　Lankov, 2002.

84　이철순, 『남북한 정부수립 과정 비교 1945-1948』, 인간사랑, 2010.

85　이택선, 「취약국가 대한민국의 형성과정 (1945-50년)」, 서울대학교 외교학과 박사학위논문, 2012. 남한에서 미군정이 구축한 국가권력의 억압성을 인정하되, 그 이유를 미군정에서 한국전쟁 이전의 이승만 정권이 이미 소련에 의해 공산화된 북한의 위협에 직면해 국가안보를 우선시할 수밖에 없는 '병영국가'(garrison state) 내지는 '군사국가'였다는 사실에서 찾고, 이런 환경에서 미국의 도움은 불가피했을 뿐 아니라 긍정적인 것이었다는 한배호의 설명도 해방 공간의 한국현대사에 대한 비수정주의적 해석의 중요한 예라고 하겠다(한배호, 「서론: 제1공화국의 정치체제」, 한배호 엮음, 『한국현대정치론 I: 제1공화국의 국가형성, 정치과정, 정책』, 오름, 2000; 이택선, 2012, 5쪽에서 재인용).

86　I.F. Stone, *The Hidden History of the Korean War, 1950-1951: A Nonconformist History of Our Times*, Boston: Little, Brown and Company, 1988 (originally 1952), p.4.

위치에 있었던 미국 국가권력 엘리트의 핵심 일각(예를 들어 딘 애치슨 혹은 맥아더)에서 한반도의 전쟁 가능성을 염두에 두고 은밀하게 대비해왔을 뿐 아니라,[87] 심지어 미국 역시 한반도에서 전쟁을 원했을 가능성이 있다는 혐의를 둔다. 즉 남북한의 전쟁의지뿐 아니라 미국의 전쟁의지 또한 중요한 논의주제로 삼는 것이다. 이 문제의식은 미국이라는 외부 세력의 동태에 관련된 요인이지만, 전쟁의 책임을 북한에게 전적으로 지우는 데에 대한 도덕적·논리적 견제장치로서 기능한다. 이 전쟁이 침략적인 악동 북한과 순진한 피해자로서의 남한 및 미국 간의 전쟁이 아니라, 한국 좌익 혁명세력의 표상으로서의 북한과 한국에서 반혁명 담당자로서의 미국의 폭력적 대결 구도가 전면전화한 것이 바로 한국전쟁의 본질이라는 인식을 다른 각도에서 부각시키는 의미를 담고 있기 때문이다.

그러나 수정주의적 내전론도 미국의 사전 전쟁의지에 대한 관점에서 러시아 문서들의 공개 이후 입장이 완화되었다. 북한과 소련, 중국이 미국의 불개입 가능성을 전제로 치밀한 공모과정을 거쳐 준비한 전면 남침이라는 것이 밝혀진 만큼, 냉전기 수정주의 해석이 거론했던 미국에 의한 유도설 등은 설득력을 상실했다. 그럼에도 불구하고 미국이 임박한 북한의 전쟁도발 가능성과 그 정황을 파악하고 이를 기다리며 은밀히 대비해왔을 가능성에 대한 수정주의적 의심은 탈냉전기에도 여전히 잔존해 있다. 따라서 냉전기 수정주의적 내전론은 미국의 사전 전쟁의지에 대한 강한 의심을 품었다고 한다면, 탈냉전기 수정주의적 내전론은 미국의 사전 전쟁의지에 약화된 형태의 의문부호를 달고 있는 것으로 정리할 수 있을 것이다.[88] 여기서

---

87 Cumings, 1990, pp.605-619. 또 이 책에서 커밍스는 애치슨이 1947년 이래 이미 한국을 그의 봉쇄전략에 포함시켰다"고 주장했다(Cumings, 1990, p.414).
88 예를 들어 애치슨이 1950년 1월 한국을 방위선에서 제외한 연설을 한 것에 대해 커밍스는 2010년 저서에서 브래들리 마틴의 말을 인용하여, 애치슨은 "한국의 방위에 대한 미국의 코미트먼트를 비밀로 하기를 원했기" 때문이

유의할 점은 이 전쟁에 대한 비수정주의적 관점에서도 미국의 임전태세와 전쟁대비를 강조할 수 있다는 점이다.[89] 다만 비수정주의적

라고 말했다(Bradley K. Martin, *Under the Loving Care of the Fartherly Leader: North Korea and the Kim Dynasty*, New York: Thomas Dunne Books, 2004, p.63; Cumings, 2010, p.72). 그러나 커밍스가 남침유도설을 제기하면서 동원하고 있는 자료들은 "부실하다"는 평가를 피하지 못했다. 커밍스가 전면남침설, 남침유도설, 그리고 전면북침설의 세 가지 '모자이크들'을 거론하면서 그 가운데 남침유도설에 무게를 두어 논의한 1990년 저작의 제18장에 대해, 예컨대 정병준과 이완범은 모두 그것이 잘못된 자료인용과 오독에 기반한 추정들에 의지하고 있다고 평가했다(정병준, 2006, 47쪽; 이완범, 2007, 251-252쪽). 미국이 사전에 적극적인 전쟁의지를 갖고 있었다는 인식을 전제하는 커밍스의 남침유도설은 국내 학계에서 일찍부터 비판을 받아왔다. 1990년의 논문에서 하영선은 "한반도에서의 냉전의 기원에 대한 커밍스의 논지는 실증적인 면에서 충분한 설득력을 보여주고 있지 못하다"고 지적하고, "미국의 한반도에서의 냉전차원에서의 봉쇄정책은 1947년 이후 비군사적 차원에서 소극적으로 추구되다가, 한국전쟁 이후 적극적으로 수행된 것으로 보는 것이 타당"하다고 결론지은 바 있다(하영선, 1990, 34쪽). 이런 맥락에서 보면 미국이 북한의 남침을 유도할 하등의 이유가 없었다는 것이 된다. 국내에서 애치슨 연설의 성격에 대한 비수정주의적 해석을 제시한 대표적인 예로는 안천의 연구를 들 수 있다(안천, 『남침유도설 해부: 6.25 개전일 연구』, 교육과학사, 1993, 508-514쪽). 안천은 애치슨이 미국의 방위선에서 한국을 제외시킨 것에 대해, "미국 측으로서는 당시에 우리나라와 타이완을 제외한 것은 매우 민감한 두 지역을 포함시켜 소련과 중공의 호전성을 자극하지 않으려는 깊은 배려"에서였다고 주장했다. 아울러 "오히려 우리나라와 타이완을 위해서 그렇게 했다는 해석도 가능하다"고 말했다. "당시 이승만 정권이 미국의 원조를 받으려 북진주장을 하는 것을 꺾으려는 의도"도 있었으며, 결국 "호전성을 무디게 하려는 전략적 배려"였다고 파악했다(안천, 1993, 509쪽). 김영호는 "애치슨이 자신의 정책적 의도를 비밀리에 은폐하려고 했다는 커밍스의 주장은 사실과 다르다"고 지적했다. 뿐만 아니라 그는 '스탈린 롤백'론의 연장선에서, "스탈린은 애치슨의 연설이 행해진 때를 전후해 이미 한반도에서 미국의 봉쇄노선을 넘어 롤백정책을 추구하기로 결정"한 상태였다고 파악했다(김영호, 2006, 194-198쪽). 따라서 그 효과에 있어서도 애치슨 연설은 북한의 남침을 "유도"한 것이 아니었다고 파악한 것이다. 그러나 스탈린이 김일성의 남침계획을 승인한 시점과 애치슨 연설의 시점이 대체로 일치한다는 점은 오히려 김영호의 판단과 다른 해석을 불러올 수도 있음을 유의할 필요가 있을 것이다.

89 기광서는 "근래에 나온 여러 자료를 살펴보건대, 그들(미국과 남한-인용자) 또한 적극적인 임전태세와 전쟁 대비책을 갖추고 있었음은 부인하기 어렵다"고 지적했다(기광서, 「소련의 한국전 개입과정」, 『국제정치논총』, 제40집 제

관점은 그것을 만약의 사태에 대한 대비라는 차원에서 인식하는 것에 가깝다. 이를테면 '평화를 원한다면 전쟁을 준비하라'는 격언을 실천한 것에 다름 아니라는 인식의 테두리 안에 있다. 수정주의가 혐의를 둔 미국의 전쟁의지는 보다 적극적인 성격의 것이다. 북한의 남침을 유도한 것은 아닐지라도 미국 권력엘리트가 한반도에서의 전쟁을 적극 원했다는 뜻이다.[90]

마지막 여섯째 질문은 북한과 김일성의 결정은 소련의 통제를 벗어나 있었는가 하는 것이다. 1973년 베트남전쟁의 지성사적 여파 속에서 프랭크 볼드윈이 편집한 책은 한국전쟁에 대한 수정주의적 내전론을 본격적으로 제기했다. 여기에 커밍스의 글과 함께 시몬스의 글이 실렸다. 이 글에서 시몬스는 1950년의 북한에서 소련 고문단이 북한의 침공을 모든 차원에서 주도면밀하게 지휘했다는 전통주의적 가설을 비판했다. 적어도 이 전쟁이 발발한 "타이밍"은 소련에게 "놀라움"(a surprise)이었다고 그는 주장했다.[91] 그만큼 전쟁의 기획과 실행에서 북한의 독자성과 상대적 자율성을 강조한 것이었다. 당시 남한도 북진을 준비하고 있다고 북한이 인식한 사실을 부각시키면서 그는 "이 전쟁은 한국 민족주의에 기반한 내전"이라는 명제를 제기했었다.[92]

한편 존 메릴과 로버트 시몬스 등의 내전론은 커밍스의 내전론과 구분된다. 상대적으로 커밍스의 설명에서는 전쟁 발발 이전에 스탈린의 입장과 태도가 어떠했는지는 핵심적 주제가 아니다. 남한 좌익 및 북한과 미국의 대결 구도가 핵심이다. 반면에 메릴과 시몬스

3호, 2000, 153쪽, 각주 11).

90 러시아 외교문서 공개 이후 국내 학자로서 적극적인 의미에서의 미국의 전쟁의지를 명확히 인정한 경우는 신복룡 교수가 거의 유일하다. 그는 "미국은 한국전쟁이 발발하리라는 정확한 정보를 가지고 있었고, 전쟁을 기다리고 있었다"고 보았다. 아울러 이 전쟁은 "군비 증강을 노리는 매파들에게 호기를 제공했으며, 그들은 한국전쟁을 십분 이용했다"고 해석했다(신복룡, 1996, 179쪽).

91 Simmons, 1973, p.158.

의 설명에서는 미국과 남한의 관계 못지않게 소련과 북한의 관계
가 중심이었다. 그들은 이들 두 강대국이 모두 자신들의 피후견 세
력(clients)을 통제하는 데 실패했기 때문에 전쟁이 발발했다고 보았
다.[93] 그러므로 스탈린과 김일성 사이의 긴밀한 사전 모의를 드러낸
공산권 자료의 공개로 결정적 타격을 받은 것은 메릴과 시몬스의 내
전론이었다. 반면에 커밍스의 내전론에서는 한국의 좌익 및 북한과
미군정·미국의 갈등이 핵심 테마였다.[94] 따라서 공산권 내부 관계에
대한 소련·중국 측 자료 공개로 받게 된 충격은 상대적으로 덜하다.
커밍스의 수정주의가 살아남는 또 다른 이유는, 그의 연구 범위가 가
진 전방위적 포괄성이다. 일부 주요한 쟁점에서는 새 문서들의 공개
로 그의 논지가 훼손당할 수밖에 없었지만, 한국 현대사와 전쟁에 대
한 그의 수정주의적 해석의 다른 핵심적 요소들은 잔류했다. 실제 커
밍스는 자신의 내전적 설명구도의 주요소들을 크게 수정하지 않은
채, 1990년대 후반 및 2000년대에도 내전적 시각의 요체를 담은 저
서들을 계속 출간해왔다.[95]

---

92 Simmons, 1973, p.159. 시몬스에게 북한이 전쟁을 일으킨 내적 동기는 남
한의 공격이 임박했다는 인식, 그리고 김일성과 박헌영 사이의 경쟁이었다
(Simmons, 1973, p.171).

93 Merrill, 1989; Robert Simmons, *The Strained Alliance*, New York: The Free
Press, 1975. 메릴과 시몬스의 내전론에 대한 만수로프의 평가 참조(Mansourov,
2000, 11).

94 커밍스의 내전론이 1945-46년 이래의 남한에서 한국 좌익과 미군정 사이
의 갈등을 강조했고, 또한 이 같은 한국 좌익 대 미국의 대립구조가 한국전쟁
에 관한 그의 내전론의 핵심요소를 이룬다는 점은 김용직의 커밍스에 대한 비
판적 고찰에서 잘 지적되었다. 김용직은 커밍스의 그러한 논리구조가 당시 한
국의 정치사회적 공간에서 한국 우익 정치세력의 존재를 지나치게 부차화하고
있는 점을 비판했다. 또한 1946년 추수봉기를 계기로 강화된 미군정의 탄압으
로 좌파운동의 기반이 지속적으로 악화된 결과 1948년 봉기들은 지역적 한계
가 뚜렷해졌고, 민중의 광범한 지지를 받지 못한 점을 주목했다. 따라서 이 시
기에 전개된 남한 내부의 저항운동을 한국전쟁과 직결시키는 것은 무리라고
평가했다(김용직, 「한국전쟁과 사회변동: 브루스 커밍스의 사회혁명-내전 가
설 비판」, 『한국정치학회보』, 제32집 제1호, 1998).

이상의 논의에 비추어 세 가지 내전 개념의 논리적 구성은 다음과 같이 비교해 정리할 수 있다. 냉전기 수정주의적 내전론은 위의 여섯 가지 질문에 모두 긍정으로 답했다. 탈냉전기 수정주의적 내전론은 적어도 마지막 여섯 번째 질문, 즉 북한의 전쟁결정과 실행이 소련과 스탈린의 통제를 벗어났는가에 대해서는 분명 부정으로 답한다. 다섯 번째 질문, 즉 미국의 사전 전쟁의지에 대한 의심은 일종의 '괄호 안에 넣기'의 형태로 완화 내지 잔류하는 것으로 보인다. 그 나머지 네 개 질문에는 여전히 긍정의 태도를 유지함으로써 수정주의적 역사인식의 본질적 성격은 지속된다.

한편 비수정주의적 내전 개념은 첫 번째 질문과 두 번째 질문에 대해서만 긍정으로 답한다. 특히 김일성의 전쟁의지를 독립변수로 인정하는 것은 이 전쟁을 "국제전이자 내전"이라고 인식하는 비수정주의적 내전론의 중요한 바로미터다. 반면에 한국전쟁을 "근본적으로 국제전"으로 인식하는 시각은 첫 번째의 질문에 대해서만 긍정하고 나머지 다섯 개 질문 모두에 대해서 부정한다. 한국전쟁에 대해 소박한 의미의 '내전적 요소'만을 인정할 뿐이며, "국제전이자 내전"이라는 비수정주의적 내전 인식에 대해서도 비판적 거리를 유지한다.

결국 다음과 같이 요약할 수 있다.

(1) 냉전기 수정주의적 내전론: 1 + 2 + 3 + 4 + 5 + 6
(2) 탈냉전기 수정주의적 내전론: 1 + 2 + 3 + 4 (+ 5)[96]
(3) 비수정주의적 내전론: 1 + 2
(4) 내전 부정론 ('근본적으로 국제전'론): 1

---

95 Cumings, 1997; Cumings, 2010.
96 탈냉전기 수정주의적 내전론에서 다섯 번째의 요소에 괄호를 친 것(5)은 미국에 의한 전쟁유도설 등이 러시아 문서들의 공개 이후 크게 약화된 형태로 잔존한다는 뜻이다.

4. 맺는말: 내전 개념의 명료화가 한국전쟁 연구에서 갖는 의미

이 논문은 한국전쟁에 관한 세 가지의 내전 개념을 분별했다. 이렇게 내전 개념을 명료히 함은 한국전쟁 연구에서 어떤 의의를 가질 수 있을까. 냉전기 수정주의적 내전론은 폐기된 것으로 볼 때, 탈냉전기 수정주의적 내전론과 비수정주의적 내전론은 김일성으로 대표되는 북한 지도부의 의지와 선택이 독립변수의 성격을 띤다고 보는 점에서 공통점이 있다. 내전보다는 국제전의 측면이 더 규정적이었다고 평가하면서도, "김일성이 주도하지 않았다면 스탈린이 전쟁을 강요했을 리는 없었"을 것이라는 지적에서처럼,[97] 김일성의 전쟁의지를 독립변수로 인식하는 것이다. 그것은 다시 말해 북한을 소련의 괴뢰로 보지 않는 태도와 직결된다.

성격은 다르지만 그 점에서 공유하는 바가 있는 두 내전 인식이 갖는 핵심적 의의는 션즈화가 그토록 강조하는 스탈린의 전쟁의지의 배경을 이해할 필요성 못지않게, 김일성의 선택에 영향을 미친 한국 내적 요인들에 대한 논의도 큰 역사적 무게를 지니게 된다는 점이다. 다만 유의할 점은 김일성의 선택 자체에도 그가 최종적인 남침 결정을 하게 되는 시점에 스탈린과 마오쩌둥의 동의와 지원 약속이 중요한 변수로 작용했을 것이라는 사실이다. 또 스탈린과 마오쩌둥의 판단과 선택의 바탕이 된 그들 나름의 오판 역시 김일성의 오판 및 선택과 상승작용을 했다고 보아야 한다. 즉 김일성의 오판과 선택 역시 스탈린과 마오쩌둥의 오판과 전략적 선택이라는 외적 변수와의 연관 속에서 이해되어야 할 부분도 있을 것이다.

이를 전제하면서 김일성을 독립적인 역사적 행위자로 볼 경우, 그러한 외적 변수들과 함께 김일성의 오판을 포함한 그의 선택에 영향을 미친 국내적 요인들 역시 매우 중요해진다. 그렇다고 할 때 특히

---

97 이완범, 2000, 164쪽.

김일성의 결정에 영향을 미친 국내적 요인들에 대한 논의는 어떤 방향을 취할 수 있는가? 이 장은 그 내적 요인들에 관한 본격적인 논의의 자리는 아니지만 분석의 기본 방향에 대해서는 언급이 필요하다.

많은 연구는 김일성의 전면전 선택이 상당 부분 국내외 정세에 대한 그의 오판에 기초했음을 말해준다. 이 오판의 요소를 포함한 김일성의 판단은 크게 두 가지 측면이 있다. 첫째는 미국의 개입 전망에 대한 판단으로서 이는 명백한 오판이었다. 둘째는 남한 이승만 정부의 지향과 행동, 그리고 남한의 정치사회적 상황에 대한 김일성의 판단이다. 이 판단은 한편으로 이승만 정부의 행동이 김일성의 판단에 기여한 측면, 그리고 이승만 정부의 의지와 능력에 대해 김일성이 오판한 측면이라는 두 가지 요소를 담는다.

이 둘 가운데 미국의 개입 문제에 대한 북한 지도부의 오판은 같은 문제에 대한 스탈린의 오판과 마찬가지로 미국의 대한반도 정책의 추이, 그리고 미국 자신의 전쟁의지 여부라는 외적인 변수가 크게 작용하는 문제였다. 반면에 이승만 정부의 행동과 남한의 상황에 대한 북한 지도부의 판단은 물론 한국 내적인 요소들이 주를 이룬다.

여기서도 유의할 점이 있다. 미국의 개입 여부에 대한 김일성의 오판도, 그리고 김일성의 판단에 영향을 미친 당시 대한민국의 상황도, 모두 외적인 요소와 함께 내적인 요소들을 내포하고 있다는 점이다. 우선 김일성의 판단 자체는 물론 미국의 전략과 행동, 그리고 소련 및 중국의 상황과 그 지도자들인 스탈린과 마오쩌둥의 인식과 선택이라는 외적 변수로부터도 영향을 받았을 터다. 그러므로 김일성의 판단이라는 것 자체도 전적으로 내적인 변수의 성격만을 갖는 것은 아니다. 그러나 그러한 외적 변수들이 김일성이라는 독립적인 내적 행위자의 인식과 선택이라는 필터링을 거쳤다는 의미에서, 외적 변수들에 대한 김일성의 인식과 판단은 또한 본질적으로 내적 변수다.

김일성의 판단은 또한 북한과 남한에서의 정치적·사회적·경제적·군사적·이데올로기적 지형에 대한 인식과 판단을 담고 있다. 이 판단에 영향을 미친 한반도 상황들은 일차적으로는 국내적 변수로서의 의미를 갖는다. 그러나 이 한반도의 상황들 역시 소련과 미국 등외세의 작용 속에서 형성되고 결정된 측면들이 강하다는 점에서 외생적 성격도 담고 있다. 다만 그러한 외적 작용들은 한반도 내적인변수들과 결합해 '한반도 내적 상황'으로 응축되어 있었다. 김일성의 판단에 영향을 미친 한반도 내적 상황들은 그런 의미에서 국내적변수들을 구성한다.

김일성의 전쟁 결정에 영향을 미친 국내적 요인들로는 김일성의판단 자체, 북한의 정치적 공간에서 김일성·박헌영의 무력통일론의위치, 이승만 정부의 사유와 행동, 그리고 남한의 정치사회적 및 군사적 상황과 그에 대한 김일성 등 북한 지도부의 인식 등이 중요한주제가 될 것이다.[98] 뿐만 아니라 미국의 개입 여부를 오판한 김일성의 판단에 영향을 미친 미국의 정책과 언행도 한편 생각하면 이승만의 의지와 행동이 초래한 측면도 없지 않다. 그런 점에서 한반도 내적 상황과 미국의 전략적 선택 사이의 상호작용 양상을 검토하는 것역시 중요한 문제다.[99] 이런 다각적 차원에서 한반도 내적 요인에 대

---

98 김일성은 미국이 혹 개입하더라도 "(미국) 본토의 미군이 한반도에 개입하는 데 들어가는 시간까지 고려하여" 미국이 개입하기 전에 전쟁을 끝낼 수있다는 오판을 했다고 박명림은 지적한 바 있다(박명림, 『한국 1950: 전쟁과 평화』, 나남출판, 2002, 108쪽). 김일성의 그 같은 판단 근거에는 미국의 정책에 대한 것뿐 아니라, 이승만 정권의 현상과 본질에 대한 판단이 담겨 있다. 이 부분에 대해 이완범은 '애치슨라인'이 김일성의 전쟁 결정의 오판에 실질적 영향을 미쳤는가 여부에 대해 언급하면서 다음과 같이 지적한다. "김일성은 미국불개입에 대한 단정도 중요한 변수임에는 분명하나, 이것 때문에 전쟁을 일으킨 것이 아니라 주로 북한의 압도적 공격 능력과 전쟁의 신속성에 따른 미국 개입의 시간적 불가능이라는 판단 때문에 일으킨 것이다. 남한의 대중들이 봉기한다면 미국에게 준비할 시간과 생각할 여유를 주지 않고 전쟁을 종결시킬 수있다고 판단했다. 따라서 내부적 요인이 결정의 1차적 변수였으며, 미국은 중요한 변수 가운데 하나에 불과했다"(이완범, 2007, 247쪽). 그는 김일성의 오판을 초래한 일차적 원인이 국내적 상황에 있었다고 본 것이다.
99 윌리엄 스툭 등은 북한의 남침의 주요 배경으로 미국이 남한에 대한 외침

한 논의 역시 결정적 중요성을 띠게 된다. 그 전제는 물론 수정주의적 내전 개념의 탈냉전기 자기수정뿐만 아니라, 러시아 외교문서 공개를 계기로 비수정주의적 내전론의 개념적 공간이 본격 성립하게 된 사실이다.

(2013)

을 막기 위해 충분한 조치들을 취하는 데 실패했다는 사실을 지적한다. 그 단적인 예로 당시 주한미 대사 존 무쵸(John J. Muccio)의 정책을 들었다. 무쵸는 1973년에 가진 스툭과의 인터뷰에서 그 자신이 대한 군사원조를 의도적으로 미미한 수준으로 유지하게끔 조치했다고 밝혔다. 그 자신은 대부분의 미국인들에 비해 남한 지도자들에 대해 우호적이었음에도 불구하고 그들을 매우 불신했으며, 그 주된 이유는 그들의 대북한 모험주의였다고 밝혔다(Stueck interview with Muccio, 27 December, 1973, Washington, DC: William Stueck and Boram Yi, "'An Alliance Forged in Blood': The American Occupation in Korea, the Korean War, and the US-South Korean Alliance," in Steven Casey (ed.), *The Korean War at Sixty: New Approaches to the Study of the Korean War*, London: Routledge, 2012, p.42). 김계동도 "미국은 이승만의 북침의지에 대해 반대했을 뿐더러 공격에 필요한 무기지원을 하지 않음으로써 이승만의 호전적 태도를 견제했다"고 이해했다(김계동, 2001, 356쪽).

제13장

21세기 동아시아의 지정학

미국의 동아태 지역 해양패권과 중미관계[1]

1. 21세기 중미관계의 이론적 전망: 미국의 단극패권과 중국의 도전

2000년대 들어 21세기 세계질서의 큰 틀에 대한 미국 정치학계의 논의는 미국의 단극적 패권과 그에 대한 중국의 도전이라는 주제로 집약된다. 미국의 단극패권에 대해 사람들이 던지는 주요 질문은 그 장기적 지속성에 관한 것이다. 학자들은 그 답을 중미관계의 미래에서 찾고 있다.

미국의 단극적 패권을 강조하는 나머지 신보수주의자들은 "자유제국주의"(liberal imperialism) 또는 "민주제국주의"론으로까지 나아갔다.[2] 이러한 경향은 윌리엄 월포스의 보다 학문적인 논의처럼 미국

---

1 이 글은 2007년 봄 세종연구소가 발행하는 『국가전략』 제13권 제1호, 5-32쪽에 실렸던 논문이며, 원문 그대로 전재한다.

2 Stanley Kurtz, "Democratic Imperialism: A Blueprint: Lessons from the British in India," *Policy Review*, No.118(April & May 2003); Niall Ferguson, *Colossus: The Price of America's Empire*, New York: The Penguin Press, 2004; Deepak Lal, *In Praise of Empires: Globalization and Order*, New York: Palgrave Macmillan, 2004; Robert Cooper, "The new liberal imperialism," *Observer*, April 7, 2002. 스탠리 커츠는 인도의 궁극적인 민주화는 모두 영국의 제국주의 통치와 대인도정책의 소산이라고 주장한다. 인도에 대한 영국 제국주의정책의 모델을 참고해 이라크에 대해 미국이 국가권력을 여전히 장악한 가운데 선거정치를 장려하고, 간접통치와 개혁적 변환의 전략을 적절히 구사하여야 한다고 주장한다. 국가주권에 제한을 가하는 토니 블레어 영국 수상의 이른바 신국제주의와 인도적 개입 독트린을 형성하는 데 중요한 역할을 한 것으로 알려져 있는 영국 고위 외교관 로

의 단극패권은 그것을 견제할 대항연합이 생기기에는 너무 확고하다는 평가로 나타나기도 했다. 월포스가 말하는 '단극분기점'(unipolar threshold)은 어떤 한 국가로의 권력 집중도가 너무 커서 다른 나라들이 대항균형을 시도할 경우 그 대가를 감당할 수 없는 지점을 말한다. 미국의 패권은 이미 그 분기점을 넘을 정도로 압도적이어서 다른 어떤 나라들도 미국에 대한 반미연합을 구성할 엄두를 낼 수 없다는 이야기다.[3]

그러나 미 '제국'의 확고함에 대한 무성한 논의들에도 불구하고 미국의 단극패권 지속론은 중국을 향후 미국의 이른바 '실존적 적'의 하나로 규정하는 의식과 공존하고 있다. 중국에 대한 경계, 즉 미 제국의 밀레니엄에 대한 도전이 아시아의 중국으로부터 올 것이라는 것, 또 그 도전은 이미 시작되었다는 적색경보를 미 제국론을 제기하는 신보수주의자들 자신이 주도해온 것이다.

레닌과 로버트 길핀이 함께 국제질서 변화의 원동력으로 지목해온 국력의 불균등 성장의 관점에 비추어서도 가장 큰 변수는 중국이다. 미국 정부의 각종 전략문서들 역시 그런 논의를 뒷받침해왔다. CIA는 2000년 세계국력 추이 평가에서 2000년 현재 중국이 심지어 경제적으로도 일본을 이미 추월했으며, 2015년에는 유럽연합까지도 추월한 가운데 미국과 대등한 경제력을 갖게 될 것으로 예측한 바 있다.[4] 국방부가 펴낸 「2006년 4개년 방위검토」(QDR 2006) 역시 "주

버트 쿠퍼는 '신자유제국주의'(new liberal imperialism)를 적나라한 방식으로 제시했다. 그 주장의 요지는 서양은 구식 국가들을 다룰 때 국제법을 존중할 필요가 없으며 정치를 잘못하는(misgovern) 정권들은 유엔 승인 없이 군사력을 사용해 교체해 보호령(protectorates)으로 만들 수 있다는 것이었다. 이에 대한 비평은, David Chandler, "Imperialism may be out, but aggressive wars and colonial protectorates are back," *Observer*, April 14, 2002.

3 William C. Wohlforth, "U.S. Strategy in a Unipolar World," in G. John Ikenberry, *America Unrivaled: The Future of the Balance of Power*, Ithaca: Cornell University Press, 2002, pp.103-104.

요하게 부상하는 국가들 가운데 중국은 미국과 군사적으로 경쟁할 최대의 잠재력을 갖고 있다"고 평가했다.[5]

2000년대 초입에서 확인되고 있는 미국 정치학계의 인식은 서로 상반되는 두 가지 인식의 공존이라는 이중적 구조를 띠고 있다. 한편으로 현재의 세계는 미국을 정점으로 하는 단극적 세계다. 그러나 중국의 경제적 부상에 의해서 머지않은 장래에 미중 간의 양극질서로 전환될 것이며, 따라서 현재의 단극질서는 과도적인 것에 불과하다는 인식이 자리 잡고 있는 셈이다.

미국의 관점에서 볼 때, 중국이 동아시아질서에 불안정을 초래하는 위협이 된다면 중국이 현재의 추세대로 지속적으로 부강해질수록 그 심각성은 더 커져간다. 문제는 미래에 중국이 부강한 나라로 부상할 때 과연 동아시아질서에 불안정이 초래될 것인지다.[6] 전반적으로 중국의 부강이 현상을 위협해 불안정을 초래할 것이라는 주장이 많다. "중국이 부강해지는 것을 우리는 원해야 하는가 아닌가. 현실주의자들에게 그 답은 아니라는 것이다. 부강한 중국은 세력균형을 뒤엎을 것이기 때문이다"라는 리처드 베츠의 주장이 대표적이

---

4 National Foreign Intelligence Board, *Global Trends 2015: A Dialogue About the Future with Nongovernment Experts*, (This paper was approved for publication by the National Foreign Intelligence Board under the authority of the Director of Central Intelligence, Prepared under the direction of the National Intelligence Council) NIC 2000-02, December 2000.

5 Department of Defense, *Quadrennial Defense Review Report 2006*, February 6, 2006, p.29.

6 데이비드 강은 1990년대 초 많은 현실주의자들이 중국의 행태가 불안정을 초래할 것이라고 예언했으나, 오늘날 그것은 사실로 드러나지 않았으므로 현실주의자들의 인식은 잘못되었다고 말한다(David C. Kang, "Getting Asia Wrong: The Need for New Analytical Frameworks," *International Security*, Vol.27, No.4(Spring 2003), pp.61-66.). 그러나 케네스 왈츠를 비롯한 대부분의 현실주의자들의 논리는 "미래에 현실화될 것으로 보이는 부강한 중국"이 그 같은 권력정치적 행태를 통해 불안정의 원인이 될 것이라고 주장하는 것이므로, 데이비드 강의 반론은 적어도 부분적으로 포인트를 벗어난 것이라 할 수 있다.

다.[7] 새뮤얼 헌팅턴은 문화적 현실주의의 시각에서 문화와 가치관의 이질성을 근거로 미중 간 갈등의 필연성을 설파한 문명충돌론을 제기한 바 있다.[8]

신보수주의 집단에 속하는 인물로서 이 같은 대중국 봉쇄론을 가장 강력하게 설파한 인물들은 리처드 번스타인과 로스 먼로였다. 이들은 중국이 아시아에서 패권국을 지향하고 있다고 단언했다. "1980년대 말 이후 베이징 정부는 미국을 전략적 동반자(strategic partner)로서가 아니라 그 자신의 전략적 야망에 대한 장애물로 인식하게 되었다. 따라서 중국은 아시아에서 미국의 영향력을 감소시키고 일본과 미국이 중국 '봉쇄'전선을 형성하는 것을 저지하며, 권력투사력(force projection capability)을 보유한 군대를 건설하고 남중국해와 동중국해에 대한 영향력을 확장해 이 지역의 해상로(sea-lanes)를 장악하려고 노력했다." 이들은 보다 근본적으로 "중국 (영토와 인구)의 엄청난 크기와 내재적인 힘, 중국이 스스로를 세계문명의 중심으로 인식하고 있는 점, 그리고 수 세기에 걸친 치욕의 역사를 만회하려는 열망 때문에 중국은 아시아 패권을 지향하고 있다"고 평가했다.[9]

반면에 중국의 부상하는 권력에도 불구하고 기존질서를 뒤엎기보다는 현상유지 세력으로 남을 가능성을 높게 보는 시각들도 없지 않았다. 앨러스태어 존스턴은 중국 지도자들이 자국의 경제력과 군사력을 증대시키려 노력하고 있는 것은 사실이지만, 경제발전의 이익과 미국과의 관계를 희생시킬 수 있는 행동을 자제하는, 기본적으로

7 Richard K. Betts, "Wealth, Power, and Instability: East Asia and the United States after the Cold War," *International Security*, Vol.18, No.3(Winter 1993/94); Kang, 2003, 66.

8 Samuel P. Huntington, *The Clash of Civilizations and the Remaking of World Order*, New York: Simon & Schuster, 1996, p.232.

9 Richard Bernstein and Ross H. Munro, "The Coming Conflict with America," *Foreign Affairs*, March/April 1997, pp.18-32.

는 현상유지적인 국가로 남을 것으로 보았다.[10] 부국강병을 추구하되, 전지구적 차원에서는 물론이고 지역적 차원에서도 미국을 대신해 자신이 지배적인 국가가 되기 위한 체계적인 군사적 노력을 경주하고 있지는 않다는 것이다. 다만, 존스턴은 두 가지 경우에 중국이 현상유지 자세를 벗어나 미국 중심의 기존질서에 도전하는 수정주의 세력으로 전환할 수 있다고 보았다. 첫째는 중국 국내적인 사회정치적 격동에 직면할 경우다. 둘째는 미중 간의 안보딜레마가 악순환을 거듭할 경우다. 존스턴은 중국 국내적인 시장화가 초래할 부정적 효과로서 중국 내적인 사회정치적 격동이라는 사태에 대해 미국이 할 수 있는 일은 별로 없다고 본다. 하지만 타이완문제와 같이 미중 간에 부상하고 있는 안보딜레마를 평화적으로 관리하는 문제에 깊이 주목해야 한다고 그는 주장한다.[11]

현실주의적인 인물들 가운데서도 실용주의 경향을 보이는 사람들은 중국이 1970년대와 1980년대에 그랬던 것처럼 미국에게 전략적 동반자는 더 이상 아니지만, 그렇다고 적도 아니라고 보았다. 다만 중국의 선택 또는 미국 자신의 선택에 의해서 중국이 미국의 적이 될 가능성은 엄존한다고 말한다. 브레진스키가 그 대표적인 경우다.[12]

앨러스테어 존스턴이 지적했듯이, 중국에 대한 포용론자와 회의론자에게는 공통점이 있다. 모두 부상하는 세력으로서의 중국이 중미관계와 아시아태평양 지역 불안정의 일차적인 원천이라고 본다. 이들 대부분은 동아시아에서 미국의 패권적 위상은 안정자적인 현상(status quo)의 권력인 반면, 이 질서의 불안정 여부는 장차 중국의 국력팽창의 수준과 대외적 행태에 달려 있다고 가정한다. 표준적인

---

10   Alastair Iain Johnston, "Is China a Status Quo Power?" *International Security*, Vol.27, No.4(Spring 2003), p.56.

11   Johnston, 2003, p.56.

12   Zbigniew Brzezinski, "Living With China," *The National Interest*, No.59 (Spring 2000), in Owen Harries(ed.), *China in* The National Interest, New Brunswick: Transaction Publishers, 2003, p.7.

권력이행(전이)론에서는, 떠오르는 도전세력과 기존의 패권국가 사이에서 먼저 전쟁을 일으키는 쪽은 현상 변화를 원하는 도전세력이라고 본다. 우월하지만 쇠퇴하고 있는 패권국가는 일반적으로 '예방전쟁'(preventive war)을 일으키지 않는다고 가정한다.[13]

그러나 기존의 패권국가가 부상하는 새로운 강국에 대한 경계심 과잉으로 자신의 패권에 대한 도전을 사전에 차단하기 위해 선제적으로 군사주의를 강화하는 것의 위험성도 지적된다. 로버트 길핀은 쇠퇴기에 접어든 패권국가는 떠오르는 도전국가의 힘을 약화시킬 목적으로 예방전쟁을 벌이는 경향이 있다는 점에 주목한 바 있다.[14] 이 논리에 따르면, 장차 동아시아에서 불안정을 초래할 요인으로 중국의 성장과 도전 이전에 그에 대한 미국의 사전적인 과잉대응의 문제도 심각하게 거론되지 않으면 안 될 것이다. 그러나 오늘날 미국 정치학계에서 길핀류의 논의는 극소수에 불과한 것이 현실이다.

에이버리 골드스타인은 중미관계의 전망에 유의미한 국제정치이론들을 크게 현실주의자들의 권력론, 자유주의자들의 정치체제론과 신자유주의자들의 제도주의론, 상호의존론과 핵평화론 등 다섯 가지로 나누어 살펴본 후, 권력론·정치체제론·제도주의론 모두 중국의 부상이 궁극적으로 미국과의 갈등, 그리고 심지어 군사충돌로까지 발전할 가능성이 높다는 비관론으로 귀결되고 있다고 파악했다.[15]

현실주의자들이나 중국 정치질서의 비민주성을 전제하는 정치체제론 중심의 국제정치이론들뿐 아니라, 국제질서에서 전쟁과 평화의

---

13 A.F.K. Organski and Jacek Kugler, *The War Ledger*, Chicago: University of Chicago Press, 1980; Thomas J. Christensen, "Posing Problems without Catching Up: China's Rise and Challenges for U.S. Security Policy," *International Security*, Vol.25, No.4 (Spring 2001), p.12.

14 Robert Gilpin, *War and Change in World Politics*, London: Cambridge University Press, 1981, p.191.

15 Avery Goldstein, *Rising to the Challenge: China's Grand Strategy and International Security*, Stanford: Stanford University Press, 2005, pp.81-99.

가능성을 전망함에 있어 국제레짐의 형성 여부를 중시하는 신자유주의적인 제도주의 이론들 역시 중미관계를 비관적으로 전망하는 편이다. 중국이 1990년대 말 이후 보여주고 있는 양자 및 다자주의적 제도 건설의 노력들에 대해서도 제도론자들은 긍정적으로만 평가하지 않는다. 제도론자들은 중국이 문제를 해결하기 위해 국제레짐과 다자적 노력에 기꺼이 참여해왔지만 역사적으로 민감한 영토주권에 관계된 사안들에 대해서는 그런 접근을 기피해왔다는 사실을 주목한다.

중국이 주도적으로 참여한 아세안지역포럼(ARF)에 대해서도, 이들은 기본적으로 비관적이다. ARF 자체가 애당초 지극히 느슨한 포럼에 불과하기 때문에 점점 강력해지는 중국의 국제적 행태에 의미 있는 통제력을 행사할 수 있는 조직이 될 수 없다는 평가를 내리고 있다.[16] 다만 상호의존론과 핵평화론자들은 각각 중국과 미국을 포함한 국제사회의 점증하는 상호의존, 그리고 미국과 중국 사이의 전략적 핵무기 능력의 커다란 격차에도 불구하고 어떤 나라도 핵전쟁에서 완벽한 방어가 불가능하다는 논거에 기초해서 중미관계를 상대적으로 낙관하는 경향을 보인다.[17]

2. 미국의 기득권으로서의 동아시아 해양패권

이 글은 장차 중미관계에 대한 일방적인 낙관론도 비관론도 가정하지 않는다. 우리가 낙관론을 신뢰할 수 있다면 한반도의 우리에게도 다행이 아닐 수 없다. 그러나 치열한 이론적 논의가 필요한 이유는 중미관계에 긴장이 발전할 수 있는 잠재적 가능성과 함께 그것이 한반도에서의 평화 및 평화적 통일의 가능성에 제기하는 심대한 부정적 함의 때문이다. 이 글은 중미관계가 심각한 갈등 상황으로 나아

---

16 Goldstein, 2005, p.98.
17 Goldstein, 2005, p.98.

갈 가능성이 실재한다고 할 때, 그 잠재적 긴장의 구조는 어떻게 개념화될 수 있는지를 논의하려는 것이다.

그런 취지에서 이 글은 다음과 같은 몇 가지 명제를 제시하고 이를 근거로 중미관계에 근본적인 갈등적 요인들이 잠재하고 있음을 분석하려고 한다.

첫째, 이 글은 현재 동아태 지역질서에서 미국이 확보하고 있는 기득권을 중국과 러시아를 제외한 동아시아 국가들, 특히 일본과의 동맹체제에 바탕해 미국이 이 지역에서 해상패권을 장악하고 있다는 사실에서 찾는다. 둘째, 이러한 미국의 기득권은 중국의 국력팽창이라는 또 다른 동아시아 지정학의 핵심적인 객관적 추세와 근본적으로 갈등하고 있다는 점을 주목한다. 셋째, 이 글은 중국의 국력팽창의 추세는 단순히 경제적 영역에 그치지 않고 중앙아시아와 러시아와의 세력연합이라는 형태로 군사정치적 영역을 포함한 지정학적 차원으로 발전하고 있음을 주목한다. 그 결과 중국의 국력팽창은 동아시아에서 미일동맹체제와 대립적인 잠재력을 가진 중국과 러시아 간 세력연합으로 연결되고 있다. 이를 통해 기존에 존재하는 '동아시아 대분단체제'를 강화할 개연성을 갖고 있다고 본다.

이를 통해서 필자가 부각시키려는 테마는 미국의 동아시아 해양패권과 중국의 국력팽창이라는 두 객관적인 지정학적 현실은 "의식적이고 체계적인 외교적 노력 없이는" 내재적인 상충의 요인들로 인해 한국을 포함한 다른 동아시아 국가들의 평화를 위협하는 긴장의 구조를 발전시킬 수 있다는 점이다.

동아태 지역에서의 미국 기득권에는 냉전시대에 구축해 지금까지 유지해오고 있는 동아시아 국가들과의 동맹체제가 포함된다. 미국이 이 전략적 자원을 통해서 중국에 대해 확보하고 있는 기득권의 실체는 이 지역에서의 해양패권이다. 이 해양패권은 동아태 지역에서 중국의 자국 영토 바깥으로의 권력투사능력(power projection capability)을 한계 짓고 또 유사시 그것을 봉쇄할 수 있는 군사정치

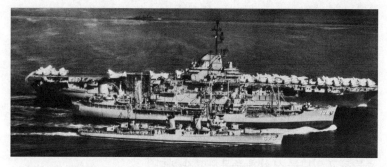

1958년 타이완해협 위기 당시 필리핀해 동부에서 급유선 USS Navasota(가운데)가 항모 USS Lexington(위)과 구축함 USS Marshall(아래)에 급유하고 있다.

적 능력이자 힘이다.

이 해상패권의 확고한 유지라는 미국의 목표와 국익개념은 중국의 국력팽창이라는 현실과 내재적인 충돌을 함축한다. 힘이 팽창해 가는 중국의 자기정체성과 국익개념은 기존의 미국 패권에 의해 제한되고 절제되어 있던 상태에서 벗어나 확장될 가능성을 내포한다. 그래서 중국의 국력팽창과 미국의 기득권적 해양패권은 상충적 요소를 갖는다.

이 점을 보다 명확히 하기 위해서는 미국 해양패권의 실체를 먼저 개념화할 필요가 있다. 이 능력은 크게 두 가지로 구성된다. 하나는 "중국 이외의 동아시아 국가들을 미국이 주도하는 동맹체제에 포섭해 유지하고 중국에 인접한 이들 국가들의 영토를 군사기지화할 수 있는 능력"이다. 다른 하나는 "중국의 전략적 무기체계의 효력을 제한하고 무력화할 수 있는 첨단군사력"이다. 이 첨단군사력은 전략핵과 미사일방어 및 재래식 첨단무력에서 미국이 중국보다 월등한 능력을 갖추는 것으로 뒷받침된다.

이 두 가지 능력을 바탕으로 미국이 확보하고 있는 해양패권의 구체적 표징은 중국의 권력투사능력을 봉쇄할 수 있는 지정학적 요충에 대한 확고한 장악이다. 그런 의미에서 이들 지정학적 요충들에 대한 미국의 지속적인 장악은 미국의 동아태 해양패권의 바로미터다.

3. 미국의 동아태 해양패권과 중국 국력팽창의 내재적 긴장

필자는 동아시아에서 미국 해양패권이 적어도 다음 네 가지 지정학적 요충지들에 대한 정치군사적 장악을 통해 확보 및 유지되는 것으로 파악한다. 또한 이 네 곳 모두에서 미국의 패권적 지위는 저마다의 방식으로 중국의 자기정체성 의식과 미래지향적 국익개념과 충돌하고 있다는 사실에 주목하고자 한다.

1) 타이완해협에서 미국의 해양패권과 중국의 영토적 존엄성 관념 사이의 긴장

미국의 동아시아 해양패권은 타이완문제를 매개로 중국의 영토적 존엄성에 대한 군사적·상징적 도전과 침해를 내포하고 있다. 이 사실은 1970년대 이래 중미관계가 이른바 전략적 동반자처럼 보인 이후 많은 부분 가려지거나 과소평가되어왔다.

1972년 중국과 미국이 소련에 공동대응하는 전략적 동반자관계에 들어서면서 미국은 타이완에 대한 중국의 주권을 인정해 중국이 주장하는 "하나의 중국", 즉 타이완을 독립국가가 아닌 중국의 한 지방으로 간주하는 정책을 채택했다. 1979년 중미관계 정상화는 곧 미국과 타이완 간의 공식적인 외교관계 종식을 의미했다. 이후 타이완에 대한 미국의 정책은 '전략적 모호성 정책'(policy of strategic ambiguity)이라고 불려왔다. 이는 중국과 타이완을 향해 이렇게 말하는 것을 뜻했다. "미국은 타이완의 방위를 도울 수 있지만, 반드시 그렇게 하겠다는 공약을 제공하지는 않는다."[18]

그러나 그 모호성 정책 자체가 모호했다. 미국은 타이완과의 단교 이후에도 타이완의 정치적·군사외교적·경제적 독립성을 실질적으

---

18 Michael O'Hanlon, "Why China Cannot Conquer Taiwan," *International Security*, Vol.25, No.2 (Fall 2000), p.52.

로 보장하는 법적·제도적 장치를 확보했다. 1979년 미 의회를 통과한 「타이완관계법」(Taiwan Relations Act)은 "타이완에 대한 어떤 무력이나 강제력의 사용도 서태평양 지역의 평화와 안보에 대한 위협이며 미국의 엄중한 우려(grave concern)를 불러일으킬 것"이라고 선언했다. 또 "중화민국(ROC)이 충분한 자위능력을 갖도록 방어적 무기를 제공할 것"이며 "미국은 타이완의 안보를 위협하는 무력이나 강제력의 사용을 저지하기 위한 능력을 유지할 것"이라고 명기했다.[19] 사실상 타이완은 미국의 보호령(protectorate)으로 남았다. 실질적으로 타이완을 미국의 정치군사적 영향권에 남기는 것은 미국의 동아태 해상패권체제의 핵심적 부분이다. 이 점은 1995-96년 위기 때 타이완해협에 대한 미국 군사력 파견에서 확인되었다. 그 추세는 2000년대에 들어 더 뚜렷해졌다.

미국의 타이완정책의 실제 추세는 전략적 모호성으로부터 전략적 명확성(strategic clarity)으로의 이동이었다. 그 분수령은 2000년 2월 미 하원이 공화당의 주도하에 「타이완안보향상법」(Taiwan Security Enhancement Act)을 통과시킨 일로 생각된다. 이 법은 미국과 타이완 군부 사이의 관계를 공식화하고 타이완이 요구하는 무기는 무엇이든 미국 정부가 긍정적으로 검토하도록 하는 가운데 타이완해협에 대한 미국 개입문제의 기조를 바꾸는 효과를 갖는 것이었다. 당시 중국을 불필요하게 자극할 것을 우려한 클린턴 행정부는 상원을 설득해 그 법안이 상원에까지 상정되는 것은 막았다. 그러나 그 법안이

---

19 이 법안의 내용이 매우 강경했기 때문에 중국의 반발이 우려되었다. 그래서 카터 행정부 고위참모들은 카터에게 이 법안에 거부권을 행사할 것을 건의했다. 그러나 하원은 339 대 50, 상원은 85 대 4의 압도적인 찬성으로 통과되었기 때문에 거부권 행사가 무용지물이 될 것을 예상하고 카터는 이 법안에 서명한다. 미중수교에 따른 타이완과의 외교관계 중단 이후 이를 보완하기 위한 「타이완관계법」을 둘러싼 미국 정치권의 내부 진통에 관해서는, Harry Harding, *A Fragile Relationship: The United States and China since 1972*, Washington, D.C.: The Brookings Institution, 1992, pp.82-87. 특히 pp.86-87.

하원을 압도적인 표차로 통과한 사실은 미 의회의 타이완문제 인식의 전반적인 방향을 보여주기에 충분한 상징적 사태였다. 이러한 미국 정치권의 흐름은 아래에서 설명하고 있는 미국의 「2001년 4개년 방위검토」(QDR 2001)가 미국의 중대이익이 걸린 4개 지역의 하나로 '연해국' 개념을 제시하고 있는 것과 함께, 미국의 타이완정책의 전략적 명료성의 방향을 드러내준다.

미국 내 연구들을 요약하면, 타이완해협에 군사적 긴장과 폭력적 갈등이 발생할 가능성은 두 가지 근거를 갖는다. 첫째, 글로스니 또는 골드스타인 및 머레이 등의 분석에 따르면, 중국은 타이완에 대해 해상봉쇄 등을 통해 타이완과 심지어 미국 해군에까지 쉽게 피해를 입힐 수 있는 해군력을 확보하고 있다. 따라서 중국은 타이완독립 저지를 위해 미국의 개입이 필요하다고 판단할 때, 두려움 없이 군사행동을 감행할 것이다. 그리고 이 경우 미국이 군사개입할 가능성은 거의 확실한 것으로 평가된다.[20]

둘째, 오한론과 로버트 로스 등의 분석을 따르면, 중국은 타이완을 공격해서 정복할 만한 군사능력을 갖고 있지 못하다. 그러나 그것이 곧 타이완해협에서 전쟁이 벌어질 가능성이 없다는 것을 뜻하지는 않는다. 오히려 그 반대다. 타이완문제에 대한 중국의 주권적 입장과 이를 지키기 위한 중국의 군사행동 불사의 가능성을 간과하고 타이완이 독립지향외교를 강화할 가능성이 높다는 것이다. 미국은 이에 부응해 전략적 모호성의 정책을 더욱 확실하게 폐기할 가능성이 있다. 그럴수록 타이완은 더욱 독립을 지향하는 가운데 중국의 군사행

---

20 Michael A. Glosny, "Strangulation from the Sea?: A PRC Submarine Blockade of Taiwan," *International Security*, Vol.28, No.4(Spring 2004), pp.125-160; William Murray and Lyle Goldstein, "Undersea Dragons: China's Maturing Submarine Force," *International Security*, Vol.28, No.4(Spring 2004), pp.161-196; Michael O'Hanlon, Lyle Goldstein and William Murray, "Correspondence: Damn the Torpedoes: Debating Possible U.S. Navy Losses in a Taiwan Scenario," *International Security*, Vol.29, No.2(Fall 2004), pp.202-206.

동을 촉발할 가능성이 높아질 것이다. 이 경우 역시 미중 간 군사적 충돌은 불가피해진다고 평가된다.[21]

장차 중국의 국력이 팽창해가는 상황을 가정할 때, 그에 대한 대비 차원에서 미국은 동아태 지역 해상패권의 바로미터의 하나로서 타이완에 대한 패권유지의 태도를 더욱 분명히 할 수 있다. 현재의 추세에 그러한 성격이 있다고 할 때, 타이완을 둘러싼 미국의 해상패권의 기득권과 중국의 영토적 존엄성의 관념 사이의 긴장은 더욱 깊어갈 수 있다.

2) 남중국해에서 미국의 항해 자유 및 연해국 개념과 중국의 영토주권의식의 긴장

미국의 동아태 지역 해상패권이 중국의 영토주권 개념과 직접적인 충돌을 내포하고 있다는 사실은 타이완에만 그치지 않는다. 남중국해 주변에서 중국의 영해 및 영토주권 개념은 동아태 지역에서의 미국의 '항해의 자유'(freedom of navigation) 개념과 직접적으로 충돌하고 있다.

중국은 1992년 「영해와 인근 지역에 관한 법」(Law on the Territorial Sea and the Contiguous Zone)을 발표했다. 이후 영토주권문제에 관해서는 원칙적으로 비타협적인 태도를 보여왔다. 이 법은 중화인민공화국의 영토는 본토와 해안 도서, 그리고 타이완과 그에 부속된 여러 섬을 포함한다고 밝혔다. 이어 구체적으로 댜오위군도·펑후열도·둥샤군도·지샤군도, 난샤군도 등을 열거했다.[22] 이에 대응해 1995년 미 국무부는 "미국은 남중국해에서 국제법에 어긋나는 해상권리주장(maritime claim)이나 해양활동에 대한 제한은 그 어떤 것

---

21 O'Hanlon, 2000; Robert S. Ross, "The 1995–96 Taiwan Strait Confrontation: Coercion, Credibility, and the Use of Force," *International Security*, Vol.25, No.2 (Fall 2000).

22 Goldstein, 2005, p.110.

도 심각한 우려를 갖고 바라볼 것"이라고 경고했다.[23] 이어서 그해 8월 워런 크리스토퍼 미 국무장관은 필리핀을 방문해 남중국해의 분쟁을 언급하면서 이 지역에서 "항해의 자유를 유지하는 것은 미국의 근본적 이익(fundamental interest of the US)"이라고 선언했다.[24] 남중국해의 여러 섬들은 중국에게는 영토적 주권의 대상이지만, 미국에게는 이 지역에서 항해의 자유를 확보하는 요충지들(choke points)이다. 미국의 동아태 해상패권의 바로미터의 하나는 바로 항해의 자유라는 원칙을 내세워 남중국해의 요충지들을 미국의 영향권으로 계속 장악하는 데 있는 것이다.

이후 미국은 동남아시아의 여러 국가들과 안보협력을 강화했다. 이 국가들과 미국은 공동 군사훈련을 조직했다. 인도네시아와 오스트레일리아는 새 안보조약을 맺었다. 동남아 지역의 해상에 대한 미국의 통제권을 강화하는 동시에 이 지역에서 중국이 난샤군도에 영토적 기반을 확립할 수 있는 능력을 제한할 수 있는 협정들이 맺어졌다.[25]

2000년대 들어 부시 행정부의 동아시아 전략은 남중국해를 포함한 동아시아 전반에서의 중국 연안 도서 지역들에 대한 미국의 패권적 통제를 미국의 사활이 걸린 이익으로 명시했다. 2001년 9월 말에 발표된 부시 행정부의 「4개년 방위정책검토」(Quadrennial Defense Review, QDR) 역시 "세계의 핵심 지역들을 적대적인 세력이 지배하는 것을 막는다"(precluding hostile domination of critical areas)고

---

23 Felix Soh, "US Warns against Restrictions in South China Sea, Blcoc Press Tour to Spratlys," *Straits Times* (Singapore), May 12. 1995, p.1; Goldstein, 2005, pp.110-111.

24 Greg Torode, "Philippines Offered US Jets; Manila Warns over Continued Chinese Construction Work on Miischief Reef," *South China Morning Post*, August 2, 1995; Goldstein, 2005, p.111.

25 Lu Jianren, "Yatai Daguo Zai Dongnan Yazhou Diqu De Liyi"[Asia-Pacific great powers' interests in Southeast Asia], *Shijie Jingji yu Zhengzhi*, no.2, 2000, pp.41-45; Goldstein, 2005, pp.110-111.

명시했다.[26] 이것은 미국이 탈냉전 후 세계 주요 지역에 대한 핵심전략으로 천명해온 것의 재확인이지만, 이 문건에는 전에 없던 새로운 요소가 추가되었다. 이 문건에 따르면 미국이 사활적 이해관계를 갖는 핵심 지역은 네 곳이다. 유럽과 동북아시아는 당연히 포함된다. 거기에 '중동 및 서남아시아'가 덧붙여진다. 이 세 가지 범주의 핵심 지역에 덧붙여 2001년 「방위정책검토」가 새로이 독립된 '핵심 지역' 개념으로 제출하고 있는 것이 '동아시아 연해국 지역'(East Asian littoral)이다.

「방위정책검토」는 이 새로운 범주에 대해 친절하게도 각주를 달아놓고 있다. "동아시아 연해국이란 일본 남부로부터 오스트레일리아를 거쳐 벵갈만(Bay of Bengal)에 이르는 지역으로 정의된다"고 적은 것이다.[27]

전문가들은 이 부분의 중요성에 주목했다. 마이클 맥데빗은 2001년 「방위정책검토」가 동아시아를 동북아시아와 동아시아 연해국 지역이라는 두 부분으로 분류한 것을 유의했다. 그는 여기서 동북아시아란 일본과 한국을 의미하는 것이며, 동아시아 연해국이란 타이완·필리핀·인도네시아·브루네이·파푸아뉴기니·말레이시아·태국·오스트레일리아·남중국해와 그 밖의 핵심적인 인도네시아의 국제 해협들을 가리킨다고 설명했다.[28]

이것은 타이완과 필리핀 사이의 공해상을 포함한 남중국해 전반에 대한 미국의 해상패권 장악이 미국의 동아시아 전략의 사활적 측면임을 공식화한 의미를 갖는다. 이러한 미국의 인식과 전략은 이후 미국의 국방전략 문건에서 재확인되어왔다. 2002년도 미 국방

---

26 Department of Defense, *Quadrennial Defense Review Report 2001*, September 30. 2001.

27 DOD, 2001, p.2.

28 Michael McDevitt, "The Quadrennial Defense Review and East Asia," CSIS, Pacific Forum, *PacNewsletter*, October 26. 2001.

장관의 대통령과 의회에 대한 「연례국방보고서」(Annual Defense Review 2002, ADR 2002)는 먼저 "아시아에서 안정된 균형을 유지하는 것"을 중대과제로 지적한 후, "상당한 자원토대를 가진 군사적 경쟁자가 이 지역에서 등장할 가능성이 있다"고 말한다.[29] 중국을 염두에 둔 말임은 물론이다. 이 보고서는 이어서 "아시아 연해국 지역"(Asian littoral)에 대해 언급하며 이곳이 미국의 군사활동에 특히 도전적인 지역이라고 말한다. 그렇기 때문에 미국은 최소한의 전역배치 군사지원체제로 장거리에서 지속적인 작전을 전개할 수 있는 체제를 발전시키는 것과 함께, 추가적인 접근 및 인프라를 위한 협정들을 확보하는 데 더욱 우선순위를 두어야 한다고 밝혔다.

2005년 3월 2일 미 국무부 동아태 담당 차관보 대행 에반스 리비어가 미국이 필리핀 군부와의 협력을 강화하고 다른 동남아 국가들에 대한 군사원조도 확대할 것이라는 방침을 밝힌 것도 그러한 흐름과 무관하지 않다.[30]

3) 오키나와와 전후 미국 해상패권전략, 그리고 미일동맹의 역사적 성격

동아태 지역 미국 해상패권에서 또 하나의 요충은 미일동맹에 의해 뒷받침되는 오키나와의 미 군사기지다. 미국의 대중국 전략적 요충으로서 오키나와의 중요성은 전쟁 직후부터 분명했다.

1948년 3월, 당시 국무부 정책기획국장을 맡고 있던 조지 케넌은 "서태평양 지역에 대한 가장 바람직한 정치군사적 개념"으로 세 가지 쟁점을 거론했다. 그 가운데 하나가 오키나와가 전후 미국의 동아

---

29 Donald H. Rumsfeld, *Annual Report to the President and the Congress*, August 15. 2002.

30 리비어는 필리핀에 대한 미국의 군사지원계획에는 "필리핀방위개혁"(the Philippine Defense Reform plan: PDR)을 포함한다고 밝혔다. Evans Revere, Jr. (Acting Assistant Secretary for East Asian and the Pacific), "U.S. Interests and Strategic Goals in East Asia and the Pacific," Testimony before the Senate Foreign Relations Committee, Washington, D.C., March 2. 2005.

시아 전략에서 갖는 중심적 위상에 관한 것이었다. 그는 오키나와는 "서태평양 지역에서 우리의 공격적 타격력의 중심"이라고 규정했다. 이어서 "미국 안보지대(US security zone)는 알류샨열도와 류큐열도, 일본이 점령하고 있던 섬들, 그리고 괌을 포함하는 U자 모양으로 이루어지며 그 중심이면서 동시에 가장 전초적인 위치인 오키나와다. 대륙의 동부중앙이나 동북아시아의 어떤 항구로부터든 상륙해오는 군대의 집결과 출격을 저지하기 위해 우리는 오키나와에 기지를 둔 공군력과 전진배치된 해군력을 이용할 수 있다"고 말했다.[31]

이러한 개념을 갖고 조지 케넌은 1948년 3월 도쿄를 방문해 맥아더와 협의한다. 이때 맥아더가 케넌의 개념에 기본적으로 동의하면서 동아시아 방위선을 제시한다. 그것은 알류샨열도와 미드웨이제도, 일본이 점령했던 섬들, 오키나와, 필리핀, 오스트레일리아, 뉴질랜드, 그리고 남서태평양의 영국 및 네덜란드 식민지 섬들로 구성되는 것이었다. 그런데 맥아더 역시 케넌과 마찬가지로 오키나와를 중심적인 요충지로 삼는다는 것을 강조했다. 미국은 이 같은 안보지대를 위협하는 상륙부대들의 출발점이 될 수 있는 북부아시아의 항구들을 오키나와로부터 통제해낼 수 있다는 것이었다.[32]

케넌과 맥아더가 냉전 초기에 밝힌 오키나와의 구체적인 군사전략적 의의는 오늘날에도 변함이 없다. 오키나와는 미국의 동아시아 해상패권전략 개념의 초석으로 남아 있는 것이다. 그만큼 오키나와의 미 군사기지의 존재는 중국에게 현재진행형의 위협적 실체다. 먼저 중국의 주권이라는 자기정체성 의식과 미국의 동아태 해양패권 개념이 직접적으로 충돌하는 현장인 타이완해협에 대해 오키나와의 미 군사기지와 그것을 뒷받침하는 미일동맹은 각별하게 연관된다. 갈수록 통합되어가고 있는 미국과 일본의 동아시아 군사전략 구

---

31 John Lewis Gaddis, *The Long Peace: Inquiries into the History of the Cold War*, New York: Oxford University Press, 1987, pp.73-74.

32 Gaddis, 1987, pp.73-74.

상들은 타이완 유사시 오키나와가 어떤 군사적 역할을 하게 될 것인지를 잘 드러내고 있다. 『교토뉴스』가 2004년 5월 획득한 일본 자위대 비밀문서는 중국이 일본 영토를 공격할 것을 가정한 군사력 배치 계획을 담고 있다. 이 문서에 따르면 미국이 타이완을 지원하기 위한 공동 군사작전을 전개하려 할 경우, 이를 저지하기 위해 중국은 오키나와현의 남단 섬들을 공격할 수 있다고 한다.[33] 이 공격을 저지하기 위해 일본 자위대는 오키나와의 남단 섬들에 7,200명의 육상 자위대를 배치할 것을 기획한다는 내용이다.

중국의 타이완 침공 가능성을 명분으로 미일동맹이 군사적 대비를 강화하는 추세는 여러 가지 형태로 구체화되고 있다. 타이완의 일간지인 『중국시보』(中國時報)가 2004년 6월 21일 보도한 바에 따르면, 2004년 6월 14-19일 사이에 타이완은 2006년 중국이 타이완을 침공하는 것을 가상한 컴퓨터 전쟁게임(war game)인 "한광(漢光) 20"을 실시했다. 이와 때를 같이해 미국과 일본은 중국의 타이완해협 침공을 대비하는 공동 군사훈련을 실시했다. 중국을 상대로 한 군사훈련들이 타이완과 미일 간에 동시에 진행된 것은 이번이 처음으로 알려졌다. 타이완의 군 관계자는 "앞으로 미일 합동 군사훈련에 타이완을 참가시키기 위한 포석"이라고 분석했다. 한편 타이완은 최근 싼샤댐 기습공격 시나리오를 거론한 바 있다. 이에 맞서 중국 인민해방군 내부에서는 그간 중국 정부가 지켜온 타이완에 대한 '선제핵공격 금지' 정책을 폐지하자는 논의가 일부 강경파들에 의해서 제기되었다.[34] 오키나와를 이용한 미일동맹의 대중국 공동 군사전략은 타이완 유사시로 집중되어 있는 것이다. 타이완에 바로 이웃한 지정

---

33 이 문서는 중국을 "X"로, 타이완을 "D"로 표시하고 있다. 중국이 일본영토를 공격할 것을 가정한 일본 자위대 내부 문서가 발견된 것은 이것이 처음이라고 한다("Defense paper assumes China invasion of Japan," *The Japan Times*, May 15, 2004). 오키나와의 미야코섬·이시가키섬·요나구니섬 등에 항공자위대의 레이더기지와 주요 군사용이 가능한 공항들이 위치해 있다.

34 조중식, 『조선일보』, 2004.6.22.

학적 조건 때문에 향후 중미 간 군사적 긴장에서 오키나와가 차지하는 중요성은 더욱 부각될 것이다.

이처럼 미국의 해양패권체제는 전후의 역사에서나 현재 미국의 동아시아 군사전략적 위상에 있어서나 오키나와를 핵심적 요충으로 삼은 가운데 구성되어 있다. 이 사실은 오키나와가 타이완을 포함해 중국의 목을 직접 겨누고 있는 전략적 위치에 놓여 있다는 점과 결부되면서 미국의 대중국 해양패권 구조는 중국이 일본과 군사적 차원을 넘어선 역사심리적인 차원의 간극을 갖게 만든다. 비합리적이고 불공정하다는 동아시아 지역 국제질서에 대한 중국의 인식 한가운데에는 동아태 해상패권에 대한 미국의 독점이 과거 역사적 범죄에 대해 반성하지 않는 일본과의 동맹에 굳건히 근거하고 있다는 심리적 적의도 자리해 있는 것이다.

오키나와는 중국에게 미국의 동아태 해양패권이 그러한 역사적 불의를 내포한 일본과의 동맹에 기초하고 있음을 상징한다. 그래서 오키나와는 미일 군사동맹과 그것에 기초해 중국의 목을 겨누고 있는 미국 해상패권의 구체적인 상징이다.

19세기 말에서 20세기 전반까지 거의 반세기에 걸친 일본의 중국 침략, 그리고 난징에서 벌어진 제노사이드의 역사와 그 기억은 중국 대륙과 일본 사이에 엄청난 역사심리적 거리를 초래했다. 그 간극은 뒤이은 또 다른 반세기 동안의 미소 냉전체제와 결합하면서 해소될 기회를 갖지 못하고 오히려 응결되고 결빙되었다. 그렇게 해서 형성된 '동아시아 대분단체제'의 한 축을 이루는 미일동맹은 중국의 역사의식에서는 단순한 군사정치적인 지정학적 경쟁축일 뿐만이 아니다. 심오한 정서적·심리적 차원의 문제이기도 하다.[35]

미국 군사기지로서 오키나와의 역할이 타이완해협의 유사시를 포

---

35 졸고, 「동아시아 국제질서의 성격에 관한 일고: '대분단체제'로 본 동아시아」, 『한국과 국제정치』, 제22권 제4호(겨울), 41-83쪽; 이 책의 제14장 참조.

함해 중국에 대한 미일동맹의 칼날이라는 점이 더욱 분명해져갈수록, 오키나와는 "난징의 강간"에 이어 중국인들의 미래 역사인식에서 중국의 존엄성을 위협하는 비수로 더욱 날카롭게 의식될 것이다.

미국의 동아태 해상패권이 일본과의 동맹에 기초하고 있다는 사실은 21세기 동아시아질서에서 중국과 미국 사이의 패권경쟁의 문제에 적지 않은 함의를 갖는다. 필자가 지적해온 '동아시아 대분단체제'의 역사심리적 요소로 말미암아 깊은 역사적 뿌리를 가진 불신과 적의라는 심리적 차원의 자양분이 그 패권경쟁의 근원에 부단히 공급된다고 말할 수 있기 때문이다. 중국은 국력신장으로 자신감을 회복하면서 과거의 역사적 치욕을 보상받고 싶어하는 경향이 강해졌다. 반면에 일본은 보통국가화를 지향하면서 역사적 수정주의를 강화하고 있는 추세다. 동아시아 대분단체제 안에서 중국과 미일동맹 사이의 심리적 거리는 더 멀어져갈 수 있는 시대적 조건에 처해 있는 것이다.

4) 한반도 서해상: 중국과 다른 동아시아 지역 간 관계의 전략적 통제

중국을 겨냥한 미국의 동아시아 해양패권의 네 번째 요충은 한반도 서해상에 위치한 것으로 볼 수 있다. 한반도 서해상은 중국의 정치지리적 심장부인 베이징을 코앞에 두고 있다. 과거 수나라·당나라의 한반도침략에서도 일본의 대륙침략에서도 거의 언제나 한반도 서해상은 결정적 전역(戰域)이었다. 16세기 말 임진왜란에서 정명(征明)을 내세운 일본의 야망이 좌절한 것은 궁극적으로 조선과 명의 연합세력이 한반도 서해상에 대한 해상패권을 견지했기 때문이다.

전후 중국의 국공내전에서 중국 남부에 집중되었던 장제스 군대를 요동반도로 옮겨 그들의 만주장악을 돕기 위한 미국의 해군작전에서도 한반도 서해상이 그 요충이었다. 한국전쟁에서도 마침내 중국군과 인민군을 두 동강 내어 전쟁의 결과를 결정지은 것 역시 한반도 서해상에 대한 미국의 해상패권이었다는 점을 또한 상기할 필요가 있다고 생각한다.

역사적으로 한반도 서해상은 중국에게 있어 한반도에 대한 군사 정치적 패권의 관문이었다. 이 지역은 역으로 일본이나 미국이 중국과 한반도를 포함한 다른 동아시아 지역 사이의 정치적·전략적 관계를 통제하는 핵심적 요충이었다고 할 수 있다. 또 다른 한편에서는, 타이완이나 남중국해에서와 같이 미국과 중국의 첨예한 이해관계가 직접적으로 충돌할 수 있는 지역에서 군사적 긴장이 발전할 경우, 한반도 서해상에 대한 미국의 해상패권은 중국에게 더욱 심각하고 치명적인 위협적 요충이 될 수밖에 없다. 평택을 중심으로 미국의 한반도 서해상 군사기지가 정비되면서 미군이 구사하게 될 전략적 유연성은 그런 점에서도 중국의 각별한 주목을 받게 되어 있다.

이들 네 요충지들에 대한 장악을 통해 미국은 평화시에는 중국의 해상활동 범위를 한계 지으며 유사시에는 중국의 군사적·경제적 활동을 일시에 봉쇄할 수 있는 힘을 갖는다. 이것이 동아태 지역에 대한 미국 해상패권의 실체다.

이 힘을 유지하고 강화하기 위해 미국은 환태평양 차원의 군사협력체제를 강화하고 있다. 이것이 21세기 미국 군사전략의 핵심의 하나로 판단된다. 미국은 이러한 노력에 환태평양 지역 국가들뿐 아니라 영국을 포함시킴으로써 전 지구적인 의미를 부여하기 시작했다. 그 상징적인 사건이 2000년 5월 30일부터 한 달간 미국이 주도해 하와이 근해에서 실시한 림팩(RimPac) 훈련이다. 대규모의 일본 자위대와 함께 한국군이 참여했음은 물론이고, 환태평양 지역에 속하는 오스트레일리아·캐나다·칠레, 그리고 영국까지도 2만 2,000여 명의 군과 해상경비대를 파견해 동참했다.[36] 사상 최대 규모의 전 지구적 행사였다.

---

36 『동아일보』, 2000.5.29.

2000년 RIMPAC 훈련에 호주, 캐나다, 칠레, 일본, 한국의 군함과 함께 참가한 USS Abraham Lincoln 항공모함 전단.

이처럼 기존의 동아태 지역질서가 꾸준히 그리고 빠른 속도로 확대되는 중국의 국력과 양립할 수 없는 측면들이 있다고 할 때, 이 상황을 강화하려 하고 있는 미국의 기존 해상패권전략은 부상하는 중국의 자연스런 미래의 지향과 내재적 갈등을 담고 있다.

2000년 이후 중국의 『국방백서』들은 현재의 국제정치 및 국제경제질서가 "비합리적"이고 "불공정"하며 따라서 변화되어야 한다고 보고 있다. "국제관계에서의 민주주의"를 촉구한 것이다. 또한 "패권주의와 권력정치"가 새롭게 나타나고 있다고 주장했다. 그래서 "우리 시대에 부응하는 새로운 안보개념과 새로운 국제적인 정치·경제·안보질서"가 필요하며, "중국의 근본적 이익은… 새로운 지역안보질서의 확립과 유지에 있다"고 선언해왔다.[37] 이러한 중국의 인식이 어떠한 전략적 대응으로 구체화되고 있는지에 주목해야 한다.

---

37   Bates Gill, "China's Evolving Regional Security Strategy," in in David Shambaugh(ed.), *Power Shift: China and Asia's New Dynamics*, Berkeley: University of California Press, 2005, p.262.

4. 미일동맹과 그에 대응하는 중러연합의 형성

1) 20세기 미일동맹의 부침의 역사

20세기가 시작되고 태평양전쟁이 끝나기까지의 반세기 동안에 동아시아 지정학은 중국에 존재하는 거대한 권력의 공백을 두고 일본과 미국이라는 두 해양세력들 사이에 전개되는 협력과 공존 그리고 마침내 폭력적인 패권전쟁의 역사였다. 유럽에서 영국·프랑스·독일과 러시아는 서로 간 두 차례에 걸친 총력전으로 인해 동아시아에서 의미 있는 역할을 할 수 없었다. 중국에 대해 미국이 추구하는 개방적인 제국주의 카르텔의 규범에 일본이 협력하는 한 미국은 일본과 사실상의 연합세력이었다. 패권전쟁은 일본이 그 규범을 깨뜨리는 것이 분명해졌을 때에만 불가피했다. 그러나 그 순간은 최대한 늦추어진 1930년대 말 이후의 일이었다.

1945년 일본 패망 이후 동아시아의 지정학은 얼마간 러시아·중국의 대륙동맹과 미국·일본의 해양동맹 사이의 긴장으로 나타났다. 19세기 후반과 20세기 초반에 존재했던 대륙과 해양세력 사이의 긴장과 어떤 의미에서 구조적인 유사성이 있다. 차이점은 전(前) 시기에는 중국과 일본 간의 긴장과 대립이 직접적인 형태로 전개되었던 것과는 달리 미국과 소련 사이의 세계적 수준의 갈등이 중국과 일본이라는 동아시아 지역 국가들의 지정학을 압도하면서 동아시아의 전후(戰後)가 시작되었다는 사실이다.

21세기 초의 현 시점에서 동아시아의 지정학적 상황은 19세기 말 20세기 초의 상황과 적어도 근본적인 유사성과 차이점을 동시에 갖고 있다. 러일전쟁에서 일본이 미국·영국의 여러 방면의 후원으로 러시아를 무력화시켰던 것처럼, 영국과 미국이 주도하고 일본이 뒤따라가는 해양동맹이 중국을 공동관리 또는 공동대처하는 문제를 제일의 과제로 삼는다는 점이 유사하다. 반면에 지금의 중국은 1세기 전처럼 '아시아의 병자'(Sick Man of Asia)가 아니라 동아시아에서 미일동맹의 패권에 도전할 가능성이 있는 부강해지는 국가라는 사실이 그때와 지금의 차이다.

1세기 전의 동아시아질서에서처럼 중국의 국력이 약해 대륙에 거대한 권력의 공백이 있을 경우, 미국과 일본이라는 해양세력들 사이의 연대는 느슨한 제국주의 카르텔의 성격을 띠었다. 러시아라는 다른 유라시아 세력의 압박이 강할 때는 중국에 대한 러시아의 접근을 최소한으로 축소시키기 위해 미일 사이의 연합은 좀더 긴밀한 것이 될 수 있었다. 반면에 오늘날처럼 러시아에 이어 중국이 대륙에 거대한 권력을 형성하고 이어 팽창해갈 것처럼 보이는 상황에서는 미일동맹은 전후 내내 그러했던 것처럼 공식적이고 긴밀한 동맹의 성격을 띠게 되었다. 러시아의 세력이 다시 강해지는 것으로 보일 때 미일동맹의 긴밀성은 더욱 강화될 것이라는 점도 말해준다.

2) 유라시아 대륙의 중국-러시아 세력연합의 등장과 그 배경

상하이협력기구(Shanghai Cooperation Organization, SCO)의 전신이라 할 중국·러시아·카자흐스탄·키르기스스탄·타지키스탄 등 5개국 간의 협력체인 상하이 파이브(Shanghai Five)가 형성된 시점은 1996년 4월이었다.[38] 클린턴 대통령이 일본을 방문해 미일 신안보동맹 선언을 함으로써 미일 해상동맹의 강화를 선언한 것도 1996년 4월이었다는 점은 의미심장하다.

상하이협력기구는 2002년 6월 정상회담에서의 선언을 통해 세계 정치에서 "다극적 구조"(multi-polar structure)의 필요성을 역설했다. 그에 앞서 2000년 6월 28일 러시아연방은 "외교정책개념"(Foreign Policy Concept of the Russian Federation)을 선언했다. 이 선언은 "미국이 경제력과 권력을 바탕으로 세계에 일극적 구조를 확립해가고

---

38 Timothy Craig, "The Shanghai Cooperation Organization: Origins and Implications," California: Naval Postgraduate School, September 2003, p.2.

있다"고 천명했다. 패권국 미국의 일극적 국제질서를 비판하고 있는 점에서 상하이협력기구는 러시아의 새로운 지정학적 전략개념의 연장선에 있는 것임을 말해준다.[39]

물론 지난 1990년대 소연방 붕괴 이후 중국과 러시아 사이의 관계 정상화, 그리고 더 나아가 전략적 동반자관계로의 발전은 반드시 일직선적인 순항(巡航)이었다고는 할 수 없었다.[40] 그러나 분명한 것은 2001년 7월에 상하이협력기구가 출범한 배경은 미국의 패권적 행태와 일방주의의 구체적인 전개와 맥을 같이했다는 점이다. 9·11 사태 이전이었지만, 새로 들어선 부시 행정부의 일방주의는 이미 노골화하고 있었다. 미국은 포괄적 핵실험금지조약(CTBT), 탄도미사일 방어제한협정, 그리고 지구온난화 관련 협약 등의 국제조약들을 무효화하는 수순을 공개적으로 밟고 있었다. 2001년 3월 1일 미국은 50명의 러시아 외교관을 첩보행위 혐의로 추방했다. 4월 1일에는 중국 해안에서 미국 정찰비행기가 중국 전투기와 충돌하는 사건이 벌어졌다. 더욱이 부시가 180억 달러어치의 무기판매를 포함해 "미국은 타이완이 자신을 지킬 수 있도록 돕는 일은 무엇이든 할 것"이라는 발언으로 중국을 긴장시킨 것도 이 시기였다.[41]

2001년 12월 13일 미국은 마침내 탄도미사일방어제한협정을 폐기했고, 이어 2002년 1월 8일 작성된 미국의 새 「핵전략 검토」(Nuclear Posture Review 2001)는 유사시 미국이 핵선제공격을 할 수 있는 7개 국가를 명시했는데, 그 안에 북한·이란 등과 함께 중국과 러시아가 포함되었다. 또한 2002년 5월에 공개된 미국 군사전략에서 선제공

---

39 Craig, 2003, p.8.
40 1996년 '상하이 파이브'의 출범, 그리고 2001년 7월 우즈베키스탄이 추가된 상하이협력기구의 형성과 그 본격화에 이르는 과정에 대해서는, Yu Bin, "China and Russia: Normalizing Their Strategic Partnership," in David Shambaugh (ed.), *Power Shift: China and Asia's New Dynamics*, Berkeley: University of California Press, 2005.
41 Bin, 2005, p.234.

격(preemption)이라는 이른바 부시 독트린이 모습을 드러냈다. 그로부터 1년 안에 이라크에 대한 미국의 선제적 전쟁이 전개되었다.

중국과 러시아가 다시 정상회담을 가동하면서 상하이협력기구의 활동을 본격화하게 되는 것은 2003년 5월이었다. 그리고 이어 2004년 초 이 기구의 사무처를 베이징에 설치했다.[42] 미국 일방주의의 심화가 9·11의 충격으로부터 두 나라를 건져내게 되었고 그것은 상하이협력기구의 실질적인 활동 재개로 이어진 것이었다.

3) 중러연합의 정치적 기반

9·11 사태 이후 위축되었던 상하이협력기구가 다시 활성화된 경위에 비추어볼 때, 중국과 러시아의 대륙연합의 정치적 기반은 크게 세 가지로 요약할 수 있다.

첫째, 9·11 이후 미국이 대테러전쟁을 명분으로 중앙아시아에 대한 군사정치적 및 경제적 진출을 본격화하고 있는 것에 대한 중국과 러시아의 대응이다. 중앙아시아에 대한 미국의 진출에 공동으로 대처하는 채널을 갖추어 동아태 지역 전반에서 미일의 해양동맹을 견제하는 기반을 갖추는 것을 목표하고 있다고 할 수 있다.

둘째, 중앙아시아와 동아태 지역에서 미국의 일방주의적 영향력을 견제하기 위해서는 중앙아시아라는 내륙 아시아에서 중국과 러시아 자신들이 갖고 있는 이해관계의 갈등을 조정하고 외교적 해결을 촉진하는 대화 메커니즘이 필요했다. 내륙 아시아와의 관계를 경영하는 것은 중국의 전통시대 2,000여 년 역사의 핵심적 과제였다. 러시아 역시 중앙아시아에 대한 정치군사적 및 경제적 관계를 상실했던 탈냉전 후 10여 년간의 공백을 메꾸고 관계를 재정립하는 숙제가 있었다. 중국과 러시아는 그러한 저마다의 이유에서 중앙아시아에 대한 경영의 필요성이 있고, 두 나라는 미국의 일방주의 압박 속

---

42 Bin, 2005, p.235-236.

에서 서로의 공동이익과 협력의 공간을 넓혀야 했다. 상하이협력기구는 그 해결책이었다.

셋째, 2001년 7월 상하이협력기구 출범과 함께 체결된 중러 간의 선린우호협력조약에 담긴 대륙연합의 등장, 그리고 이 연합의 2003년 이후 재활성화는 무기거래라는 구체적인 군사적 및 경제적 이해관계에 바탕하고 있다. 미국이 미사일 방어체제 구축과 재래식 무기 첨단화를 추구하면서 미국과 다른 나라들 사이의 첨단전쟁능력의 격차는 확대일로에 있었다. 1990년대 이후 분명하게 인식되고 있는 미국 주도의 일극적 세계질서의 물리적 토대는 그러한 군사기술의 격차였다. 1990년대 이래 미국이 전개한 네 차례의 첨단전쟁은 그것을 부단히 부각시켜주었다.

미국의 21세기 패권유지전략의 한 축은 부단한 군사기술혁신을 통한 첨단무기체계로 다른 나라들과 격차를 유지하는 것이다. 이것과 동전의 양면을 이루는 것이 중국과 같은 잠재적·현재적 경쟁국가들에게 미국의 군사기술이 유출되는 것을 철저하게 차단하는 일이다. 1999년에 발표된 「미국 국가안보와 중화인민공화국과의 군사상업적 문제들에 대한 하원(下院) 특별위원회의 만장일치의 초당적 보고서」서문에서 캐스퍼 와인버거 전 국방장관은 "이 보고서(Cox Report)가 밝혀낸 중국의 요원들이 행한 첩보행위는 줄리어스 로젠버그와 에텔 로젠버그가 우리의 원자탄 기밀을 소련에 넘긴 이후… 가장 심각한 국가안보 침해 사태"라고 규정했다.[43] 미국은 중국에 미국의 첨단군사기술이 전해지는 것을 극력 경계하고 차단해왔음을 웅변해준다.

---

43 Caspar Weinberger, "Foreword,"in Kenneth deGraffenreid(ed.), *The Cox Report:: The Unanimous and Bipartisan Report of the House Select Committee on U.S. National Security and Military Commercial Concerns with the People's Republic of China*, Select Committee of the United States House of Representatives, Washington, D.C.: Regnery Publishing, Inc., 1999.

뿐만 아니라 미국은 다른 나라들의 군사기술이 중국으로 이전되는 것도 차단해왔다. 특히 유럽 국가들과 이스라엘은 중국에 대한 무기판매에 응하지 말라는 미국의 부단한 압력을 받아왔다. 그 결과 러시아는 지난 10여 년간 중국에게 차선의 그리고 최대의 무기 및 군사기술 이전의 원천으로 되어왔다. 1990년대에 중국은 러시아로부터 40억 달러어치의 무기를 구입했다. 2004년 한 해에만 러시아가 중국에 판매한 무기는 20억 달러를 넘었다.[44] 2004년 러시아의 무기 수출은 45억 달러였다.[45] 그렇다면 2004년 한 해 러시아 무기 수출의 약 절반을 중국에 의존한 셈이다.

이 추세는 더 가속화될 전망이다. 2004년 러시아와 중국 간의 새로운 무기거래 계약고는 50억 달러에 달했다.[46] 그해 러시아의 무기 수출 계약고가 61억 달러에 이를 수 있었던 것은 순전히 그 덕분이었다.[47]

세계 무기시장에서 미국의 위상은 여전히 압도적이다. 2004년 무기수출고에서 러시아는 미국의 4분의 1에 불과했다.[48] 이런 상황에

---

44 Alexander Konovalov, "Analyst says Russia-China Military Trade to Be Above 2 Billion Dollars in 2004," Itar-Tass, April 16, 2004; Bin, 2005, p.240.

45 The International Institute for Strategic Studies(IISS), *The Military Balance 2006*, London: Routledge. 2006, p.152.

46 Interfax (Moscow), "Chinese Army's Chief of General Staff Arrives in Moscow for Cooperation Talks," May 17, 2004; Bin, 2005, p.240.

47 IISS, 2006, p.404.

48 2004년 주요 국가들의 무기수출고(global arms deliveries)를 비교하면, 미국은 185억 달러로 1위다. 그 다음이 러시아의 46억 달러다. 프랑스가 44억 달러로 3위, 그리고 영국이 19억 달러로 4위를 차지했다. 한편, 같은 해 무기수출 계약고(global arms transfer agreements)에서는 미국이 123억 달러, 러시아가 61억 달러, 영국이 55억 달러, 그리고 프랑스는 48억 달러였다. 뒤이어 이스라엘이 14억 달러를 기록했다. 같은 해 중국의 무기수출은 수출고에서는 7억 달러로 독일과 캐나다가 각각 기록한 9억 달러에 못 미쳤고, 이스라엘의 5억 달러보다는 높았다. 계약고에서 중국은 6억 달러로 네덜란드 및 이탈리아와 같은 수준이었다. 이것은 스페인의 12억 달러, 그리고 스웨덴의 9억 달러에도 못 미치는 것이다(IISS, 2006, p.404).

서 러시아에게 중국은 가장 중요한 고객이다. 탈냉전 이후 고사위기에 처한 러시아의 군수산업을 중국이 구해주었다는 말이 그래서 성립한다. 한편 중국으로서는 러시아가 미국과 유럽을 대신해 선진적인 무기와 군사기술을 흡수할 수 있는 유일한 차선의 선택이다. 이러한 이해관계의 일치가 두 나라의 대륙동맹을 실질적이고 물질적으로 엮어주는 접착제 역할을 하고 있다.

4) 상하이협력기구의 전망과 의미

2006년 9월 28일 한양대학교 아태지역연구센터와 러시아과학원 극동문제연구소가 서울에서 공동으로 개최한 학술회의 「러시아, 유라시아, 동북아: 새로운 연계의 동학」에서 러시아과학원 극동문제연구소 소장인 미하일 티타렌코(Mikhail L. Titarenko)는 상하이협력기구는 아시아의 많은 나라가 참여하고 싶어서 줄을 서 있을 정도라고 말했다. 이란·인도·파키스탄·몽고가 현재 옵서버 자격으로 참여하고 있음을 밝혔다. 현재는 신입회원국의 가입에 관한 규정이 없으나 그 규정이 마련되는 대로 이란과 인도는 가입이 가능한 상황이라고 했다.[49]

티타렌코는 또한 상하이협력기구가 산하에 독자적인 평화유지군을 창설할 계획을 갖고 있다고 했다. 단순한 구상에 그치지 않고 현재 추진 중이라고 했다. 회원국들의 국방장관들이 참여하는 추진위원회가 이미 출범해 현재 작업중이라고 그는 밝혔다.

요컨대, 상하이협력기구의 이 같은 발전은 크게 두 가지의 사태발전에 기초한 것이라 할 수 있다. 첫째, 미국의 21세기 세계전략이 북

---

[49] 이 회의에서 티타렌코는 질의에 답변하는 가운데, 만일 북대서양조약기구(NATO)가 러시아를 회원국으로 수용한다면 상하이협력기구 역시 미국을 회원국으로 받아들일 수 있을 것이라는 말도 했다. 일본과 한국의 참여 가능성에 대해서는 한국은 가입에 문제가 없으나 일본은 곤란할 것이라고 말하기도 했다.

대서양조약기구와 미일동맹을 축으로 전개되고 그것이 일방주의와 결합하면서 중국과 러시아를 포위하고 유사시 봉쇄할 수 있는 질서를 구축하고 있다는 데 대한 대응의 성격을 띠고 있다. 둘째, 초강대국이었던 냉전시대의 유산으로서 러시아가 갖고 있는 차선의 첨단 군사능력과 중국의 팽창하는 경제력이 상호보완적으로 결합한 세력연합이다.

따라서 상하이협력기구는 상당 부분 미국의 동아시아 전략과 중국의 국력팽창이라는 현상이 내재적으로 가진 상충적 경향을 표출하는 것이다. 아울러 이것은 윌리엄 월포스의 이른바 "단극 분기점"(unipolar threshold)론에 대해 회의(懷疑)해볼 수 있는 자료를 제공해준다.

중국과 러시아가 함께하고 있는 상하이협력기구는 분명 협력기구이지 군사동맹체는 아니다. 그럼에도 불구하고 상호 물질적 및 전략적 공동이익에 바탕한 지정학적 세력연합의 시도라고는 말할 수 있다. 그런 점에서 상하이협력기구는 기존의 동아시아 대분단체제 안에서 미일동맹과 중국대륙 사이의 긴장의 군사정치적 차원을 한 차원 더 정식화하는 추세를 드러내는 것일 수 있다고 생각된다.

5. 맺는말: 중국의 전략적 절제의 이중적 의미

1990년대 이후 분명해진 미국의 일극적 패권에 대한 중국의 대처는 일반적으로 미국과 분쟁을 도발할 수 있는 적극적인 권력균형 전략을 포기했다는 평가를 받고 있다.[50] 장원링 등은 이러한 중국의 전반적 자세를 한편으로 안보딜레마의 존재를 인식하고 자제를 행사하는 점에서 "방어적 현실주의"(defensive realism)의 관점에, 그리고 국가들 간의 상호의존을 현실로 받아들이고 이 질서 안에 참여

---

50 Goldstein, 2005, p.89.

해 책임 있게 행동하려는 모습을 보인다는 관점에서 '신자유주의' (neoliberalism)의 인식에 바탕한 것으로 설명하고 있다.[51] 나름대로 타당성이 있다고 할 수 있다.

그러나 2000년대 들어 중국이 더 적극적으로 노력해온 양자 및 다자적인 대외관계 행보는 전략적 절제의 표현인 동시에 지속적인 국력확대에 바탕한 자신감의 표현이자, 영향력 확대의 표징이라는 해석도 가능하다. 예컨대 베이츠 길은 2000년대 들어 중국의 동아시아 전략에서 가장 눈에 띄는 특징은 주변정세에 대한 우려에서 자신감으로의 태도변화라고 이해했다. 중국은 사실상 세계와 동아시아 지역의 거의 모든 나라와 능동적인 양자 및 다자 안보대화를 추구하고 있다. 그 바탕은 새로운 자신감이다. 또 그런 자신감을 바탕으로 미국에 의한 일극질서를 다극화하려는 시도라는 의미도 담고 있다고 할 수 있다.

중국의 긍정적인 자기인식은 과거 중국의 "치욕의 한 세기"에 대한 기억을 되도록 옆으로 제쳐둠으로써 그 세기와 연관된 "피해의식"(victimhood complex)에서 일정하게 벗어나는 것을 뜻한다. 그래서 "보다 성숙하고 건설적이며 책임 있는 강대국"으로서의 외교를 추구하는 경향이 특히 2001년 이후 중국 외교엘리트 집단 안에서 증대해왔다는 평가를 낳고 있다. 피해자 콤플렉스로부터 이제 "강대국 멘털리티"(great power mentality)로 전환하고 있다는 평가를 받는 것이다.[52]

중러연합의 본격화 여부는 미래에 많은 불투명성을 안고 있다. 그럼에도 불구하고 중러연합의 가능성은 중국 정치지도부가 강대국 멘털리티를 회복하면서 단극질서의 다극화를 21세기 중국의 대전략으로서 정력적으로 추구할 것이라는 전망을 보여준다. 이것은 윌리

---

51 Zhang Yunling, and Tang Shiping, "China's Regional Strategy," in David Shambaugh(ed.), *Power Shift: China and Asia's New Dynamics*, Berkeley: University of California Press, 2005, p.49.

엄 월포스의 미국의 단극 분기점론에 의문을 제기한다. 그것은 또한 미국의 동아시아 해양패권전략의 강화를 촉진하면서 동아시아질서에 구조적 긴장요인을 구성할 수 있다. 그 한가운데에는 동아태 해양패권이라는 미국의 기득권과 중국의 자기정체성 및 국익개념 사이의 충돌이 자리하고 있다.

(2007)

---

52 Gill, 2005, p.252.

제14장

동아시아 대분단체제와 타이완-오키나와-제주도
동아시아 평화벨트 상상하기[1]

1. 동아시아 1세기: 제국주의와 대분단체제의 그늘

19세기 중엽에서 20세기 중엽까지 동아시아는 제국주의 시대였다. 제국주의 시대는 미일 간의 패권전쟁인 태평양전쟁과 중국에서의 사회주의 혁명으로 종언을 고했다. 필자는 이후의 현대 동아시아 질서를 '동아시아 대분단체제'로 정의할 수 있다고 생각해왔다.

여기서 동아시아 대분단체제는 크게 세 가지 요소 및 국면으로 구

---

1 이 글은 2007년 6월 29일 참여연대가 주최한 한일국제학술회의 '"평화국가" 만들기와 동아시아 평화벨트 상상하기'(인하대 최원식 교수의 사회로 진행)에서 「동아시아 대분단체제를 넘어서: 제주-오키나와-타이완의 동아시아 평화벨트 상상하기」라는 제목으로 발표했던 것으로, 같은 2007년 6월 8일 서울대 정치학과와 제주대 평화연구소가 함께 제주도에서 개최한 국제학술회의에서 발표한 영문 논문에 기초한 것이었다. Samsung Lee, "Beyond the East Asian Grand Division: Imagining an "East Asian Peace Belt" of Jeju-Okinawa-Taiwan Islands," A Paper presented at Jeju International Peace Conference 2007, titled War and Peace in the Era of Globalization: Experiences from Europe and Asia, Co-Organized by SNU-KIEP Center, Institute for Gender Research(Seoul National University), BK 21 Political Science Paradigm Project(Seoul National University), Institute for Peace Studies(Cheju National University), Jeju Shilla Hotel, June 7-9, 2007. 이 영문 논문의 축약본은 고려대 김남국 교수가 편집한 다음 서적에 실렸다. Samsung Lee, "Beyond the East Asian Grand Division: Imagining an East Asian Peace Belt of Jeju-Okinawa-Taiwan Islands," Nam-Kook Kim(ed.), *Globalization and Regional Integration in Europe and Asia*, Farnham, England: Ashgate Publishing Company, 2009, pp.161-179.

성된다. 첫째 요소는 일본 제국주의와 아시아대륙 사이에 전개된 비극적인 갈등의 역사와 그로 인해 새겨지게 된 깊은 역사심리적 간극이다. 서양 제국주의는 아편전쟁을 시작으로 중국을 반식민지화함으로써 동아시아에서 대륙과 일본 사이의 전통적인 세력균형을 파괴했다. 중국 근대 민족주의를 발생시킨 것은 서양 제국주의의 중국 침탈이었다. 그러나 중국 민족주의가 정작 19세기 말 이후 정면으로 대면해야 했던 외세는 일본 제국주의였다. 1937년 12월에 벌어진 "난징의 강간"(Rape of Nanjing)은 20세기 전반 내내 지속된 대륙과 일본 제국주의 사이의 폭력적인 갈등의 절정일 따름이었다.

두 번째 요소는 아시아대륙과 일본 군국주의 사이에 발전한 역사심리적 간극이 동아시아에서 미소 냉전과 결합함으로써 해소는커녕 응결의 과정을 겪게 된 점이다. 이것이 전후 유럽질서와 동아시아질서의 운명을 갈랐다. 유럽에서도 20세기 전반에 두 차례에 걸친 대전쟁으로 민족들 간 역사적 상처들이 있었다. 그러나 독일과 다른 유럽 국가들 사이의 역사적 상처는 전후 미소 냉전체제와 결합하면서 오히려 해소의 길을 걸었다. 서독이 프랑스 및 영국 등 다른 서방 유럽 국가들과 함께 소속된 북대서양조약기구와 유럽경제공동체의 형태로 유럽통합이 진전됨으로써 유럽의 역사적 상처는 치유의 길을 걸었다. 유럽에서 서유럽과 동유럽 사이의 분열은 정확하게 미소 냉전의 반영에 다름 아니었다. 독일과 유럽의 분열이라는 역사적 요소는 이미 용해되기 시작했다. 그것은 전승 4국에 의한 독일의 점령에 바탕해 이루어진 독일 전전체제의 철저한 해체로 인한, 독일적 정체성의 전적인 변혁으로 뒷받침되었다.

반면에 동아시아에서 냉전체제는 중국대륙과 일본 사이의 역사적 상처를 공고히 했다. 곧 '역사적 간극의 응결' 과정이었다. 2차 대전의 종결과 함께 중국이 선택한 공산주의적 정체성을 미국은 수용할 수 없었다. 그래서 동아시아의 냉전체제는 소련과 연결된 중국에 대해 미국이 일본을 대신해 과거의 역사적인 대결을 지속하는 구조로 되었다. 한국전쟁은 그 역사적 귀결이었고, 그것은 다시 중국과 미일 동맹의 대결구조를 심화시켰다. 미국에 의한 단독 점령에 바탕해 일본은 과거의 청산 없이 미국과의 동맹을 통해 중국대륙과의 역사적 대결을 무기한 연장할 수 있었다. 역사적 상처의 응결, 즉 동아시아 대분단체제의 정립을 위한 완벽한 조건이었다. 타이완해협에서 중국의 동해안선을 따라 한반도의 휴전선을 거쳐가는 동아시아의 거대한 대분단선은 그처럼 20세기 전반에 형성된 역사적 상처가 전후 냉전체제와 결합하면서 형성된 것이었다.

셋째, 동아시아에서 탈냉전은 대분단체제의 해체를 가져오지 않았다. 그것의 새로운 국면을 뜻할 뿐이다. 유럽에서의 탈냉전은 미소 냉전체제의 해체와 함께 동서간 분열의 종식을 의미했다. 오늘날과 같은 범유럽적인 통합의 계기였다. 유럽에서의 동서 분열은 정확하게 미소 냉전의 반영이었기 때문에, 소련의 붕괴와 냉전의 해체는 유럽의 통합으로 직결되었다. 반면에 동아시아에서 탈냉전은 대분단체제의 한 축인 중국의 붕괴가 아니라 새로운 부상을 목격했다. 자본주의적 개혁과 개방에도 불구하고 중국의 정치적 정체성은 연속성이 있었다. 이 연속성이 중국을 소련을 대신하는 새로운 초강대국의 잠재력을 가진 존재로 부각시키면서 미일동맹의 강화를 정당화시켰다. 경제적 초강대국이 된 일본은 미국이 부추기는 가운데 보통국가를 지향했다. 중국과의 잠재적 갈등을 심화시키는 요인이었다. 냉전체제에서 응결되었던 과거 역사의 상처는 탈냉전하에서의 이러한 갈등의 지속과 심화과정의 중요한 심리적 영양분이 되고 있다.

탈냉전과 때를 같이해 진행된 한국과 타이완, 그리고 필리핀에서의 민주화는 중국의 정치적·이데올로기적 연속성과의 대비를 새로운 차원에서 보강했다. 동아시아 대분단체제의 지속성에 중요한 이데올로기적 바탕을 제공하는 것이다. 미일동맹은 그것을 그들의 대결적인 대중국 군사전략들에 대한 정당화의 명분으로 활용하고 있다. 미국이 동아시아에서 탈냉전 이후에 오히려 일본과 함께 개발을 재촉해온 미사일방어망은 냉전시대 중국과 세계 사이에 드리워져 있던 죽의 장막을 새로운 철의 장막(iron curtain)으로 대체했다.[2]

이렇게 지속되고 있는 동아시아의 대분단체제는 그 중요한 성격으로서 두 개의 소분단체제를 내포하고 있다. 타이완해협을 사이에 둔 중국 민족의 분열과 한반도에서의 남북 대결이 그것이다. 타이완에 독립된 정치체제의 존재는 정확하게 말해서 전후 중국과 미국 간 갈등의 소산이었다. 대분단체제의 산물인 것이다. 한반도에 지속되고 있는 남북 분단 역시 대분단체제와 한국전쟁의 결과물이다. 타이완해협의 분열과 한반도의 분단이라는 두 소분단체제는 중국대륙과 미일동맹의 대결이라는 대분단 기축과 상호작용하면서 서로를 유지하고 강화시키는 역할을 해왔다. 그것은 이 대분단질서가 '체제'의 성격을 띠고 있다고 말할 수 있는 이유이기도 하다.

한마디로 동아시아는 지난 한 세기 동안 절반의 시기는 제국주의와 함께, 그리고 나머지 절반은 대분단체제의 그늘 아래 있었던 셈이다. 제국주의와 대분단체제의 그늘 속에서 동아시아의 민중들은 지속적인 고통 속에 있었다. 그 가운데서도 가장 커다란 고통은 아시아 대륙과 해양 제국들 사이에 끼여 있는 세 지역이 받았다. 타이완, 오

---

2 일본 방위성 장관 큐마 푸미오와 미 국방장관 로버트 게이츠는 2007년 봄 회담을 갖고 미사일방어체제 구축에 대한 협력을 재확인했다. 2007년 3월 일본은 향상된 패트리어트 미사일방어체제를 배치하기 시작했다. 이것은 미국과 일본의 해상 미사일요격 체제가 실패할 경우 최후단계에서 활용되는 것이다. 일본은 2010년까지 10곳의 군사기지에 30기의 이동식 패트리어트 미사일방어체제인 PAC-3 발사대를 배치할 계획이다. 일본은 또 향후 몇 년 안에 해상자위대 구축함들에 스탠다드 미사일요격체제인 Standard Missile-3를 배치하기 시작할 것이다(*The Associated Press*, "Cooperation on Missile Defense Urged," May 2, 2007). 일본은 2004년 말 무기수출을 금지한 오랜 규범을 선별적으로 종식시킨다는 계획을 수립했다. 미국과 함께 미사일방어체제를 공동개발하기 위해서는 일본이 부품들을 미국으로 수출해야 하기 때문이다. 이러한 움직임들은 일본이 미국을 따라 중국을 공식적인 최대 위협으로 규정하기 시작한 것과도 일맥상통한다(James Brooke, "Japan's New Military Focus: China and North Korea Threats," *The New York Times*, December 11, 2004).

키나와 그리고 한반도가 그것이다. 한반도는 중국대륙과 일본 제국주의 사이에 끼여 제국주의 시대 최초로 독립을 상실한 희생양이 되었다. 타이완은 청일전쟁의 결과로 중국 영토에서 일본의 식민지로 운명이 바뀌었다. 오키나와는 위태롭게나마 일정하게 유지되던 류큐왕국으로서의 독립성을 그에 앞선 1870년대에 마저 상실하고 제국을 지향한 일본의 영토로 편입되어 있었다.

일본 제국주의의 소멸과 함께 태동한 동아시아의 냉전체제와 결합해 등장한 동아시아 대분단체제는 한반도에는 민족분단과 전쟁을 선사했고, 타이완을 중국내전의 결과물인 장제스 정권이라는 억압적인 외래 정권의 새로운 식민지로 전락시켜 대분단체제의 새로운 최전방으로 만들었다. 오키나와는 아예 미국 식민지로서 냉전의 최전선 군사기지가 되었다. 오키나와는 1972년 그 주권이 일본으로 넘어간 후에도, 탈냉전에도 불구하고 엄존하는 동아시아 대분단체제를 상징하는 미국의 군사기지로 남아 있다.

지난 1세기 동아시아의 역사가 타이완·오키나와·한반도의 운명으로 표상되는 것만큼, 현재 엄존하는 동아시아 대분단체제의 현실과 미래는 이들 세 지역의 운명과 뗄 수 없는 연관을 갖는다. 21세기 동아시아질서의 본질적인 과제가 19세기 말에 그 뿌리를 둔 대분단체제의 청산에 있다는 것을 인식한다면, 그 청산의 과제는 분명 타이완·오키나와·한반도의 운명과 또한 깊은 연관 속에서 구해질 수밖에 없음을 말한다.

그렇다면 동아시아 대분단체제의 극복은 동아시아 국가들과 미국을 포함한 세계가 이 세 지역의 현실을 어떻게 인식하고 그 미래를 어떻게 상상하며 추구할 것인지와 긴밀히 연관된다는 것을 의미한다. 이에 대한 논의의 전제로서 오키나와·타이완·한반도가 동아시아의 지난 1세기를 어떻게 표상하고 있는지를 살펴본다.

2. 동아시아 근현대사와 오키나와, 타이완, 그리고 한반도

1) 한 세기의 동아시아사와 오키나와

20세기의 처음에서 오늘에 이르기까지 동아시아 비극의 현대사와 왜곡된 이 지역질서의 성격은 오키나와의 현대사 안에 응축해 있다. 오키나와는 일본열도의 최남단에 위치한 섬으로서, 일본 본토 큐슈섬과 타이완의 중간지점쯤에 위치해 있다. 이 섬은 한때 류큐(琉球)라는 독립적인 왕국을 이루고 중국과 함께 한반도와도 평화적인 무역관계를 맺으며 살았다. 그러나 곧 일본의 통제하에 넘어갔으며, 메이지유신 후인 1871년 정식으로 일본 오키나와현에 편입되었다.

미국의 본격적인 아시아 진출의 신호탄이 된 페리의 일본원정은 애당초 바로 이 오키나와섬 침공으로 시작되었다. 페리가 이끌고 온 미국함대는 필요하다면 무력을 사용해서라도 개항시킬 목적으로 1853년 5월 오키나와섬에 착륙했다. 오키나와가 당시 이미 일본의 통제하에 있는 것을 파악한 페리는 일본과의 협상이 실패하면 오키나와를 점령할 것을 계획했다. 당시 오키나와의 공식정부인 류큐왕국의 국왕은 페리와의 면담을 거절했으나, 페리는 200명 이상의 해군과 군악대를 왕성인 슈리성(首里城)까지 진격시켰다. 왕은 어머니인 태후의 병을 핑계로 페리와의 면담을 끝까지 거절했는데, 페리는 관리들과 협상을 마치고 7월에 일본으로 향하게 된다.[3]

오키나와는 이처럼 미국이 무력을 바탕으로 아시아에 진출한 과정의 입구였던 것처럼, 일본과 미국 사이의 태평양전쟁에서 가장 잔혹한 폭력의 희생자가 되었다. 미군이 오키나와섬에 상륙한 1945년 4월 1일에서 시작해 6월 23일 우시지마 미쓰루(牛島滿) 중장의 할복과 함께 끝난 것으로 기록되는 오키나와 전투(Battle of Okinawa)가

---

3 Arasaki Moriteru(ed.), *Profile of Okinawa: 100 Questions and Answers*, Tokyo: Techno Marketing Center, 2000, p.61.

오키나와 옛 유구왕국의 궁성인 슈리성(首里城)의 모습. ⓒ이삼성, 1999

그것이다. 단일 전투로서 사망자 숫자가 가장 많았을 뿐 아니라 그 수에는 특히 오키나와 주민의 3분의 1 정도가 포함된다. 그들 가운데 많은 사람이 90일에 걸친 미군의 폭격으로 죽었다. 그러나 주민들은 일본 군대에게 은신처를 빼앗기면서 미군의 폭격에 더욱 노출되었고, 많은 사람이 첩자라는 누명을 뒤집어쓰고 일본 군대에 의해 집단 학살되었다. 또 천황을 위한 옥쇄라는 이름하에 자진(自盡)을 강요 당해 죽었다.[4] 수천 명의 한국인 위안부와 징용자도 주요 희생집단에 포함되어 있다.

오키나와 전투는 일본군 최정예부대가 미군과 직접 맞붙은 유일한 전투였다. 그런데 미군이 공군과 해군의 막강한 지원을 받은 데 비해 일본군은 공군과 해군의 지원이 전무한 상태에서 전투를 결정해야 했다. 이는 중요한 지점이다. 오키나와섬 주변의 작은 섬들에 있는 일본 공군기지들을 보호하기 위해 일본은 주로 가미카제(神風) 자살공격의 형태로 태평양전쟁 사상 최대의 공군력을 동원했다. 그

---

4 Moriteru, 2000, p.73.

러나 정작 오키나와 본섬에서의 지상전투에서는 공군의 도움을 전혀 받지 못했다.[5] 말하자면 일본은 이 전투가 궁극적으로 질 수밖에 없는 것임을 알면서도 엄청난 희생을 무릅쓴 것이다. 일본 정부와 군부는 오키나와 전투에서 승리를 전망하지도 않았고 목표로 삼지도 않았다.[6] 오키나와 방위사령부의 거듭된 요청에도 불구하고 제국사령부는 해군을 증파하지 않았다. 일본군 오키나와 방위사령부와 일본 본토의 제국사령부는 다 같이 오키나와 전투를 "교쿠사이"(ぎょ くさい[玉砕], 항복 없는 죽음)로 설정했다.[7]

그럼 일본의 목표는 무엇이었는가. 일본 본토를 보호하기 위해 가급적 오래 오키나와가 버텨주는 것이 일차적인 목표였다. 오키나와는 유리한 항복조건을 확보하기 위한 지렛대로서 의미 있을 뿐이었다. 오키나와 평화의 공원에 위치한 평화박물관에는 일본이 미국에 군사적으로 패배할 수밖에 없다는 것을 알면서도 일본의 천황제를 유지하기 위한 버티기 작전에 오키나와와 그 주민들을 희생양으로 삼았다는 문제의식이 적혀 있다.

일본군에 의해 당시 40만에 달한 오키나와 주민들은 이 전쟁에 직접적으로 동원되었다. 민간인들은 군대에 의한 보호대상이 아니었다. 군대와 함께 운명을 같이해야 하는 공동운명집단(military partners)이자, 함께 집단자살의 의무를 가진 존재들이었다.[8]

결국 이 전투에서 9만 명의 일본군이 사망한 동시에, 오키나와 전

---

5 Masahide Ota, "Re-examining the History of the Battle of Okinawa," in Chalmers Johnson(ed.), *Okinawa: Cold War Island*, Cardiff, CA: Japan Policy Research Institute, 1999, p.16.

6 미군이 오키나와에 상륙한 다음 날인 4월 2일 일본 내각과 군부의 합동전략회의에서 쿠니아키 코이소(小磯國昭) 수상은 오키나와 전투의 전망에 대해 묻는다. 이에 미야자키 슈이치(宮崎周一) 소장은 "미국이 오키나와 전투에서 승리해 오키나와를 점령하고 이어 본토를 공격하는 것은 필연적"이라고 대답한다(Ota, 1999, p.28).

7 Ota, 1999, p.27.

8 Ota, 1999, p.29.

체 주민의 3분의 1인 15만 명 이상의 민간인이 함께 희생되었다.[9] 1960년 일본의 후생성(厚生省)의 조사에서 확인된 숫자만을 들더라도, 사망한 민간인 가운데 14세 미만의 어린이가 1만 1,483명이었다. 그 가운데 자살한 어린이가 313명이며, 일본군의 전투를 지원하다 죽은 어린이도 수백 명이었고, 심지어 일본군에 의해 살해당한 어린이도 14명이 있었다.[10]

일본의 항복 직후부터, 그리고 일본 본토에 대한 미군점령이 끝난 뒤에도 오키나와는 미국의 통치하에 남았다. 미국의 오키나와 점령계획은 치밀했다. 1943년에 이미 미국은 1945년 봄 오키나와 전투를 기획했다. 상륙작전에 적절한 지점으로 333개의 오키나와 열도 요지를 이미 파악하고 있었다. 컬럼비아대학의 인류학자와 역사가들로 구성된 연구팀은 점령정책에 필요한 모든 측면에 대한 조사를 진행하고 있었다.[11]

오키나와는 미국에게 단지 일본을 항복시키기 위한 전투지 이상이었다. 동아시아에 대한 미국의 전후 계획에서 오키나와는 중요했다.[12] 오키나와는 미국의 군사기지로 변모했다. 많은 농민의 땅이 강제몰수되었고 보상은 없었다. 오키나와의 군사기지들은 한국전쟁, 그리고 다시 베트남전쟁에서 아시아 미군의 출진기지로 사용되었

---

9 Ota, 1999, p.16.

10 Ota, 1999, p.33.

11 Ota, 1999, p.17.

12 1948년 3월, 미 국무부 정책기획국장 조지 케넌은 오키나와를 "서태평양 지역에서 우리의 공격적 타격력의 중심"으로 정의했다. "미국 안보지대(US security zone)는 알류산열도, 류큐열도, 일본이 점령하고 있던 섬들, 그리고 괌을 포함하는 U자 모양으로 이루어지며 그 중심이면서 동시에 가장 전초적인 위치가 오키나와다. 대륙지역의 동부중앙이나 동북아시아의 어떤 항구로부터든 상륙해오는 군대의 집결과 출격을 저지하기 위해 우리는 오키나와에 기지를 둔 공군력과 전진배치된 해군력을 이용할 수 있다"는 케넌의 언명은 냉전 초기 미국의 전략적 인식에서 오키나와의 위상을 적나라하게 묘사한 것이다. John Lewis Gaddis, *The Long Peace: Inquiries into the History of the Cold War*, New York: Oxford University Press.Gaddis, 1987, pp.73-74.

다. 베트남에 출진하는 폭격기와 전투기들의 발진기지였다. 베트남에 출병하는 미군들의 중간 훈련기지로도 기능했다. 아시아에 대한 미국의 패권적 폭력행사의 전진기지로서 오키나와는 아시아의 비극적 현대사의 한가운데 있었다.

미군에게 땅을 빼앗긴 농민들을 중심으로 반전평화를 지향하는 오키나와 주민들은 오키나와 일본반환 운동을 강력하게 전개했다. 이러한 운동은 일본 내의 평화운동과 결합했다. 일본 정부도 이러한 노력을 정책으로 채택하기에 이르렀다. 1965년 사토 에이사쿠 일본 총리가 오키나와를 방문해 "오키나와가 일본에 반환되지 않는 한, 일본의 전후(戰後)는 끝나지 않는다"고 선언했다. 그 후 일본과 미국 간에 협상이 진전되었다. 1969년 미일공동선언으로 미국은 1972년에 오키나와를 일본에 반환하기로 했다. 이 선언에서는 오키나와 미군기지에 핵무기를 배치하지 않는다는 것과 오키나와 주둔 미군기지의 밀도를 일본 본토의 미군기지 밀도와 동등한 수준으로 축소조정한다는 내용이 포함되었다.[13]

그러나 현재 4만 6,000여 주일미군 가운데 60퍼센트에 해당하는 2만 7,000여 미군이 오키나와에 주둔해 있다. 원래 오키나와 평화운동의 목표는 오키나와의 일본반환과 함께 미군기지의 철폐였다. 그러나 1972년 법적 반환에도 불구하고 오키나와를 아시아 미국 군사력주둔의 핵심으로 묶어두려는 미국과 일본 정부의 기본적인 군사동맹 유지정책의 일치에 의해 오키나와 주민들의 소망은 실현되지 못했다.

탈냉전에 들어서도 미일동맹과 미군의 동아시아 군사력 전진배치 전략은 오히려 더욱 확고해졌다. 탈냉전 초 부시 행정부가 동아시아의 미군을 점진적으로 축소시킨다는 계획을 세웠다. 그러나 1995년 2월 미 국방부는 일본과 남한에 무기한으로 약 10만의 미군을 유지

---

13 Moriteru, 2000, p.81.

하며 2015년에 가서 재검토한다는 정책을 발표했다. 당시 국방부 국제안보담당 차관보를 하고 있던 조셉 나이(Joseph Nye)가 「나이 보고서」(Nye Report)를 작성했다. 1995년 9월 4일 조셉 나이는 일본 도쿄 외신기자클럽에서 연설하고 있었다. 그는 "이것(Nye Initiative)은 1990년대 초의 점진적 미군 축소 계획을 중단하는 것"이라고 요약했다. 동아시아 지역의 현실에 대한 재평가를 반영한 것이라고 밝혔다. 그 현실이란 무엇인가. 나이가 제시한 답은 "한국과 중국"이었다.[14]

같은 자리에서 나이는 동아시아에서 동맹체제와 이를 뒷받침하는 미군주둔이 지속되어야 할 이유 두 가지를 추가했다. 첫째, "미국의 안정자적이고 보증자적인 현존"(stabilizing and reassuring U.S. presence)이 없으면 동아시아 국가들 사이의 군비경쟁과 불확실성이 증가한다. 둘째, 미군을 미 본토에 주둔시키는 것보다 일본에 주둔시키는 것이 비용이 적게 든다.[15] 「나이 보고서」는 곧 북한과 함께 중국의 위협을 이유로 미국이 더욱 강화하고자 하는 미일동맹의 상징이자 미국의 동아시아 군사력 전진배치의 핵심 지역인 오키나와 미 군사기지의 반영구화를 천명한 것이었다.

1995년의 「나이 보고서」의 취지에 따라 미일동맹은 더욱 강화되어갔다. 1999년 5월에 승인된 새로운 미일방위지침(new U.S.-Japanese defense guidelines)에 따라 일본은 한반도 유사시에 항구·공항·병원·운송체제를 미군에 제공하기로 했고, "일본 주변 지역들"(areas surrounding Japan)에서 전개되는 미군 군사작전에 일본군이 참여하기로 합의했다. 일본 주변 지역은 광범하게 해석될 수 있는 것이어서, 미국 관리들은 동아시아에서 페르시아만까지 일본군이 참여할 수 있음을 뜻하는 것으로 해석하고 있다.[16]

---

14 Chalmers Johnson, "The 1995 Rape Incident and the Rekindling of Okinawan Protest against the American Bases," in Johnson(ed.), *Okinawa: Cold War Island*, 1999. pp.120-121.

15 Johnson, 1999, p.121.

조셉 나이가 탈냉전의 동아시아에서 미군의 지속적인 주둔 필요성을 밝히며 중국의 위협을 거론하고 있던 1995년 9월 4일 바로 그날, 오키나와에서는 미군 세 명이 소학교 여학생을 납치해 강간하는 사건이 벌어졌다. 이 사건은 냉전의 종식에도 불구하고 일본 영토 위에 존재하는 미국의 식민지로서의 오키나와에 대한 새삼스런 문제의식을 일본 국민에게 각인시켰다.[17] 오키나와 미군기지에 대한 비판적 여론이 고조되면서 오키나와 미군기지 규모 축소조정에 관한 미일 간 협상이 촉진되었다. 2000년 7월 오키나와에서는 G8 정상회담이 열렸다. 오키나와 주민들은 이때도 새로운 아시아질서에서 이 섬을 미국의 대아시아 군사전략의 요충지로서가 아니라 평화의 장으로 전환할 것을 요구하는 평화시위를 전개했다. 이는 큰 반향을 일으켰다. 클린턴 대통령은 "오키나와에서 미국의 족적(American footprint)을 줄일 것을 시도하겠다"고 말했다.[18]

부시 행정부에 들어 미국은 '국방변혁'(defense transformation)을 추진했다. 해외 주둔 미군의 규모보다는 군사적 능력과 동맹국의 지원체제 정비를 주요 목표로 내걸었다. 2005년 10월 말, 미국과 일본은 오키나와의 미 해병 가운데 7,000명을 태평양의 미국령인 괌(Guam)으로 이동배치한다는 계획을 발표했다.[19] 오키나와에서 미군 주둔 규모를 줄이고 주민과의 마찰을 최소화하는 지역으로 기지를 이전하는 전략과도 잘 조화되는 것이었다. 그러나 그것은 다른 한편으로 탈냉전의 세계에서 도전받고 있는 미군 전진배치라는 미국

---

16 Tim Shorrock, "Okinawa and the U.S. Military in Northeast Asia," IRC, Volume 5, Number 22, July 2000.

17 Johnson, 1999, p.109. 세 강간자 중 한 명인 텍사스 출신의 해군 마커스 질(Marcus Gill)은 법정에서 "재미로 한 일"(It was just for fun)이었다고 말했다. 이들은 범행 후 4일 만인 9월 8일 신원이 확인되었지만, 미군들이 오키나와에서 갖고 있던 치외법권 조항으로 인해 9월 29일까지는 "햄버거를 먹으며 놀고 있었다." Johnson, 1999, pp.116-117.

18 CNN, July 22, 2000.

핵심 군사전략의 틀을 보다 효율적인 동시에 항구적인 방식으로 유지하려는 미국의 의도를 표현하고 있다.

오키나와 해병대의 일부 철수 방침이 미일 간의 합동군사훈련 확대와 동아시아 미사일방어체제 구축의 일환으로서의 첨단 레이더장비를 일본에 건설한다는 계획과 동시에 발표되었다. 이 사실은 매우 시사적이다. 더욱이 같은 시기에 일본 정부는 미국의 니미츠급 핵추진 항공모함(a nuclear-powered Nimitz-class aircraft carrier)의 모항으로 도쿄에서 30마일 이남에 있는 요코스카항을 2008년에 제공하기로 합의했다. 미국의 핵추진 항공모함이 일본을 모항으로 이용하는 것에 일본이 동의한 것은 사상 최초의 일이었다.[20] 오키나와에서의 미군 일부 철수는 미일동맹의 약화가 아닌 강화였다.

오키나와는 동아시아 현대사 비극의 가장 잔혹한 현장이었다. 그리고 여전히 동아시아에서 미국 패권질서의 군사 전진기지로 남아 있다. 일본 정부는 일본 본토에 주일미군의 기지를 내어주는 문제를 피하면서도 미국과의 군사동맹체제를 유지할 수 있는 절묘한 해결책으로서 오키나와의 희생을 받아들이고 있다.[21] 이런 구조 속에서 냉전시대에 오키나와는 일본의 비핵3원칙과 관련 없이 미국의 핵무기 기지였다. 이 점은 1969년 봄 오키나와를 일본에 반환하는 협상을

---

19 Thom Shanker, "U.S. to Reduce Troops in Japan and Strengthen Military Ties," *The New York Times*, October 30, 2005.

20 Shanker, 2005.

21 일본 국민 대다수는 미일동맹과 그 핵심으로서의 주일미군 유지를 지지한다. 그러나 오키나와 내 미군기지의 밀도를 줄여 일본 본토로 분산시킨다는 것은 일본 본토 여론과 충돌한다. 전 미 국무차관보 윌리엄 클라크(William Clarke)가 2000년 7월 CNN에서 지적한 것처럼, 일본인들은 70퍼센트가 오키나와가 주일미군기지의 지나치게 많은 부분을 담당하고 있는 부당한 상황에 있다고 본다. 그러나 일본 본토 내 자신들의 현에 미군기지를 설치하는 것에 대해서도 역시 일본인의 70퍼센트가 반대하고 있다. 따라서 일본 본토로의 분산이전이 현실적으로 어렵다는 것이 미국과 일본 모두의 인식이다. CNN, 「Insight」, July 22, 2000.

앞두고, 미국 국가안보회의(National Security Council)에서 오키나와의 미국 핵무기 배치정책이 직면하게 될 미래의 불확실성을 거론하고 반환 후의 대책을 논의한 문서들을 통해 확인된다. 특히 1969년 4월 29일 작성된 "미국-일본 관계"라는 제목하의 「NSSM 5」라는 문서가 주목된다. 이 문서는 첫째, 미일 관계 전반에 대해서는 동맹해소, 현 수준 유지, 그리고 '완전한 집단안전보장 관계'(full collective security relationship)로의 발전 등 세 가지 선택을 제시한다. 둘째, 안보조약과 군사기지 문제에 대해서도, 안보조약을 더 강화하거나 현 수준 유지 가운데 선택하고, 군사기지는 현 수준을 유지하거나 점진적으로 축소하는 방안, 그리고 소수의 핵심기지로 급속히 줄이는 방안 등을 검토했다. 이 문서는 세 번째 항에서 오키나와 반환의 시점을 논하면서 '핵무기 보관'(nuclear storage)의 문제를 거론한다. 이 문제에 대해 미국이 현재 가진 권리를 무한정 계속하는 방안, 또는 현재의 권리를 잠정적 기간 동안 유지하는 방안, 또는 "유사시 (핵무기를) 재반입하는 권리를 얻는 방안" 등을 고려했다. 아울러 핵무장한 군함과 항공기를 통과 목적으로 또는 기상 및 인도적 목적으로 진입시키는 권리를 획득하는 방안을 거론했다. 이 문서는 또한 "군사전투작전"이라는 소제목하에 "현재의 무제한적인 권리를 무한정 또는 잠정 기간 유지하는 방안", 또는 한국과 타이완 같은 핵심 지역에서 (오키나와 군사기지의) 제한적인 자유로운 사용 권한을 획득하는 방안(obtain limited free use for key areas such as Korea and Taiwan)과 그러한 권리를 일본 (방위)에만 적용하는 방안을 수용하는 방안 등을 거론했다.[22]

---

22 "Memorandum, Davis to Office of the Vice President, etc., 4/29/69, Subject: U.S.-Japanese Relationship: Summary(Top Secret), with attached," The National Security Archive, The Gelman Library, George Washington University, 2130 H Street, NW, Suite 701, Washington, D.C. 20037(http://nsarchiv@gwis2. circ.gwu.edu). Robert A. Wampler, "Revelations in Newly Released Documents

헤노코 해변에 새로 미 해병대 기지를 건설하려는 계획에 반대하는 오키나와 시민들의
헤노코 현장에서의 시위활동. ⓒ이삼성, 1999

2005년 미국이 일본에 주둔시킨 해병대를 포함한 미군은 약 5만
명이었다. 일본은 또한 미 해군 7함대(Navy's Seventh Fleet)에 모항
을 제공하고 있다. 이 5만의 병력 가운데 3분의 2가 오키나와에 배치
되어 있다. 오키나와에 2003년 시점에 주둔하는 미 해병대는 2만 명
에 달했다.

2005년 10월 미국과 일본은 오키나와의 지노완(宜野湾)이라는 도
시 한복판에 있는 후텐마(普天間) 해병대 항공기지를 한적한 위치인
슈와브 캠프(Camp Schwab)로 옮기기로 합의했다. 1995년 9월의 소
녀 강간 사건 후인 1996년 미일 양국은 이 기지의 이전에 원칙적인
합의를 본 일이 있다. 그러나 새로운 기지 건설에 대한 오키나와 주
민들의 반대로 신속하게 실행하지 못했었다.[23] '헤노코(辺野古) 계

about U.S. Nuclear Weapons and Okinawa Fuel NHK Documentary," May 14,
1997(wampler@gwis2.circ.gwu.edu).

23 Norimitsu Onishi, "Japan: U.S. Agrees to Move Okinawa Air Base," *The New*

획'(Henoko plan)이라 불리는 후텐마 기지 이전은 수년 간의 치열한 협상 끝에 타결되었다. 그 역시 오키나와 주민들의 광범한 반대의 대상이었다. 『오키나와 타임스』와 『아사히 신문』이 2004년에 실시한 여론조사에 따르면, 지역 주민의 81퍼센트가 반대했다. 기지가 오키나와에서 폐쇄되는 것이 아니고 여전히 오키나와에 다시 건설된다는 사실에 주민들은 분노했다. 오키나와 미군기지 반대운동 지도자 타이라 오사무는 이렇게 말했다. "일본 정부와 미국은 오키나와 기지들을 당연하게 여긴다. 그들이 새로운 기지를 원한다면 왜 일본 본토나 아예 일본이 아닌 다른 곳에 건설하지 못하는가. 그들이 오키나와에 기지 깃발을 꽂는 유일한 이유는 우리가 작고 힘없다는 것을 알기 때문이다."[24]

2000년대 들어 우리가 오키나와에 대해 유의할 점은 미국이 그처럼 오키나와 미군 주둔 규모와 존재방식을 변화시킴으로서 거의 항구적 주둔을 꾀하고 있는 것과 함께, 일본이 중국의 위협을 거론하면서 오키나와에 대한 일본 자위대의 직접적인 주둔을 강화하고 있다는 점이다. 과거에 동아시아 대분단체제에서 일본은 미국의 뒤에서 미국을 지원하는 역할에 머물렀던 면이 있다. 21세기에 들어 일본은 보다 직접적으로 동아시아 대분단체제의 전면에 나서고 있다. 미국뿐 아니라 일본 자신이 오키나와를 대분단체제의 전초기지로서 본격 활용하려는 의지로 표현되고 있다. 2004년 12월 일본 정부는 북한과 중국의 침공을 가정한 미사일방어로 방위정책의 초점을 이동시켰다. 그 맥락에서 신속대응군 병력을 기존의 두 배인 1만 5,000명 수준으로 늘리고, 오키나와 주둔 자위대 병력을 일개 여단 병력인 2,500명 수준으로 높이기로 했다.[25]

York Times, October 27, 2005.

24 David McNeill, "US military retreats over Japanese base after protests by islanders," *The Independent*, October 27, 2005.

25 Brooke, 2004.

일본 정부는 또한 오키나와가 중국을 겨냥한 미사일방어체제의 전초기지임을 보다 명확히 해나가고 있다. 일본은 2006년 4월 지대 공 요격미사일 시스템인 PAC-3(Patriot Advanced Capability-3)를 위한 24개의 발사대를 오키나와의 카데나 미 공군기지(Kadena Air Base)에 배치하기로 미국과 합의했다. 당장 2006년 여름에 배치한다 는 계획이었다.[26]

미일동맹이 부상하는 중국의 위협을 근거로 동아시아 대분단체제 를 더욱 공고히 하는 군사전략에서 오키나와가 차지하는 핵심적인 위치는 2000년대에도 여전하다. 일본 자신이 미국과 함께 중국을 염 두에 둔 오키나와의 군사기지화에 직접적인 역할을 강화하고 있다. 그런 의미에서 오키나와는 미일동맹과 중국대륙 사이 동아시아 대 분단체제의 핵심적 위치를 상징한다.

동아시아 대분단체제에서 가장 핵심적이고 현실적이며 상징적 역 할을 담당하고 있는 오키나와의 미일동맹체제 최전방 군사기지로서 의 위치가 항구화되고 있는 데에는 궁극적으로 오키나와 주민들의 인식이 중요하다. 이들은 한편으로 미 군사기지를 원망한다. 그러나 이들은 다른 한편으로는 그것과 함께 사는 데 익숙해져가고 있다. 이 것은 나중에 언급하게 될 대한민국 제주도의 미래와 관련해서도 의 미심장한 시사점을 던져준다.

1945년 미국은 일본을 점령한 이후 오키나와의 이에지마(伊江島) 섬의 90퍼센트를 군사훈련기지, 즉 군용지로 탈취했다. 농민들은 이 에 농지반환투쟁을 전개했다. 1970년 미국은 이에지마섬의 58퍼센 트를 농민에게 반환한다. 그리고 나머지 42퍼센트는 미국이 오키나 와를 일본에 반환할 때 농민들에게 돌려줄 것을 약속한다. 그러나 1972년 오키나와의 일본 복귀가 이루어지지만 그 42퍼센트 농지의

---

26 "Japan: 24 New Launching Pads for Okinawa," *The New York Times*, July 14, 2006.

반환 약속은 지켜지지 않았다.

1972년 오키나와의 일본 복귀 이후 미국은 농민들과의 계약을 통해 군용지의 이용권한을 연장했다. 이 계약에 불응함으로써 오키나와 영토의 군사적 이용에 반대하는 사람들이 반전지주(反戰地主)다. 그러나 이들 반전지주는 전체 지주의 10퍼센트에 불과하다. 미국은 군용지 이용연장 계약을 할 때, 오키나와 지주들이 미국에 그들의 토지를 빌려주는 것이 농사를 짓는 것보다 더 큰 이득이 되도록 했다. 그럼으로써 반전지주세력의 무력화를 기도했다. 그 결과 현재 지주들 사이에는 미군이 철수하면 경제적으로 그들에게 손해라는 의식이 광범하게 퍼져 있다.

2000년 7월 오키나와에서는 동아시아 평화에 관해 한 회의가 열렸는데, 필자와 함께 필리핀으로부터 이 자리에 참여한 파브로스(Ms. Fabros)는 오키나와 기지철거운동에 대해 필리핀의 경험에서 어떤 시사점을 얻을 수 있는지를 요청하는 질문을 받았다. 그녀는 이렇게 답변했다. "오키나와에서는 사람들이 미군기지와 함께 살아나가기를 이미 배웠다. 미군기지는 오키나와 주민들의 삶의 일부가 되었다. 미군기지가 주민들의 집과 이웃해 있다. 그 결과 오키나와에서는 기지반대운동을 성공적으로 달성하기가 어려울 것이다. 필리핀에서 기지반대운동이 성공할 수 있었던 것은 미군기지에 대한 필리핀 사람들의 접근이 엄격하게 제한되어 있었던 것과 무관하지 않다."[27]

어느새 미군기지는 오키나와 사람들의 경제생활 깊숙이 뿌리내리고 그들의 의식에 익숙하게 자리 잡은 것처럼 보인다. 일본의 지배권력이 그것을 근본적으로 용인하고 있다는 이 상황이야말로, 미래에도 오랫동안 오키나와의 군사화를 영구화시킬 수 있는 가장 중요한

---

[27] 2000년 7월 오키나와 아시아민중안보 회의에서 파브로스의 "Nuclear-Free Philippines Coalition" 발표.

오키나와 평화공원에서 바라본 태평양 해변. ⓒ이삼성, 1999

토대의 하나로 기능할 수 있다. 일본 자신의 군사대국화 욕구와 맞물려 있는 미일군사동맹 강화의 토대로도 오래 남을 가능성은 부인할 수 없다.

찰머스 존슨은 오키나와를 동아시아에서 미국의 식민지 전초기지(colonial outpost)라고 정의했다. 20세기 전반부의 동아시아에서 미국의 식민지 전초기지는 1898년 마닐라만 전투(Battle of Manila Bay) 이후 필리핀이었던 것처럼, 전후 동아시아에서 미국의 식민지 전초기지는 1945년의 오키나와 전투 이래 오키나와라고 그는 단언한다. 그에게 오키나와 주둔 미군은 곧 군사적 식민주의자들(military colonialists)이었다.[28]

오키나와가 오늘날 미국의 식민지 전초기지라는 찰머스 존슨의 묘사에 모두가 동의하지는 않을 것이다. 그러나 분명한 것은 오키나와가 오늘날에도 점증하고 있는 동아시아의 군사화와 21세기까지

---

28 Johnson, 1999, p.128.

지속되고 있는 이 지역 대분단체제를 표상하는 지정학적 상징인 채로 있다는 사실이다.

2) 동아시아 근현대사의 질곡과 타이완

동아시아 대분단체제를 역사적·지정학적으로 형상화하는 또 하나의 지역은 타이완이다. 타이완 역시 19세기 말 이후 서양 제국주의 침탈로 중국이 약화된 사이 신속히 근대국가를 건설해 강력해진 일본 제국주의에 가장 먼저 식민지배당한 곳이다.

태평양전쟁에서 일본이 패망한 뒤 타이완은 중국의 공산화로 대륙에서 밀려난 장제스 국민당 정권의 통치하에 놓였다. 억압적인 반공국가의 포로가 되면서, 전후 동아시아 대분단체제와 그 긴장의 한가운데에 놓인 것이다. 타이완 내 독립적인 반공국가 수립은 타이완 주민들에게 그 후 수십 년 동안 억압적인 냉전국가의 고통을 의미했다.

(1) 일본 제국주의의 식민지 지배와 타이완

타이완은 1895년 청일전쟁에서 중국이 일본에 패한 후 맺어진 시모노세키조약에 의해서 일본의 식민지가 되었다. 이 조약의 제5조는 첫 2년 동안 타이완 주민들이 중국 본토로 떠나 중국 국적을 선택할 수 있도록 했다. 중국으로 떠난 사람은 수천 명에 불과했다. 나머지는 일본 국적이 되었다. 그러나 일본의 시민권을 누린 것은 아니었다. 공직에 진출할 수 없었고 부분적인 선거권도 갖지 못했으며, 경찰의 폭력에 시달려야 했고 군인이 될 권리도 없었다.[29]

---

29 Yun-han Chu and Jih-wen Lin, "Political Development in 20th-Century Taiwan: State-Building, Regime Transformation and the Construction of National Identity," Richard Louis Edmonds and Steven M. Goldstein, *Taiwan in the Twentieth Century: A Retrospective View*, New York: Cambridge University Press, 2001, p.106.

일본의 식민지 정권은 타이완의 사회구조를 온존시켰다. 타이완판 사대부계급(literati-gentry class)을 유지시키고 중국 지식인들의 취미생활이었던 시회(詩會)를 주최하곤 했다. 기존의 사회구조에 근본적으로 추가된 것이 있다면 광범한 경찰망을 구축해 사회 구석구석에 감시체제를 확립한 것이었다.[30] 1896년 일본제국의회가 제정한 「63호법」(Law No.63)에 따라 타이완에서 총독이 발한 명령은 법의 효력을 가졌다. 다른 어떤 기관도 이를 견제할 수 없었다. 다만 1919년 이후 총독의 군사권이 군사령관으로 이전되고 군인이 총독이 될 수 없게 되면서 식민지 권력구조는 변화를 맞게 된다.[31]

1930년대 중반 이후 일본은 중국과 총력전 체제에 돌입한다. 타이완의 전략적 중요성은 더 커졌다. 타이완은 일본의 자본주의 발전을 보조하던 역할에 그치지 않고 일본의 대중국 전쟁을 위한 군수공장이 되었다. 식민정부의 동원능력을 강화하는 조치들이 취해졌다. 타이완인들의 자발적 협력을 유도해내기 위해 타이완 엘리트의 체제 내적 편입을 촉진하려 했다. 지방차원에서 부분적이고 제한적인 선거를 도입하고 의회를 구성했다. 1935-45년 사이 몇 차례의 지방선거를 통해 타이완의 엘리트는 일본의 식민지체제에 거의 완전히 편입되었다. 이들은 물론 참여하되 지배할 수는 없었다.[32]

중국 본토에서의 전쟁이 수렁에 빠지자 일본이 해양 쪽으로 눈을 돌리면서 타이완의 전략적 중요성은 또 한번 높아졌다. 타이완은 일본의 해군기지로서 더욱 중요해졌다. 효율적인 식민지 자원동원을 위해 일본의 식민지정책은 새로운 국면을 맞는다. 1936년 제17대 타이

---

30 1905년의 시점에서 타이완에서 경찰관의 숫자는 4,817명으로, 한명이 617명의 타이완인들을 담당하는 꼴이었다. 이 해에 타이완의 공무원 숫자는 모두 13,207명이었다. 또한 식민통치가 끝날 무렵 타이완에서 일본 식민정부가 확보한 토지는 전체의 66.8퍼센트에 달했다. 즉 식민지 기간에 타이완에서 가장 부유한 재산가는 식민정부였다. Chu and Lin, 2001, p.106.

31 Chu and Lin, 2001, pp.106-108.

32 Chu and Lin, 2001, p.109.

완 총독으로 취임한 고바야시 세이조(小林踆造)는 전직 해군제독이었는데, 그가 제시한 새로운 식민정책의 모토는 세 가지였다. 타이완인의 일본화, 군수산업 건설, 그리고 타이완의 남방 전진기지화였다.[33]

가장 지속적인 역사적 유산을 남긴 것은 식민지 인민을 제국의 신민으로 만들려 한 철저한 동화정책이었다. 1937년이 되면 고전 한어는 학교의 모든 교과과정에서 완전히 추방되었다. 서당과 같은 전통적인 중국의 사립학교는 1940년 모두 문을 닫아야 했다. 동시에 타이완 어린이들의 식민지 초등학교 입학율은 전쟁 말이 되면 71퍼센트 이상으로 높아졌다. 전쟁동원체제하에서의 이 같은 변화와 함께, 타이완인들이 공유했던 일본 식민주의에 대한 전반적인 원망은 타이완인들의 민족적 정체성에 깊은 영향을 미치게 된다. 2차 대전이 끝날 무렵에도 타이완인의 민족적 정체성의 문제는 모호한 채로 있었다. 그럼에도 불구하고 식민통치에 대한 공동의 원망과 역사적·사회적 경험의 공유로 말미암아 타이완인들의 정체성 인식은 종족적인 하위범주를 벗어나 공동의 '타이완인'이라는 개념으로 발전할 수 있는 기초가 되었다. 그러나 식민정부의 타이완인 일본화정책이 큰 성공도 거두지 못했고 타이완인들이 확고한 공동의 민족 정체성을 획득한 것도 아니었다. 다만 그 초보적인 상황에 도달해 있었다는 것이 일본 식민통치가 종식될 무렵 타이완의 상황이었다.[34]

(2) 전후 동아시아 대분단체제의 형성과 타이완 냉전국가의 억압과 테러

1945년 8월 일본의 패전과 함께 타이완이 처한 상황은 두 가지 특징을 가졌다. 그것은 비극을 잉태했다. 하나는 일본이 떠나간 자리를 메꾸게 된 중국대륙 국민당 정부가 한편으로 일본 식민지배의 기반

---

33 Chu and Lin, 2001, p.109.
34 Chu and Lin, 2001, p.111.

구조를 상속하게 됨으로써 발생하는 지배와 억압의 문제였다. 다른 하나는 반세기라는 수십 년에 걸친 타이완인들의 정치적·역사적 경험과 대륙에서 온 국민당 세력의 역사적 경험의 현격한 차이에서 발달하는 간극과 긴장이었다.

타이완인들은 오랜 시간 일본의 식민통치하에서 안정된 사회경제적 발전을 겪었다. 그 결과 중국대륙의 대부분과 달리 근대적인 사회·정치·문화의 성격을 갖게 되었다. 억압적이고 편재한 식민지 국가 밑에서 섬 전체가 통일된 행정체제와 법, 그리고 교육·상업·농업의 체계를 갖추고 있었던 것이다. 그 경계와 그 제도의 울타리 안에서 타이완인들은 공동의 사회적 정체성을 갖게 되었다. 식민통치는 또한 새로운 문화적 가치관과 세계관을 유포했다. 이를 통해 타이완은 일본제국체제 안에서 일본에 비해서 열등하지만 중국대륙에 비해 우월한 중간에 위치했다. 특히 일본 식민통치하에서 태어나 자란 2세대 타이완인들은 대륙의 중국인들과는 매우 다른 역사의식과 문화적 정체성을 가진 집단이 되어 있었다.[35]

일본의 갑작스런 패전과 중국정권의 복귀는 수십 년간 일본통치하에서 새로운 삶의 양식을 구축해온 대부분의 타이완 엘리트에게 충격적이고 당황스러웠다. 중국 국민당 정권이 파견한 새로운 권력자인 주둔 군사령관은 이들 타이완인의 정서와 이해관계, 평등에 대한 열망을 거의 전적으로 무시했다. 일본 식민주의자들이 남기고 간 수많은 공직의 기회는 대륙인들과 이른바 '반산'(半山, half-mountains, 대륙인들보다 더 일찍이 전쟁기간에 타이완에 들어와 살기 시작한 사람들로 사실상 타이완 원주민이 아닌 집단)들로 채워졌다. 또한 타이완을 장악한 국민당 정권의 타이완 주둔 군사령부와 대륙인들은 타이완의 자원을 독점해 두 방향으로 사용했다. 한편으로는 대륙에서 공산당과의 전쟁을 위한 물자로 전환했고 다른 한

---

35 Chu and Lin, 2001, pp.111-112.

2·28 사태 당시 담배공사 앞에 밀집한 군중.

편으로는 그 자신들을 배불리는 데 사용했다.[36] 이러한 자원 박탈은
전후 타이완 경제가 몰락하고 있던 상황과 결부되어 타이완인들의
고통을 가중시켰다. 더욱이 일본군에 징집되어 중국 남부와 동남아
시아의 전쟁터에 동원되었던 타이완 출신 패잔병들이 1946년 말과
1947년 초에 걸쳐 대거 귀환했다. 이 역시 새로운 권력인 국민당 정
부와 타이완인 사회의 긴장을 고조시켰다.[37]

　이러한 요인들이 겹치면서 그 긴장은 결국 국민당 정부에 의한 물
리적 폭력으로 해소되기에 이른다. 나아가 1949년 장제스의 국민당
이 공산당에게 완전히 패해 타이완으로 망명하면서부터 새로운 타
이완의 정치권력이 타이완을 규율하는 방식은 테러정치 바로 그것
이었다.

36　Chu and Lin, 2001, p.112.
37　Chu and Lin, 2001, p.112.

① 1947년 2·28 사태

전후 타이완에서 국민당 정권이 구축되는 과정에서 전개되는 국가폭력의 본격적인 시작은 1947년 2월에 일어난 이른바 2·28사태였다. 2월 27일 길거리에서 담배를 팔던 한 여인과 전매청(Monopoly Bureau) 직원 사이에 언쟁이 발생하고 급기야 그 소녀가 죽음을 당했다. 그동안 쌓였던 타이완 사회의 좌절감과 분노가 이 사건을 계기로 폭발했다. 다음 날인 28일 타이베이에서 대규모 시위가 벌어졌다. 국민당 정권의 군부는 기관총을 난사하며 대응했다. 항의시위는 더욱 확대되었고 총기를 동원한 군부의 학살도 계속되었다.[38]

타이완인들의 저항은 더욱 거세졌다. 타이완인 지도자들이 사태 진정을 위해 주둔 군사령관 첸이(Chen Yi)와 대화를 시도했다. 군부는 한편으로 대화하면서 한편으로 군대를 타이베이에 진입시키려 했으나 실패했다. 타이완인들의 봉기가 섬 전체로 확산되면서 3월 5일에 이르러서는 타이완섬이 사실상 타이완인들의 손에 장악되었다. 첸이는 타이완 지도자들이 구성한 타결위원회와 한편으로 대화하면서 다른 한편으로 대륙에 증원군을 요청했다. 3월 8일 군대가 지롱(Jilong)에 상륙했다. 이 증원군 파견은 물론 장제스의 승인 없이는 불가능한 것이었다.[39] 이 군대에 의해서 2·28사태의 본질인 대량학살이 본격적으로 시작되었다.[40]

---

38 Richard C. Bush, *At Cross Purposes: U.S.-Taiwan Relations Since 1942*, Armonk, N.Y.: M.E. Sharpe, 2004, pp.42-43.

39 Bush, 2004, p.47. 이 시기 미국의 타이완문제 관련 태도와 행태에 대해서는, 당시 미국의 주타이완 영사관에 근무하고 이후 난징의 주중국 미국대사관에 근무한 바 있는 조지 커르가 미국에 비판적인 시각으로 쓴, George Kerr, *Formosa Betrayed*, London: Eyre and Spottiswoode, 1965가 있다. 이에 비해 리처드 부시는 미국의 태도를 다소 변호하는 입장에서 서술하고 있다. Bush, 2004, pp.41-49.

40 Bush, 2004, p.43. 2.28에 대한 자세한 연구는 Tse-han Lai, Raymond Myers and Wou Wei, *A Tragic Beginning: The Taiwan Uprising of February 28*, 1947, Stanford: Stanford University Press, 1991.

타이완의 존경받는 사회적 지도자들을 포함해 수천 명의 타이완인이 숙청되었다. 이 사태 후 장제스 정권은 타이완인의 마음을 달래기 위해 타이완을 군사특구로부터 하나의 성으로 승격시키고 즉각 지방선거를 실시하며 책임자를 군사령관에서 민간인으로 대체하는 조치를 취했다. 그러나 너무 미미하고 때늦은 조치였다. 국민당 정권의 시작과 더불어 타이완에 민족주의가 성립했다. 타이완 독립운동의 역사적 기반이 형성된 것이었다.[41] 국민당 정권의 타이완 정착이 잔혹한 국가폭력으로 유지되는 악순환을 예고했다.

② 1949-52년의 백색테러

2·28사태는 대륙에서 내전이 진행 중이던 시기에 일어났다. 장제스 정권이 타이완을 유일한 피난처로 인식하기 시작할 때였다. 타이완에서 전개될 테러정치의 전주곡이었다. 1948년 말 내전의 최후 주요 전투였던 화이하이전투에서 국민당군이 패배했다. 그간 주변적인 관심 대상에 불과했던 타이완이 이제 이들에게 유일한 도피처임이 현실이 되었다. 장제스와 국민당 정부는 1949년 12월 타이완으로 옮겼다. 이후 최대의 도전은 중국 공산당 인민해방군의 타이완 침공 위협이었다.

타이완에서 국민당 정권 최대의 정치적 관심은 타이완 내부에 존재하는 정권 위협 요인을 제거하는 일이었다. 그 위협은 두 가지였다. 하나는 물론 용공세력이었고, 다른 하나는 '타이완 독립'을 주장하는 세력이었다. 장제스 정부는 비밀경찰기구와 정보기관을 총동원했다. 1949년 한 해에만 1만 명이 심문을 받았고 1,000여 명이 처형되었다. 1950년에 보안부대들이 수사한 '간첩'사건은 300건에 달했고 조사대상 인원이 3,000명을 넘었다.[42] 백색테러 시대의 시작이

---

41 Chu and Lin, 2001, p.113.
42 Bush, 2004, p.50.

었다.

이러한 억압적 정권은 약 40년에 걸쳐 지속된다. 한국에서 전두환 군사 정권이 국민의 민주항쟁에 밀려 민주적 헌법 개정 약속을 하면서 민주화의 길을 걷게 되는 시기와 일치하는 1987년, 타이완의 국민당 정권도 야당의 존재를 인정하면서 이 얼어붙었던 땅에 비로소 민주화 시대가 시작된다.

(3) 전후 냉전과 동아시아 대분단체제, 그리고 타이완의 위치

테러에 기초한 억압적 반공국가가 타이완에 건설되기에 이른 근본 원인은 1940년대 말 중국대륙을 장악한 공산주의 세력과 미국 사이에 평화적 공존의 틀이 성립하지 않았던 데에 있었다. 미국은 2차 대전 이후 지속적으로 국민당 정권을 지원했다. 그러나 타이완의 장제스 정권을 중국 공산당을 견제하는 동아시아의 보루로 삼는 정책은 물론 한국전쟁을 계기로 본격화했다. 그러나 유의할 것은 한국전쟁 자체가 미국이 중국의 공산당 정권에 대한 외교승인을 거부함으로써 아시아대륙을 장악한 새로운 정치세력과 공존이 아닌 대결을 선택한 맥락 속에서 배태된 사태라는 점이다.[43] 이렇게 동아시아에

---

[43] 중국 공산당이 대륙을 장악하고 중화인민공화국을 선포한 것은 1949년 10월 1일이다. 이때를 전후해 중국 공산당은 미국과의 관계개선을 추구하는 징후들이 있었다. 그러나 매번 미국이 이를 거절했다. 이 시기 중미관계 정상화의 가능성을 좌절시킨 요인이 근본적으로 중국 공산당의 이데올로기와 대미관이었다는 주장도 있으나, 터커-코엔 테제는 이 시기 중미관계는 열린 역사적 가능성이 있었다고 본다. Warren I. Cohen, "Acheson, His Advisers, and China, 1949-1950," Dorothy Borg and Waldo Heinrichs(eds.), *Uncertain Years: Chinese-American Relations, 1947-1950*, New York, 1980, pp.13-52; Nancy Bernkopf Tucker, *Patterns in the Dust: Chinese-American Relations and the Recognition Controversy, 1949-1950*, New York, 1983, Cohen, 1997, pp.72-73; Warren I. Cohen, "Rethinking the Lost Chance in China: Was there a 'Lost Chance' in China?" *Diplomatic History*, Vol.21, No.1(Winter 1997). 터커-코언 테제에 대한 대표적인 반론은 Chen Jian, *China's Road to the Korean War: The Making of the Sino-American Confrontation*, New York: Columbia University Press, 1994. 이 논

서 중미간 냉전체제가 성립하면서 촉발된 한국전쟁은 다시 미국이 아직 끝나지 않은 중국 내전의 현장, 타이완에 깊숙이 개입하는 계기가 되었다. 미국은 한국전쟁 기간에 해군을 타이완해협에 파견했다. 그럼으로서 중국 공산당이 타이완을 장악해 내전 승리를 완성하는 것을 저지했다.[44]

이후 타이완은 동아시아에서 중국대륙과 미일동맹 사이의 긴장이라는 대분단체제의 접점이었던 동시에 그 대분단체제 안에서 중국의 민족적 분열이라는 소분단체제의 하나를 구성하게 된다. 중국-타이완 관계는 동아시아 대분단체제의 직접적인 바로미터가 되었다.

그렇게 20년의 세월이 흐른 후인 1972년 헨리 키신저와 리처드 닉슨의 중국 방문에 이어, 미국은 1979년 중국과 외교관계를 정상화했다. 동시에 중국의 유일 합법정부로서의 타이완에 대한 외교승인을 취소했다. 1970년대 말에서 1980년대 중엽에 이르는 신냉전의 시대에 중국과 미국은 전략적 동반자 관계를 맺었다. 이로써 한동안 동아시아 대분단체제의 중심적인 위치에서 타이완은 사라져가는 것처럼 보였다.

쟁을 간략하면서도 정확하게 정리한 것은 1995년 토마스 크리스텐슨의 글이라고 워렌 코언은 말한다. 크리스텐슨은 이 글에서 "미중 사이에 우호관계의 기회는 없었지만, 평화적 관계(peaceful relations)를 정립할 수 있는 기회는 있었다"고 요약했다. Thomas J. Christensen, "A 'Lost Chance' for What? Rethinking the Origins of the U.S.-PRC Confrontation," *Journal of American-East Asian Relations*, 4(Fall 1995). 이상의 논의를 다룬 필자의 논문은, 이삼성, 「동아시아와 냉전의 기원: 전략과 정체성」, '2005 한국정치학회 연례학술회의,' 외교안보연구원, 2005.11.30일, 『자료집』.

44 Ezra F. vogel, "Introduction: How Can the United States and China Pursue Common Interests and Manage Differences?" in Ezra F. Vogel(ed.), *Living with China: U.S.-China Relations in the Twenty-first Century*, New York: W.W. Norton, 1997, p.36.

(4) 탈냉전시대 동아시아 대분단체제와 타이완

탈냉전과 함께 타이완해협은 동아시아 대분단체제의 내적 긴장을 표상하는 자로서의 지위를 오히려 새롭게 확인한다. 첫째, 정치적·이념적 분단선이 새롭게 확인되기에 이른다. 1987년 타이완에서는 민주화과정이 시작되었다. 이와 달리 1989년 베이징의 톈안먼사태는 중국 정치질서의 반자유주의적 속성을 재확인해주었다. 과거 냉전체제하에는 서방의 인식에서 정치적인 도덕적 우열을 가릴 수 없었던 중국과 타이완 사이에 새로운 도덕적 우열의 관념이 정립된다.

둘째, 유럽에서 탈냉전은 이미 약해져 있던 동구권 공산주의 체제의 완전한 해체를 의미했다. 그것은 범유럽 통합의 기초가 되었다. 그러나 공산권 해체가 동아시아에 던진 충격은 중국 내부의 민족적 분열의 균형에서 중국 공산당 정권의 국제적 위상을 약화시킨 것이었다. 반면에 타이완의 위상은 오히려 강화되었다. 후란시스 후쿠야마가 민주적 자본주의의 승리를 의미하는 역사의 종언을 운위했을 때, 타이완은 승자의 진영에 속하는 것처럼 보였다. 반면에 중국은 정치적으로 실패한 과거를 청산하지 못한 채 경제적 고립을 탈피하기 위해 허우적거리는 거인에 다름 아니었다.

셋째, 미국에서 과거 소련을 대신해 미국의 패권적 위상에 도전할 잠재력을 가진 제일의 적으로 중국을 거론하는 중국 위협론이 등장했다. 이와 함께 타이완은 중국 견제와 미국의 동아시아 해상패권의 보루로서의 위상을 새롭게 획득했다.

2003년 10월 미국 신보수파 싱크 탱크로 통하는 헤리티지재단에서 동아시아질서에 관한 주목할 만한 강연이 있었다. 펜실베니아대학 교수인 아서 월드론은 그 강연에서 '아시아 안보질서에서 중요한 변동'이라는 주제로 연설했다.[45] 월드론은 아시아 안보질서에서

---

45 Arthur Waldron, "Important Shifts Coming in Asian Security," Heritage Lecture #807, The Heritage Foundation (www.heritage.org/Research/AsiaandthePacific/HL807.cfm).

1990년대 이후 진행되어온 주목할 변동 세 가지를 지적했다. 첫째가 타이완이 국제 사회의 정식 구성원으로 받아들여지고 있다는 사실 (growing acceptance of Taiwan)이었다. 둘째는 중국의 군비증강이었고, 셋째는 일본의 중요성에 대한 재확인이었다.

그가 첫 번째로 언급한 타이완에 대한 국제 사회의 승인이란, 1972년 중미 간의 상하이공동선언에서 천명한 "하나의 중국" 원칙은 타이완을 중국의 지방 정권으로 정의했지만, 이제 그것은 더 이상 사실이 아니라는 것이었다. 타이완은 이제 사실상 독립된 국가, 즉 정상국가라는 뜻이었다. 월드론이 그렇게 표현한 것은 아니지만 필자가 이해한 그의 논지는 그러했다. 이처럼 타이완이 정상국가로 승인되고 있는 이유로 월드론은 두 가지를 들었다. 하나는 타이완의 민주화다. 그러나 정말 중요한 것은 다른 것이었다. 월드론의 말대로 "덕(德)은 가시적인 보상을 불러오지는 않기 때문"이다. 타이완의 민주화가 국제 사회에서 타이완의 위상에 정말 중대한 변화를 초래하지는 않았다는 것이 월드론의 평가였다. 타이완의 국제적 위상을 정말로 높여준 것은 1990년대 이후 동아시아 안보구조에서 타이완이 갖는 결정적 중요성에 대한 재인식이었다. 누구에게 그런 의미가 있는가. 물론 미국에 대한 중요성에서 그렇다는 것이다. 여기서 월드론은 타이완이 미국 안보에 대한 중요성에서 아마도 상위 5위 안에 들 것이며, 상위 10위 안에는 확실하게 든다고 주장했다. 그리고 일본에게도 타이완은 안보중요도 순위가 3위 내지는 4위 안에 들 것이라고 보았다.

월드론이 주목하고 있는 것처럼, 1990년대 이후 타이완이 미국에게 갖는 의미가 새로이 중요해졌다는 사실을 충분히 이해하기 위해서는 1970년대에 미국이 타이완을 일정하게 포기하는 것처럼 보인 시대 미국의 그 선택 배경을 이해할 필요가 있다. 만일 그런 선택의 배경이 되는 조건이 1990년대 들어 근본적으로 변화했다면, 타이완은 미래에 미국이 더 이상 포기하지도 않을 것이며 또한 그렇게 할 수도 없는 중요성을 다시 획득하는 것을 뜻하기 때문이다. 1972년 닉슨 행정부가 중국과 상하이공동성명을 통해 중국이 요구하는 "하나의 중국" 노선을 인정한 것은 소련과 갈등하고 있는 중국을 활용해서 소련을 견제한다는 목표와 함께 베트남전쟁을 명예롭게 매듭지으려는 미국을 위해 중국이 베트남에 압력을 행사해주기를 원했기 때문이었다. 공동성명에서 양국이 그렇게 제휴 조건에 합의한 것이지만, 미중관계가 실제 정상화되기까지는 또 다른 계기가 필요했다. 1979년 그 계기가 왔다. 베트남은 미국이 전쟁기간에 베트남 캄란만에 건설한 해군기지를 소련에게 제공했고, 또한 캄보디아를 침공했다. 인도차이나에 대한 소련의 군사적 영향력이 급증하고 있었다. 이러한 상황에서 미국은 중국과 전략적 제휴 필요성이 더욱 커졌다. 그것이 1979년 미중관계 정상화의 결정적 배경이었다. 중국을 전략적 동반자로 삼는 것은 미국에게 매우 중요해보였다. 이를 위해 타이완과의 정식 외교관계 단절을 포함해 타이완의 지위를 격하시키는 것은 불가피하게 감수할 희생으로 미국은 판단했다.

그런데 1990년대의 미국에게는 중국과 제휴하여 견제해야 할 소련방은 더 이상 존재하지 않았다. 미국이 일차적으로 견제해야 할 잠재적 목표는 이제 다시 중국이었다. 중국과의 제휴를 위해 타이완의 지위를 희생시킬 이유가 없었다. 뿐만 아니라 중국을 견제한다는 미국의 21세기 전략적 목표에서 타이완에 대한 미국의 기득권을 지키는 것은 더 결정적인 중요성을 갖게 되었다.

타이완이 1990년대에 들어 타이완 독립론을 펼치기 시작한 것은 그처럼 새롭게 강화된 이데올로기적 정당성과 지정학적 중요성 부활을 배경으로 한 것이었다. 그것은 예상대로 중국의 군사적 대응을 불러일으켰다. 미국 역시 군사적 대응에 나섰다. 1995-96년 타이완 해협 미사일 위기가 그것이었다. 이 사태는 결국 중국위협론을 더욱 강화시키는 악순환을 불러일으켰다.

타이완 독립론의 부상은 미국의 동아시아 전략 전반에서 중국 견제라는 목표를 위해서 일본과 동맹을 강화하고 타이완을 확고하게 미국 패권체제에 묶어두겠다는 전략을 보다 분명히 하고 있었던 사실을 떠나서는 이해할 수 없다. 클린턴 행정부는 그전까지는 타이완 지도자의 미국 방문을 허용하지 않을 것이라고 밝혔었다. 그러나 1995년 5월 22일 미국 백악관은 다른 누구도 아닌, 애당초 타이완의 독립론을 이끌었던 이등휘 총통에게 미국 방문 비자를 발급해준다. 타이완의 최고지도자에게 미국 입국을 허용하는 결정은 25년에 걸친 미국 외교관행을 뒤집은 것이었다.[46]

이등휘의 중국 방문에 대한 반응으로 중국은 타이완 근해에서 그해 12월 군사훈련과 함께 미사일 발사를 강행했다. 미국은 또한 이에 대응해 17년만에 처음으로 같은 달 항공모함을 타이완해협에 파견했다. 1996년 3월 중국은 더 많은 미사일을 타이완 근해에 발사했고, 미국 또한 두 척의 항모를 파견해 무력을 과시했다.

이처럼 중국대륙과 미일동맹 사이에 놓인 동아시아 대분단선의 한가운데서 타이완이 중미 간 폭력적인 갈등의 현장으로 발전할 가능성은 무엇이며 어떤 조건에서일 것인가. 이 문제는 1995년 이래 미국 안보전문가들 사이에서 뜨거운 논쟁의 대상이 되었다.

마이클 오한론은 타이완을 둘러싼 전쟁은 여러 가지 형태로 올 수 있다고 말한다. 최악의 가능성은 중국이 타이완을 침공하는 것이다. 1999년 미 국방부의 한 보고서는 중국의 타이완 침공 작전은 제3자의 개입을 불가능하게 하면서 성공할 가능성이 높다고 평가했다.[47] 중국 자신이 타이완 침공의 성공가능성을 어떻게 보고 있는지는 불분명하지만, 데이비드 샘버그의 분석에 기초해 중국 군부의 시각을

---

46 Robert S. Ross, "The 1995-96 Taiwan Strait Confrontation: Coercion, Credibility, and the Use of Force," *International Security*, Vol.25, No.2 (Fall 2000), p.87.

47 Michael O'Hanlon, "Why China Cannot Conquer Taiwan," *International Security*, Vol.25, No.2 (Fall 2000), p.52.

우려할 만한 것으로 오한론은 평가했다.[48] 2000년 3월 타이완 총통 선거를 앞두고, 중국은 타이완을 공격하지 못할 것이라고 생각하는 사람들을 향해 중국 총리 주룽지(朱鎔基)는 이렇게 말했다. "그런 계산을 하는 사람들은 중국의 역사를 모르기 때문이다. 중국 인민은 조국의 주권과 영토적 존엄성을 지키기 위해 피를 뿌리고 생명을 희생할 각오가 되어있다." 오한론은 그 말을 주목했다. 또한 타이완의 많은 안보기획가가 미국의 지원이 없으면 중국의 공격을 무한정 견뎌내기 어려울 것이라고 믿고 있다는 점도 지적한다.

오한론의 판단은 달랐다. 미국의 전투 병력이 개입하지 않더라도 중국은 타이완을 정복할 수 없다고 그는 주장했다. 또한 적어도 2010년까지는 중국이 타이완을 침공하지 않을 것이라고 보았다. 따라서 미국은 전략적 모호성 정책을 버릴 필요가 없다는 것이었다. 미국이 어떤 정책을 내세우든 중국은 침공 시나리오의 군사적인 비현실성 때문에 어차피 침공하지 않을 것이므로, 미국이 전략적 모호성 정책을 버려서 미중관계를 악화시킬 필요가 없다는 논리였다. 미국이 전략적 모호성 정책을 버린다는 것은 전략적 명료성 정책(policy of strategic clarity)을 채택하는 것을 의미하고, 그것은 곧 타이완에 대한 명백한 안보공약을 제공하는 것을 말한다. 이것이야말로 타이완이 독립을 강행하도록 부추김으로써 실질적인 위기를 조장할 위험성을 안고 있다는 것이 오한론의 주장이다.[49]

---

48 David Shambaugh, "China's Military Views the World: Ambivalent Security," *International Security*, Vol.24, No.3(Winter 1999/2000), pp.64-65. Quoted in O'Hanlon, p.53.

49 O'Hanlon, 2000, p.53. 이 문제는 타이완에 대한 미국의 무기판매 정책과도 직결되는 것으로 오한론은 파악한다. 미국의 타이완에 대한 무기판매는 타이완의 군사적 필요와 함께 무기판매의 전략적 충격을 동시에 고려해 신중하게 다뤄야 한다고 본다. 타이완의 중국에 대한 대잠수함전 능력(antisubmarine warfare capabilities)을 향상시키는 것이 최우선이라고 본다. 공군기지와 지휘통제센터와 관련 인프라를 지원하는 것 역시 필요하다고 본다. 그러나 미사일방어망 제공은 신중해야 한다고 오한론은 말한다. 미사일방어와 관련되어 있는

중국의 타이완 침공이 성공할 수 없는 근거를 대기 위해 오한론은 우선 상륙공격(amphibious assault)이 성공하기 위한 세 가지 조건을 거론한다. 첫째, 공격 측이 우월한 공군력을 갖고 있어야 한다. 둘째, 공격 측은 상륙지점에서 군 병력과 화력에서 방어 측을 능가할 수 있는 적절한 지점을 골라 그곳에 군대를 기습적으로 상륙시킬 수 있어야 한다. 셋째, 일단 상륙한 후에는 방어측이 병력과 장비를 그 지점으로 동원하기 전에 그보다 먼저 자신의 거점과 지원 병력을 강화할 수 있어야 한다. 제2차 대전과 한국전쟁에서 성공한 상륙작전들의 경우 모두 이와 같은 세 가지 조건들을 갖추었기에 가능했다고 오한론은 말한다.[50]

중국에게 유리한 시나리오는 중국이 미사일과 공군력과 특수부대로 대규모 기습공격을 감행하고, 이어서 공수부대와 상륙작전을 신속하게 전개하는 경우다. 그럼 중국의 선제공격은 일단 성공할 수 있다. 그렇더라도 타이완은 대규모 지상군뿐 아니라 상당한 정도의 공군작전을 유지할 수 있으며 매우 효과적인 방공포, 지대공미사일, 해안방어포, 대함정 미사일(antiship missiles) 능력을 여전히 보유할 것이다. 타이완은 중국이 타이완에 군사력을 강화하는 속도보다 더 빠르게 방어태세를 강화할 수 있다. 이 상황에서 중국은 자신의 공격을 효과적으로 지속하는 데 필요한 군사기술과 군사능력을 갖고 있지 않다는 것이다.

중국은 자신이 가진 전략수송능력, 공군전투력, 그리고 해군의 태반을 상실하게 될 것이다. 타이완 침공에 성공하지 못하면 중국은 정권 자체가 붕괴하는 사태를 맞이할 수 있다. 하지만 타이완 역시도 중국에 의한 해상봉쇄와 미사일공격으로 심각한 피해를 볼 수 밖에

이지스급 구축함을 타이완에 파는 것은 현시점에서 피해야 한다는 것이다. 타이완의 미사일방어능력을 향상시키는 데에는 그보다 덜 민감하고 더 경제적인 방식을 찾아야 한다는 것이었다. O'Hanlon, 2000, p.54.

50 O'Hanlon, 2000, pp.54-56.

없다. 중국이 현대적인 잠수함 전력을 활용해 제한된 해상봉쇄작전을 하더라도 타이완 경제는 심각한 타격을 받게 된다. 미국의 군사개입 없이는 해상봉쇄를 풀 수 없다. 결국 중국과 타이완 모두 자제해야 한다. 그러기 위해서는 미국이 타이완에 대한 명시적인 안보공약을 제시하지 않고 전략적 모호성 정책을 유지해야 한다. 이것이 오한론의 주장이었다.[51]

오한론의 분석을 존중한다면, 중국은 타이완을 침공할 능력을 갖고 있지 않으며, 타이완 침공은 타이완뿐 아니라 중국 정권 자신에게도 치명적인 정치적·군사적 결과를 초래할 수 있다. 그렇다고 해서 타이완을 둘러싼 군사적 충돌의 가능성이 없다는 것을 뜻하는 것은 아니다. 타이완 독립문제에 대해서 그리고 타이완에 대한 무기판매 정책에 대해서 미국의 정책적 판단과 행동이 신중하지 못할 때, 중국의 공격적 정책 선택의 가능성은 배제되지 않는다는 것 또한 그의 분석은 드러내고 있다. 특히 오한론은 미 의회 공화당 세력의 타이완 문제 인식과 접근방식에 우려를 나타냈다. 2000년 2월 미 하원이 공화당 주도하에 「타이완 안보향상법」(Taiwan Security Enhancement Act)을 통과시킨 일을 그 대표적인 사례로 지적한다.[52]

미국 정부가 타이완의 독립지향 외교와 미 의회의 압력으로 타이완해협 문제에 대한 전략적 모호성 정책을 폐기하면 타이완 독립론은 더욱 고무될 것이다. 타이완해협을 둘러싼 군사적 긴장과 갈등은 더 커질 수 있다. 이 위험성은 다른 연구자들도 지적한다. 로버트 로스는 1995-96년 타이완해협 위기의 근본원인을 독립을 지향하는 타이완 로비를 반영한 미 의회의 압력에 미 행정부가 굴복한 데에서 찾았다. 타이완이 현상 변화를 시도하는 수정주의를 추구하고 그것이 의회를 매개로 미국 정책에 영향을 미치고 있는 것이 미-중-타이완

---

51   O'Hanlon, 2000, pp.82-84.
52   O'Hanlon, 2000, p.84.

관계 불안정의 근본요인이라고 로스는 짚었다. 1995년 이등휘의 방미를 허용한 것은 위기촉발의 직접적인 계기였다. 하지만 그 이전 부시 행정부 때인 1992년 F-16 판매, 그리고 1994년 클린턴 행정부하에서 타이완정책 재검토 등을 통해 전략적 모호성 정책은 이미 흔들리는 추세를 보였다.[53] 중국은 이러한 정책추이를 심각하게 받아들였다.

오한론과 로스는 중국이 먼저 나서서 타이완을 침공할 가능성은 적지만, 타이완의 수정주의와 미국의 정책 향방에 따라 타이완해협에 군사충돌의 위기가 재연될 가능성을 배제할 수 없다고 본다. 한편 상당수 학자들은 또 다른 측면에서 타이완해협 위기 가능성을 예상한다. 오한론이나 로스가 평가하는 것보다 더 용이하게 중국은 타이완에 군사적 위협을 가할 수 있다고 본다. 마이클 글로스니는 중국이 타이완을 정복하는 데 충분한 군사능력이 없다고 하더라도, 타이완에 충분한 피해를 강제함으로써 항복을 유도하는 전략을 구사할 수 있음을 주목한다.[54] 최근 중국군 장교들이 펴낸 많은 책은 잠수함을 이용한 해상봉쇄를 중요하게 다루고 있다. 군사력 현대화 계획의 상당 부분이 선진적인 잠수함 획득과 훈련에 집중되어 있다. 아울러 중국은 추가적인 권력투사전력을 개발하지 않고도 현재의 군사력만으로도 타이완을 비교적 쉽게 해상봉쇄할 수 있다고 글로스니는 주장한다. 미국 정부의 평가에서도 잠수함을 이용한 해상봉쇄가 타이완 안보에 실질적 위협이 된다는 점 역시 주목한다.[55]

---

53 Ross, 2000, pp.122-123.

54 Michael A. Glosny, "Strangulation from the Sea?: A PRC Submarine Blockade of Taiwan," *International Security*, Vol.28, No.4(Spring 2004), pp.125-160,

55 U.S. Department of Defense, *2003 Annual Report on the Military Power of the People's Republic of China*; U.S. Department of Defense, "The Security Situation in the Taiwan Strait," February 1999, esp. pp.14-16; Chris Cockel, "Peace in Taiwan Strait Not a Given, Says U.S. Official," *China Post*, April 5, 2002. Quoted in Glosny, p.127.

중국 해군이 비교적 대규모의 잠수함 함대를 보유하고 있는 점, 지리적 근접성, 그리고 음향탐지될 위험성 면에서 중국 잠수함작전에 유리한 해상환경 때문에 중국 해군은 타이완에 비교적 용이하게 피해를 입힐 수 있다. 미국이 타이완 방어를 위해 개입한다고 하더라도, 중국이 타이완에 피해를 입히는 것을 막지는 못한다. 다만 타이완에 대한 미국의 군사적·경제적 지원은 타이완이 중국의 압박에 굴하지 않고 굳건히 버티게 하는데 중요한 역할을 할 수는 있다. 그러나 타이완이 중국의 공격으로부터 안전하다는 인식이 확산되는 것 자체가 위험하다고 글로스니는 결론짓는다. 실제 타이완은 중국의 해상봉쇄에 취약하며, 이를 간과하고 타이완은 안전하다는 인식이 확산될수록 독립지향적 행동을 강화할 것이다. 중국은 무력행사 이외에 다른 대안이 없다고 판단하게 된다. 타이완은 안전하다는 인식이 확산되면 전쟁의 가능성이 높아지는 역설이 성립하는 것이다. 그럴수록 전쟁이 실제 일어났을 때 그런 상황에 심리적 준비가 되어 있지 않은 타이완인들의 정치적 의지와 사기는 더 쉽게 붕괴할 것이며, 타이완이 중국에 항복할 가능성은 더 높아진다고 글로스니는 주장한다.[56]

이같은 미국 내 연구분석들에 따르면, 타이완해협에 군사적 긴장과 폭력적 갈등이 발생할 가능성은 두 가지 근거에서 존재한다고 말할 수 있다. 첫째, 글로스니 또는 골드스타인 및 머레이 등의 분석이 보여주듯, 중국은 타이완에 대해 해상봉쇄 등을 통해 쉽게 타이완과 심지

---

56 Glosny, 2004, pp.159-160. 일단의 학자들은 오한론이나 글로스니가 평가한 것보다 중국 해군의 잠수함 전력을 높게 평가하고 이를 과소평가하지 말 것을 주문한다. Lyle Goldstein and William Murray, "Undersea Dragons: China's Maturing Submarine Force," *International Security*, Vol.28, No.4(Spring 2004), pp.161-196. 마이클 오한론과 골드스타인 및 머레이 사이의 뒤이은 논쟁은, Michael O'Hanlon, Lyle Goldstein and William Murray, "Correspondence: Damn the Torpedoes: Debating Possible U.S. Navy Losses in a Taiwan Scenario," *International Security*, Vol.29, No.2(Fall 2004), pp.202-206.

어 미 해군에까지 타격을 줄 수 있는 해군력을 확보하고 있다. 따라서 중국은 미국의 개입을 두려워하지 않고 타이완 독립을 저지하기 위해 필요하다고 판단할 때, 군사행동을 감행할 것이다. 이 경우 미국의 군사개입은 거의 확실한 것으로 점쳐진다.

둘째, 오한론과 로버트 로스 등의 분석을 따르면, 중국이 타이완을 공격해서 정복할 만한 군사능력을 갖고 있지는 못하다. 그러나 그것이 곧 타이완해협에서 전쟁이 벌어질 가능성이 없다는 것을 뜻하지 않는다. 오히려 그 반대다. 타이완문제에 대한 중국의 주권적 입장과 그를 지키기 위한 중국의 군사행동 불사의 가능성을 간과하고 타이완이 독립지향 외교를 강화하고 미국이 이에 부응해 전략적 모호성 정책을 버릴 경우, 타이완은 더욱 독립을 지향하는 가운데 중국의 군사행동을 촉발할 가능성이 높아진다. 이 경우 역시 미중간의 군사적 충돌은 불가피할 것으로 예측된다.

결국 타이완에 대한 미국의 정책이 타이완과 동아시아에서 미중 양국 사이 군사충돌 가능성을 좌우하는 결정적 요인이다. 그러면 2000년대 들어 미국의 타이완정책의 방향은 어떤 것인가. 전체적으로 본다면, 부시 행정부는 타이완에 대한 전략적 모호성 정책을 과거에 비해 더욱 훼손해왔다.

우선 법제적인 면에서도 미국의 타이완정책은 전략적 모호성에서 전략적 명확성으로 이동했다. 그 분수령이라 할만한 것이 2000년 2월 미 하원이 공화당의 주도하에 「타이완 안보향상법」을 통과시킨 일이다. 이 법은 미국과 타이완 군부 사이의 관계를 공식화하고 타이완이 요구하는 무기는 무엇이든 미국 정부가 긍정적으로 검토하도록 했다. 이 법안은 클린턴 행정부가 상원을 설득해 상원에 상정되는 것은 막았다. 중국의 적대적 대응을 촉발할 위험성을 고려했기 때문이다. 그러나 이 법안이 하원을 압도적인 표차로 통과한 사실 자체가 미국 정치권의 전체적인 방향성을 가리킨 점에서 주목해야 할 사태였다.

사실 그 훨씬 이전인 1979년 미국은 중국과 외교관계를 정상화하는 다른 한편으로 「타이완관계법」을 제정했다. 이로써 타이완의 명목상 주권은 중국에게 인정해주면서도 타이완은 실질적으로 미국의 영향권에 속한다는 것을 분명히 했다. 이 법은 서두에서 "서태평양에서 평화, 안보, 안정의 유지를 돕기 위해 필요하다"고 그 존재이유를 밝혔다. 미국이 중화인민공화국과 외교관계를 확립하기로 결정한 것은 타이완의 미래가 평화적인 수단에 의해서 결정되도록 하는 것을 전제한다는 점을 명확히 하기 위해 또한 필요하다고 했다. 타이완의 미래를 평화적 수단 이외의 방법—보이콧이나 무역봉쇄(embargo)를 포함한—으로 결정하려는 어떤 노력도 서태평양 지역의 평화와 안보에 대한 위협으로, 그리고 미국에게 중대한 우려를 제기하는 것으로 간주한다는 것이었다. 이를 뒷받침하기 위해 미국은 타이완에게 '방어적 성격의 무기'를 공급하며, 또한 "타이완의 안보나 사회경제체제를 위협하는 무력이나 어떤 다른 형태의 강제적 수단을 동원하는 것을 미국이 저지할 능력을 유지하는 것이 미국의 정책"이라고 이 법은 못박고 있다.[57] 이 법에 따라 대사관을 대신하는 역할을 하는 미국타이완센터(The American Institute of Taiwan)가 또한 설치되었다.

21세기에 진입한 오늘의 시점에서 미국은 「타이완관계법」에서 명시적으로 허용하고 있는 타이완 관련 군사적 조치들을 강화하는 방향으로 움직여왔다. 그 대표적인 것이 미국 「공법 106-113호」(Public Law 106-113)이다. 이 법은 2000년 클린턴 행정부 말기에 통과된 것으로, 미 국방부가 미국 태평양사령부와 합동으로 국방부 부장관을 통해 다음 두 가지 사항을 검토해 의회에 보고하도록 한 것이다. 첫째, 미국 태평양사령부를 포함해 미 국방부가 1979년 「타이완관

---

57 "Taiwan Relations Act: Public Law 96-8, 96th Congress"(usinfo.state.gov/regional/ea/uschina).

계법」시행 이후 그 법안의 관련조항 집행을 위해 수립한 작전계획과 다른 준비태세들을 검토하도록 했다. 둘째, 타이완과 중화인민공화국 사이의 현재 및 미래의 군사력 균형에 영향을 미칠 수 있는 중국의 능력과 의도에 대한 관련 지식에 존재하는 모든 갭을 평가해 보고하도록 했다. 이 법안에 따라 작성된 보고서는 타이완의 정당한 안보상 필요들을 충족시키기 위한 방위상품과 용역들을 미국이 얼마나 제공했는지, 그리고 타이완에 대한 무력 사용에 대처할 능력을 미국이 얼마나 갖추고 있는지, 그리고 타이완해협의 안보상황을 평가하는 데 관련된 모든 도전적 요소에 대한 평가를 다루고 있다.[58] 이에 따라 미 국방부는 2000년 12월 19일「타이완관계법 집행에 관한 국방부 보고서」를 작성해 보고한 바 있다.[59]

로버트 스칼라피노를 비롯한 많은 중국전문가는 타이완에 대한 미국의 정책을 "의식적 모호성"(conscious ambiguity)으로 표현하고 있다.[60] 그러나 냉전시대에 소련에 대한 견제를 강화하기 위한 이이제이(以夷制夷)의 전략에 따라 타이완에 대한 중국의 명목적 주권을 인정하면서도, 바로 그 순간부터 미국은 타이완에 대한 미국의 군사 정치경제적 패권 고수라는 목표를 버린 일은 없었다. 과거에 존재했던 외관상의 모호성은 21세기에 들어서면서 아예 사라져가고 있다.

(5) 타이완에 대한 중국의 군사전략과 미국의 대응, 그 함의

미국 군사전문가들은 타이완에 대한 중국의 군사공격은 베이징 정부의 시각에서도 고도의 위험성을 안은 도박이지만, 인민해방군

---

58 "Pentagon Report on Implementation of Taiwan Relations Act," December 19, 2000. United States Embassy, Tokyo, Japan.

59 United States Embassy, Tokyo, Japan, "Pentagon Report on Implementation of Taiwan Relations Act," December 19, 2000.

60 타이완관계법 시행 20년을 평가하기 위한 한 학술회의에서 로버트 스칼라피노가 사용한 표현. "The Taiwan Relations Act: A Test of American Resolve (1979-1999)," Double Tree Hotel, Pasadena, CA, April 12, 1999.

타이베이 근교의 바다와 도시. ⓒ이삼성, 2011

(PLA)의 첨단 군사능력이 증대하면서 미국과 타이완이 직면하고 있는 위험 역시 마찬가지로 증가하고 있다고 보고 있다.[61] 미국 군사전문가들은 특히 최근 중국의 군사전략 개념이 타이완과 같은 지역에서의 국지적 비상사태에 초점을 맞추어 변화하고 있는 데 주목한다. 오늘날 중국은 더 이상 중국에 대한 핵공격이나 대규모 침략을 일차적인 안보위협으로 보지 않는다. 그 대신 새로운 전략이 자리 잡고 있다. 중국의 새로운 군사전략은 타이완해협과 같은 중국 주변부 지역에 대해 "제한적인 공격적 권력투사"(limited offensive power projection)를 강조하는 이른바 "첨단기술 조건에서의 제한전쟁"(limited war under high-tech conditions) 독트린으로 불린다.[62]

이 독트린의 두 가지 핵심은 정치적 목표를 군사적 목표에 우선하면서, 전쟁 발생시 분쟁 종결을 촉구하는 국제적 압력이 본격화하기

61 Andrew R. Hoehn, Adam Grisson, David A. Ochmanek, David A. Shlapak, Alan J. Vick, *A New Division of Labor: Meeting America's Security Challenges Beyond Iraq*, Rand Corporation, Prepared for the United States Air Force, 2007, p.24.
62 Hoehn et al., 2007, p.22.

전에 군사적 목표를 신속하게 달성한다는 것이다. 이것은 타이완해협에 대해 중국이 군사행동을 감행할 경우에 예상되는 미국 군사개입의 위협을 차단하는 데 초점이 맞추어져 있다. 미국이 군사행동의 방향을 결정하고 필요한 군사력을 동원하고 배치하는 데 걸리는 시간을 최대한 활용한다는 전략이다. 미국이 실질적인 군사력을 동원하기 전에 먼저 신속하게 타이완을 항복시켜 이를 기정사실화함으로써 이 새로운 현상태를 미국이 돌이키기 위해 치러야 할 비용을 감당하기 어렵게 만드는 것이 중국이 생각하는 이상적인 사태전개다.[63] 타이완을 방어하기 위해 달려올 미군에 대처하기 위해 중국은 미국 국방전문가들이 "접근저지 능력"(anti-access capabilities)이라고 부르는 무기체계를 개발하고 배치하는 데 집중해왔다. 공격적인 정보작전, 대우주용 무기들(위성파괴 무기 등), 첨단 전투기 및 대공방어체제, 그리고 멀리에 있는 미국의 공군기지와 항만 및 해군력을 타격할 수 있는 장거리 타격체계 등이 중국이 집중해온 전력향상 사업이다. 인민해방군의 목표는 이제 더 이상 전통적으로 전형적인 군사적 대결에서의 승리가 아니라, 타이완을 항복시키는 데 충분한 시간 동안 미국 군사력의 접근을 차단하는 것이다. 그 시간은 불과 며칠이거나 길어도 1–2주일을 넘지 않는다.[64]

미국 군사전문가들의 분석에서 그처럼 중국이 타이완을 항복시키는 데 필요한 예상시간이 단축되어감에 따라, 미국이 타이완 방어에 본격 나서는 데 시간과 거리의 문제가 더 첨예한 관심사로 떠오르고 있다. 오키나와의 카데나 공군기지는 타이완에서 450해리[65]이며, 괌은 1,300해리가 떨어져 있다. 또 하와이 호놀룰루는 4,200해리가 넘는다. 괌의 미 공군기지에서 전투기가 타이완을 왕복하는 데 6시간

---

63 Hoehn et al., 2007, pp.22–23.

64 Hoehn et al., 2007, p.23.

65 1해리(海里, nautical mile, nmi)의 국제단위는 1,852미터, 즉 약 2킬로미터. 450해리는 833.4킬로미터.

이 걸린다. 하와이 진주만에서 미 항공모함이 타이완에 도착하는 데는 1주일이 걸린다. 이 맥락에서 미국 안보전문가들은 동아시아 지역에 미국이 확보하고 있는 공군기지들이 부족하다는 것을 중요한 문제로 부각시키고 있다.[66]

한편 미국의 관점에서는, 타이완의 경우처럼, 잠재적인 중국의 군사행동을 격퇴하기 위해 동아시아에 권력을 투사하는 것이 미군이 재래식 분쟁에서 직면하게 될 가장 심각한 도전으로 인식되고 있다. 동아시아에서 중국을 억지하는 사명이 미국의 해공군 전력 현대화를 추동하는 일차적인 동기로 작용하고 있다는 것이 미 랜드연구소의 최근 평가이다.[67]

이런 맥락에서 미국의 군사전략은 미사일 공격을 무력화시키는 것과 함께 중국의 공습을 신속하게 격퇴하고, 중국 동해안 근역에 배치된 전투기와 장거리 지대공미사일(SAMs) 및 지휘통제체제로 구성된 중국의 통합된 방공체제(air defense systems)를 붕괴시키며, 타이완해협과 그 주변에서 활동하는 중국의 해군력을 요격하는 능력을 향상시키는 것을 중요 과제로 삼고 있다. 이러한 전략개념은 필연적으로 미국의 핵심 군사력이 중국의 선제공격으로부터의 취약성을 최소한으로 줄이는 방식으로 의미 있게 전진배치시킬 수 있는 전진기지들을 확보할 필요성을 높인다. 이것이 이 분야 미국 전문가들의 인식이다.[68]

이같은 미국의 전략적 인식에서라면, 타이완해협에서 미중 간 긴장이 높아갈수록 제주도가 한국뿐 아니라 미국에게 절실한 군사기지로 부각될 가능성은 더욱 높아진다고 보아야 한다.

---

66 Hoehn et al., 2007, p.24.
67 Hoehn et al., 2007, p.37.
68 Hoehn et al., 2007, p.38.

3) 동아시아 대분단체제와 한반도, 그리고 제주도

(1) 동아시아 제국주의 시대 한반도의 운명

한반도 역시 19세기 말 서양 제국주의가 중국을 반식민지화한 상태에서 부상한 일본 제국주의가 조선에서 청나라와 패권을 다투는 과정에서 고통스런 한 세기를 시작했다. 1894-95년에 19세기 내내 부패하고 무능했던 조선의 국가는 밑으로부터의 정치사회개혁을 요구하는, 동학을 사상적 바탕으로 한 전례 없이 강력한 민중 봉기에 직면했다. 조선의 지배층은 청나라 군대를 끌어들였고, 청나라 군대의 파병은 곧 일본의 파병을 의미했다. 1884년 갑신정변 후에 일본과 중국이 맺은 톈진조약에 의해 이미 예상된 결과였다. 조선은 곧 청일 간의 전쟁터로 변했고, 조선의 농촌에서 수만의 농민을 당시로서는 첨단의 무력과 조직력을 갖춘 일본 군대가 조선 관군의 도움을 받으며 대량학살을 자행했다.

조선이 일본 제국주의에 의해 본격적으로 식민지화되는 것은 1905년 러일전쟁 직후부터였다. 일본은 영국과 미국의 사실상의 동맹자적 지원을 받으며 동아시아로부터 러시아의 영향력을 몰아냈다. 20세기 전반부는 한반도에게는 일본 제국주의에 의한 식민지의 역사였다. 이른바 '종군위안부'를 비롯해 한국인에게는 기억하기 고통스러운 역사적 상처들이 생겨났다.

(2) 냉전과 한반도의 전쟁, 그리고 동아시아 대분단체제의 공고화

그 역사적 상처는 태평양전쟁에서 일본의 패망과 함께 사라지지 않았다. 식민주의 못지않은 고통과 상처가 한국인들의 운명에 뒤따랐다. 전후 미국과 소련에 의해 분할점령된 한반도는 미소 간 냉전이 발전하면서 분단이 굳어졌다. 그것은 곧 한국전쟁을 낳았다. 한국전쟁으로 미소 간 그리고 미중 간 냉전은 더욱 고착되었다. 이 과정에서 일본은 전후 유럽에서의 독일과 달리 과거 역사에 대한 반성을 확실하게 면제받기에 이른다. 천황제라는, 1945년 이전의 전범적 정치질서의 최상층의 구조가 존속을 허용받은 것에서 이미 표상되었듯이, 일본 지배층의 역사인식에 변화를 강제할 수 있는 국제적 요인은 더 이상 존재하지 않았다. 그것은 대륙과 일본 사이의 역사심리적 간극을 응결시켰다. 응결된 간극은 대륙봉쇄를 통한 동아시아의 분열에 기초하는 미국의 패권전략을 뒷받침해주었다. 역사에 대한 반성을 면제받은 일본과 미국 사이의 냉전 동맹의 정신적 기반이었다.

이렇게 전후의 한반도는 미소 간 냉전의 결과로 분단과 전쟁을 겪으면서 동족상잔과 함께 미중 간의 전쟁터로 변했다. 그 전쟁의 경험은 대륙과 일본 간의 역사적 상처 치유의 출발점일 수 있었을 일본의 역사에 대한 자기성찰의 기회를 완벽하게 제거했다. 그것은 이후 강화되는 미일동맹과 중국대륙 사이의 대분단체제를 심화시키는 이념적·역사적 계기로 작용했다. 그렇게 해서 강화되고 지속되는 대분단체제로 심화되는 고통의 한가운데에 또한 한반도 자신이 놓여 있었다.

(3) 전쟁 후 한반도 분단질서와 억압적 정치질서, 그리고 민주화

전후 동아시아 대분단체제로 인한 역사적 고통에는 전후 타이완의 운명에서 동일하게 발견되는 억압적 정치질서들이 있다. 중국대륙에서 사회주의적 권위주의가 인간성을 억압하고 타이완에서는 반공을 앞세운 우익 독재 정권이 미국의 엄호 밑에 존재했듯이, 한반도의 북쪽에는 공산주의를 내세운 극좌적인 권위주의가, 그리고 남한에서는 타이완에서와 마찬가지로 반공을 앞세우며 정치적 억압을 정당화하는 권위주의 정치질서가 인간을 억압하는 수십 년의 고통이 한국인들을 기다리고 있었다.

특히 개발독재의 전형을 보여준 박정희체제(1961-1979)는 개발독재의 종말이 어떻게 폭력적일 수 있는가를 보여주게 된다. 군사독재체제의 연장을 추구한 박정희 시대 이후의 한국 군부는 1980년

5월 광주에서 민중의 격렬한 저항에 부딪친다. 하지만 당시 한국인들은 박정희 개발독재의 공과에 대해 한편으로 비판하고 부정하면서도 다른 한편으로 그 경제적 업적에 대해 동의하고 지지하는 정신적 혼란 속에 있었다. 그것이 1980년 광주의 민주 항거를 처절한 패배로 귀결시킨다. 그러나 그 패배의 처참함, 그 폭력적 학살극에 관한 진실이 한국사회에 확산되면서 그 사태는 점차로 한국인들의 의식 변화를 촉구하게 된다. 한국인들은 마침내 군사독재를 총체적으로 부정하는 의식에 도달한다. 1987년 6·10항쟁은 1980년 광주의 비극적인 결말을 토대로 한국인들 전반에 형성되기에 이른 보편적이며 정서적인 정치적 합의, 즉 개발독재에 대한 총체적 부정 의식의 산물이었다.[69]

(4) 탈냉전 후 한반도와 동아시아 대분단체제

1980년대 후반 한국의 민주화는 전 세계적인 탈냉전 전개의 지원을 받으며 진행된다. 탈냉전은 또한 한반도의 분단체제에 변화를 가져왔다. 1991년 남북한 유엔 동시 가입, 그해 말 남북 간의 한반도 비핵화공동선언, 그리고 같은 시기 남북 간의 「남북기본합의서」 채택 등이 그것이었다. 한반도의 분단도 그리고 동아시아 대분단체제도 탈냉전의 햇볕 속에서 녹아버릴 것 같은 낙관주의가 등장했고, 미국의 조야에서는 주한미군의 점진적 철수가 거론되기에 이르렀다. 미국의 군사력이 주둔하는 한미관계의 비정상성도 조만간에 해소될 수 있을 것처럼 보였던 것이다. 그러나 그것은 한반도 분단사의 해소도 동아시아 대분단체제 해소의 시발점도 아니었다. 그것들의 새로

---

69 이삼성, 「광주를 통한 한국민주주의에의 유혈통로와 미국의 위치: 1979-80년 미국 대한정책의 치명적 비대칭성」, 한국정치학회 주최 학술회의, 서울 프레스센터, 1997년 5월. 이 논문은 다음 책에 실렸다. 5.18기념 기념재단 엮음, 『5.18 민중항쟁과 정치·역사·사회 2: 5.18 민중항쟁의 원인과 배경』, 도서출판 심미안, 2007, 559-640쪽. 특히 560-567쪽 참조.

운 단계를 의미할 뿐이었다.

1990년대 이후 오늘에 이르기까지 한반도와 동아시아 대분단체제의 연관성은 적어도 두 가지 차원에서 지적할 필요가 있다. 첫째, 공산권의 전반적인 붕괴로 고립이 깊어진 북한은 에너지난이 심화된다. 새로운 체제생존의 갈림길이라는 안보불안에도 시달리게 된다. 그 가운데서 북한이 서두른 핵시설들은 곧 미국으로부터 핵무기 개발이라는 의혹을 받기에 이르고, 미국의 주도하에 북한 핵문제는 국제적 문제로 부각된다. 미국이 주도하는 안보위협에 직면한 북한에게 중국은 유일하지만 강력한 후견인으로 행동한다. 북한의 핵무기 개발은 용인할 수 없으나, 미국이 무력을 통해 북한 핵문제를 해결하려는 시도에 대해서는 단호하게 반대하는 것이 중국의 시각이었다. 이 문제를 두고 미일동맹은 강화되고 중국대륙과 미일동맹 사이의 긴장은 재확인된다.

한편으로 중국은 미국 및 일본 등과 함께 북한 핵문제의 다자적 해결에 노력함으로써, 미일과 중국 사이에 다자적 협력이 진행된 것으로도 볼 수 있다. 그러나 그것은 다른 측면에서 보면 미일동맹과 중국 사이의 힘의 균형의 결과물이라고 말할 수 있다. 1995-96년의 타이완해협에서의 긴장 못지않게 북한 핵문제는 미국과 일본에게 중국의 실존하는 영향력과 그 잠재적인 위협적 함의를 일깨운 사태였다.

그런 의미에서 북한 핵문제는 동아시아의 소분단체제의 한 켠에서 발생한 사태가 동아시아 대분단체제를 재확인하고 그것을 유지시키는 역할을 하는 대표적인 계기라고 말할 수 있다. 북한 핵문제는 그 자체로서 미일동맹의 강화와, 일본의 역사 반성 없는 보통국가화 또는 정상국가화의 명분이 되었다. 그것은 또한 미일 간의 동아시아 미사일방어체제 구축의 명분으로 작용하면서 사실은 중국과 미일동맹 사이에 철의 장막을 건설하는 결과로 나아가고 있다. 또한 북한 핵문제의 전개과정에서 확인된 중국의 실재하는 힘은 미국과 일본 안에 중국 위협론을 부추기는 근거로 제시되어왔다. 이렇게 해서 탈냉전의 동아시아질서에서 타이완과 함께 한반도의 소분단체제는 대분단체제를 지속시키는 중요한 매개 역할을 담당하고 있다고 할 수 있다.

둘째, 1990년대에 들어 중국과의 동맹관계의 지속에도 불구하고 소연방과 동구권의 붕괴로 북한의 고립은 갈수록 심화되었다. 그 고립 속에서 북한의 경제난은 날로 악화되어 마침내 수십만 명의 아사자를 낳는 인도적 재난사태까지 발생했다. 이후 경제적인 면에서 뿐 아니라 군사적인 차원에서도 남북 간의 국력 격차는 심화된다. 북한의 핵문제는 한국과 주변국들에 불러일으켜온 불안에도 불구하고 더 이상 남한에게 근본적인 위협으로 간주되지 않기에 이른다. 1990년대 중반 이후 한국인들이 생각하는 한반도의 통일은 의식적·무의식적으로 당연히 남한에 의한 흡수통일일 수 밖에 없다는 인식이 굳어져간 것은 그 반영이다.

1990년대 초에 프랜시스 후쿠야마는 공산권의 붕괴와 함께 전개되고 있던 "세계적인 자유주의 혁명"(worldwide liberal revolution)을 목도하면서 역사상 모든 사회가 좌충우돌과 우여곡절을 겪으면서도 궁극적으로는 하나의 공통된 지향점을 갖고 전진해왔다는 헤겔풍(風)의 보편적 역사(Universal History)를 거론한다.[70] 자유주의와 그것의 경제적 표현인 "사유재산과 시장"에 기초한 자본주의 질서, 즉 민주적 자본주의라는 오늘날 서방이 주도하는 "우리의 현재의 질서보다 근본적으로 더 나은 미래를 상상할 수 없는 지점에 이르렀다면," "역사가 종말에 이르렀을 가능성을 고려하지 않으면 안 된

---

70 Francis Fukuyama, *The End of History and the Last Man*, New York: Avon Books, 1992. Esp., Chapter 4, "The Worldwide Liberal Revolution," pp.39-51. 이 책의 4장은 실제 "우리는 정신이 도약해 이전의 형상을 초월해 새로운 모습을 취하는 중요한 시대, 발효의 시대의 문 앞에 서 있다"고 선언하는 헤겔의 문장을 인용하면서 시작함으로써 '보편적 역사'론을 강하게 긍정한다(Fukuyama, 1992, p.39).

다"고 후쿠야마는 주장했다.[71] '역사의 종말'을 노래한 것이었다.

그로부터 얼마 후 한반도는 북한의 국제적 고립 속에서 전개된 식량난과 기아사태, 결국 북한의 국력의 실질적인 붕괴 현상을 목도했다. 한국 사회에서는 반세기에 걸친 남북 간 체제경쟁의 끝이 선언되고 있었다. 북한 핵문제와 함께 북한의 비대한 재래식 무장력과 잔존하는 "적화야욕"이 여전히 거론되었지만, 한국의 정치권력과 지식인들의 미래관은 이미 남북관계 중심의 틀을 벗어나고 있었다. 한반도에서는 한국판 역사의 종말론이 한국인들의 인식, 그래서 한국 정부의 안보전략의 논리에 변화를 가하기 시작했다. 한국의 정치권력이 부단히 추구할 군비증강에 북한의 적화야욕 운운은 도대체 도움이 될 수 없는 상황이 되었기 때문이다.

한국판 역사의 종말론은 한편으로 보면 한반도 분단체제의 해소에 대한 낙관주의를 내포하는 것이었다. 따라서 동아시아 대분단체제를 지속시키는 소분단체제의 궁극적 붕괴를 예견케 하는 것이기도 했다. 하지만, 다른 한편에서는 동아시아 대분단체제에 한반도가 참여하는 계기로 작용하는 측면도 있다는 것을 간과해서는 안 된다.

1990년대 초까지만 해도 한국의 안보인식과 전략은 거의 전적으로 남북 간의 문제로 한정되어 있었다. 한국 자신의 안보전략과 함께 한반도에 주둔한 미 군사력과 한미동맹의 기능 역시 전적으로 북한의 위협에 대한 대처용으로 사유되고 구상되었다. 그러나 북한 국력의 사실상의 붕괴와 한국의 경제력과 군사력의 강화는 이제 한국의 안보인식과 군사전략을 동아시아적인 것으로 확장시키는 근거로 작용하고 있다. 이것은 한미동맹과 주한미군의 역할이 한반도의 차원을 넘어 동아시아 전반의 지역적 차원의 것으로 전환되어 사유되기 시작한 것과도 일맥상통한다. 이것은 한국의 전략적 인식과 한미동맹이 한반도의 맥락을 넘어 동아시아 대분단체제의 한가운데에로

---

71 Fukuyama, 1992, p.51.

직접 나아가는 것을 의미한다.

탈냉전 시대에 들어 북한의 고립과 국력의 상대적 약화가 현저해지면서 한국의 안보전략은 한반도를 넘어 동아시아의 지정학으로 옮아가기 시작한다. 미국의 동아시아 전략이 미소 냉전체제로부터 이른바 동아시아 지역의 지역적 균형자론(regional balancer), 그리고 1990년대 중엽 이후 본격화된 미국의 동아시아 인식에서의 중국위협론의 부상과 궤를 같이한다. 이런 배경 속에서 한국의 안보전략은 동아시아 대분단체제의 한 구성요소였던 한반도 소분단체제의 관리라는 차원을 뛰어넘어 동아시아 대분단체제 그 자체에 직접적인 참여를 추구하는 방향으로 흐르고 있다. 미국이 한미동맹의 성격을 단순한 대북 억지의 차원을 넘어 동아시아 지역동맹의 수준으로 변환(transformation)하려 시도해온 것에 부응하는 흐름인 것 또한 놓칠수 없다.

한국 안보전략의 이러한 변화에는 동아시아 대분단체제 속에서 한반도의 국가들이 위치하는 이중적 성격에서도 기인하고 있다. 한국은 이 대분단체제에서 한미동맹을 통해서 미일동맹과 한편에 속해 있다. 그러나 과거 일본 제국주의의 첫 번째 희생자의 하나로서 한국은 북한과 함께 일본을 경계할 만한 역사적 기억을 갖고 있다. 한국은 냉전시대에 미국의 동아시아 지역 통합전략에 따라 일본과 관계정상화를 했다. 그러나 그러한 한일연대는 역사적 반성 없는 일본의 우파 정치권력과 한국의 독재권력 사이의 전략적인 공존에 불과했다. 마음으로부터의 화해를 내포하지 않았다. 그런 의미에서 한국은 동아시아 대분단체제에서 중간자(a middle-roader)의 위치에 있다.

탈냉전 이후 북한 핵문제와 중국 위협론을 근거로 일본이 여전히 역사에 대한 반성을 거부하는 가운데 정상국가화로 나아가고, 특히 2000년대 들어 독도에 대한 영유권 주장에 더욱 적극적이 됨으로써, 한국인들의 일본에 대한 경계심은 더 확장된다. 이것은 다시 미국의 부추김 속에서 한국의 국가권력이 동아시아적인 차원의 안보전략을 추구하는 정서적 기초로 작용하게 된다.

결국 이 동학에서 미국의 역할은 매우 시사적이다. 미국은 전후 내내 일본에 역사반성 없는 보통국가화를 촉구하고 그것을 국제적으로 엄호해온 배후의 장본인이다. 탈냉전 이래 더욱 본격화된 일본의 정상국가 지향은 한국 정부로 하여금 국민을 대상으로 일본에 대한 경계심을 음양으로 이용하면서 안보역할 광역화를 추구할 수 있는 명분을 제공할 수 있었다. 한국의 국가권력은 미국이 주도하는 군비증강의 대열에 참여함에 있어 대국민적 명분으로는 일본의 위협을 강조한다. 그러나 한미동맹의 맥락에서 볼 때, 한국 안보전략의 광역화는 근본적으로는 중국의 위협에 대한 미일동맹의 전략적 동맹역할의 광역화의 일환으로 귀결될 수 밖에 없다. 동아시아 대분단체제의 공고화와 항구화, 그 군사화에 기여하는 결과로 되는 것이다.

매우 역설적이지만, 동아시아 대분단체제 속에서 한국이 중국-북한 동맹과 미일동맹 사이에 처한 이중적 또는 중간자적 성격으로 인해, 한국을 자신의 충실한 동아시아 지역동맹의 하위 파트너로 이끌어내는 미국의 목표는 정확하게 달성된다. 한국이 동아시아 대분단체제에 미일동맹의 하위 구성원으로 새롭게 그리고 적극적으로 참여하게 되는 것은 어떤 의미에서 동아시아 대분단체제의 완성을 의미한다.

3. 제주도: 대분단체제와 한반도의 관계의 새 국면

한국 안보전략의 중대한 변화, 그리고 한반도와 동아시아 대분단체제 사이의 관계양식의 일정한 전환을 현실적으로 형상화하고 있는 것이 2007년에 들어 본격화되고 있는 제주도 군사기지화 문제이다.

1) 제주도와 일본 제국주의, 그리고 냉전

제주도는 일본 제국주의에 의한 한반도 강점기에서부터 혁명운동의 전통이 강한 것으로 알려져왔다.[72] 1932년의 유명한 해녀항쟁은 그 상징적인 사건이다.[73] 제주도는 일제 말기 하마터면 일본의 오키나와와 같은 비극적 운명을 맞이할 뻔했다. 미국이 오키나와를 점령하자 일본은 제주도를 일본 본토 사수를 위한 "대미(對美) 결전의 최후 보루"로 삼는다. 관동군을 비롯한 일본 정예군 7만 명을 이동 배치했다. 미군이 제주에 상륙할 경우 7만 대군이 최후까지 한라산을 중심으로 유격전을 벌이며 옥쇄한다는 것이 일제가 세운 작전계획이었다. 여기에는 당시 20만 명이던 제주도민을 산중으로 끌고 가 최후 결전의 소모품으로 사용하겠다는 내용도 들어 있었다.[74] 사실 그 이전에 일제는 이미 제주도를 요새화하기 위한 수백 개의 진지를 구축했고, 그 노동은 제주도 주민들의 몫이었다.

제주도 도처에 남아 있는 군사요새 시설들은 그 시절의 상흔들이다. 다행히 제주도는 일본이 8월 항복함에 따라 오키나와와 같은 운명을 겪지는 않았다. 그러나 더 참혹한 역사의 비극이 해방 이후에 찾아온 동아시아의 냉전질서가 발전하는 과정에서 벌어졌다. 남한이 미군정하에 있던 1948년 2월 26일 유엔 소총회는 남한 단독정부 수립을 위한 5·10선거를 결의한다. 남한 사회에서는 좌파 정치세력 뿐 아니라 김구와 김규식을 포함한 우파 일부와 중도파 지도자들

---

72 서중석,『한국현대사』, 웅진 지식하우스, 2005, 80쪽.

73 양조훈,「제주 4·3 양민학살사건」, 제주 4·3연구소 엮음,『동아시아의 평화와 인권: 제주 4·3 제50주년 기념 제2회 동아시아 평화와 인권 국제학술대회 보고서』, 역사비평사, 1999, 267쪽.

74 朝鮮軍殘務整理部,「朝鮮における戰爭準備」(1946),『朝鮮軍槪要史』, 東京: 1989, pp.188-190; 임종국,『일본군의 조선침략사 2』, 1989, 140쪽. 양조훈, 1999, 263쪽에서 재인용. 당시 일본군 정보팀의 분석자료에 따르면, 미군의 제주 상륙 시기는 9-10월, 상륙병력은 2-5개 사단으로 예측했다(양조훈, 1999, 263쪽).

도 단독선거 반대 대열에 나선다. 제주도에서는 그해 3·1절을 기해 평화적인 기념 시위를 벌인다. 경찰은 평화적인 시위대에 발포했다. 6명이 사망하고 8명이 중상을 입었다. 초등학생, 젖먹이를 안고 있던 아낙네, 장년의 농부 등, 피해자는 대부분 관람 군중이었다.[75] 제주도 민들은 이에 대한 항의로 3월 10일 도청을 포함해 도내 156개 관공서와 국영기업 단체들까지 참여한 관민총파업을 일으켰다. 제주 출신 경찰관 66명도 이 파업에 참여했다가 파면될 정도였다.[76]

이 파업에 대응해 미군정은 육지 경찰과 서북청년회(약칭 서청)를 파견해 무자비한 탄압에 나섰다. 무차별 검거, 부녀자 겁탈, 재물 약탈과 횡포가 잇달아 일어났다. 제주도 남로당 지도부는 중앙당과 협의 없이 무력항쟁을 결정한다. 1948년 4월 3일 한라산에 봉화가 오르고 무장대가 경찰서와 서청 등을 습격하면서 본격적인 항쟁을 시작했다. 이 4·3봉기로 피차간에 수십 명의 희생자가 났다. 좌익 무장대 대장 김달삼과 9연대장 김익렬은 4월 28일 회담을 갖고 사태를 평화적으로 해결하기 위해 노력했다. 그러나 미군정과 경무부장 조병옥은 강경 일변도의 진압정책을 고집했다. 협상은 깨지고 만다.[77]

이로써 혼란은 계속되었다. 5·10선거에서도 제주도는 세 개의 선거구 중 두 개에서 선거를 치르지 못했다. 선거의 결과로 수립된 남한 단독정부의 이승만 정권은 그해 11월에서 이듬해인 1949년 2월 사이에 제주도에서 대학살극을 벌인다. 2만 5,000에서 3만 명에 이르는 민간인 학살이 이 기간에 이루어졌다.[78]

---

75 양조훈, 1999, 262쪽.

76 양조훈, 1999, 265쪽.

77 서중석, 2005, 80–81쪽.

78 서중석, 2005, 82쪽. 2003년 10월 국무총리를 위원장으로 하는 '제주 4·3사건 진상규명 및 희생자 명예회복위원회'가 통과시킨 「제주 4·3사건 진상조사 보고서」의 내용. 이승만은 서청 회원들을 격려하는 등 초강경 진압으로 사태를 해결하려 했다. 한국군에 대한 지휘권을 갖고 있던 미군 또한 학살을 방조하거나 묵인했다. 학살은 제주도가 고립된 섬이어서 외부에 알려지지 않은 채

1971년 베이징에서 함께 식사하는 저우언라이 중국 총리(왼쪽)와 헨리 키신저 미 국가안보보좌관.

　이 엄청난 비극을 한국의 독재 정권들은 50년 가까이 북한이 사주한 공산폭동으로 규정했다. 유족들은 그 아픔을 자신들의 가슴속에만 묻어두어야 했다. 그들은 수십 년 동안 말 못하는 침묵한 다수로 남아 있어야 했다.[79]

　제주도는 냉전 시기에 이미 한국의 군사독재 정권에 의해서 핵무기를 포함한 미국의 군사기지로 전락할 위기에 처하기도 했다. 1970년 2월, 당시 주한 미국 대사 윌리엄 포터(William Porter)가 미 상원의 한 청문회에서 밝힌 내용은 한국의 군사독재 정권이 제주도에 대해 갖고 있던 인식을 적나라하게 보여준다. 한국 대통령 박정희는 당시 오키나와의 일본 반환을 앞두고 있던 미국에게 제주도를 미국의 군사기지로 제공하겠다고 제안한다. 포터는 박정희에게 "당신은 미국이 오키나와에서 포기할 것들을 대체하기 위해서 남한에 새

더욱 참혹하게 전개되었다(서중석, 2005, 82쪽).

79　양조훈, 1999, 273쪽.

로운 해군과 공군기지를 건설할 것을 제안하는 것인가"라고 물었다. 박정희는 "이 점에 관한 한 우리의 입장은 명백하다. 오키나와가 어떻게 되든 우리는 제주도를 기꺼이 새로운 미군기지로 제공할 것이다"라고 대답한다. 포터는 다시 묻는다. "만일 미국이 오키나와에서 핵무기를 옮겨다 놓으면 남한은 미국의 핵무기 전진기지가 될 텐데요." 박정희는 "만일 제주도가 미국의 군사기지로 이용되면 핵무기를 설치하는 것은 불가피할 수도 있다"고 말한다. 포터는 또 "한국 국민이 이를 환영할 것인가"라고 물었다. 박정희는 답한다. "환영하지는 않겠지만 허용은 할 것이다."[80]

당시 미국은 헨리 키신저의 이른바 '핑퐁외교'로 중국 공산 정부와 관계개선을 모색하고 있었다. 베트남전쟁의 수렁에서 미국이 명예로운 후퇴를 하기 위해서는 베트남 공산당에 대한 중국의 군사적 지원 중단과 외교적 압력행사가 필요했다. 미국은 중국과의 관계개선을 갈망하는 처지였다. 중국의 코앞인 제주도에 핵무기를 비롯한 자신의 군사기지를 새로이 건설한다는 것은 미국으로선 상상하기 곤란할 때였다.

이러한 당시의 객관적인 동아시아적 상황이 아니었다면 제주도는 어떤 운명에 처했을까. 박정희 군사 정권은 1969년 9월 14일 국회에서 3선 개헌안을 변칙처리함으로써 영구집권을 꿈꾸었다. 미국의 동의와 지지가 절실히 필요했다. 박정희 군사 정권이 제주도를 미국의 군사기지로 갖다 바치고자 했던 배경은 그래서 더욱 가공할 만한 일이다. 인도차이나에서 미국을 궁지에 몰아놓고 있던 베트남 공산당의 군사적 승리가 제주도의 군사기지화 가능성을 그나마 저지할 수 있었던 셈이다. 박정희 군사 정권은 제주도를 미군기지로 만드는 데

---

80 United States Senate, *Subcommittee on U.S. Security Agreements and Commitments Abroad of the Committee on Foreign Affairs*, February 1970, Part 6, p.1663; 이삼성, 『현대미국외교와 국제정치』, 한길사, 1993, 424-425쪽; 이삼성, 「핵의 위기」, 『창작과 비평』, 통권 70호(1990년 겨울), 343-385쪽에서 재인용.

는 실패했다. 하지만 그 제안으로 미국의 환심을 사는 데는 성공했던 것일까. 1972년 10월 유신으로 더욱 억압적 정권으로 나아간 박정희 정권과 미국 닉슨 행정부와의 밀월은 계속되었던 것이다.

2) 탈냉전 시대 기로에 선 제주도: 군사기지화의 위기

2003년 10월 국무총리를 위원장으로 하는 '제주 4·3사건 진상규명 및 희생자 명예회복위원회'가 「제주 4·3사건 진상조사 보고서」를 통과시킨다. 제주도는 4·3이라는 냉전과 분단의 상처를 치유할 수 있는 출발점에 섰다. 탈냉전은 그처럼 한편으로는 제주도가 감당해야 했던 냉전시대 독재 정권들에 의한 역사적 상처를 치유할 기회를 제공했다. 그러나 다른 한편으로 지속되고 있는 동아시아 대분단체제의 그늘 아래서 제주도를 군사기지화하려는 움직임도 떠올랐다. 제주도는 한국의 평화운동과 함께 새로운 차원의 위기와 선택의 기로 앞에 놓이게 되었다.

한국 정부가 제주도 해군기지를 계획하기 시작한 것은 탈냉전 직후인 1990년대 초반으로 거슬러 올라간다. 1992년 한국 해군본부는 해양수산부 「항만기본계획」에 제주도 군항시설, 즉 제주 해군기지 설치계획을 반영해줄 것을 요구한다. 보다 구체적으로 제주 해군기지 건설 구상은 1995년 12월에 작성된 「국방중기계획」(國防中期計劃)에 반영됨으로써 한국 안보전략의 일부로 되었다. 그러나 제주 해군기지 건설구상이 현실적인 문제로 된 것은 2000년대에 들어서였다. 2001년 3월, 김대중 대통령은 해군사관학교 임관식 연설에서 "전략기동함대"의 필요성을 강조한다. 이어 2002년부터 해군이 제주 해군기지 건설을 구체화했고 이것이 이 문제를 둘러싼 제주도 안팎에서의 한국 사회 내 갈등이 표면화되는 계기였다.[81]

시민단체와 종교단체 및 학계는 한국 정부의 제주 해군기지 구상

---

81 「제주 해군기지 수용, 갈등불씨 여전」, 『연합뉴스』, 2007. 5. 14.

은 "동북아평화공동체와 평화허브도시로 발전해가려는 '제주비전'에 대한 명백한 도전이라고 인식했다. 2002년 7월 이 문제에 대한 제주도민 대책위원회가 구성되고 안덕면 대책위원회 또한 구성되었다. 제주도청 역시 이 시점에서는 해군기지 건설에 반대하는 입장이었다. 제주도는 2002년 10월 제주 화순항 해군부두 건설을 반대한다는 입장을 정부에 제출한다. 이에 2002년 12월 노무현 대통령당선자는 화순항 해군시설 문제를 재검토할 것을 약속한다. 그러나 2005년 4월에 해군은 제주 해군기지를 재추진할 계획임을 발표한다. 그해 9월 해군은 제주 위미항을 검토하면서 기초조사 계획을 발표했다. 이어 2006년 5월에는 방위사업청이 제주 해군전략기지 건설을 강행할 방침을 발표했다. 2007년 1월 30일엔 제주도에서 해군기지에 관한 도민 대토론회가 열렸다. 직후인 2007년 2월 12일 한명숙 총리가 "제주 해군기지는 군사전략상 필요하다"는 입장을 밝힌다. 2007년 4월 13일 김장수 국방장관이 제주도를 방문한 시점에 시민들의 항의시위가 벌어졌고, 대규모 강제연행이 이루어진다. 이 와중인 4월 26일 강정마을회가 해군기지 유치신청을 결정한다. 4월 30일엔 제주도 의회 군사특위와 국방부 사이에 간담회가 열리고, 직후에 군사특위는 "여론조사" 방안을 수용한다.[82]

제주 해군기지 건설을 반대하는 단체들은 여론조사 대신 국민투표를 요구했다. 그러나 제주도는 "국가안보와 관련된 사안에 대해 국민투표를 하는 것은 부적절하다"고 주장하며 거부했다. 제주도는 제주지방자치학회에 여론조사를 의뢰했고, 이 학회는 한국갤럽에 조사를 의뢰했다. 도민 1,500명을 대상으로 유치 여부를 질문했는데, 찬성 54.3퍼센트, 반대 38.2퍼센트로 찬성이 18.1퍼센트 포인트 많았다.

이 결과에 기초해 김태환 제주도지사는 2007년 5월 14일 국방부

---

82 『오마이뉴스』, 2007. 5. 1.

의 제주 해군기지 건설계획을 수용한다는 결정을 발표했다. 김 지사는 "도민들의 전체여론과 해당지역 주민들의 의견을 우선하고, '평화의 섬' 비전과의 양립가능성, 그리고 지역경제 파급효과라는 세 가지 원칙에 입각해 종합 판단한 결과, 정부가 공식요청한 해군기지 건설에 동의하기로 결정했다"고 발표한 것이다. 또한 후보지로 거론되어 온 3개 읍면동에 대해 각 1,000명 씩을 대상으로 여론조사를 한 결과, 강정마을이 포함된 서귀포시 대천동 지역이 56퍼센트, 안덕면 지역이 42.2퍼센트로 나옴에 따라 강정 지역을 선정했다고 밝혔다.[83]

국방부의 계획은 2007-14년 기간에 8,000억 원을 투입해 제주도 남부 해안 12만 평에 함정 20여 척을 계류할 수 있는 총연장 약 2킬로미터의 항만시설을 비롯한 해군기지를 건설한다는 것이다. 후보지로 결정된 강정 지역에 공유수면 매립을 포함한 연안관리종합계획 수립을 해양수산부에 요청할 것이며, 제주도가 해양수산부의 계획에 동의하는 대로 해군기지 건설에 착수한다는 것이었다. 이곳에 3,000명 내외의 병력을 포함해, 모두 7,500명의 군인과 그 가족들이 상주할 것이라 했고, 700여억 원의 지역개발사업과 복합휴양시설 건설을 진행한다고 했다.

국방부의 제주도 해군기지 계획의 문제는 이것이 시작일 뿐 그것으로 끝이 아니라는 점이다. 2007년 5월 9일 제주도 군사기지대책위가 공개한, 제주도와 국방부 사이에 체결된 것으로 보이는 '해군기지 양해각서(안)'는 그 문제의 본질을 극명하게 드러냈다. 7개 조항으로 구성된 이 양해각서는 김장수 국방장관, 김태환 제주특별자치도지사, 이선희 방위사업청장, 그리고 공란으로 비워둔 주민대표 OOO이 서명한 것으로, 제주도 남서방면인 모슬포에 국방부가 소유한 군사기지인 알뜨르기지를 제주도에 이양하는 대신, 제주도에 국방부가 남부탐색구조부대를 설치한다는 내용이었다. 아울러 군사기

<hr>

83 『연합뉴스』, 2007. 5. 14.

2014년 환태평양 연합군사훈련(RIMPAC)에 참가 중인 왕건함.

지보호구역을 설정하고, 그 대가로 피해보상과 지역개발지원사업을
벌인다는 것이었다.[84]

남부탐색구조부대란 곧 제주도에 공군기지를 건설한다는 것을 의
미한다. 일단 제주도에 해군기지가 들어서면, 해군기지 역시 확장을
해나갈 것이며, 아울러 공군기지 역시 들어서고, 그 또한 크게 확장
될 가능성을 말해준다.

이 모든 것은 한국의 안보전략이 남북 간의 한반도 분단체제에의
집중에서 동아시아 차원의 군비경쟁체제에 대한 적극적 참여로 전
환하고 있음을 극적으로 드러내주는 것이다. 이 점은 한국 언론들이
"동아시아 해양질서를 바꿀 것"이라고 말한 한국 최초의 7,600톤급
첨단 구축함인 이지스함(세종대왕함)이 2007년 5월 25일 울산 현대
중공업 제6도크에서 진수식을 가진 자리에서 노무현 대통령이 한 발
언에서 공식적으로 확인된다. 노 대통령은 "군비경쟁이 멈추지 않고

84 양김진웅, 「'해군기지 양해각서' 없다고? 그럼 이 문서는?: 군사기지대책위,
제주도/국방부 작성 '해군기지 양해각서(안)' 공개」, 『오마이뉴스』, 2007. 5. 9.

있는 동북아시아에서 우리도 구경만 하고 있을 수 없다. 우리 스스로 능력을 갖춰야 한다"고 말했다.[85]

세종대왕함에 장착된 다기능 레이더는 1,000킬로미터 거리에서 탄도미사일을 탐지하고 500킬로미터에서 접근하는 1,000여 개의 표적을 동시에 탐지·추적한다. 이 레이더가 탐지한 표적 정보는 수퍼컴퓨터가 SM-2 미사일에 요격을 지시해 150킬로미터 밖에서 격추한다. 128개의 수직발사대에 장착된 국산 순항미사일은 적의 핵심 시설을 정확하게 파괴한다.[86] 한국은 2012년까지 3조 원을 투입해 7,000톤급 이지스함 3척을 건조하는 한국형 구축함 3단계 사업을 진행하고 있다.

중국은 이미 한국 해군의 대양해군으로의 도약을 주목해왔다. 중국 관영 '신화통신'은 2006년 11월 20일, 최근 실전 배치된 최신예 한국형 구축함 '왕건함'(4500톤급)의 제원과 전력을 상세히 분석하며, "한국 해군의 흥기가 서태평양에 대형 군함이 운집하는 상황을 더욱 엄중하게 만들고 있다"고 보도했다.[87] 이 통신은 "한국 해군의 활동 범위가 이미 황해를 넘어섰다"고 말하고, "한국 해군이 연안해군에서 대양해군으로 빠르게 전환하고 있다"고 평가했다. "한국해군은 1990년 이전까지 주변 해역을 순찰하거나 호위하는 역할을 수행하는 데 그쳤으나, 이제는 주동적으로 전략적 위협을 가할 수 있게 됐다"고 분석하면서, "한국 해군의 대형화·고속화 및 첨단화가 이런 변신을 가속화하고 있다"고도 했다. 한국 해군은 이제 제해권 장악과 해상 운송로 보호라는 공격적 임무까지 겨냥하고 있다고 이 중국 관영통신은 분석했다.

중국이 이미 주목하기 시작한 한국 해군의 대양해군화는 2007년 5월 이지스함을 진수하는 것으로 더욱 가시화되었으며, 더욱이 그

85 김민석, 「대한민국 첫 이지스함 진수」, 『중앙일보』, 2007. 5. 26.

86 김민석, 2007.

87 유강문, 「중국, 한국 대양해군 전환 경계심」, 『한겨레』, 2006. 11. 24.

러한 추세는 같은 달 제주 해군기지 건설에 제주도와 국방부가 합의함으로써 새로운 국면에 접어든 것이다. 한국 해군은 "연안해군에서 지역해군으로, 지역해군에서 대양해군으로" 나아가는 것을 목표로 설정하고 있다. 또한 그러한 한국 해군의 미래는 제주도 해군기지 건설을 통해 이 섬에서 "군수지원을 받아가면서 제주 남방해역에까지 함정을 배치"할 수 있을 때 가능하다는 논리를 펴고 있다.[88] 대양해군 개념과 제주도 해군기지화는 한국의 새 안보전략의 논리에서 상호 긴밀히 연관되어 있는 것이다.

3) '제주비전'과 '세계평화의 섬'

미래 동아시아질서에서 제주도가 어떤 위치에 서야 하는가에 대한 한국 정부와 한국인들의 태도는 탈냉전의 시작과 함께 이중주(二重奏)의 성격을 띠고 있었던 것으로 보인다. 1991년 한소 정상회담 이후부터 제주도를 '세계평화의 섬'으로 지정해야 한다는 논의가 전개되었다. 다른 한편 한국 해군이 해양수산부 등 다른 부처들의 동의를 받으며 제주도에 해군기지를 설치할 필요성을 거론하기 시작한 것과 대체로 비슷한 시기였다. 2002년 제주도 해군기지 문제를 본격 추진하고자 했던 당시 김대중 정부와 해군의 뜻에 대해 제주도 주민들이 강력히 반발한다. 계획은 벽에 부딪쳤다. 노무현 대통령당선자는 그 계획의 유보를 시사하게 된다. 이와 함께 세계평화의 섬으로서의 제주도라는 비전이 힘을 얻었다. 2004년 7월 제주도지사는 정식으로 정부에 제주도 세계평화의 섬 지정을 건의한다. 노무현 정부는 관계부처협의와 국제자유도시추진위원회의 심의를 거쳐서 2005년 1월 27일 대통령의 최종재가를 받아 제주도를 '세계평화의 섬'으로 확정했다.[89]

---

88 정삼만, "화순항 해군부두와 안전보장," 2002년 11월 제주도 의회 교육관광위원회 주최 「제주국제자유도시 추진과 대응방안」 정책세미나 발표논문, 45쪽. 양길현, 『평화번영의 제주정치』, 오름, 2007, 154쪽에서 재인용.

당시 한국 언론은 이것을 대단히 반겼다. 일본 히로시마와 독일 오스나브뤼크에서와 같이 지방자치단체들이 특정도시를 '평화도시'로 지정한 일은 있지만, 국가차원에서 평화도시나 평화의 섬을 지정한 것은 한국의 제주도가 세계 최초였다는 점이 특히 주목할 만했다. 당시 한국 정부는 세계평화의 섬 지정을 계기로 제주도를 각종 국제회의와 정상회담이 개최되는 동아시아의 외교중심지로 육성한다는 청사진을 밝혔다. 그 주요사업으로는 한반도 및 동북아 평화협력 관련 주요회담 유치, 향후 잇따를 제주에서의 세계정상회담 발자취를 새긴 '제주 국제평화센터' 건립, 제주 4·3사건의 발전적 해결 모색, 평화연구 및 실천사업을 전담할 동북아평화연구소 설립 등이 거론되었다.[90] 당시 정부 관계자들은 "앞으로 제주도가 세계평화를 증진하는 상징적 장소로 거듭날 것"을 기대하면서, "세계평화의 섬 지정이 제주도의 국제자유도시로서의 브랜드가치를 높임으로써 각종 국제회의 및 투자 유치에도 상당한 효과가 있을 것"이라는 기대를 나타냈다.[91]

4) 제주도 해군기지 정당화 논리와 그 문제점

제주도를 그처럼 '세계평화의 섬'으로 지정하면서도 한국 정부와 학계 전문가들이 제주도 해군기지 건설을 정당화하는 논리는 크게 일반적이고 추상적인 수준에서의 안보강화론과 구체적인 수준의 논리로 나누어볼 수 있다.

먼저 전자는 평화가 힘으로 뒷받침될 때 가능하다는 일반적인 명제, 즉 군사력 강화는 곧 안보의 향상이라는 논리다. 노무현 대통령은

---

89 남호철, 「제주도가 '세계평화의 섬'으로 공식 지정됐다」, 『국민일보』, 2007. 1.28.

90 실제 제주도 세계평화의 섬 지정 후에 그 후속 사업으로 '제주평화연구원'이 건립되었다.

91 남호철, 2005.

2007년 5월 25일 이지스함 '세종대왕함'의 진수식에서 행한 연설에서 "스스로 평화를 지킬 능력이 있을 때만 평화는 유지된다"고 말했다. 그 논리의 전형적 표현이다. 학자들도 "안보가 보장되지 않은 평화는 허구"이므로 안보를 위한 조치들과 평화는 동전의 양면이라는 논리로 평화의 섬과 군사기지화를 양립가능한 것으로 주장한다.[92]

다음 구체적인 수준의 정당화 논리는 제주 남방해역에서의 해양 안보를 위해 제주도 군사기지가 필요하다는 해군 관련 인사들의 주장들이다. 2002년 당시 장정길 해군참모총장의 주장을 들 수 있다. 그는 "제주 남방해역이 모항인 진해로부터 200-250마일(400-500킬로미터)이나 떨어져 있어서 이곳에서 작전하는 함정들이 대단히 어려운 상황, 특히 군수지원이나 장병휴식을 위해 진해항으로 이동하는 불편함이 크다"고 밝혔다.[93] 즉 한국 해군의 남방해역으로의 작전영역 광역화, 말하자면 지역해군 내지 대양해군으로의 도약을 위한 군수지원과 장병휴식의 기지로서 제주도 군사기지는 필요하다는 주장이다.

2002년 당시 정삼만 중령은 "한국 해군의 동지나해 진출 및 남방해역 방어"에 제주도가 지리적 요충지인 측면을 보다 논리적으로 제시했다. 그는 제주도가 그러한 한국 해군 역할의 광역화 전략에서 중앙적·병참적·전진기지적 위치라는 세 가지 측면에서 모두 중요한 위치를 점하고 있음을 강조했다. 제주도가 지정학적으로 "서해와 동해가 연결되는 길목"에 위치해 있어서 "한국의 동지나해 진출 및 남방해역 방어를 고려할 때 거문도·제주도·흑산도를 내선으로 형성하면 강력한 세력선이자 방어선으로 사용"할 수 있으며, 따라서 제주도 화순항 해군기지가 필요하다고 주장했다.[94]

---

92 이상현, 「제주 해군기지, 왜 필요한가?」 『세종논평』, No.85(2007.5.28).

93 장정길, 「화순항 해군부두를 말한다」, 『제주일보』, 2002. 11. 22; 양길현, 2007, 152쪽에서 재인용.

94 정삼만, 「제주국제자유도시와 안전보장」, 제주해양연맹 주최 '2002 제주

한국 정부와 전문가들이 내세우는 또 다른 구체적인 정당화 논리는 한국의 해상교통로 안전에 위협이 증가하고 있다는 주장이다. "첫째, 군사적 요인에 의한 해상교통로 위협, 둘째, 연안국의 해양관할권 행사 등에 의한 제한 위협, 셋째, 해적·마약운반·불법난민 등 새로운 해상 범죄행위"가 열거된다.[95] "제주도 남방해역은 한국의 수출입 물동량의 99퍼센트가 통과하는 핵심 무역통로"이며, 따라서 "여기를 통해 매일 40만 톤의 석유가 공급되어야만 움직일 수 있는 대한민국 경제에 제주 남방항로의 안전은 생명줄과 같은 것"이라는 이상현의 주장도 일맥상통한다.[96]

그렇다면, 제주 남방해역에 대한 한국 해군의 작전능력을 강화할 필요성은 크게 두 가지가 된다. 하나는 해적·마약운반·불법난민 문제와 같은 것으로, 이것은 해양경찰력의 강화와 역할증대를 통해 보다 적절히 해결될 수 있다고 볼 수 있다.[97] 즉, 이들 문제만으로는 제주도의 대양해군기지화가 불가결한 이유를 뒷받침하기 힘들다.

문제는 이서항 교수가 지적하고 있는 연안국들, 즉 일본과 중국의 위협이라는 문제다. 그래서 결국 제주도 해군기지화를 정당화하는 논리는 크게 보아 일본과 중국의 해군력을 포함한 군비증강 추세에 대응해야 한다는 데로 귀결된다. 많은 학자는 일본과 중국의 '점증하는 위협'을 거론하며 제주도의 해군기지 건설이 평화를 지키기 위한 것임을 역설하고 있다.

이런 맥락에서 이상현 박사가 주목하는 제주 해군기지의 핵심적인 이유는 중국과 일본의 첨단 군사력 증강 경쟁에 대해 한국도 "최소한의 방어적 충분성"을 확보하지 않으면 안 된다는 것이며, 이에

해양연맹 심포지움', 2002년 10월 4일. 양길현, 2007, 152쪽에서 재인용.

95 이서항, 「국제자유도시와 안전보장」, 해군본부 주최 '제9회 함상토론회', 2002.5.16-17; 양길현, 2007, 153쪽에서 재인용.

96 이상현, 2007.

97 양길현, 2007, 158쪽.

필수적인 것이 해군력의 첨단 기동군단의 구축과 이들 군단의 모항으로서 제주 해군기지 건설이라는 것이다. 그는 이렇게 말한다.

"중국과 일본의 첨단 군사력 증강에 대한 경쟁은 단기적으로나 장기적으로 한국 안보에 대한 위협을 증대시키고 역내 분쟁 가능성을 높이지 않을 수 없다. 우리의 입장에서도 주변국들의 군사력 강화에 대해 최소한의 방어적 충분성을 확보하는 노력을 기울이지 않을 수 없다. 이처럼 한반도 주변 해역의 불안한 균형을 고려할 때 제주 해군기지의 전략적 가치는 명백하다. 이어도의 예를 들어보면, 제주 남단 마라도에서 149킬로미터, 일본 도리시마(鳥島)에서는 276킬로미터, 중국 퉁다오(童島)에서는 247킬로미터 거리에 있다. 유사시 한국 해군이 제주도에 주둔하고 있다는 사실만으로도 주변국들에게 상당한 심리적 효과를 줄 것이다.[98]

그러나 장차 일본과 중국의 위협을 염두에 둔 한국의 해양안보를 위해 제주도 해군기지화가 필요하다는 위와 같은 주장들은 다음과 같은 여러 가지 차원에서 비판적인 검토가 필요하다고 필자는 생각한다.

첫째, 제주 남방해역에서의 해군 작전능력 향상을 위해 제주도의 군사기지화가 정부 스스로 세계평화의 섬으로 지정한 취지에 역행하면서까지 강행해야 할 정도로 절실한 것이냐 하는 문제다.

둘째, 한국이 대양해군을 지향한다고 할 때, 그 의미는 무엇인가 하는 것이다. 이상현은 제주도에 해군기지를 건설하는 이유로 "삼면이 바다로 둘러싸인 우리나라에서 대양 진출의 교두보를 확보하는 동시에 유사시 한반도 주변해역의 해양 주권을 지키기 위한 전초기지로서 필수적이기 때문"이라고 지적한다. 그러나 그런 주장으로는 한국의 대양해군이 제주기지를 필수로 요청하는가를 설명해주지는 못한다.

---

98 이상현, 2007.

셋째, 보다 근본적으로 세종대왕함을 비롯해 이미 취역했거나 취역 예정인 한국의 "대양해군" 함정들이 한국 남해안 기지들이 아닌 제주도 기지로 남향 전진해 작전해야 할 만큼 제주 남방해역에 대한 한국의 군사작전 광역화가 바람직한가 하는 것이다.

넷째, 정부와 전문가들이 말하는 "일본과 중국의 점증하는 위협"의 실체가 무엇이냐 하는 것이다. 과거 냉전시대 또는 가까운 과거에 비해 일본과 중국의 위협이 실질적으로 증가하고 있다는 주장은 대체로 막연하고 명확히 정의되어 있지 않다. 또한 일본 및 중국과의 군비경쟁은 무조건 정당화될 수 있는 것인가. 동아시아에서 민족주의적 감정의 맹목성을 정치적으로 동원해 명확히 정의되지 않은 안보 목적을 위한 군비증강의 정당화는 경계해야 한다.

다섯째, 제주도 군사기지화 정당화 논리의 한 가지 핵심은 일본 견제다. 그러나 제주도를 군사기지화할 때, 동아시아 안보질서에서 그것이 궁극적으로 어떤 역할을 할 것이냐 하는 것이다.

여섯째, 제주도 군사기지화의 논리적 바탕이 되고 있는 한국의 신안보전략—한반도를 넘어 안보전략의 동아시아적 지역화—이 한반도 안보 백년대계로서 일본과 중국에 대한 견제를 내세우고 있으나, 한반도 안보 백년대계의 핵심은 여전히 한반도의 분단의 평화적 극복과 통일이라고 할 때, 그 목표와 조화될 수 있을 것인가 하는 점이다.

일곱째, 한국의 미래 안보의 비전은 학자들이 말하는 "방어적 충분성"의 군사력과 함께 동아시아 평화 구축에 관한 우리의 비전을 동시에 내포하는 것이어야 한다. 그 비전에서 제주도의 위상을 어떻게 설정할 것인지는 제주 남방해역에서의 군사작전상 편의라는 발상보다는 한 차원 더 높은 검토와 논리를 필요로 한다. 이 점에 대한 논의가 있어야 한다.

이 문제들에 대한 비판적 검토의 필요성과 논점을 열 개의 항목으로 요약해본다.

(1) 제주기지 없이는 제주해역을 못 지킨다면 과연 "대양해군"인가

한국 해군의 발전추이를 예의 주목한 중국 언론의 지적과 같이, 한국 해군은 이미 대양해군, 또는 적어도 지역해군의 면모를 갖추어가고 있다. 이러한 "대양해군"에게 한반도 남해안과 170여 킬로미터 거리에 위치한 제주도에 해군기지 추가건설은 과연 필수요건인가?

이상현 박사는 "제주도 남방해역은 한국 수출입 물동량의 99퍼센트가 통과하는 핵심 무역통로"이기 때문에 제주도 해군기지가 필수적이라고 한다. 제주도 남방해역이 한국안보에 중요하다는 것을 모르는 사람은 없다. 여기서 중요한 것은 한국이 이미 대양해군으로 도약했다면 중국과의 전면전이 아닌 한 제주도 남방해역을 지킬 만한 자주적인 국방력은 이미 갖추었음을 의미한다는 사실이다.

2007년 5월 25일 첫 이지스함 세종대왕함의 진수에서 상징되는 대양해군으로의 도약은 그 자체로서 제주도 해역을 포함한 한국 영해에 대한 더 큰 통제력을 의미한다. 정부와 안보전문가들의 논리대로라면 한국의 국가안보는 그것 자체로 더 향상된 것이어야 한다. 1,000킬로미터에서 목표물을 탐지, 추적할 수 있는 능력은 그것 자체로서 해군력의 질적인 향상을 뜻한다.[99] 그러한 해군력은 기지의 위치와 크게 상관없이 작전능력의 광역화를 수반한다. 제주도에 반드시 군사기지를 확보해야만 현실화되는 것이 아니다. 만일 제주도에 군사기지를 세워야만 한국 대양해군의 능력이 발휘될 수 있다면 그것은 이미 대양해군이 아니다.

울릉도에 해군기지가 없으면 울릉도와 독도 해역을 지키지 못할 것인가? 울릉도와 제주도에 해군기지가 있으면 해군의 군사작전에 도움이 된다고 말할 수는 있다. 그러나 그것이 필수적이라고 말하는 것은 비약이다.

---

[99] 해군기지가 있는 목포로부터 제주도까지의 거리는 178킬로미터다.

(2) 동중국해에서 중일 분쟁에 개입할 것인가

앞서 한국 해군인사들과 학자들이 "동지나해"라고 일제가 사용한 이름으로 부른 동중국해(East China Sea)는 태평양의 일부인 동시에, 북으로는 제주도, 동으로는 일본의 규슈와 오키나와 열도, 남으로는 타이완, 그리고 서로는 상하이의 위아래 중국 해안선을 경계로 하는 광활한 바다다. 동아시아의 모든 국가가 함께 이용하며 이해관계가 교차하는 곳으로 동아시아의 전쟁과 평화의 장 그 자체다. 그런 만큼 동아시아 대분단체제의 분단선이 가로지르는 곳이기도 하다. 오키나와 열도 남서쪽의 다오위다오(센카쿠열도)는 중일 간의 구체적인 현재진행형의 분쟁 지역이다.[100]

한국 해군은 이 동중국해에 진출해 해상로를 보호하는 역할을 담당해야 한다고 말한다. 이 지역에서 한국의 물류와 연관된 유사시에 한국 해군은 능력이 있는 만큼 응당 일정한 역할을 해야 한다. 그러나 그것이 제주도에 상설 해군기지가 있어야만 가능한 것은 아니다. 이미 앉은 자리에서 1,000킬로미터 밖을 감시하는 첨단 대양해군을 이루어가고 있지 않은가.

더 근본적인 문제가 있다. 설득력 있는 동아시아 지역 수준의 한국

---

100 다오위다오(센카쿠열도, Diaoyutai/Senkaku Islands)는 동중국해 대륙붕(continental shelf)에 있는 8개의 무인도를 가리킨다. 이 무인도들의 총면적은 6.3제곱킬로미터에 불과하다. 타이완에서 동북쪽으로 120해리, 중국대륙에서는 동쪽으로 200해리, 그리고 오키나와에서도 남서쪽으로 200해리에 위치한다. 이 섬들 대부분은 그중 가장 큰 섬인 다오위/유오쯔리섬 주변에 몰려있다. 다오위섬은 약 8헥타르며 타이완의 동북쪽 170킬로미터, 그리고 오키나와 서쪽 410킬로미터 해상에 있다. 일본은 이 섬들이 1895년 이후 공식적으로 일본 영토가 되었다고 주장한다. 1885년 이래 일본 정부가 오키나와현 기관들을 통해 센가쿠 열도에 대한 조사를 실시했다고 한다. 이들 조사를 통해 일본은 이미 그때부터 이들 섬이 무인도들로서 중국의 통제를 받은 흔적이 없음을 확인했다고 한다. 중국에 따르면, 이들 섬의 발견과 지리적 특성에 대한 중국의 역사적 기록들은 1403년까지 거슬러 올라간다. 수백 년 동안 이들 다오위다오의 섬들은 타이완의 일부로서 관리되었으며, 언제나 오직 중국 어민들만이 어업기지로 활용했다는 것이 중국의 주장이다(http://www.globalsecurity.org/military/world/war).

안보에 관한 정치전략이 정립되기 이전에 무턱대고 함대를 이끌고 동중국해를 가로지르고 다니는 것이 한국 해양안보 향상을 의미하지는 않는다. 오히려 한반도에서 분단을 극복하기 전에 동중국해에서 중일 간의 해양분쟁에 연루될 수 있는 여지를 경계하는 신중하고 포괄적인 전략적 인식이 필요하다. 이 지역에서의 중일 간 분쟁 해소를 위한 공동안보의 틀을 만들기 위해 정치외교적 노력을 기울이는 것이 중요하다. 동중국해는 우리에게 일차적으로는 정치와 외교의 영역으로 인식되어야지 한국이 군사력을 지렛대로 개입하거나 중재자를 자처할 영역은 아니라고 생각된다.

(3) 동아시아 해상로는 제주기지가 아닌 동아시아 평화의 문제

한국의 안보전략이 제주도 남방해역의 안보를 넘어 동아시아 해상 항로에서 우위를 다투고자 하는가? 분명히 알아두어야 할 것은 제주도 남방해역 이남의 동아시아 해상 항로의 안전문제는 우리에게는 단순한 군사적인 이슈가 아니라 국제법과 국제기구를 포함한 외교의 문제이며, 그렇게 사고되고 다루어져야 한다는 점이다. 그 해상 항로에서 한국 물류의 안전에 문제가 생긴다면 한국의 동맹국인 미국에게는 군사적인 이슈일 수 있다. 그러나 우리에게 그것이 내포한 군사적 차원은 부차적인 것이다. 한국 해군이 이미 지역해군의 위상을 갖춘 만큼 그 같은 비상사태 발생시에 한국 해군은 당연히 출동하고 일정한 역할을 해야 하지만, 불행히도 그런 사태의 발생은 이미 제주에 기지가 있고 없고의 문제와는 차원이 다른 한반도적 차원의 안보문제라는 점을 유의해야 한다.

동아시아 해상로의 안전문제를 우리가 미국이나 중국처럼 군사적인 문제로 인식한다는 것은 곧 한국 경제력의 18배인 나라(미국)와 6배인 나라(일본)와 3배에 달하는 나라(중국)와 함께 군사력을 다투며 동아시아 해상패권을 겨루겠다는 돈키호테적 발상에 다름 아니다. 외교와 정치력으로 풀어서 국민에게 안보를 제공해야 할 문제들

에 대해서, 국가가 돈키호테적인 군사주의 발상으로 무모하고 비이
성적인 안보개념에 기초해 국가자원을 밑빠진 독에 퍼붓는 방향으
로 이끌어가는 것과 같다.

이미 지적한 바와 같이 그런 경우에도 한국 해군이 담당할 역할은
분명히 있지만, 그것은 제주도에 해군기지가 있어야만 수행될 수 있
는 것이 아니다.

더욱이 동아시아 공해상 멀리까지 해군력을 투사하겠다는 것이라
면 그것은 더더욱 돈키호테적인 군사주의적 몽상이다. 우리 경제 규
모에 걸맞는 안보개념과 외교전략이 필요하다. 미국이 동아시아에
서 해양패권을 장악하고 있으며, 장차 그것은 미국이 주도하는 가운
데 중국과 일본이 함께 분점하는 형태가 될 것이다. 한국 역시 동아
시아 공해상에 대한 제해권 분점을 노린다면, 그것은 미국과 일본의
공동 해상패권에 대한 보조적 역할을 수행하겠다고 자청하고 나서
며 국가자원을 낭비하는 꼴에 불과하게 될 것이다.

(4) 일본 및 중국과의 군비경쟁 다다익선 논리의 위험성

일본과 중국의 군비증강 추세가 어제오늘의 일이 아님은 주지하
는 바와 같다. 그러나 일본과 중국이 군비를 증강하고 있으므로 우
리도 같은 속도로 군비를 증강해야 하고 군사기지를 확충해야 한다
는 등식은 성립하지 않는다. 또한 한국의 지난 수십 년간의 군비증강
속도가 과연 일본 및 중국의 군비증강 속도에 비해 질적으로 뒤처지
는 것인지에 대해서도 냉철한 객관적 평가를 생략한 가운데 일본과
중국의 군비증강 속도만을 부각시키는 관행이 학계에도 언론계에도
만연하다. 식민지 경험을 가진 국민의 역사적 정서를 활용해 일본과
같은 수준의 군사력을 구축하기 위한 어떤 수준의 군비증강도 정당
화하려 드는 논리는 위험하다.

일본의 점증하는 위협이 문제되지만, 한국안보에 대한 일본의 위
협이라는 주제가 한국 국가자원 배분의 우선순위를 둘러싼 정치적

선동으로 전락하는 것을 경계하는 것은 한국 국제정치학이 당면한 과제의 하나다. 특히 제주도의 군사기지화를 절박한 필요로 만들 만큼 일본의 대한국 안보위협이 증대했는지를 이성적으로 판단해야 한다. 일본이 군사력을 증강함에 따라 한국의 남방 물류항로의 안보가 과거에 비해 질적으로 위태로워졌다면 그 증거는 어디에 있는가.

미래에 대한 대비가 필요하다는 것은 누구나 인정한다. 그러나 그 수준과 속도, 방식에 대해서는 우리의 경제적 능력과 한반도의 평화체제 구축의 요청, 그리고 구체적 및 잠재적인 미래 위협에 대한 최대한의 합리적 평가 등에 기초해야 한다.

(5) 합리적 논의가 생략된 군비증강 옹호론의 문제

세계은행(World Bank)이 밝힌 미국과 동북아 주요 국가들의 국내총생산(GDP)을 보자. 2005년 통계다. 미국이 12조 4,165억 달러, 일본은 4조 5,340억 달러, 중국은 2조 2,343억 달러이며, 한국은 7,876억 달러이다.[101] 한국에 비해 일본은 5.7배, 중국은 2.8배에 달한다. 세계은행이 추정하는 중국의 2007년 GDP 성장률은 9.6퍼센트다.[102]

중국과 일본은 우리에게 안보위협이므로 이들에 비해 뒤쳐져 있는 우리의 군사력을 증강하는 것은 아무리 해도 지나치지 않다는 식의 사고는 결국 무슨 이야기인가. 그것은 우리보다 6배에 달하는 경제규모를 가진 일본과 현재 우리의 3배에 달하는 경제규모에 심지어 우리와 달리 급속한 성장을 지속하고 있는 중국이 우리에게 안보위협이라고 전제하고 그들과 맞먹는 군사력을 가질 때까지는 안심할 수 없다는 논리에 다름 아니다. 그런데 문제는 그 논리는 평화의 논리도, 안보의 논리도 될 수 없다는 데에 있다. 우리의 경제규모가 6분의 1에 불과하다면, 상대방보다 몇 배 이하의 군사비와 군사력으로

---

101 web.worldbank.org/wbsite/external/datastatistics.

102 "World Bank's China Quarterly Update," February 14, 2007, "Growth Continues to Impress, New Sources of Growth Will Have to Emerge in the Medium Term."

우리의 안보와 평화를 지켜내는 안보와 평화의 전략을 개발하는 것이 국가의 과제이자 의무다.[103]

주변 나라들이 100의 군사력을 가졌으므로, 상대적인 국력의 차이와 상관없이 우리도 100의 군사력을 가지는 것이 최선이고 못해도 그 절반은 가져야 한다는 식과 사실상 별반 다를 바 없는 논리가 중국과 일본의 위협을 거론하는 학자들 사이에 풍미하며 미래 동아시아질서와 한국안보의 백년대계에 대한 국민의 비전 모색을 흐리고 있다. 그러한 논리는 우리 국민에게 경제적 번영과 복지는 물론이고 군사적 안전보장과 평화도 가져다 줄 수 없는 비현실적인 몽상일 뿐 아니라 무책임한 사고다. 우리보다 경제규모와 함께 군사력 또한 월등할 수밖에 없는 주변 강대국들 틈에서 우리 경제규모에 걸맞는 합리적인 수준의 최적 군사력에 의존하는 가운데 그 격차를 한편으로는 동맹의 정치와 다른 한편으로는 동아시아 공동안보 지향의 평화의 비전과 외교 역량으로 메꾸어나가야 하는 것이 우리의 운명이며, 그 방도를 강구하는 것이 정부의 책임이다.

---

103 2004년도 동북아 국가들의 군사비 지출규모를 보자. 한국은 163억 5,400만 달러다. 일본은 GDP의 1퍼센트만을 군사비에 지출하지만, 같은 해 군사비지출은 이미 한국의 약 3배에 달하는 451억 5,200만 달러에 달한다. 중국은 843억 300만 달러로 일본의 약 2배에 달한다. 중국의 경제규모가 아직은 일본의 절반 정도에 불과한 것에 비하면 중국의 군사비지출은 과다한 규모다. 그러나 미일동맹과 중국 사이의 동아시아 대분단체제의 현실을 반영하는 것으로 볼 수 있다. 미국의 2004년 군사비지출은 4,559억 800만 달러로서, 중국의 5.4배에 달한다(The International Institute for Strategic Studies, *The Military Balance 2006*, London: Routledge, 2006, pp.398-400). 세계은행의 통계에 따른 GDP에서 미국이 중국의 5.5배임을 감안하면, 중국의 군사비지출은 미국에 비해 과다한 것이 결코 아니라고 할 수 있다. 더욱 영국의 국제전략문제연구소(IISS)가 제시한 통계에 따르면, 그같은 중국의 군사비지출은 중국 GDP의 1.5퍼센트에 불과한 반면, 미국의 군사비지출은 미국 GDP의 3.9퍼센트에 달하는 액수다. IISS 통계에 따른 한국 군사비의 GDP에서의 비중은 중국보다도 높은 2.4퍼센트다(IISS, 2006, pp.398-400).

(6) 일본 위협을 앞세운 제주 군사화는 미일동맹 전초기지화

정부와 전문가들은 일본의 위협을 음양으로 강조해 한국의 군비
증강과 제주도 군사기지화를 정당화한다. 그러나 실제 미일동맹과
중국대륙 사이에 중국 동해안선을 따라 그어진 분단선으로 양분된
동아시아 대분단체제에서 한국이 동아시아 군비경쟁에 본격적으로
뛰어드는 것은 미일동맹의 하위 파트너로서 그 대분단체제를 강화
하는 의미를 갖는다. 더욱이 제주도를 군사기지화할 때, 그 본질적인
효과는 미일동맹과 중국대륙 사이의 대분단을 미일동맹의 관점에서
강화하고 제주도를 미일동맹에게 또 하나의 오키나와로서 제공하는
것으로 귀결될 가능성을 우려하지 않으면 안 된다.

특히 제주도 해군기지가 이미 진수된 세종대왕함을 필두로 한 이
른바 한국형 이지스구축함 3척의 실전배치계획과 연관된 것임에 주
목할 필요가 있다. 이지스함들은 대공방어와 대함전, 대잠전 및 탄도
탄 요격을 동시에 수행할 수 있는 첨단 통합전투체계를 가진 것으로
결국 미사일방어체제 건설과 깊은 관련이 있다. 이것은 "화순항 해
군기지 건설이 끝나는 2010년 이후 중일과의 갈등 등 국가안보에 위
협이 있다면, 원거리 대공방어와 탄도탄 방어능력을 갖춘 첨단전투
체계인 이지스함을 배치할 것"이라는, 2002년 8월 27일 한국 해군
측이 해군본부 설명회에서 밝힌 것에서도 확인된다.[104] 이것은 자연
스럽게 한국이 제주 해군기지 건설을 통해 미국이 동아시아에서 중
국을 잠재적 적대세력으로 삼아 구축하고 있는 미사일방어체제에
참여하는 결과를 가져올 수 있다는 우려가 결코 근거 없는 것이 아님
을 말해준다. 한국 정부는 그것이 "중일과의 갈등"에 대비하는 것처
럼 말하고 있으나, 사실은 동아시아 미사일방어체제가 미국과 일본
의 공동프로젝트인 점과 미일동맹 강화 및 한미동맹의 메커니즘에

---

104 서재철, 「제주 화순항 해군기지는 무엇을 위한 기지인가」, 제주참여환경
연대, 『참 세상 만드는 사람들』, 제32호, 2002, 42쪽. 양길현, 2007, 162쪽에서
재인용.

의해, 제주도 해군기지는 미일동맹의 미사일방어체제 구축의 하위
체계로 편입되는 결과를 가져오게 될 것이다.

(7) 한국안보 비전은 동아시아 평화 비전과의 연계가 핵심고리

탈냉전 이래 한국 정부와 한국인들이 그려온 21세기 동아시아질
서에서 한국의 미래비전의 또 한 축인 '동아시아 공동안보질서 구축
을 향한 한국의 창의적인 주도적 역할'이라는 개념과 제주도 군사기
지화는 정면으로 배치된다. 제주도 군사기지화는 동아시아의 군비
경쟁에 대한 한국의 참여를 지리적으로 형상화하는 것이다. 동아시
아 대분단체제의 강화에 기여하면서 한국을 동아시아 공동안보의
주도적 역할로, 그리고 특히 제주도를 동북아 평화의 전진기지로 만
들겠다는 이상을 동시에 추구할 수는 없다.

(8) 제주도의 군사화가 초래할 안보딜레마의 문제

제주도에 해군기지가 건설되면 주변국들에 대한 우리의 견제능력
이 강화된다는 생각은 문제의 한쪽 면만을 보는 것이다. '안보딜레
마'라는 관점에서 그것이 초래할 양면적 결과도 유의해야 한다. 제주
도 해군기지 건설로 남방해역에 한국 해군의 존재감을 강화하는 효
과만을 생각할 것이 아니다. 중국은 제주도 해군기지를 단순히 한국
해군의 기지확장으로만 생각하지 않는다. 유사시 한미동맹에 따라
제주도가 당연히 핵무기전단을 포함한 미국의 군사기지로 사용될
수 있음을 믿게 된다.

이에 대한 중국의 대응은 여러 가지 방면에서 시행될 수 있다. 대
표적으로는 북한과의 군사적 밀착이다. 한반도 서해상에서 북한 해
군에 대한 중국의 지원강화도 포함할 수 있다. 그러한 추세가 강화될
수록 한반도 통일 과정에서 유사시 중국의 북한 개입과 장악기도 가
능성은 더 커진다. 바로 안보딜레마의 전형적인 사례가 되고 만다.

(9) 한반도 평화체제 구축에 제주 군사기지화의 역기능

오늘날 한반도 안보문제의 핵심에는 북한의 핵무기와 미사일을 포함한 대량살상무기 개발이 있다. 그 같은 북한의 전략이 탈냉전 이래 미국의 유일 초강대국화에 기초한 한미동맹의 강화와 한국 재래식 군사력의 증강과 첨단화에 대한 북한 나름의 대응이라는 점을 부인하는 것은 무모한 일이다. 이에 비추어서도 한국의 군비증강과 연계된 제주도 군사기지화는 비판적으로 검토되어야 한다.

한반도 평화체제 구축은 그 어떤 무기나 군사기지보다도 중국과 일본의 잠재적 미래 위협에 대응하는 가장 근본적이고 기본적인 대책이다. 그런데 한반도 평화체제 구축은 북한의 비핵화를 전제하는 것이고, 북한이 비핵화를 수용할 만큼 북한에게 안전보장을 제공하기 위해서는 한미 양국의 대북한 군사전략의 수정과 함께 한국의 제동 없는 군비증강 추진 양상에 변화가 필요하다. 현재 중단기적인 우리의 안보전략에서 북한의 비핵화를 평화적으로 유도할 수 있는 수준의 평화체제 구축이 핵심적 요소의 하나일 수밖에 없다. 그러므로 21세기 동아시아에서 한국의 일정한 균형자 역할에 필요한 기본 군사력 구축이라는 필요와, 당장의 한반도 평화체제 구축을 위한 남북한 군비통제의 요청 사이에 균형을 취하는 신중한 지혜를 추구하는 것이야말로 지금 우리에게 필요한 근본적인 자세라는 것은 아무리 강조해도 지나치지 않다.

한국의 군비증강은 북한의 비핵화를 평화적으로 이끌어낼 수 있는 수준의 평화체제 구축의 필요성에 대한 진지한 고려와는 무관하게 독자적인 논리와 관성으로 추진되고 있다. 그러면서도 북한의 비핵화를 이루어내기 위한 평화체제에 대해 운위하고 있다. 북한의 비핵화를 단순히 북한에 대한 관계정상화와 일정 수준의 물질적 지원으로 확보할 수 있다고 확신하는 분위기다.

이런 태도는 북한의 진정한 대량살상무기 포기를 유도하기 어렵게 하는 가운데 한반도 평화체제 구축을 언제까지 지연시킬지 알 수 없게 만든다. 이런 상태가 지속되는 가운데 한반도 유사시에야말로 중국과 일본의 위협은 치명적인 것이 될 수 있는 것이다. 한국의 군비증강은 민족상잔에 쓰일 뿐 진정으로 중국이나 일본 등 주변 외세에 대한 견제책이 될 수 없으리라는 문제를 더 심각하게 고민해야 한다.

(10) 제주도에 관한 한국안보 비전의 정치전략

현재 정부가 제주도의 군사기지화를 향해 나아가는 방식을 보면, 2005년 1월 노무현 정부 자신이 제주도를 세계평화의 섬으로 지정한 이래 세계평화의 섬으로서의 제주도의 위상이 굳어져가는 것을 저지하기 위해서 제주도의 군사기지화를 서두르는 것처럼 보이는 모양새다.

한국 해군의 대양해군으로의 도약에 대해서는 일정 수준에서 국민들이 동의하고 있다고 본다. 그러나 앞서 논의한 바와 같이 그것이 곧 제주도의 군사기지화를 필히 요청하는 것은 아니며, 오히려 그 역기능들을 깊이 헤아려야 한다. 군사기지화를 통한 제주도의 발전이 아닌, 동아시아 평화의 섬으로서 제주도가 발전할 수 있는 기회를 제주도에게 허용해야 한다.[105]

이상현 박사는 "유사시 한국 해군이 제주도에 주둔하고 있다는 사실만으로도 주변국들에게 상당한 심리적 효과를 줄 것"이라고 말한다. 먼저 주의할 것은 제주도에 해군기지를 따로 건설하지 않아도 "유사시" 한국 대양해군 전단이 제주도에 배치되는 것은 가능하다는 점이다. 그럼 문제는 유사시가 아닌 평화시 제주도에 한국 해군기지를 설치해 주변국들에 대해 어떤 "심리적 효과"를 노리겠다는 것인가. 한국의 '대양해군'은 제주도에 상시 해군기지가 없으면 제주

---

105 이 문제에 대한 진지하고 자세한 논의는 양길현, 2007, 특히 163-174쪽 참조.

도를 지킬 수 없다는 것인가. 그 정도로 주변국들이 한국 대양해군의 제주해역 방어능력을 조롱할 것이라면 한국의 대양해군이란 도대체 무엇인가.

더 중요한 것은 우리 해군력이 제주 해역을 포함한 광역적 방위역할을 수행하되, 제주도를 동아시아 '평화의 섬'으로 지정한 상징적·현실적 의미를 살려나가는 것이야말로 주변국들에게 우리가 제시할 가장 중요한 "심리적 효과"라는 점이다. 한국 대양해군은 제주도를 군사기지화하지 않고도 제주 남방해역에 대한 방위 역할을 담당할 것이며, 동시에 제주도 자체는 동아시아 평화를 진작시키는 섬으로 우리가 키워내야 한다. 한국의 안보는 동아시아 공동안보의 증진에서만 궁극적으로 보장될 수 있다는 점을 확고히 인식함으로써 제주도를 평화의 섬으로 지정한 원래의 취지를 최대한 살려내야 한다. 그것이 우리가 제주도를 통해서 동아시아 국가들과 세계에 던지는 핵심적인 메시지여야 한다.

"제주도에 해군기지를 건설하면 한국의 해상방위 능력이 향상되고 주변국을 더 잘 견제하는 심리적 효과가 있다"는 주장은 필자에게는 지나치게 단순한 논리로 느껴진다. 우리의 논의는 '제주 해군기지'를 갑자기 한국안보를 위한 필수불가결한 조건(prerequisites)이나 핵심적인 군사적 요건으로 보는 데에서가 아니라, 한반도와 그 주변의 안보와 평화에 관한 복잡다단하고 다면적인 계산을 수반하는 정치전략적 선택의 문제로 인식하는 데에서 출발해야 한다. 한국안보는 군사와 외교, 동맹과 공동안보, 동아시아 세력경쟁과 한반도 평화체제 구축 등 상충하는 목표들과 수단들 간의 균형을 동아시아 최소의 경제규모 능력 안에서 절충하고 조화시키는 고도의 정치적 지혜를 요구하는 과제다. 한편에서는 동아시아 공동안보질서를 구축하기 위한 노력에서 한국이 주도적인 역할을 하겠다며 '세계평화의 섬'을 선포해놓고, 다른 한편에서는 '힘과 기지의 다다익선'의 단순하기 짝이 없는 논리를 내세우며 그 섬을 군사기지화하는 데 몰두하는 모순

어느 흐린 날 제주의 들판과 오름. 2005년 노무현 정부에 의해서 '세계평화의 섬'으로 선언된 제주도는 동시에 한국 해군기지를 넘어 중국대륙을 겨냥한 미일동맹의 최전선 군사기지화를 향해 나아가고 있다. ⓒ이삼성, 2016

된 행태에서 벗어날 필요성을 인식하는 것이 바로 우리에게 진정 필요한 지혜찾기의 출발점이다.

4. 대안적 질서의 형상화로서 동아시아 평화벨트

1) 동아시아 대분단체제와 그 대안적 질서의 형상화

동아시아 대분단선 위에는 타이완, 오키나와, 그리고 한반도의 휴전선이 있었다. 한반도의 휴전선은 2005년 9·19성명과 2007년 2·13합의를 기초로 북한 핵문제의 평화적 해결을 위한 한반도 평화체제의 구축과 함께 평화지대로 바뀌어갈 수 있다는 희망의 싹을 틔우고 있다. 그 대신 한반도의 분단체제에 집중해 있던 한국 안보전략의 동아시아적 확장과 함께 제주도가 동아시아 대분단선 위에 한 중요 요소로 떠오를 위기에 처해 있다.

21세기 동아시아 국제질서의 가장 근본적인 과제는 이 지역 대분단체제의 해체에 있다. 그 해체가 무엇인지에 대해 여러 가지 설명이 가능하겠지만, 필자의 견해로는 동아시아 대분단선 위에 있는 타이완, 오키나와, 그리고 제주도라는 세 섬이 동아시아 대분단적 갈등을 유지하고 강화하는 표상들로 존재하지 않고 군사적 긴장과 군비경쟁으로부터 자유로워질 때라고 정의하고 싶다. 이 세 섬이 동아시아에서 가진 지정학적 의미가 그렇게 전환할 때, 동아시아가 대분단체제를 넘어서 공동안보의 질서로 전환된 것을 표상하게 될 것이다. 말하자면, 동아시아 대분단선 위에 있는 이 세 섬이 동아시아 평화벨트를 형성하면 대분단체제는 극복된다. 추상적으로는 우리가 여러가지 방식으로 동아시아 평화체제 또는 동아시아 공동체에 대한 상을 개념화할 수 있다. 그러나 타이완이 미중 패권경쟁의 폭력화 가능성을 상징하는 것으로부터 자유로워지고, 오키나와가 비군사화되며, 제주도가 군사화의 위기를 극복하고 진정 동아시아 평화의 섬으로 정착되는 것, 즉 이 세 섬이 동아시아 대분단체제의 표징이 아닌 동아시아 평화벨트를 구성하게 되는 상황보다 더 구체적으로 동아시아질서 전환을 표상하는 것이 있을까. 더구나 이 섬들이 정확하게 동아시아 대분단선 위에 위치하고 있다는 점에서 그 상징성은 또한 매우 구체적이다.

그럼 타이완·오키나와·제주도가 어떻게 중국대륙과 미일동맹 사이의 대분단의 전초기지들이 아니라 평화의 벨트로 거듭날 수 있을 것인가. 그 가능성은 과연 어디에서 찾을 것인가. 명확한 답을 찾기는 쉽지 않다. 모든 문제가 수평적으로(지정학적·구조적으로) 그리고 수직적으로(역사적 차원에서) 헝클어진 채 서로 얽혀 있기 때문이다. 그러나 이 헝클어지고 얽힌 문제들을 풀기 위해 타이완·오키나와·제주를 연결하는 지리적 형상화를 매개로 평화벨트를 상상하는 것은 여러 가지 가능한 실마리 찾기들 가운데 하나가 될 수 있으리라고 희망해본다.

2) 타이완-오키나와-제주의 동아시아 평화벨트 상상하기

타이완과 오키나와 그리고 한반도는 모두 동아시아 대분단선 위에 존재하면서 그 분단질서를 지리적으로 형상화하고 있다. 이 가운데서 타이완해협의 긴장은 곧바로 중국과 미국의 긴장으로 연결되고, 오키나와의 미 군사기지는 곧 미일동맹과 중국대륙의 정치군사적 분단질서의 상징이었다. 그런데 한반도의 군사적 긴장은 타이완이나 오키나와의 경우와 마찬가지로 한편으로는 동아시아 대분단질서와 구조적인 관련을 가지면서도 다른 한편으로는 그것의 직접적인 표현이라기보다는, 특히 한국전쟁 종결 이후에는, 한반도 분단체제 내적인 차원을 중심으로 전개되었다. 그러나 이제 한반도의 남단이자 동중국해와 곧바로 연결되는 제주도가 한국의 21세기 안보전략의 동아시아 지역화를 상징하는 것으로 되고 있다. 제주도는 타이완 및 오키나와와 함께 동아시아 대분단체제를 직접 형상하는 것이 될 수 있는 국면에 들어선 것이다.

타이완·오키나와·제주도가 이처럼 동아시아 대분단체제의 표상이 아닌 평화의 벨트로 되기 위해서는 제주도의 군사화를 저지하는 노력과 함께, 타이완해협의 군사적 긴장과 오키나와의 군사화 수준을 축소시켜나가는 노력들이 함께 진행되어야 한다. 특히 타이완의 문제는 동아시아 대분단체제의 고착화 여부, 그리고 그것과 연관된 중미 간 패권경쟁의 폭력화 가능성을 결정하는 핵심적인 요소로 남을 것이다. 동아시아 대분단체제의 해소를 위해 동아시아 평화벨트를 상상할 때, 타이완이 비켜갈 수 없는 지역임은 물론이요, 그 핵심적인 지점이라는 것은 적어도 다음 세 가지 점에서 재확인해둘 필요가 있다.

첫째, 미국의 21세기 안보 비전에서 동아태 지역에 대한 미국의 해상패권은 타이완을 미국의 군사정치적 영향권 안에 유지하는 것을 불가결의 요소로 담고 있다. 반면 타이완은 중국의 민족국가 정체성 개념의 궁극적인 본질의 하나를 구성하고 있으며, 타이완이 중국의 국가적 정체성에서 제외될 수 없는 의의를 갖는 상황은 중국의 국력 팽창에 따라 더욱 내재적인 긴장을 축적할 수 있다. 미국의 패권 지속의 욕망과 내적으로 팽창하는 중국의 국가주권 관념은 타이완의 운명 바로 위에서 거의 피할 수 없이 내연하는 긴장을 담고 있다.

둘째, 예측가능한 미래에도 오키나와에 상당한 군사적 현존을 유지하려는 미국의 전략은 미일동맹 자체의 구조를 강화해 유지하려는 전략과 함께 타이완을 중국의 군사적 위협으로부터 지켜내는 것이 미국 자신의 사활적 국익이라는 안보개념과 불가분하게 얽혀 있다. 즉 오키나와 문제가 타이완해협의 긴장 문제와 불가분한 것이다.

셋째, 군사기지들이 들어섬으로써 제주도가 군사화될 경우, 이 섬은 한국의 해군뿐 아니라 결국 미일동맹의 군사적 하부토대의 일부로서 기능하게 될 것이다. 그럼으로써 제주의 군사기지들은 타이완 비상사태시 중국에 대한 미일동맹의 군사적 보루로서의 위치를 갖게 될 것이다. 제주도가 동아시아 대분단체제에서 군사적 역할을 하게 되는 가장 분명한 지정학적 조건은 그처럼 타이완해협과 연관된 동아시아적 차원에서의 미일동맹과 중국 사이의 대립 심화의 국면일 수밖에 없다.

이것이 의미하는 바는 무엇인가. 동아시아 대분단체제 안에서 긴장 해소의 문제는 궁극적으로 타이완문제에 대해 이 지역 국가들이 평화적 안정을 이루기 위한 모종의 전략적 합의 틀을 마련해낼 수 있는지의 문제로 귀결된다. 이 문제에 대한 평화적 합의 도출 여부가 기존의 동아시아 지역 안보환경에서 오키나와 비군사화 전망의 열쇠가 될 것이라는 점을 또한 말해준다. 오키나와 열도의 서쪽, 즉 동중국해에 있는 다오위다오(센카쿠열도)에 대한 중일 양국 간 분쟁의 미래도 역시 타이완해협의 사태 전개에 심오한 영향을 받을 것이다. 말할 것도 없이 이 동중국해의 안정과 평화의 달성 여부는 또한 제주의 평화의 섬 정착 여부에 중대한 함의를 갖는다.

그럼 타이완문제를 해결하는 데 필요한 것은 무엇인가. 그것은 타

이완과 중국대륙 사이에 지속가능한 평화적 관계를 수립하는 기본
원칙들에 대해 미국을 포함한 지역 국가들이 정치적 합의를 구축하
는 일이다. 첫 번째 원칙은 타이완인들이 원하는 한 언제까지라도 타
이완 정치체의 정치경제적 자율성이 보존되어야 한다는 것이다. 타
이완에 독립적 정권의 존재는 분명 냉전의 소산이었으며, 동아시아
대분단체제의 증상에 다름 아니었다. 그럼에도 불구하고 타이완 정
치체는 민주적이고 번영하는 사회를 성공적으로 건설했다. 그로써
이 지역 국제체제의 독립적 정통성을 가진 일원으로 발전해왔다. 타
이완의 정치체는 결코 실패한 국가가 아닌 것이다. 타이완이 무력 앞
에 항복해야 하는 상황이라는 것은 오늘날 어떤 동아시아인에게도
심오하게 당혹스러운 일이 된다.

이 지역의 많은 사람들에게 고통스러운 아이러니인 동시에 근본
적으로 진실인 것은 민주적이고 번영하는 이 작은 섬의 사회가 언제
라도 거대한 공룡 국가에 의한 군사적 납치에 직면할 가능성이 현재
의 동아시아 대분단체제의 구조―군사화된 오키나와의 상황과 갈
수록 심화되고 있는 미일동맹체제를 포함하는―에 저변의 정통성
을 부여하고 있는 중대한 요소라는 사실이다.

다행히도 중국은 타이완문제에 대해 미중을 비롯한 지역 국가
들이 정치적 합의를 모색할 수 있는 공간을 완전히 배제하지 않았
다. 중국은 2005년 3월 14일 전인대(全人代)에서 「국가분열방지법」
(Anti-Secession Law, ASL)을 통과시켰다. 분명 대륙으로부터 타이
완의 항구적인 법적 분리를 방지하기 위해 무력사용을 고려할 법적
레드 라인을 제시한 것이었다. 그러나 이 법의 내용은 당초의 예상보
다는 중국과 타이완 간의 평화공존의 여지를 열어두었다는 평가를
받고 있다. 무엇보다도 중국이 홍콩에 적용하고 있는 '일국양제'(一
國兩制, One Country Two Systems)라는 도발적 공식을 타이완에도
적용할 것이라는 우려는 현실화되지 않았다. 일국양제 공식은 홍콩
에서처럼 해당 지역에 중국 공산당이 궁극적인 법적 권위를 갖는 것

을 말한다. 이와 달리 「국가분열방지법」은 타이완을 현 중국의 정치체인 중화인민공화국(PRC)의 일부로 정의하지 않았다. 대신 중국과 타이완을 다 같이 포괄하는 "하나의 중국"의 일부로서 정의했다.[106] 말하자면 베이징과 타이베이의 두 정치체가 동등한 동반자로서 평화적으로 공존할 수 있는 여지를 교묘히 남겨두었다는 평가를 받고 있다.

타이완문제에 대한 지역 내 정치적 합의를 위한 마찬가지로 중요한 두 번째 원칙은 타이완 정치체의 궁극적인 목표는 항구적인 독립적 국가가 아닌, 민주적 정체성을 지닌 미래의 중국과의 평화적 통합에 두어야 한다는 점이다. 일방적인 타이완 독립은 타이완 사회를 위해서나 동아시아의 평화를 위해서나 바람직한 선택이 아니다. 현재 중국 정부와 전문가들의 눈에는, 타이완의 현 총통인 천수이볜이 하나의 중국 원칙을 존중하는 '긍정적 조치들'과 독립지향적인 언행 사이에서 왔다 갔다 하고 있다.[107] 하나의 중국 원칙에 대한 합의를 위해 타이완 사회가 좀더 많은 노력을 필요로 하고 있음을 시사한다.[108]

타이완해협에서의 지속가능한 평화를 위한 이 두 요건을 조화시키기 위한 어렵고도 중대한 노력의 실마리는 두 방향에서 찾을 수 있다. 먼저 타이완 사회 안에 중국대륙과의 민주적이고 평화적인 관계의 비전을 가진 상당한 정치블록이 존재한다는 점이다. 이것이 가장 중요한 희망의 근거다. 타이완의 국내정치는 현재 부상하는 중국이 타이완에 제기하는 위협을 어떻게 평가할 것인지를 두고 정파적 논쟁이 심각한 것이 사실이다. 그러나 일방적인 타이완 독립론을 정부

---

106 Banning Garrett, Jonathan Adams and Franklin Kramer, "Taiwan in Search of a Strategic Consensus," The Atlantic Council of the United States, Issue Brief, March 2006, p.10.

107 Garrett, Adams and Kramer, 2006, p.12.

108 첸수이볜의 2006년 신년사는 타이완의 독립적 정체성과 독립을 지향하는 강한 주장들과 함께, 중국대륙과의 경제관계 제한을 촉구하는 내용을 담고 있었다. Garrett, Adams and Kramer, 2006, p.13.

가 주도하지 않는 한 중국과 타이완 간의 평화공존이 가능하다는 인식이 국민당을 비롯한 여러 정당 간 연합세력의 입장으로 실존하고 있다.[109]

타이완 국내에서의 정치적 합의 구축을 위한 노력과 함께 요청되는 것은 중국·타이완·미국 사이에 타이완해협에서의 군사적 신뢰구축의 틀을 모색하기 위한 노력이다. 타이완해협에서의 평화과정의 구축은 중국대륙 해안 지역의 타이완을 겨냥한 군비증강의 제한과 함께, 미국으로부터의 타이완의 군사무기 구매의 제한, 그리고 미일동맹에 의한 본격적인 동아시아 미사일방어망 구축의 재고 등의 논의를 포함해야 할 것이다.

현재 타이완문제를 둘러싸고 가장 직접적으로 중미 간에 긴장을 유지시키고 타이완해협 평화과정의 출발을 어렵게 하고 있는 핵심적인 문제는 타이완에 대한 미국의 무기수출 압력이다. 조지 부시 전 대통령은 1971년 리처드 닉슨의 중국 방문 이래 미국 대통령 가운데 가장 열렬한 타이완 지원자로 간주된다. 그도 말로는 하나의 중국 원칙을 되풀이했다. 그러나 부시 행정부는 타이완의 자위(自衛)를 위해 무엇이든 할 것이라 공언하면서 180억 달러 상당의 미국 무기를 사라고 타이완에 압력을 가했다. 잠수함·구축함·미사일방어 관련 무기들을 포함했다. 타이완은 구매에 적극적이지 않았고 부시 행정부는 초조해했다. 미 국방부는 타이완을 협박하기까지 했다. 이 무기들을 구입함으로써 타이완이 자위의 의지를 증명하지 않으면 타이완에 대한 미국의 지원은 줄어들 것이라고 했다.[110]

이 사례는 타이완해협에서의 평화에 관해 미국의 정책이 안고 있는 이중성과 모순을 드러내 보인다. 하나의 중국 원칙에 동의하는 것처럼 말하지만 실제로 미국의 정책은 중국과 타이완 간 군비경쟁의

109　Robert Sutter, "China's Rise and U.S. Influence in Asia: A Report from the Region," The Atlantic Council of the United States, Issue Brief, July 2006, p.6.

110　Garrett, Adams and Kramer, 2006, pp.13~14.

가장 중요한 원천이다. 타이완이 자위의 의지가 있는지 여부를 타이완이 자국의 무기를 사 가는 액수로 평가하고 있는 데에서 적나라하게 드러난다.

결국 타이완문제에 대한 동아시아 지역 내 정치적 합의에서 핵심요소의 하나는 미국의 타이완정책의 절제와 일관성이다. 미국이 한편으로 타이완 정치체의 독립성이 무력으로 파괴되는 것을 억지하는 힘으로 기능하되, 타이완에 대한 정치군사적 영향권 유지 전략의 틀은 절제되어야 한다. 미국이 자신의 영향권 안에서 타이완이 독립성을 유지하는 것을 자신의 동아태 패권전략의 사활적 요소로 간주하는 것은 일면 수긍할 수 있다. 특히 타이완 국민이 그것을 원하는한 그것 자체는 비판의 대상이기 어렵다. 문제는 타이완에 대한 미국의 패권전략이 군사적 차원에 집중된 것일 때다. 타이완이 무력으로중국에 통합되는 것을 견제하는 데 필요한 합리적으로 충분한 수준의 방위력을 갖추는 수준을 넘어서 미국이 주도하는 가운데 타이완의 군비증강이 촉진되고 이를 통해 다시 중국과 타이완, 중국과 미국간의 군비경쟁이 지속되는 구조를 어떻게 해소할 것인지에 대한 정치전략적 고민을 미국이 충분히 하고 있지 않다는 사실이 근본적인문제다.

타이완에 대한 군사적 영향력 유지 전략으로부터 일정한 절제를통해 중국이 아마도 먼 미래에 민주적 정치체를 구성하기 전까지 미국은 타이완에 대한 연성권력의 차원에 초점을 두는 전략으로 옮아가야 한다. 타이완에 대한 무기수출 압력이 미국의 타이완정책의 중요 부분으로 남아 있는 현실에서 탈피하는 비전을 미국이 스스로 개발하고 또한 동아시아 국가들과 국제 사회가 그러한 방향으로의 변화를 촉구해야 한다. 중국·타이완·미국 사이에 타이완해협에서의군사적 신뢰구축을 위한 논의와 방안 모색이 시작되어야 한다. 그것은 물론 이미 지적한 미국의 타이완정책의 내용 변화, 즉 미국의 동아시아 전략의 절제와 일관성이라는 문제와 불가분하다.

타이완문제에 관해 중국·타이완·미국 사이에 신뢰구축 과정이 어느 정도 진행될 때, 일본은 미국과 함께 오키나와 열도를 비군사화하는 비전을 모색함으로써 동아시아 대분단체제 해소에 기여할 방도를 모색할 압력을 받게 될 것이다. 타이완에 관한 평화과정을 촉진하는 데 중국이 진지하게 임하고, 오키나와의 비군사화에 대한 의지를 일본이 보이게 될 때, 중일 양국 사이에 있는 다오위다오(센카쿠열도)에 대한 정치적 합의의 가능성도 열리게 될 것이다.

한반도 문제를 다자적 틀에서 다루는 데 기여한 6자회담도 한반도뿐 아니라 타이완과 오키나와의 평화과정과 비군사화를 촉진하는 데 기여할 수 있다. 특히 동북아 비핵지대화를 구축하는 포럼으로 기능하고 이어 그것을 타이완에도 연장해 적용하도록 하는 지역 내 공동안보의 공간을 펼쳐가는 출발점이 될 수 있다.

제주도는 이 지역 내 다양한 차원에서의 평화과정을 구축하고 촉진하는 방안들을 모색하기 위한 동아시아 지역 국가들의 지도자와 시민들 간의, 정상회담에서 민간조직에 이르는 다양한 수준에서, 만남의 장으로 가장 선호되는 장소로 기능할 수 있다. 제주를 그러한 방식으로 최대한 활용하는 관행을 정립함으로써, 지리적으로나 지정학적으로 동북아시아의 한 중심에 자리한 이 섬이 대분단체제의 심화를 표상하는 지리적 상징으로 전락하는 운명을 피하는 것을 도울 수 있을 것이다. 한국과 함께 미국의 해공군 군사기지의 운명을 강요받는 대신에 제주는 대분단선을 지우는 출발선이 될 수 있다.

그럴 때, 동아시아의 세 지정학적 주변부는 대륙세력과 해양세력 중심들 사이의 수 세기에 걸친 권력투쟁에서 샌드위치가 되는 운명 대신에 동아시아 평화벨트의 핵심기지를 구성하는 장소가 될 수 있을 것이다.

새롭게 공고해져가는 동아시아 대분단의 흐름을 서로 실질적으로 소통하는 대안적인 열린 국제질서를 향한 희망의 물결로 전환하기 위해 세 지정학적 변방을 중심으로 하는 평화벨트를 구축하는 데 어떤 고정된 로드맵이 있다고는 할 수 없다. 타이완문제에 대한 평화의 틀의 정립, 오키나와의 비군사화, 그리고 제주도를 임박한 군사화의 위협으로부터 지켜내는 일, 이 세 과제들 사이에는 다양한 수준에서의 대칭적 및 비대칭적 상호성을 생각해야 할 것이며, 그것들이 느슨하게 조율된 형태로 추구될 수 있을 것이다.

　이러한 노력의 의미 있는 출발점의 하나로 우리는 타이완, 오키나와, 그리고 제주도라는 세 섬에 초점을 맞춘 평화벨트의 "가상 공동체"(a virtual community of peace belt)의 구축을 생각해볼 수 있다. 그것은 무엇보다도 이 지역 모든 사회의 민간 및 정부 분야 모두에서 다음과 같은 명제에 대한 공동의 합의를 구축해가는 작업을 의미한다. 즉, 현재 내재적으로 불안정한 성격의 동아시아 지역질서를 실질적인 지역 공동체로 전환시키는 것은 대분단체제에서 군사화된 패권경쟁의 세 전초기지가 지역 내 공동체 건설의 전초기지로 변환될 때에만 가능하다는 공동의 인식을 구성해내는 일이다.

　(2007)

제15장

동아시아 국제질서의 성격에 관한 일고
대분단체제로 본 동아시아¹

---

1 이 글은 2006년『한국과 국제정치』제22권 제4호, 41-83쪽에 동일한 제목
으로 실렸던 논문으로, 원문 그대로를 전재한다. 그 논문은 2004년 한국정치
학회 하계학술회의(대전 호텔 스파피아, 2004년 6월 24-25일.『자료집』VIII,
196-236면)에서의 필자의 발표문(「동아시아 국제질서의 성격과 미국의 동아
시아 전략: 동아시아 대분단체제의 구조와 그 함의」)에 기초한 것이었다. 이 논
문은 또한 2017년 건국대학교 통일인문학연구단의 요청으로 그 연구총서의 하
나에 첫 번째 논문으로 전재된 바 있음도 밝혀둔다(건국대학교 통일인문학연
구단 기획,『분단생태계와 통일의 교량자들』, 한국문화사, 2017, 3-48쪽). 이
책의 편집을 총괄한 정진아 교수는 필자의 논문이 포함된 제1부의 주제의식을
"분단의 문제를 단지 한반도의 문제로 국한하지 않고 동아시아로 확장할 것을
제언하는 한편, 사람들의 삶의 영역까지 침투해온 분단을 극복할 수 있는 방안
을 제시"하고자 했던 것으로, "이는 우리가 사유해온 분단에 대한 공간적 개념
을 뒤흔들고 그것을 재정립하기를 요구할 뿐 아니라 그것을 극복할 수 있는 방
안까지 제시하고자 하는 적극적 제언"이라고 평가했다. 이어 구체적으로 필자
의 논문이 던진 문제의식을 다음과 같이 요약했다: "이삼성은 탈냉전에도 불구
하고 경제적 상호의존은 깊어지는 반면 군사정치적인 갈등이 격화되어 지역통
합을 저해하고 있는 동아시아의 지역구도를 '동아시아 대분단체제'라는 개념
으로 접근하고자 했습니다. 그가 설정한 '동아시아 대분단체제'는 미소 냉전과
결부되면서도 중국과 일본이라는 차상위국가들의 역사심리적 대립이 결합된
미일동맹체제 대 아시아대륙이라는 구조를 갖습니다. 이러한 '동아시아 대분
단체제'는 하위에 남북 분단과 중국과 타이완의 분단이라고 하는 '소분단체제'
를 거느리고 있습니다. 뿐만 아니라 탈냉전에도 불구하고 해체되기는커녕 강
화되는 양상을 보이고 있습니다. 이삼성은 한반도의 평화를 위해서는 한국이
'동아시아 대분단체제'의 최대의 희생자이자, 지정학적·역사심리적 '중간자'
라는 자신의 위치를 인식하고 동아시아 분단체제를 해체하고 공동의 안보질서
로 나아가는 적극적인 주체로서 역할을 할 것을 주창합니다. 그는 이때 '중간
자'의 존재로서 우리에게 가장 중요한 문제가 '아시아적 전망'임을 설파합니
다. 대분단의 질서 속에 살고 있는 우리가 소분단의 질서에 매몰되지 않는 아시
아적 전망 속에서 평화의 길을 모색하는 것이 절실하다는 것입니다"(서문, xi-
xii쪽).

1. 문제의 제기

동아시아질서를 적절하게 이해하기 위해서는 일정한 개념틀이 필요하다. 또한 이 지역에서의 협력과 평화의 여건을 제한하고 갈등과 전쟁의 개연성을 높이는 조건들의 윤곽을 드러내기 위한 개념적 작업은 다양한 방향에서 이루어지는 것이 바람직하다.

동아시아에서 국가들 간의 갈등과 협력의 구도는 크게 경제적 상호의존의 양상과 군사정치적 동맹과 대립의 구도로 나누어 볼 수 있다. 그 둘은 상관성이 있으나 따로따로 존재할 수 있다. 경제적 상호의존의 증가가 군사정치적 갈등 가능성의 축소를 보장하지는 않는다.[2] 탈냉전 이후 지난 15년간의 동아시아질서는 경제적 상호의존의 심화가 군사정치적 갈등·동맹의 구조와 공존할 수 있다는 것을 잘 보여준다. 경제적 상호의존의 관점에서만 보자면 미중관계·중일관계·한중관계 등 이 지역 주요 나라들 사이의 상호의존은 급속하게 팽창했다. 그러나 중국의 경제 및 정치 대국화의 전망 앞에서 이를 견제하려는 미일동맹의 강화가 지속되어왔다. 그런가 하면 중국은 러시아와 전략적 동반자관계로서 일종의 대륙연합(continental coalition)을 구성하고 있다. 2000년대 들어 상하이협력기구의 본격적인 가동이 그것을 말해준다.[3]

그러므로 우리는 경제적 상호의존의 양상과 독립적으로 군사정치적 차원의 갈등과 동맹의 구도를 분석하고, 그것을 동아시아 지역적 차원에서 개념화해야 한다. 냉전시대 동아시아와 유럽은 모두 분열과 대립의 질서였다. 그러나 탈냉전 이후 유럽은 경제적 통합을 심화

---

2 Muthiah Alagappa, "The Study of International Order: An Analytical Framework," in Muthiah Alagappa(ed.), *Asian Security Order: Instrumental and Normative Features*, Stanford: Stanford University Press. 2003, p.60.

3 Yu Bin, "China and Russia: Normalizing Their Strategic Partnership," in David Shambaugh(ed.), *Power Shift: China and Asia's New Dynamics*, Berkeley: University of California Press. 2005.

시켰고 이어 북대서양조약기구의 확장을 통해 전 유럽의 군사외교적 통합의 양상까지도 띠고 있다. 반면에 동아시아는 여러 수준에서 갈등과 긴장이 유지되고 있다. 이러한 지역적 차이는 곧 동아시아 지역질서의 고유성이라는 문제를 던지는 것이며, 우리는 그 구조를 해명해내야 할 숙제 앞에 서 있다.

2. 동아시아 지역질서의 개념: 케네스 왈츠와 그 비판적 보완

1) 케네스 왈츠와 국제정치구조

숙제의 해명을 위한 이론적 준비는 먼저 전 지구적인 차원의 국제정치의 '구조'에 대한 이해에서 출발해야 하며, 그에 앞서 지역질서의 고유성을 이해할 수 있는 개념틀이 필요하다. 이 글에서는 국제정치의 구조에 대한 가장 대표적인 이론적 작업을 벌인 케네스 왈츠의 개념틀에서 시작해 그것을 어떻게 보완할지 생각함으로써 그 작업에 접근하고자 한다.

국제정치 구조의 이해를 위한 왈츠의 가장 의미 있는 이론적 기여는 체제(system)·구조(structure)·단위(units) 사이의 관계를 나름의 방식으로 명확히 했다는 점이다.[4] 우리는 심지어 학문적 토론에서도 체제와 구조를 사실상 동일한 개념으로 혼용하는 경향이 있다. 왈츠는 그와 달리 체제를 구조와 구분한다.

왈츠에게 국제정치의 '구조'란 두 가지 요소로 이루어진다. 하나는 지도원리(organizing principle)로서의 무정부상태라는 개념이고, 다른 하나는 단위들인 국가들 사이의 권력배분상태, 즉 결정적 영향력을 가진 강대국의 숫자라는 극성(極性, polarity)의 개념이다.

왈츠의 '구조'와 '체제'가 의미하는 바와 함께 그 두 개념의 의미

---

4 Kenneth N. Waltz, *Theory of International Politics*, Addison-Wesley Publishing Company, 1979. p.79.

상 차이를 극적으로 드러내주는 것은 냉전의 구조와 탈냉전의 구조에서 변한 것과 변하지 않은 것에 대한 그의 설명이다. 그에게 냉전 질서는 양극질서의 구조였다. 탈냉전의 구조는 일극적 구조다. 그런 의미에서 탈냉전은 국제질서에서 구조적 변화를 가져온 것이었다. 그러나 왈츠의 개념에서 구조의 또 다른 요소는 무정부상태라는 측면이다. 그는 국제정치의 지도원리가 무정부상태라는 점은 탈냉전의 질서에서도 변함이 없다고 보았고, 그래서 체제적인 변화는 없다고 말한다. 왈츠는 2000년에 발표한 논문에서 극성이 양극에서 다극 체제로 옮겨가면, 국가들의 상대적 능력에 대한 불확실성이 증가하고 세력연합들(coalitions)의 결합력과 능력에 대한 평가가 어려워지기 때문에 국제정치체제 전반에 커다란 변화가 초래되지만, 국제정치체제의 무정부적 구조는 변한 것이 아니라고 보았다. 국제정치는 여전히 자조(自助, self-help)의 무대로 남으며, 그런 점에서 체제적 변화는 없다고 했다.[5]

에드워드 카나 한스 모겐소에게 무정부상태는 비교적 단순하게 갈등과 전쟁의 허용적 조건에 지나지 않았다. 그러나 왈츠에게 무정부상태는 국가들의 행동양식을 형성하고 추동하는 능동적이고 자율적인 힘으로 규정된다. 그래서 적극적인 '체제적인 효과'(systemic effects)를 갖게 된다.[6] 폭력적 갈등을 막을 수 있는 중앙권위의 부재로 그치는 것이 아니라 폭력적 갈등을 생산해내는 중요한 압박변수라는 능동성을 '구조'에 부여한 것이었다.[7] 그런 점에서 차라리 왈츠

---

5 Kenneth N. Waltz, "Structural Realism after the Cold War," in G. John Ikenberry (ed.), *America Unrivaled: The Future of the Balance of Power*, Ithaca: Cornell University Press, 2002. Reprinted from *International Security.* "Structural Realism after the Cold War," *International Security* 25, no.1 (Summer 2000).

6 Stephen M. Walt, "The Enduring Relevance of the Realist Tradition," Ira Katznelson and Helen V. Milner (eds.), *Political Science: State of the Discipline*, New York: W.W. Norton, 2002, p.202.

7 무정부상태가 단순히 "혼돈, 파괴, 죽음"과 같은 의미에 지나지 않는다면,

가 말하는 무정부상태는 구조의 한 측면으로서 '조직원리' 또는 '지도원리'라고 하기보다는 아예 '체제적 원리'(systemic principle)로 부르는 것이 더 적절할지도 모른다.

　동아시아 지역질서를 개념화하려는 우리의 필요에 비추어볼 때, 국제정치의 구조에 대한 왈츠의 개념틀은 지나치게 초시간적이며 초공간적인 보편적 논리를 지향하는 것이라고 할 수 있다. 그것은 지나치게 압축적인 일반화(parsimony)를 추구하는 탓이기도 하지만, 질서를 구성하고 결정하는 요인이 무엇인지에 대해서도 제한된 철학적 인식론에 바탕했기 때문이기도 하다. 지역질서의 구성요인에 왈츠가 간과하거나 배제하고 있는 요소들을 추가하거나 허용함으로써 국제정치구조의 개념을 보다 포용적인 것으로 만들 필요가 있다. 이 글에서는 그것을 세 가지 점에서 비판적으로 보완하고자 한다.

2) 갈등과 동맹의 구도

　먼저 국제정치의 구조에 대한 왈츠의 논의에서 국가들 간의 갈등과 협력의 패턴을 결정하는 것은 무정부상태라는 밑그림 위에서의 국가들 간의 권력배분상태, 즉 앞서 말한 극성의 문제로 압축된다. 따라서 어떤 지역의 다수 국가들 내부의 갈등과 협력 연합의 양상은 큰 의미를 띠지 않는다. 그보다는 전체로서의 그 국제질서가 안정적

무정부상태와 정부의 차이는 별로 크지 않을 것이라고 왈츠는 말한다. 정부가 존재하는 국내적인 질서에서도 폭력의 가능성은 언제나 존재하며, 그 정부 자체가 국민들로부터 언제라도 폭력적 저항의 대상이 될 수 있기 때문이다. 정부가 있는 국내체제와 정부가 없는 무정부적 국제체제의 근본적 차이는 폭력과 혼돈의 가능성 여부가 아니다. 폭력 또는 그 가능성이 발생했을 때 국내체제는 폭력의 합법적 사용을 독점한 정부가 사적인 폭력 사용으로부터 시민들을 방어하는 역할을 대신해주는 것과 달리, 국제체제에서 국가들은 그 역할을 대신해줄 기관이 존재하지 않고 스스로 그 역할을 떠맡아야 하는 자조의 체제(a system of self-help)라는 점에 그 차이가 있다. "국내체제는 자조의 체제가 아니다. 국제체제는 자조의 체계다"라는 그의 말이 그 점을 요약해준다(Waltz, 1979, p.104).

인지 불안정한지에 주목한다. 안정 여부의 결정 원리 또한 일극질서 냐 양극질서냐 다극질서냐에 초점을 맞추는 것으로서, 역시 극성의 문제로 환원된다.

그 결과 왈츠는 전통적 현실주의자들에 비해서 동맹의 패턴과 그 것이 국제질서의 성격에 미치는 영향에 대한 분석에 소홀하거나 아 예 그것을 관심의 대상으로 삼지 않는다. 설명의 경제성(parsimony) 을 위해 국제질서의 설명에서 극성 이외의 다른 변수들에 대한 고려 를 사실상 배제하는 접근방식이 초래하는 결과이기도 하다. 국제정 치이론들이 국제체제의 일정한 본질적 요소들에 집중하고 그로부터 연역해 모든 것을 설명하려 하는 바람에 국제질서에서의 구체적인 갈등과 협력의 양상으로서의 동맹이 주목을 받지 못했다는 글렌 스 나이더의 지적은 그런 점에서 일리가 있다.[8]

전후 국제정치이론의 대부분은 과거 열강들(great powers)의 세 력균형의 국제질서를 벗어나 미국과 소련 같은 이른바 초강대국들 (superpowers)이 지배하는 전후의 국제환경 속에서 전개되었다. 이 러한 환경에서 국제정치학이 여러 국가 사이의 갈등과 연합의 구도 보다는 한두 개의 초강대국들의 헤게모니나 그들 사이의 패권경쟁 에 초점을 맞추게 된 것은 놀라운 일이 아니었다.

역사적·문화적·정치적 요인들에 의해서 형성되는 갈등과 동맹의 구도가 세계질서와 지역질서의 성격에 의미 있는 결과를 낳는다고 믿을 때 이론가들은 동맹의 문제에 관심을 갖는다. 동아시아 지역 국 제질서는 탈냉전 이후에 유럽과 달리 왜 여전히 갈등적이고 분열적 인지에 관심을 갖는다면 이 지역질서의 역사성과 주요 국가들의 전 략적 선택에 주목해야 한다.

극성만이 아니라 국가들 사이의 동맹의 양상에 주목하는 또 하나 의 이유는 이어서 곧 설명할 역사성의 문제와 연결된다. 예를 들어

---

8 Glenn H. Snyder, *Alliance Politics*, Ithaca: Cornell University Press, 1997, p.3.

동아시아 지역에서 미국의 위상과 역할이 일본과의 동맹에 크게 근거하고 있다는 사실은 중국의 미국 인식에 상당한 중요성을 갖는다. 중국은 일본에 대해 해소되지 않은 길고 깊은 정신적 상처의 역사가 있다. 그 결과 미일동맹체제에 대한 중국의 인식은 중일관계의 역사성을 적어도 부분적으로 담게 된다. 이런 점에서도 동맹의 구조는 특히 지역적인 국제질서에서 중요한 의미를 갖는다고 할 수 있다.

3) 차상위 강대국(중대국)들의 문제

왈츠의 개념대로라면 국제정치의 구조는 전 지구적 차원에서의 강대국들의 숫자, 즉 세계차원의 극성에 의해 결정되기 때문에 지역질서의 자율성이나 고유성은 거론되기 쉽지 않다. 이 한계로부터 벗어나기 위해서는 전 지구적 수준에서 결정적 영향력을 행사하는 강대국들 이외에 지역적 수준의 국제질서에 지대한 영향을 미칠 수 있는 차상위 강대국들(second-rate great powers)에 주목하지 않으면 안 된다.

왈츠에게 극성은 전 지구적인 차원에서의 "결정적 영향력을 가진 국가들의 수"를 말한다. 냉전시기 같으면 미소 두 나라를 가리키는 양극체제다. 우리는 여기에 지역질서 수준에서의 "중요한 영향력을 행사하는 국가들"이라는 요소를 적극적으로 그 지역질서의 구조를 이해하는 데 끌어들일 필요가 있다. 우리는 이들을 "지역강국"(regional great powers)이라고 부를 수 있으며, 세계질서 안에서 이들의 위상은 "중대국"(中大國, middle powers)이라고 할 수 있겠다.[9]

그러나 유럽이나 동아시아처럼 세계적 지정학에서 핵심적인 지역들에서 지역강국의 수준에 있는 나라들은 역시 전 지구적 차원에서도 일정한 역할을 할 수 있다는 점을 생각할 때, 이들을 단순히 지역

---

9 물론 지역강국 가운데 어떤 나라는 레닌과 로버트 길핀이 말하는 '힘의 불균등 발전'을 통해 세계적 패권자에게 도전하는 위치로 다가설 수 있다.

강국의 수준으로 보는 데는 어폐가 있을 수 있다. 그들 나름대로 전 지구적 국제권력구조에도 영향을 미치기 때문이다. 이런 점들을 고려한다면 배리 부잔과 오울 위버의 제안처럼 강대국들을 '초강대국'과 '강대국'이라는 범주로 나누는 것도 적절한 대안일 수 있겠다.[10] 다만 강대국이라고 할 때 일반적으로 초강대국들도 포함하는 것임에 비추어 그냥 강대국들을 가리킬 때에는 '차상위 강대국'(또는 중대국)이라는 표현을 사용한다면 혼동을 피할 수 있을 것으로 생각된다.

부잔과 위버의 분류에 따르면, 1차 대전과 2차 대전 중간 시기의 세계질서에서 초강대국은 영국·미국·소련 세 나라였으며, 독일·일본·프랑스가 일반적인 강대국, 필자의 표현으로 하면 '차상위 강대국'들이었다. 그래서 이 시기 전 지구적 권력구조(global power structure)는 3+3 체제였다고 본다. 한편 냉전시대 초강대국으로는 미국과 소련이 있었고, 중국과 일본과 유럽이 차상위 강대국의 수준으로 나아가는 단계에 있었다고 봄으로써 당시 국제권력구조는 2+3의 체제로 간주했다. 탈냉전 이후 첫 10년간 세계는 미국을 단일 초강대국으로 두고 중국·유럽연합·일본·러시아가 차상위 강대국의 위상을 가진 1+4의 체제로 옮겨갔다고 본다.[11]

부잔과 위버가 초강대국과 차상위 강대국을 구분한 기준이 반드시 정확한 것은 아니다. 예컨대 양차 대전 중간 시기에 영국·미국·소련이 초강대국들이고 독일·일본·프랑스가 차상위에 속했다고 하는 것은 일부는 그럴 듯 하지만 납득하기 어려운 부분도 있다. 당시 소련이 일본이나 독일에 비해 이미 초강대국의 지위에 있었다고 한

---

10 Barry Buzan and Ole Weaver, *Regions and Powers: The Structure of International Security*, Cambridge: Cambridge University Press, 2003.

11 향후 20년 내에 또 하나의 초강대국이 등장해 2+3의 체제로 옮겨갈 가능성을 높게 보지 않고, 적어도 향후 20–30년간은 1+4의 체제가 유지될 것으로 보는 것이 일반적이며 부잔과 위버도 같은 시각을 갖고 있다(Buzan and Weaver, 2003, pp.445–446).

것이 문제시될 수 있으며, 또한 미국과 영국이 과연 당시 초강대국이 었는가 하는 것도 의문의 대상이 될 수 있다. 특히 초강대국이라는 개념을 전후 미국과 소련이 점했던 위상을 기준으로 한다면 양차 대전 중간 시기에 초강대국이라 할 만한 나라는 사실상 하나도 없었다 해도 과언이 아니다. 이처럼 어떤 나라를 초강대국이라 하고 어떤 나라를 그냥 '강대국', 즉 차상위 강대국의 범주에 넣을 수 있을 것인가에 대한 엄밀한 분류는 꼭 쉬운 일만은 아니며 기준의 차이에 따라 다른 범주화가 가능할 수도 있다.

하지만 이 점은 왈츠의 말에서 타협의 실마리를 찾을 수 밖에 없다고 본다. "어떤 시대에 강대국들의 수가 몇 개인지 판단하는 일은 어떤 경제의 과점적 산업분야에서 주요 기업들의 수가 얼마나 되는지를 알아내는 일만큼이나 어렵기도 하고 쉽기도 하다. 이 문제는 경험적인 것이며 상식(common sense)이 답을 줄 수 있다."[12] 전후 유럽의 국제질서에서는 서독과 프랑스, 영국 등이 차상위 강대국들이다. 같은 기간 동아시아 지역 국제질서에서는 중국과 일본이 그에 속했다. 이들 차상위 강대국들의 지역 내 역학관계와 함께 그들 간의 갈등과 동맹의 구도가 어떻게 전개되는가 하는 것이 전 지구적 차원의 초강대국(들) 사이의 역학구도와 관계의 양상과 함께 그 지역 국제질서의 성격에 중대한 영향을 미칠 수 있다.

지역 국제질서 연구에서는 약소국가들이 세계적 차원의 극성 구도와 어떤 관계를 맺고 있는지도 중요하다. 이들 약소국들은 적어도 지역질서 수준에서는 차상위 강대국들의 관계양식과 상호영향을 주고받는 관계에 있다. 전후 유럽질서의 경우는 동유럽의 작은 국가들이 미소 양극질서와 그 갈등관계, 그리고 유럽의 차상위 강대국들과 어떤 관계를 맺고 있었는지에 주목해야 하며, 동아시아의 경우는 한반도의 남한과 북한, 그리고 타이완 등이 약소국가들로서 미소 양극

---

12   Waltz, 1979, p.131.

구조 및 중국과 일본 등의 차상위 강대국들과 서로 어떤 구조적 상호 영향관계에 있었는지 그 특징을 밝히는 일이 중요하다.

4) 국제질서와 역사 및 역사인식

국제정치의 질서나 구조에 대한 왈츠 등의 현실주의적 논리는 초시간적이고 초공간적인 보편적 적용력을 가진 개념들이 중심을 이룬다. 역사와 역사인식의 문제가 끼어들 여지가 거의 없다. 이것을 시공간적 맥락과 인식의 개념에 의해 비판적으로 보완할 필요가 있다.

이 글에서 논의하게 될 '동아시아 대분단체제'가 현재진행형이지만 과거에 그 뿌리를 두고 있다는 사실은 역사와 역사인식이 현재 동아시아 국제질서의 성격에 중요한 변수의 하나를 구성함을 말한다. 과거의 침략과 갈등의 '역사'가 오늘날 질서의 한 요소인 것이다. 역사는 공동체의 집단적 기억이다. 그 기억의 양태는 정치적 부침을 거치며 끊임없이 재해석되면서 국가 간 관계의 현재와 미래에 영향을 미친다. 이러한 역사적 관념이 국제질서의 성격에 영향을 미친다고 보는 것은 질서를 시간과 공간의 성격에 의해 규정되는 것으로 여김을 뜻한다. 또한 국가들 간의 상호작용의 양태가 무정부적인지 아니면 덜 그러한지 여부는 국가들이 자신과 타자의 정체성과 이익을 어떻게 인식하는지에 따라 결정될 수 있다는 것을 인정하는 것이다.

왈츠의 무정부상태는 모든 국가 간에, 모든 지정학적 상황에서, 모든 시공간에 초월적이고 보편적으로 적용되는 것이다. 반면에 지난 1990년대 이후 본격적인 이론화를 시도한 구성주의적 관점에서 국가의 정체성과 이익은 맥락에 따라 다르며(contingent), 사회적으로 구성되는 것에 다름 아니다. 이 관점에서 국제관계의 무정부성은 물질적인 객관적 현상이 아니라 문화적이고 관념적인 현상이 된다. 그러므로 무정부성의 논리는 가변성을 띠게 된다.[13] 알렉산더 웬트의 이 같은 개념은 "무정부상태의 성격은 결국 국가들이 만드는 것"이라는 명제에서 출발했다.[14] 이후 그는 이 명제의 존재론적 기초를 추구하는 과정에서 문화를 "자기충족적 예언"의 수준으로 끌어올린다. 문화는 사람들의 미래예상(기대치, expections)을 결정하고 그 미래예상은 사람들의 행동을 결정하며, 그 행동은 다시 사람들의 미래예상을 결정하는 것으로 설정된다.[15] 국제관계에서 문화와 인식의 결정력은 그만큼 절대화된다. 이러한 시도는 문화와 인식의 물질적·객관적 토대에 대한 관념을 희석시키는 또 하나의 존재론적 형이상학의 담론으로 흐를 소지가 다분하다.

그러나 이러한 인식론적 함정은 웬트뿐만 아니라 케네스 왈츠의 초시간적·초공간적 명제로서의 무정부성과 자조의 개념들도 피할 수 없기는 마찬가지다. 왈츠와 같은 현실주의자들의 국제정치학은 무정부성의 개념을 포함한 국제정치의 본질을 오로지 자기이익과 자조의 관점에서 정의하고 설명함으로써 현실 속에서도 국제정치가 자조의 체제로 남는 데 일조한다는 것이 웬트의 주장이다. 그런 점에서 현실주의도 국제정치의 현실이 무엇인가에 대해서뿐만 아니라 국제정치는 어떠해야 하는가라는 당위의 차원에 대해서까지도 일정한 관점을 내포한 규범적 논리일 수밖에 없다는 것이다.[16]

웬트는 구성주의가 존재론이나 형이상학이라는 것을 부정함으로써가 아니라 모든 국제정치이론은 결국 존재론이고 형이상학일 수밖에 없다는 주장을 정면으로 제기함으로써 왈츠 등의 현실주의에 도전하고 있는 셈이다. 그는 의식적으로 존재론(ontology)을 그의 구

---

13 Alexander Wendt, *Social Theory of International Relations*, Cambridge: Cambridge University Press,Wendt, 1999, p.42–43, Part II.

14 Alexander Wendt, "Anarchy Is What States Make of It: The Social Construction of Power Politics, *International Organization*, Vol.46, No.2(Spring 1992); 이삼성, 「전후 국제정치이론의 전개와 국제환경: 현실주의/자유주의 균형의 맥락적 민감성」, 『국제정치논총』, 제36집 3호(1997), 53쪽.

15 Wendt, 1999, p.42.

16 Wendt, 1999, p.368.

성주의적 국제정치이론에 끌어들인다. 그간의 국제정치학이 다루는 대상들은 실제 존재론적 쟁점들을 함유하고 있음에도 국제정치학은 그 점을 충분히 의식하지 못했을 뿐이라고 주장한다. 다만 웬트의 존재론은 사물 존재의 영구불변한 실체가 무엇이냐에 대한 구명에 초점을 두는 것이 아니라, (국가들의) 행동과 인식이 존재(국가)들의 관계의 성격과 본질을 구성하며 그러한 구성의 과정은 고정불변의 것이 아니라 끊임없는 과정이라는 점을 강조한다.[17] 이를테면 행동과 인식과 존재들의 관계양식에 관한 존재론적 사유라고 할 만한 것이다.

행동의 상호작용과 그 인식이 국가들의 관계, 즉 국제정치질서와 그 구성에 존재론적 의미를 갖는다는 인식은 결국 '역사'와 '역사의식'이 현재와 미래의 국제질서의 구성에 미치는 영향을 주장하는 것으로 수렴된다. 그래서 웬트 등의 구성주의는 근본적으로 현재의 상황에 대한 행위자들의 인식의 틀을 과거(the past)가 어떻게 결정하는지에 주목하는 관점인 것이다. 결국 역사적 과정에 초점을 맞추는 논리다. 그로 인해 잃는 것도 있다. 합리적이고 신중한 행위자들이 미래의 불확실성을 어떻게 다루는지를 분석하는 데 한계가 있을 수 있다.[18]

반면에 얻는 것은 무엇인가. 웬트 자신이 강조하는 적어도 한 가지 이득은 국제체제가 권력균형의 체제로부터 집단안보체제로 이행할 수 있는 가능성에 대한 존재론적 사유를 허용한다는 점이다.[19] 현재의 구조가 영원불변의 고정된 실체가 아니라, 행동과 인식의 시간적 축적의 구성물인 만큼, 그 구조 역시 앞으로의 행동과 인식의 체계에 의해 변화가능한 역사적 국면에 불과한 것으로 되기 때문이다.

---

17 Wendt, 1999, pp.36-37.

18 Dale C. Copeland, "The Constructivist Challenge to Structural Realism: A Review Essay," *International Security*, Vol.25, No.2(Fall 2000), p.210.

19 Wendt, 1999, pp.36-37, 313-369.

여기서 어느 하나의 형이상학을 선택할 필요는 없다. 어떤 누구도 절대적으로 정당화될 수 있는 철학적 명제를 제시하지는 못한다. 그만큼 열려 있어야 할 필요를 말한다. 그런 뜻에서 이 글은 집단적 기억으로서의 역사와 역사인식이 국가의 정체성과 이익을 규정하고 그럼으로써 국제질서의 성격을 형성하고 유지하고 변경하는 데 관여한다는 개념을 수용한다. 왈츠가 상정하는 보편적 적용력을 가진 무정부상태의 개념, 그리고 동시에 역사적 과정에 대한 기억과 그것을 둘러싼 기억의 정치(politics of memory)를 통해서 여과된 문화적·사상적 개념들이 그 무정부상태의 성격과 국제관계의 시공간적 맥락에 일정하게 영향을 미친다고 본다. 일정한 시공간 안에서 국제관계에서의 갈등과 협력의 구조에 역사가 의미 있는 변수가 될 수 있다는 것을 인정함을 말한다.[20]

이러한 점들을 염두에 두면서 동아시아 지역질서의 구조를 이해하는 데 도움이 될 수 있는 개념으로서 '동아시아 대분단체제'를 논의하려고 한다.

3. 동아시아 대분단체제의 형성

1) 동아시아 대분단체제의 기원: 중일 간 역사와 그 기억

1989년 6월 중국 톈안먼광장에서 민주화시위에 대한 중국인민해방군의 유혈진압이 벌어졌다. 얼마 후, 『뉴욕타임스』의 도쿄지국장 니콜라스 크리스토프는 중국 지하민주화운동의 한 지도자와 베이징의 한 레스토랑에서 마주 앉았다. 이때 나눈 대화에서 크리스토프는 아시아의 미래에 드리운 과거의 그림자의 심각함에 깊은 인상을 받았다. 크리스토프가 만난 인물은 중국에서 인권을 성장시키고자 하

---

20 다음의 책에서 '기억의 정치'라는 개념을 소개하고 논의한 바 있다. 이삼성, 『20세기의 문명과 야만』, 한길사, 1998, 49-61쪽.

는 존경할 만한 민주적 비전을 가진 지도적 인물이었다. 그런데 그는 크리스토프에게 느닷없이 "우리는 일본인들을 죽일 생각"이라고 말했다. 그가 말한 이유는 이러했다. 중국에 진출한 일본 기업인들을 죽이면 일본인들이 겁이 나서 중국에 더 이상 투자하지 않을 것이다. 그렇게 되면 중국 정부가 경제적으로 곤란에 빠질 것이다. 정부의 탄압 때문에 시위도 할 수 없고 출판할 수도 없다. 이런 조건에서 중국 정부를 괴롭혀 민주주의를 신장하는 유일한 방법은 일본인들을 죽이는 방법밖에 없다. 이런 그의 주장을 듣고 크리스토프는 일본인이든 누구든 무고한 기업인들을 죽여서 중국의 인권을 신장한다는 것이 말이나 되느냐고 반박했다. 그러자 그 중국인은 "당신은 아시아를 결코 이해하지 못할 것"이라는 의미로 얼굴을 찡그리면서 "그들은 일본인이니까, '일본 악마들'이니까"라고 되받았다.[21]

중국의 이 민주화운동 지도자는 그 후 어떤 일본인도 죽이지는 않았다. 그러나 그 말을 할 때 그의 얼굴에 나타난 진지한 표정은 이 미국 언론인의 뇌리에 깊은 인상을 남겼다. 역사가 남긴 심리적 상흔으로 중국인들의 일본 인식에 내포한 증오는 수십 년 세월을 뛰어넘어서, 그리고 이 민주화운동 지도자가 잘 보여주고 있듯이 중국 내부 보수와 진보의 정치적 스펙트럼을 뛰어넘어 강하게 실재하고 있다.

일본의 중국 침략이 아시아인들의 뇌리에 남긴 가장 상징적인 사건은 물론 1937년 12월에 발생한 난징대학살이다. 1936년 12월 시안사건을 계기로 장제스의 국민당군은 공산당 토벌에서 항일전으로 우선순위를 옮긴다. 그 후인 1937년 7월 일본 군대와 장제스군대는 베이징 지역에서 격돌한다. 일본군은 7월 27일 대공격을 감행해 베이징과 텐진 중간 지역을 점령한다. 이에 대한 반격으로 8월 14일 중국군은 상하이에 일본군이 구축한 해군시설들을 공격했다. 일본군

---

21 Nicholas D. Kristof, "The Problem of Memory," *Foreign Affairs*, November/ December 1998. p.37.

은 이에 대응해 상하이에 증원부대를 급파한다. 그해 12월 일본군은 난징을 점령하고 그 직후부터 한 달에 걸쳐 체계적인 대학살을 벌인다. 적어도 25만, 아마도 많게는 35-40만의 중국인이 살해된 것으로 추정되고 있다.[22]

일본 제국주의와 아시아대륙 사이의 참혹한 전쟁과 침탈의 기억은 난징이 대표할 뿐 그것이 전부는 아니다. 19세기 중엽 이후 서양 제국주의에 대한 중국인들의 인식은 이중적이었다. 반제민족주의를 불러일으켰지만 서양의 근대는 중국에게 근대를 일깨우는 자극이기도 했다. 천두슈가 서양문명의 두가지 핵심으로 꼽은 것이 '미스터 민주주의와 미스터 사이언스'였다.[23] 이것은 지난 한 세기간 서양이 중국의 심리에 던진 충격의 이중성을 여실하게 드러낸다.

서양의 근대와 충돌하면서 발전하기 시작한 중국의 민족주의가 그 후 지속적으로 맞부딪치며 당면한 제국주의의 실체는 정작 서양이 아닌 일본이었다. 청일전쟁이 그러했고, 중국 만주에 대한 이권을 두고 싸운 일본이 중국 땅에서 벌인 러일전쟁 또한 그러했다. 유럽이 주요 전쟁터가 된 1차 대전으로 동아시아에서 유럽 열강의 영향력이 약화된 시기에 일본은 중국 압박을 가속했고, 마침내 1930년대 만주 침략과 식민국가 건설로 나아갔다. 이어 1937년 "난징의 강간"에서 절정을 맞는 일본의 중국 본토침략과 이후 일본 패망까지의 긴 전쟁과 참혹의 역사는 일본과 아시아대륙 사이의 역사심리적 간극의 원천이 되었다.

『뉴욕타임스』의 니콜라스 크리스토프와 중국 민주화운동 지도자 사이에서 '중국인 마음속의 일본인 증오'를 여과없이 드러낸 대화가 1940년대가 아닌 탈냉전이 진행 중이던 1989년의 대화라는 사실은

---

22 William R. Nester, *Power Across the Pacific: A Diplomatic History of American Relations with Japan*, London: Macmillan Press, 1996, p.120.
23 Jonathan D. Spence, *The Search for Modern China*, New York: W.W. Norton, 1990, p.315.

1934년 야스쿠니신사를 참배한 쇼와 천황.

매우 중요하다. 이후 10년간 유럽질서에서는 중국·일본의 경우에 못지않게 치열한 전쟁의 기억을 가진 독일이 주변 국가들의 축복 속에 통일을 이루고 통일된 독일과 다른 유럽 국가들이 하나의 경제적 단위를 이루며, 더 나아가 정치군사적 공동체를 추구하는 통합의 시대가 전개된다. 그러나 동아시아에서는 냉전시대에 구축된 미국 주도의 동아태동맹체제가 미일동맹을 중심으로 더욱 강화된다. 또 그 동맹의 가상적 목표물이 중국대륙으로 초점이 맞추어지는 상황으로 나아간다. 이러한 차이의 근원적 이유는 무엇인가. '동아시아 대분단체제'의 형성에 대한 탐색은 바로 이 질문에 대한 답을 찾으려는 시도의 하나다.

2) 냉전과 역사적 상처의 응결(凝結)

냉전은 전 지구적 갈등과 대립의 질서였지만, 그것이 유럽과 동아시아의 지역질서에 미친 영향은 정반대였다. 유럽에서는 과거의 적대국들이 미국의 질서 속에서 하나로 통합되어감으로써, 전쟁으로 인한 역사적 상처를 치유하는 과정이었다. 동아시아에서 냉전은 지역 강국들 사이의 전쟁과 그로 인한 역사심리적 분단이 치유되기는 커녕 응결되고 확대 및 재생산되는 과정이었다. 이것이 동아시아와 유럽에 냉전질서가 갖는 전혀 다른 의미의 핵심이다.

유럽에서 전후 독일의 정치지도부는 전전 파시즘 세력과 철저한 단절을 보인다. 독일에서 역사의식의 전환과 철저한 반성이 가능하게 된 정치적 기반이다. 이와 달리 전전의 일본 지배층 인물들은 전후 얼마 지나지 않아 냉전이 발전하는 가운데서 복권된다.[24] 중요한 것은 물론 복권된 인물들의 숫자보다는 일부라도 그렇게 할 수 있었다는 전후 일본의 정치적·정신적 상황에 있다. 이것은 천황제의 존속과 함께 일본의 지배적 역사의식의 연속성 보장에 일조했다. A급 전범들이 야스쿠니신사에 합사된 채 마침내는 일본 총리들의 참배를 받기에 이르는 과정은 일본 역사의식의 전전 상태에서의 응결을 압축적으로 보여주는 것이 아닐까.

전후 독일과 일본에서 정치사회적 지도부가 과거와의 단절에서 보이는 차이는 전후 유럽과 동아시아에 형성된 지역질서 성격에서의 차이와 긴밀한 관계에 있다.[25] 유럽에서의 차상위 강대국들인 프

---

24 1957년 일본 총리가 된 기시 노부스케(岸信介)는 전쟁내각인 도조 히데키(東條英機) 내각의 각료였다. 그는 처음엔 전범 리스트에 올랐다. 그러나 결국 재판에 회부되지 않았다. 이처럼 A급에 속할 수 있는 전범의 집단이 전후 일본 재건 세력의 중심인 자민당의 주역으로 되었으며, 기시 같은 인물이 일본 정치의 정점(頂点)에 되돌아올 수 있었다. 전쟁범죄로 7명에 선고된 사형과 16명에 처해진 종신형에 비하면 가벼운 형인 유기징역에 처해진 두 명 가운데 한 명인 시게미쓰 마모루는 나중에 외무장관이 된다(Marius B. Jansen, *Japan and China: from War to Peace, 1894-1972*, Chicago: Rand McNally College Publishing Company, 1975, p.454). 기시 노부스케는 태평양전쟁 이전에 이미 만주경영을 담당한 자였으며, 전쟁 중에는 도조내각의 상공대신, 국무대신, 그리고 군수차관으로서 군수생산의 중심인물이었다(우지 도시코 외, 이혁재 옮김, 『일본 총리 열전』, 2002, 376쪽). 2006년 10월 일본의 총리가 된 아베 신조는 기시 노부스케의 외손자다.

25 李三星,「アメリカの東アジア戦略と日本の精神状況」,『言語文化研究』, 立命館大學國際言語文化研究所, 14卷 1号(5月), 2002(中村福治 譯).

랑스와 영국은 새롭게 형성된 미국패권하에서도 상대적 자율성을 가지며, 소련과 함께 전후 독일의 분할점령에 참여했고 이를 지렛대로 독일의 질서 재편에서 중요한 역할을 했다. 독일이 벌인 전쟁의 직접적인 피해자들로서 이들의 역할은 서독과 동독 모두의 역사의식 전환을 현실적인 역학으로 뒷받침했다.

반면에 전후 동아시아에서 미국은 일본을 단독 점령함으로써 미국의 대소련 및 대중국 냉전정책이 일본 역사의식의 향방을 결정했다. 당시 이 지역에서 유일한 차상위 강대국이라고 할 수 있었던 중국은 공산화되면서 일본의 전후질서 재편에서 소련과 마찬가지로 배제되었다. 타이완과 한국은 전후 일본의 운명과 그 역사의식의 연속성 여부를 결정하는 과정에 참여하기엔 너무 약한 국가들이었으며, 미국의 냉전정책과 대일전략에 이의를 제기할 수 있는 자율성을 갖고 있지 못했다.

냉전체제는 한반도가 전쟁으로 치닫는 국제환경을 제공하면서 일본 역사의식의 정신적 지체를 결빙(結氷)시키는 또 하나의 중대한 계기를 제공했다. 이 전쟁은 말할 것도 없이 남북한뿐 아니라 중국과 미국에게도 엄청난 희생을 강요했다.[26] 모두에게 비극이었던 이 전쟁은 일본에게만큼은 하늘이 내린 선물이었다. 전쟁 기간 일본의

---

26 한국인 사망자, 부상자, 실종자는 모두 3백만으로 추산된다. 당시 한반도 총 인구의 10분의 1에 해당하는 숫자다. 난민은 5백만 명에 달했고 남북으로 헤어진 이산가족이 1천만 명에 이르렀다(William Stueck, *The Korean War: An International History*, Princeton: Princeton University Press. 1995, p.361). 또 한국군은 사망자와 부상자를 합해 99만, 북한 인민군은 사망자만 51만이었다. 미군 이외 기타의 유엔군도 사상자가 3만이었다(고길희, 『하타다 다카시』, 지식산업사. 2005, 120쪽). 미군은 사망자만 35,000명이었다. 중국측 희생자 규모는 어떠한가. 徐焰이 저술한 『第一次較量: 抗美援朝戰爭的歷史回顧與反思』(北京: 中國廣播電視出版社, 1990)의 322쪽에 따르면, 한국전쟁에서 중국군 사상자 총인원은 36.6만명이라고 밝히고 있다. 그리고 중국군사과학원에서 출판한 『抗美援朝戰史』가 보다 권위적인 자료이지만, 이 책에서 중국지원군의 사상자의 수는 없다. 중국 자료에 대한 강택구 박사의 조언에 감사한다.

'조선특수'는 10억 달러였다. 전쟁 때문에 주둔한 유엔군 장병들이 일본에서 소비한 달러를 포함하면, 일본의 전쟁특수 총액은 24억 달러에 달했고, 같은 기간 일본의 수출 총액은 47억 달러가 넘기에 이르렀다.[27] 한일국교 정상화 과정에서 일본이 청구권 자금 형식으로 한국에 제공한 달러가 무상공여 3억, 유상정부차관 2억, 그리고 민간 차관 1억으로 모두 합해도 6억 달러 정도였다.[28] 이것이 한국 경제발전에 중요한 기반이 된 사실에 비추어보면, 일본의 한반도 전쟁특수가 가진 경제적 의의는 더 뚜렷해진다. 문제는 이렇게 기틀이 다져진 일본의 재건이 단지 경제적 재건만이 아니었다는 점이다. 어떤 부분에서는 패전 이전의 정신상태의 재건을 포함한 것이었다.

적어도 두 가지 의미에서 이 상황은 일본의 역사의식에 중대한 영향을 미쳤다. 첫째, 한반도의 비극이 일본에게는 '가미카제'(神風)이자 '천우'(天佑)로 받아들여졌다.[29] 일본 자신의 식민주의가 어떤 형태로든 관계되었던 이웃나라의 고통과 아픔에 무감각해지며 그것이 오히려 행운이 되는 상황에 일본은 익숙해져갔다. 둘째, 이 전쟁은 일본이 식민주의와 전범적 가해자의 죄의식에서 벗어남과 함께, 과거와 현재에 대한 일본의 의식의 지평에서 아시아를 송두리째 지워버릴 수 있는 이념적·정신적 계기로 작용했다.

요컨대 동아시아 대분단체제는 전전 반세기에 걸친 일본과 중국 대륙 사이의 침탈과 참혹의 역사에 뿌리를 둔 것이며, 그것이 전후 미소 냉전체제와 결합해 유럽과 달리 그 역사적 상처가 응결됨으로써 정립된 동아시아질서의 본질적 측면이다.

결국 19세기 말 이후 반세기에 걸친 일본의 오랜 대륙침략의 역사로부터 중국과 일본 사이에는 깊은 불신과 증오의 벽이 쌓여졌고, 그 역사심리적 간극은 미국이 주도하는 40여 년에 걸친 냉전질서하에

---

27 고길희, 2005, 121-122쪽.
28 서중석, 『한국 현대사』, 웅진지식하우스. 2005, 227쪽.
29 고길희, 2005, 121쪽.

서 '역사적 시간의 결빙' 상태로 있었다. 일본과 대륙 사이에 불신과 증오의 제도화, 증오 기억의 정치를 영속화하는 구조가 형성된 것이었다.

4. 동아시아 대분단체제의 구조

이 분단선을 사이에 둔 갈등과 동맹의 구조를 '동아시아 대분단체제'라는 하나의 커다란 체제로 부를 수 있는 것은 세 가지 이유에서다.

첫째, 이 대분단 구조는 지역 내 차상위 강대국들 간 역사적 관계의 패턴과 그 심리적 요소가 미소 냉전구조와 결합함으로써 탄생했다. 그래서 이 분단체제는 단순히 일본과 중국, 또는 일본과 아시아의 분단으로 그치는 것이 아니다. 미소 간의 냉전체제와 결합하는 것이었기 때문에, 미일동맹체제와 아시아대륙 사이의 분단이었다. 동아시아의 대분단 구조는 지역 강국들인 중국과 일본의 관계가 미소의 양극질서 및 그 두 초강국 간의 갈등과 동맹 구조와 밀접하게 결합되면서 형성되었다. 미소 간의 갈등적 양극구조의 체계적인 영향속에서 형성·유지된 것인 동시에 미소 간의 갈등적 양극구조를 동아시아에서 구체적으로 표현하고 그것을 심화시키는 역할을 하는 것이었다.

둘째, 냉전구조와 결합하는 과정에서 동아시아의 분단체제는 두개의 다른 작은 분단체제를 거느리게 되었다. 한반도의 남북분단, 그리고 타이완해협을 사이에 둔 중국과 타이완의 분단이다. 이 두 개의민족 내부 분단체제들을 '소분단체제'라고 부르기로 한다. 이 소분단체제들 역시 미국과 유라시아대륙 간의 냉전구조와 결부되면서, 한반도의 남한과 중국의 타이완은 미일동맹과 하나의 진영을 이루었다. 중국대륙의 동해안선을 따라 한반도의 휴전선을 가로지르는 거대한 '동아시아 분단선'이 그려진 것이다.

이 소분단체제들은 대분단의 구조와 함께 그것을 하나의 '체계'로 만드는 데 중요한 역할을 했다. 이 둘은 모두 미일동맹체제와 중국대륙 간 갈등구조와 긴밀하게 연결되면서 형성되고 또 유지되었다. 동시에 이 작은 분단들은 역으로 미일동맹체제와 유라시아대륙 간의 갈등구조를 유지시키는 많은 역사적 계기들로 기능했다.

셋째, 미소 냉전이라는 두 초강국 간의 갈등구도, 중국과 일본이라는 두 지역강국 사이의 역사적 상처의 응결과 대립이라는 (특히 역사심리적) 갈등의 조건, 그리고 한반도의 남북한과 타이완해협을 사이에 둔 중국의 내적 분단, 이 세 종류의 다른 질서단위들이 서로 영향을 주고 받는 이 거대한 분단체제는 한편으로 미소 간 냉전구조라는 전 지구적 조건 속에서 형성되고 유지되는 측면이 물론 있었다. 그러나 그것은 미소 간 냉전구조로 환원할 수 없는 독자적인 실체였다. 따라서 그것을 "동아시아에서의 냉전구조의 구체적 양상"이라는 개념으로는 포괄할 수 없다. "동아시아 대분단체제"라는 별도의 개념을 제시하는 것은 그 때문이다.

1990년대가 시작되면서 미소 냉전이 해소되어감에 따라 유럽의 냉전구조는 해체되었다. 그러나 동아시아의 분단구조는 엄존해 있다. 이 사실은 동아시아 분단체제의 독자성을 확인시켜주는 것이기도 하다. 어떤 요인들인지에 의해 동아시아 대분단체제는 냉전체제와 구분되어야 한다. 어떤 일정한 독자성의 구조가 존재하는 것이다. 그 때문에 동아시아 분단체제는 냉전구조로 환원시킬 수 없는 것이었다.

그런데 이 동아시아 대분단체제 안에서 한 가지 유의할 측면이 있다. 그것은 한일관계의 특수성이다. 북한과 일본의 적대적 구조는 20세기 전반 아시아대륙과 일본 사이에 형성된 간극이 냉전체제와 결합되면서 응결된 과정의 일환이다. 반면에 남한과 일본의 역사심리적 분단은 다른 성격을 띠고 있다. 남한과 일본 사이의 간극은 전후 미국이 동아시아에서 일본을 한국과 함께 묶어 대륙봉쇄를 위한 지역통합을 추구하는 과정에서 마모되는 효과가 있었다. 미국의 적극적인 중개로 이루어진 한일국교정상화 이후 발전한 경제관계가 그러했고, 또한 미국을 매개로 일본의 지배집단과 한국의 보수 정치 사회세력 사이에 형성된 실질적인 연합의 관계 또한 간과할 수 없다. 1980년대에는 실질적인 한미일 삼각군사협력이라는 형태로 발전했다. 1990년대 북한 핵문제를 둘러싼 위기 상황 속에서 생긴 한미일 '국제공조'는 그 연장이었다. 그럼에도 불구하고 남한과 일본의 관계는 유럽에서 독일과 주변국가들 사이의 통합과는 달랐다.

독일의 유럽질서에의 통합은 독일의 전후 정치와 사회가 전쟁범죄 집단과 역사적으로 철저하게 단절하는 것을 전제로 성립했다. 반면에 동아시아에서 일본과 한국의 지역통합과 실질적인 군사공조관계는 일본의 전후정치와 사회를 지배한 세력이 과거 전쟁범죄 집단과의 역사적 연속성을 해체하지 않은 상태에서 진행된다. 역사심리적 간극의 발전적 해소에 바탕한 것이 아니었다. 미국이라는 매개자를 통해 간접적으로 그리고 두 나라의 사회지배층 중심의 군사정치적 이해관계에 의해 진행된 통합이었다.[30] 바로 그렇기 때문에 남북한을 포함한 한반도와 일본 사이의 역사적 소분단의 관계는 군비경쟁의 잠재성을 내밀하게 안고 있는 가운데 동아시아 대분단체제를 중층적으로 불안정하게 할 수 있는 요인인 동시에, 동아시아질서 속의 한국에 매우 고유한 위치를 부과해왔다.

---

30 이 점은 1990년대에 이르기까지 일본 정치인들 가운데 이른바 "친한파"로 분류되는 인물일수록 일본의 과거 전쟁범죄에 대한 사죄를 가장 강력하게 거부하는 세력이라는 사실에서도 확인할 수 있다. 1995년 일본 사회당은 '종전'(終戰) 50주년을 맞아 과거를 사죄하고 다시는 전쟁을 일으키지 않겠다는 '사죄부전결의'(謝罪不戰決意)를 추진했다. 이에 대해 일본 우익은 '종전 50주년 기념위원회'를 결성해 사회당의 사죄부전결의 시도를 저지하려 했다. 여기에 일본 중의원 및 참의원 275명이 참여했고, 그 안에 당시 한일의원연맹의 일본 측 회장이던 다케시다 노보루가 포함되어 있었다(『한겨레신문』, 1995.3.17).

5. 탈냉전시대 동아시아 대분단체제의 지속과 그 원인

1) 동아시아질서의 독자성: 유럽질서와의 차이

냉전시기에 유럽과 동아시아의 지역질서는 모두 미소 양극 간의 냉전대결체제를 깊게 반영하고 있었다. 그러나 냉전질서가 지역질서를 규정하는 방식은 유럽과 동아시아가 서로 달랐다. 이 점은 매우 중요하며, 그것이 탈냉전 후 두 지역질서에 전개되는 차이의 중요한 배경이 된다. 그 차이의 핵심은 동아시아 국제질서의 독자성에 있다. 그리고 이 독자성에서 중요한 요소가 동아시아 중대국(中大國)들의 위상과 역할이다.

먼저 전후 동아시아 국제질서의 독자성은 초강대국들의 관계인 미소관계만으로 그 틀이 결정되지 않았다는 것이다. 반면에 유럽의 국제질서는 미소관계가 큰 틀을 결정했다. 세부적인 양상도 그 큰 틀에 의해서 좌우되었다. 유럽의 냉전구조는 세 가지 요소로 구성되어 있었다. 미소 간의 냉전적 대결이 그 첫째이고, 독일의 분단이 그 둘째이며, 서유럽을 한쪽으로 하고, 동유럽의 전통적 약소국가들을 다른 쪽으로 하는 분단의 구조가 그 셋째였다. 유럽의 냉전구조를 이루는 이들 세 가지 요소 가운데 둘째와 셋째는 첫째인 미소 간 냉전대결을 직접적으로 반영했다. 독일의 분단은 미국과 소련에 의한 직접적인 점령으로 일어난 것이었기에 특히 그러했다. 그리고 동유럽은 소련의 직접적인 영향권에 속해 있었으므로 이 역시 미소 냉전구조의 직접적 표현이었다. 따라서 미소 냉전체제의 해체는 유럽에서는 냉전구조와 그와 연관된 분단질서의 동시적 해체를 가져왔다.

반면에 동아시아 국제질서의 전후시대는 물론 미소관계의 영향을 받았으나, 보다 결정적으로는 중국대륙에서의 내전이라는 아시아대륙 내면의 역사적 전개, 그리고 그 결과로서 탄생한 중국의 새로운 정치세력과 미국의 관계, 특히 미국의 전략적 인식과 선택에 의해 결정되었다. 아시아의 차상위 강대국이라고 할 중국과 전 지구적 초강국인 미국 간의 관계, 즉 중미관계(中美關係)가 중대변수로서 자리 잡고 있었다. 일본은 물론 미국의 동맹네트워크의 일부였지만, 중국은 미소 양극구조의 한쪽인 소련과 연결되어 있으면서도 상당한 독립성을 갖고 있었다. 그런 의미에서 중국은 미소 양극질서에 편입되어 있지 않은 독자성이 있었다.

중국 공산당이 1949년 통일을 이룩한 이후 미국과의 관계정상화를 진정으로 원했는지는 아직도 치열한 학문적 논쟁의 소재로 남아 있다.[31] 그러나 궁극적으로 분명한 것은 미국이 1949년 말과 1950년 초 중국을 통일한 공산당 정권을 소련이 지도하는 공산주의의 일부로 간주하고 외교적 승인을 거부하는 대중국 봉쇄정책을 선택했다는 점이다. 중미관계의 이 같은 전개는 머지않아 한국전쟁에서 미국과 중국이 격돌하는 결과를 낳는다. 그러나 거의 동시에 중소분쟁이 전개된다. 그 결과 1970년대 이후 미국은 소련과의 냉전에서 중국을 전략적 동반자(strategic partner)로 활용할 수 있게 된다. 이 역시 동아시아질서가 미소 냉전체제로부터 독자적인 미중관계의 영역임을 새롭게 확인해주는 것이었다.

동아시아질서의 독자성은 그처럼 동아시아의 차상위 강대국들인 중국과 일본간의 역사적 관계가 미소 냉전구조 못지않게 중요한 의

---

31 이것은 1949년 중국 공산당의 대미 외교정상화 의지를 부각시키는 터커-코언 명제와 이에 대해 특히 최근 제기된 첸 지안 등의 반론 등으로 논쟁이 지속되고 있다(Warren I. Cohen, "Acheson, His Advisers, and China, 1949-1950," Dorothy Borg and Waldo Heinrichs(eds.), *Uncertain Years: Chinese-American Relations, 1947-1950*, New York, 1980, pp.13-52; Nancy Bernkopf. Tucker, *Patterns in the Dust: Chinese-American Relations and the Recognition Controversy, 1949-1950*, New York, 1983; Thomas J. Christensen, "A 'Lost Chance' for What? Rethinking the Origins of the U.S.-PRC Confrontation," *Journal of American-East Asian Relations*, 4(Fall 1995), pp.249-278; Chen Jian, *China's Road to the Korean War: The Making of the Sino-American Confrontation*, New York: Columbia University Press., 1994; Chen Jian, "The Myth of America's 'Lost Chance' in China: A Chinese Perspective in Light of New Evidence," *Diplomatic History*, Vol.21, No.1(Winter 1997).

미를 갖고 있었다는 것, 그리고 중국과 미국 간의 관계가 또한 미소 관계 못지않게 중요성을 갖기에 이른다는 점으로 요약할 수 있다.

2) 냉전 해체과정의 이중적 비대칭성과 동아시아

탈냉전에도 불구하고 동아시아질서의 특징적 요소인 두 개의 소분단체제들 안에서의 계속되는 긴장상태는 대분단체제의 해체가 아닌 유지의 원인이 되었다. 동아시아의 소분단체제가 유럽의 동서독 분단이나 서유럽과 동유럽 약소국가들의 분단과 달리 탈냉전과 무관하게 살아남은 이유는 무엇인가. 그 이유의 하나로 우리는 냉전 해체과정의 이중적인 비대칭성, 그리고 그것이 유럽과 동아시아에 초래한 결과의 상이성을 들 수 있다.

냉전 해체의 이중적 비대칭성은 다음 두 가지를 말한다. 첫째, 탈냉전이 소연방의 일방적 해체와 함께 진행되었다. 둘째, 소연방과 연결된 사회주의동맹체제가 해체된 반면 미국이 주도하는 서방동맹체제는 오히려 강화되었다.

냉전 해체과정의 이 같은 이중적 비대칭성은 유럽에서는 소연방의 해체와 함께 탈냉전을 가속시키는 원인으로 작용했다. 서독에 의한 동독의 평화적 흡수통일은 그러한 비대칭성과 깊은 관련을 가진 것이었다. 동유럽 사회주의동맹의 해체와 서유럽 중심의 군사·경제질서에의 급속한 흡수통합 역시 그 결과였다.

반면에, 냉전 해체과정의 이중적 비대칭성은 동아시아 지역질서 안의 소분단체제들을 해체시키기보다는 강화하는 방향으로 작용했다. 먼저 타이완해협을 사이에 둔 중국 내부 민족분단의 경우, 소연방의 붕괴와 탈냉전은 중국 내부 분단체제에서의 상대적 약자인 타이완의 정치군사적 지위를 오히려 강화해주었다. 이것은 유럽의 경우 독일의 내부 분단체제에서 약자인 동독이 소연방의 붕괴와 함께 동반 몰락의 과정을 걸었던 것과 대조된다. 그 결과 타이완해협을 사이에 둔 소분단체제의 갈등과 긴장은 노골화되었다. 1990년대 중반 타이완 리덩후이 총통의 '타이완독립' 발언 이후 지속되어온 양안관계 긴장은 탈냉전으로 소분단체제 내 약자의 위치가 상대적으로 강화됨으로써 빚어지고 있는 현상으로 볼 수 있다.

한편 한반도 소분단체제는 미소 냉전체제의 붕괴 이후 또 다른 일련의 메커니즘에 의해서 지속되었다. 탈냉전에도 불구하고 중국대륙과 미일동맹 사이의 동아시아 대분단체제가 유지되는 커다란 맥락 속에서, 소연방의 일방적 붕괴라는 사태는 미국과 이 지역 국가들의 행태적 변화를 초래했다. 미국과 일본, 한국은 북한이 소연방과 동구 사회주의권 붕괴 이후 심화된 정치외교 군사적 고립 속에서 핵무기를 포함한 대량살상무기 개발에 개입해 있다는 강한 의혹을 가진 가운데, 탈냉전으로 상대적으로 유리해진 전략적 위치에서 북한에 대한 압박전략을 삼가지 않았다. 반면 중국·타이완 간 소분단체제의 노골화되는 갈등과 맞물리면서 중국은 북한에 대한 미일동맹의 압력을 견제하는 일차적인 후견인 역할을 자처했다. 중국은 소연방의 폐허 위에서 그 몫까지 스스로 떠맡으며 북한에 대한 미일동맹의 압박을 견제하는 데 나선다. 이러한 중국의 존재는 한편으로 북한의 유지를 통한 한반도 소분단체제의 지속에 기여했다. 동시에 미국과 일본에게는 소련을 대신한 도전자로서의 중국의 위상과 위협을 일깨워주었다. 이 상황은 1990년대 중반 이후 미국에서 본격화된 '중국위협론'의 한 배경이기도 하다.

이렇게 해서 냉전 해체과정의 이중적 비대칭성은 동아시아질서에서는 소분단체제의 해소가 아닌 유지의 메커니즘으로 작용했다.

3) 대분단체제와 소분단체제들의 상호유지 작용

동아시아 지역에서 대분단체제와 소분단체제들은 서로를 유지시키는 방식으로 상호작용해왔다. 이러한 패턴은 냉전시대 때부터로 거슬러 올라간다.

미소 두 초강대국 사이의 관계는 1970년대 전반에는 데탕트, 70년대 후반과 1980년대 초에는 신냉전으로 평가된다. 이 시기 유럽에서 동서독관계는 화해의 단계로 진입하고 있었다. 이 흐름은 미소관계가 신냉전으로 흐른 시기에도 지속되었다. 이 시기 동서독관계는 "미니 데탕트"로 불렸다.[32] 미소관계 악화에도 불구하고 유럽질서 내의 하위체계가 독립성을 이루면서 이후 탈냉전의 유럽적 내부기반을 마련한 것이다. 동서독 간의 소분단체제가 미소 냉전이라는 더 큰 구조의 산물이었음에도 불구하고, 동독과 서독이라는 행위자들의 가치관과 비전, 선택이 소분단체제의 전개방향에 영향을 미치고 나아가 미소 냉전이라는 체제의 효과까지 제한하고 그 성격을 바꾸는 데 일조할 수 있었음을 뜻했다. 즉 유럽에서는 하위체계인 동서독 간의 소분단체제가 미소 냉전체제와 상호상승작용을 한 것이 아니라 그것을 완화시키는 방향으로 작용한 측면도 있었다.

반면에 이 시기 동아시아에서는 미소 및 미중 간의 전반적인 냉전체제가 이완된 1970년대의 시점에서 한반도의 소분단체제가 동아시아질서 전반의 긴장을 유지시키는 쪽으로 작용했다. 미소 및 미중관계가 데탕트에 들어선 1970년대 초 한국의 박정희 정권은 7·4남북공동성명을 빌미로 오히려 유신헌법을 발표해 남북관계의 급냉을 초래했다. 1975년 베트남 공산화 이후 한미 양국은 저마다의 방식으로 소련 및 중국에 대한 미국의 데탕트 정책과는 대조되는 대북한 정책을 전개했다. 한국 정부는 핵무기 개발을 추진했으며, 미국은 한반도를 포함한 동아시아 전반에서 미국의 안보공약 신뢰성 추락을 만회하기 위해 그전까지 명목상 시인도 부인도 하지 않던 (NCND) 태도를 바꾸어 핵무기 선제사용정책을 공개표명했다.[33] 이어서 1976년에는 대규모 한미연합 군사훈련인 팀스피릿 훈련을 시작했다. 한반도 소분단체제의 긴장은 더 강화되었다. 이러한 한반도 상황은 그 후

---

32 Wolfram F. Hanrieder, *Germany, America, Europe: Forty Years of German Foreign Policy*, New Haven: Yale University Press, 1989, pp.211-219.
33 *The New York Times*, June 21&26, 1975.

전개되는 미소 신냉전으로 더욱 심화된다. 1980년대에는 한미일 3국 간 실질적인 삼각군사협력체제로 이어지면서 미일동맹과 중국 사이의 표면적인 관계 정상화에도 불구하고 동아시아 대분단체제의 유지에 중요한 계기로 작용했다.

탈냉전에 들어선 1990년대 내내 한반도의 소분단체제는 북한 핵문제를 통해서 동아시아질서에 긴장을 유지하는 요인이었다. 북한 핵문제 해결과정은 미중 간 대화의 기회이기도 했으나 동시에 미중 간 외교적 힘겨루기의 양상도 동반했다. 1994년 말 북한 핵문제가 제네바합의로 일단락된 것처럼 보인 후 동아시아질서의 긴장은 1995-96년에 타이완해협을 사이에 둔 또 하나의 소분단체제로 인해서 다시금 증폭되는 위기를 맞았다. 이것은 타이완에 대한 미국과 중국 사이의 이해관계와 전략 사이의 첨예한 대립과 맞물려 동아시아 대분단체제의 엄연한 현실을 재확인하고 유지시키는 요인으로 작용했다.

4) 탈냉전과 동아시아 국가 간 정치적 이질성의 심화

냉전시대 동아시아에서 대분단선은 공산주의와 자본주의 사이의 경계선이었지만, 그것이 곧 민주와 반민주의 경계선이었다고 단언할 수는 없었다. 미국이 일본에 심은 이른바 '배양실 민주주의'(incubator democracy)를 제외하고는 타이완해협을 사이에 둔 두 중국의 어느 쪽에도, 한반도의 남북에도 우파독재 아니면 좌파독재가 있었을 뿐이다.

동아시아에서 탈냉전은 한국과 타이완에서 민주화의 진행과 맞물리며 도래했다. 중국에서도 개방과 개혁의 정책과 함께 새로운 변화의 기운이 일었다. 그러나 1989년 6월 톈안먼사태 이후 중국에 대한 국제 사회, 특히 미국의 시각은 이 나라의 개방개혁이 곧 민주적 자본주의로의 이행은 아니라는 인식을 굳혔다.[34] 동아시아에서 탈냉전이 톈안먼사태와 동시적으로 진행되었다는 사실은 그런 의미에서

2005년 4월 톈안먼광장. ⓒ이삼성

의미심장한 결과를 가져왔다. 중국대륙의 그 같은 상황은 한반도의 남쪽과 타이완해협 반대쪽에서 전개된 정치적 진보와의 대조를 더욱 극명하게 만들었다.

서방은 냉전에서의 '승리'와 함께 '역사의 끝'을 선언했다. 그러나 동아시아에서 역사는 아직 끝나지 않은 것이었다. 남한과 타이완에서는 민주주의의 시동과 함께 역사가 새롭게 시작되고 있었다. 중국대륙은 민주적 자본주의 경계선 너머에 확실하게, 그리고 앞으로도 오랫동안 남아 있을 것이라는 인식이 지배하게 되었다.

중국 공산주의의 독자성은 냉전시대 소련 공산주의와의 관계 속에서 존재했던 것이지만 그것은 중국 공산주의의 이념적 성격에서보다는 중국의 전략적 위치와 행태에 관한 것이었다. 탈냉전시대 중

---

34 Robert L. Suettinger, *Beyond Tiananmen: The Politics of U.S.-China Relations 1989-2000*, Washington, D.C.: Brookings Institution Press, 2003, pp.414-415.

국의 정치적 이념이 동아시아 국제질서에 부여하는 독자성은 소연방 붕괴 이후 러시아가 이를테면 '화평연변'의 역사적 변동을 겪고 있는 것과 대조적으로 중국의 내면은 근본적으로 불변하는 차원이 있다는 사실에 기인한다.

그래서 탈냉전시대에 지속되는 동아시아 대분단체제는 단순한 군사질서만의 분단선이 아니라 일본과 함께 남한과 타이완에서도 뿌리내려가는 민주주의로 말미암아 오히려 새로워진 이념적 분단선이라는 측면도 갖는다. 이러한 상황은 이어서 논의할 탈냉전시대 미일동맹 쪽의 일련의 전략적 선택들을 정당화하는 내밀한 역할을 수행한다. 그런 가운데 정당화되고 심화되는 동아시아 대분단체제의 유지는 마찬가지로 일본과 한국과 타이완의 21세기 역사에서 민주주의의 심화를 불투명하게 하고 한계 지을 수 있는 요소로 기능할 수도 있을 것이다.

5) 중국의 국력 팽창과 초강국 잠재력의 효과

동아시아에서 탈냉전 후 급속하게 부상한 객관적 현실은 중국의 지속적인 국력 팽창이었다. 1990년대 초에는 이 점이 그렇게 분명해 보이지는 않았다. 1990년대 전반 미국의 정치권과 언론 및 학계는 미국 패권이 직면한 가장 위협적인 도전은 일본의 세계적인 경제주도권 장악 가능성이라고 보는 경향이 강했다. 미국의 경제적 쇠퇴와 일본의 경제적 부상이 두드러져 보였던 시대적 배경 때문이었다.

그러나 1990년대 중반 이후 일본은 이른바 '잃어버린 10년'이라고 말해지는 경제침체기에 들어선다. 반면에 미국은 클린턴 행정부 하에서 새롭게 경제적 활력을 구가하며 장기적인 경제호황기를 맞았고 재정흑자를 기록하기에 이른다.

이후 미국 권력집단 안팎에서 강력하게 제기되기 시작한 것이 중국위협론이었다. 일본의 경제력이 아니라 중국의 잠재적인 정치군사적 도전이 적어도 동아시아 차원에서 미국의 패권적 위치에 대한 위협세력으로 부각되기 시작한 것이다. 미국의 정부·의회·언론·학계에서 미국의 세계전략을 두고 가장 열띠게 논의된 것은 향후 중국을 봉쇄(containment)할 것인지 아니면 포용(engagement)할 것인가였다. 클린턴 행정부는 외교적 수사로 포용을 이야기했고, 무역정책에서는 적어도 그것을 실천했다. 그러나 국방 안보전략적 기획에서 중국은 어디까지나 경계와 봉쇄의 대상이었다. 그리고 그 경향은 부시 행정부에 들어서 더욱 분명해졌다.

클린턴 행정부는 한때 중국을 두고 '전략적 동반자'(strategic partner)라는 수사를 사용했다. 그러나 부시 행정부에서 중국은 더이상 동반자가 아니며, 전략적 경쟁자(peer competitor)로서, 즉 공개적인 가상의 적으로 개념화되기에 이르렀다.

2003년 미국외교협회(Council on Foreign Relations)는 중국의 군사력 현대화 노력에도 불구하고, 군사기술능력에서 중국은 미국에 적어도 20년의 격차로 뒤떨어져 있다고 결론지었다. 더욱이 미국이 그동안 해온 대로 군사력 혁신에 계속 노력한다면 미국은 중국과의 군사력 균형에서 전 지구적으로나 아시아 지역에서나 20년 후에도 계속해서 결정적인 우위를 유지할 수 있을 것이라고 전망했다. 또한 중국은 자신의 모자란 군사기술능력을 다른 나라들로부터의 무기 및 기술 구입으로 부분적으로는 메꿀 수는 있으나 사회경제적으로 필요한 다른 과제들에 비추어 향후 중국의 군사기술분야 자원투입은 한계가 있을 수밖에 없다고 분석했다.[35]

그럼에도 불구하고 중국의 잠재적 패권도전에 대한 미국의 경계심이 높은 것은 동아시아에서 과거 중국의 일극 헤게모니질서에 대한 역사적 기억과 그 부활의 두려움이 작용하고 있기 때문이기도 하

---

35 Council on Foreign Relations, "Chinese Military At Least Two Decades Away from Rivaling U.S. Forces, Concludes Newly Released Council Task Force Report," May 22, 2003. 이 보고서 작성 책임자는 전 국방장관 해롤드 브라운(Harold Brown)과 미해군제독(은퇴) 조셉 프루어(Joseph Prueher)였다.

다. 이러한 기억과 두려움은 현재 중국의 군사비 지출 수준의 상대적인 미미함에도 불구하고,[36] 이 나라가 가진 초강국으로서의 인구학적·경제적 잠재력에 대한 일반화된 경계심과 결합하면서 정당화된다. 그런 가운데 중국이 머지않은 장래에 적어도 동아태 지역에서 미국의 일방적 헤게모니에 도전하리라는 하나의 이념 같은 인식이 광범위하게 미국 및 그 아시아 동맹국들의 정치권, 언론 및 대중들의 안보인식과 전략적 사고에 영향을 미치고 있다.[37] 그리고 무엇보다도 냉전시대에 응결된 중국과 일본 사이의 역사심리적 분단체제의 심리적 영향이 중국의 현실과 미래 잠재력 사이의 엄청난 간극을 메꾸면서 경계심을 자극하고, 또한 중국견제를 목표로 한 미일동맹의 전략적 선택을 정당화하는 배경이 되고 있다.

6) 미일동맹의 전략과 탈냉전 동아시아 대분단체제의 연속성

이처럼 동아시아 지역질서의 동학은 탈냉전에도 불구하고 대분단체제를 지속시키는 방향으로 나아갔다. 그러나 동아시아 대분단체제의 지속성에 책임이 있는 요소들이 그처럼 동아시아질서의 객관적 속성들뿐인가 하면 그렇지 않다. 미국과 일본 그리고 중국의 전략적 선택은 어떤 역할을 하고 있는지 또한 중요한 변수다.

탈냉전 이래 미국이 동아태 지역 동맹국들과의 군사관계를 더욱 긴밀히 하기 위해 노력해온 것은 주지의 사실이다. 특히 일본과의 동

---

36 2004년 군사비 지출을 비교하면, 미국은 4,559억 달러, 중국은 843억 달러로서 중국의 군사비는 미국의 5분의 1에 못미친다. 러시아는 615억 달러, 일본은 451억 달러다(The International Institute for Strategic Studies, *The Military Balance 2006*, London: Routledge, 2006, pp.398–403).

37 중국의 잠재력에 대한 한국 언론에 일반적인 인식은 2004년 4월, 한 영향력있는 주간잡지의 분석기사가 대변하고 있다. 이 기사는 "중국…'15년 뒤 미국 같은 수퍼파워 된다' 포효"라는 제목을 달고 있다. 이 글은 "중국경제는 많은 문제점을 안고 있지만 헌신적이고 신념에 찬 지도자들의 신뢰성 덕분에 쾌속항진을 계속하고 있다"고 진단했다(『주간조선』, 2004.4.22).

맹을 강화하고 있는 궁극적 목표는 장차 중국이 지역적 강국으로 등장하는 것을 차단하기 위한 포석이라는 해석은 결코 근거가 없지 않다. 일본과의 협력을 통해 클린턴 행정부 이래 미국이 심혈을 기울여 온 미사일 방어구축은 냉전시대 중국의 동해안선을 따라 형성된 것으로 인식되었던 죽의 장막을 그 분단선을 따라 하늘을 가르는 철의 장막으로 대체하고 있다는 말도 성립될 수 있다.[38]

전반적으로 볼 때, 동아시아 대분단체제에서 상대적으로 고립되어 있는 중국은 특히 지난 1990년대 말부터 동아시아에서 '안보 다자주의'(security multilateralism)를 적극적으로 추구하고 있는 것으로 평가받고 있다. 1990년대 중반까지만 해도 중국은 예를 들어 '아세안지역포럼'(ASEAN Regional Forum, ARF)에 안보적인 차원을 부여하는 것에 소극적이었다. 그러나 1997년 이후엔 ARF를 동아시아질서의 안정과 세력균형에 기여하는 것으로 보고 이를 통해 중국에도 유익한 다자적 해결책을 모색할 수 있는 창구로 인식하기 시작했다. ARF의 틀 안에서 분쟁 해결책을 찾는 데 적극적으로 나서고 있다.[39] 한반도에서 6자회담에 적극적인 것도 같은 맥락으로 풀이된다.

그러나 중국의 이 같은 적극적 다자주의 외교를 미국의 정부와 학계가 반드시 긍정적으로 인식하고 있는 것은 아니다.[40] 중국 나름의 강대국 외교의 일환으로 인식하는 경향이 강하다. 최근 중국의 전략가들은 미래 중국의 청사진을 '세계대국'으로 설정하고 그 전략의 일환으로 다극화와 함께 다자주의를 강조한다.[41] 미래에 대한 자신

---

38 미국이 일본과의 협력을 통해 동아시아에 구축하려는 미사일방어체제를 심대한 위협으로 보는 중국의 인식에 대해서는, Thomas J. Christensen, "China, the US-Japan Alliance, and the Security Dilemma in East Asia," *International Security*, Vol.23, No.4(Spring 1999), pp.65-66.

39 SIPRI, *SIPRI Yearbook 2004: Armaments, Disarmament and International Security*(editors.sipri.se/pubs/yb04/cho6).

40 Avery Goldstein, *Rising to the Challenge: China's Grand Strategy and International Security*, Stanford: Stanford University Press, 2005, p.98.

감과 함께 동아시아에서 미일동맹의 패권적 지위를 우회하면서 도전하는 대항연합에의 의지를 표현하는 것이라고 볼 수도 있다.

1996년 4월 미국의 클린턴 대통령은 일본을 방문해 '21세기를 향한 미일 신안보 공동선언'을 했다. 똑같은 1996년 4월 러시아의 옐친 대통령이 중국을 방문했고, 이 시점에 중국과 러시아는 중앙아시아의 3개국과 함께 '상하이 파이브'(Shanghai Five)를 구성했다. 이것은 2001년 7월 우즈베키스탄을 추가로 포함시킨 '상하이협력기구' (Shanghai Cooperation Organization, SCO)로 발전했다. 이 기구는 군사정치적 동맹은 아니지만, 미국 주도의 일극질서에 대항하는 다극질서를 공개적으로 표방하고 있다.[42] 그런 점에서 상하이협력기구가 미국이 추구하는 동아태동맹에 대한 일종의 대항연합의 성격을 띠고 있음은 부인할 수 없다.

7) 대분단체제와 역사인식 간극의 상호유지 작용

니콜라스 크리스토프는 미국이 일본 정부에 대해 갖는 영향력을 활용해 일본이 동아시아의 이웃나라들에게 보다 진지하게 자신의 과거 전쟁범죄에 대해 인정하고 사죄하도록 한다면, 동아시아에 보다 항구적인 평화를 확립하는 데 10만 미군의 동아시아 주둔보다 더 실질적인 기여가 될 것이라고 지적한다. 훨씬 값싸면서도 훨씬 의미 있게 동아시아 평화에 기여하는 길이라는 것이다. 미국은 매년 수십억 달러의 돈을 투자해 이 지역에 군대를 유지함으로써 동아시아 안보에 대한 자신의 관심을 증명하고 있다. 그러나 미국의 동아시아 전략은 근본적으로 지역의 안보와 평화에 역사적인 차원이 갖는 중요성을 간과하고 있다는 것이 그의 비판이다.[43]

그러나 미일동맹과 중국대륙 사이에 대분단체제의 메커니즘이 탈

---

41 예쯔청, 이우재 옮김, 『중국의 세계전략』, 21세기북스, 2005.

42 Bin, 2005, p.233.

43 Kristof, 1998, p.38.

냉전과 상관없이 고착되고 유지되면서 중국과 일본 사이의 역사인식의 간극은 오히려 더 벌어져가고 있는 것은 아닌지 우려되고 있다. 중국은 과거의 상처에 뿌리박은 민족주의가 지난 수십 년간의 국력 팽창에 기초한 강대국 사고방식과 결합하면서 일본의 역사인식에 대한 비판을 강화하고 있는 추세다. 반면에 일본은 '전후질서 청산'에 바탕한 정상국가를 지향하면서 역사적 수정주의를 강화하고 있다. 이른바 자학적(自虐的) 역사관으로부터의 탈피를 추구하는 기풍이 일본인들 일반의 정서에 광범하게 확산되고 있다. 고이즈미 준이치로와 아베 신조의 시대는 그러한 대세를 반영한다고 말해도 좋을 것이다.

기존의 동아시아 대분단체제의 메커니즘은 대륙과 일본 사이에 놓인 역사인식의 간극을 고착시키는 역할을 해왔고 지금도 마찬가지다. 이 체제 안에서 크리스토프가 권고하는 방식으로 미국이 행동할 가능성은 높지 않다. 미국은 오히려 일본의 군사적 역할의 광역화를 추동해왔고, 그런 의미에서 일본의 정상국가화를 뒷받침하는 강력한 동맹자의 위치에 서 있다. 앞으로도 중국의 장기정책에서 반일본감정이 구조적인 지속성을 갖고 영향을 미칠 것이라는 분석은 그래서 유의할 필요가 있다.[44]

6. 동아시아질서와 한국의 위치: 지정학적·역사심리적 중간자

동아시아 대분단체제는 한반도 평화에 어떤 의미를 갖는가. 이 물음에 대한 결론적인 답변은 한반도는 동아시아 대분단체제의 수혜자가 아니라 현실적·잠재적 최대의 피해자라는 점이다. 이것은 타이완의 독립지향 세력이 이 체제지속의 수혜인 것과 매우 다르다. 한국이 피해자일 수 있는 것은 한반도 평화체제 정착에 중미갈등이 근

---

44 Christensen, 1999, p.55.

본적 장애이기 때문이다. 타이완의 존재는 태생부터 중미관계에서 생겨났고, 또 중미관계의 긴장이 그 존재기반인 측면이 있다. 반면에 한반도는 중미관계의 긴장과 갈등의 직접적인 피해자일 수밖에 없다. 1950년 한국전쟁은 그 비극적인 전례에 다름 아니다. 한반도 통일과정이 평화적인 것이 될 것인지 여부 역시 중미관계의 긴장과 직접적인 관계에 있다.

동아시아 대분단체제 속에서 한국의 지정학적 정체성은 무엇으로 개념화할 수 있는가. 이 글에서는 그것을 '중간자'(middle-roader)로 정의해본다. 지정학적 중간자는 다음과 같은 몇 가지 특징을 갖는다. 첫째, 양분되어 경쟁하는 세력들 사이의 지리적 중간 지점에 있다. 둘째, 양분된 세력들 사이의 긴장이 높아질수록 중간자의 안보는 불안정해진다. 셋째, 양분된 세력들 사이의 긴장이 깊어갈수록 각 세력이 중간자를 장악할 전략적 필요성은 절실해진다. 그리고 논란의 여지가 있으나 또 한 가지 들 수 있는 특징은 양분된 세력들 사이의 긴장이 높아지는 가운데 양 세력들 사이의 균형이 파괴되어 한 세력의 지배력이 팽창할 때 위험은 더 커진다는 점이다.

그러나 대분단체제를 형성하고 있는 동아시아질서에서 한국이 중간자적 위치에 있는 것은 단지 지리적 위치 때문만은 아니다. 다음과 같이 현재와 미래에 한반도의 평화 및 평화적 통일에 대해 위협적일 수 있는 지정학적 문제들과 역사심리적 차원이 부과하는 중간자적 위치에서 또한 기인한다. 세 가지로 요약할 수 있다.

1) 중미관계와 한반도 평화체제 구축 및 평화통일의 문제

한국이 지향하는 평화적 통일은 남북 간의 연합을 거치는 합의 과정을 상정한다. 한국이 이러한 통일방식을 고수한다면, 그것은 미국과 중국에게는 각각 다른 함의를 갖는다. 그 과정은 경제적·군사적 약자의 위치에 있는 북한의 안전보장이 남한의 안보와 마찬가지로 존중되는 것을 의미한다. 따라서 남한 역시 남북한의 평화적 통합과정에서 북한의 조중동맹과 마찬가지로 미국과의 군사동맹관계의 다소 근본적인 의미변화를 받아들일 수밖에 없게 된다. 남북한 합의 여하에 따라 한반도의 중립화를 뜻할 수도 있다. 미국이 환영할 만한 변화는 아니다. 반면에 기존의 경제적·군사적으로 강력한 한국이 역시 강력한 한미 군사동맹을 해소해나가는 평화적 통일과정을 중국이 반대할 이유는 없다. 이것은 장기적으로 한반도에 대한 미국과 중국의 정책에 중요한 함의를 가진다. 미국은 한반도의 평화적 통일과정에 대해 양가적 감정을 가질 수밖에 없다. 중국은 반드시 그렇지 않다.

북한의 대량살상무기 문제에 접근하는 방식에서도 한반도의 평화를 우선하는 한국의 관점에 가까운 것은 미국이 아니라 중국이다. 북한의 핵무장은 일본의 핵무장을 촉진하는 등 동북아질서의 불안정을 가중시킬 수 있으므로 중국 역시 한국이나 미국과 마찬가지로 북한의 비핵화를 지지한다. 그러나 북한의 비핵화를 추구하는 방법론에서 중국은 미국과 다르다. 북한의 비핵화를 달성하기 위한 수단으로써 미국은 북한이 요구해온 대북한 안전보장을 포함한 포괄적 상호주의를 거부하고 군사적 방법, 결국 전쟁의 위험도 무릅쓸 수 있다는 태도를 보여왔다. 중국은 한국과 마찬가지로 한반도에서 미국이 주도하는 전쟁에 반대하며, 북한에 대한 포괄적 안전보장을 제공하고 남북한의 평화적 공존에 기여하는 방안이라면 무엇이든 수용할 준비가 되어 있다고 보인다. 중국은 북한의 갑작스런 붕괴를 바라지 않는다. 미국은 북한정권의 붕괴를 포함해 체제변환(regime change)이 궁극적인 해결책이라고 보고 있다. 그 체제변환이 남북한의 한국인들에게 초래할 수 있는 혼란과 불행에 대해 미국은 상대적으로 더 둔감하다.

한국은 한미동맹에 속해 있으나 한미동맹의 원래 취지인 한반도 평화를 획득하는 방법론에서 미국과 시각을 달리하는 부분들이 있다. 이러한 간극은 시간이 갈수록 더 확대될 수도 있다. 이 점이 한국을 동아시아 대분단의 구도에서 현실적·잠재적 중간자로 만드는 첫 번째 요소다.

2) 타이완해협의 위기 가능성과 한반도 평화

한반도 평화에 미중관계가 중대한 함의를 갖는 또 하나의 이유는 이른바 '전략적 유연성'을 매개로 타이완문제를 둘러싼 미중 갈등이 한반도에 미칠 영향이다. 미국 내 연구자들은 타이완해협에 군사적 긴장과 폭력적 갈등이 발생할 가능성이 엄존한다고 평가해왔다.[45] 타이완을 둘러싸고 미중 간의 군사적 긴장이 높아진다는 것은 한반도에 어떤 결과를 초래하는가. 적어도 두 가지 점에서 중대한 문제가 발생한다.

첫째, 한반도에서 남북이 화해협력에 바탕해 평화체제를 구축해나가는 과정에서 타이완을 둘러싼 중미 양국 간의 긴장 고조는 한반도 평화 과정에 중대한 위기를 초래한다. 둘째, 한국이 한미동맹체제에 따라 미국의 타이완 군사개입의 전진기지로 기능할 때, 한국은 중국의 전략적·전술적 공격 목표가 될 수 있다.

따라서 타이완문제를 둘러싼 중미 간의 잠재적 긴장이 높을수록 한미동맹의 동북아 지역적 차원의 역할을 둘러싼 한미 간의 갈등은 불가피해질 것이다. 중미 간 긴장구조에서 미국은 한국을 필요로 하지만, 한국은 미국의 요구 자체가 한국 안보에 대한 위협이 된다는 사실을 절감하게 될 것이다. 이것이 향후 동아시아질서에서 한국을 중간자로 만드는 두 번째 요인이다.

3) 미일동맹 안에서 일본의 우경화와 한국

동아시아 대분단체제의 역사심리적 차원에서 볼 때, 한국은 한미일 삼각동맹체제 안에 있는 동시에 밖에 있다. 해방과 미군정 이후 한국의 현대사에서 권위주의와 냉전체제와 한미일 삼각군사협력체제는 서로 얽힌 채 공존했다. 그것은 한국의 권위주의 시대를 지배한

---

45 타이완해협의 위기가능성에 대한 가장 최근의 연구모음은, Nancy Bernkopf. Tucker(ed.), *Dangerous Strait: The U.S.-Taiwan-China Crisis*, New York: Columbia University Press, 2005.

보수적 엘리트들이 미국의 주관하에 반성하지 않는 일본 보수권력 엘리트와 동맹을 맺고 있었기 때문에 가능했다. 민주화 이후 한국에서 보수권력 엘리트는 많은 부분 퇴장당하고 있다. 새로운 정치세력은 일본 보수권력과의 동맹에 거부감을 갖고 있다.

한국사회에서 1980년대 말 이전까지의 권위주의 시대에는 반일 민족주의가 때에 따라 정치이데올로기적 동원의 수단으로 활용되곤 했다. 그러나 정작 일본 제국주의 시대의 내밀한 전쟁범죄에 대한 광범한 논의는 극도로 제한받았다. 가장 단적인 예로 일본 군대가 한국의 여성들을 그들의 성노예로 동원해 착취한 이른바 "종군위안부"가 수만에 달했다는 사실이 한국에서 제대로 논의되기 시작한 것은 민주화 이후인 1990년대에 들어서였다.[46] 미국이 주도하는 한미일 반공 삼각동맹체제는 일본의 과거에 대한 망각을 전제로 했다. 한국의 권위주의 정권들은 그 명제에 충실했다. 그러나 민주화와 더불어 한국사회는 식민지 시대 역사에 대한 되새김의 과정을 겪어왔다. 반성하지 않는 일본과의 연대는 더 이상 정치적으로 지탱할 수 없음을 암시했다.

그런가 하면 일본은 정반대의 길을 걷고 있다. 일본은 전쟁을 할 수 있는 "보통국가"를 지향하며 우경화의 길을 걸어가고 있다. 1999년 일본은 과거 일본 제국주의와 군국주의체제를 상징하는 히노마루를 국기(國旗)로, 기미가요를 국가(國歌)로 법제화했다. 입학식과 졸업식에서 히노마루에 경례하고 기미가요를 부르기를 거부한 교사들은

---

46 1990년대 초 한국에서 '종군위안부' 문제가 공론화되면서 이에 자극받아 일본에서 진행된 학술적 규명의 하나는, 요시미 요시아키, 이규태 옮김, 『일본군 군대위안부』, 소화, 1998(원저 1995). 요시미는 일본이 강제동원한 '군대위안부'의 총수를 대체로 하한 5만 명, 상한선 10만 명 정도로 추정하고 있는 것으로 보인다(요시미, 90-96쪽). 이 여성들 가운데 민족별 비율은 1943년 2월 일본군 군의부가 난징 근역에서 성병 검진한 6개 지역 '위안부'들 가운데 일본인 여성이 예외적으로 집중되어 있던 난징을 제외한 다섯 곳에서는 중국인 122명, 조선인 35명, 일본인 35명으로 중국 여성 수가 압도적이었다(요시미, 97-98쪽).

처벌당했다. 일본 사회의 용인 속에서 진행되었던 것이다.[47] 2004년 4월 일본이 전쟁을 할 수 있는 보통국가로 나아가야 한다는 헌법개정에 대한 여론조사는 53퍼센트의 찬성을 기록하며 처음으로 과반을 넘었다. 일본의 우경화는 대세가 되었다. 그리고 그것은 한국의 정치세력에 대한 대중의 거부감을 극대화하는 방향으로 진행되고 있다. 독도에 대한 영유권 분쟁이 2000년대 들어 본격화된 것은 그것과 관련이 있어 보인다.

교과서 역사왜곡의 추세도 주목받아왔다. 1982년 일본 정부는 중국과 한국의 강력한 항의에 따라 아시아의 이웃나라들과 관련된 역사교과서 검정기준의 하나로 "국제적 이해와 협력"의 정신을 고려하도록 하는 이른바 "아시아 이웃나라 조항"('Asian neighbors' clause)을 규정했다. 그러나 문부과학성 고위관료인 시모무라 하쿠분은 2005년 3월 "이 조항이 규정된 이후 학교들은 더욱 마르크스-레닌주의적으로 되어 일본역사에 대한 자학적(메조키스트적) 관점으로 흐르고 있다"고 주장했다. 또한 나카야마 나리아키 문부과학성 장관은 "일본제국 군대의 성노예와 강제징용이라는 용어들이 학교 역사교과서에 자주 언급되는 것은 좋지 않다"고 말했다. 일본 정부가 나서서 이른바 "아시아 이웃나라 조항"을 부정하고 있다.[48]

한국과 일본의 정치가 역사인식 때문에 서로 더욱 멀어져왔다는 우려는 근거 없는 것이 아니다. 냉전과 권위주의 시대에는 한일 권력집단 간에 일본의 과거를 묻지 않는 동맹이 한국에서 가능했다. 그러나 이제 이에 거부감을 가진 세대가 권력엘리트와 대중 및 시민사회 모든 분야에서 영향력을 넓혀왔다. 반면에 지난 20여 년간 일본 정치

---

47 2005년 3월에도 나카야마 나리아키 일본 문부과학성 장관은 공립학교 교사들에게 학생들이 히노마루와 기미가요를 존중하도록 학습시키는 것은 교사들의 개인적인 신념과 관계없는 의무사항이라고 주장했다(*The Japan Times*, March 6, 2005).

48 asahi.com, March 10, 2005.

와 외교는 우경화의 역사였다. 그 결과 동아시아 대분단체제에서 미국 주도의 동맹체제 속에 공존해온 일본과 한국의 역사심리적 간극은 더욱 벌어져왔다.

7. 맺는말

오늘날 동아시아질서는 2000년 미 의회를 통과한 미중 간 영구정상무역관계(Permanent Normal Trade Relations, PNTR)가 성립되고, 중국이 미국의 용인하에 세계무역기구(WTO)에 가입하는 등 모든 나라 간에 경제적 상호의존이 깊어지는 국면이다. 이와 함께 이 지역에서도 심화되고 있는 초국경적 세계화의 물결 속에서 지역 공동체 형성에 대한 기대와 논의가 무성해진 것은 자연스러운 일이다. 그럼에도 불구하고 대부분의 관찰자들은 동아시아질서에서 유럽과 같은 수준의 지역통합의 가능성을 회의한다. 경제적 상호의존에도 불구하고 동아시아질서의 통합적 지향을 근본적으로 제약하는 문제의 실체가 무엇인가라는 질문에 대해서 이 글은 '동아시아 대분단체제'의 개념을 통해 접근해보았다.

경제적 상호의존과 군사안보적 대분단체제의 기묘한 공존은 21세기 동아시아질서의 주목할 만한 특징으로 상당기간 남아 있을 것으로 보인다. 그럴수록 경제적 상호의존의 심화가 군사정치적인 차원에서의 공동안보질서로 자동적으로 연결되지는 않을 것이며, 오직 의식적이고 체계적인 노력을 통해서만 그렇게 될 수 있으리라는 것을 말해준다고 생각한다. 그러한 노력이 없을 때 오히려 군사안보적 차원의 대분단체제의 그늘 속에 경제적 상호의존이 덮여버리거나 침식당하는 사태가 얼마든지 가능할 수 있다. 2000년대 들어 최대 무역상대국이 미국에서 중국으로 바뀐 한국에게 이러한 사태는 평화적 통일이라는 과제를 포함한 안보적인 문제일 뿐 아니라 또한 경제적인 파국을 의미할 수도 있다는 것은 아무리 강조해도 모자라지 않을 것이다.

이 문제를 포함해 앞서 지적한 몇 가지 이유들로 인해 한국은 미국 주도의 동아태동맹체제에 속해 있으면서도 동시에 그 바깥에서 서성이는 존재다. 한국은 동아시아의 대분단체제 속에서 지정학적 및 역사심리적 차원 모두에서 중간자적 위치에 있는 것이다.

이 질서 속에서 우리가 불가피하게 개발해나가야 할 관점을 필자는 '아시아적 전망'이라는 개념으로 요약한 바 있다. 분단과 한국전쟁 이래 우리 국제정치학이 전개해온 전쟁과 평화에 대한 논의는 한편으로 한반도 중심적이었던 동시에, 다른 한편으로는 미국의 어깨에 얹혀진 채 세계로 건너뛴 보편적 논의로 구성되곤 했다. 여기에는 우리 한반도의 지정학을 보다 직접적으로 결정하는 동아시아질서에 대한 우리 자신의 전망, 즉 아시아적 전망은 생략되었거나 극히 제한되어 있었다.[49]

한반도의 국가가 거시적으로 어떤 안보와 평화의 비전을 취해야 할 것인지는 부단히 논의되어야 할 주제이되, 어떤 경우에도 분명한 것은 대분단의 질서 속에 처해 있는 지정학적 중간자에게 아시아적 전망은 가장 절실하다는 점이라고 생각된다.

(2006)

---

49 졸고, 「미국주도의 동아시아 안보질서와 한반도 평화론」, 한국정치학회 및 호남정치학회 공동주최 학술회의, 원광대학교 숭의관, 1999. 5. 27; 졸고, 「21세기 미국과 한반도: 세력균형론의 새로운 방향」, 오기평 엮음, 『21세기 미국패권과 국제질서』, 오름, 2000, 640-641쪽.

제16장

동아시아와 냉전의 기원
신냉전사 연구의 비판적 해부[1]

1. 동아시아 냉전구조의 특수성과 냉전의 기원 연구

냉전은 압축해 말하면 전 지구적 차원에서 미국과 소련 사이에 전개된 갈등과 긴장이었다. 좀더 포괄적인 정의도 가능하다. 미국이 대표하는 서방 자본주의 진영과 소련이 대표하는 이른바 '국제공산주의' 세력 사이의 이데올로기적·정치적·군사적 긴장과 갈등이라고 말이다. 여기서 국제공산주의는 마르크스-레닌주의라는 이념적 동질성을 매개로 하나로 통합된 전 지구적 세력을 가리킨다.

냉전을 압축적으로 정의하든 포괄적으로 정의하든, 유럽에서의 냉전에서 서방의 적은 분명 소련으로 압축될 수 있었다. 동독에서 루마니아에 이르기까지 동유럽의 국가들은 소련과 수직적 위계질서를 이루며 소련이 주도하는 국제공산주의 운동의 일부로 인식하는 것이 보통이었다. 그만큼 미국이 주도하는 서방과 소련이 주도하는 공산주의 세력 사이의 긴장과 갈등을 미소 갈등으로 요약해도 무리가 없었다. 따라서 냉전의 기원을 논의함에 있어서도 유럽의 경우는 미

---

1 이 글은 2005년 5월 30일에 열린 한국정치학회 춘계학술회의에서 「동아시아와 냉전의 기원: 전략과 정체성」이라는 제목으로 발표했던 논문이다. 내용과 인용문헌 등에서 원문 그대로 전재한다. 다만 모택동은 마오쩌둥으로, 장개석은 장제스로, 그리고 맑스는 마르크스로 고쳤다. 또한 특히 앞부분에서 난삽했던 내용들을 줄이거나 쉽게 고쳐 문장을 다듬은 부분들이 있음을 밝힌다.

국의 서유럽정책들─독일재건정책, 마셜플랜, 북대서양조약기구 수립 등─과 소련의 동유럽정책들─동유럽 점령정책, 공산당 정권 지원정책 등─이 직접적으로 부딪치는 가운데 "미국과 소련의 대(對)유럽정책들"의 대립과 갈등에 대한 분석으로 수렴될 수 있었다. 이것은 미국과 소련이 각각 서유럽과 동유럽에 직접 정치군사적으로 "현존"(現存)해 있었다는 사실과 불가분하다.

　동아시아의 경우는 달랐다. 두 가지 이유가 있다. 첫째, 소련의 극동 영토가 동아시아에 속해 있긴 하지만, 유럽과 달리 동아시아에서 소련의 지정학적 현존은 상대적으로 제한적이었다. 러시아가 지정학적 차원에서 정치군사적 영향력을 행사해온 지역은 전통적으로 동유럽이었다. 19세기 말에서 20세기 초에 걸쳐 극동에서 러시아의 활동이 일시에 증대해 만주와 한반도에 대한 러시아의 영향력이 커졌었다. 그런데 이 무렵 동아시아에 대한 러시아의 진출은 당시 시대적 특징이던 서양 제국주의의 동아시아 진출의 한 부분으로서였다. 러시아 제국주의만의 독자적 세력팽창 차원으로 보기 어렵다. 또한 러시아 제국주의의 본격적인 동아시아 진출은 20세기 초 러일전쟁에서 패배하며 좌절된 경험이 있다. 동아시아에서 러시아의 정치군사적 현존은 제한적이었음을 말해준다. 2차 대전 직후 미소 간 정치군사적 갈등이 냉전으로 발전하는 초기에 그 갈등의 중심축도 여전히 동아시아가 아닌 독일문제와 동유럽문제 등 유럽 지역에 집중되었던 사실도 일맥상통한다.[2]

2　이런 인식은 존 개디스를 포함한 대부분의 외교사가들의 입장이다. 특히 1997년 저작에서 존 개디스는 냉전을 유럽에서 스탈린의 소련에 의해 디자인되어 강압적으로 부과된 헤게모니와 서부유럽인들의 필요에 의해 초대받은 미국의 헤게모니 사이의 충돌로서 이해한다. 초대받은 제국(empire by invitation)과 부과된 제국(empire by imposition) 사이의 충돌이었다는 것이다. 그 결과 냉전의 발전과 그 양상 및 결과는 소련의 디자인과 유럽인들의 선택이 결합된 것이었다고 주장하게 된다. John Lewis Gaddis, *We Now Know: Rethinking Cold War History*, Oxford: Oxford University Press, 1997, pp.26-53. esp., p.52. 냉전의 기

둘째, 유럽질서에서 소련의 영향력은 다수의 중소규모 국가들로 구성된 동유럽 지역에 대한 것이었다. 그런데 이들 다수의 동유럽 국가들과 소련의 관계에서 어느 특정한 나라가 압도적인 지정학적 위상을 점하는 일은 없었다. 그만큼 동유럽의 어느 한 나라와의 관계 여하가 유럽 지역질서에 대한 소련의 영향력을 좌우하는 일도 없었다. 유고의 티토가 공산주의 진영에 속하면서도 소련으로부터 일정한 자율성을 갖게 되지만, 이 사태도 동유럽 전체에 대한 소련의 영향력에 중대한 타격을 주지는 않았다. 반면에 동아시아에서 소련의 영향력 여하는 중국이라는 거대한 영토와 인구를 가진 특정국가와의 관계가 큰 틀을 결정했다. 소련과 중국의 관계 향방은 그래서 동아시아에서 소련의 현존의 수준과 의미를 좌우했다.

유럽에서의 냉전의 기원에 관한 연구는 동유럽에서 소련의 직접적인 행태와 정책에 집중하면 되었다. 동아시아의 경우에도 동유럽에서처럼 소련이 추축국(독일이나 일본)의 군대를 무장해제하면서 해방군으로 점령한 지역에서 미소 간에 벌어진 긴장과 갈등이 중요한 연구 주제가 된다. 그런데 동아시아에서 냉전 기원 문제는 지역질서에서 압도적 위상을 갖는 중국이라는 존재와 소련 및 미국이 어떤 관계를 갖는가가 결정적인 변수가 된다. 미국과 마찬가지로 소련도 중국에 직접 군사적으로 개입하지 않는 상황에서 아시아대륙에서 소련의 지정학적 역할은 결국 중국 공산주의 세력과 소련이 맺고 있는 관계의 본질이 무엇인가를 규명하는 문제가 된다. 그래서 중국 공산당은 소련 공산주의의 아시아적 연장으로서 소련의 팽창의 일환인가, 아니면 중국 공산주의는 소련의 팽창과 동일시될 수 없는 독립적 실체인가는 중대한 의미를 가질 수밖에 없다. 결국 동아시아에서

원에 관한 유럽중심적 인식에 반론을 제기하는 학자는 브루스 커밍스다. 그는 냉전이 가장 먼저 시작된 것은 한반도였다고 말한다. Bruce Cumings, *Korea's Place in the Sun: A Modern History*, New York: W.W. Norton & Company, 1997, p.186.

미소 냉전은 중국이라는 존재를 매개로 해서만 투영될 수 있었던 것이다.

동아시아 냉전구조에서 이처럼 중국이 차지하는 위치의 중요성은 미소 냉전이 이 지역에서의 전쟁과 평화의 구도에 미치는 영향에 적어도 두 가지의 결정적인 의미를 갖게 만들었다. 첫째, 중국이 소련의 직접적인 에이전트가 아니라 독립적 이해관계와 행태를 보인다면, 미국과 소련의 냉전이 가열하다 하더라도 동아시아 지역에서 소련과 미국의 갈등이 파괴적인 결과를 가져올 가능성은 훨씬 더 제한될 것이었다. 따라서 동아시아에서 냉전의 연구는 미소 갈등의 연장으로서 미국과 중국 공산당의 갈등과 그 시원에 대한 연구를 진행할 뿐만 아니라, 현실적 또는 잠재적인 독립적 행위자로서의 중국 공산당 자체와 미국의 갈등 또는 협력적 관계의 가능성 존재 여부에 대한 논의를 낳게 된다.

둘째, 동유럽에서 공산주의의 문제는 소련 자체와 동일시될 수 있었다. 그러므로 처음부터 소련의 행위와 미국의 행위 사이의 상호작용 또는 소련이라는 존재의 성격에 대한 문제로 압축될 수 있었다. 반면에 동아시아에서는 중국이라는 제3의 존재가 미소 냉전의 결정적 매개변수였기 때문에, 당시 중국의 존재방식과 정체성 여하가 대단히 중요했다. 그런데 중국은 2차 대전이 끝난 시점인 1945년의 경우 분열되어 있었다. 중국은 아직 하나의 통일된 행위자가 아니었다. 국민당 장제스 정권의 중국과 공산당 마오쩌둥 정권의 중국으로 분열되어 있었고 곧 3년에 걸친 내전에 돌입한다. 따라서 동아시아에서 냉전 기원 문제는 중국 내전 국면에서 중국 공산당과 미국 사이의 관계양상에 대한 연구가 핵심적 의미를 갖게 된다. 또한 1949년 10월 중국 공산당이 대륙 전체를 공산화하는데 성공함에 따라 하나의 공산 중국이 떠오른다. 이에 따라 중국과 미국의 갈등문제는 새로운 국면을 맞게 된다. 1949년 가을을 기점으로 동아시아의 전쟁과 평화의 전망은 새로운 위기와 동시에 기회를 갖게 되는 것이다.

중국 내전 기간에 그 규모와 정도가 어떻든 미국이 공산당을 배척하고 중국 국민당을 일방적으로 지원했다는 것은 주지하는 사실이다. 그러나 그것은 중국 공산주의와 미국의 갈등을 말하는 것이었지 중국 자체와 미국의 갈등은 아니었다. 왜냐면 1946년에서 1949년에 이르는 내전 기간의 중국은 하나로 통일되어 있지 않은 분열된 중국이었기 때문이다. 동아시아에서 미소 냉전의 정도와 성격을 가름하게 될 결정적 변수인 중국이 하나의 통일된 성격을 갖기 전이었다. 이 시기에 미국과 중국 공산당이 냉전의 관계에 있었다 하더라도 중국 공산당의 대미 적대감이 동아시아질서 전체에서 미소 냉전의 성격을 결정하고 또한 한반도를 포함한 아시아의 나머지 지역 전체에서 전쟁과 평화의 결정적 변수로서 등장하지는 않고 있었다.

결국 동아시아에서 냉전 구도의 완성은 중국의 내전 때문에 유럽에 비해 역사적인 시간적 지체를 겪었다. 유럽과 달리 동아시아에서 냉전 기원 문제가 복잡성과 다차원성을 갖게 되는 중요한 이유다. 지정학적 복잡성과 함께 시간적 지체에서 오는 역사적 복합성을 띠는 것이다. 그래서 동아시아에서 미소 냉전의 매개로서 중국 공산주의와 미국의 갈등의 기원문제는 중국 내전 기간에 있어서 중국 공산당과 미국의 관계에 대한 분석과 평가를 한편으로 하고, 중국 공산혁명이 성공한 1949년 가을에서 1950년 초에 이르는 시기의 중미관계에 대한 분석과 평가를 다른 한편으로 하는 이원화(二元化)된 논의구조를 갖게 된다.

필자가 동아시아 냉전의 구조에서 중국이 갖는 핵심적 의미를 지적한 것은 첸 지안이 전 지구적인 차원의 냉전 구조에서 중국의 중심적 역할을 부각시킨 것과는 다른 의미임을 유의할 필요가 있다. 중국이 동아시아에서뿐 아니라 세계적 차원에서 냉전의 중심적 위치에 서게 되었다는 첸 지안의 주장은 중국의 지정학적 위치 때문이 아니라, 중국의 '혁명성'이라는 이데올로기적 성격에 착안한 주장이다. 그에 따르면, 1940년대 말 중국이 혁명적 국가(revolutionary state)로서 등장함으로써 세계냉전 자체의 중심이 유럽에서 동아시아로 이동했으며, 그럼으로써 또한 (미소) 냉전이 열전화하지 않게 돕는 역할을 했다. 1940년대 후반 이후 소련은 혁명성을 상실하고 국제체제에 '사회화'된 반면, 마오쩌둥의 중국은 소련이 상실한 혁명성을 유지함으로서 미국과 세계 혁명운동 사이의 긴장의 핵이 되었다고 말한다.[3]

첸 지안에게 있어 마오쩌둥의 혁명적 중국은 공산주의 쪽 냉전 담론에서 계급투쟁보다 민족해방의 테마를 중심적 위치에 올려놓음으로써 서방과 공산주의 사이의 더 치열한 전쟁터가 된 이른바 '중간지대,' 즉 미국과 소련 사이에 존재하는 비서방 탈식민화과정에 있는 지역에서의 긴장과 투쟁의 중심에 서게 되었다. 이것은 물론 중간지대가 넓게 포진되어 있던 아시아 지역에서도 중국이 냉전의 중심축이 되었음을 의미했다. 이 같은 첸 지안의 인식은 마오쩌둥과 중국의 대외정책을 국가이익이 아닌 '이데올로기'의 관점에서 해석하고 평가해야 한다는 그의 논리에 기초하고 있다.[4] 필자는 이 같은 첸 지안의 주장은 동아시아질서의 성격과 냉전의 기원에 대한 이데올로기 중심적 논리의 한 표현으로 생각하고 있으며, 그럼으로써 신냉전사 연구가 촉발한 논쟁의 한 축을 형성하는 데 기여했다고 본다. 그러나 그런 관점에서 동아시아질서에서 중국의 중요성을 강조하는 것은 한계가 있으며, 필자가 생각하는 동아시아질서에서 중국의 의미와 분명한 차이가 있음을 지적해둔다.

2. 동아시아 냉전의 현실적 전개와 두 전쟁의 의미

1948년 남북한에 각각 친미와 친소 단독정권이 수립되어 한반도가 분단 과정에 들어선 것은 미소가 직접적인 정치군사적 개입을 했

---

3 Chen Jian, *Mao's China & the Cold War*, Chapel Hill: The University of North Carolina Press, 2001, pp.2–5.

4 Chen, 2001, pp.5–9 참조.

던 지역에서 벌어진 미소 냉전의 직접적 표현이었다. 1950년 6월 북한 김일성 정권이 소련의 묵인과 중국의 지원 약속하에 전쟁을 감행했다. 한국전쟁의 발발은 중국 공산혁명의 성공과 함께 이 새로운 중국과 미국의 냉전적 대결이 한반도의 운명에 직접적으로 투영된 것이었다.

그렇다면 우리는 1945년 8월에서 1948년 8월 사이 전 지구적 차원에서 미소 간 냉전적 대결이 발전함으로써 한반도에 상호대립하는 두 개의 단독정권이 수립되는 분단국가체제가 형성되었고, 1949년 10월 중국에 수립된 공산주의 혁명 정권과 미국 사이에 발전한 갈등이 결국 한국전쟁 발발의 동아시아적 환경으로 되었다고 말할 수 있다. 한반도에서 발생한 미국과 중국의 열전은 그것 자체로 동아시아에서 냉전의 구조를 완성하고 고착화했다. 한반도에서 분단이 영속화했을 뿐 아니라, 미국은 동남아시아에서 중국 공산주의의 팽창을 저지한다는 지정학적·이데올로기적 동기에서 인도차이나에 대한 정치군사적 개입을 본격한다. 베트남전쟁의 역사적 조건이 구성된 것이다.

이러한 역사적 전개의 복판에는 중국 공산주의가 소련과 동맹해 행동했다는 사실이 있다. 동아시아 냉전의 역사 해석을 둘러싼 논쟁은 이것을 사실로서 인식하는 데에서 출발한다. 그러나 우리는 거기에 머물지 않고 던져야 할 또 하나의 질문이 있다. 역사를 불가피한 필연들의 폐쇄적인 사슬로서가 아니라 좁게나마 필연과 우연과 선택의 복합체로서 본다면 특히 그러하다. 한국전쟁과 베트남전쟁이라는 두 열전의 역사적 토대가 되고 만 중국 공산당의 대소련 동맹과 반미 대결주의는 소련의 팽창주의와 중국혁명의 이데올로기적 성격 때문에 필연적이었는가, 아니면 미국 특히 트루먼 행정부가 선택한 대아시아정책의 결과인가. 결국 한반도의 문제를 해결하지는 못한 채 미국 자신도 수만의 인명피해를 겪은 채 끝난 한국전쟁과, 미국 현대사 최대의 비극으로 간주되는 베트남전쟁의 비극은 소련과 중국의 공세적 도전에서 비롯된 것으로 이를 막기 위해 미국이 불가피하게 치러야 했던 대가였는가, 아니면 트루먼 행정부가 좀더 현명했다면 다른 전략적 선택을 통해서 그 두 전쟁의 비극을 피할 수 있는 여지가 있지는 않았던가 하는 질문이다.

이 근본적 질문은 다음과 같은 두 가지 문제로 구체화된다. 첫째, 중국 공산주의와의 대결을 내포한 미국의 아시아대륙에 대한 전략적인 정치군사적 개입이 어떤 시점에서 본격화되었는가 하는 문제다. 전통주의 학자들과 탈수정주의 내 우파 학자들은 한반도와 인도차이나, 그리고 중국을 포함한 아시아대륙에 대한 미국의 전략적 관심은 냉전 초기에 없었거나 미미했으며, 한국전쟁이라는 공산세력의 공세적 도전을 계기로 해서야 비로소 본격화된 것으로 이해했다. 반면에 미국의 아시아정책에 비판적인 학자들은 한반도에서도, 인도차이나에서도 그리고 내전 중인 중국대륙에 대해서도 미국의 대결적 정치군사 개입은 전후에 일찍부터 이미 존재했다고 본다. 그것이 곧 동아시아에서 미소 갈등뿐 아니라 동아시아 냉전구조의 중추인 중국 공산당과 미국 사이 긴장과 대결을 포함하는 이 지역 냉전체제 구축의 중요한 동력이 되었던 것으로 이해한다.

둘째, 1949년 10월 중국 공산당의 대륙 장악과 혁명정권 수립을 전후한 시기에 중국 공산정권과 미국이 상호 외교승인을 포함해 새로운 관계를 형성함으로써 협력적 관계는 아니더라도 최소한 평화적 중미관계를 형성할 기회는 과연 없었는가라는 문제가 특히 집중적인 논의의 초점으로 되어왔다. 이것은 1960년대 말 이후 베트남전쟁에 대한 반성 속에서 등장한 수정주의적 문제의식의 하나로 간주되어온 "중국에서의 잃어버린 기회"(lost chance in China)에 관한 논쟁의 계속이다. 1990년대 중국과 소련에서 선별적으로 쏟아져 나온 자료들을 근거로 한 이른바 신냉전사 연구의 동아시아판이라 할 연구들은 대체로 중국 공산당 지도부의 이념적 성격 때문에 그러한 평화적 중미관계 형성의 기회가 원천적으로 존재하지 않았다는 주장을 내세우고 있다. 반면에 상당수 학자는 1990년대에 특히 풍미한 그 같은 부정적 평가들에 여전히 의문을 제기하고 있다. 여기에서 핵심적인 논점의 하나는 중국 공산주의의 이데올로기적 정체성이 무엇인가 하는 것으로 모아져온 점은 가장 특기할 점이다.

이 글은 이 두 가지 질문에 대해 1990년대에 진행되어온 논의들에 초점을 맞추어 논점을 파악하고 그것들을 일정하게 평가하고자 한다.

3. 전후 미국의 아시아 전략과 동아시아 냉전의 기원

1) 존 루이스 개디스와 미국의 아시아 전략: 그 방어적 성격

미국 냉전사가(冷戰史家)들의 대부분은 냉전의 중심은 유럽이었으며, 아시아를 포함한 비유럽 지역에서의 미소 냉전은 주변적인 것에 불과했다고 생각한다. 물론 한국전쟁이 일어나기 전까지는 그러했다는 것이다. 한국전쟁이 아시아에 냉전의 확장을 불러온 것으로 이해한다. 이러한 관점을 가장 명확하게 정식화하고 있는 대표적인 역사가가 존 루이스 개디스다. 그는 아시아에 냉전의 비극을 확장시킨 것은 "희극적인 실수들"(a comedy of errors)의 결과라고 표현한다. 또 아시아의 냉전은 "대체로 부주의(또는 실수: inadvertence)에서 비롯되었다"고 표현하기도 한다.[5] 그리고 그 같은 부주의한 실수들로 구성된 희극의 주연들은 스탈린과 마오쩌둥과 김일성이었으며, 군이 조연을 따지자면 미국이 그 역할을 한 것으로 평가한다. 그리고 주연들의 실수를 초래한 것은 그들의 "이데올로기적 도취"(ideological euphoria)였다.[6] 미국이 그 희극에 동참한 것은 "애매하고 불분명한 시그널들"을 보냄으로써였다.

---

5 Gaddis, 1997, p.82.
6 Gaddis, 1997, p.83.

개디스가 아시아에서는 한국전쟁이 일어나기 전까지 냉전이라고 부를 만한 미소 간의 갈등이 없었던 것은 미국과 소련 모두 아시아대륙에 사활적인 전략적 이해관계를 갖고 있지 않았고 그로 인해 심각한 갈등이 없었다는 사실에서 찾는다. 그에 따르면, 2차 대전이 끝날 무렵 미국과 소련 모두 장제스의 국민당을 중국대륙의 지배적인 권력으로 인정하고 있었다. 또한 장제스 정권이 몰락하고 마오쩌둥의 중국 공산당이 승리하는 과정에서도 두 초강대국의 어느 쪽도 의미 있는 역할(개입)을 하지 않았다. 미국도 소련도 한반도에서 전개되는 사태에 많은 관심을 쏟지 않았다. 그래서 개디스에 따르면 1950년 6월 전쟁이 발발하기 전까지 한국은 미소 갈등의 장소가 아니라 1945년에 취한 임시변통 조치들에서 말미암은 분쟁 여지들을 극복하기 위한 미소 간 '협력'의 유망한 본보기였다.[7]

이 관점이 설득력을 가지려면 두 가지 설명이 필요하다. 먼저 미국이 아시아대륙에 전략적 개입의지를 애당초 갖고 있지 않았음을 보여주어야 한다. 개디스에게 그 유력한 근거는 1950년 1월 12일 당시 국무장관 딘 애치슨의 연설에 등장한 "방위선"(defense perimeter) 개념이었다. 그 핵심은 물론 남한과 타이완을 아시아에서의 미국의 방위선에서 제외한 것이었다.[8] 개디스가 설명해내야 할 또 하나는 그럼

---

7 Gaddis, 1997, p.82.

8 1948년 3월, 당시 국무부 정책기획국장(Director of the State Department's Policy Planning Staff, PPS)을 맡고 있던 조지 케넌은 "오늘 우리는 서태평양 지역 전반에 대한 전체적인 전략적 개념이 없이 움직이고 있다"고 경고하고, 이어 "서태평양 지역에 대한 가장 바람직한 정치군사적 개념"으로 세 가지 포인트를 제시했다. "첫째, 아시아대륙에서 전개되는 사태를 우리 안보에 유리한 방식으로 영향을 미치기 위해 노력하되 대륙의 어떤 지역도 우리에게 사활적인 것으로는 간주하지 않는다. 따라서 한국에서는 가급적 빨리 철수한다. 둘째, 오키나와는 서태평양 지역에서 우리의 공격적 타격력의 중심으로 만든다. 미국 안보지대(US security zone)는 알류산열도, 류큐열도, 일본이 점령하고 있던 섬들, 그리고 괌을 포함하는 U자 모양으로 이루어지며 그 중심이면서 동시에 가장 전초적인 위치가 오키나와다. 대륙 지역의 동부중앙이나 동북아시아의 어

에도 불구하고 미국은 한국전쟁이 발발하자 신속하고 단호하게 대규모 개입을 한 이유가 무엇인가였다. 전쟁 발발과 함께 미국은 남한 방위를 위해 공군과 해군뿐 아니라 지상군을 대규모로 투입하고 인도차이나의 프랑스 식민 지역에 군사원조를 크게 증대했다. 또 미 해군 제7함대를 타이완해협에 급파해 중국 내전에 직접적으로 개입한 꼴이 되었다.[9] 이러한 "급작스런 전환"은 충분히 설명되지 않으면 안 된다. 개디스가 잘 의식하고 있는 것처럼, 애치슨의 방위선 연설은 공산권의 오인을 의도적으로 불러일으키기 위한 것 아니었냐는 의문까지도 낳았기 때문이다.

한국전쟁 발발 전인 1950년 봄에 미국 국가안보회의(NSC)가 작

떤 항구로부터든 상륙해오는 군대의 집결과 출격을 저지하기 위해 우리는 오키나와에 기지를 둔 공군력과 전진배치된 해군력을 이용할 수 있다. 셋째, 일본과 필리핀은 이 안보지대의 바깥에 두며, 우리는 이들 영토에 기지나 군대를 두지 않는다. 물론 이들이 비무장화되고 어떤 다른 세력도 이들 영토에서 전략적 시설을 확보하려는 노력을 하지 않는다는 전제에서다. 그래서 일본과 필리핀은 우리 안보지대의 옆에 바짝 붙은 상태에서 중립 지역으로 남아 완전한 정치적 독립을 누리도록 한다." 여기서 유의할 점은 일본과 필리핀의 위상이다. 일본과 필리핀을 중립지대로 표현한 것의 진정한 의미는 그가 1948년 2월에 작성한 보고서에서 나타나 있다. "일본과 필리핀은 그러한 태평양 안보체제의 기둥들이 될 것이며, 만일 우리가 이 지역들에 효과적인 통제를 유지하려 한다면 우리 시대에 동양에서 우리 안보에 대한 어떤 심각한 위협도 존재하지 않게 될 것이다." (PPS/23, "Review of Current Trends: U.S. Foreign Policy," February 24, 1948, U.S. Department of State, Foreign Relations of the United States, 1948, I, p.525). 이러한 개념을 갖고 조지 케넌은 1948년 3월 동경을 방문해 맥아더와 협의하는데, 이때 맥아더가 케넌의 개념에 기본적으로 동의하면서 제시한 동아시아 방위선은 알류산열도, 미드웨이, 일본이 점령했던 섬들, 오키나와, 필리핀, 오스트레일리아, 뉴질랜드, 그리고 남서태평양의 영국 및 네덜란드 식민지 섬들로 구성되는 것이었으며, 그 역시 케넌과 마찬가지로 오키나와를 중심적인 요충지로 삼는다는 것을 강조했다. 미국의 이 같은 안보지대를 위협하는 상륙부대들의 출발점이 될 수 있는 북부 아시아의 항구들을 미국은 오키나와로부터 통제해낼 수 있다는 것이었다. John Lewis Gaddis, *The Long Peace: Inquiries into the History of the Cold War*, New York: Oxford University Press, 1987, pp.73-74.

9 Gaddis, 1987, p.73.

성한 전략문서「NSC-68」은 세계의 모든 공산주의 운동을 소련에 의해서 조정되는 전 지구적 운동으로 규정했다. 그리고 조지 케넌의 봉쇄전략에 담겨 있던 (미국 안보에) '사활적인 지역'과 '주변적인 지역' 사이의 구분을 버리고 모든 곳에서 적극 대응할 것을 주장했다. 무엇보다도 이를 위해 미 군사예산을 3배 증액해야 한다는 구상을 「NSC-68」은 담고 있었다. 한국전쟁은 애치슨의 표현대로 하면이 문서의 구상을 "이론에서 당장의 예산문제로" 전환시켰다. 따라서 애치슨의 방위선 연설은 스탈린, 마오쩌둥, 김일성의 도발을 유도해 한국과 타이완을 포함한 아시아대륙에 대한 공세적인 개입전략을 실현하기 위한 유도전술의 일환이 아니었는가라는 의문을 부단히 불러일으켜왔으며, 개디스는 이 점을 잘 의식하고 있다.[10]

개디스는 애치슨의 방위선 연설이 "의도는 좋지만 부주의한 표현으로 되어 있어서" 불분명한 메시지가 되거나 오인(誤認)을 불러일으킬 수 있는 여지가 있었다고 인정한다. 그러나 그 내용 자체는 아시아대륙에서 마오쩌둥의 중국과 군사적 갈등을 회피하고자 했던 전략적 선택을 포함하는 당시 미국의 아시아정책의 핵심을 정확하게 반영한 것이었다고 주장했다.[11] 그는 1987년에 출간한『긴 평화: 냉전사 연구』에서 방위선에 관한 미국의 전략 내용을 매우 중요하게 다루었다. 방위선 연설이 음모의 일부가 아니라 "적어도 그때만은 진실이었다"는 점을 설득해내야 할 핵심적인 사안이었다. 그 연설은 한국전쟁 발발과 동시에 미국의 즉각적 군사개입으로 말미암아 하루아침에 허구로 전락했다. 그 사정을 "한국전쟁 전에는 그것이 진실이었다"는 명제와 모순되지 않는 방식으로 설명해내지 않으면 안되었다.

---

10   Gaddis, 1997, p.76. 개디스는 I.F. Stone, Joyce and Gabriel Kolko의 저작들, 그리고 특히 브루스 커밍스의 1990년 저서에서 이 문제를 집요하게 제기하고 있음을 상기시킨다. Gaddis, 1997, p.320.
11   Gaddis, 1997, p.72.

애치슨의 방위선 연설과 미국의 실제 행동의 간극을 메꾸려는 개디스의 해명은 두 가지 논점으로 이루어져 있다. 첫째, 미국의 아시아 개입전략을 결정하는 두 가지의 상이한 기준이 있었다고 했다. 하나는 '전략적 이익'의 개념이고 다른 하나는 세계 속에서 미국의 '신뢰성 차원에서의 이익'(interests in terms of credibility), 즉 "정치적 고려"의 차원이다.[12] 한국은 미국에게 전략적 이익은 미미했으나, 한국에서의 침략을 방치할 경우 다른 지역들에서 또 다른 침략을 부추길 것이라는 우려 때문에 전격 개입했다고 개디스는 주장했다.[13] 전략적 이익과 정치적 이익이 달랐다는 것이다. 애치슨의 방위선 연설은 동아시아에서 미국의 전략적 이익을 정의한 것이었다. 이 연설에서 한국이 타이완과 함께 제외된 사실과, 한국전쟁 발발로 미국이 개입한 것은 신뢰성의 이익에 대한 정치적 고려에 바탕한 것이라고 했다. 그 둘은 서로 전혀 다른 내용을 담고 있지만, 미국의 관점에서 그 둘 중 어느 것도 거짓은 아니며 두 요소의 공존은 모순이 아니라고 그는 주장했다.[14]

---

[12] Gaddis, 1987, p.95.

[13] Gaddis, 1987, p.97. 개디스는 당시 찰스 볼렌(Charles Bohlen)이 1950년 6월 26일 조지 케넌에게 쓴 편지에서 "아시아인들은 물론이고 모든 유럽인이 미국이 무엇을 할 것인지를 지켜보고 있다"고 하고, 케넌 또한 스스로 미국이 행동하지 않는다면 "우리의 관점에서 동서분쟁의 모든 전쟁터가 부정적인 영향을 받을 것"이라고 말한 것을 주목했다.

[14] 이와 관련해 주목할 개디스의 주장에는 다음과 같은 내용이 있다. 그는 미국이 전격적으로 남한을 도와 한국전쟁에 개입한 것은 북한의 공개적인 전면적 남침이었기 때문이라고 말한다. 만일 호지민이 남베트남에 대해서 그랬던 것처럼 김일성이 남한의 반란세력을 돕고 비밀리에 이를 돕는 세력을 침투시키는 방식을 채택했다면 미국은 남한을 지키기 위해 그 같은 개입을 했을지 의문이라고 주장한다.(Gaddis, 1997, p.75) 그러나 호지민의 북베트남이 남베트남을 전면침공하지 않고 주로 남베트남 내부에서의 게릴라전을 지원하는 데 집중했음에도 미국이 인도차이나 장악을 위해 전면적인 대규모 군사개입까지 감행한 사실에 비추어 볼 때, 그리고 한국전쟁 발발 이전까지 미국이 남한에 상당한 규모의 군사고문단을 상주시켜 항게릴란전을 지원했음을 고려할 때, 개디스의 그 같은 주장은 반드시 설득력이 있는 것은 아니다.

둘째, 애치슨의 방위선 연설에 나타난 "연안도서 체인"(offshore island chain)을 방어한다는 개념은 1948년 봄 이후 한국전쟁 직전에 이르기까지 미국 정부의 여러 부서—국무부, 미 합참, 맥아더의 태평양사령부— 사이에 "합의"된 것이었다고 개디스는 전제했다. 그러나 그 합의는 취약한 것이었다고 그는 설명했다. 다른 말로 하면, 그 합의는 한국전쟁의 발발로 '신뢰성의 이익'을 위해 파기될 만큼 취약한 것이었지만, 한국전쟁이 실제 발발하기 전까지는 미국 정부의 아시아 전략이라고 부를 수 있을 만한 진실성을 담고 있었다는 주장이었다.

미국의 방위선 개념에서 한국과 타이완을 제외시킨 그 합의가 진실하면서도 다른 한편 "취약성"을 내포했다는 말의 의미를 개디스는 더 구체적으로 두 가지로 설명했다. 하나는 미국 정부 내 여러 부서가 그 전략에 동의하거나 또는 적어도 반대하지 않고 있었기에 그것을 합의라고 부를 수는 있지만, 저마다 다른 이유들로 동의하고 있었다는 것이다.[15] 그만큼 전략적 판단 기반이 광범하지 않고 충분히 공유되지 않았다는 이야기였다.

합의 기반 취약성의 두 번째 의미는 한국, 타이완, 그리고 인도차이나 등 애치슨의 방위선에 포함되어 있지 않았던 지역들에 대한 미국 정부의 인식이 이중적이었다는 것이다. 합의의 내면적 이중성이었다. 개디스가 말한 이중성이란 결국 다음과 같은 이야기였다. 소련이나 소련과 연결된 공산주의 세력이 한국 또는 타이완을 공격하지 않는 한 미국은 이들 지역에 개입하지 않는다. 다만 그런 불행한 사태가 발생하면 미국은 이를 좌시하지 않는다. 타이완과 한국에 대해 미국이 이 같은 태도를 갖고 있었음에 대해 개디스는 여러 가지 근거를 제시했다. 우선 타이완에 대해서 말하면, 미국은 국방부, 국무부, 맥아더의 극동사령부 모두 장제스가 중국에서 패퇴할 것이 분명

---

15 Gaddis, 1987, p.80.

해지기 시작한 시점에서부터 "타이완의 전략적 중요성"을 아무도 의심하지 않았다. 1948년에 이미 미 합참은 "크레믈린이 지도하는 공산주의자들"이 타이완을 지배하게 될 전망은 "우리 안보를 매우 심각하게 훼손할 것"이라고 결론지었다. 합참은 그 이유로 공산주의자들이 일본과 말레이시아 사이의 해상교통라인을 지배하고 필리핀과 류큐열도, 그리고 궁극적으로 일본 자체를 위협할 능력을 갖게 될 것이라는 점을 들었다.[16] 개디스는 또한 1949년 초 국무부가 국가안보회의에 제출한 보고서 초안이 "미국의 기본목표는 타이완과 팽호열도(the Pescadores: 타이완 서쪽의 군도)를 공산주의자들로부터 지켜내는 것이어야 한다"고 했으며, 이 점에 관해 맥아더는 더욱 강경했다. 맥아더는 "만일 타이완이 중국 공산주의자들에게 넘어가면 극동에서 우리의 모든 방어위치는 분명코 상실되고 만다. 결국에는 우리의 방어선이 미 대륙의 서해안까지 밀려나고 말 것이다"라고 했다.[17]

동시에 개디스는 국무부도 합참도 맥아더도 중화인민공화국에 타이완을 내주지 않기 위해 미 군사력을 사용하는 것에 대해서는 반대했음을 강조했다. 특히 맥아더까지도 타이완에 미국의 군사기지를 구축하는 것은 찬성하지 않았다. 타이완을 잠재적 적들에게 내주지 않는 것은 중요하지만 오키나와와 필리핀 같은 더 쉽게 통제할 수 있는 다른 요충지들을 활용하는 것이 좋다고 보았다. 개디스에 따르면, 국무부도 중국으로부터 타이완을 분리시키기 위해 공개적으로 시도하는 것은 중국 민족주의의 반발을 초래하고 소련과 중국 공산당 사이를 이간시키려는 국무부의 전략을 훼손할 수 있다고 우려했다.[18] 개디스에 따르면 타이완을 보호하기 위해 군사력을 사용하는 것을 배제한 미 국무부의 입장은 1950년 1월 5일 트루먼 대통령의 성명으로 이어져 미국 정부의 공개적인 정책이 되었다. 트루먼의 지원을 받

---

16   Gaddis, 1987, p.80.

17   Gaddis, 1987, pp.80-81.

18   Gaddis, 1987, p.81.

아낸 국무부의 입장은, 미국은 중화인민공화국이 타이완을 장악하는 사태를 막기 위해 비군사적인 수단으로 노력하지만 그런 정책이 실패할 수도 있음을 받아들여야 하며 대신 필리핀, 류큐열도, 일본에 관련한 미국의 전반적인 위치를 강화하기 위해 모든 노력을 경주한다는 것이었다. 트루먼 대통령은 이것을 공식화한 성명에서 타이완을 중국에 반환한다는 카이로선언의 공약을 재확인했다. 타이완을 방어하기 위해 미국이 군대를 파견하거나 군사원조나 자문을 제공할 의도도 없음을 밝혔다.[19]

그러나 미국의 실제 정책의 진실은 트루먼의 그 성명에 모두 공개된 것은 아니었다고 개디스는 인정했다. 그는 미국의 타이완정책이 보이고 있던 혼란스러움과 이중성을 해소하는 답을 이렇게 정리했다: "소련과 전쟁이 일어났을 때는" 타이완을 포기하지 않는다는 것이 트루먼 행정부의 정책이었다.[20] 1950년 1월 5일 트루먼의 성명은 "미국은 이 시점에서(at this time) 타이완에서 특별한 권리나 특권을 얻어내거나 군사기지를 설치할 의사가 없다"는 문장을 담고 있었다. "이 시점에서"라고 한 것의 의미를 부연설명해줄 것을 요구받은 애치슨 국무장관은 "우리 군대가 극동에서 공격을 당하는, 가능성이 희박하지만 불행한 사태가 발생하면 미국은 미국안보를 위해서 필요한 것은 무엇이든지 어디에서든지 취함에 있어 완전히 자유롭다는 사실을 인정한 것"이라고 답했다. 즉 전시에는 미국은 타이완을 방어하기 위해 군사행동을 할 것임을 분명히 하고 있었다. 1950년 1월 25일 오마르 브래들리(Omar Bradley) 합참의장은 상원 외교위원회에서 "합참은 잠재적 적이 타이완을 장악하는 사태가 태평양에서 미국의 위치에 제기할 위험을 충분히 인식하고 있다"고 '오프 더 레코드'로 말했다. 바로 그다음 날 미 합참은 전쟁시에 소련의 타이

---

19 Gaddis, 1987, pp.83-84.

20 Gaddis, 1987, p.84.

완 장악을 막아내기 위한 비상 전쟁계획은 1951년 중반까지 유효한 것으로 한다고 결론지었다. 이어 2월 초 일본 도쿄에서 합참과 만난 자리에서 맥아더는 타이완문제에 대해 합참과 견해를 완전히 같이 한다고 말했다.[21]

미국 정부는 물론 그러한 전쟁계획을 공표할 수는 없었다. 또한 타이완에 대한 미국의 입장이 중국 내전에 대한 개입으로 비치는 것을 피하고자 했다. 그러나 개디스도 인정하듯이, 공산주의자들의 타이완 장악을 막는 동시에 중국 내전에서 중립을 지킨다는 것은 현실적으로 모순이 아닐 수 없었다.[22] 그래서 개디스도 미국의 타이완정책의 일관된 요소는 1949년에서 1950년에 이르는 시기의 어떤 시점에서도 미국에 적대적인 동시에 미국이 방위선에 포함시킨 다른 연해 도서 지역에 대해 공격을 감행할 수 있는 세력이 타이완을 장악하는 사태를 용납하지 않는 것이었다고 인정했다.[23] 트루먼은 타이완을 중국에 반환한다는 카이로선언에서의 약속은 중국과 소련은 미국의 적이 아니고 일본이 적이었을 때 만들어진 것이었다고 지적하면서, 따라서 중국 공산주의와 적대하는 상황에서는 그 약속은 더 이상 유효하지 않다고 말한 바 있었다. 개디스는 트루먼의 그 말을 주목했다.[24]

이 모든 것과 1950년 1월 연설에서 애치슨이 미국의 방위선에서 타이완과 한국을 제외시킨 것은 거의 명백하게 모순된 것이었거나 오도적인(misleading) 것이었다. 개디스는 미국의 방위선 개념이 담고 있던 미국 정부 내부의 정책적 합의와 함께 그 취약성과 이중성을 지적함으로써 미국의 당시 대중국 정책의 실체가 상당한 혼란과 모순을 담고 있었음을 드러내었다. 결론적으로 말하면, 개디스는 1950년 1월 당시 애치슨의 방위선 연설의 진실성을 주장했지만, 그

---

21 Gaddis, 1987, pp.84-85.
22 Gaddis, 1987, p.87.
23 Gaddis, 1987, p.88.
24 Gaddis, 1987, p.88.

처럼 미국 정부 안팎에서 그러한 개념적·전략적 혼란이 존재한 상태에서 애치슨은 왜 그렇게 단정적이고 공개적으로 한국과 타이완을 제외한 방위선 개념을 밝혔는지를 명쾌하게 해명해내지 못했다. 그는 애치슨의 연설이 "의도는 좋지만 부주의한 표현들로 되어 있다" (carelessly worded speech)는 말로 그 문제를 얼버무렸다.[25]

1950년 1월 애치슨의 방위선 관련 발언이 담고 있던 깊은 모순을 애써 해명해내려는 개디스의 설명은 그처럼 모호성과 혼란을 담고 있다. 다만 분명한 것은 이런 설명 노력을 통해 개디스가 말하고 싶어 하는 요점이다. 애치슨이 미국의 동아시아 방위선에서 타이완을 제외시킨 것이 적어도 당시에는 속임수나 모순이 아니었으며, 또한 당시 미국의 아시아 전략이 중국대륙 세력과의 군사적 대결을 추구하지 않겠다는 의지에 기초하고 있었음을 애써 부각시키려 했다. 개디스는 미국은 중국 공산주의가 타이완을 무력으로 장악하려 하지 않는 한 중국 공산주의와 대립하고자 하는 의도는 없었음을 강조한 것이었다. 또한 비록 타이완에 대한 태도에 집약되는 미국의 아시아 전략이 상당한 혼란과 이중성을 담고 있었다 하더라도 그러한 이중성으로부터 미국을 명확하게 적극적 개입정책으로 전환시킨 것은 다름 아닌, 마오쩌둥의 중국이 결정적 역할을 한 것으로 드러난, 한국전쟁 발발과 뒤이은 중국의 군사개입이었다고 말하고 있는 것이다. 한국전쟁 발발과 중국의 한반도 군사개입으로 말미암아 비로소 미국은 1950년 말 자신이 가장 피하고 싶었던 상황, 즉 장제스와 운명을 함께하지 않으면 안 되는 처지에 놓이게 된 것이라는 게 개디스의 주장이다.[26]

그럼으로써 개디스는 동아시아에서 미국이 중국과 정치군사적·이데올로기적으로 첨예하게 대립하게 되는, 아시아에 대한 냉전의

---

25 Gaddis, 1997, p.72.
26 Gaddis, 1987, p.88.

확장에서 미국은 조연일 뿐이며 그 주역은 중국과 소련과 북한이었다는 사실을 확인하려 했다. 이 분야에서 1990년대 출간된 개디스의 대표적 저술에서 아시아의 냉전에 관한 서술이, 스탈린과 마오쩌둥의 중국 공산당 사이의 긴밀한 관계와 함께 한국전쟁의 발발과 관련된 김일성, 마오쩌둥, 스탈린 3인 사이의 모의과정에 집중되어 있는 것은 그 당연한 표현일 것이다.[27]

동아시아에서 중국이 미국에 적대적인 세력으로 행동하게 된 데에 미국은 어떤 의미 있는 책임도 없다는 개디스류의 해석에 대한 반론은 크게 두 가지 종류로 나누어볼 수 있다. 하나는 미국은 한국전쟁으로 중국을 포함한 공산주의 세력의 군사적 위협이 본격화하기 전에 이미 아시아대륙에 대한 강력한 개입의지를 갖고 중국 공산주의와 치열하게 대결했다는 사실을 지적하는 것이다. 이러한 인식은 중국의 반미적 이념과 행동이 오직 중국과 소련의 관계, 그리고 중국 자신의 이념과 역사적 경험에서 우러난 것으로 중국이 자가발전한 것이며, 미국은 그것의 형성에 직접적인 책임이 없다는 개디스적인 논리와 대립한다.

다른 하나의 반론은 첫 번째의 것과 물론 유관한 것이지만, 중국에서 공산주의혁명이 승리할 것이라는 전망이 강해지면서 일본, 한국, 인도차이나를 중심으로 미국이 장차 중국봉쇄를 위해 포괄적인 아시아 전략을 구상하고 실행에 옮겼다는 점이다. 이런 관점은 미국에 대한 마오쩌둥의 정치군사적 도전이 한국전쟁으로 연결되기 전에 미국은 이미 아시아에서 포괄적인 반공 봉쇄전략을 구상하고 실천함으로서 냉전의 구조를 형성해간 사실들을 주목하는 것이다.

2) 중국 내전과 미국의 아시아 전략

1946년 초 국무장관 딘 애치슨은 의회청문회에서 미국은 전후에

---

27   Gaddis, 1997, *We Now Know*, op.cit., pp.62-84 참조.

다른 어떤 나라보다도 중국을 위해 더 많은 노력을 기울였다고 주장했다. 중국 국민당이 공산당과 벌여 패배한 수많은 전투 가운데 미국이 제공한 군사물자가 부족해서 국민당이 진 경우는 한 번도 없다고 애치슨은 덧붙였다.[28] 미국은 장제스가 공산주의자들에게 패배하는 원인을 정권의 비민주성과 부패에 있다고 보고, 정권의 개혁을 요구했다. 1946년 8월에서 1947년 5월 사이에 미국은 장제스에 대한 지원을 개혁을 조건으로 제공했다. 그러나 허버트 파이스의 지적을 빌어 토마스 패터슨은 미국이 외국의 특정 세력을 지원하면서 동시에 그 정권의 내부개혁을 달성하는 것이 불가능하다는 것은 명백해 보였다고 말한다. 그럼에도 불구하고 미국은 장제스 정권이 타이완으로 쫓겨가는 순간까지 지원했다. 2차 대전이 끝난 후 중국에서 국민당과 공산당이 내전을 전개한 1946-1949년 기간에 미국이 장제스 정권에 제공한 원조규모는 모두 30억 달러를 넘었다는 것이 패터슨의 계산이다.[29]

패터슨에 따르면, 미국이 장제스와 끝까지 운명을 같이한 이유는 아시아, 특히 중국에서 소련 공산주의의 위협에 대한 과장된 인식 때문이었다. 미국 지도자들은 중국 내전이 중국 내적인 뿌리를 갖고 있음을 인식하고는 있었지만, 그 내전의 결과 공산당이 중국을 장악할 경우 전 지구적인 위협을 제기할 것으로 인식했다. 그들은 중국사태의 전개를 결국 냉전의 렌즈로 보았다는 것이다. 그들은 중국의 내전을 중국에서의 미소 간의 경쟁이라는 틀로 보았다.[30] 그래서 중국이 공산화되면 소련이 중국을 발판으로 아시아 전체를 공산화하고 일본을 위협할 것으로 판단했다. 미소 간 전쟁이 발발하면 방대한 중국

28 Thomas G. Paterson, *Meeting the Communist Threat: Truman to Reagan*, Oxford: Oxford University Press, 1988; Paterson, "Containing Communism in China," Thomas G. Paterson and Robert J. McMahon(eds.), *The Origins of the Cold War*, Lexington: D.C. Heath and Company, 1991, p.295.

29 Paterson, 1991, p.294.

30 Paterson, 1991, p.296.

본토는 소련의 군사작전기지로 될 것을 우려했다. 미 합참은 1947년 소련이 중국을 지배하려는 음모를 갖고 있다고 주장했다. 그해 11월 국무장관 조지 마셜은 "소련의 중국 지배를 막는 것"이 미국의 정책이라고 요약했다. 이처럼 중국 공산주의세력을 소련 팽창의 도구로 인식하는 미국 정부 관리들의 인식은 시간이 갈수록 심화되어갔다. 1945년 이후의 미국의 중국정책을 정당화하기 위해 트루먼 행정부가 1947년 7월 발간한 백서에서 중국 공산당을 소련의 전략에 복무하는 세력으로 규정한 것도, 1950년 3월 국무장관 애치슨이 중국 공산혁명을 전 지구의 가능한 모든 곳에서 절대적 지배를 추구하는 소련의 기도의 일환으로서 "아시아에서의 소련 공산주의적 제국주의"의 증거로 묘사한 것도 그런 맥락에 다름 아니라는 것이었다.[31]

장제스의 몰락 이후인 1949년 12월에 작성된 「NSC-48」은 중국 공산당이 소련으로부터 독립할 가능성에 대한 깊이 있는 논의를 담고 있었다. 같은 달 애치슨도 미 합참에게 중소 간 균열 가능성을 언급했는데, 이것은 1948년 11월 CIA의 한 보고서가 중국 공산당의 이념에서 민족주의적 요소가 국제공산주의 이념보다 우세할 가능성을 거론한 것과 같은 맥락이었다. 그리고 이러한 논의들은 적어도 1947년 가을에 이르러서는 중국에서 장제스가 버텨낼 희망이 사라지고 있음이 분명해 보이고 아무리 많은 원조로도 그 대세를 역전시킬 수 없을 것이라는 비관론이 미국 정부 지도자들 사이에 퍼지면서 시작했다.[32] 그럼에도 불구하고 트루먼 행정부의 기본정책은 중소 갈등을 촉진시키는 데 두어지지 않았고 여전히 중국 공산주의를 소련 공산주의의 위협과 동일시하며 중국 공산당과 어떤 협상도 배제하는 것이었다. 트루먼은 1949년 1월 내각회의에서 "미국은 공산정권과는 어떤 흥정도 할 수 없다"고 했다. 이 기조는 중국대륙에서 장

---

31 Paterson, 1991, pp.297-298.
32 Paterson, 1991, pp.298-300.

제스가 몰락해 패퇴한 1949년 늦가을에서 1950년 초봄에 이르기까지 유지되었다.[33]

일관된 장제스 일변도의 중국정책은 마지막 순간까지 장제스에 대한 일방적 지원으로 이어졌다. 미국은 끝까지 장제스의 군대와 정치집단을 도우면서 그들과 운명을 같이했다. 그럼에도 불구하고 트루먼 정부는 장제스를 지원하는 데 소극적이었으며, 중국에 공산당과의 연립정권을 세우는 데만 급급했다는 미 공화당의 비판에 시달렸다. 패터슨은 여기서 한 가지 중요한 측면을 포착한다. 트루먼 행정부가 그러한 비판에 적극적인 대응과 해명을 하지 않았다는 사실 자체였다. 왜 그랬는가에 대한 답은 패터슨에게 매우 중요했다. 그가 제시하는 답은 이렇다. 미국이 중국에서 장제스 정권을 구하기 위해 할 수 있는 모든 일을 다했다는 사실을 정직하게 그리고 적극적으로 공개한다면 그러한 막대하고 지속적인 실질적 지원에도 불구하고 장제스가 패배했음을 설명해야만 했을 것이다. 외적 도움의 부족이 아니라면 장제스 정권의 치명적인 내적 정치적 문제점들을 공개적으로 드러내지 않으면 안 된다. 그럴 때 이미 약해져 있는 장제스 정권은 더욱 결정적으로 붕괴하고 말 것을 트루먼 정부는 우려했다는 것이다. 트루먼 행정부의 이 같은 고민은 이미 1948년 11월 당시 국무장관 조지 마셜의 발언에 정확하게 드러난다. 그는 "중국 국민당 정부는 몰락해가고 있다. 그들을 구하기 위해 우리가 할 수 있는 일은 아무것도 없다. 이제 우리는 미국민들에게 무엇이 문제인지를 해명하고 그럼으로써 국민당 정부에 최후의 일격을 가할 것인가, 아니면 국민당 정부와 계속 함께 가면서 미국민에게는 사실을 숨기고 나중에 공산당 편에서 놀아났다는 비난을 감수할 것인가의 기로에 직면해있다." 딘 애치슨 또한 말했다. "그들을 아무리 더 도와도 소용이 없다는 이야기를 할 수가 없다. 왜냐면 그렇게 이야기하는 순간 우리

---

33 Paterson, 1991, p.299.

가 돕고 있는 그 친구들의 몰락을 완성하는 꼴이 되기 때문이다."[34]

패터슨에 따르면 이것이 트루먼 행정부가 장제스 정권을 끝까지 철저하게 지원했음에도 그 정권이 패배하고 있음을 미국민에게 공개적으로 해명하지 못함으로써 트루먼 정부의 중국정책이 소극적이었다는 오해를 불러일으킨 것의 진실이었다. 문제는 무슨 이유 때문에 당시 미국 지도자들은 그러한 자신들의 정치적 손해를 감수했는지다. 트루먼 정부는 그런 고민에 시달린 최후의 순간까지도 장제스를 버릴 수 없었기 때문이었다는 게 패터슨의 답이다. 장제스는 여전히 중국 공산주의를 봉쇄함에 있어 미국이 의지할 수 있는 유일한 현실적 수단으로 간주되었다. 패터슨에 따르면 이것이야말로 미국이 중국 공산정권의 수립을 코앞에 둔 1949년 9월 영국 정부에게 미국은 중국 공산당 정권에 대한 외교적 승인을 거부할 것임을 통고한 진정한 이유였다.[35]

3) 미국의 포괄적인 아시아 봉쇄전략 구축과 동아시아 냉전의 기원

존 루이스 개디스가 동아시아 냉전이 시작한 시점을 한국전쟁으로 잡은 것과 달리 토마스 패터슨은 1946-49년의 중국 내전기간 미국의 대륙 개입을 중시했다. 이로써 그는 중미 갈등의 뿌리 깊음과 그 안에서 미국의 역할의 중요성을 강조함으로써 개디스의 논리에 문제를 제기했다. 마이클 섈러는 또 다른 차원에서 개디스류의 동아시아 냉전론에 대한 비판적 서술체계를 제시했다. 개디스가 동아시아 냉전의 본격화를 1950년 6월로 잡았다면 섈러에게 그 결정적 시점은 1947년이었다.

미국이 일본을 중심으로 동아시아 전반에서 공산주의세력의 승리가 예상되는 아시아대륙을 고립시키고 봉쇄하기 위한 안보질서를

---

34 Paterson, 1991, p.301.
35 Paterson, 1991, p.303.

구상하고, 그 체계 속에서 그 대륙의 일부인 동남아 인도차이나에 대한 정치군사적 개입을 본격화하기 시작했으며 그러한 구상이 본격화된 시점이 1947년이라는 것이 샐러의 인식이다.[36] 말하자면 중국내전이 매듭지어져 하나로 통일된 중국의 대외정책이 모습을 드러내기 전에 아시아 전반에서 미국의 주도로 냉전의 전선이 구축되기 시작했다는 말이 된다.

샐러의 설명은 미국의 동아시아에 대한 경제적 지역통합 노력이 미국 중심의 배타적인 안보체계 구축의 저변 논리를 구성하고 그것을 이끌면서 동아시아에 냉전의 구조가 한국전쟁 발발 이전에 일찍 자리 잡아갔다는 관점을 대표한다. 이것이 사실이라고 할 때, 통일된 공산중국과 미국의 냉전적 대결은 한국전쟁 이전에 구조화되었음을 말한다. 또한 일본을 중심으로 동아시아 지역 경제통합은 인도차이나에 대한 미국의 본격적인 정치군사적 개입의 기초를 놓은 것으로서 장차 동아시아 냉전체제의 또 다른 비극인 베트남전쟁의 근원으로 작용하게 된 것을 뜻하게 된다.

샐러에 따르면, 전후 일본을 포함한 동아시아에 대한 정치군사적 통제를 책임진 맥아더가 일본점령의 종식을 모색하고 있던 시점에 워싱턴의 국무부가 동아시아에 대한 미국의 광범한 개입 강화를 초래할 새로운 정책을 추진한 동력은 일본경제를 재건함으로써 동아시아에서 공산주의의 위협을 봉쇄할 수 있다는 구상에서 비롯된다. 극동에 대한 지역통합적 접근이 미국 정부 안에서 형성된 것은 점차적이었으며 그 시작의 한가운데에 당시 국무차관 딘 애치슨이 있었다. 그는 1947년 5월 유럽과 아시아의 두 거대한 공장인 독일과 일

---

36 Michael Schaller, "Securing the Great Crescent: Occupied Japan and the Origins of Containment in Southeast Asia," *Journal of American History*, 69 (September 1982); Schaller, "America's Economic and Strategic Interests in Asia," Thomas G. Paterson and Robert J. McMahon(eds.), *The Origins of the Cold War*, 1991, *op.cit.*, pp.276-289.

호치민시의 베트남
전쟁기록관인 '증적박물관'에
설치된 「어머니」(Mother)
조각상. ⓒ이삼성, 2015

본의 재건에 두 대륙 모두의 궁극적인 재건여부가 좌우될 것이라고
주장한다. 애치슨의 이 말은 유럽에 대한 마셜플랜의 전조였던 동시
에 미국이 아시아에서도 일본을 중심으로 경제안보질서 전반을 적
극적으로 개편하는 데 강력히 개입하려는 것을 암시하는 것이었다.
1947년 일본의 생산력은 전쟁 이전 수준의 3분의 1에 불과했다.[37]

　이 상황에서 미국이 일본의 재건을 달성하지 못할 때 소련 공산주
의의 위협에 취약해진 일본과 동아시아가 미국의 안보와 전략적 이
익에 심대한 부정적 영향을 미칠 것을 미국 정부는 심각하게 우려
하기 시작했다.[38] 이런 인식을 기초로 1947년 2월 국무부 일본·한

37 Schaller, 1991, p.276.

국과장 에드윈 마틴(Edwin F. Martin)이 포괄적인 일본재건계획을 작성했으며, 그 요점은 일본에 대한 배상요구, 전범처벌, 재벌해체 (decartelization), 산업별 수준제한(levels-of-industry limits), 노동조합 권리 강화 등과 같은, 군국주의 부활을 막고 민주화에 역점을 둔 "처벌적인 일본정책"을 대폭 수정하는 것이었다. 또한 일본을 아시아 경제통합의 기초로 만든다는 것이었다.[39] 1947년 7월에는 마틴의 제안을 기초로 '국무부-전쟁부-해군부 3부 조정위원회'(State-War-Navy Coordinating Committee, SWNCC)가 「일본경제 재건」이라는 제목을 단 긴 보고서를 작성했다. 이것이 SWNCC 381이었다. 5억 달러를 일본경제 재건을 위해 투입해 1950년까지 아시아의 대공장인 일본을 자급적 상태로 올려놓는다는 제안을 담았다. 이러한 흐름 속에서 이후 미국 정부 전반에서 일본과 아시아에 대한 전략적 판단은 일본재건을 축으로 하는 경제전략적 요소들을 강하게 반영하기 시작했다. 1947년 8월 국무차관 로버트 로베트(Robert Lovett)가 정책기획국장 조지 케넌에게 일본과의 평화조약 초안 내용을 재검토할 것을 지시한다.[40] 일본의 비무장화와 민주화가 아니

---

38 1948년 5월에 작성되어 국무부와 군부에 회람된 「일본의 전략적 중요성」이라는 제목의 CIA의 한 보고서는 일본을 통제하는 세력이 극동을 통제한다는 테마를 강조했다. 동북아를 공산세력이 장악할 경우 일본의 재건이 위기에 처하고 그것은 곧 일본이 만주와 함께 소련의 영향권에 속하게 되는 사태를 의미하는 것으로 보았다(Schaller, 1991, pp.280-281). 이러한 인식은 물론 중국 내전에서 공산주의 세력이 승리할 것을 전제하고 그것은 곧 소련 공산주의의 동아시아에 대한 팽창을 의미한다는 생각을 전제하고 있다.

39 Schaller, 1991, pp.278-279.

40 마셜플랜에서와 마찬가지로 국무부 정책기획국장 조지 케넌은 나중에 "일본정책의 역행(reverse course)"으로 평가된 이 정책 전환에서도 중요한 역할을 했다. 그는 나중에 자신의 회고록에서 마셜플랜을 제외하면 자신이 정부에서 가장 의미 있게 기여한 것이 일본정책의 "역행"을 이루어낸 것이라고 했다. 이러한 일본정책 전환은 마셜플랜 이외에 그가 이룩한 가장 큰 규모와 영향력을 가진 건의였다고 말하고, 또한 마셜플랜을 포함한 그의 모든 건의 가운데 이 일본정책 전환이 "가장 광범한" 지지를 받았으며, 그 지지는 "사실상 거의 완전

라 점령체제 이후의 일본을 "자신의 정체성을 갖춘 일본"이 아닌 "미국의 위성국가"(American satellite)로 확립하는 데 그 초점이 맞추어졌다. 일본의 경제 재건과 함께 일본 자체의 군사력을 발전시켜야 한다는 구상이 또한 포함되었다. 1947년 10월이 되면 이러한 일본점령정책 변화방향에 대한 미국 정부 내부의 전반적인 "합의"가 형성되었다는 것이 마이클 샬러의 해석이다.[41]

샬러의 서술체계에서 특기할 핵심적 내용은 이러한 일본재건 계획은 중국 내전에서 공산주의의 위협이 본격화되는 것에 대한 미국 정부의 깊은 위기의식을 배경으로 하고 있었으며, 그것이 단지 일본재건의 차원에 그친 것이 아니라, 공산주의 세력이 장악할 것이 전망되는 중국을 배제하고 아시아의 나머지, 특히 아시아대륙의 남부지역인 인도차이나를 일본과 연결시키는 미국 주도의 경제전략적인 아시아 지역통합질서를 구축하는 계획으로 발전해갔다는 분석이다.

샬러에 따르면, 이러한 전략을 미국 정부가 발전시키는 데 있어서 결정적 역할을 한 것은 국무부였다. 그리고 국무부 주도하에 일본재건정책을 동남아에 대한 적극적 개입정책과 연결시키는 국무부의 구상이 본격화된 시점은 1949년이었다. 그것은 중국대륙의 공산화가 분명해지고 있는 상황을 배경으로 하고 있었으며, 대륙에 대한 개입이 불가능한 만큼 그것을 배제하고, 또한 타이완을 둘러싸고 중국 공산세력과 군사적 대결을 회피하되, 우회적으로 중국을 봉쇄하는 효과도 가질 수 있는 대안으로서 인도차이나에 대한 "남진전략"을 선택한 것을 의미했다. 샬러는 1949년 국무부가 채택한 이 남진전략이 일본 제국주의가 1940-41년 기간에 중국에서 진퇴양난에 빠져 있던 상황에서 이 "중국 딜레마"로부터 탈출하기 위해 동남아에 대

한" 것이었다고 말했다. George F. Kennan, *Memoirs, 1925-1950*, Boston, 1967, p.393; Michael Schaller, *The American Occupation of Japan: The Origins of the Cold War in Asia*, New York: Oxford University Press, 1985, p.122에서 재인용.

41 Schaller, 1991, p.280.

한 남진전략을 선택했던 것과 깊은 유사성을 갖는다는 사실에 주목했다. 국무부는 중국에서 실패한 봉쇄에의 의지를 그 바로 옆의 지역에서 트루먼 행정부 외교에 대한 비판자들에게 과시할 필요가 있었고, 동시에 일본의 경제재건을 달성하는 데 동남아를 일본 경제지대로 통합하는 것이 절실하다는 판단 때문이었다고 분석한다. 그래서 1949년 이전까지 인도차이나에 대한 미국의 직접개입에 소극적이었던 국무부가 인도차이나 개입을 주도하는 동력이 되었다는 것이다.[42]

1949년 3월 조지 케넌의 국무부 정책기획국이 작성한 보고서(「PPS 51」)는 포괄적인 "미국의 동남아정책"을 촉구하면서, 이 지역을 "개발되지 않은 천연자원"의 보고인 동시에 "명백히 크레믈린이 지도하는 공격의 목표물"로 규정했다. 특히 소련이 이 지역을 장악하려고 시도하는 이유를 서방과 일본에게 이 지역이 제공하는 천연자원과 교통수송로들에 대한 접근을 차단하기 위한 것이라고 정의했다. 그래서 이 보고서는 동남아시아가 일본에서 동남아의 도서지역과 동남아대륙을 거쳐 인도와 오스트레일리아로 연결되는 "거대한 호"(great crescent)의 "사활적 지점"(vital segment)이라고 규정했다. 장문의 정책기획국 보고서가 국무장관과 차관들에게 제출될 때에는 동남아에 대한 개입필요성의 경제적 근거는 "일본과 서유럽에 대한 원자재의 원천인 동시에 시장(市場)의 기능"이었다.[43]

국무부의 이같은 노력으로 1949년 「상호방위원조법」(Mutual Defense Assistance Act of 1949)이 통과된다. 이를 근거로 '상호원조계획'(Mutual Assistance Program, MAP)이 만들어진다. 이것은 반공과 관련한 광범한 군사적 목적의 예산을 투입할 수 있게 하는 것이었다. 의회 증언에서 딘 애치슨은 상호원조계획이 "아시아에서 중국을 제외한 다른 지역들에서 공산주의와 싸우기 위한 수단"이라고 규정

---

42 Schaller, 1991, pp.281–282.
43 Schaller, 1991, p.283.

했다.[44] 국방부 역시 이에 발맞추어 일본과 동남아를 적극적으로 연결하는 개념에 입각한 아시아정책을 수립하게 된다. 1949년 6월 국방장관 루이스 존슨(Louis Johnson)은 아시아에서 봉쇄를 위한 포괄적인 계획을 수립할 것을 촉구한다. 이 시기 미 군부에게 있어서도 아시아전략의 핵심은 인도차이나를 포함한 아시아의 자원이 일본과 서방으로 흘러 들어가게 하는 동시에 이에 대한 소련의 접근을 차단하는 것이었다. 그것은 아시아에서 가장 부유한 나라 일본을 궁극적으로 소련 영향력으로부터 지켜낸다는 목표를 달성하는 데 중요했다. 이것이 동아시아에서 전략적 목표와 경제전략의 개념을 통합하는 구상에 따라 1949년 존슨 국방장관의 지시로 작성된 아시아정책 문건인 「NSC-48」의 핵심이었다.[45] 1950년 초까지 미국 정부는 「NSC-48」의 전략문건과 함께 이것을 예산으로 뒷받침할 수 있는 상호원조계획을 갖추었고, 이를 바탕으로 동남아시아를 일본과 연결시켜 동아시아에 거대한 봉쇄전선을 형성한다는 구상이 정립된 것이었다.

이 같은 마이클 샐러의 관점이 아시아 냉전사 연구에 던지는 의미는 무엇인가. 샐러도 미국이 처음엔 장제스의 타이완을 방위하는 일과 아시아에서 미국의 안보이익을 분리시킴으로써 궁극적으로 중국 공산주의와의 직접적인 대결을 회피하려 했다고 인정한다. 그러나 셸러는 미국의 그 같은 회피가 아시아대륙에 대한 미국의 정치군사적 개입의지의 부재 혹은 중국 공산주의에 대한 봉쇄의 전략이 포기된 것을 의미하지 않았다고 본다. 다른 형태로 아시아대륙에 대한 미국의 정치군사적 개입주의로 대체되었을 뿐이라고 그는 주장하고 있는 것이다. 일본과 동남아, 그리고 인도를 긴밀하게 연결하는 새로운 보루(a new bulwark)를 형성함으로써 아시아에서 궁극적으로 중국

44　Schaller, 1991, p.284.
45　Schaller, 1991, pp.284-285.

을 고립시키고 그 이외의 아시아 지역들 사이에 상호의존을 높이는 지역통합으로 봉쇄전선을 구축하려 했다는 말이다.[46] 미국은 1949년 국무부의 입장전환에서 뚜렷하게 드러나듯이, 타이완의 방위에 집중하는 전략에서 벗어나되 인도차이나라는, 그때까지 미국의 주목을 받지 못했던 아시아대륙의 중국 이남 지역에 대한 개입을 적극적인 '대안'으로 전략적 선택을 했다. 당시 딘 애치슨이 제시한 동아시아에서 미국의 방위선, 즉 일본을 기점으로 하는 이른바 "연해도서 체인"은 한반도와 타이완은 제외했지만 인도차이나라는 아시아대륙에 대한 적극적 개입을 포함하고 있었다는 사실을 강조할 수 있게 된다. 말하자면 미국은 중국 공산주의 봉쇄를 위해 연해도서 체인을 방어하는 구상에 머물지 않았다. 더 나아가 중국 바로 밑의 아시아대륙의 일부인 인도차이나 전반에 대한 개입을 추구한 것이 된다. 이 점에 대한 샐러의 주목에 힘입어 우리는 장차 벌어질 베트남전쟁을 미국이 중국 공산화의 전망 앞에서 중국 봉쇄를 사실상 핵심적인 아시아 전략으로 선택한 것과 연결해 이해할 수 있는 근거를 얻게 된다.

4. '중국에서의 잃어버린 기회': '신냉전사' 연구의 도전과 그 한계

앞의 3절에서 살펴본 아시아 냉전의 기원에 관한 역사해석의 쟁점은 미국이 중국대륙의 공산주의 세력을 봉쇄하려는 개입주의적인 아시아 전략의 기원을 한국전쟁이라는 공산세력의 결정적인 공세적 행동에서 찾을 것인가, 아니면 한국전쟁 이전에 미국이 중국 내전의 전개과정에서 이미 공산주의 봉쇄의 전략을 추구했거나 또는 인도차이나를 포함한 아시아 전반에서 중국대륙 봉쇄를 내포하는 포괄

---

46 1950년 1월 10일의 연설에서 국무장관 딘 애치슨은 일본, 동남아, 인도를 연결하는 아시아 지역들에 군사원조보다 경제원조에 초점을 맞춘 프로그램들을 통해서 중국을 고립시키고 그 외 아시아 지역 내부의 상호의존에 의한 통합을 증진해야 한다고 주장했다. Schaller, 1991, p.288.

적인 냉전의 전선을 구축하기 시작한 것으로 볼 것인가 하는 데 있었다. 결국 한국전쟁은 미국의 아시아 개입주의의 기점인가, 아니면 미국이 깊이 개입한 아시아 냉전의 전선 구축이라는 맥락 속에서 한국전쟁과 같은 비극이 촉진된 것으로 볼 것인가 하는 문제이다.

이제 4절에서 살펴보고자 하는 쟁점은 3절에서의 논쟁의 맥락과 전혀 별개의 것은 아니지만, 1949년 10월 중국 공산정권 수립을 전후한 시기로부터 한국전쟁 사이에 공산정권과 미국 사이에 평화공존의 방향으로 관계 재정립의 기회가 진정 없었는가라는 문제에 초점을 맞춘다. 미국의 아시아 개입주의가 어떤 시점에서 시작되었든 또는 미국의 냉전의 전선 구축이 어떤 시점에 본격화되었든, 또 중국 내전 과정에서 중국 공산당과 미국이 어떤 적대적 관계를 형성했든지 간에 일단 중국의 공산혁명이 성공해 공산당이 대륙에 통일정권을 수립한 시점인 1949년 가을 이후 미국과 중국 공산당은 협력적 관계까지는 아니더라도 적어도 평화적으로 공존할 수 있는 최소한의 외교적 및 경제적 관계를 형성할 기회는 있지 않았겠는가 하는 문제의식에서 비롯된 논쟁이었다. 만일 그런 가능성이 있었다면 한국전쟁과 같은 비극을 막을 수 있었거나 적어도 그것이 미국과 중국이 한반도에서 직접 군사적으로 충돌하는 사태로까지 발전하는 것은 막을 수 있지 않았는가 하는 의문을 가질 수 있기 때문이다.

실제 역사의 전개는 중국 공산정권의 수립 이후 중미관계는 적대관계를 더욱 굳히고 공식화해갔으며 마침내 한국전쟁에서 양국 관계는 최악의 파국을 맞게 되고 이것이 이후 아시아 냉전체제를 더욱 고착시켜나가게 되는 것이었다. 왜 그랬는가, 미국과 중국 사이에 관계 재정립의 기회는 진정 없었는가, 있었다면 왜 그런 기회를 살릴 수 없었는가, 만일 아예 그런 기회가 없었다면 무엇 때문인가. 미국의 외교적 실패 또는 미국 내 정치적 조건 때문이었는가, 아니면 중국 공산당과 소련의 관계 또는 마오쩌둥과 중국 공산당의 이념적 지향의 본질적 성격 때문이었는가.

1) 베트남전쟁의 반성과 '터커-코언 명제'의 등장

1949년에서 1950년 봄에 이르는 기간에 미국과 중국 공산당 사이에 관계 재정립의 기회가 있었다는 논의가 미국 학계에 등장한 것은 1970년대에서 1980년대에 걸친 시기였다. 베트남에 대한 미국 군사개입의 중요한 동기 중 하나가 중국 공산주의에 대한 봉쇄라고 할 때, 그 시기 트루먼 행정부가 중국 공산당과 일정한 공존의 관계를 모색했다면 중소동맹이 굳어지지 않았을 것이고, 한국전쟁도 베트남전쟁도 피할 수 있는 여지가 더 많았을 것이라는 인식이 그런 논의를 촉발했다.[47] 1970년대의 경우 미국 정부 비밀문서들에 대한 접근이 가능해지면서 미국 쪽의 가능성을 재검토하는 논의가 활발했으며, 1980년대에는 중국 쪽 자료도 일부 개방되면서 중국 쪽의 가능성 여부를 검토하는 논의로 이어졌다.

1970년대에 워런 코언이 주목한 미국 쪽 주요자료는 중국 공산당의 대륙 장악이 확실시되기 시작한 1948년 이후 미 국무부 주요 인사들의 판단을 드러낸 것들이었다. 1948년 11월 당시 국무장관 조지 마셜은 중국혁명의 승리는 필연적이며 이 상황에서 미국의 목표는 중국의 소련 위성국화를 막는 것이어야 한다고 결론지었다. 1949년 1월 조지 마셜의 뒤를 이어 국무장관이 된 딘 애치슨 역시 장제스의 국민당은 희망이 없으므로 중국 공산당과 갈등을 피하기 위해 타이완을 포기하도록 트루먼 대통령을 설득하려 했다. 코언의 명제는 1980년의 논문에서 정식화했고 이어 1983년에 출간된 낸시 터커의 저술에서 더 다듬어졌다. 이렇게 해서 1980년대 초에는 이른바 '터커-코언 명제'가 성립했다. 그 핵심은 중국은 소련에 대한 종속을 원하지 않았으며 따라서 미국과의 외교관계에 열려 있었다는 것이다. 미국 역시 중국 공산당의 일방적인 대소 동맹을 막고 싶어 했기 때문

---

47 Warren I. Cohen, "Rethinking the Lost Chance in China: Was there a 'Lost Chance' in China?" *Diplomatic History*, Vol.21, No.1(Winter 1997), p.71.

에 일정한 관계개선을 원하고 있었다는 것이다.[48]

터커-코언 명제는 그런 가능성의 문제를 제기했을 뿐, 결국 그런 가능성이 닫힌 채 역사가 진행된 이유가 무엇인가는 미해결로 남겨두었다. 1980년 시점에서는 코언의 논문과 같은 책에 실린 스티븐 골드스타인, 스티븐 레바인, 그리고 마이클 헌트 등이 그 이유에 대한 논의를 벌였다. 골드스타인은 중국 공산당의 반제국주의적인 공산주의 이데올로기, 그리고 미국의 장제스 정권 지원으로 악화된 중국 공산당 평당원들의 뿌리 깊은 대미 적대감이 1940년 그리고 1950년의 시점에서 중미 관계개선 노력을 막았다고 했다. 레바인은 마오쩌둥은 스탈린을 불신했지만 소련을 버리고 미국과 동맹을 생각할 만큼 스탈린과의 관계가 나빴던 것은 아니었다고 했다. 그러나 중국 공산당은 기본적으로 소련과 미국 모두와 협력하기를 희망했다고 한다. 그러나 냉전이 발전하면서 미국은 중국 공산당에 대한 적대적 태도를 강화해갔고, 이 때문에 중국은 소련과 동맹을 선택할 수밖에 없었다고 했다. 헌트는 1980년 글에서는 마오쩌둥이 이데올로기적 판단을 정지하고 미국과의 대화에 합리적으로 응할 준비가 되어 있었다고 했다. 헌트는 다시 1996년의 책에서는 마오쩌둥이 한편으로는 스탈린에게 충성을 맹서하면서도 다른 한편으로는 미국과의 관계모색의 여지도 열어두고 있었다고 평가했다.

이들의 논의를 포함해서 1970년대 말에서 1980년대 초에 이르는 기간에 미국의 외교사학계에서는 터커-코언 명제를 중심으로 일정한 합의가 형성되기에 이른 것으로 볼 수 있었다는 것이 코언 자신의 평가다. 이 합의의 내용은 당시 중국 공산당이 소련에 대한 종속

---

48 Warren I. Cohen, "Acheson, His Advisers, and China, 1949-1950," Dorothy Borg and Waldo Heinrichs(eds.), *Uncertain Years: Chinese-American Relations, 1947-1950*, New York, 1980, pp.13-52; Nancy Bernkopf Tucker, *Patterns in the Dust: Chinese-American Relations and the Recognition Controversy, 1949-1950*, New York, 1983; Cohen, 1997, pp.72-73.

을 피하려는 분명한 의지를 갖고 있었기 때문에 서방과의 관계를 모색하고 싶어 했다는 데서 출발한다. 물론 중국 공산정권을 소련과 떼어내어 미국과 동맹을 맺도록 할 수 있는 가능성은 존재하지 않았다. 그러나 적어도 중국을 소련에 대한 일방적 동맹으로부터 일정하게 분리시키는 것, 말하자면 새로운 중국이 미국과도 일정하게 정치적 접촉과 경제관계를 수립할 수는 있었을 것이라는 이야기였다.[49]

2) '터커-코언 명제'의 논리적 구조: 중국 공산당의 행태와 정체성의 이해

'터커-코언 명제'에 기본적으로 동의하는 학자들이 1949년 중국의 공산정부 수립을 전후한 시기에 마오쩌둥과 중국 공산당을 인식하는 방식은 크게 두 가지의 특징을 갖는다. 첫째, 이들은 중국 공산당의 행태에 초점을 맞춘다. 보다 구체적으로 이들 학자는 중국 공산당이 그 시기에 미국과의 관계를 모색하는 외교 제스처를 보였다는 사실을 주목한다.

1991년 글에서 토마스 패터슨은 1949년 시점에서 미국은 중국 공산당과의 관계개선을 목표한 어떤 의미 있는 행동도 하지 않았으나 중국 공산당은 그와 반대로 적어도 세 차례의 관계개선 시도를 했다는 사실에 주목했다. 트루먼 행정부는 중국 공산당과의 관계개선 가능성 모색의 기본전제가 될 장제스 정권에 대한 외교승인 철회를 고려하지 않았다. 마오쩌둥의 중국과 최소한의 잠정적인 관계(modus vivendi)를 모색하려는 노력도 하지 않았다. 무역관계 또는 재건지원을 위한 협의를 제안하지도 않았다. 영국, 노르웨이, 인도를 포함한

---

49 Cohen, 1997, p.73. 1980년대의 이 같은 논의들을 간략하면서도 정확하게 정리한 것은 1995년 토마스 크리스텐슨의 글이라고 코언은 말한다. 크리스텐슨은 이 글에서 "미중 사이에 우호관계의 기회는 없었지만, 평화적 관계(peaceful relations)를 정립할 수 있는 기회는 있었다"고 요약했다. Thomas J. Christensen, "A 'Lost Chance' for What? Rethinking the Origins of the U.S.-PRC Confrontation," *Journal of American-East Asian Relations*, 4(Fall 1995), pp.249-278; Cohen, 1997, p.74.

많은 나라가 곧 마오쩌둥의 중국을 외교승인 했지만, 미국은 끝내 거부했다. 오스트레일리아, 캐나다, 프랑스 등 여러 나라가 외교승인을 원했지만 미국의 요구에 따라 승인을 포기했다.[50]

반면에 중국은 적어도 세 차례에 걸쳐 미국과의 관계개선을 시도했다. 첫 번째는 저우언라이가 1949년 5월 미국과의 긴밀한 관계에 대한 희망, 소련에 대한 실망, 그리고 미국의 원조에 대한 기대를 담은 메시지를 미국 정부에 보낸 일이었다. 첸 지안은 이 메시지가 '조작된 것'이라는 주장을 편다. 다만 첸은 그것의 조작 여부를 떠나 일단 당시 미국 정부가 그것을 실제 중국의 진심으로 알고 이에 대응했다는 사실은 인정한다.[51] 당시 트루먼 대통령이 취한 선택은 국무부에게 공산당에 대한 미국의 정책이 소프트해졌다는 인상을 주지 않도록 조심하라고 지시를 내린 것이었다. 즉, 거부했던 것이다.[52]

패터슨 등이 거론하는 두 번째 중국 공산당의 대미관계 개선 제스처는 1949년 6월 마오쩌둥이 존 라이튼 스튜어트(John Leighton Stuart) 대사를 베이징으로 초대한 일이었다.[53] 그러나 스튜어트의 베이징 방문은 이루어지지 않았다. 미국 정부가 스튜어트에게 중국

---

50 Paterson, 1991, p.302.

51 Chen Jian, *China's Road to the Korean War: The Making of the Sino-American Confrontation*, New York: Columbia University Press, 1994, p.56. 첸 지안은 저우언라이의 메시지가 국무부에 보고된 것은 1949년 6월 3일이라고 한다. 곧 이어 설명하는 바와 같이, 같은 달 저우언라이가 주선해 당시 난징에 머물고 있던 존 라이튼 스튜어트 대사를 베이징에 초청한 사실에 비추어볼 때, 저우언라이의 메시지가 조작이라는 첸 지안의 주장은 완전히 신뢰할 수 있는 것은 아니다.

52 Paterson, 1991, p.303.

53 첸 지안은 1949년 5월 초부터 난징에서 스튜어트 대사와 그의 대학시절 제자인 황화가 중국 공산당 측의 밀사격으로 비밀리에 접촉한 사실을 거론한다. 당시 황화는 난징 군사위원회 산하 외교국의 국장이었다. Chen, 1994, pp.52-54. (마오쩌둥을 포함한) 중국 공산당 지도자들은 스튜어트 대사를 베이징에 초청하는 데 관심을 보였고, 이에 저우언라이가 면밀한 검토 끝에 옌칭대학 총장을 통해 스튜어트 대사를 초청하고, 또한 스튜어트가 베이징에 오면 중국 공산당 최고지도자들을 만나게 될 것임을 황화를 통해 전달했다고 첸 지안은 말한다. Chen, 1994, p.54.

의 고위지도자들과 접촉하지 말 것을 지시했기 때문이었다.[54] 패터
슨에 따르면 이 결정의 주역들은 트루먼 대통령 자신과 딘 애치슨 국
무장관이었다. 월터 라페버는 이 결정 과정을 좀더 자세히 밝히고 있
다. 그에 따르면 국무부 관리들은 스튜어트의 베이징 방문과 마오쩌
둥 면담을 허락할 것을 촉구했다. 그러나 백악관에서 급히 소집된 회
의에 참석하고 돌아온 애치슨 국무장관은 "최고위층에서" 내린 결정
으로 인해 스튜어트가 마오쩌둥과 만나는 것을 금한다고 지시했다.
라페버는 이 결정이 역사의 전환점을 마련할 수 있었던 기회를 트루
먼과 애치슨이 거부한 것으로 평가한다. 애치슨은 1949년 10월 12일
미국은 새로운 중국 정권을 승인할 수 없다고 발표함으로써 그 결정
을 최종적인 것으로 확인했다.[55]

트루먼 행정부는 이 시기 중국 공산당에 대한 외교승인 거부를 위
한 국제 사회의 "공동전선"(common front)을 구축하기 위해 더 본격
적인 노력을 했다. 1949년 9월 영국 외상 어네스트 베빈을 만나 애치
슨 국무장관은 "공산주의자들이 국제적 의무를 완전하게 준수하는
것이 승인의 전제조건"임을 고집했다. 애치슨은 또한 영국과 함께
다른 대서양조약 국가들이 "중국 공산당 정부 승인에 관해 완전하고
신중하며 통일된 정책을 협의할 것"을 촉구했다.[56] 이와 함께 트루먼
행정부는 장제스가 해군을 동원해 중국 해안 지역을 봉쇄한 결정을
지지했다. 중국 공산당에게 경제적 문제를 유발하기 위해서 그리고
미국의 흥정력을 높이기 위해서였다고 한다.[57] 그 결과 첸 지안도 중
국 공산당과 미국 사이의 심연은 더 깊어질 수밖에 없었다고 말한다.

---

54 Paterson, 1991, p.303.

55 Walter LaFeber, *America, Russia, and the Cold War, 1945-2002*, New York:
McGraw-Hill, Updated Ninth Edition, 2004, p.95.

56 Memorandum of Conversation with Ernest Bevin by Acheson, September 13,
1949, *FRUS* (1949), 9: pp.81-82; Chen, 1991, p.57에서 재인용.

57 Clark to Acheson, June 23, 1949, *FRUS* (1949), 9: p.1141; Chen, 1994, p.57
에서 재인용.

토마스 크리스텐슨은 중국 공산당 지도부가 또 한차례 미국과 진지한 외교교섭을 시도했음을 지적한다. 세 번째의 대미 관계개선 노력이었다. 중국이 신정부 수립을 선언하기 며칠 전인 1949년 9월 말 저우언라이는 당시 베이징에 있던 미국 총영사 오 에드먼드 클럽(O. Edmund Clubb)에게 사절을 보내서 세계의 모든 나라와 외교관계를 수립하는 것이 중국 공산당의 정책임을 설명한다. 마오쩌둥은 급진주의자가 아닌 실용주의자이고, 따라서 서방과의 관계에 유연한 입장을 갖고 있음을 전한다. 이어 정부가 수립된 10월 1일 클럽은 외교관계 수립에 관한 중국 신정부의 공식 요청서를 받는다.[58] 물론 중국의 신정부는 미국에게 장제스에 대한 지원을 중단하고 베이징의 새 정부를 중국의 유일한 합법정부로 인정하며 중국을 '공평하게' 대우할 것을 조건으로 내걸고 있었지만 그것은 크리스텐슨이 보기엔 중국의 신정부로서 너무나 당연한 요구였다.

크리스텐슨에 따르면, 미국 정부가 1949년 가을 무렵 작성한 중국 관련 정책문서에서 중국 정부 승인의 전제로 미국은 네 가지 기본조건을 들고 있었다. 1) 공산정권이 먼저 중국 영토의 대부분을 통제하기에 이른다. 2) 중국 공산당이 미국에 접근해 외교승인을 요청한다. 3) 중국 공산당이 중국 내 미국의 대표자들과 미국 시민들을 정중하게 대한다(즉 앤거스 워드와 그의 직원들을 석방해야 한다).[59] 4) 서방 동맹국들이 중국 공산당 정부를 승인하지 않도록 설득하고 그들이 따르는 한 미국도 승인을 흥정수단으로 계속 거부해 유보하되, 이러한 유보는 서방국가들이 승인을 결정하기 전까지만 유효하다. 이

---

58 Thomas J. Christensen, *Useful Adversaries: Grand Strategy, Domestic Mobilization, and Sino-American Coflict, 1947-1950*, Princeton: Princeton University Press, 1996, p.100.

59 1948년 말 중국 공산군이 진입한 심양에 머물러있던 앤거스 워드(Angus Ward)라는 미국 총영사를 공산군이 장기간 억류하고 있었다. 중국 정부는 워드에게 또 간첩혐의를 정식으로 제기했는데, 이는 미국이 신중국에 대한 외교 승인 거부를 공식화한 후인 1949년 11월의 일이었다.

네 가지 조건은 1949년 12월이 되면 중국 공산당 정부에 의해 완전히 충족된다. 중국 공산당은 대륙을 모두 장악했고, 미국에 접근해 승인을 요청했으며, 앤거스 워드와 그의 직원들을 석방했다. 그리고 미국의 가장 가까운 동맹국인 영국이 워싱턴의 요청을 물리치고 중국의 신정부를 승인하려 하고 있었다(영국은 실제 1950년 1월 6일 중국의 신정부를 승인했다).[60]

그러나 1949년 10월 1일 중국 공산당이 정식으로 제출한 수교요청을 받은 미 국무부가 취한 조치는 정면거부였다. 국무부는 곧바로 장제스의 국민당 정권에 대한 승인을 재확인하고 이러한 승인 관련 정책에 변화가 있을 때는 사전에 의회와 협의할 것임을 재천명했다. 이어 애치슨 국무장관은 상원 청문회에서 중국 공산당은 "러시아 제국주의의 도구"라고 주장했다. 중국 공산주의에 대한 강경태도를 취한 것이다.[61]

물론 1949년 10월 당시의 시점에서는 중국 신정부와 미국 사이에는 앤거스 워드의 억류문제가 남아 있었지만, 1949년 12월경에는 해소될 뿐 아니라 그전인 10월의 시점에서도 그것이 중국 신정부에 대한 승인을 거부하는 미국의 완고함의 주된 이유는 아니었다는 것이 크리스텐슨의 평가다. 워드의 문제는 승인과 관련된 미 국내정치적 상황을 더 복잡하게 만든 것은 사실이지만 승인거부 정책의 일차적인 요소는 결코 아니었다는 것이다.[62] 만일 워드의 석방문제가 중요한 것이었다면 미국이 이 문제의 해결을 위해서라도 중국과 최소한 막후에서 진지한 협상에 임할 수 있었다.

여기서 우리가 직면하는 핵심적인 문제는 미국 정부는 왜 중국의 그 같은 노력을 묵살했는가이다. 이 문제에 대해 '터커-코언 명제'를 기본적으로 받아들이는 미국 학자들 중에 두 가지 흐름이 있다. 원래

---

60 Christensen, 1996, p.99.

61 Christensen, 1996, p.100.

62 Christensen, 1996, p.102.

터커-코언 명제의 제출자들은 중국도 대미 관계개선 의지를 갖고 있었고 딘 애치슨과 트루먼 대통령 역시 중국과의 관계개선 필요성을 인식하고 있었다고 보았다. 이들에 따르면 그것을 좌절시킨 것은 행정부 바깥 미국 정치권, 특히 의회를 중심으로 하는 미국 내 정치적인 제약들이었다.[63] 한 예로 대표적인 수정주의 학자로 통하는 월터 라페버는 딘 애치슨이 장제스 정권에게 더 이상 희망이 없음을 명확히 인식하고 있었으면서도 그와 관계를 정리하고 대신 중국 신정부와 일정한 관계모색을 추구할 수 없었던 데에는 1948년부터 고도로 효과적인 압력집단으로 등장한 '차이나로비'(China Lobby)에 굴복한 것임을 암시하고 있다.[64] 토마스 크리스텐슨 역시 트루먼 행정부 자체의 판단보다는 그것이 국내 여론과 의회의 반대와 같은 국내 정치적 상황 때문이었다는 데에 비중을 두고 있다.[65]

토마스 패터슨은 라페버와 달리 애치슨과 트루먼 자신들의 신념체계가 신중국과의 관계모색을 막은 근본원인이라고 생각한다. 그는 차이나로비와 중국 공산당에 대한 부정적인 여론과 같은 국내 정치적 제약 때문에 중국과의 관계개선을 추진하지 못한 것이 아니라고 본다. 그는 트루먼이 그러한 국내 정치적인 압력에 쉽게 좌우되는 인물이 아니라고 보았다. 그에 따르면, 트루먼은 대통령으로서 수년 동안 차이나로비의 압력을 무시해냈다. 또 1951년 그가 맥아더를 태평양사령관에서 해고하는 결정을 내렸을 때에도 그러한 국내

---

63 그 예로 Cohen, 1997, p.73 참조.

64 라페버는 차이나로비가 강력해진 이유를 두 가지로 들었다. 첫째, 트루먼 행정부가 중국과 함께 자유기업체제를 공산주의자들에게 팔아넘기고 있다고 믿는 미국의 보수적인 부유층의 지지를 차이나로비가 크게 확보했기 때문이었다. 둘째, 많은 미국인은 세계 최강대국인 미국이 마오쩌둥의 공산세력이 중국을 빠르게 정복해가는 동안 무력하게 지켜보아야 했던 사실을 이해할 수 없었다. 그러한 좌절감과 함께 중국에 대한 놀라울 정도의 무지로 인해 많은 미국인은 국무부 안에 숨어있는 용공세력 때문이라는 결론을 쉽게 내렸다. LaFeber, 2004, p.94.

65 Christensen, 1996, p.104.

적 압력에 쉽게 굴하는 사람이 아님을 과시한 것이었다. 국내 여론이 그 자신의 입장과 다른 경우에도 그러했다. 1949년 10월 중국에 관한 국무부 회의 때 일부 참석자는 "여론은 무시해버리거나 중국의 상황에 대한 새로운 시각을 갖도록 교육을 시키면 된다"고 발언했다는 점을 패터슨은 상기시킨다. 트루먼은 자신이 필요하다고 판단하면 여론을 무시하거나 국민 재교육에 나설 수도 있는 사람이었다. 하지만 트루먼은 그렇게 하지 않았다. 패터슨은 그 이유를 트루먼과 애치슨 본인들이 중국에 대한 '새로운 시각'을 갖고 있지 않았기 때문이었다고 해석한다.[66]

중국의 외교적 이니셔티브가 미국에 의해 받아들여지지 않은 이유에 대해서는 그처럼 두 견해가 있을 수 있다. 그러나 그러한 중국의 외교적 제스처에 나타난 중국의 '행태'를 의미 있게 바라보고 그것을 바탕으로 중국과 미국 간의 냉전 회피 가능성을 상정하는 것은 '터커-코언 명제'에 동의하는 학자들이 일반적으로 공유하는 특징이다. 그런데 이들이 1949년 중국 공산당을 인식하는 방식에는 또 하나의 중요한 공통점이 있다. 이들이 중국 공산당의 그 같은 외교적 행태가 단순한 전술적 행위나 속임수가 아니라 진지한 외교행위였다고 받아들이는 이유는 중국 공산당의 '정체성'에 대한 상대적으로 열린 인식이다. 이들은 중국 공산당이 소련과 공산주의 이데올로기를 공유하고 있는 것은 사실이지만, 중국 공산당과 마오쩌둥의 행동을 지배하는 것은 반드시 마르크스-레닌주의 이데올로기만이 아니라, 민족주의의 요소도 있다는 것에 유의한다. 또한 소련 스탈린 역시 세계 사회주의혁명에 몰두하는 '이데올로그'이기보다는 현실주의적인 권력정치의 논리에 따라 움직이는 점을 고려할 때, 소련과 중국의 관계가 공산주의 이념으로 통합된 실체일 가능성을 낮게 보는 것이다.[67] 이 두 가지 인식이 만나면, 중국 공산당과 마오쩌둥의 미국

---

66 Paterson, 1991, p.303.

에 대한 외교 제스처가 미국과 관계개선을 모색하려는 진지한 노력이었다고 볼 수 있게 된다.

그러나 1990년대 중국과 소련의 새로운 자료들을 기초로 한 신냉전사 연구의 흐름은 터커-코언의 명제를 거의 전면적으로 부정한다. 그 부정은 터커-코언 명제가 내포했던 위의 두 가지 특징과 반대되는 인식틀에서 비롯한다. 터커-코언 명제가 중국의 외교적 행위를 유의미하게 바라보고, 또한 그것이 중국 공산당이라는 존재의 성격 또는 정체성에 대한 열린 시각과 긴밀한 상관성을 갖는다고 한다면, 그에 대한 1990년대 신냉전사 연구결과들이 제시하는 논리는 우선 1949년의 중국의 외교적 제스처들을 전술이나 기만행위로 보는 경향이 강하다. 중국의 객관적인 '행태'의 유의미성에 대한 부정을 담고 있는 것이다. 행태의 의미에 대한 이같은 부정은 다시 중국의 정체성에 대한 거의 본질주의적인 인식과 긴밀히 연결되어 있다. 즉, 중국 공산당이라는 행위의 '주체'가 미국과의 관계모색을 배제하는 충분한 이유들을 갖고 있는 '존재'라면, 그 지도자들이 미국에 대해 보였던 관계개선의 제스처라는 '행태'는 본질과 유리된 현상에 불과한 것으로서, 원천무효가 될 수밖에 없다.

아시아에서 냉전에 관한 신냉전사 연구의 주도자들이 펼친 논리적 틀의 구성은 바로 그와 같은 중국 공산당의 현상적인 행태와 본질적인 존재의 성격을 구분하고, 행태는 이중성이나 다양성을 드러냄에도 본질은 어디까지나 미국과의 공존을 모색할 수 없는 이념적 성격을 가진 것이었다는 인식을 담고 있다. 즉, 중국 공산당의 정체성에 대한 담론에 집중함으로써, 1949-1950년 기간에 중미관계가 서

---

67 한 예로, 월터 라페버는 스탈린이 1945-49년 기간에 중국이 마오쩌둥의 공산당 세력과 장제스의 국민당 세력으로 분열된 채로 있는 것을 선호했다고 파악한다. 이 기간에 스탈린은 아시아에서 미국과의 대결을 두려워했으며 이를 피하고자 했기 때문이라고 본다. 그 역시 1990년대 공개된 소련과 중국의 문서들을 근거로 든다. LaFeber, 2004, p.96.

로에게 닫힌 채 충돌코스로 돌진할 수밖에 없었던 이유를 설명해내고 있는 것이다. 이 연구들이 중국 공산당의 이념적 정체성에 집중하는 논의의 성격을 갖는 것은 그런 점에서 매우 특징적이라 할 것이다.

3) 1990년대 '신냉전사' 연구: 중국의 이데올로기적 정체성에 대한 편중

1980년대 초 '상실된 기회'에 대한 일정한 합의에 도달한 것처럼 보였던 미국 학계는 1986년 중국 베이징에서 열린 학술회의에서 중국 외교관과 학자들의 발표 내용, 그리고 1940년대에 저우언라이 가까이에서 일했던 사람들과 워런 코언이 가진 인터뷰로부터 커다란 충격을 받아야 했다. 이들 중국 측 인사들의 대부분은 하나의 통일된 견해를 갖고 있었다. 그것은 1946년 이후 중국 공산당에게 미국은 철저하게 '적'이었을 뿐이라는 것이었다. 중국 공산당이 미국 정부에게 보인 일련의 우호적 제스처들은 미국의 군사개입을 피하기 위한 전술적 행동에 불과한 것이었다고 그들은 주장했다. 이에 대해 코언은 그런 해석이 1986년 당시 중국 공산당의 공식입장이었던 것은 분명하지만, 1949-50년 기간에도 마찬가지로 중국 공산당의 진정한 입장이었는지는 불분명하다는 회의적 반응을 보인다.[68]

1986년 베이징 학술회의 이후 10년에 걸쳐 중국 정부는 많은 자료를 선별적으로 서방에 공개한다. 이 중국 측 자료들은 같은 시기 소련에서 공개된 자료들과 함께 '중국에서의 잃어버린 기회'가 과연 존재했는지에 대한 미국 학계의 논쟁을 새로운 단계로 이끌었다. 그러나 그 방향은 대체로 그러한 기회가 애당초 존재하지 않았다는 부정으로 흐르는 것이었다. 이 새로운 방향의 논쟁 주역들은 중국 자료에 쉽게 접근할 수 있는 중국계 학자들로서 마이클 솅과 첸 지안 등이 그 대표적이다. 중국의 국공 내전을 깊이 연구한 오드 아네 웨스

---

68 Cohen, 1997, p.74.

타드 같은 노르웨이 출신 학자도 포함되어 있다. 또한 존 가버와 같은 미국 측 학자들도 가담하고 있다.

먼저 첸 지안은 미국이 중국과 비대결적인 관계를 맺을 기회가 있었지만 이 기회를 상실했다는 명제는 잘못된 가정들에 기초한 미국 중심적 관점에 불과하다고 비판했다. 그 명제는 첫째, 중국 공산당은 전후 경제재건을 위해 미국 정부의 외교적 승인을 진지하게 추구했으며, 둘째, 소련의 불충분한 지원 때문에 소련과 중국 공산당의 관계는 결코 긴밀하지 못했다고 보고, 따라서 중국 공산당은 미국과의 관계모색에 열려 있었지만, 미국의 과도한 반공정책과 친국민당 일변도 때문에 결국 중국 공산당은 미국을 적대시하지 않을 수 없게 되었다는 논리로 연결되고 있다는 것이다. 첸 지안이 터커-코언 명제의 논리적인 핵심문제로 지적하는 것은 중국의 대미 적대정책이 미국의 대중국 적대정책에 대한 수동적 반응이라고 하는 인식이다. 첸 지안은 그와 반대로 중국의 대미 적대정책은 미국의 정책에 대한 반응으로서가 아니라 중국 공산주의 혁명운동의 내면적 필요에서 나온 것이라고 보았다. 중국 공산혁명 후에도 중국 사회에서 혁명의 동력을 지탱하기 위해서는 반제국주의라는 마르크스-레닌주의 이데올로기에 입각한 반미주의가 핵심적 중요성을 갖는 것이었고 그것의 논리적 귀결이 중국 공산당의 미국에 대한 적대적 태도였다는 것이다. 그래서 1949-50년 기간에 마오쩌둥과 공산당 지도부는 서방의 외교승인을 추구하지 않았으며, 서방국가들과 외교수립 자체를 원하지 않았다고 주장한다.[69]

존 가버는 중국 공산당이 세운 인민공화국이 강력한 사회혁명운동에 의해 성립된 국가라는 사실을 주목한다. 그에게 있어 사회혁명운동, 특히 성공한 사회혁명운동에서 이데올로기는 중심적 역할을

---

69 Chen Jian, "The Myth of America's 'Lost Chance' in China: A Chinese Perspective in Light of New Evidence," *Diplomatic History*, Vol.21, No.1(Winter 1997), p.77.

수행한다. 거대한 혁명이 필연적으로 수반하는 거대한 희생은 정당화되어야만 하고 그 정당화의 역할을 이데올로기가 담당한다. 그렇게 성립된 혁명적 정치체제에서 혁명적 이데올로기는 지속적으로 중심적 역할을 수행할 수밖에 없다.[70]

가버는 또한 혁명적 사회운동은 예외 없이 이데올로기적 열정과 확신으로 가득차 있는 지도자를 갖고 있기 마련이라고 본다. 크롬웰, 로베스피에르, 호메이니 등이 그 예다. 마오쩌둥 역시 강렬한 이데올로기의 화신 같은 인물이었다. 그의 이념적 열정은 1949년의 혁명 성공 이후에도 전혀 퇴색하지 않았는데, 1950년대 중반의 대약진운동은 그 증거라고 본다. 중국 지도부의 다른 인물들은 대재앙으로 끝난 대약진운동의 실패 후에 대부분 이념적 열정을 잃었다. 그러나 마오쩌둥은 예외였다. 그것이 바로 1960년대 시작된 문화대혁명이었다. 결국 1970년대 중반에 막을 내리기까지 마오쩌둥과 중국혁명의 시대는 이데올로기의 시대였다는 것이 존 가버의 중미관계 해석의 출발점이다. 가버에게 공산 중국과 같은 정치질서의 특징은 카리스마적인 독재적 지도자의 이념적 열정을 견제하는 것이 불가능하다는 사실이었다.[71]

존 가버에게 있어서, 중국 공산당 그리고 마오쩌둥에게 그토록 중요했던 이데올로기의 핵심은 바로 반제국주의, 곧 반미주의였다.[72] 이로써 가버는 1949-50년 중미 간 적대관계의 근원은 중국 지도자들의 이데올로기와 그것에 대한 견제가 불가능한 새로운 중국의 정치질서에 있다고 주장하고 있는 것이다. 그래서 중국 공산당 지도자들은 1949년 트루먼 행정부가 자신들과 관계개선을 모색하고 있음을 인지하고 있었으나, 의도적으로 그러한 선택을 거부했다는 것이

---

70 John W. Garver, "Little Chance," *Diplomatic History*, Vol.21, No.1(Winter 1997), p.87.

71 Garver, 1997, p.88.

72 Garver, 1997, pp.89-91.

다. 대신 당시 진행되고 있는 것으로 보였던 전 지구적 혁명투쟁을 위해 소련과 긴밀하고 포괄적인 동맹을 추구하기로 결정했다는 것이 가버의 결론이다.[73]

마이클 셩의 연구는 중미 간 적대관계의 뿌리는 중국 쪽의 이데올로기였다는 분석틀을 특히 중국 공산당과 소련, 결국 마오쩌둥과 스탈린 간의 관계에 적용한다. 마오쩌둥과 스탈린의 관계는 중국 공산주의운동이나 마오쩌둥 개인의 민족주의적 요소 때문에 긴장을 내포하고 있었다는 인식을 정면으로 부정한다. 둘 사이의 관계는 마르크스-레닌주의의 이념적 연대로 단결해 있었으며, 마오쩌둥의 대소련, 대스탈린 정책에서 프롤레타리아 국제주의가 민족주의를 압도하고 승리한 것이 1930년대 중국 공산당 초기부터 1950년대까지 지속되었다고 주장한다. 따라서 미국이 중국 공산당을 소련에 대항하기 위한 잠재적 동맹국으로 이끌어낼 기회는 애당초 존재하지 않았다. 그것은 신화에 불과하다. 이것이 마이클 셩의 결론이었다.[74]

셩에게는 반제국주의를 포함한 레닌주의적 이데올로기와 소련과의 연대라는 요소들이 중국 공산당과 마오쩌둥에게 생명과 같은 존재였다는 사실은, 중국 공산당이 중국대륙을 장악하는 성공적 혁명을 이룬 것 자체가 공산주의라는 이데올로기에 입각한 '공산당으로서의 정체성' 그리고 '소련의 지원'이 없었다면 불가능했다는 점에서 너무나 자명한 것이다. 그 두 요소가 없었다면 중국 공산당 역시 중국 군벌의 하나에 머무르고 말았을 것이라는 셩의 주장은 그런 맥락에서 인상적이다.[75]

셩에 따르면 소련과 스탈린이 1930년대의 공산혁명 초기부터 대륙통일에 이르기까지 중국 공산당을 도운 것은 세 가지의 다차원적

---

73 Garver, 1997, p.92.

74 Michael Sheng, "The Triumph of Internationalism: CCP-Moscow Relations before 1949," *Diplomatic History*, Vol.21, No.1(Winter 1997), pp.95-104.

75 Sheng, 1997, p.99.

인 것이었다.[76] 먼저 소련의 존재와 그 이념적·물질적 지지에서 오는 '심리적 지지'가 없이 중국 공산당이 살아남을 수 있었을지 의문이라고 셍은 생각한다. 둘째는 1936년 여름에 중국 공산당과 모스크바 사이에 라디오 통신이 개설되면서 긴밀하게 이루어진 양자 간의 보고와 지도의 관계로 가능했던 구체적인 '정치적 지도'였다.[77] 그래서 중국 공산당의 정책 결정과정에서 스탈린의 역할은 중추적인 것이었다고 주장할 수 있게 된다. 특히 중국 공산당의 중요한 정책변경 배후에는 반드시 모스크바의 메시지가 발견된다는 것이다.[78] 셋째가 '군사 원조'였다. 그래서, 1935년 중국 공산당회의에서 "중국혁명이 세계혁명의 일부인 한, 중국 공산당도 독립된 공산당이 아니라 코민테른(국제공산주의동맹)의 일부다"라는 마오쩌둥의 발언에서 시작되는, 그가 민족주의자가 아니라 국제주의자였다는 사실은 혁명기간 내내 변함이 없었다고 셍은 주장한다.

중국 공산당과 소련, 마오쩌둥과 스탈린의 관계에서 마이클 셍이 부각시키고 있는 측면은 마오쩌둥이 스탈린으로부터 모멸감을 느끼거나 반발심을 갖게 하는 종속적이고 불평등한 것이 아니라 건설적인 동등한 관계였다는 것이다. 그만큼 오랜 기간 둘 사이의 연대가 견고했다고 본다. 그 대표적인 사례가 1949년 1월 10-17일 사이에 마오쩌둥과 스탈린이 주고받은 7개의 전보를 해석하는 방식이다. 국

---

76 Sheng, 1997, p.98.

77 1936년의 중국 공산당과 소련 사이의 라디오 통신 개통과 이후 지속되는 긴밀한 중소관계의 내용이 탈냉전과 함께 접근이 가능해진 중국 측 자료에 기초한 신냉전사 연구결과의 대표적 측면일 것이다.

78 그 대표적인 예로, 1945년 8월 일본 항복 후 마오쩌둥은 국민당에 대해 전면적 내전을 계획하는데, 같은 달 20일 스탈린의 전보를 받고 마오쩌둥은 내전 계획을 취소하고 중경에 가서 국민당과 평화협상에 임한다. 이 예가 드러내는 것처럼 마오쩌둥은 전술적이기보다 자주 너무 급진적이었으며, 이에 스탈린이 신중하고 전술적으로 적절한 충고를 함으로서 마오쩌둥의 무모함이 중국 공산당을 파괴할 위기에서 구하곤 했다는 것을 새로운 자료들을 통해 발견한 대표적인 사실의 하나라고 마이클 셍은 말한다. Sheng, 1997, p.100.

민당이 미국의 권고로 공산당에 제시한 평화협상안을 놓고 둘 사이에 오간 대화를 생은 두 지도자가 서로를 존중하는 가운데 최선의 전략적 선택을 놓고 '정책 조율과 협의'가 진행된 특징적인 예로 해석한다.[79] 이것은 다른 학자들이, 공산당의 명약관화한 승리가 예상되는 상황에서도 마오쩌둥으로 하여금 미국과 장제스 집단과의 타협을 종용하는 스탈린의 교활한 이중성을 드러낸 것이었고, 마오쩌둥 역시 그러한 스탈린의 태도에 거칠게 대응했음을 보여준 것으로 해석하고 이로 인해 마오쩌둥과 스탈린 사이 갈등의 중요한 계기가 된 것으로 평가하는 경향과는 크게 다른 것이다.[80]

4) 존 개디스와 중국 공산당의 정체성:
이념적 본질과 정신의학적 접근의 결합

첸 지안, 마이클 생 그리고 존 가버 등은 중미관계가 1949-50년 기간에 파국을 맞게 된 근본적 배경을 중국의 이데올로기에서 찾았으며, 그 이데올로기의 핵심은 레닌주의적인 반제·반미의 이념이라고 보고 있음을 알 수 있었다. 이러한 설명은 아무리 새로운 중국 자료들을 통해 입증한다 하더라도 지나치게 단순하고 평면적인 논리라는 비평을 면하기 어렵다. 또한 마오쩌둥과 스탈린의 관계가 민족

---

79 Sheng, 1997, pp.101-102.

80 오드 아네 웨스타드도 마이클 생과 같이 중국 공산당과 마오쩌둥의 이데올로기의 중심성에 주목해 중미관계에 공존모색의 기회는 없었다고 평가하는 쪽에 속한다. 그러나 웨스타드는 1949년 1월의 마오쩌둥-스탈린 사이의 전보들을 둘 사이의 불신이 발전하게 되는 중요한 계기로 보는 점에서 생과는 다르다. Odd Arne Westad, "Losses, Chances, and Myths: The United States and the Creation of the Sino-Soviet Alliance, 1945-1950," *Diplomatic History*, Vol.21, No.1(Winter 1997), p.112. 웨스타드는 2003년에 출간한 저서에서도 그 전보들의 내용과 그것들이 표현된 방식이 마오쩌둥과 스탈린 사이의 긴장과 불신을 드러낸 것이라고 해석하고 있다. Odd Arne Westad, *Decisive Encounters: The Chinese Civil War, 1946-1950*, Stanford: Stanford University Press, 2003, pp.217 -219.

주의 색채가 사실상 완전히 제거된 채 순전한 프롤레타리아 국제주의적 연대로 일체화되어 있었다는 마이클 셍의 주장 또한 둘 사이의 관계가 가진 다양한 측면들—연대와 함께 긴장과 갈등의 증거들이 드러내는—을 표백시켜버린 단순한 논리라는 지적을 피하기 힘들다.

존 개디스의 1997년 저작은 같은 질문에 대한 답변에 결론적으로 동일한 명제로 귀결된다. 미국은 중국혁명을 저지하기 위해 중국대륙에 군사개입할 의지를 갖고 있지 않았으며, 또한 중국을 소련으로부터 분리해내기 위해 노력했으나, 전쟁으로까지 치닫는 파국으로 양국관계를 몰아간 동력은 중국 공산당과 마오쩌둥의 이데올로기와 편견 때문이었다는 것이다. 그러나 개디스는 그 동력의 구체적인 내용을 레닌주의 이념에서만 찾는 단순성을 극복하려고 했다. 그는 이를 위해 마오쩌둥의 대미 인식의 고유한 특징에 주목했다. 또한 마오쩌둥과 스탈린의 관계를 긴밀한 동맹관계로 보지만, 그 동맹의 동력을 첸 지안이나 마이클 셍처럼 순수한 이념적 유대에서 찾기보다는, 마오쩌둥이 적극적으로 스탈린의 영향력을 중국으로 끌어들여 미국의 군사개입에 대비하려 했다는, 마오쩌둥의 이념과 편견과 전략적 판단의 종합으로서 이해한다.[81] 이런 점에서 존 개디스의 해석은 1949-50년 기간에 중미관계가 파국으로 나아간 과정에 대해서도 주목할 부분이 있다고 생각된다.

개디스는 1947년 이후의 미국의 중국정책은 중국 공산당과 마오쩌둥에 대한 보다 온건한 인식을 수용하는 데서 출발한다고 보았다. 그는 미 국무부는 공개적인 수사와는 달리 국제공산주의를 전적으로 하나의 통합된 운동으로 본 일은 없다고 말한다. 소련은 자신의 영토 이외의 지역에서는 어디에서나 공산주의운동을 통제하는 데 어려움을 갖고 있다고 미 국무부는 보았다는 것이다. 동시에 조지 케

---

81 Gaddis, 1997, pp.62-70.

넌을 포함한 미 국무부 전략가들은 중국의 공산화가 곧 세계의 전반적인 세력균형을 뒤집지는 못한다고 결론지었다는 점을 개디스는 주목한다. 아시아전략의 중심으로서 일본을 이 지역에서 소련의 팽창주의를 봉쇄할 수 있는 방어 가능한 요충지들의 체인에 포함시켜 미국이 이를 확고하게 장악하고 또한 동남아의 시장과 원료를 확보해낼 수 있는 한, 중국은 어떤 세력이 장악하든 요충지가 되기보다는 수렁이 될 수 있다고 보았다. 그래서 1948년 초에 이미 조지 마셜 국무장관은 상원 외교위에서 "우리는 현재의 중국 정부(장제스 정부)의 계속되는 실패를 경제적으로나 군사적으로 더 이상 떠안을 수 없다. 더 사활적인 지역들에서 우리의 힘을 분산시키게 된다"고 증언했다는 것이다.

마셜의 후임으로 국무장관이 된 딘 애치슨도 일본을 중심으로 한 동아시아에서의 미국의 방위선을 형성할 "거대한 호"(great crescent) 바깥의 아시아 지역에서 미국이 할 일은 중국을 아시아의 티토로 이끌어내는 일이라고 보았다는 것이다. 개디스는 이러한 인식이 심지어 한국전쟁이 시작된 후에도 변하지 않았다는 증거로 1951년 5월 미 국가안보회의(NSC)가 미국의 아시아정책의 첫 번째 목표로 "중국을 소련의 실질적인 동맹국으로서 분리해내는 것"이라고 지적한 것을 들고 있다. 즉 미국은 중국을 소련으로부터 분리하는 "쐐기전략"(wedge strategy)을 추구한 것으로 보았다.[82]

미국의 이 쐐기전략은 실패했다. 개디스에게도 핵심적인 문제는 물론 성공했을 경우 한국전쟁 등 중대한 비극을 예방할 수도 있었을 이 전략이 실패로 끝난 원인이 어디에 있느냐는 것이다. 이 질문에 대해 일반적으로 미국이 자신의 목표를 분명히 하는 데 실패했다는 점, 즉 미국의 대중국정책이 혼란에 빠져 있었고, 또한 중국 로비의 영향과 매카시즘과 같은 미국 내부 정치적 문제들 때문이었다는

---

82 Gaddis, 1997, p.62.

답변이 지배적이지만, 이러한 설명은 전적으로 미국적 시각에 치중한 것으로서, 미국과의 협력이 얼마나 가능하고 바람직한지에 대해서 마오쩌둥은 어떻게 생각하고 있었는지를 고려하지 않은 점에서 잘못된 것이라고 개디스는 비판한다. 그는 새로운 중국 자료들은 만일 미국의 목표가 분명하고 또 미 국내적인 정치적 압력이 크지 않았다고 하더라도 트루먼 행정부가 중국 공산당을 소련으로부터 분리해내는 일은 불가능했을 것임을 보여준다고 주장한다. 전후에 마오쩌둥이 일시적으로 미국과의 협력을 희망했음을 인정하더라도 그러한 마오쩌둥의 태도는 1946년 초 마셜미션 1차 단계에서 이미 끝났다고 주장한다. 이후 마오쩌둥은 미국을 중국 공산혁명의 핵심적인 적(敵)으로 확신했고 그 신념에 따라 마오쩌둥은 스탈린과 소련의 영향력을 앞장서서 중국에 이끌어 들이려, 즉 "초대했다"고 말한다. 서유럽 국가들이 자신들에 대한 미국의 영향력 확대를 '초대'했듯이 동아시아에서는 중국 공산당이 나서서 소련을 중국대륙에 '초대'했다는 것이다.[83] 개디스는 마오쩌둥이 소련과 그 영향력을 앞장서 중국에 초대하고 그럼으로써 미국과의 관계정립의 기회를 원천적으로 봉쇄한 이유를 크게 세 가지로 분석했다.[84]

첫째로 그리고 가장 중요한 이유로는 개디스도 이데올로기를 지적했다. 그러나 첸 지안이 강조하는 민족해방의 이상이나 마이클 셩이 강조하는 프롤레타리아 국제주의의 이상으로서의 마르크스주의와는 많이 다른 뉘앙스의 이데올로기 개념을 개디스는 상정했다. 마오쩌둥은 스스로 마르크스주의자를 자처했지만 마르크스주의에 대해 실제 아는 것은 별로 없었던 것도 한 이유가 된다. 그를 충실한 마르크스-레닌주의 신도로 만든 것은 산업화에 성공한 소련에 대한 외경, 그리고 중국의 옛 전통인 1인 치하의 권위주의 질서를 마르크스-

---

83 Gaddis, 1997, p.64, p.69.

84 Gaddis, 1997, pp.63-64.

1946년 1월 1일 국공내전을 막기 위해 옌안을 방문한 조지 마셜과 함께 선 장쯔정(왼쪽, 장제스가 파견)과 저우언라이(오른쪽).

레닌주의가 '민주적 중앙집권주의'라는 개념으로 정당화해주었기 때문이라고 개디스는 보았다.[85] 이러한 의미에서의 동일한 목표와 동일한 이상이 마오쩌둥의 중국과 스탈린의 소련을 연대하게 만들었다는 해석이다.

둘째는 마오쩌둥이 미국으로부터 거부당하고 배신당했다는 강한 불신을 갖게 되었다는 점이다. 마오쩌둥은 전쟁 기간에 미국의 군사 대표단이나 외교사절들과의 접촉을 환영했고 미국 언론인들과의 친밀한 관계도 추구했다. 하지만 미국은 장제스를 지속적으로 지원했을 뿐 아니라, 특히 1946년 조지 마셜이 중립을 지키며 국공협력을

---

85 이러한 냉소적인 비틀기는 중국 공산당과 마오쩌둥의 혁명이데올로기를 개디스가 이해하는 방식이 남들과 다른 특징적인 점으로서, 개디스의 냉전사 이해의 핵심적인 요소이기도 하다. 개디스가 소련 공산주의와 스탈린을 독일 파시즘과 히틀러에 비유하고 있는 점은 그런 인식태도와 무관하지 않다. 스탈린과 마오쩌둥의 이데올로기는 개디스의 관점에서는 일정한 사상적 정통성을 갖는 이념이 아니라 하나의 '악'(惡)의 형태로 이해되고 있다. 이 경향을 압축적으로 보여주는 글은, John Lewis Gaddis, "The Tragedy of Cold War History," *Diplomatic History*, Vol.17, No.1(Winter 1993), pp.1-16.

유도하려 한다고 하면서도 바로 그 시기에 장제스의 군대를 만주로 이동시키는 데 미국이 결정적으로 지원했다. 이 사실로 인해 마오쩌둥은 마셜의 중립성을 불신하게 되었고 배신감을 갖게 되었다는 것이다. 이로 인해 마오쩌둥은 미국의 정책을 제국주의라는 이데올로기적 관점에서 바라보게 되었다고 본다.

개디스가 세 번째 요인으로 지적하는 것 역시 그가 마오쩌둥의 미국 인식의 독특한 편협성을 부각시키는 내용이다. 즉, 마오쩌둥이 장제스의 군대를 중국에서 몰아내고 대륙에서 통일권력을 장악해가고 있는 시점에서 가장 중요하게 의식한 문제는 미국의 중국에 대한 군사적 개입 가능성이었다. 이 또한 새로운 중국 자료들이 드러낸 중요한 사실이라고 개디스는 주장한다. 그 증거로 개디스는 마오쩌둥이 1949년 초부터 미국이 일본 및 장제스와 군사동맹을 계획하고 있다거나, 미국이 중국 동북부에 300만의 군대를 상륙시키려 한다거나, 만주, 소련 극동과 시베리아에 핵공격을 감행할 것이라는 등의 경고를 보냈다는 점을 든다.[86]

개디스는 그러한 마오쩌둥의 미국 인식은 대표적인 극단적 오해라고 보았는데, 마오쩌둥이 왜 그러한 허황된 오해를 했는지에 대한 개디스의 해석 역시 마오쩌둥과 중국 공산당의 사고의 편협성, 혹은 그가 김일성, 스탈린, 마오쩌둥의 한국전쟁 모의과정을 묘사하면서 사용한 "희극적 수준의 오류들"이라는 표현을 이 경우의 마오쩌둥의 판단과정에도 적용하는 것 같다. 즉 첫째로, 마오쩌둥이 중국인이라는 사실을 개디스는 지적한다. 중국을 우주의 중심으로 자처해온 중국인들의 사고에서는 중국처럼 세계에 핵심적인 나라가 공산화되는

---

86 개디스가 제시하는 자료의 한 예들은 다음과 같다. I.V. Kovalev interview with S.N. Goncharov, "Stalin's Dialogue with Mao Zedong," *Journal of Northeast Asian Studies* 10 (Winter 1991), pp.51-2; He Di, "'The Last Campaign to Unify China': The CCP's Unmaterialized Plan to Liberate Taiwan, 1949-1950," *Chinese Historians* 5 (Spring 1992), pp.2-3; Gaddis, 1997, p.316에서 재인용.

것을 미국은 용납할 수 없을 것이기에 군사 개입할 것으로 보았다는 것이다. 미국이 보기엔 중국은 주변적 지역에 불과한데도 말이다.

둘째, 마오쩌둥은 중국에 대한 정책을 두고도 다양한 목소리가 공존할 수 있는 민주국가인 미국의 정치가 작동하는 방식을 몰랐다는 점을 들었다. 그래서 미국 역시 중국 공산당 같은 민주적 집중제로 운영될 것으로 착각을 한 결과, 마오쩌둥은 미국의 일부 강경파 정치인이나 장군이 무책임하게 토해낸 중국에 대한 강경 발언들을 미국의 통일된 정식 정책으로 오해했다는 것이다.

마지막으로 개디스는 스탈린이 누차에 걸쳐 마오쩌둥의 머릿속에 미국이 개입할 가능성에 대한 우려를 심어놓았기 때문이라고 말한다. 그는 미국의 중국 개입에 대한 스탈린의 우려와 경고는 의도적인 과장일수도 있지만 스탈린 자신의 진심일 수 있었다고 본다. 소련이 충분히 준비하지 못한 상태에서 미국과 전쟁이 발발할 가능성을 스탈린이 우려했다는 많은 증거가 있기 때문이다. 중국과 관련해 스탈린이 보인 그 같은 우려를 대표하는 예로, 개디스는 1949년 초 스탈린이 마오쩌둥에게 양쯔강을 넘어 남진하면 미국이 개입할 것이라고 경고하고, 그럴 때 소련은 중국을 도울 수 없을 것이라고 말한 사실을 들었다.

개디스가 1949-50년이라는 결정적인 시기에 미국과 중국 공산당 간에 관계개선 가능성이 존재하지 않았으며, 그 원인은 무엇보다도 마오쩌둥과 중국 공산당에 있음을 주장하는 방식은 1949년 6월에 중미 간에 일어난 사태를 해석하는 데에서도 특징적으로 드러난다. 그해 6월 말 마오쩌둥은 소련 일방에 기울어지는 정책을 취할 것을 공개적으로 언명하는 연설을 했다. 소련과의 동맹을 추구하는 정책을 처음 공개적으로 밝힌 것으로서 유명하다. 그런데 유의할 점은 마오쩌둥의 이 연설은 트루먼 행정부가 존 스튜어트 대사에게 중국 공산당과 모든 비공식 접촉을 중단할 것을 지시한 직후에 나왔다는 사실이다. 그 때문에 많은 서방의 역사가도 마오쩌둥이 소련의 품으로 간 것은 실질적으로 미국이 그렇게 몰고 간 것이었으며, 그 결과로 한국전쟁이 일어나기 1년 전에 중미 양국이 정상적인 외교관계를 맺을 기회를 버리고 말았다고 평가해왔다. 개디스는 그러한 비판을 잘 의식하고 있다.[87] 개디스가 이러한 비판을 반박하고 그 책임을 마오쩌둥과 중국 공산당에게로 되돌리는 논리는 역시 마오쩌둥의 본심이 무엇이었느냐에 대한 그 자신의 (거의 냉소적인) 분석이다. 그는 중국 쪽 사가들이 중국 쪽 자료들을 제시하며 주장하는 것을 근거로 하여, 마오쩌둥은 그 오래전부터 미국과 협력 가능성을 배제했다고 말한다. 그는 마오쩌둥이 자주 미국 쪽 인사들과의 접촉을 용인할 의사를 보였다는 점을 인정한다. 그러나 그런 경우에도 마오쩌둥의 목적은 미국과 우호적 관계를 원했기 때문이 아니고 그가 예측하는 미국의 공격이 언제 그리고 어디에서 벌어질 것인지를 알아내려는 목적에서였다고 단정한다.[88]

전체적으로 볼 때, 존 개디스는 첸 지안이나 마이클 셩을 포함한 신냉전사 연구세대와 같이 중국 공산당 지도자들과 그 질서 및 이데올로기의 본질적 특징에 집중함으로써 중미관계의 긴장과 갈등의 근원을 찾는 본질주의적(essentialist) 접근방식을 보인다. 개디스의 분석 태도가 그들과 다른 점은 마오쩌둥과 그의 중국 공산당 동료집단의 이데올로기적 정체성을 마르크스-레닌주의나 혁명적 사회운동, 또는 민족해방운동 이념과 같은 사회정치적 차원에서보다는 그것들의 중국적인 변질이나 고유성 및 '편집증'적 특질에 대한 거의 정신의학적인 접근을 담고 있다는 점이다. 미국과 미국 지도자들의 행태와 가치관과 역사적 경험을 '정상'으로 보는 반면 중국의 혁명운동과 그 지도자들의 심리상태를 '비정상'의 한 형태로 보는 암묵

---

87 Gaddis, 1997, p.65. 개디스는 그러한 비판의 예로 다음을 들고 있다. Michael H. Hunt, "Mao and the Issue of Accomodation with the United States, 1948-1950," in Borg and Heinrichs(eds.), *Uncertain Years*, pp.185-233; Cohen, 1980, pp.36-37.
88 이 점에 대해 그가 제일 먼저 제시하는 자료는, Chen Jian, 1994, pp.50-55.

적 구분이 저변에 자리 잡고 있는 것이기도 하다.

5) 신 자료의 해석과 평가의 문제

중국이 미국과 화해할 수 없었던 이유를 중국 공산당과 마오쩌둥이라는 존재들의 본질적 정체성에서 찾으며 그것의 핵심을 이데올로기를 포함한 내면적 인식틀에서 찾고 있다는 것은 그 이데올로기의 성격에 대한 상당한 차별적 인식에도 불구하고 존 개디스와 첸 지안 등이 큰 틀에서 공유하는 점이다. 그리고 이들이 중국 쪽의 새로운 자료들에 의존하고 있다는 것도 공통점인데, 또 하나의 중요한 공통점은 그러한 자료들을 해석함에 있어 상당한 자의적 태도를 공유한다는 사실이다.

중국 공산당이 1949년 5-6월 사이에 미국과 외교적 접촉을 시도한 행위들이 사실상 무의미한 것이었다는 주장을 뒷받침하기 위해 개디스가 동원하는 증거는 첸 지안이 제시하는 자료들이다. 그럼 첸 지안이 제시하는 주요 자료는 무엇이고 그것들은 적절하게 해석되고 있는지를 짚어보지 않을 수 없다. 첸 지안이 가장 중요하게 부각시키는 중국 측 새 자료는 1949년 1월 19일 마오쩌둥이 '중앙위원회' 명의의 "외교문제에 대한 지시사항"이라는 제목으로 작성한 문건이다. 이 지시에서 마오쩌둥은 "우리는 자본주의 국가들의 대사관, 공사관, 영사관들, 그리고 그것들과 관련된 외교시설물 및 인원들—국민당 정권으로부터 신임장을 받은—을 인정하지 않는다. 그들을 모두 일반 외국인으로 간주하고 정당한 보호를 제공한다"고 했다. 반면에 소련의 외교정책은 자본주의 국가들의 정책과 철저하게 달랐으므로 소련 외교관들은 다르게 취급한다고 명시했다.[89]

이것은 중국 북동부의 심양을 공산당이 접수했을 때, 이 도시에 남아 있던 미국 총영사 앤거스 워드를 포함한 서방 외교관들을 중국 공

---

[89] Chen, 1994, p.39.

산당이 억류한 가운데 미국과 중국 공산당 사이에 전개된 갈등 속에서 나온 것이었다. 미국의 워드 석방 요구에 대해 중국 공산당은 1949년 5월 "(미국의) 외교적 승인이 없기 때문"이라고 하면서 거부했다. 이에 대해 국무장관 애치슨은 당시 베이징에 있던 미국 총영사오 에드먼드 클럽을 통해 중국 공산당이 중국—국민당 정권과 그 이전의 중국 정부—이 과거에 미국과 맺은 조약의무들을 충실히 이행하는 것이 공산당 정권에 대한 외교적 승인의 기초라고 밝혔다.[90]

첸 지안이 이 문제를 둘러싼 미국과 중국 공산당의 갈등과 그 이유를 분석하는 방식은 다음과 같다. 우선 중국 공산당의 태도를 지극히 이데올로기적인 것으로 규정한다. 앞서 언급한 1949년 1월의 마오쩌둥 지시에는 과거 중국이 제국주의 국가들과 맺은 불평등조약들의 잔재들을 인정하지 않는다는 원칙이 강하게 내포되어 있었다고 본다. 또한 세계는 자본주의 국가와 사회주의 국가로 구성되며, 그 중간은 없다는 것, 따라서 중국이 소련과 연대하는 쪽으로 결정한 이상 서방 자본주의 국가들과의 외교관계 수립에 대한 환상은 버려야 한다는 의식이 강하게 있었다고 첸 지안은 풀이했다.[91] 반면에 미국 쪽의 태도와 그 원인에 대해서는 이데올로기와는 무관한 것으로 해석한다. 우선 미국 외교관들을 억류하고 있는 혁명적 정권을 미국이 외교 승인 한다는 것은 애당초 상상할 수 없는 것이었다고 첸은 말한다. 그럼에도 중국 공산당이 외교관 억류를 계속했다는 것은 미국이 공산 중국을 외교 승인할 가능성을 처음부터 배제한 것이라고 본 것이다.[92]

첸 지안은 1949년 5월 중국 측의 황화와 당시 난징에 머물고 있던 미국 측의 존 스튜어트 대사 사이의 직접 접촉에서 오간 내용을 자세하게 거론한다. 그런데 이 일련의 접촉에서 미 국무장관 애치슨이 내건 외교적 승인 조건과 마오쩌둥이 황화를 통해 제기한 외교관계 수

---

90   Chen, 1994, p.45.
91   Chen, 1994, p.39.
92   Chen, 1994, pp.45-46.

립의 조건을 평가하는 데에서도 첸 자신의 판단기준이 강하게 작용하고 있음을 볼 수 있다. 황화를 통해서 중국 공산당이 미국에 제시할 조건은 사실상 1949년 4월 30일 인민해방군 총사령부 대변인 명의로 마오쩌둥이 공개적으로 밝힌 내용에 다름 아니었다. 이 성명에서 마오쩌둥은 중국 공산당은 평등, 호혜, 그리고 주권과 영토적 존엄성을 서로 존중한다면 어떤 외국과도 외교관계 수립을 고려할 것이라고 했다. 그 핵심은 곧 "국민당 반동들"에 대한 지원을 중단하는 것이었다.[93] 5월에 시작된 황화와 스튜어트의 접촉에서 중국 측이 전달한 내용은 정확히 그런 것이었다. 이런 중국의 입장은 6월 중순 '신중국정치협의위원회'를 위한 준비회의에서 마오쩌둥이 중국 외교정책의 개요를 밝히는 가운데 다시 강조되었다. 그는 신중국은 "평등, 호혜, 영토적 존엄성과 주권에 대한 상호존중에 기초해 어떤 외국 정부와도 외교관계 수립을 논의할 용의가 있다"고 했다. 마오쩌둥이 제시한 전제조건은 두 가지였다. 역시 평등하고 호혜적인 관계, 그리고 국민당과의 관계 단절이었다. 그는 "신중국과 외교관계를 원하는 나라는 중국의 반동들과 관계를 끊고 그들과 공모하고 그들을 돕는 행동을 중단해야 하며 인민공화국에 대해서 위선이 아닌 진정한 우호적 태도를 취해야 한다"고 밝혔다.[94]

첸 지안은 이것을 두고, 서방국가들의 외교적 승인을 얻어내기 위해서 "기본적인 혁명적 원칙들을 버리지 않겠다는 중국 공산당의 결의"를 밝힌 또 하나의 예에 다름 아니라고 평가했다.[95] 이것을 첸은 중국 공산당과 마오쩌둥이 외교승인 문제에서도 '이데올로기적 원칙'을 앞세워 사실상 미국과의 외교관계 수립을 배제했다고 해석하고 있는 것이다. 그러나 당시 중국 공산당에게 국민당에 대한 미국의 군사적 지원을 중단하도록 이끌어내는 일은 이데올로기 문제라기보

---

93 Chen, 1994, p.51.
94 Chen, 1994, p.55.
95 Chen, 1994, p.55.

다는 가장 시급한 안보문제였다고 해석하는 것은 왜 적절하지 않은 지에 대한 첸의 설명은 없다. 중국의 신정부가 외교승인의 조건으로 서 미국이 장제스에 대한 지원을 중단하고 베이징의 새 정부를 중국의 유일 합법 정부로 인정하는 것을 내세운 것은 자연스럽고 당연한 요구였다고 토마스 크리스텐슨은 해석하고 있음을 앞에서 언급한 바 있다.[96] 첸 지안의 시각은 그와 매우 다르다는 점에 유의할 필요가 있다.

첸은 또한 개디스와 마찬가지로, 마오쩌둥이 황화를 통해 스튜어 트와 접촉하도록 한 목적은 진정으로 미국과의 외교관계 모색에 뜻이 있었던 것이 아니라 당시 인민해방군이 상하이로 진격하고 있던 상황이었음에 비추어 만일의 경우 미국이 군사적으로 개입할 의도가 있는지를 탐지하려는 일종의 첩보행위에 불과했던 것처럼 암시한다. 또한 황화가 스튜어트를 만나서 전달할 내용과 대화 시 유의할 점들을 마오쩌둥이 일일이 지시했던 점마저도 첸은 비판적으로 바라보았다. 그러나 첸의 해석처럼 스튜어트를 통해 중국 공산당 지도부가 알아보고자 했던 내용이 반드시 "미국의 군사개입" 여부에 그쳤던 것인지는 첸의 설명으로는 결코 단언할 수 없다. 또 사실 미국과의 관계개선 가능성의 전제는 미국의 군사개입 배제에 있는 것이 아닐 수 없다. 국민당에 대한 지원을 중단하라는 마오쩌둥의 되풀이되는 조건제시 역시 국민당에 대한 미국의 지원정책의 변화 가능성을 탐색하고자 하는 지극히 정상적인 외교행위로 볼 수 있는 것이기도 하다. 황화의 스튜어트 접촉에 대해 마오쩌둥이 자세한 지시를 했다는 사실은 비공식 단계지만 이 중미 간의 접촉에 대한 마오쩌둥의 깊은 관심을 증거하는 것에 다름 아니다.

첸 지안은 미국과의 외교승인 문제에 대한 중국 공산당의 태도에는 그 지도자들이 서방과 중국 사이의 한 세기에 걸친 치욕적 관계에

---

96 Christensen, 1996, p.100.

대한 인식이 담겨 있으며, 이것은 곧 중국의 근대사 경험에 깊이 뿌리박은 "혁명적 민족주의"가 마오쩌둥과 그의 동료들의 사고를 지배하고 있었다는 증거라고 말한다.[97] 그러나 이것은 오히려 거꾸로 해석할 수도 있다. 중국 공산당이 자신들에게는 사활적 중요성을 갖는 국민당에 대한 미국의 지원 계속 여부에 대해 미국의 양보를 이끌어내려는 외교적 압박에 나서는 것은 당연한 일일 것이다. 이를 기초로 미국과 관계개선을 모색하고자 하는 그들의 진지한 의도가 첸이 지적한 한 세기에 걸친 중국의 역사적 경험으로 인해 서방국가들로서는 언뜻 납득하기 어려운 방식으로 표출되고 있었을 뿐이라고 말할 수도 있기 때문이다. 역사적 경험의 특수성에 뿌리를 둔 거친 대외적 행태를 곧 미국을 포함한 외부세계와 평화적 공존 관계를 모색하려는 의지가 전면적으로 부재했다는 증거로 삼는다면 그것 자체가 논리적 비약이 아닐까. 이렇듯 첸 지안과 개디스의 설명 방식, 그리고 중국 측 자료들의 해석 방식은 구체적으로 살펴보면 다분히 일방적이고 자의적인 해석에 기초한 경우가 많다.

또 하나의 문제는 어떤 자료들을 주요하게 생각하느냐 하는 점이다. 예를 들어 첸 지안은 1949년 1월의 자료를 근거로 당시 마오쩌둥의 대미 인식을 이데올로기에 입각한 매우 경직된 것으로 평가했다. 그러나 크리스텐슨은 같은 시기 중앙위원회에서 마오쩌둥이 발언한 중국 내전의 성공적인 마무리에 관한 권고를 주목한다.[98] 마오쩌둥

---

97 Chen, 1994, p.41.

98 Christensen, 1996, pp140-141. 크리스텐슨은 1949년 1월 마오쩌둥의 대미 인식과 관련해 중국 측 자료들을 보다 신중하게 해석하는 예로 장슈광의 연구를 든다. Zhang Shu Guang, *Deterrence and Strategic Culture: Chinese-American Confrontations, 1949-1958*, Ithaca: Cornell University Press, 1992; Christensen, 1996, p.141에서 인용. 또한 오드 아네 웨스타드의 연구는 중국과 소련 측 새로운 자료들을 이용해 1946-50년 기간 중국 공산당과 미국 간 새로운 관계정립의 가능성을 낮게 보면서도, 이데올로기 일변도의 시각에서 다소 벗어난 연구의 한 예로 평가할 수 있다고 생각된다. Westad, 1997, pp.105-115. 반면에 워런 코언은 원래 터커-코언 명제의 제출자의 한 명으로서 여전히 기본적으로

은 이 권고에서 중국혁명에 대한 미국의 위협의 성격을 평가했다. 그는 결코 그것을 단순화하지 않았으며, 복합적인 성격을 지적하고 있었다. 또한 전반적으로 미국의 대중국정책의 합리성이 증가할 것으로 낙관하고 있었다는 것이 크리스텐슨의 평가이다. 미국 지도자들은 제국주의의 신참자들이기 때문에 시간이 가면서 더 현명해질 것이며, 장제스에 대한 지원의 헛됨을 인식하게 되고 따라서 중국혁명을 전복시키려는 활동을 줄이게 될 것으로 보았다는 것이다. 그래서 중국 공산당 정부를 결국 승인하게 될 것으로 낙관했다는 것이다.

결국 많은 새로운 자료의 등장과 그에 대한 이른바 '신냉전사'적 연구들이 연구자들 자신의 학문적 시각이나 이데올로기에 따라 굴절될 수 있는 가능성은 결코 사라진 것이 아니다.

6) 중국의 정체성에 대한 본질주의적 인식의 문제

아시아의 냉전에 관련한 신냉전사 연구의 가장 근본적인 문제는 이데올로기가 중국 공산당의 정체성을 결정하고 그것의 정체성, 그 존재의 본질이 곧 그 존재가 현재와 미래에 어떻게 행동할 것인지를 결정한다고 하는 폐쇄적인 논리적 회로 속에 갇혀 있다는 점이다. 중국 공산당이라는 한 역사적인 집단의 존재의 성격이 다양한 요소를 포함하고 있을 수 있다는 가능성이 개념적으로 최소화되고, 그럼으로써 그 존재가 어떤 행태를 보이고 어떤 전략적 선택을 할 것인지에 대한 매우 편협한 결론에 도달할 수 있게 된다.

신냉전사 연구의 대부분이 갖고 있는 또 하나의 문제는 주로 중

는 그 가능성의 존재를 믿으면서도 1990년대 신냉전사 연구에서 강조된 이데올로기 요인에 관한 담론의 영향을 어느 정도 받게 된 것으로 생각된다. 그는 1940년대 후반의 시기가 이데올로기의 시대였음을 긍정하면서 과거에 비해 그 가능성을 더 낮게 평가하게 된 것으로 이해된다. 다만 그는 비대결적 중미관계 형성의 가능성을 제약한 이데올로기적 적대감의 원인을 중국 쪽에서 주로 찾는 신냉전사의 경향과 달리 중미 양쪽에서 모두 찾아야 함을 시사하고 있는 것으로 보인다. Cohen, 1997, p.75 참조.

국 및 소련측 자료들에 근거해 중국 공산당의 이데올로기적 성격과 중소관계의 이념적 연대에 집중한다는 점이다. 그런데 미국이야말로 중국 공산정권 수립 이전의 내전기간과 수립 이후의 외교승인 논쟁과정에서도 기본적으로는 일관되게 그리고 끝까지 완고한 반공적 태도를 보였지 않은가. '터커-코언 명제'가 암시하는 중미관계 개선의 기회를 이후 아시아의 역사가 상실하게 되는 데에 있어서 미국 쪽의 이데올로기적 동력에 대한 신냉전사 연구자들의 분석은 대단히 취약하다. 미국의 이데올로기, 미국의 신념체계, 결국 미국의 정체성에 대한 분석은 거의 배제하는 것이 이들 신냉전사 연구의 특징적인 모습인 것이다.

여기에서 미국의 냉전사 연구의 전반적인 성격에 대해 한 가지 중요한 지적을 할 필요를 느낀다. 존 개디스를 필두로 하는 이른바 탈수정주의 내부의 보수적인 외교사가들과 1990년대에 대거 등장한, 첸 지안과 마이클 솅을 포함한 신냉전사 연구자들은 냉전 발전의 동력으로서 소련과 중국 공산주의의 이념적 정체성에 대한 분석에 초점을 맞춘다. 멜빈 레플러와 같은 탈수정주의 내부의 좌파 또는 리버럴이라 할 수 있는 연구자들은 소련이나 중국이 '행태적'으로는 미국 안보에 실질적인 위협이 아니었음에도 그 위협을 미국이 과장해서 인식하고 더욱 '압도적인 힘의 우위'(preponderant power)를 추구함으로서 미국 역시 냉전의 추진력으로 작용했음을 인정한다.[99] 그러나 레플러에게도 미국의 과장된 인식은 비록 '오인'(誤認, misperception)의 한 형태이긴 하지만, 그 오인된 공산주의의 위협에 대한 인식은 진실한 것이었다. 이것이 의미하는 바는 소련과 중국 공산당의 위협에 대한 미국의 반응은 그것이 오인이든 아니든 오로지 '인식'의 문제로서 이해할 뿐, 미국의 '이데올로기', 즉 미국이라는

---

99 Melvyn P. Leffler, *A Preponderance of Power: National Security, the Truman Administration, and the Cold War*, Stanford: Stanford University Press, 1992.

존재의 본질 내지는 정체성을 구성하는 요소로서는 사유되지 않는 것이다.

이런 맥락에서 윌리엄 워커가 멜빈 레플러의 연구를 비평한 것은 의미심장한 바가 있다. 레플러는 미국 지도자들이 '소련 공산주의'에 대한 과도한 경계심 때문에 유럽과 제3세계에서 독립적으로 전개되는 좌파운동들까지도 소련 팽창주의의 증거로 "오인"했다고 말하는 것이지만,[100] 워커가 보기에 그것은 단순한 오인이 아니었다. 세계 도처에서 독립적이고 토착적인 민족주의와 결합해 전개되고 있던 좌파 혁명운동들 자체에 대한 강한 거부와 배척을 핵심적 요소로 담고 있는 미국 엘리트집단의 "이데올로기"의 문제였다.[101] 이 관점의 차이는 매우 중요하다. 냉전 기원의 핵심요인으로서 레플러는 소련의 행태와 소련의 존재의 성격에 대한 미국의 "인식" 또는 "오인"을 강조하고 있는 것이지만, 워커의 시각에서는 미국 지도자들의 신념체계로서의 미국 자신의 이데올로기에 초점을 맞춘다. 따라서 소련에 대한 미국의 인식 여하가 아니라, 미국 자신의 이데올로기, 즉 미국이라는 존재의 성격의 한 부분이 냉전의 추진력으로서 결정적인 의미를 갖게 되는 것이다.

워커의 이 같은 지적은 아시아 냉전의 기원을 논의하며 중국 공산당의 정체성을 논하되, 미국의 정체성에 대한 비판적 분석은 거의 공백으로 남겨두고 있는 신냉전사 연구자들에게도 더욱 예리하게 적용될 수 있다. 마오쩌둥과 중국 공산당의 이데올로기가 아시아 냉전의 근원적 토대라면, 동아시아에서 민족해방운동에 대한 미국의 뿌리 깊은 거부감과 적대의 이데올로기는 왜 세계와 아시아에서 냉전의 뿌리 깊은 근원적 요인의 하나로 거론하지 않는가라는 의문을 응당 던질 수 있다. 중국과 인도차이나, 필리핀, 그리고 한반도에서 모

---

100 Leffler, 1992, p.511.

101 William O. Walker III, "Melvyn P. Leffler, Ideology, and American Foreign Policy," *Diplomatic History*, Vol.20, No.4(Fall 1996), p.669,

두 미국이 혁명적 사회운동에는 강한 적대감을 갖고 대처한 점에서 일관성을 보였다. 이 지역들 모두에서 반혁명적 엘리트집단과는 긴밀한 협력관계를 구축하고 유지하는 데 또한 익숙한 일관성을 보였다. 중국과 미국 쪽의 동력을 가급적 균형 있게 깊이 돌아다보지 않으면 안 된다고 생각하는 것은 바로 그런 맥락에서다.[102]

5. 맺는말: 지속되는 역사해석의 긴장

리처드 레보우는 존 개디스의 『이제 우리는 안다』(*We Now Know*)라는 1997년 저작의 제목이 잘못되었다고 비판하면서 「우리는 아직 알지 못한다」(*We Still Don't Know*)라는 제목의 글을 발표한 바 있다.[103] 개디스는 1980년대 후반과 1990년대에 들어 쏟아져 나온 소련과 중국의 새로운 자료들이 냉전의 기원과 그 전개의 역사에 대한 많은 의문점을 해소한 것처럼 단언하고 있다. 그러나 레보우는 자료의 풍부화가 곧 우리를 편견의 굴레에서 해방시키는 것은 아님을 적절히 지적했다. 그에 따르면, 자료의 폭증은 논쟁을 해소하기보다는 그것을 더 심화시킨다.

---

102 마이클 헌트와 스티븐 레바인의 글은 이 주제를 생각하는 데 시사적인 출발점을 제공한다(Michael H. Hunt and Steven I. Levine, "Revolutionary Movements in Asia and The Cold War," Melyvn P. Leffler and David S. Painter (eds.), *Origins of the Cold War: An International History*, London: Routledge, 1994, pp.257-275). 브루스 커밍스의 『한국전쟁의 기원 1』은 해방 후 한반도의 맥락에서 그 주제를 생각하는 의미 있는 대표적 연구로 남아 있다고 할 수 있다(Bruce Cumings, *The Origins of the Korean War: Liberation and the Emergence of Separate Regimes, 1945-1947*, Princeton: Princeton University Press, 1981). 다만 이 연구는 이들 지역에서 미국의 반혁명의 행태와 전략을 연구한 것이고, 그것을 미국의 이데올로기 체계에 대한 연구로 깊이 연결시켜 논구한 것은 아니다. 이 주제와 관련된 '미국의 정체성'에 대한 연구는 여전히 더 많은 연구를 기다리는 과제로 남아 있다.

103 Richard Ned Lebow, "We Still Don't Know," *Diplomatic History*, Vol.22, No.4(Fall 1998).

그는 1914년 일어난 제1차 세계대전의 기원에 대한 해석을 둘러싼 학문적 논쟁의 역사적 추이를 그 예로 들었다. 전쟁이 끝난 지 얼마 안 된 시기에 이 전쟁의 기원에 대한 학문적 논의는 자료가 적은 초기에는 단순화된 주장들이 풍미한다. 시간이 흐르고 자료가 증가하면서 논쟁은 단순성을 다소 벗어난다. 그러나 그것이 복잡성을 인식하는 논의들로 나아가게 할 뿐, 논쟁들 자체를 해소하는 데는 크게 도움이 되지 못했다고 평가한다.[104]

마치 탈냉전 후 역사의 종언을 선언한 프랜시스 후쿠야마처럼, 탈냉전과 함께 『이제 우리는 안다』라는 제목의 책을 들고 나타난 존 개디스는 역사해석의 종언을 선언하고자 했던 셈이다. 그러나 역사해석은 결코 끝나지 않았다고 말할 수 있다. 역사해석의 긴장의 지속이 아닌 상실이 우리가 더 두려워해야 할 상황일 것이다.

(2005)

---

104   Walker, 1998, p.632.

제17장

한미동맹의 유연화(柔然化)를 위한 제언[1]

1. 한미동맹체제와 그 사유구조

20세기를 포함한 지난 역사 속의 국제정치질서에서 한국은 약소국이었다. 이 질서에서 약소국의 목표는 독립성의 유지와 자율성의

---

1 이 글은 2003년 가을 세종연구소가 발간하는 『국가전략』, 제9권 제3호, 7-38쪽에 동일한 제목으로 실렸던 논문을 원문 그대로 전재한 것이다. 경남대학교 극동문제연구소는 2009년 『조정기의 한미동맹: 2003-2008』이란 책을 발간했다. 필자의 이 글은 당시 소장을 맡고 있던 이수훈 교수가 편집한 이 책에서 '한미동맹의 이론과 미래'를 다룬 제1부의 첫 번째 논문으로 실렸었다(21-63쪽). 이수훈 교수는 그 책의 서문에서 필자의 논문이 학계에 던진 문제의식의 요점을 이렇게 소개했다. "이삼성은 「한미동맹의 유연화를 위한 제언」에서 한미동맹을 예외적인 역사적 상황의 소산으로 인식하면서 … 한반도 전쟁억지와 평화체제 구축이라는 새로운 도전 앞에서 기존의 종속적 군사관계 중심의 한미동맹체제는 근본적인 구조조정의 필요에 직면해 있다고 본다. 한반도에서 전쟁의 가능성을 차단하기 위해서도, 남북 간 평화체제 구축을 통해 평화적인 통일의 조건을 마련해나가는데 있어서도 종속적 군사관계와 미국 군사력에 대한 의존을 핵심적 요소로 하는 기존의 동맹체제는 도움이 되기보다는 한반도 위기의 부단한 재생산 구조의 한 축으로 기능하고 있다는 것이다. 이에 따라 21세기 한국의 안보외교전략은 유연성 있는 동맹의 정치와 함께 동아시아 공동안보 질서를 구축하는 데 창의적 역할을 추구해야 한다는 두 가지 지침에 근거해야 한다고 주장한다. 미국 군사력의 한반도 내 물리적 배치에 의존하는 종속적 군사관계에서 탈피해 양국 간의 정치전략적 정책조율에 중심을 두는 가운데 한반도와 그 주변의 전쟁과 평화의 문제에 대해 한국 자신의 정치적 책임과 역할의 중요성이 부각되는 체제로의 변화, 즉 한미동맹의 '유연화'를 주장한다"(서문, 11-12쪽).

확보 및 확대다. 그리고 그것은 근본적으로 전쟁 가능성을 차단하는 일로 수렴된다. 약소국은 전쟁의 가장 직접적이고 총체적인 피해자가 될 가능성이 높다. 약소국은 흔히 강대국 간의 전쟁을 통한 권력관계 변동에 따른 흥정과 거래의 대상으로 그 운명이 농락되게 마련이다. 세계 4대 강대국의 세력경쟁 구조의 한가운데에 섬처럼 떠 있는 한반도에게 국가의 독립성과 자율성 확보라는 목표는 어느 곳보다 절실한 바가 있다.

한스 모겐소는 일찍이 한국의 이 같은 국제정치적 위치의 전형성에 주목했다. 일반적으로 그는 약소국이 독립성을 유지하는 국제환경적 조건을 세 가지 경우로 요약했다. 첫째는 세력균형이 이루어진 경우이며, 둘째는 패권적 위치에 있는 국가와 보호관계를 맺고 있는 경우(preponderance of one protecting power)다. 셋째는 제국주의적 야심을 가진 국가들에게 그 약소국이 매력이 없는 경우다.[2] 이 점을 적용해서 모겐소는 과거 2,000년간 한국의 운명은 "한국을 컨트롤하는 한 국가가 압도적 세력을 가졌든가, 한국을 컨트롤하려는 두 국가 사이에 세력균형이 존재하든가"의 함수였다고 파악했다.

물론 여기에서 주의할 것이 있다. 세력균형이 파괴되어 한국을 컨트롤하는 국가의 힘이 압도적이 된 경우, 한국의 운명은 두 가지로 갈릴 수 있다. 그 국가가 한국의 독립성을 파괴하고 식민지화할 가능성이 하나, 다른 가능성은 그 지배적 국가가 한국의 독립성을 보호하는 역할을 자임하는 경우다. 모겐소는 중남미의 약소국들에 대한 미국의 역할을 후자의 경우에 해당하는 것으로 보았다. 한국전쟁 이후 한국에 대한 미국의 역할도 그에 준하는 것으로 이해된다.[3]

---

2 Hans J. Morgenthau, Revised by Kenneth W. Thompson, *Politics Among Nations: The Struggle for Power and Peace*, Sixth Edition, New York: McGraw-Hill Publishing Company, 1985, pp.196-197.

3 패권국가와의 보호적 관계를 정립하는 것이 약소국이 독립성이라는 가치를 확보할 수 있는 하나의 중요한 방법이 된다는 모겐소의 논리는 후에 로버트

그렇다면 모겐소에게 약소국의 운명이 긍정적으로 보호되는 것은 그 나라를 둘러싼 강대국들 사이에 세력균형이 존재하거나, 한 나라가 압도적 힘으로 패권적인 지배력을 행사하되, 그 초강대국이 그 약소국의 독립성을 '보호'하는 경우라고 정리할 수 있다. 짧지만 모겐소가 지난 2,000년의 한반도 국제정치사를 요약하는 문맥을 뜯어보면, 한반도 주변의 국제정치 구조가 세력균형을 이루었던 적은 많지도 길지도 않았으며, 대개는 중국, 일본, 그리고 이어서 미국 등 한 강대국에 의해 일방적으로 통제된 것이었다. 따라서 대부분의 역사에 걸쳐서 한국의 국제정치적 운명을 결정한 것은 세력균형 여부보다는, 한반도에 지배적 영향력을 행사하게 된 그때마다의 패권국가와 한국이 어떤 관계를 맺고 있었느냐라는 것이 된다.

중국이 한반도에 지배적 영향력을 행사하던 오랜 기간 동안 한국의 대중국 관계는 조공관계를 전제로 국가의 독립성을 유지하기도 했다. 그리고 때로는 군사적 침략과 점령의 대상이 되기도 했다. 일본이 한반도를 컨트롤한 시기는 직접적인 식민지적 침탈의 시기였다. 그리고 모겐소의 인식에서 미국이 한반도를 지배한 시기에 한국과 미국의 관계는 '강대국에 의한 보호'의 관계인 것이다.

이렇게 이해된 역사의 관점에 설 때, 향후 상당한 시기 동안 한국의 국제정치적 목표가 세계와 동아시아에서, 그리고 특히 군사정치적 차원에서 초강대국의 위치를 지속하고 있는 미국과 '보호적 동맹관계'를 유지하는 데 있다는 인식을 떨치기는 어렵다. 오늘날 한국의 안보 관련 국가기관과 주요 언론 및 학계에 영향력을 유지하고 있는 '한미동맹' 중심의 안보전략론도 이러한 역사적 인식과 닿아 있다.

한스 모겐소의 관점에서 이해된 한미군사동맹관계는 한국이 미국의 '보호령'(protectorate)임을 표상하는 것이다. 일본 식민주의로

길핀을 포함한 신현실주의자들의 패권안정론에서는 당연한 핵심적 명제의 하나가 되었다고 할 수 있을 것이다.

부터 갓 벗어난 상태에서 북한과 공산권의 군사적 모험주의로 유발된 한국전쟁이라는 역사적 경험을 직접적인 배경으로 성립된 국가인 만큼, 무엇보다도 한미동맹체제는 미국에 대한 종속적 군사관계를 제도화하는 것으로 되었다. 그런가 하면, 냉전시대에 미국이 대륙의 공산세력으로부터 동아태 지역을 자신의 영향권으로 확보함에 있어서 남한과의 동맹관계는 미국의 이해관계에도 중요한 자산으로 인식되고 또 그렇게 활용되었다. 따라서 두 나라의 국가이익에 관한 한 한미동맹은 한 나라의 다른 나라에 대한 일방적인 시혜는 아니었다. 그러나 미국이라는 제국을 유지하는 데 한국과의 동맹이 절대조건으로 간주되는 것은 아니었던 데 비해서, 남한의 역대 정권들에게 미국과의 동맹유지는 안보의 절대조건으로 받아들여졌던 것이 사실이다. 그런 의미에서 한미군사동맹은 한국 역대 집권세력의 자발적인 대미 종속성을 내포하고 있고, 그러한 종속성은 이 동맹관계를 구성하고 있는 여러 제도적 장치로 구체화되어 있다. 그러나 그 종속성의 근본은, 그러한 동맹체제 내 두 나라 관계의 불평등성이라는 물리적·제도적 측면보다는 미국과의 동맹을 어떤 가치보다 더 우선시하고 절대시하는 한국의 정부와 언론 및 지식인 사회 일반의 사유방식에 근거한다는 점이 중요하다.

한미상호방위조약을 하나의 정치적 선언에서 그치지 않고, 전쟁이 멈춘 평화 시에도 지속적인 군사적 공동행동의 물적 토대로 만드는 것은 미 군사력의 전진배치, 즉 주한미군의 존재다. 주한미군이라는 미국의 대한반도 전진배치전략은 미군 주둔과 관련한 한국의 의무를 제도적으로 보장하는 몇 가지 협정으로 뒷받침되고 있다. 주한미군지위협정(SOFA)과 함께 1990년대 초 체결된 전시 주둔국 지원협정이 그것들이다. 그리고 한국전쟁 발발 직후 한국군에 대한 작전지휘권을 유엔군 사령관을 겸한 미군 사령관에게 이관하고 전후 그것을 제도화하게 된 일련의 협정들도 중요한 요소라고 할 수 있다.[4] 1990년대 들어 평시 작전권은 한국에 이관되었으나 전시 작전권은

1953년 8월 8일 이승만 대통령이 한미상호방위조약 가조인식에 참관 후 존 포스터
덜레스 미 국무장관과 악수하고 있다.

여전히 미국에게 남아 있다. 그러나 작전권의 요체란 전시 작전권일
수밖에 없다. 군사작전이 시작된다면 그것은 전쟁 상황을 전제하는
것이기 때문이다. 또 전시 작전권을 가진 나라가 전시와 평시를 판정
하는 권한과 능력을 가진 것으로 전제된다. 그러므로 작전지휘권 관
련 협정들의 지위는 사실상 실질적인 변화 없이 지속되고 있다.

  이 같은 종속성을 특징으로 내포한 한미동맹체제에 관련해 가장
주목할 점은 세계와 한반도 주변질서의 변화에도 불구하고 한미동
맹체제는 변화하지 않고 있다는 사실이다. 1950년 미군의 군사적 개
입과 1953년 공식적인 안보동맹조약의 체결은 아시아대륙 전체가
중국과 소련이라는 적대적인 공산주의 세력에 장악된 가운데, 북한

---

4 한미군사동맹조약의 기원 및 그 기술적 측면들에 대해서는, 유재갑, 「주한미
군에 대한 한국의 입장」, 세종연구소 엮음, 『주한미군과 한미안보협력』, 세종연
구소, 1996, 73-133쪽; 김명기, 「한미상호방위조약의 보완에 관한 연구」, 서울
국제법연구원 주최 학술회의 자료집 『한반도 평화체제구축과 한미동맹관계 발
전방향』, 서울, 국가인권위원회 배움터, 2003.6.30, 15-32쪽.

에 남한보다 더 강력한 군사력을 보유한 호전적인 정권이 존재하는 가운데 진행되었다. 동아시아에 미국의 국가이익에 중대한 위협이 존재하는 것으로 인식된 조건 속에서였다. 21세기의 초입인 오늘에도 남북한 사이의 군사적 긴장이 여전한 것은 사실이다. 그러나 한반도 안에서 남북 간의 권력균형, 그리고 러시아와 중국의 대외정책뿐 아니라 그들의 국가 성격 변화까지를 포함하여, 동아시아 국제질서에 근본적인 지각변동이 이루어진 것 또한 부정할 수 없는 사실이다. 그럼에도 불구하고 한미동맹체제의 존재양식은 근본적으로 변화하지 않았다.

한미동맹관계의 변화보다는 그 지속을 원하는 이해관계와 사유가 한미 양국의 안보정책을 지배하고 있는 이유는 무엇일까. 근본적으로 말하자면, 미국은 세계질서에 대한 압도적인 군사정치적 지배능력을 유지하고 싶어한다. 그것은 물리적인 군사력의 압도적 우위를 일차적으로 의미하지만, 탈냉전 이후에도 미국의 전략적 사고 한가운데에 건재하는 미국 주도의 동맹 네트워크가 못지않게 중요하다는 인식이다. 미국에게 동맹 네트워크는 냉전의 승리를 가져온 제도적 장치였고, 탈냉전 이후의 불안정과 불확실성의 위협요인들을 관리하는 데 있어 미국에게 고유하고 귀중한 전략적 자산으로 간주되어왔다. 미국에서 세계적 차원의 군사안보적인 커미트먼트의 수준과 방식을 둘러싼 안보논쟁은 정치경제적인 전환기마다 늘상 있어왔고 그때마다 군사력 해외전진배치 수준에 대한 논란이 전개되었다. 그러나 미국과의 관계지속을 원하는 국가들과 동맹체제를 유지하고 그것을 일정한 수준의 군사력 전진배치로 뒷받침한다는 전략적 사고는 미국의 어떤 전략기획에서도 핵심적인 위치를 상실한 일이 없었다.

반세기가 지난 오늘의 시점에서도 한국이 한미동맹 지속과 강화를 안보전략 축으로 삼는 데에 있어 한국전쟁이 중요한 계기였음은 틀림없다. 하지만 더 근본적인 원인은 오늘의 세계질서에서 시장과 민주주의, 그리고 압도적인 군사적 능력을 겸비한 패권국가와의 동맹이 긴밀하면 할수록 우리의 생존과 번영, 그리고 정치적 안정에 도움이 될 것이라는 생각이 광범하게 한국의 엘리트와 대중 모두를 지배해왔기 때문이다. 그래서 한미동맹은 안보전략 방향을 둘러싼 논쟁으로 그치지 않고 역사관과 세계관, 삶의 양식을 둘러싼 근본적인 시각의 충돌을 동반해왔다.

의식과 무의식 속에 다층적이고 뿌리 깊게 박힌 정신적 의존, 이것이 종속성이 특징인 동맹체제를 한국인들이 자신의 생존조건으로 삼는 현실의 근원이다. 한미동맹에 대한 의존적 사고가 정서적이고 이데올로기적인 차원에 중요한 지지기반을 갖고 있다는 것을 뜻한다.[5] 정책관료·정치권·언론을 포함한 엘리트집단과 일반대중 모두에게 한국 안보전략의 백년대계로서 한미동맹체제에 대한 대안을 모색하는 것은 그만큼 어려운 일이 된다. 한미동맹에 대한 냉정한 거시적 안보전략 논의를 찾기 어려운 것도 거기에서 연유한다. 그렇기 때문에 오히려 의식적인 노력을 통해서라도 냉정한 거시적 안목을 모색하려는 시도가 요청된다. 다분히 이데올로기적인 시대정서의 포로로 남음으로써 미래를 준비하는 능력과 기회를 상실할 수 있다. 이러한 노력에서 가장 중요한 지침은 시대와 국제질서의 변동 가능성에 대한 보다 열린 마음가짐이며, 어느 특정 강대국의 군사력과 안보전략 못지않게 우리 자신의 정치적·외교적인 지혜의 개발로 미래를 열어가고자 하는, 말하자면 우리 자신의 문화적 능력을 중시하는 시야다.

1993-94년에 이어 2003년 한반도에 다시 한번 북한 핵문제로 인

---

5 노무현 대통령이 2003년 5월 미국을 방문해 "미국이 아니었다면 나는 정치범수용소에 있었을 것이다"라고 발언한 바 있다. 이를 두고 국내에서 상당한 논란이 일었지만, 노대통령은 "한미동맹 불안 해소가 급했다"는 말로 해명했다.(『조선일보』, 2003.5.18) 이것은 미국과의 동맹이 한국인들에게, 그리고 한국 정치에서 차지하는 다차원성을 함축하는 상징적인 에피소드라고 생각된다.

한 전쟁위기론이 등장했다. 이를 배경으로 한미동맹 강화론이 힘을 얻었다. 그런 반면, 북한 핵문제 자체가 한반도에서 전쟁을 억지하고 평화를 구축하는 문제에서 한반도의 군사정치적 구조를 장악하고 있는 미국의 대북한 정책 및 대한반도 전략이 초래한 불필요하고 위험한 사태진전이라는 인식 또한 가능했다. 이런 관점에서는 한반도에 대한 미국의 군사정치적 주도권을 제도화하고 있는 한미동맹체제의 재조정을 추구할 필요성을 제기할 수 있다.

최근 학계에서도 이에 대한 논의가 활발하다. 대체로 한미동맹체제 안에서의 한미 군사관계의 전술적 관계 또는 미시제도적 관계에 논의가 집중되어 있다. 이 논문은 한미군사동맹체제에 관한 거시적 방향감각을 주제로 삼고자 한다. 한미동맹의 미래에 대한 우리의 선택지는 크게 두 가지다. 하나는 물론 한미동맹을 기축으로 한 안보전략을 유지하는 쪽이다. 이러한 시각은 많은 경우 단순한 유지론에 그치지 않고 가급적이면 그것을 더욱 강화하는 쪽을 선호하는 논리로 발전하는 경우가 많다. 유지든 강화든 한미동맹 기축론이 현재 한국 외교와 국방정책의 기저에 놓여 있으며, 언론과 학계의 일반적인 논리다. 이러한 조건에서 이 논문은 한미동맹체제의 강화나 유지가 아닌 대안의 방향, 즉 한미동맹 유연화(柔軟化)의 관점을 제시하고자 한다. 한미군사동맹관계의 기술적 측면을 떠나서 거시적인 방향으로서 왜 한미동맹 유연화의 길을 선택해야 하는지를 논의하고 싶다.

2. 한반도 평화체제 구축문제와 한미동맹

한미군사동맹관계의 성격과 의미를 평가하는 기준은 두 가지라고 본다. 그것은 통일 이전과 이후의 문제로 나눌 수 있다. 하나는 한반도 통일 이전 남북 간 평화구축과 평화적 통일에 한미동맹체제가 갖는 근본적 역할이다. 이어서 통일된 한반도가 자신의 안보와 함께 동아시아에 보다 지속가능한 평화체제를 구축하는 데 한미동맹은 과

연 어떤 기능과 의미를 갖는지를 평가해보아야 한다.

　통일 이전에 한미동맹이 평화정착과 평화적인 통일과정에 어떤 의미를 가질 것인지를 평가하는 기준은 다시 하나로 모인다. 어느 한쪽에 의한 선제공격이든 또는 우발적인 사태에 의해서든 한반도에 전쟁이 발발할 가능성을 줄이는 데 한미동맹은 어떤 기능을 하느냐다. 한반도에서 전쟁이 일어난다고 할 때, 미군의 개입이 없다 하더라도 그 전쟁이 북한의 적화통일로 귀결되리라고 판단할 사람은 없다. 군사력의 질적·양적 측면에서, 그리고 전쟁능력의 기반이 되는 경제력에 있어서 북한은 남한을 압도하고 승리할 수 있는 위치가 아니다. 남한 역시 북한에 대해 의도적으로 전쟁을 도발할 가능성은 없다. 나라의 경제력이 집중된 서울이 휴전선에 근접해 있는 지정학적 조건이 중요한 이유 가운데 하나다. 무엇보다도 남북한은 한반도에서 또 하나의 전쟁이 남북한 당사자 모두에게 어떤 참화를 초래할지 잘 인식하고 있다.

　학계 일각에는 힘이 약한 나라가 객관적으로 더 강한 나라를 상대로 전쟁을 시작할 수 있다는 논의가 있다. 1990년대 여름 이라크가 미국의 개입을 예상할 수 있는 국면에서도 쿠웨이트를 침공했다는 점, 그리고 1950년 6월 북한이 미국의 개입을 예상할 수 있는 상황에서도 남한을 침공한 사실을 예로 들 수 있겠다. 그러나 명확히 유의할 점이 있다. 1990년의 이라크와 1950년의 북한이 침략대상으로 삼은 것은 분명 미국이 아니었다는 사실이다. 당시의 시점에서 객관적으로 힘이 더 약한 쿠웨이트와 남한이 그들의 침략대상이었다. 미국의 개입 여부에 대한 이라크와 북한의 판단도 모두 오판이었다. 속전속결로 미국 개입 이전에 쿠웨이트나 남한을 점령해 이를 기정사실로 만들 수 있다고 생각했던 것이다. 이들의 상황과 오늘날 한반도의 상황은 분명히 다르다. 지금의 남한은 1950년의 남한이 아니다. 북한은 객관적인 국력에서 남한보다 훨씬 열세한 입장에 있다. 북한이 전쟁을 도발할 경우 미국이 개입할 가능성 역시 오늘날 북한이 오판할 여지는 없다.

이런 조건에서 우리가 생각할 수 있는 한반도 전쟁 발발의 가능성은 두 가지다. 하나는 남북 간에 2002년 6월 서해교전 사태와 같은 우발적 충돌이 전면전으로 확대되는 경우다. 다른 하나는 대량살상무기 확산문제 등과 관련해 미국이 자신의 정책과 전략적 고려에 따라 북한을 선제공격할 경우다.

이러한 사태의 실질 가능성을 따져보면, 남북 간의 우발적 충돌은 미국이 개입하지 않는 한, 전면전으로 비화할 가능성은 거의 없다. 우발적 충돌이 벌어진다 하더라도 남북한 정부들은 사태가 전면전으로 비화하기 전에 평화상태를 회복하기 위해 진력하지 않을 수 없다. 그것은 당사자들에게 생존의 문제이기 때문이다. 북한은 그러한 유사시가 체제 종식으로 이어지는 사태를 막으려 할 것이다. 남한 역시 전면전으로 발전하는 사태는 어떤 경우에도 선호할 수 없다. 이승만 정권 때 전쟁으로 더 이상 잃을 것도 없어서 북진통일론이 가능했다고 한다면, 이제 남한은 전쟁으로 인해 잃을 것이 너무 많아졌다.

반면에 또 다른 가능성인 미국의 선제공격에 의한 전쟁발발의 가능성은 무시할 수 없다. 그 이유는 세 가지다. 첫째, 미국은 국지전을 벌일 경우에도 미국 본토가 전쟁으로 피해를 입을 가능성은 없다고 믿는다. 둘째, 1990년대 이후 미국은 첨단전쟁체제를 동원함으로써 제3세계의 이른바 불량국가를 상대로 한 전쟁에서 미국인의 인명손실을 최소화하는 '안전한 전쟁'의 특권을 누리고 있다. 미국은 필요하다면 이 이점을 활용할 준비가 되어 있다. 셋째, 바로 이러한 두 가지 이유들 때문에 가능한 것이지만, 미국에게 국지전은 사활의 문제가 아니라, 자신의 정책을 실현하기 위한 정치와 외교를 연장하는 하나의 수단으로 인식되고 있다.

그렇다면 한반도에서 전쟁을 막는다는 문제와 관련해 한미동맹의 의미를 평가한다는 것은 결국 미국이 북한을 대상으로 하는 군사행동을 예방하는 데에 현재와 같은 종속적 군사관계가 중심이 되어 있는 한미동맹양식을 유지하는 것이 바람직한지 아닌지를 평가하는 일이 되지 않을 수 없다.

1994년 6월 초, 북한의 핵연료봉 봉인파기 여부를 둘러싸고 위기가 고조되고 있었다. 당시 미국 정부에서는 협상을 통한 평화적인 북한 핵동결의 가능성이 없다고 주장하는 강경파와 평화적 해결의 여지가 있다고 말하는 온건파 사이에 공개적인 논쟁이 일고 있었다. 그리고 한국은 강경파를 지원하는 입장이었다.[6] 그런 가운데 미국 강경파의 주도하에 한반도 전쟁계획이 진행되고 있었다.[7] 문제는 전쟁계획 자체보다, 한반도의 운명을 뒤바꿀 수 있는 그 군사행동계획을 한국 정부는 까맣게 모르고 있었다는 사실이었다. 당시 박관용 대통령 비서실장의 증언은 이 점을 분명히 밝혀주고 있다. 한국 정부가 이를 알게 된 것은 지극히 우연한 경로를 통해서였다. 당시 정종욱 대통령 안보보좌관이 한국에 거주하는 미국민 소개(疏開)계획을 미8군 인사와의 우연한 대화를 통해 듣게 되었고, 그 보고를 받고 비로소 사태의 심각성을 깨달은 김영삼 대통령은 미국 백악관에 전화를 해서 강력히 항의했다. 문제의 심각성은 "한반도전쟁이라는 극단적인 사태를 몰고 올 사안에 대해서조차 미국은 한국 정부와 일언반구 협의나 통보도 없이 진행하고 있었다는 사실"이라고, 김영삼 대통령의 백악관 전화 당시 현장에 있었다는 박관용 자신이 지적하고 있는 것이다.[8]

미국이 한반도에 전진배치된 자신의 군사력, 그리고 유사시 동원할 수 있는 수십만의 한국군에 대한 작전통제권과 전시주둔국지원

---

6 이삼성, 『한반도핵문제와 미국외교: 북미핵협상과 한국 통일정책의 비판적 인식』, 한길사, 1994, 특히 제4장 「1994년 5월 핵연료봉 논쟁과 전쟁불사론」 참조.

7 Don Oberdorfer, *The Two Koreas: A Contemporary History*, Reading, MA: Addison-Wesley, 1997, pp.324-330.

8 한국방송공사(KBS 1TV) 라디오의 박관용 국회의장(2003년 현재)과의 인터뷰, 2003년 7월 9일.

체제 없이 한반도전쟁을 기획한다는 것은 상상할 수 없는 일이다. 그 모두는 한미동맹을 전제한 것이다. 그리고 미국이 한국 정부와 협의 없이 그러한 계획을 전쟁 일보 직전까지 추진할 수 있었던 것은 그 동맹체제의 일방적 종속성 없이는 상상할 수 없는 일이었다.

미국의 대북한 정책에 한국의 평화적 접근 의사를 반영하는 정책 조율 장치로서 한미동맹은 의미가 있을 수 있다. 따라서 필자는 한미동맹 자체를 부정하지는 않으며 미국의 대북한 정책을 평화지향적인 방향으로 이끄는 데 한미동맹을 일정하게 활용할 수 있다고 본다. 그러나 주한미군 없이는 한국안보가 불가능하다는 의존적 사고에 바탕한 한미동맹체제에서 한국 측이 평화지향적 정책 조율능력을 발휘할 가능성은 존재하지 않는다. 동맹의 의의는 그것이 지혜롭게 활용되는 데에 있다. 동맹은 강화될수록 유익하다는 사고는 위험하다. 유사시 도움을 교환할 수 있을 만큼 긴밀할 필요가 있으나, 우리의 안보와 평화에 중요한 영향을 미치는 결정을 강대국 쪽이 일방적으로 진행하는 것이 가능할 만큼 의존적이고 종속적인 동맹은 바람직하지 않을 뿐 아니라, 1994년의 사태 진전방식이 강력히 시사하는 바와 같이 지극히 현실적인 위험성까지도 안고 있는 것이다.

한반도에서 전쟁의 발생을 막는 것이 통일 이전 한국안보의 제일 차적인 지상과제라고 한다면, 한반도 평화체제의 구축 역시 그와 긴밀히 연관된 문제다. 한반도에서 남북 간에 평화체제를 구축하는 것은 1953년 휴전협정에 그친 채 평화협정 체결이 지연되어오던 상태를 벗어나 평화협정체제를 갖추는 것을 포함한다. 따라서 통일 이전 한미동맹에 대한 평가는 평화협정체제 구축에 현재와 같은 한미동맹관계가 어떤 의미를 갖는지 평가해야 한다.

한반도에서 평화협정체제로의 전환에 현재의 한미동맹은 순기능보다 역기능이 많다. 첫째, 평화협정체제 구축은 남북 간의 군사적 신뢰구축과 군비감축의 청사진과 긴밀히 연결되어 있다. 그 내용은 불가피하게 한반도에서 미국의 군사적 역할 축소조정 및 제한과 주한미군의 대폭적 감축 내지 사실상의 완전한 철수를 내포하는 것일 수밖에 없다. 따라서 한반도에서 평화체제 구축과정은 그 자체가 한반도에서 전쟁과 평화의 결정력의 가장 큰 부분을 미국이 갖고 있는 현재의 군사적 상황의 변동을 전제한다. 그리고 그것은 어떤 수준으로든 미국에게 비대한 군사적 주도역할을 부여하고 있는 현재의 한미동맹체제의 약화를 의미한다.

둘째, 한반도에서 남북 간의 평화체제 구축은 미국과 일본뿐 아니라 또 다른 주변 4강에 속하는 중국과 러시아의 능동적인 참여를 필요로 한다. 예를 들어 한반도와 그 주변에 비핵지대를 건설한다고 할 때, 그것은 비핵 지역인 한반도와 일본 등에 대해 미국과 함께 중국 및 러시아의 핵위협이 제거된다는 국제적 보장이 필요하다. 이에 대한 중국과 러시아의 협력을 확보하는 데 있어서 현재와 같은 한미동맹체제의 내용은 동북아 주요 국가들 모두로부터 마음에서 우러나는 협력을 확보해내기 어려운 조건으로 남는다.

한미동맹은 한반도와 그 주변에서 한국의 안보능력과 평화유지능력을 보완해주는 역할에 충실한 것일 때 긍정적인 것일 수 있다. 그러나 이 동맹체제가 내포한 종속적 군사중심성은 한반도 평화체제 구축과 그 유지에 부정적인 영향을 미치는 장치로 작용한다. 베트남전쟁의 경우를 예로 들지 않더라도, 미국이 자신의 전 지구적 차원의 군사안보전략 실행체계에서 한미동맹을 그 수단으로 활용하는 측면이 있음은 부정할 수 없다. 미일동맹을 주축으로 삼고 그에 한국을 종속적으로 편입시키는 체제를 유지하고 강화함으로써, 동아시아 대륙을 견제하고 때로는 봉쇄하는 지구적 전략의 한 부분인 측면이 분명히 있는 것이다. 한반도에서 안보와 평화라는 이익에 도움이 되지 않는 동시에 나아가 동아시아에 긴장을 유지시키는 역할을 할 뿐인—예컨대 미사일방어체제—무기체계에 한국을 종속적으로 참여시킴으로써 한반도 평화체제 구축에 무익함은 물론 중국을 포함한 동아시아 전반에 긴장을 유지시키는 기능을 하는 것이다.

셋째, 한미동맹을 유지하고 강화할 때만 전쟁억지력이 강화된다는 논리가 한국의 안보논의를 지배해왔다. 이것이 안고 있는 근본적인 문제를 지적하지 않을 수 없다. 오늘날 한국의 지적 지평에서 한반도 평화 구축 방도에 관해서 두 가지 시각이 대립하고 있다. 하나는 남한이 압도적인 경제적 우위를 근본적 기반으로 북한에 대해 일정한 군사적 우위를 확보하고 있는 현재의 조건에서는 전쟁과 평화의 문제는 한편으로 군사적 문제이지만 다른 한편으로 정치와 외교의 문제라는 시각이다. 일정한 군사적 우위를 확보하는 것을 전쟁억지전략에서 불가피한 하나의 축으로 인정하되, 그 조건이 갖춰진 상태에서 전쟁억지의 문제는 힘의 문제가 아니라 정치적 지혜의 문제로 보는 것이다.

이와 반대되는 시각은 북한에 대한 상대적인 군사적 우위에 결코 만족하지 않는다. 한국 자신과 그리고 가능하다면 외세의 힘을 동원해서라도 북한에 대한 "더욱 더 압도적인" 군사적 우위를 확보해야 한다는 '힘의 극대화를 통한 평화'의 논리다. 이 논리의 핵심에 한미동맹 유지 또는 강화를 필수조건으로 보는 사고가 놓여 있다. 이러한 사고는 한반도 평화의 문제에 대해 세 가지 차원에서 근본적인 문제가 있다.

첫째, 남한은 유사시 북한의 무력에 의한 이른바 적화통일을 막아낼 만한 충분한 군사적 역량이 있다. 이런 조건에서, 한반도가 하나의 정치질서 아래 통합되기 이전에 평화 유지의 관건은 군사적 역량이 아니라 정치적 역량이다. 더 이상의 군사적 우위를 필수적인 조건이라고 주장하는 것은 군사역량의 극대화라는 단순한 수단에 의존하는 태도다. 군사역량 극대화를 우선하는 사고는 "유사시 신속한 승리"를 추구하는 전략이다. 또 그것만이 전쟁을 억지하는 수단이 될 수 있다고 믿는 사고다. 그러나 한반도에서 남북 간의 지정학적 조건은 어느 한쪽이 아무리 압도적인 군사력을 갖춘다 하더라도 깨끗한 승리를 허용하지 않는다. 더구나 유사시 신속한 승리를 추구하는 전략을 갖추고 그에 필요한 군사력을 갖추고 있다고 자신할 때, 전쟁은 가능성의 영역이 되며, 전쟁 자체를 예방하고자 하는 정치적 노력은 주변화되고 부차화된다.[9] 그러한 메커니즘은 남한뿐 아니라 북한의 인식과 전략에도 마찬가지 영향을 미치면서, 군사역량 극대화주의는 군사적 모험주의의 구조를 심화시킨다. 남한에 일정한 군사역량의 우위가 존재하는 상태에서 한반도의 전쟁과 평화는 정치의 영역이 된다는 점을 직시해야 한다고 하는 것은 바로 그런 의미에서다.

둘째, 외세에 대한 극단적 의존을 포함해 수단과 방법을 가리지 않고 군사역량 극대화가 유익하다고 보는 시각에서 한미동맹 약화 또는 주한미군의 철수는 곧 한국 방위비 부담의 확대를 뜻한다. 한미동맹의 약화로 생기는 한국의 군사력 공백을 방위비 증액으로 메꾸어야 하는 사태가 초래된다는 시각은 객관적 현실의 직시가 아니라, 군사주의 사고방식에서만 불가피한 방정식이다. 미국이 자신의 전략 수정으로 인해 스스로 주한미군을 갑작스럽게 철수시키는 상황이 아니라면, 주한미군의 철수 또는 그와 동반한 한미동맹 유연화는 한반도에 평화체제가 구축되는 과정의 일부이자 그 표현이다. 따라서 철수되는 미국 군사력이 남긴 공간을 메꾸게 되는 것은 한국 자신의 군사력과 국방비가 아니라, 한반도에 창조된 새로운 정치적 공간과 새로운 안보질서인 것이다. 즉 군사가 아닌 정치가 그 공간을 메꾸게 되는 것이며, 또 그래야만 하는 것이다.

셋째, 한국의 대미 종속적 군사동맹체제 밑에서 미국은 한국 안보

---

9 이른바 「작전계획 5030」(Operations Plan 5030)으로 알려진 미 국방부의 한반도 전시 작전계획이 언론에 흘러나오고 있다. 이전의 「작전계획 5027」보다 더욱 공격적인 내용을 담고 있어서, 부시 행정부의 일부 관리들조차 이 작전계획 자체가 전쟁을 촉발시킬 수 있다는 우려를 나타낸 것으로 보도되고 있다. Bruce B Auster and Kevin Whitelaw, "Upping the ante for Kim Jong Il: Pentagon Plan 5030, a new blueprint for facing down North Korea," *US News & World Report*, July 21, 2003.

전략의 군사주의를 심화시키는 추동력으로 작용해왔다. 전 지구적 차원에서 미국이 실천하는 군사역량 극대화주의가 한반도의 안보질서에 직접적으로 투영되고 관철되는 메커니즘인 것이다. 이것은 한반도에서 전쟁을 막고 평화를 진작시킬 수 있을 한국의 지적·정치적 상상력을 원천적으로 봉쇄한다. 그리고 한국의 정치지도부와 군부가 끊임없는 군사력 확충에 사유와 자원을 집중투자하도록 만드는 하나의 폐쇄회로로 기능한다.

폴 월포위츠 미 국방부 부장관은 2003년 7월 초 한국을 방문했다. 110억 달러 규모의 주한미군 전력증강방안에 대한 리언 라포트 주한미군사령관의 발표에 이어 월포위츠는 "향후 4년간 150개 프로그램의 주한미군 전력증강계획을 추진해 한국에서의 억지력을 극대화하겠다"고 밝혔다.[10] 아울러 그는 한국 국회 국방위원회 소속 의원들에게 한국의 국방비 증액을 요청했다. 이에 부응해 조영길 국방부장관은 "한국군도 전력증강을 위한 재편을 위해 노력할 것이고, 이를 위해 국방예산이 많이 필요하다고 노무현 대통령에게 보고한 바 있다"고 밝혔다.[11] 이와 때를 같이해, 고건 국무총리와 노무현 대통령 모두 GNP 대비 국방비 비중을 대폭 늘려나가겠다는 계획을 밝힌 것으로 알려졌고, 그 증액분의 대부분은 이른바 '자주국방력 강화'라는 이름 아래 미제 무기들을 구입하는 데 투입될 예정이었다. 미국은 한반도에서 남북한이 공동의 정치적 비전과 노력을 통해서 평화를 구축하는 것을 회의하며 불신한다. 미국은 한국이 미국 자신의 군사전략 체계의 일부로서 자신에게 종속적인 체제로 안정을 관리하는 데 협력하는 하위 동반자로 남아 있기를 바란다. 이런 구조 속에서 미국은 끊임없이 전력증강과 군사비 증액을 추동하는 배후세력으로 작용한다. 한국은 한미동맹 기축이라는 논리 속에 묻혀서 그 톱니바퀴에서

---

10 『조선일보』, 2003. 6. 2.
11 『조선일보』, 2003. 6. 2.

벗어나지 못하고 있다.

미국의 자원배분체계는 전 지구적 차원에서 패권에 대한 집착으로 인해 반사회적인 안보국가(security state)체제, 결국 군사주의체계로 왜곡되어있다. 냉전시대에도 탈냉전시대에도 마찬가지다.[12] 이러한 왜곡된 자원배분체계를 미국은 한미군사동맹을 매개로 한국의 정치와 사회구조에 직접적으로 투영시켜낸다.

이처럼 한반도에 평화체제를 구축하는 데 현재와 같은 종속적이고 의존적인 한미동맹체제는 많은 역기능을 내포하고 있다. 그런가 하면, 어떻게 해서든 한반도에 평화협정체제가 성립된다면, 한미동맹의 의미와 내용은 또한 불가피하게 변화할 수밖에 없다. 그렇다면 한반도에 평화를 구축할 평화협정체제는 현재와 같은 종류의 한미동맹관계와 양립할 수 없다는 것을 뜻한다.

3. 동아시아 세력균형 문제와 미국, 그리고 한미동맹

한반도에 평화체제가 구축되고 나아가 통일이 된 이후에도 한미동맹체제를 유지하거나 강화하자는 논의가 많다. 이러한 시각은 통일 이후를 포함한 장기적인 안보전략에서 한미동맹을 주축으로 삼자는 생각일 뿐만 아니라, 통일 이전이나 평화체제 구축과정에서도 한미동맹을 유지할 수밖에 없으며 강화할수록 유익하다는 인식을 거시적인 차원에서 엄호하고 지원하는 논리로 작용한다. 이 시각의 근간은 동아시아에서 미국의 역할을 세력균형자이자 안정자(stabilizer)로서 규정하는 데에 있다. 이에 바탕해서 미국과 동맹을 유지하고 나아가 강화하는 것이 한반도뿐 아니라 동아시아 차원에

---

12 부시 행정부가 세금을 축소하고 사회복지예산을 축소해 '작은 정부'를 지향한다고 하면서도, 9·11을 계기로 미 연방정부 안에서 가장 방대한 '국토안전부'(Department of Homeland Security)를 신설함으로써, 안보국가체제를 더욱 확대한 것은 한 예라고 할 것이다.

서 한국의 장기적인 안보전략에도 필요한 선택이라는 인식으로 연결된다. 이러한 사고는 한반도의 미래에 대한 많은 한국인의 인식에 지대한 영향력을 행사하고 있다.

그런 만큼 이 논리에 대한 검토는 한반도의 장기적 안보전략, 한국이 궁극적으로 지향할 바람직한 세력균형 외교는 어떠해야 하는지에 대한 거시적이고 근본적인 문제의식을 가지고 이루어져야 한다. 이 문제를 논의하고 평가하는 구체적인 주제는 두 가지로 요약할 수 있다. 첫째, 미국은 동아시아에서 세력균형자나 안정자, 또는 이른바 정직한 조정자(honest broker)인가? 둘째, 미국이 동아시아질서에서 안정자 또는 세력균형자로서 기능하는 측면이 있다고 할 때, 한미동맹은 그것의 필수적 조건인지, 그리고 또한 주한미군은 필수적인 것인지다.

미국이 한반도 주변 동아시아질서에서 다른 나라들이 할 수 없는 고유한 안정자적 역할의 담당자인지를 생각해보자. 이 문제를 보기 위해서는 동아시아질서 자체의 성격, 그리고 한반도를 둘러싼 세력관계의 성격, 이 두 가지 수준의 평가가 필요하다. 먼저 동아시아질서 자체의 안정과 혼란의 문제는 세 가지 차원에서 검토될 수 있다. 첫째, 중국과 러시아가 위치한 유라시아 대륙에 폭력적 갈등과 혼란이 존재하는지다. 둘째, 미국과 일본이 중심이 되는 해양세력들 사이에 갈등과 혼란이 존재하는지다. 셋째, 대륙세력과 해양세력 사이에 세력불균형으로 인한 갈등과 혼란이 현저하게 존재하느냐는 것이다.

이에 대한 답은 다음과 같이 정리할 수 있다. 첫째, 유라시아 대륙은 통일된 정부들 밑에서 안정을 이루고 있다. 그리고 중국과 러시아의 관계는 폭력적 갈등의 가능성과는 거리가 멀다. 둘째, 미국과 일본이라는 두 해양세력 사이의 관계는 21세기에도 동맹관계를 표방하고 있으며 실질적으로도 그렇다. 미국이 주도하는 동맹체제하에서 기본적으로 협력적 관계를 이루고 있다. 셋째, 미국이 이끄는 미일동맹체제가 군사적·경제적 차원에서 모두 상당한 우위를 점하고 있으나, 19세기 중반에서 20세기 전반에 존재했던 것 같은 대륙의 권력 공백은 더 이상 존재하지 않는다. 특히 중국은 통일된 정부 아래 경제적·군사적 현대화의 길을 걸어가고 있다. 그래서 아시아 대륙은 러시아와 중국이라는 대륙세력이 실질적인 지배권을 행사하고 있으며, 아시아태평양 지역에 대한 해상패권은 미국이 장악하고 있는 상태다.

그렇다면 이러한 동아시아질서와 그 세력관계가 한반도에 어떻게 반영되고 있을까. 현재 남한은 동아태 지역에 대한 미국의 해상패권의 영향하에서 미일동맹에 종속적으로 편입되어 있는 상태다. 현재 북한은 과거의 동맹관계를 상실했다. 그러나 북한은 여러 가지 곤경에 처해 있음에도 불구하고 러시아와 중국이라는 전통적인 우호국가의 지원을 받고 있는 것도 사실이다. 그래서 완전한 국제적 고립을 면하고 체제를 유지해나가고 있다. 따라서 한반도는 현재 동아시아질서를 특징짓는 대륙세력과 해양세력 사이의 기본적인 안정과 균형이 일정하게 반영되어 있는 상태다. 한반도가 남북한 어느 일방에 의한 통일이 아니라 상호적인 평화 구축과정을 거쳐 평화적인 통일의 노정을 걷는다고 할 때, 그 역시 동아시아질서의 균형상태와 맥을 같이하는 것이 될 것이다.[13]

---

13 현실주의 국제정치 패러다임에서 자주 논의되는 것의 하나가 세력균형상태가 전쟁을 억지하는지 아니면 강력한 패권국가의 존재만이 전쟁을 억지하는지에 대한 것이다. 이 논란에 대한 언급의 하나는, Michael P. Sullivan, *Power in Contemporary International Politics*, Columbia: University of South Carolina Press, 1990, pp.78-88 참조.

세력균형(power parity)의 상태가 안정적인가 아니면 한 국가의 압도적 힘의 우위 상태가 더 안정적인가에 대해서는 논란이 계속되고 있지만, 20세기 동아시아의 역사적 경험에 비추어본다면, 대륙이 통합능력을 가진 정치적 구조를 바탕으로 안정되어 권력공백이 없고, 또한 해양세력이 대륙세력의 팽창을 견제하는 힘과 개입의지가 있을 때, 동아시아질서가 안정될 수 있음을 보여준다고 할 수 있다. 그런 의미에서 동아시아질서에서 안정적인 구조는 세력균형이 이러한 동아시아질서의 맥락 속에서 미국의 세력균형적 역할의 성격은 무엇인가? 결론을 말하자면 미국은 세력균형을 이루고 있는 동아시아질서 세력균형체제의 불가결한 한 요소라는 것이다. 그러나 그것은 미국만이 세력균형자이고 안정자라는 개념과는 다르다. 동아시아질서는 불안정한데 미국이 있음으로써 안정된다는 개념은 미국 중심적인 주관적 개념이다. 세력균형이라는 것 자체가 두 개 이상의 세력들 사이의 힘의 균형을 말한다고 할 때, 그 세력균형의 체제에 속하는 어느 한 나라만을 가리켜서 안정자로 규정할 수는 없다. 그것은 미국과 한국의 가치평가가 개입된 것으로서 객관적인 언어가 아니다.

먼저 동아시아에서 미국의 세력균형자적 역할에 한미동맹은 필수적인 것이 아니라는 점을 분명히 해두자. 첫째, 한국과 같은 동아시아 국가가 동맹관계로 묶어두지 않으면 미국은 동아시아에서 퇴장

라고 보인다. 20세기 전반은 세력균형의 부재가 특징이고 20세기 후반은 세력균형이 특징이라고 할 수 있다.

이에 대해 한국전쟁은 2차 대전 후 동아시아질서에 대륙세력과 해양세력 사이에 권력균형이 존재하게 된 상황에서 벌어졌다는 점에서 의문을 제기할 수 있다. 그러나 유의할 점은 한국전쟁은 동아시아의 한반도 주변 강대국들 사이의 세력균형 여부가 결정한 것이 아니라, 그 전쟁의 추동력이 한반도 내부에서 나왔다는 사실이다. 초기 전통주의 냉전사가들의 기본명제는 소련이 한국전쟁의 기획자였다는 것이다. 그러나 냉전종식으로 공산권 외교문서들에 대한 분석이 가능해진 1990년대 초 이후 발표된 한국전쟁 관련 연구들이 동의하는 가장 핵심적인 명제는 한국전쟁의 기획자는 북한 정권이었다는 것이다. 소련은 1950년 4월까지 김일성의 대남 군사행동을 자제시키려 노력했다(아마도 이 명제를 가장 먼저 분명히 한 연구는 Sergei N. Goncharov, John W. Lewis, and Xue Litai, *Uncertain Partners: Stalin, Mao and the Korean War*, Stanford: Stanford University Press, 1993, esp., pp.149-154). 즉 한국전쟁은 주변세력들 사이의 세력균형 또는 세력균형의 부재 때문에 한반도의 평화가 파괴된 경우가 아니라, 한국 내부의 분단과 증오라는 특수한 역사적 조건 속에서 발전한 사태라고 할 수 있다. 그러므로 한반도에 평화체제가 구축되거나 또는 통일이 완성된 한반도에서의 전쟁과 평화의 조건으로서의 동아시아질서의 세력균형 문제는 한국전쟁 당시의 동아시아 세력균형 문제와는 상당히 다른 차원의 문제라고 생각된다.

할 것이라는 인식은 단순한 지리적 개념의 결과다. 지리적으로 미국은 동아시아에 속하지 않는다. 그러나 지정학적으로 미국은 동아시아 핵심 국가 가운데 하나다. 미국은 자신을 서양의 일부로만, 또는 대서양국가로만 생각하지 않는다. 미국은 스스로를 태평양국가로 생각하며, 태평양을 사이에 둔 아태 지역의 필수적인 참여자다. 세력균형의 문제는 지리적이 아닌 지정학적인 개념이다. 사실상 지리적인 개념에서도 태평양이 미국을 동아시아로부터 분리시킬 수 없게 된 것은 실로 오래된 일이다.

둘째, 지정학적 구조 자체로 이미 미국은 동아시아질서의 한 축일 뿐 아니라, 미국의 주관적인 세계전략 개념에서도 동아시아에서 세력균형자—사실상의 패권자—적 역할을 자임하고 있다. 스스로 세계의 핵심 지역(critical areas)으로 규정한 곳들에서 다른 나라가 패권 또는 지역적 패권을 장악할 가능성을 차단하는 것이 미국의 핵심 전략이다. 예컨대 2001년 9월 말에 발표된 부시 행정부의 「4개년 방위정책검토」(Quadrennial Defense Review, QDR)는 "세계의 핵심 지역들을 적대적인 세력이 지배하는 것을 막는다"라고 명시하고 있다.[14] 이 문건에 따르면 미국이 사활적 이해관계를 갖는 세계 핵심 지역은 네 곳이다. 유럽과 동북아시아는 당연히 포함되며, 거기에 '중동 및 서남아시아'가 있다. 그리고 흥미로운 것은 또 하나의 독립된 '핵심 지역' 개념으로 '동아시아 연해국'(East Asian littoral)이라는 것을 이 문건이 처음으로 제시하고 있다는 점이다. 동아태 지역 전반에 대한 패권적 지위의 유지를 미국이 얼마나 중요한 전략적 목표로 삼고 있는지를 보여주는 증거다.

이러한 정책은 일시적인 것이 아니라 21세기 미국의 아시아 전략의 한 핵심이다. 2002년 6월 미국 국가안보전략과 관련한 연설에서,

---

14 Department of Defense, *Quadrennial Defense Review Report*, September 30, 2001.

부시 대통령은 중국과 경제를 비롯한 여러 가지 차원에서 협력할 준비가 되어 있음을 밝히면서도, 미국이 중국과 근본적인 갈등요인들을 안고 있음을 또한 분명히 했다. 부시는 "우리가(미국과 중국이) 근본적인 의견차이를 갖고 있는 문제들이 있다. 「타이완관계법」에 따라 타이완의 자위(自衛)에 대한 미국의 공약이 그 하나이며, 인권은 또 다른 하나다. 우리는 또한 중국이 (대량살상무기) 비확산 공약을 준수하기를 기대하고 있다"고 말했다.[15] 부시가 인권 및 대량살상무기 비확산문제에 앞서 가장 먼저 타이완에 대한 미국의 안보공약 문제를 분명히 밝힌 점은 주목할 만한 일이다.

타이완에 대한 미국의 안보공약은 사실상 동아태 지역에 대한 미국 해상패권의 바로미터다. 공식적으로 미국은 타이완에 대한 중국의 주권을 인정하는 "하나의 중국" 정책을 천명하지만, 타이완을 미국 자신의 군사정치적 영향권하에 유지하는 이중적인 정책을 취해왔다. 타이완에 대한 군사정치적 패권의 문제는 암묵적인 것으로서 공식화된 적은 없었으나, 타이완에 대한 미국의 패권은 곧 아시아태평양 지역에 대한 미국 해상패권의 열쇠라고 말해도 과언이 아니다. 그것을 통해 중국의 아태 지역에 대한 진출을 봉쇄하는 효과를 갖는 동시에 미국의 태평양 패권이 안정적으로 확보되는 것이다. 그리고 아태 지역에 대한 미국의 해상패권은 전 지구적 차원의 패권의 한 중추인 것이다.

로버트 스칼라피노를 비롯한 많은 중국전문가는 타이완에 대한 미국의 정책을 "의식적 모호성"(conscious ambiguity)으로 표현하고 있다.[16] 그러나 냉전시대에 소련에 대한 견제를 강화하기 위한 이이

---

15 George Bush, "Develop Agendas for Cooperative Action with the Other Main Centers of Global Power," West Point, New York, June 1, 2002.

16 「타이완관계법」 시행 20년을 평가하기 위한 한 학술회의에서 로버트 스칼라피노가 사용한 표현. "The Taiwan Relations Act: A Test of American Resolve(1979 –1999)," Double Tree Hotel, Pasadena, CA, April 12, 1999.

제이(以夷制夷)의 전략에 따라 타이완에 대한 중국의 명목적 주권을 인정하면서도, 바로 그 순간부터 미국은 타이완에 대한 군사적·정치적·경제적 패권 고수에 대한 의지를 분명히 해왔다. 설사 그 부분에 과거에 일정한 모호성이 있었다 하더라도 21세기에 들어서면서 그러한 모호성이 감소하고 오히려 더욱 분명해지는 바가 있다.

이와 관련해서 2002년도 미 국방장관의 대통령과 의회에 대한 「연례국방보고서」(ADR, Annual Defense Review)가 아시아에 대해 언급하고 있는 부분에 대해서도 함께 주목할 필요를 느낀다. 아시아에 관해 이 보고서는 가장 먼저 "아시아에서 안정된 균형을 유지하는 것"이 핵심적인 동시에 엄청난 과제라고 지적한다. 이어 "상당한 자원토대를 가진 군사적 경쟁자가 이 지역에서 등장할 가능성이 있다"고 말한다.[17] 이것은 분명 중국을 염두에 둔 것임을 충분히 짐작할 수 있을 것이다. 이 보고서는 앞서 언급한 "아시아 연해국"(Asian littoral)에 대해 언급한다. 아시아 연해국은 미국의 군사활동에 특히 많은 도전이 가로놓인 지역이라고 말한다. 그렇기 때문에 더욱 미국은 최소한의 전역배치 군사지원체제로 장거리에서 지속적인 작전을 전개할 수 있는 체제를 발전시키는 것과 함께, 추가적인 접근 및 인프라를 위한 협정들을 확보하는 데 우선순위를 두어야 한다고 밝히고 있다.

이것은 미국이 동아시아에서 중국을 견제하고 동아태 지역에서의 해상군사패권을 유지하는 군사활동의 자유와 기반을 공고히 하기 위해서 기존의 동맹체제 유지뿐 아니라, 이 지역에서 미국의 군사활동을 더 적극적으로 지원하는 동맹지원체제를 확보하겠다는 의지의 표현이다. 여기서 재확인할 수 있는 것은 미국은 지정학적으로 동아시아 국가이며, 객관적으로도 주관적으로도 그러하다는 점이다. 동

---

17 Donald H. Rumsfeld (Secretary of Defense), *Annual Report to the President and the Congress*, August 15, 2002.

아시아에서 미국의 역할은 일본이나 한국 같은 나라들과의 군사동 맹관계 함수가 아니다. 미국 자신의 전 지구적 위상과 세계전략의 함 수다.

결국 동아시아에서 미국의 세력균형적, 또는 패권적 역할에 한미 동맹체제는 중요한가라는 질문에 이렇게 답할 수 있다. 한미동맹체 제는 동아시아질서에서 미국이 패권적 역할을 수행하는 데에는 중 요한 의미가 있다. 그러나 한국 또는 통일된 한반도가 중국이나 러시 아와 같은 대륙세력에게 기울어진 대외정책노선을 걷지 않고 독립 적인 조정역할을 지향하는 한, 미국은 한국과의 동맹관계 없이도 동 아시아에서 훌륭한 세력균형 역할을 수행할 것이다. 평화체제가 확 립되거나 평화적으로 통일된 한반도에게 미국과의 군사동맹은 미국 의 세력균형자적 역할을 돕는 것이 아니라, 미국의 패권자적 역할을 돕는 것이 될 것이다.[18]

서태평양, 즉 동아태 지역에서 패권자의 위상은 서태평양이라는 해양에서 자국의 경제적·군사적 활동의 자유를 확보하고, 나아가 이 해양에서 다른 동아시아 국가들의 활동을 필요에 따라 제약하고 통 제할 수 있는 능력을 말한다. 그리고 이러한 능력에 바탕해 이 해양 에서 대륙세력의 활동을 통제하고, 일본·한반도·타이완·필리핀·동 남아시아를 포함한 동아태 지역 국가들에 대한 군사정치적 리더십 을 행사하는 능력이다. 군사력과 군사정치적 리더십이라는 두 가지 능력은 서로 긴밀히 연관된 것이지만, 서태평양의 해상 커뮤니케이 션 라인을 장악할 수 있는 군사적 능력이 미국 해상패권의 핵심적인 물리적 토대임은 분명하다. 이 군사적 능력에는 오늘날 군사과학의

---

18 이것은 한미동맹이 없는 상태에서는 미국이 동아태 지역에서 패권적 역할 은 불가능하고 세력균형자적 역할만 할 수 있다는 말이 아니다. 한미동맹이 없 는 가운데서 통일된 한반도 주변에서 미국이 패권적 역할을 수행할 수 있는가 는 분명하게 말할 근거는 없다. 그런 상태에서도 한국이 대륙세력과 동맹을 맺 지 않는 한, 미국은 세력균형자적 역할에 플러스 알파의 위상을 가질 수 있다.

첨단화에 의해서 태평양이라는 물리적 공간이 장애가 될 수 없다. 미국은 또한 태평양사령부가 있는 하와이를 포함해 동아태 지역에 사슬처럼 배치된 군사기지를 통해서 다른 동아시아 국가들과의 지리적 거리로 인한 장애를 극복하고 지정학적으로 동아태 지역 패권을 장악하는 것이 가능하게 되어 있다. 이러한 조건에서 한미동맹은 미국의 '패권자'적 역할을 지원하는 기능을 하는 것이다. 반면에 미국의 '세력균형자'적 역할에 필수적인 것은 아니다.

미국은 장차 한미동맹의 의의를 단순히 한반도 군사상황에 대한 대처라는 국지적 목표에 한정하지 않고 있다. 냉전시대에 공산주의에 대한 봉쇄라는 목표에 한미동맹이 봉사했던 것처럼 21세기에는 미국에 적대적인 국가와 집단들에 대한 '전 지구적 반테러 동맹네트워크'의 일환으로 한국과의 동맹관계는 여전히 중요하다는 인식이 있다. 그리고 보다 중요하게는 동아시아질서에서 미국의 주도적 역할을 지원할 하위 동반자로서 한국의 동맹자적 역할을 설정하고 있다. 그래서 2002년 6월 1일의 연설에서 조지 부시는 "미국은 북한에 대한 경계태세를 유지하기 위해 한국과 함께 일할 것이며 우리의 동맹이 더 장기적인 관점에서 더 광범한 지역안정에 기여할 수 있도록 준비할 것이다"라고 말했다.[19] 같은 맥락의 이야기다. 한미동맹의 의미에 대한 미국의 관점이 한반도를 넘어 미국의 동아시아전략 또는 세계전략의 차원으로 확대되고 연결되어 있는 것일수록, 한국은 동아시아와 전 지구적 차원에서 세력균형자의 역할을 넘어선 미국의 패권적인 전략 목표의 수단이 될 수 있다. 또한 그것이 한국의 전략적 자율성과 창의적 역할을 제약함으로써, 동아시아에 지속되고 있는 군비경쟁질서를 영구화시키는 메커니즘의 한 부분으로 남게 될 수 있다.

---

19 George Bush, "Develop Agendas for Cooperative Action with the Other Main Centers of Global Power," West Point, New York, June 1, 2002.

미국의 세력균형자 역할을 뒷받침하기 위해서도 한미동맹이 필요하다는 주장은 일본의 미래 위상과 연관되어 자주 제기되고 있다. 장차 일본의 군사대국화가 이루어질 때, 일본을 효과적으로 견제하기 위해서는 한미동맹이 필요하다는 주장이다. 한미동맹을 유지함으로써 미국이 동아시아에서 일본을 포함한 지역패권자가 등장하지 않도록 세력균형자 역할을 수행할 수 있도록 한다는 주장이 되는 셈이다.

그러나 먼저 논의한 바와 같이 미국은 어떤 나라와의 동맹관계 없이도 동아시아에서 일본을 포함해 다른 나라가 군사적 경쟁자로 나서는 사태를 예방하는 것을 21세기 세계전략의 기본으로 삼고 있다. 그 전략과 역할은 한미동맹 지속 여부와 무관하다. 일본의 군사대국화, 즉 사실상 일본의 보통국가화가 한반도에 위협이 되는 경우는 두 가지 조건을 전제한다. 중국대륙의 권력공백이 하나고, 미국을 비롯한 서방이 동아시아에서 적극적인 개입정책을 펼 능력과 정책이 결여되는 것이 둘째 조건이다. 이것이 19세기 말에서 20세기의 1930년대 일본의 중국침략이 진행되던 시기 한반도 주변 상황의 특징이었다. 1895년 청일전쟁, 1905년 러일전쟁을 통해 일본은 대륙의 권력공백을 확인하며, 1920-30년대에는 만주와 중국 본토에 대한 침략을 본격화한다. 이 시기 미국은 아시아에 대한 적극적인 개입정책을 펼치지 못하고 있었다.

21세기의 상황은 매우 다르다. 유라시아 대륙의 두 강대국 가운데 중국은 통일된 강력한 국가와 경제력 발전이 진행되고 있고, 러시아는 초강대국의 지위를 상실하기는 했으나, 전략적 군사력에 있어 여전히 미국 다음가는 군사강국임에는 변함이 없다. 대륙에 권력공백은 없는 것이다. 아울러 2차 대전 이후 미국에게 동아시아는 전 지구적 패권의 한 축으로 존재하고 있다. 일본이 아무리 경제력에 걸맞는 군사력을 갖춘다 하더라도 한반도를 유린할 수 있는 군국주의적 모험을 할 수 있는 조건이 아니다. 만에 하나 그런 상황이 도래한다면,

한반도는 미국뿐 아니라 중국, 러시아와 다원적인 동맹의 정치를 통해 응당 그에 대처하게 될 것이다. 그리고 염두에 둘 것은 적어도 현재로부터 향후 상당 기간 일본의 군사적 정상국가화를 실질적으로, 그리고 국제 사회에서 이데올로기적으로 뒷받침하고 추동하고 있는 국제세력의 핵심이 미국이라는 사실이다.

4. 한미동맹 변화의 방향

한반도의 남북 간 평화 정착과정과 함께 이후 동아시아에서 한국 외교의 미래에 대한 거시적 방향감각이 필요하다. 필자는 그것을 상호보완적인 두 가지의 개념으로 정리하고 싶다. 하나는 유연한 동맹의 정치이며, 다른 하나는 동아시아 공동안보의 추구다. 한편으로 동아시아질서에서 한국의 영토적 존엄 및 안보와 동아시아 세력균형에 기여하는 유연한 형태의 동맹의 정치를 배제할 수 없다. 그러나 동맹외교에만 머무른다면 동아시아에서 경직된 동맹체제에 바탕한 국가 및 진영 간 군비경쟁과 군사정치적 긴장의 영속화에 기여할 뿐이다. 그러한 구조는 한반도의 운명에 항구적인 위협으로 남는다. 그러므로 다른 한편으로 공동안보질서를 지향하는 노력이 필요하며, 그 노력의 한가운데에 한국이 있어야 한다. 이 두 원칙을 적절히 조화하고 종합하는 것이 궁극적으로 한국이 지향할 거시적인 안보전략이어야 한다. 동맹의 정치가 공동안보의 추구와 조화되기 위해서는 동맹의 정치는 유연화되어야 한다. 중장기적인 우리의 안보전략이나 그 조정도 그러한 방향감각에 바탕해야 한다.

1) 유연한 동맹의 정치: 한미동맹 유연화의 의미

한미동맹을 유연화한다는 것은 두 가지 의미에서다. 첫째, 한미동맹을 미국 군사력의 한반도 내 물리적인 현존과 동일시하는 개념을 버려야 한다. 한미동맹을 주한미군의 존재와 분리시키는 사고전환이다. 이것은 두 가지 효과를 동반할 것이다. 먼저 한반도의 군사적 상황 그리고 한국군에 대한 미국의 결정력과 지배력이 직접적이고 수직적인 것으로부터 간접적이고 보다 수평적인 것으로 전환되는 토대가 된다. 또한 그러한 방향으로 자연스럽게 한미동맹의 제도적 정비가 이루어지는 환경이 조성된다. 또한 주한미군을 전제하지 않는 한미동맹은 미국의 대한반도정책을 군사적인 것보다 정치외교적인 접근에 더 많은 비중을 두는 쪽으로 변화하게 만든다. 현재의 한미동맹이 내포한 군사중심적 경직성을 극복하고, 유연한 정치전략적 동맹의 형태로 변화해야 한다.

동맹을 맺은 두 나라 가운데 강대국 군대가 다른 나라에 물리적으로 주둔하는 것은 예외적인 역사적 상황 속에서 빚어진 비정상적 형태다. 주한미군은 한국전쟁이라는 특수한 역사적 상황과 그에 뒤이어 강화된 세계적인 냉전체제, 그리고 한반도의 분단 지속이라는 역사적 조건의 소산이었다. 냉전체제가 해체되고 북한의 전통적인 군사동맹자이자 후견자였던 중국과 러시아의 국가성격과 대외정책기조가 크게 변화했다. 북한 역시 국제 사회로의 개방을 불가피한 것으로 받아들이고 남북 간에 평화정착의 노력이 상당한 수준으로 진행되어 왔다. 이 같은 새로운 상황에서는 특수한 역사적 환경에서 유래한 한미관계와 동맹체제 양식의 비정상성을 넘어서야 한다.

또한 미국의 세계전략에서 '동맹'과 '동맹국에 대한 미 군사력 전진배치'는 긴밀하게 연관되어 있지만, 그 관계는 유연한 것이다. 미국의 전략과 전술의 변화에 따라 동맹과 군사력 전진배치는 분리되거나 축소조정될 수 있다. 한국의 동맹과 군사력 전진배치의 관계에 대한 사고는 더욱 유연한 것이지 않으면 안 된다.

한미동맹을 유연화한다는 것의 두 번째 의미는 동맹 개념 자체의 유연화를 가리킨다. 한국이 미국과 동맹이면, 미국이나 미국의 동맹국들 이외에 다른 나라들은 가상적(假想敵)이라는 사고에서 벗어나야 한다. 지난 수십 년 동안 한국외교는 세계와 동아시아에 관해 동맹국인 미국의 인식과 전략 전술을 한국 자신의 프리즘으로 삼아왔다. 한국의 국방부는 미국 펜타곤의 한 데스크에 불과했다. 미국은 냉철한 자기 이해관계의 계산에 따라 한미동맹을 운영하는 데 비해 한국이 미국과의 동맹을 대하는 태도는 하나의 이념이나 종교와 같은 것이었다. 한미동맹의 문제를 평화를 추구하고 전쟁을 지향하는 한반도의 안보라는 이익의 차원에서 접근하지 않고 하나의 정의적(情誼的) 차원에서 접근하는 경향이 지배했다.

한국의 안보외교가 미국과의 동맹을 주축 삼아 모든 것을 사고하면 중단기적·장기적 측면 모두에서 득실을 냉정하게 포착하는 것은 불가능하다. 구체적으로 말한다면, 한국이 미국과의 군사동맹관계를 공고히 한다는 목적으로 예컨대 미국의 미사일방어체제에 적극 협력하면, 한국은 미국의 미사일방어망의 우산 속에 포함되는 이점이 있을 수 있다. 그러나 그렇게 한미동맹이 강화되는 만큼 중국이나 러시아와의 잠재적인 적대성이 강화된다. 한반도가 유사시 대륙세력의 적대적 행위에 더욱 위험하게 노출되는 불이익이 있다. 이 모두에 대해서 동시에 생각해보아야 한다. 핵이든 미사일방어체제든 완벽한 우산은 있을 수 없다. 그 우산들이 오히려 이른바 잠재적 적대국들의 공격 표적으로 된다. 지리적으로 근접한 한국은 미국보다 그런 공격에 훨씬 위험하게 노출되어 있다. 이런 사실들을 함께 고려하는 외교가 동맹에 관한 우리의 개념을 유연화시키는 출발점이다. 동맹은 강화될수록 우리 안보에 이롭고 우리는 더욱 안전해진다는 주관적인 '동맹주의'를 극복해야 한다. 동맹의 안과 밖에 대한 냉정하고 객관적인 시각을 정립해야 한다.

지난 20세기의 동아시아 역사를 돌이켜보면, 한 국가와 민족의 안보 백년대계라는 것이 지난하다는 점을 새삼 확인한다. 100년이라는 세월 동안에 얼마나 많은 변화가 가능한 것인지를 또한 보게 된다. 20세기 초 영국은 동북아에서 러시아의 진출을 막아내기 위해 일본과 동맹을 맺었고 또한 그 영국과의 동맹을 통해 미국 역시 일본과 사실상의 동맹관계였다. 러시아 팽창 가능성 차단이라는 지정학적 이해관계가 일치했기 때문이다. 그런 가운데 한국은 일본에 강제합병되었다. 1차 대전 전후처리에서 미국은 '민족자결주의' 원칙을 내세웠다. 하지만 사실상의 동맹관계였던 일본의 식민지인 조선에 그 원칙은 무관한 것이었다.[20] 동유럽 약소민족들의 독립을 도와 독일과 러시아의 영향권을 제한하는 목적에 봉사했을 뿐이었다. 일본이 1930년대 초부터 만주침략을 강행하고 중국에 대한 야망을 군국주의정책으로 구현코자 함에 따라 중국에 대한 미국의 이익과 충돌했을 때 비로소 미국은 일본과 적대관계에 들어섰던 것이다.

오늘날처럼 동아시아 대륙세력과 해양세력이 균형을 이룬 상태에서 동맹의 정치는 하나의 추가적인 보험이 될 수 있을지 모른다. 그러나 중요한 것은 동아시아질서에서 세력균형이 파괴되는 상황이며, 세력균형이 파괴된 상태에서 한반도가 선택할 수 있는 여지는 그렇게 많은 것이 아니라는 것을 구한말의 상황은 말해준다. 그때 동맹의 정치는 무의미해지거나 새로운 패권자에의 종속을 선택하는 것에 다름 아닌 것으로 된다.

그럴수록 한반도의 거시적 안보의 조건은 동아시아 국제정치구조가 세력균형의 조건을 유지하는 일이다. 그러나 그것만이 중요한 것은 아니다. 세력균형 자체가 평화를 보장하는 것은 아니다. 문제는 세력균형체제의 성격이다. 군사주의적 경쟁 속에서 진행되는 공포와 긴장의 세력균형은 언제라도 위험하다. 분쟁의 평화적 해결에 관한 규범이 발전하는 세력균형체제가 되도록 하는 것이 중요하다.[21]

---

20 1921-22년에 걸쳐 미국이 주도해 동아시아에 구축한 워싱턴회담체제는 그때까지 태평양 지역을 장악하고 있던 영일동맹(英日同盟)체제를 미국이 중심이 되어 영국 프랑스와 함께 일본을 포함하는 4국회담체제로 발전시킨 것을 의미했다. 그것은 태평양 지역에 네 나라가 각자 지배하고 있던 식민지들에 대한 상호인정을 전제하는 것이었다. Herbert P. Bix, *Hirohito and the Making of Modern Japan*, New York: Perennial, 2001, pp.146-150.
21 자유주의 또는 구성주의적 시각에서 전쟁과 평화를 가르는 중요한 것은

단일 강대국과의 동맹체제에 안주하는 것을 세력균형 외교와 동맹 정치의 전부로 간주하는 한, 한국외교가 그러한 균형의 발전에 기여할 여지는 없다. 기본적으로 일정한 세력균형이 존재하는 때일수록, 한국외교는 일방적인 동맹의 정치에 예속되지 않고 그 세력균형체제의 성격을 긍정적으로 발전시킬 수 있는 외교적 노력이 가능하다. 군사주의적 경쟁으로부터 자유로운 세력균형체제가 발전하고 유지될 수 있도록 추동하는 외교 전통의 정립이 한반도 안보 백년대계의 지표여야 한다.

전쟁에 관한 많은 국제정치이론은 세력균형이 곧 평화라는 것을 인정하지 않는다. 많은 학자가 패권교체기의 불안정과 위험성을 주목해왔다. 이른바 패권자와 도전자 사이의 힘의 관계가 일정한 균형에 도달하는 때를 전후한 시기, 즉 일종의 세력균형이 존재하는 때에 위기구조가 오히려 더 발전할 수 있다는 것을 말하는 것이기도 하다. 새로이 강성해진 국가가 기존의 국제질서에 불만을 갖고 기존의 패권국가를 위협하며 전쟁을 도발하는 상황도 가능하다.[22] 그러나 기존의 패권국가가 부상하는 새로운 강국에 대한 경계심 과잉으로 인해 전쟁, 즉 기존의 패권국가가 자신의 패권에 대한 도전을 사전에 차단하기 위해 선제적으로 군사주의를 강화하는 것의 위험성도 지적된다. 로버트 길핀은 쇠퇴기에 접어든 패권국가는 떠오르는 도전자 국가의 힘을 약화시킬 목적으로 '예방전쟁'(preventive war)을 벌

세력균형 또는 불균형 그 자체보다 국제정치 구조의 주요 단위들 사이의 상호 인식과 상호작용의 양식이며, 그 양식은 힘의 배분관계 자체가 결정하는 것이 아니다. 이러한 논리를 강력하게 제기해온 최근의 예로는 물론 웬트를 들 수 있다. Alexander Wendt, *Social Theory of International Politics*, Cambridge, UK: Cambridge University Press, 1999, 특히 평화를 세력균형에 의존하는 질서에서 집단안보(공동안보)의 질서로 나아갈 수 있는 가능성에 대해 현실주의와 구성주의 사이의 사고의 차이는, Wendt, 1999, pp.35-38 참조.

22 이런 경우에 새로운 강대국이 기존의 질서에 불만을 갖고 있느냐의 여부를 주목한다. Douglas Lemke, "The Continuation of History: Power Transition Theory and the End of the Cold War," *Journal of Peace Research*, Vol.34, No.1, 1997.

이는 경향이 있다는 점에 주목한 바 있다.[23] 이와 관련해 21세기에 들어 미국이 대테러전쟁을 명분으로 예방전쟁을 불사하고 특히 동아시아에서 중국의 부상에 과잉대응하는 과정에서 군비경쟁을 지속시키는 중심세력으로 기능하고 있는 점을 주시하지 않을 수 없다. 이러한 조건에서 현재의 종속적 한미동맹의 지속이 갖는 부정적 의미를 생각해보아야 한다.

2003년 이라크에 대한 전쟁과 그 이후 미국 외교정책 내부의 이른바 신일방주의 세력의 득세를 지켜보면서 조셉 나이는 의미 있는 지적을 했다. 세계정치의 3차원적 게임에서, 첫 번째 차원인 고전적인 국가 간 군사적 이슈에서 미국은 당분간 유일한 초강대국의 위치를 유지할 것이며, 여기에서 미국의 일극적 헤게모니 위상을 인정할 수 있다. 그러나 다른 두 개의 차원에서는 그렇지 않다. 국가 간 경제적 이슈에서 세계의 권력배분은 이미 다원적이며, 무역과 재정정책 조정 등의 문제에서 유럽과 일본 등 다른 주요 나라들의 자발적 동의 없이는 미국이 혼자서 결정할 수 있는 폭은 지극히 좁다. 여기서 미국의 헤게모니란 설득력이 없는 개념이다. 세 번째 차원인 초국적 이슈들(인권, 환경문제 등)에 있어서 세계정치적 권력은 정부 및 비정부적 조직들 사이에 광범하고 혼란스럽게 분산되어 있다는 점을 나이는 또한 주목했다. 이 차원에서 세계는 결코 미국이 지배하는 '일극적 세계'나 '미 제국'이 아니다. 문제는 이러한 세계질서의 변동에도 불구하고 부시 행정부의 대외정책이 신일방주의자들에 의해 고전적인 군사적 수단에 집중적으로 의존하는 일차원적 사고에 지배되고 있다는 것이다.[24] 쇠퇴기 패권국가가 다원화된 세계질서에 다자주의적 적응 능력을 발휘하지 못하고 내면의 불안과 초조를 유일

---

23 Robert Gilpin, *War and Change in World Politics*, London: Cambridge University Press, 1981, p.191.

24 Joseph S. Nye, Jr., "U.S. Power and Strategy After Iraq," *Foreign Affairs*, July/August 2003, pp.67-68.

하게 남은 초강국적 자원인 군사적 수단에 의존해 해소하는 현상을 포착한 것이다. 길펀의 분석과 일치하는 바가 없지 않다. 이런 경향은 단지 부시 행정부뿐만 아니라 향후 다른 정권에서 약화될 수도 강화될 수도 있다. 이런 상황에서 종속적 군사관계 중심의 한미동맹 유지는 세계질서 변동에 평화적 적응능력을 상실한 미국 군사주의의 한 부분으로 한반도 안보문제를 묶어놓게 될 것이다. 그런 가운데, 세계와 미국 사이에 악화될 '군사주의적 이격(離隔)'에 한반도 안보는 덩달아 희생될 수 있다.

이를 극복하기 위한 동맹 개념은 특정한 동맹자에 대한 시간적·공간적 절대화(경직성)를 벗어나 동맹의 정치전략적 상대화를 행하는 것이다. 미국은 자신의 방식으로 한미동맹을 정치전략적 차원에서 상대화한다. 우리의 동맹개념은 그보다 더 유연한 정치전략적 상대성을 수용해야 한다. 동아시아에서 미국의 군사정치적 목표는 다른 지역패권자의 등장을 억제한다는 것이다. 그러한 미국의 관점에서는 한국의 자발적 협력에 의한 동맹은 강화되면 될수록 좋다는 전략적 단순성을 갖는다. 그럼에도 미국이 한미동맹을 대하는 자세는 상대적인 것이다. 즉 한반도 주변의 정책을 결정함에 있어 한국과의 협의라는 것은 한국이 미국과의 협의에 두는 비중과는 달리 임의적이고 지극히 상대적인 것이다. 반면에 동아시아에서 한국의 군사안보적 목표는 생존과 평화 그 자체이며, 그것을 관리하는 일은 동아시아에서 미국의 전략적 목표보다 훨씬 더 심오한 다원성과 유연성을 필요로 하는 것이다.

2) 동맹의 정치와 공동안보 추구의 조화

동맹의 정치가 현실 국제정치질서에서 불가피한 선택이 될 수 있으나, 그것만으로 백년대계로서의 한국 안보전략의 전부로 삼을 수는 없다. 시간이 흐름에 따라 진행되는 세력균형의 변동에 걸맞는 평화적인 질서변화를 관리함에 있어 개별 국가들 간의 동맹의 정치만으로는 불안정하다. 그 불안정의 부정적 효과는 동아시아질서 한가운데 있는 상대적 약소국인 한반도가 가장 민감하게 겪게 된다. 그러기에 공동안보질서의 가능성을 모색할 필요성은 우리에게 가장 절실하다.

또한 공동안보를 모색하는 노력 자체가 동아시아 국가들 관계에 신뢰 구축과정이 진행되는 것을 뜻한다. 동아시아의 네 강국은 세계질서를 결정하는 세력들이다. 따라서 그것은 동아시아질서와 동시에 세계질서에서 군비경쟁 구조를 완화시키고 공동안보의 공간을 증진시키는 과정으로 직결된다. 한반도의 남북 간 평화 정착과정이나 통일 이후의 한반도에 평화가 보다 항구적으로 제도화되는 것은 동아시아 주변 네 강대국 간의 공동안보의 모색을 전제로 한다. 그것이 당장은 이상적인 목표에 불과할 수 있다. 그러나 그 목표를 위한 부단한 모색과 노력은 그것 자체로서 신뢰 구축의 노력이 되어 군사적 긴장을 낮추고 공동의 안보 이익을 창출하게 될 것이다. 한반도의 우리는 그러한 노력에 있어 중추적인 조정자이자 중재자의 역할을 하기에 적실한 지정학적 위치에 있다.

20세기에서 오늘에 이르기까지 동아시아질서의 가장 중요한 특징은 역사심리적 대분단상태와 그 지속에 있다. 일본의 대륙침략과 그 과정에서 벌어진 사태들로 말미암은 중국과 일본 사이의 증오, 그 심리적 간극이다. 심리적 간극은 전후 냉전질서에서 이념적 분단으로 고착된 가운데 장기적 응결상태로 들어섰다. 그 유산의 구조는 탈냉전을 거쳐 21세기에 들어선 현재에 이르러서도 미일동맹의 주도하에 지속되고 있다. 동아시아에 미국 미사일방어망 구축은 그 역사적 대분단선을 따라 우주적 규모의 철의 장막을 구축하는 의미를 갖게 된다.

20세기 전반 일본 식민주의의 역사는 한반도와 일본 사이에도 그러한 역사심리적 분단의 구조를 물려놓았다. 그러나 한국과 일본의 지배세력은 미국의 동아시아 전략을 매개로 동맹관계에 있어왔다.

그럼에도 불구하고, 한일관계 역시 근본적으로는 그 같은 역사심리적인 동아시아적 대분단의 구조에서 자유롭지 못하다. 그 결과, 20세기에 줄곧 그랬던 것처럼 21세기에 들어선 오늘의 시점에서도 이 지역질서의 근본적 특징은 중국·일본·한국 등 동아시아 국가들 간의 직접적이고 자율적인 소통구조가 사실상 거의 존재하지 않는다는 사실에 있다. 고도한 정치적 소통구조가 동아시아 국가들 사이에 존재하지 않으며, 오직 미국을 매개로만 제한적으로 의사소통이 가능하다. 이러한 구조 속에서는 어떤 다자적 형태의 동아시아 안보포럼이 존재한다 하더라도, 그것은 미국이 주도하는 동아시아 해상군사동맹체제에 부수적인, 또는 그것을 미일동맹의 관점에서 보완하는 지극히 제한적인 의의만을 갖는다. 따라서 동아시아에 실질적인 공동안보와 지역국가들 간의 직접적인 고도한 정치적 소통구조를 확립하는 것은 21세기 동아시아 평화와 관련한 가장 근본적인 과제다. 그것은 곧 한반도의 장기적인 운명을 결정한다.

많은 논자가 지적해왔듯이, 동아시아는 역사적 조건들 때문에 평화구축을 위한 국제레짐의 형성이 유럽에 비해 어렵다. 전통시대에는 중화중심적 질서, 그리고 19세기 이후 서세동점과 뒤이은 일본 제국주의 시대 등으로 동아시아에서는 초국적인 협력을 위한 국제레짐 형성의 경험이 없었다. 그러나 못지않게 중요한, 그리고 더 가까운 원인은 전후 냉전체제 밑에서 응결된 동아시아 대분단구조의 지속으로 그러한 국제레짐이 실험조차 되어보지 못했고 오히려 미국의 세계 및 동아시아 전략에 의해 그러한 실험이 터부시되었다는 사실이다. 이는 중단기적으로라도 동아시아에 동맹의 정치를 대체하거나 그것과 병존할 수 있는 공동안보 레짐 형성의 지난함을 가리킨다. 그러나 장기적으로도 가능성이 없다는 증거는 아니다. 유럽이 초국적인 전 유럽적 레짐을 형성하기 전 가장 치열한 전쟁을 수차례에 걸쳐 치렀던 지역임을 상기한다면, 동아시아질서에 장기적인 근본적 장애요인은 없다고 해야 한다. 동아시아의 근본적 장애요인을 강조하는 경향은 미국 중심의 동맹이 지배하는 동아시아의 기존 군사질서에 대한 기득권 세력의 시각인 측면도 무시할 수 없다.

따라서 동아시아에 부분적으로 불가피한 동맹의 정치를 보완하고 그것과 병행하는 것으로서 공동안보 국제레짐을 형성하는 시도는 의미 있고 필요하다. 그러한 노력은 다음과 같은 몇 가지 고려사항에 근거해 한국외교의 장기적 비전으로 개발되어야 한다.

첫째, 동아시아질서의 특수한 역사적 조건 때문에, 유럽과 달리 동아시아에서는 처음부터 포괄적인 공동안보 레짐을 형성하기가 어렵다. 따라서 안보·경제·환경 등 각 영역에서 구체적인 이슈를 중심으로 동아시아 국가들이 어떤 형태로든 다 같이 참여하는 레짐을 형성하기 위한 창의적인 방안과 외교를 추구한다. 예컨대, 북한 핵문제라는 현안과 관련되면서도 장기적인 공동안보 레짐의 단초가 될 수 있는 것으로 동북아 비핵지대화 문제를 들 수 있다.

동아시아에서 현재 국제정치적 요인들로 말미암아 비핵국가로 남아 있게 된 한반도와 일본이 핵무기주의로부터 자유로울 수 있도록 하는 가운데, 동아시아 안보구조에서 핵무기의 역할을 점진적으로 줄여나갈 수 있도록 강대국들의 핵 확대개발과 배치방식을 규제해나갈 제도적 장치로서 동북아 비핵지대화 노력은 큰 의미를 갖는다.[25] 동아시아 분단구조의 핵심에는 중국과 일본의 갈등구조가 있다. 그 구조를 해소해나가는 시금석은 한국과 일본이 역사적 간극을 넘어서 공동안보를 창출할 수 있는지에 달려 있다고 말할 수 있는 측면이 있다. 한반도와 일본 간의 공동안보 노력은 비핵화를 지키고 확대하는 공동의 노력에서 시작될 수 있다. 이러한 노력은 한국과 일본

---

25 필자의 소견으로 동북아 비핵지대화에 관한 가장 발전된 구체적 제안은 우메바야시 히로미치(梅林宏道)의 「현존하는 비핵지대와 동북아 비핵지대」, 이삼성·정욱식 외, 『한반도의 선택』, 삼인, 2001, 305-320쪽 참조. 2003년 초 북한의 NPT 탈퇴 이후 동북아 비핵지대화 논의의 적실성에 대한 최근의 글로는, Hiromichi Umebayashi, "The DPRK Withdrawal from the NPT and a Northeast Asia Nuclear Weapon-Free Zone," *Peace Depot Newsletter*, No.8, July 15, 2003.

이 미국을 정점으로 하는 군사동맹체제에 대한 의존에서 점진적으로 그리고 평화지향적으로 탈피하는 단초가 될 것이다. 한반도와 일본 간의 이 같은 노력은 중국과 일본의 간극, 즉 동아시아 대분단구조의 핵심을 극복하는 조건으로 작용할 것이다.[26]

이러한 노력은 정부적·비정부적 차원 모두에서 필요하다. 비핵지대화문제 말고도 안보영역에서는 대인지뢰금지협약에 대한 미국과 그 동맹국들의 반대를 극복하고 그것을 한반도와 아시아 전반에 적용하기 위한 협력을 조직하는 것도 안보영역에서 중요한 사안별 레짐 형성을 위한 노력이 될 수 있다. 이러한 노력은 경제에, 그리고 환경과 같은 초국적 문제들에 대해서도 다양한 방식으로 개발될 수 있다.

둘째, 그러한 노력은 한국과 일본이 특정한 군사 초강대국과의 동맹의 정치를 강화하는 것이 아니라, 그 동맹을 유연화시키는 것을 전제로 가능해진다. 미국이 동아시아에서 대륙세력을 가상적으로 삼는 안보질서를 강화하는 다른 형태의 노력에 대해서도 비판적으로 접근해야 한다. 필리핀과 오스트레일리아를 포함하는 동아태 지역 국가들과 기존에 미국이 맺고 있는 쌍무군사동맹조약들을 엮어서 동아시아판 나토와 같은 패권주의적 안보기구를 형성하려는 움직임이 있을 경우, 그에 대한 한국의 추종은 장차 동아시아 분단질서 영속화에 기여하고 말 것이다. 이 점에 대한 각별한 경계가 필요하다.

반면에, 한반도 평화체제 구축과정에서 필요한 동아시아 주변 4강이 함께 참여하고 역할을 담당하는 협의 프로젝트들은 더욱 발전시키고 제도화시키는 과정을 통해 장차 포괄적인 동아시아 공동안보 레짐의 싹이 될 수 있도록 노력할 수 있을 것이다.

---

26 동아시아 분단구조의 극복이라는 차원에서 동북아 비핵지대화 문제를 논의하고, 또한 한반도 평화체제를 동아시아 평화구조로 연결시키는 고리로서 비핵지대화 문제를 거론한 필자의 논문을 참조. 이삼성, 「한반도의 평화에서 동아시아 공동안보로」, 이삼성·정욱식 외, 2001, 17-57쪽.

5. 맺는말

2003년 7월 24일 하와이에서 '미래 한미동맹 정책구상 3차회의'가 열렸다. 주한미군이 상징적으로 담당하고 있는 판문점 공동경비구역(JSA)의 경계임무를 늦어도 2005년 초반까지 한국군으로 이관함으로써 모든 비무장지대의 경계를 한국군이 담당하도록 한다는 결정을 내렸다. 이에 대해 한국의 제1당 원내총무는 말했다. "이처럼 철없는 정권은 보다 보다 처음 본다. 그렇게 되면 한국안보는 어떻게 될 것이며 또한 어느 누가 한국에 투자하려 할 것인가."[27] 한반도에 대한 미국 군사정책의 부분적 수정이나 변화가 한국의 안보와 경제에 대한 세계인들의 인식에 어떤 효과를 초래하는지를 결정하는 것은 미국의 정책변화 그 자체가 아니라, 그것을 한국의 정치와 사회가 얼마나 의연하게 인식하고 대응하는지의 문제라는 것을 망각한 발언이다.

아무리 사소한 것이라도 동맹의 '약화'로 해석될 수 있는 사태들이 초래할 위기를 과잉 인식하고 평가하는 반면, 한 나라와의 동맹과 그 군사력에 대한 지속적인 의존이 내포하는 '독립성 상실'의 아이러니가 내포한 문제의 심각성을 많은 한국인이 외면해왔다. 독립성 상실의 결과는 '자주성'이라는 어쩌면 추상적인 것일지도 모르는 정신적 가치의 포기에 그치는 것이 아니다. 한반도에서 전쟁과 평화를 결정하는 과정에 우리 자신의 소외와 배제를 자초하며 그것이 초래할 수 있는 결과에 대한 의식이 아예 결여되어 있다는 사실은 중대한 문제가 아닐 수 없다. 현재의 한미동맹이 안고 있는 종속성의 근원은 제도나 협정에 있는 것이 아니다. 문제의 본질은 한국의 안보와 외교의 방향을 결정해온 정치사회세력의 자발적인 정신적 종속성이었다.

---

27 KBS, 2003년 7월 25일 저녁 9시 뉴스.

한미동맹체제에서 한국의 군사정치적 역할의 상대적 증가는 한미동맹과 한국 국방력의 약화를 의미하는 것이 아니다. 한반도의 전쟁과 평화의 문제에 대한 한국 자신의 전략적 역할과 정치외교적 책임의 강화일 뿐이다. 그 책임과 역할은 또한 미국 무기의 대량구매로 메꾸어질 수 있는 물리적 공백이 아니라, 한국의 정부와 정치권, 언론과 사회에 성년(成年)의 기풍이 자리 잡을 때만이 채워질 수 있는 정치적 공간이다. 한국이 가장 불행했던 때의 특수한 역사적 상황이 강요한 한미관계의 비정상성을 넘어서 정상국가로, 보통국가로 나아가는 길에 다름 아니다. 그 책임과 역할에 대한 정치적 비전을 포기하고 단일 강대국의 군사력에 의존하는 태도를 버리지 못할 때, 한국은 언제까지나 자신의 운명을 스스로 개척할 수 없는 국제정치의 유아(幼兒)로 남을 수밖에 없다.

(2003)

참고문헌

1. 한국어문헌

가라타니 고진, 조영일 옮김, 『네이션과 미학』, 도서출판b, 2009.

가와미츠 신이치, 이지원 옮김, 「제주도의 해풍: 4·3 제주학살사건 60주년 집회에 참가하고」, 『오키나와에서 말한다: 복귀운동 후 40년의 궤적과 동아시아』, 이담, 2014.

강홍균, 「제주해군기지 명칭 민군복합형 관광미항으로 변경」, 『경향신문』, 2013.2.14.

개번 매코맥, 한경구·이숙종·최은봉·권숙인 옮김, 『일본, 허울뿐인 풍요』, 창작과비평사, 1998.

건국대학교 통일인문학연구단 기획, 『분단생태계와 통일의 교량자들』, 한국문화사, 2017.

고경태, 『1968년 2월 12일: 베트남 퐁니·퐁넛 학살 그리고 세계』, 한겨레출판, 2015.

고길희, 『하타다 다카시』, 지식산업사, 2005.

고모리 요이치, 송태욱 옮김, 『1945년 8월 15일, 천황 히로히토는 이렇게 말하였다: '종전조서' 800자로 전후 일본 다시 읽기』, 뿌리와이파리, 2004.

고야스 노부쿠니, 김석근 옮김, 『야스쿠니의 일본, 일본의 야스쿠니: 야스쿠니 신사와 일본의 국가신도』, 산해, 2005.

국사편찬위원회 한국사데이터베이스.

기광서, 「소련의 한국전 개입과정」, 『국제정치논총』, 제40집 제3호, 2000.

김경일, 홍면기 옮김, 『중국의 한국전쟁 참전 기원: 한중관계의 역사적·지 정학적 배경을 중심으로』, 논형, 2005.

김계동, 「한반도 분단·전쟁에 대한 주변국의 정책: 세력균형이론을 분석틀 로」, 『한국정치학회보』, 제35집 제1호, 2001.

김남식, 『실록 남로당』, 현실사, 1975.

김명기, 「한미상호방위조약의 보완에 관한 연구」, 서울국제법연구원 주최 학술회의 〈한반도 평화체제구축과 한미동맹관계 발전방향〉(서울: 국가 인권위원회 배움터), 2003.6.30.

김민석, 「대한민국 첫 이지스함 진수」, 『중앙일보』, 2007.5.26.

김선민, 「貞觀政治의 전개와 『文中子中說』의 僞作 배경」, 『魏晉隋唐史硏 究』, 제6집 2000.

김성진·김지현·홍지은, 「文대통령 "트럼프와 연내 종전선언 논의": "평화 협정, 완전한 비핵화 이뤄지는 최종단계서 진행"」, 『뉴시스』, 2018.9.20.

김승욱, 「北, 핵탄두 15~60기 보유 추정…김정은 "기하급수적 늘릴 것"」, 『연합뉴스』, 2023.1.2.

김영호, 「한국전쟁 원인의 국제정치적 재해석: 스탈린의 롤백이론」, 『한국 정치학회보』, 제31집 제3호, 1997.

_____, 『한국전쟁의 기원과 전개과정』, 성신여자대학교출판부, 2006.

김옥준, 「중국의 한국전 참전과 국내정치: 참전의 대내적 요인과 영향을 중 심으로」, 한국정치외교사학회·이재석·조성훈 엮음, 『한반도 분쟁과 중 국의 개입』, 선인, 2012.

김용직, 「한국전쟁과 사회변동: 브루스 커밍스의 사회혁명: 내전 가설 비 판」, 『한국정치학회보』, 제32집 제1호, 1998.

김익도, 「한국전쟁의 內爭的 기원: 북한의 대남혁명 전략을 중심으로」, 『국 제정치논총』, 1990년 10월호.

김재철, 「중국의 동아시아 정책」, 『국가전략』, 제9권 제4호, 2003.

김점곤, 「남로당 폭력혁명노선의 연장선상에서 일어난 한국전쟁」, 대한민 국 국토통일원 조사연구실 엮음, 『한국전쟁 전후 민족 격동기의 재조 명』, 한국전쟁연구회, 1987.

김진방, 「차이잉원 "대만 이미 독립국가…독립선언 불필요"…中 강력반발」,『연합뉴스』, 2020.1.15.

김진웅,『한국전쟁의 국내적 원인: 학설사적 접근』,『국제정치논총』, 1990년 10월호.

김창록·양현아·이나영·조시현,『2015 '위안부 합의' 이대로는 안 된다』, 경인문화사, 2016.

김창순,『북한 14년사』, 지문각, 1961.

김태효,「국제전으로서의 한국전쟁과 동서냉전」,『국제정치논총』, 1990년 10월호.

김학준,『두산 이동화 평전』, 단국대학교출판부, 2012년 수정증보판.

_____ ,『한국전쟁: 원인·과정·휴전·영향』, 박영사, 2010.

김현구·박현숙·우재병·이재석,『일본서기 한국관계기사 연구 II』, 일지사, 2003.

김현아,『전쟁의 기억, 기억의 전쟁』, 책갈피, 2002.

김형률, 아오야기 준이치 엮음,『나는 反核人權에 목숨을 걸었다』, 행복한 책읽기, 2015.

김회승,「'세계의 반도체 고래' 삼성·SK, 미−중 싸움에 '새우등' 신세」,『한 겨레』, 2023.5.23.

나카노 도시오,「일본군 '위안부' 문제와 역사에 대한 책임」, 나카노 도시오·김부자 편저, 이애숙·오미정 옮김,『역사와 책임: '위안부' 문제와 1990년대』, 선인, 2008.

남지원,「일본 정부가 고교 교과서에서 위안부·강제연행 지웠다…일본 학자들도 지적」,『경향신문』, 2022.8.24.

남호철,「제주도가 '세계평화의 섬'으로 공식지정됐다」,『국민일보』, 2007. 1.28.

다자이 오사무, 유숙자 옮김,『만년』, 소화, 1997,

다카기 겐이치, 최용기 옮김,『전후 보상의 논리』, 한울, 1995.

미조구찌 유조 외 엮음, 김석근·김용천·박규태 옮김,『중국사상문화사전』, 책과함께, 2011.

리펑, 허유영 옮김,『저우언라이 평전』, 한얼미디어, 2004.

마에다 데츠오, 박재권 옮김,『일본군대 자위대』, 시사일어사, 1998.

메트레이, 제임스, 구대열 옮김,『한반도의 분단과 미국: 미국의 대한 정책,
　　1941-1950』, 을유문화사, 1989.

모치다 유키오, 서각수·신동규 옮김,「일본의 전후 보상」, 일본의전쟁책임
　　자료센터 엮음,『세계의 전쟁 책임과 전후 보상』, 동북아역사재단, 2009.

민두기 편저,『일본의 역사』, 지식산업사, 1976.

박갑동,『박헌영: 그 일대기를 통한 현대사의 재조명』, 인간사, 1983.

_____ ,『한국전쟁과 김일성』, 바람과물결, 1990.

박관용, 한국방송공사(KBS 1TV) 라디오와의 인터뷰, 2003.7.9.

박명림,『한국 1950: 전쟁과 평화』, 나남출판, 2002.

_____ ,『한국전쟁의 발발과 기원 I: 결정과 발발』, 나남, 1996.

_____ ,『한국전쟁의 발발과 기원 II: 기원과 원인』, 나남, 1996.

박은경,「기시다, '주어' 없는 유감 표명…윤 대통령, 과거사 '나홀로 청산'」,
　　『경향신문』, 2023.5.7.

_____ ,「시진핑, 난징대학살 80주년 추모식 참석…일본에 역사반성 촉
　　구」,『경향신문』, 2017.12.12.

박종성,「한국전쟁의 기원: 회고와 반성」,『국제정치논총』, 1990년 10월호.

박지향·김철·김일영·이영훈 엮음,『해방 전후사의 재인식 2』, 책세상, 2006.

박현영,「'오역이냐 오류냐'…美 핵무기 80발 사용 '작계 5027' 진실은」,
　　『중앙일보』, 2020.9.15.

배지현,「윤 대통령 "통일부, '북한지원부' 아니다…이제는 달라져야"」,『한
　　겨레』, 2023.7.2.

베트남전 양민학살 진상규명 대책위원회,『부끄러운 우리의 역사, 당신들
　　에게 사과합니다』, 베트남전 양민학살 진상규명 대책위원회, 2000.

사마천, 김원중 옮김,「진시황본기」,『사기 본기』, 을유문화사, 2005.

_____ , 김원중 옮김,『사기열전 상』, 을유문화사, 2002.

사카이 데쓰야, 장인성 옮김,『근대일본의 국제질서론』, 연암서가, 2010.

서긍, 은몽하·우호 엮음, 김한규 옮김,『사조선록 역주 1: 宋使의 高麗 使行
　　錄』, 소명출판, 2012.

서재철,「제주 화순항 해군기지는 무엇을 위한 기지인가」, 제주참여환경연
　　대,『참 세상 만드는 사람들』, 제32호, 2002, 42쪽.

844

서주석, 「한국전쟁의 기원과 원인」, 『한국전쟁과 휴전체제』, 정치외교사학
　　회논총 제16집, 1997.

서중석, 『한국 현대사』, 웅진지식하우스, 2005.

성은구, 『일본서기』, 고려원, 1993.

션즈화, 최만원 옮김, 『마오쩌둥 스탈린과 조선전쟁』, 선인, 2010.

송종환, 「한국전쟁에 대한 소련의 전략적 목표에 관한 연구」, 『국제정치논
　　총』, 제39집 제2호, 1999.

송충기, 「과거사 정책의 타협: 1960-70년대 서독 연방의회의 시효 논쟁」,
　　안병직 외, 『세계 각국의 역사 논쟁: 갈등과 조정』, 대한민국역사박물관,
　　2014.

쑨거, 윤여일 옮김, 『다케우치 요시미라는 물음: 동아시아의 사상은 가능한
　　가?』, 그린비, 2007.

쉬지린, 「다함께 누리는 보편성: 신천하주의(新天下主義)란 무엇인가」, 한
　　림대학교 한림과학원 주최 국제학술회의 〈동아시아 제국의 개념사〉(A
　　Conceptual History of 'Empire' from an East Asian Perspective)(춘천:
　　한림대학교 국제회의실), 2014.6.13.

시노부 세이자부로, 『조선전쟁의 발발』, 도쿄: 후쿠마루출판사, 1969.

시미즈 마사요시, 「뉘른베르크 재판의 재검토」, 일본의 전쟁 책임 자료센터
　　엮음, 『세계의 전쟁 책임과 전후 보상』, 동북아역사재단, 2009.

시바야마 게이타, 전형배 옮김, 『조용한 대공황: 앞으로 20년, 저성장 시대
　　에서 살아남기』, 동아시아, 2013.

신복룡, 「한국전쟁의 기원: 김일성의 개전의지를 중심으로」, 『한국정치학
　　회보』, 제30집 제3호, 1996.

안천, 『남침유도설 해부: 6.25 개전일 연구』, 교육과학사, 1993.

야마무로 신이치, 윤대석 옮김, 『키메라: 만주국의 초상』, 소명출판, 2009.

양길현, 『평화번영의 제주정치』, 오름, 2007.

양김진웅, 「'해군기지 양해각서' 없다고? 그럼 이 문서는?: 군사기지대책
　　위, 제주도/국방부 작성 '해군기지 양해각서(안)' 공개」, 『오마이뉴스』,
　　2007.5.9.

양승덕, 「隋代經學의 통일과 王通의 신유학」, 『중국어문학논집』, 제43호,

2007.

양조훈, 「제주 4·3 양민학살사건」, 제주4·3 연구소 엮음, 『동아시아의 평화와 인권』, 역사비평사, 1999.

연민수, 『고대한일관계사』, 혜안, 1998.

예쯔청, 이우재 옮김, 『중국의 세계전략』, 21세기북스, 2005.

오구마 에이지, 조성은 옮김, 『민주와 애국: 전후 일본의 내셔널리즘과 공공성』, 돌베개, 2019.

오에 겐자부로, 이애숙 옮김, 『오키나와 노트』, 삼천리, 2012.

_____, 이애숙 옮김, 『히로시마 노트』, 삼천리, 2012.

와다 하루키, 남기정 옮김, 『북한 현대사』, 창비, 2014.

_____, 서동만 옮김, 『한국전쟁』, 창작과비평사, 1999.

왕후이, 송인재 옮김, 『아시아는 세계다: 아시아의 근현대를 심층 탐사하여 유럽판 '세계역사'를 해체하고 신제국 질서를 뚫어보다』, 글항아리, 2011,

요시미 요시아키, 이규태 옮김, 『일본군 군대위안부』, 소화, 1998.

우메바야시 히로미치, 「현존하는 비핵지대와 동북아 비핵지대」, 이삼성·정욱식 외, 『한반도의 선택』, 삼인, 2001.

우쓰미 아이코, 이호경 옮김, 『조선인 BC급 전범, 해방되지 못한 영혼』, 동아시아, 2007.

우지 도시코 외 편저, 이혁재 옮김, 『일본 총리 열전』, 2002.

유강문, 「중국, 한국 대양해군 전환 경계심」, 『한겨레』, 2006.11.24.

유재갑, 「주한미군에 대한 한국의 입장」, 세종연구소 엮음, 「주한미군과 한미안보협력」, 세종연구소, 1996.

윤형준, 「한국의 난색에… 美 핵추진 잠수함, 부산 입항 취소」, 『조선일보』, 2018.1.18.

이삼성, 「'제국' 개념의 고대적 기원: 한자어 '제국'의 서양적 기원과 동양적 기원, 그리고 『일본서기』」, 『한국정치학회보』, 제45집 제1호, 2011.

_____, 「제국 개념의 동아시아적 기원 재고: 황국과 천조, 그리고 가외천황과 제국」, 『국제정치논총』, 제54집 제4호, 2014.

_____, 「21세기 동아시아의 지정학: 미국의 동아태지역 해양패권과

중미관계」,『국가전략』, 제13권 제1호, 2007.

이삼성, 「21세기 미국과 한반도: 세력균형론의 새로운 방향」, 오기평 편저, 『21세기 미국패권과 국제질서』, 오름, 2000.

_____ , 「광주를 통한 한국민주주의에의 유혈통로와 미국의 위치: 1979-80년 미국 대한정책의 치명적 비대칭성」, 5·18기념 기념재단 엮음, 『5·18 민중항쟁과 정치·역사·사회 2: 5·18 민중항쟁의 원인과 배경』, 심미안, 2007.

_____ , 「근대 한국과 '제국' 개념: 개념의 역수입, 활용, 그리고 포섭과 저항」,『정치사상연구』, 제17집 제1호, 2011.

_____ , 「냉전체제의 본질과 제2차 냉전의 발전과 붕괴」, 이수훈 외, 『현대세계체제의 재편과 제3세계』, 경남대학교 극동문제연구소, 1991.

_____ , 「동아시아 국제질서의 성격에 관한 일고: '대분단체제'로 본 동아시아」,『한국과 국제정치』, 제22권 제4호, 2006.

_____ , 「동아시아와 냉전의 기원: 전략과 정체성」, 〈2005 한국정치학회 춘계학술회의〉(서울: 외교안보연구원), 2005.5.30.

_____ , 「미국 외교사학과 '제국' 담론의 전복: 신보수주의와 존 L. 개디스의 본질주의 외교사학」,『국제정치논총』, 제46집 제4호, 2006.

_____ , 「미국외교사에 있어서 외교이념 분류: 국제주의와 고립주의의 성격분석을 중심으로」,『국제정치논총』, 제32집 제2호, 1993.

_____ , 「전후 국제정치이론의 전개와 국제환경: 현실주의·자유주의 균형의 맥락적 민감성」,『국제정치논총』, 제36집 제3호, 1997.

_____ , 「전후 동아시아 국제질서의 구성과 중국: '동아시아 대분단체제'의 형성과정에서 중국의 구성적 역할」,『한국정치학회보』, 제50집 제5호, 2016.

_____ , 「제국, 국가, 민족: 위계적 세계화와 민주적 세계화 사이에서」, 네이버문화재단 주최 열린연단 〈문화의 안과밖〉(서울: 안국빌딩 신관), 2016.4.16.

_____ , 「제국과 식민지에서의 '제국': 20세기 전반기 일본과 한국에서 '제국'의 개념적 기능과 인식」,『국제정치논총』, 제52집 제4호, 2012.

_____ , 「한국전쟁과 내전: 세 가지 내전 개념의 구분」,『한국정치학회

보』, 제47집 제5호, 2013.

이삼성, 「한나 아렌트의 인간학적 전체주의 개념과 냉전: 친화성과 긴장의 근거」, 『한국정치학회보』, 제49집 제5호, 2015.

_____ , 「한나 아렌트의 정치철학에서 국가와 그 너머」, 김홍우 외, 『정치사상과 사회발전: 이홍구 선생 미수 기념 문집』, 중앙books, 2021.

_____ , 「한반도의 평화에서 동아시아 공동안보로」, 이삼성·정욱식 외, 『한반도의 선택』, 삼인, 2001.

_____ , 「핵의 위기」, 『창작과비평』, 제18권 제4호(통권 70호), 1990.

_____ , 『20세기의 문명과 야만: 전쟁과 평화, 인간의 비극에 관한 정치적 성찰』, 한길사, 1998.

_____ , 『동아시아의 전쟁과 평화 1: 전통시대 동아시아 2천년과 한반도』, 한길사, 2009.

_____ , 『동아시아의 전쟁과 평화 2: 근대 동아시아와 말기조선의 역사인식과 시대구분』, 한길사, 2009.

_____ , 『세계와 미국: 20세기의 반성과 21세기의 전망』, 한길사, 2001.

_____ , 『제국』, 소화, 2014.

_____ , 『한반도의 전쟁과 평화: 핵무장 국가 북한과 세계의 선택』, 한길사, 2018.

_____ , 『현대미국외교와 국제정치』, 한길사, 1993.

_____ , 「동아시아 국제질서의 성격에 관한 일고: '대분단체제'로 본 동아시아」, 『한국과 국제정치』, 제22권 제4호, 2006.

_____ , 『한반도핵문제와 미국외교: 북미핵협상과 한국 통일정책의 비판적 인식』, 한길사, 1994.

_____ , 「'제국' 개념과 19세기 근대 일본: 근대 일본에서 '제국' 개념의 정립 과정과 그 기능」, 『국제정치논총』, 제51집 제1호, 2011.

이상현, 「제주해군기지, 왜 필요한가?」 『세종논평』, 제85호, 2007.5.28.

이서항, 「국제자유도시와 안전보장」, 해군본부 주최 〈제9회 함상토론회〉, 2002.5.16.-17.

이수훈 엮음, 『조정기의 한미동맹: 2003-2008』, 경남대 극동문제연구소, 2009.

이에나가 사부로, 현명철 옮김, 『전쟁책임』, 논형, 2005.

이완범, 「6.25전쟁은 복합전으로 시작되었다: 내전설과 남침유도설에 대한 비판적 조망」, 한국전쟁학회 엮음, 『한국 현대사의 재조명』, 명인문화사, 2007.

_____, 「6.25전쟁의 성격과 개전 책임문제」, 『북한학보』, 제34권 제1호, 2009.

_____, 「중국인민지원군의 한국전쟁 참전 결정과정」, 박두복 엮음, 『한국전쟁과 중국』, 백산서당, 2001.

_____, 「한국전쟁 발발원인에 대한 유기적 해석: 김일성의 국제적 역학관계변화 편승과 스탈린의 동의」, 『국제정치논총』, 제39집 제1호, 1999.

_____, 『한국전쟁: 국제전적 조망』, 백산서당, 2000.

이우연, 「퐁니학살 '한겨레21' 첫 보도 23년 만에 한국 배상책임 인정」, 『한겨레』, 2023.2.7.

이정민, 「美 핵잠 '미시시피함' 해군 제주기지 입항: 개항 이후 잠수함 첫 입항…토마호크 순항미사일 등 탑재」, 『미디어제주』, 2017.11.22.

이정식, 『대한민국의 기원: 해방 전후 한반도 국제정세와 민족 지도자 4인의 정치적 궤적』, 일조각, 2006.

이철순, 『남북한 정부수립 과정 비교 1945-1948』, 인간사랑, 2010.

이태윤, 「제주민군복합형관광미항, 국제크루즈선 첫 입항 성공」, 『한라일보』, 2017.9.29.

이택선, 「취약국가 대한민국의 형성과정(1945-50년)」, 서울대학교 외교학과 박사학위논문, 2012.

이헌미, 「『제국의 위안부』와 기억의 정치학」, 『국제정치논총』, 제57집 제2호, 2017.

임종국, 『일본군의 조선침략사 2』, 일월서각, 1989.

자오팅양, 노승현 옮김, 『천하체계: 21세기 중국의 세계인식』, 길, 2010.

장백가, 「위기처리 시각에서 본 항미원조 출병결정」, 박두복 엮음, 『한국전쟁과 중국』, 백산서당, 2001.

장정길, 「화순항 해군부두를 말한다」, 『제주일보』, 2002.11.22.

전상인, 『고개 숙인 수정주의: 한국현대사의 역사사회학』, 전통과현대,

2001.

전용신 옮김, 『완역 일본서기』, 일지사, 1989.

정병준, 『한국전쟁: 38선 충돌과 전쟁의 형성』, 돌베개, 2006.

정삼만, 「화순항 해군부두와 안전보장」, 제주도 의회 교육관광위원회 주최 정책세미나 〈제주국제자유도시 추진과 대응방안〉, 2002.11.

_____ , 「제주국제자유도시와 안전보장」, 제주해양연맹 주최 〈2002 제주해양연맹 심포지움〉, 2002.10.4.

정인환, 「북, 왜 핵무기 매뉴얼 5가지 못박았나…"억지력 키우려는 듯"」, 『한겨레』, 2022.9.12.

정진우, 「일본, 올림픽 앞두고 공개망신…유네스코 '군함도 왜곡' 경고」, 『중앙일보』, 2021.7.12.

제주4.3사건진상규명및희생자명예회복위원회, 『제주 4.3사건 진상조사 보고서』, 선인, 2003.

조준형, 「중국, 대외보복 근거법 제정 "안보·이익 침해시 반격 권리"」, 『연합뉴스』, 2023.6.29.

주지안롱, 서각수 옮김, 『모택동은 왜 한국전쟁에 개입했을까』, 역사넷, 2005.

중국중앙공산당사연구실, 홍순도·홍광훈 옮김, 『중국공산당역사 상: 1949년 10월~1956년 9월』, 서교출판사, 2014.

진관타오·류칭펑, 양일모 외 옮김, 『관념사란 무엇인가 2: 관념의 변천과 용어』, 푸른역사, 2010.

진창수, 「일본 정치권의 변화와 아베 정권의 역사인식」, 도시환 외, 『일본 아베 정권의 역사인식과 한일관계』, 동북아역사재단, 2013.

채규철, 「한국전쟁의 기원에 관한 연구: 한국인의 성격적·심리적 특성을 중심으로」, 『국제정치논총』, 제40집 제3호, 2000.

최명상, 「한국전쟁 원인의 국제체제적 접근」, 제5회 국방·군사세미나 〈한국전쟁 주요쟁점 재조명〉(재향군인회관), 1998.6.26.

최영호, 「일본 사회에서 제기되고 있는 전후 처리 문제」, 『세계의 전쟁 책임과 전후 보상』, 동북아역사재단, 2009.

최영호, 「한국 정부의 대일 민간청구권 보상 과정」, 『한일 민족문제 연구』, 제8호, 2005.

최현준, 「중국이 아닌 미국을 의심하는 대만인이 늘고 있다」, 『한겨레』, 2023.4.19.

코케츠 아츠시, 김경옥 옮김, 『우리들의 전쟁책임: 쇼와 초기 20년과 헤세기 20년의 역사적 고찰』, 제이앤씨, 2013.

토르쿠노프, 아나톨리, 구종서 옮김, 『한국전쟁의 진실과 수수께끼: 김일성-스탈린-모택동 기밀문서』, 에디터, 2003.

퍼듀, 피터 C., 공원국 옮김, 『중국의 서진: 청의 중앙유라시아 정복사』, 길, 2012.

펨펠, T.J., 최은봉 옮김, 『현대 일본의 체제 이행』, 을유문화사, 2000.

하수영, 「文대통령 "평화협정 체결, 완전한 비핵화한 뒤 가능"」, 『뉴스핌』, 2018.9.20.

하어영, 「미 핵잠수함 입항 전제로 제주해군기지 설계했다: 김광진 의원 '수심 12m 적용…우리 군 기준이면 9.3m면 돼'」, 『한겨레』, 2012.10.17.

하영선, 「냉전과 한국」, 『한국전쟁의 새로운 접근: 전통주의와 수정주의를 넘어서』, 나남, 1990.

한국정신대연구소·한국정신대문제대책협의회 엮음, 『증언집: 강제로 끌려간 조선인 군위안부들 3』, 한울, 1999.

한도 가즈토시, 박현미 옮김, 『쇼와사: 일본이 말하는 일본제국사 1: 전전편 1926-1945』, 루비박스, 2010.

한배호, 「서론: 제1공화국의 정치체제」, 『한국현대정치론 I: 제1공화국의 국가형성, 정치과정, 정책』, 오름, 2000.

한상용, 「유네스코 '日 군함도 전시왜곡' 확인…세계유산위 "강한 유감"」, 『연합뉴스』, 2021.7.12.

한성훈, 「하미마을의 학살과 베트남의 역사 인식: 위령비와 '과거를 닫고 미래를 향한다'」, 『사회와 역사』, 제118집, 2018.

한지훈, 「중추국가 비전 제시 尹 '외교 슈퍼위크'…자유연대로 급속 편입」, 『연합뉴스』, 2023.5.23.

황지환, 「한반도 분단과 한국전쟁의 국제정치이론적 의미: 현상타파·현상유지 국가 논의의 재조명」, 『국제정치논총』, 제52집 제3호, 2012.

2. 일본어 및 중국어, 한문 문헌

『北史 列傳』凡八十八卷 卷六十三　列傳 第五十一 蘇綽　子威　威子夔　綽弟椿　綽從兄亮　亮弟湜　讓 篇.

『宋史』志　凡一百六十二卷 卷一百三十二　志 第八十五 樂七　樂章一 感生帝 元符祀感生帝五首.

『宋書 本紀』　凡十卷 卷五　本紀第五 文帝　義隆 元嘉十九年.

『隋書 列傳』　凡五十卷 卷八十一　列傳 第四十六 東夷 倭國.

『隋書』凡三十卷 卷二十六　志第二十一 百官上 梁 篇.

『晉書/列傳』凡七十卷 / 卷四十三　列傳 第十三 / 山濤　子簡　簡子遐.

『清史稿 列傳』凡三百六十卷 卷四百七十三　列傳 二百六十 張勳 篇.

ルニョフ, A.E. 「極東國際軍事裁判所の活動の法的側面」, 細谷千博·安藤仁介·大沼保昭 編, 『國際シンポジウム 東京裁判を問oう』, 東京: 講談社, 1989.

ロナルド タカキ, 『アメリカはなぜ日本に原爆を投下したのか』, 山岡洋一 譯, 草思社, 1995.

加藤典洋·橋爪大三郎·竹田靑嗣, 『天皇の戰爭責任: Hirohito's War Responsibility』, 東京: 徑書房, 2000.

廣瀨憲雄, 『東アジアの國際秩序と古代日本』, 吉川弘文館, 2011.

宮崎市定, 「天皇なる稱号の由來について」, 『思想』646(1978).

金觀濤·劉淸峰, 『觀念史 研究: 中國現代重要政治術語的形成』, 香港: 當代中國文化研究中心, 2008.

吉見義明, 『從軍慰安婦』, 東京: 岩波書店, 1995.

吉田裕, 『昭和天皇の戰爭史』, 東京: 岩波書店, 1993.

_____ , 『昭和天皇の終戰史』, 岩波書店, 1992.

吉村忠典, 「'帝國'という概念について」, 『史學雜誌』, 108編, 3号(1999).

_____ , 『古代ローマ帝國の研究』, 東京: 岩波書店, 2003.

金觀濤·劉淸峰, 『觀念史 研究: 中國現代重要政治術語的形成』香港: 當代中國文化研究中心, 2008.

金一勉, 『天皇の軍隊と朝鮮人慰安婦』, 三一書房, 1976.

大岡昇平,『レイテ戦記』(『大岡昇平集』第九巻 & 第十巻) 岩波書店, 1982-
　　1984.

臺灣 中央研究院 漢籍電子文獻資料庫 (http://hanchi.ihp.sinica.edu.tw).

藤村道生,『日淸戦争: 東アジア近代史の轉換點』, 東京: 岩波新書, 1973
　　(2007).

力平,『周恩來一生』, 中央文獻出版社, 1991.

鈴木裕子,『朝鮮人從軍慰安婦』, 東京: 岩波ブックレット, 1991.

_____,『「從軍慰安婦」問題と性暴力』, 未來社, 1993.

栗屋憲太郎,『15年戦争期の政治と社會』, 東京: 大月書店, 1995.

_____,『東京裁判への道』上, 東京: 講談社, 2006; 雨宮昭一,『占領と改
　　革』(ミリ一ズ日本近現代史⑦), 東京: 岩波書店, 2008.

栗原朋信,『上代日本對外關係の研究』, 吉川弘文館, 1978.

麻田貞雄,「原爆投下の衝撃と降伏の決定」, 細谷千博・入江昭・後藤乾一・波
　　多野澄雄 編,『太平洋戦争の終結』, 柏書房, 1997; 長谷川毅,『暗躍: スタ
　　ーリン, トルーマンと日本降伏』, 中央公論新社, 2006.

木畑洋一,「アジア諸戦争の時代: 一九四五－一九六〇年」, 和田春樹・後藤乾
　　一・木畑洋一・山室信一・趙景達・中野聰・川島眞 編,『東アジア近現代通
　　史 7: アジア諸戦争の時代, 1945-1960年』, 岩波書店, 2011.

木戸日記研究會編集校訂,『木戸幸一日記』, 東京: 東京大學出版會, 1980; 雨
　　宮昭一(2008).

逢先知・李捷,『毛澤東與抗美援朝』, 中央文獻出版社, 2000.

師哲,『在歷史巨人身邊』, 中共中央黨校出版社, 1998.

山本有造,『帝國の研究』, 名古屋: 名古屋大學出版會, 2003.

山田統,「天下という觀念と國家の形成」, 増田四郎 編,『共同研究 古代國
　　家』, 啓示社, 1949.

森公章,「古代日本における對唐觀の研究」,『古代日本の對外認識と通交』,
　　吉川弘文館, 1998.

森武麿,『アジア太平洋戦争』(『日本の歴史』第二十巻, 集英社, 1993),

杉山正明,「帝國史の脈絡」, 山本有造 編,『帝國の研究』(名古屋: 名古屋大學
　　出版會, 2003),

瑞慶山茂 責任編集,『法廷で裁かれる日本の戰爭責任: 日本とアジア・和解
　　と恒久平和のために』,東京: 高文研, 2014.

西嶋定生.『中國古代國家と東アジア世界』東京: 東京大學出版會, 1983.

西野留美子,『從軍慰安婦』, 明石書店, 1992.

徐焰, 第一次較量: 抗美援朝戰爭的歷史回顧與反思』, 北京: 中國廣播電視出
　　版社, 1990.

石母田正,『石母田正著作集 四 古代國家論』, 東京: 岩波書店, 1989.

石川眞澄,『戰後政治史』, 東京: 岩波書店, 1995.

安部健夫,『中国人の天下観念: 政治思想史的試論』, ハ__バ__ド・燕京・同志
　　社東方文化講座第6輯), ハ__バ__ド・燕京・同志社東方文化講座委員会,
　　1956.

余偉民,「斯大林的戰略布局與亞洲冷戰起源: 基于俄國解密檔案的研究」, 동
　　북아역사재단 주최 동아시아 이론연구와 서술사업 국제학술회의 〈냉전
　　과 동아시아: 사상, 지식, 질서〉(동북아역사재단 중회의실), 2015.9.11.

五十嵐武士,『戰後日米關係の形成: 講和・安保と冷戰後の視點に立って』,
　　東京: 講談社學術文庫, 1995.

王毅,「堅決抵制美方的公然挑釁和政治賭博」,『人民网-人民日报』, 2022.8.5.

原秀三郎,「日本列島の未開と文明」, 歷史學研究會・日本史研究會 編輯,『日
　　本歷史 1 原始・古代 1』, 東京大學出版會, 1984.

李三星,「アメリカの東アジア戰略と日本の精神狀況」,『言語文化研究』(立
　　命館大學國際言語文化研究所), 14卷 1号(5月), 2002 (中村福治 譯).

笠原十九司 著,『南京事件』, 東京: 岩波書店, 1997.

長谷川毅,『暗躍--スターリン, トルーマンと日本降伏』, 中央公論新社, 2006.

張盛發,『斯大林與冷戰』, 中國社會科學出版社, 2000.

張憲文 主編,『南京大屠殺史』, 南京大學出版社, 2014.

_____ ,『南京大屠殺史料集』第1冊~제71冊, 江蘇人民出版社, 2005-
　　2010.

田島公,「日本の律令國家の『賓禮』」,『史林』六八-三(1985).

井上光貞・關晃・土田直鎮・青木和夫 編.『日本思想大系 3 律令』東京: 岩波
　　書店, 1976.

朝鮮軍殘務整理部,「朝鮮における戰爭準備」(1946),『朝鮮軍槪要史』, 동경: 1989.

篠原初枝,「原爆投下と戰後國際秩序--軍事的·外交的價値への期待と核の恐怖」, 和田春樹·後藤乾一·木畑洋一·山室信一·趙景達·中野聰·川島眞 編,『東アジア近現代通史 6: アジア太平洋戰爭と「大東亞共榮圈」, 1935-1945年』, 岩波書店, 2011.

宗澤亞,『淸日戰爭』, 北京: 北京聯合出版公司, 2014.

中共中央文獻硏究室, 中國人民解放軍軍事科學院 編,『毛澤東軍事文選』第六卷, 北京: 軍事科學出版社·中央文獻出版社, 1993.

_____,『毛澤東年譜』下卷, 北京: 中央文獻出版社, 2002.

中國人民解放軍軍史 編寫組 編,『中國人民解放軍軍史』第三卷, 北京: 軍事科學出版社, 2010.

_____,『中國人民解放軍軍史』第四卷, 北京: 軍事科學出版社, 2011.

秦 郁彦,『南京事件: 虐殺の構造』, 增補版, 東京: 中公新書, 2007(初版 1986).

秦剛,「中国人民不欢迎安倍 中国领导人也不可能与其对话」, 人民网, 2013. 12.30.

津田左右吉,『神代史の硏究』, 東京: 岩波書店. 1924.

沈志華,『冷戰在亞洲: 朝鮮戰爭與中國出兵朝鮮』, 北京: 九州出版社, 2013.

_____,『冷戰的起源: 戰後蘇聯的對外政策及其轉變』, 北京: 九州出版社, 2013.

坂本太郎·家永三郎·井上光貞·大野 晋 校注,『日本書紀 (三)』東京: 岩波書店, 1994.

_____,『日本古典文學大系 68: 日本書紀 下』東京: 岩波書店, 1965.

坂上康俊,『律令國家の轉換と「日本」』, 東京: 講談社, 2001.

平野邦雄,「國際關係における'歸化'と'外蕃'」,『大化前代政治過程の研究』, 吉川弘文館, 1985.

河上徹太郎·竹內好,『近代の超克』, 富山房百科文庫, 1994.

韓國挺身隊問題對策協議會·挺身隊研究會編,『証言--强制連行された朝鮮人軍慰安婦たち』, 明石書店, 1993.

核と人類取材センタ__·田井中雅人, "(核の神話: 1)元米国防長官　オバマ氏は広島で誓いを," 『朝日Digital』, 2015年 9月 7日 18時 57分.

和田春樹, 『朝鮮戰爭』, 『東アジア近現代通史』第7巻 『アジア諸戰爭の時代: 1945-1960年』, 東京: 岩波書店, 2011.

_____ , 『朝鮮戰爭』, 東京: 岩波書店, 1995.

3. 영문 문헌

Abe, Shinzo, "Statement by Prime Minister Abe: Pledge for everlasting peace," Ministry of Foreign Affairs of Japan, December 26, 2013.

Acheson, Dean, *Present at the Creation: My Years in the State Department*, New York: W.W. Norton, 1969.

Adler, David, "Centrists Are the Most Hostile to Democracy, Not Extremists," *The New York Times*, May 23, 2018.

Alagappa, Muthiah, "The Study of International Order: An Analytical Framework," in Muthiah Alagappa(ed.), *Asian Security Order: Instrumental and Normative Features*, Stanford: Stanford University Press, 2003.

Allison, Graham, *Destined For War: Can America and China Escape Thucydides's Trap?*, Boston: Houghton Mifflin Harcourt, 2017.

Alperovitz, Gar, *Atomic Diplomacy: Hiroshima and Potsdam*, New York: Vintage, 1965.

Alperowitz, Gar and Robert Messer, "Marshall, Truman, and the Decision to Drop the Bomb," *International Security*, Vol.16(Winter 1991/92).

Alston, Philip and Ryan Goodman, *International Human Rights: Text and Materials*, Oxford, UK: Oxford University Press, 2013.

Arendt, Hannah, *The Origins of Totalitarianism*, New York: Harcourt, Brace and Co., 1973(Originally 1951).

Arkin, William M., "Secret Plan Outlines the Unthinkable: A secret policy review of the nation's nuclear policy puts forth chilling new contingencies for nuclear war," *Los Angeles Times*, March 10, 2002.

Armstrong, Charles, *Tyranny of the Weak: North Korea and the World, 1950-1992*, Ithaca: Cornell University Press, 2013.

Asada, Sadao, "The Shock of the Atomic Bomb and Japan's Decision to Surrender: A Reconsideration," *Pacific Historical Review*, Vol.67 (November 1998).

Aston, W.G., *NIHONGI: Chronicles of Japan from the Earliest Times to A.D. 697*, Vol.2, Tuttle Publishing, 1972.

Auster, Bruce B. and Kevin Whitelaw, "Upping the ante for Kim Jong Il: Pentagon Plan 5030, a new blueprint for facing down North Korea," *US News & World Report*, July 21, 2003.

Bacevich, Andrew J.(ed.), *The Imperial Tense: Prospects and Problems of American Empire*, Chicago: Ivan R. Dee, 2003.

BBC Documentary, "Our World," June 18, 2023.

BBC News, "Bruno Dey: Former Nazi guard found guilty over mass murder at Stutthof Camp," 23 July 2020.

Beckett, Ian F.W., "Total War," in Arthur Marwick, Clive Emsley, and Wendy Simpson(eds.), *Total War and Historical Change: Europe 1914-1955*, Buckingham: Open University Press, 2001.

Bernstein, Barton J., "Understanding the Atomic Bomb and the Japanese Surrender: Missed Opportunities, Little-Known Near Disasters, and Modern Memory," *Diplomatic History*, Vol.19 (Spring 1995).

_____ , "Understanding the Atomic Bomb and the Japanese Surrender: Missed Opportunities, Little-Known Near Disasters, and Modern Memory," *Diplomatic History*, Vol.19 (Spring 1995).

_____ , "Understanding the Atomic Bomb and the Japanese Surrender: Misused Opportunities, Little-Known Near Disasters, and Modern Memory," in Michael J. Hogan(ed.), *Hiroshima in History and Memory*, Cambridge, UK: Cambridge University Press, 1996.

Bernstein, Richard and Ross H. Munro, "The Coming Conflict with America," *Foreign Affairs*, March/April, 1997.

Betts, Richard K., "Wealth, Power, and Instability: East Asia and the United States after the Cold War," *International Security*, Vol.18, No.3 (Winter 1993/94).

Bird, Kai, "The Tragedy of J. Robert Oppenheimer," *The New York Times*, July 12, 2023.

Bix, Herbert P., *Hirohito and the Making of Modern Japan*, New York: Perennial, 2001.

Blank, Laurie R. and Gregory P. Noone, *International Law and Armed Conflict: Fundamental Principles and Contemporary Challenges in the Law of War*, Aspen Publishing, 2018.

Blecher, Marc, *China Against the Tides: Restructuring through Revolution, Radicalism and Reform*, New York: Continuum, Third Edition, 2010.

Bolton, John, *The Room Where It Happened: A White House Memoir*, New York: Simon & Schuster, 2020.

Brooke, James, "Japan's New Military Focus: China and North Korea Threats," *The New York Times*, December 11, 2004.

Bruma, Ian, *The Wages of Guilt: Memories of War in Germany and Japan*, New York: New York Review Books, 2015 Edition (Originally 1994).

Brzezinski, Zbigniew, "Living With China," *The National Interest*, No.59 (Spring 2000), in Owen Harries (ed.), *China* in The National Interest, New Brunswick: Transaction Publishers, 2003.

Buckley, Chris (et al.), "How China Could Choke Taiwan," *The New York Times*, August 25, 2022.

Bugos, Shannon, "U.S. Completes INF Treaty Withdrawal," *ARMS CONTROL TODAY*, September 2019.

Burroughs, John, *The (Il)legality of Threat or Use of Nuclear Weapons: A Guide to the Historic Opinion of the International Court of Justice*, Munster: LIT VERLAG, 1997.

Bush, George, "Develop Agendas for Cooperative Action with the Other Main Centers of Global Power," *The National Security Strategy*, June 1,

2002.

Bush, Richard C., *At Cross Purposes: U.S.-Taiwan Relations Since 1942*, Armonk, N.Y.: M.E. Sharpe, 2004.

Butow, Robert J. C., *Japan's Decision to Surrender*, 1st Edition, Stanford, Calif.: Stanford University Press, 1954.

Buzan, Barry and Ole Weaver, *Regions and Powers: The Structure of International Security*, Cambridge: Cambridge University Press, 2003.

Carter, Ashton B. (Deputy Secretary of Defense), "The U.S. Strategic Rebalance to Asia: A Defense Perspective," New York City, NY, Wednesday, August 01, 2012.

Chandler, David, "Imperialism may be out, but aggressive wars and colonial protectorates are back," *Observer*, April 14, 2002.

Chang, Iris, "The Nanking Massacre," in Roy L. Brooks(ed.), *When Sorry Isn't Enough: The Controversy over Apologies and Reparations for Human Injustice*, New York: New York University Press, 1999.

Chen Jian, "The Myth of America's 'Lost Chance' in China: A Chinese Perspective in Light of New Evidence," *Diplomatic History*, Vol.21, No.1(Winter 1997).

_____ , *China's Road to the Korean War: The Making of the Sino-American Confrontation*, New York: Columbia University Press, 1994.

_____ , *Mao's China and The Cold War*, The University of North Carolina Press, 2001.

Cherney, Mike, "U.S. Courtship of Pacific Nations Leads to Key Security Deal: Papua New Guinea agrees to defense-cooperation and maritime-security pacts with Washington during Blinken visit," *The Wall Street Journal*, May 22, 2023.

China National Defense 2002, Beijing: Information Office of the State Council, December, 2002.

Chomsky, Noam and Edward S. Herman, *The Washington Connection and Third World Fascism: The Political Economy of Human Rights*, Vol.1,

Boston: South End Press, 2014.

Chomsky, Noam, "The Cold War and the Superpowers," *Monthly Review*, Vol.33, No.6(November 1981).

Christensen, Thomas J., "A 'Lost Chance' for What? Rethinking the Origins of the U.S.-PRC Confrontation," *Journal of American-East Asian Relations*, Vol.4(Fall 1995).

_____ , "China, the US-Japan Alliance, and the Security Dilemma in East Asia," *International Security*, Vol.23, No.4(Spring 1999).

_____ , "Posing Problems without Catching Up: China's Rise and Challenges for U.S. Security Policy," International Security, Vol.25, No.4 (Spring 2001).

_____ , *Useful Adversaries: Grand Strategy, Domestic Mobilization, and Sino-American Coflict, 1947-1950*, Princeton: Princeton University Press, 1996.

Yun-han, Chu and Jih-wen, Lin, "Political Development in 20th-Century Taiwan: State-Building, Regime Transformation and the Construction of National Identity," Richard Louis Edmonds and Steven M. Goldstein, *Taiwan in the Twentieth Century: A Retrospective View*, New York: Cambridge University Press, 2001.

Churchill, Owen, "Uygur Forced Labour Prevention Act takes effect in US, banning imports from Xinjiang," *South China Morning Post*, June 21, 2022.

Clark, Christopher, *The Sleepwalkers: How Europe Went to War in 1914*, New York: HarperCollins, 2013.

Cockel, Chris, "Peace in Taiwan Strait Not a Given, Says U.S. Official," *China Post*, April 5, 2002.

Cohen, Paul A., *China Unbound: Evolving Perspectives on the Chinese Past*, London: RoutledgeCurzon, 2003.

Cohen, Warren I., "Acheson, His Advisers, and China, 1949-1950," Dorothy Borg and Waldo Heinrichs(eds.), *Uncertain Years: Chinese-American*

Relations, 1947-1950, New York, 1980.

Cohen, Warren I., "Rethinking the Lost Chance in China: Was there a 'Lost Chance' in China?", *Diplomatic History*, Vol.21, No.1 (Winter 1997).

Congressional Research Service, "China Naval Modernization: Implications for U.S. Navy Capabilities: Background and Issues for Congress," May 15, 2023.

Conot, Robert E., *Justice At Nuremberg*, New York: Basic Books, 2009.

Cooper, Robert, "The new liberal imperialism," *Observer*, April 7, 2002.

Copeland, Dale C., "The Constructivist Challenge to Structural Realism: A Review Essay," *International Security*, Vol.25, No.2 (Fall 2000).

_____ , *Economic Interdependence and War*, Princeton: Princeton University Press, 2015.

Corey, Dean and William Head, "Hodge, John R. (1893-1963)," in Spencer C. Tucker (ed.), *Encyclopedia of the Korean War: A Political, Social, and Military History*, Vol.I, Santa Barbara, CA: ABC-CLIO, 2000.

Costello, John, *The Pacific War, 1941-1945*, Quill Trade Paperbacks, 1982.

Craig, Timothy, "The Shanghai Cooperation Organization: Origins and Implications," Naval Postgraduate School, Monterey, California, September, 2003.

Cumings, Bruce, "American Policy and Korean Liberation," in Frank Baldwin (ed.), *Without Parallel: the American-Korean Relationship since 1945*, New York: Pantheon Books, 1974.

_____ , *Korea's Place in the Sun: A Modern History*, New York: W.W. Norton, 1997.

_____ , *The Korean War: A History*, New York: The Modern Library, 2010.

_____ , *The Origins of the Korean War (I): Liberation and the Emergence of Separate Regimes, 1945-1947*, Princeton, NJ: Princeton University Press, 1981.

_____ , *The Origins of the Korean War (II): The Roaring of the Cataract, 1947-*

1950, Princeton: Princeton University Press, 1990.

Dallin, David J., *Soviet Foreign Policy After Stalin*, New York: Lippincott, 1961.

Department of Defense, *2001 Quadrennial Defense Review Report*, September 30, 2001.

_____, *2006 Quadrennial Defense Review Report*, February 6, 2006.

_____, *2010 Nuclear Posture Review Report*, April 2010,.

_____, *2018 Nuclear Posture Review*, January 2018.

_____, *2022 Nuclear Posture Review*, October 27, 2022.

_____, *Military and Security Developments Involving the People's Republic of China 2022, Annual Report to Congress*, released on November 29, 2022.

_____, *Foreign Relations of the United States*, 1946, vol.8 (SWNCC 228).

_____, *The China Whitepaper* (originally issued as United States Relations with China with Special Reference to the Period 1944-1949, Department of State Publication 3573, Far Eastern Series 30, August 1949), Stanford: Stanford University Press, 1967.

Desiderio, Andrew, "U.S.-Taiwan bill sails through Senate panel despite White House misgivings," *POLITICO*, September 14, 2022.

Dingman, Roger, "Atomic Diplomacy During the Korean War," *International Security*, Vol.13, No.3 (Winter 1988/89).

Dooley, Ben, "With 5 Missiles, China Sends Stark Signal to Japan and U.S. on Taiwan," *The New York Times*, August 4, 2022.

Dower, John W., *War Without Mercy: Race and Power in the Pacific War*, New York: Pantheon Books, 1986.

_____, *Embracing Defeat: Japan In The Wake Of World War II*, New York: W.W. Norton & Company, 1999.

_____, *Empire and Aftermath: Yoshida Shigeru and the Japanese Experience, 1878-1954*, Cambridge, M.A.: Harvard University Press, 1979 (1988).

_____, *Ways of Forgetting, Ways of Remembering: Japan in the Modern World*, New York: The New Press, 2012.

Dower, John W., "Three Narratives of Our Humanity," in Edward T. Linenthal and Tom Engelhardt(eds.), *History Wars: The Enola Gay and Other Battles for the American Past*, New York: Metropolitan Books/Henry Holt and Company, 1996.

Eddy, Melissa, "Pipeline Breaks Look Deliberate, Europeans Say, Exposing Vulnerability," *The New York Times*, September 27, 2022.

Erlanger, Steven and Alexandra Stevenson, "Tough Lines on Ukraine and China: Seeing Policy Fallout From U.S. Election," *The New York Times*, November 10, 2022.

Esposito, Mark A.T., "Geneva Conference of 1954: 26 April-15 June 1954," in Spencer C. Tucker(ed.), *Encyclopedia of Korean War: A Political, Social and Military History*, Vol.I, Santa Barbara: ABC-CLIO, Inc., 2000.

Evera, Stephen Van, "Offense, Defense, and the Causes of War," in Michael E. Brown et al.(eds.), *Theories of War and Peace*, Cambridge, MA.: The MIT Press, 1998.

Feis, Herbert, *Churchill, Roosevelt and Stalin*, Princeton, N.J.: Princeton University Press, 1957.

Ferguson, Niall, *Colossus: The Price of America's Empire*, New York: The Penguin Press, 2004.

Ferrell, Robert H.(ed), *Off the Record: The Private Papers of Harry S. Truman*, New York: Harper & Row, 1980.

Frank, Richard B., *Downfall: The End of the Imperial Japanese Empire*, New York: Penguin Books, 1999.

Freedman, Lawrence, "Why War Fails Russia's Invasion of Ukraine and the Limits of Military Power," *Foreign Affairs*, July/August, 2022.

French, David, "Will DeSantis Destroy Conservatism as We Know It?", *The New York Times*, May 25, 2023.

Frieden, Jeffrey, *Global Capitalism: Its Fall and Rise in the Twentieth Century*, New York: W.W. Norton & Company, 2006.

Fukuyama, Francis, *The End of History and the Last Man*, New York: Avon

Books, 1992.

Gaddis, John Lewis, "On Moral Equivalency and Cold War History," *Ethics & International Affairs*, Vol.10, 1996.

_____ , "The Emerging Post-Revisionist Synthesis on the Origins of the Cold War," *Diplomatic History*, Vol.7, No.3 (Summer 1983).

_____ , "The Tragedy of Cold War History," *Diplomatic History*, Vol.17, No.1 (Winter 1993).

_____ , "On Starting All Over Again: A Naïve Approach to the Study of the Cold War," Odd Arne Westad (ed.), *Reviewing the Cold War: Approaches, Interpretations, Theory*, London: Frank Cass, 2000.

_____ , *The Long Peace: Inquiries into the History of the Cold War*, New York: Oxford University Press, 1987.

_____ , *The United States and the Origins of the Cold War, 1941-1947*, New York: Columbia University Press, 1972.

_____ , *We Now Know: Rethinking Cold War History*, New York: Oxford University Press, 1997.

Gady, Franz-Stefan, "Will the US Navy's High-Tech Destroyer Be Armed With Nuke Cruise Missiles?", *The Diplomat*, February 28, 2018.

Galtung, Johan, "The Cold War as an Exercise in Autism: The U.S. Government, the Governments of Western Europe, and the People," *Alternatives*, Vol. XIV, 1989.

Gamel, Kim, "N. Korea calls arrival of nuclear-powered US submarine a direct threat," *STARS AND STRIPES*, June 17, 2016.

Garrett, Banning, Jonathan Adams and Franklin Kramer, "Taiwan in Search of a Strategic Consensus," The Atlantic Council of the United States, Issue Brief, March 2006.

Garthoff, Raymond L., *The Great Transformation: American-Soviet Relations and the End of the Cold War*, Washington, D.C.: The Brookings Institution, 1994.

Garver, John W., "Little Chance," *Diplomatic History*, Vol.21, No.1 (Winter 1997).

Gates, Robert M., "The Overmilitarization of American Foreign Policy: The United States Must Recover the Full Range of Its Power," *Foreign Affairs*, July/August, 2020.

Gill, Bates, "China's Evolving Regional Security Strategy," in David Shambaugh (ed.), *Power Shift: China and Asia's New Dynamics*, Berkeley: University of California Press, 2005.

Gillman, Ollie, "The Soviet cities that America would have wiped off the map in a nuclear war: newly declassified target list shows how U.S. planned to target capitals purely to kill their populations," *The Daily Mail*, December 24, 2015.

Gilpin, Robert, *War and Change in World Politics*, London: Cambridge University Press, 1981.

Glosny, Michael A., "Strangulation from the Sea?: A PRC Submarine Blockade of Taiwan," *International Security*, Vol.28, No.4(Spring 2004).

Goldstein, Avery, *Rising to the Challenge: China's Grand Strategy and International Security*, Stanford: Stanford University Press. 2005.

Goldstein, Lyle and William Murray, "Undersea Dragons: China's Maturing Submarine Force," *International Security*, Vol.28, No.4(Spring 2004).

Goncharov, Sergei N., John W. Lewis, and Xue Litai, *Uncertain Partners: Stalin, Mao and the Korean War*, Stanford: Stanford University Press, 1993.

Graham, Euan, "A Glimpse into South Korea's New Naval Base on Jeju Island," *The National Interest*, June 1, 2016.

Graves, Barbara and Edward Whitman, "The VIRGINIA Class: America's Next Submarine."

Green, Brendan and Caitlin Talmadge, "The Consequences of Conquest: Why Indo-Pacific Power Hinges on Taiwan," *Foreign Affairs*, July/August, 2022.

Green, Joshua, *Devil's Bargain: Steve Bannon, Donald Trump, and the Nationalist Uprising*, New York: Penguin, 2018.

Haass, Richard, "Present at the Disruption: How Trump Unmade U.S. Foreign Policy," *Foreign Affairs*, September/October 2020.

Haddick, Robert, "This Week at War: The Paradox of Arms Control: Even if it passes, New START will only ensure that the U.S. remains dependent on nuclear weapons," *Foreign Policy*, November 19, 2010.

Halberstam, David, *The Coldest Winter: America and the Korean War*, New York: Hyperion, 2007.

Handel, Bernard, "A Debate Over Hiroshima and Nagasaki, 70 Years Later," *The New York Times*, August 11, 2015.

Hanrieder, Wolfram F., *Germany, America, Europe: Forty Years of German Foreign Policy*, New Haven: Yale University Press. 1989.

Harding, Harry, *A Fragile Relationship: The United States and China since 1972*, Washington, D.C.: The Brookings Institution, 1992.

Hasegawa, Tsuyoshi, *Racing the Enemy: Stalin, Truman, and the Surrender of Japan*, Cambridge, Mass.: The Belknap Press of Harvard University, 2005.

Herbert, Bob, "Nuclear Madness," *The New York Times*, March 6 2006.

Hersey, John, *Hiroshima*, Vintage Books, 1989 (Originally in 1946 by Alfred A. Knopf).

Hobsbawm, Eric, *The Age of Empire, 1875-1914*, New York: Vintage Books, 1987.

Hoehn, Andrew R., Adam Grisson, David A. Ochmanek, David A. Shlapak, Alan J. Vick, "A New Division of Labor: Meeting America's Security Challenges Beyond Iraq," Rand Corporation, Prepared for the United States Air Force, 2007.

Hunnicutt, Trevor, Steve Holland and David Brunnstrom, "South Korea, US to share nuclear planning to deter North Korean threat," *Reuters*, April 27, 2023.

Hunt, Michael H. and Steven I. Levine, "Revolutionary Movements in Asia and The Cold War," Melyvn P. Leffler and David S. Painter (eds.), *Origins of the Cold War: An International History*, London: Routledge, 1994.

Hunt, Michael H., "Mao and the Issue of Accomodation with the United States, 1948-1950," in Borg and Heinrichs (eds.), *Uncertain Years*, 1980.

Huntington, Samuel P., *The Clash of Civilizations and the Rethinking of World Order*, New York: Simon & Schuster, 1996.

IISS(The International Institute for Strategic Studies), *The Military Balance 2006*, London: Routledge, 2006.

International Court of Justice, *Reports of Judgments, Advisory Opinions and Orders, Legality of the Threat or Use of Nuclear Weapons*, Advisory Opinion of 8 July 1996.

Ip, Greg, "Biden's Trade Challenge: Kicking the China Dependency Habit: Officials want to avoid trade deals whose rules boost China's role in supply chains," *The Wall Street Journal*, June 22, 2023.

Iriye, Akira, *Power and Culture: The Japanese American War 1941-1945*, Cambridge: Harvard University Press, 1981.

Jacques, Martin, *When China Rules the World: The End of the Western World and the Birth of a New Global Order*, New York: The Penguin Press, 2009.

Jansen, Marius B., *Japan and China: from War to Peace, 1894-1972*, Chicago: Rand McNally College Publishing Company, 1975.

Jennings, Peter, "Peter Jennings Reporting: Hiroshima – Why the Bomb was Dropped," ABC News, 1995.

_____ , "Peter Jennings Reporting: The Missiles of October: What the World Didn't Know," From the ABC TV documentary aired in 1992.

Jianren, Lu, "Yatai Daguo Zai Dongnan Yazhou Diqu De Liyi" *Shijie Jingji yu Zhengzhi*, No.2, 2000.

Johnson, Chalmers, "The 1995 Rape Incident and the Rekindling of Okinawan Protest against the American Bases," in Chalmers Johnson(ed.), *Okinawa: Cold War Island*, Cardiff, CA: Japan Policy Research Institute, 1999.

_____ , *MITI and the Japanese Miracle*, Stanford: Stanford University Press, 1982.

Johnston, Alastair Iain, "Is China a Status Quo Power?", *International Security*, Vol.27, No.4, 2003.

Jones, Diane and Michael Jones, "Allies Called Koreans—A Report from Vietnam," in Frank Baldwin and Diane and Michael Jones, *America's Rented Troops: South Koreans in Vietnam*, Philadelphia, P.A.: American Friends Service Committee, 1975.

Jun, Niu, "The birth of the People's Republic of China and the road to the Korean War," Melvyn P. Leffler and Odd Arne Westad(eds.), *The Cambridge History of the Cold War, Volume 1: Origins*, Cambridge: Cambridge University Press, 2010.

Kamin, David and Rebecca Kysar, "The Perils of the New Industrial Policy: How to Stop a Global Race to the Bottom," *Foreign Affairs*, Vol.102, No.3, May/June, 2023.

Kang, David C., "Getting Asia Wrong: The Need for New Analytical Frameworks," *International Security*, Vol.27, No.4(Spring), 2003.

Karnow, Stanley, *In Our Image: America's Empire in the Philippines*, New York: Ballantine Books, 1989.

Katsiaficas, George(ed.), *Vietnam Documents: American and Vietnamese Views of the War*, Armonk: M.E. Sharpe, 1992.

Kennan, George F., *Memoirs, 1925-1950*, Boston, 1967.

Kerr, George, *Formosa Betrayed*, London: Eyre and Spottiswoode, 1965.

Kim, Chum-kon, *The Korean War*, Seoul: Kwangmyong Publishing Co., 1973.

Kim, Donggil, "The Crucial Issues of the Early Cold War: Stalin and the Chinese Civil War," *Cold War History*, Vol.10, No.2(May 2010).

Kim, Youngho, "The Origins of the Korean War: Civil War or Stalin's Rollback?", *Diplomacy & Statecraft*, Vol.10, No.1(March 1999).

Kissinger, Henry, *Diplomacy*, New York: Simon & Schuster, 1994.

Kolko, Gabriel, *Anatomy of a War: Vietnam, the United States, and the Modern Historical Experience*, New York: Pantheon Books, 1985.

Konovalov, Alexander, "Analyst says Russia-China Military Trade to Be Above 2 Billion Dollars in 2004," *Itar-Tass*, April 16, 2004.

Koshiro, Yukiko, "Eurasian Eclipse: Japan's End Game in World War II,"

American Historical Review, Issue 109, 2004.

Koshiro, Yukiko, *Imperial Eclipse: Japan's Strategic Thinking about Continental Asia before August 1945*, Ithaca: Cornell University Press, 2013.

Krauthammer, Charles, "Universal Dominion," in Owen Harries (of The National Interest)(ed.), *America's Purpose: New Visions of U.S. Foreign Policy*, San Francisco: ICS Press, 1991.

Kristof, Nicholas D., "The Problem of Memory," *Foreign Affairs*, November /December 1998.

Kristol, Irving, "American Intellectuals and Foreign Policy," 1967; *Neoconservatism: The Autobiography of an Idea*, Ivan R. Dee, 1995.

Krugman, Paul, "Crazies, Cowards and the Trump Coup," *The New York Times*, June 30, 2022.

Kubalkova, Vendulka and Albert Cruickshank, *Marxism and International Relations*, Oxford: Oxford University Press, 1989.

Kurtz, Stanley, "Democratic Imperialism: A Blueprint: Lessons from the British in India," *Policy Review*, No.118 (April & May 2003).

LaFeber, Walter, *America, Russia, and the Cold War, 1945-2002*, New York: McGraw-Hill, Updated Ninth Edition, 2004.

_____ , *The Clash: U.S.-Japanese Relations Throughout History*, New York: W.W. Norton, 1997.

Lai, Tse-han, Raymond Myers and Wou Wei, *A Tragic Beginning: The Taiwan Uprising of February 28, 1947*, Stanford: Stanford University Press, 1991.

Lake, Eli, "Exclusive: Secret U.S.-Israel nuclear accord in jeopardy," *The Washington Times*, May 6, 2009.

Lal, Deepak, "In Defense of Empires," Bacevich(ed.), *The Imperial Tense: Prospects and Problems of American Empire*, Chicago: Ivan R. Dee, 2003.

_____ , *In Praise of Empires: Globalization and Order*, New York: Palgrave Macmillan, 2004.

Lankov, Andrei, *From Stalin to Kim Il Sung: The Formation of North Korea 1945-1960*, New Brunswick, NJ: Rutgers University Press, 2002.

Large, Stephen S., *Emperor Hirohito and Showa Japan: A Political Biography*, London and New York: Routledge, 1992.

Lebow, Richard Ned, "We Still Don't Know," *Diplomatic History*, Vol.22, No.4 (Fall 1998).

Lee, Carrie A., "Sleepwalking Into World War III: Trump's Dangerous Militarization of Foreign Policy," *Foreign Affairs*, October 19, 2020.

Lee, Samsung, "Beyond the East Asian Grand Division: Imagining an "East Asian Peace Belt" of Jeju-Okinawa-Taiwan Islands," A Paper presented at Jeju International Peace Conference 2007, titled War and Peace in the Era of Globalization: Experiences from Europe and Asia, Co-Organized by SNU-KIEP Center, Institute for Gender Research (Seoul National University), BK 21 Political Science Paradigm Project (Seoul National University), Institute for Peace Studies (Cheju National University), Jeju Shilla Hotel, June 7-9, 2007.

_____ , "Beyond the East Asian Grand Division: Imagining an East Asian Peace Belt of Jeju-Okinawa-Taiwan Islands," Nam-Kook Kim(ed.), *Globalization and Regional Integration in Europe and Asia*, Farnham, England: Ashgate Publishing Company, 2009.

_____ , "The Structure of Great Divide: Conceptualizing the Postwar East Asian International Order," Paper presented at Conference "Democracy, Empires and Geopolitics," organized by Academia Sinica, Taipei, December 10-12, 2011.

Leffler, Melvyn P., *A Preponderance of Power: National Security, the Truman Administration, and the Cold War*, Stanford, CA: Stanford Univeristy Press, 1992.

_____ , "Bringing it Together: The Parts and the Whole," Odd Arne Westad(ed.), *Reviewing the Cold War: Approaches, Interpretations, Theory*, London: Frank Cass, 2000.

_____ , "The emergence of an American grand strategy, 1945-1952," Melvyn P. Leffler and Odd Arne Westad(eds.), *The Cambridge* History *of* the Cold War, Volume 1: Origins, Cambridge: Cambridge University Press, 2010.

Leitenberg, Milton, "Deaths in Wars and Conflicts between 1945 and 2000," Matthew Evangelista(ed.), *Peace Studies: Critical Concepts in Political Science*, Vol.I, London: Routledge, 2005.

Lemieux, Pierre, "Biden's Protectionism: Trumpism with a Human Face," CATO Institute, Fall 2022.

Lemke, Douglas, "The Continuation of History: Power Transition Theory and the End of the Cold War," *Journal of Peace Research*, Vol.34, No.1, 1997.

Lendon, Brad, "US Navy sends its most advanced surface warship to east Asia," *CNN*, September 27, 2022.

Lenin, V. I., *Imperialism: The Highest Stage of Capitalism*, New York: International Publishers, 1969.

Lieberman, Benjamin, "'Ethnic Cleansing' versus Genocide?" in Bloxham and Moses(eds.), *The Oxford Handbook of Genocide Studies*, 2010.

Lieven, Dominic, *Empire: The Russian Empire and Its Rivals*, Yale University, 2002.

Lin, Bonny and David Sacks, "How to Prevent an Accidental War Over Taiwan: Beijing and Taipei Are One Blunder Away From Open Conflict," *Foreign Affairs*, October 12, 2021.

Loffman, Matt, "Trump should not run for president in 2024, majority of Americans say," *PBS*, September 7, 2022.

Logevall, Fredrik, "The Indochina Wars and the Cold War, 1945-1975," Melvyn P. Leffler and Odd Arne Westad(eds.), *The Cambridge History of the Cold War, Volume II (Crises and Détente)*, Cambridge: Cambridge University Press, 2010.

Macdonald, Donald Stone, *U.S.-Korean Relations from Liberation to Self-Reliance: The Twenty-Year Record: An Interpretive Summary of the Archives of the U.S. Department of State for the Period 1945 to 1965*, Boulder,

Colo.: Westview Press, 1992.

MacDonald, Paul K. and Joseph M. Parent, "Trump Didn't Shrink U.S. Military Commitments Abroad—He Expanded Them: The President's False Promise of Retrenchment," *Foreign Affairs*, December 3, 2019.

Maddox, Robert James, *Weapons for Victory: The Hiroshima Decision Fifty Years Later*, Columbia: University of Missouri Press, 1995.

Mahee, Bryan, "Discourses of empire: the US 'empire', globalisation and international relations," *Third World Quarterly*, Vol.25, No.8, 2004.

Mansourov, Alexandre Y., "The Korean War Studies in the United States: Historiographical Review and Current Views," A Paper presented at the KAIS international conference in commemoration of the 50th Anniversary of the Korean War on "Fifty Years after the Korean War: From the Cold-War Confrontation to Peaceful Coexistence" to be held in Seoul, on July 14-15, 2000.

Martin, Bradley K., *Under the Loving Care of the Fartherly Leader: North Korea and the Kim Dynasty*, New York: Thomas Dunne Books, 2004.

Mastro, Oriana Skylar, "Biden Says We've Got Taiwan's Back. But Do We?", *The New York Times*, May 27, 2022.

Materials on the Trial of Former Servicemen of the Japanese Army Charged with Manufacturing and Employing Bacteriological Weapons, Moscow: Foreign Language Publishing House, 1950.

Matray, James Irving, *The Reluctant Crusade: American Foreign Policy in Korea, 1941-1950*, Honolulu: University of Hawaii Press, 1985.

Matsui, Nozomi and Takashi Funakoshi, "Japan, China agree on hotline to avoid clash in East China Sea," *The Asahi Shimbun*, December 7, 2017.

McCommack, Gavan, *The Emptiness of Japanese Affluence*, New York: M.E. Sharpe, 1996.

McDevitt, Michael, "The Quadrennial Defense Review and East Asia," CSIS, Pacific Forum, *PacNewsletter*, October 26, 2001.

McNeill, David, "US military retreats over Japanese base after protests by islanders," *The Independent*, October 27, 2005.

Meisner, Maurice, *Mao's China: A History of the People's Republic*, New York: The Free Press, 1977.

Merrill, Dennis(ed.), *The Decision to Drop the Atomic Bomb on Japan, vol.1 of Documentary History of the Truman Presidency*, Bethesda, Md.: University Publications of America, 1995.

Merrill, John, *Korea: The Peninsula Origins of the War*, Newark, Delaware: University of Delaware Press, 1989.

Messer, Robert, *The End of an Alliance: James F. Byrnes, Roosevelt, Truman, and the Origins of the Cold War*, First Edition, The University of North Carolina Press, 1982.

Migone, Gian Giacomo, "The Decline of the Bipolar System, or A Second Look at the History of the Cold War," Mary Kaldor, Gerard Holden, and Richard Falk(eds.), *The New Detente: Rethinking East-West Relations*, Verso, 1989.

Millett, Allan R., "The Significance of the Korean War in the History of Warfare," A Paper presented at the KAIS international conference in commemoration of the 50th Anniversary of the Korean War on "Fifty Years after the Korean War: From the Cold-War Confrontation to Peaceful Coexistence," Seoul, on July 14-15, 2000.

_____ , *The War for Korea, 1950-1951: They Came from the North*, Lawrence: University Press of Kansas, 2010.

Milmo, Dan, "Biden trade curbs on China risk huge damage to US tech sector, says Nvidia chief: Jensen Huang says Chinese firms will 'just build it themselves' if they cannot buy from US," *The Guardian*, 24 May, 2023.

Morgenthau, Hans J., Revised by Kenneth W. Thompson, *Politics Among Nations: The Struggle for Power and Peace*, Sixth Edition, New York: McGraw-Hill Publishing Company, 1985.

Moriteru, Arasaki(ed.), *Profile of Okinawa: 100 Questions and Answers*, Tokyo: Techno Marketing Center, 2000.

Mount, Adam, "What Is The Sole Purpose of U.S. Nuclear Weapons," A Report by the Federation of American Scientists, September 16, 2021.

Munro, Ross H. Munro, "China: The Challenge of a Rising Power," in Robert Kagan and William Kristol(eds.), *Present Dangers: Crisis and Opportunity in American Foreign and Defense Policy*, San Francisco: Encounter Books, 2000.

Murray, William and Lyle Goldstein, "Undersea Dragons: China's Maturing Submarine Force," *International Security*, Vol.28, No.4(Spring 2004).

Mutual Defense Treaty Between the United States and the Republic of Korea, October 1, 1953.

Nathan, James A. and James K. Oliver, *United States Foreign Policy and World Order*, Boston: Little, Brown, 1985.

National Foreign Intelligence Board, *Global Trends 2015: A Dialogue About the Future with Nongovernment Experts*, (This paper was approved for publication by the National Foreign Intelligence Board under the authority of the Director of Central Intelligence, Prepared under the direction of the National Intelligence Council. NIC 2000-02, December, 2000.

National Security Strategy of the United States of America, December 2017.

Nester, William R., *Power Across the Pacific: A Diplomatic History of American Relations with Japan*, London: Macmillan Press, 1996.

Nitze, Paul H., *From Hiroshima to Glasnost: At the Center of Decision, A Memoir*, New York: Grove Weidenfeld, 1989.

Norris, Robert, William M. Arkin and William Butt, "Where They Were," *The Bulletin of the Atomic Scientists*, November/December 1999.

Nossiter, Adam and Eric Schmitt, "U.S. War in Afghanistan Ends as Final Evacuation Flights Depart," *The New York Times*, August 30, 2021.

Nye, Joseph S. Jr., "U.S. Power and Strategy After Iraq," *Foreign Affairs*, July /August 2003.

O'Brien, Connor, "North Korea remains a top threat despite diplomatic thaw, U.S. commanders say," *Poltico*, February 12, 2019.

Oberdorfer, Don, *The Two Koreas: A Contemporary History*, Reading, MA: Addison-Wesley, 1997.

Office of the Secretary of Defense, *2018 Nuclear Posture Review*, February 2018.

_____ , *Annual Report To Congress: Military and Security Developments Involving the People's Republic of China 2015*, April 7, 2015.

O'Hanlon, Michael, Lyle Goldstein and William Murray, "Correspondence: Damn the Torpedoes: Debating Possible U.S. Navy Losses in a Taiwan Scenario," *International Security*, Vol.29, No.2 (Fall 2004).

O'Hanlon, Michael, "Why China Cannot Conquer Taiwan," *International Security*, Vol.25, No.2 (Fall 2000).

Okonoki Masao, "The Domestic Roots of the Korean War," in Yonosuke Nagai and Akira Iriye (eds.), *The Origins of the Cold War in Asia*, New York: Columbia University Press, 1977.

Onishi, Norimitsu, "Japan: U.S. Agrees to Move Okinawa Air Base," *The New York Times*, October 27, 2005.

Organski, A.F.K. and Jacek Kugler, *The War Ledger*, Chicago: University of Chicago Press, 1980.

Ota, Masahide, "Re-examining the History of the Battle of Okinawa," in Chalmers Johnson (ed.), *Okinawa: Cold War Island*, Cardiff, CA: Japan Policy Research Institute, 1999.

Pamuk, Humeyra, "Xi, Blinken agree to stabilize US-China relations in Beijing talks," *Reuters*, June 20, 2023.

Paterson, Thomas G., "Containing Communism in China," Thomas G. Paterson and Robert J. McMahon (eds.), *The Origins of the Cold War*, Lexington: D.C. Heath and Company, 1991.

_____ , *Meeting the Communist Threat: Truman to Reagan*, Oxford: Oxford University Press, 1988.

Pechatnov, Vladimir O., "The Soviet Union and the World, 1944-1953,"

Melvyn P. Leffler and Odd Arne Westad(eds.), *The Cambridge History of the Cold War, Volume 1: Origins*, Cambridge: Cambridge University Press, 2010.

Perdue, Peter C., *China Marches West: The Qing Conquest of Central Eurasia*, Harvard University Press, 2005.

Perlez. Jane(et al.), "China Sends Ships and Planes Toward Taiwan, Defying Rising Criticism," *The New York Times*, August 4, 2022.

Polanyi, Karl, *The Great Transformation: The Political and Economic Origins of Our Time*, Boston: Beacon Press, 1957(1944).

Pompeo, Mike, A Testimony before Senate Foreign Relations Committee, May 24, 2018. Uploaded on YouTube by *the Washington Post*.

_____ , *Never Give An Inch: Fighting for the America I Love*, New York: Broadside Books, 2023.

Porter, William, Testimony before the United States Senate, Subcommittee on U.S. Security Agreements and Commitments Abroad of the Committee on Foreign Affairs, Part 6, February 1970.

Prueher, Joseph, "Chinese Military At Least Two Decades Away from Rivaling U.S. Forces, Concludes Newly Released Council Task Force Report," Council on *Foreign Relations*, May 22, 2003.

Pye, Lucian W., *The Spirit of Chinese Politics*, Cambridge: Harvard University Press, 1992.

Ramzy, Austin and Selina Cheng, "China Draws Russia Closer While Pushing Ukraine Peace Plan: Xi Jinping meets Russian premier among meetings signaling pushback against Western pressure," *The Wall Street Journal*, May 24, 2023.

Reuters, "Beijing, Manila agree to avoid force in South China Sea dispute," *The Asahi Shimbun*, November 16, 2017.

Revere, Evans Jr. (Acting Assistant Secretary for East Asian and the Pacific), "U.S. Interests and Strategic Goals in East Asia and the Pacific," Testimony before the Senate Foreign Relations Committee, Washington, D.C., March

2, 2005.

Rhodes, Richard, *Dark Sun: The Making of the Hydrogen Bomb*, New York: A Touchstone book, 1995.

_____ , *The Making of the Atomic Bomb*, New York: Simon & Schuster, 1986.

Ross, Robert S., "The 1995-96 Taiwan Strait Confrontation: Coercion, Credibility, and the Use of Force," *International Security*, Vol.25, No.2 (Fall 2000).

Rotter, Andrew J., *The Path to Vietnam: Origins of the American Commitment to Southeast Asia*, Ithaca: Cornell University Press, 1987.

Rummel, R.J., *Death by Government*, New Brunswick: Transaction Publishers, 1994.

Rumsfeld, Donald H. Rumsfeld (Secretary of Defense), *Annual Report to the President and the Congress*, August 15, 2002.

Sandia National Laboratories, "U.S. Strategic Nuclear Policy: An Oral History, 1945-2004, Part 1," Released by the National Security Archive, 2005.

Sanger, David E. and William J. Broad, "U.S. Suspends Nuclear Arms Control Treaty With Russia," *The New York Times*, February 1, 2019.

Sanger, David E., "Kim and Trump Back at Square 1: If U.S. Keeps Sanctions, North Will Keep Nuclear Program," *The New York Times*, January 1, 2019.

Santora, Marc and Steven Erlanger, "Taiwan and Ukraine: Two crises, 5,000 miles apart, are linked in complex ways," *The New York Times*, August 3, 2022.

Scalapino, Robert A., and Chongsik Lee, *Communism in Korea*, Part 1, Berkeley, CA: The University of California Press, 1972.

Scalapino, Robert, "The Taiwan Relations Act: A Test of American Resolve (1979-1999)," Double Tree Hotel, Pasadena, CA, April 12, 1999.

Schabas, William A., "The Law and Genocide," in Donald Bloxham and A. Dirk Moses (eds.), *The Oxford Handbook of Genocide Studies*, Oxford: Oxford University Press, 2010.

Schaller, Michael, "America's Economic and Strategic Interests in Asia," Thomas G. Paterson and Robert J. McMahon (eds.), *The Origins of the Cold War*, Lexington: D.C. Heath and Company, 1991.

_____ , "Securing the Great Crescent: Occupied Japan and the Origins of Containment in Southeast Asia," *Journal of American History*, Vol.69 (September 1982).

_____ , *The American Occupation of Japan: The Origins of the Cold War in Asia*, New York: Oxford University Press, 1985.

Schindler, D. and J. Toman, *The Laws of Armed Conflicts*, Martinus Nijhoff Publisher, 1988.

Schonberger, Howard B., *Aftermath of War: Americans and the Remaking of Japan, 1945-1952*, Kent, Ohio: The Kent State University Press, 1989.

Schram, Stuart R., *Mao Tse-tung*, New York: Simon & Schuster, 1967.

Scott, James M., *Target Tokyo: Jummy Doolittle and the Raid That Avenged Pearl Harbor*, New York: W.W. Norton, 2015.

Seidov, Igor, *Red Devils Over The Yalu: A Chronicle of Soviet Aerial Operations in the Korean War 1950-53*, Translated and edited by Stuart Britton, West Midlands, UK: Helion & Company, 2014.

Seraphim, Franziska, *War Memory and Social Politics in Japan, 1945-2005*, Cambridge, MA: Harvard University Asia Center, 2006.

Sevastopulo, Demetri, "US weighs tougher restrictions on AI chip exports to China: Semiconductor makers Nvidia and AMD could be hit by update of controls that were introduced in October," *Financial Times*, June 29, 2023,

Shambaugh, David, "China's Military Views the World: Ambivalent Security," *International Security*, Vol.24, No.3 (Winter 1999/2000).

_____ , *Tangled Titans: The United States and China*, Rowman & Littlefield, 2012.

Shanker, Thom, "U.S. to Reduce Troops in Japan and Strengthen Military Ties," The Memorandum, Davis to Office of the Vice President, etc.,

4/29/69, Subject: U.S.-Japanese Relationship: Summary (Top Secret), with attached, The National Security Archive, The Gelman Library, George Washington University, 2130 H Street, NW, Suite 701, Washington, D.C. 20037.

Shen Zhihua and Danhui Li, *After Leaning to One Side: China and Its Allies in the Cold War*, Washington, D.C.: Woodrow Wilson Center Press, 2011.

Shen Zhihua and Yafeng Xia, *Mao and the Sino-Soviet Partnership, 1945-1959*, Lanham: Lexington Books, 2015.

Shen Zhihua, *Mao, Stalin and the Korean War: Trilateral Communist Relations in the 1950s*, London: Routledge, 2012.

Sheng, Michael, "The Triumph of Internationalism: CCP-Moscow Relations before 1949," *Diplomatic History*, Vol.21, No.1 (Winter 1997).

Sherwin, Martin J., *A World Destroyed: Hiroshima and Its Legacies*, Third Edition, Stanford: Stanford University Press, 2003.

Shiroyama, Saburo, *War Criminal*, Tokyo: Kodansha International, 1977.

Shorrock, Tim, "Okinawa and the U.S. Military in Northeast Asia," *IRC*, Vol.5, No.22, July 2000.

Shupak, Greg, "The Weapons Industry Doesn't Care Who's President: CEOs of arms manufacturers and their investors are confident about their prospects, regardless of which candidate wins the election," *The Nation*, October 30, 2020.

Simmons, Robert, "The Korean Civil War," in Frank Baldwin(ed.), *Without Parallel: the American-Korean Relationship since 1945*, New York: Pantheon Books, 1973 &1974.

_____, *The Strained Alliance*, New York: The Free Press, 1975.

SIPRI, *SIPRI Yearbook 2004: Armaments, Disarmament and International Security*.

Siqi, Ji, "Where are China's exports going? Less and less to the US, the latest trade data confirms," *South China Morning Post*, 20 June, 2023.

Skates, John, *The Invasion of Japan: Alternative to the Bomb*, Columbia:

University of South Carolina Press, 1994.

Smith, Peter, "Moderate Republicans No Longer Have a Home, and It Started With My Defeat," *The New York Times*, September 22, 2022.

Snyder, Glenn H., *Alliance Politics*, Ithaca: Cornell University Press, 1997.

Soh, Felix, "US Warns against Restrictions in South China Sea, Blcoc Press Tour to Spratlys," *Straits Times*, Singapore, May 12, 1995.

Spanier, John W., *The Truman-MacArthur Controversy and the Korean War*, New York: W.W. Norton, 1965.

Specia, Megan and David E. Sanger, "How the 'Libya Model' Became a Sticking Point in North Korea Nuclear Talks," *The New York Times*, May 16, 2018.

Spence, Jonathan D., *The Search for Modern China*, New York: W.W. Norton, 1990.

Stimson, Henry, "The Decision to Use the Atomic Bomb," *Harper's Magazine*, Vol.194, No.1161, 1947.

Stockholm International Peace Research Insitutute, "States invest in nuclear arsenals as geopolitical relations deteriorate," June 2, 2023.

Stone, I.F., *The Hidden History of the Korean War, 1950-1951: A Nonconformist History of Our Times*, Boston: Little, Brown and Company, 1988 (originally 1952).

Stueck, Willaim and Boram Yi, "'An Alliance Forged in Blood': The American Occupation in Korea, the Korean War, and the US–South Korean Alliance," in Steven Casey (ed.), *The Korean War at Sixty: New Approaches to the Study of the Korean War*, London: Routledge, 2012.

Stueck, William, *Rethinking the Korean War: A New Diplomatic and Strategic History*, Princeton: Princeton University Press, 2002.

_____ , *The Korean War: An International History*, Princeton, NJ: Princeton University Press, 1995.

Stumpf, David K., *Minuteman: A Technical History of the Missile That Defined American Nuclear Warfare*, Fayetteville: The University of Arkansas Press,

2020.

Suettinger, Robert L., *Beyond Tiananmen: The Politics of U.S.-China Relations 1989-2000*, Washington, D.C.: Brookings Institution Press, 2003.

Sullivan, Michael P., *Power in Contemporary International Politics*, Columbia: University of South Carolina Press, 1990.

Sutter, Robert, "China's Rise and U.S. Influence in Asia: A Report from the Region," The Atlantic Council of the United States, Issue Brief, July 2006.

Swanson, Ana, "U.S. to Begin Formal Trade Talks With Taiwan," *The New York Times*, August 17, 2022.

Takaki, Ronald, *Hiroshima: Why America Dropped the Atomic Bomb*, Boston: Little, Brown and Company, 1995.

Tanaka, Yuki, *Hidden Horrors: Japanese War Crimes in World War II*, Boulder: Westview, 1996.

The Associated Press, "Cooperation on Missile Defense Urged," May 2, 2007.

_____ , "North Korea says peace declaration not a nuclear bargaining chip," The Asahi Shimbun, October 2, 2018.

The Genron NPO, "11th Japan-China Joint Opinion Poll Analysis Report on the Comparative Data(2015)," The Genron NPO(In Cooperation With: Japan: Public Opinion Research Institute Corporation, China: Horizon Research Consultation Group), October 22, 2015.

The Japan Times, "Defense paper assumes China invasion of Japan," May 15, 2004.

THE KOREAN WAR ARMISTICE AGREEMENT, Panmunjom, Korea, July 27, 1953.

The New York Times, "Japan: 24 New Launching Pads for Okinawa," July 14, 2006.

_____ , "Anniversary of Hiroshima and Nagasaki Revives Debate Over the Atomic Bomb," August 5, 2015.

_____ , "Yes, John Bolton Really Is That Dangerous," By The Editorial Board, March 23, 2018.

The Rand Corporation, "Viet Cong Motivation and Morale Study," 1966.

The White House, "Washington Declaration," April 26, 2023.

_____ , Office of the Press Secretary, "Remarks by President Obama and Prime Minister Abe of Japan at Hiroshima Peace Memorial," Hiroshima Peace Memorial, Hiroshima, Japan, May 27, 2016.

The World Bank, "GDP(constant 2015 US$)–Russian Federation."

Thompson, E.P., *Beyond the Cold War: A New Approach to the Arms Race and Nuclear Annihilation*, New York: Pantheon Books, 1982.

Thornton, Richard C., *Odd Man Out: Truman, Stalin, Mao, and the Origins of the Korean War*, Washington, D.C.: Brassey's, 2000.

Thucydides, *The Landmark Thucydides: A Comprehensive Guide to The Peloponnesian War*, A Newly Revised Edition of the Richard Crawley Translation, Robert Strassler(ed.), New York: Free Press, 2008.

Torkunov, Anatoliy Vassilievich, *The War in Korea 1950-1953*, 2000.

Torode, Greg, "Philippines Offered US Jets; Manila Warns over Continued Chinese Construction Work on Miischief Reef," *South China Morning Post*, August 2, 1995.

Townshend, Ashley Townshend and James Crabtree, "The U.S. Is Losing Its Military Edge in Asia, and China Knows It," *The New York Times*, June 15, 2022.

Truman, Harry S., *Dear Bess: Letters from Harry to Bess Truman*, Robert H. Ferrell(ed.), New York: Norton, 1983.

Tucker, Nancy Bernkopf(ed.), *Dangerous Strait: The U.S.-Taiwan-China Crisis*, New York: Columbia University Press. 2005.

_____ , "The Evolution of U.S.–China Relations," in David Shambaugh (ed.), *Tangled Titans: The United States and China*, New York: Rowman & Littlefield, 2013.

_____ , *Patterns in the Dust: Chinese-American Relations and the Recognition Controversy, 1949-1950*, New York, 1983.

Tuckman, Barbara W., *The March of Folly: From Troy to Vietnam*, New York:

Random House, 1984.

Ulam, Adam, "Letters: Stalin, Kim and Korean War Origins," *CWIHP Bulletin*, Issue 4(Fall 1994).

Umebayashi, Hiromichi, "The DPRK Withdrawal from the NPT and a Northeast Asia Nuclear Weapon-Free Zone," *Peace Depot Newsletter*, No.8, July 15, 2003.

United States Embassy(Tokyo, Japan), "Pentagon Report on Implementation of Taiwan Relations Act," December 19, 2000.

United States Senate, Subcommittee on U.S. Security Agreements and Commitments Abroad of the Committee on Foreign Affairs, February 1970.

Vine, David, *Base Nation: How U.S. Military Bases Abroad Harm America and the World*, New York: Skyhorse Publishing, 2017.

Vogel, Ezra F., "Introduction: How Can the United States and China Pursue Common Interests and Manage Differences?" in Ezra F. Vogel(ed.), *Living with China: U.S.-China Relations in the Twenty-first Century*, New York: W.W. Norton, 1997.

_____ , *Deng Xiaoping and the Transformation of China*, Cambridge, M.A.: The Belknap Press of Harvard University Press, 2011.

Wakabayashi, Bob Tadashi, "Emperor Hirohito on Localized Aggression in China," *Sino-Japanese Studies*, Vol.4, October 1991.

Waldron, Arthur, "Important Shifts Coming in Asian Security," Heritage Lecture #807, The Heritage Foundation.

Walker III, William O., "Melvyn P. Leffler, Ideology, and American Foreign Policy," *Diplomatic History*, Vol.20, No.4, 1996.

Walker, J. Samuel, *Prompt & Utter Destruction: Truman and The Use Of Atomic Bombs Against Japan*, Chapel Hill and London: The University of North Carolina Press, Revised Edition, 2004.

Walt, Stephen M., "The Enduring Relevance of the Realist Tradition," Ira Katznelson and Helen V. Milner(eds.), *Political Science: State of the Discipline*, New York: W.W. Norton, 2002.

Waltz, Kenneth N., "Structural Realism after the Cold War," in G. John Ikenberry(ed.), *America Unrivaled: The Future of the Balance of Power*, Ithaca: Cornell University Press. 2002.

_____ , "Structural Realism after the Cold War," *International Security*, Vol.25, No.1, 2000.

_____ , *Theory of International Politics*, Addison–Wesley Publishing Company, 1979.

Wampler, Robert A., "Revelations in Newly Released Documents about U.S. Nuclear Weapons and Okinawa Fuel NHK Documentary," May 14, 1997.

Wang Yazhi, "KangMei yuan Chao zhanzheng zhong de Peng Dehuai, Nie Rongzhen" (Peng Dehuai and Nie Rongzhen in the War to Resist America and Assist Korea), *Junshi shilin(Military Histories)*, 1994.

Weathersby, Kathlyn, "New Russian Archival Materials, Old American Debates, and the Korean War," *Problems of Post-Communism*, Vol.42, Issue 5(Sep/Oct. 1995).

_____ , "Introduction to New Russian Documents on the Korean War," Kathryn Weathersby's introduction and translation.

_____ , "Should We Fear This?: Stalin and the Korean War," paper presented at conference "Stalin and the Cold War," Yale University, September 1999.

Weinberger, Caspar, "Foreword," in Kenneth deGraffenreid(ed.), *The Cox Report:: The Unanimous and Bipartisan Report of the House Select Committee on U.S. National Security and Military Commercial Concerns with the People's Republic of China*, Select Committee of the United States House of Representatives, Washington, D.C.: Regnery Publishing, Inc, 1999.

Wendt, Alexander, "Anarchy Is What States Make of It: The Social Construction of Power Politics," *International Organization*, Vol.46, No.2, 1992.

_____ , *Social Theory of International Relations*, Cambridge: Cambridge University Press, 1999.

Westad, Odd Arne, "Losses, Chances, and Myths: The United States and the

Creation of the Sino-Soviet Alliance, 1945-1950," *Diplomatic History*, Vol.21, No.1, 1997.

_____ , *Cold War and Revolution: Soviet-American Rivalry and the Origins of the Chinese Civil War, 1944-1946*, New York: Columbia University Press, 1993.

_____ , *Decisive Encounters: The Chinese Civil War, 1946-1950*, Stanford: Stanford University Press, 2003.

Williams, William Appleman, *Americans in a Changing World: A History of the United States in the Twentieth Century*, New York: Harper & Row, 1978.

Wilson, Sandra, Robert Cribb, Beatrice Trefalt, and Dean Aszkielowicz, *Japanese War Criminals: The Politics of Justice After the Second World War*, New York: Columbia University Press, 2017.

Wit, Joel S. and Jenny Town, "What Happened in Hanoi?," *38 North*, February 28, 2019.

Wohlforth, William C., "U.S. Strategy in a Unipolar World," in G. John Ikenberry(ed.), *America Unrivaled: The Future of the Balance of Power*, Ithaca: Cornell University Press, 2002.

Wong, Edward and Damien Cave, "U.S. Seeks to Reassure Asian Allies as China's Military Grows Bolder," *The New York Times*, August 5, 2022.

Woodward, Bob, *Rage*, New York: Simon & Schuster, 2020.

Xia Liping, "The Korean War and Chinese-American Relations," Mark F. Wilkinson(ed.), *The Korean War at Fifty: International Perspectives*, Lexington: Virginia Military Institute, 2004.

Xu, Xin, "The Geopolitics of Civiilizational States: Pax Americana vs. Pax Sinica," "All-under-heaven and Methodological Relationalism," Paper presented at Conference "Democracy, Empires and Geopolitics," organized by Academia Sinica, Taipei, December 10-12, 2011.

Yamaguchi, Mari, "Court denies aid for Hiroshima A-bomb survivors' children," *AP News*, February 8, 2023.

Yamazaki, Jane W., *Japanese Apologies for World War II: A rhetorical study*,

London: Routledge, 2006.

Yonosuke Nagai, "The Korean War: An Interpretative Essay," *The Japanese Journal of American Studies*, No.1, 1981.

Yu Bin, "China and Russia: Normalizing Their Strategic Partnership," in David Shambaugh (ed.), *Power Shift: China and Asia's New Dynamics*, Berkeley: University of California Press. 2005.

Yunling, Zhang and Tang Shiping, "China's Regional Strategy," in David Shambaugh (ed.), *Power Shift: China and Asia's New Dynamics*, Berkeley: University of California Press, 2005.

Zhang Shu Guang, *Deterrence and Strategic Culture: Chinese-American Confrontations, 1949-1958*, Ithaca: Cornell University Press, 1992.

Zhao Tingyang, 2011, "All-under-heavenand Methodological Relationalism," Paper presented at Conference "Democracy, Empires and Geopolitics," organized by Academia Sinica, Taipei, December 10-12, 2011.

찾아보기

지은이 이삼성

고려대학교 정치외교학과와 서울대학교 대학원 정치학과를 졸업하고,
예일대학교 대학원 정치학과에서 정치학박사 학위를 취득했다.
통일연구원 연구위원, 한림대학교 정치외교학과 교수, 가톨릭대학교
국제학부 교수, 일본의 리쓰메이칸대학교 객원교수를 지냈다.
현재는 한림대학교 정치행정학과 명예교수로 있다.
롯데출판문화대상 본상(저작 부문, 2019), 한림대학교 학술상(2010)·
백상출판문화상(저작 부문, 1999)·단재상(1998)을 수상했다.
박사학위 논문은 「American Political Elites and Changing Meanings
of the Vietnam War: The Moral Dimension in Congressmen's Foreign Policy
Perspectives」(1988)이며, 주요 저서로는 『한반도의 전쟁과 평화: 핵무장국가
북한과 세계의 선택』(한길사, 2018), 『제국』(소화, 2014),
『동아시아의 전쟁과 평화 1·2』(한길사, 2009), 『세계와 미국: 20세기의 반성과
21세기의 전망』(한길사, 2001), 『20세기의 문명과 야만: 전쟁과 평화,
그리고 인간의 비극에 관한 정치적 성찰』(한길사, 1998),
『한반도 핵문제와 미국외교』(한길사, 1994) 등이 있다.
주요 논문으로는 「한나 아렌트의 정치철학에서 국가와 그 너머」(김홍우 엮음,
『정치사상과 사회발전: 이홍구선생 미수기념문집』, 중앙 books, 2021),
「전후 동아시아 국제질서의 구성과 중국: '동아시아 대분단체제'의 형성과정에서
중국의 구성적 역할」(『한국정치학회보』, 2016), 「한나 아렌트의 인간학적 전체주의
개념과 냉전」(『한국정치학회보』, 2015), 「제국, 국가, 민족: 위계적 세계화와 민주적
세계화」(네이버 열린연단, 2016), 「동아시아의 질서와 평화: 천하체제, 제국체제,
대분단체제」(네이버 열린연단, 2015), 「제국 개념의 동아시아적 기원 재고:
황국과 천조, 그리고 가외천황과 제국」(『국제정치논총』, 2014),
「한국전쟁과 내전: 세 가지 내전 개념의 구분」(『한국정치학회보』, 2013),
「제국과 식민지에서의 '제국'」(『국제정치논총』, 2012),
「'제국' 개념의 고대적 기원: 한자어 '제국'의 서양적 기원과 동양적 기원,
그리고 『일본서기』」(『한국정치학회보』, 2011), 「'제국' 개념과 19세기 근대 일본: 근대
일본에서 '제국' 개념의 정립 과정과 그 기능」(『국제정치논총』, 2011),
「'제국' 개념과 근대 한국: 개념의 역수입, 활용, 해체, 그리고 포섭과 저항」
(『정치사상연구』, 2011), 「동서양의 정치전통에서 성속의 연속과
불연속에 관한 연구」(『현대정치연구』, 2011) 등이 있다.

동아시아 대분단체제론

지은이 이삼성
펴낸이 김언호

펴낸곳 (주)도서출판 한길사
등록 1976년 12월 24일 제74호
주소 10881 경기도 파주시 광인사길 37
홈페이지 www.hangilsa.co.kr
전자우편 hangilsa@hangilsa.co.kr
전화 031-955-2000-3 **팩스** 031-955-2005

부사장 박관순 **총괄이사** 김서영 **관리이사** 곽명호
영업이사 이경호 **경영이사** 김관영 **편집주간** 백은숙
편집 이한민 박희진 노유연 박홍민 배소현 임진영
관리 이주환 문주상 이희문 원선아 이진아 **마케팅** 정아린
디자인 창포 031-955-2097
출력 및 인쇄 예림 **제책** 경일제책사

제1판 제1쇄 2023년 11월 30일

값 38,000원
ISBN 978-89-356-7851-8 (93340)